D1751670

SCHWEIZERISCHES PRIVATRECHT

Schweizerisches Privatrecht

HERAUSGEGEBEN VON

MAX GUTZWILLER · HANS HINDERLING
ARTHUR MEIER-HAYOZ · HANS MERZ
PAUL PIOTET · ROGER SECRÉTAN†
WERNER VON STEIGER · FRANK VISCHER

HELBING & LICHTENHAHN VERLAG AG
BASEL UND STUTTGART

«Schweizerisches Privatrecht»
erscheint in französischer Sprache
im Universitätsverlag Freiburg i. Ue.
unter dem Titel:

«Traité de droit privé suisse»

FÜNFTER BAND

Sachenrecht

ERSTER HALBBAND

HERAUSGEGEBEN VON

ARTHUR MEIER-HAYOZ

Professor an der Universität Zürich

HELBING & LICHTENHAHN VERLAG AG
BASEL UND STUTTGART 1977

ISBN 3 7190 0673 5
© 1977 by Helbing & Lichtenhahn Verlag AG, Basel
Satz und Druck: Basler Druck- und Verlagsanstalt, Basel
Einband: Max Grollimund, Reinach

Das Eigentum   Seite 1

PETER LIVER
em. Professor an der Universität Bern

Der Besitz   Seite 403

HANS HINDERLING
em. Professor an der Universität Basel

Dienstbarkeiten und Grundlasten   Seite 519

PAUL PIOTET
Professor an der Universität Lausanne

VORWORT DES HERAUSGEBERS

Fünfundsechzig Jahre nach Inkrafttreten des Schweizerischen Zivilgesetzbuches beginnt mit dem vorliegenden Teilband die erste systematische Gesamtdarstellung unseres Sachenrechts zu erscheinen. Eine empfindliche Lücke zwischen den Grundrißcharakter aufweisenden Lehrbüchern, den die einzelnen Gesetzesartikel auslotenden Kommentaren und der unübersehbar gewordenen Flut von Monographien wird so geschlossen.

Wie in den meisten Bänden dieses Handbuches hat eine Mehrzahl von Autoren sich in die Aufgabe geteilt. Peter Liver (Bern) hat sich des Eigentums angenommen – eines Gebietes, das er seit Jahrzehnten durch historische Untersuchungen, dogmatische Glanzleistungen (er hat die Realobligation wieder entdeckt) und gesetzgeberische Arbeiten (er ist der Vater des Stockwerkeigentums von 1963) gefördert hat. Hans Hinderling (Basel) hat das besonders anspruchsvolle Besitzesrecht gemeistert, dem er schon früher sehr beachtete Untersuchungen gewidmet hatte. Paul Piotet (Lausanne), der scharfsinnige und fruchtbare Deuter weiter Bereiche unseres Zivilrechts, hat die Einleitung zu den beschränkten dinglichen Rechten und die Darstellung des Rechts der Dienstbarkeiten und Grundlasten geschrieben; sein Beitrag ist von Salomé Paravicini (Genf) ins Deutsche übersetzt worden. Im später erscheinenden zweiten Halbband behandeln Hans Peter Friedrich (Basel) das Pfandrecht und Henri Deschenaux (Fribourg) das Grundbuchrecht.

Die durch das Mitwirken mehrerer Kollegen gewonnene Bereicherung in der Vielfalt der Gesichtspunkte übertrifft den Nachteil nicht restloser Einmütigkeit der Auffassungen. In ihrer Grundhaltung sind alle Autoren um die Verwirklichung des vom Zivilgesetzbuch gerade im Sachenrecht angestrebten Ausgleichs zwischen individualistischen und kollektivistischen Tendenzen bemüht. Nach beiden Seiten hin versuchen sie die vom Gesetz statuierten Schranken zu verstärken: Gegenüber einem extremen Subjektivismus betonen sie die Pflicht zur Rücksichtnahme der dinglich Berechtigten auf Dritte und auf die Allgemeinheit; gegenüber einem sich vordrängenden (staatlichen oder anonymen privaten) Kollektivismus aber verteidigen sie den persönlichkeitsbezogenen freiheitlichen Kern von Eigentum und andern dinglichen Rechten. Es geht ja gerade auch im Sachenrecht um die Bestimmung jenes Maßes an Freiheit, welche eine wahre Persönlichkeitsentfaltung ermöglicht und doch die berechtigten Anliegen der Gemeinschaft nicht zu kurz kommen läßt. Ausgangspunkt bleibt dabei – in der Planungseuphorie und im Sozialisierungstaumel unserer Tage ist es nicht überflüssig, das zu betonen – die von EUGEN HUBER so schlicht formulierte Einsicht: «Eine Persönlichkeit ohne die Mitgabe der Herrschaft über Vermögenswerte würde sich als einen Gedanken ohne Inhalt darstellen» (Erläuterungen zum Vorentwurf, Bd. II, S. 32).

INHALT

Allgemeine Literatur XXXI

Das Eigentum

Erstes Kapitel
Allgemeine Bestimmungen

Erster Abschnitt
Eigentumsordnung und Eigentumsbegriff

§ 1.	Verschiedenheit der Eigentumsordnungen	1
§ 2.	Einheitlichkeit des Eigentumsbegriffs	3
	I. Die Notwendigkeit eines abstrakten Eigentumsbegriffs	3
	II. Der Eigentumsbegriff des ZGB	4
	III. Einheitlichkeit des Eigentumsbegriffs im Grundstücks- und im Fahrnisrecht .	8
	IV. Die rechtliche Natur der dinglichen Sachherrschaft	9
	V. Objekte der dinglichen Rechte	11

Zweiter Abschnitt
Der Inhalt des Eigentums

§ 3.	Das Recht der Verfügung nach eigenem Belieben	16
§ 4.	Eigentum und beschränkte dingliche Rechte	17
§ 5.	Persönliche Rechte mit verstärkter Wirkung	18
	I. Vorgemerkte persönliche Rechte	18
	II. Das ius ad rem	19
	III. Die Realobligation	21
	IV. Die dingliche Anwartschaft auf das Eigentum	22
	Anhang: Bedingtes, zeitlich beschränktes, relativ unwirksames und gebundenes Eigentum	23
§ 6.	Der Schutz des Eigentums	24
	I. Übersicht	24
	II. Die Klage auf Herausgabe der Sache (rei vindicatio)	25
	III. Die Klage zur Abwehr ungerechtfertigter Einwirkungen (actio negatoria) . .	28
	IV. Die Feststellungsklage	29

Dritter Abschnitt
Der Umfang der Eigentumsobjekte (Bestandteile und Zugehör)

§ 7.	Das Problem und seine Lösungen	30
§ 8.	Bestandteile	33
	I. Der Begriff	33
	II. Die Wirkung	36
§ 9.	Zugehör	36
	I. Der Begriff	36
	II. Die Wirkung	41
	III. Zugehörähnliche Verhältnisse	43
§ 10.	Natürliche Früchte	44
	I. Der Begriff	44
	II. Die Frucht als Bestandteil der sie liefernden Hauptsache	45
	III. Das Fruchtziehungsrecht	46
	IV. Pfändung und Verpfändung der Früchte	46

Vierter Abschnitt
Gemeinschaftliches Eigentum

Erster Unterabschnitt
Rechtsgemeinschaft und Miteigentum

§ 11.	Die Rechtsgemeinschaft	48
§ 12.	Das Miteigentum	51
	I. Der Begriff	52
	II. Miteigentumsgemeinschaft und Einfache Gesellschaft	56
	III. Miteigentumsgemeinschaft mit körperschaftlicher Nutzungs- und Verwaltungsorganisation	56
	IV. Entstehung und Erwerb des Miteigentums	57
	V. Selbständiges und unselbständiges Miteigentum	59
	VI. Die Verfügung über den Anteil	60
	VII. Die Nutzungs- und Verwaltungsordnung	64
	VIII. Die Zuständigkeit zur Anordnung und Ausführung von Verwaltungsmaßnahmen	65
	IX. Verbindlichkeit der Gemeinschaftsordnung für neue Miteigentümer	69
	X. Lasten, Kosten, Entschädigungen	70
	XI. Interner Eigentums- und Besitzesschutz	72
	XII. Der Ausschluß aus der Gemeinschaft der Miteigentümer	73
	XIII. Die Verfügung über die Sache	76
	XIV. Die Aufhebung des Miteigentums	80

Zweiter Unterabschnitt
Das Stockwerkeigentum

§ 13.	Ziel und Zweck der neuen Ordnung	87
	I. Die eigenen Wohnungs- und Geschäftsräumlichkeiten	87
	II. Unterirdische Bauwerke	88

	III. Erbteilung	88
	IV. Altrechtliches und in die Ersatzform des ZGB umgewandeltes Stockwerkeigentum	88
§ 14.	Das Sonderrecht des Stockwerkeigentümers	89
	I. Die Rechtsstellung im allgemeinen	89
	II. Inhalt und Beschränkungen des Sonderrechts	92
	III. Verpflichtungen	93
	IV. Verfügungen	94
	V. Der Aufhebungsanspruch	96
§ 15.	Die Begründung des Stockwerkeigentums	98
	I. Das Rechtsgeschäft	98
	II. Die Eintragung in das Grundbuch	99
§ 16.	Die Gemeinschaft der Stockwerkeigentümer	100
	I. Organisation	100
	II. Die Beschlüsse der Gemeinschaft	104
	III. Die Handlungsfähigkeit der StWE-Gemeinschaft	106

Dritter Unterabschnitt
Das Gesamteigentum

§ 17.	Begriff und Gegenstand	108
	I. Der Begriff	108
	II. Gegenstand	111
	III. Die Haftung für gemeinschaftliche Schulden	112
§ 18.	Die Ausübung des Gesamteigentums	113
§ 19.	Die Aufhebung des Gesamteigentums	117

Zweites Kapitel
Das Grundeigentum

Erster Abschnitt
Gegenstand, Erwerb und Verlust des Grundeigentums

§ 20.	Bedeutung der Unterscheidung von Grundstücks- und Fahrnisrecht	120
§ 21.	Begriff und Arten des Grundstücks	122
	I. Grundstücke und ihnen im Rechtsverkehr gleichgestellte Rechte	123
	II. Der Zweck und das Verfahren der Aufnahme in das Grundbuch	126
§ 22.	Öffentliche und herrenlose Sachen im Sinne des Art. 664 ZGB	127
	I. Vorbehalt des öffentlichen Rechts	127
	II. Die Objekte des vorbehaltenen öffentlichen Rechts	128
	III. Rechtsverhältnisse	129
	IV. Die Benutzung der öffentlichen Sachen	131
	V. Die Abgrenzung des der Kultur nicht fähigen Landes vom landwirtschaftlich nutzbaren Boden	133

§ 23.	Die grundbuchliche Eigentumsübertragung	134
	I. Das Eintragungsprinzip	134
	II. Voraussetzungen der Eintragung	135
§ 24.	Der außergrundbuchliche Eigentumserwerb	142
	I. Die Aneignung (Art. 658 ZGB)	143
	II. Die Bildung neuen Landes (Art. 659 ZGB)	145
	III. Bodenverschiebung	147
	IV. Die Ersitzung	148
	V. Der Erbgang	156
	VI. Richterliches Urteil	157
	VII. Enteignung und enteignungsähnliche Tatbestände	157
	VIII. Die Zwangsverwertung	157
	IX. Der Ehevertrag	158
	X. Weitere Fälle	158
§ 25.	Der Verlust des Grundeigentums	158
	I. Die Löschung des Eintrages (relativer Eigentumsverlust)	158
	II. Der Untergang des Eigentums (absoluter Eigentumsverlust)	159

Zweiter Abschnitt

Der Umfang der Liegenschaft als Gegenstand des Grundeigentums

§ 26.	Die horizontale Ausdehnung der Liegenschaft (Art. 668 ZGB)	160
	I. Die Grenzzeichen auf dem Grundstück selber	161
	II. Die durch die Vermessung festgelegten Grenzen	161
	III. Die Pläne als Gegenstand der Rechtskraft des Grundbuches	162
	IV. Die Abgrenzungspflicht	163
	V. Die Grenzberichtigung	164
	VI. Einfriedigungen	165
§ 27.	Die vertikale Ausdehnung der Liegenschaft und das Akzessionsprinzip (Art. 667 ZGB)	165
	I. Das Prinzip	165
	II. Praktische Bedeutung	168
	III. Dem Akzessionsprinzip unterstellte gesetzliche Tatbestände	169
§ 28.	Der Einbau und der Überbau	171
	I. Der Einbau	172
	Erster Tatbestand: Fremdes Material wird eingebaut	172
	Zweiter Tatbestand: Der Einbau eigenen Materials auf fremdem Boden	175
	Dritter Tatbestand: Der Bau mit fremdem Material auf fremdem Boden	178
	II. Der Überbau (Art. 674 ZGB)	178
§ 29.	Durchbrechungen und Ausnahmen von Akzessionsprinzip	184
	I. Das Baurecht	184
	II. Leitungen	188
	III. Fahrnisbauten (Art. 677 ZGB)	191
	IV. Einpflanzungen	193

Dritter Abschnitt
Beschränkungen des Grundeigentums

§ 30.	Allgemeine Übersicht und Grundsätze des Nachbarrechts	194
	I. Literatur und Übersicht	194
	II. Unterscheidungskriterien	196
§ 31.	Verfügungsbeschränkungen	202
	I. Verfügungsbeschränkungen im allgemeinen	202
	II. Das Vorkaufsrecht (Art. 681 ZGB)	204
	III. Das Kaufsrecht	212
	IV. Das Rückkaufsrecht (Art. 683 ZGB)	215
§ 32.	Die Verantwortlichkeit des Grundeigentümers	218
	I. Wesen und Bedeutung	218
	II. Abgrenzungen	221
	III. Unmittelbare und mittelbare Einwirkungen	223
	IV. Immissionstatbestände aus der Gerichtspraxis	223
	V. Benutzung des Grundstücks	227
	VI. Negative Immissionen	227
	VII. Psychische Einwirkungen	228
	VIII. Die Übermäßigkeit der Einwirkung	229
	IX. Ansprüche aus Art. 679 ZGB	232
	X. Das Gemeinwesen als Nachbar	236
	XI. Der öffentlich-rechtliche Immissionsschutz	238
§ 33.	Graben und Bauen	240
	I. Schädigung durch bauliche Vorkehren	240
	II. Überragende Bauten	243
	III. Kantonales Baurecht	243
§ 34.	Pflanzen	249
	I. Grenzabstände des kantonalen Rechts	249
	II. Das Kapprecht	250
	III. Das Anries	252
§ 35.	Wasserablauf und Entwässerung	253
	I. Wasserablauf (Art. 689 ZGB)	253
	II. Entwässerung (Art. 690 ZGB)	257
§ 36.	Das Durchleitungsrecht	258
	I. Gegenstand	258
	II. Die rechtliche Natur	259
	III. Der Anspruch auf Einräumung des Durchleitungsrechtes	260
	IV. Begründung	262
	V. Schadenersatz	263
	VI. Untergang des Durchleitungsrechtes	264
	VII. Die Verlegung der Leitung	264
§ 37.	Der Notweg	266
	I. Der Begriff	266
	II. Die rechtliche Natur	266
	III. Die Wegenot	268

	IV. Die zu belastenden Liegenschaften	270
	V. Analoge Anwendung der Art. 691–693 ZGB	271
	VI. Begründung und Untergang	272
	VII. Ausübung	274
	VIII. Verzicht auf den Notweganspruch und Verjährung	274
§ 38.	Andere Wegrechte	275
	I. Begriff und Einteilung	275
	II. Die nachbarlichen Weg- und Betretungsrechte	276
	III. Öffentliche Wege und Betretungsrechte	278
§ 39.	Das Recht auf Zutritt und Abwehr	278
	I. Das Recht zur Begehung von Wald- und Weideland	278
	II. Betreten fremder Grundstücke zum Aufsuchen und Wegschaffen zugeführter Sachen und entlaufener Tiere	284
	III. Abwehr von Gefahr und Schaden	286

Vierter Abschnitt
Quellen, Bäche und Grundwasser

	Gesetzgebung und Literatur	288
§ 40.	Gegenstände	291
	I. Die Quellen	291
	II. Öffentliche Grundwasserströme und Grundwasserbecken	294
§ 41.	Abgraben von Quellen (Art. 706/707 ZGB)	296
	I. Das Abgraben	296
	II. Die Folgen des widerrechtlichen Abgrabens	298
	III. Die Quellengemeinschaft	299
§ 42.	Die Ableitung von Quellen (Art. 705 ZGB)	301
§ 43.	Nachbarliche Notrechte an Quellen, Bächen und Brunnen	302
	I. Bewässern, Trinken, Tränken und Wasserholen	302
	II. Der Notbrunnen	303
	III. Zwangsabtretung	306

Drittes Kapitel
Das Fahrniseigentum

Erster Abschnitt
Das Fahrniseigentum im allgemeinen

§ 44.	Grundeigentum und Fahrniseigentum	308
	I. Allgemeine Bestimmungen	308
	II. Erwerbstatbestände	310
	III. Das Publizitätsprinzip	311

§ 45.	Die Gegenstände des Fahrniseigentums	312
	I. Die beweglichen körperlichen Gegenstände	312
	II. Wertpapiere	313
	III. Naturkräfte	314

Zweiter Abschnitt
Der rechtsgeschäftliche Erwerb von Fahrniseigentum

§ 46.	Derivativer und originärer Eigentumserwerb	314
§ 47.	Das Traditionsprinzip	315
§ 48.	Das Verpflichtungs- oder Grundgeschäft	317
§ 49.	Die Tradition	318
	I. Der rechtsgeschäftliche Charakter	318
	II. Tradition und dinglicher Vertrag	318
	III. Das rechtliche Verhältnis zwischen Tradition und Grundgeschäft	320
§ 50.	Der Erwerb ohne Übertragung des Besitzes	322
§ 51.	Der Erwerb vom Nichtverfügungsberechtigten kraft guten Glaubens	324
	I. Zur Geschichte, Verbreitung und Rechtfertigung	324
	II. Die Voraussetzungen des Erwerbs	325
§ 52.	Der Eigentumsvorbehalt (Art. 715/716 ZGB)	328
	I. Die gesetzliche Regelung und Bedeutung des Eigentumsvorbehalts im allgemeinen	329
	II. Begründung und Untergang des Eigentumsvorbehalts	331
	III. Die Wirkungen	335
	IV. Die rechtliche Konstruktion des Eigentumsvorbehalts	340

Dritter Abschnitt
Die Tatbestände des gesetzlichen Erwerbs und der Verlust des Fahrniseigentums

§ 53.	Der originäre Eigentumserwerb und der Eigentumsverlust (Art. 718–729 ZGB)	343
§ 54.	Die Aneignung (Art. 718 ZGB)	344
	I. Objekte	344
	II. Der Aneignungsakt	345
§ 55.	Herrenlos werdende Tiere (Art. 719 ZGB)	348
§ 56.	Der Fund (Art. 720–722 ZGB)	349
	I. Der Begriff	349
	II. Pflichten des Finders	352
	III. Rechte des Finders	353
§ 57.	Der Haus und Anstaltsfund	356
	I. Der Fundort	356
	II. Der Haus- und Anstaltsherr als Finder	357
	III. Die rechtswidrige Aneignung	358

§ 58.	Der verborgene Schatz (Art. 723 ZGB)	359
	I. Der Begriff des Schatzes	359
	II. Der Eigentumserwerb	361
	Anhang: Die Perle in der Auster	365
§ 59.	Gegenstände von wissenschaftlichem Wert (Art. 724 ZGB)	365
	I. Die Gegenstände	365
	II. Der Eigentumserwerb	366
	III. Das Ausgrabungsrecht	367
	IV. Öffentlich-rechtliche Erlasse	367
§ 60.	Die Zuführung (Art. 725 ZGB)	368
	I. Der Begriff der Zuführung	368
	II. Rechtsstellung des Gewahrsamsinhabers	369
	III. Bienenschwärme	370
§ 61.	Die Verarbeitung (Spezifikation – Art. 726 ZGB)	370
	I. Das Akzessionsprinzip im Fahrnisrecht	370
	II. Der Tatbestand der Verarbeitung	372
	III. Die rechtliche Natur der Verarbeitung	374
	IV. Der Eigentumserwerb	374
	V. Ausgleichsansprüche	376
§ 62.	Verbindung und Vermischung (Art. 727 ZGB)	377
	I. Der Tatbestand	377
	II. Das Eigentumsverhältnis	378
	III. Ausgleichsansprüche	380
§ 63.	Vermischung und Vermengung von Stoffen gleicher Art und gleichen Wertes	381
	I. Der Tatbestand	381
	II. Die Rechtsfragen	381
	III. Das Eigentumsverhältnis	383
	IV. Die Vermengung von Geld und Inhaberpapieren	384
§ 64.	Die Ersitzung	387
	I. Funktion und Bedeutung	387
	II. Ausländisches und früheres kantonales Recht	388
	III. Das Anwendungsgebiet	390
	IV. Die Wirkung	391
	V. Gegenstand der Ersitzung	391
	VI. Der Besitz	393
	VII. Bereicherungsansprüche	396
§ 65.	Der Verlust des Fahrniseigentums	397
	I. Bedeutung in der Gesetzgebung	397
	II. Die privatrechtlichen Tatbestände des Eigentumsverlusts	398
	III. Die Enteignung	400

Der Besitz

Erstes Kapitel
Grundsätzliches und geschichtliche Grundlagen

§ 66. Einleitung 405
    I. Besitz und Recht zum Besitz 405
    II. Funktionen des Besitzes 406
    III. Der Besitz ein subjektives Recht? 407
    IV. Geschichtliche Grundlagen 408

Zweites Kapitel
Tatbestand und Arten des Besitzes

§ 67. Subjekt und Objekt des Besitzes – Sachbesitz und Rechtsbesitz 410
    I. Subjekt des Besitzes 410
    II. Sachbesitz 410
    III. Rechtsbesitz 411

§ 68. Der Besitz als tatsächliche Gewalt 413

§ 69. Unmittelbarer und mittelbarer, selbständiger und unselbständiger Besitz, Eigenbesitz und Fremdbesitz 416

§ 70. Alleinbesitz und gleichstufiger Mit- und Gesamtbesitz 419

§ 71. Besitzdienung, Besitz und Gewahrsam 421
    I. Besitz und Besitzdienung 421
    II. Besitz und Gewahrsam 424

Drittes Kapitel
Erwerb und Verlust des Besitzes

§ 72. Ursprünglicher Besitzerwerb 426

§ 73. Die Gesamtnachfolge (Universalsukzession) in den Besitz 427

§ 74. Die Übertragung des Besitzes (Einzelnachfolge) durch körperliche Übergabe . . 428

§ 75. Die Übertragung des Besitzes durch Besitzvertrag als Übergabeersatz 430
    I. Die Übertragung der offenen Besitzlage (Einräumung der Möglichkeit der Gewaltausübung) 431
    II. Die Besitzwandlung (Besitzübertragung «kurzerhand», brevi manu traditio) . 433
    III. Das Besitzkonstitut (Besitzauftragung, constitutum possessorium; Art. 924 Abs. 1 ZGB) 434
    IV. Die Besitzanweisung 436
    V. Warenpapiere 441
    VI. Zusammenfassung 443

§ 76. Die Übertragung von Mit- und Gesamtbesitz – Besitzerwerb durch Stellvertretung 443

§ 77. Der Verlust des Besitzes 445

Viertes Kapitel
Die Rechtswirkungen des Besitzes

§ 78. Der Schutz des Besitzes gegen verbotene Eigenmacht 448
    I. Allgemeines 448
    II. Das Verteidigungsrecht des Besitzers 452
    III. Die Ansprüche aus Entziehung und Störung des Besitzes durch verbotene Eigenmacht 453

§ 79. Die Vermutungswirkung des Fahrnisbesitzes 458
    I. Grundsätzliches 459
    II. Die Tragweite der Vermutung 460
    III. Die Widerlegung der Rechtsvermutung aus dem Besitz 466

§ 80. Die Übertragungswirkung des Besitzes 466
    I. Die Traditionsmaxime 466
    II. Weitere Voraussetzungen der Rechtsverschaffung 468

§ 81. Die Gutglaubenswirkung des Besitzes (Erwerb vom Nichtberechtigten) 471
    I. Rechtsgeschichte, Rechtsvergleichung und Kritik 471
    II. Die Kriterien für die Unterscheidung zwischen anvertrauten und abhanden gekommenen Sachen 474
    III. Der gute Glaube und sein Gegenstand 477
    IV. Tragweite und Schranken der Gutglaubenswirkung 481

§ 82. Erweiterte Gutglaubenswirkung unter besondern Voraussetzungen oder an besondern Sachen 490
    I. Zeitablauf 490
    II. Erwerb unter besondern Voraussetzungen 491
    III. Geld und Inhaberpapiere 493
    IV. Ordrepapiere 494

§ 83. Die Angriffswirkung des früheren Besitzes: Die Besitzrechts- oder Fahrnisklage . 495
    I. Historisches 495
    II. Die Einbeziehung des Rechts zum Besitz 496
    III. Beidseitig fehlendes Recht zum Besitz 498
    IV. Aufgabe des Besitzes 502
    V. Aktiv- und Passivlegitimation, Inhalt des Anspruchs und Verfahren 503
    VI. Besitzrechtsklage und Vindikation 504
    VII. Rechtskraftprobleme 506

Fünftes Kapitel
Verantwortlichkeit und Ersatzansprüche des nichtberechtigten Besitzers

§ 84. Grundsätzliche Bedeutung der Art. 938–940 ZGB 508

§ 85. Verantwortlichkeit und Ansprüche des gutgläubigen Besitzers 511
    I. Verantwortlichkeit 511
    II. Ansprüche 513

§ 86. Verantwortlichkeit und Ansprüche des bösgläubigen Besitzers 515
    I. Verantwortlichkeit 515
    II. Ansprüche 516

Dienstbarkeiten und Grundlasten

Erstes Kapitel
Die beschränkten dinglichen Rechte im allgemeinen

§ 87. Die beschränkten dinglichen Rechte 521
    I. Begriff 521
    II. Das Verhältnis der beschränkten dinglichen Rechte an fremder Sache zum Eigentum 523
    III. Das Verhältnis der beschränkten dinglichen Rechte untereinander, namentlich deren Rangordnung 526
    IV. Das beschränkte dingliche Recht des Eigentümers an der eigenen Sache . . 532

§ 88. Die Nutznießung und das Pfandrecht, welche Forderungen und andere Rechte belasten 538
    I. Belastungs-Theorie – nicht Teilungs-Theorie 538
    II. Rechtliche Natur der Nutznießung und des Pfandrechtes, welche Forderungen und andere Rechte belasten 539
    III. Vollständige oder teilweise Konfusion im Falle der Nutznießung oder bei Pfandrechten, welche eine Forderung belasten 541

Zweites Kapitel
Die Dienstbarkeiten im allgemeinen, insbesondere die irregulären Dienstbarkeiten und das Baurecht

§ 89. Der Begriff der Dienstbarkeit im schweizerischen Recht 544
    I. Definition, Gliederung und numerus clausus 544
    II. Gesetzliches System und Gliederung unserer Darstellung 550
    III. Inhalt und Modalitäten der Dienstbarkeiten 551
    IV. Die Realobligationen, welche mit der Servitutsberechtigung oder mit dem Eigentum am dienenden Grundstück verbunden sind 555

§ 90. Entstehung, Änderung, Übertragung und Untergang der Servituten auf Grund eines Rechtsgeschäfts 558
    I. Die Begründung 558
    II. Die Abänderung 567
    III. Die Übertragung von Dienstbarkeiten und ihre Belastung mit dinglichen Rechten 568
    IV. Der Untergang 570

§ 91. Die Anwendung allgemeiner Bestimmungen über Erwerb, Änderung und Untergang des Eigentums auf Dienstbarkeiten 572

§ 92. Aufhebung oder Modifizierung von Dienstbarkeiten, insbesondere infolge Änderung der Umstände 575
    I. Im allgemeinen 575
    II. Aufhebung der Servitut oder eines Teils derselben infolge Verlustes der Nützlichkeit 577
    III. Gänzliche oder teilweise Löschung der Dienstbarkeit, wenn das Interesse des Berechtigten im Vergleich zur Belastung des dienenden Grundstücks unverhältnismäßig gering wird 579
    IV. Teilung des dienenden oder des herrschenden Grundstückes 580

§ 93. Auslegung und Ausübung der Servitut 582
    I. Die Auslegungsprinzipien bezüglich der Servituten 582
    II. Das Verbot der Mehrbelastung 585
    III. Die Art der Servitutsausübung und das Einschreiten des Richters 587
    IV. Die Ausübung der Dienstbarkeit im Verhältnis zur Ausübung des Eigentums 589
    V. Die Ausübung der von der Dienstbarkeit verliehenen Befugnisse durch einen Dritten 590
    VI. Die Klagen zur Durchsetzung der Dienstbarkeit oder zu deren Besitzesschutz, sowie diejenigen gegen den Servitutsberechtigten 591

§ 94. Das Baurecht . . . .
    I. Der schweizerische Begriff des Baurechts 594
    II. Die Novelle vom 19. März 1965 – Anwendungsbereich und Übergangsrecht . 597
    III. Entschädigung für die vom Bauberechtigten errichteten Bauten 601
    IV. Das vorzeitige Heimfallsrecht des Eigentümers 603
    V. Die Sicherung für Baurechtszinse 605

Drittes Kapitel
Die Nutznießung und das Wohnrecht

§ 95. Die Nutznießung an einer Sache im allgemeinen 608
    I. Die eigentliche Nutznießung 608
    II. Die Quasi-Nutznießung und die Verfügungsnutznießung 610
    III. Obligatorische Verhältnisse propter rem zwischen Nutznießer und Eigentümer 611
    IV. Höchstpersönlicher Charakter der Nutznießung 612
    V. Entstehung und Untergang der Nutznießung 614

§ 96. Rechte und Lasten des Nutznießers einer Sache 616
    I. Die Rechte 616
    II. Die Lasten 618

§ 97. Der Schutz des Eigentümers während der Dauer der Nutznießung an einer Sache 620
    I. Die Rechte des Eigentümers in bezug auf den Gebrauch und die Verwaltung der Sache durch den Nutznießer 620
    II. Der Anspruch des Eigentümers auf Sicherstellung 621
    III. Das amtliche Inventar 625

§ 98. Rückerstattung und Abrechnung nach Beendigung der Nutznießung an einer Sache 626
    I. Pflicht zur Rückerstattung der Sache 626
    II. Rückerstattung der freiwilligen Auslagen des Nutznießers 627
    III. Wegnahmerecht 628
    IV. Verjährung 628

§ 99. Die Nutznießung, welche Forderungen und andere Rechte belastet 629
    I. Analoge Anwendung der Regeln, welche die Nutznießung an einer Sache betreffen 629
    II. Durch Nutznießung belastbare Rechte 629
    III. Quasi-Nutznießung und Verfügungsnutznießung 630
    IV. Errichtung und Untergang 632
    V. Rechte und Lasten des Nutznießers 634

VI. Verwaltung des belasteten Rechts	635
VII. Zahlung und Neuanlage	637

§ 100. Die Nutznießung an einem Vermögen oder Unternehmen 638
    I. Die Nutznießung an einem Vermögen 638
    II. Die Nutznießung an einem Unternehmen 639

§ 101. Das Wohnrecht 642
    I. Begriff – Anwendung der Bestimmungen über die Nutznießung 642
    II. Umfang des Wohnrechts 644
    III. Die mit dem Wohnrecht verbundenen Lasten 644

Viertes Kapitel

Die Grundlast

§ 102. Der schweizerische Begriff der Grundlast 646
    I. Definition und Rechtsnatur 646
    II. Die Arten von Grundlasten 650
    III. Die sichergestellte Verpflichtung und die Zwangsvollstreckung 652
    IV. Die geschuldete Leistung 653

§ 103. Entstehung, Erwerb, Übertragung, Belastung, Untergang und Teilung der Grundlast 657
    I. Entstehung auf Grund des Gesetzes oder auf Grund eines Rechtsgeschäftes . 657
    II. Originärer (ursprünglicher) Erwerb oder Erwerb durch Gestaltungsurteil . . 658
    III. Übertragung, Belastung und Zwangsverwertung der Grundlast 659
    IV. Untergang 661
    V. Zerstückelung des belasteten oder herrschenden Grundstücks 664

Register

Gesetzesregister 669
Sachregister 687
Abkürzungsverzeichnis XXV

Abkürzungsverzeichnis

ABGB	=	(Österreichisches) Allgemeines Bürgerliches Gesetzbuch (1811)
Abh.schweiz.R	=	Abhandlungen zum schweizerischen Recht (Bern. Heft 1, 1904 – 100, 1924. Neue Folge Heft 1, 1924ff.)
AcP	=	Archiv für die civilistische Praxis (Tübingen 1818–1944, 1948ff.)
ADHGB	=	Allgemeines Deutsches Handelsgesetzbuch, 1861.
AG	=	Aktiengesellschaft
AHVG	=	BG über die Alters- und Hinterbliebenenversicherung, vom 20. Dezember 1946
AllgPrLR	=	Allgemeines Landrecht für die preußischen Staaten (1794)
An.D.Co	=	Annales de droit commercial (Paris 1886–1914, 1920–1939)
Anm.	=	Anmerkung (ohne weitere Bezeichnung die Anm. des betr. Paragraphen)
aOR	=	altes schweizerisches Obligationenrecht (BG über das Obligationenrecht, vom 14. Brachmonat 1881)
AppH	=	Appellationshof
Arbeitsgesetz	=	BG über die Arbeit in Industrie, Gewerbe und Handel (Arbeitsgesetz), vom 13. März 1964
AS (Amtliche Sammlung)	=	Eidgenössische Gesetzessammlung (seit 1948: Sammlung der Eidgenössischen Gesetze)
ASA	=	Archiv für schweizerisches Abgaberecht (Bern 1932/33ff.)
BankG	=	BG über die Banken und Sparkassen, vom 8. November 1934
Basler Studien	=	Basler Studien zur Rechtswissenschaft (1932ff.)
BB	=	Bundesbeschluß
BBl	=	Bundesblatt der Schweiz. Eidgenossenschaft
Berner Kommentar	=	Kommentar zum schweizerischen Zivilrecht (Bern 1910ff.). Seit 1964: Kommentar zum schweizerischen Privatrecht
BG	=	Bundesgesetz
BGB	=	(Deutsches) Bürgerliches Gesetzbuch (1896)
BGE	=	Entscheidungen des schweizerischen Bundesgerichts, Amtliche Sammlung (1875ff.)
BGer	=	Bundesgericht
BGH	=	(Deutscher) Bundesgerichtshof
BGHZ	=	Entscheidungen des (deutschen) Bundesgerichtshofs in Zivilsachen (seit 1951)
BJM	=	Basler Juristische Mitteilungen (1954ff.)
Bl. handelsrechtl. E.	=	Blätter für handelsrechtliche Entscheidungen (Zürich 1882–1901)
BlSchK	=	Blätter für Schuldbetreibung und Konkurs (Wädenswil 1937ff.)
BlZR	=	Blätter für zürcherische Rechtsprechung (1902ff.)
Botschaft	=	Botschaft des Bundesrates
Botschaft 1904	=	Botschaft des Bundesrates an die Bundesversammlung zu einem Gesetzesentwurf enthaltend das Schweizerische Zivilgesetzbuch, vom 28. Mai 1904

Botschaft 1928	=	Botschaft des Bundesrates zu einem Gesetzesentwurf über die Revision der Titel XXIV bis XXXIII des OR, vom 21. Februar 1928
BR	=	Bundesrat
BRB	=	Bundesratsbeschluß
BRVO	=	Verordnung des Bundesrates
BS	=	Bereinigte Sammlung der Bundesgesetze und Verordnungen 1848–1947
Bull	=	Bulletin
BV	=	Bundesverfassung der Schweizerischen Eidgenossenschaft, vom 29. Mai 1874
BVers.	=	Bundesversammlung
BVerwVG	=	BG über das Verwaltungsverfahren, vom 20. Dezember 1968
BZivP, BZP	=	BG über den Bundeszivilprozeß, vom 4. Dezember 1947
Cass. civ.	=	Cour de Cassation Paris, Zivilsachen
CCfr.	=	Code civil français (1804)
CCit.	=	Codice civile italiano (1942)
Ccomm.fr.	=	Code de commerce français (1807)
D	=	Dalloz, Jurisprudence Générale, Recueil périodique et critique de Jurisprudence, de Législation et de Doctrine, Paris
DH.	=	Dalloz Hebdomadaire, Recueil hebdomadaire de Jurisprudence, Paris
DPR	=	Deutsches Privatrecht
E 1919	=	Entwurf eines BG betr. Revision der Titel XXIV bis XXXIII des OR, vom Dezember 1919, mit Bericht von EUGEN HUBER vom März 1920
E 1923	=	II. Entwurf eines BG betr. Revision der Titel XXIV bis XXXIII des OR, vom Dezember 1923, mit Bericht von A. HOFFMANN vom Dezember 1923
E 1928	=	Entwurf des Bundesrates betr. Revision der Titel XXIV bis XXXIII des OR, vom 21. Februar 1928 (Bundesblatt 1928 I, S. 359)
EG	=	Einführungsgesetz
EGBGB	=	Einführungsgesetz zum (deutschen) Bürgerlichen Gesetzbuch
EGG	=	BG über die Erhaltung des bäuerlichen Grundbesitzes, vom 12. Juni 1951
EGzZGB	=	Einführungsgesetz zum (schweizerischen) Zivilgesetzbuch
Eidg.WRG	=	BG über die Nutzbarmachung der Wasserkräfte, vom 22. Dezember 1916
EinfVO	=	Einführungsverordnung
EJPD	=	Eidgenössisches Justiz- und Polizeidepartement
ElG	=	BG betreffend die elektrischen Schwach- und Starkstromanlagen, vom 24. Juni 1902
EntG	=	BG über die Enteignung, vom 20. Juni 1930
Erläuterungen 1914	=	Schweizerisches Civilgesetzbuch. Erläuterungen zum Vorentwurf des Eidgenössischen Justiz- und Polizeidepartements (von EUGEN HUBER). 2 Bände. 2. Aufl. Bern 1914.
Erw	=	Erwägung
EV	=	Eigentumsvorbehalt
EVGE	=	Entscheide des Eidgenössischen Versicherungsgerichts (1927 ff.)
ExpKomm	=	Experten-Kommission
Freiburger Arbeiten	=	Arbeiten aus dem juristischen Seminar der Universität Freiburg i.Ue. (1946 ff.)
GBA	=	Eidgenössisches Grundbuchamt

GBV	=	Verordnung betr. das Grundbuch, vom 22. Februar 1910
Gen	=	Genossenschaft
GmbH	=	Gesellschaft mit beschränkter Haftung
GRReg	=	Güterrechtsregister
GRVO	=	Verordnung betreffend das Güterrechtsregister, vom 27. September 1910
GVP/GR	=	Gerichts- und Verwaltungspraxis des Kantons Graubünden (Chur 1935–1941; ab 1942 PKG)
GW	=	Grundwasser
HGB	=	(Deutsches) Handelsgesetzbuch, 1897
HGer	=	Handelsgericht
HReg	=	Handelsregister
HRegV	=	Verordnung über das Handelsregister, vom 7. Juni 1937
IherJb	=	Iherings Jahrbücher für die Dogmatik des bürgerlichen Rechts (Jena 1897–1942)
IPR	=	Internationales Privatrecht
JT, JdT	=	Journal des Tribunaux (Lausanne 1853 ff.)
JuS	=	Juristische Schulung (München 1961 ff.)
JW	=	Juristische Wochenschrift (Berlin 1872 ff., Leipzig 1920–1939)
JZ	=	(Deutsche) Juristenzeitung (Tübingen 1951 ff.)
KartG	=	BG über Kartelle und ähnliche Organisationen, vom 20. Dezember 1963
KassG	=	Kassationsgericht
KGer, KtGer	=	Kantonsgericht
KS	=	Kreisschreiben
La	=	Loi d'application; legge di applicazione
LEG	=	BG über die Entschuldung landwirtschaftlicher Heimwesen, vom 12. Dezember 1940
LI	=	Loi d'introduction; legge d'introduzione
LuzMax	=	Grundsätzliche Entscheidungen des luzernischen Obergerichtes und seiner Abteilungen (Luzern 1882 ff.)
MBVR	=	Monatsschrift für bernisches Verwaltungsrecht und Notariatswesen (Bern 1903 ff.)
ME	=	Miteigentum
MMG	=	BG betreffend die gewerblichen Muster und Modelle, vom 30. März 1900
MSchG	=	BG betreffend den Schutz der Fabrik- und Handelsmarken, vom 26. September 1890/22. Juni 1939
NF	=	Neue Folge
NJW	=	Neue Juristische Wochenschrift (München 1947 ff.)
ObGer, ObG	=	Obergericht
OG	=	BG über die Organisation der Bundesrechtspflege, vom 16. Dezember 1943
OGH	=	(Österreichischer) Oberster Gerichtshof
OHG	=	Offene Handelsgesellschaft
OR (rev. OR)	=	BG über das Obligationenrecht, vom 30. März 1911/18. Dezember 1936
PatG	=	BG betreffend die Erfindungspatente, vom 25. Juni 1954
PGB	=	Zürcher Privatrechtliches Gesetzbuch (1856)
PKG	=	Die Praxis des Kantonsgerichts Graubünden (Chur 1942 ff.)
Pra	=	Die Praxis des schweizerischen Bundesgerichts (Basel 1912 ff.)
ProtExpKomm	=	Protokoll der Expertenkommission für das Schweizerische Zivilgesetzbuch (autographisch vervielfältigt)

RabelsZ	=	Zeitschrift für ausländisches und internationales Privatrecht, begründet von RABEL (Berlin und Tübingen 1927 ff.)
Repertorio	=	Repertorio di Giurisprudenza patria (Bellinzona 1869 ff.)
Rev. crit.	=	Revue critique de législation et de jurisprudence (Paris 1853 ff.)
RG	=	(Deutsches) Reichsgericht
RG Str.	=	Entscheidungen des (deutschen) Reichsgerichts in Strafsachen (1880–1944)
RGZ	=	Entscheidungen des (deutschen) Reichsgerichts in Zivilsachen (1880–1943)
RR	=	Regierungsrat
R.T.	=	Revue trimestrielle de droit civil (Paris 1902 ff.)
R.T.D.Co	=	Revue trimestrielle de droit commercial (Paris 1948 ff.)
R.T.D. eur.	=	Revue trimestrielle de droit européen (Paris 1965 ff.)
Sav. Z	=	Zeitschrift der Savigny-Stiftung für Rechtsgeschichte (1880 ff.)
SchKG	=	BG über Schuldbetreibung und Konkurs, vom 11. April 1889/28. September 1949
SchlT	=	Schlußtitel
Schweiz. AG	=	Die Schweizerische Aktiengesellschaft (Zürich 1928 ff.)
Schweiz. Privatrecht	=	Schweizerisches Privatrecht, Basel, Band I, 1969; Band II, 1967
Sem. jud.	=	La Semaine judiciaire (Genf 1879 ff.)
SHAB	=	Schweizerisches Handelsamtsblatt
SJK	=	Schweizerische Juristische Kartothek (Genf 1941 ff.)
SJZ	=	Schweizerische Juristen-Zeitung (Zürich 1904 ff.)
SR	=	Systematische Sammlung des Bundesrechts (1970 ff.)
StenBullNR	=	Stenographisches Bulletin der Bundesversammlung, Nationalrat
StenBullStR	=	Stenographisches Bulletin der Bundesversammlung, Ständerat
StGB	=	Schweizerisches Strafgesetzbuch, vom 21. Dezember 1937
StPO	=	Strafprozeßordnung
StWE	=	Stockwerkeigentum
URG	=	BG betreffend das Urheberrecht an Werken der Literatur und Kunst, vom 7. Dezember 1922/24. Juni 1955
UWG	=	BG über den unlauteren Wettbewerb, vom 30. September 1943
VE	=	Vorentwurf
VerwEnt BBeh, VEB	=	Verwaltungsentscheide der Bundesbehörden (Bern 1927–1963; ab 1964 VPB)
VKR	=	Vorkaufsrecht
VO	=	Verordnung
VPB	=	Verwaltungspraxis der Bundesbehörden (Bern 1964 ff.)
VVG	=	BG über den Versicherungsvertrag, vom 2. April 1908
VZG	=	Verordnung über die Zwangsverwertung von Grundstücken, vom 23. April 1920
WEG	=	(Deutsches) Wohnungseigentumsgesetz, vom 15. März 1951
WR	=	Wasserrecht
WRG	=	BG über die Nutzbarmachung der Wasserkräfte, vom 22. Dezember 1916
WStB	=	Bundesratsbeschluß über die Erhebung einer Wehrsteuer, vom 9. Dezember 1940
WuR	=	Wirtschaft und Recht (Zürich 1949 ff.)
Z	=	Zeitschrift
ZBGR	=	Schweizerische Zeitschrift für Beurkundungs- und Grundbuchrecht (Wädenswil 1920 ff.)
ZBJV	=	Zeitschrift des bernischen Juristenvereins (1865 ff.)

Zbl	=	Schweizerisches Zentralblatt für Staats- und Gemeindeverwaltung (Zürich 1900 ff.)
ZGB	=	Schweizerisches Zivilgesetzbuch, vom 10. Dezember 1907
ZHR	=	Zeitschrift für das gesamte Handels- und Konkursrecht (Stuttgart 1907 ff.)
ZPO	=	Zivilprozeßordnung
ZSR	=	Zeitschrift für Schweizerisches Recht (Basel 1852 ff.; NF 1882 ff.)
ZStR	=	Schweizerische Zeitschrift für Strafrecht (Bern 1888 ff.)
Zürcher Beiträge	=	Zürcher Beiträge zur Rechtswissenschaft (Aarau 1905 ff., Zürich 1962 ff.)
Zürcher Kommentar	=	Kommentar zum Schweizerischen Zivilgesetzbuch (Zürich 1909 ff.)

Allgemeine Literatur

Die hier und am Eingang jedes Paragraphen angeführten Werke werden nur mit dem Namen des Verfassers, gegebenenfalls einem zusätzlichen Stichwort zitiert.

BARASSI, L. Proprietà e Comproprietà, Milano 1951.
  Diritti reali e possesso, 2 Bde., 4. Aufl., Milano 1952.
BAUR, F. Lehrbuch des Sachenrechts, 7. Aufl., München 1973.
BECKER, H. Berner Kommentar; Bd. VI/1: Obligationenrecht, Allgemeine Bestimmungen, 2. Aufl., Bern 1941 (Nachdruck 1974); Bd. VI/2: Die einzelnen Vertragsverhältnisse, Bern 1934.
BIONDI, B. Istituzioni di Diritto Romano, 4. Aufl., Milano 1965.
BLUNTSCHLI, J. G. Privatrechtliches Gesetzbuch für den Kanton Zürich, Bd. I–IV, mit Erläuterungen, Zürich 1855/56 (zit. PGB).
– Deutsches Privatrecht, 1. Aufl. in 2 Bänden, München 1854/55; 3. Aufl. in einem Band, hg. von F. DAHN, München 1864.
BONFANTE, P. Istituzioni di Diritto Romano, 10. Aufl., Torino 1951.
– Corso di Diritto Romano, Bd. II: La proprietà. – Bd. II/1, Neudruck Milano 1966; Bd. II/2, Roma 1928.
BRANCA, G. Comunione, Condominio negli edifici, in: Commentario del Codice civile, a cura di A. SCIALOJA e G. BRANCA, libro III: La proprietà, 5. Aufl., Bologna 1972.
BÜREN, B. VON. Schweizerisches Obligationenrecht, 2 Bände, Zürich 1964/72.
CARBONNIER, J. Droit civil, Bd. II: Les biens et les obligations, 2. Aufl., Paris 1959; 6. Aufl., Paris 1969 (s. nun auch 7. Aufl., Bd. III und IV, Paris 1975).
Codice civile annotato con la giurisprudenza della Cassazione da TORRENTE e PESCATORE, 5. Aufl., Milano 1967.
– illustrato con i lavori preparatori dai segretari della commissione ministeriale per la riforma del C. c.: PANDOLFELLI, SCARPELLI, STELLA RICHTER, DALLARI. – Libro della proprietà, con note di commento, Milano 1941.
CROME, C. System des Deutschen Bürgerlichen Rechts; Bd. I: Einleitung und Allgemeiner Teil, Leipzig 1900; Band III: Sachenrecht, daselbst 1905.
CRONE, HUGO VON DER. Der Gerichtsstand der gelegenen Sache, Diss. Zürich 1965.
DALLOZ. Encyclopédie Juridique, 2. Aufl., Paris 1970 ff.
– Répertoire de Droit Civil, Paris 1951–55, mit jährlichem mise à jour.
DERNBURG, H. System des Römischen Rechts – Der Pandekten 8. Aufl., bearb. von SOKOLOWSKI, 2 Bände, Berlin 1911/12.
– Das Bürgerliche Recht des Deutschen Reichs und Preußens, Bd. III: Das Sachenrecht, 3. Aufl. Halle 1904, 4. Aufl. Berlin 1908.
DIEDERICHSEN, U. Das Recht zum Besitz aus Schuldverhältnissen, Hamburg 1965.

EHRENZWEIG, ARMIN. System des österreichischen allgemeinen Privatrechts, Bd. I/2: Das Sachenrecht, 6. Aufl. des Werkes von KRAINZ/PFAFF/EHRENZWEIG, Wien 1957.
EICHLER, H. Institutionen des Sachenrechts, 3 Bde., Berlin 1954/57/60.
ENNECCERUS/KIPP/WOLFF. Lehrbuch des Bürgerlichen Rechtes, Tübingen 1954–1957. – Bd. I: Allgemeiner Teil, 14. Aufl., bearb. von H. C. NIPPERDEY; Bd. II: Schuldrecht, 14. Aufl., bearb. von H. LEHMANN; Bd. III: Sachenrecht, 12. Bearbeitung von M. WOLFF und L. RAISER.
ESCHER, A. Zürcher Kommentar, Bd. III: Das Erbrecht, 3. Aufl.; 1. Halbbd. Zürich 1959, 2. Halbbd. Zürich 1960.
FERID, M. Das französische Zivilrecht, Bd. II, Frankfurt a. M./Berlin 1971.
FERRINI, C./PULVIRENTI, G./BUTERA, A. Delle servitù stabilite dalle leggi, Bd. I, 1908 (Neudrucke 1920, 1923), in den Handbüchern Il Diritto Italiano, dir. da FIORE/BRUGI/VASALLI, Torino.
– Manuale di Pandette, 4. Aufl., curata e integrata da G. GROSSO, Milano 1953.
FLEINER, F. Institutionen des deutschen Verwaltungsrechts, 8. Aufl., Zürich 1939.
FORSTHOFF, E. Lehrbuch des Verwaltungsrechts, Allgemeiner Teil, 8. Aufl., München 1961.
FRIEDRICH, H.-P. Das Stockwerkeigentum – Reglement für die Gemeinschaft der Stockwerkeigentümer, Bern 1965 (s. nun auch 2. Aufl. 1972).
– Baurechts-, Unterbaurechts-, Überbaurechts-Dienstbarkeiten, in: Rechtliche Probleme des Bauens, Bern 1969.
GAUTSCHI, G. Berner Kommentar, Bd. VI/2: Obligationenrecht, Der einfache Auftrag, Bern 1971; Kreditbrief und Kreditauftrag, Mäklervertrag, Agenturvertrag, Geschäftsführung ohne Auftrag, Bern 1964 (unveränderter Nachdruck 1973); Besondere Auftrags- und Geschäftsführungsverhältnisse sowie Hinterlegung, Bern 1962 (unveränderter Nachdruck 1974).
GIERKE, O. VON. Deutsches Privatrecht, in: Systematisches Handbuch der Deutschen Rechtswissenschaft, hg. von K. BINDING, München/Leipzig. – Bd. I: Allgemeiner Teil und Personenrecht, 1895; Bd. II: Sachenrecht, 1905; Bd. III: Schuldrecht, 1917.
GRISEL, A. Droit administratif suisse, Neuchâtel 1970.
GSCHNITZER, F. Lehrbuch des österreichischen Rechts, 5 Bände, Wien 1963–1968. – Bd. 5: Das Sachenrecht, 1968.
GUHL, TH. Das schweizerische Obligationenrecht, 6. Aufl., bearb. von H. MERZ und M. KUMMER, Zürich 1972 (zit. GUHL/MERZ/KUMMER).
– Die Verselbständigung der dinglichen Rechte im schweizerischen ZGB, in: Festgabe für Eugen Huber, Bern 1918.
– Persönliche Rechte mit verstärkter Wirkung, in: Festgabe der Juristischen Fakultät Bern für das Bundesgericht, Bern 1924.
HAAB, R. Zürcher Kommentar, Bd. IV/1: Das Sachenrecht, Das Eigentum, 2. Aufl.; Neubearbeitung des Kommentars von C. WIELAND, Zürich 1929–1937; Fortsetzung von A. SIMONIUS 1948, von W. SCHERRER und P. SIMONIUS 1953 ff. (zit. HAAB bzw. HAAB/SIMONIUS bzw. HAAB/SCHERRER).
HAFNER, H. Das schweizerische Obligationenrecht, 2. Aufl., Zürich 1905.
HANDWÖRTERBUCH zur deutschen Rechtsgeschichte, Bd. 1, Berlin 1971.
HECK, PH. Grundriß des Sachenrechts, Tübingen 1930 (unveränderter Neudruck Aalen 1960).

HEUSLER, A. Institutionen des Deutschen Privatrechts, 2 Bände, in: Systematisches Handbuch der Deutschen Rechtswissenschaft, hg. von K. BINDING, München/Leipzig. – Bd. I, 1885; Bd. II, 1886.
HINDERLING, H. Ein Jubiläum und eine würdige Festgabe, ZBJV 98, 1962, S. 1 ff.
– Persönlichkeit und subjektives Recht, Basler Studien 66, Basel 1963.
– Der Anwendungsbereich der Besitzrechtsklage, Basler Studien 77, Basel 1966.
HOMBERGER, A. Zürcher Kommentar, Bd. IV/3: Das Sachenrecht, Besitz und Grundbuch, 2. Aufl.; Neubearbeitung des Kommentars von C. WIELAND, Zürich 1938.
HÜBNER, R. Grundzüge des Deutschen Privatrechts, 5. Aufl., Leipzig 1930.
HUBER, EUGEN. System und Geschichte des schweizerischen Privatrechtes, 4 Bände, Basel 1886–1893 (zit E. HUBER, System).
– Zum schweizerischen Sachenrecht – Drei Vorträge mit Anmerkungen, Abh. schweiz. R 58, Bern 1914.
– Die Bedeutung der Gewere im deutschen Sachenrecht, in: Festschrift für die Universität Halle, Bern 1894.
– Das Wasserrecht im künftigen schweizerischen Recht, Verhandlungen des Schweiz. Juristenvereins 1900, ZSR 19, Basel 1900.
– Erläuterungen zum Vorentwurf des schweizerischen ZGB, 2 Bände, 2. Aufl., Bern 1914 (zit. Erläuterungen 1914).
HUBER, HANS. Berner Kommentar, Bd. I: Einleitungsband, Bern 1962 (Nachdruck 1966), Art. 6 ZGB.
IMBODEN, M. Schweizerische Verwaltungsrechtsprechung, 2 Bände, 3. Aufl., Basel 1968/69 (4., unveränd. Aufl. 1971).
JÄGGI, P. Zürcher Kommentar, Bd. V/7a: Das Obligationenrecht, Die Wertpapiere, Zürich 1959.
– Berner Kommentar, Bd. I: Einleitungsband, Bern 1962 (Nachdruck 1966), Art. 3 ZGB.
JENNY, F. Der öffentliche Glaube des Grundbuchs, Abh. schweiz. R 17, Bern 1926.
JHERING, R. VON. Der Besitzwille, Jena 1889.
JÖRS, P./KUNKEL, W./WENGER, L. Römisches Recht, 3. Aufl., Berlin/Göttingen/Heidelberg 1949.
JOST, A. Die Realobligation als Rechtsinstitut, mit besonderer Berücksichtigung des schweizerischen Sachenrechts, Bern 1956.
KAN, J. VAN. Aus dem Besitzrecht des ZGB, ZSR 32, 1913, S. 199 ff.
KASER, M. Das Römische Privatrecht, in: Handbuch der Altertumswissenschaft, Rechtsgeschichte des Altertums, München. – Bd. I, 1955; Bd. II, 1959; Bd. III, 1961 (Der Zivilprozeß).
KLANG, H./SCHEY, J. Kommentar zum Allgemeinen Bürgerlichen Gesetzbuch, Bd. II, 2. Aufl., Wien 1950.
KOENIG, K. G. Civilgesetzbuch für den Kanton Bern, Kommentar, Bd. II: Das Sachenrecht, Bern 1880.
KOHLER, J. Beiträge zum Servitutenrecht, AcP 87, 1897, S. 157 ff.
– Lehrbuch des Bürgerlichen Rechts, Berlin. – Bd. I: Allgemeiner Teil, 1906; Bd. II: Das Sachenrecht, 1919.
KREGEL, W. Das Bürgerliche Gesetzbuch unter besonderer Berücksichtigung der Rechtsprechung des Reichsgerichts und des Bundesgerichtshofes (BGB – RGRK), III. Bd., 1. Teil, 11. Aufl., Berlin 1959.

KUMMER, M. Berner Kommentar, Bd. I: Einleitungsband, Bern 1962 (Nachdruck 1966), Art. 8 ZGB.
LANGE, H. Sachenrecht des BGB, Stuttgart/Berlin etc. 1967.
LARENZ, K. Der Allgemeine Teil des Deutschen Bürgerlichen Rechts, München. – Schuldrecht I, Allgemeiner Teil, 8. Aufl., 1967; Schuldrecht II, Besonderer Teil, 6. Aufl., 1964.
LEEMANN, H. Berner Kommentar, Bd. IV/1: Sachenrecht, Das Eigentum, 2. Aufl., Bern 1920; Bd. IV/2: Die beschränkten dinglichen Rechte, Bern 1925.
LEHMANN, H. Allgemeiner Teil des Bürgerlichen Gesetzbuches (Lehrbücher und Grundrisse der Rechtswissenschaft, Bd. 1), 10. Aufl., Berlin 1957 (15. Aufl. 1966).
– Schuldrecht siehe ENNECCERUS/KIPP/WOLFF.
LENT, F./SCHWAB, K. H. Sachenrecht, Kurzlehrbuch, 14. Aufl., München 1974.
LEUCH, G. Die Zivilprozeßordnung für den Kanton Bern, 3. Aufl., Bern 1956.
– Die Bedeutung des betreibungsrechtlichen Widerspruchsverfahrens um Forderungen, ZBJV 76, 1940, S. 1 ff.
LIVER, P. Berner Kommentar, Bd. I: Einleitungsband, Bern 1962 (Nachdruck 1966), Allgemeine Einleitung und Art. 5.
– Zürcher Kommentar, Bd. IV/2a: Das Sachenrecht, Dienstbarkeiten und Grundlasten, Zürich 1968.
– Abhandlungen zur schweizerischen und bündnerischen Rechtsgeschichte, Chur 1970 (zit. Ges. rechtsgeschichtl. Abhandlungen).
– Privatrechtliche Abhandlungen, Festgabe zum 70. Geburtstag des Verfassers, hg. von H. MERZ, Bern 1972.
– Rechte, Gewere und Ersitzung, in: Festschrift für H. Rennefahrt, Bern 1958.
– Gesetzliche Eigentumsbeschränkungen und Dienstbarkeiten in der Gesetzgebung und Lehre Frankreichs, Deutschlands, der Schweiz und Italiens, in: «Ius et Lex», Festgabe für Max Gutzwiller, Basel 1959.
LOMBOIS, C. Statut de la copropriété des immeubles bâtis, Recueil Dalloz, Paris 1967.
MARTIN, A. Le Code des Obligations, Genf 1919.
MARTINO, F. DE. Beni in generale, la proprietà, in: Commentario del Codice civile, a cura di A. SCIALOJA e G. BRANCA, libro III, 2. Aufl., Bologna 1954.
MARTY, G./RAYNAUD, P. Droit civil, Bd. II: Les biens, Paris 1965.
MEIER-HAYOZ, A. Berner Kommentar, Bd. I: Einleitungsband, Bern 1962 (Nachdruck 1966), Art. 1 und 4 ZGB.
– Berner Kommentar, Bd. IV/1: Sachenrecht, Das Eigentum. – 1. Teilbd.: Systematischer Teil und Allgemeine Bestimmungen, 4. Aufl., Bern 1966. – 2. Teilbd.: Grundeigentum I, Bern 1964 (Nachdruck 1974), Supplement 1974. – 3. Teilbd.: Grundeigentum II, Bern 1967/73/75.
MEISSNER/RING. Nachbarrecht in Bayern, 5. Aufl., Berlin 1961, 6. Aufl. 1972.
MEISSNER/STERN/HODES. Nachbarrecht im Bundesgebiet (ohne Bayern) und in West-Berlin, 3. Aufl., Berlin 1970.
MERZ, H. Berner Kommentar, Bd. I: Einleitungsband, Bern 1962 (Nachdruck 1966), Art. 2 ZGB.
MESSINEO, F. Manuale di diritto civile e commerciale, 6 Bände und Registerband, 9. Aufl., Milano 1952–1972.

NEUENSCHWANDER, U. Die Leistungspflichten der Grundeigentümer im französischen Code civil und im schweizerischen ZGB unter besonderer Berücksichtigung des Nachbarrechts, Diss. Bern, Zürich 1966.

OERTMANN, P. Kommentar zum Deutschen Bürgerlichen Gesetzbuch, Allgemeiner Teil, 3. Aufl., Berlin 1927.

OFTINGER, K. Von der Eigentumsübertragung an Fahrnis, Abh. schweiz. R 82, Bern 1933.

– Zürcher Kommentar, Bd. IV/2c: Das Sachenrecht, Das Fahrnispfand, 2. Aufl., Zürich 1952.

– Lärmbekämpfung als Aufgabe des Rechts, Zürich 1956.

– Schweizerisches Haftpflichtrecht, 3 Bände, 2. Aufl., Zürich 1958–1962 (s. nun auch Bd. I, 3. Aufl. 1969, 4. Aufl. 1975).

OSER, H./SCHÖNENBERGER, W. Zürcher Kommentar, Bd. V: Das Obligationenrecht, Allgemeiner Teil, 2. Aufl., Zürich 1929; Die einzelnen Vertragsverhältnisse, 2. Aufl., 1. Halbbd., Zürich 1936, 2. Halbbd., Zürich 1945.

OSTERTAG, F. Berner Kommentar, Bd. IV/3: Sachenrecht, Besitz und Grundbuch, 2. Aufl., Bern 1917.

PALANDT, O. Kurzkommentar zum Bürgerlichen Gesetzbuch, 33. Aufl., München 1974.

PETER, H. Wandlungen der Eigentumsordnung und der Eigentumslehre seit dem 19. Jahrhundert, Zürcher Beiträge 160, Aarau 1949.

PLANCK, Kommentar zum Bürgerlichen Gesetzbuch, Bd. III: Sachenrecht, bearb. von BRODMANN, FLAD und STRECKER, 5. Aufl., Berlin 1933–1938.

PLANIOL, M./RIPERT, G./BOULANGER, J. Traité de droit civil (d'après le Traité élémentaire de PLANIOL/RIPERT), 4 Bände, Paris 1956–1959.

PLANIOL, M./RIPERT, G./PICARD, M. Traité pratique de droit civil français, Paris 1926 (2. Aufl. 1952; mise à jour 1962).

PLANTA, P. C. VON. Bündnerisches Civilgesetzbuch mit Erläuterungen, Chur 1863.

RAISER, L. Dingliche Anwartschaften, Tübingen 1961.

RANDA, A. VON. Das Eigentumsrecht, 2. Aufl., Leipzig 1893.

REGELSBERGER, F. Pandekten, Bd. I (einziger Band), Leipzig 1893, in: Systematisches Handbuch der Deutschen Rechtswissenschaft, hg. von K. BINDING.

ROSSEL, V./MENTHA, F.-H. Manuel de droit civil suisse, 3 Bände, 2. Aufl., Lausanne 1922, supplément 1930 (Verfasser des Sachenrechts ist MENTHA).

RUGGIERO, R. DE/MAROI, F. Istituzioni di diritto privato, 8. Aufl., Milano/Messina 1957 (s. nun auch 9. Aufl. 1967).

SALIS, L. Il condominio negli edifici, 3. Aufl., Torino 1959, in: Trattato di diritto civile, dir. da F. VASALLI, Bd. V/3.

– Gli edifici in condominio, Rassegne systematiche di giurisprudenza, Napoli 1964.

– La superficie, 2. Aufl., Torino 1958, in: Trattato di diritto civile, dir. da F. VASALLI, Bd. IV/3.

SAVIGNY, F. C. VON. Das Recht des Besitzes, 7. Aufl., Wien 1865.

SCHNEIDER, A. Privatrechtliches Gesetzbuch für den Kanton Zürich (vom 4. September 1887), auf Grundlage des BLUNTSCHLI'schen Kommentars allgemeinverständlich erläutert, Zürich 1888.

SCHNEIDER, B. Das Miteigentum, Diss. Bern, Abh. schweiz. R 418, Bern 1973.

SOERGEL, TH./SIEBERT, W. Bürgerliches Gesetzbuch, Bd. IV: Sachenrecht, 10. Aufl., Stuttgart/Berlin etc. 1968.

SPIRO, K. Die Begrenzung privater Rechte durch Verjährungs-, Verwirkungs- und Fatalfristen, 2 Bände, Bern 1975 (während der Drucklegung des vorliegenden Bandes erschienen).

STARK, E. W. Das Wesen der Haftpflicht des Grundeigentümers nach Art. 679 ZGB, Zürich 1952.

– Berner Kommentar, Bd. IV/3: Sachenrecht, Der Besitz, Art. 926–941 ZGB, Bern 1966.

STAUDINGERS Kommentar zum Bürgerlichen Gesetzbuch. – I. Bd.: Allgemeiner Teil von E. RIEZLER, 10. Aufl., Berlin 1936, S. 50ff. – III. Bd.: Sachenrecht I und II von K. KOBER, 10. Aufl., Berlin 1935 und 1938.

STAUDINGER/BERG/RING/SEUFERT. Kommentar zum Bürgerlichen Gesetzbuch, Bd. III, 1. Teil: Sachenrecht, 11. Aufl., Berlin 1956.

TUHR, A. VON. Der Allgemeine Teil des Deutschen Bürgerlichen Rechts, 3 Bände, München/Leipzig 1910–1918, in: Systematisches Handbuch der Deutschen Rechtswissenschaft, hg. von K. BINDING.

– Bürgerliches Recht, Allgemeiner Teil, Berlin 1918, in: KOHLRAUSCH/KASKEL, Enzyklopaedie der Rechts- und Staatswissenschaft.

TUHR, A. VON/SIEGWART, A. Allgemeiner Teil des schweizerischen Obligationenrechts, 2 Bände, 2. Aufl., Zürich 1942/44; s. nun auch 3. Aufl., Zürich 1974: Bd. I neu bearb. von H. PETER, Bd. II von A. ESCHER (zit. VON TUHR/SIEGWART bzw. VON TUHR/PETER bzw. VON TUHR/ESCHER).

TUOR, P. Das Schweizerische Zivilgesetzbuch, 8., erg. Aufl., bearb. von B. SCHNYDER, hg. von P. JÄGGI, Zürich 1968 (s. nun auch 9. Aufl., Zürich 1975) (zit. TUOR/SCHNYDER).

TUOR, P./DESCHENAUX, H. Le code civil suisse, 2. Aufl., Zürich 1950.

TUOR, P./PICENONI, V. Berner Kommentar, Bd. III/2: Erbrecht, Der Erbgang, Bern 1959/64/66 (Nachdruck 1973).

VISCHER, F. Internationales Privatrecht, in: Schweiz. Privatrecht, Bd. I, Basel 1969.

WAECHTER, C. G. Erörterungen aus dem Römischen, Deutschen und Württembergischen Recht, Stuttgart 1845/46.

WALDIS, A. Das Nachbarrecht – Unter Berücksichtigung der kantonalen und bundesgerichtlichen Praxis, 4. Aufl., Zürich 1953.

WEITNAUER, H. Das Wohnungseigentumsgesetz, in: Kommentar WEITNAUER/WIRTHS, 5. Aufl., München 1974.

WESTERMANN, H. Sachenrecht, 5. Aufl., Karlsruhe 1966.

WIEACKER, F. Vom römischen Recht, 2. Aufl., Stuttgart 1961.

– Privatrechtsgeschichte der Neuzeit, 2. Aufl., Göttingen 1967.

WIELAND, C. Zürcher Kommentar, Sachenrecht, Zürich 1909.

WINDSCHEID, B. Lehrbuch des Pandektenrechts, 9. Aufl., unter vergleichender Darstellung des Deutschen Bürgerlichen Rechts bearb. von TH. KIPP, Frankfurt/M. 1906 (zit. WINDSCHEID/KIPP).

WOLFF/RAISER. Sachenrecht, 10. Aufl., Tübingen 1957.

Das Eigentum
PETER LIVER

Erstes Kapitel

Allgemeine Bestimmungen

Erster Abschnitt

Eigentumsordnung und Eigentumsbegriff

§ 1. Verschiedenheit der Eigentumsordnungen

Jede Rechtsordnung empfängt ihren besonderen Charakter durch den Platz, den sie im Spannungsfeld zwischen Individuum und Gemeinschaft einnimmt. Dieser Platz wird bestimmt durch die natürlichen, wirtschaftlichen und sozialen Gegebenheiten sowie durch religiöse, ethische Vorstellungen und geistige Fähigkeiten, welche nach Ort und Zeit, Volk und Land verschieden sind.

Das schweizerische Zivilgesetzbuch und mehr oder weniger auch die Kodifikationen unserer Nachbarstaaten sind unter dem Einfluß der Tradition im Rechtsleben und in der Rechtswissenschaft verschiedener Herkunft und verschiedenen Charakters zustandegekommen. Es waren die römisch-rechtliche, deutsch-rechtliche und die naturrechtliche Tradition. Das Naturrecht der Neuzeit hat als Vernunftrecht namentlich dem Recht der natürlichen Personen seine moderne Gestalt gegeben, im übrigen aber allgemein die Grundlage der begrifflich-systematischen Durchbildung der Rechtsordnung abgegeben. In dieser Hinsicht wirkte es sich auch in der Wissenschaft vom gemeinen römischen Recht des 19. Jahrhunderts stark aus, obwohl FRIEDRICH CARL VON SAVIGNY mit der Gründung der Deutschen Historischen Rechtsschule sich zum materiellen Naturrecht seiner Zeit in den schärfsten Gegensatz gestellt hatte[1].

---

[1] F. WIEACKER, Privatrechtsgeschichte der Neuzeit, 2. Aufl., Göttingen 1967, S. 377 ff.; P. KOSCHAKER, Europa und das römische Recht, München 1947, S. 268 f.; H. COING, Savignys rechtspolitische und methodische Anschauungen in ihrer Bedeutung für die gegenwärtige deutsche Privatrechtswissenschaft, ZBJV 91, 1955, S. 329 ff.

Im Sachenrecht des ZGB und namentlich in der Eigentumsordnung sind überkommenes deutsches Recht und gemeines römisches Recht miteinander in der Weise verbunden, daß die inhaltliche Ausgestaltung der einzelnen Institute dem ersten, die begriffliche Bestimmung und systematische Ordnung dem zweiten entspricht[2]. Bei der Kodifikation sah man sich in der Schweiz der größten Vielfalt des Rechtes in den verschiedenen Landesgegenden und zum Teil auch innerhalb einzelner Kantone gegenüber. Der individualistische Grundzug des gemeinen römischen Rechtes war im französischen Code civil ebenso stark, wenn nicht noch stärker, ausgeprägt und durchdrang mit ihm das Recht der Westschweiz und der Kantone Wallis und Tessin. In den Kantonen der deutschen Schweiz beruhte das eigenständige Recht auf deutsch-rechtlicher Grundlage. In den Gesetzbüchern der bernischen Kodifikationsgruppe (auf Grund des ABGB) bildete es einzelne Abschnitte der Gesetzesbücher. In den innerschweizerischen Kantonen ohne Kodifikation war es altüberkommenes deutsches Recht, das seinen genossenschaftlichen Charakter voll bewahrt hat, zum Teil aber in überlebten Formen erstarrt war. Im Kanton Zürich wurde das deutsche Recht durch die Kodifikation BLUNTSCHLIS fortgebildet und sein genossenschaftliches Wesen mit neuer Lebenskraft erfüllt, so daß es von weiteren Kantonen übernommen oder zum Vorbild eigener Gesetzbücher geworden ist. Von ihm ging auch die stärkste Wirkung aus auf die schweizerische Kodifikation, mit der EUGEN HUBER ein einheitliches Recht zu schaffen vermochte, das durch die Vielgestaltigkeit seiner Institute und durch weisen Verzicht auf eine in die Einzelheiten gehende Regelung und auf die als Illusion erkannte Lückenlosigkeit auch den Kantonen, von denen es eine stärkere Neuorientierung verlangte, die Annahme leicht machte[3].

Das den Inhalt der Eigentumsordnung des ZGB bestimmende Prinzip ist der Gemeinschaftsgedanke, der im genossenschaftlichen Wesen des deutschen Rechtes wurzelt. Er liegt im Schutz der Interessen und Bedürfnisse der engeren und weiteren Gemeinschaft, in welcher der Eigentümer steht; er findet seinen Ausdruck in den gesetzlichen Beschränkungen des privaten Rechtes, welche dem Eigentümer auferlegt werden, und in den vorbehaltenen Beschränkungen des öffentlichen Rechtes des Bundes und der

---

[2] Vgl. dazu meine Ausführungen im Berner Kommentar, Einleitungsband, Allg. Einleitung, N. 76 ff. (Tradition und Reform), sowie in der ZSR 85 I, 1966, S. 305, und nunmehr in: Gesammelte rechtsgeschichtl. Abhandlungen, Chur 1970, S. 292 ff. (Die Servitut in der Eigentumsordnung und Eigentumslehre der deutschen, französischen und italienischen Rechtsgeschichte).

[3] P. LIVER, Entstehung, und H. MERZ, Bewährung, in: Fünfzig Jahre schweizerisches ZGB, Sonderheft ZSR 81 I, 1962, S. 20 ff. und S. 36 f.; P. LIVER, Das Zivilgesetzbuch – geschriebenes Rechtsgewissen des Schweizervolkes, SJZ 58, 1962, S. 209 ff. (SA S. 9 f.).

Kantone⁴. Das zweite Prinzip, von dem sich der Gesetzgeber leiten ließ, ist das der **Freiheit der Rechtsgenossen** in der Gestaltung ihrer rechtlichen Beziehungen untereinander⁵. Im Sachenrecht wirkt es sich namentlich in der Erweiterung und Vermehrung der Typen von beschränkten dinglichen Rechten aus⁶.

Bei der Kodifikation und auch in der wissenschaftlichen Bearbeitung und Anwendung des neuen Rechtes sah man sich stets mit den verschiedenen Typen von Eigentumsordnungen, welche die Rechtsentwicklung hervorgebracht und die wissenschaftlichen Theorien verschiedener Richtungen zu ihrem Gegenstand machten, konfrontiert. In der Betrachtung dieser Typen ist es vielfach üblich geworden, in ihnen Entfaltungen verschiedener Eigentumsbegriffe zu sehen. So spricht man von einem römischen, einem germanischen oder deutschen, einem schweizerischen, französischen und italienischen **Eigentumsbegriff**⁷. Darin liegt eine Verwechslung der Eigentumsordnung in ihrer inhaltlichen Gestaltung mit dem Eigentumsbegriff oder doch die sprachliche Ungenauigkeit, Wesen und Eigenart als Begriff zu bezeichnen⁸.

§ 2. Einheitlichkeit des Eigentumsbegriffs

I. Die Notwendigkeit eines abstrakten Eigentumsbegriffs

Die verschiedenen Eigentumsordnungen sind Ordnungen des Eigentums. So verschieden der Inhalt dieses Eigentumsverhältnisses sein mag, ist der Begriff des Eigentums doch immer derselbe. Gäbe es diesen Begriff nicht, könnten wir gar nicht von Eigentumsordnungen sprechen. Eigentum muß

---

[4] Siehe außer den in Anm. 3 angegebenen Schriften das Kapitel «Individuum und Gemeinschaft», in: Berner Kommentar, Einleitungsband, Allg. Einleitung, N. 92ff., S. 44ff.; P. LIVER, Gesetzliche Eigentumsbeschränkungen und Dienstbarkeiten in der Gesetzgebung und Lehre Frankreichs, Deutschlands, der Schweiz und Italiens, in: Ius et Lex, Festgabe Max Gutzwiller, Basel 1959, S. 749ff.
[5] Zum Prinzip der Freiheit und Selbständigkeit der Person als Subjekt des Privatrechts vgl. EUGEN HUBER selber in System und Geschichte des schweizerischen Privatrechts, Bd. IV, S. 299; ferner LIVER, Berner Kommentar, Einleitungsband, Allg. Einleitung, S. 52; H. MERZ, a.a.O. (Anm. 3), S. 44.
[6] LIVER, Zürcher Kommentar, Vorbemerkung vor Art. 730 ZGB, N. 7ff.
[7] Charakteristisch dafür HAAB, Sachenrecht (Zürcher Kommentar), S. 40: «Der Eigentumsbegriff des schweizerischen Rechts». Siehe auch LIVER, «Eigentumsbegriff und Eigentumsordnung», in: Gedenkschrift Franz Gschnitzer, Innsbruck 1969, S. 261, Anm. 47, wo Beispiele aus der neuesten Literatur angeführt werden, in denen Eigentumsbegriff für Eigentumsordnung steht.
[8] LIVER, Zürcher Kommentar, Einleitung, N. 80ff. und Nachtrag, S. 650.

deshalb ein abstrakter Begriff sein, ein Begriff, der so gefaßt ist, daß er das Eigentumsverhältnis bestimmt, wie immer es inhaltlich gestaltet ist, also nur die Merkmale umfaßt, welche bestehen bleiben, wenn man vom Inhalt in seiner durch die jeweilige Rechtsordnung bedingten Verschiedenheit **abstrahiert**. Dies war im 19. Jahrhundert und zur Zeit der Entstehung des ZGB allgemein anerkannt. Auch die hervorragendsten Vertreter des Deutschen Privatrechtes teilten die Auffassung, daß das Eigentum im Sinne der Gesetzbücher ihrer Zeit nur mit einem **abstrakten Begriff** bestimmt werden könne[1]. Jede Bestimmung des Eigentums nach seinem jeweiligen Inhalt müßte zur Auflösung des Eigentumsbegriffes überhaupt führen. Dies gilt nicht nur im Verhältnis zwischen den im § 1 einander gegenübergestellten Eigentumsordnungen, sondern auch innerhalb der gleichen staatlichen Rechtsordnung. Im Grundstücksrecht einerseits, im Fahrnisrecht andererseits wäre das Eigentum verschieden zu definieren. Innerhalb des Grundstücksrechtes hat das Eigentum einen ganz verschiedenen Inhalt, je nach seinem Objekt, wird doch sein Inhalt bestimmt durch die Gesamtheit der auf es zutreffenden privat- und öffentlich-rechtlichen Bestimmungen. Diese sind verschieden für land- und forstwirtschaftliche Liegenschaften, Grundstücke des Baulandes und unter diesen wieder je nach der Bauzone; einen anderen Inhalt haben Gewässergrundstücke, unter sich wieder verschieden nach der Art des Gewässers; Gewässerschutzbestimmungen, Vorschriften über den Natur- und Heimatschutz, über die Freihaltung von Grundflächen für Skiabfahrten und Übungsgelände können tiefgreifende Wirkungen auf den Eigentumsinhalt haben. Unabsehbar ist die Differenzierung und damit die Zahl der «qualitativ unterschiedlichen Zuordnungspositionen»[2].

II. Der Eigentumsbegriff des ZGB

Der Begriff des Eigentums muß notwendigerweise abstrakt sein und als solcher sich gleich bleiben, welches immer das Objekt des Eigentums ist und welches die Beschränkungen sind, denen die Herrschaft über das Objekt unterworfen ist. EUGEN HUBER hat in den Erläuterungen zum Vorentwurf ausdrücklich hervorgehoben, daß die soziale Funktion, welche dem Eigentum in der Rechtsordnung zuerkannt werde, «die Existenz des Eigentumsbegriffes» nicht berühre: «An sich ist der Eigentumsbegriff in seiner logischen

---

[1] GIERKE, DPR II, S. 361: «Das Eigentum ist heute seinem formalen Begriffe nach ein abstraktes, von der Summe der in ihm enthaltenen Befugnisse verschiedenes und daher überall gleiches Recht.»
[2] Vgl. meine Ausführungen in der Gedenkschrift Gschnitzer (zit. § 1, Anm. 7), S. 257f.

Bedeutung für alle Gegenstände des Eigentums notwendig der gleiche»[3]. Begrifflich ist das Eigentum auch für ihn die «vollkommene Herrschaft», d.h. die allseitige, also totale Herrschaft über die Sache. EUGEN HUBER befindet sich damit in diesem Punkt in voller Übereinstimmung mit der gemeinrechtlichen Lehre[4]. Mit der vollkommenen Herrschaft über die Sache ist nichts anderes gemeint als mit der so oft angefochtenen Definition WINDSCHEIDS: «Eine Sache ist jemandem in dem Sinne eigen, daß nach dem Rechte sein Wille für sie entscheidend ist in der Gesamtheit ihrer Beziehungen»; «das Eigentum ist als solches schrankenlos, aber es verträgt Beschränkungen». Dieser letzte Satz hat hauptsächlich Anstoß erregt, weil er den Anschein erweckt, daß das Eigentum als tatsächliche Herrschaft in der Regel unbeschränkt sei, was allerdings, wenigstens im Grundstücksrecht, nicht zutrifft und nie zugetroffen hat, aber auch nicht gemeint ist[5]. Dieses Mißverständnis wird mit den Definitionen vermieden, welche darauf hinweisen, daß die Herrschaft des Eigentümers über die Sache nur soweit ausgeübt werden darf, daß sie nicht gegen Normen des objektiven Rechtes verstößt oder Rechte anderer an der Sache verletzt. Als Beispiel dafür mag die Definition angeführt sein, die FRITZ SCHULZ gibt: «Eigentum ist dasjenige dingliche Recht an einer körperlichen Sache, das dem Berechtigten generell alle Befugnisse über die Sache zuweist, soweit sie nicht durch die Rechtsordnung oder durch rechtsgeschäftliche Akte speziell ausgenommen sind»[6].

Vom Eigentumsbegriff in dieser Umschreibung sagt SCHULZ mit Recht, daß er jeder Eigentumsordnung und der Herrschaft über jedes Eigentumsobjekt zugrundeliege. Es sei der römische Eigentumsbegriff[7] und dieser sei

---

[3] Erläuterungen 1914, II, S. 33.
[4] Zusammenstellung der Definitionen bei V. PUNTSCHART, Die moderne Theorie des Privatrechts, 1893, S. 61 ff.; DERSELBE, Die fundamentalen Rechtsverhältnisse, 1885, S. 110 f.
[5] WINDSCHEID, Pandekten I, 9. Aufl., bearb. von KIPP, S. 857. – KIPP hat dazu bemerkt: «Die Darstellung Windscheids kann zu dem Glauben verführen, als wenn Beschränkungen des Eigentums etwas mehr oder weniger Zufälliges, Seltenes wären, während doch weder im römischen noch im deutschen noch im heutigen Recht ein völlig schrankenloses Eigentum bestanden hat oder besteht. Das ruft dann die Opposition gegen den aufgestellten Begriff des Eigentums wach. Richtig bleibt doch, daß das Eigentum insoweit schrankenlos ist, als nicht Schranken nachweisbar sind.»
[6] Fritz Schulz, Prinzipien des römischen Rechts, München 1934, S. 102. Ebenso A. VON TUHR, BGB, Allg. Teil, in: Enzyklopädie von KOHLRAUSCH/KASKEL, 3. Aufl., Berlin 1928, S. 10.
[7] SCHULZ betont a.a.O., daß auch das römische Recht, insbesondere auch das öffentliche Recht, dem Eigentümer Beschränkungen und Verpflichtungen auferlegt habe, deren Bedeutung vielfach verkannt werde. Gleichwohl sei es zutreffend, wenn die römische Eigentumsordnung (nicht der römische Eigentumsbegriff!) im Vergleich mit der deutschen als individualistisch charakterisiert werde. Hierin und auch in der Eigentumsdefinition stimmt SCHULZ überein mit dem grundlegenden italienischen Werk über das Eigentum im römischen Recht: VITTORIO SCIALOJA, Teoria della proprietà nel diritto romano, Bd. I, 1928, S. 273.

kein anderer als der deutsche. Er ist auch kein anderer als der schweizerische. Die Schranken der Rechtsordnung, welche der Sachherrschaft des Eigentümers gesetzt sind (Art. 641 Abs. 1 ZGB), beschränken den Inhalt und Umfang der Sachherrschaft des Eigentümers. Dem Begriff des Eigentums sind sie nicht immanent[8]. Zum Begriff des Eigentums als Freiheit der Nutzung, des Gebrauchs und der Verfügung über die Sache kann die Negation dieser Freiheit nicht gehören. Die Schranken des Eigentums setzen diesem Grenzen, engen es ein, stellen sich ihm entgegen[9]. Die praktische Folge, welche sich daraus ergibt, ist die: Wer gegenüber dem Eigentümer geltend macht, daß er gegen eine Schranke der Rechtsordnung verstoße, hat zu beweisen, daß diese Schranke besteht. Dies ist allgemein anerkannt für die Behauptung, daß der Eigentümer ein beschränktes dingliches oder obligatorisches Recht an der Sache verletze[10]. Nicht anders verhält es sich, wenn behauptet wird, der Eigentümer verstoße gegen eine Norm des objektiven Rechtes. Aus dem Begriff des Eigentums läßt sich ein solcher Verstoß niemals begründen[11]. Auch wenn in unserer Verfassung bestimmt wäre «Eigentum verpflichtet», wie im deutschen Grundgesetz (Art. 14 Abs. 2) und schon

---

[8] Immanenz behauptet namentlich HAAB, Art. 641, N. 3, in Übereinstimmung mit der in Deutschland vorherrschenden Lehre. Siehe namentlich WOLFF/RAISER, § 52, S. 179 über die «Sozialpflichtigkeit» als notwendiges Korrelat der Eigentümerbefugnisse, nicht nur als Schranke oder von außen kommende Belastung. Wer behauptet, eine unbeschränkte Sachherrschaft gebe es überhaupt nicht, weshalb die Beschränktheit notwendiges Merkmal des Eigentumsbegriffes sei, läßt – abgesehen von der Verwechslung des Eigentumsbegriffes mit dem Eigentumsinhalt – das Fahrnisrecht außer acht, in welchem die Herrschaft über unzählige Sachen unbeschränkt ist.

[9] Von mir näher ausgeführt in der Gedenkschrift Franz Gschnitzer (zit. § 1, Anm. 7) und im Zürcher Kommentar, Dienstbarkeiten, Einleitung, N. 80 ff. Vgl. auch ERNST WOLF, Lehrbuch des Sachenrechts, Köln 1971, S. 80 ff. über unzutreffende Bestimmungen des Begriffs Eigentum.

[10] LIVER, Zürcher Kommentar, Einleitung, N. 80 ff. mit Nachtrag S. 650 sowie Art. 738, N. 14; MEIER-HAYOZ, Sachenrecht, System. Teil, N. 179 ff., bes. 197. Auch HAAB (Art. 641, N. 18) sagt, daß denjenigen die Beweislast treffe, der ein das Eigentum beschränkendes Recht beanspruche. Als solches Recht will er aber nur das beschränkte dingliche Recht und die vorgemerkte Verfügungsbeschränkung gelten lassen, nicht aber ein Recht, das sich aus einer gesetzlichen Eigentumsbeschränkung ergibt. Es ist indessen nicht einzusehen, warum das gleiche nicht gelten soll, wenn gegenüber dem Eigentümer ein solches Recht, z.B. ein Notwegrecht oder Überbaurecht oder eine Grenzabstandsvorschrift geltend gemacht wird.

[11] Siehe meine Ausführungen in der Gedenkschrift Gschnitzer, S. 263 mit Anm. 57. Entgegen der von ihm vertretenen Immanenztheorie erklärt auch HAAB (Art. 641, N. 13), der Eigentümer habe nichts zu unterlassen, zu dulden oder zu leisten, wozu er nicht durch eine Rechtsnorm irgendwelcher Art verhalten werde. Daraus muß doch folgen, daß Verpflichtungen, welche die Sachherrschaft des Eigentümers beschränken, nicht aus dem Begriff des Eigentums abgeleitet werden können, sondern nur aus bestimmten Rechtsnormen oder aus beschränkten dinglichen Rechten. Dem Begriff des Eigentums können deshalb nicht die gesetzlichen Beschränkungen selber, sondern höchstens die Beschränkbarkeit (wie nach der vorn wiedergegebenen Definition von SCHULZ) immanent sein.

in der Weimarer Verfassung (Art. 153 Abs. 3), könnten darunter nur Verpflichtungen zu verstehen sein, welche dem Eigentümer durch Normen der Rechtsordnung auferlegt wären. Auch wer gegen den Eigentümer wegen Mißbrauchs seines Rechtes vorgeht, hat zu beweisen, daß dieser Verstoß gegen Treu und Glauben vorliege, wenn auch mit HAAB zu bemerken ist, daß das Verbot des Rechtsmißbrauchs nicht spezifische Eigentumsbeschränkung ist, sondern eine ethische Norm, an der jedes subjektive Recht seine Schranke findet[12].

Die Motive der logisch unmöglichen Immanenztheorie scheinen mir im Bestreben ihrer Vertreter zu liegen, nicht als Individualisten, sondern als sozialdenkende Juristen zu erscheinen. Aber von dieser Einstellung, der einen wie der anderen, ist der Eigentumsbegriff ganz unabhängig. Es ist der Inhalt des Eigentums, der durch die mannigfachsten gesetzlichen Beschränkungen, namentlich und in ständig zunehmender Zahl und Intensität, bestimmt wird und zwar ganz verschieden für die Kategorien von Sachen, welche jeweiliger Gegenstand der einzelnen, meistenteils in Spezialgesetzen enthaltenen Bestimmungen sind. Er empfängt aus ihnen seinen sozialen Gehalt. Diese Beschränkungen können ebensowohl als notwendig oder doch als begründet anerkannt werden, wenn durch sie die mit dem abstrakten Begriff erfaßte Sachherrschaft, die an sich unbeschränkt ist, dem Inhalt nach beschränkt wird, als wenn durch sie der Eigentumsbegriff konstituiert und damit seine Einheit aufgegeben würde[13].

Im übrigen ist ein Kampf gegen eine Eigentumsordnung, welche dem Individuum eine Machtstellung gewähren würde, an welcher die Verwirklichung gemeinschaftlicher und öffentlicher Interessen scheitert, bis auf Nebenpunkte gegenstandslos geworden. Heute gilt es vielmehr, durch weitere Ausgestaltung der Privatrechtsordnung im Sinne des ihr im ZGB eingepflanzten Gemeinschaftsgedankens der Verdrängung der Privatautonomie und der Zerstörung ihres Fundamentes in der Rechtsgleichheit entgegenzuwirken[14]. In diesem Bestreben muß man sich darauf stützen können,

---

[12] Auch HAAB (Art. 641, N. 8) bemerkt, daß das Verbot des Rechtsmißbrauchs sich nicht speziell auf das Eigentum, sondern auf alle subjektiven Rechte beziehe und nicht diese Rechte selber, sondern nur ihre Ausübung beschränke. Meine Formulierung im Text entspricht der in den N. 46 f. zu Art. 737 meines Kommentars dargelegten Auffassung, welche von der herrschenden Lehre abweicht. MERZ, Berner Kommentar, N. 28 zu Art. 2 ZGB.
[13] H. PETER, Wandlungen der Eigentumsordnung und der Eigentumslehre seit dem 19. Jahrhundert, Zürcher Beiträge 160, Aarau 1949, insbes. S. 100 ff.
[14] MEIER-HAYOZ, System. Teil, N. 197; in seinem Beitrag zur Festgabe für Karl Oftinger, Zürich 1969, S. 185 ff., «Vom Wesen des Eigentums», glaubt der Autor, der Auffassung von der «Sozialpflichtigkeit» des Eigentums als Merkmal des Eigentumsbegriffs den Vorzug geben zu müssen, ohne aber irgendein Bedürfnis zu nennen, das nicht durch gesetzliche Beschränkungen,

daß die Beschränkungen des Eigentums nicht aus diesem selbst heraus durch Konzipierung des entsprechenden Eigentumsbegriffs als «proprietà funzione», «diritto-dovere», «propriété-fonction sociale», «sozialpflichtiges» und damit «funktionelles Eigentum», entwickelt werden können und dürfen, sondern als «Schranken der Rechtsordnung» zu beweisen sind, wobei sie sich allerdings auch aus allgemeinen dem Gesetz oder einzelnen Instituten zugrundeliegenden Rechtsgedanken ergeben können[15].

III. Einheitlichkeit des Eigentumsbegriffs im Grundstücks- und im Fahrnisrecht

Im Inhalt und Umfang der Freiheit des Eigentümers und der Herrschaft über die Sache ist die Verschiedenheit des Grundstücks- und des Fahrnisrechtes sehr groß. Die gesetzlichen Beschränkungen der Benutzung der Sache, welche den Inhalt des Grundeigentums so weitgehend beschränken, sind dem Fahrnisrecht fremd oder haben in ihm doch nur ganz ausnahmsweise und vereinzelt einige Bedeutung. Diese Verschiedenheit hat EUGEN HUBER betont und sich gefragt, ob für jedes der beiden Gebiete eine selbständige Ordnung zu treffen sei, hat diese Frage aber verneint und dies damit begründet, daß für sie Inhalt und Umfang des Eigentums sowie die Formen der Eigentumsgemeinschaft die gleichen seien. Diese Rechtsverhältnisse bilden deshalb im Sachenrecht des ZGB den Gegenstand der Allgemeinen Bestimmungen im achtzehnten Titel (Art. 641–654)[16]. Diese Gemeinsamkeit führt EUGEN HUBER zurück auf die Einheitlichkeit des Eigentumsbegriffs, die bestehe, auch wenn die tatsächliche Herrschaft über die Sachen des Grundstücksrechtes einerseits, des Fahrnisrechtes andererseits nicht den gleichen Inhalt habe.

---

eben die Schranken der Rechtsordnung im Sinne des Art. 641, ebenso gut und unter besserer Wahrung der Rechtssicherheit erfüllt werden kann. Vgl. dazu meine Ausführungen in der Gedenkschrift für Franz Gschnitzer, S. 263 mit den Anm. 56 und 57. Im gleichen Sinne außer der zit. Schrift von H. PETER auch RIPERT/BOULANGER, Traité de droit civil, Bd. I, No. 486ff., namentlich No. 488, S. 222; J. CARBONNIER, Droit civil, Bd. II/1, S. 75ff., mit Bezug auf Art. 641 ZGB No. 28, S. 83; zur propriété fonction sociale S. 85.

[15] Aus dem dem Nachbarrecht zugrundeliegenden Gemeinschaftsgedanken hat das Bundesgericht die Eigentumsbeschränkung abgeleitet, kraft welcher dem Nachbarn, von dessen Geschäft Kunden dadurch abgehalten werden, daß infolge von Abschrankungen der Baustelle zur Errichtung oder Erneuerung eines Gebäudes der Fußgängerverkehr beeinträchtigt wird und sich deshalb mehr an die andere Straßenseite hält, Schadenersatz wegen Überschreitung des Eigentums (Art. 679, 684 ZGB) zu leisten sei; BGE 91 II, 1965, S. 100 = Pra 54, Nr. 109. Siehe dazu hinten § 30, Anm. 15 und § 32, VIII 6.

[16] Erläuterungen 1914, II, S. 34.

IV. Die rechtliche Natur der dinglichen Sachherrschaft

Das Gesetz behandelt das Eigentum wie die beschränkten dinglichen Rechte als subjektive Rechte und zwar als Herrschaftsrechte. Die Herrschaft ist Sachherrschaft. Sachherrschaft gewähren auch die Miete, die Pacht, die Leihe. Von dieser obligationenrechtlichen Sachherrschaft unterscheidet sich die dingliche durch ihre **Unmittelbarkeit**. Sie kann ausgeübt werden, ohne daß dazu die Einwirkung auf den Willen einer anderen Person als Mittel erforderlich wäre. Anderen Personen tritt der dinglich Berechtigte nur gegenüber, wenn sie seine Sachherrschaft stören. Jedermann kann seine Sachherrschaft stören; gegen jedermann kann er sie verteidigen. Dies ist der Sachverhalt, der das dingliche Recht zum absoluten Recht macht. Er trifft auch auf andere Rechte, wie die Persönlichkeitsrechte zu und macht auch sie zu absoluten Rechten. Er ist aber nicht ein eigenes Begriffsmerkmal dieser Rechte, sondern nur die notwendige Folge aus dem Wesen dieser Rechte. Das Wesen der dinglichen Rechte aber ist eben die Unmittelbarkeit der Sachherrschaft. Aus ihr ergeben sich sowohl die Nutzungs-, Gebrauchs- und Verfügungsbefugnisse, also das Verhältnis, das man als das innere oder interne bezeichnet, als auch die Wirkung gegenüber jedermann, d.h. gegenüber jedem Dritten, der die Ausübung des Rechtes verhindert, stört oder beeinträchtigt. Die Unterscheidung der Innen- und der Außenseite betrifft die Wirkungen des dinglichen Rechtes, nicht dessen Begriff. Sie hat nicht zwei verschiedene Begriffe zum Gegenstand, die miteinander kombiniert werden könnten und kombiniert werden müßten, um die rechtliche Natur des dinglichen Rechtes allseitig zu erfassen[17].

---

[17] Diese Wesensbestimmung des dinglichen Rechts war in der herrschenden Lehre des gemeinen Rechtes anerkannt: REGELSBERGER, Pandekten, S. 200 («Sonach ist das Wesen der Dinglichkeit nur in der Unmittelbarkeit der rechtlichen Stellung zur Sache zu sehen»); DERNBURG, Pandekten (1902) I, § 192, S. 443; RANDA, Das Eigentumsrecht, S. 8; UNGER, System des österreichischen allgemeinen Privatrechts, 5. Aufl., Leipzig 1892, Bd. I, S. 511 ff.; C.G. WÄCHTER, Erörterungen aus dem römischen, deutschen und dem württembergischen Recht, 1845, Bd. 1, S. 109; STOBBE, Handbuch des DPR, 3. Aufl., Berlin 1893, Bd. I, § 66 mit den Anm. 1, 1a, 1b: VON TUHR, BGB I, S. 133 f.; ENNECCERUS/NIPPERDEY, § 79; WOLFF/RAISER, § 2 I, Anm. 1: «Sieht man auf den Zweck der Rechtsinstitute, so kann kaum zweifelhaft sein, daß die Sachherrschaft das primäre, den Rechtsinhalt bestimmende Moment ist, während die Ausschließungsbefugnis nur der Sicherung dieser Herrschaft dient.» – Als unmittelbare Sachherrschaft wird das Eigentum auch in Frankreich definiert: CARBONNIER, II (1957), S. 12; MARTY/RAYNAUD, II/2, S. 13. Die Verfasser wenden sich gegen die Auszehrung des Eigentums durch seine Verallgemeinerung zu einem Verhältnis der Zugehörigkeit eines Vermögensgegenstandes zu einer Person, also der Rechtszuständigkeit (titularité), welches überhaupt allen subjektiven Rechten eigen ist. Als wesentlich wird vielmehr erkannt: «la possibilité d'obtenir, directement et sans intermédiaire, les utilités que le bien peut procurer». Gegen Versuche der Destruktion dieses Begriffs auch J. DABIN in der Revue trimestrielle 61,

Die praktischen Auswirkungen der Unterscheidung zwischen der dinglichen und der obligationenrechtlichen Sachherrschaft zeigen sich an folgenden Beispielen: Der Eigentümer räumt dem Anstößer ein Näherbaurecht an einem vermieteten oder verpachteten Grundstücke ein. Durch dessen Ausübung wird der Mieter oder Pächter in der Benutzung des Grundstückes beeinträchtigt. Er hat zwar Besitz am Grundstück (unselbständigen Besitz im Sinne von Art. 920) und kann als solcher Besitzesschutz gemäß Art. 928 verlangen. Dieser fällt aber dahin, wenn der Anstößer sein Näherbaurecht (in petitorio) mit Erfolg geltend macht. Der Mieter oder Pächter kann dann nur den Eigentümer für den erlittenen Nachteil verantwortlich machen, denn sein Recht ist eine bloß obligationenrechtliche Sachherrschaft, d.h. ein Recht, das nur dadurch ausgeübt werden kann und Schutz findet, daß der Vermieter als die andere Vertragspartei seine Verpflichtungen erfüllt oder dazu angehalten wird. Wird das Grundstück dagegen vom unselbständigen Besitzer auf Grund eines dinglichen Rechtes genutzt (Nutznießung oder Wohnrecht), kann er in dessen Ausübung nicht dadurch beeinträchtigt werden, daß der Eigentümer dem Anstößer ein Näherbaurecht, Überbaurecht, Baurecht einräumt oder das Eigentum überträgt. Er ist nicht nur zur Besitzesschutzklage, sondern gegenüber dem Anstößer (wie gegenüber dem Eigentümer des belasteten Grundstückes und jedem Störer) auch zur Dienstbarkeitsklage (actio confessoria) oder Eigentumsklage (actio negatoria) legitimiert und wird mit ihr durchdringen, weil sein Recht den besseren Rang hat, dem Eigentum vorgeht und gegen jede ungerechtfertigte Einwirkung überhaupt geschützt ist.

1962, S. 20. – Auch in der italienischen Civilistik herrscht die gleiche Auffassung durchaus vor: DE RUGGIERO/MAROI, S. 82: «Diritti reali sono quelli che attribuiscono al titolare una signoria immediata sulla cosa». Ebenso BARASSI, Diritti reali I, S. 20: «Ma dal punto di vista sostanziale ciò che importa è la signoria immediata ...; è questo che la legge intende per diritto reale». Vom formaljuristischen Standpunkt aus, meint BARASSI, würde die Absolutheit als das wesentliche Merkmal erscheinen.

Die der herrschenden Auffassung entgegengesetzte Theorie geht davon aus, daß ein Rechtsverhältnis nur bestehen könne in der Beziehung zwischen Personen. Daraus wird gefolgert, daß das Eigentum in der Beziehung zwischen dem Eigentümer und allen anderen Personen bestehe; die Sachherrschaft sei die Wirkung des Verbotes gegen jedermann, die Sache wegzunehmen oder auf sie schädigend einzuwirken. Diese Theorie widerlegt sich selber durch ihre absurden Konsequenzen. Das Eigentum (und jedes dingliche Recht) würde aufgelöst in unzählige Rechtsverhältnisse, nämlich zu allen Menschen und juristischen Personen, zu denen der Eigentümer nie in irgendeiner Beziehung zu stehen brauchte. Allen diesen Personen würde die Beeinträchtigung eines nicht bestehenden Rechtes verboten, eines Rechtes, das erst die Wirkung dieser Verbote wäre. Besonders scharf und überzeugend hat sich gegen diese «Erga omnes-Theorie» SANTI ROMANO ausgesprochen in seinen Frammenti di un Dizionario giuridico, 1947, S. 54, 100 ff.

In der Literatur zum ZGB hält man sich ausnahmslos an die im gemeinen Recht zur Herrschaft gekommene Begriffsbestimmung des dinglichen Rechtes. WIELAND, S. 1 seines Kommentars: «Die Sachenrechte (Rechte an Sachen, dingliche Rechte) sind Rechte, welche eine unmittelbare Herrschaft über Sachen gewähren». Ebenso LEEMANN, Einleitung, N. 17; ROSSEL/MENTHA II, S. 289; MUTZNER, SchlT I, Art. 17, N. 3; TUOR ZGB, 8. Aufl. 1968, S. 426; eingehend und umfassend sind die grundsätzlich ebenfalls von der gleichen Auffassung getragenen Ausführungen von MEIER-HAYOZ, Berner Kommentar, System. Teil, N. 129 ff., S. 70 ff.; LIVER, Zürcher Kommentar, Einleitung, N. 2.

Auch das Bundesgericht bezeichnet das dingliche Recht gelegentlich als unmittelbare Sachherrschaft: BGE 40 II, 1914, S. 453 ff. = Pra 4, Nr. 25, S. 47 und BGE 92 II, 1966, S. 229 = Pra 56, Nr. 38: «denn das Wesen des dinglichen Rechts ist die unmittelbare Herrschaft über eine Sache».

V. Objekte der dinglichen Rechte

1. Sachen

a) Der Begriff

Die Sache im Sinne des ZGB ist ein abgegrenztes körperliches Stück der Güterwelt.

Zur Güterwelt gehört ein Naturkörper nur, wenn er der menschlichen Bedürfnisbefriedigung dient. Um ihr dienstbar gemacht zu werden, muß er beherrschbar sein. Er muß abgegrenzt sein, damit er der Güterverteilung mit Ausscheidung zwischen den Rechtssubjekten unterworfen werden kann. Endlich kann nur ein unpersönlicher Naturkörper Sache sein, niemals der lebende menschliche Körper mit allen seinen natürlichen und auch künstlichen Bestandteilen. Nur der tote menschliche Körper, die Leiche, kann Gegenstand des Rechtsverkehrs sein und damit auch des dinglichen Rechtes, aber nur innerhalb der Schranken, welche sich aus der Nachwirkung des Persönlichkeitsschutzes des Verstorbenen und aus dem Schutz der Persönlichkeitsrechte seiner Angehörigen ergeben.

Während unser Recht nur körperliche Gegenstände als Sachen und damit als Objekte des Eigentums anerkennt, gleich wie das deutsche BGB, haben die Gesetzbücher unserer anderen Nachbarstaaten alle Gegenstände, welche die übrigen genannten Merkmale aufweisen, als Sachen erklärt, also auch nichtkörperliche unpersönliche Vermögensgegenstände[18].

Hinsichtlich des Erfordernisses der Abgegrenztheit und der Beherrschbarkeit eines Gegenstandes in seiner Identität ist namentlich die Frage des Gewässereigentums vielfach erörtert worden. Das Gewässer ist eine Sache im Sinne des Gesetzes, entweder Bestandteil einer Liegenschaft wie die Quelle oder eine selbständige Sache wie die Seen, Flüsse und Bäche, die, wenn und soweit sie nach dem kantonalen Recht öffentliche Gewässer sind, Liegenschaften bilden und als solche abgegrenzt und von den Ufergrundstücken abgemarkt werden müßten, was zwar nicht überall vorgeschrieben ist, wenigstens nicht für kleine Wasserläufe. Dies ist die vorherrschende Auffassung, die in den letzten Jahrzehnten in der Gesetzgebung und Praxis zunehmende Verbreitung erhielt. Als solche wird sie auch in BGE 95 I, 1969, S. 248 bezeichnet. Daß sich nach ihr das Grundeigentum auch auf das Wasser im Gewässerbett erstreckt, gleich wie auf den Luftraum und den Untergrund, ohne daß es eine Sache für sich bildet, ist durchaus

---

[18] Nach dem österr. ABGB ist alles Sache, was von der Person unterschieden ist und dem Gebrauch der Menschen dient (§ 285). Ebenso versteht der CCfr. unter «biens» folgendes: «tout ce qui est un élément de fortune ou de richesse susceptible d'appropriation au profit d'un individu ou d'une collectivité» (PLANIOL/RIPERT/PICARD, Traité pratique, 2. Aufl., 1952, No. 51). Der Begriff «cosa» des CCit. ist der gleiche: «ogni entità che puo essere oggetto di diritti e, quindi, ogni parte del mondo esterno capace di essere assoggettata al nostro potere e idonea a produrre un utilità economica» (DE RUGGIERO/MAROI, Istituzioni, 8. Aufl., 1957, S. 496).

als gegeben zu erachten. Zu verneinen ist dies jedoch in den Fällen, in denen das Gewässerbett Bestandteil der Ufergrundstücke ist, also im privaten Eigentum steht, das Gewässer aber als öffentliches erklärt ist, mit der Wirkung, daß die Verfügung über die Wasserkräfte, über weitere oder gar alle anderen Nutzungen dem Gemeinwesen zusteht. Das Herrschaftsrecht des Gemeinwesens, welches daran besteht, ist dann nicht Eigentum. Das Wasser, insbesondere die fließende Wasserwelle, aqua profluens, als Inbegriff von Naturkörperchen, welche als solche dahinschwimmen, sich also innerhalb eines bestimmten Raumes nur minuten- oder sekundenlang befinden, haben deshalb innerhalb dieses Raumes keine festen Grenzen und sind nicht beherrschbar. Das Herrschaftsrecht des Gemeinwesens ist deshalb als Regal (Wasser- oder Gewässerregal) zu charakterisieren[19]. Eine ganze Reihe von Kantonen stehen noch mit Bezug auf alle öffentlichen Gewässer oder einen Teil von ihnen auf diesem Standpunkt, so St.Gallen, Tessin, Bern (mit Ausnahme der «schiff- und flößbaren Gewässer»). Im zit. BGE wird der Kanton Appenzell AR zu diesen Kantonen gezählt, was jedoch seit dem 27. April 1969 nicht mehr zutrifft. EUGEN HUBER hatte versucht, auch die fließende Wasserwelle als Sache zu qualifizieren, ist aber damit nicht durchgedrungen. Vgl. seinen Vortrag über die Gestaltung des Wasserrechts im künftigen schweiz. Rechte, ZSR 19, 1900 (SA, S. 17f.). Unbestreitbar ist, daß das Wasser von öffentlichen Grundwasserströmen und -becken, das den Grundwasserträger durchdringt, nicht eine Sache sein kann und deshalb nicht Gegenstand des Eigentums, sondern nur des Gewässerregals des Gemeinwesens sein kann[20].

Da im Recht Deutschlands eine Bestimmung über die Unterstellung von Naturkräften unter das Fahrnisrecht fehlte, ergaben sich Schwierigkeiten in der strafrechtlichen Behandlung der widerrechtlichen Entziehung von elektrischer Energie. Um diese als Diebstahl qualifizieren zu können, hielt man die naturwissenschaftliche Abklärung der Frage für maßgebend, ob die Energie körperlichen Charakter habe. Diese Frage wurde verneint (RG Str. 32, 1900, Nr. 56). Deshalb wurde der besondere Straftatbestand «Unrechtmäßige Entziehung von Energie» durch Gesetz vom 4. September 1900 geschaffen. In der Schweiz ist der gleiche Tatbestand in das Elektrizitätsgesetz des Jahres 1902 aufgenommen worden (Art. 58). Das schweiz. StGB hat ihn übernommen (Art. 146).

Der Kassationshof des Bundesgerichts hat im BGE 87 IV, 1961, S.117 ausgeführt, daß der Begriff «Sache» im Zivilrecht nur körperliche Gegenstände umfasse. Das Strafrecht könne diesem Begriff aber, da es vom Zivilrecht unabhängig sei, einen abweichenden Inhalt geben, mit dem er dem strafrechtlichen Bedürfnis, auf die wirtschaftlichen Gegebenheiten abzustellen, gerechter werde. So wurde auf die rechtswidrige Aneignung des dem Angeklagten von einer Bank auf Grund der irrtümlichen Anweisung eines Kunden gutgeschriebenen Geldes der Art. 141 StGB (Unterschlagung) angewendet. Vgl. dazu H. SCHULTZ, Besprechung in der ZBJV 99, 1963, S. 52ff. Siehe auch die grundsätzlichen Ausführungen über die Unabhängigkeit des Strafrechtes von zivilrechtlichen Begriffen im BGE 71 IV, 1945, S. 87ff. (betr. Anstaltsfund).

Daß Energien nicht Sachen im Sinne des Gesetzes sind, sondern ihnen bloß in bestimmter Hinsicht gleichgestellt werden, betont auch HAAB, Einleitung, N. 44 und 45. Für die Beurteilung dieser Frage sind neueste Ergebnisse der naturwissenschaftlichen Forschung, auf die MEIER-HAYOZ, Systematischer Teil, N. 123 hinweist, nicht maßgebend, was daselbst denn auch nicht behauptet wird[21].

---

[19] Et quidem naturali iure communia sunt omnium haec: aër et aqua profluens et mare et per hoc litora maris (Institutionen, § 1 de rerum divisione 2, 1).
[20] Siehe die eingehenden Ausführungen in meiner Abhandlung: Die Entwicklung des Wasserrechts in der Schweiz seit hundert Jahren, ZSR 71 I, 1952, S.305ff., auch enthalten in den Ges. rechtsgeschichtl. Abhandlungen, S.156ff. Vgl. auch KARL HAFF, Das Wasserkraftrecht (mit Grundwasserrecht) Deutschlands, der Schweiz und Österreichs, Innsbruck 1951, und meine Besprechung ZBJV 89, 1953, S. 225f.
[21] Vgl. auch H. GLASER, Eigentumsrecht und Besitzesschutz im Hinblick auf Energien, Diss. Zürich 1954.

Im Art. 814 des CCit. heißt es, Naturkräfte von wirtschaftlichem Wert seien als bewegliche Sachen zu betrachten, nämlich als körperliche Sachen; unter den allgemeinen Begriff «beni» würden sie ja ohnehin fallen[22].

b) *Die Einteilung der Sachen*

Die Sachen können nach den verschiedensten Kriterien eingeteilt werden, je nach der Rechtsnorm oder der Rechtseinrichtung, deren Anwendung in Frage steht[23]. Während verschiedene dieser Unterscheidungen im Obligationenrecht oder Familienrecht und Erbrecht besondere Bedeutung haben, ist für das Sachenrecht die Einteilung in Liegenschaften einerseits, Fahrnis andererseits, grundlegend; bedeutsam für den Geltungsbereich des Sachenrechtes ist sodann die Unterscheidung zwischen Sachen des privaten und Sachen des öffentlichen Rechtes, d.h. Sachen, die in den Dienst des Gemeinwesens gestellt sind oder im Gemeingebrauch stehen. Diese beiden Unterscheidungen sind im Grundstücksrecht zu behandeln. Die erste ergibt sich aus dem Begriff des Grundstückes, die zweite hat ihre Bedeutung ebenfalls im Grundstücksrecht, wenn auch nicht ganz ausschließlich. Daß im ZGB nur körperliche Gegenstände als Sachen gelten, hat EUGEN HUBER in den Erläuterungen[24] mit dem Hinweis auf die moderne Doktrin und auf die kantonalen Civilgesetzbücher der Zürcher Gruppe erklärt. Diese Begriffsbestimmung läßt sich auch heute mit guten Gründen vertreten. Der größere Teil aller Bestimmungen des Sachenrechtes ist nur auf körperliche Gegenstände anwendbar. Die Zahl derjenigen, die auch auf andere Gegenstände anwendbar sind, ist allerdings nicht unerheblich. Der Gesetzgeber sah sich veranlaßt, dies dadurch zum Ausdruck zu bringen, daß er z.B. im Art. 713 Naturkräfte als Gegenstände des Fahrniseigentums erklärt und daß er im Art. 655 Rechte als Gegenstände des Grundeigentums behandelt, allerdings nur in bestimmter Hinsicht, nämlich im Rechtsverkehr. Sie werden damit, wie auch die Naturkräfte, nicht zu Sachen gemacht. Eigentum kann an ihnen überhaupt nicht bestehen. Da die beschränkten dinglichen Rechte das Eigentum dadurch beschränken, daß sie seinen Inhalt mindern, also eine Eigentumsbefugnis zum Inhalt haben, liegt die Folgerung nahe, daß auch sie nur

---

[22] DE RUGGIERO/MAROI I, S. 498; MESSINEO, § 28, S. 406; F. DE MARTINO, Comm., ed. BRANCA e SCIALOJA, 2. Aufl., 1954, führt zu Art. 814 aus, daß Energien als körperliche Sachen zu betrachten seien, weil sie sinnlich wahrnehmbar seien. Vgl. insbesondere auch F. CARNELUTTI, Studi sulle energie come oggetto di rapporti giuridici, 1913 (SA aus Riv. di diritto commerciale I, 1913), S. 354 ff.
[23] Diese Einteilung ist eingehend behandelt in den Kommentaren, namentlich HAAB, Einleitung, N. 26 ff.; MEIER-HAYOZ, System. Teil, N. 93 ff.
[24] Erläuterungen 1914, II, S. 30.

an Sachen, also körperlichen Gegenständen bestehen können. Dies trifft aber nicht zu. Auch Vermögensgegenstände, die den Sachen nicht gleichgestellt sind, auch nicht im Rechtsverkehr, können zu Objekten beschränkter dinglicher Rechte gemacht werden.

2. Andere Objekte von dinglichen Rechten?

Andere Gegenstände als körperliche Sachen können nicht Objekte von dinglichen Rechten sein. Dies gilt auch in dem Sinne, daß immer nur eine Sache Objekt ein und desselben dinglichen Rechtes sein kann. Hat eine Person Eigentum oder beschränkte dingliche Rechte an mehreren Sachen, liegen immer soviele Rechtsverhältnisse wie Sachen vor. Werden z.B. mehrere Sachen (Grundstücke oder bewegliche Sachen) verpfändet, bestehen soviele Pfandrechte wie verpfändete Sachen[25]. Eine Sachgesamtheit oder ein Sachinbegriff (universitas rerum distantium), d.h. eine Gesamtheit von Sachen, die vermöge ihrer Natur und Zweckbestimmung eine Vermögenseinheit bilden, wie eine Herde, eine Bibliothek, ein Warenlager, eine Sammlung von Kunstgegenständen, kann nicht ein Objekt von dinglichen Rechten sein[26]. Ein obligatorisches Recht an ihr kann dagegen sehr wohl begründet und übertragen werden. Diese Vermögenseinheit kann also Gegenstand des Kaufes, des Tausches oder der Schenkung (Art. 187 OR) und auch des Vertrages über die Belastung mit einem dinglichen Rechte, z.B. der Nutznießung oder des Pfandrechtes, sein. Aber zum Erwerb des Eigentums oder des dinglichen Rechtes müssen die Voraussetzungen des Erwerbs für jede einzelne Sache erfüllt sein, für den Erwerb des Eigentums an Grundstücken und von be-

---

[25] Besonders deutlich zeigt sich dies in dem sehr häufigen Fall, in dem der Bauer für die gleiche Forderung mehrere oder alle Grundstücke, die zu seinem Heimwesen gehören, verpfändet. Dazu bedarf es nur eines einzigen Pfanderrichtungsvertrages, aber zur Entstehung des dinglichen Rechtes muß das Pfandrecht auf dem Blatt jedes einzelnen Grundstückes eingetragen werden. Mit jeder Eintragung wird ein Pfandrecht begründet; a.M. ist LEEMANN, Art. 698, N. 6. Eine Ausnahme besteht für Eisenbahnen und Schiffahrtunternehmungen (Art. 944 Abs. 3 ZGB) gemäß dem BG über deren Verpfändung und Zwangsliquidation vom 25. Sept. 1917 und der VO betr. Einrichtung und Führung des Pfandbuches, vom 11. Jan. 1918.

[26] Siehe dazu HAAB, Einleitung, N. 40 ff.; MEIER-HAYOZ, System. Teil, N. 84 ff. Siehe ferner bes. F. WIEACKER, Sachinbegriff – Sacheinheit – Sachzuordnung, AcP 148, 1943, S. 57 ff. – In welchem Umfang die Übertragung des Eigentums an einer Liegenschaft als Standort der Unternehmung auch bewegliche Sachen ohne Besitzübergang umfaßt, hängt von der Ausdehnung des Zugehörbegriffes ab. Vgl. dazu H. OPPIKOFER, Das Unternehmensrecht in geschichtlicher, vergleichender und rechtspolitischer Betrachtung, Tübingen 1927; aus der neueren Literatur: F. BRECHER, Das Unternehmen als Rechtsgegenstand, Bonn 1953; P. GIESEKE, Der Rechtsbegriff des Unternehmens und seine Folgen, 1950; F. RITTNER, Die Funktion des Eigentums im modernen Gesellschaftsrecht, 1967.

schränkten dinglichen Rechten an ihnen die Eintragung in das Grundbuch, für den Erwerb des Eigentums, der Nutznießung oder des Pfandrechts an einer beweglichen Sache die Tradition[27].

Nicht nur Sachen, sondern auch Rechte und zwar sogar bloß obligatorische Rechte können zwar nicht Objekte des Eigentums, wohl aber von dinglichen Rechten sein. Das ist nicht leicht zu erklären. Die «konstitutive Sukzession» in ein Recht, das nicht Eigentum ist, sondern bloß ein dingliches oder gar obligatorisches Recht, kann nicht ein Recht begründen, das Eigentumsbefugnisse zum Gegenstand hat. Wer bloß ein obligatorisches Recht hat, kann durch dessen Belastung nicht ein dingliches Recht begründen. Dennoch steht fest, daß eine Forderung verpfändet oder in Nutznießung gegeben werden kann. Diese Belastung wird deshalb von hervorragenden Autoren als beschränkte (fiduziarische) Zession aufgefaßt[28]. HAAB nimmt seine Zuflucht zu den res incorporales[29]. EUGEN HUBER spricht von zwei verschiedenen Sachbegriffen, mit denen das Gesetz operiere. Sache sei einerseits der körperliche Gegenstand und anderseits dann auch wieder der Vermögenswert, das Recht, die Forderung[30]. Weder die Unterscheidung von körperlichen und nicht körperlichen Sachen, noch die zwischen zwei verschiedenen Eigentumsbegriffen ist mit dem System des Sachenrechtes in Einklang zu bringen. Es muß dabei bleiben, daß der Gläubiger, der seine Forderung einem anderen verpfändet oder in Nutznießung gibt, diesem nicht gegenüber dem Schuldner ein stärkeres oder andersartiges Recht gewähren kann als er es selber hat. Die Seite dieses Rechtsverhältnisses, die dem dinglichen Recht entspricht, ist die Beziehung, die zwischen dem Gläubiger und dem Nutznießer oder Pfandrechtsinhaber besteht. In diesem Verhältnis entspricht das beschränkte Recht an der Forderung dem beschränkten dinglichen Recht an der Sache und unterliegt den gleichen Vorschriften. Es ist zwar mit ihm nicht identisch, wirkt aber wie dieses gegenüber jedermann, da es auch von Dritten verletzt werden kann[31].

---

[27] Nicht bloß ein Inbegriff von Sachen, sondern die wirtschaftliche und technische Einheit, welche jede Art von Vermögensrechten umfaßt, ist die Unternehmung. Auch sie kann als Ganzes nicht Gegenstand des dinglichen Rechtes sein, wohl aber der obligatorischen Verpflichtung zur Veräußerung oder zur Übertragung zur Nutznießung und zum Pfandrecht. Siehe z.B. Art. 181 OR: Übernahme eines Vermögens oder Geschäftes.
[28] VON TUHR, BGB I, S. 158; P. OERTMANN, Allg. Teil des BGB, 3. Aufl., 1927, S. 261; DERNBURG, Pandekten, § 255, S. 529 ff.
[29] HAAB, Einleitung, N. 42.
[30] Erläuterungen 1914, II, S. 30.
[31] CROME, S. 9 und Anm. 60. LEEMANN, Einleitung, N. 6, spricht von einer durch analoge Anwendung der sachenrechtlichen Vorschriften geschaffenen Ausnahme, was sicher nicht unzutreffend ist, aber jeder näheren Präzisierung entbehrt.

Zweiter Abschnitt

Der Inhalt des Eigentums

§ 3. Das Recht der Verfügung nach eigenem Belieben

Dies ist der Inbegriff der Befugnisse des Eigentümers nach dem Wortlaut des Art. 641 Abs. 1. Der Begriff Verfügung ist dabei in seinem weitesten Sinne verstanden. Er umfaßt nicht nur das Recht, die Sache zu veräußern und zu belasten, worin die Verfügung im technischen Sinne besteht, sondern auch und insbesondere das Recht, die Sache zu nutzen, zu brauchen und zu verbrauchen. Das ist das ius fruendi, utendi, abutendi des römischen Rechtes. Das ius abutendi ist nicht die Befugnis, die Sache auch in mißbräuchlicher Weise zu benutzen, als die es in feindlichen Äußerungen gegen das römische Recht hingestellt wird, sondern das Recht, die Sache auch zu verbrauchen[1]. Die konkreten Befugnisse, die unter diesen Begriff der Verfügung fallen, lassen sich nicht im einzelnen aufzählen, denn es sind überhaupt alle, die in den Schranken der Rechtsordnung ausgeübt werden können.

Daß mit der Ausübung von Eigentumsbefugnissen nicht gegen Normen des objektiven Rechtes verstoßen werden darf, ist doch eigentlich selbstverständlich. Wenn auch das Privateigentum als Institution zu den Wesenselementen einer freiheitlichen Rechtsordnung gehört, hat es sich dieser doch einzufügen und den Beschränkungen zu unterwerfen, welche sich daraus ergeben. EUGEN HUBER sah in der Bestimmung dessen, was ein jeder sein eigen nennen darf, die Anerkennung der Persönlichkeit, welche bedeutungslos würde, wenn sie nicht die Herrschaft der Person über die Sachgüter in sich schlösse[2]. Aber diese Herrschaft stehe nicht über der Rechtsordnung, sondern in derselben[3].

Verkehrt aber ist es, daraus den Schluß zu ziehen, daß damit der individualistische Eigentumsbegriff verworfen und durch einen genossenschaftlichen oder sozialen ersetzt worden wäre. Dies träfe auch nicht zu, wenn dies statt vom Begriff vom Inhalt des Eigentums gesagt würde. Daß das Eigentum nur in den Schranken der Rechtsordnung bestehen und ausgeübt werden kann, galt immer und überall. Ob aber die Eigentumsordnung einen in-

---

[1] STOBBE/LEHMANN, Handbuch des DPR, Bd. II/1 (1896), S. 315 Anm. 3; RIPERT/BOULANGER, Traité de droit civil, 1956, Bd. I, No. 499; V. SCIALOJA, Teoria della proprietà, Bd. I, S. 262; P. BONFANTE, Corso di diritto romano, Neudruck Milano 1966, Bd. II/1, S. 233.
[2] Erläuterungen 1914, II, S. 32.
[3] Daselbst, S. 35.

dividualistischen oder sozialen Charakter hat, hängt von ihrer Ausgestaltung unter dem Gesichtspunkt des Verhältnisses zwischen Individuum und Gesellschaft ab und berührt den Begriff des Eigentums nicht, bestimmt aber den Eigentumsinhalt, dem namentlich mit der Durchsetzung der immer dringender und zahlreicher werdenden öffentlichen Interessen in der Gesetzgebung und Verwaltung immer engere Grenzen gesetzt werden. Aber davon wird vor allem das Grundeigentum betroffen und in die Problematik der Eigentumsgarantie gestellt.

§ 4. Eigentum und beschränkte dingliche Rechte

Das Sachenrecht ist der Inbegriff der Rechtsnormen, welche die dinglichen Rechte zum Gegenstand haben. Im französischen Text des ZGB steht es unter dem Titel «Des droits réels» und im italienischen Text lautet der Titel «Dei diritti reali». Da alle dinglichen Rechte außer dem Eigentum als beschränkte dingliche Rechte bezeichnet werden, erscheint das Eigentum als das unbeschränkte dingliche Recht. Innerhalb der Schranken der Rechtsordnung ist das Eigentum auch wirklich insofern das unbeschränkte dingliche Recht, als es die allseitige, totale Sachherrschaft ist. Die beschränkten dinglichen Rechte unterscheiden sich von ihm dadurch, daß sie nicht die volle, sondern nur eine teilweise Sachherrschaft gewähren. Beschränkt sind sie also dem Inhalt nach, nicht etwa der Art der Sachherrschaft nach. Es ist deshalb entweder eine Gedankenlosigkeit oder ein sprachlicher Unfug, wenn diese Rechte immer wieder als «beschränkt dingliche Rechte» bezeichnet werden. Sie sind nicht beschränkt dingliche Rechte. Die gibt es überhaupt nicht. Sie sind voll dingliche Rechte mit einem im Verhältnis zum Eigentum beschränkten Inhalt.

Indem der Eigentümer sein Grundstück belastet (im besonderen mit einer Dienstbarkeit, einer Grundlast oder einem Pfandrecht) errichtet er ein dingliches Recht, das dem Erwerber eine selbständige Sachherrschaft gewährt. Diese hat zwar eine oder mehrere im Eigentum enthaltene Befugnisse zum Inhalt, ist aber ein vom Eigentum nicht nur dem Umfang, sondern der Art nach verschiedenes und von ihm unabhängiges Recht, das unverändert weiterbesteht, auch wenn das Eigentum durch Dereliktion der Sache untergeht. Die Befugnisse, welche der Eigentümer mit der Begründung des beschränkten dinglichen Rechts zu dessen Inhalt macht, kann er selber nicht mehr ausüben. Er ist in seiner Sachherrschaft beschränkt, möglicherweise so stark, daß er von jeder Benutzung der Sache ausgeschlossen ist, so wenn er diese mit einer Nutznießung belastet hat. Aber er bleibt Eigentümer, und sein Eigentum ist durch das neue dingliche Recht nur zurückgedrängt und dehnt sich immer so weit aus als dies möglich ist, ohne daß das beschränkte dingliche Recht verletzt wird; mit dessen Minderung wächst es, und mit dessen Untergang gewinnt es wieder den vollen Inhalt. Man bezeichnet diese Eigenschaft als Elastizität des Eigentums.

Aus dem dargestellten Sachverhalt ergeben sich zwei wesentliche Feststellungen. Die erste besteht in der Bestätigung, daß für die Bestimmung, ob Eigentum an einer Sache besteht und wem es zusteht, nicht der Inhalt und Umfang der in einem bestimmten Zeitpunkt tatsächlich ausgeübten Sachherrschaft entscheidend ist. Im übrigen ist die Beschränkung des Eigentums durch Belastung der Sache ja die Wirkung einer Verfügung des Eigentümers. Die zweite Feststellung ist die, daß die Belastung der Sache mit einem beschränkten dinglichen Recht nicht darin besteht, daß eine Teilung, Aufsplitterung oder Auflösung des als Bündel von Befugnissen gedachten Eigentums mit Übertragung einzelner von ihnen auf andere Personen stattfindet. Die Verringerung des Inhaltes oder Umfanges des beschränkten dinglichen Rechtes oder dessen Untergang hat nicht eine Rückübertragung zur Folge. Für das deutsche Recht des Mittelalters konnte dagegen diese Auffassung deshalb zutreffen, weil das Eigentum sowohl nach dem Objekt als auch nach Befugnissen teilbar war, und weil da zwischen Eigentum und beschränkten dinglichen Befugnissen begrifflich nicht unterschieden wurde. Jeder, der solcher Befugnisse teilhaftig wurde, galt als Träger von Eigentumsrechten. In der Sprache ist die Erinnerung an diese längst überwundene Auffassung noch nicht getilgt, wenn im Deutschen von einer Übertragung von Eigentumsbefugnissen oder einer Teilung des Eigentums die Rede ist, im Französischen vom démembrement de la propriété. Das Eigentum ist längst nicht mehr ein aufteilbares Recht[1].

§ 5. Persönliche Rechte mit verstärkter Wirkung

I. Vorgemerkte persönliche Rechte

Unter diesen Titel hat GUHL seine grundlegende Untersuchung über die persönlichen Rechte auf Übertragung von Grundeigentum und Einräumung

---

[1] EUGEN HUBER, der geneigt war, in der Annahme von Teilungs- oder teilungsähnlichen Erscheinungen im geltenden Recht weit zu gehen, hat davon doch die Begründung von beschränkten dinglichen Rechten ausgeschlossen. Vorträge zum Sachenrecht, 1914, S. 6 und 20. Im übrigen ist diese Frage ausführlich und mit Angaben der Literatur (auch aus unseren Nachbarstaaten) behandelt im Kommentar LIVER (Dienstbarkeiten), Einleitung, N. 6–11.

von beschränkten dinglichen Rechten und über deren Vormerkung gestellt[1]. Die Verstärkung der Wirkung besteht darin, daß dieses Recht, obwohl persönlicher Natur, gegenüber dem Erwerber des Eigentums oder eines beschränkten dinglichen Rechtes durchgesetzt werden kann, wenn es im Grundbuch vorgemerkt ist. Durch die Vormerkung erhält es den Vorrang, den es hätte, wenn es ein dingliches Recht wäre. Es wird aber durch die Vormerkung nicht zu einem dinglichen Recht, denn es erhält durch sie nicht die Wirkung gegen jedermann wie das dingliche Recht und gewährt nicht eine unmittelbare Sachherrschaft. Es wirkt nur gegen den jeweiligen Erwerber eines mit ihm kollidierenden Rechtes. Es hat auch keine Sachherrschaft zum Inhalt, geschweige denn eine unmittelbare, sondern hat den Anspruch zum Inhalt, daß der jeweilige Eigentümer der Sache die Eigentumsübertragung oder Errichtung des dinglichen Rechtes vornehme, also eine positive Leistung erbringe, die Verfügung treffe, zu der er verpflichtet ist, indem er die Anmeldung oder Löschungsbewilligung ans Grundbuchamt einreicht. Im Fahrnisrecht würde die Handlung des Verpflichteten in der Tradition bestehen, doch kann der Anspruch auf sie nicht durch eine der Vormerkung entsprechende Vorkehr verstärkt werden. Auf jeden Fall richtet sich der Anspruch immer auf die Willensbetätigung einer Person, wird dadurch als persönliches Recht charakterisiert, kann nicht ein dingliches Recht sein, weshalb auch nicht von einer Verdinglichung persönlicher Rechte durch die Vormerkung gesprochen werden dürfte, wie dies immer wieder geschieht. Wohl aber kann gesagt werden, daß durch die Verstärkung der Wirkung das persönliche Recht ein Element des dinglichen Rechtes in sich aufnehme und sich ihm nähere, gewissermaßen also, wie JOSEF KOHLER und andere sich ausgedrückt haben, die Kluft zwischen dem Obligationenrecht und dem Sachenrecht überbrücke.

II. Das ius ad rem

Das Bedürfnis nach einer solchen Verstärkung von persönlichen Rechten hat immer, von der Zeit der Glossatoren an, durch alle Jahrhunderte bestanden.

Die Funktion, welche in der auf diesen Zweck gerichteten Rechtsgestaltung heute die Vormerkung im Grundbuch hat und nur im Grundstücksrecht erfüllen kann, hatte ehemals das ius ad rem (im Unterschied zum ius in re, dem dinglichen Recht) und erfüllte sie auch im Fahrnisrecht. Der am

---

[1] Festgabe der Jurist. Fakultät der Universität Bern zur Feier des fünfzigjährigen Bestehens des Schweiz. Bundesgerichts, Bern 1924, S. 93–178.

nächsten liegende Tatbestand, an dem sich diese Funktion zeigt, ist der Doppelverkauf, der auch heute gar nicht so selten vorkommt[2].

A verkauft die Sache dem B, verpflichtet sich also, diesem das Eigentum an ihr zu übertragen. Bevor es dazu kommt, verkauft er die Sache dem C, der ihm einen höheren Preis bietet, und überträgt diesem das Eigentum, durch Tradition, wenn es eine bewegliche Sache ist, durch die Anmeldung zur Eintragung im Grundbuch, wenn es ein Grundstück ist. Nach unserem geltenden Recht hat der B gegenüber dem C keinen Anspruch auf die Sache, selbst dann nicht, wenn dieser vom früheren Verkauf Kenntnis hatte. Er hatte gegenüber dem A nur einen persönlichen Anspruch, wegen dessen Verletzung er bloß Schadenersatz verlangen kann.

Solange dagegen das ius ad rem anerkannt war, stand es dem B gegenüber dem C zu, mindestens dann, wenn dieser vom früheren Verkauf Kenntnis hatte[3]. Dies galt im Sachenrecht, aber der Anwendungsbereich des ius ad rem war im Mittelalter und in den folgenden Jahrhunderten viel weiter[4].

Wenn das Grundstück ein zweites Mal verkauft wird, ist der erste Käufer nach geltendem Recht nur geschützt, wenn er gegenüber dem Verkäufer die Anordnung einer Verfügungsbeschränkung erwirkt hat, welche gemäß Art. 960 ZGB im Grundbuch vorgemerkt ist, oder wenn die Anmeldung des Verkäufers (auf Grund des ersten Verkaufes) ins Tagebuch eingeschrieben ist. Sobald dies geschehen ist, kann sein Anspruch auf Eigentumsübertragung weder durch eine Verfügung des Verkäufers, der ja noch bis zur Eintragung im Hauptbuch Eigentümer ist, noch durch Verfügungsbeschränkungen, die vom Richter angeordnet werden, entkräftet werden[5].

---

[2] BGE 75 II, 1949, S. 131 = Pra 38 Nr. 143; AppH Freiburg 1929, SJZ 29, 1932/33, S. 266 ff., ZGBR 13, 1932, Nr. 62, S. 224 ff.; VerwEnt BBeh, 24, 1954, Nr. 69; BGE 87 I, 1961, S. 479 = Pra 51 Nr. 89 und m. Bespr. ZBJV 98, 1962, S. 429 ff.; F. EVERSBUSCH, Der Doppelverkauf eines Grundstücks, Diss. Göttingen 1921. Vgl. auch WOLFF/RAISER, § 48 III (Wirkungen der Vormerkung); G. CLOPATH, Quelques problèmes relatifs à la double vente, SJZ 66, 1970, S. 49 ff., 66 ff.

[3] H. DERNBURG, Das bürgerliche Recht, Bd. III, 3. Aufl., 1904, S. 195; GIERKE, DPR II, S. 338, 607 ff.; J. KOHLER, Bürgerliches Recht, in: F. HOLTZENDORFF/J. KOHLER, Enzyklopädie der Rechtswissenschaft in systematischer Bearbeitung, München/Leipzig/Berlin 1914, Bd. II, S. 43, und in seinem Lehrbuch des bürgerlichen Rechts, Berlin 1906, Bd. II/2, S. 355 ff.

[4] Nach kanonischem Recht hatte der zum Bischof Gewählte ein ius ad rem auf das Amt, bis ihm dieses durch Konfirmation und Konsekration übertragen wurde, ebenso derjenige, dem eine Pfründe zugesagt oder zugesprochen war, bis er in sie eingesetzt wurde. Es besteht eine sehr umfangreiche Literatur über die Entstehung und Bedeutung des ius ad rem. Gegenüber der früher etwa vertretenen Herkunft aus dem deutschen Recht wird heute sein Ursprung in der italienischen Rechtswissenschaft des Mittelalters bestätigt (Kommentatoren, insbes. BARTOLUS). E. M. MEIJERS, Etudes d'histoire du droit, Bd. IV/2, Leiden 1966, sieht seine erste Formulierung und Anwendung in der Glossa ordinaria des ACCURSIUS. Siehe sodann VILLEY, Le ius in re du droit romain classique au droit moderne, 1947 (Conférences faites à l'Institut de Droit Romain, p. 187 ss); W. v. BRÜNNECK, Über den Ursprung des ius ad rem, 1869; C. GROSS, Das Recht der Pfründe, zugl. Beitrag zur Ermittlung des Ursprungs des ius ad rem, Graz 1887; E. HEYMANN, Zur Geschichte des ius ad rem, Festgabe O. Gierke, 1911, S. 1167; MERCIER, Faut-il admettre l'existence d'un jus ad rem dans le droit civil suisse? Thèse Lausanne 1929; K. PFEIFFER, Die Vormerkung persönlicher Rechte nach dem schweiz. ZGB, Diss. Zürich 1910, S. 26 f. und 107.

[5] Siehe m. Bespr. von BGE 85 I, 1959, S. 162 = Pra 48 Nr. 161 in der ZBJV 96, 1960, S. 448 ff. und von BGE 87 I, 1961, S. 479 = Pra 51 Nr. 89 in der ZBJV 98, 1962, S. 429 ff.

III. Die Realobligation

Die Obligation, kraft deren der jeweilige Eigentümer, dinglich Berechtigte oder Besitzer einer Sache zu einem Tun, Handeln, einer Verfügung, also zu einer positiven Leistung verpflichtet ist, nennen wir eine Realobligation. Berechtigt kann aus ihr ebenfalls der jeweilige Eigentümer, dinglich Berechtigte oder Besitzer einer Sache sein. Trifft dies zu, liegt eine zweiseitige Realobligation vor. Früher sprach man in unserer Privatrechtslehre in diesem Falle von subjektiv-dinglichen Rechten, denen subjektiv-dingliche Pflichten entsprechen mußten. Da aber ein dingliches Rechtsverhältnis überhaupt nicht vorliegt, nicht vorliegen kann, weil es positive Leistungen zum Gegenstand hat, welche nur von einer Person erbracht werden können, trifft diese Ausdrucksweise nicht zu und gibt zu Mißverständnissen Anlaß.

Der Begriff der Realobligation, den ich in Anlehnung an die gemeinrechtliche actio in rem scripta, an die italienische Doktrin und auch an einzelne Erscheinungen der französischen Literatur, mit meinem Sachenrechtskommentar (Dienstbarkeiten) in die schweizerische Privatrechtslehre eingeführt habe, hat sich in der Literatur und in der Praxis durchgesetzt[6].

Die Realobligation kann ihren Entstehungsgrund in einer Gesetzesbestimmung haben. Dies gilt für die Legalschuldverhältnisse des Nachbarrechts (gesetzlicher Anspruch auf Einräumung einer Dienstbarkeit), des Miteigentumsverhältnisses und des Nutznießungsverhältnisses. Sie kann ihn aber auch in einer rechtsgeschäftlichen Vereinbarung haben. Dies gilt für die Leistungspflicht aus der Grundlast, aus vorgemerkten Rechtsverhältnissen oder aus der mit der Dienstbarkeit verbundenen Verpflichtung des Eigentümers des belasteten Grundstückes zur Vornahme von Handlungen

---

[6] LIVER, Zürcher Kommentar, Einleitung, N. 148 ff.; DERSELBE, Die Realobligation, ihre klassifikatorische Bedeutung und praktische Verwendbarkeit, in: ZBGR 43, 1962, S. 257 ff. und SA (mit Zusammenstellung der Tatbestände am Schluß); MEIER-HAYOZ, System. Teil, N. 150 ff.; DERSELBE, Grundeigentum II (3. Teilband, 1967), Art. 681, N. 255 ff.; U. NEUENSCHWANDER, Die Leistungspflichten der Grundeigentümer im französischen C.c. und im schweizerischen ZGB unter bes. Berücksichtigung des Nachbarrechts, Diss. Bern 1966.

Grundsätzlich wird die Realobligation auch anerkannt von H. DESCHENAUX, Obligations propter rem, in: Ius et Lex, Festschrift M. Gutzwiller, Basel 1959, S. 711 ff. und ZBGR 43, 1962, S. 282 ff. sowie ZSR 83 I, 1964, S. 301 ff., doch bestreitet er ihre Anwendbarkeit auf verschiedene Tatbestände, für die sie als gegeben und zur Verwirklichung der ratio legis durch Behebung einer dogmatischen Unzulänglichkeit als notwendig erachte, insbesondere auf das vorgemerkte Vorkaufs-, Kaufs- und Rückkaufsrecht sowie auf das vorgemerkte Mietverhältnis. Gegen ihn hinsichtlich der Wirkung der Vormerkung P. PIOTET, ZSR 79 I, 1960, 85 I, 1966; JdT 1963 I; ZBGR 46, 1965. Siehe die näheren Angaben S. 654 in m. Zürcher Kommentar (Nachtrag).

Praxis: BGE 89 II, 1963, S. 145 = Pra 52 Nr. 114; 92 II, 1966, S. 147 = Pra 56 Nr. 3 = ZBGR 48, 1967, Nr. 23, S. 106; 92 II, 1966, S. 227 = Pra 56 Nr. 38 = ZBGR 48, 1967, Nr. 30, S. 175; 95 II, 1969, S. 31 = Pra 58 Nr. 81; KassG Zürich ZBGR 43, 1962, Nr. 5, S. 69 ff.

(Art. 730 Abs. 2 ZGB). Aber den Charakter von Realobligationen können auch diese Rechtsverhältnisse nur haben, wenn das Gesetz dies vorsieht. Wie für die Kategorien von dinglichen Rechten gilt hier der Grundsatz der geschlossenen Zahl. In der Gesetzgebung der jüngsten Zeit stellte sich die Frage, ob dies vorzusehen sei für die Verpflichtung zur Bezahlung des Baurechtszinses, was nahe gelegen hätte. Dies wurde aber verneint (Art. 779i)[7].

IV. Die dingliche Anwartschaft auf das Eigentum

Eine Anwartschaft auf das Eigentum liegt vor, wenn der Erwerbstatbestand noch nicht voll verwirklicht ist, sondern sich mit dem Eintritt einer noch ausstehenden Tatsache vollendet, sei es der Tod des Vorerben, sei es der Ablauf einer Frist, sei es eine Handlung des Erwerbers oder eine Amtshandlung. Als dinglich gilt die Anwartschaft, wenn die Rechtsstellung, die der Erwerber bereits hat, so selbständig, gesichert und geschützt ist, wie ein dingliches Recht. Hier soll von der Anwartschaft nur insofern die Rede sein, als sie das Eigentum in gleicher Weise beschränkt wie ein dingliches oder ein vorgemerktes persönliches Recht. Die dingliche Anwartschaft ist in Deutschland zum Gegenstand sehr zahlreicher wissenschaftlicher Untersuchungen gemacht worden, obwohl sie im BGB so wenig wie im ZGB und OR als besonderes Institut geregelt ist[8]. Die sachenrechtlichen Tatbestände, welche im Mittelpunkt dieser Untersuchungen stehen[9], sind (neben dem Fund- und Ersitzungsbesitz) der Kauf unter Eigentumsvorbehalt, das Recht des Auflassungsempfängers vor der Eintragung und das des Hypothekengläubigers vor der Valutierung oder Briefübergabe.

Der Kauf unter Eigentumsvorbehalt wird auch in der bei uns herrschenden Lehre als Veräußerung mit suspensiv bedingter Tradition behandelt. Danach kann dem Käufer wie in Deutschland die dingliche Anwartschaft zuerkannt werden. Der § 161 BGB, der den Käufer gegen Zwischenverfügungen des Eigentümers schützt, hat sein Gegenstück im gleichlautenden Art. 152 Abs. 3 OR[10]. Indessen macht das Erfordernis der Eintragung des Eigentumsvorbehalts mit konstitutiver Wirkung die Übernahme der Konstruktion, die für das deutsche BGB zutreffen mag, aber auch in Deutschland kontrovers ist, unmöglich. Zutreffend ist vielmehr die Auffassung, welche EUGEN

---

[7] Siehe dazu NEUENSCHWANDER, a.a.O., S. 102.
[8] LIVER, Zürcher Kommentar, Einleitung, N. 16.
[9] Siehe insbesondere L. RAISER, Dingliche Anwartschaften, Tübingen 1961; LARENZ, Schuldrecht II, § 39, S. 68 ff.; W. FLUME, Allg. Teil II, 1965, § 42, S. 731 ff.; BAUR, Sachenrecht, § 3, II 3; WESTERMANN, Sachenrecht, § 5, III 3.
[10] VON TUHR/SIEGWART, Allg. Teil des schweiz. OR, § 85, S. 710 f.

HUBER vertreten hatte, nach welcher das Eigentum auf den Käufer unter der resolutiven Bedingung der Entrichtung des vollen Kaufpreises übergeht. Diese Auffassung entspricht auch der Interessenlage besser. Auf ihrer Grundlage stellt sich die Frage der Anwartschaft nicht, sondern nur die, ob bedingtes Eigentum möglich sei, welche zu bejahen wäre[11].

Dagegen halte ich dafür, daß die Anwartschaftskonstruktion zutrifft auf den Fall, in welchem eine Einschreibung in das Tagebuch zugunsten des Erwerbers auf Grund eines gültigen Erwerbsgeschäftes erfolgt ist, der Veräußerer aber noch bis zur Eintragung Eigentümer bleibt, weil der Eigentumsübergang zwar erst mit der Eintragung in das Hauptbuch erfolgt, aber zurückwirkt auf den Zeitpunkt der Einschreibung in das Tagebuch (Art. 972 ZGB). Die Stellung des Erwerbers ist mit der Einschreibung in das Tagebuch derart gesichert, sowohl gegenüber dem Veräußerer als auch gegenüber dem Dritterwerber des Eigentums oder eines beschränkten dinglichen Rechtes oder eines vorgemerkten persönlichen Rechtes, einer Verfügungsbeschränkung oder der Vormerkung einer vorläufigen Eintragung, daß sie füglich als dinglich gelten kann[12].

Anhang. Bedingtes, zeitlich beschränktes, relativ unwirksames und gebundenes Eigentum

Bedingt ist das Eigentum des Käufers unter Eigentumsvorbehalt nach der von der herrschenden Lehre abweichenden Auffassung.

Zeitlich befristet ist das Eigentum an Bauten, die auf Grund eines Baurechtes erstellt werden, das mit bestimmter Dauer begründet ist und überhaupt nicht zum voraus auf eine Dauer von mehr als hundert Jahren errichtet werden kann (Art. 779, 779l), oder an Bauten, die auf Grund einer Wasserrechtskonzession auf dem Boden des für diese zuständigen Gemeinwesens erstellt werden, da die Maximaldauer der Konzession gesetzlich festgelegt ist auf 80 Jahre von der Eröffnung des Wasserwerkbetriebes an (Art. 58 Abs. 1 Eidg. WRG).

---

[11] EUGEN HUBER, Vorträge zum Sachenrecht, S. 108; E. BECK, Der Eigentumsvorbehalt nach dem schweiz. ZGB, Diss. Bern 1916; P. LIVER, Diskussionsvotum S. 301 ff. in: Recueil des travaux de la 3e semaine juridique turco-suisse, Ankara 1966; D. GIANINAZZI, La riserva della proprietà nel diritto civile svizzero, Diss. Bern 1968, S. 46 ff., 53 ff.

[12] Siehe Bespr. LIVER von BGE 85 I, 1959, S. 162 = Pra 48 Nr. 161 in ZBJV 96, 1960, S. 449 und von BGE 87 I, 1961, S. 479 = Pra 51 Nr. 89 in ZBJV 98, 1962, S. 431; zum Begriff der Anwartschaft überhaupt BGE 72 I, 1946, S. 102; W. BÜRGISSER, Der Grundstückskauf, Diss. Zürich 1924, S. 18f., gestützt auf A. VON TUHR, Die Eigentumsübertragung nach schweiz. Recht, ZSR 40, 1921, S. 40f.

Gebundenes Eigentum hat der Treuhänder, dem es mit Beschränkungen der Ausübung im Interesse des Treugebers übertragen wird[13], insbesondere der Gläubiger, der zur Sicherung seiner Forderung Eigentum übertragen erhält[14], sodann auch der Vorerbe, der die Erbschaft dem Nacherben auszuliefern hat und dafür Sicherheit leisten muß (Art. 488 ff. ZGB). Sein Eigentum ist zugleich zeitlich beschränkt[15].

In der Literatur ist etwa die Rede von «relativen Sachenrechten», so im Register von WOLFF/RAISER. Gemeint sind, wie aus dem Text (§ 48 III) hervorgeht, relativ unwirksame dingliche Rechte. Ein relatives (d.h. bloß relativ wirksames) dingliches Recht wäre ein Widerspruch in sich selbst. Mit einem Ehevertrag, der bloß interne Wirkung haben soll und deshalb nicht ins Güterrechtsregister eingetragen wird, kann nicht Gesamteigentum am ehelichen Vermögen begründet werden (BGE 73 I, 1947, S. 275 = Pr. 36 Nr. 176); er hat keine dingliche Wirkung.

Dagegen ist es möglich, daß die Eigentumsübertragung insofern relativ unwirksam ist, als sie gegenüber bestimmten Personen nicht wirkt. Dies kann eine Person sein, zu deren Gunsten eine Verfügungsbeschränkung besteht und im Grundbuch vorgemerkt ist. Es kann im Fahrnisrecht der Gläubiger sein, dem der Vermögenswert einer Sache durch Veräußerung entzogen wäre, wenn ihm gegenüber die Eigentumsübertragung durch constitutum possessorium entgegen Art. 717 ZGB wirksam wäre.

In allen diesen Fällen geht das Eigentum des Erwerbers unter, wenn der in solcher Weise gesicherte Dritte sein Recht durchsetzt. Es ist für den Erwerber resolutiv bedingtes Eigentum.

§ 6. Der Schutz des Eigentums

I. Übersicht

Das Eigentum wird nicht nur wegen seiner Bedeutung als wichtigstes Vermögensrecht, sondern auch als Grundlage der Selbständigkeit und Handlungsfreiheit der Persönlichkeit[1] von der Rechtsordnung gegen Entziehung und Entwertung geschützt und zwar sowohl gegen Eingriffe des Gemein-

---

[13] VON TUHR/SIEGWART, § 26 IV, S. 195; GUHL/MERZ/KUMMER, OR, S. 131 f.
[14] Zur Sicherungsübereignung BGE 71 II, 1945, S. 99 = Pra 34, Nr. 129; 72 II, 1946, S. 358 = Pra 35 Nr. 194; 78 II, 1952, S. 416 = Pra 42 Nr. 35; 85 II, 1959, S. 96 = Pra 48 Nr. 147; 94 II, 1968, S. 304.
[15] TUOR, Berner Kommentar, Vorbemerkung zu Art. 488–493, N. 12: «Es ist das Erbesein des Vorerben resolutiv, das des Nacherben suspensiv bedingt».
[1] EUGEN HUBER, Erläuterungen 1914, II, S. 32.

wesens und seiner Behörden wie auch gegen die Wegnahme und widerrechtliche Einwirkungen durch private Rechtssubjekte. Den Schutz in der ersten Richtung gewährt die verfassungsmäßige Eigentumsgarantie, die nun in der Bundesverfassung auch ausdrücklich erklärt ist. Sie ist eine Eigentumswertgarantie, hindert die Eigentumsentziehung durch formelle Enteignung oder eine ihr in der Wirkung nahekommende Beschränkung durch Verwaltungsverfügung auf gesetzlicher Grundlage (materielle Enteignung) nicht, läßt sie aber nur gegen Entschädigung zu. Der Schutz in der zweiten Richtung besteht im Recht des Eigentümers, «die Sache von jedem, der sie ihm vorenthält, herauszuverlangen und jede ungerechtfertigte Einwirkung abzuwehren» (Art. 641 Abs. 2 ZGB). Objekt dieses Schutzes ist nicht nur der Wert der Sache, sondern diese in ihrer Substanz. Aber geschützt ist das Eigentum nur in seinem «normalen Inhalt», d.h. nur soweit als es nicht polizeilichen und auch wirtschafts- und sozialpolitischen Beschränkungen unterworfen ist, welche die «Schranken der Rechtsordnung» bilden. Dies ist der richterliche Schutz, den der Eigentümer im Besitzesschutzverfahren (in possessorio) oder mit der Eigentumsklage (in petitorio) erwirkt. Nur mit der letzteren haben wir uns hier zu befassen[2].

II. Die Klage auf Herausgabe der Sache (rei vindicatio)

Dies ist nach der prägnanten gemeinrechtlichen Formel die Klage des nicht besitzenden Eigentümers gegen den besitzenden Nichteigentümer. Es wird immer wieder gesagt, daß dies auf unser schweizerisches Recht nicht zutreffe, weil der Eigentümer, der die Sache von einem Besitzer herausverlange, dem er sie zu einem dinglichen oder persönlichen Recht überlassen habe, ja selber auch Besitzer (selbständiger Besitzer im Sinne des Art. 920 ZGB) sei[3]. Soweit aber, wie im gemeinen Recht, unter dem Besitz die tatsächliche Gewalt über die Sache verstanden wird (was auch dem Wortlaut des Art. 919 Abs. 1 entspricht), ist die Formel richtig. Diese Eigentumsklage hat aber heute bei weitem nicht mehr die gleiche Bedeutung, die sie im gemeinen Recht hatte, abgesehen davon, daß die Vorenthaltung der weggenommenen Sache kaum je vorkommt, wenn diese Sache eine Liegenschaft ist. Die

---

[2] Siehe außer den Kommentaren: R. ROEMER, Der Rechtsschutz gegen Störung von Eigentum und Besitz sowie gegen Grundeigentumsüberschreitungen, Diss. Bern 1948, wo jedoch der nachbarrechtliche Charakter der Haftung des Grundeigentümers aus Art. 679 nicht erkannt ist. Siehe LIVER, Zürcher Kommentar, Art. 737, N. 117 ff. mit Nachtrag S. 684 und DERSELBE, Bespr. in ZBJV 104, 1968, S. 31 ff. Zum Besitzesschutz siehe HINDERLING, unten § 78.

[3] HAAB, Art. 641, N. 34.

Eigentumsklage auf Herausgabe der Sache setzt jedoch durchaus nicht eine Wegnahme im Sinne der Besitzesentziehung voraus. Wenn die Vorenthaltung in der Folge einer Besitzentziehung besteht, steht dem Eigentümer als selbständigem Besitzer die Besitzesschutzklage zu oder, was praktisch allein in Frage kommt, das Verfahren auf Erlaß eines richterlichen Befehls oder einer (einstweiligen) Verfügung offen. Dann aber ist es vor allem die Besitzesrechtsklage, welche in unserem Recht die rei vindicatio im Fahrnisrecht ersetzt und die Klage auf Herausgabe der Sache erleichtert, weil der Besitz zu ihr legitimiert, dem Kläger deshalb der Eigentumsbeweis erspart ist. Dies ist die Klage, welche ihre Grundlage im Art. 930 ZGB hat, wo der Besitz den Charakter der Gewere hat, d.h. bis zum Beweise des Gegenteils als äußere Erscheinung des Rechtes gilt, zu dem der Kläger die Sache zu besitzen behauptet, und zur Klage auf Herausgabe der Sache legitimiert, welche abhanden gekommen ist oder als anvertraute Sache in die Hände eines bösgläubigen Erwerbers gekommen ist (Art. 933, 934, 936). Der Erwerb einer Sache, die dem Veräußerer anvertraut worden ist, in gutem Glauben (Art. 714 Abs. 2 und 933) schließt die rei vindicatio ebenfalls aus, die Besitzesrechtsklage aber auch, da der Erwerber Eigentümer geworden ist. Im Grundstücksrecht ist zu einem Hauptfall der rei vindicatio die Klage auf Rückgabe des Grundstückes geworden, welches der Kläger dem Beklagten zu Eigentum übertragen hat, jedoch auf Grund eines ungültigen Grundgeschäftes, so daß der Beklagte ungerechtfertigt eingetragen ist (Beispiel der Kaufpreissimulation). Wo die Gutheißung die Löschung einer ungerechtfertigten Eintragung im Grundbuch zur Folge hat, nimmt die Klage den Charakter einer Grundbuchberichtigungsklage an.

Der Schmälerung des Anwendungsgebietes der rei vindicatio im Fahrnisrecht unseres Gesetzbuches steht dessen Erweiterung gegenüber, welche sich daraus ergeben hat, daß die Tradition (Besitzübertragung mit dem Willen, einerseits Eigentum zu übertragen, andererseits Eigentum zu erwerben) durch Lehre und Praxis zu einem kausalen Rechtsgeschäft gemacht worden ist, was zur Folge hat, daß die Sache vom Veräußerer vindiziert werden kann, wenn das Grundgeschäft für ihn unverbindlich, oder wenn es ungültig ist, während dieser Mangel nur die Klage aus ungerechtfertigter Bereicherung begründen würde, wenn die Tradition ein abstraktes Rechtsgeschäft wäre.

Die Fälle, in denen die Besitzesrechtsklage versagt, weil der Kläger überhaupt nie Besitz an der Sache gehabt hat, so daß er sie nur vindizieren kann, sind selten. TUOR[4] nennt die Früchte einer Sache, die von dieser getrennt

---

[4] Das schweiz. Zivilgesetzbuch, 8. Aufl. 1968, S. 452.

worden sind, während sie in fremdem Besitze war und die Eier, die die Henne im fremden Stalle gelegt hat. Den gleichen Anlaß zur Klage würde die Geburt des Füllens oder Kalbes während der Dauer der Viehverstellung, Miete oder Pacht bieten. Eher kann in der Praxis der folgende Tatbestand Anlaß zum Rechtsstreit geben: Der Käufer einer Liegenschaft verlangt die Herausgabe von Zugehör, die der Verkäufer nach der Eigentumsübertragung, aber vor dem Übergang des Besitzes der Liegenschaft einem bösgläubigen Dritten veräußert hat. Ein Vindikationsanspruch besteht auch, wenn der Erwerber einer Sache, die sich auf Grund eines persönlichen Rechtsverhältnisses im Besitz eines Dritten befindet (des Mieters, Depositars, Entlehners), sie von diesem herausverlangt (Besitzanweisung gemäß Art. 924)[5]. Da die Eigentumsklage nach schweizerischer Lehre und Praxis keiner Verjährung unterliegt[6], kann sie immer dann noch zum Ziele führen, wenn der Anspruch auf Rückgabe der Sache aus Vertrag durch Verjährung untergegangen ist[7]. Aber auch wenn der Eigentümer mit der Besitzesschutz- oder Besitzesrechtsklage vorgehen könnte, steht es ihm frei, statt dessen die Sache zu vindizieren.

Hat der Besitzer die Sache weiterveräußert, so daß sie von ihm nicht herausverlangt werden kann, wird der Herausgabeanspruch nicht zum Schadenersatzanspruch. Dieser kann nur auf Art. 41 OR gestützt werden, gleich wie der Schadenersatzanspruch, der nach den Art. 927 und 928 ZGB mit der Besitzesschutzklage verbunden werden kann.

Die Funktion der rei vindicatio erfüllen auch verschiedene für besondere Zwecke und Verfahren gesetzlich vorgesehene Klagen[8].

---

[5] Nach § 931 BGB ist der gleiche Vorgang geregelt als «Abtretung des Herausgabeanspruches». Diese Zession kann sowohl einen dinglichen wie einen obligatorischen Herausgabeanspruch zum Gegenstand haben. – Kontrovers ist die Frage, ob der Vindikationsanspruch ohne das Eigentum abgetreten werden könne, so daß «anspruchsberaubtes Eigentum» entstünde. Vgl. dazu MEIER-HAYOZ, System. Teil, Art. 641, N. 49. Die Ablehnung dürfte (gegen HAAB, Art. 641, N. 37 und HOMBERGER, Art. 924, N. 4) eher begründet sein.

[6] Das grundsätzliche Urteil des Bundesgerichts: BGE 48 II, 1922, S. 47 = Pra 11 Nr. 51. Bestätigt für die actio negatoria: BGE 53 II, 1927, S. 224 = Pra 16 Nr. 122; 68 II, 1942, S. 371 = Pra 32 Nr. 39; 83 II, 1957, S. 98 = Pra 46 Nr. 100.

[7] Erstzit. Urteil in Anm. 6, allerdings mit der der herrschenden Lehre entsprechenden, aber unhaltbaren Annahme, die Verjährung des Rechtes auf Rückgabe der hinterlegten Sache beginne im Zeitpunkt der Hinterlegung, so daß der Anspruch des Auswanderers, der nach 11 Jahren heimkehrt, auf Rückgabe der seinem Bruder zur Aufbewahrung übergebenen Vermögensgegenstände verjährt wäre. Dagegen ist zu sagen: «Solange der Anspruch befriedigt ist, d.h. solange der von ihm geforderte tatsächliche Zustand vorhanden ist, läuft ihm keine Verjährung» (WINDSCHEID/KIPP I, § 107 mit Anm. 1). So nun auch BGE 91 II, 1965, S. 442 Erw 5 = Pra 55 Nr. 49.

[8] Neben der schon angeführten Grundbuchberichtigungsklage sind zu nennen: die Erbschaftsklage (Art. 598 ff.; die Widerspruchsklage nach Art. 106/09 SchKG und der Aussonderungsanspruch im Konkurs nach Art. 242 SchKG.

III. Die Klage zur Abwehr ungerechtfertigter Einwirkungen (actio negatoria)

Ungerechtfertigte Einwirkungen sind regelmäßig Besitzesstörungen. Es können Beschädigungen der Sache sein oder Beeinträchtigungen der Benutzung der Sache durch Immissionen (mittelbare Einwirkungen). Während die rei vindicatio ihr Anwendungsgebiet fast ausschließlich im Fahrnisrecht hat, dient die actio negatoria fast ausschließlich dem Grundeigentümer. Eine ungerechtfertigte Einwirkung auf eine bewegliche Sache kommt praktisch so selten vor[9], wie die Besitzesentziehung im Grundstücksrecht[10].

Die actio negatoria ist die Klage des Eigentümers gegen den Urheber der schädigenden oder lästigen Einwirkung mit dem Rechtsbegehren auf Unterlassung oder Beseitigung. Ihr entspricht als Klage des Dienstbarkeitsberechtigten die actio confessoria[11]. Den gleichen Schutz gibt dem Eigentümer (und auch dem Dienstbarkeitsberechtigten) als Besitzer auch die richterliche Verfügung auf Wiederherstellung des bisherigen Besitzes (Sachbesitzes oder Rechtsbesitzes). Aber dies ist nur ein vorläufiger Schutz, der dahinfällt, wenn die richterlich angesetzte Frist zur Klage im ordentlichen Rechtsschutz-Verfahren (in petitorio) unbenutzt abläuft oder das Urteil in diesem Verfahren die richterliche Verfügung aufhebt.

Wie die rei vindicatio ist auch die actio negatoria unverjährbar[12], während der Besitzesschutzklage die doppelte Verwirkungsfrist des Art. 929 ZGB gesetzt ist.

Ungerechtfertigte Einwirkungen auf ein Grundstück erfüllen in den meisten Fällen den Tatbestand des Art. 679 ZGB oder den spezielleren des Art. 684 (mittelbare Einwirkungen, Immissionen). Dies ist indessen nur dann der Fall, wenn davon ein Nachbar betroffen wird, d.h. der Besitzer eines Grundstückes im nachbarlichen Umkreis. Es ist der Eigentümer, Inhaber eines beschränkten dinglichen oder persönlichen Rechtes (insbesondere auch der Mieter oder Pächter) und der aus irgendeinem anderen Grund zum Besitz Befugte[13]. Zur actio negatoria ist dagegen nur der Eigentümer a k t i v l e g i t i m i e r t und zu der ihr inhaltlich entsprechenden actio confessoria der

---

[9] DERNBURG, System des römischen Rechts (8. Aufl. der Pandekten), § 143, Anm. 1, unter Hinweis auf C.G. BRUNS, Die Besitzklagen, 1874, S. 173 ff. Zur Klage wegen Besitzesstörung siehe HINDERLING, unten § 78, III 3, 4.
[10] Im BGE 73 II, 1947, S. 27 = Pra 36 Nr. 54 ist die völlige Verbauung des Durchganges als Besitzesentziehung gegenüber dem Dienstbarkeitsberechtigten behandelt.
[11] LIVER, Zürcher Kommentar, Einleitung, N. 71 ff.; Art. 737, N. 126 ff.
[12] Siehe oben Anm. 6.
[13] BGE 73 II, 1947, S. 120 f. = Pra 38 Nr. 93.

Dienstbarkeitsberechtigte[14]. Außer ihnen ist auch der Faustpfandgläubiger klageberechtigt, und selbst der Grundpfandgläubiger hat diese Befugnis zur Beseitigung oder Abwehr von Wertverminderungen (Art. 808 Abs. 2 und 810 Abs. 2 ZGB)[15].

Während sich aber die Klage aus Art. 679 ZGB (Überschreitung des Grundeigentums), wie bemerkt, als nachbarrechtliche Klage nur gegen Nachbarn (im hievor umschriebenen Sinne) richten kann, dient die actio negatoria der Abwehr jeder Störung, von wem immer sie verursacht wird; daß sie schuldhaft verursacht werde, ist nicht erforderlich. Deshalb kann sich die Frage erheben, ob diese Klage gegen den Eigentümer eines Grundstückes, von dem schädigende oder lästige Einwirkungen ausgehen, zulässig sei, wenn im übrigen, also namentlich hinsichtlich der Widerrechtlichkeit im Sinne der Überschreitung des Eigentums, speziell auch der Immissionen gemäß Art. 684, die Voraussetzungen des Art. 679 nicht gegeben sind. Diese Frage ist mit dem Bundesgericht zu verneinen. Ob die von einem Grundstück ausgehenden Einwirkungen ungerechtfertigt im Sinne des Art. 641 Abs. 2 sind, muß nach den Art. 679 ff. beurteilt werden[16].

Hat die ungerechtfertigte Einwirkung aufgehört, fehlt die Voraussetzung für die actio negatoria, die eine Unterlassungs- oder Beseitigungsklage ist (Beseitigung von Vorrichtungen, welche die Schädigung oder Belästigung verursachen). Für den entstandenen Schaden kann nur auf Grund von Art. 41 OR (Verschuldenshaftung) oder gegebenenfalls auf Grund von Art. 679 ZGB (Haftung ohne Verschulden) Ersatz verlangt werden. Die Schadenersatzforderung unterliegt der Verjährung gemäß Art. 60 OR. Dies gilt auch, wenn ein dauernder Schaden entstanden ist, aber die schädigende Einwirkung aufgehört hat, also in der Vergangenheit liegt[17].

IV. Die Feststellungsklage

Sowohl die spätere Herausgabe der Sache als auch die Abwehr ungerechtfertigter Einwirkungen kann mit der Feststellungsklage erreicht oder gesichert werden. Diese kann den gleichen Zweck haben wie im römischen

---

[14] LIVER, Art. 737, N. 183; HAAB, Art. 641, N. 41. Zu Unrecht wird die Aktivlegitimation zur actio negatoria auf Mieter und Pächter ausgedehnt von HOMBERGER, Art. 931, N. 7.
[15] Aus der Literatur Deutschlands siehe namentlich G. OFTERMATT, Dinglicher Beseitigungsanspruch, 1937; FR. BAUR, Der Beseitigungsanspruch nach § 1004 BGB, AcP 160, 1961, S. 465 ff.
[16] BGE 73 II, 1947, S. 151 = Pra 37 Nr. 22.
[17] LIVER, Art. 737, N. 213 ff. und Nachtrag, S. 684.

Recht die actio negatoria. Diese heißt so, weil der Grundeigentümer die Dienstbarkeit, welche der Beklagte zu haben behauptet und ihn zur Benutzung des Grundstückes berechtigte, negiert[18]. Streitig ist da nur die Frage, ob die Dienstbarkeit bestehe oder nicht, möglicherweise auch, welchen Inhalt und Umfang sie habe, wenn sie besteht. Feststellungsfunktion hat sodann die Grundbuchberichtigungsklage, wenn streitig ist, ob der Eintrag der Dienstbarkeit gerechtfertigt sei, gegebenenfalls ob er den Inhalt, Umfang oder Rang richtig bestimme.

Die Herausgabe der Sache kann mit der Feststellungsklage gesichert werden, wenn nur streitig ist, ob der Beklagte ein Recht habe, die Sache zu behalten, weil er behauptet, nicht bloß die Nutznießung oder ein Baurecht an ihr zu haben, sondern Eigentümer zu sein. Ist er Nutznießer oder Bauberechtigter, kann gegen ihn nicht auf Herausgabe geklagt werden, sondern nur auf Feststellung, daß er nicht Eigentümer sei.

Wer behauptet, Eigentümer auf Grund der Ersitzung zu sein und gegen denjenigen klagt, der dagegen Einsprache erhoben hat, erhebt ebenfalls eine Feststellungsklage[19].

Die Klage aus Art. 736 Abs. 1, mit der die «Ablösung durch den Richter» verlangt wird, weil die Dienstbarkeit «für das berechtigte Grundstück alles Interesse verloren habe», ist ebenfalls eine Feststellungsklage[20]. Auch mit der Verfügung des Richters auf Löschung eines dinglichen Rechtes, das jede rechtliche Bedeutung verloren hat, auf Begehren des Grundbuchverwalters (Art. 976) wird eine Feststellung getroffen. Dasselbe gilt für die Verfügung des Richters auf nachträgliche Berichtigung einer irrtümlichen Grundbucheintragung gemäß Art. 977[21].

Dritter Abschnitt

Der Umfang der Eigentumsobjekte (Bestandteile und Zugehör)

§ 7. Das Problem und seine Lösungen

Inbezug auf homogene Sachen stellt sich das Problem nicht. Sie – ein Holz- oder Eisenbalken, eine Münze, ein Bogen Papier, eine Frucht, ein

---

[18] Siehe Liver, Einleitung, N. 74 ff.; Art. 737, N. 126 ff.
[19] Daselbst Art. 737, N. 93 und 101; Nachtrag, S. 671 f.
[20] Daselbst Art. 736, N. 176.
[21] Liver, Die Löschung infolge Unterganges des dinglichen Rechtes, ZBGR 39, 1958, S. 321 ff.; derselbe, Art. 734, N. 118 und 121.

Tier – sind als körperliche Einheiten Rechtsobjekte. Die meisten Sachen aber, welche als Vermögensgegenstände dem menschlichen Gebrauch dienen, sind zusammengesetzte Sachen. Es seien nur unsere Schreibwerkzeuge als Fahrnis und die Liegenschaft mit dem darauf stehenden Gebäude samt dessen Einrichtung und Ausstattung als Grundstück genannt. Sie setzen sich aus einer Hauptsache und Nebensachen zusammen. Welches die Hauptsache ist, bestimmt sich nicht nach ihrem Wert, sondern nach ihrer Bedeutung für die Funktion der Sache und nach ihrer Stellung in der Rechtsordnung. Die Liegenschaft ist danach immer Hauptsache und alle mit ihr verbundenen Bauwerke, mögen sie noch so wertvoll sein, sind Nebensachen und als solche ihre Bestandteile.

Die schwierige Aufgabe aber, die sich dem Gesetzgeber immer gestellt hat, ist die, festzustellen:

1. In welcher Art und Intensität die Nebensache mit der Hauptsache verbunden sein muß, damit sie zu deren **Bestand** gehört und deren rechtliches Schicksal **notwendigerweise** teilt.

2. Unter welchen Voraussetzungen für sich bestehende Sachen als Nebensachen eine derartige Zweckeinheit mit einer Hauptsache bilden, daß sie zu ihr gehören und ihr rechtliches Schicksal teilen, wenn ihnen nicht ihre rechtliche Selbständigkeit gelassen oder wiedergegeben wird, womit die **gesetzliche Vermutung** ihrer Zugehörigkeit zur Hauptsache entkräftet ist.

Die Gegenstände der ersten Kategorie sind **Bestandteile**, die der zweiten bilden die **Zugehör**.

Ihre Unterscheidung kann im Gesetz nicht so festgelegt werden, daß sämtliche Merkmale der beiden Begriffe bestimmt werden. Das Gesetz muß den Ortsgebrauch und in der Beziehung der Zugehör auch den Willen des Eigentümers der Hauptsache in der Funktion der Ausfüllung der Begriffsbestimmung gelten lassen.

Es gilt, die Linie zu ziehen, welche einerseits die Individualität der Sachen in ihrem vollen Wert als selbständige Rechtsobjekte bestehen läßt, andererseits aber auch gestattet, Sachen, die eine technische und wirtschaftliche Einheit bilden, in ihrer Gesamtheit als **ein** Rechtsobjekt zu behandeln.

Im römischen Recht konnten die Teile einer zusammengesetzten Sache (etwa eines Hauses) verschiedene Eigentümer haben, doch war das Eigentum an der Nebensache, die mit einer Hauptsache verbunden war, sog. ruhendes Eigentum. Als Pertinenzen galten selbständige Sachen, die mit einer Hauptsache zum Zwecke des Gebrauchs oder der Nutzung in Beziehung standen, wie das Inventar eines Hauses oder eines Landgutes (instrumentum fundi, domus, navis). Aber die Pertinenzen teilten, abgesehen von wenigen Rechtsgeschäften, das rechtliche Schicksal der Hauptsache von Gesetzes wegen nicht[1].

---

[1] B. BIONDI, Istituzioni di diritto romano, 4. Aufl., Milano 1965, S. 168.

Auch die älteren Kodifikationen befaßten sich mit zugehörigen Sachen nicht im Sinne unseres Rechtes. Nach dem CCfr. gibt es Zugehör von Gesetzes wegen nicht, sondern nur durch Bestimmung des Eigentümers, kraft deren bewegliche Sachen dem rechtlichen Schicksal eines Grundstückes unterstellt werden, nämlich das instrumentum fundi im weitesten Sinne. Sie werden dadurch zu immeubles par destination (Art. 524). Auch das ABGB spricht nur von beweglichen Sachen, die Zugehör eines Grundstückes sind, weil sie vom Gesetz oder vom Eigentümer dazu bestimmt sind, weil die Hauptsache ohne sie nicht gebraucht werden könnte (§ 294). Als gesetzliche Zugehör gelten Nebensachen, wie z.B. der Blitzableiter eines Hauses, die wir als Bestandteile ansehen würden. Als Merkmal des Zugehörbegriffs wird denn auch von KLANG[2] die Widmung bezeichnet, entsprechend der destination des französischen Rechts, wie überhaupt die Zugehöreigenschaft im ABGB nur unter dem Gesichtspunkt der Unbeweglichkeit (immobilisation) behandelt wird[3]. Die Praxis und dann die Teilnovelle III (§ 297a) haben den Begriff der Zugehör erweitert.

Im BGB ist der Begriff der Zugehör ähnlich umschrieben wie im ZGB, aber z.T. weiter gefaßt (§§ 97 und 98), z.T. eingeengt, weil die «unselbständigen» Bestandteile nicht unter ihn fallen. Die Bestandteile sind 1. wesentliche (§ 93, besonders bestimmt sind die Grundstücksbestandteile im § 94); 2. unwesentliche, wenn sie ohne Zerstörung oder Wesensveränderung getrennt werden können (Maschinen, auch der Motor eines Automobils, wenn er als Serienfabrikat leicht ersetzt werden kann, wie auch Räder und Reifen); 3. Scheinbestandteile, die mit der Hauptsache nur zu einem vorübergehenden Zweck verbunden sind oder die, trotz dauernder Verbindung, im Sondereigentum stehen, weil sie Werke sind, die auf Grund einer Dienstbarkeit, insbesondere eines Erbbaurechtes, erstellt worden sind[4]. Dies ist eine komplizierte Regelung, deren Anwendung mit vielen Abgrenzungsschwierigkeiten verbunden ist und in der Wissenschaft vielfach als verfehlt gilt[5].

EUGEN HUBER hat sich nicht an das BGB gehalten, aber auch nicht an die kantonalen Kodifikationen, die den CCfr. oder das ABGB zur Grundlage genommen hatten, sondern lehnte sich weitgehend an die Gesetzesbücher der dritten, der zürcherischen Kodifikationsgruppe, an, sowie für die Zugehör an Vorschläge, die 1882 zu einem Konkordat gemacht wurden. Vor allem hat er mit Erfolg nach Vereinfachung gestrebt[6].

Am nächsten steht unserer Unterscheidung die des CCit., mit welcher sich der italienische Gesetzgeber vom bisherigen Recht, das dem CCfr. entsprach, abgewendet hat. Dieses war in der Wissenschaft schon früher entschiedener Kritik begegnet. Die Motive[7] verweisen auf V. SCIALOJA, Teoria della proprietà, 1928, p. 85. Die Begründung des Zugehörverhältnisses durch Widmung beweglicher Sachen zur Einheit mit einem Grundstück und damit als unbewegliche Sache (immeubles par destination) hat der Gesetzgeber fallengelassen und ersetzt durch den gesetzlichen Begriff der Pertinenz, entsprechend unserer Zugehör und unterschieden vom Bestandteil (parte costitutiva ed integrante)[8].

Auf breiter rechtshistorischer Grundlage hat HANS OPPIKOFER[9] den Versuch gemacht, den Begriff der Zugehör so auszuweiten, daß er alles umfaßt, was zum Wesen des Unternehmens als sozialer Organisation gehört, einschließlich der «zu Unrecht als selbständige Immaterialgüterrechte anerkannten Organisationswerte». Damit sollte alte deutschrechtliche Tradition erneuert

---

[2] KLANG, Kommentar, Bem. II B 2 zu § 294.
[3] KLANG, Kommentar, Bem. II A 1 c zu § 294.
[4] ENNECCERUS/NIPPERDEY, Allg. Teil, § 125, II 3.
[5] MEIER-HAYOZ, System. Teil, rechtsvergleichende Vorbemerkung vor Art. 642 ZGB.
[6] EUGEN HUBER, System III, S. 34 ff., IV, S. 688 f.; Erläuterungen 1914 II, S. 36 und 62 ff.
[7] PANDOLFELLI u.a., Codice civile, Libro della proprietà, illustrato con i lavori preparatori e con note di commento, 1941, p. 52.
[8] DE RUGGIERO/MAROI, Istituzioni I, S. 504 ff.; sehr ausführlich L. BARASSI, Diritti reali I, S. 248–387.
[9] Das Unternehmensrecht (oben § 2, Anm. 26).

und die, entgegen positiven Ansätzen, im römischen und gemeinen Recht zur Herrschaft gekommene Auffassung überwunden werden. Eingehend hat sich OPPIKOFER auch mit dem römischen instrumentum fundi befaßt, wozu neuerdings A. STEINWENTER[10] zu vergleichen ist, der dargetan hat, daß sich die Entwicklung aus dem spätrömischen Recht zu mittelalterlichen Wirtschaftsformen im westlichen Wirtschaftsgebiet des Reiches ohne merkliche Zäsur vollzogen habe. Der Zusammenhalt zwischen dem in der villa verkörperten Unternehmen, den zum jus fundi gehörigen Grundstücken und dem instrumentum fundi sei immer stärker geworden[11].

§ 8. Bestandteile
(les parties intégrantes; parti costitutive)[1]

I. Der Begriff

«Bestandteil einer Sache ist alles, was nach der am Ort üblichen Auffassung zu ihrem Bestande gehört und ohne ihre Zerstörung oder Veränderung nicht abgetrennt werden kann» (Art. 642 Abs. 2 ZGB).

Zur Erklärung dieser Umschreibung sind die folgenden Merkmale des Begriffs wesentlich.

a) Die Nebensache muß, um ein Teil der Hauptsache geworden zu sein, mit dieser äußerlich, also körperlich verbunden sein. Es gibt nur Bestandteile körperlicher Gegenstände[2]. Die Verbindung muß so beschaffen sein, daß das Ganze als e i n e Sache zu betrachten ist. Ihre Intensität kann ganz verschie-

---

[10] Fundus cum instrumento, Wiener Akademieabhandlung, 1942.
[11] Siehe auch P. BONFANTE (oben § 3, Anm. 1), II/1, S. 157 ff., S. 178: «il concetto (pertinenze) ... sembra di origine germanica. I Romani non hanno nè la parola nè il concetto; le partes sono sempre partes e gli instrumenta non possono essere aggiunti alle pertinenze, perchè non ne hanno il regime.»
  Was Bestandteil und was Zugehör einer Hauptsache ist, hat seine Bedeutung auch im Versicherungs- und im Steuerrecht. Die die Zugehör betreffenden Ausführungen dazu finden sich bei O. K. KAUFMANN, Die Zugehör, ZBGR 34, 1953, S. 82, 97, 98. Für das bernische Steuerrecht ist zu verweisen auf das revidierte Steuergesetz vom Jahre 1944 in der Fassung vom 26. Juni 1964, Art. 53 Abs. 2 und die Bewertungsnormen der kantonalen Schätzungskommission vom 26. Mai 1966, S. 130, sowie auf den Bericht der Finanzdirektion über die Hauptrevision der amtlichen Werte der Grundstücke und Wasserkräfte, Mai 1969, S. 18 und 20.
  Über das französische Recht und seine Entwicklungstendenzen G. GOUBEAUX, La règle de l'accessoire en droit privé, Thèse Nancy, Paris 1969.
[1] Aus der schweizerischen Spezialliteratur sind nur noch zu nennen: R. BODMER, Rechtsverhältnisse an Bestandteil und Zugehör, Diss. Zürich 1952, und H.C. SCHULTHESS VON RECHBERG, Die Begriffe von Zugehör und Bestandteil im schweizerischen Recht, Diss. Zürich 1953.
[2] Rechte, die «im Sinne des Gesetzes» Grundstücke «sind» (Art. 655 Abs. 2 Ziff. 2) können nicht Bestandteile haben, sowenig wie Rechte Bestandteile von Sachen sein können. Im übertragenen Sinn ist Bestandteil des Baurechts das Gebäude, das auf Grund dieses Rechtes erstellt worden ist. Zum Verhältnis zwischen berechtigtem Grundstück und Grunddienstbarkeit siehe LIVER, Art. 730, N. 37 und Nachtrag S. 659.

denen Grades sein. Es kommt nicht, wie nach dem Recht Deutschlands, darauf an, ob die Nebensache durch die Trennung zerstört oder in ihrem Wesen verändert wird, sondern vielmehr darauf, ob die Hauptsache durch die Trennung «zerstört, beschädigt oder verändert» wird. Diese Wirkung kann auch eintreten, wenn die körperliche Verbindung so lose ist, daß sie infolge der Anpassung der Nebensache an die Hauptsache, bloß durch die Schwerkraft Bestand hat. Türen und Fenster können ausgehängt, und die Ziegel auf dem Dache können abgehoben werden, ohne daß ein Sachteil beschädigt wird. Die Hauptsache aber ist beschädigt und zwar auch dann, wenn der abgelöste Teil als Serienfabrikat leicht ersetzt werden kann. Selbstverständlich trifft dies um so mehr auf das oben erwähnte Beispiel des Motors eines Automobils zu. Der abgelöste Bestandteil kann als selbständige bewegliche Sache weitere Verwendung finden und erheblichen Wert haben [3].

b) Zwischen Hauptsache und Bestandteil muß auch eine Zweckverbindung bestehen. Diese ist gegeben, wenn die Hauptsache infolge der Trennung «verändert» ist, d.h. ihrer Zweckbestimmung nach nicht mehr zur gleichen Kategorie von Sachen gehört. Ein Haus bleibt ein Haus, auch wenn aus ihm das Mobiliar, die Einrichtungen und die Maschinen entfernt werden, welche zu der Benutzung der Wohnungen, Bureau-, Geschäfts- und Werkstatteinrichtungen gedient haben. Diese Mobilien sind deshalb nicht Bestandteile des Hauses [4].

Maschinelle Einrichtungen können jedoch Bestandteile des Grundstückes sein, dann nämlich, wenn das Gebäude ihnen angepaßt ist, für sie als Trag-, Schutz- und Nebenraum-Konstruktion erstellt wurde, wie ein Turbinenhaus, ein Transformatorenhäuschen, ein Mühlen- oder Sägereigebäude.

c) Ob die Verbindung unter den genannten Gesichtspunkten eine Sache zum Bestandteil einer anderen macht, muß im Zweifelsfall nach dem Ortsgebrauch beurteilt werden. Der Ofen und ihn ersetzende oder ergänzende Heizkörper sind in unseren Gegenden, wenn fest und dauernd mit dem Gebäude verbunden, dessen Bestandteile, in südlichen Gegenden mit mildem Klima dagegen nicht. Verschieden nach Landesgegend ist auch die Auffassung, ob Beleuchtungskörper Bestandteile des Gebäudes sind oder nicht; im allgemeinen sind sie es nicht, wohl dagegen die Licht- und Kraftleitun-

---

[3] Biberschwanzziegel, die in der Berner Altstadt allein verwendet werden dürfen, werden nicht mehr hergestellt, müssen aber zum Verkauf vorrätig sein, gelagert als wertvolles Abbruchmaterial.
[4] ObGer LuzMax 6 Nr. 437 = SJZ 15, 1918/19, Nr. 136, S. 199 = ZBGR 6, Nr. 107, S. 303 ff.; BlZR 13, 1914, Nr. 171 = SJZ 12, 1915/16, Nr. 91, S. 131; ZBGR 6, 1952, Nr. 122, S. 334 f.; BGE 80 I, 1954, S. 52 = Pra 43 Nr. 54.

gen⁵. Als Ausdruck des Ortsgebrauchs gilt nach Art. 5 Abs. 2 das bisherige kantonale Recht, dessen Bestandteilskataloge vielfach unverändert in die Einführungsgesetze zum ZGB übernommen worden sind und deshalb der modernen Bauweise und Einrichtung der Gebäude nicht entsprechen, auch sonst veraltet sind⁶. Sie bilden überhaupt bloß Aussagen über Tatsachen, nämlich über Elemente der Verkehrsanschauung, sind also keine Normen. Sie sind nur beachtlich, soweit ihre Aussagen noch richtig sind⁷. Der Ortsgebrauch hat in der Bestimmung dessen, was Bestandteil ist, nicht die gleiche Funktion wie für das Zugehörverhältnis. Er ist nämlich nicht dazu bestimmt, eine vom Gesetzgeber in der Begriffsbestimmung offengelassene Stelle als eigenes Merkmal auszufüllen, sondern dient der näheren Bestimmung eines gesetzlichen Erfordernisses, nämlich der inneren oder zweck-orientierten Verbindung⁸.

d) Durch eine Verbindung zu bloß vorübergehendem Zweck wird keine Sache zum Bestandteil einer anderen, mag diese Verbindung auch noch so fest und nur unter größtem Arbeitsaufwand und Eingriff in die Substanz der Hauptsache lösbar sein. Dies kann auf Fahrnisbauten durchaus zutreffen. Man denke bloß an eine Luftseilbahn zum Materialtransport für den Bau eines Kraftwerkes oder für den Abtransport eines Schlages Holz.

Dieses Erfordernis der Absicht dauernder Verbindung hat auch für das Zugehörverhältnis Geltung und wird in der Praxis meistens bei dessen Behandlung erörtert.

---

⁵ Leuchtkörper sind nicht Bestandteil, ja nicht einmal Zugehör: ObGer Aargau, Vierteljahresschrift für aarg. Rechtsprechung 15, Nr. 64, S. 174 = ZBGR 6, 1925, Nr. 99, S. 288f. Die Heizeinrichtung ist auch im Tessin Bestandteil: BGE 40 II, 1914, S. 109 = Pra 3 Nr. 22 = ZBGR 6, 1925, Nr. 93, S. 264f.
  Öfen in Tavannes könnten Bestandteile sein, wurden aber als Zugehör erklärt, weil nur dies verlangt wurde: AppH Bern, ZBJV 57, 1921, Nr. 26, S. 231 = ZBGR 6, 1925, Nr. 103, S. 295ff.; BlZR 13, 1914, Nr. 171 = SJZ 12, 1915/16, Nr. 91, S. 131 = ZBGR 6, Nr. 122, S. 334f. Die Licht- und Telephonanlage eines Hotels ist dessen Bestandteil; Glühlampen und Akkumulatorenbatterie dagegen sind Zugehör (Kt. Schwyz): BGE 64 II, 1938, S. 85 = Pra 27 Nr. 122. Die mit dem Chassis fest und dauernd verbundene Kippanlage und das Chassis sind Bestandteile des Lastwagens: BGE 76 II, 1950, S. 31 = Pra 39 Nr. 90. – Die Kofferhaube mit Traggriff einer Schreibmaschine, mit welcher diese zur tragbaren Maschine (Portable) wird, ist deren Bestandteil, weil die Maschine ohne sie «verändert» würde, d.h. zu der ihr eigenen Funktion nicht taugen würde.
⁶ Diese Kataloge enthalten fast ausschließlich Bestandteile von Liegenschaften, insbesondere von Gebäuden. Die häufigst vorkommende Formel zu ihrer Bezeichnung ist die des zürch. PGB (§ 478): Was mit dem Gebäude niet- und nagelfest verbunden ist. Im rev. EGzZGB App. AR (1969) ist diese Formel beibehalten, aber durch Beispiele erläutert und im Hinblick auf die moderne Bauweise und Einrichtung von Gebäuden ergänzt.
⁷ Berner Kommentar, Einleitungsband, Art. 5, N. 91 ff.
⁸ BGE 64 II, 1938, S. 85 = Pra 27 Nr. 122; 76 II, 1950, S. 30 = Pra 39 Nr. 90.

II. Die Wirkung

Wird eine Sache Bestandteil einer anderen, hört sie auf, ein eigenes Rechtsobjekt zu sein. Alle Rechtsverhältnisse, deren Objekt die Hauptsache ist, erstrecken sich auch auf sie. Rechte, die vorher an ihr bestanden haben, erlöschen mit der Verbindung. Dies gilt vor allem für das Eigentum und hat zur Folge, daß der Eigentumsvorbehalt des Lieferanten mit der Verbindung untergeht[9] und auch nicht wieder wirksam wird, wenn später eine Trennung erfolgt. Im Gegensatz zum römischen Recht wird das Recht des bisherigen Eigentümers nicht zum «ruhenden Eigentum», das wieder seine eigene Lebenskraft erhält, wenn die Trennung eintritt[10].

Die Trennung erfolgt ja auch in den wenigsten Fällen. Zum Zwecke der Sicherung des Lieferanten von Material für die Erstellung einer Baute ist der Eigentumsvorbehalt nicht brauchbar, weshalb dem Lieferanten, wenn er zugleich die Arbeit am Bau leistet, der gesetzliche Anspruch auf Einräumung eines Pfandrechtes am Grundstück zusteht und im ZGB in einzigartiger Weise ausgebildet ist.

§ 9. Zugehör

I. Der Begriff[1]

Die Begriffsmerkmale sind bis auf eines die gleichen wie die des Begriffs «Bestandteil». Aber sie unterscheiden sich von diesen durch die Verschiedenheit ihres Gewichtes. Das wichtigste Merkmal ist:

---

[9] BGE 76 II, 1950, S. 31 = Pra 39 Nr. 90; 80 I, 1954, S. 52 = Pra 43 Nr. 54 a.E. Aus der früheren Praxis: BGE 40 II, 1914, S. 109 = Pra 3 Nr. 105 = ZBGR 6, 1925, Nr. 93, S. 264f.; ObGer LuzMax 6 Nr. 437 = SJZ 15, 1918/19, Nr. 136, S. 199; ObGer Solothurn, Rechenschaftsbericht 1913, S. 125 = ZBGR 6 Nr. 118, S. 325.

[10] Siehe das Zitat im § 7, oben S. 31. Über ruhendes Eigentum WINDSCHEID/KIPP, §§ 65 N. 4, 188 N. 12, 189 N. 4 und die Anm. KIPPs zur erstzit. Stelle, wonach ruhendes Eigentum im Recht des BGB nur besteht zwischen der Dereliktion eines Grundstückes und der Aneignung durch den Fiskus, welchen Fall es nach dem ZGB nicht gibt. W. KÜHNE, Der Eigentumserwerb durch Verbindung, Vermischung und Verarbeitung beweglicher Sachen im schweizerischen Recht, Diss. Bern 1956, S. 45f., bedauert, daß die modernen Kodifikationen das dominium dormiens nicht übernommen haben, weil es als Folge der Verbindung eine bessere Lösung ermöglichen würde. Siehe hinten, § 62, Anm. 8 a. E.

[1] ZBGR 34, 1953: Die Vorträge von P. CAVIN, Les accessoires en droit civil, S. 65 ff. und O. K KAUFMANN, Die Zugehör, S. 75 ff.; G. J. PFEIFFER, Les accessoires immobiles et l'hypothèque, Thèse Lausanne 1927.

Zum viel weiteren Pertinenzbegriff des historischen deutschen Rechts siehe OPPIKOFER (oben § 2, Anm. 26); EUGEN HUBER, System IV, S. 688f.; R. HÜBNER, Grundzüge des DPR, 5. Aufl., Leipzig 1930, S. 192. Zum römischen und gemeinen Recht: oben § 7 N. 11 u. E. HOLTHÖFER, Sachbestandteil und Sachzubehör, Münsterische Beiträge 1971. Nach dem ZGB können nur (bewegl.) Sachen, nicht Rechte Zugehör sein.

1. **Die Zweckbestimmung der Nebensachen.** Diese Sachen dienen der Bewirtschaftung, Benutzung oder Verwahrung der Hauptsache.

a) Zur Bewirtschaftung und Benutzung der Hauptsache dienende bewegliche Sachen. Die kantonalen EG zum ZGB enthalten Verzeichnisse solcher Sachen, die namentlich auf die landwirtschaftlichen und gewerblichen Betriebe einer früheren Zeit zugeschnitten sind. Neben den Heutrocknungsgestellen (Heinzen und dgl.) sowie neben den Rebstickeln eines Weingutes wären heute Jaucheverschlauchungsanlagen, Heugebläse, Motoren für die verschiedensten Zwecke anzuführen. Als Hauszugehör werden genannt: nicht eingebaute Heizkörper, Badewannen, Herde, Löschgeräte und dgl.

b) Der Verwahrung dienende Objekte sind Faßlager, Gestelle für Nahrungsvorräte u. dgl. Der Verwahrung von Instrumenten dienen dem Gegenstand angepaßte Kasten, Gehäuse, Futterale.

c) Automobilzugehör sind Winterpneus, Ketten, Werkzeug zur Behebung von Defekten, wofür nicht besondere Fachkenntnisse erforderlich sind.

2. **Die räumliche Beziehung**

Sie braucht nicht so eng zu sein wie zwischen Hauptsache und Bestandteil. Es genügt, daß die Zugehörigkeit äußerlich erkennbar ist. Die bewegliche Wasserentnahme-Einrichtung einer Liegenschaft kann sich auf einem Nachbargrundstück befinden. Ruderboote und Motorboote, die mit dem Namen eines Hotels gekennzeichnet sind, bilden dessen Zugehör, auch wenn der Teich oder See, wo sie untergebracht und benutzt werden, sich in größerer Entfernung von der Hotelliegenschaft befindet[2].

3. **Die auf die Dauer angelegte Beziehung**

Sie ist gleich wie für die Bestandteilseigenschaft notwendiges Merkmal des Zugehörverhältnisses[3]. Unter diesem Gesichtspunkt sind nach Art. 645 ZGB von der Zugehörigkeit ausgeschlossen: Bewegliche Sachen, die dem Besitzer der Hauptsache nur zum vorübergehenden Gebrauche oder Verbrauch dienen, oder die zur Eigenart der Hauptsache in keiner Beziehung stehen, sowie solche, die nur zur Aufbewahrung, zum Verkauf oder zur Vermietung mit der Hauptsache in Verbindung gebracht sind.

---

[2] RGZ 47, S. 197; WOLFF/RAISER, Sachenrecht, 14. Aufl., S. 531 Anm. 10. – BGE 54 II, 1928, S. 115 = Pra 17 Nr. 116 = ZBGR 16, 1935, Nr. 22, S. 33: Eisenbahn-Kesselwagen einer chemischen Fabrik, die sich auf der Fahrt in weiter Entfernung von der Fabrik befanden, wurden als deren Zugehör anerkannt.

[3] Siehe dazu meine Besprechung von BGE 92 II, 1966, S. 227 = Pra 56 Nr. 38 = ZBGR 48, 1967, Nr. 30, S. 175 ff. in der ZBJV 104, 1968, S. 125 f.; BGE 96 II, 1970, S. 181 = Pra 59 Nr. 60 behandelt eine eingebaute Kegelbahn als bewegliche Sache.

Darunter fallen: Vorrichtungen, die auf einem Grundstück angebracht werden für die Dauer von Umbauarbeiten; Feuerwehrgeräte der Gemeinde, die zur Aufbewahrung in einem Privathause deponiert sind; der ganze Bettinhalt, mit welchem eine Möbelhandlung ihre Bettstellen ausstattet, um sie auszustellen; die Glocke, mit welcher das Rind für den Markt oder für die Ausstellung geschmückt wird; die Vorrichtung, welche der Vermieter zur Aufstellung von Sportgeräten und Trophäen anbringt, um die Wohnung einem Jäger oder Sportler zu vermieten; der Regenschirm und die Wolldecke, mit denen der PW versehen wird; daß eine dauernde Beziehung zur Hauptsache bestehen muß, ergibt sich schon aus dem Erfordernis des Zweckzusammenhanges[4].

Auffallen mag, namentlich auch unter dem Gesichtspunkt des Ortsgebrauches, der in den EGzZGB verschiedener Kantone zum Ausdruck gekommen ist, daß verbrauchbare Sachen nicht Zugehör sein können. Ein gewisser Vorrat an Dünger, Heu, Holz galt mit gutem Grund als Zugehör des landwirtschaftlichen Gutes. Von dieser Auffassung mußten die betr. Kantone abgehen, nachdem ihre Gesetzmäßigkeit durch Urteil verneint worden war[5]. Daß der Art. 645 so lautet, erklärt sich aus der Ansicht des Gesetzgebers, daß die dauernde Beziehung zur Hauptsache fehle.

4. Ortsgebrauch und klarer Wille des Eigentümers

Damit die Zugehörigkeit gegeben ist, muß außer den in den Ziffern 1–3 erörterten Voraussetzungen noch eine weitere erfüllt sein, der die größte praktische Bedeutung zukommt. Die bewegliche Sache muß entweder nach dem Ortsgebrauch oder nach dem klaren Willen des Eigentümers Zugehör sein. Mit dieser Alternative wird den im ZGB festgesetzten Merkmalen ein weiteres Merkmal als wesentliches hinzugefügt. Diese Bestimmung hat also nicht wie für den Bestandteil bloß interpretative Bedeutung. Die große praktische Bedeutung dieser Voraussetzung besteht insbesondere darin, daß es von ihr abhängt, ob Maschinen samt den Gerätschaften zu ihrer Bedienung und Wartung, ob Hotelmobiliar und Hotelwäsche Zugehör der Liegenschaft

---

[4] Baumaterialien, Baumaschinen und andere Baugeräte, die auf der Geschäftsliegenschaft einer Baufirma untergebracht sind, können nicht Zugehör dieser Liegenschaft sein, weil sie nicht zu deren Bewirtschaftung oder Benutzung dienen: BGE 80 II, 1954, S. 228 = Pra 44 Nr. 6. Ein ähnlicher Tatbestand ist vom zürcherischen Einzelrichter und dann vom ObG sehr gründlich behandelt worden: ZBGR 32, 1951, Nr. 62, S. 197 ff. Darin zeigen sich die großen Schwierigkeiten, welchen die Anwendung des Art. 644 begegnet, besonders deutlich.

Auch die Frage, ob Maschinen, die der landwirtschaftlichen Nutzung eines Bauerngutes dienen, als Zugehör einer dieser Liegenschaften, etwa des Hausgrundstückes, angemerkt werden können, ist kontrovers, aber doch wohl eher zu bejahen. Über anderes landwirtschaftliches Inventar siehe ROSSEL/MENTHA II, No. 1208, S. 305.

Von der Liegenschaft getrennte Früchte sind nicht mehr deren Bestandteile, aber auch nicht Zugehör: BGE 61 III, 1935, S. 165 = Pra 25 Nr. 19; 61 III, 1935, S. 168 = Pra 25 Nr. 18.

[5] Zürch. ObG 1934, SJZ 31, 1934/35, Nr. 30, S. 155 = ZBGR 16, 1935, Nr. 2, S. 4 (Dünger); BGE 59 III, 1933, S. 82 = Pra 22 Nr. 87 (Dünger); 60 III, 1934, S. 59 = Pra 23 Nr. 78 (Heuvorrat). Inzwischen sind einzelne EGzZGB danach berichtigt worden, so Graubünden und Appenzell AR, nicht dagegen Solothurn (1954). Hinzuweisen ist in diesem Zusammenhang auf die Behandlung der Vorräte an Streue, Dürrfutter und Dünger im Pachtverhältnis (Art. 301 OR).

sind oder nicht[6]. Wenn diese und ähnlichen Einrichtungen nach dem Ortsgebrauch[7] als Zugehör gelten, sind sie es von eidgenössischen Gesetzes wegen, kraft des Art. 644 ZGB. Dies gilt auch dann, wenn sie im kantonalen EGzZGB als solche bezeichnet werden, da solche Bestimmungen auch hier bloßer Ausdruck des Ortsgebrauchs sind. Dies ist vom kantonalen Gesetzgeber nicht immer beachtet worden[8]. Nach Aussage vereinzelter kant. EG gelten auf Grund des Ortsgebrauchs namentlich auch Hotelmobiliar und Hotelwäsche als Zugehör der Hotelliegenschaft[9]. In den meisten Kantonen, auch ausgesprochenen Fremdenverkehrskantonen, trifft dies nicht zu, weder in den Kantonen Bern und Luzern noch in Graubünden und im Tessin[10].

Der Eigentümer der Hauptsache kann bewegliche Sachen, welche die im ZGB festgelegten Erfordernisse erfüllen, aber nach dem Ortsgebrauch nicht Zugehör sind, zu solchem durch Äußerung seines klaren darauf gerichteten Willens machen. Er kann damit die technische und wirtschaftliche Einheit des Gewerbes auf seinem Boden zur rechtlichen machen und zugleich eine Verbesserung der Kreditfähigkeit erzielen, weil die Zugehör, auf die sich das Grundpfand erstreckt, einen verhältnismäßig großen Wert haben kann.

---

[6] Maschinen und Hotelmobiliar sind im Art. 805 ZGB ausdrücklich als (mögliche) Zugehör erwähnt.

[7] Gemäß Ortsgebrauch (analog zu den im EG genannten Löschgerätschaften, beweglichen Öfen und Herden) erklärte das ObGer Zug Waschmaschinen und Kühlschränke als Zugehör (SJZ 48, 1952, Nr. 97, S. 240).

[8] Der Bericht des RR von Solothurn an den Kantonsrat zur Revision des EG vom 24. März 1950 begründet die Erweiterung in der Umschreibung von Zugehör mit der seit 1912 eingetretenen wirtschaftlichen Entwicklung und bemerkt dazu: «Die Kompetenz des Kantons ist zwar, zu einem Teil wenigstens, bestritten. Wir halten dafür, daß, nachdem es sich um die Umschreibung von Recht handelt, das den Kantonen überlassen ist, eine Regelung, die verbindlich ist, geschaffen werden kann». Dies ist eine irrtümliche Auffassung.

Eine ganz andere Frage als die, ob bestimmte Sachen auf Grund des Ortsgebrauchs als Zugehör im Sinne des ZGB zu gelten haben, ist die, ob diese Sachen zum Gegenstand des Kaufvertrages oder des Pfandrichtungsvertrages über die Hauptsache gemacht werden können und die Eintragung im Grundbuch auch für sie die gleiche Wirkung habe. Diese Frage brauchte von den Kantonen nicht gestellt zu werden, da sie durch den Art. 644 ZGB beantwortet ist. Da ist das Erfordernis des klaren Willens des Eigentümers erfüllt. Der Ortsgebrauch ist irrelevant. Irrtümlicherweise ist im EGzZGB des Kantons Bern, Art. 75 Abs. 1, in dieser Frage auf den Ortsgebrauch verwiesen, womit eine Bestimmung aufgestellt ist, welche gegenstandslos ist (AppH in ZBJV 60, 1924, S. 577; 78, 1942, S. 135). Vgl. auch BGE 45 II, 1919, S. 266 = Pra 8 Nr. 106, 1925, Nr. 98, S. 284 ff. betr. das Gesetz des Kts. Tessin vom 9. Mai 1904.

[9] EGzZGB Freiburg Art. 200; Solothurn § 227. Dies sind Ausnahmen nach BGE 42 II, 1916, S. 112 = Pra 5 Nr. 94 = ZBGR 6, 1925, Nr. 94, S. 265 ff., Erw. 3.

[10] Siehe oben Anm. 8 und 9; für Graubünden EGzZGB Art. 111; für Luzern: ObGer, Max. 6 Nr. 438 = ZBGR 6, 1925, Nr. 108, S. 308 ff.; für den Tessin: BGE 45 II, 1919, S. 266 = Pra 8 Nr. 106 = ZBGR 6, 1925, Nr. 98, S. 284 ff.

Andererseits aber ist damit der Rechtsverkehr mit Zugehör-Sachen, die ja – im Gegensatz zu den Bestandteilen – selbständige Sachen sind, erschwert und büßt an Sicherheit ein, namentlich auch der Erwerb solcher Sachen auf Abzahlung unter Eigentumsvorbehalt. Die gesetzlichen Merkmale des Zugehörbegriffes müssen aber auch deshalb einwandfrei gewahrt sein, weil sonst das Publizitätsprinzip zu sehr beeinträchtigt und die historische Tradition in der Gesetzgebung mißachtet würde. In den kantonalen Gesetzbüchern und in den aus ihnen übernommenen Aussagen über den Ortsgebrauch ist die Zugehörigkeit sehr eng begrenzt.

Wenn mit dem landwirtschaftlichen oder einem anderen Gewerbe das Inventar, totes und lebendes, zu einem Gesamtpreis verkauft wird, darf daraus nicht geschlossen werden, daß nach dem klaren Willen des Eigentümers dies alles Zugehör sei. Auch wenn aus dem Vertrag dieser Wille hervorgeht, kann er nur wirksam sein für die Sachen, welche zweifellos unter den Art. 644 fallen[11].

Dasselbe gilt für die Verpfändung. Der Erwerber des Eigentums oder des Pfandrechtes an beweglichen Sachen sollte nicht damit rechnen müssen, daß diese Sachen, die nach dem Ortsgebrauch, wenn dieser nach dem gegenwärtigen Stande der Dinge bestimmt ist, gar nicht als Zugehör in Betracht kämen, doch als solche behandelt werden[12].

Den bestimmtesten Ausdruck findet der klare Wille des Eigentümers der Hauptsache durch die Anmerkung im Grundbuch (Art. 946 Abs. 2 ZGB). Die gesetzliche Vermutung, daß die angemerkten Sachen Zugehör seien, besteht jedoch auch nur für die Sachen, die unter den Art. 644 fallen. Nur inbezug auf sie, also durchaus nicht schlechthin, vermag die Anmerkung den guten Glauben dessen, der die bewegliche Sache zu Eigentum oder als Faustpfand erwirbt, zu zerstören. Der Grundbuchverwalter hat auch nicht zu prüfen, ob die Sachen, deren Anmerkung verlangt wird[13], den gesetzlichen Begriffsmerkmalen entsprechen. Nur wenn ihm dies sicher als ausgeschlossen erscheint, hat er die Anmerkung abzulehnen[14].

Es ist also festzustellen, daß es eine gewillkürte Zugehör nicht gibt, da der Wille des Eigentümers nur eine die gesetzlichen Merkmale ergänzende Bedeutung hat[15].

---

[11] Siehe außer den in Anm. 1 genannten Urteilen auch RR St. Gallen 1934, ZBGR 17, 1936, Nr. 73, S. 186 ff. (betr. Vieh und den Tierbestand einer Silberfuchsfarm). BGE 67 II, 1941, S. 160 Erw 4 = Pra 30 Nr. 97.
[12] Gleicher Auffassung ist HAAB, N. 12 und 16 zu Art. 644/45 ZGB.
[13] Über das Begehren um Anmerkung und die Vollziehung der Anmerkung finden sich die näheren Vorschriften im Art. 78 GBV.
[14] Siehe den in Anm. 11 zitierten Entscheid, ferner die Entscheide des Bundesrates in SJZ 11, 1914/15, Nr. 51, S. 211 = ZBGR 6, 1925, Nr. 91, S. 257 ff. und bei W. BURCKHARDT, Schweiz. Bundesrecht III, Nr. 1339; sodann die Bemerkung von LEEMANN, ZBGR 6, 1925, S. 347 f. und SJZ 13, 1916/17, S. 320.
[15] LEEMANN, Art. 645, N. 28; HAAB, Art. 644/45, N. 12; MEIER-HAYOZ, Art. 644/45, N. 26; TUOR ZGB, 8. Aufl. 1968, S. 489.

II. Die Wirkung

1. Schicksalsgemeinschaft im Rechtsverkehr und ihre Ausnahmen

Ist eine bewegliche Sache Zugehör einer anderen beweglichen oder unbeweglichen Sache, teilt sie vermutungsweise deren Schicksal im Rechtsverkehr, ist mit ihr verkauft, verpfändet, vermietet oder verpachtet. Diese Vermutung fällt dahin, wenn der Eigentümer eine Zugehör-Sache vom Rechtsgeschäft über die Hauptsache ausnimmt, oder wenn er sie allein zum Gegenstand eines eigenen Rechtsgeschäftes macht. Sonst aber wird die bewegliche Sache, die der Eigentümer in die Beziehung zur Hauptsache bringt, daß sie deren Zugehör wird, zum Gegenstand aller beschränkten dinglichen Rechte an der Hauptsache, der bestehenden und der später noch entstehenden. Im Art. 805 ZGB ist dies vom Objekt des Pfandrechtes ausdrücklich gesagt[16]. Das bestehende Eigentum an der Hauptsache erstreckt sich indessen nicht notwendigerweise auf die Zugehör. Der Eigentümer der Hauptsache kann auch eine bewegliche Sache, die ihm nicht gehört, die er z.B. unter Eigentumsvorbehalt erworben hat, in die Beziehung zur Hauptsache bringen, in der sie zu deren Zugehör wird[17]. Sie ist dann eine dem Eigentümer der Hauptsache anvertraute Sache. Wer diese Sache für sich allein oder mit der Hauptsache als deren Zugehör in gutem Glauben zu Eigentum oder einem beschränkten dinglichen Recht übertragen erhält, ist in seinem Erwerbe geschützt (Art. 933), d.h. er erwirbt diese Rechte (Art. 714 Abs. 2, 884 Abs. 2 ZGB). Dies hat zur Folge, daß das vom Lieferanten vorbehaltene Eigentum untergeht, wie überhaupt das Sondereigentum, welches bisher an der Zugehör-Sache bestanden hat. Auch dies ist in der Praxis und in der Literatur herrschende Ansicht[18]. Gleich zu behandeln ist auch die Verpfändung der Hauptsache. Auch das war in der Literatur anerkannt[19], bis sich das Bundesgericht in Gegensatz zu dieser Auffassung stellte, indem es dem Sondereigentum an der Zugehörsache den Vorrang einräumte vor dem Pfandrecht, das der Gläubiger in gutem Glauben erwarb[20]. Diese Praxis beruht auf einer irrtümlichen Auslegung des Art. 805 Abs. 3, wonach gegen-

---

[16] BGE 43 II, 1917, S. 601 = Pra 6 Nr. 182; LEEMANN, Art. 645, N. 38; HAAB, Art. 644/45, N. 25; MEIER-HAYOZ, Art. 644/45, N. 47; CAVIN, ZBGR 34, 1953, S. 71.
[17] Zu Art. 645: LEEMANN, N. 44; zu den Art. 644/45: HAAB, N. 17; MEIER-HAYOZ N. 40, 43, 46. Ebenso BGE 56 II, 1930, S. 186 = Pra 19 Nr. 174.
[18] BGE 56 II, 1930, S. 186 = Pra 19 Nr. 174; LEEMANN, Art. 645, N. 45; HAAB, Art. 644/45, N. 24; MEIER-HAYOZ, Art. 644/45, N. 41.
[19] LEEMANN, a.a.O., N. 45; HAAB, a.a.O., N. 25; BGE 54 III, 1928, S. 19 = Pra 17 Nr. 68.
[20] BGE 60 II, 1934, S. 195 = Pra 23 Nr. 112; 64 II, 1938, S. 85 = Pra 27 Nr. 122. Dem stimmt zu MEIER-HAYOZ, Art. 644/45, N. 47 a.E. Abweichung zugunsten des Retentionsberechtigten BGE 85 II, 1959, S. 580 = Pra 49 Nr. 110. Dazu m. Bespr. in der ZBJV 96, 1960, S. 446 ff.

über dem Erwerber des Pfandrechtes die Rechte Dritter an der Zugehör vorbehalten bleiben. Mit dieser Vorschrift macht das Gesetz keine Ausnahme vom Grundsatz des Erwerbes von Eigentum oder beschränkten dinglichen Rechten an einer anvertrauten Sache vom Nichtverfügungsberechtigten kraft guten Glaubens. Es macht damit auch keine Ausnahme von dem, was gemäß diesem Grundsatz für die Eigentumsübertragung ohne Bedenken anerkannt wird. Der Art. 805 Abs. 3 entspricht nicht dem § 1120 BGB, wonach sich das Pfandrecht nicht auf die Zubehörstücke erstreckt, «welche nicht in das Eigentum des Eigentümers des Grundstückes gelangt sind». Er macht diese Ausnahme lediglich für Sachen, die dem Eigentümer der Hauptsache nicht anvertraut waren, sondern als abhanden gekommene Sachen in seinen Besitz gelangt sind und gemäß Art. 934 Abs. 1 von jedem Empfänger abgefordert werden können. Daß dies der Sinn der Bestimmung ist, ergibt sich schon aus dem Sprachgebrauch des Gesetzes, der durch Heranziehung der Art. 884 Abs. 2 und 895 Abs. 3 leicht zu erkennen ist. Art. 805 Abs. 3 ist nicht eine Ausnahmebestimmung. Er entspricht vielmehr den hievor genannten Grundsätzen und gilt in diesem Sinne für die Eigentumsübertragung wie für die Verpfändung[21].

2. Eigentumsübertragung und Verpfändung ohne Besitzübergabe

Auch im Rechtsverkehr mit Fahrnis gilt das Publizitätsprinzip, das im Art. 714 ZGB wie folgt zum Ausdruck kommt: «Zur Übertragung des Fahrniseigentums bedarf es des Überganges des Besitzes auf den Erwerber». Im Art. 884 ist das gleiche für die Verpfändung verlangt. Die Mobiliarhypothek, d.h. das durch Vertrag und dessen Registrierung begründete Pfandrecht an Fahrnis ist im ZGB abgelehnt und nur die Viehverschreibung als Ausnahme anerkannt und geregelt. Aber die Eigentumsübertragung und die Verpfändung ohne Übergabe der Sache mußte unter drei bestimmten tatbeständlichen Voraussetzungen überhaupt zugelassen werden, nämlich als brevi manu traditio, Besitzanweisung und Besitzeskonstitut, die man als Traditionssurrogate bezeichnet. Ihnen ist als mindestens ebenso häufige und wirtschaftlich wichtige Erscheinung die Übertragung des Eigentums und die Begründung des Pfandrechtes an beweglichen Sachen, welche Zugehör einer Liegenschaft sind, mit deren Veräußerung oder Verpfändung durch

---

[21] In diesem Sinne entschied der bern. AppH 1916 mit treffender Begründung, gestützt auf die Kommentare zu den Art. 805 (WIELAND und LEEMANN), 933 (OSTERTAG) und 644 (WIELAND, Bem. 10g). ZBJV 52, 1916, Nr. 71, S. 545 = SJZ 13, 1916/17, Nr. 210, S. 248 = ZBGR 6, 1925, Nr. 100, S. 289f. Ebenso HAAB, Art. 644/45, N. 25. Eingehend namentlich EUGEN HUBER in den Erläuterungen 1914, II, S. 249.

Vertrag und Eintragung im Grundbuch an die Seite zu stellen. Mit dem Eigentum oder mit dem Pfandrecht an der Liegenschaft geht auch das Eigentum bzw. das Pfandrecht an der Zugehör auf den Erwerber über. Mit dem Besitz an der Liegenschaft erlangt der Erwerber auch den Besitz an der auf dem Grundstück befindlichen Zugehör. Zugehörstücke, die von der Liegenschaft entfernt worden sind, kann er vindizieren. Dies ist die herrschende Auffassung[22]. Wenn man im Eigentums- oder Pfanderwerb an der Zugehör, wie eben bemerkt, ein Traditionssurrogat erblickt, würde mit dem Eigentum auch der Besitz des Veräußerers auf den Erwerber übergehen, so daß er die Sache auch von einem Dritten mit der Besitzesrechtsklage zurückfordern könnte. Daß der Erwerber ohne Übergabe der Sache an ihr nicht nur Eigentum, sondern auch Besitz erlangt, ist ja auch die Voraussetzung für den Schutz des kraft guten Glaubens erworbenen Eigentums oder beschränkten dinglichen Rechtes vom nicht verfügungsberechtigten Eigentümer der Hauptsache[23]. Diese Konstruktion ist allerdings nur haltbar, wenn der Begriff der Zugehör nur so weit gefaßt wird, daß er nur Sachen umfaßt, die auch nach dem Ortsgebrauch bei dessen zeitgemäßer Ausbildung Zugehör sein könnten, was der hier dargelegten Auffassung entspricht. Im übrigen ist im Eigentums- oder Pfanderwerbsvertrag auch die Übertragung des Besitzesschutz- und Besitzesrechtsschutzanspruchs enthalten[24]. Wenn es aber der Verfügende selber ist, der nach Abschluß des Kauf- oder Pfandvertrages die Zugehör-Sache an sich genommen hat und ihre Herausgabe verweigert, kann gegen ihn aus dem Vertrag auf Herausgabe geklagt werden. Nach der Eintragung in das Grundbuch kann der Erwerber vindizieren. Ob er als Besitzer der Hauptsache auch mit der Besitzesrechtsklage vorgehen könnte, weil er zu gewärtigen hat, daß sein Eigentumserwerb wegen Ungültigkeit des Erwerbsvertrages, z.B. infolge einer Kaufpreissimulation, ungültig sei, ist fraglich, sollte aber möglich sein.

III. Zugehörähnliche Verhältnisse

Als Zugehör bezeichnet das Gesetz im Art. 676 ZGB Leitungen, die von einem Werke ausgehen (Elektrizitätswerk, Gaswerk, Grundwasser- oder Erdölförder-Werk) und dem Abtransport und der Verteilung von Stoffen und Kräften dienen. Sie sind danach Zugehör des Werkes. Das

---

[22] HAAB, N. 20 und 24 zu Art. 644/45, ebenso MEIER-HAYOZ, N. 41 und 47. BGE 67 II, 1941, S. 160 Erw 4 = Pra 30 Nr. 97.
[23] Zur Nachfolge in den Besitz siehe HAAB, N. 28 mit Hinweis auf OSTERTAG, N. 28 der Vorbemerkung, S. 9; MEIER-HAYOZ, N. 55 zu Art. 644/45, aber beide nicht unter dem gleichen Gesichtspunkt wie im Text.
[24] Die Übertragbarkeit bejaht HOMBERGER, N. 11 zu Art. 934.

Werk aber braucht nicht ein Grundstück zu sein, sondern kann aus einem Komplex von baulichen und maschinellen Anlagen bestehen, die gar nicht Bestandteil eines Grundstückes sind. Die Leitungen sind Anlagen, die zu den unbeweglichen Sachen gehören. Der allgemeine Grundsatz, daß die Zugehör nur aus beweglichen Sachen bestehen kann, welche Nebensachen einer beweglichen oder unbeweglichen Hauptsache sind, ist da in doppelter Hinsicht nicht gewahrt, weshalb nicht ein eigentliches Zugehörverhältnis, sondern nur ein diesem analog gefaßter Tatbestand (Unternehmungszugehör) vorliegt[25].

Ausgeschlossen ist nach den Art. 644/45 auch, daß ein Recht Zugehör einer Liegenschaft sein könnte, obwohl es mit dem Eigentum an dieser noch enger verbunden sein kann (Grunddienstbarkeit, Realgrundlast)[26] sowie daß ein Grundstück Zugehör eines anderen Grundstückes sein kann. Dennoch kann grundbuchtechnisch die Zusammengehörigkeit einer Parzelle mit einer anderen, z.B. einer Waldparzelle mit der Hauptliegenschaft des landwirtschaftlichen Betriebes dadurch zum Ausdruck gebracht werden, daß ihr Eigentümer nicht namentlich, sondern mit der Nummer der Hauptliegenschaft bezeichnet wird und auf dem Blatt dieser letzteren durch Anmerkung darauf hingewiesen wird, weshalb auch etwa von Anmerkungsparzellen gesprochen wird[27].

§ 10. Natürliche Früchte

I. Der Begriff

Wenn das Gesetz von natürlichen Früchten spricht, unterscheidet es sie von den zivilen Früchten, nämlich den auf Grund eines Rechtsverhältnisses von einer Sache oder einem Recht bezogenen Gelderträgen (Zinsen, Nutzungstaxen, Dividenden, Bezugsrechte).

Natürliche Früchte sind einmal die von einer Sache periodisch hervorgebrachten Erzeugnisse (Bodenprodukte, tierische Produkte) und dann auch die Erträgnisse, die durch die nach den jeweiligen wirtschaftlichen Bedürfnissen und Anschauungen bestimmten Nutzung einer Sache gewonnen werden, aber von ihr nicht oder doch nur in jahrzehntelangen Perioden reproduziert werden: die Bäume des Waldes, die Baumaterialien einer Liegenschaft.

---

[25] Dieses Verhältnis wird im Zusammenhang mit dem Akzessionsprinzip behandelt werden.
[26] Siehe Anmerkung 1 und dortige Zitate.
[27] LÜSCHER, Grundbuchinspektor, Aktuelle Fragen aus dem Grundbuchrecht, Der bern. Notar 29, 1968, S. 301 ff.; LIVER, Die Anmerkung, ZBGR 50, 1969, S. 3 ff., bes. S. 7 ff.

II. Die Frucht als Bestandteil der sie liefernden Hauptsache

Die Norm des Art. 643 ZGB lautet: «Wer Eigentümer einer Sache ist, hat das Eigentum auch an ihren natürlichen Früchten». Dies erscheint als selbstverständlich, da die Frucht ja ein körperlicher Teil der Hauptsache ist, der, solange er nicht von ihr getrennt ist, nicht eine Sache für sich ist. Indessen entspricht sie insofern nicht dem Begriff des Bestandteils, als durch ihre Trennung die Hauptsache ja nicht zerstört oder beschädigt, sondern bestimmungsgemäß genutzt wird. Auch die Bestimmung der Früchte selber ist es, von der Muttersache getrennt zu werden. Wenigstens gilt dies für die Erzeugnisse als eigentliche Früchte, während eine Liegenschaft durch die Ausbeutung von Bausteinen, Sand und Kies zwar auch ihre wirtschaftliche Bestimmung erfüllt, aber dadurch körperlich so verändert wird, daß sie nicht mehr wie bisher landwirtschaftlich genutzt werden kann; sie hat aber eben eine andere Zweckbestimmung erhalten und erfüllt.

Solange also die Früchte Bestandteile sind, d.h. bis zur Trennung von der Hauptsache, können sie nicht besondere Objekte dinglicher Rechte sein, insbesondere ist Sondereigentum an ihnen ausgeschlossen. Nach Art. 756 «gehören» sie dem Nutznießer, wenn sie während der Zeit seiner Berechtigung reif geworden sind. Dies kann jedoch nicht bedeuten, daß der Nutznießer Eigentum an den Früchten hat, sondern nur daß er berechtigt ist, sie zu gewinnen, und mit ihrer Trennung das Eigentum an ihnen erlangt[1]. Die Früchte «gebühren» ihm, wie es im § 101 BGB zutreffend heißt. Auch das ZGB hat den gemeinrechtlichen Grundsatz, daß die Früchte pars fundi sind, angenommen und nicht die in deutschrechtlicher Tradition wurzelnde Auffassung, daß an ihnen Sondereigentum des Nutznießers, des Superficiars oder des Leihe- oder Lehensmannes bestehe, der sie erntet, gewissermaßen als Lohn eigener Arbeit und sonstiger Aufwendungen[2].

Andererseits läßt das Gesetz die Früchte mit ihrer Trennung (Separation, nicht Perzeption)[3] zu besonderen Rechtsobjekten werden, auf die sich die dinglichen Rechte an der Hauptsache nicht erstrecken, namentlich nicht das

---

[1] EUGEN HUBER, Erläuterungen 1914, II, S. 63f., wo dies ganz eindeutig dargelegt ist; in den Kommentaren zu Art. 643 wird es einhellig betont: LEEMANN, N. 15, WIELAND Bem. 4 (beide auch zu Art. 756), HAAB, N. 8ff., ROSSEL/MENTHA II, No. 1203, S. 299.

[2] HÜBNER, Grundzüge (oben § 9, Anm. 1), S. 463ff.; GIERKE, DPR II, S. 588: Mit der Rezeption ... erlag das «Produktionsprinzip» dem «Substantialprinzip»; LIVER, Berner Kommentar, Einleitungsband, N. 108; DERSELBE in der Festschrift K. S. Bader, Zürich 1965, S. 283.

[3] Zum Fruchterwerb des Nutznießers und des Pächters durch Perzeption nach römischem Recht s. DERNBURG, Pandekten (System) I, § 168, S. 347 mit Anm. 6 («gekünstelte Lehre Julians»).

Grundpfandrecht. Dieses umfaßt also nicht mehr, wie in früheren kantonalen Rechten, auch «den Blumen»[4].

Gegenstand obligatorischer Rechtsgeschäfte können auch stehende und hängende Früchte sehr wohl sein. Zivilrechtlich ist nichts einzuwenden gegen den Verkauf von Holz auf dem Stamm oder auch der Ernte vor dem Schnitt.

III. Das Fruchtziehungsrecht

Mit dem Fruchtziehungsrecht können die schutzwürdigen Interessen des Dienstbarkeitsberechtigten, insbesondere des Nutznießers und auch des Pächters gegenüber dem Eigentümer der Hauptsache und namentlich gegenüber dem Gläubiger, dem diese verpfändet ist, auch gewahrt werden, so daß EUGEN HUBER, wie er in den Erläuterungen zum Vorentwurf erklärt, unter diesem Gesichtspunkt die klare und einfache Regel des gemeinen Rechtes und der meisten früheren kantonalen Rechte wählen konnte[5].

Mit der Trennung der Frucht wird diese zu einem eigenen Rechtsobjekt, das dem Eigenbesitzer der Hauptsache gehört. Ist Besitzer der Hauptsache aber der Nutznießer oder Pächter, wird sie dessen Eigentum. Durch die Nutznießung wird ein dingliches, durch die Pacht ein obligatorisches Recht zum Bezug der Früchte begründet. Dieses Recht ist nicht ein eigenes, selbständiges Recht, sondern es ist eine Befugnis, welche zum Inhalt der Nutznießung und auch der Pacht oder eines Dienstbarkeitsrechtes zur Ausbeutung von Bodenbestandteilen gehört[6]. Ein gesetzliches Fruchtziehungsrecht ist das Anries (Art. 687 Abs. 2)[7].

Auch wer die Hauptsache in gutem Glauben besitzt, ohne dazu berechtigt zu sein, kann die bezogenen Früchte behalten, wenn er die Sache dem Besserberechtigten herausgeben muß (Art. 938).

IV. Pfändung und Verpfändung der Früchte

Hängende und stehende Früchte können von einem bestimmten vor der Ernte liegenden Zeitpunkt an gepfändet werden (Art. 94 SchKG). Das mit

---

[4] EUGEN HUBER, Erläuterungen 1914, II, S. 63 f. und 251 f.; DERSELBE, System III, S. 190 f., 576 f.; IV, S. 825 mit Anm. 27; Zum schweiz. Sachenrecht, S. 6 ff.
[5] Erläuterungen II, S. 63: «Jede Abweichung von diesem Grundsatz läuft ins Ungewisse hinaus».
[6] Wo dieses Recht als selbständiger Anspruch angesehen wird, wie in Deutschland, entstehen Konstruktionsschwierigkeiten (Theorie des absoluten Anwartschaftsrechtes einerseits, der Traditions- oder Übereignungstheorie andererseits), worüber HAAB, N. 15 zu Art. 643, ausführlich berichtet. Vgl. auf Grund der «Aneignungsgestattung» gemäß § 956 BGB das Urteil des BGHZ 27, 1958, Nr. 49, S. 360 ff.
[7] HAAB, Art. 687/88, N. 13.

der Pfändung entstehende sog. Pfändungspfandrecht ist aber nicht ein Pfandrecht im Sinne des Sachenrechtes, sondern ein betreibungsrechtliches Beschlagsrecht, weshalb eine Durchbrechung des Bestandteilprinzips nicht vorliegt. Der Fruchtziehungsberechtigte, sei es ein Dienstbarkeitsberechtigter, der Nutznießer oder der Pächter, können jedoch die Aufhebung des Pfändungsbeschlages verlangen. Sie sind zur Widerspruchsklage legitimiert[8].

Das Pfandrecht am Grundstück und auch die Pfändung des Grundstückes erfassen auch die Früchte (Art. 102 SchKG), jedoch nur die hängenden und stehenden Früchte. Die Fruchtziehungsberechtigten sind auch in diesem Falle befugt, die ihnen gebührenden Früchte dem Pfandnexus oder Pfändungsbeschlag zu entziehen. Bereits getrennte Früchte sind diesem ohnehin entzogen[9].

Werden hängende oder stehende Früchte gesondert gepfändet, kann der Grundpfandgläubiger die Verwertung verhindern, indem er selber auf Grundpfandverwertung betreibt. Er erreicht damit, daß auch bereits getrennte, aber noch im Gewahrsam des Schuldners befindliche Früchte sein Pfandobjekt bleiben (Art. 94 Abs. 3 SchKG)[10].

Sowohl der Eigentümer als auch der Grundpfandgläubiger müssen sich gegen eine Fruchtziehung im Übermaß, durch die der Wert der Hauptsache widerrechtlich vermindert wird, schützen können. Ein frappantes Beispiel dafür ist ein Holzschlag in einem Ausmaß, das den Hiebsatz gemäß dem forstlichen Wirtschaftsplan weit übersteigt. Dem Grundpfandgläubiger stehen gegenüber dem Eigentümer und dessen Pächter die Rechtsbehelfe zur Verfügung, welche sich aus Art. 808 ZGB ergeben: Erwirkung des richterlichen Verbotes der Fortsetzung des Schlages und des Abtransportes bereits geschlagenen Holzes[11]. Der Eigentümer hat gegenüber dem Pächter ebenfalls Anspruch auf ein richterliches Verbot, welches im Besitzesschutzverfahren erlassen wird[12].

---

[8] HAAB, Art. 643, N. 15; Jaeger, Erl. 1 zu Art. 94 SchKG.
[9] EUGEN HUBER, Erläuterungen 1914, II, S. 64, 249f.; BGE 61 III, 1935, S. 165 = Pra 25 Nr. 19; BlZR 36, 1937, Nr. 99.
[10] BGE 59 III, 1933, S. 82 Erw 3 = Pra 22 Nr. 78, S. 208; Appenzell AR ObGer in der ZBGR 9, 1928, Nr. 5, S. 167ff.
[11] BGE 50 II, 1924, S. 343 = Pra 13 Nr. 134 = ZBGR 9, 1928, Nr. 56, S. 176ff. mit redakt. Bemerkung. Abweichend ObGer Zürich, das die Aufrechterhaltung der Pfandhaft an widerrechtlich geschlagenen Bäumen durch richterliches Verbot ablehnte: BlZR 36, 1937, Nr. 99 = SJZ 33, 1936/37, Nr. 73, S. 377ff.
[12] Das Vertragsverhältnis schließt dies, entgegen einer verbreiteten Ansicht, nicht aus. Wenn außer Frage steht, daß der Holzschlag des Pächters widerrechtlich ist, muß ihm durch richterlichen Befehl im summarischen Verfahren Einhalt geboten und der Abtransport des bereits geschlagenen Holzes verboten werden können.

Vierter Abschnitt

Gemeinschaftliches Eigentum

Erster Unterabschnitt

Rechtsgemeinschaft und Miteigentum

§ 11. Die Rechtsgemeinschaft

Die Rechtsgemeinschaft ist die geteilte Gesamtberechtigung (Bruchteilsgemeinschaft). Diese Gemeinschaft entsteht dadurch, daß ein Rechtsobjekt zwei oder mehreren Personen zusteht. Dieses Rechtsobjekt ist meistens eine Sache, kann aber auch irgendein Recht sein. Aber für teilbare Forderungen, die mehreren Personen, die nicht eine personenrechtliche Gemeinschaft bilden (Gemeinderschaft, Gesellschaft), zustehen, gilt der Grundsatz «Nomina sunt ipso iure divisa», d.h. die Forderung zerfällt in Teilforderungen der einzelnen Gläubiger[1]. Objekte einer Bruchteilsgemeinschaft können z.B. Rechte an immateriellen Gütern sein (Urheberrechte, Erfindungen). Auch Grunddienstbarkeiten können zugunsten mehrerer berechtigter Grundstücke bestehen, Personaldienstbarkeiten zugunsten mehrerer individuell bestimmter Personen, ebenso «andere Dienstbarkeiten» (irreguläre Personaldienstbarkeiten) gemäß Art. 781 ZGB, der ausdrücklich sagt, sie könnten auch «einer Gemeinschaft» zustehen, worunter nicht eine Gemeinderschaft oder Gesellschaft verstanden ist. Auch Vorkaufs-, Kaufs- und Rückkaufsrechte können zugunsten mehrerer Personen begründet oder von mehreren Personen erworben werden[2]. Die Frage, ob das Pfandrecht an einem Inhaberschuldbrief den Bauhandwerkern gesamthaft als einer einfachen Gesellschaft

---

[1] VON TUHR/SIEGWART, § 89 III, N. 9; GUHL/MERZ/KUMMER, OR, S. 51; LEEMANN, Art. 646, N. 46.

[2] HAAB, Vorbemerkung zu den Art. 646–654, N. 13; ROSSEL/MENTHA, No. 1210, S. 308; MEIER-HAYOZ, Vorbemerkung zu den Art. 646–654, N. 11 ff. Mit einem von zwei Brüdern (Bauunternehmern) erworbenen Kaufsrecht, der Mitteilung des anderweitigen Verkaufs des Grundstückes und der Ausübung durch einen der Kaufsberechtigten hat sich das Bundesgericht eingehend befaßt in seinem Urteil 92 II, 1966, S. 147 = Pra 56 Nr. 3 = ZGBR 48, 1967, Nr. 23, S. 106 ff. Siehe dazu m. Bespr. ZBJV 104, 1968, S. 12 ff. Ein mehreren Personen zustehendes Wohnrecht ist Gegenstand des Urteils BGHZ 46, 1967, Nr. 37, S. 253.

zustehe oder anteilmäßig, nach Miteigentumsrecht, hat das Bundesgericht in einer SchKG-Sache erörtert, aber nicht entschieden[3].

Die Rechtsgemeinschaft ist also nicht ein ausschließlich sachenrechtliches Institut.

Im deutschen BGB ist sie denn auch nicht im Sachenrecht geregelt, sondern im Schuldrecht (§§ 741–758) und zwar ziemlich eingehend. Daraus ist im Vergleich mit unserem bisherigen Miteigentumsrecht die Befugnis jedes Teilhabers hervorzuheben, die zur Erhaltung des Gegenstandes notwendigen Maßregeln ohne Zustimmung der anderen Teilhaber zu treffen und zu verlangen, daß diese dazu ihre Einwilligung zum voraus erteilen (§ 744). Ferner ist da das Mehrheitsprinzip für Verwaltungsbeschlüsse grundsätzlich anerkannt, allerdings im Sinne der Mehrheit nach Anteilen. Diesen Beschlüssen wird die Wirkung gegenüber Sondernachfolgern zuerkannt (§§ 745/46). Auf Grund dieser Ordnung ist die Wissenschaft auch zu einer anfänglich nicht allgemein anerkannten Erfassung der juristischen Natur der Rechtsgemeinschaft gelangt, welcher die grundlegende Bedeutung auch für unser Miteigentum zukommt[4]. Für die Regelung des Miteigentums bedurfte es im BGB nur ganz weniger Bestimmungen zur Ergänzung der Vorschriften über die Rechtsgemeinschaft (§§ 1008–1011).

In Österreich hat die Bruchteilsgemeinschaft ihren Platz wie bei uns im Sachenrecht erhalten. Sie ist nach der Erwähnung im § 361 ABGB unter den Titel «Von der Gemeinschaft des Eigentums und anderer dinglicher Rechte» in die §§ 825ff. gestellt. Das Prinzip der Mehrheit nach Anteilen gilt unbeschränkt für die ordentliche Verwaltung. Über diese hinausgehende Verwaltungshandlungen können, auch wenn sie für die Erhaltung der Sache notwendig sind und ein Mehrheitsbeschluß nicht zustandekommt, nur vom Richter angeordnet werden. Doch ist zu bemerken, daß der Begriff der ordentlichen Verwaltung im ABGB einen größeren Umfang hat als der der «gewöhnlichen Verwaltung» in unserem Recht[5].

Der CCit. behandelt die Rechtsgemeinschaft in einem eigenen Kapitel innerhalb des Sachenrechts: Della comunione in generale (Art. 1100–1116), auf welches das Kapitel über das StWE (Del condominio negli edifici) mit den Art. 1117–1139 unmittelbar folgt. Als Gegenstände der comunione werden das Eigentum und die dinglichen Rechte genannt. Aber den allgemeinen Bestimmungen über die comunione gehen die Vorschriften über die verschiedenen einzelnen Gemeinschaftsverhältnisse vor, welche zahlreicher und wichtiger sind als in unserem Recht, weil es überhaupt keine Gesamthandschaften, sondern nur Bruchteilsgemeinschaften gibt, zu denen die Erbengemeinschaft, die eheliche Gütergemeinschaft und die Gesellschaft gehören[6]. Gegenstand der comunione kann deshalb jedes nicht teilbare Recht des Vermögens dieser Gemeinschaften sein. Die allgemeine Regelung der comunione ist gegenüber der deutschen und österreichischen dadurch ausgezeichnet, daß dem Mehrheitsprinzip (Mehrheit nach Anteilen) auch Maßnahmen unterstellt sind, die über die ordentliche Verwaltung hinausgehen, nämlich Neuerungen, welche den Zweck haben, die Sache zu verbessern, ihren Gebrauch zu erleichtern oder ihre Ertragsfähigkeit zu erhöhen[7].

---

[3] BGE 93 III, 1967, S. 11 = Pra 57 Nr. 29.

[4] K. ENGLÄNDER, Die regelmäßige Rechtsgemeinschaft, 1914; A. SAENGER, Gemeinschaft und Rechtsteilung, 1913; K. LARENZ, Zur Lehre von der Rechtsgemeinschaft, Jherings Jahrbücher 83, 1933, S. 108ff.; DERSELBE, Schuldrecht II, § 57, S. 294ff.; J. ESSER, Schuldrecht, 2. Aufl., 1960, § 179, 2, S. 740ff.

[5] RANDA, Eigentum, S. 225ff.; A. EHRENZWEIG, System des allg. österr. Privatrechts, Wien 1957, Bd. I/2, § 193, S. 151ff.; KLANG, §§ 361 und 825ff.

[6] DE RUGGIERO/MAROI I, S. 536, 537 N.3; MESSINEO I, § 10, S. 149ff. – Über die italienische Erbengemeinschaft BGE 91 III, 1965, S. 24 = Pra 54 Nr. 116.

[7] DE RUGGIERO/MAROI I, S. 535ff., wo betont wird, daß der Begriff der Gemeinschaft (Bruchteilsgemeinschaft) viel allgemeiner sei als der des Miteigentums, dieses aber die wichtigste Erscheinungsform der Gemeinschaft sei. MESSINEO gibt a.a.O. (Comunione e divisione del

Ein solcher Beschluß kann nur mit der einfachen Mehrheit nach Köpfen und Zweidrittelsmehrheit nach Anteilen gefaßt werden und darf keinen Teilhaber in seinem Nutzungsrecht beeinträchtigen oder ihn finanziell übermäßig belasten. Diese Bestimmung war im Hinblick auf das StWE (condominio negli edifici) notwendig, das unmittelbar anschließend geregelt ist (Art. 1117 bis 1139) und nach Art. 1139 den Normen der Gemeinschaft (Comunione in generale) unterstellt ist, soweit die einzelnen besonderen Vorschriften der Ergänzung bedürfen.

Im CCfr. sind wohl einzelne Erscheinungen der Rechtsgemeinschaft (Erbengemeinschaft) und des Miteigentums als «indivision» (Grenzmauern und andere Grenzvorrichtungen) geregelt, aber keine allgemeinen Bestimmungen über diese Institute enthalten. Der Gesetzgeber wollte ihnen, entsprechend seiner individualistischen Einstellung, keine besondere und den Gemeinschaftsverhältnissen insbesondere keine dauernde Existenz gewähren[8]. Lehre und Rechtsprechung haben sich mit ihnen aber befassen und die gleichen Fragen erörtern müssen, welche in den anderen genannten Ländern trotz der gesetzlichen Grundlage die Rechtswissenschaft unablässig beschäftigten. In Frankreich hat das Miteigentum namentlich als Grundlage des StWE neue Bedeutung erlangt und für dieses eine Ausgestaltung erfahren, in der die Gemeinschaft der Miteigentümer sogar eigene Persönlichkeit hat. Art. 14 des Gesetzes vom 10. Juli 1965 lautet: «La collectivité des copropriétaires est constituée en un syndicat qui a la personnalité civile»[9].

Das ZGB ist seiner allgemeinen gesetzestechnischen Richtlinie gefolgt, jeweils die Haupterscheinung eines allgemeinen Instituts zu regeln und dieser Regelung auch alle weniger wichtigen oder häufigen Erscheinungen zu unterstellen, soweit für sie nicht Sondervorschriften aufgestellt sind[10]. Nur das Miteigentum ist im ZGB geregelt; Sondervorschriften für andere Erscheinungen der Bruchteilsgemeinschaft bestehen nicht. Die analoge An-

---

diritto soggettivo) eine Übersicht im Rahmen der allgemeinen Lehren und behandelt das Kapitel über die comunione im Sachenrecht, Bd. II, § 93, La Comproprietà (comunione di proprietà), S. 675 ff.; C. SCUTO, Istituzioni, 4. Aufl., 1944, Bd. I, Teil 2, S. 555 ff.; das neueste, ausgezeichnete Werk ist der Band des von SCIALOJA und BRANCA herausgegebenen Kommentars: Comunione/Condominio negli edifici von GIUSEPPE BRANCA.

[8] PLANIOL/RIPERT/BOULANGER, II, S. 794, No. 2268.

[9] MARTY/RAYNAUD, S. 72 ff.: Indivision et copropriété, bemerken, daß die «indivision» zwar ihre Hauptbedeutung im Sachenrecht habe, hier als Miteigentum, dann im Erbrecht als Miteigentum der Erbengemeinschaft, aber auch als «indivision des créances» ihren Platz im Obligationenrecht habe.

J. CARBONNIER, Droit civil I, 5. Aufl. 1964, S. 263 (78). Neue Wege sucht FR. DELHAY, La nature juridique de l'indivision, Contribution à l'étude de la notion d'indivision avec les notions de société civile et personnalité morale, Paris 1968. Daselbst S. 429: «La collectivité est la réalité essentielle de l'indivision et de la société. On doit donc se représenter la collectivité des consorts comme le titulaire des droits. Il n'est pas nécessaire pour cela, selon nous, de personnifier cette collectivité. Il suffit d'admettre que les indivisaires comme les associés sont contitulaires des droits indivis. Plusieurs personnes peuvent être titulaires d'un droit de créance. Mais le phénomène de la cotitularité déborde le cadre de droit de créance. Le caractère absolu et exclusif du droit de propriété ne saurait s'opposer à ce que le droit de propriété ait plusieurs titulaires. L'exclusivisme du droit de propriété ne concerne que les tiers dans leurs rapports avec le titulaire du droit.»

[10] EUGEN HUBER, Erläuterungen 1914, I, S. 10 f.; LIVER, Berner Kommentar, Einleitungsband, Allg. Einleitung, N. 127.

wendung des Miteigentumsrechtes auf sie kann schwierig oder unmöglich sein. So hat das Bundesgericht im BGE 92 II, 1966, S. 147 ff. (Pra 56 Nr. 3) die nach seiner Ansicht bestehende Lücke «nach bewährter Lehre und Überlieferung» ausgefüllt, als deren Ausdruck es die §§ 502 und 503 BGB (die auch auf die Erbengemeinschaft anwendbar sind) sowie die Art. 732 und 966 des italienischen Codice civile (Vorkaufsrecht zugunsten der Miterben und zugunsten eines von mehreren Bestellern einer Emphyteusis) betrachtete und heranzog.

§ 12. Das Miteigentum

Literatur zum neuen Miteigentums- und StWE-Recht und zum Vorentwurf: H. DESCHENAUX, La propriété par étages dans l'avant-projet suisse, Sem. jud. 81, 1959, S. 457 ff.; H. P. FRIEDRICH, Zur rechtlichen Konstruktion des Stockwerkeigentums, in: Festgabe für Max Gerwig, Basel 1960; DERSELBE, Stockwerkeigentum und Grundbuch, ZBGR 45, 1964, S. 321 ff.; DERSELBE, Das Stockwerkeigentum, Reglement für die Gemeinschaft der Stockwerkeigentümer, Bern 1965; G. FLATTET, La propriété par étages, in: Mémoires de la Faculté de droit de Genève, 6ᵉ journée juridique 1966, Genève 1967; K. MÜLLER, Der Verwalter von Liegenschaften mit Stockwerkeigentum, Zürcher Diss., Abh. schweiz. R 365, Bern 1965; P. LIVER, Das Miteigentum als Grundlage des Stockwerkeigentums, in: Gedächtnisschrift für L. Marxer, Zürich 1963; DERSELBE, Fragen aus dem Gebiet des StWE und des Baurechts, in: Der bernische Notar 30, 1969, S. 321; P. TUOR, Das schweizerische Zivilgesetzbuch, 8. Aufl., Zürich 1968, bearb. von B. SCHNYDER, hg. von P. JÄGGI, S. 513–519; CANTON DU VALAIS, La propriété par étages, exposé du chef du service juridique du Registre foncier, accompagnant les dispositions légales et les instructions cantonales, Sion 1970; H.-E. MAGNENAT, La propriété par étages, Lausanne 1965 (mit Text-Anhang); M. MONTCHAL, La propriété par étages, Lausanne 1964; R. MENGIARDI, Die Errichtung von beschränkten dinglichen Rechten zugunsten und zu Lasten von Miteigentumsanteilen und Stockwerkeigentum, Berner Diss., Abh. schweiz. R 415, Bern 1972; M. OTTIKER, Pfandrecht und Zwangsvollstreckung bei Miteigentum und Stockwerkeigentum, Zürcher Diss. 1972, Abh. schweiz. R 416, Bern 1972; FR. SCHMID, Die Begründung von Stockwerkeigentum, Zürcher Diss., Zürcher Beiträge 403, Zürich 1972; BENNO SCHNEIDER, Das schweizerische Miteigentumsrecht, Berner Diss., Abh. schweiz. R 418, Bern 1973.

Vorarbeiten: Botschaft zum Entwurf vom 7. Dezember 1962, BBl 1962 II, S. 146 ff. und separat (die Vorentwürfe sind nicht gedruckt); Verhandlungen der Eidg. Räte: StenBullNR März 1963; StenBullStR Juni 1963; über den Gang der Revisionsarbeit: A. MEIER-HAYOZ, Berner Kommentar, Vorbem. zu den Art. 646–654, N. 23 a ff.

Zur grundbuchlichen Behandlung: Kreisschreiben des Eidg. Justiz- und Polizeidepartementes an die kantonalen Aufsichtsbehörden im Grundbuchwesen, vom 24. November 1964 mit Mustervorlagen.

Vorbemerkung

Das Miteigentumsrecht des ZGB ist durch das Bundesgesetz vom 19. Dez. 1963 revidiert worden (in Kraft getreten am 1. Januar 1965). Mit dieser Revision ist das Miteigentum so ausgestaltet worden, daß es sich als Institut des gemeinschaftlichen Eigentums von dauerndem Bestande, namentlich des Grundstücksrechts, eignet und die Nutzung, Verwaltung und bauliche Erhaltung und Erneuerung möglichst erleichtert. Nur dadurch konnte es als Grundlage des StWE brauchbar gemacht werden, welches mit dem gleichen Gesetz in neuer Ausgestaltung zu einem normalen Institut des geltenden schweizerischen Privatrechts gemacht wurde. Die frühere Miteigentumsordnung wäre hiefür, wie ich verschiedentlich ausgeführt habe, untauglich gewesen[1].

I. Der Begriff

1. Die Eigentumszuständigkeit

Die gesetzliche Umschreibung im Art. 646 ZGB, der unter dem Marginale «C. Gemeinschaftliches Eigentum, 1. Verhältnis der Miteigentümer» steht, ist unverändert geblieben. Sie lautet: «Haben mehrere Personen eine Sache nach Bruchteilen und ohne äußere Abteilung in ihrem Eigentum, so sind sie Miteigentümer». Klar und unbestritten ist an dieser Umschreibung, daß das Objekt des Miteigentums eine Sache ist, und daß diese Sache ungeteilt ist. Damit ist das Miteigentum in Gegensatz gestellt zu der Erscheinung des geteilten Eigentums des historischen Rechts (nicht nur des deutschen), wonach das Objekt, die Liegenschaft, so geteilt ist, daß Bauwerke, Teile von solchen, Pflanzen, wie die Bäume oder die Weinreben, einen anderen Eigentümer hatten als der Boden mit den übrigen Bestandteilen[2]. Vielfach ist aber die Auffassung vertreten worden, daß im Miteigentum auch des modernen

---

[1] LIVER, Das Stockwerkeigentum – Umwandlung und Neubegründung, ZBGR 35, 1954, S. 3 ff.; DERSELBE, Das Miteigentum als Grundlage des StWE, in: Gedächtnisschrift L. Marxer, Zürich 1963, S. 143 ff. Vor allem ist sodann auf die Botschaft zur Revisionsvorlage, vom 7. Dez. 1962, BBl 1962 II, S. 156 ff. (im folgenden zitiert nach der Separatausgabe) zu verweisen. Umfassend dargestellt und erörtert ist die neue Miteigentumsordnung in der Berner iur. Diss. 1973 von B. SCHNEIDER, Das schweizerische Miteigentumsrecht (Lit. Verz. vor § 12).

[2] LIVER, Die Servitut in der Eigentumsordnung und Eigentumslehre der deutschen, französischen und italienischen Rechtsgeschichte (oben § 1, Anm. 2); DERSELBE, Zur Geschichte und Dogmatik des Eigentums an Bäumen auf fremdem Boden, in: Festschrift K. S. Bader, Zürich 1965. Zur Geschichte des Miteigentums und StWE im mittelalterlichen deutschen Recht: H. OPPIKOFER, Über gemeinschaftliches Eigentum, Basler Diss. 1924, Zusammenfassung im Jahrbuch der Basler Juristenfakultät 1925, S. 42–48; DERSELBE, Eigentumsgemeinschaften im mittelalterlichen Recht, insbes. an Wohnhäusern, Vierteljahresschr. für Sozial- und Wirtschaftsgeschichte, 1924, 2. Beiheft; RICHARD SCHRÖDER, Lehrbuch der deutschen Rechtsgeschichte, 7. Aufl., Berlin 1932, S. 792, und seine Abhandlung «Über eigentümliche Formen des Miteigentums im deutschen und französischen Recht», 1896.

Rechtes das Recht, also das Eigentum, geteilt sei. Dabei konnte aber nicht an eine Teilung des Eigentums in dem Sinne gedacht werden, daß die Eigentumsbefugnisse («Eigentumssplitter») verschiedenen Personen zugeschieden wären, wie in der zweiten Erscheinung des geteilten Eigentums im deutschen historischen Recht[3], sondern nur an eine gedachte, ideelle, rechnungsmäßige Teilung. Die Miteigentümer haben das nach seinem Inhalt und Umfang volle Eigentum an der Sache. Das Miteigentum ist die mehrfache Zuständigkeit dieses Rechtes.

Das Recht eines jeden geht auf die ganze Sache. Dies sagt das Gesetz im Art. 652 vom Gesamteigentum. Wenn es damit das Merkmal bezeichnen will, durch welches sich das Gesamteigentum vom Miteigentum unterscheidet, ist es in einem Irrtum befangen. Wenn nicht die Sache als Ganzes Objekt des Miteigentums wäre, hätte dieses überhaupt kein Eigentumsobjekt, denn an einer ideellen Quote kann es kein Eigentum geben. Die Sache hätte überhaupt keinen Eigentümer. In der Eigentumszuständigkeit besteht überhaupt kein Unterschied zwischen dem Miteigentum und dem Gesamteigentum. Das Eigentum ist hier wie dort eine Gesamtberechtigung.

Die beiden Arten des gemeinschaftlichen Eigentums stehen zueinander nicht schlechthin in einem fundamentalen Gegensatz[4]. Gewiß bestehen zwischen ihnen ganz wesentliche Unterschiede, aber in anderer Hinsicht, nämlich in der Berechtigung des einzelnen Beteiligten. Im Miteigentum ist sie der Anteil.

2. Der Miteigentumsanteil

a) Sachenrechtlicher Entstehungsgrund

Die Miteigentumsgemeinschaft ist die Folge des gemeinschaftlichen Eigentums. Ihr Entstehungsgrund ist dieses sachenrechtliche Verhältnis,

---

[3] GIERKE, DPR II, S. 347 ff., 368 ff.; LIVER, Zur Entstehung des freien bäuerlichen Grundeigentums, ZSR 65, 1946, und in den Ges. rechtsgeschichtl. Abhandlungen, S. 49 ff., bes. 70 ff. und die da zit. Werke; betr. Bäume auf fremdem Boden s. oben Anm. 2.

[4] Das Bundesgericht hat in einem älteren Urteil (69 II, 1943, S. 223 ff. = Pra 32 Nr. 153) von einem «fundamentalen Gegensatz zwischen Miteigentum und Gesamteigentum» gesprochen. ROBERT HAAB hat jedoch in seinem Kommentar Bezug genommen auf eine «neue Lehre», für welche dieser Gegensatz zurücktrete gegenüber der Gesamtberechtigung als gemeinsamem Merkmal. Er sagt, es sei wohl richtiger, von der Existenz eines einheitlichen, allerdings mehrfach zuständigen Eigentumsrechtes auszugehen (Vorbemerkung zu den Art. 646–654, bes. N. 7). Diese Auffassung teilt auch MEIER-HAYOZ, Art. 646, N. 46–48. Im gleichen Sinne dürfte schon WIELAND, Kommentar, Bem. 5 zu Art. 646, zu verstehen sein. Ausführlich LIVER, Der Verzicht auf beschränkte dingliche Rechte und auf den Miteigentumsanteil, in: Festschrift Walther Hug, Bern 1968, S. 353 ff. Im übrigen verweise ich auf die hievor zitierte und hienach anzuführende Literatur. Zur Konstruktion bes. eingehend B. SCHNEIDER (Lit. Verz. vor § 12).

während das Gesamteigentumsverhältnis nicht der Grund, sondern die gesetzliche Folge der personenrechtlichen Gemeinschaft der Beteiligten ist[5].

b) Arithmetische Fixierung der Anteile

Die Miteigentumsgemeinschaft ist Bruchteilsgemeinschaft. Die Beteiligung jedes Miteigentümers ist als ideelle Quote, d. h. rechnungsmäßig fixiert, im Gesamthandsverhältnis dagegen nicht. Ist die Größe der Quote nicht bestimmt, besteht die gesetzliche Vermutung, daß alle Anteile das gleiche Maß haben.

c) Verselbständigung der Anteile

Die Beteiligung des Miteigentümers ist zum Objekt des Rechtsverkehrs verselbständigt, kann also frei veräußert und belastet werden, während die Beteiligung des Gesamteigentümers mit der Mitgliedschaft an der Personenverbindung untrennbar verbunden ist, so daß über sie nur im Hinblick auf die Auflösung dieser Verbindung als Liquidationsanteil verfügt werden kann.

Wenn also der Bruchteil, die ideelle Quote das für den Begriff des Miteigentums wesentliche Merkmal ist, kann man dieses als geteilte Gesamtberechtigung bezeichnen[6]. Doch immer wieder erhebt sich die Frage, was denn geteilt sei, m. a. W. worin der Bruchteil bestehe. Wie gesagt, ist weder die Sache noch das Recht geteilt. Die Teilung ist, was übrigens in der herrschenden Lehre vielfach betont wird, eine i d e e l l e, d. h. bloß gedankliche Teilung. Deren Ergebnisse, die Quoten, sind bloß der arithmetische Ausdruck für den Umfang, das Maß der verselbständigten Beteiligung des Miteigentümers an der Sache[7]. Für diese Auffassung hätte sich HAAB nicht nur

---

[5] Ich verweise vorläufig nur auf E. HUBER, Erläuterungen 1914, II, S. 36 ff.

[6] Dies ist insbes. der deutsche Ausdruck für die Lehre von BARASSI, Proprietà, S. 142 ff.

[7] Siehe die angeführte Literatur zur Rechtsgemeinschaft des BGB, dann den Hinweis in § 11, Anm. 10, sowie meine Abhandlung in der Festschrift W. Hug (zit. oben Anm. 4). Klar ist diese Auffassung auch dargelegt in der Relazione della Commissione Reale, S. 27, zum neuen CCit., wiedergegeben in der Zusammenstellung der Materialien von PANDOLFELLI/SCARPELLO/STELLA RICHTER/DALLARI, Libro della proprietà, illustrato con i lavori preparatori e con note di commento, 1941, S. 255: «...si è ritenuto che il diritto di proprietà sull'intera cosa comune spetta alla collettività dei condomini, mentre ciascuno di questi non ha che un diritto sulla propria quota, ossia e più precisamente, il diritto di partecipare alla comunione della proprietà secondo la misura della sua quota...». Dabei beruft sich die Kommission auf in Österreich und in Deutschland vertretene Lehrmeinungen. Daß die Quote nicht Gegenstand des Eigentums sein kann, versteht sich auf Grund unseres Eigentumsbegriffs von selbst. Eindrücklich wird dies auch für das italienische Recht trotz seinem umfassenderen Begriff der «cosa» («bene») dargetan von BARASSI, Proprietà, S. 109/10.

auf die «neue Lehre», sondern auch auf die alte, vor dem Erlaß des BGB von den hervorragendsten Pandektisten vertretene Lehre berufen können[8].

3. Teilbarkeit der Quoten

Der Anteil eines Miteigentümers kann der Aufteilung unterliegen. Diese vollzieht sich namentlich mit der Erbteilung. Jeder Erwerber, dem eine Teilquote zugeteilt wird, wird zu diesem Teil Miteigentümer. Die Zahl der Miteigentümer und mit ihm der Nenner des Bruches wird im Laufe der Zeit, in der Abfolge von Generationen, immer größer und kann in die Hunderte gehen[9].

---

[8] Hervorzuheben ist die folgende Stelle aus den Pandekten von ALOIS BRINZ, Bd. I, 2. Aufl. 1873, § 131, S. 476: «Diese partes können keine körperlichen Teile der Sache (pro diviso) sein, sind überhaupt nichts körperlich Faßbares, insofern ‹ideelle›, ‹intellektuelle› (nicht unreelle) Teile, Teile, die eine Geteiltheit bei ungeteilter Sache mit sich führen (partes pro indiviso) und näher besehen keine Teile der Sache sind oder sein können, denn gerade gedacht können sie daran nicht werden; unseres Erachtens überhaupt keine Teile, weder der Sache noch des Rechtes oder Rechtsinhaltes noch des Wertes, wohl aber Teile, nach denen sich die Partner im Gebrauch und in der Fruchtziehung, in Auslagen und Einnahmen richten und nach denen dereinst sie selbst anstatt ihrer die Sache wirklich teilen oder sich selbst auseinandersetzen sollen.» Dies ist die Konsequenz aus der allgemein vertretenen Auffassung, daß die Anteile bloße Rechnungsteile sind. So WINDSCHEID/KIPP, § 142 Ziff. 4, S. 706 und § 169a, S. 875. Dies ist auch die Auffassung, die sowohl in der italienischen als auch in der französischen Rechtswissenschaft vertreten wird. Außer Zitaten in den vorstehenden Anmerkungen sind besonders noch die folgenden namhaft zu machen:
MESSINEO, S. 150: «Ma la quota non è un diritto con un contenuto a sè; è un'entità tecnico-giuridica; è la misura aritmetica, cioè il simbolo della partecipazione a un diritto». Ebenso hinsichtlich der Übertragung des Anteils S. 151 (§ 10 n. 3). CARBONNIER, Droit civil I, 1964, S. 263: «L'indivisaire a un droit immédiat sur les biens indivis, il a sur chacun d'eux une quote-part mathématique, abstraite, idéale, de propriété.»
Wenn man die Teilung in diesem Sinne auffaßt, läßt sich auch die Ansicht vertreten, daß das Recht geteilt sei, nämlich das Recht als Inbegriff der Beteiligung an der Sache. In diesem Sinne dürfte auch REGELSBERGER zu verstehen sein, wenn er in der Anm. 95, S. 210 seiner Pandekten sagt: «Es wird ein lebhafter, wenig fruchtbarer Streit geführt, was beim Miteigentum geteilt sei: die Sache?, das Recht?, der ‹Rechtsinhalt›, der ‹Wert›, die ‹wirtschaftliche Nutzkraft›? Keine dieser Formeln leistet den erhofften Dienst. Am besten ist die verbreitete Vorstellung: das Recht ist geteilt. Weiter kommt man auch damit nicht.» Auch RANDA, 2. Aufl. 1893, S. 227 ff., für den das Recht geteilt ist, aber eben nur ideell, so daß dadurch intellektuelle Anteile entstehen, ist der Meinung, damit keine andere Auffassung zu vertreten als BRINZ und die übrigen Gegner der Rechtsteilung. Siehe die Anm. 7, S. 227.

[9] Der Anteil von $\frac{20}{31}$ an einem Hause (Villa in Zuoz) ist nichts Außergewöhnliches (BGE 78 I, 1952, S. 203 = Pra 41 Nr. 146); $\frac{369}{894}$ in BGE 96 III, 1970, S. 30 = Pra 59, Nr. 167. Nach dem StWE-Recht ist eine solche Aufteilung ausgeschlossen (Art. 712b und 712o).

II. Miteigentumsgemeinschaft und Einfache Gesellschaft

Bilden die Beteiligten eine Einfache Gesellschaft, stehen ihnen die Sachen des Gesellschaftsvermögens zu Gesamteigentum zu. Miteigentumsgemeinschaft und Einfache Gesellschaft sind aber auch keine scharf geschiedenen Personenverbindungen. Der Unterschied liegt darin, daß die Einfache Gesellschaft ihr Vermögen als Mittel zur Verfolgung eines gemeinsamen Zweckes einsetzt, die Miteigentümer aber bloß zur Nutzung und Verwaltung der gemeinschaftlichen Sache verbunden sind. Kaufen zwei Grundeigentümer eine Liegenschaft, um ihre Überbauung zu verhindern, damit sie für ihre Häuser freie Aussicht und unbeschränkten Zugang zur Straße haben, sind sie Miteigentümer. Erwerben sie aber die Liegenschaft, um sie gemeinsam zu überbauen, dann zu verkaufen oder für den Betrieb eines Gewerbes zu verwenden, haben sie als Einfache Gesellschaft Gesamteigentum an ihr. Zum Gesamteigentum gehören regelmäßig weitere Mittel, ein Vermögen, ohne die der gemeinsame Zweck ja nicht erreicht werden könnte[10]. Gegenstand des Miteigentums kann dagegen nur eine Sache sein. Die Verbindung zur Erreichung des gemeinsamen Zweckes mit gemeinsamen Mitteln kann in der Einfachen Gesellschaft äußerst dürftig ausgestaltet sein[11]. Es ist deshalb mitunter zweifelhaft, ob eine Einfache Gesellschaft oder eine Miteigentumsgemeinschaft vorliegt[12]. Die Mitglieder einer Einfachen Gesellschaft oder Kollektivgesellschaft können auch Miteigentum an einer Liegenschaft haben. Diese bildet dann aber nicht einen Bestandteil des Gesellschaftsvermögens[13].

III. Miteigentumsgemeinschaft mit körperschaftlicher Nutzungs- und Verwaltungsorganisation

Vor der Revision des Miteigentumsrechtes und dem Ausbau der darauf gegründeten StWE-Ordnung war es in der Schweiz herrschende Lehre, daß nicht Miteigentum und auch nicht Gesamteigentum bestehen könne, wenn die Beteiligten genossenschaftlich organisiert sind, also eine Körperschaft

---

[10] SIEGWART, Die Personengesellschaften, Vorbemerkung zu Art. 530–551, N. 51.
[11] SIEGWART, a.a.O., N. 52.
[12] Dies zeigt BGE 94 II, 1968, S. 96 ff. = Pra 57 Nr. 164, besprochen in ZBJV 106, 1970, S. 55 ff.
[13] Dieser Tatbestand liegt dem BGE 69 II, 1943, S. 223 ff. = Pra 32 Nr. 153 zugrunde. Ich habe ihn eingehend behandelt in der Festschrift W. Hug, S. 366 ff. Vgl. dazu auch SIEGWART, a.a.O., N. 7 zu Art. 531 OR, und Haab, Vorbemerkung zu Art. 646–654, N. 6.

bilden; das Vermögen müsse dann der Körperschaft gehören[14]. Das war ein dogmatischer Kurzschluß. Warum sollten sich die Miteigentümer oder Gesamteigentümer nicht zur Nutzung und Verwaltung des gemeinschaftlichen Gutes als Genossenschaft organisieren können? Der Irrtum, aus dem dies verneint wurde, bestand darin, daß zwischen der Eigentumszuständigkeit einerseits, der Zuständigkeit zur Verwaltung und deren Organisation anderseits nicht unterschieden wurde. Diese Unterscheidung hat aber für das Miteigentum grundlegende Bedeutung[15]. Tatbestände der genossenschaftlichen Verwaltung von Miteigentum oder Gesamteigentum hat es immer gegeben und gab es unter der Herrschaft des ZGB weiterhin[16]. Im revidierten Miteigentumsrecht und in der StWE-Ordnung ist die Nutzungs- und Verwaltungsorganisation der Miteigentümer durch das Gesetz selber körperschaftlich ausgestaltet.

IV. Entstehung und Erwerb des Miteigentums

1. Rechtsgeschäftlicher Erwerb

Erwerben zwei oder mehrere Personen gemeinsam eine Sache (ein Grundstück oder eine bewegliche Sache, wie eine landwirtschaftliche Maschine, eine Baumaschine oder einen Apparat), um sie als solche gemeinsam zu gebrauchen, werden sie Miteigentümer. Ebenso werden Miteigentümer mehrere Personen, denen eine Sache durch Testament zugewendet wird. Das in einzelnen Landesgegenden verbreitete Miteigentum an Wohn- und besonders an Wirtschaftsgebäuden ist meistens durch Erbteilung entstanden. Die landwirtschaftlichen Grundstücke wurden unter den Erben aufgeteilt; die zu ihrer Nutzung notwendigen Gebäulichkeiten und andere Bauwerke, wie Brunnen, mit Wasserfassung und Zuleitung, mußten ungeteilt bleiben, wurden also zu Miteigentum. Miteigentum in der Ausgestaltung zu StWE

---

[14] BGE 46 II, 1920, S. 22 = Pra 9, Nr. 24. Auch die Bemerkungen EUGEN HUBERS in seinen Vorträgen zum Sachenrecht, S. 17f., Anm. 1, können in diesem Sinne verstanden werden.
[15] R. KUNZ, Über die Rechtsnatur der Gemeinschaft zur gesamten Hand, Diss. Zürich 1963 Abh.schweiz.R 355, Bern 1963, hat diese Unterscheidung (in etwas anderer Abgrenzung) seiner Untersuchung über das Gesamteigentum zugrundegelegt, für das ihr jedoch nicht die gleiche Bedeutung zukommen kann wie für das Miteigentum, weil nach dem Grundsatz des Art. 653 das Gesamthandsprinzip sowohl für die Eigentumszuständigkeit wie für die Nutzung und Verwaltung gilt. Vgl. m.Bespr. ZBJV 100, 1964, S. 261, unter dem Titel «Gemeinschaftliches Eigentum».
[16] Mit ihnen habe ich mich befaßt: 1. in der Festschrift für Karl Haff, 1950 (Genossenschaften mit Teilrechten), 2. in der Gedächtnisschrift L. Marxer, 1963, S. 199f.

wird künftig auch anderwärts häufiger durch Erbteilung begründet werden als nach dem alten Recht[17].

Zahlreich sind die kantonalrechtlichen Tatbestände der Entstehung des Miteigentums durch Einkauf in bestehende Bauwerke: Wege, Wasserversorgungs- und Wasserableitungsanlagen[18]. Der Alleineigentümer kann an seiner Sache nicht gewöhnliches Miteigentum begründen, ohne einer anderen Person einen Anteil einzuräumen. Miteigentum als StWE kann er dagegen durch einseitiges Rechtsgeschäft (Verfügung) begründen, bevor er StWE-Einheiten veräußert (Art. 712d Abs. 2 Ziff. 2 ZGB und Art. 33c GBV)[18a].

2. Entstehung von Gesetzes wegen

Dieses kraft Gesetzes bestehende Miteigentum wird als Communio incidens im Gegensatz zur Communio voluntaria bezeichnet[19]. Hiefür sind folgende Tatbestände anzuführen:

a) Vorrichtungen zur Abgrenzung zweier Grundstücke stehen auf der Grenze. Miteigentum wird nach Art. 670 ZGB vermutet. Diese Vorschrift findet auch Anwendung auf Brandmauern, soweit diese nicht Gegenstand besonderer Regelung im kantonalen Recht sind, ferner auf Stützmauern (s. jedoch EGzZGB Graubünden Art. 129); auch am Grenzbaum besteht Miteigentum; er wird nicht durch die Grenzlinie geteilt, wie nach § 923 BGB.

---

[17] Daß die Erbteilung in dieser Weise mit allseitiger Zustimmung (Erbvertrag, Realteilung) durchgeführt werden kann, ist allgemein anerkannt. Fraglich ist nur, ob der einzelne Erbe verpflichtet ist, einen Miteigentumsanteil oder eine StWE-Einheit als seinen Erbteil entgegenzunehmen, etwa auf Grund der Anordnung des mit der Teilung Beauftragten (Willensvollstrecker), einer testamentarischen Teilungsvorschrift oder der behördlichen Losbildung. In der französischen Praxis wird diese Frage bejaht, das Bundesgericht hat sie verneint und zwar mit der Begründung, daß das franz. StWE Sondereigentum, das schweizerische jedoch zu StWE ausgestaltetes Miteigentum sei. Diese Begründung ist nicht haltbar, da das Sonderrecht des StW-Eigentümers nach unserem Recht diesem eine mindestens so selbständige Stellung und Unabhängigkeit gewährt wie das franz. Sondereigentum am StW (BGE 94 II, 1968, S. 231 = Pra 58 Nr. 25, bespr. ZBJV 106, 1970, S. 57 ff.). Damit ist aber das Problem nicht erledigt. In Deutschland mit seinem Sondereigentum an der Wohnung wird die zwangsweise Zuteilung von Wohnungseigentum in der Erbteilung nicht für zulässig gehalten, weil im modernen StWE überall die gemeinsamen Gebäudeteile und Einrichtungen einen weitüberwiegenden Wert haben und der Einzelne der Miteigentumsgemeinschaft mehr oder weniger eng eingegliedert ist. Auf den Umfang und die Intensität der daraus sich ergebenden Bindungen kommt es an. Darauf hat der Richter abzustellen. Er wird dann schwerlich zur Bejahung oder Verneinung der Frage schlechthin gelangen, sondern den Einzelfall würdigen müssen.

[18] Vgl. z.B. im EGzZGB Graubünden (1944) Art. 122, 123, 134; zürch. Baugesetz §§ 19 und 44, Quartierplanverordnung §§ 19 ff. – Siehe in meinem Kommentar Art. 730, N. 156 ff.

[18a] Siehe unten § 15.

[19] WINDSCHEID/KIPP II, § 449, Anm. 1; DERNBURG, Pandekten (System) I, § 158, Anm. 3.

b) Wege und Brücken, welcheDienstbarkeitsvorrichtungen verschiedener herrschender Grundstücke sind (Art. 741, N. 21 meines Kommentars dazu).

c) Die Quellengemeinschaft gemäß Art. 708 ZGB: Miteigentum an der Fassungsanlage.

d) Wird eine Sache mit einer anderen so verbunden oder vermischt, daß sie zum wesentlichen Bestandteil der dadurch entstandenen neuen Sache wird, besteht an dieser Miteigentum gemäß Art. 727 ZGB.

e) Aus Art. 484 OR über das Sammellagergeschäft wird geschlossen, daß an den Gütern gleicher Art und Güte, deren Vermengung dem Lagerhalter gestattet ist, Miteigentum der Einlagerer bestehe (sog. labiles Eigentum, d.h. Miteigentum, das der Lagerhalter durch Ausscheidung des Anteils eines Einlagerers für diesen ohne Mitwirkung der übrigen Miteigentümer aufhebt)[20].

V. Selbständiges und unselbständiges Miteigentum

Der Anteil kann vom Miteigentümer nach Art. 646 ZGB veräußert und verpfändet werden. Dies gilt aber nur, wenn der Anteil verselbständigt ist. Dies ist im Art. 646 vorausgesetzt. Aber in vielen Fällen, namentlich in den gesetzlichen Miteigentumstatbeständen, sind die Anteile nicht selbständig, sondern mit dem Eigentum an einem Grundstück unlösbar verbunden, gleich wie eine Grunddienstbarkeit oder Realgrundlast oder ein gesetzlicher Anspruch gegenüber dem Nachbarn auf Einräumung einer Grunddienstbarkeit (Legalservitut) mit dem Eigentum am berechtigten Grundstück unlösbar verbunden ist (sog. subjektiv-dingliche Verknüpfung). Sie sind nicht eigene Objekte des Rechtsverkehrs, sondern teilen, wie Bestandteile, das rechtliche Schicksal des berechtigten Grundstückes. Sie können deshalb auch nicht Gegenstände des gesetzlichen Miteigentümer-Vorkaufsrechtes sein. Die meisten dieser Miteigentumsverhältnisse unterliegen auch nicht dem gesetzlichen Aufhebungsanspruch (Art. 650)[21].

---

[20] OSER/SCHÖNENBERGER, Art. 484 OR, N. 4; BECKER, Art. 484 OR, N. 2; HAAB, Art. 650/51 ZGB, N. 13; BGE 77 I, 1953, S. 40 = Pra 40 Nr. 57, S. 166. Ebenso für das BGB STAUDINGER/ KOBER, Kommentar, Vorbemerkung 5 vor § 1008.

[21] ROSSEL/MENTHA, Manuel II (1922) bedauern, daß im Gesetz die Unterscheidung zwischen selbständigem und unselbständigem Miteigentum nicht bestimmter getroffen ist und daß die unaufhebbaren gesetzlichen Miteigentumsverhältnisse nicht als «indivisions perpétuelles», wie im französischen C.c., besonders geregelt worden sind, sondern im Art. 650 bloß inbegriffen sind in den Miteigentumsverhältnissen an «Sachen, die für einen dauernden Zweck bestimmt sind» und deshalb dem Aufhebungsanspruch nicht unterliegen.

VI. Die Verfügung über den Anteil

1. Veräußerung und Verpfändung

Liegt selbständiges Miteigentum vor, gilt die Bestimmung im Abs. 3 des Art. 646, daß der Miteigentümer seinen Anteil veräußern und verpfänden kann. Auch Vorkaufs-, Kaufs- und Rückkaufsrechte kann er begründen und vormerken lassen. Doch geht diesen Rechten das gesetzliche Vorkaufsrecht der anderen Miteigentümer vor. Daß die Belastung mit Grundpfandrechten möglich ist, wird im Art. 800 Abs. 1 ZGB noch besonders gesagt.

Für die Veräußerung und Belastung gelten die gleichen Vorschriften wie für die im Miteigentum stehende Sache. Ist sie beweglich, gilt Fahrnisrecht, also Art. 884 ZGB für die Verpfändung[22]. Ist das Objekt ein Grundstück, so wird der Miteigentumsanteil im Rechtsverkehr als Grundstück behandelt. Die Aufnahme unter die grundstücksgleichen Rechte in der neuen Ziffer 4 des Art. 655 Abs. 2 ist keine Neuerung, sondern entsprach allgemeiner Lehre und Praxis. Veräußerungen und Belastungen von Miteigentumsanteilen an Grundstücken bedürfen also der Eintragung im Grundbuch, für welche die gleichen Ausweise über den Rechtsgrund und über das Verfügungsrecht (Art. 965 ZGB; Art. 31 ff. GBV) erforderlich sind.

In der Eintragung auf dem Blatt des Miteigentumsgrundstückes sind die Namen der Miteigentümer mit ihren Quoten anzugeben (Art. 33 GBV). Besteht unselbständiges Miteigentum, treten an die Stelle der Namen der Miteigentümer die Grundbuchnummern der berechtigten Grundstücke (Art. 32 GBV ist analog anwendbar)[23].

Die Aufnahme des Miteigentumsanteils in das Grundbuch durch Eröffnung eines eigenen Blattes ist nur vorzunehmen, wenn sie im Interesse der Klarheit und Übersichtlichkeit der Einträge als geboten erscheint (Art. 10a und 32 Abs. 3 GBV).

Wie der Anteil verpfändet werden kann, so kann er auch gepfändet und mit gesetzlichen Pfandrechten belastet werden (Art. 836/37 ZGB)[24].

---

[22] HAAB, Art. 646, N. 10–13; OFTINGER, Zürcher Kommentar, Das Fahrnispfand, Art. 884, N. 48 ff.; MEIER-HAYOZ, Art. 646, N. 34 ff., bes. N. 40.

[23] Das unselbständige Miteigentum an Güterwegen nach dem zürcherischen Flurgesetz von 1862 wurde im Landwirtschaftsgesetz von 1911 sonderbarerweise als Gesamteigentum erklärt. Dies wurde auch bei der Revision des Gesetzes 1963 nicht berichtet. Siehe dazu m. Bem. in ZBGR 50, 1969, S. 16 Anm. 11.

[24] Über den Miteigentumsanteil als Gegenstand der Zwangsvollstreckung siehe BGE 96 III, 1970, S. 24 ff. = Pra 59 Nr. 167 und HAAB, Art. 646, N. 15 ff. Diese Ausführungen bedürfen der Ergänzung durch die Änderungen, welche sich aus den neuen Art. 648 Abs. 3 und 649b ergeben. Siehe auch M. OTTIKER, Pfandrecht und Zwangsvollstreckung bei Miteigentum und Stockwerkeigentum (Lit. Verz. vor § 12).

2. Errichtung von Dienstbarkeiten

Die einzige Dienstbarkeit, mit der sowohl die bewegliche wie die unbewegliche Sache belastet werden kann, ist – von besonderen Ausgestaltungen des Miteigentums abgesehen – die Nutznießung. Sie gewährt dem Berechtigten einen seinem Anteil entsprechenden Anspruch auf Früchte oder Erträgnisse, die selbst oder deren Bezug beliebig in Quoten aufgeteilt werden können. Dasselbe kann, wenn die Sache ein Grundstück ist, für Grundlasten gelten. Dienstbarkeiten, die durch Benutzung der Sache als solcher ausgeübt werden, können nicht an einem Anteil als ideeller Quote errichtet werden. Die Benutzung der Sache ist Gemeinschaftsangelegenheit und als solche der Verfügungsmacht des einzelnen Miteigentümers entzogen. Nur wo die Benutzung als Sonderrecht räumlich abgegrenzt ist, wie in der StWE-Ordnung und in ihren früheren Ersatzformen, ist auch die Belastung des Anteils mit einem Wohnrecht möglich[25].

Die Frage, ob der Miteigentumsanteil herrschendes Grundstück sein könne, der Miteigentümer also zugunsten seines Anteils Grunddienstbarkeiten am Miteigentumsgrundstück selber oder an einem Nachbargrundstück erwerben könne, ist kontrovers. Sie wird in der deutschen und italienischen Literatur fast ausnahmslos verneint[26]. Nach meiner Auffassung ist sie zu bejahen, wenn durch die Dienstbarkeit die Interessen und die Betätigungsfreiheit der Gemeinschaft nicht beeinträchtigt werden, also etwa durch eine Bau- oder Gewerbebeschränkung (Aussichtsdienstbarkeit, Immissionsverbot, Durchgangsrecht am Nachbargrundstück)[27].

---

[25] LIVER, Zürcher Kommentar, Einleitung, N. 18f.; Art. 730, N. 22 und 44; Art. 743, N. 2; MEIER-HAYOZ, Art. 646, N. 41 ff.
[26] LIVER, Zürcher Kommentar, Einleitung, N. 19; Art. 730, N. 44; Art. 743, N. 2 und außer der zit. Literatur MESSINEO II, § 91, N. 10, S. 640f. Ebenso WIELAND, Bem. 10 zur Art. 646.
[27] Ich habe diese Ansicht vertreten und kurz begründet im Berner Notar 1969, S. 326.
  Daß das gemeinschaftliche Grundstück zugunsten eines der Miteigentümer mit einer Personaldienstbarkeit belastet sein kann, also auch mit einer «anderen Dienstbarkeit» gemäß Art. 781, ist allgemein anerkannt. Im § 1009 BGB ist es ausgesprochen. Über die Anwendung dieses Grundsatzes im schweiz. Recht s. bes. LEEMANN, N. 31 zu Art. 646. Aus welchem Grunde nicht ein anderes Grundstück zugunsten eines Miteigentumsanteils sollte belastet werden können, also mit einer Grunddienstbarkeit, wenn dadurch kein anderer Miteigentümer und auch die Miteigentumsgemeinschaft in keiner Weise in ihren Rechten beschränkt werden, ist nicht wohl einzusehen, es sei denn man verneine die Grundstücksqualität des Miteigentumsanteils im Rechtsverkehr, was nach schweiz. Recht nicht möglich ist (Art. 655 Abs. 2 Ziff. 4 ZBG). Vgl. auch B. SCHNEIDER, Das schweiz. Miteigentumsrecht (Lit. vor § 12), S. 275 ff.; R. MENGIARDI, Die Errichtung von beschränkten dinglichen Rechten (Lit. Verz. vor § 12).

3. Veräußerungsbeschränkung

Am veräußerten Anteil steht jedem Miteigentümer des Grundstückes das gesetzliche Vorkaufsrecht zu (Art. 682 ZGB). Auf es finden die Vorschriften über das vertragliche Vorkaufsrecht (Art. 681) Anwendung, jedoch mit dem Unterschied, daß es auch in der Zwangsverwertung ausgeübt werden kann[28]. Es ist das geeignete Mittel zur Fernhaltung eines Erwerbers, von dem eine Störung des Gemeinschaftsverhältnisses der Miteigentümer zu befürchten ist. Außerdem führt die Ausübung des Vorkaufsrechtes zur Verminderung der Zahl der Beteiligten. Üben mehrere Miteigentümer es aus, wächst ihnen der erworbene Anteil proportional zu ihren Anteilen an. Beträgt die Zahl der Miteigentümer, wie in sehr vielen Fällen, bloß zwei, entsteht mit der Ausübung des Vorkaufsrechtes Alleineigentum. Hierin sieht das Bundesgericht den gesetzgeberischen Hauptzweck dieser Institution[29].

Wie bemerkt, geht das gesetzliche Vorkaufsrecht den vertraglichen im Range vor, aber nicht nur ihnen, sondern auch dem gesetzlichen landwirtschaftlichen Vorkaufsrecht[30].

Wird das Grundstück veräußert, kann dies nicht zur Konstruktion eines Vorkaufsfalles in eine Veräußerung der Anteile aller Miteigentümer umgedeutet werden[31].

Als privatrechtliche gesetzliche Eigentumsbeschränkung im Sinne von Art. 680 Abs. 2 könnte das Vorkaufsrecht des Miteigentümers durch öffentlich beurkundeten Vertrag und Eintragung im Grundbuch aufgehoben oder abgeändert werden. Die Eintragung ist grundbuchrechtlich unmöglich, da durch die Aufhebung des Vorkaufsrechtes nicht eine Grunddienstbarkeit entsteht, die nur eine Benutzungsbeschränkung zum Inhalt haben kann. Im neuen Art. 682 Abs. 3 ist die Vormerkung vorgesehen.

---

[28] Art. 73 VZG; Anl. zu Art. 32 VZG. HAAB, Art. 646, N. 15ff.; Art. 681/82, N. 54 betr. die Ausübung in der Zwangsvollstreckung. – Zur Anwendbarkeit des Art. 681: BGE 42 II, 1916, S. 32 = Pra 5 Nr. 76; 73 II, 1947, S. 165 = Pra 37 Nr. 2. Unrichtig ist die Äußerung in BGE 83 II, 1957, S. 16, daß die Frist des Art. 681 Abs. 3 nur auf das vorgemerkte Vorkaufsrecht anwendbar sei; s. ZBJV 95, 1959, S. 26; ebenso MEIER-HAYOZ, Art. 681, N. 216.
[29] Nicht veröffentlichter BGE vom 17. Dez. 1943 i.S. A.V.c.A.F. unter Hinweis auf BGE 42 II, 1916, S. 32 = Pra 5 Nr. 76 und Erläuterungen 1914, II, S. 96.
[30] Bundesgesetz über die Erhaltung des bäuerlichen Grundbesitzes vom 12. Juni 1951, Art. 6 Abs. 3 lit. a. Daß das gesetzliche Vorkaufsrecht allen vertraglichen Vorkaufs- und Kaufsrechten vorgeht, folgt aus seinem Charakter als gesetzlicher Eigentumsbeschränkung, die mit der Entstehung des Miteigentums gegeben ist und dessen normalen Inhalt bestimmt.
[31] BGE 80 II, 1954, S. 372 = Pra 44 Nr. 86.

4. Der Verzicht

Wie auf jedes beschränkte dingliche Recht und jede Eigentumsbefugnis kann der Miteigentümer auf seinen Anteil verzichten. Eine Dereliktion mit der Wirkung, daß der Anteil herrenlos würde, ist ausgeschlossen[32]. Herrenlos wird nur eine Sache, nicht aber eine ideelle Quote, die gar nicht Eigentumsobjekt sein kann. Da der Anteil der rechnungsmäßige Ausdruck der Beteiligung des Miteigentümers an der Sachherrschaft ist (s. oben Ziff. I 2), bedeutet der Verzicht auf ihn das Ausscheiden des Miteigentümers aus der Gemeinschaft mit der Folge, daß diese sich auf die verbleibenden Miteigentümer reduziert und ihre Anteile sich um den aufgegebenen Anteil proportional vergrößern (Anwachsung)[33].

Wenn der aufgegebene Anteil aber belastet ist, so daß die Konsolidation durch Anwachsung nicht eintreten kann, bleibt er bestehen, und die verbleibenden Miteigentümer sind an ihm proportional zu ihren Quoten beteiligt und zwar nach den Miteigentumsgrundsätzen. Ist der aufgegebene Anteil dem einzigen verbliebenen Miteigentümer zugefallen, sind beide Miteigentumsanteile in einer Hand vereinigt, ohne im Alleineigentum aufzugehen.

Durch den Verzicht befreit sich der Miteigentümer von allen künftigen Verpflichtungen, insbesondere von den Verwaltungskosten und erst fällig werdenden Lasten (Steuern und Beiträgen). Persönliche Schulden gegenüber den Grundpfandgläubigern gehen nicht auf die übrigen Miteigentümer über; diese haften nur mit dem ihnen angefallenen Anteil. Für Kostenbeiträge, die vor dem Verzicht fällig geworden sind, bleibt der Verzichtende haftbar[34].

---

[32] Die verfehlte Lehre, daß der Verzicht auf den Miteigentumsanteil eine Dereliktion mit der Folge der Herrenlosigkeit sei, ist aus Deutschland übernommen (PLANCK/STRECKER, Kommentar, Vorbemerkung vor § 1008, Erl. 3e δ) und auch für das schweiz. Recht vertreten worden: LEEMANN, Art. 646, N. 27, bezeichnet das Anteilsrecht des Miteigentümers als «Sondereigentum an einem ideellen Sachteil».

[33] LIVER, Der Verzicht auf beschränkte dingliche Rechte (oben Anm. 4), S. 353 ff., in Übereinstimmung mit HAAB, N. 14 zu Art. 646 und MEIER-HAYOZ, N. 46–48 zu Art. 646. In der italienischen Rechtswissenschaft ist dies allgemein anerkannt. Siehe die Literatur zum gemeinen römischen und zum italienischen Recht in der zit. Abhandlung.

[34] LIVER, Zürcher Kommentar, Einleitung, N. 163 mit Nachtrag S. 655; Art. 730, N. 332 ff.; Art. 741, N. 26; Art. 744, N. 37.
CCit. Art. 1104 läßt den Verzichtenden haften für die Beiträge an Aufwendungen, denen er – wenn auch bloß stillschweigend – zugestimmt hat. Der Veräußerer des Anteils haftet mit dem Erwerber nach diesem Artikel solidarisch für die im Zeitpunkt der Abtretung geschuldeten Beträge gegenüber der Gemeinschaft und gegenüber Dritten. MESSINEO, § 93, N. 3b, S. 681; BRANCA, Art. 1104 (Verpflichtungen aus Realobligationen), N. 2; BARASSI, S. 751 ff.

VII. Die Nutzungs- und Verwaltungsordnung

Die Miteigentümer benutzen und verwalten die Sache gemeinsam. «Jeder Miteigentümer ist befugt, die Sache insoweit zu gebrauchen und zu nutzen, als es mit den Rechten der andern verträglich ist» (Art. 648 Abs. 1 ZGB). Der Umfang dieser Berechtigung eines jeden bestimmt sich nach seinem Anteil. Wie die gemeinsame Nutzung in diesem Sinne vor sich gehen kann, hängt von der Art und Zweckbestimmung der Sache und der dadurch bedingten Nutzungsweise ab. Am einfachsten ist sie, wenn die Nutzung von allen ohne Beschränkung der Zeit, des Umfanges oder des Raumes ausgeübt werden kann. Wichtige und häufige Beispiele dafür sind der gemeinsame Weg und der um der freien Aussicht willen freizuhaltende gemeinsame Vorplatz. Ebenso einfach ist die Nutzung aller Miteigentümer, welche in der Verteilung der Früchte und Erträgnisse sowie der Zinsen besteht, wenn die Sache vermietet oder verpachtet ist. Der Gebrauch eines Gebäudes aber, in dem nicht jedem Miteigentümer einzelne Raumeinheiten zur ausschließlichen Benutzung zugeschieden werden können, muß anders geregelt werden. Dasselbe gilt für Wirtschaftsgebäude (Scheune, Stall), in denen die Miteigentümer das eingebrachte Heu, Stroh und andere Produkte mit ihrem Vieh während der Wintermonate verfüttern, in dem jeder aber nur für wenige Tiere Platz hätte, wenn eine räumliche Ausscheidung getroffen würde. Da muß die Benutzungszeit eines jeden nach seinem Anteil festgelegt werden. Gleich verhält es sich mit der Benutzung von landwirtschaftlichen und anderen Maschinen. Es kann auch eine zeitliche Kehrordnung (Rod) nötig werden, wie sie ehemals am genauesten für die Bewässerung der Wiesen ausgebildet und durchgeführt wurde.

Die Gemeinschaftlichkeit gilt grundsätzlich auch für die Verwaltung der Sache. Alle Verwaltungshandlungen, gleichgültig von wem sie gemäß der Zuständigkeitsordnung des Gesetzes ausgeführt oder mit welcher Mehrheit sie beschlossen wurden, sind Angelegenheiten der Gemeinschaft, und ihre Kosten sind von allen Mitgliedern nach Maßgabe ihrer Anteile zu bezahlen. Für die vertragliche Regelung der Verwaltung läßt das Gesetz hinsichtlich der Zuständigkeit zur Anordnung wichtiger Maßnahmen, baulicher Neuerungen im besonderen, nicht viel Raum.

Dagegen wäre namentlich die Übertragung der Ausführung der Beschlüsse und Vereinbarungen der Mitglieder sowie der Vertretung nach außen auf einen Verwalter als bevollmächtigten Stellvertreter in vielen Fällen eine sehr nützliche und empfehlenswerte Bestimmung einer Verwaltungsordnung[35].

---

[35] Siehe die folgende Anmerkung.

Die Nutzungs- und Verwaltungsordnung kann im Grundbuch angemerkt werden, was ihre Schriftlichkeit voraussetzt und die Unterschriften aller Miteigentümer oder ihrer Vertreter erfordert. Dieser Hinweis auf sie ist insbesondere für den Erwerber eines Miteigentumsanteils oder eines dinglichen Rechts an ihm eine wertvolle Orientierung. Für den Entschluß über den Erwerb kann die Nutzungs- und Verwaltungsordnung von entscheidender Bedeutung sein.

VIII. Die Zuständigkeit zur Anordnung und Ausführung von Verwaltungsmaßnahmen

1. Gewöhnliche und wichtigere Verwaltungshandlungen

Alle Verwaltungshandlungen waren nach dem bisherigen Recht entweder gewöhnliche oder wichtigere. Der Begriff und Umfang der ersteren wurde sehr eng gefaßt. Als Beispiele waren genannt: Ausbesserungen, worunter aber nur geringfügige Reparaturen verstanden wurden; die Besorgung der Anpflanzungen. Die enge Begrenzung der gewöhnlichen Verwaltung wurde als geboten erachtet, weil jedem Miteigentümer die Befugnis zustand (und noch zusteht), sie vorzunehmen, womit eine Ausnahme von der Regel gemacht wurde, daß die Miteigentümer die Sache gemeinsam verwalten. Diese Regel wurde aber zu voller Geltung gebracht durch die Bestimmung, daß die Mehrheit (gemeint war die Mehrheit nach Personen) auch in diesem Bereiche anders verfügen könne. Sogar diese geringfügigen Befugnisse konnten also dem Einzelnen entzogen werden, ohne Rücksicht darauf, ob die Reparatur zur Erhaltung der Sache notwendig war oder nicht.

Die wichtigeren Verwaltungshandlungen, als welche die Vornahme von Hauptreparaturen und die Änderung der Kulturen, d.h. die Erzeugung anderer Produkte einer Liegenschaft angeführt waren, konnte nur mit der Mehrheit aller Miteigentümer nach Köpfen und nach Anteilen angeordnet werden.

Diese Regelung ist im neuen Recht beibehalten worden, allerdings mit sehr beschränktem Geltungsbereich. Für beide Kategorien von Verwaltungshandlungen sind zur Verdeutlichung der Unterscheidung Beispiele angeführt worden, woraus hervorgeht, daß die gewöhnliche Verwaltungstätigkeit etwas ausgedehnt wurde. Für die zweite Kategorie (wichtigere Verwaltungshandlungen) sind als Hauptbeispiele genannt: der Abschluß und die Aufhebung von Miet- und Pachtverträgen, die Beteiligung an Bodenverbesserungen und die Bestellung eines Verwalters.

Die bisherige gesetzliche Verwaltungsordnung auf Grund dieser Unterscheidung hat jedoch in der Praxis zu argen Mißständen geführt, wenigstens im Miteigentumsverhältnis an Grundstücken, namentlich an Gebäulichkeiten. Oft ist es dazu gekommen, daß die Mehrheit auch die gewöhnliche Verwaltung ohne Rücksicht auf ihre Notwendigkeit zur Erhaltung der Sache lahmlegte. Noch häufiger lehnte sie wichtigere Verwaltungshandlungen ab oder ließ es doch nicht zu dem dafür erforderlichen Beschluß kommen, so daß Gebäude schlecht oder gar nicht unterhalten wurden und dem Verfall anheimfielen.

Wohl wurde in der Gerichtspraxis die Klage auf Feststellung zugelassen, daß die in der Ablehnung verharrenden Miteigentümer verpflichtet seien, die notwendigen Maßnahmen auf Kosten aller zuzulassen. Aber diese Klage konnte nur im ordentlichen Verfahren durchgeführt werden und wurde deshalb wegen der Kosten und der langen Dauer des Prozesses sowie zur Vermeidung unversöhnlicher Feindschaft zwischen den Parteien nur selten erhoben. Eher ließ man das Gebäude verfallen. Nur mit der gleichen Klage konnte auch in den Fällen vorgegangen werden, in denen ein Mehrheitsbeschluß überhaupt nicht gefaßt werden kann. Dies trifft auf die häufigen Miteigentumsverhältnisse mit bloß zwei Miteigentümern zu, oder (in bezug auf wichtigere Verwaltungshandlungen) wenn der opponierende Miteigentümer zur Hälfte beteiligt ist. Mit der Klage konnte nach der Praxis auch die Einsetzung eines Verwalters verlangt werden. Aber auch dies wäre nur dann eine praktikable Lösung gewesen, wenn sie vom Einzelrichter im summarischen Verfahren hätte getroffen werden können, was im ZGB aber eben nicht vorgesehen ist und im kantonalen Recht in der Regel auch nicht[36].

Bauliche Neuerungen, Modernisierungen, Erweiterungen eines Gebäudes galten nicht als Verwaltungshandlungen, konnten also nur auf Grund der Willensübereinstimmung aller Miteigentümer durchgeführt werden. Diese Ordnung des Miteigentumsverhältnisses erwies sich, wenn dieses dauernden Charakter haben soll, namentlich wenn es Gebäude zum Gegenstand hat, als untauglich, auch ganz abgesehen vom StWE[37]. Sie ist deshalb durch die

---

[36] Umso bemerkenswerter sind die folgenden Entscheidungen: BGE 10.3.1960 in der Sem. jud. 83, S.355 = ZBGR 44, 1963, Nr. 42, S.181ff., wo das Fehlen einer dem § 745 Abs.2 BGB entsprechenden Bestimmung als eine Lücke des Gesetzes erkannt ist; ObGer Luzern 1958 in der ZBJV 95, 1959, S.243, wo die richterliche Ernennung eines Verwalters, und zwar im summarischen kontradiktorischen Verfahren, gutgeheißen wird. Art. 712q ist unter den genannten Voraussetzungen analog anwendbar.

[37] Dies ist eingehend begründet in meiner Abhandlung «Das Stockwerkeigentum – Umwandlung und Neubegründung», ZBGR 35, 1954, S.3ff. und 65ff., bes. S.74ff. und dann in der Botschaft zur Revisionsvorlage vom 7.12.1962, S.45ff.

Revision des Jahres 1963 ergänzt und wesentlich umgestaltet worden, und zwar in folgenden Punkten:

a) Jeder Miteigentümer kann verlangen, daß die zur Erhaltung des Wertes und der Gebrauchsfähigkeit der Sache notwendigen baulichen Verwaltungshandlungen durchgeführt oder vom Richter angeordnet werden, und zwar als Verfügung im summarischen Verfahren[37a]; nötigenfalls und besonders wenn sie dringlich sind, kann er sie selber vornehmen und zwar ohne Rücksicht darauf, ob sie gewöhnliche oder wichtigere bauliche oder andere Maßnahmen sind[38]. Diese Befugnis kann ihm nicht entzogen werden, auch nicht durch die Verwaltungsordnung, schon gar nicht durch einen Mehrheitsbeschluß, auch nicht mit der doppelten Mehrheit (nach Personen und Anteilen), welche in Art. 647 Abs. 2 ZGB für die sonstigen (nicht baulichen) Verwaltungshandlungen vorgesehen ist, wenn sie nicht notwendig sind. Dies ist der Sinn des Vorbehaltes im Art. 647 Abs. 2[39].

b) Die baulichen Maßnahmen (neben den notwendigen auch die übrigen) sind besonders geregelt und zwar mit dem Ziel, ein Bauwerk, das für eine längere Dauer im Miteigentum bleiben soll, nicht nur zu erhalten, sondern nach den Anforderungen der Zeit auszubauen, umzubauen, zu erweitern und mit den heutigen Ansprüchen genügenden Einrichtungen auszustatten. Hierbei ist namentlich an den Einbau moderner Heiz- und Warmwassereinrichtungen und von Personen- und Warenaufzügen gedacht.

Für die Zuständigkeit zur Anordnung der baulichen Maßnahmen ist an die Stelle der Unterscheidung von gewöhnlichen und wichtigeren die zwischen notwendigen (Art. 647c sowie Art. 647 Abs. 2), nützlichen (Art. 647d) und luxuriösen (Art. 647e) getreten. Nur danach kann eine sachlich richtige Abstufung der Mehrheitserfordernisse vorgenommen werden, die an die Beschlüsse zu ihrer Anordnung zu stellen sind[40].

[37a] BGE 97 II, 1971, S. 320 = Pra 61 Nr. 74.
[38] Es ist nicht wohl verständlich, warum der schweiz. Gesetzgeber den § 744 Abs. 2 BGB nicht übernommen und sich auf einen individualistischeren Standpunkt gestellt hatte als selbst das römische Recht, zu dem A. BUTERA, Comm., Proprietà II, S. 306 ausführt: «Secondo il diritto romano, il condomino che recusava il rimborso della virile, relativa alle spese necessarie, perdeva la proprietà della quota a favore di chi aveva erogato tali spese».
[39] Zu berichtigen ist die N. 10 zum Art. 647b Abs. 2 im Kommentar von MEIER-HAYOZ. Vorbehalten sind alle baulichen Maßnahmen, über die mit einem geringeren Mehr als dem des Art. 647b Abs. 1 beschlossen werden kann, also insbes. notwendige wichtigere Verwaltungshandlungen.
[40] Diese Unterscheidung, die ihren Ursprung im römischen Recht hat, ist in einer ganzen Reihe von Tatbeständen des ZGB von entscheidender Bedeutung. Es seien hier nur die Art. 938 und 940 genannt und im übrigen auf die Anmerkung 32 meines Beitrages zur Gedächtnisschrift L. Marxer (1963) verwiesen: Das Miteigentum als Grundlage des Stockwerkeigentums.

Der Beschluß über **notwendige** bauliche Maßnahmen kann mit der einfachen Mehrheit nach Personen gefaßt werden (Art. 647 c). Wenn dies eine wichtigere Verwaltungshandlung ist, was oft zutrifft, bedeutet das eine Erleichterung gegenüber sonstigen Verwaltungshandlungen; sie sind deshalb im Art. 647 b Abs. 3 vorbehalten. Solche Maßnahmen kann nötigenfalls auch jeder Miteigentümer von sich aus treffen, wie hievor bereits bemerkt.

Daß im Bereich der gewöhnlichen Verwaltungshandlungen die einfache Mehrheit nach Personen maßgebend ist, galt schon nach dem bisherigen Recht. Jetzt ist sie in einem viel weiteren Bereich entscheidend (Erweiterung des Bereichs der gewöhnlichen Verwaltung; Anwendung auf notwendige bauliche Maßnahmen, auch wenn dies wichtigere Verwaltungshandlungen sind). Damit unterscheidet sich unser Recht von dem der Nachbarstaaten, das die Mehrheit nach Anteilen verlangt, so daß gegen einen Miteigentümer, dessen Anteil die Hälfte beträgt, nichts auszurichten ist, vorbehaltlich der Anrufung des Richters.

2. Neuerungen

Ein Hauptrevisionspunkt war die Ermöglichung der Erneuerung, Modernisierung, Erweiterung eines im Miteigentum stehenden Gebäudes, um dessen Wert (Verkehrswert, Gebrauchswert oder Ertragswert) zu erhöhen. Dies sind nach Art. 647 d die **nützlichen** Maßnahmen. Zu ihrer Anordnung ist die Mehrheit nach Personen und Anteilen erforderlich. Auch damit werden im Vergleich mit dem ausländischen Recht solche Neuerungen stärker begünstigt. Im BGB und WEG fehlt überhaupt jede Bestimmung über sie, so daß die Willensübereinstimmung aller Miteigentümer erforderlich ist[41]. Dagegen hat der CCit. in Art. 1108 diesen Tatbestand geregelt und zwar unter dem Titel «Innovazioni e altri atti eccedenti l'ordinaria amministrazione» mit der Bestimmung, daß diese Maßnahmen nur mit der Mehrheit nach Personen und der Zweidrittelsmehrheit nach Anteilen beschlossen werden können[42]. Das französische Gesetz vom 10. Juli 1965 über das StWE verlangt die Zweidrittelsmehrheit nach Anteilen (Art. 26 und 30).

---

[41] In der vorerwähnten Abhandlung, S. 160 f. und 173 f. habe ich dies als einen Hauptmangel des deutschen Rechtes bezeichnet.

[42] Die Zweidrittelmehrheit nach Anteilen, die auch in unserem Entwurf vorgesehen war, ist auf Antrag der nationalrätlichen Kommission auf die einfache Mehrheit nach Anteilen herabgesetzt worden, um bauliche Neuerungen zu erleichtern. Diese Bestimmung, die nur von baulichen Maßnahmen spricht, kann auch auf bewegliche Sachen Anwendung finden, z.B. auf die Ausstattung einer Maschine mit einer neuen Einrichtung oder eines Fahrzeuges mit irgendwelchen Vorrichtungen. Die baulichen Maßnahmen unseres Gesetzes entsprechen überhaupt weitgehend oder ganz dem Begriff der **Neuerung** im CCit.

Wird jedoch mit der baulichen Maßnahme nur die Verschönerung, Ausschmückung oder die größere Bequemlichkeit ohne Erhöhung des Wertes der Sache bezweckt, ist dies eine luxuriöse Maßnahme, die nur mit Zustimmung aller Miteigentümer ausgeführt werden darf (Art. 647e).

Aber wie im italienischen Miteigentumsrecht und im französischen StWE-Gesetz darf schon ein Beschluß über nützliche bauliche Maßnahmen, der mit der erforderlichen Mehrheit zustandegekommen ist, nicht ausgeführt werden, wenn er einen Miteigentümer im Gebrauch oder in der Nutzung der Sache erheblich und dauernd beeinträchtigt[43]. Kosten, die einen Miteigentümer unverhältnismäßig schwer belasten, so daß die Aufbringung ihm nicht zugemutet werden kann, müssen ihm von den übrigen Beteiligten soweit abgenommen werden, daß sie für ihn tragbar sind.

Dies gilt um so mehr und zwar im Sinne der vollständigen Entlastung, wenn mit der für nützliche Bauarbeiten erforderlichen Mehrheit die Ausführung luxuriöser Neuerungen beschlossen wird. Nur wenn die für eine solche Neuerung eintretenden Miteigentümer die Kosten übernehmen, können sie sie ohne die Zustimmung der sie ablehnenden Teilhaber durchführen.

Diese differenzierte Regelung dürfte den Anforderungen der Billigkeit und Zweckmäßigkeit entsprechen, welche sich aus dauernden Miteigentumsverhältnissen ergeben und namentlich auch im Recht des StWE erfüllt sein müssen[44].

IX. Verbindlichkeit der Gemeinschaftsordnung für neue Miteigentümer

Der Art. 649a ZGB erklärt unter dem Marginale «Eintritt des Erwerbers eines Anteils», daß für diesen und auch für den Erwerber eines dinglichen Rechtes an einem Anteil, also für den Nutznießer und (unter besonderen Voraussetzungen; s. vorn Ziff. VI 2) für den Wohnberechtigten verbindlich seien: Die Nutzungs- und Verwaltungsordnung, die gefaßten Ver-

---

[43] Dies wäre auch mit dem Art. 648 Abs. 2 nicht vereinbar, der für Zweckänderungen die Übereinstimmung aller Miteigentümer verlangt.
[44] Wesentliche Abweichungen von dieser neuen Regelung der Zuständigkeit lassen sich in einer vereinbarten Verwaltungsordnung kaum statuieren. Eine Verschlechterung der dem einzelnen Miteigentümer vom Gesetz eingeräumten Stellung fällt jedenfalls außer Betracht. Dagegen wäre eine Erschwerung der Beschlußfassung über Neuerungen (nützliche, aber nicht notwendige bauliche Maßnahmen) zulässig. In diesem Sinne auch H. P. FRIEDRICH, Das Stockwerkeigentum, Reglement für die Gemeinschaft der StWEigentümer, Bern 1965, N. 11 zu § 24 des Reglements.

waltungsbeschlüsse, die vom Richter erlassenen Urteile und getroffenen Verfügungen.

Der Erwerber eines Anteils muß in die Rechtslage eintreten, in welcher der Veräußerer gestanden hat, und damit alle für die Gemeinschaft festgesetzten Rechtsverhältnisse als für sich verbindlich anerkennen. Insbesondere kann er auch nicht die Verbindlichkeit von Verwaltungsbeschlüssen ablehnen und sich damit ihrer Ausführung widersetzen[45]. Diese Norm entspricht dem, was für die juristische Person gilt. Sie ist im neuen auf längere Dauer des Miteigentumsverhältnisses zugeschnittenen Recht eine Notwendigkeit und in der StW-Eigentums-Gemeinschaft erst recht. Sie ist denn auch in unseren Nachbarstaaten grundsätzlich anerkannt, wenn auch nicht durchwegs mit dem gleichen umfassenden Inhalt[46]. Von einzelnen Autoren ist sie schon unter der Herrschaft des gemeinen Rechts erkannt und befürwortet worden[47].

Auf den Erwerber gehen auch die mit der Quote verbundenen persönlichen Schuldverpflichtungen gegenüber der Gemeinschaft über, jedoch mit Ausnahme der rückständigen Beiträge[48].

X. Lasten, Kosten, Entschädigungen

Im Art. 649 ZGB werden die Verwaltungskosten geregelt. Es sind die Kosten aller Verwaltungshandlungen i. S. des Gesetzes sowie Steuern und andere Lasten, «die aus dem Miteigentum erwachsen oder auf der gemeinschaftlichen Sache ruhen». Von ihnen heißt es da, sie seien von den Miteigentümern im Verhältnis ihrer Anteile zu tragen. Die Steuern, die unter diese Bestimmung fallen, sind Grundsteuern; die anderen Lasten sind vor

---

[45] In der Botschaft, S. 34ff., ausdrücklich begründet. Kritik B. SCHNEIDERS (Lit. vor § 12), S. 189f.
[46] Die Wirkung gegen Sondernachfolger hatte schon § 746 BGB der Regelung der Verwaltung und Benutzung gegeben. Miteigentumsanteile an Grundstücken müssen jedoch gemäß § 1010 belastet werden, und die Belastung muß im Grundbuch eingetragen sein, damit die gleiche Wirkung erzielt wird. Auch das franz. StWEG schreibt im Art. 13 für die Wirkung des Reglementes gegenüber Sondernachfolgern vor «la publication au fichier immobilier».
[47] Botschaft, S. 35, wo JOSEPH KOHLER zitiert ist. Siehe namentlich auch W. VON SEELER, Das Miteigentum nach dem BGB, 1899, S. 42ff. und 31, wörtlich wiedergegeben in meiner Abhandlung «Das Miteigentum als Grundlage des StWE» (oben Anm. 1), S. 179, Anm. 38 (SA S. 37). EUGEN HUBER, Erläuterungen 1914, II, S. 73.
[48] Ausdrücklich bestimmt dies CCit. Art. 1104, und zwar im Sinne der solidarischen Haftung des Veräußerers und des Erwerbers. Siehe dazu BRANCA, Art. 1104: Obbligazione propter rem, ma non ambulatoria (S. 146); MESSINEO (Manuale 1965), § 93 N. 3b. – Das französische StWEG, Art. 20, sieht ein komplizierteres Verfahren vor, mit welchem zugunsten der Gemeinschaft die Kaufpreisforderung des Veräußerers sichergestellt werden soll. Es hat eine ähnliche Funktion wie die Vormerkung des gesetzlichen Gewinnanteilsrechtes der Erben gemäß Art. 619^{quinquies} ZGB.

allem öffentlich-rechtliche Beiträge (sog. Vorzugslasten) und Versicherungsprämien (Brand-, Elementarschaden-, Haftpflichtversicherung), dann vor allem die Grundpfandschulden und Grundlasten, für welche das Grundstück als solches haftet. Der Miteigentümer, der die ganze Schuld bezahlt hat oder doch mehr, als seinem Anteil entspricht, hat, wie es im Abs. 2 des Art. 649 ausdrücklich heißt, Anspruch auf «Entschädigung» durch die anderen nach Maßgabe ihrer Anteile.

Von größter Bedeutung ist die Frage, ob Solidarhaftung besteht, so daß der Gläubiger von einem der Miteigentümer, nach seiner Wahl, die ganze Leistung verlangen und diesem es überlassen kann, die Beiträge der Mitschuldner einzufordern. Auszugehen ist von der allgemeinen Regel des Art. 143 OR, daß Solidarität nur in den vom Gesetz bestimmten Fällen besteht oder wenn sie vereinbart ist. Ein solcher Fall liegt hier nicht vor[49]. Auch das revidierte Recht läßt es dabei nicht nur bewenden, sondern hat die anteilige Haftung zu einer der Grundlagen der Ausgestaltung des Miteigentums gemacht. Dies drängte sich namentlich im Hinblick auf das StWE auf. Würde der StW-Eigentümer solidarisch für die in Frage kommenden Verbindlichkeiten gegenüber Dritten haften, würde dadurch das Risiko, welches mit dem Erwerb eines StW verbunden ist, so groß, daß es ein starkes Hemmnis für die Begründung und Verbreitung von StWE wäre[50].

Diese bloß anteilsmäßige Haftung besteht auch für Schädigungen, welche die Folge eines Werkmangels (Art. 58 OR) oder einer Überschreitung des Eigentums sind (Art. 679 ff. ZGB). Die Erschwerung, welche sich daraus für die Durchsetzung von Schadenersatzansprüchen ergibt, wurde vom Gesetzgeber in Kauf genommen, um Risiken des einzelnen Miteigentümers oder StWEigentümers, welche die Verwendbarkeit dieser Institute gefährden müßten, auf ein erträgliches Maß herabzusetzen.

Mit der Übertragung des Anteils gehen auch diese Verbindlichkeiten

---

[49] EUGEN HUBER, Erläuterungen 1914, II, S. 70; LEEMANN, N. 10 zu Art. 649; HAAB, N. 2 zu Art. 649; ROSSEL/MENTHA II, No. 1216, p. 313. WIELAND, Bem. 3 zu Art. 649, der anteilige Haftung nur für Vertragsschulden bejaht, will die Fälle der Kausalhaftung (Art. 679 ff. ZGB, Art. 58 OR) der Haftung für gemeinsam verschuldete Schädigungen gleichstellen (Art. 50 OR). Dagegen: OSER/SCHÖNENBERGER, N. 14 zu Art. 58 OR; VON TUHR/SIEGWART, OR § 50, N. 22, S. 391 und § 90, N. 25, S. 746. Wie WIELAND auch BECKER in der 2. Aufl., N. 21 zu Art. 58 OR und N. 11 zu Art. 51 (unechte Solidarität), ferner MEIER-HAYOZ, N. 81 zu Art. 646 unter Berufung auf OFTINGER, Haftpflichtrecht I, S. 301 f.

Daß die ganze Forderung danach gerade auch gegenüber dem Miteigentümer soll geltend gemacht werden können, der für die Unterlassung oder Beseitigung der Schädigung eingetreten ist, aber in der Minderheit blieb, würde die Unbilligkeit, welche ihm gegenüber schon in der anteilsmäßigen Haftung liegt, ins Unerträgliche steigern.

[50] Botschaft, S. 31 und 42; B. SCHNEIDER (Lit. Verz. vor § 12), S. 150 ff. (Exkurs).

gegenüber Dritten auf den Erwerber über, wenigstens soweit nicht schon der Veräußerer sich mit ihnen im Rückstand befunden hat.

Unter diesem Gesichtspunkt erscheint es als erstaunlich, daß in unseren Nachbarstaaten die solidarische Haftung der Miteigentümer besteht. Nach § 427 BGB sind die Miteigentümer Gesamtschuldner (Solidarschuldner i. S. von § 421) einer teilbaren Leistung, zu der sie sich durch Vertrag gemeinschaftlich verpflichtet haben. Diese Regel findet auch auf die Wohnungseigentümer Anwendung. Lediglich für die Grundsteuer ist eine Ausnahme gemacht, indem § 61 WEG das Wohnungseigentum als selbständigen Steuergegenstand erklärt. Wie gefährlich sich diese Haftung für den Miteigentümer und damit auf das Miteigentum und Wohnungseigentum auswirken kann, ist auch in Deutschland nicht unbeachtet geblieben[51]. Der italienische Codice civile hatte die Solidarhaftung auch nicht ausgeschlossen. Die Gerichte haben sich für sie entschieden, und auch in der Literatur wird sie bejaht[52].

XI. Interner Eigentums- und Besitzesschutz

Es ist allgemein anerkannt, daß dem einen gegen den oder die anderen Miteigentümer die Eigentumsklagen wegen Vorenthaltung der Sache oder ungerechtfertigter Einwirkungen auf diese zustehen (Art. 641 Abs. 2, 679 ff. ZGB), ebenso die Feststellungsklage[53]. Der Miteigentümer einer beweglichen Sache, dem diese abhanden gekommen ist, kann sie von jedem anderen Miteigentümer, der sie ihm entzogen hat, auch mit der Besitzesrechtsklage zurückverlangen. Zu dieser Klage wird er greifen, wenn nicht ein liquider Tatbestand der Besitzesentziehung vorliegt oder die Fristen des Art. 929 ZGB abgelaufen sind[54].

---

[51] WOLFF/RAISER, Sachenrecht, § 98, Anm. 19; PALANDT/HOCHE (19. Aufl.), S. 1825; WEITNAUER/WIRTHS, Kommentar, N. 30 ff. zu § 3. Was da zu den Generalhypotheken ausgeführt wird, trifft, wenn auch nicht in gleichem Maße, auf die solidarische Haftung gegenüber Dritten überhaupt zu.

[52] BRANCA, Art. 1101, N. 7, S. 59 und Art. 1115, N. 1, S. 293 ff. Bestätigt von der Cassazione 5.6.1959 (zit. von PERETTI/GRIVA, Condominio, 2. Aufl. 1960, S. 440) und auch vom App.-Hof Mailand 24.10.1961, besprochen von BRANCA im Foro Padano, 1962, No. 10.

[53] LEEMANN, Art. 646, N. 35; HAAB, Art. 648, N. 6 f.; MEIER-HAYOZ, Art. 646, N. 71; BGE 55 II, 1929, S. 21 f. = Pra 18 Nr. 49 (altrechtliches StWE). WOLFF/RAISER, § 88 I 4, S. 352; BARASSI, S. 858 f., N. 192. Ebenso im gemeinen römischen Recht: DERNBURG, Pandekten (System), § 159 f., S. 332 und Bürgerliches Recht III (1904), § 119 Ziff. 1, S. 366; RANDA, § 9 Ziff. 4, S. 239 ff.; BGE 95 II, 1969, S. 397 ff. = Pra 59 Nr. 34.

[54] Die Aktivlegitimation des Mitbesitzers bejaht EMIL STARK, Berner Kommentar, Der Besitz (1966), Art. 934, N. 8, sowie HINDERLING, unten § 78, I 3 und III 1.

Damit ist auch schon gesagt, daß dem Miteigentümer auch die Besitzesschutzklage zusteht, wenn ihm ein anderer Miteigentümer aus verbotener Eigenmacht den Besitz entzogen hat (Art. 927 ZGB) oder ihn in der Ausübung des Besitzes stört (Art. 928). Dies wird in der herrschenden Lehre abgelehnt und zwar mit der Begründung, daß da beide Parteien das gleiche Recht zum Besitz hätten und deshalb nur aus dem Recht geklagt werden könne. Wenn aber von vornherein feststeht, daß der Beklagte aus verbotener Eigenmacht gehandelt hat und dies gar nicht mit ernstzunehmenden Gründen bestreiten kann, ist dem Kläger der Besitzesschutz zu gewähren[55].

XII. Der Ausschluß aus der Gemeinschaft der Miteigentümer

1. Voraussetzungen und Verfahren des Ausschlusses

Auch die Gemeinschaft der Miteigentümer kann nur bestehen und ihren Zweck erfüllen, wenn die Miteigentümer sich vertragen und jeder den anderen zu seinem Recht kommen läßt. Ein Miteigentümer, der durch sein eigenmächtiges, gewalttätiges, arglistiges oder anstößiges Verhalten den anderen die ungestörte Ausübung ihrer Rechte oder das friedliche Zusammenleben unmöglich macht oder seine Verpflichtungen gegenüber der Gemeinschaft gröblich und beharrlich mißachtet, muß ausgeschlossen werden können. Dies ist eine Neuerung, die im deutschen und österreichischen Recht zugunsten der Wohnungseigentumsgemeinschaft eingeführt worden ist, nirgends aber zugunsten der Miteigentumsgemeinschaft schlechthin, außer in unserem Recht (Art. 649 b ZGB)[56]. Damit von ihr nicht in ungerechtfertigter oder gar mißbräuchlicher Weise Gebrauch gemacht werden kann, schreibt das Gesetz vor, daß ein Miteigentümer nur durch richterliches Urteil im ordentlichen Verfahren auf eine mit Zustimmung der Mehrheit aller Miteigentümer (außer dem Beklagten) erhobene Klage hin ausge-

---

[55] Ausgeschlossen im § 866 BGB, zwar nicht absolut. Auch die ältere schweiz. Lehre hat sich auf diesen Standpunkt gestellt, der aber nur haltbar ist, soweit die Abklärung des Inhalts und Umfanges des dem klagenden Miteigentümer zustehenden Rechts erforderlich ist. Die im Text vertretene Ansicht berücksichtigt dies. Ausführlichere Begründung bei LIVER, Zürcher Kommentar, Art. 737, N. 163 f. Ihr hat sich MEIER-HAYOZ in N. 73 zu Art. 646 angeschlossen. Darauf gestützt hat das ObGer Luzern in einem Rekursverfahren gleich entschieden (Luz Max XI Nr. 103 = SJZ 60, 1964, Nr. 163, S. 223).

[56] Den Ausschluß aus wichtigen Gründen läßt selbst das Recht der Einfachen Gesellschaft nicht zu, wohl aber das der Kollektivgesellschaft (Art. 577 OR): BGE 94 II, 1968, S. 119 = Pra 57 Nr. 132.

schlossen werden könne. Wenn die Sache nur zwei Miteigentümer hat, ist jeder zur Klage berechtigt. Die Vollziehung des Urteils ist erschwert, weil mit dem Ausschluß auf Abtretung des Anteils erkannt werden und nötigenfalls zu dessen Zwangsvollstreckung geschritten werden muß. Im Vorentwurf war mit dem Hinweis auf gemeinrechtliche Lehrmeinungen vorgesehen, daß sich mit der Klage der Kläger oder ein anderer Miteigentümer verpflichten müsse, den Anteil des Ausgeschlossenen zu einem richterlich festzusetzenden Preise zu übernehmen. Diese Bestimmung wurde mit der Begründung abgelehnt, daß man damit den fehlbaren Miteigentümer zu gut behandle. Es könnte sich aber in der Praxis zeigen, daß dies ein Fehler war[57]. Eine weitere Komplikation wird sich mit der im Art. 649 c vorgesehenen analogen Anwendung des Art. 649 b auf den Fall ergeben, in dem nicht der Miteigentümer selber, sondern der Nutznießer oder Wohnberechtigte, der Mieter oder Pächter mit langfristigem vorgemerktem Vertrag den Ausschließungstatbestand erfüllen. Da kann weder auf Ausschluß des Miteigentümers und Veräußerung seines Anteils erkannt werden, weil damit die Rechte der Personen, die durch ihr Verhalten den Ausschlußtatbestand erfüllt haben, nicht aufgehoben werden, noch auf Abtretung der Nutznießung oder des Wohnrechtes, weil diese Rechte nicht übertragbar sind. Würden diese Rechte bloß aufgehoben und dem Miteigentümer zur Verfügung gestellt, könnte der Kläger dadurch je nach den Umständen vom Regen in die Traufe geraten[58]. Der Nutznießer sollte zwar auch auf Vermietung an einen der anderen Miteigentümer oder an die Gemeinschaft verurteilt werden können. Ein Wohnrecht kann nur vorliegen, wenn das Miteigentum zu StWE oder zu einer Ersatzform des StWE ausgestaltet ist. Es ist auch der Ausübung nach nicht übertragbar. Es kann deshalb nur (gegen Entschädigung) a u f g e h o b e n werden. Das ist rechtlich allerdings nur möglich, wenn die spezielle Bestimmung des Art. 649 c dem allgemeinen Grundsatz der Unablösbarkeit des Wohnrechtes wie der Nutznießung (aus anderen als den im Art. 736 ZGB bestimmten Gründen) vorgeht. Dies trifft aber sicher zu, geht sie doch auch den allgemeinen Grundsätzen über das Sonderrecht des Miteigentümers vor. Die Aufhebung muß also möglich sein. Die Entschädigung

---

[57] Erstmals hat das Bundesgericht den Art. 649 b im BGE 94 II, 1968, S. 17 = Pra 57 Nr. 114 angewendet und die Klage unter Aufhebung der Urteile der bündnerischen Vorinstanzen gutgeheißen.

[58] Diese Möglichkeit wird man in Kauf nehmen müssen. Ihr könnte begegnet werden, wenn in die Nutzungs- und Verwaltungsordnung das für das Reglement der StWEigentümer vorgesehene Einspracherecht gemäß Art. 712 c Abs. 2 aufgenommen würde.

wird vom Richter nach Expropriationsgrundsätzen festgesetzt werden müssen[59].

2. Die Verwertung des Miteigentumsanteils

Im Art. 649b ist noch ausdrücklich gesagt, daß die Zwangsverwertung eines Miteigentumsanteils ohne Aufhebung der Miteigentumsgemeinschaft durchzuführen sei. Nach dem bisherigen Recht gab es zahlreiche Fälle, in denen die Schwierigkeiten der Zwangsverwertung nur dadurch überwindbar erschienen, daß das Miteigentumsverhältnis aufgelöst wurde, namentlich dann, wenn nicht nur der Miteigentumsanteil, sondern nachher auch die Sache selbst, insbesondere das Grundstück selber, verpfändet worden war. Sie ist deshalb in verschiedenen Erlassen zum SchKG vorgesehen[60]. Diese Erlasse müssen nun dem neuen Recht angepaßt werden, da dieses die Auflösung namentlich im Falle der Zwangsverwertung einer StWEigentumseinheit ausschließen mußte und auch den Miteigentumsanteil gleich behandeln konnte. Für diese Gleichstellung liegt noch ein besonderer Grund vor. Im Art. 648 Abs. 3 ist nämlich vorgeschrieben, daß nicht auch noch an der Sache selbst Grundpfandrechte oder Grundlasten errichtet werden können, wenn solche Rechte an den Miteigentumsanteilen bestehen[61].

---

[59] Daß die analoge Anwendung von Art. 649b im Art. 649c nur auf Mieter und Pächter mit vorgemerktem Vertrag vorgesehen wird, hat den im Text genannten Grund. Die Kündigung kann aber auch auf längere Zeit ausgeschlossen sein, ohne daß der Vertrag vorgemerkt ist, jedoch «Kauf bricht Miete». Wenn die Voraussetzungen des Art. 649b gegeben sind, dürften indessen für den Vermieter oder Verpächter wichtige Gründe zur Auflösung des Vertrages bestehen. Zwar verlangt Art. 269 OR einen wichtigen Grund, der dem Vermieter die Fortsetzung des Mietverhältnisses unerträglich macht. Da aber der Miteigentümer und StWEer für das Verhalten seines Mieters gegenüber der Gemeinschaft und jedem seiner Mitberechtigten veranwortlich ist, muß ihm dieses zugerechnet werden. Er ist es auf Grund dieser Verantwortlichkeit, der den anderen Miteigentümern die Fortsetzung des Gemeinschaftsverhältnisses unmöglich oder unzumutbar macht. Er ist deshalb zur Auflösung des Mietverhältnisses und zur Exmission verpflichtet. Kann oder will er diese Verpflichtung nicht erfüllen, kann er selber ausgeschlossen werden.

[60] VZG Art. 73; VO vom 7.1.1923 über die Pfändung und Verwertung von Anteilen an Gemeinschaftsvermögen; Kreisschreiben über die Behandlung von Miteigentum und Gesamteigentum im Konkurs.

[61] Botschaft, S. 48f.; Liver in Gedächtnisschrift L. Marxer (oben Anm. 1), S. 195f.; Haab, Art. 646, N. 24. Nunmehr speziell zum neuen Recht K. Amonn, Das Stockwerkeigentum in der Zwangsvollstreckung, BlSchK 1968, S. 1ff.; M. Ottiker, a.a.O. (Lit.Verz. vor §12); BGE 95 I, 1969, S. 568 = Pra 59 Nr. 49; 96 III, 1970, S. 24 = Pra 59 Nr. 167.

XIII. Die Verfügung über die Sache

Vorbemerkung

Der Art. 648 ZGB verwendet den Ausdruck «Verfügung» wie der Art. 641 in einem so weiten Sinne, daß darunter alle Befugnisse fallen, die Sache zu gebrauchen, zu nutzen, sie zu «vertreten», zu veräußern und zu belasten. Hier ist jedoch nur noch die Verfügung im rechtstechnischen Sinne, also die Veräußerung und Belastung und im Anschluß daran die «Vertretung» der Sache zu behandeln.

1. Die Verfügung im engeren Sinne

a) nach Gesetz

Die Verfügung über die Sache ist zu unterscheiden von der Verfügung über die Anteile, auch wenn der Erwerber aller Anteile Alleineigentümer wird. Die Veräußerung der Sache ist nicht eine Veräußerung der sämtlichen Miteigentumsanteile durch die sämtlichen Miteigentümer[62]. Sie ist eine Verfügung zu gesamter Hand. Mit ihr machen die Miteigentümer von dem ihnen allen zustehenden ungeteilten Recht an der ungeteilten Sache Gebrauch. Nur durch den in der gesetzlichen Form von allen Miteigentümern geäußerten Willen können das Verpflichtungs- und das Verfügungsgeschäft zur Eigentumsübertragung und Belastung der Sache gültig zustandekommen. Für den Vertreter genügt die schriftliche Vollmacht.

b) nach vertraglicher Zuständigkeitsordnung

Die Miteigentümer können die Zuständigkeit zur Veräußerung «einstimmig», d. h. durch Vereinbarung, abweichend vom Gesetz ordnen. Der Text des Art. 648 Abs. 2 ist in diesem Sinne verdeutlicht worden. Früher hieß es da: «insofern sie nicht einstimmig anders verfügt haben». Dies konnte so verstanden werden: Die Miteigentümer könnten im einzelnen Falle einer Verfügung die «Verfügung» treffen, daß nicht alle mitzuwirken hätten. Das wäre eine Bevollmächtigung der Mitwirkenden durch die übrigen, was aber eben nicht gemeint sein kann. Die Abweichung vom Gesetz kann nur darin bestehen, daß vereinbart wird, es genüge generell zur Verfügung ein Beschluß mit einfachem oder qualifiziertem Mehr[63].

---

[62] BGE 80 II, 1954, S. 372 = Pra 44 Nr. 86.
[63] Die vereinbarte Zuständigkeitsordnung erleichtert die Verfügung. Für den Erwerber der Sache ist dies ein Vorteil. Wenn er von dieser Ordnung keine Kenntnis hat, muß er mit dem Erfordernis der Mitwirkung aller Miteigentümer oder von deren Vertretern rechnen. Wenn nicht alle Miteigentümer mitwirken, sondern bloß einer oder einige, haben sie sich über ihre Zuständigkeit auszuweisen. Die vereinbarte Verfügungsordnung braucht deshalb nicht publik gemacht zu werden. Ihre Anmerkung im Grundbuch ist nicht vorgesehen. Vgl. zur gegenteiligen Meinungsäußerung des Eidg. GBA in der ZBGR 50, 1969, S. 291 die redaktionelle Bemerkung von Dr. H. HUBER, Notariatsinspektor.

2. Verfügungsbeschränkung

Schon im vorausgehenden Abschnitt wurde unter Ziffer 2 auf den neuen dritten Absatz des Art. 648 hingewiesen. Die Verfügung über die Sache durch Belastung mit Grundpfandrechten und mit Grundlasten wird da ausgeschlossen, wenn Miteigentumsanteile bereits in dieser Weise belastet sind. Diese Bestimmung dient in erster Linie dem Schutze der Gläubiger, denen die Anteile verpfändet sind. Dieser Schutz hat sich als notwendig erwiesen, weil die Sache einerseits, der Anteil andererseits verschiedene Pfandobjekte sind, so daß die Pfandrechte an ihnen nicht in der gleichen Rangordnung stehen. Eine solche Rangordnung kann nur zwischen Rechten an ein und demselben Objekt bestehen.

Wird das Grundstück auf Betreibung der Pfandgläubiger verwertet, geht es ins Alleineigentum des Erwerbers über. Das Miteigentum geht unter und mit ihm die Anteile. Die Gläubiger, denen diese verpfändet sind, verlieren ihr Pfandobjekt. Ihnen käme zwar ein Überschuß am Erlös aus der Verwertung des Grundstückes zu. Ein solcher wird aber kaum je erzielt werden, wenn es so weit gekommen ist, daß eine Zwangsverwertung nicht abgewendet werden konnte. Deshalb ist in der schweizerischen und ausländischen Wissenschaft wiederholt, entgegen einer herrschenden Ansicht, die These verfochten worden, die Miteigentümer – seien es alle oder einzelne – könnten nicht ihre Anteile verpfänden und dann hingehen und gesamthaft auch noch die Sache verpfänden. Ihr hat der Gesetzgeber mit dem Art. 648 Abs. 3 ZGB die Verbindlichkeit der Rechtsnorm verliehen[64]. Der gleiche Sachverhalt war schon früher an dem Institut der Genossenschaften mit Teilrechten erkannt und im kantonalen Recht ähnlich behandelt worden[65].

Auf die Errichtung von Dienstbarkeiten ist das Verbot nicht ausgedehnt worden, obwohl auch sie zu einer Wertverminderung des Grundstückes führt, die sich ebenfalls zu Lasten der Anteilspfandgläubiger auswirken

---

[64] Begründung mit Literaturangaben in der Botschaft, S. 48 und in der Anm. 61 hievor. In sehr eingehenden Erörterungen zum Art. 648 Abs. 3 ist das Bundesgericht zum Ergebnis gekommen, daß die Liegenschaft verpfändet werden könne, wenn die Gläubiger, denen Miteigentumsanteile verpfändet sind, dazu ihre Zustimmung geben und damit auf den ihnen vom Gesetz gewährten Schutz verzichten: BGE 95 I, 1969, S. 568 ff. = Pra 59 Nr. 49. Über die Zwangsverwertung von Anteilen, wenn die Liegenschaft nicht verpfändet ist, siehe BGE 96 III, 1970, S. 24 ff. = Pra 59 Nr. 167.

[65] Siehe LIVER, Die Genossenschaften mit Teilrechten, Festschrift Haff, Innsbruck 1950, S. 299. Vorangegangen ist Bern mit einem bloßen Kreisschreiben der Justizdirektion vom 25. April 1907, mit dem die Grundbuchämter der Bezirke mit geseyeten Alpen angewiesen wurden, Pfandrechte an solchen Alpliegenschaften nicht ohne Zustimmung der Gläubiger, denen Seyrechte verpfändet sind, einzutragen.

kann. Ihretwegen kommt es aber nicht zu einer Zwangsverwertung des Grundstückes mit der Folge, daß das Miteigentum mit seinen Anteilen untergeht.

Die gesetzgeberischen Gründe des Art. 648 Abs. 3 treffen auch auf die gesetzlichen Pfandrechte zu. Da die Miteigentümer den Gläubigern in gemeinschaftlichen Angelegenheiten **anteilmäßig** haften und einzelne von ihnen die Gläubiger befriedigt haben können, würden sie in völlig ungerechtfertigter Weise benachteiligt, wenn sie, ohne den Gläubigern etwas zu schulden, ihnen mit der Liegenschaft dinglich haften würden. Gegenüber der StWE-Gemeinschaft kann sich jeder Gläubiger leicht die erforderliche Pfandsicherheit zu Lasten der StWEigentümer verschaffen, die ihre Verpflichtungen gegenüber der Gemeinschaft nicht durch Entrichtung des auf sie entfallenden Kostenanteils erfüllt haben (Art. 712i und dazu die Ausführungen im § 16 III)[65a].

3. Die Änderung der Zweckbestimmung

Die Zweckbestimmung der Sache ist für jeden Miteigentümer die Grundlage seiner Beteiligung und die Voraussetzung des Erwerbs eines Anteils. Wäre ihre Änderung ohne seine Zustimmung zulässig, könnte ihm die seinen Bedürfnissen entsprechende Benutzung der Sache unmöglich gemacht werden. Daß dies nicht zulässig ist, ergibt sich schon aus der gesetzlichen Verwaltungsordnung. Art. 647d Abs. 2 und Art. 647e Abs. 2 bestimmen, daß bauliche Maßnahmen (Neuerungen) unzulässig sind, wenn sie den Gebrauch oder die Benutzung der Sache zum bisherigen Zweck einem Miteigentümer erheblich und dauernd erschweren oder unwirtschaftlich machen.

Dies muß auch für andere Verwaltungshandlungen gelten. Zwar gestattet Art. 647b wie bisher die Änderung der Kulturart oder Benutzungsweise sowie den Abschluß von Miet- und Pachtverträgen auf Grund eines mit der Mehrheit nach Personen und nach Anteilen gefaßten Beschlusses. Da gehen die Interessen der Mehrheit denen der Minderheit vor, aber doch nur innert den Schranken der Zweckbestimmung der Sache. Die Kulturart kann deshalb nur insofern durch Mehrheitsbeschluß geändert werden, als durch sie die Liegenschaft ihren der örtlichen Betriebsweise entsprechenden landwirtschaftlichen Charakter behält. Die Umwandlung von Wiesland oder Ackerboden in Weideland oder auch in Garten- oder Rebland kann deshalb je nach der Interessenlage des Falles einem Miteigentümer durch Mehrheits-

---

[65a] Vgl. auch M. OTTIKER, a.a.O. (Lit.Verz. vor § 12), S. 62 ff.

beschluß aufgezwungen werden oder nicht⁶⁶. Die Vermietung eines Wohnhauses oder Wirtschaftsgebäudes kann ebenfalls nicht gegen den Willen eines Miteigentümers beschlossen werden, der darauf angewiesen ist, das Gebäude selber zu benutzen. Dies gilt allerdings dann nicht, wenn das Gebäude ohne diese Änderung für die Mehrzahl der Miteigentümer wertlos oder eine ordentliche Verwaltung unmöglich ist⁶⁷. Da kann die Aufhebung des Miteigentums, sofern sie nicht aus einem der im Art.650 genannten Gründen ausgeschlossen ist, die richtige Lösung sein.

4. Die Vertretung

Unter der Vertretung der Sache, zu der jeder Miteigentümer befugt ist, «soweit es mit den Rechten der andern verträglich ist», sind alle Maßnahmen gegenüber Dritten zum Schutze des Besitzes und des Eigentums an der Sache mit Ausnahme der Verwaltungshandlungen zu verstehen⁶⁸. Im besonderen besteht die Vertretung in der Verteidigung des Besitzes und des Eigentums gegen Entziehung und Störung durch Dritte, namentlich auch in der Abwehr von mittelbaren und unmittelbaren schädlichen oder lästigen Einwirkungen von außen her auf die Sache⁶⁹. Jeder Miteigentümer ist zu den Klagen aus den Art.641 Abs.2, 679ff., 927, 928, 934 ZGB, Art.58 OR (Schädigung infolge eines Werkmangels am Nachbargebäude) und auch zur actio confessoria wegen Bestreitung oder Beeinträchtigung einer Dienstbarkeit zugunsten des Miteigentumsgrundstückes, sowie zur Baueinsprache berechtigt. Zum gleichen Zweck kann der Miteigentümer auch auf Feststellung des gemeinsamen Rechtes klagen⁷⁰. Auch die Legitimation zur Erhebung des Rechtsvorschlages ist ihm zugestanden worden⁷¹. Dringt der Miteigentümer mit seiner Rechtsvorkehr durch, wirken sich die Verfügung oder das Urteil oder die Einsprache zugunsten aller Miteigentümer aus. Da der Miteigentümer die Sache (nicht seinen Anteil) verteidigt, muß der Erfolg notwendigerweise allen Miteigentümern zugutekommen⁷², auch wenn er in

---

⁶⁶ LEEMANN, Art.648, N.33, will die Umwandlung eines Rebberges in Wiesland durch Mehrheitsbeschluß schlechthin zulassen. HAAB, Art.647, N.10, erhebt dagegen Bedenken. Unzulässige Zweckänderung: BGE 95 II, 1969, S.397ff. = Pra 59 Nr.34.
⁶⁷ Dieser Einschränkung bedürfen die Äußerungen von LEEMANN, N.33 zu Art.648, und von MEIER-HAYOZ, N.32 und insbes. N.35 zu Art.648.
⁶⁸ An eine Stellvertretung ist dabei nicht zu denken. Siehe VON TUHR/SIEGWART, OR I, S.303, Anm. 3; HAAB, Art.648, N.2; MEIER-HAYOZ, Art.648, N.3; WIELAND, Art.648, Bem.3.
⁶⁹ Der interne Eigentums- und Besitzesschutz ist vorn im Abschnitt XI behandelt.
⁷⁰ WIELAND, Art.648, Bem.3; LEEMANN, Art.648, N.11f.; HAAB, Art.648, N.2; MEIER-HAYOZ, Art.648, N.3ff.; BGE 95 II, 1969, S.397ff. = Pra 59 Nr.34.
⁷¹ BGE 42 III, 1916, S.6 = Pra 5 Nr.56.
⁷² Rechtskraft hat das Urteil nur zwischen den Prozeßparteien.

der Zuerkennung von Schadenersatz, etwa auf Grund von Art. 679 ZGB oder 58 OR, besteht[73].

XIV. Die Aufhebung des Miteigentums

Vorbemerkung

Praktisch wohl der wichtigste Fall der Beendigung des Miteigentums ist die Vereinigung aller Anteile in einer Hand (zur Ausnahme, daß das Miteigentum trotzdem weiterbesteht, s. vorn Ziff. VI 4). Sie wird begünstigt durch das gesetzliche Vorkaufsrecht. Sodann geht das Miteigentum unter mit der Übertragung des Eigentums auf einen Dritten, sei es durch freiwillige Verfügung aller Miteigentümer, sei es durch Zwangsversteigerung. Der weitere, im folgenden zu behandelnde Untergangsgrund ist die Auseinandersetzung zwischen den Miteigentümern, welche der Miteigentümer grundsätzlich jederzeit verlangen kann.

1. Der gesetzliche Aufhebungsanspruch

Dieser Anspruch ist auch im revidierten Recht anerkannt geblieben, allerdings in der Erwartung, daß er künftig seltener durchgesetzt werde. Das neue Recht will ja das Miteigentumsverhältnis für eine längere Dauer tauglich machen und hat deshalb auch den vertraglichen Verzicht auf das Recht, die Aufhebung zu verlangen, für eine längere Zeit zugelassen. Die Grundlage, auf die sich diese Erwartung des Gesetzgebers stützt, ist die Ausgestaltung der Verwaltungsordnung im neuen Recht, welche jedem Miteigentümer namentlich das Recht sichert, die Durchführung aller für die Erhaltung der Sache in ihrem Wert und in ihrer Gebrauchsfähigkeit notwendigen Maßnahmen zu verlangen. Der häufigste Grund des Aufhebungsbegehrens war bisher doch wohl neben persönlichen Zwistigkeiten die Schwierigkeit, die notwendigen Verwaltungshandlungen wegen der Renitenz einzelner Beteiligter auszuführen.

Wenn diese und weitere Schwierigkeiten durch das neue Recht auch wesentlich vermindert werden, behält doch der Grundsatz seine Geltung,

---

[73] Nach herrschender Auffassung kann der Miteigentümer nur eine unteilbare Leistung verlangen, nicht aber Schadenersatz, weil diesen nur jeder Miteigentümer nach Maßgabe seines Anteils einklagen könne (MEIER-HAYOZ, N. 47 zur Art. 679). Diese Lehre trifft aber auf die Fälle der Unterlassungs- oder Beseitigungsklage mit bloß eventuellem Schadenersatzbegehren nicht zu. So auch STAUDINGER/KOBER, Kommentar, N. 1a zu § 1011; BIERMANN, Bem. 2c zu § 1011 für die Schadenersatzklage als Nebenklage; PALANDT/HOCHE (19. Aufl.), Bem. 2 zu § 1011.

Für Aufwendungen, die dem obsiegenden Kläger von der Gegenpartei nicht ersetzt werden, kann er von den anderen Miteigentümern Ersatz nach Maßgabe ihrer Anteile als Geschäftsführer ohne Auftrag verlangen.

daß niemand gezwungen sein soll, das Miteigentumsverhältnis auf unbegrenzte Zeit fortzusetzen. Zwar hat der Miteigentümer ja die Befugnis, seinen Anteil jederzeit zu veräußern und damit aus der Gemeinschaft auszuscheiden. Aber es geht da nicht nur um den Austritt aus der Gemeinschaft, sondern eben auch um die Teilung der Sache[74]. Meistens ist es auch gerade der Miteigentümer, der auf die Benutzung der Sache angewiesen ist und vergeblich auf deren Erhaltung und Erneuerung drängt, welcher die Aufhebung verlangt, um mit ihr, wenn immer möglich, das Alleineigentum an der Sache erwerben zu können.

Davon abgesehen ist es möglich, daß sich für den Miteigentumsanteil kein Käufer findet, wohl aber für die Sache selber.

Das Gesetz bezeichnet das Recht, die Aufhebung zu verlangen, im Marginale zu Art. 650 als Anspruch auf Teilung. Was geteilt werden kann, ist in den wenigsten Fällen die Sache; es ist meistens der Liquidationserlös.

2. Art der Teilung

Das Gesetz nennt im Art. 651 ZGB drei Arten der Teilung.

a) Die körperliche Teilung

Sie ist verhältnismäßig selten durchführbar. Leicht zu teilen sind Quantitäten von verbrauchbaren Sachen (Holz, Heu, Wein und Wasser), auch Einzelsachen, wie ein Baumstamm, ein Schlachttier, erlegtes Wild. Am leichtesten ist die körperliche Teilung, wenn Miteigentum an mehreren Sachen besteht, die unter die Beteiligten verteilt werden können, wie Geld und Wertpapiere. Dies trifft überhaupt zu auf Sachen, die vermischt oder vermengt sind, ohne daß dadurch eine neue Sache entstanden ist, wovon bereits die Rede war (vorn Anm. 20).

Teilbar sind sodann auch Liegenschaften, wenigstens innert den Schranken der Zerstückelungsverbote des eidgenössischen und kantonalen Rechtes[75].

b) Der Verkauf aus freier Hand

Dazu ist der übereinstimmende Wille aller Miteigentümer erforderlich. Darunter fällt auch der Verkauf an einen der Miteigentümer. Im Art. 651 ist

---

[74] MEIER-HAYOZ, N. 2 zu Art. 650, meint, das Aufhebungsrecht sei, genau genommen, ein Austrittsrecht. Indessen ist das Primäre doch die Aufhebung des gemeinschaftlichen Eigentums, mag es auch eine bloß teilweise sein, mit welcher der Kläger abgefunden wird und die übrigen Miteigentümer die Gemeinschaft fortsetzen.

[75] Über die Teilbarkeit von Liegenschaften und ihre Beschränkungen habe ich mich ausführlich geäußert im Zürcher Kommentar, Art. 743, N. 1 ff.

der Auskauf der übrigen Miteigentümer und dessen richterliche Anordnung nicht ausdrücklich vorgesehen.

c) Die Versteigerung

Die Sache wird entweder unter den Miteigentümern oder öffentlich versteigert. Dies kann freiwillig geschehen oder auf richterliche Anordnung.

3. Die richterliche Anordnung

Können sich die Beteiligten über eine der genannten Teilungsarten nicht einigen, entscheidet der Richter. Seine Anordnung ist darauf beschränkt, ob körperliche Teilung, Versteigerung unter den Miteigentümern oder öffentliche Versteigerung stattzufinden habe. Ist die körperliche Teilung, wie nach den angeführten Beispielen, leicht durchführbar, wird der Richter kaum je angerufen. Anlaß dazu gibt höchstens die Frage, ob die Teilung eine Verminderung des Wertes der Sache zur Folge habe und aus diesem Grunde umstritten ist. Man denke etwa an Inventarstücke, die zu einer ästhetischen oder inhaltlich-sachlichen oder zweckbestimmten Einheit gefügt oder zusammengestellt sind (Ausstattung einer Wohnung, Spezialbibliothek, Sammlungen von Gegenständen der Kunst, der Wissenschaft, von Antiquitäten, Marken usw.).

Wie bemerkt, ist der Richter nicht befugt, den Verkauf und Auskauf anzuordnen, obwohl dies die sachlich richtige Lösung sein kann. Der VE des ZGB hätte ihm die Entscheidung zwischen allen genannten Teilungsarten nach seinem Ermessen gegeben[76]. Die Beschränkung ist das Ergebnis der Beratungen der Großen Expertenkommission[77]. So ist es in der Praxis fast immer nur die Frage, ob die Versteigerung zwischen den Miteigentümern oder öffentlich durchzuführen sei, welche der Richter auf Grund von Art. 651 zu entscheiden hat. Er hat dabei in erster Linie darauf abzustellen, ob es den Parteien hauptsächlich um die Erzielung eines möglichst hohen Erlöses geht, oder ob es ihnen oder doch einzelnen darauf ankommt, zu verhindern, daß die Sache, etwa als ererbtes Gut, in fremde Hände übergeht. Auch wenn das Motiv des Aufhebungsbegehrens nicht das des zuletzt genannten Falles ist, wird der Richter sich eher für die Versteigerung bloß unter den Miteigentümern allein entscheiden[78].

Es muß aber auch die Klage auf Teilung durch den Richter als zulässig

---

[76] Art. 654 Abs. 2 VE ZGB; Erläuterungen 1914, II, S. 72f.
[77] ProtExpKomm 4. Nov. 1902, S. 6ff. – Anders BGE 100 II, 1974, S. 187 = Pra 64 Nr. 9.
[78] Die dafür maßgebenden Gesichtspunkte sind bestimmt im BGE 80 II, 1954, S. 376 = Pra 44 Nr. 86.

erachtet werden. Das Urteil ist dann ein Gestaltungsurteil. An Teilungsvorschläge der Parteien ist der Richter nicht gebunden, wohl aber an bestehende Teilungsvereinbarungen und an die gesetzlich vorgesehenen Teilungsarten[79].

Da Gegenstand des Teilungsbegehrens dingliche Rechte sind, ist die Klage am Ort der gelegenen Sache anzubringen, auch wenn die gemeinschaftliche Sache zur Fahrnis gehört[80]. Die Miteigentümer können ihren Wohnsitz in verschiedenen Gerichtsbezirken haben, so daß gegen jeden an einem anderen Ort prozessiert werden müßte. Es gibt Zivilprozeßordnungen, welche dem Kläger die Wahl zwischen beiden Gerichtsständen, dem der gelegenen Sache und dem des Wohnortes des Beklagten lassen, so Graubünden (1954, Art. 23 Abs. 2). Die Zuständigkeit des Richters und das Verfahren werden vom kantonalen Recht bestimmt. Wird eine Liegenschaft körperlich geteilt, die belastet ist, sind die Art. 744 (Grunddienstbarkeiten) und 801 ZGB (Grundpfandrechte) sowie die Art. 85 ff. der GBV anzuwenden.

4. Ausnahmen und Beschränkungen

a) Zur Unzeit verlangte Aufhebung (Art. 650 Abs. 3 ZGB)

Die Aufhebung darf nicht zur Unzeit durchgesetzt werden. Dies darf z. B. nicht geschehen, wenn die Sache in diesem Zeitpunkt von einem oder mehreren Miteigentümern dringend genutzt oder gebraucht werden muß, z. B. eine landwirtschaftliche Erntemaschine unmittelbar vor oder während der Ernte; eine Scheune, in die Heu oder anderes Futter eingebracht werden muß oder noch auszufüttern ist; ein Wohnhaus, für das in diesem Zeitpunkt kein Ersatz beschafft werden kann; eine Alpweide kurz vor der Bestoßung. Sodann hat man im Hinblick auf die öffentliche Versteigerung an Verkehrsschwierigkeiten oder Unterbrüche infolge von Elementarereignissen und an die Verkehrssperre aus gesundheits- und tierseuchenpolizeilichen Gründen gedacht[81]. Die Durchsetzung von Aufhebungsbegehren zur Unzeit kann einen offenbaren Rechtsmißbrauch darstellen. Sie brauchte nicht zugelassen zu werden, auch wenn das Gesetz sie nicht ausdrücklich verbieten würde.

---

[79] HAAB, Art. 650/51, N. 5 ff.; MEIER-HAYOZ, Art. 651, N. 1 ff. Das BGB hat die gemeinrechtliche Teilungsklage nicht mehr zugelassen (LARENZ, S. 300; ESSER, Schuldrecht, 2. Aufl., S. 746, § 180 4). Prozessual ist die Teilungsklage als Gestaltungsklage mit großen Schwierigkeiten verbunden. Für den Hauptfall, die Erbteilungsklage, wurde im EGzZGB Graubünden (1944) ein besonderes Verfahren eingeführt. Siehe im übrigen auch LIVER, N. 31 zu Art. 731.

[80] HAAB, Art. 650/51, N. 1.

[81] BGE 47 II, 1921, S. 57 = Pra 10 Nr. 52 (Mangelnde Nachfrage nach Hausplätzen in Interlaken [1920] ist kein Grund zur Ablehnung des Teilungsbegehrens). HAAB, Art. 650/51, N. 2; MEIER-HAYOZ, Art. 650, N. 23.

b) Bestimmung der Sache für einen dauernden Zweck

Diese nicht ohne weiteres verständliche Formulierung will besagen, daß die Benutzung der gemeinschaftlichen Sache für alle oder einzelne Miteigentümer n o t w e n d i g ist für die Nutzung oder den Gebrauch einer anderen Sache, der wirtschaftlichen Hauptsache[82].

Das Erfordernis der Dauer ist gegeben, wenn der Gebrauch oder die Benutzung der gemeinschaftlichen Sache nicht nur vorübergehend, für einen bestimmten Anlaß oder für außerordentliche Bauarbeiten, notwendig ist, sondern für die ordentliche Benutzung und Bewirtschaftung der Hauptsache. Dies trifft regelmäßig auf das unselbständige Miteigentum an Wegen, Einfriedigungen, Brandmauern, Wasserversorgungsanlagen und Fernheizwerken zu, die der Benutzung von Liegenschaften verschiedener Eigentümer dienen. Aber auch ein gemeinschaftliches Wohnhaus oder Wirtschaftsgebäude ist «für einen dauernden Zweck bestimmt», wenn ohne es die Liegenschaften eines oder mehrerer Miteigentümer gar nicht genutzt werden könnten. Dazu gehören also durchaus nicht nur Sachen, die von Gesetzes wegen im Miteigentum stehen oder durch Einkauf ins Miteigentum übergehen, wie gemäß Gesetz die beidseits benutzte Brandmauer.

Ausgeschlossen ist indessen die Aufhebung auch an solchen Bauten nicht, wenn den Bedürfnissen der Beteiligten in anderer Weise entsprochen werden kann, etwa durch die Begründung von Dienstbarkeiten (gegebenenfalls verbunden mit Grundlasten) an der einem anderen Miteigentümer oder einem Dritten zu Alleineigentum zugewiesenen Sache (Wegparzelle, Brandmauer, Stützmauer, Einfriedigung, Grenzbaum usw.).

c) Vertragliche Beschränkung des Aufhebungsanspruchs

Die Stellung des Miteigentümers ist prekär, wenn er stets mit einem Aufhebungsbegehren rechnen muß. Schon das bisherige Recht ließ den vertraglichen Verzicht auf die Dauer von 10 Jahren zu. Eine längere Dauer schien mit dem Persönlichkeitsrecht (Art. 27 ZGB) nicht wohl vereinbar. Die Aufhebung erwies sich allzu oft als unentbehrlicher Ausweg aus einer unhaltbaren Situation. Der Ausbau der Verwaltungsordnung im neuen Recht läßt es nun nicht mehr so leicht zu dieser Situation kommen. Deshalb durfte der Verzicht auf das Aufhebungsbegehren auf 30 Jahre verlängert werden. Die Stellung des Miteigentümers wird dadurch gefestigt, die Begründung

---

[82] So BGE 77 II, 1951, S. 240 = Pra 40 Nr. 127; 81 II, 1955, S. 598 = Pra 45 Nr. 75 betr. Umwandlung von altrechtlichem Walliser StWE in Miteigentum. Vgl. dazu LIVER, Das Stockwerkeigentum – Umwandlung und Neubegründung, ZBGR 35, 1954, bes. S. 70f.

von Miteigentum gefördert und der Erwerb von Miteigentumsanteilen begehrenswerter gemacht[83].

Die Verpflichtung, die Aufhebung nicht zu verlangen, kann von allen Miteigentümern vereinbart und für alle bindend sein. Dies scheint nach dem Wortlaut des Art. 650 Abs. 2 der Normalfall zu sein. Es können aber auch nur einzelne oder ein einziger Miteigentümer diese Verpflichtung gegenüber allen übrigen oder einzelnen von ihnen eingehen, mit deren Zustimmung sie sich von ihr auch wieder lösen können.

Mit dem Verzicht auf das Recht, die Aufhebung zu verlangen, auferlegt sich der Miteigentümer eine Eigentumsbeschränkung wie mit dem Verzicht auf das gesetzliche Vorkaufsrecht. Da das Gesetz nicht, wie für die Begründung und Änderung des vertraglichen Vorkaufsrechtes, bloße Schriftlichkeit vorgesehen hat, kommt, wie für das gesetzliche Vorkaufsrecht (Art. 682 Abs. 3) die Regel des Art. 680 Abs. 2 zur Anwendung, die zwar auf einem Versehen des Gesetzgebers beruht, aber sich in der Praxis durchgesetzt hat[84]. Die Vereinbarung bedarf der öffentlichen Beurkundung, wenn das Miteigentumsobjekt ein Grundstück ist. Vertraglichen Charakter hat auch der gegenüber einem oder allen anderen Miteigentümern erklärte Verzicht. Eine Eintragung in das Grundbuch kommt sowenig wie für die entsprechende Vereinbarung über das gesetzliche Vorkaufsrecht in Frage. Auch hier, im Art. 650 Abs. 2, ist die **Vormerkung** vorgesehen[85].

Die Frage, ob die Aufhebung des Miteigentums auch durch Testament für 30 Jahre ausgeschlossen werden könne, hat der Gesetzgeber mit dem Art. 650 nicht beantwortet. Da ist nicht, wie im früheren Text, vom Rechtsgeschäft, sondern nur von der Vereinbarung die Rede.

Man wird aber diese Frage innerhalb der Schranken des Pflichtteilsrechtes doch wohl bejahen müssen. Wer das Vermächtnis mit dieser Klausel annimmt, ist daran gebunden[86]. Dagegen kann die Verfügung des Testators,

---

[83] Art. 1111 CCit. begrenzt die Dauer auf 10 Jahre. § 749 BGB läßt die Dauer unbeschränkt, allerdings unter Vorbehalt des Anspruchs auf Aufhebung aus wichtigen Gründen.
[84] Botschaft zur Baurechtsrevision vom 9. April 1963, S. 15f. und da zit. Literatur.
[85] Nach dem CCit. wirkt die Vereinbarung als obligatio propter rem ohne weiteres gegenüber Singularsukzessoren; BRANCA, Art. 1111, S. 247.
[86] LEEMANN, N. 13 zu Art. 650, stellt das testamentarische Verbot der vertraglichen Vereinbarung gleich, allerdings noch auf Grund des alten Textes. Ob dies auch gelte, nachdem die Höchstdauer von 10 auf 30 Jahre verlängert wurde, steht nicht so sicher fest. Der CCit. hat die Verbindlichkeit des testamentarischen Verbotes auf die Dauer von 5 Jahren begrenzt, weil der Erblasser nach Art. 713 Abs. 3 die Teilung nur auf diese Dauer ausschließen kann (DE RUGGIERO/MAROI I, S. 541). Nicht entschieden, aber eher für die Zulässigkeit des testamentarischen Verbotes, die Erbteilung bis zur Beendigung einer Nutznießung zu unterlassen: BGE 86 II, 1960, S. 461 = Pra 50 Nr. 90. Ebenso, aber ohne Bestimmung der zeitlichen

daß die zu Miteigentum vermachte Sache und die Miteigentumsanteile nicht veräußert werden dürfen, nicht für die gleiche Zeitspanne verbindlich sein[87].

Nach § 749 BGB kann die Gemeinschaft trotz der entgegenstehenden Vereinbarung aus wichtigen Gründen aufgehoben werden. Da die Dauer der Vereinbarung im BGB nicht begrenzt ist, darf die Beendigung nicht allzu sehr erschwert werden. Nach dem italienischen Recht kann die Aufhebung der Gemeinschaft vom Richter bewilligt werden, wenn schwerwiegende Umstände es erfordern, trotzdem die Dauer der entgegenstehenden Vereinbarung auf 5 bzw. 10 Jahre begrenzt ist (Art. 713 Abs. 3 und 1111 Abs. 3 CCit.).

Der für unser Recht vertretenen Ansicht, daß die Aufhebung trotz des vertraglichen Verzichtes auf sie aus wichtigen Gründen jederzeit verlangt werden könne[88], stimme ich nicht zu, wenigstens nicht in dieser Allgemeinheit. Nach ihr könnte sich der Miteigentümer nur verpflichten, die Aufhebung nicht ohne wichtigen Grund zu verlangen. Das Gesetz gibt dieser Verpflichtung aber nach meiner Ansicht doch eine stärkere Wirkung. Es brauchte sie sonst nicht zu begrenzen, so wenig wie das BGB (§ 749) es getan hat. Würde sie dahinfallen, wenn ihr etwa wichtige wirtschaftliche Gründe entgegenstehen, böte sie den Vertragsparteien geringe Sicherheit. Nur wenn das Festhalten an ihr gegen Treu und Glauben verstoßen würde, fände es keinen Rechtsschutz. Dieser Fall liegt etwa dann vor, wenn sich die tatsächlichen Verhältnisse in der Zwischenzeit so grundlegend geändert haben, daß für den Aufhebungskläger jede erhebliche Möglichkeit, die gemeinschaftliche Sache zu nutzen, dahingefallen ist, ferner auch dann, wenn sich die persönlichen Verhältnisse zwischen den Miteigentümern dermaßen verschlechtert haben, daß dem Kläger die Fortsetzung der Gemeinschaft nicht mehr zugemutet werden kann (Art. 649 b ZGB). Die Vereinbarung über die Ausschließung des Aufhebungsanspruchs begründet, wie hievor

---

Grenze, die Kommentare zum Erbrecht: TUOR/PICENONI, N. 8 zu Art. 604; ESCHER, N. 8 zu Art. 604. Abgelehnt wird die Verbindlichkeit von ROSSEL/MENTHA II, No. 1123, S. 217f.

[87] Diese Schranken haben ihre Grundlage in den Art. 27 ZGB und 20 OR, nötigenfalls im Art. 2 ZGB, für die Erbteilung in den Art. 482, 519 Abs. 3 und 604; TUOR, Berner Kommentar, Art. 604, N. 28. Siehe nunmehr BGE 87 II, 1961, S. 335 = Pra 51 Nr. 72.

Zur Beendigung von Dauerverträgen verweise ich auf LIVER, Zürcher Kommentar, Einleitung, N. 142ff. mit dem Nachtrag S. 653, auf die Bespr. ZBJV 109, 1973, S. 90 und MERZ, daselbst, S. 98f. Über vertragliche Verfügungsbeschränkungen vgl. auch die Literatur zu Art. 812 Abs. 1 ZGB sowie zu den §§ 137 und 1136 BGB, ferner zum Art. 815 CCfr., insbes. PLANIOL/RIPERT/BOULANGER II (1957), No. 2270, S. 795.

[88] LEEMANN, Art. 650, N. 18; WIELAND, Art. 650, Bem. 2a; HAAB, Art. 650/51, N. 3; ROSSEL/ MENTHA II, No. 1218, S. 314; MEIER-HAYOZ, Art. 650, N. 15.

bereits festgestellt wurde, eine Eigentumsbeschränkung. Für deren Aufhebung können «wichtige Gründe» nicht schlechthin genügen[89].

d) Stockwerkeigentum

Ausgeschlossen ist der Aufhebungsanspruch, wenn das ME zu StWE ausgestaltet ist.

Zweiter Unterabschnitt

Das Stockwerkeigentum

§ 13. Ziel und Zweck der neuen Ordnung

I. Die eigenen Wohnungs- und Geschäftsräumlichkeiten

Das sozialpolitische Ziel, auf welches die Einführung des StWE in neuer Gestalt gerichtet war, ist dies: größeren Kreisen des Volkes den Bau und Erwerb eigener Wohnungen und Geschäftsräumlichkeiten zu ermöglichen. Einfamilienhäuser zu bauen oder zu kaufen, übersteigt seit Jahren, besonders in den Städten und Industrieorten oder deren nächster Umgebung, die finanzielle Leistungsfähigkeit auch der Angehörigen des höhern Mittelstandes infolge der gewaltigen Steigerung der Bodenpreise und Baukosten immer mehr. In den Ländern, in denen der Krieg ganze Städte zerstört hatte und der Wiederaufbau mit allen Mitteln so rasch als möglich vorangetrieben werden mußte und auch die Finanzierung von Großbauten der Geschäftszentren selbst für mittlere Unternehmungen großen Schwierigkeiten begegnete, kamen die neuen, nach dem Ersten Weltkrieg erlassenen Gesetze über das StWE in großem Umfang zur Anwendung. Daß dafür in der Schweiz nicht die gleichen Voraussetzungen bestanden, war dem Gesetzgeber wohlbekannt. Die Botschaft[1] äußert sich denn auch mit betonter Zurückhaltung zu den Hoffnungen, daß mit der Neuordnung das gesetzte sozialpolitische Ziel rasch und in großem Ausmaß erreicht werde. Daß zunächst vor allem teure Bauten mit Ferienwohnungen an Kurorten im StWE erstellt oder in dieses übergeführt wurden, wogegen an sich nichts einzuwenden ist, hat die Beurteilung des neuen Instituts vielfach ungünstig be-

---

[89] Das gleiche Ergebnis kann auch die Beurteilung nach wichtigen Gründen haben, wenn an diese entsprechend hohe Anforderungen gestellt werden. Dies scheint an der zit. Stelle des Kommentars von MEIER-HAYOZ auch der Fall zu sein.
[1] Botschaft vom 7. Dez. 1962, S. 11 ff.

einflußt und übersehen lassen, daß doch auch mancherorts Bauten mit verhältnismäßig billigen Eigentumswohnungen erstellt wurden und weiterhin in stets wachsender Zahl erstellt werden. Jedenfalls sind nicht selten geäußerte Urteile, das neue Institut habe seinen Hauptzweck verfehlt, verfrüht und werden nicht aufrechterhalten werden können[2].

II. Unterirdische Bauwerke

Für Bauwerke, die im Erdinnern unter bestehenden oder künftig entstehenden Gebäuden ausgeführt werden, wie Einstellhallen für Motorfahrzeuge, Lagerräume, Schutzräume usw. eignet sich das StWE zur Begründung des Sonderrechtes gut.

III. Erbteilung

Dem erbrechtlichen Grundsatz des Art. 610 Abs. 1 ZGB, daß alle Erben den gleichen Anspruch auf die Gegenstände der Erbschaft haben, kann, besonders wenn ein mehrgeschossiges Wohngebäude ein Hauptgegenstand des Nachlasses ist oder gar der einzige, dadurch am vollkommensten Genüge getan werden, daß das Haus unter den Erben zu StWE aufgeteilt wird. Verschiedenheiten im Wert der einzelnen Stockwerkeinheiten können ja leicht durch Geldleistungen ausgeglichen werden. Daß mit dieser Ausscheidung die Erbteilung vollzogen werden kann, ist unbestritten[3].

IV. Altrechtliches und in die Ersatzform des ZGB umgewandeltes Stockwerkeigentum

Der Gesetzgeber ging bei der Kodifikation (1907) von der Ansicht aus, daß sich das StWE überlebt habe und in nicht allzu langer Zeit verschwinden werde. Deshalb hat er seine Neubegründung ausgeschlossen und die Umgehung dieses Verbotes durch die Errichtung von Baurechten an Stock-

---

[2] Dies bestätigt auf Grund durchgeführter Erhebungen im Umkreis einiger Städte (Zürich, Baden, Luzern, Winterthur u.a.) der Zentralsekretar des Landesverbandes freier Schweizer Arbeiter, Dr. G. EGLI, unter dem Titel: Der Arbeitnehmer und das Stockwerkeigentum, im «Schweizer Arbeiter» 1969, Nr. 20.

[3] Dass sie gegen den Willen eines Erben durchgeführt werden könne (Realteilung etwa auf Grund behördlicher Bildung der Lose), ist vom Bundesgericht verneint worden, allerdings mit der unzutreffenden Begründung, daß sie deswegen nicht zulässig sei, weil das StWE unseres Rechtes, im Gegensatz zu dem des französischen Rechts, nicht Sondereigentum am StW sei, sondern gesetzlich zu Sonderrecht ausgestaltetes Miteigentum (BGE 94 II, 1968, S. 231 = Pra 58 Nr. 25, bespr. ZBJV 106, 1970, S. 57 ff.). Zum franz. Recht siehe namentlich MARTY/RAYNAUD, No. 241, S. 251 ff. Siehe auch § 12, IV, Anm. 17.

werken verboten (Art. 675 Abs. 2 ZGB). Das bestehende StWE wurde dem bisherigen kantonalen Recht überlassen und damit dem Rechtsverkehr nach den Bestimmungen des ZGB entzogen und vom Grundbuch ausgeschlossen. Dieser Umstand erwies sich als unhaltbar, nachdem die Rechtsverkehrseinrichtungen des alten kantonalen Rechts in Abgang gekommen waren[4]. Wurde das StWE, um ihm das Grundbuch zugänglich zu machen, in ein durch gegenseitige Servituten inhaltlich modifiziertes Miteigentum umgewandelt, war es dem Aufhebungsanspruch ausgeliefert[5].

Da solche StWE-Verhältnisse sehr zahlreich geblieben sind, vor allem im Wallis zu mehreren Tausenden, in nicht unerheblicher Verbreitung in den Kantonen Tessin und Baselland, vereinzelt in verschiedenen weiteren Kantonen, wäre eine Gesetzesrevision zu ihrer Neugestaltung und Aufnahme ins geltende eidgenössische Recht, ganz abgesehen von der rechtspolitischen Zielsetzung, ohnehin notwendig geworden[6].

§ 14. Das Sonderrecht des Stockwerkeigentümers

I. Die Rechtsstellung im allgemeinen

Gegenüber jedweder Regelung des Instituts im Ausland gibt unser Recht dem Stockwerkeigentümer eine mindestens gleich starke, wenn nicht stärkere, und eine gleich unabhängige, wenn nicht unabhängigere Stellung, und zwar sowohl in der Benutzung und baulichen Ausstattung der ihm zugeschiedenen Räume, als auch als Glied der Gemeinschaft der Miteigentümer am Grundstück. Dieses Recht ist geschaffen worden, ohne daß der Eigentumsbegriff des geltenden Rechts modifiziert und ohne daß in unserem Sachenrecht das strenger als in anderen Rechtsordnungen durchgeführte Akzessionsprinzip durchbrochen wurde. **Unser StWE ist gesetzlich besonders ausgestaltetes Miteigentum** wie das deutsche Wohnungs- und Teileigentum[1],

---

[4] BGE 75 II, 1949, S. 131 = Pra 38 Nr. 143 (auf den Steigerungskauf wird das eidg. Recht als anwendbar erklärt).
[5] BGE 77 II, 1951, S. 235 = Pra 40 Nr. 127 und bes. 81 II, 1955, S. 598 = Pra 45 Nr. 75.
[6] Die Unterstellung unter das neue Recht ist in den Übergangsbestimmungen des SchlT, Art. 20$^{bis-quater}$ geregelt. In Art. 45 SchlT mit dem Marginale «Behandlung aufgehobener Rechte» (das zwar unrichtig formuliert ist) wurde das StWE gestrichen. Dagegen ist der Art. 675 Abs. 2 unverändert geblieben, damit die eingehende gesetzliche Regelung des STWE nicht auf dem Wege über das Baurecht umgangen werden kann; BGE 99 I b, 1973, S. 140ff.
[1] WEITNAUER/WIRTHS, Kommentar, N. 17 und 20 der Vorbem. und in N. 23 zu § 3, sowie im Anhang S. 312: «Die Konstruktion ist maßgebend, die das Wohnungseigentum als ein besonders ausgestaltetes Miteigentum auffaßt. Auf ihr beruhen denn auch die grundlegenden Bestimmungen des Gesetzes».

das französische[2] und das italienische[3] StWE, aber ohne daß ihm das Sondereigentum an den einzelnen StWE-Einheiten aufgepfropft ist, an dem man in Italien und Frankreich auf Grund einer vulgarrechtlichen Tradition festgehalten hat, und das man in Deutschland ohne eine solche übernommen hat, weil man glaubte, dem Wohnungseigentum damit größere Anziehungskraft geben zu können[4].

Der schweizerische Gesetzgeber hat an der Auffassung festgehalten, daß nicht neue und systemfremde Begriffe geschaffen werden sollten, wenn dies nicht nötig ist, um den Zweck eines neuen Institutes zu erreichen[5].

Das Eigentum hat allein die Sache, das Grundstück mit dem Gebäude und

---

[2] Das französische Gesetz über das StWE, das nach mehrfachen Revisionen des Gesetzes von 1938 nun mit dem Datum des 10. Juli 1965 vorliegt, trägt den das juristische Wesen des Instituts gut bezeichnenden Titel: Statut de la copropriété des immeubles bâtis. Das Gesetz wird ergänzt durch das umfangreiche Dekret vom 17. Mai 1967.

[3] In Italien war das Institut neu geregelt worden durch das Reale Decreto legale vom 15. Jan. 1934 und ist in den neuen Codice civile (1942) übernommen worden unter dem Titel: Il condominio negli edifici, ergänzt durch die Art. 56 ff. der Anwendungs- und Übergangsbestimmungen.

Die Gemeinschaft und die gemeinschaftlichen Bestandteile des Gebäudes bilden überall den Hauptgegenstand. Das österreichische Gesetz vom 8. Juli 1948 betr. das Eigentum an Wohnungen und Geschäftsräumen ist beim besonders ausgestalteten Miteigentum ohne die Aufpfropfung von Sondereigentum geblieben.

[4] Zum altrechtlichen StWE in Deutschland vgl. man vor allen P. OERTMANN, Bayerisches Landesprivatrecht, Halle 1903, S. 316. Wäre man ihm doch gefolgt! Gegenüber dem WEG läßt sich die Frage erheben, ob die begriffswidrige und systemfremde Dekretierung einer Konstruktion, wie der Aufpfropfung von Sondereigentum auf das Miteigentum nicht «unverbindlicher Gesetzesinhalt» sei. Siehe dazu LIVER in der Gedächtnisschrift L. Marxer (oben § 12, Anm. 1), S. 185 und das Referat des Kommissionspräsidenten im Ständerat (Dr. F. BOLLA), S. 204 ff. des StenBullStR Juni 1963 sowie LIVER, Bespr. von BGE 94 II, 1968, S. 231 = Pra 58 Nr. 65 in der ZBJV 106, 1970, S. 57 ff.

In Frankreich ist die konstruktive Unmöglichkeit (und Nutzlosigkeit) der Aufpfropfung von Sondereigentum auf das Miteigentum, die im Gesetz dekretiert ist, verschiedentlich erkannt worden. Siehe meine Zitate in der Gedächtnisschrift L. Marxer, S. 185, ferner die bei MARTY/RAYNAUD, S. 250 zit. hervorragenden Autoren, sodann bes. M. SÉGUIN, La survivance de la conception dualiste en matière de copropriété, Revue de l'Economie et de Droit 1966, S. 1157; A. PIÈDILIÈVRE, in: L'immeuble urbain à usage d'habitation, hg. von Jean Carbonnier, 1963, S. 203 f. – Verwunderlich ist, daß die Türkei, deren geltendes Zivilrecht das schweizerische ist, für ihr StWEG vom 10. Juli 1965 nicht unseren Entwurf, sondern das deutsche WEG zum Muster genommen hat. Aber auch da wird das deutsche «Raumeigentum» von bedeutenden Vertretern der Rechtswissenschaft als Mißgriff des Gesetzgebers bezeichnet und abgelehnt. Siehe KEMAL OĞUZMAN in den Beiträgen zur 3. türkisch-schweizerischen juristischen Woche 1966 (oben § 5, Anm. 11).

[5] Botschaft, S. 18/19 und 24; LIVER in Gedächtnisschrift L. Marxer (oben § 12, Anm. 1), S. 185 f. F. WIEACKER, Privatrechtsgeschichte der Neuzeit, Göttingen, 2. Aufl. 1967, S. 536, sieht im Sondereigentum des deutschen WEG «einen grundsätzlichen Bruch mit dem die liberale Eigentumsverfassung kennzeichnenden Prinzip der Sonderrechtsunfähigkeit räumlicher Gebäudeteile». – EUGEN HUBER hielt den Art. 675 Abs. 2 für unnötig, weil ein Stockwerk überhaupt nicht Gegenstand eines Baurechtes sein könne, so wenig wie Gegenstand von Eigentum (StenBullStR XVI, 1906, S. 1266).

allen seinen Bestandteilen zum Gegenstand. Es ist Miteigentum aller Beteiligten. Das Miteigentum ist aber im Gesetz so ausgestaltet, daß jeder Teilhaber an seiner StWE-Einheit das Sonderrecht hat, die dazu gehörenden Räume ausschließlich zu benutzen, zu verwalten und sie nach eigenem Belieben baulich auszubauen und einzurichten. Er hat als Miteigentümer das Recht, über seine StWE-Einheit frei zu verfügen, sie zu veräußern und zu verpfänden, sie mit einer Nutznießung oder einem Wohnrecht zu belasten. Er ist auch befugt, einem andern an ihr ein Vorkaufs-, Kaufs- oder Rückkaufsrecht einzuräumen und vormerken zu lassen. An Wert und Umfang von weit überwiegender Bedeutung sind aber, wie ich für die Staaten mit sog. Sondereigentum bereits bemerkt habe, die Teile des Gebäudes, einschließlich des Grundstückes, die von allen Beteiligten gemeinsam benutzt werden. Dazu gehören auch die Einrichtungen der modernen Technik, mit welchen die Bedürfnisse unserer Wohnkultur, nicht nur in der Stadt, geweckt und befriedigt werden. Im Rohbau gibt es überhaupt keine Teile, die Gegenstand des Sonderrechts der einzelnen StWEigentümer sein könnten. Solche Bauteile entstehen erst mit dem Innenausbau (Ausrüstung der Räume mit Böden, Decken, Türen, Fenstern, Jalousien, auch Installationen, die an die gemeinschaftlichen Hauptleitungen angeschlossen sind). Sie stehen als Bestandteile des Gebäudes ebenfalls im Miteigentum. Mit der Ablösung entsteht an ihnen Sondereigentum des betr. StWEigentümers. Da es in den Rechtsordnungen mit Sondereigentum an den Wohn- und Geschäftsräumen im Rohbau keine Sache gibt, die Gegenstand des Sondereigentums ist, mußte eine besondere Art von Eigentum, sog. Raumeigentum, erfunden werden.

Wie nach unserem Gesetz das Sonderrecht am StW in dem gemeinschaftlichen Eigentum am ganzen Grundstück enthalten ist, so ist nach jeder Rechtsordnung das «Sondereigentum» am StW unlösbar mit dem Miteigentum am Grundstück, Gebäude und allen seinen Bestandteilen und gemeinschaftlichen Einrichtungen verbunden. Seine Nutzung schließt die Nutzung dieser Teile, der Hauptsache, in sich.

Unser StWE ist als eigenes Objekt des Rechtsverkehrs selbständiges Miteigentum. Das deutsche Wohnungseigentum und das italienische StWE haben diese Selbständigkeit auch. Aber das Sondereigentum, das daran bestehen soll, ist unselbständiges Eigentum. Gegenstand der Verfügung ist es nur als Schale des Miteigentumsanteils am Grundstück[6].

---

[6] Botschaft, S. 19 und 29. BAUR, Sachenrecht, 4. Aufl. 1968, S. 252, hebt die überragende Bedeutung des Miteigentums hervor und erkennt ihm auch rechtlich die das Sondereigentum als ein «Anhängsel» beherrschende Stellung zu. Gleichwohl soll das Sondereigentum «echtes Eigentum» sein.

II. Inhalt und Beschränkungen des Sonderrechts

a) Benutzung

Das wichtigste Recht des StWEigentümers ist das der ausschließlichen Benutzung der das StWE bildenden Räume[7]. Sie umfaßt alle Befugnisse, die der Alleineigentümer einer Sache hat. Immer schließt sie auch die Benutzung der gemeinsamen Objekte in sich. Daraus ergibt sich aber notwendigerweise die Beschränkung, daß das gleiche Recht der andern nicht geschmälert und diese Objekte in keiner Weise beschädigt und nicht in ihrer gemeinschaftlichen Funktion beeinträchtigt werden dürfen (Art. 712a Abs. 2 ZGB).

b) Innerer Ausbau

Der StWEigentümer soll seine Wohn- oder Geschäftsräume nach seinen Bedürfnissen, eigenem Geschmack und nach seinen finanziellen Verhältnissen baulich ausgestalten und einrichten können.

Für dadurch geschaffene außerordentliche Werte ist in Art. 712m Ziff. 6 eine Sonderregelung der Versicherung gegen Brand- und Elementarschaden vorgesehen. Der Ausbau unterliegt im übrigen den gleichen Beschränkungen wie die Benutzung, die hier jedoch geringere Bedeutung haben.

c) Abgeschlossenheit der einzelnen StWE-Einheiten

Eine unerläßliche Voraussetzung der freien Ausübung des Sonderrechts ist die möglichst gute räumliche und bautechnische Isolierung jeder Einheit gegenüber den anderen. Deshalb gehört der eigene Zugang zu deren wesentlichen Erfordernissen. Die Aufteilung eines Gebäudes in StWE-Einheiten ist nur möglich, wenn diese Bedingungen erfüllt werden. Darin besteht einer der wichtigsten Unterschiede des neuen vom altrechtlichen StWE-Recht. Dieses letztere ließ eine unbegrenzte Aufteilung des Gebäudes und selbst einzelner Räume zu, während einzelne Bauteile und Einrichtungen, wie die Küche oder der Abort, von den zahlreichen StWEigentümern ge-

---

[7] In Art. 712b wird das Objekt des Sonderrechts wie folgt bezeichnet: Einzelne StW oder Teile von StW müssen als Wohnungen oder als Einheiten von Räumen zu geschäftlichen oder andern Zwecken einen eigenen Zugang haben und in sich geschlossen sein, können aber auch getrennte Nebenräume umfassen. Unter den gemeinschaftlichen Objekten, die den StWEigentümern nicht zu Sonderrecht zugeschieden werden können, ist neben dem Rohbau und den allen Beteiligten dienenden Anlagen und Einrichtungen der Boden der Liegenschaft genannt. Daraus folgt, daß Teile des Bodens, die nicht als eigene Räume baulich voneinander geschieden sind, wie Abstellplätze für Motorfahrzeuge, Lagerplätze, Ruhe- und Spielplätze im Garten, nicht bestimmten StWEigentümern zu Sonderrecht zugeschieden werden können. Wohl aber können sie ihnen zur Benutzung miet- oder leihweise zugeteilt werden. Auch kann ihnen das Benutzungsrecht als Grunddienstbarkeit eingeräumt werden. Diese Möglichkeit brauchte im ZGB (Art. 655 Abs. 2 Ziff. 4 und 733) nicht ausdrücklich vorgesehen zu werden wie im BGB § 1009 Abs. 1. Siehe dazu insbes. FRIEDRICH, Das Stockwerkeigentum, N. 11 zu § 2 seines Reglementes.

meinsam benutzt werden mußten. Das war ein Hauptgrund der Entstehung unhaltbarer Zustände, welche das StWE zu einem Herd unablässiger Streitigkeiten machten und zu einem eigentlichen Übel werden ließen. In den Übergangsbestimmungen (Art. 20bis SchlT) mußte indessen auf die noch bestehenden altrechtlichen Verhältnisse in der Weise Rücksicht genommen werden, daß den Kantonen ihre Unterstellung unter das neue Recht gestattet wurde, auch wenn das Erfordernis der Abgeschlossenheit nicht erfüllt ist.

III. Verpflichtungen

Dem StWEigentümer wird in Art. 712a Abs. 3 ausdrücklich zur Pflicht gemacht, seine Räume so zu unterhalten, wie es zur Erhaltung des Gebäudes in einwandfreiem Zustand und auch in seinem guten äußeren Aussehen erforderlich ist. Diese Verpflichtung ist namentlich bei der Behebung von Mängeln an Einrichtungen, welche sich auch auf Gebäudeteile außerhalb des eigenen StW auswirken, zu erfüllen, bei Reparaturen und Erneuerungen der Fenster, des Anstrichs der Fensterläden und Jalousien, der Türen gegen den Korridor usw.

Die wirtschaftlichen Hauptverpflichtungen der Stockwerkeigentümer bestehen in der Leistung der Beiträge an die Kosten aller Aufwendungen zur Erstellung, zum Unterhalt und zur Erneuerung der gemeinschaftlichen Teile des Gebäudes und der gemeinsamen Anlagen und Einrichtungen und der Kosten der Verwaltung, sowie der Steuern, Beiträge, Versicherungsprämien, welche vom Grundeigentümer, also von den Miteigentümern insgesamt, erhoben werden. Es kann auch das Grundstück selber belastet sein (Grundpfänder, Grundlasten), so daß die Miteigentumsgemeinschaft (d. h. die Miteigentümer insgesamt) Zins- und Amortisationsleistungen zu erbringen hat. Diese gemeinschaftlichen Lasten und Kosten sind in Art. 712h aufgezählt.

Der Beitrag jedes Miteigentümers bemißt sich nach der Wertquote, mit welcher er am Grundstück beteiligt ist. Die Festsetzung der Wertquote ist deshalb für das StWE von entscheidender Bedeutung und keine leichte Aufgabe, da der Anteil jeder StWE-Einheit am gesamten Verkehrswert des Grundstückes von vielen Faktoren abhängt, von der Größe, von der Lage in der Höhe, in der Himmelsrichtung (Aussicht, Besonnung), von der mehr oder minder bequemen Zugänglichkeit, der Benutzung von gemeinsamen Anlagen (Terrasse, Flachdach, Waschraum, Garage) usw. Diese Faktoren wirken sich in den Mietzinsen aus, die für die verschiedenen Wohnungen und Geschäftsräume in Häusern ähnlicher Lage, Art und Größe bezahlt werden, so daß sie zum Vergleich herangezogen werden können.

Die Wertquote bestimmt also das Maß der Belastungen, welche der Erwerber eines StW auf sich zu nehmen hat. Sie bedarf einer starken Stabilität. Ihre Änderung wirkt sich auf weitere StWE-Einheiten aus. Wer ein StW erwirbt, muß auch von vornherein wissen, welche Kostenbeteiligung er auf sich zu nehmen hat und zwar auch in künftigen Jahren und Jahrzehnten. Die Änderung von Wertquoten kann aber nicht absolut ausgeschlossen werden. In Art. 712 e ist das Verfahren geregelt und gesagt, unter welchen Voraussetzungen ein StWEigentümer die Änderung verlangen kann.

Ein wesentliches Anliegen des Gesetzgebers war es, die Miteigentümer und unter ihnen insbesondere den StWEigentümer vor der solidarischen Haftung gegenüber der Gemeinschaft wie auch gegenüber Drittgläubigern für gemeinschaftliche Verpflichtungen zu bewahren. In der Botschaft ist dies auch stark betont und damit begründet, daß das Risiko der Solidarhaftung den Erwerb von StWE und damit die Verbreitung des neuen Instituts sehr erschweren müßte[8].

Das gilt im besonderen auch für die Pfandschulden, die von den Erstellern der Gebäude als Baukredite begründet werden. Die Darlehensgeber müssen sich dazu verstehen, sie auf die einzelnen StWEigentümer nach Maßgabe der Wertquoten zu verteilen und auf die solidarische Haftung zu verzichten. Dies geschieht denn auch regelmäßig, auch im Ausland, unter ungünstigeren Kreditverhältnissen[9].

IV. Verfügungen

Wie die Miteigentumsquote nach Art. 646 Abs. 2 ZGB, ist die StWE-Einheit nach Art. 712 c Gegenstand der Veräußerung und Verpfändung[10]. Da StWE nur an Liegenschaften oder in das Grundbuch aufgenommenen selbständigen Baurechten, also an «Grundstücken», bestehen kann und jede Einheit selber ins Grundbuch aufzunehmen ist (Art. 10 a Abs. 2–4 GBV),

---

[8] Botschaft, S. 40 ff. Ich verweise auch auf die Ausführungen über das Miteigentum oben § 12, X.
[9] WEITNAUER/WIRTHS, N. 30 a ff. zu Art. 3 und Anhang S. 312 f.; sie wird auch in Italien im Darlehensvertrag regelmässig vereinbart (Botschaft, S. 41, auf Grund eingeholter Auskünfte); OTTIKER, a.a.O. (Lit. Verz. vor § 12), S. 148 ff. Ist die Verteilung vereinbart, aber vorläufig noch die Liegenschaft mit dem Pfandrecht belastet, kann dieses gelöscht und zu Lasten der StWE eingetragen werden, ohne daß dadurch materiellrechtlich das gelöschte Pfandrecht untergeht und neue Pfandrechte an den StWE-Einheiten entstehen. Es liegt eine bloß technische Grundpfandverlegung vor wie bei der Güterzusammenlegung (Art. 802). Dazu BGE 66 II, 1940, S. 151 ff.
[10] Siehe über die Zwangsverwertung BGE 96 III, 1970, S. 24 = Pra 59 Nr. 167; OTTIKER, a.a.O. (Lit. Verz. vor § 12), S. 205 ff.

gelten für alle Verfügungen die Vorschriften über das Grundeigentum. Die Zulässigkeit von Dienstbarkeiten zugunsten und zu Lasten dieser «Grundstücke» ist nach den für das Miteigentum dargelegten Gesichtspunkten (s. oben § 12, VI) zu beurteilen[10a]. Namentlich ist auch hier eine Belastung der StWE-Einheiten mit Dienstbarkeiten ohne Zustimmung der Mitbeteiligten nur zulässig, wenn und soweit durch sie die Ausübung von Befugnissen der Gemeinschaft nicht beeinträchtigt wird, nämlich die Veräußerung des Grundstückes, die Nutzung und Verwaltung gemäß der bestehenden Zweckbestimmung sowie die Änderung der Zweckbestimmung. Damit vereinbar sind jedenfalls das Wohnrecht und die Nutznießung. Diese Belastungen sind im Art. 712c Abs. 2 erwähnt[11].

Das Recht zur Veräußerung ist frei von der Beschränkung durch das gesetzliche Vorkaufsrecht des Miteigentümers. Diese Beschränkung besteht nur, wenn sie im Begründungsakt oder durch nachherige Vereinbarung errichtet worden ist (Art. 712c Abs. 1). In gleicher Weise kann auch noch eine andere Beschränkung, die nicht von Gesetzes wegen besteht, begründet werden: Gegen die Veräußerung, Belastung mit einer Nutznießung oder einem Wohnrecht sowie auch gegen die Vermietung eines StW können die StWEigentümer auf Grund eines Mehrheitsbeschlusses Einsprache erheben, die aber vom Richter abzulehnen ist, wenn nicht im summarischen Verfahren dargetan werden kann, daß wichtige Gründe für sie bestehen. Der Zweck

---

[10a] Siehe daselbst auch die Ausführungen über die Verpfändung und über die Anwendbarkeit des Art. 648 Abs. 3 auf die mittelbar gesetzlichen Pfandrechte, insbesondere auch auf das Bauhandwerkerpfandrecht. Zu einem Pfandrecht an den einzelnen StWEinheiten gelangen die Bauhandwerker, wie alle anderen Gläubiger der Gemeinschaft, wenn sie die auf die einzelnen StW-Eigentümer entfallenden, der Gemeinschaft nicht entrichteten Kostenbeiträge pfänden lassen. Die gepfändeten Beitragsforderungen (Vermögen der Gemeinschaft) kann der Gläubiger dadurch sichern, daß er die Eintragung eines Grundpfandrechtes in dem Betrag, den der einzelne Stockwerkeigentümer der Gemeinschaft schuldet, an dessen Stockwerk verlangt (Art. 712i und dazu hinten § 16 III).

[11] Von wesentlicher praktischer Bedeutung sind nur diese beiden Personaldienstbarkeiten. Auch in der Gesetzgebung und Literatur unserer Nachbarstaaten werden deshalb nur sie regelmäßig erwähnt, so im franz. Dekret vom 17. März 1967, Art. 6. Nur von ihnen ist die Rede im Kommentar von WEITNAUER/WIRTHS (4. Aufl. 1972), N. 29 zu § 3. Nach dem gemeinen römischen und ebenso nach dem italienischen Recht ist die Belastung der einzelnen Stockwerke mit Grunddienstbarkeiten ausgeschlossen (ARNDTS, Pandekten, 14. Aufl. 1889, § 133 Anm. 1, S. 230 und RANDA, Eigentum, 2. Aufl. 1893, § 9 Anm. 9, S. 230). Sie könnte in unserem Recht nur in Betracht kommen, wenn sie, wie im Text gesagt ist, die Rechte der Gemeinschaft am Grundstücke unberührt läßt. Daß diese Möglichkeit bestehe, haben in ihren vorn zitierten (Lit. Verz. vor § 12) Berner Dissertationen dargetan: B. SCHNEIDER und R. MENGIARDI. Ausgeschlossen ist sie auch im hievor zitierten Kommentar zum deutschen WEG, N. 35 zu § 3, nicht. Siehe im übrigen und namentlich zur Errichtung von Dienstbarkeiten an einem fremden Grundstück zugunsten einer StWE-Einheit die entsprechenden Ausführungen zum Miteigentum in § 12, VI 2.

dieser Bestimmung ist der präventive Schutz gegen den Einzug von Hausgenossen, von denen eine Mißachtung der gesetzlichen und reglementarischen Ordnung oder überhaupt ein gemeinschaftswidriges Verhalten zu erwarten ist. Sie wirkt sich zugleich zugunsten und zu Lasten eines jeden StWEigentümers aus. Sie dürfte namentlich in den Reglementen kleinerer StWE-Gemeinschaften am Platze sein.

V. Der Aufhebungsanspruch

Wie das altrechtliche StWE, so ist auch das moderne StWE auf unbeschränkte Dauer angelegt. Die Teilungsklage, die das Gesetz dem gewöhnlichen Miteigentümer gibt, versagt er dem StWEigentümer in Art. 650 Abs. 1 ausdrücklich[12]. Dafür bestehen gute Gründe:

a) Jedem StWEigentümer soll sein Recht ohne zeitliche Beschränkung gesichert sein;

b) Das StW ist leichter verkäuflich als sonstige Miteigentumsanteile, so daß der StWEigentümer in der Regel ohne Werteinbuße ausscheiden kann;

c) Die sonderrechtliche Ausgestaltung des StWE erhöht die Unabhängigkeit gegenüber den andern StWEigentümern und vermindert die Reibungsflächen mit dem Großteil der übrigen StWEigentümer, namentlich wenn diese zahlreich sind, was auf Großbauten zutrifft.

Nur unter besondern, außerordentlichen Umständen kann der StWEigentümer die Aufhebung der Gemeinschaft überhaupt oder für seinen Teil verlangen. Dies sind die in Art. 712f genannten Untergangsgründe, von denen insbesondere die teilweise Zerstörung des Gebäudes hervorzuheben ist, während die übrigen keiner Begründung und Erläuterung bedürfen.

Nach Art. 712f Abs. 3 kann jeder StWEigentümer die Aufhebung verlangen, wenn das Gebäude zu mehr als der Hälfte seines Wertes zerstört und der Wiederaufbau nicht ohne eine für ihn schwer tragbare Belastung durchführbar ist[13].

Ist das Gebäude nicht zu mehr als der Hälfte zerstört, hat jeder StWEigentümer das Recht, die Wiederherstellung zu verlangen, da dies eine notwendige bauliche Maßnahme im Sinne von Art. 647 c ist. Für diese ist ein Beschluß der StWEigentümer-Versammlung mit einfacher Mehrheit nach

---

[12] Der Aufhebungsanspruch ist auch in den ausländischen Gesetzen ausgeschlossen: Deutsches WEG § 11; franz. StWE-Gesetz, Art. 6; CCit. art. 1119, 1128; Österreich. WEG § 9.

[13] Unter der Zerstörung des Gebäudes ist die Zerstörung von gemeinschaftlichen Teilen zu verstehen. Werden bloß Teile von Stockwerken vernichtet oder beschädigt, über deren Einbau, Erneuerung, Auswechslung der einzelne StWEigentümer verfügt, steht der Entscheid über die Wiederherstellung ihm allein zu. Art. 712a bleibt vorbehalten.

Personen erforderlich[14]. Auch kann die richterliche Anordnung erwirkt werden.

Kein StWEigentümer soll gezwungen sein, sich am Wiederaufbau gemäß Art. 712f Abs. 3 zu beteiligen, wenn die dafür erforderlichen Aufwendungen seine finanzielle Leistungsfähigkeit, auch unter Berücksichtigung der höheren Entschädigung, welche die Gebäudeversicherung im Falle des Wiederaufbaues leistet, überbeanspruchen. Er muß aber den übrigen Beteiligten die Befugnis lassen, die Gemeinschaft unter sich fortzusetzen, ihn abzufinden und den Wiederaufbau durchzuführen[15]. Wenn die bauliche Maßnahme sich nicht auf die bloße Wiederherstellung beschränkt, sondern Verbesserungen oder Erweiterungen in sich schließt, kann sie nur mit der Mehrheit nach Personen und Wertquoten beschlossen werden (Art. 647 d). Darunter fällt auch die Vermehrung der Stockwerke über und unter der Bodenfläche[16].

Eine Aufhebung durch körperliche Teilung des Gebäudes ist ausgeschlossen. Dagegen kann eine Aufhebung der StWE-Gemeinschaft durch Grundstücksteilung im folgenden Ausnahmefall erfolgen: Ein Doppelhaus wird mit dem Grundstück so geteilt, daß der einzige gemeinsame Bestandteil die Scheidewand ist.

StWE kann auch an mehreren nebeneinander auf dem gleichen Grundstück stehenden Gebäuden bestehen. Es kann aufgehoben werden, indem das Grundstück parzelliert und je eine Parzelle mit dem darauf stehenden

---

[14] Ebenso deutsches WEG § 22 Abs. 2; den gleichen Sinn hat auch der Art. 38 des franz. StWE-Gesetzes mit der mißverständlichen Bestimmung, daß der Beschluß nur zu fassen sei von der Versammlung der Miteigentümer «dont les lots composent le bâtiment sinistré», womit aber nichts anderes gemeint sein kann als das, was oben in Anm. 13 bemerkt ist. So CL. LOMBOIS, Statut de la copropriété des immeubles bâtis, Extraits du Recueil Dalloz 1966, Nr. 175 ff.

[15] Nach dem Art. 1128 Abs. 4 CCit. kann jeder StWEigentümer, wenn das Gebäude ganz oder zu drei Vierteln des Wertes zerstört ist, die Versteigerung des Grundstückes verlangen. Ist die Zerstörung von geringerem Umfang, beschließt die StWE-Versammlung über den Wiederaufbau mit der (einfachen) Mehrheit nach Personen und Wertquoten. Ein StWEigentümer, der sich nicht beteiligen will, hat sein Recht allen, einzelnen oder einem Mitbeteiligten abzutreten. Das franz. Recht unterwirft in Art. 38 des StWE-Gesetzes den StWEigentümer in jedem Fall dem Mehrheitsbeschluß der Versammlung.

[16] Daß der Eigentümer des obersten Stockwerkes das Recht hat, weitere Stockwerke aufzubauen, wenn die statischen Verhältnisse des Gebäudes dadurch nicht beeinträchtigt werden, ist das Relikt der längst überwundenen Auffassung, daß das Gebäude unter den StWEigentümern physisch restlos horizontal geteilt sei. An ihm hat der CCit. festgehalten (Art. 1127). Kritisch äußert sich dazu BARASSI, Proprietà, S. 155. Ebenso nach dem früheren tessinischen Recht (Repertorio 89, S. 120 ff., mit m. Bespr. ZBGR 48, 1967, S. 87 ff.). Das deutsche WEG (§ 22) und das neue franz. StWEG (Art. 3, 35) erklären die Aufstockung als gemeinsame Angelegenheit und verlangen die Zustimmung aller StWEigentümer. Nach unserem Recht ist Einstimmigkeit nicht erforderlich, weil Art. 647 d Abs. 2 den nicht zustimmenden Miteigentümer ohnehin vor einer Überbelastung schützt.

Gebäude ins Alleineigentum eines StWEigentümers oder eines Dritten übergeführt wird[17].

§ 15. Die Begründung des Stockwerkeigentums

I. Das Rechtsgeschäft

1. Übersicht

Das Gesetz unterscheidet folgende Rechtsgeschäfte zur Begründung von StWE:
a) den Vertrag zwischen den Miteigentümern des Gebäudes, das entweder Bestandteil der Liegenschaft oder eines selbständigen und dauernden Baurechts ist, über die Ausgestaltung ihrer Anteile zu Stockwerkeigentum;
b) die Verfügung des Eigentümers der Liegenschaft oder des Inhabers des selbständigen und dauernden Baurechts an der Liegenschaft;
c) die Verfügung von Todes wegen (letztwillige Verfügung als Vermächtnis oder als Teilungsanordnung);
d) den Erbteilungsvertrag;
e) die Zuweisung in der Erbteilung (Realteilung) auf Grund der Losbildung durch die zuständige Behörde oder durch den von den Erben mit der Teilung beauftragten Vertrauensmann. Sie ist im Gesetz nicht ausdrücklich vorgesehen. Über ihre Zulässigkeit siehe die Ausführungen in § 12, IV 1, Anm. 17.

Für die Rechtsgeschäfte c–e verweist das Gesetz auf die erbrechtlichen Vorschriften; für die andern Rechtsgeschäfte (a und b) ist die öffentliche Beurkundung Gültigkeitserfordernis und zwar auch für das einseitige Rechtsgeschäft, mit welchem der Grundeigentümer oder Baurechtsinhaber als Alleinverfügungsberechtigter StWE begründet. In diesem Fall besteht der Hauptzweck der öffentlichen Beurkundung in der Errichtung einer Urkunde, welche allen gesetzlichen Erfordernissen der Begründung des StWE entspricht und eine einwandfreie Grundlage der Eintragung ins Grundbuch bildet. Diese Mitwirkung der Urkundsperson erweist sich hier deshalb als besonders notwendig, weil dieses Rechtsgeschäft komplizierter ist als die meisten andern Grundbuchgeschäfte und Elemente aufweist, die

---

[17] Vgl. dazu m. Ausführungen im Bern. Notar 1969, S. 328f. mit dem Hinweis auf Art. 27 Abs. 2 des franz. StWE-Gesetzes und Art. 20 des Dekrets, wo dieser Tatbestand unter einem anderen Gesichtspunkt behandelt ist, nämlich dem der Bildung von StWE-Untergemeinschaften an den einzelnen Gebäuden (syndicats secondaires).

mit Sachkunde und großer Sorgfalt bestimmt werden müssen, wie der Aufteilungsplan und die Fixierung der Wertquoten; auch Vorschriften über die Nutzung und Verwaltung können statt in einem besonderen Reglement im Begründungsakt enthalten sein (Art. 712g Abs. 2 ZGB). Von besonderer Bedeutung ist der Aufteilungsplan als Bestandteil des Begründungsaktes. Aus ihm müssen sich die räumliche Lage, Abgrenzung und Zusammensetzung der StWE-Einheiten genau ergeben (Art. 33b Abs. 1 GBV).

2. Das Objekt des Rechtsgeschäfts

StWE kann nur am ganzen Gebäude begründet werden. Auch wenn nur eine einzige StWE-Einheit geschaffen werden soll, um sie zu veräußern, muß am Grundstück Miteigentum begründet und dieses zu StWE ausgestaltet werden. Es muß dann auch am übrigen Teil des Gebäudes StWE bestehen. Dieser Teil kann eine einzige StWE-Einheit bilden, auch wenn er mehrere Wohnungen auf verschiedenen Geschossen umfaßt. Dieser Umfang und Wert kommt in der entsprechenden Wertquote zum Ausdruck; es kann dieser Teil aber auch in verschiedene StWE-Einheiten aufgeteilt werden, die vorläufig oder dauernd in der gleichen Hand bleiben können. Nur auf diesem Wege kann eine einzige von mehreren Wohnungen eines Hauses verkauft werden.

II. Die Eintragung in das Grundbuch

Erst mit der Eintragung in das Grundbuch entsteht StWE als Sonderrecht, wenn das Grundstück schon im Miteigentum steht. Miteigentum mit StWE entsteht ebenfalls mit der Eintragung, wenn das Grundstück im Alleineigentum gestanden hat und der Begründungsakt in der Verfügung des Eigentümers besteht. In jedem Fall ist für jede StWE-Einheit ein eigenes Blatt im Grundbuch mit den erforderlichen Angaben in der Liegenschaftsbeschreibung zu eröffnen[1]. Das ist die in Art. 10a Abs. 2 GBV vorgeschriebene Aufnahme in das Grundbuch. Das Blatt des Grundstückes wird nicht, wie in Deutschland, geschlossen. Darauf eingetragene Belastungen bleiben unverändert bestehen. Es können auch neue Dienstbarkeiten zugunsten und zu Lasten des Grundstücks eingetragen werden. Auf dem Blatt der Liegenschaft (oder des Baurechts) ist die Begründung von StWE in der Eigentumskolumne einzutragen. Die Eintragung muß alle in Art. 33a GBV genannten Angaben enthalten.

---

[1] Eine Ausnahme kann von den Kantonen für altrechtliches StWE gestattet werden (Art. 10a Abs. 4 GBV).

An die Stelle der Namen der bisherigen Eigentümer oder des Alleineigentümers treten die jeweiligen Stockwerkeigentümer, gemäß Art. 32 Abs. 3 bezeichnet durch die Nummern der StWE-Blätter, auf denen die Namen der StWEigentümer eingetragen sind. StWE kann auch schon vor der Erstellung des Gebäudes begründet werden. Dafür bestehen starke wirtschaftliche Bedürfnisse. Um ihnen entsprechen zu können, ist für diesen Fall ein besonderes grundbuchliches Verfahren in Art. 33 c GBV vorgeschrieben. Die Eintragung erfolgt auf Grund des Aufteilungsplanes. Wird nicht nach diesem gebaut, ist die Eintragung unrichtig. Damit der Erwerber eines StW oder eines dinglichen Rechts an ihm nicht im Vertrauen auf das Grundbuch getäuscht wird, ist auf allen betreffenden Blättern die Anmerkung anzubringen: «Begründung des StWE vor der Erstellung des Gebäudes». Stellt sich in dem vorgeschriebenen Verfahren heraus, daß nicht nach dem Aufteilungsplan gebaut wurde, ist das StWE nicht gemäß dem Eintrag zustandegekommen. Dieser muß gelöscht oder berichtigt werden.

§ 16. Die Gemeinschaft der Stockwerkeigentümer

I. Organisation

1. Die Versammlung der StWEigentümer

Die Gemeinschaft der Stockwerkeigentümer ist als Nutzungs- und Verwaltungsgemeinschaft eine organisierte Gemeinschaft. Darin besteht der Hauptunterschied von der Miteigentumsgemeinschaft, die sich zwar auch organisieren kann (s. vorn § 12, I 2, Anm. 9), auch als Genossenschaft, aber von Gesetzes wegen keine Organe haben muß. Jeder Miteigentümer kann von sich aus durch Umfrage den für eine Verwaltungshandlung erforderlichen Mehrheitsbeschluß herbeiführen. Die erforderliche Mehrheit ist immer die Mehrheit aller Miteigentümer. In der StWE-Gemeinschaft dagegen werden die Beschlüsse in der Versammlung der StWEigentümer gefaßt. Welcher Mehrheit es für die Beschlüsse über alle Verwaltungshandlungen einschließlich der baulichen Maßnahmen bedarf, bestimmt sich nach den Vorschriften über das Miteigentum (Art. 712 g ZGB). Der Mehrheit nach Anteilen entspricht hier die Mehrheit nach Wertquoten. Die Versammlung muß ordnungsgemäß einberufen und geleitet werden (Art. 712 n). Hiefür gilt, wenn nicht durch den Begründungsakt oder durch das Reglement eine abweichende Ordnung getroffen ist, Vereinsrecht. Darauf ist in Art. 712 m Abs. 2 verwiesen. Dies gilt, wie es da ausdrücklich heißt, besonders auch für die Anfechtung von Beschlüssen und für den Ausschuß als Organ der Gemeinschaft, wenn ein solcher bestellt wird. Es gilt auch für die Zahl, von welcher für einen Beschluß die nach den Miteigentumsvorschriften erforderliche Mehrheit errechnet wird. Nach Art. 67 Abs. 2 ZGB ist dies die Zahl der in der Versammlung a n w e s e n d e n oder vertretenen StWEigentümer[1]. Dies ist aber nicht eine zwingende Bestimmung. In die Vereinsstatuten wird vielfach und mit guten Gründen die Vorschrift aufgenommen, daß nicht die Mehrheit der anwesenden, sondern der s t i m m e n d e n Mitglieder maßgebend ist. Oft wird so auch bloß nach feststehender Übung verfahren. Diese Regelung kann auch im Reglement der StWEigentümer getroffen werden[2]. Was im Vereinsrecht nicht gesetzlich festgelegt ist, für die Versammlung der StWEigentümer aber notwendigerweise bestimmt sein muß, ist die für die Beschlußfähigkeit erforderliche Zahl der StWEigentümer, welche anwesend oder vertreten sein müssen, und die Bestimmung, wie vorzugehen ist, wenn dieses Quorum nicht erreicht ist (Art. 712 p). Der Hinweis auf das Vereinsrecht bestätigt, was zwar ohnehin gelten würde, daß die schriftliche Zustimmung aller StWEigentümer (Art. 66 Abs. 2 ZGB) dem Versammlungsbeschluß gleichgestellt ist. Zulässig ist ferner die Beschlußfassung in der Universalversammlung, d. h. in Anwesenheit aller Miteigentümer, ohne daß dagegen Widerspruch erhoben wird. Namentlich in der Gemeinschaft weniger StWEigentümer dürfte es leicht sein, so zu verfahren und deshalb häufig vorkommen[3].

Aus Art. 712 o ergibt sich zwischen ME und StWE ein wesentlicher Unterschied in der Stimmberechtigung. Eine Rechtsgemeinschaft (Bruchteilsgemeinschaft oder Gesamteigentumsgemeinschaft), welcher eine StWE-Einheit zusteht, hat nur das Stimmrecht e i n e s StWEigentümers und übt es durch einen Vertreter aus (s. vorn § 12, I 3). Im Abs. 2 dieses Artikels sind die Grundsätze zur Bestimmung des Verhältnisses zwischen dem Eigentümer und dem Nutznießer eines StW in der Ausübung des Stimmrechts aufgestellt.

---

[1] Ebenso Art. 24 des franz. StWEG, des deutschen WEG nach WEITNAUER/WIRTHS, Kommentar, N. 6 zu § 25, sowie Art. 1136 Abs. 2 CCit. Verschieden ist das Mehrheitserfordernis bestimmt. Nach dem deutschen WEG ist es die Mehrheit nach Köpfen; nach dem franz. StWEG (Novelle vom 28. Dez. 1966) ist es die Mehrheit nach Wertquoten (qualifiziert für eine ganze Anzahl von Traktanden); in Italien ist es die Mehrheit nach Personen und Anteilen (qualifiziert für Neuerungen).
[2] FRIEDRICH, Das Stockwerkeigentum, S. 115 und 117, ist der Meinung, daß v o n G e s e t z e s w e g e n die Mehrheit der in der Versammlung s t i m m e n d e n StWEigentümer genüge, was nicht zutrifft.
[3] EGGER, Art. 64, N. 5f. Vgl. über die Universalversammlung auch die Art. 701 OR (AG) und 884 OR (Genossenschaft).

2. Der Ausschuß

Im Begründungsakt oder im Reglement kann die Wahl weiterer Organe vorgesehen sein, insbesondere eines Ausschusses, der ein Kollegium oder eine Einzelperson sein kann. Die Aufgabe dieses Organs ist in Art. 712m Abs. 1 ZGB unter Ziffer 3 wie folgt umschrieben: «Ihm können bestimmte Verwaltungsangelegenheiten übertragen werden, namentlich die Aufgabe, dem Verwalter beratend zur Seite zu stehen, dessen Geschäftsführung zu prüfen und der Versammlung darüber Bericht zu erstatten und Antrag zu stellen». In StWE-Gemeinschaften ohne Verwalter kann der Ausschuß mit der Funktion des Willensbetätigungsorgans als Vorstand gewählt werden. Unter diesem Gesichtspunkt ist er im Hinweis auf das Vereinsrecht in Abs. 2 des Art. 712m nochmals erwähnt[4].

3. Der Verwalter[5]

Der Verwalter ist die zentrale Figur in der Verwaltungsorganisation der Gemeinschaft der StWEigentümer[6]. Dies ergibt sich aus den Aufgaben, die ihm das Gesetz, vorbehaltlich ihrer Bestimmung im Bestellungsvertrag (Auftrag oder Dienstvertrag), zuweist. Es sind die folgenden:

a) Er übt die Verwaltung des Grundstücks und Gebäudes aus, soweit dies eine gemeinschaftliche Angelegenheit ist, indem er die Versammlungsbeschlüsse ausführt und die zur Anwendung des Gesetzes und des Reglementes erforderlichen Maßnahmen trifft und von sich aus vorkehrt, was zur Abwehr oder Beseitigung von Schädigungen dringlich ist (Art. 712s Abs. 1 und 2).

b) Er wacht über die Einhaltung der gesetzlichen und reglementarischen Nutzungsordnung (Art. 712s Abs. 3).

c) Besonders hervorgehoben wird unter den Aufgaben des Verwalters die Verteilung der gemeinschaftlichen Kosten und Lasten auf die einzelnen StWEigentümer sowie der Einzug und die Verwaltung und bestimmungsmäßige Verwendung der erhobenen Beiträge[7].

---

[4] Ähnliche Regelung im franz. StWEG Art. 17 und 21: conseil syndical.

[5] Der Verwalter ist nicht Organ der Gemeinschaft i.S. von Art. 712m Abs. 2, da er in der Regel nicht als Amtsinhaber gewählt wird, sondern im Vertragsverhältnis (Auftrag, Dienstvertrag) zur Gemeinschaft steht. Da ihm aber in allen gemeinschaftlichen Angelegenheiten die Leitung und Vertretung zukommt, hat er Organfunktion i.S. von Art. 55 ZGB.

[6] Botschaft S. 32ff., 60ff.; K. MÜLLER, Der Verwalter von Liegenschaften mit Stockwerkeigentum (Lit.Verz. vor § 12). Dazu m. Bespr. ZBJV 101, 1965, S. 307ff.

[7] Ebenso deutsches WEG § 27 Abs. 2 Ziff. 1 und 2.

d) In allen Angelegenheiten der gemeinschaftlichen Verwaltung, die in den Bereich seiner Aufgaben fallen, vertritt er sowohl die Gemeinschaft als auch die einzelnen StWEigentümer nach außen.

Weil die StWEigentümer als Eigentumsgemeinschaft nicht eine juristische Person bilden, sondern jeder von ihnen Dritten gegenüber auch in gemeinschaftlichen Angelegenheiten (anteilmäßig) berechtigt und verpflichtet ist, wären ohne Verwalter die geschäftlichen und sonstigen Beziehungen nach außen sehr erschwert. Dies gilt aber auch, wenn nicht die einzelnen StWEigentümer, sondern die Gemeinschaft als Nutzungs- und Verwaltungsorganisation in diesen Beziehungen steht; sie muß sich vertreten lassen. Der gegebene Vertreter ist der Verwalter, da ja die Gemeinschaft in der Regel nicht ein anderes ausführendes Organ hat. Zwar schreibt das Gesetz nicht vor, daß jede StWE-Gemeinschaft einen Verwalter haben müsse, sei es in jedem Fall, wie in Deutschland (§ 20 WEG) oder wenn mehr als vier Miteigentümer die Gemeinschaft bilden, wie in Italien (Art. 1129 CCit.). Solche Bestimmungen würden ja auch gar nicht durchgesetzt, solange es von niemandem auf dem Rechtswege verlangt wird. Es gibt viele Fälle von StWE mit ganz wenigen Beteiligten, die unter sich und gegenüber Dritten ihre Verpflichtungen anstandslos erfüllen. Sie brauchen keinen Verwalter. Wenn sich aber Schwierigkeiten oder Anstände ergeben, kann nach unserem Recht ohne Rücksicht auf die Größe der StWE-Gemeinschaft die Bestellung eines Verwalters verlangt werden. Diese kann als wichtige Verwaltungshandlung (Art. 647b Abs. 1 arg. e contr.) mit Mehrheit nach Personen und Wertquoten beschlossen werden. Kommt der Beschluß nicht zustande, kann jeder StWEigentümer die Ernennung des Verwalters durch den Richter verlangen (Art. 712q Abs. 1). Das gleiche Recht steht auch Außenstehenden zu, die in ihren Beziehungen zu einzelnen StWEigentümern oder zu der Gemeinschaft auf Schwierigkeiten stoßen. Genannt sind im Gesetz der Pfandgläubiger und der Versicherer. Es können aber auch Bauunternehmer und Handwerker, Versorgungsbetriebe sowie kommunale und kantonale Behörden in Betracht kommen.

e) Besonders geregelt ist die Vertretung im Prozeß (Art. 712t Abs. 2). Sie ist beschränkt auf das summarische Verfahren und auf dringliche Vorkehren im ordentlichen Prozeß. Im übrigen bedarf der Verwalter der Ermächtigung durch die StWEigentümer-Versammlung. Die materiellen Risiken und die Folgen in den persönlichen Beziehungen zwischen den Parteien (etwa zwischen Nachbarn) können so schwerwiegend sein, daß der Verwalter nicht gegen den Willen der Mehrheit der StWEigentümer im Prozeß für oder gegen sie auftreten können soll.

In diesem Punkt weicht das Gesetz vom Grundsatz, daß der Verwalter von Gesetzes wegen die Vertretungsbefugnis im vollen Bereich seiner Aufgabe habe, ab, wir mir scheint, mit gutem Grund[8].

f) Dem Verwalter können alle an die StWEigentümer insgesamt gerichteten Erklärungen, Aufforderungen, Urteile und Verfügungen wirksam zugestellt werden[9].

g) Der Verwalter hat die Versammlung der StWEigentümer einzuberufen und zu leiten, wenn nicht gemäß Art. 712 m Abs. 2 eine andere Ordnung getroffen worden ist (Art. 712 n).

II. Die Beschlüsse der Gemeinschaft

Wie unter Ziffer I am Anfang bereits bemerkt wurde, bestimmt sich die für die einzelnen Verwaltungshandlungen erforderliche Mehrheit nach den Bestimmungen über das Miteigentum (Art. 647 a–c ZGB), aber es ist hier die Mehrheit der in der Versammlung anwesenden oder vertretenen StWEigentümer (Art. 712 g in Verbindung mit Art. 712 m ZGB).

Doch können hievon abweichende Bestimmungen in einem Reglement aufgestellt werden. Die dem einzelnen Miteigentümer in Art. 647 gegebenen Befugnisse können ihm aber durch das Reglement nicht entzogen und nicht geschmälert werden. Auch die für die Beschlüsse über bauliche Maßnahmen in den Art. 647 c–e festgesetzten Mehrheiten sind lediglich in dem Sinne abänderbar, daß die Mehrheit, welche für bloß nützliche, wertvermehrende Aufwendungen nach Art. 647 d erforderlich ist, qualifiziert werden kann[10]. Auch für alle übrigen Verwaltungsmaßnahmen sind die Bestimmungen des Miteigentumsrechtes über die Befugnis, sie zu treffen (gewöhnliche Ver-

---

[8] Hierin besteht Übereinstimmung mit § 27 Ziff. 4 und 5 des deutschen WEG. Art. 1132 CCit. gestattet dem einzelnen StWEigentümer, entgegen dem Beschluß der Versammlung vom Prozeß (durch Erklärung gegenüber dem Verwalter) Abstand zu nehmen, und regelt für ihn die je nach dem Ausgang des Prozesses eintretenden Folgen.

[9] Es muß für jedermann die Möglichkeit bestehen, Zustellungen an den Verwalter vorzunehmen. Die vorgeschlagene Veröffentlichung des Namens und der Adresse des Verwalters im Handelsregister hätte diesen Zweck nicht erfüllt, weil keine Gewähr besteht, daß sie auch erfolgen und bei jedem Wechsel geändert würde. Statt dessen wurde bestimmt, daß die Zustellungen auch am Ort der gelegenen Sache möglich sein sollen. Dies setzt voraus, daß der Verwalter, der nicht im Hause selbst wohnt oder ein Bureau hat, einen Hausbewohner als seinen Vertreter bezeichnet, der als solcher am Eingang oder am Briefkasten bezeichnet ist. Im türkischen WEG ist vorgeschrieben, daß am Hause eine Tafel mit dem Namen und der Adresse des Verwalters angebracht wird. Wenn eine Vertretung oder eine äußere Kennzeichnung fehlt, ist der Dritte genötigt, sich zu erkundigen, ob ein Verwalter bestellt ist, gegebenenfalls, wer er ist und wo er wohnt oder sein Bureau hat.

[10] Siehe dazu oben § 12, Anm. 42 ff. FRIEDRICH, Das StWE, N. 11 zu § 24 seines Musterreglementes.

waltungshandlungen) und über die Mehrheit, mit der sie beschlossen werden können (wichtigere Verwaltungshandlungen), maßgebend.

Die gewöhnliche Verwaltung ist überall da, wo ein Verwalter bestellt ist, diesem übertragen. Seine Aufgaben im Sinne des Art. 712 s können auch Befugnisse, die zu den wichtigeren Verwaltungshandlungen gehören, umfassen. Im übrigen aber hat er die Beschlüsse der StWEigentümer-Versammlung auszuführen. Diese Beschlüsse werden mit der Mehrheit gefaßt, die für «wichtigere Verwaltungshandlungen» in Art. 647 b vorgeschrieben ist, nur ist es nicht die Mehrheit aller StWEigentümer, sondern nur die der in der (beschlußfähigen) Versammlung anwesenden oder vertretenen. Von den in Art. 647 b als Beispiele angeführten Beschlüssen über wichtigere Verwaltungshandlungen kommen praktisch am ehesten in Betracht: die Bestellung des Verwalters; der Beitritt zu (baurechtlichen) Meliorationsgenossenschaften (Wege-, Wasser-, Kanalisationsanlagen); Vereinbarungen über die Abtretung von Boden für öffentliche Werke, wie Straßen, Leitungen, Parkplätze, wofür das Expropriationsrecht besteht, und über die Entschädigung; Beteiligung an Grenzbereinigungs-, Quartierplan- und Umlegungsverfahren. Eine im StWE-Recht genannte wichtige Verwaltungshandlung im Sinne des Art. 647 b ist sodann der Beschluß über die Bildung und Äufnung des Erneuerungsfonds.

Dagegen ist die Vermietung einer StWE-Einheit, welche die Gemeinschaft erworben hat, ein Akt der gewöhnlichen Verwaltung, da sie nicht, wie in der Regel die Vermietung oder Verpachtung der gemeinschaftlichen Sache gemäß Art. 647 b eine Änderung der Benutzungsweise und den Ausschluß eines Miteigentümers vom Gebrauch oder von der physischen Nutzung der Sache zur Folge hat[11]. Der Beschluß, ob die StWE-Einheit zu erwerben, zu verkaufen oder zu vermieten sei, ist jedoch eine wichtigere Verwaltungshandlung, ebenso der Beschluß, daß der bisher gemeinschaftlich benutzte Garten zu vermieten sei.

Der Art. 647 b, welcher für den Beschluß wichtigerer Verwaltungshandlungen die Mehrheit nach Köpfen und nach Anteilen verlangt, ist jedoch nicht zwingenden Rechtes. Dies ergibt sich aus dem Art. 647, und damit fällt er auch unter die Bestimmungen, welche die Stockwerkeigentümer durch eine andere Ordnung ersetzen können (712 g Abs. 2). Dies kann allerdings nur im Begründungsakt selber oder durch einstimmigen Beschluß aller StWEigentümer geschehen. Wird diese Änderung durch Reglementsbestimmung vorgenommen, ist sie nur wirksam, wenn ihr alle StWEigentümer zustimmen. In der Regel wird das Reglement gleichzeitig mit dem Begrün-

---

[11] So auch FRIEDRICH, a.a.O., N. 10 zu § 35 des Musterreglementes.

dungsakt aufgestellt und als dessen integrierender Bestandteil erklärt, so daß es für jeden Erwerber einer StWE-Einheit verbindlich ist. Mit dieser Ordnung werden in der Praxis die Beschlüsse über alle oder einzelne wichtigere Verwaltungshandlungen eher erleichtert als erschwert werden und zwar dadurch, daß für sie bloß die Mehrheit der in der Versammlung anwesenden oder vertretenen StWEigentümer verlangt wird[12].

Im übrigen, soweit das Reglement nicht eine vom Gesetz abweichende Ordnung der Zuständigkeit zu Verwaltungsbeschlüssen und deren Mehrheitserfordernissen enthält, bedarf es zu seiner Aufstellung der Mehrheit der in der Versammlung anwesenden oder vertretenen StWEigentümer und ihrer Wertquoten und kann mit der gleichen Mehrheit geändert werden, und zwar auch dann, wenn es mit dem Begründungsakt durch Verfügung des Grundeigentümers aufgestellt worden ist (Art. 712g Abs. 3).

III. Die Handlungsfähigkeit der StWE-Gemeinschaft

Die Stockwerkeigentümer bilden eine körperschaftlich organisierte Nutzungs- und Verwaltungsgemeinschaft, deren oberstes Organ die Versammlung ist (Willensbildungsorgan) und deren weiteres Organ ein gewählter Ausschuß sein kann, während für die eigentliche ausführende Tätigkeit (in der Regel) ein Verwalter vertraglich bestellt wird, dessen rechtliche Stellung bereits bestimmt wurde. Diese Organisation ermöglicht die Erledigung aller gemeinschaftlichen Angelegenheiten, insbesondere auch in den geschäftlichen Beziehungen zu Dritten, Privatpersonen und Behörden. Körperschaftlich organisiert ist jedoch nur die gemeinschaftliche Nutzung und Verwaltung, nicht aber die Eigentumsgemeinschaft. Subjekte des Eigentums sind die einzelnen StWEigentümer als Miteigentümer. Sie haben das Recht, (gemeinsam) über das Grundstück zu verfügen. Sie haften anteilmäßig für die Schulden der Gemeinschaft. Gemeinschaftliches Vermögen ist Vermögen der einzelnen StWEigentümer nach Miteigentumsrecht. Dies gilt für den Erneuerungsfonds, für Entschädigungen, die für Wertverminderung des Grundstücks auf Grund von Vereinbarung, Enteignungsverfügung oder Gerichtsurteil geleistet werden. Es trifft auch zu auf StWE-Einheiten, die von der Gemeinschaft noch nicht veräußert oder nachträglich freihändig oder zur Realisierung ihres Pfandrechts erworben worden sind[13].

---

12 Vgl. dazu oben Anm. 1.
13 Das franz. StWEG gibt der Gemeinschaft (syndicat) ausdrücklich das Recht, StWE-Einheiten zu erwerben. Damit erhält sie aber nicht ein diesem Anteil entsprechendes Stimmrecht. Das syndicat hat nach Art. 14 «la personnalité civile».

Wie gegen die gewöhnlichen Miteigentümer, müßten nach diesem Grundsatz alle Klagen, zu denen der Grundeigentümer passiv legitimiert ist, gegen alle StWEigentümer insgesamt gerichtet werden. Gläubiger könnten ihre Forderungen nur gegen die einzelnen StWEigentümer nach Maßgabe ihrer Wertquoten in Betreibung setzten oder einklagen. Dies wäre der Stellung der StWE-Gemeinschaft im Verkehr äußerst abträglich. Deshalb wird die Gemeinschaft in Art. 712 l in bestimmter Hinsicht als handlungsfähig erklärt. Sie ist danach fähig, in eigenem Namen Vermögen zu erwerben, soweit ihre Verwaltungstätigkeit dies mit sich bringt, insbesondere das aus den Beitragsleistungen der StWEigentümer sich ergebende Vermögen, einschließlich des Erneuerungsfonds, ferner StWE-Einheiten, welche die Gemeinschaft als Gläubigerin übernimmt. Die Gemeinschaft kann nicht nur im eigenen Namen Vermögen erwerben und Verbindlichkeiten eingehen, sondern auch klagen und betreiben sowie am Ort der gelegenen Sache beklagt und betrieben werden. Diese Regel des Art. 712 l stimmt genau überein mit den im Art. 562 OR für die Kollektivgesellschaft aufgestellten Bestimmungen. Streitigkeiten um Forderungen, die ihren Grund in gemeinschaftlichen Angelegenheiten haben, können also durch Klagen gegen die Gemeinschaft am Ort der gelegenen Sache erledigt werden. Ebenso können sie durch Betreibung gegen die Gemeinschaft in deren Vermögen vollstreckt werden. Dieses Vermögen besteht aus den genannten Werten und aus den Beitragsforderungen gegenüber den einzelnen StWEigentümern. Daß diese gesichert sind, ist für den Erfolg der Betreibung gegen die Gemeinschaft von entscheidender Bedeutung. Dafür hat das Gesetz besondere Einrichtungen geschaffen. Es gewährt der Gemeinschaft für die Beitragsforderungen der letzten drei Jahre ein gesetzliches Pfandrecht am Sonderrecht des StWEigentümers (Art. 712 i) und außerdem ein Retentionsrecht an den von ihm eingebrachten beweglichen Sachen, wie es der Vermieter hat (Art. 712 k). Das Pfandrecht ist zwar nur ein mittelbar gesetzliches Recht, das durch Eintragung im Grundbuch entsteht[14]. Die Eintragung kann verlangt werden: a. vom Verwalter, b. von jedem StWEigentümer, der dazu durch Mehrheitsbeschluß nach Personen (gewöhnliche Verwaltung) oder durch den Richter ermächtigt ist, c. vom Gläubiger, der in der Betreibung gegen die Gemeinschaft die Beitragsforderung hat pfänden lassen[15]. Diese Pfanderrichtung hat

---

[14] Auch das franz. StWEG vom 10. Juli 1965 hat das frühere Fahrnispfand durch ein gesetzliches Pfandrecht am Stockwerk ersetzt (Art. 19).
[15] Botschaft, S. 59. Gute Gründe hätten für ein unmittelbares gesetzliches Pfandrecht mit Vorrang bestanden. Es wurde jedoch im Interesse der vertraglichen Pfandgläubiger, namentlich der baukreditgebenden, abgelehnt.

für den Gläubiger noch den großen besonderen Vorteil, daß er eine pfändungsgesicherte Forderung erwirbt und dann auch gegenüber dem einzelnen StWEigentümer am Ort der gelegenen Sache die Zwangsvollstreckung durchführen kann und für Prozesse, die im Zusammenhang damit stehen, daselbst den Gerichtsstand hat[16].

Dritter Unterabschnitt

Das Gesamteigentum

§ 17. Begriff und Gegenstand

I. Der Begriff

Das Gesamteigentum ist der Inbegriff der Rechte, welche den Gliedern einer Personenverbindung ohne Persönlichkeit an einem Vermögen zustehen. Es unterscheidet sich vom Miteigentum dadurch, daß der Einzelne keinen verselbständigten Anteil an diesem Vermögen hat, über den er verfügen könnte, ferner dadurch, daß der Wille der Gemeinschaft auch in der Nutzung und Verwaltung der übereinstimmende Wille aller ist. Danach kann das Gesamteigentum als ungeteilte Gesamtberechtigung bezeichnet werden. Als solche ist es eine Gesamthandschaft. Damit wird auch zum Ausdruck gebracht, daß es eine personenrechtliche Verbindung ist, welche die Form des gemeinschaftlichen Eigentums bestimmt, während umgekehrt das Miteigentum keine personenrechtliche Verbindung voraussetzt; die Miteigentumsgemeinschaft ist nur Folgeerscheinung der Mehrheit von Eigentümern einer Sache, die nur gemeinschaftlich genutzt und verwaltet werden kann. Die Gesamthandschaft ist deutschrechtlicher Herkunft. Sie entspricht einem Wesenszug des deutschen Rechts: Der Bindung des einzelnen an die Gemeinschaft, an die Hausgemeinschaft, Familiengemeinschaft, und an die aus dieser hervorgegangenen Erwerbsgesellschaften sowie an die mannigfachsten Agrargemeinschaften.

---

[16] Botschaft, S. 18. Vgl. auch FRIEDRICH, a.a.O., N. 10ff., bes. N. 16 zu § 57 seines Musterreglementes. Er empfiehlt die vertragliche Vereinbarung des Gerichtsstandes der gelegenen Sache, soweit er nicht von Gesetzes wegen besteht.

Die mehrfache Eigentumszuständigkeit[1] ist das dem Gesamteigentum und dem Miteigentum gemeinsame Merkmal. Der Gemeinschaftsgedanke, von dem das ZGB durchdrungen ist und der es am stärksten und allgemeinsten vom französischen Recht des Code civil unterscheidet, ist es, der für die Übernahme des Gesamteigentums als eigene Art des gemeinschaftlichen Eigentums ins Gesetz bestimmend war. Dem Prinzip der Gesamthand wurden die Gemeinschaften[2] des Zivilgesetzbuches unterstellt und auch, als diesem das Obligationenrecht angepaßt wurde (1911), die Personengesellschaften, um sie zu schützen vor Verfügungen des einzelnen und vor dem Zugriff der Gläubiger auf einen Vermögensanteil[3].

Das ZGB (einschließlich des OR) ist das einzige Gesetzbuch unter den Kodifikationen unserer Nachbarstaaten, welches das Gesamteigentum nicht nur für einzelne Gemeinschaften, wie das BGB, sondern als eigene Kategorie des gemeinschaftlichen Eigentums in sich aufgenommen hat. Es konnte damit die starke deutschrechtliche Tradition weiterführen, welcher BLUNTSCHLIS zürcherisches PGB (1853–1855) Gesetzeskraft verliehen hatte. Allerdings hatte BLUNTSCHLI dem Gesamteigentum nicht den Anwendungsbereich zugedacht, den es in unserem heutigen

---

[1] Immer wieder ist geltend gemacht worden, die mehrfache Eigentumszuständigkeit sei logisch unmöglich. Subjekt des Eigentums könne nur entweder eine Person sein oder dann die Gemeinschaft mehrerer Personen, die dann aber eine juristische Person oder doch ein kollektives Rechtssubjekt sui generis sein müsse. Juristisch ist das ein Scheinproblem. Auch hiefür sei auf die Behandlung der Frage in der Darstellung der Miteigentumsordnung verwiesen. Mit dieser Frage hat sich von den schweizerischen bedeutenden Juristen namentlich BLUNTSCHLI in seinem DPR § 58, 3.Aufl. 1864, S.156ff. auseinandergesetzt. Siehe dazu neben den hievor und hiernach zit. Ausführungen EUGEN HUBERS namentlich GIERKE, DPR II, S. 375ff. Nur für das Miteigentum wesentlich ist die Unterscheidung zwischen Eigentumszuständigkeit und Zuständigkeit zur Nutzung und Verwaltung, nicht dagegen für das Gesamteigentum, das in jeder Hinsicht zu gesamter Hand ausgeübt wird (Art.653 Abs.2). Hier würde sie nur zu einer «formellen Subjekt-Objekt-Relation» führen, in der das den einzelnen zustehende Eigentum völlig inhaltlos ist, alle Eigentumsbefugnisse also der Gemeinschaft zustehen. So R. KUNZ, Über die Rechtsnatur der Gemeinschaft zu gesamter Hand, Diss. Zürich 1963 (Abh.schweiz.R 355). Ihm stimmt zu MEIER-HAYOZ, N. 2b der Vorbemerkung zu den Art.646–654. Vgl. dazu LIVER, Bespr. «Gemeinschaftliches Eigentum», ZBJV 100, 1964, S.261ff. Aus der schweiz. Lit. sind außer den Kommentaren und den Abhandlungen zu einzelnen bestimmten Gesamthandsverhältnissen noch zu nennen: TH. GUHL, Gesamthandsverhältnisse und deren grundbuchliche Behandlung, ZBJV 53, 1917, S.1ff. und 49ff.; J.M. GROSSEN, Propriété commune et registre foncier, ZBGR 40, 1959, S.1f.: «La théorie de la cotitularité indivise (si elle ne satisfait peut-être pas aux exigences de la logique la plus rigoureuse) paraît le mieux correspondre au droit positif suisse» (S. 5/6).
[2] Daß die Gesamthandschaften des ZGB «Gemeinschaften», die des OR «Gesellschaften» genannt werden, ist der Ausdruck eines wesentlichen soziologischen Sachverhaltes. Gemeinschaften haben ihre natürliche Grundlage (Verwandtschaft, Nachbarschaft, lokale Tradition); Gesellschaften dagegen sind zweckrationale Gebilde, die durch den Zusammenschluß zur Erreichung eines bestimmten Zweckes, hauptsächlich eines Erwerbszweckes, gebildet werden. Als soziologische Typen erforscht und dargestellt von FERDINAND TOENNIES, Gemeinschaft und Gesellschaft, 1.Aufl. 1887.
[3] EUGEN HUBER, Erläuterungen 1914, II, S.40ff., 74ff.; Vorträge zum Sachenrecht, S.16ff., 50ff.

Recht hat. Ihm sollte das Vermögen von Genossenschaften zugehören, «die nicht eine juristische Person im engeren Sinne bilden». BLUNTSCHLI nennt als Beispiele Genossenschaften mit Teilrechten, Aktiengesellschaften, auf das Prinzip der Gegenseitigkeit gegründete Lebensversicherungs- und Leibrentenvereine mit ungleicher Beteiligung der einzelnen[4]. Das ABGB, der CCfr. und der CCit. kennen das Gesamteigentum nicht.

Unter dem Einfluß des BGB und der Lehre und Praxis zu ihm ist in Österreich dennoch von einzelnen Autoren versucht worden, dem Gesamteigentum zur Anerkennung zu verhelfen[5].

Der von individualistischem Geist so ganz durchdrungene französische Code civil hat alles kollektive Eigentum verbannt und die Bildung von Gesamthandschaften so wenig wie die von privaten juristischen Personen zugelassen. Er hat selbst das Miteigentum nicht als allgemeine Institution geregelt, wie vorn (§ 11) bemerkt worden ist. In der Wissenschaft aber ist seit langem versucht worden, dem kollektiven Eigentum einen Platz im Zivilrecht einzuräumen. Als eigentlicher Dammbruch ist die gesetzliche Ausgestaltung des StWE anzusehen. Dies ist zwar nicht ein Institut des Gesamteigentums. Die Copropriété des immeubles bâtis aber ist doch gemeinschaftliches Eigentum, Miteigentum, wie schon der Name sagt, dem allerdings nach dem Wortlaut des Gesetzes Sondereigentum an den einzelnen StWE-Einheiten aufgepfropft ist, dessen Objekte aber, wie überall, nach dem Wert und Umfang, im Verhältnis zum Gegenstand des Miteigentums Nebensachen sind. Die Miteigentumsgemeinschaft ist hinsichtlich der Nutzung und Verwaltung im Gesetz sogar als juristische Person erklärt. Hierüber, namentlich auch über die vielfach geübte Kritik an der gesetzlichen Konstruktion des Institutes und über ihre Ablehnung bedeutender Zivilisten siehe vorn § 14, Anm. 4 und § 16, Anm. 13. Zur rechtspolitischen und dogmatischen grundlegenden Bedeutung des Instituts äußern sich MARTY und RAYNAUD wie folgt: «Les biens communs arrivent alors à la consécration d'une véritable propriété collective et à l'abandon complet de l'exclusivisme traditionnel du droit de propriété»[6].

Dies ist auch die Grundidee gewesen, unter welche die Revision des italienischen Codice von 1865 gestellt worden ist[7]. Ihr entspricht auch die Regelung der Comunione und des Condominio negli edifici (siehe vorn § 11, Anm. 6 und 7) weitgehend. Aber vom Gesamteigentum hat der italienische Gesetzgeber gleichwohl nichts wissen wollen[8]. Ablehnend oder

---

[4] Zürcher PGB §§ 566/67; BLUNTSCHLI, DPR, 3. Aufl. 1864, § 58, S. 156 ff.; zu den entsprechenden Bestimmungen der anderen Kantone (Schaffhausen, Graubünden) EUGEN HUBER, System III, S. 149 ff.; IV, S. 276 ff. und 698 ff. Vgl. auch LIVER, Berner Kommentar, Einleitungsband, Allg. Einleitung, N. 44. Auch GIERKE, DPR II, S. 382 ff. unterscheidet vom Eigentum zu gesamter Hand das Gesamteigentum als Eigentum an Grundstücken von Genossenschaften mit mitgliedschaftlichen Sonderrechten. Zu diesen im gleichen Sinne LIVER, Genossenschaften mit Teilrechten, in: Festschrift Karl Haff, Innsbruck 1950, S. 284 ff. Dagegen ist GIERKES Lehre auf die Personenverbindungen des ZGB und des OR nicht anwendbar. EUGEN HUBER, der sie als die herrschende Theorie des DPR bezeichnet, erklärt in seinen Vorträgen zum Sachenrecht, S. 17 f.: «Das ZGB gibt dem gemeinschaftlichen Eigentum keine besondere Bezeichnung, betrachtet es mithin einfach als Eigentum der juristischen Person. Das Eigentum zu gesamter Hand aber nennt es im Anschluß an das zürch. PGB Gesamteigentum.»

[5] KLANG, zu § 361, S. 149; EHRENZWEIG, System I/2, § 193, S. 151; nach GSCHNITZER, Sachenrecht, Wien 1968, S. 69 ist Gesamteigentum in einzelnen Spezialgesetzen anerkannt, nach der Praxis auch in der ehelichen Gütergemeinschaft, nicht aber im Recht der Personengesellschaften.

[6] Droit civil II, S. 241, No. 234.

[7] Siehe LIVER, Gesetzliche Eigentumsbeschränkungen und Dienstbarkeiten (zit. § 1, Anm. 4), S. 768, und Geschichte der Servitut, ZSR 85 I, 1966, S. 327.

[8] Siehe insbes. DE RUGGIERO/MAROI, Istituzioni I, § 109, N. 3, S. 537 f. und die oben § 12, Anm. 7 zit. Materialien.

doch skeptisch ist auch die Einstellung der Juristen der Westschweiz zum Gesamteigentum gewesen und zum Teil geblieben. Von ihnen wird bezweifelt, ob es nötig und systematisch begründet gewesen sei, allgemeine Bestimmungen über diese Kategorie des gemeinschaftlichen Eigentums ins Sachenrecht aufzunehmen[9].

II. Gegenstand

Gegenstand des Gesamteigentums ist in der Regel nicht eine Sache, sondern ein Vermögen, das sich aus Grundstücken, Fahrnis, Rechten und Forderungen zusammensetzen kann, also auch Objekte umfaßt, die nicht Gegenstände des Eigentums sein können. Zwar ist auch das Miteigentum eine Erscheinungsform der Rechtsgemeinschaft überhaupt, hat aber immer nur eine Sache zum Gegenstand, während auf andere Objekte Miteigentumsgrundsätze zur Anwendung kommen, ohne daß sie dadurch zu Sachen würden. Da das Vermögen als Gegenstand des Gesamteigentums der Normalfall ist, kann sich die Frage erheben, ob das Gesamteigentum nicht bloß eine Erscheinungsform des Gesamthandsprinzips sei, das seine Grundlage in den Personenverbindungen der Gemeinschaft und Gesellschaft und deshalb seinen richtigen Platz im Personenrecht habe[10]. Von besonderer Bedeutung ist in unserem Recht, daß das Gesamthandsprinzip auf die Personengesellschaften, namentlich auf die Einfache Gesellschaft ausgedehnt worden ist, als 1911 das OR dem ZGB angepaßt wurde. EUGEN HUBER hat dies schon in seinen Erläuterungen zum VE (1902) als wünschbar erklärt[11]. Seine Begründung ist überzeugend. Das Miteigentum in seiner reinen Gestalt taugt nicht als Rechtsform des Gesellschaftsvermögens. Zum Schutz der Gesellschaft vor den ihren Bestand gefährdenden Verpflichtungen und Verfügungen des Einzelnen und vor dem Zugriff der Gläubiger eines Ge-

---

[9] Diesen Zweifel haben ROSSEL/MENTHA, Manuel II, No. 1210, S. 308 geäußert und die Meinung vertreten, wenn man diese Bestimmungen schon hätte im Gesetz haben wollen, hätten sie ins Personenrecht gehört. GROSSEN bezeichnet sie im zit. Aufsatz (ZBGR 40, 1959, S. 6) als «une bizarrerie dans notre ordre juridique» und bemerkt dazu: «Une bizarrerie ne s'explique pas rationnellement». Bezeichnend ist in dieser Hinsicht auch, daß bei der Revision des zürch. PGB zur Anpassung an das OR von 1881 die Bestimmungen über das Gesamteigentum gestrichen wurden, «weil dieselben praktisch neben dem Miteigentum entbehrlich erscheinen und wohl auch der Begriff des Gesamteigentums als von der Wissenschaft aufgegeben bezeichnet werden kann» (Beleuchtender Bericht an das Volk, wiedergegeben in der Ausgabe des rev. PGB vom 4. Sept. 1887 mit Einleitung und Ergänzungen zu den Erläuterungen BLUNTSCHLIS von Prof. SCHNEIDER in der Bem. 1 zu § 108). EUGEN HUBER führt dieses Vorgehen auf die Vorherrschaft einer romanistischen Strömung zurück.
[10] ROSSEL/MENTHA, a.a.O.
[11] Erläuterungen 1914, II, S. 75 f. und Vorträge zum Sachenrecht, S. 50 ff.

sellschafters müßte das Miteigentum dermaßen modifiziert werden, daß es ohnehin nicht weit vom Gesamteigentum entfernt wäre. Deshalb war es gerechtfertigt, es durch das Gesamteigentum zu ersetzen[12].

Der Gesamtberechtigung unterliegen, wie schon bemerkt, auch Rechte und Forderungen. Sie können nur von allen Gesamteigentümern in einer notwendigen Streitgenossenschaft geltend gemacht und eingeklagt werden[13]. Als gemeinschaftliches Recht der Gesamteigentümer kann auch ein vertragliches Vorkaufs- oder Kaufsrecht in Betracht kommen[14]; ebenso das gesetzliche Vorkaufsrecht der Miteigentümer, wenn z.B. ein Miteigentumsanteil auf zwei oder mehrere Erben übergegangen ist, sowie auch das gesetzliche Vorkaufsrecht der Blutsverwandten und des Ehegatten an dem veräußerten landwirtschaftlichen Heimwesen oder wesentlichen Teilen davon[15].

III. Die Haftung für gemeinschaftliche Schulden

Systemgerecht wäre es, wenn der Gläubigergemeinschaft die Schuldnergemeinschaft gleicher Art entsprechen würde, die Schulden der Gemeinschaften also Gesamtschulden in dem Sinne wären, daß der Gläubiger sie gegenüber allen Gemeindern oder Gesellschaftern geltend machen, sie alle betreiben oder ins Recht fassen müßte. Das Teilungsprinzip, welches auf teilbare Leistungen zugunsten der Miteigentümer zur Anwendung kommt[16], gilt hier nicht. Die Schulden können Bestandteile eines Sondervermögens

---

[12] In Übereinstimmung mit EUGEN HUBER wird die Revision des Gesellschaftsrechtes in diesem Punkt besonders von ALFRED SIEGWART gewürdigt im Zürcher Kommentar, Die Personengesellschaften, Art. 544, N. 7. Über die Unzulänglichkeit der Regelung im a.OR siehe HAFNER, Kommentar, 2. Aufl., Zürich 1905, Art. 542, N. 3 und Art. 544, N. 3.

[13] WIELAND, Art. 652, Bem. 4; Art. 653, Bem. 2; LEEMANN, Art. 653, N. 4; HAAB, Art. 652–654, N. 17; MEIER-HAYOZ, Art. 653, N. 6. Der einzelne ist nach der allgemeinen Regel des Art. 653 weder aktiv noch passiv zur Vertretung der Sache legitimiert. Siehe jedoch § 18.

[14] Vgl. dazu BGE 92 II, 1966, S. 195 = Pra 56 Nr. 3 = ZBGR 48, 1967, Nr. 23, S. 106ff. und die Besprechung ZBJV 104, 1968, S. 12ff.

[15] Art. 6 des BG über die Erhaltung des bäuerlichen Grundbesitzes erwähnt den unwahrscheinlichen Fall, daß sich mehrere Vorkaufsberechtigte gleichen Ranges zu einer Gemeinderschaft zusammenschließen. Die Ausübung durch eine Erbengemeinschaft oder Gemeinderschaft müßte gesamthänderisch erfolgen, wie auch JOST in seinem Kommentar zum EGG, Erl. 3 zu Art. 6, bemerkt. Wird das Vorkaufsrecht gegenüber einer Erbengemeinschaft ausgeübt, genügt die Zustellung der Ausübungserklärung an einen Erben zuhanden der Gemeinschaft nach BGE 73 II, 1947, S. 162 = Pra 37 Nr. 2, weil sonst die Frist für sie unter Einrechnung der erforderlichen Zeit zur Überlegung u.U. nicht eingehalten werden könnte.

[16] Siehe dazu oben § 11 und § 12, XIII.

sein, z.B. des Nachlasses oder des Gesellschaftsvermögens[17]. Der Gesetzgeber hat diese Konsequenz jedoch im Interesse der Gläubiger und der Verkehrserleichterung abgelehnt. Soweit er die Art der Haftung für Gemeinschaftsschulden bestimmt hat, ist es die **solidarische Haftung**. Der Gläubiger kann die ganze Forderung gegenüber **einem** der Gemeinder oder Gesellschafter (soweit er nicht aus dem Sondervermögen befriedigt werden konnte) nach eigener Wahl geltend machen und diesem die interne Auseinandersetzung überlassen[18].

Die rechtsvergleichenden Angaben in der Anmerkung zeigen, daß die Haftungsbestimmungen dort wie hier weniger durch die rechtliche Natur des gemeinschaftlichen Vermögens als vielmehr durch Zweckmäßigkeitserwägungen bestimmt sind. In Frankreich entspricht es freilich der individualistischen Ausgestaltung des personen- und sachenrechtlichen Verhältnisses, daß der Code civil es bei der anteilmäßigen Haftung hat bewenden lassen.

§ 18. Die Ausübung des Gesamteigentums

Nach Art. 653 Abs. 1 ZGB richten sich die Rechte und Pflichten der Gesamteigentümer nach den Regeln, unter denen ihre gesetzliche oder ver-

---

[17] Über Forderungen zu gesamter Hand siehe VON TUHR/SIEGWART, OR, S. 737 ff.; OSER/SCHÖNENBERGER, Vorbemerkung vor Art. 143; ENNECCERUS/LEHMANN, Schuldrecht, Tübingen 1954, § 89 II (Gesamtforderungen), S. 347 ff. Vgl. auch P. CARONI, Zur Geschichte und Dogmatik der Gesamthaftung, ZBJV 103, 1967, S. 289 ff.

[18] Art. 603 ZGB (Erbengemeinschaft), 342 Abs. 2 (Gemeinderschaft), 215 ff. (Eheliche Gütergemeinschaft); Art. 544 Abs. 3 OR (Einfache Gesellschaft), 568 (Kollektivgesellschaft, Belangung nach Auflösung oder erfolgloser Betreibung gegen die Gesellschaft).

Deutschland hat die gleiche Regelung getroffen: § 427 BGB (Gesellschaft), §§ 1967, 2058 (Nachlaßschulden).

Frankreich dagegen, dessen Recht die Gesamthand fremd ist, läßt die Erben für Nachlaßschulden nur anteilmäßig haften (Art. 870 und 1220 CCfr. und dazu RIPERT/BOULANGER IV, (No. 2500, S. 787), ebenfalls die Gesellschafter (Art. 1862 CCfr.); solidarisch haften dagegen die Kollektivgesellschafter (Art. 23 und 24 Code de Commerce); vgl. dazu RIPERT/BOULANGER III, No. 2312/13, S. 727 f.

In Italien haften die Erben für die Nachlaßschulden auch bloß anteilmäßig: Art. 754 CCit. und dazu MESSINEO, III/2, § 206, S. 445: «in tal caso (quando gli eredi siano più di uno) il debito ereditario si divide (ipso iure) fra di essi, in proporzione della rispettiva quota ereditaria». Dagegen haften die Mitglieder der Einfachen Gesellschaft persönlich und solidarisch (Art. 2257 CCit. und dazu MESSINEO III/1, § 150bis, N. 7, S. 309).

Im österreichischen Recht haftet der (ruhende) Nachlaß allein bis zur Einantwortung. Ist mit dieser der Erbschaftserwerb eingetreten, haften die Erben (die über ihre Miteigentumsanteile frei verfügen können) unbeschränkt und solidarisch (§§ 547–550, 920 und 921 ABGB und dazu EHRENZWEIG, System II/2, § 481, S. 360 und § 512 a.E., S. 509, § 521 II, S. 521; GSCHNITZER, Erbrecht, Wien 1964, S. 65 ff.).

tragsmäßige Gemeinschaft steht. Dies sind die Regeln der Gemeinschaften des ZGB (Erbengemeinschaft, eheliche Gütergemeinschaft, fortgesetzte Gütergemeinschaft, Gemeinderschaft) und der Gesellschaften des OR ohne eigene Persönlichkeit: Kollektiv- und Kommanditgesellschaft; Einfache Gesellschaft, welcher Vereine ohne Persönlichkeit im Art. 62 ZGB gleichgestellt sind, aber nur in gewisser Hinsicht[1]. Da das Gesamteigentum die Rechtsform ist, in der diesen Personenverbindungen ihr Vermögen zugeordnet ist, kann es ohne sie nicht bestehen und nicht begründet werden[2].

Die meisten dieser Personenverbindungen haben im Gesetz eine ausreichende Regelung erfahren, so die eheliche Gütergemeinschaft und die Gemeinderschaft (diese ist zwar als solche in der Rechtswirklichkeit ohne Bedeutung)[3], dann auch die Personengesellschaften, für die jedoch der Gesellschaftsvertrag die gesetzliche Ordnung in den meisten Fällen ergänzt, namentlich auch durch organisatorische Bestimmungen, welche die Gesellschaft im Verhältnis zu Dritten als juristische Person erscheinen lassen. Ihre Vertreter verpflichten sie durch ihre rechtsgeschäftlichen und deliktischen Handlungen, wie Organe die juristische Person (Art. 55 ZGB).

Soweit eine ungenügende Regelung der einzelnen Gemeinschaft oder Gesellschaft besteht und die Lücken auch nicht durch analoge Anwendung von Bestimmungen über eine andere dieser Personenverbindungen geschlossen werden können, gilt der allgemeine Grundsatz des Art. 653 Abs. 2 ZGB: «... es bedarf zur Ausübung des Eigentums und insbesondere zur Verfügung über die Sache des einstimmigen Beschlusses aller Gesamteigentümer» (für die Verpfändung wiederholt in Art. 800 Abs. 2). Dies ist das Gesamthandsprinzip, welches danach nicht nur für Verfügungen über die Sache, sondern für jedwede Ausübung des Eigentums, also auch für die Nutzung und Verwaltung wie für deren «Vertretung» gilt. Über die Nutzung und Verwaltung wie über die Auseinandersetzung mit Dritten kann nur mit dem übereinstimmenden Willen aller Gesamteigentümer entschieden werden. Jede individuelle Ausübung des Eigentums ist ausgeschlossen; der Einzelne ist der Gesamtheit hierin völlig ein- und untergeordnet. Dies bedeutet einerseits, daß

---

[1] Mehrere Fiduziare sind durch den Treuhandvertrag zu einer Gemeinschaft verbunden, welche sie zu Gesamteigentümern des Treugutes macht: BGE 78 II, 1952, S. 452 = Pra 42 Nr. 53.
[2] Die prägnante Formulierung des Bundesgerichts lautet: Es gibt kein abstraktes Gesamteigentum; BGE 84 I, 1958, S. 126 = Pra 48 Nr. 36.
[3] Sie hat ihre gesetzliche Ordnung in den Art. 336 ff. erhalten und wird erwähnt in den Art. 621bis und 622, ferner im Art. 11 Abs. 2 EGG und im Art. 49 SchKG. – GUHL, OR, S. 465/66 bezeichnet den Kollektivgesellschafter als Organ der Gesellschaft, ebenso in der 6. Aufl. 1972 (GUHL/MERZ/KUMMER), S. 538. SIEGWART, N. 1 zu Art. 563, qualifiziert ihn, wohl mit besserem Recht, als gesetzlichen Vertreter.

die Gemeinschaft ausschließlich herrscht, andererseits aber auch, daß der Einzelne diese Herrschaft lahmlegen kann, indem er jede Entscheidung durch sein Veto zu verhindern vermag, also in der Negation eine viel stärkere Stellung hat als der Miteigentümer. So kann sich die Erhebung der Gemeinschaft zum Träger aller Eigentumsbefugnisse in ihr Gegenteil verkehren. Das Prinzip der Gesamthand kann die Gemeinschaft überhaupt handlungsunfähig machen. Bewähren konnte es sich nur, solange sich jeder einzelne der Gemeinschaft einordnete und sich auf Grund einer freiwilligen oder traditionellen Arbeitsteilung Vertretungsverhältnisse herausbildeten, mit denen auch der Dritte im Rechtsverkehr rechnen konnte. Besondere Schwierigkeiten ergeben sich aus dem Gesamthandsprinzip auch in der internen Auseinandersetzung. Wenn gegen einen Gesamteigentümer wegen seines gemeinschafts- oder rechtswidrigen Verhaltens rechtlich nur vorgegangen werden kann, wenn alle andern mitwirken, einzelne oder auch nur einer von ihnen sich aber nicht dazu bewegen lassen, muß auch sachlich grundloser Widerstand hingenommen oder Unrecht geduldet werden bis zur Auflösung der Gemeinschaft. Der Gerichtspraxis haben diese Schwierigkeiten viel zu schaffen gemacht. Es ist fast ausschließlich die Erbengemeinschaft, die wichtigste und weitaus häufigste dieser Gesamthandschaften, welche dazu Anlaß gegeben hat. Just ihr fehlt die gesetzliche Ordnung (eine vertragliche kommt kaum in Betracht), welche sie zur Nutzung, Verwaltung und Vertretung des Nachlasses fähig machen würde (Art. 602 ff.). Dies erklärt sich aus der Ansicht des Gesetzgebers, daß die Erbengemeinschaft nur eine Liquidationsgemeinschaft sei, die durch die Erbteilung alsbald aufgelöst werde und deshalb einer Nutzungs-, Verwaltungs- und Vertretungsordnung nicht bedürfe. Obwohl man alsbald sich mit der Tatsache befassen mußte, daß Erbteilungen in gewerblichen und ganz besonders in kleinbäuerlichen Familien über Jahrzehnte und Generationen unterblieben, so daß die Gemeinschaft auf so lange Zeit fortbesteht, versuchte man, sie als Gesellschaft (Kollektivgesellschaft als Träger eines Gewerbebetriebs) oder als Gemeinderschaft umzudeuten[4]. Das Bundesgericht hat dann aber diese Verlegenheitslösungen unnötig gemacht, indem es anerkannte, daß die Gemeinschaft der Erben eine Erbengemeinschaft bleibe, solange sie nicht durch Teilung aufgelöst werde[5]. Im ZGB ist die solidarische Haftung der Erben für die Schulden des Erblassers im Art. 603 festgelegt, nicht aber für die von der Erbengemeinschaft selber begründeten Verbindlichkeiten, mit denen

---

[4] TUOR, Kommentar, 1. Aufl., Art. 602, N. 7 und Art. 604, N. 7 sowie in den früheren Auflagen seines Lehrbuches. Vgl. auch SIEGWART, N. 47 und 48 der Vorbemerkung von Art. 530 OR.
[5] BGE 61 II, 1935, S. 164 = Pra 24 Nr. 137; 86 II, 1960, S. 456f. = Pra 50 Nr. 90.

eben nicht gerechnet wurde. Der Grundsatz der Solidarhaftung, der, wie gesagt, den Gemeindern und Gesellschaftern sonst überall auferlegt ist, muß auch für diese Schulden gelten[6].

Am Erfordernis der Willensübereinstimmung für alle Entscheidungen über die Nutzung, Verwaltung und Vertretung des gemeinschaftlichen Vermögens hat das Bundesgericht strenge festgehalten und es auch auf die rechtliche Auseinandersetzung zwischen den Erben angewendet[7]. Von ihm hat es aber, um diese Handlung nicht unmöglich zu machen, in mehr als einer Hinsicht Ausnahmen zulassen müssen[8]. Es ist möglich und im Anschluß an das letztzitierte Urteil des Bundesgerichtes wahrscheinlich, daß die Praxis in dieser Richtung fortschreitet, so daß die Legitimation des einzelnen Erben, Ansprüche der Gemeinschaft geltend zu machen, ihren

---

[6] O. Lutz, SJZ 35, 1939, S. 272; Urteile kant. Gerichte: SJZ 10, 1913/14, S. 297; 17, 1920/21, S. 216; 48, 1952, Nr. 96, S. 240; BGE 98 II, 1972, S. 11 ff., auch schon ZBGR 36, 1955, Nr. 19, S. 117 (Grundbuchbeschwerde).

[7] BGE 41 II, 1915, S. 26 = Pra 4 Nr. 69 (Klage gegen einen Dritten auf Herausgabe von Wertpapieren); 50 II, 1924, S. 220 = Pra 13 Nr. 131 (Anspruch aus einer Versicherung des Erblassers); 51 II, 1925, S. 267 = Pra 14 Nr. 129 (Nachlaßguthaben; den Erben fehlt die Aktivlegitimation, wenn einer von ihnen es ablehnt, sich am Prozeß zu beteiligen); 54 II, 1928, S. 243 = Pra 17 Nr. 162 (Zwei Erben klagen gegen den Dritten eine Forderung des Erblassers ein; ihre Legitimation wird bejaht); 74 II, 1948, S. 217 = Pra 38 Nr. 40 (Jeder Miterbe ist befugt, die Ungültigkeit eines Vertrages wegen Formmangels geltend zu machen; am Prozeß müssen sich alle Erben auf der Seite der Kläger oder der Beklagten beteiligen); 72 II, 1946, S. 346 = Pra 35 Nr. 191 (Mit der Klage auf Zusprechung eines landwirtschaftlichen Heimwesens müssen alle Miterben ins Recht gefaßt werden); nicht veröffentlichtes Urteil vom 17.12.1943 i.S. Vouilloz (Zur Ausübung des der Erbengemeinschaft zustehenden gesetzlichen Vorkaufsrechtes des Miteigentümers sind die Erben nicht legitimiert, wenn sich einer von ihnen am Prozeß nicht beteiligt, in casu die Ehefrau des Beklagten).
Zur Ausübung des Kaufs- oder Vorkaufsrechtes betr. Legitimation zur Entgegennahme der Mitteilung des Vorkaufsfalles (oder Kaufsfalles) sowie zur Ausübung, wenn die Berechtigten eine Einfache Gesellschaft bilden, siehe BGE 92 II, 1966, S. 147 ff. = Pra 56 Nr. 3 = ZBGR 48, 1967, Nr. 23, S. 106 ff. und dazu sowie zum Fall Vouilloz die Besprechung Liver in ZBJV 104, 1968, S. 12 ff. Nunmehr BGE 93 II, 1967, S. 11 ff. mit Zusammenfassung der Praxis.

[8] BGE 58 II, 1932, S. 195 = Pra 21 Nr. 31 (Erhebung der Widerspruchsklage; wegen der kurzen Frist ist jeder Erbe dazu legitimiert; zur prozessualen Fortsetzung ist die Beteiligung aller Erben erforderlich); 73 II, 1947, S. 170 = Pra 37 Nr. 2 (Landwirtschaftl. Vorkaufsrecht; es genügt, daß die Ausübungserklärung einem Erben zuhanden der Gemeinschaft zugestellt wird, weil sonst die Frist nicht immer eingehalten werden könnte); 82 II, 1956, S. 567 = Pra 46 Nr. 4 (Jeder Erbe ist befugt, die Vorlage von Nachlaßakten zu verlangen); 75 II, 1949, S. 198 = Pra 38 Nr. 63 (Die den klägerischen Anspruch anerkennenden Erben brauchen nicht ins Recht gefaßt zu werden, es genügt, daß sämtliche Erben zu Wort gekommen sind); 86 II, 1960, S. 455 Erw. 3 = Pra 50 Nr. 90 (Die Erbteilungsklage braucht nicht auch gegen die Erben gerichtet zu werden, welche sich mit dem Rechtsbegehren einverstanden erklärt haben, aber sich am Prozeß nicht beteiligen wollen). – Aus der neuesten Praxis des Bundesgerichts sind anzuführen BGE 89 II, 1963, S. 429 ff. = Pra 53 Nr. 30 und 93 II, 1967, S. 11 ff. = Pra 56 Nr. 80.

Ausnahmecharakter verliert[9]. Damit würde man die Übereinstimmung mit dem Miteigentumsrecht wenigstens teilweise herstellen, nach welchem ja auch zur Vertretung der Sache jeder Miteigentümer befugt ist, insoweit dies mit den Rechten der andern verträglich ist (Art. 648 Abs. 2 und dazu die Ausführungen vorn § 12, XIII 4). Aus dieser Voraussetzung müßte sich das entscheidende Kriterium ergeben. Zum mindesten sollte dem einzelnen Erben, gleich wie nach § 2038 BGB (Erbengemeinschaft), zuerkannt werden, die zur Erhaltung des gemeinschaftlichen Vermögens notwendigen Maßnahmen von sich aus zu treffen und von allen Miterben zu verlangen, daß sie zu einer ordnungsgemäßen Verwaltung Hand bieten. ARTHUR MEIER-HAYOZ befürwortet mit Recht die analoge Anwendung des Art. 648 Abs. 1 auf den Gesamteigentümer[10].

§ 19. Die Aufhebung des Gesamteigentums

Im Art. 654 ZGB sind zwei Beendigungsgründe genannt: die Veräußerung der Sache und das Ende der Gemeinschaft. Da wird angenommen, Gegenstand des Gesamteigentums sei eine Sache. Eigentumsobjekt kann ja auch nur eine Sache sein. Ist sie veräußert, ist das Gesamteigentum der Veräußerer, das an ihr bestanden hat, selbstverständlich untergegangen. Ist sie auf eine andere Gemeinschaft oder Gesellschaft übergegangen, ist an ihr ein neues Gesamteigentum entstanden. Regelmäßig sind neben Sachen auch Rechte und Forderungen Gegenstand des Gesamteigentums. Werden sie veräußert,

---

[9] Anregungen mit diesem Ziel sind in der Literatur wiederholt gemacht worden: A. TROLLER, Die Prozeßführungsbefugnis des Miterben, ZSR 60, 1941, S. 73 ff.; F. BOLLA, Repertorio 98, 1965, S. 219 ff.; P. PIOTET, Le principe de l'action commune des membres d'une hoirie, Festschrift Riese, Karlsruhe 1964, S. 377 ff. PIOTET scheint der Ansicht zu sein, daß alle Schwierigkeiten durch Anwendung von Art. 602 Abs. 3 (behördliche Bestellung eines Vertreters für die Erbengemeinschaft) behoben werden können und deshalb die Zuerkennung der Aktiv- und Passivlegitimation an einen oder einzelne Erben unnötig sei. Dies trifft in manchen Fällen zu, aber nicht in allen. Vgl. dazu TROLLER, a.a.O., S. 104 und 108, Anm. 67 sowie meine Bemerkungen in ZBJV 104, 1968, S. 16. Den ganzen Fragenkomplex behandelt M. KUMMER, Das Klagerecht und die materielle Rechtskraft, Bern 1954 (Abh. schweiz. R 311), S. 189 ff. Im Rechtsstreit gegen einen Dritten sieht er einen Ausweg in der gesetzlichen Vertretungsbefugnis, die einem Erben jedenfalls soweit eingeräumt werden dürfe, als es für die Erbengemeinschaft unerläßlich ist (S. 194). Neuestens H. SPINNER, Die Rechtsstellung des Nachlasses in den Fällen der gesetzlichen Vertretung, Diss. Zürich 1966 (Zürcher Beiträge 257).

[10] N. 6 zu Art. 653 seines Kommentars. Im gleichen Sinne dürfte die vorzitierte Äußerung KUMMERS zu verstehen sein. Nach den Erläuterungen 1914, I, S. 459 müßte man sich mit der analogen Anwendung von Art. 340 Abs. 2 (Familiengemeinderschaft) behelfen, wonach jeder Gemeinder ohne Mitwirkung der übrigen gewöhnliche Verwaltungshandlungen vornehmen kann. Aber die hier in Frage stehenden Klagen sind nicht gewöhnliche Verwaltungshandlungen.

tritt die gleiche Rechtsfolge ein. Viel wichtiger ist der zweite Beendigungsgrund: die Auflösung der Gemeinschaft. Sie ist nicht allgemein geregelt, sondern für jede Gemeinschaft besonders: für die eheliche Gütergemeinschaft in Art. 225 ff. ZGB, für die fortgesetzte Gütergemeinschaft in Art. 232 ff. ZGB, für die Familiengemeinderschaft und Ertragsgemeinderschaft in den Art. 343 ff. ZGB, für die Erbengemeinschaft in den Art. 607 ff. und 620 ff. ZGB (bäuerliches Erbteilungsrecht), für die Einfache Gesellschaft in den Art. 545 ff. OR, für die Kollektivgesellschaft in den Art. 574 ff. OR. Aber noch nicht die Auflösung, sondern erst die Liquidation hebt das Gesamteigentum auf. Daß auch, wenn ein Mitglied ausscheidet, die Gemeinschaft von den anderen fortgesetzt werden kann, ist ausdrücklich vorgesehen im Art. 576 OR (Kollektivgesellschaft), gilt aber auch für die Einfache Gesellschaft[1], ferner für die eheliche Gütergemeinschaft in gewissem Sinne (fortgesetzte Gütergemeinschaft zwischen dem überlebenden Ehegatten und den gemeinsamen Kindern), für die Familiengemeinderschaft nach Art. 344 ZGB.

Die Erbengemeinschaft ist, wie vorn bemerkt wurde, von Gesetzes wegen als Liquidationsgemeinschaft gedacht[2]. Jeder Miterbe kann nach Art. 604 zu beliebiger Zeit die Teilung der Erbschaft verlangen (vorbehältlich der Verschiebung gemäß Art. 605 und 621bis). Aufgehoben ist das Gesamteigentum erst, wenn die Teilung des Nachlasses restlos durchgeführt ist[3]. Auch hier kann ein Miterbe ausscheiden und die Erbengemeinschaft unter den anderen weiterbestehen. Dieser Fall ist gegeben, wenn der Miterbe zugunsten der übrigen auf seinen Anspruch verzichtet[4], dann auch, wenn er für ihn abgefunden wird[5], ferner wenn er seinen Erbteil einem einzelnen oder

---

[1] SIEGWART, Zürcher Kommentar, Art. 545–547 OR, N. 39; Art. 576, N. 1 ff.
[2] Sie ist nach EGGER, Zürcher Kommentar, Art. 335, N. 1, die schwächste der privatrechtlichen Gemeinschaften, zur Nachlaßliquidation bestimmt. Siehe jedoch BGE 61 II, 1935, S. 168 = Pra 24 Nr. 137.
[3] BGE 86 I, 1960, S. 114 ff. = Pra 49 Nr. 147; 75 II, 1949, S. 292 = Pra 39 Nr. 27. Nach BGE 96 II, 1970, S. 325 = Pra 60 Nr. 105 trifft dies auch zu, wenn zwei Miterben das landwirtschaftliche Heimwesen zu gemeinsamem Betrieb (als Einfache Gesellschaft) von der Erbengemeinschaft übernommen haben.
[4] BGE 51 II, 1925, S. 267 = Pra 14 Nr. 129; ESCHER, Zürcher Kommentar, Art. 602, N. 42 ff.; TUOR/PICENONI, Berner Kommentar, Art. 602, N. 10 (Teilliquidation subjektiver Art).
[5] ESCHER, Art. 602, N. 43 ff.; TUOR/PICENONI, Art. 602, N. 10 (anders noch in der 1. Aufl., wie auch HAAB, Art. 652–654, N. 8); MEIER-HAYOZ, Art. 672, N. 6b und Art. 654, N. 54 ff. – Daß mit dem Ausscheiden eines Mitgliedes der Gemeinschaft oder Gesellschaft seine Beteiligung den anderen zuwächst, ist allgemein anerkannt. Da die Dereliktion eines Miteigentumsanteils diese Wirkung hat, tritt sie hier a fortiori ein; MEIER-HAYOZ, Art. 654, N. 56 und die dortigen Zitate (Akkreszenz im Sinne von Rechtskonsolidation).
[6] ESCHER, Art. 635, N. 9 ff.; dieser Auffassung hat sich auch TUOR/PICENONI angeschlossen (anders in der 1. Aufl.), wenn auch mit gewissen Vorbehalten, N. 15 ff. zu Art. 635.

allen Miterben abtritt[6], nicht aber, wenn er ihn einem Dritten überträgt[7]. Dieser Erbteil kann nichts anderes sein als der Anspruch auf den Liquidationserlös[8]. Der Dritte kann verlangen, daß seine Interessen durch behördliche Mitwirkung bei der Teilung gewahrt werden (Art. 609 ZGB).

Gegenüber den genannten Teilungs- und Liquidationsvorschriften kommt der Verweisung im Abs. 2 des Art. 654 geringe Bedeutung zu. Danach geschieht die Teilung, wo es nicht anders bestimmt ist, nach den Vorschriften über das Miteigentum. Da Gegenstand der Liquidation in der Regel ein Komplex verschiedener Vermögensobjekte ist, wird die Aufhebung selten durch körperliche Teilung einer Sache vollzogen, auch wenn sie ohne wesentliche Wertverminderung möglich wäre (Art. 651 Abs. 2). Sie kann auch durch gesetzliche Verbote ausgeschlossen sein[9]. Ist die Sache ein Nachlaßgegenstand, kommt der dem Art. 654 Abs. 2 entsprechende Art. 612 im Abschnitt über die Erbteilung zur Anwendung. Dies würde nach dem Grundsatz «Lex specialis derogat legi generali» gelten, auch wenn darauf im Art. 654 nicht ausdrücklich verwiesen wäre. Häufiger wird die Aufhebung des Gesamteigentums durch Veräußerung von Vermögensgegenständen und Teilung des Erlöses durchgeführt. Wenn sich die Erben darüber nicht einigen können, kommt es zur Versteigerung. Zum Entscheid darüber, ob sie öffentlich oder nur unter den Erben stattfinden soll, ist nach Art. 651 der Richter, nach Art. 612 Abs. 2 die im kantonalen Recht bestimmte Behörde zuständig[10].

Wie zur Aufhebung des Miteigentums bemerkt wurde, ist, obwohl davon im Art. 651 nicht die Rede ist, auch die Teilungsklage zulässig und zwar nicht nur mit dem Begehren auf Gutheißung eines Erbteilungsvertragsentwurfes, sondern auch als Gestaltungsklage. Auf die prozessualen Schwierigkeiten dieses Teilungsprozesses wurde dabei auch hingewiesen[11].

---

[7] Escher, Art. 635, N. 24; Tuor/Picenoni, Art. 635, N. 24.
[8] Die beiden Kommentare, a.a.O.; BGE 87 II, 1961, S. 218ff. = Pra 51 Nr. 4 = ZBGR 44, 1963, Nr. 56, S. 262ff.; 91 III, 1965, S. 69ff. = Pra 55 Nr. 28.
[9] Art. 612, 620ff. ZGB, Art. 86 Landwirtschaftsgesetz, Art. 218 OR. Eingehend im Kommentar Liver, N. 1–16 zu Art. 743.
[10] Versteigerung unter den Miterben und Erbteilungsvertrag: BGE 83 II, 1957, S. 363 = Pra 46 Nr. 152.
[11] Oben § 12, XIV 3.

Zweites Kapitel

Das Grundeigentum

Erster Abschnitt

Gegenstand, Erwerb und Verlust des Grundeigentums

§ 20. Bedeutung der Unterscheidung von Grundstücks- und Fahrnisrecht

Nach den Allgemeinen Bestimmungen über das Eigentum, die nur ein gutes Dutzend Artikel umfassen, regelt das ZGB das Eigentum getrennt als Grundstücksrecht im 19. und als Fahrnisrecht im 20. Titel. Diese Regelung ist in beiden Teilen umfassend und in sich geschlossen. Das Grundstücksrecht ist in zwei Abschnitte eingeteilt: 1. Gegenstand, Erwerb und Verlust des Grundeigentums; 2. Inhalt und Beschränkungen des Grundeigentums. Das Fahrniseigentumsrecht ist in einem einzigen Abschnitt geordnet: Gegenstand, Erwerb und Verlust. Vom Inhalt und den Beschränkungen des Eigentums braucht in diesem Abschnitt nicht die Rede zu sein, da für den Inhalt die Allgemeinen Bestimmungen genügen und Beschränkungen verhältnismäßig seltene Ausnahmen sind, die in speziellen öffentlich-rechtlichen Erlassen des Bundes und des Kantons enthalten sind (Art. 6 Abs. 2 ZGB). Darin zeigt sich ein wesentlicher Unterschied zwischen Grundeigentum und Fahrniseigentum[1].

Der normale Inhalt des Grundeigentums wird bestimmt durch die privat- und öffentlich-rechtlichen Vorschriften, welche es beschränken. Darin besteht der unserem Recht und dem alten deutschen Recht gemeinsame Grundzug und der Unterschied gegenüber dem römischen Recht. Diesem waren

---

[1] Die schärfere Trennung beider Gebiete und die eigenständigere wissenschaftliche Behandlung eines jeden von ihnen, insbesondere des Grundstücksrechtes, als es im 19. Jahrhundert im gemeinen Recht und dann im BGB geschehen ist, befürwortet FRITZ BAUR in seinem Lehrbuch des Sachenrechts, 1. bis 6. Aufl., 1960–1970, Vorwort und § II/2. Bei uns entsprechen Gesetz und Lehre diesem Anliegen.

zwar Eigentumsbeschränkungen keineswegs fremd; sie lassen aber der Nutzungs- und Verfügungsfreiheit des Eigentümers weiten Raum. Im mittelalterlichen deutschen Recht war das Grundeigentum mit der ganzen Staats- und Gesellschaftsordnung so dicht verflochten, daß seine Ausübung durch die Zugehörigkeit des Verfügungs- und Nutzungsberechtigten zu mannigfachen genossenschaftlichen und herrschaftlichen Verbänden bestimmt und beschränkt war. Grundeigentum ist schon im frühen Mittelalter zur Grundherrschaft, zur Herrschaft auch über die den Boden bearbeitenden Leute geworden. Sie ist eines der grundlegenden Elemente der lehensstaatlichen Verfassung. Rechte und Lasten personalstaatlichen Ursprungs schlugen sich im Laufe des Mittelalters in zunehmendem Umfang auf den Boden nieder. Man nennt das die dingliche Radizierung von Herrschaftsrechten. Nach dem Grundstück, das ein Mann zu Eigentum oder zur erblichen Leihe besaß (Eigen und Erbe), bestimmte sich seine rechtliche Stellung zur Herrschaft, wie in früherer Zeit freies Eigen (Allod) die Grundlage der vollen persönlichen Freiheit gewesen war. Der Begriff des dinglichen Rechtes erhielt mit der angedeuteten Entwicklung weitesten Umfang. Als liegendes Gut wurden die dauernden Nutzungsrechte, auch Forderungen, die aus Verfügungen über Grund und Boden hervorgingen, und bewegliche Sachen, die ihren Entstehungsgrund in Grund und Boden hatten, behandelt. Kein anderer Teil hat im deutschen Recht eine so vielseitige und eigenständige Durchbildung erfahren wie das Liegenschaftenrecht. Neben ihm erscheint das Fahrnisrecht als unwichtig; wie nach anderen Rechten gehen die beweglichen Sachen in formloser Übertragung von Hand zu Hand. Wird aber Grundeigentum übertragen, «muß mit allen Glocken geläutet werden»[2]. Dies ist eine Angelegenheit, welche vielfache genossenschaftliche und herrschaftliche Interessen berührt, deshalb allgemein kundgemacht werden muß und der behördlichen Mitwirkung bedarf (gerichtliche Eigentumsübertragung). In den eidgenössischen Städte- und Länderorten hat man sich am Ende des Mittelalters von dieser Kontrolle befreit. Der freie Landmann und der Bürger nahmen, wie der Adel, für sich das Recht in Anspruch, mit Privaturkunde oder in beliebiger Form über liegendes Gut zu verfügen. «Der Bürger hat seine eigene Kanzlei.» Als der Grundstücksverkehr in der Neuzeit zunahm, sah man sich genötigt, neue Einrichtungen der Publizität zu schaffen, zunächst zum Schutze der Grundpfandgläubiger, indem man wieder die Mitwirkung von Amtspersonen und die Registrierung vorschrieb.

---

[2] R. SOHM, Bürgerliches Recht, in: Die Kultur der Gegenwart (Sammelwerk), Band Rechtswissenschaft, S. 117. – «Res mobilis res vilis!» Über den Ursprung dieser Paroemie J. L. BARTHOU, Thèse Paris 1886.

Im 19. Jahrhundert mußten diese Einrichtungen ausgebaut werden, obwohl in der Vermögens- und Kapitalbildung Sachen und Rechte, die nach Fahrnisrecht in Verkehr gesetzt wurden, die größere Bedeutung erlangten[3]. Auch die Mobilisierung des Bodenwertes wurde zu einem allgemein anerkannten Ziel der Gesetzgebung. Notwendiges Erfordernis der Erleichterung des Verkehrs mit Boden und Bodenwert (mit letzterem als in ein Wertpapier gekleidetes Grundpfandrecht) war aber die Gewährleistung für die Sicherheit des Erwerbes durch Publizitätseinrichtungen (Registrierung, Fertigung, Protokollierung, Grundbuch). Weil das römische Recht dieses Erfordernis außer Acht ließ, genügte es den Bedürfnissen der Zeit keineswegs. Im modernen wie im mittelalterlichen Recht wurde zur Erfüllung der Verkehrsbedürfnisse die Besonderheit des Grundstücksrechtes verstärkt.

Gegeben ist diese Besonderheit aber schon durch den natürlichen, festen, sicheren, daseinsnotwendigen und unvermehrbaren Bestand von Grund und Boden. Dieser ist Daseinsgrundlage allen Lebens und hat nicht nur die Bedeutung eines Vermögensobjektes, sondern hat seine einzigartige volkswirtschaftliche, soziale und kulturelle Bedeutung und muß, um sie zu erfüllen, den mannigfachsten Vorschriften unterstellt werden, welche das Eigentum im Interesse der Nachbarn und der Allgemeinheit beschränken. Die Bestimmung des Zweckes der Liegenschaften kann dem Eigentümer entzogen und auf das Gemeinwesen als Träger der Landes-, Regional- und Ortsplanung übertragen werden. Damit wird der nachbarrechtliche und polizeiliche Schutz von der wirtschafts- und kulturpolitischen Zwecksetzung weitgehend überwältigt. Unter diesem Gesichtspunkt wird der Boden wieder zum einzigartigen und wichtigsten Objekt der Gesetzgebung.

Das Grundbuch und die Vermessung werden zum unentbehrlichen Instrument der staatlichen Intervention zum Schutze von Wirtschafts- und Kulturgütern. Das «neue Bodenrecht» ist zwar zum größten Teil öffentliches Recht, kann aber nur auf der Grundlage der privaten Eigentumsordnung und in steter Auseinandersetzung mit ihr geschaffen und angewendet werden.

§ 21. Begriff und Arten des Grundstücks

Vorbemerkung zum Art. 655 ZGB

«Gegenstand des Grundeigentums sind die Grundstücke. – Grundstücke im Sinne dieses Gesetzes sind: 1. die Liegenschaften, 2. die in das Grund-

---

[3] G. RADBRUCH, Einführung in die Rechtswissenschaft, 11. Aufl. (hg. von K. ZWEIGERT), Stuttgart 1964, S. 99f.; HAAB/SIMONIUS, Kommentar, Einleitung, N. 26 und Vorbemerkung 1 zu Art. 713ff.

buch aufgenommenen selbständigen und dauernden Rechte, 3. die Bergwerke, 4. (Ergänzung vom 19. Dezember 1963) die Miteigentumsanteile an Grundstücken.» Dieser Wortlaut von Art. 655 Abs. 1 trifft nur auf Liegenschaften zu. Nur sie sind Gegenstand des Grundeigentums. Alle andern da genannten Rechtsobjekte sind nicht Grundstücke, auch nicht «im Sinne dieses Gesetzes». Es sind Rechte, die im Rechtsverkehr als Grundstücke behandelt werden. Im Verkehr (Übertragung, Belastung) sind sie den Liegenschaften gleichgestellt, keineswegs aber in jeder anderen Hinsicht. Objekte des Eigentums können sie als Rechte nicht sein[1].

I. Grundstücke und ihnen im Rechtsverkehr gleichgestellte Rechte

1. Die Liegenschaften

Die Liegenschaft ist das, was wir im gewöhnlichen Sprachgebrauch Grundstück nennen, nämlich die unbewegliche Sache, die allein Gegenstand des Grundeigentums sein kann. Im Art. 1 Abs. 2 der GBV ist die Liegenschaft definiert als Bodenfläche mit genügend bestimmten Grenzen. Damit wird bloß die horizontale Begrenzung auf der Erdoberfläche ins Auge gefaßt. Die Liegenschaft ist aber nicht eine Fläche, sondern ein Körper, dessen vertikale Ausdehnung im Art. 667 bestimmt ist. Die Bestimmtheit der Grenzen ist sodann nicht notwendiges Merkmal des Begriffs. Es genügt, daß die Lage zwischen anderen Liegenschaften bekannt ist und die Grenzen mit den Anstößern bestimmbar sind[2].

2. Die in das Grundbuch aufgenommenen selbständigen und dauernden Rechte

a) Durch die Aufnahme in das Grundbuch werden diese Rechte den Rechtsverkehrs-Vorschriften über Grundstücke unterstellt. Die Aufnahme geschieht nach Art. 2 GBV durch Anlegung des Hauptbuchblattes (immatriculation, intavolazione). Das Recht erhält sein eigenes Blatt im Grund-

---

[1] Darauf hatte MAX RÜMELIN schon in seiner Besprechung des VE aufmerksam gemacht und die Änderung dieser «etwas deutschtümelnden Ausdrucksweise» empfohlen. EUGEN HUBER aber liebte solche Formeln und hat an diesem Text festgehalten (M. RÜMELIN, Der Vorentwurf zu einem schweiz. CGB, SA aus Schmollers Jahrbuch, 1901, S. 89f.).

[2] BGE 64 I, 1938, S. 106 = Pra 27 Nr. 103 (Ufergrundstück in der schwyzerischen Gemeinde Freienbach). Über die Abgrenzung der Gewässergrundstücke P. LIVER, Die Entwicklung des Wasserrechts in der Schweiz seit hundert Jahren, ZSR 71 I, 1952, S. 325ff. und in den Ges. rechtsgeschichtl. Abhandlungen, S. 174. Siehe ferner BGE 29 II, 1903, S. 773 (Thunersee), 56 I, 1930, S. 256 und 95 I, 1969, S. 343 (Bodensee) sowie neuere kantonale wasserrechtliche und vermessungsrechtliche Erlasse.

buch. Auch im Deutschen spricht man etwa von Intabulation. Damit die Aufnahme erfolgen kann, müssen die folgenden Voraussetzungen erfüllt sein:

α) Das aufzunehmende Recht muß schon bestehen, also im Grundbuch auf dem Blatt des belasteten Grundstückes eingetragen sein. Dieser Eintrag ist die Existenzgrundlage des Rechts. Wird er (gerechtfertigterweise) gelöscht, geht das Recht unter. Das ihm mit der Aufnahme eröffnete Blatt wird geschlossen[3].

β) Das Recht muß selbständig sein. Selbständig ist es, wenn es für sich übertragbar und vererblich ist. Nach Art. 7 Abs. 2 Ziff. 1 GBV ist die Selbständigkeit gegeben, wenn das Recht «weder zugunsten eines herrschenden Grundstückes noch ausschließlich zugunsten einer bestimmten Person» errichtet ist. Ausgeschlossen sind damit einerseits die Grunddienstbarkeiten, andererseits die Nutznießung und das Wohnrecht. Die «anderen Dienstbarkeiten» (irreguläre Personalservituten) können durch Vereinbarung verselbständigt werden (Art. 781 Abs. 2 ZGB).

γ) Das Recht muß dauernd sein; es würde sich sonst für den Verkehr nicht eignen, insbesondere auch nicht als Gegenstand beschränkter dinglicher Rechte. Die Mindestdauer ist in der GBV (Art. 7 Abs. 2 Ziff. 2) auf dreißig Jahre festgesetzt, womit eine Lücke des Gesetzes ausgefüllt worden ist. Diese Vorschrift hat sich in der Grundbuch- und Gerichtspraxis durchgesetzt und ist von den gesetzgeberischen Instanzen auch bei der Revision der Bestimmungen über das Baurecht anerkannt worden[4].

b) Als Beispiele für Rechte, welche alle diese Voraussetzungen erfüllen, sind in der GBV (Art. 7 Abs. 1) das Baurecht und das Quellenrecht genannt. Diese Rechte sind, vorbehältlich gegenteiliger Vereinbarung, im Gesetze selber als übertragbar und vererblich, also als selbständige Rechte erklärt (Art. 779 Abs. 2 und Art. 780 Abs. 2 ZGB). Dies sind denn auch in der Praxis nach Zahl und Bedeutung die weitaus wichtigsten der in das Grundbuch aufgenommenen Rechte. Doch sind es nicht die einzigen. Es wurde schon darauf hingewiesen, daß auch «andere Dienstbarkeiten» (irreguläre Personalservituten) durch Vereinbarung verselbständigt werden (Art. 781 Abs. 2), um dann ins Grundbuch aufgenommen werden zu können. Dazu können auch ehehafte Wasserrechte und Fischereirechte gehören. Die Wasserrechte

---

[3] Aufnahme und Eintragung sind völlig verschiedene Akte und müssen auseinandergehalten werden. Ein Grundstück kann ins Grundbuch nur aufgenommen, nicht eingetragen werden. Im italienischen Gesetzestext ist die Verwechslung erst in den neuesten Ausgaben der Bundeskanzlei behoben worden.

[4] Im Vernehmlassungsverfahren war einerseits die Kürzung, andererseits die Verlängerung der Mindestdauer von 30 Jahren verlangt worden. Diese Vorschläge hoben sich gegenseitig auf, so daß auf sie nicht eingetreten wurde.

als Mühlenrechte sind indessen in der Regel Grunddienstbarkeiten. Sie müssen in «andere Dienstbarkeiten» umgewandelt werden und als übertragbar erklärt werden, um die Selbständigkeit zu erlangen. Dies ist denn auch häufig geschehen[5]. Auch Personalgrundlasten können die Voraussetzungen der Aufnahme erfüllen.

3. Bergwerke

Unter dem Bergwerk im Sinne des Art. 655 Abs. 2 Ziff. 3 ist nicht die Minerallagerstätte mit den Anlagen zu ihrer Ausbeutung zu verstehen. Dies wäre eine Liegenschaft mit Bestandteilen und Zugehör und fiele als unbeweglicher körperlicher Gegenstand unter die Ziffer 1. Die Ziffer 3 fügt sich nur dann dem Sinn- und Zweckzusammenhang des Art. 655 ein, wenn sie das Bergrecht zum Gegenstand hat, nämlich die vom Kanton auf Grund des Bergregals verliehene Bergbauberechtigung. Praktische Bedeutung hat diese Bestimmung in der Schweiz nicht erhalten[6].

4. Die Miteigentumsanteile an Grundstücken

Mit der Ziffer 4, unter der diese Rechte stehen, ist der Art. 655 im Jahre 1963 ergänzt worden. Eine materielle Änderung ist das nicht. Die Übertragung und Belastung der Miteigentumsanteile an Grundstücken ist immer wie die der Grundstücke vor sich gegangen[7].

5. Den selbständigen und dauernden Rechten durch kantonales Privatrecht und öffentliches Recht des Bundes gleichgestellte Rechte

In einigen Kantonen bestehen private Alp-, Wald-, Weide- und Wassergenossenschaften, deren Mitgliedschaftsrechte zu Korporationsteilrechten verselbständigt sind, so daß sie die Erfordernisse der Aufnahme in das Grundbuch erfüllen. In den Kantonen, in denen diese Genossenschaften vorkommen, ist denn auch die Übertragung und Belastung der Teilrechte nach den Vorschriften über die Grundstücke vorgesehen und ihre Aufnahme in das Grundbuch oder in ein besonderes Register mit gleichen Wirkungen angeordnet. Genossenschaften dieser Art von erheblicher wirtschaftlicher Bedeutung sind namentlich eine Anzahl von Alpgenossenschaften in den

---

[5] P. LIVER, Die ehehaften Wasserrechte in der Schweiz, in: Festschrift Gieseke, Karlsruhe 1958, S. 225 ff., bes. S. 244 ff.
[6] MEIER-HAYOZ, Kommentar, Grundeigentum, N. 55 zu Art. 655 setzt sich mit älteren, unhaltbaren Ansichten auseinander.
[7] Botschaft zum BG betr. das Miteigentum und StWE vom 7. Dezember 1962, S. 39.

Kantonen Bern, Graubünden und St. Gallen. Auch im Kanton Solothurn kommen sie vor[8].

Gegenstand der Aufnahme in das Grundbuch kraft eidgenössischen Rechtes sind die selbständigen und dauernden verliehenen Wasserrechte. Der Art. 56 SchlT ZGB, der ihre Aufnahme ins Grundbuch schon vorgesehen hatte, ist 1916 als Art. 59 in das Bundesgesetz über die Nutzbarmachung der Wasserkräfte übernommen worden[9].

II. Der Zweck und das Verfahren der Aufnahme in das Grundbuch

Liegenschaften müssen, von der Ausnahme im Art. 944 ZGB abgesehen, ins Grundbuch aufgenommen werden. Darin besteht der wesentliche Akt der Einführung des Grundbuches. Die selbständigen und dauernden Rechte können in das Grundbuch aufgenommen werden. Dies geschieht auf Antrag des Berechtigten. Der Eigentümer des belasteten Grundstückes braucht nicht zuzustimmen, denn die Belastung erfährt durch die Aufnahme keine Änderung, insbesondere keine Erschwerung. Art. 943 verweist auf die GBV, welche die Aufnahme in den Art. 1 bis 10 regelt. Miteigentumsanteile an Grundstücken können von Amtes wegen aufgenommen werden, wenn dies dem Grundbuchverwalter im Interesse der Klarheit und Übersichtlichkeit der Einträge als geboten erscheint (Art. 10a Abs. 1 GBV). Sind sie zu StWE ausgestaltet, ist ihre Aufnahme vorgeschrieben (Art. 10a Abs. 2–4 GBV). (Siehe dazu vorn § 15 II.) Damit sollte die Selbständigkeit der StWE-Einheit betont und in verbindlicher Weise kundgemacht werden. Die Aufnahme der hievor genannten Rechte in das Grundbuch hat überhaupt den Zweck, sie zu Objekten des Grundstücksverkehrs zu machen und zwar auch der Verpfändung und Errichtung von Dienstbarkeiten und Grundlasten zu ihren Lasten und zu ihren Gunsten. Sind solche Rechte Eigentümerdienstbarkeiten, kann der Eigentümer durch die Errichtung von beschränkten dinglichen

---

[8] Bern, EG Art. 104 und VO über das Seybuch vom 29. Dez. 1911; Graubünden, EG (1944) Art. 46 und VO betr. die Verzeichnisse von Korporationsteilrechten vom 27. Juli 1945; St. Gallen, EG (1942) Art. 187 ff. und VO über das Alpbuch vom 22. März 1951; Solothurn, EG (1954) § 45; Zürich, EG § 54 und VO des ObGer über die Grundbuchführung betr. die Korporationsteilrechte vom 5. März 1916. – LIVER, Zürcher Kommentar, Einleitung, N. 122/23; DERSELBE, Genossenschaften mit Teilrechten, in: Festschrift Haff (oben § 12, Anm. 65) und Privatrechtl. Abhandlungen, S. 175 ff.

[9] Art. 8 GBV; Kreisschreiben des BR vom 12. Sept. 1924 und vom 27. März 1925 über die Anmerkung des Heimfallsrechtes auf den Wasserrechtsblättern. – Gleich können auch Grundwasserrechte, die von den Kantonen verliehen werden, behandelt werden. BlZR 21, 1922, Nr. 81 = ZBGR 14, 1933, S. 5 mit Hinweis auf die VO des ObGer betr. die grundbuchliche Behandlung von Wasserrechtsverleihungen von 19. Dez. 1922.

Rechten an ihnen und für sie die Nutzungsmöglichkeiten und das Verhältnis zwischen eigener Nutzung und den errichteten Nutzungsrechten durch die von ihm bestimmte Rangordnung regeln.

Man hat die Behandlung von Rechten als Grundstücke im Rechtsverkehr auch etwa als Verliegenschaftung bezeichnet und sieht darin eine dem historischen deutschen Recht eigene Erscheinung (siehe hievor S. 121). Sie konnte durch die Einrichtung des Grundbuches so erneuert werden, daß sie den Anforderungen unserer Zeit und ihren Bedürfnissen entspricht.

§ 22. Öffentliche und herrenlose Sachen im Sinne des Art. 664 ZGB

I. Vorbehalt des öffentlichen Rechts

Der Art. 664 ist erst in den Beratungen der eidgenössischen Räte zustandegekommen. Noch der bundesrätliche Entwurf enthielt im 24. Titel je einen Abschnitt über das Bergrecht und über das Wasserrecht und dazu einige allgemeine Bestimmungen (Art. 911 bis 956). Man ließ den ganzen Titel fallen, um die «herrenlosen und die öffentlichen Sachen» der Spezialgesetzgebung des Bundes und der Kantone zu überlassen[1].

Der neue Artikel über diese Sachen erhielt im wesentlichen die Bedeutung eines bloßen Vorbehaltes des kantonalen Rechtes. Dieser Vorbehalt ist mit der Wendung, diese Sachen stünden «unter der Hoheit des Staates, in dessen Gebiet sie sich befinden», recht sonderbar formuliert. Wenn unter der Hoheit, wie der Wortlaut annehmen ließe, die Territorialhoheit zu verstehen wäre, würde die Bestimmung nichts sagen, denn der Territorialhoheit der Gebietskörperschaft, innert deren Grenzen sie sich befinden, unterstehen überhaupt alle Sachen und Personen. «Hoheit» muß hier als Kompetenz zur Gesetzgebung aufgefaßt werden, welche die gleiche Bedeutung wie im Art. 702 ZGB hat: «Dem Bunde, den Kantonen und den Gemeinden bleibt es vorbehalten ... öffentlich-rechtliche Beschränkungen des Grundeigentums aufzustellen». Darüber geht der Art. 664 insofern hinaus, als der Vorbehalt auch die Befugnis umfaßt, zu bestimmen, welche Sachen als «herrenlos» oder «öffentlich» zu gelten haben, welche Rechte an ihnen bestehen und welchem Gemeinwesen sie zustehen. Ferner wird den Kantonen auch zur Aufgabe

---

[1] Siehe LIVER, Die Entwicklung der Wasserrechte in der Schweiz (oben § 21, Anm. 2), S. 305 ff., bes. S. 334 f. (ZSR) bzw. S. 156 ff., bes. S. 182 f. (Ges. rechtsgeschichtl. Abh.).

gemacht, Bestimmungen über die Aneignung herrenloser Sachen und über den Gemeingebrauch aufzustellen[2].

II. Die Objekte des vorbehaltenen öffentlichen Rechtes

Der Art. 664 steht unter dem Titel «Grundeigentum». Er hat nur Liegenschaften zum Gegenstand. Es sind Liegenschaften, die nicht im Eigentum oder doch nicht hinsichtlich der Nutzung unter der Herrschaft von Privatpersonen stehen. Nur das kann mit dem Satze gemeint sein, «es bestehe an ihnen unter Vorbehalt anderweitiger Nachweise kein Privateigentum». Von den Liegenschaften des Gemeinwesens fallen außer denen des Finanzvermögens (die in jeder Hinsicht vom Privatrecht beherrscht sind) die Grundstücke und Berechtigungen des Verwaltungsvermögens, die unmittelbar in den Dienst einer öffentlichen Aufgabe gestellt sind[3], nicht unter den Art. 664. Das ergibt sich einmal aus der Aufzählung der Beispiele in diesem Artikel: einerseits Gewässer und der Kultur nicht fähiges Land, anderseits Straßen und Plätze. Dafür spricht aber auch, daß von den Sachen des Verwaltungsvermögens (Verwaltungsgebäude, Schul- und Spitalgebäude, Museen und staatliche Eisenbahngrundstücke) auch nach den Auffassungen, welche zur Zeit der Entstehung des ZGB galten, niemals hätte gesagt werden können, sie stünden außerhalb der Eigentumsordnung, seien also herrenlos. Diese Sachen stehen auch nicht im Gemeingebrauch. Im Art. 664 ist aber vorausgesetzt, daß die «öffentlichen» Sachen im Gemeingebrauch stehen, denn dessen Regelung wird den Kantonen zur Pflicht gemacht. Die Sachen, welche den Gegenstand des Art. 664 bilden, sind **ausschließlich Sachen im Gemeingebrauch**, Sachen also, die von jedermann ohne behördliche Erlaubnis und gebührenfrei in bestimmter, in ihre Substanz nicht eingreifender Weise benutzt werden können. Sie stehen dem Gemeingebrauch auf Grund ihrer natürlichen Beschaffenheit und Lage offen (res natura publico usui destinatae) oder sie sind für den Gemeingebrauch erstellt und für ihn von der zuständigen Behörde bestimmt (res iure publico usui destinatae)[4].

---

[2] Dem Wortlaut nach ließe der Vorbehalt auch den Erlaß privatrechtlicher kantonaler Vorschriften zu und wäre dann insoweit ein echter Vorbehalt. In diesem Sinne BGE 44 I, 1918, S. 167 ff. = Pra 8 Nr. 11 und EGGER, Kommentar, N. 7 zu Art. 5. Eine privatrechtliche Regelung der öffentlichen Sachen hätte jedoch nur in Betracht kommen können, solange das verliehene Sondernutzungsrecht als privates Recht galt, was zur Zeit der Entstehung der Entwürfe des ZGB zutraf. Diese Auffassung ist seither aufgegeben worden. Soweit heute privates Recht auf öffentliche Sachen Anwendung findet (Art. 944 ZGB), ist es das des ZGB selber. LIVER, Berner Kommentar, Einleitungsband, N. 15 zu Art. 5.
[3] EUGEN HUBER nennt diese Sachen in den Erläuterungen 1914, II, S. 354, auch «herrenlose öffentliche Sachen». Siehe dagegen BGE 67 I, 1941, S. 277 = Pra 30 Nr. 114 (Zeughaus).
[4] Über die Widmung zum Gemeingebrauch vgl. LIVER, ZBJV 104, 1968, S. 421 f.

Zu der ersten Kategorie gehört das der Kultur nicht fähige Land: Felsen und Schutthalden, Firne und Gletscher und die daraus entspringenden Quellen. Dazu wurden auch die Gewässer gezählt; sie galten als herrenlose Sachen, wenn auch nur deshalb, wie REGELSBERGER, Pandekten, S. 433, sagt, weil sich dies aus den römischen Quellen ergebe[5]. Dies könnte heute, selbst wenn es richtig wäre, nicht maßgebend sein. Auch im übrigen kann die Ansicht, daß an den öffentlichen Sachen kein Eigentum bestehen könne, sondern ein Hoheitsrecht als Grundlage der polizeilichen Regelung, als überwunden gelten[6].

Mit der Bezeichnung der Gewässer und des der Kultur nicht fähigen Landes als herrenlose Sachen im Art. 664 kann deshalb nicht in verbindlicher Weise gesagt sein, daß diese Liegenschaften wirklich herrenlos im Sinne des Art. 658 sind. Darüber entscheidet das kantonale Recht.

III. Rechtsverhältnisse

Herrenlos sind die Sachen im Gemeingebrauch in den meisten Kantonen überhaupt nicht. Sie stehen im Eigentum des Kantons oder der Territorialgemeinden. In Graubünden und im Wallis[7] gehören sie den Gemeinden, in

---

[5] Daß die öffentlichen Gewässer nach den Entwürfen des ZGB als herrenlose Sachen galten, geht aus den Erläuterungen II, S. 353 hervor. Vgl. die Ausführungen in der in Anm. 1 hievor zit. Abhandlung, S. 325 ff. (bzw. S. 174 ff.). In Zweifel gezogen wurde diese Auffassung vom Berichterstatter im StR (Hoffmann), StenBullStR 1907, S. 93.

[6] Diese Theorie ist im 19. Jahrh. auf Grund des römischen und gemeinen Rechts zur Herrschaft gekommen. Anlaß zu ihrer Begründung und Anwendung durch die hervorragendsten Rechtsgelehrten (namentlich RUD. JHERING und FR. L. KELLER) gab der Basler Schanzenstreit (1859–62), der für die Rechtslehre wohl bedeutendste Prozeß in der Schweiz. Siehe FLEINER, Inst. des dt. Verw. R., 8. Aufl., S. 356 und die da zit. Lit.; neuestens TH. BÜHLER, Andreas Heusler und die Revision der Basler Stadtgerichtsordnung, Basler Studien 69, Basel 1963, S. 26 ff.; W. KUNDERT, Der Basler Schanzenstreit von 1859/62, Basler Z. f. Gesch. und Altertumskunde 1973, S. 157 ff. Die Ansicht, daß an den öffentlichen Sachen kein Eigentum bestehen könne, ist inzwischen (auch für das römische Recht) längst überwunden worden, und zwar auch in Frankreich (A. LAUBADÈRE, Traité élémentaire de droit administratif II, 4. Aufl. 1968, No. 239 ff.). Siehe auch die Anm. 2 und 5 hievor.

[7] Nach dem CGB Graubünden (1862) § 214 und 224, EG (1944) Art. 148 gehört Boden, der keinen anderen Eigentümer hat, der Territorialgemeinde. «Herrenlose» Liegenschaften i.S. von Art. 664 ZGB gibt es nicht. Das Walliser Gesetz vom 17. Jan. 1933 «concernant l'attribution de la propriété des biens du domaine public et des choses sans maître» erklärt mit diesem Titel und dann auch im Art. 6 ausdrücklich, daß das domaine public communal Eigentumsherrschaft der Gemeinde sei. Das kant. WRG vom 27. Mai 1898 erklärt, daß die Rhone und der Leemansee auf Kantonsgebiet Eigentum des Staates, die Nebenflüsse, Wildbäche und Kanäle Eigentum der Gemeinden seien. Das neue WRG vom 5. Febr. 1957 verweist im Ingress hinsichtlich des Eigentums an den öffentl. Gewässern auf das Gesetz vom 17. 1. 1933. Auf Grund früheren Rechtes ist der ganze Rhonegletscher bis an die Urner und Berner Grenze durch Urteil des KGer vom 23. Dez. 1936 einem Privaten (Dr. H. Seiler) zugesprochen worden, erstaunlicherweise.

den anderen Kantonen dem Staat, auch wenn dies nicht klar ausgesprochen ist[8]. Einzelne Kantone scheuten sich, diese Sachen expressis verbis als ihr Eigentum zu erklären; sie sprachen, besonders mit Bezug auf die öffentlichen Gewässer, von der Hoheit des Staates, von Gemeingut, öffentlichem Gut und dergleichen. Bern hat die Bezeichnung «herrenlos» für das der Kultur nicht fähige Land (im Gegensatz zum früheren Recht) aus dem Art. 664 übernommen, schließt aber (selbstverständlich) die Aneignung aus[9]. Im Tessin wies man 1894 das Ansinnen, der Kanton beanspruche das Eigentum an den öffentlichen Gewässern, weit von sich und erklärte die Flußbetten als «cose senza padrone sotto la sorveglianza dello Stato». Solche Erklärungen, mögen sie auch im Gesetz oder in der Verfassung stehen, sind praktisch bedeutungslos. Überall, im Tessin so umfassend wie in irgendeinem Kanton, stehen die Gewässer unter der Herrschaft des Staates, die sich im Verfügungsrecht über die Wasserkräfte und sonstige Nutzungsmöglichkeiten der Gewässer auswirkt[10]. Soweit der Kanton dieses Recht hat, ist es gleichgültig, ob ihm das Eigentum zusteht oder nicht. So sind im Kanton Bern die Gewässer mit Ausnahme der «schiff- und flößbaren» private Liegenschaften, aber dem Verfügungsrecht des Staates über die Nutzung der Wasserkräfte und des Gebrauchswassers unterworfen und zum großen Teil der wasserbaulichen Aufsicht des Staates unterstellt[11]. Am öffentlichen Grundwasservorkommen kann Sondereigentum des Gemeinwesens nicht bestehen. Aber in bezug auf die Nutzung steht es unter der Herrschaft des Kantons oder der Gemeinde. Auch Wege, die einen privaten Eigentümer haben, können im Gemeingebrauch stehen und deshalb öffentliche Sachen sein[12].

In den westschweizerischen Kantonen und im Tessin wird die Herrschaft des Gemeinwesens über die öffentlichen Sachen wie in Frankreich und Italien als domaine public, demanio pubblico bezeichnet. Aber darunter ist nicht, wie in Frankreich, «öffentliches Eigentum» zu verstehen, das in jeder Hinsicht allein vom öffentlichen Recht beherrscht wäre und so eine vom

---

[8] Siehe meine in den Anm. 2 und 5 hievor zit. Ausführungen. Auch BGE 95 I, 1969, S. 248 und 93 II, 1967, S. 177f. erklären die Eigentumszuständigkeit des Gemeinwesens als die Regel.
[9] Bern, EG Art. 77.
[10] In meiner in den Anm. 1 und 5 hievor zit. Abhandlung, S. 330 f. (bzw. 178f.).
[11] Gesetz über die Nutzung des Wassers vom 3.12.1950/6.12.1964; Gesetz über die Korrektion und den Unterhalt der Gewässer vom 3.4.1857. Wiederholt ergänzte VO betr. Bezeichnung der öffentl. Gewässer und der unter öffentliche Aufsicht gestellten Privatgewässer vom 5.6.1942.
[12] Zum Beispiel Bern, Straßengesetz vom 2. Februar 1964, Art. 10 und 15; M. IMBODEN, Schweiz. Verwaltungsrechtsprechung, 3. Aufl. Basel 1969, Nr. 422 und 423; H. SCHULTZ, Die strafrechtliche Rechtsprechung zum neuen Straßenverkehrsrecht, Bern 1968, S. 87f.

Privateigentum geschiedene eigene Art des Eigentums sein würde[13]. Es ist vielmehr, wie in der übrigen Schweiz, Eigentum schlechthin, dessen Inhalt jedoch soweit durch das öffentliche Recht bestimmt wird, als die Erfüllung des öffentlichen Zweckes es erfordert. Soweit aber die öffentliche Zweckbestimmung dadurch nicht berührt oder beeinträchtigt wird, können die öffentlichen Sachen Objekte des Rechtsverkehrs sein, der sich nach den Vorschriften des ZGB vollzieht[14]. Der Nachweis privater Rechte an öffentlichen Sachen muß nach Art. 664 Abs. 2 zugelassen werden.

IV. Die Benutzung der öffentlichen Sachen

Die dem Wesen dieser Sachen entsprechende Nutzung ist der Gemeingebrauch, der von jedermann ohne behördliche Erlaubnis und ohne Entgelt ausgeübt werden darf, und zwar in der Weise, daß sich dies mit den gleichen Befugnissen aller anderen verträgt[15]. Die Benutzung eines Weges hat dessen Zweckbestimmung und baulichem Zustand zu entsprechen. An einem öffentlichen Gewässer besteht der Gemeingebrauch im Trinken, Tränken, Baden, Waschen und Schwemmen sowie im Befahren mit Ruderboot und auch in der Einleitung des Abwassers, wenigstens wenn es nach den Vorschriften über den Gewässerschutz gereinigt ist[16]. Den Gemeingebrauch hat das kantonale Recht namentlich vom gesteigerten Gemeingebrauch abzugrenzen, welcher der Erlaubnis bedarf, die nur gegen eine Gebühr und gegebenenfalls eine Nutzungstaxe erteilt wird, und zwar unter dem Vorbe-

---

[13] E. Ruck, Das Eigentum im schweiz. Verwaltungsrecht, in: Festgabe Paul Speiser, Basel 1926, S. 17 ff.; derselbe, Schweiz. Verwaltungsrecht I, 3. Aufl. Zürich 1951, S. 141 ff.; P. Liver, Zürcher Kommentar, Dienstbarkeiten und Grundlasten, Einleitung, N. 106, 111 ff.; Art. 742, N. 112 ff.; A. Grisel, Droit administratif suisse, Neuchâtel 1970, S. 279 ff.

Für die Frage der zivilrechtlichen Haftung des Gemeinwesens als Grund- und Werkeigentümer sind die Theorien vom öffentlichen Eigentum ohnehin irrelevant: BGE 70 II, 1944, S. 87 = Pra 33 Nr. 112; 75 II, 1949, S. 119 = Pra 38 Nr. 93; 76 II, 1950, S. 131 = Pra 39 Nr. 136; 91 II, 1965, S. 479 = Pra 55 Nr. 100. Zur Haftung des Eigentümers nicht kulturfähigen Landes aus Art. 679 siehe BGE 93 II, 1967, S. 230 ff. = Pra 56 Nr. 145.

Über altüberkommene private Nutzungsrechte an öffentlichen Gewässern (ehehafte Wasserrechte) siehe Liver, Die ehehaften Wasserrechte in der Schweiz (oben § 21, Anm. 5). – Daß an öffentlichen Grundstücken private obligatorische und dingliche Rechte begründet und Parzellen des «herrenlosen» Landes Privaten zu Eigentum übertragen werden können (was in den Formen des privaten Grundstücksverkehrs geschieht), betont Eugen Huber in den Erläuterungen 1914, II, S. 352 ff.

[14] BGE 67 I, 1941, S. 277 ff. = Pra 30 Nr. 114 (Zeughaus).

[15] F. Fleiner, Inst. des dt. Verw. R., 8. Aufl., S. 374 ff.; M. Imboden, Schweiz. Verwaltungsrechtsprechung (oben Anm. 12), Nr. 422, 423; BGE 100 Ia, 1974, S. 131 ff. = Pra 63 Nr. 205.

[16] Die erschöpfendste Umschreibung enthielt das Badische (mit dem preussischen und württembergischen WG übereinstimmende) Wasserrecht im § 12, erläutert im Kommentar von K. Schenkel, 2. Aufl. 1902, S. 220.

halt des Entzuges, wenn öffentliche Interessen dies verlangen. Das in den kantonalen WRG am häufigsten dafür erwähnte Beispiel ist die Polizeibewilligung, welche die Gewinnung von Sand, Kies und andern Materialien aus Gewässerbetten gestattet[17].

Am eingehendsten geregelt ist der Gemeingebrauch öffentlicher Straßen im Straßenverkehrsrecht des Bundes. Die im Art. 664 ZGB vorgesehenen kantonalen Bestimmungen über die Ausbeutung der öffentlichen Sachen sind außer den Vorschriften über den gesteigerten Gemeingebrauch in den Gesetzen über die Wassernutzung, soweit diese nicht durch das Eidg. Gesetz über die Nutzbarmachung der Wasserkräfte vom 22. Dez. 1916 geregelt ist, und in den Bergrechtsgesetzen enthalten[18]. Die im Art. 664 an erster Stelle vorgesehenen Bestimmungen über die Aneignung herrenlosen Landes sind gegenstandslos, da es der Aneignung freigestelltes Land im Sinne des Art. 664 überhaupt nicht gibt. Auch wo das der Kultur nicht fähige Land als herrenlos bezeichnet wird, ist die Aneignung ausgeschlossen (bern. EG Art. 77)[19]. Ein prekaristisches, obligatorisches, dingliches Nutzungsrecht oder gar Eigentum kann ein Privater nur durch Erlaubnis, Bewilligung, Konzession oder Eigentumsübertragung (diese in den Formen der privatrechtlichen Grundeigentumsübertragung) der zuständigen Behörde erwerben.

Durch solche Verfügungen des Gemeinwesens kann der Gemeingebrauch eingeschränkt oder unmöglich gemacht werden. Diese Wirkung hat der Bau und Betrieb von Stauwerken für Wasserkraftanlagen, weil dadurch Bach- und Flußbetten auf größere Strecken ganz oder bis auf bestimmte Restwassermengen entleert werden. Dagegen gibt es kein Rechtsmittel zum Schutze des Gemeingebrauchs, auch nicht wenn das zuständige Gemeinwesen die Konzession tatsächlich aus rein fiskalischen Gründen erteilt hat[20]. Doch können hier neue Gesetze über Gewässernutzung, Natur- und Heimatschutz, Umweltschutz usw. eingreifen.

---

[17] Zürich, Wasserbaugesetz (1901/1967) §§ 45ff. und 99, EG § 137; Aargau, Gesetz über die Nutzung und den Schutz der öffentl. Gewässer (1954) §§ 4 und 42.

[18] Diese Gesetze haben ihre Grundlage im Bergregal, das fast alle Kantone sich vorbehalten haben. Wo dies nicht der Fall ist, wie in Graubünden, wird das Bergrecht vom Grundeigentümer erteilt, der meistens die Territorialgemeinde ist. Es ist dann ein privates obligatorisches Recht oder eine Dienstbarkeit.

[19] Die aus dem Art. 664 übernommene Bezeichnung des der Kultur nicht fähigen Landes als «herrenlos» entspricht dem früheren Recht, das man nicht ändern wollte, nicht. Auch in der Praxis wurde dieses Land als Staatseigentum behandelt. AppH in ZBJV 60, 1924, S. 545 ff. (Oeschinensee), BGE 81 II, 1955, S. 276: Nach der für das BGer maßgebenden Auslegung der Vorinstanz ist im Kanton Bern der Staat Eigentümer des nicht kultivierbaren Bodens.

[20] Daß eine willkürliche Beschränkung des Gemeingebrauchs nicht zulässig ist, gilt unabhängig vom Art. 664. Eine bundesrechtliche Gewährleistung des Gemeingebrauchs, wie MEIER-

V. Die Abgrenzung des der Kultur nicht fähigen Landes vom landwirtschaftlich nutzbaren Boden

Diese Abgrenzung hat erst in den letzten Jahrzehnten mit dem Bau von Kraftwerken, Transportleitungen für elektrische Energie, Erdöl, Gas, Luftseilbahnen, Skiliften, Restaurationsgebäuden in der Grenzzone zwischen dem Wald- und Weideboden einerseits, dem der Kultur nicht fähigen Land andererseits (Felsen, Schutthalden, Firne, Gletscher und daraus entspringende Quellen sind im Art. 664 aufgezählt) größere praktische Bedeutung erhalten [21].

Vereinzelt ist es zu Prozessen um diese Grenze auch schon früher gekommen, wenn Boden in dem der Kultur nicht fähigen Gelände irgendwie genutzt wurde [22].

Diese Abgrenzung ist mit erheblichen Schwierigkeiten verbunden, weil die Kulturgrenze nicht gerade verläuft, sondern viele Zacken nach unten und nach oben aufweisen kann. Gletscherzungen, Felsbänder, Schutthalden können sich tief ins Alpgelände hinunterziehen. Schuttflächen und felsiges Gelände kann auch vom Alpboden umschlossen sein. Grasbänder ziehen sich zwischen Felsen und Schutthalden gegen die Berggrate hinauf. Es kann ebensowenig in Betracht kommen, daß aus dem Alpgebiet Stücke unproduktiven Landes als Exklaven ausgeschieden, wie daß innerhalb von Felsabstürzen mit etwas Gras bewachsene Streifen, Absätze, Wänge, die von Gemsen beweidet und vielleicht hie und da von Schafen oder Ziegen von der darunter liegenden Alp aus erklettert werden, in das Alpgebiet einbezogen werden, so daß dessen Grenze felsige Bergflanken bis zu den Graten umschließen würde [23]. Das Ziel muß sein, eine möglichst natürliche, unverzerrte

---

HAYOZ, Kommentar, N. 31 ff., 62, 141, 209, annimmt, enthält der Art. 664 nicht. In diesem Punkte auch unzutreffend VEB 1954, Nr. 157. Siehe auch IMBODEN, Schweiz. Verwaltungsrechtsprechung II (3. Aufl.), Nr. 223 III und IV, 422.

[21] Nebenbei bemerkt, ist auch die Festlegung von Territorialgrenzen in vielen Fällen erst aus den gleichen Ursachen aktuell geworden.

[22] Dafür sind die folgenden bereits erwähnten Urteile anzuführen:
1. Bern. AppH 18. Januar 1924 i.S. Staat Bern gegen die Alpgenossenschaft Oeschinenholz betr. das Eigentum am Oeschinensee (ZBJV 60, 1924, S. 545 ff.). Bloß zur Ersitzungsfrage BGE 50 II, 1924, S. 119f. = Pra 13 Nr. 113;
2. Wallis, KGer 29. Jan. 1936 i.S. Dr. H. Seiler gegen die Munizipalgemeinde Oberwald betr. Eigentum am ganzen Rhonegletscher auf Kantonsgebiet; Entscheid der staatsrechtl. Abt. des BGer 23. Dez. 1936 (nicht veröffentlicht);
3. KGer Graubünden 28. Juli 1942 (PKG 1942 Nr. 5, S. 12 ff.) i.S. Gemeinde Tschiertschen als Territorialgemeinde gegen die Gemeinde Maladers als Eigentümerin der Alp Innerurden betr. das Eigentum des Bodens auf dem Gipfel des Aroser Weißhorn.

[23] So gemäß dem vorerwähnten Urteil Nr. 3.

Grenzlinie zu ziehen, welche nach unten hin alle Flächen umfaßt, die für das Alpvieh, mit dem die Alp genutzt wird, je nach der Gattung (Kuh-, Rinder-, Jungvieh-, Schaf- oder Ziegenalp) im gewöhnlichen Weidgang erreichbar sind und genutzt werden[24].

§ 23. Die grundbuchliche Eigentumsübertragung

I. Das Eintragungsprinzip

Unter den Erwerbsarten stellt das Gesetz (Art. 657 ZGB) die rechtsgeschäftliche Übertragung des Eigentums an die erste Stelle. Das Rechtsgeschäft ist entweder ein Vertrag (Art. 657 Abs. 1) oder eine Verfügung von Todes wegen (Art. 657 Abs. 2). Es begründet den Anspruch des Erwerbers auf Übertragung des Eigentums. Zum Erwerb des Grundeigentums bedarf es der Eintragung in das Grundbuch (Art. 656 Abs. 1). Damit wird für die Übertragung des Grundeigentums das absolute Eintragungsprinzip festgelegt.

Von ihm wird das relative Eintragungsprinzip unterschieden (Art. 656 Abs. 2), so genannt, weil es nur insofern gilt, als der Erwerber sich nicht eintragen lassen muß, um Eigentümer zu werden. Er ist ohne Eintragung, also außergrundbuchlich, Eigentümer geworden, muß sich aber eintragen lassen, um über das Grundstück verfügen, es veräußern oder belasten zu können. Nur in bezug (in Relation) darauf ist die Eintragung erforderlich. Sie legitimiert den Eigentümer zur Verfügung und schützt den künftigen Erwerber in seinem Vertrauen auf das Verfügungsrecht des Eingetragenen (positive Rechtskraft). Aber die negative Rechtskraft fehlt dem Grundbuch im Bereiche dieses Prinzips: Eigentümer des Grundstücks kann auch sein, wer nicht oder noch nicht eingetragen ist. Im Bereiche des absoluten Eintragungsprinzips kann dagegen nicht Eigentümer und nicht am Grundstück dinglich Berechtigter sein, wer nicht eingetragen ist (Art. 971 Abs. 1 ZGB). Da erfüllt die Eintragung ihre erste und wichtigste Publizitätsfunktion. Jeder Wechsel des Eigentums, jede rechtsgeschäftliche Belastung mit einem beschränkten dinglichen Recht vollzieht sich durch eine für jedermann, der daran ein Interesse hat, erkennbare Handlung, denn das Grundbuch ist öffentlich (Art. 970). Mit dem Schutz des gutgläubigen Erwerbers in seinem Vertrauen

---

[24] In diesem Sinne mit sehr eingehender Begründung BGE 89 II, 1963, S. 287 ff. und LIVER, Bespr. ZBJV 100, 1964, S. 457 ff. i.S. St.Gallisch/Appenzellische Kraftwerke A.G. gegen Gemeinde Linthal betr. Grenze der Limmernalp gegen den Muttsee. Ebenso MEIER-HAYOZ, Kommentar, N. 148 zu Art. 664.

auf die Vollständigkeit und Richtigkeit des Grundbuches hat das Gesetz diesem die negative und die positive Rechtskraft verliehen (Art. 973)[1].

Diese Wirkung macht das Grundbuch zusammen mit der unwiderlegbaren Vermutung (praesumptio iuris et de iure), daß der Erwerber das Grundbuch kennt, zur vollkommensten Publizitätseinrichtung unserer Rechtsordnung. Seine Publizitätswirkung ist jedoch beschränkt durch die unvermeidliche Anerkennung eines recht großen Bereichs des relativen Eintragungsprinzips, dann auch durch die natürliche Publizität, die im Zustand des Grundstückes nach außen in Erscheinung tritt[2] und schließlich im Verhältnis unter den Parteien auch durch die Wirkungslosigkeit einer ungerechtfertigten Eintragung oder Löschung[3].

II. Voraussetzungen der Eintragung

Diese Voraussetzungen sind die Ausweise über den Rechtsgrund und über das Verfügungsrecht (Art. 965). Fehlt eine dieser Voraussetzungen, ist die Eintragung unwirksam, in der Ausdrucksweise des Gesetztes «ungerechtfertigt» (Art. 974, 975).

1. Der Rechtsgrund

a) Der Begriff

Art. 965 Abs. 3 ZGB lautet: «Der Ausweis über den Rechtsgrund liegt in dem Nachweis, daß die für dessen Gültigkeit erforderliche Form erfüllt ist». Damit soll nur gesagt sein, daß der Grundbuchverwalter zu prüfen hat, ob die vorgeschriebene Form des Grundgeschäfts, in unserem Fall also des Rechtsgeschäftes, mit dem der Veräußerer sich zur Übertragung des Eigentums verpflichtet, erfüllt ist. Die Eintragung ist aber auch ungerechtfertigt, wenn das Grund- oder Verpflichtungsgeschäft aus einem anderen Grund un-

---

[1] Der Schutz des gutgläubigen Erwerbers kommt zur Auswirkung, wenn das Grundbuch unrichtig ist. Der gutgläubige Dritte kann sich darauf verlassen, daß, was nicht eingetragen ist, nicht besteht und darauf, daß, was eingetragen ist, zu Recht besteht.

[2] Die natürliche Publizität als Beschränkung des absoluten Eintragungsprinzips hat das Gesetz nur in der Ausnahmebestimmung des Art. 676 Abs. 3 (für äußerlich wahrnehmbare Leitungen) ausdrücklich anerkannt. Sie hat aber eine viel allgemeinere Bedeutung. Siehe die im Kommentar LIVER (Dienstbarkeiten und Grundlasten) unter dem Stichwort «Grundbuchliche und natürliche Publizität» im Register verzeichneten Stellen.

[3] Diese braucht nicht die Folge einer fehlerhaften Grundbuchführung zu sein, sondern kann an der Ungültigkeit des Grundgeschäfts liegen, auf welche der Grundbuchverwalter dieses nicht zu prüfen hat. Je zahlreicher solche Fälle sind, desto stärker wird die Zuverlässigkeit des Grundbuches beeinträchtigt. Besonders die vielen Fälle der Kaufpreissimulation brachten dies dem Richter zum Bewußtsein.

gültig ist. Mit dem «Rechtsgrund» ist dieses Geschäft gemeint, nicht die causa im obligationenrechtlichen Sinne. Besser trifft der im französischen und im italienischen Text gebrauchte Ausdruck zu: «titre sur lequel se fonde l'opération», «titolo giuridico». Es ist also der Rechtstitel. Daß der Rechtstitel für die Eintragung gültig sei, muß im Interesse der Richtigkeit des Grundbuches die erste und wichtigste Sorge der materiellrechtlichen Gesetzgebung sein.

b) Die öffentliche Beurkundung

α) Zweck und Durchführung

Das mit dem genannten Ziel eingesetzte Mittel ist die öffentliche Beurkundung des Grundgeschäfts (Art. 657 Abs. 1). Sie führt zur Bestätigung auf der Vertragsurkunde, daß deren wesentlicher Inhalt dem übereinstimmenden Willen der Parteien entspreche. Damit die öffentliche Urkundsperson dies bestätigen kann, muß sie dahin wirken, daß das, was die Parteien wollen, in der Urkunde klar, vollständig und rechtlich eindeutig zum Ausdruck komme. Damit die Parteien sicher, sach- und rechtsbewußt erklären können, daß die Urkunde, die sie gelesen haben oder die ihnen vorgelesen wurde, ihrem Willen entspreche, müssen sie, besonders wenn sie nicht geschäftsgewandt und nicht rechtskundig sind, von der Urkundsperson über die Bedeutung des abzuschließenden Rechtsgeschäftes belehrt werden [4]. Die Kantone sind verpflichtet, die Beurkundung so auszugestalten und sowohl sachlich als personell so zu organisieren, daß sie dem Zweck, den sie nach eidgenössischem Recht hat, zu genügen vermag [5]. Daran fehlt es noch gar zu oft. Die richtige Durchführung der öffentlichen Beurkundung liegt auch im Interesse des Erwerbers. Ihr kommt hierin und als zuverlässige Grundlage der Eintragung eine über den obligationenrechtlichen Schutz der sich zur Eigentumsverschaffung verpflichtenden Partei vor Übereilung (Art. 11 OR) hinausgehende Bedeutung zu [6].

β) Gegenstand der öffentlichen Beurkundung

Der öffentlichen Beurkundung bedürfen nicht nur die Bestimmungen, welche den Willen zur Eigentumsübertragung zum Gegenstand haben,

---

[4] A. SANTSCHI, Die Rechtsberatung durch den Notar, ZBGR 49, 1968, S. 1 ff.

[5] A. SANTSCHI, Die Organe der öffentlichen Beurkundung in den schweizerischen Kantonen, Der bernische Notar 23, 1962, S. 101 ff.; H. MARTI, Bernisches Notariatsrecht, Kommentar, Bern 1964; HANS HUBER, Die öffentliche Beurkundung als Begriff des Bundesrechts, ZBJV 103, 1967, S. 249 ff.

[6] BGE 78 II, 1952, S. 224 = Pra 41 Nr. 157; LIVER, Zürcher Kommentar, Art. 732, N. 73 und ZBJV 104, 1968, S. 194; MEIER-HAYOZ, Art. 657, N. 4 und 145 a.E.

sondern alle Vereinbarungen, welche für den Willen der einen oder der anderen Partei zum Vertragsabschluß bestimmend und damit wesentlich sind[7].

Das Bundesgericht verlangt, daß aus dem öffentlich beurkundeten Vertrag der wahre Rechtsgrund hervorgehe. Eine Abtretung des Grundstücks schlechthin darf, entgegen einer Äußerung EUGEN HUBERS (Sachenrecht, S. 119), nicht öffentlich beurkundet und nicht eingetragen werden. Der Rechtstitel muß in einem Vertragstypus mit bestimmtem Verkehrszweck bestehen. Die Eigentumsübertragung zur Sicherung einer Forderung (Sicherungsübereignung) ist gültig, wenn im öffentlich beurkundeten Vertrag der Sicherungszweck als Rechtsgrund genannt ist (BGE 86 II, 1960, S. 221 = Pra 49 Nr. 180).

γ) Simulation

Ungültig ist namentlich eine in Täuschungsabsicht als Kauf verurkundete Schenkung (BGE 45 II, 1919, S. 27 = Pra 8 Nr. 40; 72 II, 1946, S. 360f. = Pra 35 Nr. 195). Der dissimulierte Vertrag (Schenkung) ist ungültig, weil er nicht öffentlich beurkundet ist, der simulierte, weil er nicht gewollt ist. Der weitaus häufigste Fall der Simulation ist die Kaufpreissimulation. Vgl. dazu AD. KELLERHALS, Simulation im Grundstückkauf, Diss. Bern 1952. Auch die irrtümliche Beurkundung eines unrichtigen Kaufpreises ist als solche behandelt worden (BGE 82 II, 1956, S. 584). Daß auf Grund dieser Praxis die Zahl der ungültigen Eigentumsübertragungen recht groß ist, muß als mißlicher Zustand gelten. Um seine Konsequenzen (daß die Eigentumsübertragung rückgängig gemacht wird) zu beschränken, ist das Bundesgericht nach einem anfänglichen unhaltbaren Versuch (BGE 49 II, 1923, S. 466 = Pra 13 Nr. 2; 50 II, 1924, S. 148 = Pra 13 Nr. 87; 52 II, 1926, S. 51 = Pra 15 Nr. 31 und auch noch 84 II, 1958, S. 369 = Pra 47 Nr. 137) zu der Lösung gekommen, daß die Klage auf Feststellung der Nichtigkeit abzuweisen sei, wenn sie gegen den Grundsatz von Treu und Glauben (Art. 2) verstößt. Ob dies zutrifft, wird nach Kriterien beurteilt, die je nach den Umständen des konkreten Falles verschieden sind. An erster Stelle steht die Erwägung: Wenn der Kläger den Formmangel geltend macht, nachdem er den Vertrag freiwillig erfüllt hat, besteht der stärkste Anhaltspunkt für den Verstoß gegen Treu und Glauben. Dieser liegt sodann vor, wenn es der Kläger selber war, der zu seinem Vorteil die unrichtige Beurkundung veranlaßt hatte. Gleich ist die Tatsache zu beurteilen, daß das Motiv der Klage in den zwischenzeitlichen Veränderungen in den Grundstückspreisen besteht (BGE 53 II, 1927, S. 165 = Pra 16 Nr. 98; 72 II, 1946, S. 42 = Pra 35 Nr. 86; 92 II, 1966, S. 323 = Pra 56 Nr. 35; 93 II, 1967, S. 105 = Pra 56 Nr. 128 und 94 II, 1968, S. 270 = Pra 58 Nr. 48 = ZBGR 51, 1970, Nr. 14, S. 57ff.). Siehe auch MEIER-HAYOZ, N. 146ff. zu Art. 657; H. MERZ, Berner Kommentar, Einleitungsband, N. 461ff. zu Art. 2 und ZBJV 97, 1961, S. 410ff. Zu einer verfeinerten, die Rechtssicherheit erhöhenden Betrachtungsweise führen die Untersuchungen von K. SPIRO, Die unrichtige Beurkundung des Preises bei Grundstückskauf, Basel 1964 (Basler Studien 70) und Grundstückskauf und Formzwang, BJM 1965, S. 213ff. Mit ihnen wird die Auffassung entwickelt, daß sich auf den Formmangel nur die Partei berufen könne, welche schwerer belastet ist, wenn sie den Vertrag, wie er beurkundet ist, gegen sich gelten lassen muß. Vgl. dazu LIVER, Besprechung in ZBJV 104, 1968, S. 190ff.

δ) Die Folge des Formmangels

Das Bundesgericht hält an der Ansicht fest, daß der Vertrag mit simulierter Kaufpreisbestimmung nichtig sei (BGE 86 II, 1960, S. 37, 231, 400; 90 II, 1964, S. 156, 296; 92 II, 1966, S. 324 = Pra 56 Nr. 35). Wenn dies zuträfe, bliebe der Verkäufer Eigentümer des Grundstückes, auch wenn die Nichtigkeitsklage abgewiesen wird, weil sie rechtsmißbräuchlich ist. Das Grundstück bleibt dann im Vermögen des Käufers, der es aber nicht zu Eigentum erwerben kann, auch nicht durch Ersitzung. Dies ist eine unhaltbare Rechtslage (BGE 48 II, 1922, S. 38ff. = Pra 11 Nr. 51, betr. die Besitzesrechtsklage gegen den bösgläubigen Erwerber, eine «strana ed artificiosa soluzione»).

---

[7] Dies ist erkannt in BGE 68 II, 1942, S. 233 = Pra 31 Nr. 120 und seither wiederholt bestätigt worden: BGE 78 II, 1952, S. 439 = Pra 42 Nr. 33 und 90 II, 1964, S. 34ff. = Pra 53 Nr. 71.

Der Formmangel darf bloß die (relative) Ungültigkeit zur Folge haben, die geltend gemacht werden muß und behoben ist, wenn die Klage wegen Rechtsmißbrauchs abgewiesen ist. Diese Auffassung hat schon HAAB, N. 34 ff. zu Art. 657, vertreten, auch unter Hinweis auf das österreichische Vorbild. Auf die Wichtigkeit dieser Frage, der das Bundesgericht geringe Bedeutung beimißt (BGE 86 II, 1960, S. 400 = Pra 50 Nr. 41), habe ich hingewiesen im Zürcher Kommentar, N. 101 zur Art. 732 und im Nachtrag S. 675, in der ZBJV 104, 1968, S. 192 f. und 95, 1959, S. 434. Eingehender zur Wirkung des Formmangels H. MERZ, ZBJV 101, 1965, S. 429.

ε) Bestimmtheit von Leistung und Gegenleistung

Der Kaufgegenstand und der Kaufpreis müssen im Vertrag genau bestimmt sein: BGE 78 II, 1952, S. 224/25 = Pra 41 Nr. 157. Allzu stark abgeschwächt ist dieser Grundsatz in BGE 95 II, 1969, S. 310 f. = Pra 58 Nr. 149 (Tausch gegen «ein gleichwertiges Stück Boden»). Nach BGE 84 IV, 1958, S. 163 ff. = Pra 48 Nr. 44 mit Zusammenfassung der Praxis müssen die den Kaufpreis bestimmenden Faktoren aus der öffentlichen Urkunde selber ermittelt werden können. Doch sollte die Bestimmung genügen, daß der Kaufpreis im Betrag der amtlichen Schatzung im Zeitpunkt der öffentlichen Beurkundung bestehe.

2. Der Vorbehalt anderer Formen des Grundgeschäfts

Im Art. 657 Abs. 2 ZGB wird darauf hingewiesen, daß für die erbrechtliche und familienrechtliche Übertragung von Grundeigentum besondere Vorschriften gelten. Im Erbrecht sind die Formen des in einer Verfügung von Todes wegen bestehenden Grundgeschäfts eingehend geregelt, die des Testamentes in den Art. 498 ff., die des Erbvertrags im Art. 512, die des Erbteilungsvertrags im Art. 634 ZGB. Auf die Beachtung dieser Formvorschriften als Voraussetzung der Eintragung ist im Art. 18 GBV Bezug genommen.

Für die ehevertragliche Änderung der Eigentumsverhältnisse an Grundstücken (z. B. Begründung der Gütergemeinschaft oder der Gütereinheit) enthält der Art. 181 ZGB die Formvorschriften. Der Eigentumsübergang vollzieht sich aber nicht durch die Eintragung in das Grundbuch, sondern durch die Eintragung ins Güterrechtsregister und Veröffentlichung. Die Eintragung in das Grundbuch, die hieraus von Amtes wegen vorzunehmen ist, stellt bloß die Übereinstimmung des Grundbuches mit der eingetretenen Rechtslage her. Art. 181 Abs. 3 verweist auf die Vorschriften über das Güterrechtsregister in den Art. 248 ff. ZGB und in der VO des BR über dieses Register vom 27. Sept. 1910.

3. Der Ausweis über das Verfügungsrecht

Im Normalfall, in dem sich aus dem Grundbuch ergibt, wer im Zeitpunkt der Verfügung Eigentümer des Grundstückes ist, wird dadurch auch die Verfügungsberechtigung bestimmt. Dies ist der Tatbestand der Art. 964 und 965.

Anders verhält es sich in den zahlreichen Fällen, in denen der nunmehrige Eigentümer noch nicht als solcher eingetragen ist. Das Grundstück kann den Eigentümer außergrundbuchlich gewechselt haben. Der häufigste dieser

Fälle ist der Erbgang. Dem Grundbuchverwalter muß dann der Ausweis über diesen Erwerb vorgelegt werden, z. B. durch Beibringung der Erbenbescheinigung oder des Erbteilungsvertrages[8].

Dem Erwerber kann die Handlungsfähigkeit fehlen, so daß für ihn nur der gesetzliche Vertreter handeln kann oder mitwirken muß und die behördliche Zustimmung erforderlich sein kann (Art. 19, 395, 407 ff., 421 Ziff. 1 ZGB). Darauf ist sowohl von der öffentlichen Urkundsperson als auch vom Grundbuchverwalter Bedacht zu nehmen. Das Verfügungsrecht kann auch beschränkt sein, wie namentlich durch das landwirtschaftliche Bodenrecht (gesetzliche Vorkaufsrechte nach dem BG über die Erhaltung des bäuerlichen Grundbesitzes; Sperrfrist gemäß Art. 218 ff. OR).

4. Der Verfügungsakt

Der öffentlich beurkundete Vertrag verpflichtet den Veräußerer, dem Erwerber das Eigentum am Grundstück zu verschaffen. Dies ist die im Art. 184 OR so bestimmte Wirkung des Kaufvertrages überhaupt. Die Verpflichtung des Grundstücksveräußerers zur Übertragung des Eigentums besteht darin, die Grundbucheintragung zu erwirken. Der Verfügungsakt, den der Veräußerer zu diesem Zweck allein ausführen kann, ist die Einreichung der Anmeldung ans Grundbuchamt, mit welcher die Eintragung verlangt wird. Mit ihr wird eine Willenserklärung abgegeben. Die Anmeldung hat in jedem Fall eine formellrechtliche Bedeutung. Mit ihr wird das Grundbuchverfahren eingeleitet (Art. 963 und 964 ZGB; Art. 11 GBV). Im Bereiche des absoluten Eintragungsprinzips hat die Anmeldung eine zweite, materiellrechtliche Bedeutung. Mit ihr trifft der Grundeigentümer die Verfügung über das Grundstück. In ihr liegt also der Verfügungsakt, und der ist ein einseitiges kausales Rechtsgeschäft. Ihm entspricht im Fahrnisrecht die Tradition, die ein zweiseitiges Rechtsgeschäft ist (Übergabe der Sache mit übereinstimmendem beidseitigem Willen zum Eigentumswechsel). Daß auf Grund der Anmeldung des Veräußerers der Erwerber als Eigentümer eingetragen wird, ohne daß er dem zustimmt, ja auch gegen seinen Willen, ist eine auffallende, weil singuläre Erscheinung. Sie hat von Tuhr so frappiert, daß er die Eigentumsübertragung nur so konstruieren zu können glaubte, daß er den Eigentumsübertragungswillen in das Grundgeschäft verlegte und der Anmeldung bloß verfahrensrechtliche Bedeutung

---

[8] In vielen Fällen kann dieser Nachweis gar nicht anders erbracht werden als mit der Durchführung des Verfahrens der außerordentlichen Ersitzung, die deshalb z. B. in den Gemeinden Graubündens ohne eigentliches Grundbuch eine alltägliche Erscheinung ist. Damit wird seit Jahrzehnten und weiterhin für Tausende von Grundstücken der Ausweis über das Verfügungsrecht ersetzt.

zuerkannte⁹. Dies entspricht jedoch der einheitlichen herrschenden Lehre und Praxis nicht. Eigentumsübertragende Wirkung hat die Anmeldung als Verfügung, welche durch die Eintragung vollzogen ist. Da aber niemand sich Eigentum übertragen lassen kann, ohne es zu wollen, muß der Eigentumserwerbswille ins Grundgeschäft verlegt werden, aus dem er als unwiderruflich erklärt hervorgehen muß. Die herrschende Lehre ist auf Grund der Praxis des Bundesgerichtes in Auseinandersetzung mit VON TUHR besonders von GUHL in grundlegender Weise entwickelt worden¹⁰. Die Anmeldung ist auf dem Grundbuchamt sofort nach ihrem Eingang ins Tagebuch einzuschreiben¹¹. Auch diese Einschreibung hat ihre verfahrensrechtliche und ihre materiellrechtliche Bedeutung. Die Eintragung erhält das Datum der Einschreibung ins Tagebuch und ihre Wirkung wird auf diesen Zeitpunkt zurückbezogen (Art. 972). Mit diesem Zeitpunkt beginnt die Frist für die Eintragung des gesetzlichen Pfandrechtes gemäß Art. 838 zu laufen, und ferner können vom Erwerber die Pacht- oder Mietverträge, die er nicht übernommen hat, von da an gekündigt werden¹². Durch nachherige Eintragungen oder Vormerkungen kann das Recht des Erwerbers nicht beeinträchtigt werden¹³. Die Rangordnung ist durch die Einschreibung im Tagebuch bestimmt, müssen doch die Eintragungen in der Reihenfolge der Anmeldungen erfolgen (Art. 967). Unter der Bedingung, daß die Voraussetzungen der Eintragung erfüllt sind, wird der Erwerber mit der Einschreibung im Tagebuch zwar nicht Eigentümer, aber er hat eine dingliche Anwartschaft auf das Eigentum¹⁴. Dies trifft allerdings nur zu, wenn der Veräußerer die Anmeldung nicht nach Belieben zurückziehen kann, wie in der

---

⁹ A. VON TUHR, Eigentumsübertragung nach schweiz. Recht, ZSR 40, 1921, S. 40ff., bes. S. 63. «Der Rechtsgrund hat neben der in ZGB 665 erwähnten obligatorischen Bedeutung zugleich (wie im franz. Recht) translative (eigentumsübertragende) Wirkung, nur daß letztere Wirkung, im Unterschied zum franz. Recht, vom Hinzutritt der Eintragung abhängt.» (S. 65) Darin bestehe der Gegensatz zur Fahrnisübertragung (S. 66/67).

¹⁰ TH. GUHL, Persönliche Rechte mit verstärkter Wirkung, in: Festgabe für das Bundesgericht, Bern 1924, bes. S. 100ff. Vgl. auch HAAB, Kommentar, Art. 656, N. 12; MEIER-HAYOZ, Art. 656, N. 34; BGE 74 II, 1948, S. 230ff. = Pra 38 Nr. 65.

¹¹ Art. 948, 967 ZGB; Art. 14 GBV.

¹² BGE 74 II, 1948, S. 230ff. = Pra 38 Nr. 65.

¹³ Nachdem der Grundeigentümer durch die Anmeldung die geschuldete Verfügung getroffen hat, kann ihm diese nicht mehr verboten werden. Das Verbot kann deshalb auch nicht als Verfügungsbeschränkung vorgemerkt werden. Siehe LIVER, Bespr. von BGE 85 I, 1959, S. 162 = Pra 48 Nr. 161 in der ZBJV 96, 1960, S. 448ff. und von BGE 87 I, 1961, S. 479 = Pra 51 Nr. 89 in der ZBJV 98, 1962, S. 429ff.; Genève, Cour de Justice civile, ZBGR 42, 1961, Nr. 24, S. 158.

¹⁴ Siehe die erste der hievor zit. Besprechungen sowie oben § 5, IV; VON TUHR, Eigentumsübertragung, ZSR 40, 1921, S. 40ff.; W. BÜRGISSER, Der Grundstückskauf, Diss. Zürich 1924, S. 18f.

Lehre und Praxis bisher angenommen wurde. Diese Annahme ist jedoch unhaltbar. Wenn der Veräußerer mit der Anmeldung zugunsten des Erwerbers die Verfügung über das Eigentum getroffen hat, zu der er verpflichtet war, kann er sie nicht wieder zurücknehmen[15].

5. Unterlassung der Anmeldung

Nach Art. 665 gibt der Erwerbsgrund[16] dem Erwerber gegen den Eigentümer einen persönlichen Anspruch auf gerichtliche Zusprechung des Eigentums. Damit ist ausdrücklich bestätigt, daß das obligatorische Grundgeschäft nur einen obligatorischen Anspruch des Erwerbers auf Eintragung gibt[17]. Die vom Veräußerer geschuldete Leistung ist die Anmeldung, also eine Willenserklärung gegenüber dem Grundbuchamt. Verweigert oder versäumt er sie, kann der Erwerber auf ihre Abgabe klagen. Damit würde ein Leistungsurteil begehrt. Dieses müßte vollstreckt werden, damit die Eintragung erfolgen könnte. Da die kantonalen ZPO keine besonderen Bestimmungen über die Klage auf Abgabe einer Willenserklärung enthielten und die Anwendung der Bestimmungen über die Vollstreckung von Leistungsurteilen keine ausreichende Gewähr für die Erreichung des Zieles boten, wurde erst in den Beratungen der eidg. Räte die Bestimmung aufgenommen[18], daß der Erwerber auf Zusprechung des Eigentums klagen, also ein Gestaltungsurteil erwirken könne, das der Vollstreckung nicht bedarf, sondern mit dem Eintritt seiner Rechtskraft den Kläger zum Eigentümer macht, so daß er von sich aus die Eintragung verlangen oder mit dem Hauptbegehren beantragen kann, es sei das Grundbuchamt anzuweisen, die Eintragung vorzunehmen[19]. Erst mit der Revision der ZPO des Bundes (1947) wurde im Art. 78 die Bestimmung getroffen, daß das Urteil auf Abgabe einer Willens-

---

[15] LIVER, Bespr. von BGE 85 I, 1959, S. 162 = Pra 48 Nr. 161 in der ZBJV 96, 1960, S. 448ff. So schon WIELAND, Kommentar, Bem. 7 zu Art. 972; MERZ, ZBJV 98, 1962, S. 44; W. WILD/ C. BESSON, Fünfzig Jahre eidg. Grundbuch, ZBGR 42, 1961, S. 331 und 346f.; Justizkommission Luzern, Weisung an die Grundbuchämter, ZBJV 100, 1964, S. 552; G. CLOPATH, Quelques problèmes relatifs à la double vente, SJZ 66, 1970, S. 49ff. und 65ff., bes. S. 52ff. und 65f. Das Bundesgericht hat die Frage in BGE 89 II, 1963, S. 256ff. = Pra 54 Nr. 168 (I. Zivilabt.), wo die Kritik an der herrschenden Ansicht beachtet ist, erörtert, aber offen gelassen, um der II. Zivilabt. ihre neue Prüfung zu überlassen. – Wie übel die Möglichkeit des freien Rückzuges der Anmeldung sich auswirken kann, zeigt auch VEB 1954, Nr. 69.

[16] Mit den Ausdrücken «Erwerb», «Erwerbsgrund» wird im ZGB meistens das obligatorische Grundgeschäft (Verpflichtungsgeschäft) bezeichnet: Art. 657 (Marginale), 665, 731 Abs. 2, 783 Abs. 3, 746 Abs. 2.

[17] Dieser Anspruch unterliegt der ordentlichen Verjährung: BGE 89 II, 1963, S. 256 = Pra 54 Nr. 168.

[18] StenBullStR 16, S. 1259; NR 17, S. 316f.; Erläuterungen II, S. 82, Anm. 2.

[19] Siehe dazu Art. 18 GBV. Da werden die Rechtskraftbescheinigung und die Ermächtigung zur Eintragung verlangt. Die letztere ist kein notwendiges Erfordernis des Gestaltungsurteils.

erklärung diese ersetze und daß der Grundbuchverwalter mit dem Urteil angewiesen werden könne, die Eintragung vorzunehmen. Einzelne kantonale Zivilprozeßordnungen haben den Art. 78 BZP übernommen. Soweit dies nicht geschehen ist, sind die kantonalen ZPO lückenhaft und müssen im gleichen Sinne ergänzt werden. Aus diesen Gründen kann der Erwerber ebenso gut mit einer Leistungsklage wie mit einer Gestaltungsklage zum Ziele gelangen. Das Leistungsurteil ist namentlich dann eher am Platz, wenn es bedingt ist. Insbesondere kann es unter der Bedingung stehen, daß der Kläger vor der Eintragung bestimmte Leistungen (Kaufpreis, Entschädigung, Vermessung und Vermarkung) erbringe[20]. Bevor der Erwerber die Klage auf Grund des Art. 665 einreicht, kann er beim Richter im summarischen Verfahren die Anordnung einer Eigentumsbeschränkung gegen den Veräußerer erwirken[21] und im Grundbuch vormerken lassen (Art. 960 Ziff. 1 ZGB; Art. 73 und 74 GBV). Erwirkt er ein seine Klage gutheißendes rechtskräftiges Urteil, erfolgt die Eintragung mit dem Datum der Vormerkung. Seit diesem Zeitpunkt begründete und eingetragene oder vorgemerkte Rechte sind zu löschen, soweit sie mit dem Eigentum des Klägers unvereinbar sind oder es beschränken[22].

§ 24. Der außergrundbuchliche Eigentumserwerb

Vorbemerkung

Wie im vorigen Paragraphen ausgeführt wurde, kann es keine Rechtsordnung geben, die nicht neben der Eigentumsübertragung durch Eintragung im Grundbuch einen vielgestaltigen Bereich des Eigentumserwerbs anerkennen müßte, der vor und unabhängig von der Eintragung eintritt, so daß die Eintragung, welche der Erwerber verlangen kann und verlangen muß, wenn er über das Grundstück eine Verfügung treffen will, nicht konstitutive, sondern bloß deklaratorische Bedeutung hat. Sie gehört dem Bereich des relativen Eintragungsprinzips an. Die Rechtskraft des Grundbuches ist dadurch begrenzt. Im ZGB ist jedoch die Tendenz stark ausgeprägt, diese

---

[20] Siehe LIVER, Zürcher Kommentar, Dienstbarkeiten, Einleitung, N. 98; Art. 731, N. 29 ff.; Art. 734, N. 90/91; M. KUMMER, Die Klage auf Verurteilung zur Abgabe einer Willenserklärung, ZSR 73, 1954, S. 163 ff., bes. S. 184 ff.; DERSELBE, Das Klagerecht und die materielle Rechtskraft im schweiz. Recht, Abh. schweiz. R. 311, Bern 1954, S. 142 ff. – BGE 97 II, 1971, S. 48 = Pra 60 Nr. 123: Art. 78 BZP wird als allgemeiner Grundsatz des Bundesprivatrechts erklärt.
[21] ZPO Bern Art. 407 (1952); ZPO Graubünden Art. 284 (1954).
[22] Siehe LIVER, Zürcher Kommentar, Dienstbarkeiten, Art. 731, N. 35 und Art. 734, N. 91.

Beschränkung der Rechtskraft des Grundbuchs in den engstmöglichen Grenzen zu halten. Es duldet keine Kontratabularersitzung, keine Kontratabularverjährung, keine Entstehung von Grunddienstbarkeiten durch «Widmung» (destination du père de famille), also keine «selbstverständlichen Dienstbarkeiten» (CGB Graubünden § 254) und nur ausnahmsweise (für Leitungen) die vertragliche Entstehung ohne Eintragung (Art. 676 Abs. 3; 691 Abs. 3 ZGB)[1]. Die Tatbestände des derivativen (z. B. Erbgang) und des originären (z. B. Ersitzung) außergrundbuchlichen Eigentumserwerbs sind dennoch recht zahlreich. Sie sind in Art. 656 Abs. 2 aufgezählt, aber nicht vollständig, fehlt unter ihnen doch sogar die Ersitzung.

Im folgenden werden diese Tatbestände einzeln kurz behandelt[2].

I. Die Aneignung (Art. 658 ZGB)

1. Nach Ausweis des Grundbuches herrenlose Grundstücke

Aneignung (Okkupation) ist die Inbesitznahme einer herrenlosen Sache mit Eigentumserwerbswillen. Grundstücke sind ganz selten herrenlos. Herrenlos sind sie, wenn der Eigentümer sie derelinquiert hat[3]. Derelinquiert wird ein Grundstück nur, wenn es überlastet ist, und zwar mit Lasten, für die der Eigentümer nicht persönlich, sondern nur mit dem Grundstück haftet: Gülten, private und namentlich öffentliche Grundlasten, wie die Wuhrpflicht (Schwellenpflicht im Kt. Bern), die Zaunpflicht gegenüber Allmenden und Alpen, die Verpflichtung zur Erhaltung und Erneuerung von Wegen, Stützmauern eines Weinberges usw.[4]. Von solchen Lasten wird der Eigentümer mit der Dereliktion frei[5]. Diese Befreiung ist das Motiv der Dereliktion. Die Lasten fallen aber nicht dahin, sie bleiben eingetragen auf dem Grundbuchblatt wie alle andern (Dienstbarkeiten und Grund-

---

[1] LIVER, Zürcher Kommentar, Dienstbarkeiten, Einleitung, N. 93; Vorbem. vor Art. 730, N. 13ff.; Art. 731, N. 106ff.; 733, N. 45ff.; 734, N. 185ff.; 735, N. 27f.; 738, N. 19ff.

[2] A. GLOOR, Der außergrundbuchliche Eigentumserwerb nach schweiz. Recht, Diss. Zürich 1929.

[3] Über Begriff und Wirkung der Dereliktion BGE 85 I, 1959, S. 261 = Pra 49 Nr. 27; vgl. dazu ZBJV 96, 1960, S. 418f. mit Zit. der frühern Praxis. Art. 658 Abs. 1 sagt, das Grundstück müsse nach Ausweis des Grundbuches herrenlos sein.

[4] Vgl. für dieses Beispiel ZBGR 12, 1931, S. 222.

[5] LIVER, a.a.O. (oben Anm. 1), Einleitung, N. 22 und 164; Art. 730, N. 19 und 232ff.; 741, N. 84ff. Streitig ist, ob nach dem Grundsatz in maiore minus statt des Eigentums ein beschränktes dingliches Recht durch Aneignung erworben werden könne, z.B. ein Wegrecht oder Quellenrecht oder Durchleitungsrecht. Ich habe diese Frage bejaht in m. Kommentar, Einleitung, N. 24. Dagegen MEIER-HAYOZ, Kommentar, N. 4 zu Art. 658.

Bestehende Rechte könnten dadurch nicht beeinträchtigt werden (Rangordnung!). Höchstens die künftige Aneignung könnte durch die neue Belastung erschwert werden. Daß eine Legalservitut (Notweg, Durchleitungsrecht, Notbrunnen, Überbaurecht) unter den gesetzlichen Voraussetzungen auch zu Lasten eines herrenlosen Grundstückes begründet werden

pfandrechte). Wer sich das Grundstück aneignet, kann es nur mit allen diesen Lasten erwerben. Ob eine Liegenschaft mit dem Willen, sie zu Eigentum zu erwerben, in Besitz genommen wird, ist nicht so leicht zu sagen, wie ob eine bewegliche Sache in Besitz genommen ist. Am deutlichsten trifft dies zu, wenn die Liegenschaft als Ganzes dauernd genutzt, bearbeitet, eingefriedigt oder melioriert wird, oder wenn auf ihr bauliche Anlagen erstellt werden, wie Stützmauern. Ebenso klar tritt der Wille, ein beschränktes dingliches Recht durch Besitzausübung zu erwerben, in Erscheinung, wenn auf der herrenlosen Liegenschaft Dienstbarkeitsanlagen oder -vorrichtungen (Art. 741) erstellt werden. Eine vorübergehende oder gelegentliche Nutzung (Benutzung der Weide, der Tränke, von Bodenbestandteilen) genügt dagegen nicht. Größere Sicherheit würde bestehen, wenn die Aneignung, wie die Dereliktion und der Verzicht auf dingliche Rechte an Grundstücken, als grundbuchliches Verfügungsgeschäft ausgestaltet worden, also die schriftliche Erklärung gegenüber dem Grundbuchamt vorgeschrieben wäre, was aber nicht der Fall ist[6].

2. Nicht ins Grundbuch aufgenommene Liegenschaften

Diese Liegenschaften stehen nach Art. 658 Abs. 2 unter den Bestimmungen über die herrenlosen Sachen. Damit kann nur auf die im Art. 664 als «herrenlos» bezeichneten Sachen hingewiesen sein. Welche Bewandtnis es damit hat, wurde vorn, im § 22, dargelegt. Ob Sachen im Gemeingebrauch, wie der Kultur nicht fähiges Land und öffentliche Gewässer, herrenlos in dem Sinne sind, daß an ihnen nicht Privateigentum des Kantons oder der Territorialgemeinde besteht, bestimmt nach Art. 664 das kantonale Recht. Aber auch wenn dieses solchen Boden als herrenlos bezeichnet, läßt es die Aneignung auf keinen Fall zu, sondern schließt sie aus, indem es den Erwerb jeder Sonderberechtigung von einer Verfügung der zuständigen Gebietskörperschaft abhängig macht. Liegenschaften im Gemeingebrauch werden keineswegs zu herrenlosen Sachen gemacht, wenn das kantonale Recht ihre Aufnahme in das Grundbuch nicht vorschreibt oder nicht zuläßt. Die Vorschrift im Art. 658 Abs. 2 ist nur im Zusammenhang mit Art. 664 verständlich und praktisch bedeutungslos. Selbst wenn man die derelinquierten Sachen ein-

---

kann, läßt sich sicher nicht bestreiten. Warum Rechte gleichen Inhalts und gleicher rechtlicher Natur nicht auch durch Aneignung sollten begründet werden können, ist nicht wohl einzusehen.

[6] In BGB § 928 Abs. 2 ist die Aneignung, zu der nur der Fiskus berechtigt ist, so geregelt. Die gleiche Auffassung hat EUGEN HUBER in System, Bd. III, S. 153 vertreten: «Möglich ist aber die Occupation an und für sich auch an Liegenschaften, nur daß unter Grundbuchrecht die bloße Okkupationshandlung zum Erwerbe nicht genügen kann, sondern Eintragung des Eigentums zum dinglichen Erwerb als notwendig erachtet werden muß.»

bezieht, gilt, was EUGEN HUBER auf Grund des früheren kantonalen Rechtes sagte, auch heute: «Gegenüber Immobilien hat die Occupation kaum eine praktische Bedeutung, insbesondere weil das noch nicht kultivierte Land regelmäßig als im Eigentum einer Gemeinde oder des Staates stehend betrachtet wird» (System III, S. 153).

II. Die Bildung neuen Landes (Art. 659 ZGB)

1. Veränderungen im Lauf oder Stand eines öffentlichen Gewässers

Darunter fallen die folgenden Tatbestände:

a) Die alluvio
Das ist die allmähliche Anschwemmung von Erdreich, das sich verfestigt, mit dem Ufer verwächst und nutzbar wird.

b) Die avulsio
Das ist der Abriß. Das Wasser reißt vom Ufer Bodenstücke ab und setzt sie weiter unten wieder am Ufer an, mit dem sie sich verbinden und zu festem, nutzbarem Boden werden.

c) Die insula in flumine nata
Eine Bodenerhebung im Gewässerbett, die sich bisher bei gewöhnlichem Wasserstand unter dem Wasserspiegel befand, tritt nun dauernd hervor, weil sie sich durch Anschwemmung erhöhte oder, was häufiger ist, der Wasserstand sich senkte, weil Wasser abgeleitet wurde, insbesondere zur Nutzung der Wasserkraft, oder weil das Flußbett durch Ausbaggerung zur Gewinnung von Baumaterialien vertieft wurde, oder weil die Wassermenge sich verminderte, da die gewaltige Steigerung des Wasserverbrauchs den Zufluß durch Bäche vermindert hat[7].

d) Der alveus derelictus
Wird ein Fluß oder See eingedämmt, so daß die Fläche des Wasserbettes kleiner wird, bildet sich neues festes Land[8].

e) Bildung neuen Landes in einem unverbauten Gewässerabschnitt
In einem breiten Flußbett hat sich das Wasser durch allmähliche Vertiefung einer Rinne dauernd auf diese konzentriert, so daß sich daneben größere

---

[7] Zur insula in flumine nata: PINELES, Communio pro diviso, in: Grünhuts Z.f.d. öffentliche u. private Recht 29, 1902, S. 695 ff.
[8] Der Zweck kann in der Verbauung zum Schutz der Anliegerschaft gegen Überschwemmung bestehen oder in der Gewinnung von neuem Land zur Überbauung oder zur landwirtschaftlichen Nutzung. Diese «Landanlagen» sind im zürcherischen Wasserrecht besonders geregelt.

Flächen neuen Landes gebildet haben, die land- oder forstwirtschaftlich oder in anderer Weise genutzt werden können[9].

2. Sonstige Veränderungen

Der Ausbeutung fähiges Land kann auch dadurch entstehen, daß Rüfegebiet durch Verbauung geschützt wird und Gras-, Strauch- oder Baumwuchs sich entwickelt, ferner durch die Wegräumung von Bauwerken[10], die Auflassung von Verkehrs-, Sport- und Militärübungs-Flächen. Auch der Rückzug von Gletschern (Art. 664) gibt Boden frei, der mit der Zeit zu Weideland wird oder in dem Quellen entspringen oder bauliche Anlagen erstellt werden können.

3. Das Eigentum am neuen Land

Wenn sich das neue Land innerhalb der Grenzen des Gewässergrundstückes (oder des bisher nicht nutzbaren Grundstückes) bildet, würde es, wenn nichts anderes bestimmt ist, dem Eigentümer dieses Grundstückes gehören. Nun ist aber in Art. 659 ZGB bestimmt, daß es dem Kanton gehöre. Dies gilt auch, wenn die Gewässerliegenschaft nicht im Eigentum des Kantons, sondern der Gemeinde steht. Der Hauptgrund dafür ist der, daß auf den wichtigsten der unter Art. 659 fallenden Tatbestände abgestellt wird, nämlich auf die Korrektion von Wasserläufen und auf die Regulierung des Wasserstandes und die Eindämmung von Seen, welche Arbeiten vom Kanton selber oder unter dessen Aufsicht und mit seiner finanziellen Beteiligung ausgeführt werden. Auch wenn die Ausführung einer Wasserwerksunternehmung als Konzessionärin obliegt, ist es doch der Kanton, welcher diese Aufgabe zum Konzessionsinhalt macht. Das ZGB hat damit eine einfache Regelung getroffen, von welcher in der Beurteilung aller genannten Tatbestände auszugehen ist[11].

Aber nach Art. 659 kann der Kanton auch eine andere Regelung treffen. Er kann, wie es im Abs. 2 heißt, das neue Land «den Anstößern überlassen».

---

[9] Dieser Tatbestand liegt im Rheinbett beim Schloß Rhäzüns vor und wurde vor 15 Jahren von einem Schiedsgericht beurteilt (i.S. Gemeinde Ems c. Schloßislamasse Rhäzüns, 13. August 1954).

[10] Große finanzielle Bedeutung kam im 19. Jahrh. der Niederlegung der Stadtbefestigungen zu, mit der wertvolles Bauland für das Gemeinwesen, mancherorts auch von Privaten als Objekt der Spekulation, gewonnen wurde. Siehe zum Basler Schanzenstreit vorn § 22, II, Anm. 6.

[11] Über die Bedeutung, welche der Eigentumszugehörigkeit des alveus derelictus nach römischem Recht für das Gewässereigentum überhaupt zugemessen wurde, siehe LIVER, Die Entwicklung des Wasserrechts in der Schweiz (oben § 21, Anm. 2), S. 328f. bzw. S. 177. Über das Wasser- und Uferrecht verweise ich auf W. MATTHES, Das Wasser- und Uferrecht in seiner Bedeutung für das Vermessungs- und Liegenschaftswesen, Kataster und Grundbuch, Hamburg 1956, und auf M. BÖHM, Eigentum und Eigentumsgrenzen an Gewässern nach den Landes-Wassergesetzen, Sammlung Wichmann, Karlsruhe 1963.

Wird dies im kantonalen Recht generell angeordnet, tritt der Erwerb der Anstößer von Gesetzes wegen unmittelbar mit der Bildung des neuen Landes ein. Ist die Gewässerliegenschaft vermessen und vermarkt, hat die Überlassung an die Anstößer eine Verlegung dieser Grenze zur Folge. Ist dies nicht der Fall, so daß die Grenze gebildet wird durch den mittleren Wasserstand (Jahresmittel) oder besser durch den mittleren Hochwasserstand (wie nach französischem und nach bernischem Recht), so vergrößern sich die Ufergrundstücke um das mit ihnen verwachsene Neuland. Unter den Begriff der Akzession fällt dieser Tatbestand höchstens in einem uneigentlichen Sinn[12]. Besteht ein unverbautes Flußbett mit verschiedenen wechselnden Wasserläufen, kann die Grenze zwischen den beidseitigen Ufergrundstücken und als Mittellinie des Flußbettes festgelegt werden, so daß das neue Land, das nach kantonalem Recht den Anstößern zufällt, diesen zuwächst, ohne daß eine Grenzveränderung eintritt. Dies trifft auch auf alle öffentlichen Gewässer zu, deren Bett als Teil der Ufergrundstücke in privatem Eigentum steht.

Im Falle der avulsio, in dem das Wasser das weggerissene Stück Boden weiter unten am Ufer absetzt, sei es, daß das zugeführte Material das Grundstück überdeckt, sei es, daß es sich vor der Uferlinie festsetzt, gibt der Art. 659 in seinem Absatz 3 dem Oberlieger das Recht, das abgerissene Bodenstück zurückzuholen. Die gleiche Regel liegt auch dem Art. 700 zugrunde. Sie kommt, soweit sie bloß Erde und Steine zum Gegenstand hat, praktisch kaum je zur Anwendung[13]. Das Rückholungsrecht geht unter, sobald das Material sich mit dem Ufergrundstück durch Verwachsung verbunden hat[14]. In einzelnen kantonalen EGzZGB ist eine Frist festgelegt, mit deren Ablauf das Rückholungsrecht verwirkt ist.

III. Bodenverschiebung

Bodenverschiebungen sind die Folge von Rutschungen, Ausbrüchen von Wildbächen und Lawinen. Im Art. 660 ist indessen nur an Rüfen und Erdschlipfe von geringer räumlicher Ausdehnung gedacht. Sie lassen nach dieser Bestimmung die Grundstücksgrenzen unberührt. Wenn diese durch Vermessung festgelegt sind, bilden sie ein Netz von Verbindungslinien zwischen Fixpunkten von absoluter Stabilität. Diese Grenzpunkte haben ihrerseits

---

[12] Die neueste umfassende Untersuchung nach franz. Recht ist GILLES GOUBEAUX, La régie de l'accessoire en droit privé (Bibliothèque de droit privé sous la direction de H. Solus), Paris 1969; siehe bes. No. 242 ff.: Le voisinage des cours d'eau.
[13] Siehe die Ausführungen zu Art. 700 ZGB.
[14] BlZR 41, 1942, Nr. 130.

wieder ihren absolut festen Ort innerhalb der Landesvermessung (Triangulation 1. bis 4. Ordnung). Dieses topographische Netz bleibt unbewegt, wenn der Boden unter ihm hinwegrutscht. Der Eigentümer des oberen Grundstücks kann alles, was von diesem auf das untere geschoben worden ist, zurückholen, wenn sich dies lohnt. Den Schaden hat er jedenfalls, wenn er ihm nicht von der Elementarschadenversicherung vergütet wird (Art. 659 Abs. 3 und 700 Abs. 2 ZGB).

Wenn dagegen ganze Berghänge und Talseiten ins Rutschen kommen, so kann an der Unveränderlichkeit der Grenzen nicht festgehalten werden.

Wenn Wildbäche die anliegenden Grundstücke untergraben und sie zum Einsturz bringen, ihr Erdreich fortschwemmen und Bäume und Bauten mit sich fortreißen, gehen diese Grundstücke unter. Die Grenzen verändern sich zwar nicht notwendigerweise, aber im Vermessungswerk muß die eingetretene topographische Änderung dargestellt und danach im Grundbuch durch Schließung der Blätter der untergegangenen Liegenschaften registriert werden. Wenn das Rutschgebiet ganze Berghänge und Talseiten umfaßt, aber ganz allmählich vor sich geht, bis Bauten und Pflanzen über die Grundstücksgrenzen hinuntergerutscht sind, wobei diese Bewegung sich von Liegenschaft zu Liegenschaft ungleichmäßig vollzieht, muß, wenn durch Verbauungen und Entwässerungen der Erdbewegung Einhalt geboten wird, eine Neuvermessung durchgeführt werden, nach welcher jedem Grundeigentümer der Boden zugemessen wird, auf dem seine Bauten und Bäume stehen. Eine Rückversetzung über die alte Grenze ist ja ausgeschlossen[15].

IV. Die Ersitzung

1. Der Grundgedanke

Literatur zum schweizerischen Recht: TH. GUHL, Die Ersitzung von Grundeigentum und Grunddienstbarkeiten, ZBJV 65, 1929, S. 241 ff.; W. PFISTER, Die Ersitzung nach schweizerischem Recht, Diss. Zürich 1931; P. LIVER, Zürcher Kommentar, N. 91–140 zu Art. 731 (Ersitzung von Dienstbarkeiten).

Zum früheren kantonalen Recht: EUGEN HUBER, System III, S. 191 ff. – Über das Verhältnis der Verschweigung zur Ersitzung in der Privatrechtsgeschichte: P. LIVER, Rechte Gewere und Ersitzung, in: Festschrift für H. Rennefahrt, Bern 1958 und in den Abhandlungen zur schweizerischen und bündnerischen Rechtsgeschichte, Chur 1970, S. 236 ff.

Die Ersitzung ist insofern das Gegenstück der Verjährung, als es der Zeitablauf ist, welcher in beiden Instituten ursächliche Bedeutung hat, im einen

---

[15] HAAB, Kommentar, N. 2 zur Art. 660; VEB 24, Nr. 67, S. 159 = ZBGR 39, 1958, Nr. 53, S. 277. Umfassend SCHUMACHER, Lage und Feststellung der Eigentumsgrenzen..., Z. f. Vermessungswesen 32, Stuttgart 1903, S. 97 ff.

aber zum Erwerb, im anderen zum Verlust eines Rechtes führt. In den romanischen Sprachen kommt diese Gemeinsamkeit auch in der Bezeichnung zum Ausdruck: prescription, prescrizione. Zu ihrer Unterscheidung wird die Ersitzung prescription acquisitive, prescrizione acquisitiva, die Verjährung prescription, prescrizione schlechthin oder prescription extinctive, prescrizione estintiva genannt. Die deutsche Sprache ist da reicher und differenzierter.

Der Grundgedanke, der beide Institute, insbesondere die Ersitzung, rechtfertigt, ist der:

Ein Zustand, der seit langem unangefochten und unwidersprochen in den rechtlichen Beziehungen zwischen den Beteiligten bestanden hat, wird als Rechtsverhältnis anerkannt, obwohl er mit einem Legitimitätsmangel behaftet ist, weil er nicht dem Recht gemäß entstanden ist. Der Vorwurf der illegitimen Entstehung soll einmal verstummen. Das Gras soll über dem makelhaften Grund wachsen dürfen.

2. Die ordentliche oder Tabularersitzung

Das ist die Ersitzung eines ungerechtfertigt im Grundbuch (tabulae) eingetragenen Rechtes. Da die Eintragung ungültig war, ist der Erwerb ungültig. Dieser Mangel wird durch die Ersitzung behoben. Die Voraussetzungen der Ersitzung entsprechen der römisch-rechtlichen Lehre. Sie werden im folgenden Merkvers aufgezählt: Res habilis, titulus, fides, possessio, tempus. Die primäre und entscheidende dieser Voraussetzungen ist der Besitz der durch die Ersitzung zum Recht erhoben wird[16].

a) Objekt (res habilis)

können private und öffentliche Grundstücke sein. Wird ein Grundstück vom Gemeinwesen erworben, um (als Sache des Verwaltungsvermögens) in den öffentlichen Dienst gestellt zu werden, so kann es ersessen werden, wenn die Eintragung ungerechtfertigt war. Dies trifft auch zu, wenn ein solches Grundstück grundbuchlich von einem auf ein anderes Gemeinwesen übertragen wird. Ist die Eintragung ungerechtfertigt, steht der Ersitzung, sofern deren Erfordernisse im übrigen gegeben sind, nichts im Wege. Nicht zur Wirkung kann die Ersitzung kommen, wenn eine herrenlose Sache in Besitz genommen wird. Geschieht dies mit Willen, das Eigentum zu er-

---

[16] Die Definition der römischen Juristen (ULPIANUS, MODESTINUS) ist von der italienischen Rechtswissenschaft des Mittelalters übernommen worden und namentlich in der Form, die ihr PAULUS DE CASTRO (gest. in Pavia 1441) gegeben hat, den folgenden Jahrhunderten überliefert worden: «Continuatio possessionis rei alienae per tempus lege definitum concurrendo titulo et bona fide ex quae sequitur acquisitio dominii».

werben, tritt diese Wirkung sofort ein, ohne daß es des Ablaufes einer Frist bedürfte. Von der Ersitzung ausgeschlossen sind sodann insbesondere die Sachen, die dem Rechtsverkehr ganz oder teilweise entzogen sind (res extra commercium).

b) Der Rechtstitel (titulus)

hat in der Grundstücksersitzung deswegen geringe Bedeutung, weil eine Eintragung in das Grundbuch kaum jemals vorkommen wird, ohne daß ein Erwerbstitel vorgelegt wird. Dieser kann freilich ungültig sein. Der Titel braucht bloß auch ein Putativtitel zu sein. Ihm kommt namentlich die Bedeutung eines Indizes für den rechtmäßigen Besitzerwerb zu.

c) Der Besitz (possessio)

muß als Eigenbesitz einwandfrei erworben sein, also weder gewaltsam noch heimlich noch bloß auf Widerruf (nec vi nec clam nec precario)[17]. Er darf während der Ersitzungszeit nicht angefochten und nicht unterbrochen worden sein. Unangefochten ist er, wenn weder der Veräußerer noch ein Dritter ein besseres Recht gegenüber dem Erwerber mit Erfolg geltend gemacht hat. Ununterbrochen ist er, wenn er dem Erwerber nicht abhanden gekommen ist. Unterbrochen ist er auch nicht, wenn der Erwerber die Sache einem anderen zu einem beschränkten dinglichen oder persönlichen Recht überlassen hat (Art. 920 ZGB). Er kann also auch die verpachtete oder in der Nutznießung eines anderen stehende Liegenschaft ersitzen. Über die Unterbrechung und den Stillstand ist nach den Vorschriften über die Verjährung (Art. 134 f. OR) zu befinden, auf welche im Art. 663 ZGB verwiesen ist.

Der Besitz hat hier nicht eine Funktion, welche durch Eintragung ersetzt sein könnte. Er ist die tatsächliche Gewalt i. S. des Art. 919 Abs. 1 ZGB. Dies ergibt sich schon daraus, daß er das entscheidende Merkmal des Ersitzungstatbestandes des Art. 661 ist, dessen andere Voraussetzung die Eintragung ist[18].

d) Die Ersitzungszeit (tempus)

beträgt 10 Jahre. Sie beginnt zu laufen, sobald der Erwerber als Eigentümer eingetragen ist und die Liegenschaft in seinen Eigenbesitz genommen hat, indem er sie in die eigene Nutzung oder Bebauung genommen, sie ein-

---

[17] Wer den Besitz prekaristisch, als Pächter, Nutznießer oder Leihenehmer erworben hat, sich dann aber als Eigentümer geriert und sich schließlich auf die Ersitzung berufen hat, ist damit zurückzuweisen: nemo sibi ipse causam possessionis mutare potest: BGE in der ZGBR 22, 1941, S. 34 ff. Der Verwalter kann ihm anvertraute Sachen nicht ersitzen. Vgl. LIVER, Bespr. von BGE 82 II, 1956, S. 388 in der ZBJV 94, 1958, S. 26 ff.
[18] BGE 50 II, 1924, S. 120 = Pra 13 Nr. 113; ZBJV 74, 1938, S. 472 ff.; BGE 95 II, 1969, S. 221 = ZBGR 51, 1970, Nr. 50, S. 366 ff.; LIVER, Zürcher Kommentar, Art. 731, N. 92.

gefriedigt oder sie verpachtet hat. Eintragung und Besitzantritt sind kumulative Erfordernisse. Die Frist wird nach Art. 663 ZGB gleich bestimmt wie die Verjährungsfrist.

Wechselt das Grundstück während der Ersitzungszeit die Hand, wird dem letzten Erwerber die Besitzesdauer seiner Rechtsvorgänger angerechnet, sofern auch in ihrer Person die Voraussetzungen der Ersitzung erfüllt waren (accessio temporis; Art. 941).

e) Der gute Glaube (bona fides)

Gutgläubig ist der Erwerber, wenn er in guten Treuen ohne Leichtfertigkeit sich nicht bewußt ist, daß er mit dem Erwerb des Grundstückes jemandem Unrecht getan hat. Diese Überzeugung kann er auch dann haben, wenn er weiß, daß der Erwerb rechtlich nicht fehlerfrei war und er infolgedessen mit ihm nicht Eigentümer werden konnte. Gerade auch in diesem Fall hat die Ersitzung ihren guten Sinn und Zweck. Dafür kann etwa das folgende Beispiel angeführt werden: Die öffentliche Beurkundung des Kaufvertrages war ungültig, weil sie von einer örtlich nicht zuständigen Urkundsperson vorgenommen wurde. Der Erwerber erhält davon kurz nach der Eintragung Kenntnis. Der Verkäufer ist inzwischen gestorben. Die Erben anerkennen die Veräußerung und beziehen das Grundstück nicht in die Erbteilung ein; sie können aber nicht, wenigstens nicht alle, zu einer neuen öffentlichen Beurkundung herangezogen werden. Da muß doch die ordentliche Ersitzung zugelassen werden.

Der gute Glaube ist nicht die entschuldbare Unkenntnis des Rechtsmangels im Sinne der herrschenden Lehre, sondern das Bewußtsein, niemandes Recht verletzt zu haben. Er ist eine psychische Tatsache im Bereiche des Rechtsgewissens, nicht der Rechtserkenntnis[19].

---

[19] Für die Ansicht, welche zur Herrschaft gekommen ist, nachdem das gemeine Recht in Vergessenheit geraten war, ist die Frage des guten Glaubens eine Angelegenheit der Rechts- und Tatsachenkenntnis. Wer diese in einem für den gegebenen Fall zureichenden Maße hat, kann danach nicht gutgläubig sein. In einem Fall, der zwar nicht die Ersitzung, sondern die Zuweisung des Eigentums gemäß Art. 673 zum Gegenstand hat, erkannte das Bundesgericht, daß nicht der Irrtum über die Rechtslage das Wesensmerkmal des guten Glaubens sei. Auf Grund einer Vereinbarung mit dem Grundeigentümer hatte ein Architekt zwei aneinandergebaute Häuser erstellt, von denen das eine ihm zu Eigentum übertragen werden sollte. Als der Grundeigentümer sich weigerte, die Eigentumsübertragung vorzunehmen, wurde der Anspruch des Architekten kraft seines guten Glaubens geschützt, obwohl von einem Irrtum über die bestehenden Eigentumsverhältnisse gar keine Rede sein konnte: BGE 57 II, 1931, S. 256 = Pra 20 Nr. 132, bestätigt in BGE 82 II, 1956, S. 290 = Pra 45 Nr. 142. In Übereinstimmung mit dem gemeinen und mit dem österreichischen und italienischen Recht (CCit. Art. 1147) habe ich im Zürcher Kommentar, N. 91–165 zu Art. 731, die im Text zum Ausdruck gebrachte Auffassung vertreten. Seither hat auch P. JÄGGI den guten Glauben als «Fehlen des Unrechtsbewußtseins» definiert (Berner Kommentar, Einleitungsband, N. 35 ff. zu Art. 3). Vgl. nunmehr auch BGE 99 II, 1973, S. 131 ff. Erw. 6d.

Der gute Glaube muß, damit die Ersitzung eintritt, während der ganzen Ersitzungszeit fortdauern[20]. Ist der Besitz in gutem Glauben erworben worden, wird er nicht schon durch bloße Zweifel zerstört, sondern erst dann, wenn dem Erwerber das Eigentum vom Besserberechtigten (mit zutreffender Begründung) streitig gemacht wird.

3. Die außerordentliche Ersitzung

Die außerordentliche oder Extratabularersitzung ist aus dem früheren kantonalen Recht ins ZGB übernommen worden, obwohl sie unter der Herrschaft des Grundbuchsystems äußerst selten eintreten kann, ja überhaupt nie, wenn das Grundbuch die bestehenden Rechtsverhältnisse jederzeit vollständig und richtig wiedergeben würde. Diese Vollkommenheit kann es nicht haben. Auch die ordentliche Ersitzung behebt den in einer ungerechtfertigten Eintragung bestehenden Mangel. Die außerordentliche Ersitzung hat einen sehr viel selteneren Mangel zur Voraussetzung, so daß sie da, wo das eidgenössische oder ein ihm gleichgestelltes kantonales Grundbuch (Art. 46 SchlT) eingeführt ist, nur in ganz wenigen Fällen wirksam werden kann[21]. Durch sie wird das Eigentum auf Grund eines dreißigjährigen Besitzes[22] erworben. Dieser braucht nicht in gutem Glauben erworben und ausgeübt zu sein. Deshalb ist auch nicht von Bedeutung, ob dafür ein Rechtstitel vorliegt oder nicht. Im übrigen unterscheidet sich die außerordentliche von der ordentlichen Ersitzung durch ihr Objekt, durch die besonderen Fälle der Fehlerhaftigkeit des Grundbuches und durch das Verfahren zur Eintragung des ersessenen Rechtes.

---

[20] DERNBURG, Pandekten (1900), I/2, S. 125, Anm. 37; EHRENZWEIG, System I/2, § 210 III und Anm. 17.

[21] Ganz anders verhält es sich in Kantonen ohne voll wirksames Grundbuch (Art. 48 SchlT). Werden bloß Protokolle geführt, in welche die Verträge wörtlich eingeschrieben werden, von einer «Aufnahme» im technischen Sinn also nicht die Rede sein kann, figuriert in Tausenden von Fällen das Grundstück, über das verfügt werden soll, im «Grundbuch» nicht. Der Ausweis über das Verfügungsrecht kann der Eigentümer nicht erbringen, da sich die Liegenschaft in der Familie vererbt hat, ohne daß je ein Teilungsvertrag zur Eintragung angemeldet worden ist. Zur Beschaffung des Ausweises über das Verfügungsrecht wird der Eigentümer auf den Weg der außerordentlichen Ersitzung gewiesen. Jede Nummer des Amtsblattes des Kantons Graubünden weist seit 40 Jahren Auskündigungen von Ersitzungsbegehren für eine große Zahl von Grundstücken auf. Über das Eigentum des Gesuchstellers besteht sozusagen nie ein Zweifel, weshalb Einsprachen äußerst selten sind, so daß die «Aufnahme» in das Grundbuch vom Kreispräsidenten angeordnet werden kann, worauf erst eine grundbuchliche Verfügung möglich ist. Es gibt keinen Artikel des ZGB, der in Graubünden in einem amtlichen Verfahren häufiger angewendet wird als der Art. 662.

[22] Die Frist von dreißig Jahren entspricht einer in den Kantonen aufgenommenen und fortgesetzten gemeinrechtlichen Tradition (Klagenverjährung nach 30 Jahren im justinianischen Recht): Erläuterungen 1914, II, S. 79; Art. 600 Abs. 2 (Erbschaftsklage) und Art. 788 Abs. 1 Ziff. 2 ZGB; Art. 7 Abs. 2 Ziff. 2 GBV.

a) Das Objekt (res habilis)

Außer denjenigen Grundstücken, welche nach Ziff. 2 lit. a auch nicht der ordentlichen Ersitzung unterliegen, sind es namentlich die öffentlichen Sachen, an denen das Eigentum nicht ersessen werden kann. Dies wird durch das kantonale Recht und auch durch Bundesgesetze vielfach ausdrücklich ausgeschlossen[23]. Namentlich kann durch den Besitz einer Sache im Gemeingebrauch (Benutzung eines Weges, Wassernutzung, Ausbeutung von Bodenbestandteilen) weder Eigentum noch eine Dienstbarkeit ersessen werden, weil dieser Besitz kein Eigenbesitz sein kann, und auch hier gilt: nemo sibi ipse causam possessionis mutare potest[24].

b) Unvollständigkeit oder Unrichtigkeit des Grundbuches

α) Das Grundstück ist nicht ins Grundbuch aufgenommen worden

Da das Grundbuch seine Basis in den Grundbuchplänen hat, die keine Lücken aufweisen können, kann es kaum je vorkommen, daß ein buchungspflichtiges Grundstück nicht ins Grundbuch aufgenommen wird. Am ehesten ist es möglich, daß ein Grundstück nicht aufgenommen ist, das bei der Einführung des Grundbuches noch zu den öffentlichen Liegenschaften im Sinne des Art. 944 ZGB gehörte, inzwischen aber ins Finanzvermögen des Gemeinwesens übergegangen ist, die Aufnahme aber unterlassen wurde.

β) Der Eigentümer ist aus dem Grundbuch nicht ersichtlich

Die Eigentümerkolumne des Hauptbuchblattes ist leer oder weist einen Namen auf, dessen Träger nicht identifizierbar ist, oder den Namen einer längst untergegangenen und liquidierten Gesellschaft.

γ) Die als Eigentümer eingetragene Person ist seit dreißig Jahren tot oder verschollen

Wenn sich die Erben nicht haben eintragen lassen, was in vielen Fällen vorkommt, so daß noch der letzte oder vorletzte Erblasser eingetragen ist, der vor mehr als 30 Jahren gestorben ist, ist nicht ein eigentlicher Ersitzungstatbestand gegeben, denn die Erben als Besitzer der Liegenschaft sind auch deren Eigentümer. Da sie Eigentümer sind, können sie das Eigentum nicht ersitzen. Es kann ihnen im Verfahren der a.o. Ersitzung bloß der Nachweis des Verfügungsrechtes verschafft werden, der ihnen fehlt, weil ein schriftlicher Teilungsvertrag nicht abgeschlossen worden oder verloren gegangen ist[25]. Eine eigentliche Ersitzung könnte nur dann in Frage kommen, wenn das Grundstück, das sich im Besitz eines Nichterben befand und noch

---

[23] LIVER, Zürcher Kommentar, Art. 731, N. 121–130.
[24] Siehe Anm. 17 hievor.
[25] Siehe Anm. 21 hievor und § 23 Anm. 8.

befindet, bei der Erbteilung aus Versehen nicht einbezogen wurde und seither 30 Jahre vergangen sind[26].

c) Das Verfahren

Die Aufnahme des Grundstückes und Eintragung auf den Namen des Ersitzenden muß durch richterliche Verfügung angeordnet sein. Der Richter trifft diese Verfügung, nachdem im vorgeschriebenen Auskündungsverfahren[27] keine Einsprachen gegen das Ersitzungsbegehren erhoben worden sind. Das ist ein Verfahren der nichtstreitigen Gerichtsbarkeit vor dem nach kantonalem Recht zuständigen Richter, der stets ein Einzelrichter ist. Ob die Voraussetzungen der Ersitzung gegeben sind, wird in diesem Verfahren in der Praxis überhaupt nicht geprüft. Gehen Einsprachen ein, werden die Parteien an den zur Entscheidung der Streitsache im ordentlichen Prozeß zuständigen Richter gewiesen[28]. Dies ist eine seltene Ausnahme. In der Regel kommt es zur Eintragung ohne Abklärung der Rechtmäßigkeit. Wird keine Einsprache erhoben, kann kein Streitverfahren stattfinden, weil dem Gesuchsteller ein Gegner fehlt. Aus diesem Grund wurde in der Expertenkommission die im VE vorgesehene «Zusprechung durch den Richter» fallen gelassen[29]. Zu einer «Zusprechung» (Gestaltungsurteil) kann es auch nicht kommen, wenn das Ersitzungsbegehren durch Urteil gutgeheißen wird. Dieses Urteil ist ein Feststellungsurteil. Wird erkannt, daß der Tatbestand der Ersitzung erfüllt sei, kann der Eigentümer von sich aus die Eintragung verlangen. Eine Verfügung des im nichtstreitigen Verfahren zuständigen Richters auf Grund des Sachurteils wäre sinn- und zwecklos. Das nichtstreitige Verfahren braucht auch nicht durchgeführt zu werden, wenn der Besitzer gegen einen das Eigentum beanspruchenden Gegner auf Feststellung seines Erwerbs des Eigentums durch Ersitzung klagt und sein Begehren gutgeheißen wird.

Da in den meisten Fällen die Eintragung vom Richter angeordnet wird, weil keine Einsprache erhoben worden ist, wurde die Ansicht vertreten, daß

---

[26] PFISTER, S. 42; MEIER-HAYOZ, Art. 662, N. 7.

[27] So verlangt z.B. das EGzZGB Graubünden im Art. 36 zweimalige Bekanntmachung im Kantonsblatt und zwar durch das Kreisamt, also nicht durch den ordentlichen Richter (Art. 2 Z. 17).

[28] Mit HAAB, N. 22 zu Art. 661/62 und der PKG Graubünden hatte ich die Ansicht geteilt, daß die Klägerrolle dem, der Einsprache erhoben hat, zuzuweisen sei. Da jedoch der Gesuchsteller bloß zu behaupten braucht, er habe das Eigentum ersessen, ist es an ihm, diese Behauptung gegenüber dem Gegner zu beweisen. Er sollte deshalb klagen müssen. Siehe LIVER, Zürcher Kommentar, N. 101 zu Art. 731 und den Nachtrag dazu S. 671.

[29] Damit hängt es zusammen, daß die Ersitzung im Art. 656 Abs. 2 nicht erwähnt ist. Vgl. die näheren Ausführungen im Kommentar LIVER, N. 95 ff, zu Art. 731.

das Prinzip dieses Eigentumserwerbs gar nicht die Ersitzung sei, sondern die deutschrechtliche Verschweigung[30]. Diese Ansicht ist abzulehnen. Dies ergibt sich daraus, daß im Streitfall bewiesen werden muß, daß alle Voraussetzungen der Ersitzung erfüllt sind. Wenn es nicht dazu kommt, weil im Auskündungsverfahren keine Einsprachen erhoben worden sind, gelten diese Voraussetzungen als erfüllt. Das Auskündungsverfahren hat nur den Zweck, einem Besserberechtigten Gelegenheit zu geben, gerichtlich feststellen zu lassen, daß sich die Ersitzung nicht vollzogen hat[31].

4. Die Ersitzung von Dienstbarkeiten

Sie hat als eigentliche Ersitzung (unterschieden von der bloßen Beschaffung des Ausweises über das Verfügungsrecht) größere praktische Bedeutung als die Ersitzung von Eigentum. Sie ist in den Gebieten häufig, in denen eine Bereinigung der Dienstbarkeiten noch nicht stattgefunden hat, so daß dem Grundbuch hinsichtlich der altrechtlichen Dienstbarkeiten auch die negative Rechtskraft fehlt.

Auf die Ersitzung von Dienstbarkeiten, auch der in das Grundbuch aufgenommenen selbständigen und dauernden Rechte, findet der Art. 731 Abs. 3 Anwendung. Nach diesem bestimmen sich die Voraussetzungen der Ersitzung nach den Bestimmungen über das Grundeigentum. Die Art. 661 ff. sind analog anzuwenden[32].

---

[30] PFISTER, S. 130; dagegen Kommentar LIVER, N. 102 zu Art. 731. – Der Tatbestand, daß der im Grundbuch als Eigentümer Eingetragene seit 30 Jahren tot oder als verschollen erklärt ist, wurde aus dem § 927 BGB übernommen («Ausschlußurteil»), erhielt aber im ZGB die Bedeutung einer alternativen Voraussetzung der außerordentlichen Ersitzung. Auf Grund des BGB konnte die Qualifizierung als Verschweigung eher vertreten werden. Vgl. in diesem Sinne WOLFF/RAISER, § 62 vor I.

[31] Ob die Anordnung des Richters, nämlich des Aufgebotrichters, der nicht der ordentliche Richter sein muß und es meistens auch nicht ist, auch dann erforderlich sei, wenn über die Ersitzung im ordentlichen Prozeß entschieden worden ist, wurde bisher verschieden beurteilt. Wiederholt ist entschieden worden, daß das Urteil, welches festgestellt hat, daß die Ersitzung eingetreten ist, dem Aufgebotsrichter zur Anordnung der Eintragung, welche die Auskündigung voraussetzt, vorgelegt werden müsse (BGE 82 II, 1956, S. 388; PKG Graubünden, 1958, Nr. 29). Dieser Ansicht ist auch PIOTET, Besprechung des Kommentars von MEIER-HAYOZ, ZSR 81 I, 1962, S. 160. Dies wäre indessen eine sinn- und zwecklose Formalität, wenn gegenüber dem, der allein Einspruch erhoben oder die Ersitzung bestritten hat, durch Urteil festgestellt ist, daß die Ersitzung sich vollzogen hat. So LIVER, Zürcher Kommentar, Art. 731, N. 101 und Nachtrag S. 671. Inzwischen hat auch das KGer Graubünden, Pr. 1967, Nr. 29, S. 78 = ZBGR 50, 1969, Nr. 49, S. 338 erkannt, daß vom Auskündungsverfahren abgesehen werden könne, wenn nur die Einsprache eines einzigen Grundeigentümers in Betracht falle. Ebenso BGE 97 II, 1971, S. 25 (Ersitzung einer Fischenz im Streit zwischen den Kantonen Aargau und Zug), bespr. ZBJV 109, 1973, S. 82 ff.

[32] LIVER, Zürcher Kommentar, N. 166 ff. zu Art. 731. Unbeachtet gelassen im BGE 97 II, 1971, S. 25, wo die Ersitzung eines Fischereirechtes an der Reuß als Ersitzung von Grundeigentum behandelt wird.

5. Intertemporales Recht

Im Art. 19 SchlT ZGB haben wir eine intertemporalrechtliche Bestimmung über die Ersitzung. Diese wird dem neuen Recht unterstellt. Soweit sie sich nach diesem vollziehen kann, wird an den zu ihrer Vollendung erforderlichen Fristablauf die Zeit angerechnet, welche unter dem alten Recht abgelaufen ist, wenn dieses die Ersitzung in Übereinstimmung mit dem neuen Recht geregelt hatte. Da auch unter dieser Voraussetzung die Ersitzungszeit verschieden lang sein kann, wird die unter dem alten Recht abgelaufene Zeit an die Ersitzungsfrist des neuen Rechts verhältnismäßig angerechnet. Betrug die Zeitdauer der außerordentlichen Ersitzung im alten Recht 10 Jahre und sind davon vor dem Inkrafttreten des ZGB 5 Jahre abgelaufen, also die Hälfte, so wird diese Zeit auch an die Frist des neuen Rechts von 30 Jahren zur Hälfte angerechnet, so daß diese noch 15 Jahre beträgt. Im einzelnen habe ich diese Fragen des intertemporalen Rechtes der Ersitzung von Dienstbarkeiten in meinem Kommentar (N. 149 ff. zu Art. 731) behandelt. In seiner Gesamtheit ist das intertemporale Recht erläutert im Kommentar von PAUL MUTZNER zum Schlußtitel (Anwendungs- und Einführungsbestimmungen)[33]. Im vorliegenden Werk ist es dargestellt von GERARDO BROGGINI im Bd. I, S. 355 ff., die Ersitzung S. 504 ff.

V. Der Erbgang

Er wird im Art. 656 Abs. 2 ZGB an zweiter Stelle genannt. Dieser wohl häufigste und wichtigste außergrundbuchliche Erwerbsgrund ist im Art. 560 nach dem Grundsatz der Gesamterbfolge durch Universalsukzession geregelt. Unmittelbar, kraft Gesetzes gehen alle Vermögensrechte einschließlich des Besitzes auf den einzigen gesetzlichen oder eingesetzten Erben, auf die Gemeinschaft von zwei oder mehreren Erben über. Das ist der außergrundbuchliche Erwerb. Der einzelne Miterbe wird auf Grund der Erbteilung Alleineigentümer. Dazu ist die Eintragung in das Grundbuch erforderlich. Für sie bildet der schriftliche Erbteilungsvertrag den Rechtsgrundausweis (Art. 18 GBV in der Fassung vom 29. Juni 1965). Dieser Erwerb vollzieht sich mit der vollständigen oder teilweisen Auflösung der Erbengemeinschaft (s. vorn § 19)[34].

Der Vermächtnisnehmer ist am Nachlaß nicht dinglich beteiligt. Er hat nur einen persönlichen Anspruch gegenüber den gesetzlichen und einge-

---

[33] Berner Kommentar, Bd. V, 2. Aufl. 1926, Art. 1–50.
[34] BGE 95 II, 1969, S. 432. Danach vollzieht sich der Eigentumsübergang, für den der Erbteilungsvertrag bloß der Erwerbstitel ist, mit der Eintragung in das Grundbuch. Ebenso TUOR, Berner Kommentar, Art. 634, N. 20.

setzten Erben. Nur mit deren Zustimmung kann er sich auf Grund des Testaments als Eigentümer des ihm vermachten Grundstückes in das Grundbuch eintragen lassen (Art. 562 ZGB, Art. 18 GBV).

VI. Richterliches Urteil

Eigentumsverschaffungswirkung kann nur ein Gestaltungsurteil haben. Der Hauptfall, den das Gesetz selber nennt, ist die Zusprechung des Eigentums gemäß Art. 665 Abs. 1. Sie kann verlangen, wer aufgrund eines Erwerbstitels einen persönlichen Anspruch gegenüber dem Veräußerer hat, welcher sich weigert, ihm das Eigentum durch Anmeldung beim Grundbuchamt zu verschaffen. Weitere Fälle sind Urteile, mit denen eine gemeinschaftliche Sache (Miteigentum, Gesamteigentum) geteilt wird[35], auch Urteile über eine Grenzscheidung oder Zuweisung des Bodens an den gutgläubig Bauenden gemäß Art. 673 und 674 Abs. 3. Das Gestaltungsurteil empfiehlt sich in diesen Fällen jedoch nur, wenn die Entschädigungsfrage erledigt ist[36]; nötig ist es nunmehr überhaupt nicht, da mit dem Leistungsurteil auszukommen ist[37].

VII. Enteignung und enteignungsähnliche Tatbestände

Die Enteignung vollzieht sich in einem Verfahren des öffentlichen Rechtes, mit dessen Abschluß das Eigentum auf den Enteigner übergeht und zwar, wenn es nicht anders bestimmt wird, als unbelastetes Eigentum, da die am Grundstück dinglich und persönlich Berechtigten (also auch der Pächter) enteignet werden. Als Zeitpunkt des Eigentumsüberganges bestimmt das Eidg. EntG die Auszahlung der Entschädigung, welche Regel sich auch im kantonalen Recht durchgesetzt hat[38].

Als enteignungsähnliche Verfahren kommen die landwirtschaftliche Güterzusammenlegung und die Baulandumlegung in Betracht, deren Durchführung das kantonale Recht regelt.

VIII. Die Zwangsverwertung

Durch den Zuschlag in der Zwangsverwertung wird das Eigentum ebenfalls außergrundbuchlich übertragen (Art. 125 ff. SchKG; Art. 66 ff. VZG).

---

[35] Siehe dazu LIVER, Kommentar, Art. 731, N. 31, mit dem Hinweis auf Bestimmungen des kantonalen Rechtes und auf BGE 69 II, 1943, S. 357 ff. = Pra 33 Nr. 19. Nicht ein Gestaltungsurteil, ja überhaupt nicht ein Erbteilungsurteil, ist das Urteil über die Zuweisung des Heimwesens im bäuerlichen Erbrecht.
[36] LIVER, Zürcher Kommentar, Einleitung, N. 99 und Art. 731, N. 35; BlZR 60, 1961, Nr. 133, S. 349.
[37] LIVER, Kommentar, Art. 731, N. 37; vorn § 23, II 5.
[38] LIVER, Art. 731, N. 19 und HAAB, Art. 656, N. 48 ff.

Ihm wird auch der Verkauf aus freier Hand im Konkursverfahren gemäß Art. 256 SchKG gleichgestellt. Doch ist diese Ansicht[39] nicht unbestritten.

IX. Der Ehevertrag

Ein Wechsel von Grundeigentum tritt ein, wenn Gütergemeinschaft und Gütereinheit begründet und auch wenn diese Güterstände durch die Gütertrennung aufgelöst werden. Diese Änderungen werden nicht durch die Eintragung im Grundbuch bewirkt, sondern durch die Eintragung im Güterrechtsregister und Veröffentlichung, worauf das Grundbuch damit von Amtes wegen in Übereinstimmung gebracht wird (Art. 248 ZGB und GRVO)[40].

X. Weitere Fälle

Es sollen bloß genannt werden: 1. Die Fusion von Aktiengesellschaften und Genossenschaften (Art. 748ff., 914 OR); 2. der Heimfall des Vermögens aufgelöster juristischer Personen an das Gemeinwesen (Art. 57 ZGB); 3. der Heimfall von Wasserwerkanlagen mit Grund und Boden bei Beendigung des Konzessionsverhältnisses (Art. 54 lit. f und 67 Eidg. WRG); 4. der Anfall allen Bodens, der keinen anderen Eigentümer hat, ans Gemeinwesen (Kanton oder Territorialgemeinde) von Gesetzes wegen nach kantonalem Recht.

§ 25. Der Verlust des Grundeigentums

I. Die Löschung des Eintrages (relativer Eigentumsverlust)

Dies ist nach Art. 666 ZGB der erste Untergangsgrund. Aber das Eigentum geht mit der gerechtfertigten Löschung des Eintrages nicht schlechthin unter. Unter dem Eintrag kann hier nur der Eintrag des bisherigen Eigentümers gemeint sein. Nur für diesen (also relativ zu ihm) geht das Eigentum unter, indem es auf einen Erwerber übertragen wird. Daß dieser Vorgang als Untergang des Grundeigentums bezeichnet wird, ist sicher nicht treffend. Im Art. 666 wird auch die Enteignung erwähnt. Sie bewirkt ebenfalls nur den Verlust des bisherigen Eigentümers durch Überführung des Eigentums auf den Enteigner.

---

[39] HAAB, Kommentar, Art. 656, N. 64.
[40] Wird ein Ehevertrag mit bloß interner Wirkung abgeschlossen, ändert er an den dinglichen Rechtsverhältnissen nichts, da die Wirkung gegenüber jedermann zu den wesentlichen Merkmalen des dinglichen Rechtes gehört: BGE 73 I, 1947, S. 276 = Pra 36 Nr. 176.

II. Der Untergang des Eigentums (absoluter Eigentumsverlust)

1. Untergang der Liegenschaft

Die Liegenschaft als horizontal durch die Grenzlinien bestimmtes Stück des Erdkörpers kann nicht untergehen. Wohl aber kann sie als Sache im juristischen Sinne untergehen, zu deren Begriff die Eigenschaft der Nutzbarkeit (Objekt der menschlichen Bedürfnisbefriedigung im weitesten Sinne) gehört. Diese Eigenschaft verliert die Liegenschaft, wenn ihr Erdreich vom Wasser weggerissen oder fortgeschwemmt wird, sowie wenn sie durch einen Erdrutsch, eine Lawine oder einen Bergsturz dauernd und unwiederherstellbar mit Schutt- und Stein-Massen überführt worden ist, oder wenn ihre Oberfläche in einem See dauernd unter Wasser gesetzt wird. Sie wird dann zu einem Teil des der Kultur nicht fähigen Landes. Als solches ist sie bei der Nachführung der Grundbuchvermessung zu kennzeichnen, und danach ist ihr Blatt im Grundbuch zu schließen.

2. Dereliktion

Sie ist die Aufgabe des Besitzes mit dem Willen, sich damit auch des Eigentums zu entäußern[1]. Sie ist das Gegenstück zur Aneignung, muß aber, um wirksam zu sein, durch Erklärung gegenüber dem Grundbuchamt vollzogen werden. Diese Erklärung ist der Ausdruck eines einseitigen abstrakten Rechtsgeschäfts. Wird das Eigentum nicht schlechthin aufgegeben, sondern mit der Absicht, einer bestimmten anderen Person dessen Erwerb durch Aneignung zu ermöglichen, liegt eine Übereignung oder doch der Versuch zu dieser vor, die nur wirksam ist, wenn die auf sie anwendbaren Bestimmungen erfüllt werden[2].

Mit der Dereliktion wird das Grundstück zu einer herrenlosen Sache, sofern nach dem kantonalen Recht nicht der Anfall an das Gemeinwesen eintritt.

Mit der Dereliktion kann sich der Eigentümer von den Lasten, für welche nur das Grundstück, nicht er persönlich haftet, befreien. Es sind Grundlasten (einschließlich der Gült); es sind aber auch mit Dienstbarkeiten verbundene Unterhaltspflichten (Art. 730 Abs. 2), die zwar persönlicher Natur,

---

[1] Das Grundstück kann derelinquiert werden, ohne daß die an ihm dinglich Berechtigten dazu ihre Zustimmung geben: BGE 85 I, 1959, S. 261 = Pra 49 Nr. 27 und Bespr. Liver in ZBJV 96, 1960, S. 418 f. sowie Kommentar, N. 82 zu Art. 741.
[2] RGZ 83, S. 229 und BGE 69 II, 1943, S. 227 = Pra 32 Nr. 153. Wäre dem nicht so, könnten sich der Veräußerer und der Erwerber auf das Grundbuchamt begeben. Der erste würde die Dereliktionserklärung abgeben und eintragen lassen; der zweite gäbe hierauf die Aneignungserklärung ab (Besitzer kann er als Pächter oder Nutznießer bereits sein).

aber als Realobligationen mit dem belasteten Grundstück dermaßen verbunden sind, daß sie den jeweiligen Eigentümer verpflichten. Mit der Dereliktion entledigt sich der Eigentümer auch ihrer[3].

Gibt der Miteigentümer seinen Anteil auf, ist das nicht eine Dereliktion, sondern ein Verzicht mit der Wirkung, daß der Anteil den Mitbeteiligten anwächst[4].

Zweiter Abschnitt

Der Umfang der Liegenschaft als Gegenstand des Grundeigentums

Vorbemerkung

Im Gesetz hat der zweite Abschnitt den Titel «Inhalt und Beschränkungen des Grundeigentums». Dieser Titel ist ungenau, denn durch die Beschränkungen wird der Inhalt des Grundeigentums bestimmt. Was im Gesetz unter dem Marginale «Inhalt» geregelt wird, ist nicht der Inhalt des Eigentumsrechtes im Sinne der Gesamtheit der Eigentumsbefugnisse, sondern vielmehr die Abgrenzung des Raumes, welchen die Eigentumsherrschaft über eine Liegenschaft samt allen mit ihr verbundenen Sachen und Sachteilen umfaßt. Nicht der Inhalt des Grundeigentums sollte also als Gegenstand dieses ersten Teils des Abschnittes bezeichnet sein, sondern vielmehr die horizontale und vertikale Ausdehnung der Liegenschaft.

§ 26. Die horizontale Ausdehnung der Liegenschaft (Art. 668 ZGB)

Die Liegenschaft ist nicht wie die bewegliche Sache ein individueller von allen anderen getrennter Körper. Sie hängt mit allen angrenzenden Liegen-

---

[3] Der bekannteste und am meisten zitierte Fall ist der Fall Henneberg (Zürich): BGE 50 II, 1924, S. 234 = Pra 13 Nr. 133 = ZBGR 6, 1925, S. 37, bespr. im Kommentar LIVER, Art. 730, N. 236. Siehe daselbst im übrigen N. 164 der Einleitung und N. 232 ff. zu Art. 730.
[4] HAAB, Art. 646, N. 14; MEIER-HAYOZ, Art. 646, N. 46. Eingehend LIVER, Der Verzicht auf beschränkte dingliche Rechte und auf Miteigentumsanteile, in: Festschrift Walther Hug, Bern 1968, S. 353 und in den Privatrechtl. Abhandlungen, S. 321 ff.

schaften zusammen und muß, um als Sache Gegenstand des Eigentums sein zu können, von ihnen abgegrenzt werden.

I. Die Grenzzeichen auf dem Grundstück selber

Solange die Grundbuchvermessung nicht durchgeführt ist, werden die Grundstücke durch örtlich festgelegte Zeichen (Marksteine, Gräben, Mauern, besonders Kreuze an Felsen, Lagersteine und Bäume) bestimmt[1].

Die Grundstücksfläche kann auch durch natürliche Grenzen bestimmt sein. Diese Funktion haben Geländeeinschnitte, die Wasserscheide, die Kulturgrenze gegen Felsen, Schutthalden, Gletscher, am häufigsten Gewässer (Wasserläufe, Seen und Teiche), wofür auf § 21, Anmerkung 2, verwiesen sei.

II. Die durch die Vermessung festgelegten Grenzen

Ist die Grundbuchvermessung durchgeführt, sind die Grenzen der Liegenschaften mit größter Genauigkeit in den Plänen bestimmt. Zudem sind sie nach den Vorschriften des Bundesrates über die Vermarkung und Parzellar-

---

[1] Die Marchenbriefe, Grenzbeschreibungen, Vermarkungsprotokolle bilden eine zahlreiche Kategorie unseres historischen Urkundenmaterials. Oft werden darin auch Bäume als Grenzzeichen genannt, die aber nach langer Zeit vielfach nicht mehr identifizierbar oder gar nicht mehr vorhanden sind.

Für die Vermarchung auf der Liegenschaft haben sich bestimmte Verfahren herausgebildet mit dem Zweck, die Marchsteine (meist unbehauene Steine) als solche erkennbar zu machen und durch die Anordnung von «Zeugen» neben diesen Steinen im Boden die Richtung anzugeben, nach welcher die March weist; die Zeugen sind gekerbte Steinplättchen. Über Kreuze als Marchzeichen an Felsen, Lagersteinen und Mauersteinen siehe AEGIDIUS TSCHUDIS Chronicon Helveticum I, S. 472 (auch zitiert bei HALTAUS, Glossarium, 1758, unter «creuz, crux in finibus»; JOH. JODOCUS BECK, Vollständiges Recht der Gränzen und Marksteine etc., 4. Aufl. Nürnberg 1754.

Besondere Instanzen zur gütlichen Erledigung von Marchstreitigkeiten in eigenem Verfahren bestehen heute noch in verschiedenen Kantonen, in Uri (§ 103 EG) der Landesmarcher, in Schwyz (§ 156 EG) die Bezirksmarkungskommission. Im neuen bündnerischen EG (1944) Art. 137 wurden die «Amtlichen Marcher» ersetzt durch den Kreispräsidenten, dem aber von den Kreisen amtliche Marcher beigegeben werden können. Über die rechtliche Natur und die Bedeutung des Verfahrens Entscheid des KGer-Präs., PKG 1958, Nr. 70. Die Festlegung von Territorialgrenzen ist eine Angelegenheit des öffentlichen Rechts, gegebenenfalls mit Reflexwirkung auf das Eigentum: BGE 81 II, 1955, S. 269ff.

Aus der Literatur sind anzuführen: F. HOENIGER, Die Grenzstreitigkeiten nach bürgerlichem Recht, Berlin 1901. HOENIGER legt dar, daß in Deutschland die römische actio finium regundorum besonders früh rezipiert worden sei, weil das deutsche Recht, weder das Land- noch das Stadtrecht, ein besonderes Grenzstreitverfahren ausgebildet habe. Siehe auch EUGEN HUBER, System III, S. 245f. und IV, S. 696; ferner R. GOESCHKE, Die Feststellung und Verbesserung der Grenze, ZBJV 91, 1955, S. 369ff.; SCHUMACHER, zit. oben § 24, Anm. 15.

Der strafrechtliche Tatbestand der Grenzverrückung (StGB Art. 256) ist selten geworden. Über einen Fall aus dem Kt. Basel-Landschaft berichtet die NZZ 1972, No. 77.

vermessung vom 10. Juni 1919 auf dem Grundstück selber in genau bestimmter Weise vermarcht[2].

Durch Rutschungen, Bauarbeiten, Bodenbearbeitung können die Grenzzeichen auf der Liegenschaft verschoben oder weggerissen werden. Nach den Plänen können sie jedoch leicht eingemessen, zurückverlegt oder ersetzt werden. Dieser Sachverhalt begründet die im Art. 668 aufgestellte Vermutung, daß, wenn die Abgrenzung auf dem Grundstück und die Grundbuchpläne nicht übereinstimmen, die letzteren richtig seien.

III. Die Pläne als Gegenstand der Rechtskraft des Grundbuches

Der gutgläubige Dritte ist in seinem Vertrauen auf die Richtigkeit der Grundbuchpläne geschützt. Er erwirbt das Grundstück mit den Grenzen, welche sich aus den Grundbuchplänen ergeben[3].

Ist das Grundstück aber kleiner, weil bei der Vermessung und Vermarchung ein Marchstein nicht gefunden und deshalb übersehen wurde, erleidet der Nachbar einen Schaden, denn ein Stück seines Bodens ist dem Erwerber zugeschlagen. Da die Rechtskraft des Grundbuches nur den gutgläubigen Dritten schützt, ist, solange das zu Unrecht vergrößerte Grundstück nicht die Hand gewechselt hat, die Berichtigung der Grenze möglich. Sie ist auch möglich, solange nur die Vermarchung und Vermessung erfolgt, aber das Grundbuch noch nicht eingeführt ist.

Das Bundesgericht begründet die Wirkung des öffentlichen Glaubens des Grundbuches auf die Pläne mit dem Argument, die Pläne seien nach Art. 942 ZGB Bestandteile des Grundbuches. Dieses Argument ist zwar nicht beweiskräftig, weil andere Verzeichnisse und Ausweise ebenfalls Bestandteile des Grundbuches sind, jedoch an dessen öffentlichem Glauben nicht teilhaben. Aber das Verfahren, in dem die Pläne erstellt werden und das Grundbuch eingeführt wird, rechtfertigt die Praxis des Bundesgerichtes durchaus.

Man möchte annehmen, daß infolgedessen der Kanton gleich wie für den Schaden aus der unrichtigen Führung des Grundbuches im engeren Sinne (Art. 955) auch für die Fehler der Vermessung und Vermarchung hafte. Dies trifft jedoch nicht zu, was auch damit zusammenhängen mag, daß der Grundbuchgeometer in der Regel nicht Beamter, sondern selbständig Erwerbender ist, der das Vermessungswerk (sog. Operat) im Werkvertrag erstellt.

---

[2] J. BALTENSBERGER, Die Grundbuchvermessung der Schweiz, Bern 1930; DERSELBE, Vermessung, Grundbuch und Karte, in: Festschrift zur schweizerischen Landesausstellung 1939; H. HÄRRY, Vermessung und Grundbuch, und GONVERS-SALLAZ, Mensuration et registre foncier, beide in ZBGR 36, 1955, S. 241ff. und 263ff.
[3] BGE 44 II, 1918, S. 463 = Pra 8 Nr. 6; 59 II, 1933, S. 221 = Pra 22, Nr. 146.

Der öffentliche Glaube des Grundbuches wirkt sich auch dahin aus, daß der (gutgläubige) Verkäufer für das Flächenmaß des Grundstückes, welches geringer ist als im Kaufvertrag angegeben, vorbehältlich ausdrücklicher Garantie, nicht haftet, wenn es mit dem Grundbuchplan übereinstimmt[4].

IV. Die Abgrenzungspflicht

1. Die privatrechtliche Abgrenzungspflicht (Art. 669)

Der Grundeigentümer ist verpflichtet, auf Begehren des Nachbarn zur Feststellung einer ungewissen Grenze, sei es zur Berichtigung der Grundbuchpläne, sei es zur Anbringung von Grenzzeichen auf der Liegenschaft, mitzuwirken[5]. Diese gesetzliche Verbindlichkeit ist eine Realobligation, aus der sich das Recht und die Verpflichtung der jeweiligen Eigentümer der Nachbargrundstücke ergeben[6]. Voraussetzung dafür ist die Ungewißheit der Grenze. Diese ist, so wie die Dinge hinsichtlich der Grenzzeichen liegen, nicht sicher festzustellen. Die Grenzzeichen sind entfernt, zugedeckt oder unkenntlich geworden. Möglicherweise werden sie gegenüber einem Gewässer durch dessen mittleren Wasserstand (oder Hochwasserstand) bestimmt. Dieser ist aber nicht durch eine Grenzlinie festgesetzt[7]. Auch die Abgrenzung gegenüber dem der Kultur nicht fähigen Lande kann notwendig werden. Sie wurde oben § 22, V erörtert.

2. Die öffentlich-rechtliche Abgrenzungspflicht

Sie ergibt sich aus den Vorschriften des Bundes über die Parzellarvermessung und Vermarkung, die im kantonalen Recht noch näher ausgeführt sein können[8]. Jeder Grundeigentümer hat zur Fixierung der Grenzpunkte durch den Geometer Hand zu bieten. Erst wenn diese Punkte festgesetzt

---

[4] Art. 219 OR; BGE 62 II, 1936, S. 463 = Pra 25 Nr. 145; 81 II, 1965, S. 140 = Pra 44 Nr. 144.
[5] BGE 80 II, 1954, S. 380f. = Pra 44 Nr. 21 (Festsetzung der Grenze im nicht vermessenen Gebiet der Gemeinde Saanen); EGzZGB Graubünden Art. 137: «Zur Erwahrung bestehender Grenzzeichen und Grenzlinien sowie der Neuvermarchung».
[6] Diese Verpflichtung besteht auch nach § 919 BGB, nach Art. 645 CCfr. (hier als «servitude qui dérive de la situation des lieux»), Art. 950 CCit. Dazu G. BROGGINI, Regolamento di confini, Dig. Nov.$^{mo.}$ 1968, S. 247f.
[7] BGE 29 II, 1903, S. 273 (Thunersee); 56 I, 1930, S. 251 = Pra 19 Nr. 176; 95 I, 1969, S. 243; ObTrib. Stuttgart in Seufferts Arch. 28, Nr. 37 (Bodensee); BGH 27, 1958, Nr. 41 (franz. Recht); NJW 18, 1965, S. 172 (Strandboden).
[8] Vgl. z.B. die VO des zürcherischen Obergerichts betr. die grundbuchliche Behandlung von Wasserrechtsverleihungen vom 2. April 1911 mit Anweisungen betr. die Behandlung der öffentlichen Gewässer und Straßen und der Waldungen bei der Durchführung der Grundbuchvermessungen vom 19. Dezember 1922 sowie Anweisung dazu und den Anhang.

und markiert sind, kann die Parzellarvermessung, insbesondere auch durch photographische Luftaufnahmen durchgeführt werden.

3. Der Grenzstreit

Ein Grenzstreit im weiteren Sinne kann auch bestehen, wenn die Grenze ungewiß ist und von den Anstößern ein verschiedener Verlauf behauptet wird, insbesondere aber kann er das Eigentum an einem Stück Land zum Gegenstand haben, das je nach dem Verlauf der Grenze dem einen oder anderen der streitenden Nachbarn gehört. Je nachdem, ob die eine oder die andere Differenz zwischen den Beteiligten vorliegt, sind verschiedene Klagen gegeben:

1. die Grenzfeststellungsklage;
2. die Grenzscheidungsklage, über die durch ein Gestaltungsurteil entschieden wird;
3. die Eigentumsklage, die eine Feststellungs- oder Vindikationsklage sein kann. Die Eigentumsfeststellungsklage kann auch mit der Ersitzung begründet werden. Wo das Grundbuch noch nicht eingeführt ist, also nur eine Ersatzeinrichtung besteht, kann dies auch die außerordentliche Ersitzung sein.

Werden die Eigentumsklage und die -widerklage abgewiesen, weil weder die eine noch die andere sich auf ausreichende Beweismittel stützen kann, bleibt nur die Grenzscheidungsklage übrig[9].

V. Die Grenzberichtigung

Eine behördliche Grenzberichtigung im Interesse einer rationellen Überbauung ist Bestandteil des Quartierplanes oder des Verfahrens zur Umlegung von Bauland. Solche Verfahren sind in der Baugesetzgebung verschiedener Kantone vorgesehen. Als selbständiges Institut außerhalb des baurechtlichen Verfahrens ist sie in öffentlich-rechtlichen Bestimmungen der EGzZGB der Kantone St. Gallen (Art. 158) und Appenzell-ARh. (Art. 114 EG 1969) behandelt. Zum Zwecke der landwirtschaftlichen Melioration ist sie vorgesehen im Art. 81 des BG über die Landwirtschaft vom 3. Okt. 1951.

---

[9] HAAB, Kommentar, N. 19 zu den Art. 668/69; BGE 89 II, 1963, S. 296 (Verhältnis der Grenzfestsetzungs- und Grenzscheidungsklage zur Eigentumsklage). Ebenso schon BGE 29, 1903, S. 773 ff., ferner die Bemerkungen des Regierungsrats St. Gallen im Amtsbericht 1929, ZBGR 11, 1930, S. 178; SCHUMACHER, a.a.O. (oben § 24, Anm. 15).

VI. Einfriedigungen

Eine Liegenschaft kann durch Häge (lebende und tote), Zäune, Bretterwände, Mauern eingefriedigt werden. Dieses Recht wird auch durch den Art. 699 nicht beschränkt oder gar aufgehoben[10]. Im Art. 670 sind bloß die Eigentumsverhältnisse an Vorrichtungen zur Abgrenzung einer Liegenschaft geregelt und zwar nur in dem Sinne, daß an ihnen, wenn sie auf der Grenze stehen, Miteigentum der Nachbarn besteht. Im Unterschied zum deutschen BGB ist die Vorrichtung eine einheitliche Sache, die durch die Grenze nicht in zwei Teile zerschnitten wird, deren jeder Bestandteil des Grundstückes ist, auf dem er steht[11].

Der Regel des Art. 670 werden auch Bauten unterstellt, die nicht in erster Linie den Zweck der Abgrenzung haben, wie die Brandmauern (Feuerscheidemauern)[12].

Steht die Grenzvorrichtung an der Grenze, wird vermutet, daß sie Bestandteil des Grundstückes sei, zu dessen Einfriedung sie erstellt worden ist[13].

Nach dem Eigentumsverhältnis bestimmt sich gemäß Art. 697 auch die Auflage der Erstellungs- und Unterhaltskosten. Die Kosten der Vorrichtungen zur Ausübung nachbarrechtlicher Befugnisse, wie gesetzlicher Weg-, Durchleitungs- und Tränkerechte, haben die Beteiligten gemäß Art. 698 nach Maßgabe ihres Interesses zu tragen. Die entsprechende Regel gilt im Dienstbarkeitsrecht (Art. 741 ZGB)[14].

§ 27. Die vertikale Ausdehnung der Liegenschaft und das Akzessionsprinzip (Art. 667 ZGB)

I. Das Prinzip

Die kürzeste und einprägsamste Formulierung des Prinzips ist der Satz des römischen Rechts: Superficies solo cedit[1]. Was auf dem Grundstück

---

[10] BGE 96 I, 1970, S. 97 will ein Verbot der Einfriedigung (Zürich) durch die kant. Verwaltung mit der dem ZGB fremden Begründung, der Art. 699 enthalte neben der privatrechtlichen eine öffentlich-rechtliche Norm (Doppelnorm!), zulassen.
[11] § 921 BGB; WOLFF/RAISER, § 58. Wie erwähnt, soll dies auch für den Grenzbaum (§ 923 Abs. 1) gelten (oben § 12, IV 2).
[12] BGE 59 II, 1933, S. 223 = Pra 22 Nr. 146; BlZR 27, 1928, Nr. 132. Zum Brandmauerrecht siehe unten § 33, III 3.
[13] Graubünden EGzZGB (1944) Art. 128.
[14] LIVER, Zürcher Kommentar, Art. 741, N. 1 und 9 mit Hinweis auf Art. 698.
[1] Gaj. Inst. II § 73; Praeterea id quod in solo nostro ab aliquo aedificatum est, quamvis ille suo nomine aedificaverit, iure naturali nostrum fit, quia superficies solo cedit; l. 44 § 1 D. 44, 7; l. 98 § 8 D. 46, 3; l. 2 D 43, 18. Siehe dazu J. BIERMANN, Superficies solo cedit, Dogm. Jb. 34, 1895, S. 169 ff.; L. BARASSI, Proprietà, S. 608 ff.

gesät, gepflanzt, gebaut wird (satio, implantatio, inaedificatio), gehört zum Boden, ist dessen Bestandteil; als solcher teilt er das rechtliche Schicksal der Liegenschaft. Im Art. 667 Abs. 2 ZGB ist dies ausdrücklich bestimmt für Bauten, Pflanzen und Quellen. Für die Quellen wird es wiederholt im Art. 704. Man kann sich fragen, ob diese Objekte nicht ohnehin (gemäß Art. 642) Bestandteile des Grundstückes seien. Dies trifft indessen nicht durchwegs zu. Gewisse Bauwerke können abgebrochen, Pflanzen getrennt und Quellwasser (auch zur Entwässerung abgeleitetes Wasser kann Quellwasser sein) fortgeleitet werden, ohne daß das Grundstück dadurch zerstört, beschädigt oder verändert würde. Diese Bestimmung im zweiten Absatz des Art. 667 ist der Ausdruck des allgemeinen Prinzips, welches im ersten Absatz formuliert ist: Das Eigentum an Grund und Boden erstreckt sich nach oben und unten auf den Luftraum und das Erdreich, soweit für die Ausübung des Eigentums ein Interesse besteht[2]. Diese Begrenzung nach Maßgabe des Interesses scheint in schroffem Gegensatz zu stehen zum Grundsatz «Cuius est solum eius est usque ad sidera (oder «ad coelum»), usque ad inferos». Dies ist nicht ein römischer Rechtssatz, sondern ein Rechtsgedanke der italienischen Rechtswissenschaft des Mittelalters, gestaltet zum Schutze des Grundeigentümers (und Grundbesitzers) gegen herrschaftliche Bedrückung durch fiskalische Belastung von Nutzungsveranstaltungen, mit welchen der Luftraum über der Bodenfläche oder der Erdkörper unter ihr in Anspruch genommen wurde. In dieser großartigen Form hat der Grundsatz die Juristen fasziniert und ist in die neuere Rechtswissenschaft aller europäischer Länder[3], auch Englands[4], eingegangen. Er ist, wie bemerkt, auch in allen Kodifikationen außer dem ZGB ausgesprochen. Dieses hat ihn, wie man meint, überwunden,

---

[2] Nach dem Wortlaut (Text und Marginale) sowie nach der Entstehungsgeschichte wird damit die vertikale Ausdehnung («Umfang») der Liegenschaft bestimmt. Dies ist klar gesagt im zweiten Absatz, und dieser nennt die wichtigsten Anwendungsfälle des im ersten Absatz ausgesprochenen Prinzips. P. LIVER, Usque ad sidera usque ad inferos, in: Mélanges Philippe Meylan, Lausanne 1963, II, S. 170, sowie in Ges. rechtsgeschichtl. Abhandlungen, S. 256 ff. Das Prinzip selber hat, entsprechend dem römischen und gemeinen Recht und dem Recht aller Kodifikationen, in die es aufgenommen worden ist, den Inhalt, dem Grundeigentümer die volle Nutzung und unbeschränkte Bewirtschaftung der Liegenschaft zu gewährleisten. Dies kommt besonders deutlich im Art. 552 CCfr. zum Ausdruck: «La propriété du sol emporte la propriété du dessus et du dessous. Le propriétaire peut faire au-dessus toutes les plantations et constructions qu'il juge à propos, sauf les exceptions établies au titre *Des servitudes ou services fonciers*. Il peut faire au-dessous toutes les constructions et fouilles qu'il jugera à propos et tirer de ces fouilles tous les produits qu'elles peuvent fournir, sauf les modifications résultant des lois et règlements relatifs aux mines, et des lois et règlements de police.»
[3] Vgl. LIVER, Usque ad sidera usque ad inferos, a.a.O.
[4] E. HEYMANN, Überblick über das englische Privatrecht, in: HOLTZENDORFF/KOHLER, Enzyklopädie (zit. oben § 5, Anm. 3), 7. Aufl. 1914, II, S. 312.

indem es ihn nur so weit gelten läßt, als das Interesse des Grundeigentümers an der Herrschaft über die Liegenschaft reicht. Durch das Interesse des Eigentümers war der allgemeine Grundsatz schon im bündnerischen CGB von 1862 ohne jedes Aufheben begrenzt. Aus ihm ist diese Begrenzung ins ZGB übernommen worden, wenn auch in eleganterer, jedoch ungenauerer Formulierung[5]. Aber im gleichen Sinne ist der Grundsatz in der Praxis und der an ihr orientierten Lehre von jeher angewendet worden[6].

Die Ausdehnung des Grundeigentums im Luftraum und im Erdkörper unter der Erdoberfläche ergeben sich aus dem Inhalt des Eigentums in positiver und in negativer Hinsicht. Der Grundeigentümer hat die volle «Verfügung» über die Liegenschaft, die in der räumlich unbeschränkten Nutzung der Parzelle besteht und in der Ausschließung von ungerechtfertigten Einwirkungen über und unter der Oberfläche.

Das deutsche BGB hat im § 905 die Ausdehnung in positiver Hinsicht nicht begrenzt und nur das Recht der Ausschließung von Einwirkungen Dritter in solcher Höhe oder Tiefe, daß der Grundeigentümer an ihr kein Interesse hat, verneint. Damit ist die Vermutung gegeben, daß der Raum über und unter der Oberfläche in seiner ganzen Ausdehnung zur Herrschaftssphäre des Grundeigentümers gehört. Wer in diesem Raum gegen den Willen des Eigentümers einwirkt, hat im Streitfall zu beweisen, daß der Eigentümer kein Interesse hat, ihm dies zu verbieten[7]. Nach unserem Recht hat der Grundeigentümer, der auf Unterlassung (actio negatoria) oder Schadenersatz klagt, zu beweisen, daß er ein Interesse an der Abwehr hat, weil sein Interesse und damit sein Eigentum sich bis auf den Punkt der Einwirkung erstrecke. Indessen ist die Bestimmung in diesem Sinne überhaupt überflüssig, da die actio negatoria dem Grundeigentümer immer zusteht, in welcher Höhe oder Tiefe die Einwirkung stattfinden mag, wenn sie für ihn lästig oder schädlich ist. Daß dies zutreffe, hat er ohnehin zu beweisen. Wird unter einem Grundstück ein Tunnel gebaut und sinkt infolgedessen das Wasser einer Quelle ab, hat der Grundeigentümer immer Anspruch auf Schadenersatz (eine Wiederherstellung wird unmöglich sein), zum mindesten wenn er die Quelle erheblich benutzt oder zum Zwecke der Verwertung gefaßt hat (Art. 706 ZGB)[8].

Die spezielle Begrenzung durch das Interesse kommt zur Geltung, wenn eine Grundstücksbenutzung durch einen anderen im Luftraum oder Erdinnern der Liegenschaft stattfindet. Bei der Untertunnelung für einen Straßen- oder Eisenbahnbau wird z.B. aus dem ausgebrochenen Gestein wertvolles Baumaterial gewonnen, das an Ort und Stelle für Kunstbauten vorteilhaft

---

[5] CGB Graubünden 1862, § 185 Abs. 2: Bei Grundstücken erstreckt sich das Eigentum auf den Luftraum über und auf den Boden unter demselben, soweit jener und dieser dem Eigentümer nutzbringend sein können. EUGEN HUBER, Erläuterungen 1914, II, S. 85; System III, S. 240; TUOR, ZGB, 8. Aufl., S. 503.

[6] Siehe die Literatur- und Urteilszitate in meiner hievor (Anm. 2) genannten Abhandlung. Nach dem Inkrafttreten des bündnerischen CGB ist die Abhandlung JHERINGS erschienen «Zur Lehre von den Beschränkungen des Grundeigentums» (in seinen und GERBERS Jahrbüchern VI und in den Ges. Abhandlungen II, S. 22), in welcher die gleiche Begrenzung des Grundeigentums verfochten wird. Siehe nunmehr auch J. THORENS, L'étendue en profondeur de la propriété foncière, ZSR 89 I, 1970, S. 255 ff.

[7] Daß dies die bessere Lösung ist, hat KOHLER wohl mit Recht dargetan in seinem Lehrbuch (oben § 5, Anm. 3), II/2, S. 173.

[8] Es verhält sich damit gleich wie mit der horizontalen räumlichen Ausdehnung der Nachbarschaft unter dem Gesichtspunkt der Immissionen. Jedes Grundstück, von dem die Einwirkungen ausgehen, gilt als dem Grundstück benachbart, auf dem der Schaden eintritt; SCHUMACHER, a.a.O. (oben § 24, Anm. 15), S. 105, Anm. 3 (Simplon-Tunnel).

verwendet werden kann. Oder es wird in größerer Tiefe Erdöl oder Erdgas gefunden, dessen Ausbeutung wirtschaftlich ist. Ferner ist der wiederholt beurteilte Tatbestand zu erwähnen, daß von einem benachbarten Grundstück aus Grotten, Höhlen oder Schluchten erschlossen werden, die an sich oder wegen seltenen, sehenswerten Naturgebilden gegen Eintrittsgeld den Besuchern gezeigt und dadurch zu einem Objekt des Fremdenverkehrs werden[9]. Wenn der Eigentümer der Liegenschaft mit der darüberliegenden Grundstücksfläche den Erlaß eines Zutrittsverbotes verlangt oder Anspruch darauf erhebt, die Sehenswürdigkeit für sich selber nutzbar zu machen, kommt die Bestimmung über die Ausdehnung seines Grundeigentums nach Maßgabe seines Interesses zur Anwendung. Daß der Grundeigentümer ein Interesse an der Gutheißung seines Begehrens hat, steht außer Zweifel. Aber er ist, auch wenn dies feststeht, abzuweisen, sofern er nicht darzutun vermag, daß er oder seine Rechtsnachfolger nach dem gewöhnlichen Lauf der Dinge und den besonderen Umständen des Falles in der Lage sein würden, selber die Liegenschaft in gleicher Weise zu nutzen, ohne daß von dritter Seite die Sehenswürdigkeit entdeckt oder nutzbar gemacht worden wäre[10]. In der Formulierung des Art. 667 kommt leider nicht zum Ausdruck, daß das Interesse des Eigentümers nur soweit maßgebend sein kann, als es durch ihn selber realisierbar ist[11].

II. Praktische Bedeutung

Das Prinzip hat nicht mehr die Bedeutung, die es ehemals gehabt hatte. Die zahlreichen gesetzlichen Beschränkungen verbieten die Ausübung des Grundeigentums innerhalb des nach Art. 667 bestimmten Raumes in mannigfacher Weise. Die Nutzung des Erdreichs in der Tiefe ist namentlich beschränkt durch die kantonale Berggesetzgebung[12] und durch das Wasserrecht, insbesondere das Grundwasserrecht[13], sowie durch den Gewässerschutz[14]. Die Ausnutzung des Luftraumes ist beschränkt durch die Baugesetzgebung. Die Abwehr von Eingriffen aus dem Luftraum ist beschränkt

---

[9] Das Eigentum an solchen unterirdischen Räumen wird in der italienischen Literatur als proprietà speleologica bezeichnet (A. LUCCI, Il diritto di superficie, Della proprietà del sottosuolo, 1927) und in der französischen Literatur ebenfalls propriété spéléologique (MARTY/RAYNAUD, Droit civil II/2, S. 128).

[10] Die Praxis zu dieser Frage stimmt in den verschiedenen Ländern überein, wie auch immer die vertikale Ausdehnung der Liegenschaft im Gesetz bestimmt sein mag. Siehe dazu die Angaben im zitierten Aufsatz «Usque ad sidera, usque ad inferos», ferner: MESSINEO, Manuale II (1965), § 78 N. 15; BARASSI, Proprietà, N. 120 ff; M. ROTONDI, Istituzioni (1962), N. 137, S. 252 ff.; WOLFF/RAISER, § 52, III/2, S. 181; WESTERMANN, Sachenrecht, § 61 II, S. 293 f.; HECK, Sachenrecht, § 49 (12), S. 214 f.; MARTY/RAYNAUD, II/2, Nos. 99 ff.

[11] Das wäre der Fall gewesen, wenn das Vorbild des bündnerischen CGB genauer befolgt worden wäre.

[12] Alle Kantone außer Graubünden und Genf haben den Bergbau zum Gegenstand des Regals gemacht. Als Beispiel eines modernen Gesetzes ist das Bergbaugesetz des Kantons Bern vom 5. Juni 1962 zu erwähnen, das auch auf die Ausbeutung von Erdöl, Erdgas und von Materialien zur Erzeugung von Atomenergie sowie auf den Abbau von Salzlagerstätten anwendbar ist.

[13] Art. 705 ZGB. Fluß- und Bachquellen, insbesondere aber die Grundwasservorkommen, die sich unter der Erdoberfläche auf weite Strecken hinziehen, fallen nicht unter den Art. 704, so daß auf sie das kantonale öffentliche Recht anwendbar ist.

[14] BG über den Schutz der Gewässer vom 6. Oktober 1971.

durch die Elektrizitätsgesetzgebung[15] und vor allem durch das Gesetz über die Luftfahrt[16]. Bestimmungen über den Natur- und Heimatschutz können die freie Verfügung des Grundeigentümers ebenfalls recht stark beschränken[17]. Unter diese Spezialgesetze fallen die meisten Konflikte, so daß ihre Beurteilung durch Anwendung des allgemeinen Grundsatzes des Art. 667 selten ist.

III. Dem Akzessionsprinzip unterstellte gesetzliche Tatbestände

Das Gesetz selber hat die Konsequenzen aus dem Akzessionsprinzip in den folgenden Bestimmungen ausdrücklich gezogen:

a) Ein Baurecht an Stockwerken eines Gebäudes kann nicht begründet werden. Auf diesem Wege sollen der Grundsatz superficies solo cedit nicht mißachtet und die Vorschriften über das StWE nicht umgangen werden können (Art. 675 Abs. 2).

b) Die Pflanzensuperficies kann nach Art. 678 nicht begründet werden und figuriert im Art. 45 SchlT unter den «aufgehobenen Rechten»[18].

c) Alle widerrechtlich oder ohne dingliche Berechtigung (wenn auch mit

---

[15] Eidg. Elektrizitätsgesetz vom 24. Juni 1902. Dieses Gesetz setzt eine Ausdehnung des Grundeigentums voraus, die nach heutiger Auffassung, wie auch nach der hier gegebenen Interpretation des Art. 667, kaum noch Anerkennung finden dürfte. Es begründet eine besondere gesetzliche Eigentumsbeschränkung zugunsten der Eidgenossenschaft (PTT), um ihr das Recht zu geben, Leitungsdrähte durch den Luftraum einer Liegenschaft zu ziehen, welche «die zweckmäßige Benützung des betr. Grundstückes oder Gebäudes nicht beeinträchtigen».

[16] BG über die Luftfahrt vom 21. Dezember 1948. Die früher in verschiedenen Ländern gefällten Urteile über Schadenersatzforderungen gegen Luftfahrtunternehmungen wegen der vernichtenden Wirkung des Fluglärms auf Silberfuchsfarmen sind gegenwärtig nicht mehr aktuell (OFTINGER, Haftpflichtrecht, 2. Aufl., II, S. 894). Von höchster Aktualität ist dagegen die Einwirkung auf Wohnsiedlungen (OFTINGER, Lärmbekämpfung als Aufgabe des Rechts, 1956; DERSELBE, Lärmbekämpfung in rechtlicher Sicht, ZBJV 100, 1964, S. 101 ff.).

[17] BV Art. 24 sexies; BG vom 1. Juli 1966, VVO vom 27. Dez. 1966. Beispiel einer eingehenden kantonalen Ordnung: Graubünden, EGzZGB Art. 139, GrRVO vom 27. Nov. 1946.

[18] LIVER, Zur Geschichte und Dogmatik des Eigentums an Bäumen auf fremdem Boden in der Schweiz, in: Festschrift K. S. Bader, Zürich 1965, S. 281 ff. Daselbst zur gleichen Regelung im Art. 678 CCit. S. 297 (in den Abhandlungen zur schweiz. und bündn. Rechtsgesch. S. 271 ff.). Am Grenzbaum, der im Miteigentum der beiden Nachbarn steht, kann indessen der eine Nachbar das Alleineigentum erwerben, indem er sich eine Dienstbarkeit einräumen läßt, was möglich ist, weil diese Dienstbarkeit nicht dem Baurecht entspricht, sondern dem Überbaurecht. Vgl. F. LINDENMANN, Bäume und Sträucher im Nachbarrecht, Diss. Bern 1950, 2. Aufl. (hg. vom Verband schweiz. Gärtnermeister) 1968, S. 66 ff. Nach unserem Recht ist der Grenzbaum, wie jede andere Grenzvorrichtung auf der Grenze durch die Grenzlinie nicht geteilt, sondern gehört den Nachbarn als eine Sache zu Miteigentum. Das Akzessionsprinzip wird dadurch nicht durchbrochen, sondern in sachgemäßer Weise modifiziert.

Erlaubnis des Eigentümers) auf einem fremden Grundstück errichteten Bauwerke werden dessen Bestandteile[19].

Im ZGB ist das Akzessionsprinzip strenger durchgeführt als im französischen und italienischen Recht. Nach diesen Rechtsordnungen kann durch Vertrag mit dem Grundeigentümer Sondereigentum an einem Grundstücksbestandteil, insbesondere an einem Gebäude oder Gebäudeteil, z.B. einem Keller, begründet werden, ohne daß hiefür eine Dienstbarkeit errichtet werden muß. Freilich besteht dieses Sondereigentum nur gegenüber dem Grundeigentümer. Dritten gegenüber wird es erst mit der Registrierung (transcription, trascrizione) wirksam, ist also vorher nur ein relatives und temporäres Eigentum[20].

---

[19] Besonderheiten der Begründung von Durchleitungsrechten sind im Kommentar LIVER, N. 14 zu Art. 731, N. 7, 67 und Nachtrag S. 675 zu Art. 732 namhaft gemacht.

[20] CCit. Art. 840 und 934. Das Akzessionsprinzip greift nicht Platz, wenn es durch eine gesetzliche oder vertragliche Bestimmung ausgeschlossen ist: MESSINEO, Manuale II (1965), § 78 N. 15, 87 N. 3, S. 536; BARASSI, Proprietà, S. 608; TORRENTE/PESCATORE, Codice civile annotato con la giurisprudenza, 5. Aufl. 1967, zu Art. 934, 952. Der Grundsatz «superficies solo cedit» hat da also nur die Geltung dispositiven Rechtes. Damit steht das italienische Recht dem historischen deutschen Recht näher als das ZGB. Abgeschwächt war der Grundsatz schon im römischen Vulgarrecht (M. KASER, Römisches Privatrecht II, München 1959, § 244, S. 209). Auch im Deutschen Privatrecht des Mittelalters galt der Grundsatz s.s.c. nur als Vermutung. Ohne Bedenken wurde die vertragliche Begründung von Sondereigentum an Grundstücksbestandteilen wie Gebäuden, Gebäudeteilen, Pflanzen (Reben, einzelnen Bäumen und ganzen Waldungen) zugelassen. Siehe Abhandlung LIVER (zit. oben Anm. 18), S. 298f. bzw. S. 288f. In diesem Sinne ist der Grundsatz auch im Schwabenspiegel ausgesprochen (LR 372 in der Ausgabe von LASSBERG). Auch wenn diese Bestimmung unter dem Einfluß des römischen Rechts aufgestellt worden wäre, wie MARTIN WOLFF meint (Der Bau auf fremdem Boden, insbesondere der Grenzüberbau, Abh. zum Privatrecht und Civilprozeß, hg. von O. FISCHER, 6/2, 1900, S. 11), ist doch nicht ausgeschlossen, daß sie im Sinne der hievor dargelegten Auffassung dem deutschen Recht ebenfalls entsprach. Daß die mit dem Boden fest und dauernd verbundene superficies (wozu in früherer Zeit die Häuser nicht gehörten) dessen Bestandteil war und wenigstens vermutungsweise dessen rechtliches Schicksal teilte, entsprach ja sicher der natürlichen und sachgemäßen Anschauung. Ebenso R. HÜBNER, Grundzüge des deutschen Privatrechts, 5. Aufl. Leipzig 1930, S. 189.

Nach Art. 553 CCfr. gilt das Akzessionsprinzip ebenfalls nur, «si le contraire n'est pas prouvé». Auch der Pächter einer Liegenschaft kann sich vertraglich das Eigentum an den von ihm erstellten Bauten einräumen lassen. Auch kann das Sondereigentum ersessen werden (RIPERT/BOULANGER, Traité de droit civil II, 1957 No. 2475, S. 869; MARTY/RAYNAUD, II/2, Nos. 99ff., 176f.). Hier wird die Entstehung des Sondereigentums auf Grund eines Vertrages über die Benutzung einer Liegenschaft (Pachtvertrag) als Verzicht des Grundeigentümers auf die Akzession der Bauten aufgefaßt, der keiner besonderen Form bedarf. Die praktische Verschiedenheit des italienischen und französischen Rechts vom unsrigen ist indessen viel geringer als es nach den vorstehenden Ausführungen scheinen mag, weil bei uns die Dienstbarkeiten, vor allem das Baurecht, welches im CCfr. keinen eigenen Platz erhalten hat, ebenfalls das Sondereigentum an den zu ihrer Ausübung erstellten Bauwerken entstehen lassen und weil auch andere Rechte zur Benutzung fremder Grundstücke, namentlich öffentlich-rechtliche, die gleiche Wirkung haben. Vgl. dazu unten § 29, I.

§ 28. Der Einbau und der Überbau

Vorbemerkungen

In allen Kodifikationen sind auf der Grundlage des römischen und des gemeinen Rechtes für bestimmte typische Tatbestände Regelungen getroffen worden, für deren Beurteilung das Akzessionsprinzip die Ausgangslage bildet, aber durchbrochen wird oder gar in sein Gegenteil umschlägt. Dies geschieht, um den einmal geschaffenen Wert einer Baute zu erhalten, mag diese auch unter Verletzung eines Rechtes erstellt worden sein. Dabei wird ein Ausgleich der Beeinträchtigung oder des Verlustes des einen Beteiligten und der Bereicherung des anderen unter Beachtung der besonderen Umstände des Falles auf der Leitlinie der Billigkeit und Gerechtigkeit herbeigeführt. Unter diesem Gesichtspunkt ist für den Ersteller der Baute entscheidend, ob er in guten Treuen gehandelt hat, und ebenso für den, der die Beeinträchtigung erfahren hat, ob er es in gutem Glauben unterlassen hat, die rechtswidrige Ausführung des Bauwerkes oder Bauteils durch seine Einsprache zu verhindern. Diese Tatbestände, die in langer Rechtsentwicklung zu übereinstimmender Ausbildung in den Kodifikationen gelangt sind, und deren Regelung allgemeine Rechtsgrundsätze, wie die hievor genannten, konkretisiert, sind der Einbau und der Überbau[1].

Die Bestimmungen über den Einbau finden kraft der ausdrücklichen Verweisung im Art. 678 Abs. 1 auch auf die Einpflanzung Anwendung[2].

Sie haben, wie auch die des Art. 674 (Überbau) nur außervertragliche Verhältnisse zum Gegenstand. Wenn eine Vereinbarung zwischen den Beteiligten besteht, beurteilt sich der Tatbestand nach den für diese geltenden gesetzlichen und vertraglichen Bestimmungen, die aber meistens der Ergänzung durch die Heranziehung der Art. 671–674 ZGB bedürfen[3].

---

[1] Aus der Spezialliteratur zu beiden Rechtsverhältnissen sind zu nennen: M. WOLFF, Der Bau auf fremdem Boden (zit. oben § 27, Anm. 20); J. KOHLER, Zur Lehre von den Pertinenzien, Dogm. Jb. 34, S. 1 ff., bes. S. 45 ff.; G. GOUBEAUX, La règle de l'accessoire en droit privé, Thèse Nancy, Paris 1969, S. 295 f., 300, Nos. 217 f.
[2] «Verwendet jemand fremde Pflanzen auf eigenem Grundstücke, oder eigene Pflanzen auf fremdem Grundstücke, so entstehen die gleichen Rechte und Pflichten, wie beim Verwenden von Baumaterial oder bei Fahrnisbauten» (Art. 678 Abs. 1 ZGB).
[3] Danach sind insbesondere Einbauten, die der Mieter oder Pächter vorgenommen hat, zu beurteilen. BGE 54 II, 1928, S. 428 = Pra 18 Nr. 4 geht mit der Ausschließung der Art. 671–673 von der Anwendung auf Vertragsverhältnisse (gegen BlZR 28, 1929, Nr. 64) zu weit. BGE 57 II, 1931, S. 253 = Pra 20 Nr. 132 wendet diese Bestimmungen aber an, obwohl die Parteien sich über die Erstellung der Bauten geeinigt hatten. Vgl. auch BGE 95 II, 1969, S. 221 = ZBGR 51, 1970, Nr. 50, S. 366 ff. Siehe nunmehr BGE 99 II, 1973, S. 131 ff. Erw 4.

I. Der Einbau

In den Art. 671 bis 673 sind zwei verschiedene Tatbestände miteinander verquickt, welche auseinanderzuhalten und gesondert zu behandeln sind, nämlich einerseits das Bauen mit fremdem Material auf eigenem Boden, andererseits das Bauen mit eigenem Material auf fremdem Boden[4].

Erster Tatbestand: Fremdes Material wird eingebaut

1. Die Tatsache

Daß der Eigentümer auf seinem Boden mit fremdem Material baut, kommt seltener vor als der Bau auf fremdem Boden oder der Überbau. Unter besonderen Umständen geschieht es ab und zu. So etwa, wenn der Bodeneigentümer Baumaterialien, die an Ort und Stelle für einen anderen Zweck abgelagert oder nach Beendigung oder Unterbrechung von privaten oder öffentlichen Bauarbeiten zurückgelassen worden sind, verwendet; wenn ihm Baumaterialien, die für einen anderen Grundeigentümer bestimmt sind, zugeführt worden sind; wenn er ohne Erlaubnis oder mit der Bewilligung einer nicht verfügungsberechtigten Körperschaft (Bürgergemeinde statt politischer Gemeinde, dieser statt des Kantons) dem der Kultur nicht fähigen Land oder einem öffentlichen Gewässer Baumaterialien entnommen hat; wenn er einem Gebäude, das dem Verfall überlassen wird (nicht mehr benutzte Kirchen, Kapellen, Burgen und andere mehr oder weniger herrschaftliche Gebäude) Bauteile aus Stein, Holz oder Metall zu eigener Verwendung entnimmt; wenn er sich Baumaterialien in eindeutiger Überschreitung einer Dienstbarkeit (Holzbezugs-, Kies- oder Lehmausbeutungsrecht) verschafft. Schließlich kann das Material ja auch durch Diebstahl oder Betrug erlangt sein.

Diese Beispiele geben von selbst Anlaß zu der Frage, ob der Bodeneigentümer mit der Verwendung der Materialien in gutem Glauben gehandelt hat, d.h. in guten Treuen annehmen durfte, er verletze niemandes Recht, oder ob er bösgläubig gewesen ist[5].

---

[4] Im ABGB, §§ 417–419, und im CCit., Art. 935–937 ist dies geschehen und außerdem noch der Tatbestand des Bauens mit fremdem Material auf fremdem Boden ausdrücklich geregelt. Das deutsche BGB behandelt den Einbau als Verbindung (§§ 946ff.) und verweist im übrigen auf die Herausgabe der Bereicherung und den Ersatz von Verwendungen.

In der Tat sollten die Vorschriften über den Einbau, über die Verbindung, die Verwendungen des Nutznießers, des Besitzers (Art. 939/40) und über den vorzeitigen Heimfall der im Baurecht erstellten Gebäude (Art. 779f.) aufeinander abgestimmt sein. Siehe im übrigen die rechtsvergleichenden Ausführungen von Meier-Hayoz zu Art. 671ff. und U. Neuenschwander, Die Leistungspflichten des Grundeigentümers (oben § 5, Anm. 6), S. 455ff.

[5] Siehe zum Begriff des guten Glaubens oben § 24, IV 2e.

2. Die Rechtsfolgen

a) Trennung des fremden Materials vom Bauwerk

Der Eigentümer des Materials kann verlangen, daß der Grundeigentümer auf eigene Kosten die Trennung vornehme und ihm die ihm weggenommenen Gegenstände zurückgebe[6]. Aber dazu ist der Grundeigentümer nicht verpflichtet, wenn dies nicht möglich ist, ohne daß er dadurch eine unverhältnismäßige Schädigung erfährt. Hier, wie im Nachbarrecht und Dienstbarkeitsrecht, gilt der Grundsatz der Verhältnismäßigkeit oder Proportionalität[7]. Im allgemeinen wird die Trennung eingebauter Materialien diesen Grundsatz verletzen, so daß sie nicht verlangt werden kann. Aber der bösgläubige und unter besonderen Umständen auch der gutgläubige Grundeigentümer wird einen recht großen Schaden auf sich nehmen müssen. Dies zeigt das folgende Beispiel aus der Praxis.

> Ein Grundeigentümer hatte aus einem benachbarten Hause, das seit Jahren nicht mehr bewohnt und dem Verfall preisgegeben war, einen Türsturz aus Stein von guter Steinmetzarbeit mit Wappen und schöner Verzierung eigenmächtig ausgebrochen und in sein neues Haus eingebaut. Gegenüber dem Erwerber des Nachbargrundstückes, der das alte Haus wiederherstellte, behauptete er, im Glauben gehandelt zu haben, daß das Haus derelinquiert gewesen sei[8]. Diesen Standpunkt mußte er aufgeben und den Türsturz samt Aufsatz dem Nachbarn erstatten.

Die Forderung auf Trennung und Rückgabe ist nach unserem Recht keine rei vindicatio[9], weil das Material mit dem Einbau durch Akzession Bestandteil des Bauwerkes geworden ist[10].

Infolgedessen ist der Anspruch auf Trennung und Rückgabe obligatorischer Natur[11], was den Nachteil hat, daß er gegenüber einem Erwerber des

---

[6] Zum Trennungsrecht J. KOHLER, a.a.O. (oben Anm. 1), S. 45 ff.

[7] Siehe über diesen LIVER, Zürcher Kommentar, Vorbem. vor Art. 730, N. 6; Art. 736, N. 171 f.; Art. 737, N. 59 ff., 70 und Nachtrag; Art. 738, N. 16 und 41; Art. 742, N. 11, 14, 93; H. MERZ, Berner Kommentar, Art. 2, N. 374 (Interessenausgleich), N. 375 ff. (Proportionalität).

[8] Auch das verwahrloste Haus bleibt Bestandteil des Grundstückes, auf dem es steht, und kann nur durch dessen Dereliktion herrenlos werden.

[9] Im französischen Text des Art. 671 Abs. 2 steht zwar das Wort «revindiquer», was aber längst als Fehler erkannt wurde. Siehe die Anmerkung in der Ausgabe des ZGB von ROSSEL, sowie ROSSEL/MENTHA II, No. 1259. Auch im italienischen Text wird das Rückfordern als «rivendicare» bezeichnet.

[10] Daß das Akzessionsprinzip hier in jedem Falle durchgreift, unterscheidet unser Recht sowohl vom römischen wie vom gemeinen Recht, nach dem der Materialeigentümer das «ruhende Eigentum» behält, wenn seine Baustoffe mit einem fremden Gebäude verbunden wurden: M. KASER, Das römische PR I, S. 391; für das gemeine Recht WINDSCHEID I, § 188, S. 974; DERNBURG, System I, § 171, S. 353. Dagegen KOHLER, a.a.O., S. 50. Auch nach italienischem Recht geht das Eigentum am Material nicht unter, solange es vindiziert werden kann, nämlich innert 6 Monaten seit Kenntnisnahme vom Einbau (CCit. Art. 935; MESSINEO, Manuale II, § 81, N. 3, S. 384).

[11] Dies ist die in der Literatur fast einhellig vertretene Auffassung, die BGE 81 II, 1955, S. 431 ff. = Pra 45 Nr. 23 bestätigt hat. Die Dinglichkeit des Anspruchs vertritt KOHLER, a.a.O, S 52 ff.

Grundstückes (Singularsukzessor) nicht besteht. Dieser kann auch nicht aus ungerechtfertigter Bereicherung belangt werden, wenn er nicht in Kenntnis der Rückgabepflicht das Gebäude zu einem entsprechend niedrigeren Preis erworben hat[12].

b) Ausgleich durch Entschädigung

In den meisten Fällen von Einbauten oder Einpflanzungen sind die Voraussetzungen des Trennungs- und Herausgabeanspruchs nicht erfüllt, oder dieser Anspruch wird nicht geltend gemacht, obwohl er bestünde. Der Materialeigentümer kann Ersatz des Wertes verlangen, des vollen Wertes, gegebenenfalls samt einer Entschädigung für weiteren Schaden, wenn die Wegnahme und Verbindung in bösem Glauben vorgenommen wurde[13]. Ist die Verbindung in gutem Glauben erfolgt, ist ein angemessener Ersatz zu leisten, bei dessen Bemessung auch die Nachlässigkeit des Materialeigentümers (liegengelassenes Material) oder dessen böser Glaube (er hat dem Einbau zugesehen, ohne Einspruch zu erheben) als Reduktionsgründe gelten können[14].

c) Übertragung des Eigentums oder Baurechts an dem überbauten Boden

Übersteigt der Wert des mit dem fremden Material erstellten Baues offenbar den Wert des Bodens, kann der Materialeigentümer verlangen, daß ihm das Eigentum am Bau und Boden übertragen werde (Art. 673). Dabei wird vorausgesetzt, daß nicht nur einzelne Bauteile, sondern der Bau als Ganzes oder doch zur Hauptsache mit fremden Materialien auf billig erworbenem Boden erstellt worden ist, ferner daß der Materialeigentümer nicht bösgläubig (im hievor angedeuteten Sinne) ist. Die Trennung kommt hier nicht wohl in Betracht, weil sie zum Abbruch des Bauwerkes führen würde, und der volle Schadenersatz auch wirtschaftlich einer Veräußerung des Bodens mit dem Bau nahekommen könnte.

Der Materialeigentümer wird Eigentümer auch des Bodens, so daß man von einer Umkehrung des Akzessionsprinzips sprechen könnte: solum superficiei cedit. Aber genau trifft dies nicht zu, weil es der frühere Materialeigentümer ist, der kraft des Akzessionsprinzips das Eigentum verloren hat und es nun als Bauwerk mit dem Boden zurückerwirbt und zwar gegen angemessene Entschädigung.

---

[12] LEEMANN, N. 18, HAAB, N. 10, MEIER-HAYOZ, N. 20 zu Art. 671.
[13] Art. 672 Abs. 2 ZGB (böser Glaube des bauenden Grundeigentümers). Die analoge Anwendung auf den den Einbau der Gegenpartei zulassenden Grundeigentümer wird eingehend erörtert in BGE 82 II, 1956, S. 283 ff. = Pra 45 Nr. 142.
[14] BGE 95 II, 1969, S. 221 = ZBGR 51, 1970, Nr. 50, S. 366 ff.

Zweiter Tatbestand: Der Einbau eigenen Materials auf fremdem Boden

1. Die Tatsache

Dieser zweite Tatbestand ist häufiger und hat viel größere praktische Bedeutung als der erste, aber nicht so häufig wie der des Art. 674 (Überbau). Er unterscheidet sich vom letzteren dadurch, daß das Bauwerk, welches erstellt oder in das eingebaut wird, sich ganz auf fremdem Grundstück befindet.

Diesen Tatbestand erfüllt, wer auf einem Grundstück baut, dessen Übertragung ihm zugesichert ist[15] oder das ihm der Eigentümer verkauft oder geschenkt, aber die Eintragung in das Grundbuch noch nicht angemeldet oder noch nicht erwirkt hat[16]. Auch der Erbe, der mit dem Erwerb des Alleineigentums an einem Grundstück durch die Erbteilung rechnet und es vorher überbaut, nutzt damit ein fremdes Grundstück[17]. Ein gar nicht so seltener Fall ist der Einbau, den der Schwiegersohn auf dem Grundstück des Schwiegervaters ausführt, das dann aber nicht seiner Frau zufällt oder von ihm nicht wird genutzt werden können, weil die Ehe geschieden wird[18]. Auf fremdem Boden baut auch der Erwerber eines Grundstückes, wenn der Kaufvertrag nachher wegen eines Willensmangels oder eines Formmangels (Kaufpreissimulation) als ungültig erklärt wird[19]. Wie weiter vorn bemerkt wurde, sind die Bestimmungen über den Einbau meistens heranzuziehen, wenn der Mieter oder Pächter Bauwerke erstellt, erneuert oder repariert hat, die als Bestandteile des Grundstückes dem Vermieter oder Verpächter gehören[20].

---

[15] BGE 57 II, 1931, S. 256 = Pra 20 Nr. 132.
[16] BGE 53 I, 1927, S. 190 = Pra 16 Nr. 126.
[17] BGE 81 II, 1955, S. 431 ff. = Pra 45 Nr. 23.
[18] BGE 82 II, 1956, S. 283 ff. = Pra 45 Nr. 142; KtGer St. Gallen 1918, SJZ 17, 1920/21, Nr. 47, S. 251; vgl. auch österr. OGH 21.1.1948, wiedergegeben in RabelsZ 16, 1950, S. 237.
[19] BGE 82 II, 1956, S. 576, dazu Bespr. LIVER in ZBJV 94, 1958, S. 41 ff.; Anwendung von Art. 938 ff.; BGE 84, II, 1958, S. 369 ff. = Pra 47 Nr. 137.
[20] Ausgehend von der vormals rücksichtslosen und ungerechten Behandlung des Pächters hinsichtlich der von ihm gemachten Aufwendungen auf das Pachtgut (auch Einbauten) nach dem englischen Recht schreibt KOHLER a.a.O. (Dogm. Jb. 26, 1988), S. 45: «Ob und in welchem Umfange die Gesetzgebung ein solches Trennungs- und Rückfallsrecht (wie das jus tollendi und die actio ex conductu im röm. R.) annehmen soll, ist eine wichtige Frage. – In England ist diese Frage geradezu eine Lebensfrage des Pächterstandes geworden; ihre Entwicklung gehört zu den wichtigsten Fortschrittsäußerungen des englischen Rechtes. Denn ursprünglich fehlte dem Pächter jedes Trennungsrecht; was er einbaute, hatte er an den dominus verloren; es fehlte das Vergütungsrecht, und erst allmählich durch fortschreitende Jurisprudenz und durch die Gesetzgebung unserer Tage ist dieses Recht entwickelt worden, und auch jetzt nur langsam und mit verschiedenen Reserven.»

2. Die Rechtsfolgen

Auch hier fallen die eingebauten Materialien gemäß dem Akzessionsprinzip (auch etwa Inkorporationsprinzip genannt) dem Grundeigentümer zu, auf dessen Boden sich als dessen Bestandteil das Bauwerk befindet. Der Grundeigentümer erwirbt also von Gesetzes wegen das Eigentum an den eingebauten Materialien. Bei diesem Rechtserwerb kann es aber unter den Gesichtspunkten, welche in den Vorbemerkungen namhaft gemacht wurden, nicht sein Bewenden haben. Nach ihnen sind die Rechte und Pflichten des Grundeigentümers in Anwendung der Art. 671–673 zu bestimmen. Dabei sind zwei verschiedene Fälle des Tatbestandes zu unterscheiden. Der erste ist dadurch charakterisiert, daß die Trennung der eingebauten Materialien vorgenommen werden kann, ohne daß große Kosten und übermäßiger Schaden entsteht. Im zweiten Fall dagegen läßt sich die Trennung nicht ohne Nachteile durchführen.

Im ersten Fall hat der Grundeigentümer folgende Befugnisse:

a) Er kann die Wegschaffung der gegen seinen Willen eingebauten Materialien und Wiederherstellung des früheren Zustandes verlangen. Dieser Fall ist nur gegeben, wenn auf seinem Grundstück kleine bauliche Vorrichtungen errichtet worden sind, wie z.B. ein Zaun, eine Tränkevorrichtung, eine Fahnenstange, eine Antenne, ein einbetoniertes Turngerät oder Teppichklopfgestell.

b) Der Grundeigentümer kann diese Einrichtungen aber auch in seinem Eigentum behalten. Er hat dann aber dem Ersteller eine angemessene Entschädigung zu leisten. War der Ersteller bösgläubig, hat er nur Anspruch auf Ersatz aus ungerechtfertigter Bereicherung; war er gutgläubig, kann er den Ersatz des Wertes verlangen, den die Materialien zur Zeit des Einbaues gehabt haben. Vollen Ersatz des Schadens würde man ihm nur gewähren dürfen, wenn er mit dem Willen oder im Auftrag des Grundeigentümers die Aufwendung gemacht hätte, nicht aber wenn er gegen dessen Willen gehandelt hat[21]. Vollen Ersatz kann er auch vom bösgläubigen Grundeigentümer verlangen, der also die Erstellung der Vorrichtung hat ausführen lassen, um sie unentgeltlich oder doch billig zu erwerben.

Der zweite Fall liegt vor, wenn ein bestehendes Gebäude repariert oder umgebaut, wenn Bauteile ersetzt wurden, die für den Bestand und die Festigkeit eines Gebäudes wesentlich sind, oder wenn ein bestehendes Haus etwa durch Aufstockung erweitert wird, ferner wenn ein Gebäude oder ein unter-

---

[21] BGE 81 II, 1955, S. 434 ff. = Pra 45 Nr. 23 betr. Heranziehung der Vorschriften über die ungerechtfertigte Bereicherung und über die Geschäftsführung ohne Auftrag, sowie über die Verjährung der Forderung gemäß Art. 60 und 67 OR.

irdischer Lagerraum, eine Garage oder ein Schwimmbecken erstellt wird, Bauten also, die nur unter Zerstörung des mit ihnen geschaffenen, recht beträchtlichen Wertes oder nur mit unverhältnismäßig hohen Kosten entfernt werden könnten.

Für die Beteiligten ergeben sich dann aus den Art. 671-673 die folgenden Rechte und Pflichten:

a) Der Grundeigentümer hat dem Ersteller eine angemessene Entschädigung zu leisten.

Diese Entschädigung entspricht bloß dem Wert, welchen der Einbau für den Grundeigentümer allermindestens hat, wenn der Ersteller bösgläubig war. Mehr kann dieser auch vom bösgläubigen Grundeigentümer nicht verlangen.

War der Ersteller gutgläubig, der Grundeigentümer aber bösgläubig, hat dieser jenem vollen Schadenersatz zu leisten. War der Ersteller gutgläubig, der Grundeigentümer ebenfalls, liegt die Entschädigungssumme zwischen der Bereicherung des Grundeigentümers und dem ganzen Schaden des Erstellers. Diese Lösung hat ihren Grund darin, daß einmal der gutgläubige Grundeigentümer besser zu behandeln ist als der bösgläubige, zum anderen in der Beachtung des Wertes des Einbaues für den Grundeigentümer. Hat der Grundeigentümer von der Einbaute geringen oder gar keinen Nutzen, kann ihm der Ersatz der ganzen Aufwendungen des Erstellers oder eines erheblichen Teils niemals zugemutet werden [22].

b) Übersteigt der Wert des Baues den des Bodens offenbar und sehr beträchtlich [23], kann der Ersteller der Baute, wenn er gutgläubig gebaut hat, vom Grundeigentümer verlangen, daß er ihm den Boden abtrete. Es braucht nicht das Grundstück als ganzes zu sein, sondern, wenn es nur teilweise überbaut wurde, bloß dieser Teil, mindestens bis zur Trauflinie und mit dem erforderlichen Zugang [24]. Die Voraussetzungen dafür sind am ehesten gegeben, wenn der Materialeigentümer ein ganzes Gebäude oder sonstiges Bauwerk auf Boden erstellt hat, den er durch Kauf oder Schenkungsannahme,

---

[22] BGE 82 II, 1956, S. 283 ff. = Pra 45 Nr. 142 lehnt die Berücksichtigung beider Momente ab. Dagegen meine Bespr. ZBJV 94, 1958, S. 28 ff., welcher MEIER-HAYOZ in N. 9 zu Art. 672 zustimmt. Auch das Bundesgericht scheint früher darauf abgestellt zu haben, welchen Vorteil der Grundeigentümer von dem Einbau hat, BGE 54 II, 1928, S. 426 = Pra 18 Nr. 4, Erw 2; neuestens wieder BGE 99 II, 1973, S. 131 ff. Erw 6, mit weiteren z.T. trefflichen Erwägungen, aber nicht unbedenklichem Ergebnis.

[23] BGE 81 II, 1955, S. 274 (Bau einer Berghütte mit Kosten von 15 000 Fr. auf Land, das der Kultur nicht fähig ist, auf der Grenze zwischen den Kantonen Bern und Wallis in einem Wert von höchstens 600 Fr.).

[24] BGE 78 II, 1952, S. 18 ff. = Pra 61 Nr. 45. Falls der übrige Teil des Bodens für sich nicht rationell genutzt werden kann oder eine sichere und zweckmäßige Abgrenzung nicht durchführbar ist, ist auf Abtretung des ganzen Grundstückes zu erkennen und die Entschädigung entsprechend zu erhöhen. Die Analogie zur Ausdehnung der Enteignung trifft hier zu.

welche Rechtsgeschäfte sich als ungültig oder nicht vollziehbar erweisen, erwarb, oder auf Boden, mit dessen Erwerb er in guten Treuen gerechnet hat [25]. Er kann dann gemäß Art. 673 die Übertragung des Eigentums am Boden verlangen. Das Ergebnis ist dann dasselbe wie im ersten in den Art. 671–673 geregelten Tatbestand: gewissermaßen [26] die Umkehrung des Akzessionsprinzips (solum superficiei cedit).

Dritter Tatbestand: Der Bau mit fremdem Material auf fremdem Boden

Das Gesetz regelt diesen Tatbestand nicht. In den Beratungen wurde auf die allgemeinen Rechtsgrundsätze verwiesen [27]. Näher liegt indessen die analoge Anwendung der Art. 671–673. In diesem Sinne ist der Tatbestand sowohl im österreichischen ABGB (§ 419) als auch im italienischen Codice civile (Art. 937) geregelt [28]. Die davon nicht erheblich abweichende Lösung, welche sich aus allgemeinen Rechtsgrundsätzen ergibt, hat HAAB, N. 27 f. zu Art. 671/73 und ihm folgend MEIER-HAYOZ in den N. 32 ff. zu Art. 671 dargestellt.

II. Der Überbau
(Constructions empiétant sur le fonds d'autrui; opere sporgenti sul fondo altrui – Art. 674 ZGB)

1. Rechtliche Natur und Bedeutung im allgemeinen

Der Überbau unterscheidet sich vom Bau mit eigenem Material auf fremdem Boden dadurch, daß nicht das ganze Bauwerk, sondern nur Teile des auf eigenem Boden errichteten Baues auf das Nachbargrundstück hinüberragen, also die Grenze (oder die Abstandslinie) überragen [29]. Der hinüber-

---

[25] BGE 53 I, 1927, S. 160 = Pra 16 Nr. 126; 57 II, 1931, S. 256 = Pra 20 Nr. 132 (Urteil der Vorinstanz BlZR 28, 1929, Nr. 137); BGE 81 II, 1955, S. 276.
[26] Siehe hievor unter Ziffer I (erster Tatbestand), 2c.
[27] Erläuterungen II, S. 88; ExpKomm 6. Nov. 1902, S. 3 ff. – Vgl. auch BGE 99 II, 1973, S. 139.
[28] Die genaue Regelung im Art. 937 CCit. kann zur Beurteilung des Tatbestandes in diesem Sinne herangezogen werden. Nach ihr kann der Eigentümer des verbauten Materials die Trennung und Herausgabe verlangen. Wird die Trennung nicht verlangt oder ist sie nicht durchführbar, sind der Bauende und der bösgläubige Grundeigentümer dem Eigentümer des Materials zum Ersatz von dessen Wert solidarisch verpflichtet. Ist der Grundeigentümer gutgläubig, kann von ihm nur Ersatz des Betrages verlangt werden, den er dem Bauenden schuldet. Ferner hat der Materialeigentümer Anspruch auf Schadenersatz gegenüber dem Bauenden, der das Material ohne seine Zustimmung verwendet hat, und auch gegenüber dem Grundeigentümer, der die Verwendung in bösem Glauben bewilligt hat.
[29] H.P. FRIEDRICH, Baurechts-, Unterbaurechts- und Überbaurechtsdienstbarkeiten, in «Rechtliche Probleme des Bauens» (Berner Tage für die juristische Praxis 1968), S. 135 ff., bes. S. 153 ff. und 174 ff.

ragende Bauteil kann mit dem Erdboden des Nachbarn über oder unter der Grundfläche fest verbunden sein, auch sogar dessen ganze Fläche einnehmen; oder er kann auch nur im Luftraum über die Grenze hinausragen. Zunächst kommt auch hier wieder das Akzessionsprinzip zur Wirkung. Auch hier ist vorausgesetzt, daß das Nachbargrundstück widerrechtlich in Anspruch genommen ist. Bliebe es bei der Akzession, fielen die hinüberragenden Bauteile ins Eigentum an der Nachbarliegenschaft, wenigstens soweit sie als dessen Bestandteile zu gelten hätten. Der Nachbar könnte ihre Entfernung verlangen. Bis zur Entfernung oder dauernd, wenn diese nicht durchgesetzt wird, würde die Baute zum Teil dem Nachbarn gehören, obwohl sie eine wirtschaftliche und technische Einheit bildet und bleiben muß, um Bestand zu haben und ungehindert genutzt werden zu können. Mit der gesetzlichen Regelung wird der Zweck verfolgt, diese Einheit zu wahren und zwar dadurch, daß dem Grundeigentümer, welcher den Bau erstellt hat, der Erwerb und die Erhaltung des Eigentums an den die Grenzen überragenden Bauteilen ermöglicht wird, wenn er es verdient, weil er die Grenze in gutem Glauben verletzt hat und den Nachbarn voll entschädigt. Das Recht, diese Bauteile als Bestandteile seiner Baute beizubehalten, kann ihm nur durch Einräumung eines dinglichen Überbaurechtes, das eine Grunddienstbarkeit ist, oder durch Abtretung des durch seinen Bau in Anspruch genommenen Stückes Boden verschafft werden[30].

Eine stark erweiterte Bedeutung erhält der Art. 674 durch die Regelung im Art. 685 Abs. 2, ZGB, wonach er auch auf Bauten Anwendung findet, die den Vorschriften des Nachbarrechtes zuwiderlaufen. Ein Überbau in diesem weiteren Sinne liegt also auch vor, wenn durch die Baute nicht die Liegenschaftsgrenze überschritten wird, sondern die Baugrenze, welche durch den privatrechtlichen gesetzlichen Grenzabstand gebildet wird. Auch Bauteile, die in diesen Abstand hineinragen, sind nach dem Art. 674 zu beurteilen. Dasselbe gilt für Verletzungen des nachbarlichen Grundeigentums durch Bauten, welche eine Dienstbarkeitsgrenze überschreiten[31].

2. Die Tatsache

Die Anwendungsfälle des Art. 674 sind zahlreicher als die der Art. 671 bis 673, auch abgesehen von den eben genannten Erweiterungen des Geltungsbereichs im Nachbarrecht und Dienstbarkeitsrecht.

---

[30] Oben § 27, III; BGE 97 III, 1971, S. 89 ff.
[31] Dagegen BGE 83 II, 1957, S. 201 ff. = Pra 46 Nr. 18, auf Grund einer überholten Literatur und Praxis zum BGB und darauf sich stützender alter Kommentare; Bespr. ZBJV 95, 1959, S. 28 ff.; Kommentar LIVER, N. 109 zu Art. 734, N. 203 ff. zu Art. 737, N. 85 zu Art. 742; MEIER-HAYOZ, N. 22 zu Art. 674; WESTERMANN, Sachenrecht, § 64 II/2: «Gesicherte Praxis im Anschluß an die neuere Literatur».

Überbauten entstehen namentlich, wenn der Grenzverlauf nicht klar ersichtlich ist[32], wenn eine Grenzbereinigung verabredet, aber nicht oder doch nicht vor der Erstellung der Baute wirksam wird[33]. Gleich verhält es sich rechtlich, wenn der Bauende auf Grund getroffener Vereinbarungen (Zusicherung eines Baurechtes oder der Abtretung des Bodens) in guten Treuen mit deren Vollziehung rechnet[34]. Schließlich ist auch auf die mancherorts in der Altstadt häufige Erscheinung hinzuweisen, daß die vertikale Scheidelinie zwischen zwei Häusern oder Hausteilen (auf aneinander grenzenden Grundstücken) im Untergeschoß oder dem einen oder anderen Stockwerk horizontal nach der einen oder anderen Seite verschoben ist, so daß da Grenzüberbauten vorliegen; Kellerräume können auch ganz außerhalb der Grundstücksgrenze liegen[35]; in der Berner Altstadt haben Keller von außen her ihren Zugang vom öffentlichen Grund aus; über öffentlichen Wegen können die Häuser beidseits zusammengeschlossen sein[36], so daß sie Überbauten bilden. Das oberste Stockwerk eines Hauses kann sich über das ganze Nebenhaus hin erstrecken[37].

3. Die Rechtslage

Auch der Art. 674 Abs. 3 setzt voraus, daß der Überbau nicht rechtmäßig, nicht auf Grund eines Vertrages oder einer Überbaurechts- oder Näherbaurechtsdienstbarkeit erstellt worden ist. Der Nachbar ist deshalb grundsätzlich berechtigt, die Entfernung der innerhalb seiner Grundstücksgrenzen befindlichen Bauteile zu verlangen, falls dies ohne unverhältnismäßigen Nachteil für den Bauenden geschehen kann: Der überragende Bauteil ist leicht zu entfernen, zu verlegen oder zu verändern, wie z.B. ein Dachkänel, auch ein angebauter Holzschopf oder auch ein Brunnen, eine Antenne, eine Wasser- oder Elektrizitätsleitung. Dies ist aber der Ausnahmefall. In der Regel können die überragenden Teile nicht entfernt werden, ohne daß das Bauwerk teilweise abgebrochen werden muß und dadurch schwer beschä-

---

[32] BGE 44 II, 1918, S. 463 = Pra 8 Nr. 6; 78 II, 1952, S. 16 ff. = Pra 41 Nr. 65.
[33] RGZ 74, 1910, S. 87.
[34] BGE 41 II, 1915, S. 215 ff. = Pra 4 Nr. 123; vgl. die Anm. 14–18 hievor.
[35] ObGer Solothurn: ZBGR 28, 1947, Nr. 16, S. 36f. (Altstadt Olten); ObGer Aargau 18.3.1927, Vj. aarg. Rechtspr. 27 Nr. 51 = ZBGR 8, 1927, Nr. 77, S. 206 f.; zum Kellerrecht Repertorio 98, 1955, S. 234 ff. (AppGer 20. Okt. 1964) mit m. Bespr. Das Urteil ist in meiner Übersetzung auch abgedruckt in der ZBGR 48, 1967, Nr. 21, S. 80 ff. Vgl. dazu auch FRIEDRICH, a.a.O. (oben Anm. 29), S. 163 ff.
[36] z.B. das Ryffligässchen in Bern.
[37] Repertorio 89, 1956, S. 120 ff., auch behandelt in meiner zit. Bespr. im Repertorio und in der ZBGR; HAAB, N. 2 zu Art. 674.

digt oder gar unbrauchbar gemacht wird. Dann würde das Bauwerk, das eine technische und wirtschaftliche Einheit bildet, seinen Wert zum guten Teil oder ganz verlieren und dem Ersteller ein Schaden zugefügt, zu dem die Benachteiligung des Nachbarn in gar keinem Verhältnis steht. Die Verhinderung dieser Folgen und der billige Ausgleich zwischen den Nachbarn ist der Zweck des Art. 674 Abs. 3. Es ist der jeweilige Eigentümer des Nachbargrundstücks, der zur Einräumung des Überbaurechtes an den jeweiligen Eigentümer des Baugrundstückes verpflichtet ist. Das Gesetz begründet damit auf der einen Seite eine obligatio propter rem und auf der anderen Seite ein ius propter rem. Wir haben da also die für die nachbarrechtlichen Leistungsverhältnisse charakteristische Realobligation vor uns[38]. Diese Verpflichtung besteht unter den folgenden Voraussetzungen:

a) Der Nachbar hat gegen das Bauprojekt oder seine Ausführung nicht rechtzeitig Einspruch erhoben, obwohl er dazu Anlaß gehabt hätte, weil die Grenzverletzung für ihn erkennbar war. Hätte er Einspruch erhoben und ihn durchgesetzt, wäre dem Bauenden die Grenzüberschreitung durch richterliche Verfügung verboten worden. Obwohl er dies unterlassen hat, kann er noch den Schutz seiner verletzten Interessen verlangen, den ihm der Art. 674 Abs. 3 bietet. Er kann immer noch auf Entfernung der überragenden Bauteile und Wiederherstellung des früheren Zustandes seines Grundstückes klagen[39]. In jedem Falle dringt er damit durch, wenn der Bauende sein Eigentum in bösem Glauben verletzt hat[40].

b) Wenn der Bauende in gutem Glauben die Grenze verletzt hat, kann er der Klage des Nachbarn die Widerklage auf Einräumung des Überbaurechtes oder auf Übertragung des Eigentums am Boden, den er widerrechtlich überbaut hat, entgegenstellen[41].

Dies kann er auch mit selbständiger Klage verlangen. Es ist eine Leistungsklage, wie jede Klage aus mittelbar gesetzlichen Eigentumsbeschränkungen auf Verurteilung des Beklagten zur Abgabe von Willenserklärungen. Mög-

---

[38] Siehe zu diesem Rechtsverhältnis die Ausführungen vorn § 5, III.
[39] Bestimmungen des kantonalen Bau- oder Zivilprozeßrechtes, welche diese Klage als verwirkt erklären, wenn die Frist zur Einsprache unbenutzt abgelaufen ist, stehen im Widerspruch zum Art. 674 Abs. 3 und sind deshalb ungültig.
[40] Hiefür bietet BGE 53 II, 1927, S. 221 = Pra 16 Nr. 122 (Obwalden) ein höchst eindrückliches Beispiel.
[41] Gutgläubig (siehe zum Begriff vorn § 24, IV 2e) kann der Bauende auch sein, wenn der Nachbar Einsprache erhoben, sie aber nicht weiterverfolgt hat, nämlich dann, wenn er der ehrlichen Überzeugung war, daß die Einsprache unbegründet gewesen ist. Zum Begriff des guten Glaubens im Sinne des Art. 674 siehe BGE 41 II, 1915, S. 215 ff. = Pra 4 Nr. 123; 53 II, 1927, S. 190 = Pra 16 Nr. 126; 57 II, 1931, S. 255 = Pra 20 Nr. 132; 95 II, 1969, S. 227 = Pra 58 Nr. 138 und Zitate daselbst.

lich ist auch eine Gestaltungsklage auf Zusprechung des Überbaurechtes oder des Eigentums am überbauten Bodenstück, gestützt auf Art. 665 Abs. 1, der hier analog angewendet werden kann. Diese Klage ist besonders dann am Platze, wenn die Entschädigungsfrage, weil sie erledigt ist, oder aus einem anderen Grunde sich nicht stellt[42].

c) Auch dem gutgläubig bauenden Grundeigentümer steht der Anspruch aus dem Art. 674 Abs. 3 nur zu, «wenn die Umstände dies rechtfertigen». Der Richter kann auch ihm gegenüber auf Rücknahme der überragenden Bauteile auf die Grenze oder den gesetzlichen Grenzabstand erkennen, wenn er die damit verbundenen Kosten und sonstigen Nachteile für unverhältnismäßig geringer hält als die Beeinträchtigung des Nachbarn durch die Belastung mit dem Überbaurecht oder gar die Abtretung eines Stückes Boden. Er entscheidet damit «nach Recht und Billigkeit» im Sinne des Art. 4 ZGB. Mit dieser Verweisung des Richters auf die Umstände mildert das Gesetz die dem Nachbarn auferlegte Eigentumsbeschränkung. Ebenfalls je nach den Umständen entscheidet der Richter, ob dem gutgläubig Bauenden der Anspruch auf die Errichtung des Überbaurechtes oder auf Übertragung eines Stückes Boden zuzuerkennen ist. Im Sinne der zweiten Alternative wird nur entschieden, wenn der überragende Bauteil mit dem Boden fest und dauernd verbunden bleibt. Aber auch in diesem Fall ist dem Eigentümer des Bauwerkes bloß das Überbaurecht für solange zuzuerkennen, als das Bauwerk nicht abgerissen und durch einen Neubau ersetzt wird. So ist zu entscheiden, wenn das überragende Bauwerk ein überaltetes oder gar baufälliges Gebäude oder damit zu rechnen ist, daß es kraft öffentlichen Rechtes abgebrochen werden muß[43].

d) Auch wenn der Bauende nicht gutgläubig ist, kann die Konsequenz, daß er dazu verurteilt würde, den überragenden Teil der Baute abzubrechen

---

[42] Dazu ist auf die Ausführungen zu Art. 665 hievor im § 23 II 5 und die dortigen Zitate zu verweisen.

Verfehlt ist die Auffassung von HAAB, N. 25 zu Art. 671. Sie entspricht der in Deutschland herrschenden Lehre, daß das Überbaurecht unter den Voraussetzungen des Art. 674 Abs. 3 kraft Gesetzes bestehe, so daß nur auf dessen Feststellung geklagt werden könne und die Anmerkung besser am Platz wäre als die Eintragung. Der Unterschied zwischen unmittelbaren und den bloß mittelbaren gesetzlichen Eigentumsbeschränkungen wird damit verkannt. Siehe LIVER, Zürcher Kommentar, Einleitung, N. 86ff., Art. 740 N. 20ff. sowie die Abhandlung in der Festschrift Gutzwiller (1959): Gesetzliche Eigentumsbeschränkungen und Dienstbarkeiten (zit. oben § 1, Anm. 4).

[43] BGE 44 II, 1918, S. 469 = Pra 8 Nr. 6; ObGer Luzern 1960, Max 10 Nr. 716 = SJZ 58, 1962, Nr. 140, S. 233ff.; LIVER, Bespr. von BGE 83 II, 1957, S. 201ff. = Pra 46 Nr. 18 in der ZBJV 95, 1959, S. 28ff. und im Zürcher Kommentar N. 203ff. zu Art. 737, N. 85 zu Art. 742, bes. auch zur neueren Lehre und Praxis Deutschlands.

und den früheren Zustand des Nachbargrundstückes wiederherzustellen, in den Ausnahmefällen nicht gezogen werden, in denen dadurch ein im Vergleich mit dem Vorteil des Nachbarn ganz unverhältnismäßig großer Schaden entstünde. Es wird dann doch die analoge Anwendung der Art. 672/73 in Betracht zu ziehen sein[44]. In Deutschland, wo spezielle den Art. 672/73 entsprechende Bestimmungen fehlen, ist die Frage kontrovers[45].

4. Analoge Anwendung auf den Eigengrenzüberbau

Weil das Gesetz die «selbstverständlichen Servituten» (CGB Graubünden § 254) verbannt hat, ihre Entstehung durch «Widmung» (destination du père de famille) nicht zuläßt, ist der Richter genötigt, auf solche Tatbestände den Art. 674 analog anzuwenden. Ein solches dingliches Recht würde entstehen, wenn zwei aneinander grenzende Grundstücke des gleichen Eigentümers, von deren einem Bauteile auf das andere überragen, an verschiedene Eigentümer fallen (etwa durch Erbteilung), oder wenn mit diesem Eigentumsübergang ein Doppelwohnhaus geteilt wird und der eine Teil größer ist als der andere, weil vor der Teilung die Scheidewand im Untergeschoß oder im einen oder anderen der Stockwerke vom Eigentümer verschoben worden ist, so daß sie nun mit der Grundstücksgrenze nicht zusammenfällt. Dann haben wir Überbauten vor uns, die aber durchaus rechtmäßig entstanden sind, weshalb sie nicht unter den Art. 674 Abs. 3 fallen. Nach dem früheren Recht mehrerer Kantone (wie nach gemeinem Recht) wäre das Überbaurecht durch «Widmung» rechtmäßig entstanden. Es hätte im übrigen auch Bestand gehabt als offenkundige, nach außen eindeutig in Erscheinung tretende Dienstbarkeit. Das ZGB hat (entgegen dem Vorentwurf) auch diese Art der Dienstbarkeitsentstehung beseitigt. Infolgedessen ist kein anderer Ausweg gefunden worden als die analoge Anwendung des Art. 674 Abs. 3[46].

---

[44] Entgegen HAAB, Art. 674, N. 18 a.E. und MEIER-HAYOZ, Art. 674, N. 68
[45] Vgl. BAUR, Sachenrecht, 6. Aufl. 1970, § 25, III 2 und WESTERMANN, Sachenrecht, 5. Aufl. 1966, § 64 V, S. 321 und die da zitierten Urteile des Bundesgerichtshofes, mit denen sich dieser scharfer Kritik ausgesetzt hat.
[46] BGE 78 II, 1952, S. 131 ff. = Pra 41 Nr. 101. Unbillig ist an diesem Urteil, daß dem Dritterwerber des Grundstückes mit dem kleineren Gebäude, welcher die bestehende Ausscheidung kennen mußte und einen dementsprechend geringeren Preis bezahlte, also in bösem Glauben auf die Rückversetzung der Scheidewand klagte, für die Duldung des Überbaues eine Entschädigung zugesprochen wurde. Im übrigen wird der dem Art. 674 im wesentlichen entsprechende § 912 BGB auf den vorliegenden Tatbestand auch in Deutschland analog angewendet.
PLANCK/STRECKER, Kommentar, Erl. 1b zu § 912; BAUR, Sachenrecht, § 25 III mit Verweisung auf RGZ 160, 166; 169, 172. – Zur «destination du père de famille» oder «Widmung» siehe LIVER, Zürcher Kommentar, Art. 732, N. 15 und Art. 733, N. 45 ff.; zu den offenkundigen Dienstbarkeiten Art. 731, N. 9 ff.

§ 29. Durchbrechungen und Ausnahmen vom Akzessionsprinzip

I. Das Baurecht[1]

1. Begriff und Arten

Das Baurecht ist das Recht, «auf oder unter der Bodenfläche ein Bauwerk zu errichten oder beizubehalten» (Art. 779 ZGB). Mit ihm wird Sondereigentum an diesem Bauwerk begründet. Damit wird die Akzession verhindert. Das mit dem Grundstück fest und dauernd verbundene Bauwerk wird damit vom Bestande des Grundstückes gelöst, ist nicht dessen Bestandteil, sondern steht in der der Beziehung des Bestandteils zur Hauptsache entsprechenden Relation zum Baurecht, teilt also dessen rechtliches Schicksal. Verfügungen über das Baurecht umfassen das Bauwerk.

Eingehend geregelt ist seit 1965 die selbständige Baurechtsdienstbarkeit in den Art. 779 bis 779 l. Sie wird durch öffentlich beurkundeten Vertrag und Eintragung im Grundbuch begründet. Sie ist für die Überbauung von ganzen Liegenschaften ausgestaltet. Die Selbständigkeit und Dauer sind für sie wesentliche Merkmale, Voraussetzungen ihrer Verkehrsfähigkeit. Sie ermöglichen ihre Aufnahme ins Grundbuch als Objekte des Grundstücksverkehrs[2]. Sehr zahlreich sind aber auch die unselbständigen Baurechte, Rechte also, die für sich allein nicht übertragbar sind. Es sind auch persönliche Dienstbarkeiten, deren Übertragbarkeit aber vertraglich ausgeschlossen wird, was im Art. 779 ausdrücklich vorgesehen ist, oder es sind Grunddienstbarkeiten. Als solche hat das Baurecht namentlich Bauwerke zum Gegenstand, welche der Bewirtschaftung eines anderen, des herrschenden Grundstücks dienen, wie insbesondere Leitungen, Brunnen, Fernheizwerke. Grunddienstbarkeiten sind auch, wie im § 28 mehrfach bemerkt wurde, die Überbaurechte, sowohl die vor dem Bau begründeten (Art. 674 Abs. 1 und 2), als auch die auf Grund der gesetzlichen Eigentumsbeschränkung (Art. 674 Abs. 3) eingeräumten. Überhaupt haben die aufgrund der mittelbar gesetzlichen Eigentumsbeschränkungen begründeten Rechte (Durchleitungsrecht, Notwegrecht, Notbrunnen) den Charakter von Grunddienstbarkeiten. Es kann jedes Bauwerk Gegenstand eines Baurechtes sein, auch eine Fahrnisbaute[3]. Aber im Art. 675, also im Kapitel «Inhalt des

---

[1] H. U. FREIMÜLLER, Die Stellung der Baurechtsdienstbarkeit im System der dinglichen Rechte, Diss. Bern 1967, Abh. schweiz. R. 380; H. P. FRIEDRICH, Die Neuordnung des Baurechts im ZGB, BJM 1966, H. 1.   [2] Siehe darüber oben § 21, I 2.
[3] HAAB, Kommentar, N. 5 zu Art. 675 und N. 3 zu Art. 677 (Dienstbarkeit des Inhalts, auf seinem Boden die Erstellung und Benutzung der Fahrnisbaute zu dulden); BGE 98 II, 1972, S. 199 = Pra 61 Nr. 210, bespr. ZBJV 110, 1974, S. 28 ff.

Grundeigentums» wird das Baurecht nur in seiner Funktion behandelt, Sondereigentum an Bauwerken zu begründen, welche nach dem Akzessionsprinzip Bestandteile des Grundstückes wären. Bestandteile sind nur «Bauwerke und andere Vorrichtungen», die mit dem Grundstück fest und dauernd verbunden sind. Die Festigkeit der Verbindung wird im Art. 675 mit den Worten veranschaulicht: «auf fremdem Boden eingegraben, aufgemauert oder sonstwie dauernd auf oder unter der Bodenfläche verbunden». Daraus glaubte man schließen zu müssen – und das ist noch herrschende Meinung –, die Vorrichtung müsse mit dem Erdkörper selber verbunden sein[4]. Es ist ein Irrtum. Teil des Grundstückes ist auch das Gebäude. Das Baurecht kann auch eine Vorrichtung zum Gegenstand haben, welche mit dem Gebäude

---

[4] LEEMANN, N. 4, 19, 20 zu Art. 675; N. 13 zu Art. 779; WIELAND, Bem. 3d zu Art. 675: ein Teil des Bauwerkes, wie z.B. ein Stockwerk, könne nicht Gegenstand des Baurechts sein; HAAB, N. 5 zu Art. 675, ist gleicher Meinung; MEIER-HAYOZ, N. 17 zu Art. 675, kommt zum selben Ergebnis, aber nicht, weil er das Verbot der Begründung von StWE auf dem Umweg über das Baurecht, wie HAAB, auf alle Gebäudeteile ausdehnt, was sicher nicht sein Sinn ist, sondern weil er meint, es fehle die unmittelbare Belastung des Grundstückes. Aber jede Dienstbarkeit, auch wenn sie bloß die Benutzung eines Gebäudeteils zum Inhalt hat, belastet das Grundstück als solches, so das Wohnrecht an einer Wohnung oder einem Teil einer Wohnung, in vielen Fällen auch das Überbaurecht, das Recht, auf einem Hausdach eine Antenne, den Träger einer elektrischen Leitung oder eine Vorrichtung zur Aufnahme des Traufwassers des höheren Nachbargebäudes zu dulden. Zur servitus oneris ferendi und tigni immittendi LIVER, Zürcher Kommentar, N. 122 zu Art. 734, N. 57 ff. zu Art. 741.

Die von HAAB u.a. vertretene Meinung ist beeinflußt durch die Literatur zum BGB. Daß nach dieser das Erbbaurecht an jedem Bauteil ausgeschlossen ist, erklärt sich aus dem § 1014 BGB, der nicht nur das Stockwerk, sondern Teile des Gebäudes überhaupt als Gegenstände des Erbbaurechtes ausschließt. Davon weicht Art. 675 Abs. 2 ZGB insofern ab, als er lediglich die Bestellung eines Stockwerk-Baurechts ausgeschlossen hat. Im übrigen ist das Erbbaurecht des BGB immer ein selbständiges Recht, während das Baurecht des ZGB auch eine unübertragbare persönliche Dienstbarkeit (Art. 781) oder eine Grunddienstbarkeit sein kann. Da § 1014 BGB nur Teile eines Gebäudes als Gegenstand des Erbbaurechts ausschließt, entstand Unsicherheit darüber, wie es sich mit Teilen anderer Bauwerke verhalte. BIERMANN, Kommentar, Erl. zu § 1014; PLANCK/STRECKER, Erl. zu § 1014, wo als entscheidend betrachtet wird, daß der Gegenstand des Erbbaurechts gut abgegrenzt ist. Trifft dies zu, wird das Erbbaurecht an einem Teil eines anderen Bauwerkes als eines Gebäudes bejaht. (Die §§ 1012–1017 BGB wurden übrigens ersetzt durch die VO über das Erbbaurecht vom 15. Januar 1919.) Danach wird von bedeutenden deutschen Autoren als genügend für die Begründung eines Erbbaurechtes betrachtet, daß das Gebäude oder sonstige Werk in Ausübung eines Rechts mit dem Boden verbunden worden ist. So H. LEHMANN, Allg. Teil, 10. Aufl., 1957, § 50 V 1 b, S. 355; GIERKE, DPR II, S. 46 und 617; KIPP bei WINDSCHEID I, S. 699. Daß ein Bedürfnis nach dieser Ausdehnung der Berechtigung besteht, anerkennt auch WOLFF, Der Bau auf fremdem Boden (oben § 27, Anm. 20), S. 73; Übersicht über die Lehrmeinungen bei STAUDINGER/RIEZLER, Allg. Teil, Erl. 10 zu § 95 BGB.

Im italienischen Recht besteht ein Verbot der Begründung von Sondereigentum an einer superficies, die Teil eines Gebäudes ist (selbst wenn sie ein Stockwerk ist), überhaupt nicht: G. PUGLIESE, La superficie (im Kommentar von BRANCA/SCIALOJA), Art. 952, S. 468 f.; L. SALIS, La superficie, 1958, S. 7 f. Dies stimmt auch mit dem französischen Recht überein. Siehe dazu vorn § 27, III.

auf dem fremden Boden fest und dauernd verbunden ist[5]. Nur ein Stockwerk darf es nach der Vorschrift des 2. Absatzes nicht sein, wohl aber die im Untergeschoß montierte Fernheizungsanlage, Telephonzentrale, eine Betonwanne mit Öltank; es kann eine Tresoranlage oder eine Compactus-Anlage für eine Bibliothek in irgendeinem Raum des Gebäudes sein[6]; es kann schließlich die Glocke mit dem Türmchen der Gemeinde auf dem Dache eines Privathauses sein[7]. Erforderlich ist die Abgegrenztheit vom Gebäude, da das Bauwerk oder die Vorrichtung eine eigene Sache sein können muß.

2. Sondereigentum auf Grund anderer Befugnisse

Sondereigentum an Bauwerken und anderen Vorrichtungen auf fremdem Boden kann auch haben, wer zu ihrer Erstellung ein anderes Recht als eine Dienstbarkeit hat[8]. Es ist in vielen Fällen eine Konzession. Mit der Wasserrechtskonzession wird regelmäßig die Berechtigung zur Erstellung von Bauwerken (Tief- und Hochbauten) auf dem Boden des Kantons oder der Gemeinde (Graubünden und Wallis) verbunden[9]. Dieser Boden kann als Finanzvermögen auch Objekt des privaten Rechtes sein. Desgleichen wird durch die Erteilung der Konzession oder (häufiger) der Bewilligung zur Inanspruchnahme von öffentlichem Boden, namentlich von Straßenareal, zur Erstellung von privaten Leitungen, Industriegeleisen, Unterführungen das Akzessionsprinzip durchbrochen, so daß Sondereigentum an diesen Anlagen besteht[10]. Das Baurecht kann auch unmittelbar durch gesetzliche Vorschrift begründet sein, besonders für elektrische Leitungen, aber auch für Wasserleitungen und Gasleitungen[11].

Jede Dienstbarkeit schließt die Befugnis in sich, auf dem belasteteten Grundstück die für ihre Ausübung notwendigen Bauwerke und Vorrichtungen zu erstellen und im Sondereigentum zu behalten.

---

[5] Siehe Anm. 7.
[6] LIVER, Von den selbständigen und dauernden Baurechten, in: Der bernische Notar 20, 1959, II. Das Baurecht, das eine Fernheizungsanlage zum Gegenstand hat, in: Privatrechtl. Abhandlungen, 1972, S. 377 ff.
[7] BlZR 11, 1912, Nr. 4 und dazu J. KOHLER, Der Glöggliprozeß, in: Rhein. Z. für Zivil- und Prozeßrecht 3, S. 409 ff.
[8] Der Art. 675 erschwert die Durchbrechung des Akzessionsprinzips mit dem Erfordernis einer im Grundbuch eingetragenen Dienstbarkeit allzu sehr. Siehe dazu LIVER, Zürcher Kommentar, Art. 733, N. 45 ff. Ein Beispiel aus der Praxis: BGE 97 III, 1971, S. 89 ff. Siehe auch II, 1b hienach.
[9] BGE 56 III, 1930, S. 63 ff. = Pra 19 Nr. 109; ZBJV 69, 1933, S. 34 f.
[10] Bern. Straßengesetz (1964) Art. 53 und 54; Bespr. LIVER von FR. WICKI, Die öffentliche Straße ..., in der ZBJV 104, 1968, S. 419 ff. und Privatrechtl. Abhandlungen, S. 549 ff.
[11] Elektrizitätsgesetz (1902) Art. 6; Solothurn EGzZGB (1954) § 267; Bern. Wassernutzungsgesetz (1964) Art. 130 a; Zürich, Gesetz betr. das Kant. EW (15. 6. 1908) § 7 Abs. 2.

3. Die Haftung des Werkeigentümers

Das Bundesgericht hat jeden Ersteller und Benutzer eines Bauwerkes auf fremdem Boden als Werkeigentümer behandelt, auch wenn ihm die Befugnis nicht durch eine Dienstbarkeit oder Konzession eingeräumt ist, sondern bloß als ein obligatorisches Recht oder sogar ihm die Erstellung nur prekaristisch gestattet war[12]. Aber die Spaltung zwischen haftpflichtrechtlichem Werkeigentum und dem sachenrechtlichen Eigentum im allgemeinen sollte vermieden werden. Entweder muß im Haftpflichtrecht der «Halter» an die Stelle des Eigentümers treten, oder – und das scheint mir die bessere Lösung zu sein – die Durchbrechung des Akzessionsprinzips ist auch anzuerkennen, wenn die Verbindung mit dem Boden auf Grund jeder vom Grundeigentümer gewährten Berechtigung hergestellt wurde. Dies dürfte um so eher zulässig sein, als der Art. 675 ohnehin viel zu eng gefaßt ist[13].

4. Die praktische Bedeutung

Das Baurecht hat seine besondere Bedeutung als Objekt des Rechtsverkehrs. Ist es selbständig und dauernd, kann es in das Grundbuch aufgenommen werden. Geschieht das, wird über es nach Grundstücksrecht verfügt und mit ihm, gewissermaßen als über seinen Bestandteil, auch über die Baute. Das wirtschaftliche Interesse an dieser Verselbständigung einer wertvollen baulichen Anlage, wie etwa eines Fernheizungswerkes, das in eines der beheizten Häuser eingebaut ist, besteht darin, daß die Finanzierung erleichtert wird.

Besteht das Baurecht in einer Grunddienstbarkeit zugunsten der Grundstücke, denen das Werk dient, wird damit die der wirtschaftlichen Zugehörigkeit entsprechende rechtliche Einheit hergestellt. Am Werk besteht dann nicht selbständiges Eigentum. Es ist gewissermaßen Bestandteil des herrschenden Grundstücks.

---

[12] BGE 75 II, 1949, S. 116 = Pra 38 Nr. 3; 76 II, 1950, S. 129 ff. = Pra 39 Nr. 136 (Kanalisationsleitungen der Gemeinde); ObGer Luzern (1966), ZBGR 47, 1966, Nr. 75, S. 364 ff. (Wasserzuleitung). – BGE 74 II, 1948, S. 155 = Pra 38 Nr. 3: Laufsteg im kommunalen Schwimmbad, der in den See hinausläuft, mit dessen Grund (Eigentum des Kantons) er verbunden worden ist mit bloß prekaristischer Gestattung; die Gemeinde wird als Werkeigentümerin behandelt und haftbar gemacht. – BGE 91 II, 1965, S. 281 = Pra 55 Nr. 2: Spazierweg, auf Grund einer Dienstbarkeit zugunsten der Gemeinde, ausgebaut vom Verkehrsverein; als Werkeigentümer i.S. von Art. 58 OR wird die Gemeinde haftbar gemacht; wenn der ausgebaute Weg ein Werk ist, stünde er ohnehin im Eigentum des Dienstbarkeitsberechtigten (Art. 741 ZGB); ist er nicht ein Bauwerk i.S. von Art. 675, ist er Bestandteil des Grundstückes; als «Halter» käme der Verkehrsverein in Frage. Kritische Bespr. von H. MERZ in der ZBJV 103, 1967, S. 36 f. Vgl. Kommentar LIVER, Art. 737, N. 106 ff.; Art. 741, N. 21 und Nachtrag S. 688, Art. 743, N. 37 ff.

[13] Siehe dazu LIVER, Kommentar, Art. 732, N. 15; Art. 733, N. 45 ff., 50, 60, 62 ff. Zur Sonderbehandlung der Leitungen Art. 731, N. 9 ff.; StenBullNR 16, 1906, S. 526; BGE 97 II, 1971, S. 37 ff., 326 ff. = Pra 60 Nr. 196, 61 Nr. 97.

II. Leitungen

1. Das Durchleitungsrecht

a) Begründung im allgemeinen

Leitungen für Wasser, Gas, Elektrizität, Wärme u. dgl. sind Bauwerke und als solche Bestandteil des Bodens, in dem sie sich befinden. Werden sie auf Grund eines Rechtes in fremdem Boden verlegt, wird das Akzessionsprinzip durchbrochen. Sie stehen im Sondereigentum des Durchleitungsberechtigten. Das Durchleitungsrecht kann ein (unmittelbar) gesetzliches Recht sein, durch Konzession begründet werden oder als Dienstbarkeit durch Vertrag, freiwillig oder auf Grund einer nachbarrechtlichen Verpflichtung oder durch Expropriation.

b) Begründung ohne Eintragung

Außergrundbuchlich entsteht das Durchleitungsrecht durch Expropriation und als nachbarrechtliche Dienstbarkeit gemäß Art. 691 Abs. 3. Während dies eine aus Zweckmäßigkeitsgründen getroffene Ausnahmebestimmung ist, beruht der Art. 676 Abs. 3 auf einer Erwägung, welcher grundsätzliche Bedeutung zukäme, nämlich, daß Dienstbarkeiten, die als solche für jedermann erkennbar sind, weil sie nach außen sichtbar in Erscheinung treten, der Eintragung nicht bedürfen.

Aber im Gegensatz zum früheren kantonalen Recht und zum VE wurde dieser Grundsatz im Art. 676 Abs. 3 einzig für Leitungen im Hinblick auf die im Aufstieg begriffene Elektrizitätsindustrie als anwendbar erklärt. Wenn auch das Durchleitungsrecht für äußerlich wahrnehmbare Leitungen der Eintragung nicht bedarf, ist zu seiner Entstehung doch nicht, wie man aus dem Gesetzeswortlaut schließen könnte, nur die Erstellung der Leitung erforderlich. Dieser muß vielmehr eine Expropriationsverfügung, ein Gerichtsurteil oder die vertragliche Gestattung zugrundeliegen, es wäre denn, das Durchleitungsrecht bestünde kraft unmittelbarer gesetzlicher Eigentumsbeschränkung. Die Zerstörung der Leitung bewirkt auch nicht schlechthin den Untergang des Durchleitungsrechtes, sondern nur dann, wenn auf ihre Wiederherstellung verzichtet wird[14]. Der Publizitätswirkung wird das Durchleitungsrecht allerdings nur teilhaftig, wenn die Leitung erstellt ist, so daß ihre äußere Erscheinung den Grundbucheintrag ersetzt. Diese Wirkung fällt dahin, wenn die Leitung zerstört oder abgebrochen und entfernt

---

[14] E. Th. Tobler, Die dinglichen Rechte des ZGB, dargestellt am Beispiel der Leitungen, Diss. Bern 1958, S. 95 ff.

wird, so daß das Grundstück ohne Belastung erworben werden kann, wenn der Erwerber gutgläubig ist.

2. Das Eigentum an den Leitungen

Ist das Durchleitungsrecht eine Dienstbarkeit, steht das Eigentum an der Leitung dem Dienstbarkeitsberechtigten zu. Dies ist im Art. 675 und auch im Art. 741 hinsichtlich des Unterhaltes gesagt. (Daß der Art. 675 zu eng gefaßt ist, wurde unter Ziffer I dargelegt.) Daran ändert auch der Art. 676 nichts. Was an ihm neu ist, das ist die Verbindung des Eigentums an den Leitungen mit dem Eigentum am Werk, von dem sie ausgehen, oder zu dem sie hinführen. Diese Verbindung besteht darin, daß die Leitungen Zugehör des Werkes sind. Dies ist eine Zugehör besonderer Art. Dem allgemeinen Begriff der Zugehör (Art. 644) entspricht sie nicht, einmal deshalb nicht, weil die Leitungen unbewegliche Sachen sind, zum anderen deshalb nicht, weil das Werk nicht eine Sache ist, sondern ein Inbegriff von Sachen und Rechten. Dieses Zugehörverhältnis kann nur bestehen, wenn sowohl das Werk als auch die Leitungen selbständige Rechtsobjekte sind. Nur unter dieser Voraussetzung hat es einen Sinn, die technische und wirtschaftliche Funktion, welche die Leitungen für das Werk haben, durch ihre Zugehörigkeit zum Werk auch rechtlich wirksam zu machen[15].

Wenn das Werk Bestandteil des Werkgrundstückes und das Durchleitungsrecht zugunsten dieses Grundstückes, also als Grunddienstbarkeit, errichtet ist, ist es nicht nur unnötig, sondern widersinnig, die Leitungen als Zugehör des Werkes zu erklären. Sie stehen dann in einer viel engeren Verbindung mit dem Werk, nämlich im gleichen Verhältnis wie Bestandteile zur Hauptsache. Jede Verfügung über das Werk ist dann eine Verfügung über das Werkgrundstück und jede Verfügung über das Werkgrundstück erstreckt sich auf die auch außerhalb seiner Grenze liegenden Leitungen ohne weiteres und notwendigerweise. Dieses klar auf der Hand liegende Rechtsverhältnis ist in der Literatur immer wieder verkannt worden[16]. Vom Bundesgericht ist es nun aber richtiggestellt worden[17]. Das Zugehörverhältnis kann nur bestehen, wenn das Durchleitungsrecht dem Werkeigentümer als Personal-

---

[15] Der Art. 676 ist erst in der parlamentarischen Beratung ins Gesetz aufgenommen worden und zwar in der Meinung, man müsse die Leitungen (auch da dachte man hauptsächlich an die Elektrizitätsleitungen) als Zugehör des Werkes erklären, damit Verfügungen über dieses, bes. Verpfändungen, auch sie umfassen. Daneben dachte man auch an die Möglichkeit, über die Leitungen für sich nach Grundstücksrecht zu verfügen.
[16] LEEMANN, Art. 676, N. 15; HAAB, Art. 675, N. 2; Art. 676, N. 16; MEIER-HAYOZ, Art. 675, N. 7, 13, 23.
[17] BGE 97 II, 1971, S. 37 = Pra 60 Nr. 196; TOBLER, a.a.O.; LIVER, Kommentar, Art. 730, N. 37 und Nachtrag S. 659; Art. 742, N. 80.

dienstbarkeit zusteht. In diesem Fall erstreckt sich die Verfügung über das Werk auch auf die Leitungen, aber nur wenn es nicht anders geordnet ist. Ist es anders geordnet, kann über die Leitungen für sich allein verfügt werden, und zwar indem über das Durchleitungsrecht verfügt wird, das, damit dies möglich ist, eine selbständige persönliche Dienstbarkeit sein muß. Die Leitung ist dann aus dem Zugehörverhältnis gelöst und ist selbständiges Rechtsobjekt, wie es jede Zugehörsache sein kann. Das Eigentum an den Leitungen kann aber auch mit dem Werk enger verbunden werden als die Zugehör. Dieser Fall liegt vor, wenn das Durchleitungsrecht als Grunddienstbarkeit zugunsten des Werkes (nicht des Werkgrundstückes) errichtet ist. Damit dies möglich ist, muß das Werk «verliegenschaftlicht» werden. Es wird zum «Grundstück», wenn es errichtet wird aufgrund eines selbständigen und dauernden Rechtes (Baurecht, Quellenrecht, verliehenes Wasserrecht), das in das Grundbuch aufgenommen wird. Die Leitungen sind dann Bestandteil des Werkes. Arbeiten und Materiallieferungen für die Leitungen sind somit Aufwendungen für das Werk als Grundstück, und dieses kann mit dem Bauhandwerkerpfandrecht belastet werden. Wäre das Werk nicht ein «Grundstück» mit eigenem Blatt im Grundbuch, wäre seine Belastung durch Eintragung ja ausgeschlossen[18].

Der Begriff des Werkes wird in der Praxis weit gefaßt. Auch Nebenwerke und Transformationsstationen fallen darunter[19], ebenso Telephonzentralen auf fremdem Boden[20]. Da dient das Zugehörverhältnis mehr der bloßen Eigentumsbestimmung als der Verfügung über die einheitliche Anlage.

Auch der Begriff der Leitung umfaßt mit dem Boden verbundene Transportanlagen verschiedenster Konstruktion, auch solche zur Beförderung fester Stoffe[21].

Es gibt auch Leitungen, die nicht Werkzugehör sein können, weil ein Werk, dem sie dienen, fehlt, z.B. öffentliche Abwasserleitungen[22].

---

[18] Siehe die kritische Besprechung von BGE 97 II, 1971, S. 326 = Pra 61 Nr. 97 durch P. PIOTET, JdT 120, 1972, S. 322 ff. Auf die Möglichkeit der Verselbständigung des Werkes mit den Leitungen durch Aufnahme in das Grundbuch haben beide Referenten des NR hingewiesen (StenBullNR 16, 1906, S. 526 und 538). Ein Antrag, sie ausdrücklich vorzusehen, wurde abgelehnt, weil dafür noch kein erhebliches praktischen Bedürfnis bestand (WIELAND, Kommentar, Bem. 5 zu Art. 676). Siehe auch BGE 97 II, 1971, S. 37 ff. am Schluß.
[19] BGE 81 I, 1955, S. 97.
[20] Art. 5–7 ElG; Telephonordnung: VVO III zum Telephonverkehrsgesetz vom 7. Dez. 1923, §§ 12 und 13, bes. auch Art. 17 und 18 des Gesetzes und §§ 8 ff. der VVO. Dazu W. MEIER, Das Telephonregal nach schweizerischem Recht, Diss. Bern 1928, S. 125 und 128 ff.; HAAB, N. 6 zu Art. 676.
[21] BGE 97 II, 1971, S. 326 ff. = Pra 61 Nr. 97; siehe aber auch BGE 71 II, 1945, S. 83 = Pra 34 Nr. 103 (Luftseilbahn).
[22] BGE 75 II, 1949, S. 116 ff. = Pra 38 Nr. 93, Erw. 2; AppH Bern ZBJV 72, 1936, S. 398 ff.

III. Fahrnisbauten (Art. 677 ZGB)

Dies sind nach der klaren Vorschrift des Gesetzes (Art. 677) Bauten, die «ohne Absicht bleibender Verbindung» auf fremdem Boden aufgerichtet werden. Durch das Sondereigentum an diesen Bauten wird das Akzessionsprinzip nicht durchbrochen. Es kommt überhaupt nicht zur Geltung, weil eine seiner notwendigen Voraussetzungen nicht erfüllt ist: Die Errichtung mit dem Willen, eine dauernde Verbindung herzustellen. Wird von vornherein damit gerechnet, daß die Verbindung früher oder später gelöst wird, sei es daß der Eigentümer des Bodens es verlangt und dazu berechtigt ist, sei es daß der Ersteller die Baute nur für begrenzte Zeit benutzen kann oder benutzen will, kann das Akzessionsprinzip nicht gelten. Es würde unannehmbare Folgen haben. Es hätte die Wirkung, daß eine Baute mit eigenem Material auf fremdem Boden bestünde. Der Ersteller könnte über die Baute nicht verfügen und würde u.U. das Recht verlieren, sie wieder zu entfernen. Dagegen könnte der Grundeigentümer über die fremde Baute mit der Liegenschaft als deren Bestandteil verfügen.

Hütten, Buden, Baracken u. dgl. sind im Art. 677 als Beispiele genannt, weil zur Zeit der Entstehung des Gesetzes Bauwerke zu vorübergehenden Zwecken, die in voller Festigkeit mit dem Boden verbunden waren, nicht bestanden oder doch ganz seltene Ausnahmen waren. Heute gibt es solche Bauwerke in erheblicher Zahl. Zu ihnen gehören: die Tal- und Bergstation einer Luftseilbahn für den Werkbau, Baubureauhäuser für die Erstellung großer Anlagen, die mehrere Jahre dauert, Wohn- und Bureaubauten für das Personal, welche bis zur Erstellung der definitiven Wohnblöcke oder Verwaltungsgebäude jahrelang benutzt werden. Obwohl ihre Entfernung nach dieser Zeit von Anfang an feststeht, kann die Verbindung mit dem Boden die gleiche Festigkeit haben wie irgendein anderes, auf unbegrenzte Dauer errichtetes Gebäude. Sie zeigen aufs deutlichste, daß die Stabilität und Intensität der Verbindung mit dem Boden irrelevant ist, wenn die Absicht fehlt, sie für unbeschränkte Dauer herzustellen. Daß sie Fahrnisbauten sind, kann sich trotzdem aus ihrem Standort, ihrer Zweckbestimmung oder aus der Art ihrer Benutzung ergeben. Immer trifft dies indessen nicht zu. Aber auch wenn aus der Stabilität auf die Bestandteilseigenschaft geschlossen werden könnte, wäre die Belastung des Grundstückes durch den Eigentümer der Fahrnisbaute ausgeschlossen. Diese Bauten würden dann als Bestandteile des Grundstückes betrachtet werden müssen, so daß nur dessen Eigentümer zur Verfügung legitimiert sein könnte. Es käme nur die Gefahr in Betracht, daß der Grundeigentümer in Täuschungsabsicht mit dem Grundstück über die Bauten verfügen würde. Diese Gefahr ist indessen gering und rechtfertigt jedenfalls die Abweichung vom klaren Wortlaut des Gesetzes, von der herrschenden Lehre und bisherigen Praxis nicht.

Die Voraussetzung der dauernden Verbindung ist ausgeschlossen, wenn der Boden dem Ersteller der Baute prekaristisch, leihweise, mietvertraglich zur Verfügung gestellt wird [23]. Selbst wenn ihm ein Baurecht eingeräumt ist, wird die Baute nicht Bestandteil des Grundstückes, sondern gewissermaßen des Baurechts. Darüber schafft jedoch das Grundbuch Klarheit.

Das Bundesgericht hat sich neuerdings einmal zu der hier dargelegten Auffassung und damit auch zum Wortlaut des Gesetzes in Gegensatz gestellt[24]. Es stimmte dem zürch. Kassationsgericht zu, das ein Urteil des Handelsgerichts, welches der bisher ausschließlich herrschenden Lehre entsprach, «wegen Verstosses gegen klares Recht» aufgehoben hatte. Es stützte sich auf die im Art. 677 angeführten Beispiele und meinte daraus schließen zu dürfen, daß nur solche leichte Gebäude Fahrnisbauten sein könnten, daß dagegen die feste Verbindung mit dem Boden die Baute auch dann zum Bestandteil der Liegenschaft mache, wenn sie nicht mit der Absicht bleibender Verbindung errichtet sei.

Eine stark fundamentierte Fabrikhalle wurde als Bestandteil der Liegenschaft erklärt, obwohl diese dem Bauherrn bloß mietweise zur Verfügung gestellt worden war und ihm nach Ablauf der Mietzeit im Baurecht hätte überlassen werden sollen. Mit der Begründung des Baurechtes hätte die Baute dann ja nicht Bestandteil der Liegenschaft, sondern nur gewissermaßen des Baurechts sein können. In der Zwischenzeit aber wäre die Baute nach diesem Urteil Bestandteil der Liegenschaft gewesen, obwohl ihr Eigentümer so wenig wie der Grundeigentümer die Absicht dauernder Verbindung gehabt haben konnte, weil sie mit dem bloßen Mietverhältnis nicht vereinbar war und weil die Bestandteilseigenschaft mit dem in Aussicht genommenen Baurecht ausgeschlossen gewesen wäre. Mit der Annahme der Bestandteilseigenschaft wäre der Eigentümer der Liegenschaft auch Eigentümer der Baute geworden und hätte mit der Liegenschaft über diese verfügen können, während der Bauherr das Eigentum an der Baute verloren und über sie nicht mehr hätte verfügen können. Das Urteil ist nur aus dem Bestreben zu erklären, die Bauhandwerker mit dem gesetzlichen Pfandrecht gemäß Art. 837 Ziff. 3 ZGB zu schützen. Dieser Zweck konnte nur erreicht werden durch Belastung des gemieteten Grundstückes mit dem Pfandrecht für Forderungen der Bauhandwerker gegenüber dem Mieter. Wenn auch das gesetzliche Pfandrecht für Forderungen auf Einbauten, die der Mieter hat vornehmen lassen, bestünde, wenigstens wenn dies mit dem Willen des Grundeigentümers geschehen ist, so müßte doch vorausgesetzt werden, daß die Liegenschaft dadurch eine dauernde Wertvermehrung für ihren Eigentümer erfährt (BGE 95 II, 1969, S. 221 ff. = Pra 58 Nr. 138).

Zur Rechtfertigung der Errichtung der Bauhandwerkerpfandrechte hat das Bundesgericht allgemeine Prinzipien des Sachenrechts preisgegeben. Grundsätzliche Bedeutung kann dem Urteil deshalb nicht zukommen.

Was darin zur Begründung der Ansicht, daß das ZGB in der Bestimmung des Begriffs der Fahrnisbaute vom deutschen BGB abgewichen sei und zwar in Anlehnung an früheres kantonales Recht, angeführt wird, trifft nicht zu. Dafür bestehen keine Anhaltspunkte. EUGEN HUBER (Erläuterungen II, S. 90 und StenBull 1906, S. 536) stand durchaus auf dem Boden der herrschenden Lehre.

---

[23] ObGer Luzern Max XI, Nr. 392 = SJZ 63, 1967, Nr. 112, S. 208; BGHZ 23, S. 57. Ist der Boden vermietet oder verpachtet, kann das Rechtsverhältnis durch die Vormerkung im Grundbuch publik gemacht sein.

[24] BGE 92 II, 1966, S. 227 = Pra 56 Nr. 38 = ZBGR 48, 1967, Nr. 30, S. 175 ff. besprochen in ZBJV 104, 1968, S. 25 ff. Siehe auch BGE 98 II, 1972, S. 199 = Pra 61 Nr. 210 und dazu ZBJV 110, 1974, Heft 1.

IV. Einpflanzungen

Einpflanzungen auf fremdem Grundstück werden nicht gleich behandelt wie Einbauten und Überbauten. Das dem Baurecht (als Grund- oder Personaldienstbarkeit) entsprechende Recht der Begründung von Sondereigentum kann gemäß der ausdrücklichen Vorschrift des Art. 678 Abs. 2 nicht mehr begründet werden. Die Pflanzensuperficies gehört zu den Rechten, die im Art. 45 SchlT ZGB als «aufgehoben» bezeichnet werden. Sie ist jedoch noch viel stärker verbreitet, als gemeinhin angenommen wird, und zwar als Sondereigentum an einzelnen Bäumen oder Baumgruppen auf fremdem Boden, wie auch an ganzen Waldbeständen[25]. Verboten ist ja nur die Neubegründung. Durch kantonales Recht können diese Rechtsverhältnisse indessen liquidiert werden. Verschiedene Kantone haben davon mit ihren Aufhebungsbestimmungen Gebrauch gemacht. Der Grund dieser Gesetzgebung liegt einmal in den Schwierigkeiten der Ausscheidung der forstlichen Rechte von den Nutzungsbefugnissen des Bodeneigentümers (Weide-, Streue-, Bau- und Bergrechte, Recht zur Gewinnung von Baumaterialien). Sodann können die Befugnisse des Bodeneigentümers einer guten Waldpflege abträglich sein.

Daß auch bloß einzelne Bäume und angepflanze Sträucher (Reben, Beerenstrauchanlagen) unter das Verbot fallen, ist bei uns und anderwärts, auch in Italien, dessen Codice civile das Verbot ebenfalls übernommen hat, wenn auch nicht ohne Opposition, etwa bedauert worden.

Die Frage, ob an einem Grenzbaum Sondereigentum des einen Nachbarn anstelle des Miteigentums erworben werden könnte, braucht nicht

---

[25] Sondereigentum der Landschaft (Kreisgemeinde) am Wald im ganzen Tal, auch auf privatem Boden (mit Ausnahme von kleineren Waldstücken der Gemeinden) besteht im Rheinwald. Es wurde im 17. Jahrh. durch Landsgemeindebeschluß begründet, um den Gefahren zu begegnen, welche ihre Ursache in Kahlschlägen für den Bergbau hatten und in der Verwüstung der Berghänge und des Talbodens, insbesondere auch der Straßen und Siedlungen durch Rutschungen, Lawinen und Steinschläge bestanden. Der gleiche Grundsatz ist auch in das Landbuch von AVERS aufgenommen und bis heute beibehalten worden. Hier war dafür der Holzmangel des Hochtales der entscheidende Grund. Siehe P. LIVER, Rechtsgeschichte der Landschaft Rheinwald mit dem Anhang über die Pflanzensuperficies (Diss. iur. Bern 1936 und Jahresber. HAG Graubünden 66, 1936). In umfassenderer räumlicher und rechtlicher Sicht habe ich die Pflanzensuperficies behandelt in der Festschrift K. S. Bader, Zürich 1965, § 12 N. 2, S. 271 ff. Vgl. ferner R. Z. GANZONI, Beiträge zur Kenntnis des Waldeigentums in Graubünden unter bes. Berücksichtigung des Engadins, des Bergells, Puschlavs und Münstertales, Diss. Bern 1954, auch Beiheft 4 der Zeitschrift «Der Bündner Wald». Über südschweizerische Verhältnisse orientiert R. BROGGINI, Appunti sul cosidetto «jus plantandi» nel Cantone Ticino ed in Val Mesolcina, in: Vox Romana 27/2, 1968, S. 212 ff. Dazu juristisch P. CARONI, In tema di superficie arborea (jus plantandi) nella prassi cantonale ticinese, Locarno 1971, SA aus der Rivista patriziale ticinese 25, 1.

verneint zu werden. Dies könnte durch die Errichtung einer Grunddienstbarkeit geschehen, welche nicht dem Baurecht entspräche und infolgedessen ausgeschlossen wäre, sondern dem Überbaurecht. Mit diesem Sondereigentum wären keine der dem Institut der Pflanzensuperficies zugeschriebenen Nachteile verbunden [26].

Pflanzen, deren natürliche Verbindung mit dem Boden die gleiche ist wie die aller anderen gleichartigen Pflanzen, aber nicht mit der Absicht des dauernden Bestandes hergestellt wurde, gelten als Fahrnispflanzen. Es besteht die genaue Analogie zu den Fahrnisbauten. Es sind Pflanzen, die dazu bestimmt sind, dem Boden entnommen und verpflanzt zu werden (Baumschulen). Gleich zu behandeln sind sonstige zum Verkauf bestimmte Pflanzen (Blumen, Beeren- und Ziersträucher) in einer Handelsgärtnerei [27]. Sie stehen im Sondereigentum des Pflanzers und sind dem Fahrnisrecht unterstellt.

Dritter Abschnitt

Beschränkungen des Grundeigentums

§ 30. Allgemeine Übersicht und Grundsätze des Nachbarrechts

I. Literatur und Übersicht

Literatur: E. BACHMANN, Die nachbarrechtliche Überschreitung des Grundeigentums, Berner Diss., Abh.schweiz.R 123, Bern 1937; J.-J. BOSSHART, Les restrictions légales indirectes de la propriété foncière, Thèse Fribourg 1954; H. DESCHENAUX, Les restrictions légales de la propriété foncière et le registre foncier, ZBGR 38, 1957, S. 321 ff.; R. FORNI, Regime tabulare delle restrizioni legali della proprietà, Diss. Bern 1949; P. LIVER, Gesetzliche Eigentumsbeschränkungen und Dienstbarkeiten in der Gesetzgebung und Lehre Frankreichs, Deutschlands, der Schweiz und Italiens, in: Ius et Lex, Festgabe Max Gutzwiller, Basel 1959; DERSELBE, Die nachbarrechtliche Haftung des Gemeinwesens, ZBJV

---

[26] F. LINDENMANN, Bäume und Sträucher im Nachbarrecht, Diss. Bern 1950, 2. Aufl. hg. vom Verband Schweiz. Gärtnermeister 1968, S. 66 ff. – Italienische Autoren möchten das Verbot der Pflanzensuperficies im Art. 956 CCit. überhaupt nicht auf Einzelbäume beziehen und unter den piantazioni nur Baumgruppen und Waldbestände verstehen. Siehe die Zitate in den Anm. 46 und 47 meiner oben Anm. 25 zit. Abhandlung.

[27] BGE 62 II, 1936, S. 85 = Pra 25 Nr. 128. Da werden die «Schulpflanzen» mit einem Warenlager aus Rohstoffen, Halbfabrikaten und Fertigwaren verglichen. Sie können zu gegebener Zeit dem Boden ohne Schwierigkeit und Beschädigung entnommen und an einen anderen Ort hingebracht werden, gleichgültig, ob der Baumschulgärtner selbst Bodeneigentümer ist oder nicht. Daraus wird die Folgerung gezogen, daß sich das Grundpfand an der Liegenschaft nicht auf diese Pflanzen erstreckt.

99, 1963, S. 241 ff.; U. NEUENSCHWANDER, Die Leistungspflichten der Grundeigentümer im französischen Code civil und im schweizerischen ZGB unter besonderer Berücksichtigung des Nachbarrechts, Berner Diss., Zürich 1966; E. W. STARK, Das Wesen der Haftung des Grundeigentümers nach Art. 679 ZGB, Zürich 1952 (Habilitationsschrift); A. WALDIS, Das Nachbarrecht, 4. Aufl., Zürich 1953; K. WEGMANN, Das Gemeinwesen als Nachbar, Berner Diss., Abh. schweiz. R 158, Bern 1941.

Die *kantonale nachbarrechtliche Gesetzgebung* und *Literatur* ist verzeichnet in: P. LIVER, Zürcher Kommentar, vor Art. 740, mit Nachtrag S. 688.

Von der *Spezialliteratur Deutschlands* sind vor allem anzuführen: MEISNER/STERN/HODES, Das Nachbarrecht im Bundesgebiet und Westberlin (mit Ausnahme Bayerns), 5. Aufl., Berlin/München 1970; MEISNER/RING, Nachbarrecht in Bayern, 6. Aufl., Berlin/München 1972; H. GLASER/W. DRÖSCHEL, Das Nachbarrecht in der Praxis, 2. Aufl., Berlin 1966.

Die *grundlegende italienische Literatur* ist in der oben zit. Abhandlung von P. LIVER in «Ius et Lex», S. 765, Anm. 27, verzeichnet.

1. Beschränkungen des Grundeigentums im allgemeinen

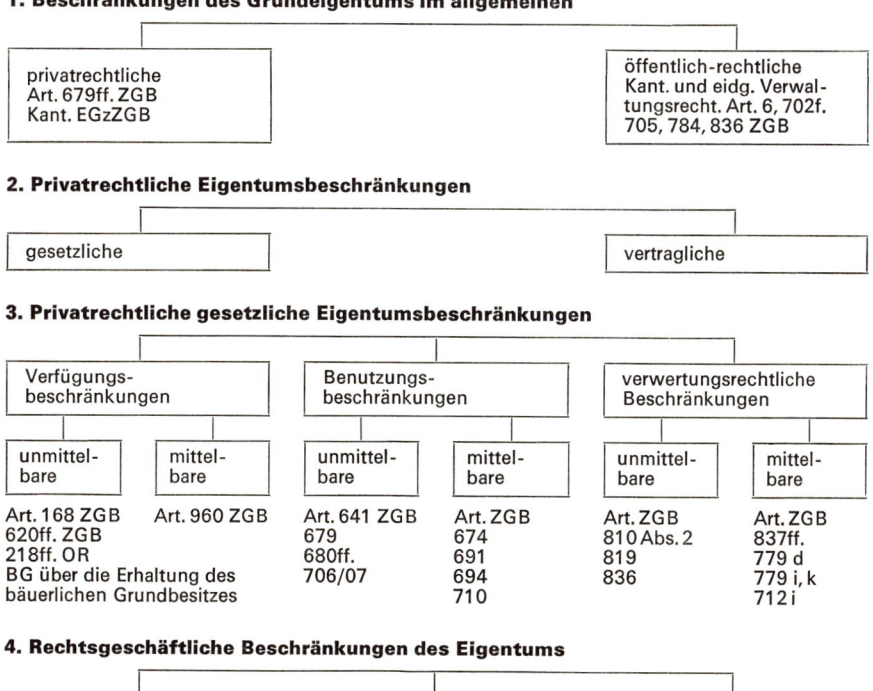

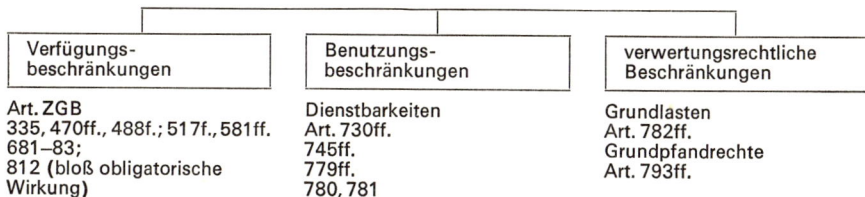

privatrechtliche Art. 679ff. ZGB Kant. EGzZGB	öffentlich-rechtliche Kant. und eidg. Verwaltungsrecht. Art. 6, 702f. 705, 784, 836 ZGB

2. Privatrechtliche Eigentumsbeschränkungen

gesetzliche	vertragliche

3. Privatrechtliche gesetzliche Eigentumsbeschränkungen

Verfügungsbeschränkungen		Benutzungsbeschränkungen		verwertungsrechtliche Beschränkungen	
unmittelbare	mittelbare	unmittelbare	mittelbare	unmittelbare	mittelbare
Art. 168 ZGB 620ff. ZGB 218ff. OR BG über die Erhaltung des bäuerlichen Grundbesitzes	Art. 960 ZGB	Art. 641 ZGB 679 680ff. 706/07	Art. ZGB 674 691 694 710	Art. ZGB 810 Abs. 2 819 836	Art. ZGB 837ff. 779 d 779 i, k 712 i

4. Rechtsgeschäftliche Beschränkungen des Eigentums

Verfügungsbeschränkungen	Benutzungsbeschränkungen	verwertungsrechtliche Beschränkungen
Art. ZGB 335, 470ff., 488f.; 517f., 581ff. 681–83; 812 (bloß obligatorische Wirkung)	Dienstbarkeiten Art. 730ff. 745ff. 779ff. 780, 781	Grundlasten Art. 782ff. Grundpfandrechte Art. 793ff.

II. Unterscheidungskriterien

1. Privatrechtliche und öffentlich-rechtliche Eigentumsbeschränkungen

Als öffentlich-rechtlich bezeichnet das Gesetz selber die Beschränkungen, welche zum allgemeinen Wohl aufgestellt sind (Art. 702, 705, 711 ZGB). Damit wird dasselbe gesagt, wie mit der Wendung, daß es Vorschriften sind, welche im öffentlichen Interesse erlassen wurden. Daraus folgt, daß privatrechtliche Beschränkungen durch Vorschriften aufgestellt sind, welche im Interesse der anderen Grundeigentümer oder Grundbesitzer, insbesondere der Nachbarn, erlassen wurden. Daß das Nachbarrecht, wie das Privatrecht überhaupt, als Ganzes und in seinen einzelnen Teilen ein allgemeines Postulat der Rechtsordnung erfüllt und deshalb sein Bestand im öffentlichen Interesse liegt, tut der Unterscheidung, wie sie hiermit getroffen wird, keinen Eintrag. Alle die verschiedenen Theorien, mit denen die Unterscheidung begründet wird (Interessentheorie, Subjektionstheorie, Theorie des zwingenden Rechts einerseits, des nachgiebigen oder dispositiven Rechts andererseits), sind Ausprägungen des gleichen Prinzips. Ist eine Bestimmung im öffentlichen Interesse erlassen, so ist ihre Anwendung behördliche Aufgabe und damit der Disposition der Nachbarn entzogen, und diese sind der behördlichen Verfügungsgewalt unterworfen. Gewiß gibt es Gebiete, für welche die Unterscheidung weder mit der einen noch mit der anderen Theorie durchzugreifen vermag[1]. Die Beschränkungen des Grundeigentums aber lassen sich mit ihnen und zwar schon mit der Interessentheorie in privat- und öffentlich-rechtliche scheiden; dies ist umso leichter, wenn und soweit ihr auch eine verschiedene Zuständigkeit zur Gesetzgebung entspricht. Das ZGB hält sich im Sachenrecht an die Zuständigkeit des Bundes zur privatrechtlichen Gesetzgebung und läßt, wo es kantonales Recht vorbehält, leicht erkennen, ob dieses privates Recht (echter Vorbehalt) oder öffentliches Recht ist (unechter Vorbehalt)[2].

Im kantonalen Recht und namentlich in dem von Gemeinden gesetzten Recht sah man sich in der Praxis gezwungen, sog. Doppelnormen anzuerkennen, nämlich als Notlösung in einer verwirrten Situation der Rechtset-

---

[1] Vgl. insbes. die Erörterungen von HANS HUBER zum Art. 6 ZGB im Berner Kommentar, Einleitungsband.
[2] Siehe LIVER, Privates und öffentliches Baurecht, in: Rechtliche Probleme des Bauens, Berner Tage für die jurist. Praxis 1968, Bern 1969, S. 12ff. und die Erläuterungen zum Art. 5 ZGB im Berner Kommentar, Einleitungsband, N. 30ff.; BGE 96 I, 1970, S. 541.

zung³. Diese hybride Rechtsbildung sollte vermieden werden. Das ZGB hat sie vermieden⁴.

Da die öffentlich-rechtliche Vorschrift von Amtes wegen durchzusetzen ist, ist es für den daran interessierten Nachbarn leichter, dies zu bewirken, als wenn er einen privatrechtlichen Anspruch hat. Andererseits aber gewährt ihm die privatrechtliche Norm den stärkeren Schutz, weil er sie im Prozeß immer durchsetzen kann, während von der öffentlich-rechtlichen Norm zu seinem Nachteil von der zuständigen Behörde Ausnahmen bewilligt werden können, worin ihre Schwäche besteht.

2. Unmittelbare und mittelbare gesetzliche Eigentumsbeschränkungen⁵

Die unmittelbaren Eigentumsbeschränkungen bilden die Schranken, innerhalb welcher der Eigentümer sein Recht nach eigenem Belieben ausüben darf (Art. 641). Durch sie erhält das Eigentum seinen normalen Inhalt. Viel tiefer als die zum gegenseitigen Schutz der Nachbarn errichteten Schranken greifen die zum allgemeinen Wohl, also im öffentlichen Interesse dem Eigentümer auferlegten Beschränkungen. Durch die Einführung in die Gemeinschaftsordnung empfängt das Eigentum seinen sozialen Gehalt. Welche Bedeutung diese Beschränkungen für die Eigentumsordnung haben, wurde in den §§ 1 und 2 dargelegt.

Neben den allgemeinen und gegenseitigen stehen die besonderen und einseitigen Beschränkungen, die nur in einzelnen typischen Fällen unter bestimmten Voraussetzungen Platz greifen. Diese Voraussetzungen liegen insbesondere vor, wenn für das eine Grundstück eine Notlage besteht, die verhältnismäßig leicht dadurch behoben werden kann, daß ein oder mehrere Nachbargrundstücke belastet werden: mit dem Überbaurecht, mit dem Durchleitungsrecht, mit dem Notwegrecht oder mit dem Notbrunnenrecht. Die Eigentumsbeschränkung besteht nicht darin, daß das Gesetz diese Rechte unmittelbar begründen würde, sondern darin, daß es die Eigen-

---

³ Vgl. LIVER, a.a.O. (Anm. 2), S. 20, 27 ff., 34 ff.; HAAB, Art. 680, N. 7; MEIER-HAYOZ, Art. 680, N. 34 ff. Mit der Anerkennung von nachbarschützenden Bestimmungen des öffentlichen Rechtes (Nachbarklage oder Legitimation des Nachbarn zur baurechtlichen Einsprache wegen Verletzung öffentlich-rechtlicher Vorschriften) wird ein besserer Weg erschlossen.
⁴ Erst durch BGE 96 I, 1970, S. 97 ist leider die Doppelnorm in das ZGB verpflanzt worden.
⁵ Vgl. dazu LIVER in Festgabe M. Gutzwiller (oben Lit. Verz.), S. 749 ff. und im Zürcher Kommentar, Dienstbarkeiten, Einleitung, N. 86 ff.; Art. 740, N. 20 ff.; ferner aus der dort zit. italienischen Literatur P. BONFANTE, Servitù e limitazione del dominio, in: Scritti giuridici II, S. 926 ff.

tümer verpflichtet, sie dem Eigentümer des notleidenden Grundstückes einzuräumen. Dieser hat ihnen gegenüber einen gesetzlichen Anspruch auf Begründung dieser Rechte. Dies kann nur ein obligatorischer Anspruch sein, aber er steht dem jeweiligen Eigentümer des einen gegenüber dem jeweiligen Eigentümer des anderen Grundstückes zu, weshalb eine gesetzliche Realobligation mit beidseitiger Bestimmung der Parteien durch das Eigentum an einem Grundstück vorliegt[6]. Die mit ihrer Erfüllung begründete Grunddienstbarkeit ist eine Legalservitut. Nur mittelbar hat sie ihren Entstehungsgrund im Gesetz.

Das Gesetz behandelt diese Servituten als Eigentumsbeschränkungen, ohne sie gesetzestechnisch von den unmittelbaren gesetzlichen Eigentumsbeschränkungen zu trennen. Dem Wesen nach unterscheidet es sie aber von diesen, am klarsten in der Regelung des Notweges. Ausdrücklich trifft es die Unterscheidung im Recht der gesetzlichen Grundlasten (Art. 784 ZGB) und der gesetzlichen Pfandrechte (Art. 836 und 837 ZGB). Den Legalservituten entsprechen im italienischen Recht die servitù coattive (Art. 1032-1057 CCit.).

3. Entstehung, Änderung und Aufhebung der gesetzlichen Eigentumsbeschränkungen

Nach Art. 680 Abs. 1 ZGB bestehen die gesetzlichen Eigentumsbeschränkungen ohne Eintragung im Grundbuch. Dies gilt nur für die unmittelbar gesetzlichen Eigentumsbeschränkungen. Dagegen bestehen die mittelbar gesetzlichen Eigentumsbeschränkungen nicht kraft Gesetzes. Kraft Gesetzes besteht nur die Verpflichtung, sie unter bestimmten tatsächlichen Voraussetzungen zugunsten eines oder mehrerer Nachbarn zu begründen. Begründet werden sie durch Errichtung von Grunddienstbarkeiten. Soweit das Gesetz nicht (wie für das Durchleitungsrecht) eine Ausnahme macht, geschieht dies durch schriftlichen Vertrag und Eintragung im Grundbuch[7]. Eine Grunddienstbarkeit entsteht auch, wenn eine unmittelbare gesetzliche Eigentumsbeschränkung vertraglich «abgeändert» oder «aufgehoben», d.h. eine der gesetzlichen Vorschrift derogierende vertragliche Regelung des Einzelfalles getroffen wird. Daß im Art. 680 Abs. 2 hiefür die öffentliche Beurkundung und Eintragung in das Grundbuch vorgeschrieben ist, kann nur einem Versehen des Gesetzgebers zugeschrieben werden, der die gleichlautende Vorschrift des Entwurfs über die Begründung der Grunddienstbarkeit im Art. 732 geändert hat, ohne die gleiche Änderung auch im Art. 680 vorzunehmen, nämlich die Ersetzung der öffentlichen Beurkundung

---

[6] Siehe die grundsätzlichen Ausführungen über die Realobligationen vorn § 5, III.
[7] LIVER, Zürcher Kommentar, Art. 732, N. 103 ff.

durch die einfache Schriftlichkeit[8]. Aber die Praxis hat sich an den Art. 680 Abs. 2, wie er dasteht, immer gehalten, so daß er gewohnheitsrechtliche Geltung erhalten hat. Hinsichtlich des Eintragungserfordernisses ist er nicht anwendbar auf die Abänderung oder Aufhebung von gesetzlichen Verfügungsbeschränkungen, weil damit keine Grunddienstbarkeit entstehen kann. Deshalb wird nun im Art. 682 (und ebenso im Art. 619^{sexies}) anstelle der Eintragung die Vormerkung vorgesehen. Aber das Erfordernis der öffentlichen Beurkundung ist im Art. 682 Abs. 3 (anders als im Art. 619^{sexies}) aufrechterhalten und damit bekräftigt[8a].

Daß öffentlich-rechtliche Eigentumsbeschränkungen nicht durch Vereinbarung der beteiligten Grundeigentümer «geändert» oder «aufgehoben» werden können, ist im Art. 680 Abs. 3 ausdrücklich gesagt, obwohl es aus der Natur des zwingenden Rechtes ohne weiteres folgt.

4. Der nachbarrechtliche Charakter der gesetzlichen Benutzungsbeschränkungen

Die privatrechtlichen Vorschriften, welche die Grundstücksbenutzung beschränken, sei es unmittelbar oder mittelbar, bilden das Nachbarrecht.

a) Das Wesen des Nachbarrechts

Im Nachbarrecht manifestiert sich das Wesen der Rechtsordnung überhaupt am deutlichsten. Dieses hat IMMANUEL KANT wie folgt bestimmt:

«Das Recht ist der Inbegriff der Bedingungen, unter denen die Willkür des einen mit der Willkür des andern nach einem allgemeinen Gesetz der Freiheit zusammen vereinigt werden kann.»[9]

Das Grundeigentum wird durch die gesetzlichen Benutzungsbeschränkungen soweit begrenzt, daß es ausgeübt werden kann, ohne daß die Nachbarn miteinander in Konflikt kommen. Innerhalb der jedem Grundeigentümer auferlegten Beschränkung ist ihm die Freiheit der Benutzung seines

---

[8] Der Widerspruch zu Art. 732, dieser nachträglich getroffenen Ausnahmebestimmung, ist auffallend genug. Wird mit der Dienstbarkeit die Überbauung des Grundstückes überhaupt verboten, ist dies eine gewöhnliche Grunddienstbarkeit. Wird mit ihr aber der Grenzabstand von diesem Grundstück für Hochbauten von 3 auf 2 m herabgesetzt, ist Art. 680 Abs. 2 anwendbar. – Dies ist aber nicht der Fall, wenn der Abstand von 3 auf 5 m erhöht wird, denn dadurch wird der gesetzlichen Abstandsvorschrift ja nicht zuwidergehandelt. Wenn die Überbauung vertraglich so geregelt ist, daß es schwierig ist, zu entscheiden, ob damit die gesetzliche Eigentumsbeschränkung erweitert oder vermindert wird, also im Zweifel, ist Art. 680 Abs. 2 anwendbar. Nur mit dieser Einschränkung wäre BGE 44 II, 1918, S. 395 = Pra 7 Nr. 132 richtig.
[8a] Dies ist im Entscheid ObGer Luzern, ZBJV 110, 1974, S. 231 f., nicht beachtet.
[9] Metaphysik der Sitten, Rechtslehre, Einl. § B III 34 f.

Grundstückes gesichert. Mit den mittelbar gesetzlichen Eigentumsbeschränkungen wird ein Grundeigentümer verpflichtet, von der Nutzbarkeit seiner Liegenschaft dem Nachbarn soviel zu gewähren, als nötig ist, um dessen Mangel zu beheben, soweit er dies ohne unverhältnismäßige Belastung tun kann. Damit wird ein Ausgleich zwischen dem Mangel auf der einen und dem Überfluß auf der anderen Seite herbeigeführt[10]. Zu den privaten kommen die öffentlich-rechtlichen Eigentumsbeschränkungen hinzu, welche gegenüber der Willkür des einzelnen das allgemeine Wohl wahren, was dem Nachbarn ebenfalls zugute kommen kann[11].

Soweit das Gesetz den Nachbarn unter dem Gesichtspunkt des Ausgleichs und der Solidarität diese Schranken auferlegt, verbindet es sie zu einer nachbarlichen Gemeinschaft, mögen sie innerhalb dieser Schranken auch im Interessengegensatz stehen[12].

Wer durch Überschreiten dieser Schranken den Nachbarn schädigt oder belästigt, macht sich ihm gegenüber verantwortlich. Auch die Verantwortlichkeit des Grundeigentümers im Sinne des Art. 679 ist ein nachbarrechtliches Institut[13].

b) Die Quellen des Nachbarrechts

Die allgemeinste Umschreibung der nachbarrechtlichen Pflichten hat das Gesetz im Art. 684 ZGB gegeben: «Jedermann ist verpflichtet, bei der Ausübung seines Eigentums, wie namentlich bei dem Betrieb eines Gewerbes auf seinem Grundstück, sich aller übermäßigen Einwirkungen auf das Eigentum der Nachbarn zu enthalten». Diese Bestimmung hat indessen nur die mittelbaren Einwirkungen, die man als Immissionen bezeichnet, zum Gegenstand. Das Nachbarrecht kann aber auch durch direkte übermäßige Einwirkungen verletzt sein. Diese fallen denn auch unter den Art. 679, zu welchem der Art. 684 im Verhältnis der besonderen zur allgemeinen Regel steht. In der bundesgerichtlichen Praxis ist der Immissionstatbestand wiederholt als der wichtigste Spezialfall der Haftung des Grundeigentümers nach Art. 679 bezeichnet worden[14]. Das Bundesgericht hat beide Tatbestände auf einen noch allgemeineren Gedanken zurückgeführt, aus dem es eine Norm

---

[10] LIVER, Zürcher Kommentar, Einleitung, N. 68 ff.; Vorbem. vor Art. 730, N. 4 ff.; Art. 740, N. 20 ff.; in der Festgabe M. Gutzwiller (oben Lit. Verz.) S. 750 ff.; BARASSI, Proprietà, S. 579; MAURY, Essai sur le rôle d'équivalence en droit français, Thèse Toulouse 1920.
[11] Hievor Ziff. 1.
[12] Zum Begriff der nachbarlichen Gemeinschaft: LIVER, Zürcher Kommentar, N. 24 ff. zu Art. 736, N. 71 zu Art. 737 und Nachtrag S. 683.
[13] Siehe unten § 32, I.
[14] BGE 44 II, 1918, S. 36 = Pra 7 Nr. 38; 73 II, 1947, S. 151 = Pra 37 Nr. 22.

abgeleitet hat, die weder auf den einen noch auf den anderen Tatbestand zutrifft. Es hat nämlich entschieden, daß der Grundeigentümer für einen Schaden, der die Folge einer erlaubten Ausübung des Eigentums im eigenen Interesse ist und nicht geringer, sondern noch beträchtlicher ist als eine übermäßige Immission, haftbar gemacht werden könne[15].

In der Regelung des Nachbarrechts hat das Gesetz neben den genannten allgemeinen eine ganze Reihe von besonderen Tatbeständen namhaft gemacht[16] aber die nähere Ausgestaltung dem kantonalen Recht vorbehalten, das Gesetzesrecht und Gewohnheitsrecht mit allgemeinem oder auch mit bloß lokalem Geltungsbereich sein kann. Da sich die nachbarrechtlichen Beziehungen im engen Raum halten, war das Bedürfnis der Vereinheitlichung auf diesem Gebiet am geringsten, weshalb auf ihm die (echten) Vorbehalte des kantonalen Rechts am zahlreichsten und umfassendsten sind[17].

Die den Kantonen überlassene gesetzliche Ausgestaltung des Nachbarrechts im einzelnen erfolgte zur Hauptsache durch Übernahme des vor 1912 in Geltung gestandenen Rechtes in die Einführungsgesetze zum ZGB. Zum Teil blieb es in bestehenden Spezialgesetzen wie Baugesetzen und Flurordnungen bestehen oder wurde mit ihnen revidiert. Dabei fehlt es vielfach an der Unterscheidung zwischen gesetzlicher Grundeigentumsbeschränkung und Dienstbarkeit, weshalb Nachbarrecht auch in der Form der Servitut erscheint[18].

Im ZGB sind hinter den allgemeinen Grundsätzen über die gesetzlichen Beschränkungen des Grundeigentums (Art. 680) und über die Verantwortlichkeit des Grundeigentümers (Art. 679) nicht die unter sie fallenden nachbarrechtlichen Tatbestände geregelt, sondern auf sie folgt der Abschnitt über die Verfügungsbeschränkungen (Vorkaufsrecht, Kaufsrecht und Rückkaufsrecht) in den Art. 681–683. Die nachstehende Darstellung folgt dieser Anordnung des Stoffes.

---

[15] BGE 91 II, 1965, S. 100 = Pra 54 Nr. 109. Für die Erstellung eines Neubaus auf dem Nachbargrundstück mußte die öffentliche Straße teilweise abgeschrankt werden, was mit Erlaubnis der zuständigen Behörde geschah und den Zugang zu einem Laden erschwerte, so daß die Kundschaft sich verminderte und ein erheblicher Ausfall an Einnahmen während der langen Bauzeit entstand. – Ob diese Auffassung sich halten läßt, ist fraglich. Vgl. Bespr. LIVER in ZBJV 103, 1967, S. 1 ff.
[16] Es geht damit weit über das BGB hinaus. Umfassend und für seine Zeit vorbildlich wurde dagegen das Nachbarrecht im Code civil einheitlich geregelt.
[17] Siehe die Ausführungen von M. JAGMETTI in: Schweiz. Privatrecht, Bd. I., S. 301 ff. und die dort verzeichnete Literatur; ferner LIVER, Berner Kommentar, Einleitungsband, Erl. zu Art. 5 ZGB, insbes. die N. 23 f., 30 ff. und 100 f.
[18] Siehe LIVER, Zürcher Kommentar, Erl. zu Art. 740 ZGB, insbes. N. 20 ff. und die zum Art. 740 verzeichnete Literatur, mit Nachtrag S. 688.

§ 31. Verfügungsbeschränkungen

I. Verfügungsbeschränkungen im allgemeinen

Allgemeine Bestimmungen über Verfügungsverbote und Verfügungsbeschränkungen enthält das ZGB nicht. Es behandelt in den Art. 681-683 nur die Vorkaufs-, Kaufs- und Rückkaufsrechte. Von der Beschränkung in der Möglichkeit der Verfügung durch Grundpfanderrichtung spricht es im Art. 812, dessen Abs. 1 lautet: «Ein Verzicht des Eigentümers auf das Recht, weitere Lasten auf das verpfändete Grundstück zu legen, ist unverbindlich». Damit wird jedoch nur, wie in den §§ 137 und 1136 BGB, Art. 1379 CCit., die dingliche Wirkung einer solchen Vereinbarung verneint. Im Verhältnis zwischen Grundeigentümern und Pfandgläubigern ist der Verzicht nicht unverbindlich. Auch das Versprechen des Käufers, des Erben oder Testamentsnehmers, das Grundstück nicht zu veräußern, kann gültig sein[1]. Nur stellt sich die Frage nach der Höchstdauer einer solchen Beschränkung. Diese findet ihre Schranke an der persönlichen Freiheit, die gemäß Art. 27 nicht (auch nicht von ihrem Träger) «in einem das Recht und die Sittlichkeit verletzenden Grade» beeinträchtigt werden darf. Diese Frage ist nach den gleichen Gesichtspunkten zu beurteilen wie die Geltungsdauer des Ausschlusses der Kündigung von Dauerverträgen, wobei zu berücksichtigen ist, daß der Eigentümer im allgemeinen sich einer stärkeren Beschränkung unterwirft, wenn er auf das Recht der Verfügung verzichtet, als wenn er sich einer einzelnen Benutzungsbefugnis mit dem Inhalt einer Grunddienstbarkeit «nach gewissen Richtungen» (Art. 730) oder «in bestimmter Hinsicht» (Art. 781) mit obligatorischer Wirkung begibt[2].

Dingliche Rechte mit dem Inhalt einer Verfügungsbeschränkung kennt unser Recht im Gegensatz zum älteren Recht mit seinen ungemein verbreiteten, vielgestaltigen Zugrechten (Retraktrechten) nicht mehr. Das Vorkaufs, das Kaufs- und das Rückkaufsrecht sind obligatorische Rechte und hätten ihren Platz im OR finden sollen, was bei dessen Revision zur Anpassung an das ZGB auch vorgesehen war. Damit wäre auch ihre Dauer beschränkt gewesen. Allein diese Bestimmungen sind im Laufe der Beratungen

---

[1] BGE 43 II, 1917, S. 349 = Pra 6 Nr. 160; 87 II, 1961, S. 355 = Pra 51 Nr. 72; A. MARTIN, De la défense d'aliéner, ZSR 42, 1923, S. 137; L. RAAPE, Das gesetzliche Veräußerungsverbot des BGB, 1908; E. SCUTO, I divieti legali d'alienazione nel diritto civile italiano, 1955. Für das französische Recht J. CARBONNIER, Droit civil II, S. 93 ff. Vgl. auch M. STAEHELIN, ZGB Art. 812 Abs. 1 und die negative Hypothekenklausel, in: Festgabe zum Schweiz. Juristentag 1942, Basel 1942.

[2] LIVER, Zürcher Kommentar, Einleitung, N. 137 ff. und Nachtrag S. 653.

fallen gelassen worden, nach EUGEN HUBER, weil man (im Fahrnisrecht) bisher auch ohne sie ausgekommen sei. Bloß die Bestimmungen über die Begründung sind im Abschnitt über den Grundstückskauf (Art. 216 OR) stehen geblieben[3]. Für die Versetzung der übrigen Vorschriften ins Sachenrecht (Art. 681–683 ZGB) war maßgebend, daß ihre Vormerkung im Grundbuch vorgesehen wurde und daß sie mit dem gesetzlichen Vorkaufsrecht des Miteigentümers zusammengestellt werden sollten[4]. Die Bestimmungen im Art. 681 Abs. 2 und 3 gelten für beide Arten[5] und außerdem auch für die nicht vorgemerkten entsprechenden Rechte[6].

Im Sachenrecht ist das Vorkaufsrecht des Miteigentümers (Art. 682), nun erweitert um dasjenige des Grundeigentümers an dem Baurecht und des Bauberechtigten am belasteten Grundstück, die einzige gesetzliche Veräußerungsbeschränkung. Außerhalb des ZGB sind Verfügungsbeschränkungen zum Schutze des landwirtschaftlichen Bodens gegen unerwünschte Veräußerungen gesetzlich festgesetzt worden, nämlich im Art. 218 OR (Sperrfrist) und im BG über die Erhaltung des bäuerlichen Grundbesitzes vom 12. Juni 1951 (landwirtschaftliches Vorkaufsrecht). Zu nennen sind ferner der revidierte Art. 621bis ZGB (erbrechtliche Verfügungsbeschränkung) und trotz seiner geringen Wirksamkeit der BB über die Bewilligungspflicht für den Erwerb von Grundstücken durch Personen im Ausland, vom 23. März 1961, revidiert 21. März 1973[6a]. Verfügungsbeschränkungen ergeben sich auch aus dem öffentlichen Recht, wofür die Gesetzgebung über den Natur- und Heimatschutz anzuführen ist. Aus polizeilichen Gründen können mancherlei Sachen dem Verkehr entzogen sein (Sicherheits-, Gesundheits-, Feuer- und Pflanzenschutzpolizei). Auf die gesetzgeberische Zuständigkeit der Kantone hiezu weist der Art. 6 ZGB hin.

Um der Vormerkung willen sind die Bestimmungen über das Vorkaufs-, Kaufs- und Rückkaufsrecht ins Grundstücksrecht aufgenommen worden, obwohl sie auch bewegliche Sachen, insbesondere auch Wertpapiere, zum Gegenstand haben können.

---

[3] Erläuterungen 1914, II, S. 96 ff.; BGE 49 II, 1923, S. 330 = Pra 12 Nr. 161; 53 II, 1927, S. 394 = Pra 17 Nr. 14 und 71 II, 1945, S. 158. Ein schlüssiger Beweis für die Ablehnung jeder zeitlichen Begrenzung dieser Rechte ergibt sich aus der Entstehungsgeschichte nicht. Vgl. dazu H. MERZ, Zur zeitlichen Begrenzung der Kaufs-, Vorkaufs- und Rückkaufsrechte, in: Aequitas und bona fides, Festgabe A. Simonius, Basel 1955, S. 235 ff., bes. S. 239.
[4] Erläuterungen II, S. 96/97; MERZ, a.a.O., S. 240.
[5] BGE 73 II, 1947, S. 165 = Pra 37 Nr. 2.
[6] Abzulehnen ist die gegenteilige Ansicht, welche im BGE 83 II, 1957, S. 16 = Pra 46 Nr. 40 geäußert wurde. Siehe Bespr. LIVER in ZBJV 95, 1959, S. 26 f. und die dort zit. Literatur.
[6a] Siehe nunmehr das BG über Änderungen des bäuerlichen Zivilrechts vom 6. Okt. 1972, in Kraft seit dem 15. Febr. 1973. Der BB vom 21. März 1973 ist am 1. Febr. 1974 in Kraft getreten. Zur ergänzenden VO vom 21. Dez. 1973 siehe TH. BÄR, SJZ 70, 1974, S. 237 f.

II. Das Vorkaufsrecht
(droit de préemption; diritto di prelazione – Art. 681 ZGB)

1. Inhalt, Zweck und rechtliche Natur

Das Vorkaufsrecht (VKR) ist das Vorrecht, die Sache, an der es besteht, vor einem Dritten, dem sie verkauft worden ist, zu erwerben[7]. Es ist das gewöhnliche VKR, wenn Vorkaufspreis der Preis ist, der mit dem Dritten vereinbart wurde. Es ist ein limitiertes VKR, wenn im VKR-Vertrag der Preis als Limite bestimmt ist, um welchen der VK-Berechtigte sein Recht ausüben kann. Durch den VK-Vertrag verpflichtet sich der Berechtigte zu nichts; ihm wird ein Gestaltungsrecht eingeräumt, mit dessen Ausübung zwischen ihm und dem Eigentümer der Kaufvertrag zustandekommt. In ähnlicher Weise wie der Eigentümer mit dem Dienstbarkeitsvertrag der Gegenpartei ein dingliches Benutzungsrecht einräumt, räumt er ihr mit dem VKR-Vertrag ein bedingtes obligatorisches Erwerbsrecht ein. Er macht

---

[7] Die Literatur zum VKR einschließlich des landwirtschaftlichen VKR hat A. MEIER-HAYOZ sorgfältig zusammengestellt in seiner Abhandlung «Vom Vorkaufsrecht» in der ZBJV 92, 1956, S. 297 ff. und ergänzt in seinem Sachenrechtskommentar (Berner Komm.) und zwar in der 1. Lieferung des 3. Teilbandes (Grundeigentum II), die 1967 erschienen ist. Nunmehr auch DORIS BINZ, Das gesetzliche Vorkaufsrecht, Diss. Bern 1974.

Da das gesetzliche und das vorgemerkte VKR realobligatorischen Charakter haben, sind sie Gegenstand der Literatur über die Realobligation, die im § 5, III verzeichnet wurde und hier heranzuziehen wäre.

Der CCfr. regelt das VKR nicht, doch kann es als besondere Art des Kaufvertrages vereinbart werden und durch die transcription die verstärkte Wirkung unseres vorgemerkten VKR erhalten. Von besonderer Bedeutung ist es als Institut des öffentl. Rechts, auch des Agrarrechts: RIPERT/BOULANGER II (1957), No. 2438; MARTY/RAYNAUD II (1965), No. 55. Nach dem CCit. besteht die gleiche Möglichkeit der vertraglichen Begründung und Verstärkung. Ausdrücklich geregelt ist das Vorkaufsrecht der Miterben (Art. 732). Als diritto di prelazione wird aber auch das Vorrecht des Pfandgläubigers bezeichnet (Art. 2741). MESSINEO, Manuale, spricht vom obligatorischen VKR im § 140 N. 10, ferner allgemeiner im § 10 N. 2 und 2bis, zum dinglichen Vorerwerbsrecht im § 76 N. 1. Eine umfassende Darstellung ist M. D'ORAZIO, Della prelazione legale e volontaria, 1950.

Auch im BGB wird zwischen dem obligatorischen VKR (§§ 504 ff.) und dem «dinglichen» mit der Wirkung einer Vormerkung (§§ 1094 ff.) unterschieden. Außer dem besonderen VKR der Miterben (§ 2034) bestehen verschiedene spezialgesetzliche VKR, bes. als Mittel der Bodenpolitik. BAUR, Sachenrecht, 6. Aufl. 1970, § 21 B; LARENZ, Lehrbuch des Schuldrechts, § 40 III.

Das ABGB sieht die Begründung eines Vorkaufsrechts nur als Kaufvertragsklausel vor. In der Praxis ist auch der selbständige VKR-Vertrag anerkannt. Ein gesetzliches VKR kommt im ABGB nicht vor, wohl aber in der Spezialgesetzgebung. Das persönliche VKR kann durch «Einverleibung» in das Grundbuch Wirkung gegenüber jedem Erwerber des Grundstücks erhalten und wird in den §§ 1073, 1079 und 1095 als dingliches Recht bezeichnet, was es aber nicht ist, sondern bloß die genannte verstärkte Wirkung hat; FR. GSCHNITZER, Lehrbuch des österr. bürgerlichen Rechts, Bes. Teil, Wien 1963, S. 30 ff.; KRAINZ/PFAFF-EHRENZWEIG, System II 1 § 365 II; RANDA, Eigentum, S. 220 ff.

ihm weder eine unwiderrufliche Vertragsofferte noch schließt er mit ihm einen bedingten Kaufvertrag ab[8].

Das VKR kann dem Berechtigten große Vorteile bieten, ohne daß es den Eigentümer übermäßig schwer belastet. Solange dieser das Grundstück nicht veräußert, ist er in seinem Eigentum aktuell gar nicht beschränkt; schreitet er aber zur Veräußerung, hat er bloß damit zu rechnen, daß die Sache statt an den B zu den gleichen Bedingungen an den C übergeht. Nur das limitierte VKR kann ihn schwerer bedrücken, wenn inzwischen die Preise gestiegen sind. Es bildet jedoch die Ausnahme. Die Vorteile, die der Erwerber des VKR sich verschafft, sind mannigfach. Er kann mit dem Kauf zuwarten, bis er Verwendung für die Sache hat oder bis er in der Lage ist, den Kaufpreis aufzubringen. Die Vormerkung schützt ihn gegen die Gefahr, daß inzwischen das Grundstück so belastet wird, daß der Zweck, zu dem er es erwerben will, vereitelt oder doch schwer beeinträchtigt wird. Außerdem verursacht der Erwerb auf Grund des Vorkaufsrechts geringere Umtriebe, weil er auf Grund des Kaufvertrages erfolgt, welchen der Eigentümer bereits mit dem Dritten abgeschlossen hat und die Begründung des VKR als solchen ja vom Gesetz leicht gemacht ist[9].

2. Die Begründung des Vorkaufsrechtes

Das VKR an Fahrnis kann formlos vereinbart werden. Im Grundstücksrecht bedarf die Vereinbarung der Form der einfachen Schriftlichkeit. Daß im Art. 216 Abs. 3 OR nicht die öffentliche Beurkundung vorgeschrieben wurde, hat seinen Grund hauptsächlich in der Berücksichtigung der Tatsache, daß die VK-Vereinbarung nicht selten in einer Klausel eines Miet-

---

[8] Gleich wie der Dienstbarkeitsvertrag ist der VK-Vertrag, gleichgültig, ob er unentgeltlich oder gegen Entgelt abgeschlossen wird, ein Vertrag sui generis, den man Innominatkontrakt nennt. Zu dieser Charakterisierung des Dienstbarkeitsvertrages vgl. LIVER, Zürcher Kommentar, N. 134 der Einleitung, N. 54 zu Art. 732 mit Nachtrag S. 674.
Daß das Vorkaufsrecht als Gestaltungsrecht zu gelten hat, ist bei uns herrschende Meinung: MEIER-HAYOZ, a.a.O., S. 304, im Berner Kommentar N. 48f. zu Art. 681; HAAB, N. 2 zu Art. 681/82; BGE 90 II, 1964, S. 141 = Pra 54 Nr. 20; VON TUHR/SIEGWART, Allg. Teil des OR, S. 21 (§ 3 N. 9), S. 226 (§ 30 N. 37) und S. 254 (§ 33 N. 9). – Für das deutsche Recht: WOLFF/RAISER, § 126, V/1; LARENZ, Schuldrecht, Bes. Teil, S. 98. – Auch im italienischen Recht ist die Lehre vom Gestaltungsrecht zur Anerkennung gelangt: DE RUGGIERO/MAROI, Istituzioni I (1957), S. 74; MESSINEO, Manuale (8. Aufl.) § 9 N. 5; D'ORAZIO, a.a.O., S. 120 f.; S. PULEO, I diritti potestativi, 1959 (Cap. VI, I/1 rapporto di prelazione).

[9] Damit das VKR den genannten Zwecken zu entsprechen vermag, ist es in der Regel nötig, daß es in jedem während einer bestimmten Zeit sich ereignenden Vorkaufsfall ausgeübt werden kann. Dies trifft zu, wenn der VK-Vertrag in diesem Sinne lautet oder auszulegen ist, sodann immer, wenn das VKR vorgemerkt und etwas anderes nicht vereinbart ist.

oder Pachtvertrages besteht, der nicht formbedürftig ist und regelmäßig in einfacher Schriftlichkeit abgeschlossen wird[10]. Die Eigentumsübertragung auf den VK-Berechtigten erfolgt dann doch auf Grund eines öffentlich beurkundeten Vertrages, in dem allerdings nicht die Willenserklärung des VK-Berechtigten, sondern diejenige des Dritterwerbers (und des Veräußerers) beurkundet ist. Ähnlich verhält es sich, wenn der Grundstückskaufvertrag durch Stellvertreter abgeschlossen wird, denen die Parteien eine schriftliche Vollmacht geben, selber aber keine öffentlich beurkundete Willenserklärung abgeben. Wohl begründet wäre die Ansicht, daß der VK-Vertrag dann öffentlich beurkundet sein müsse, wenn er ein limitiertes VKR zum Gegenstand hat. Da in diesem Fall der Preis in den meisten Fällen unter dem mit dem Dritten erzielten Kaufpreis liegt, ist der Eigentümer verpflichtet, das Grundstück dem VK-Berechtigten billiger zu überlassen; er nimmt also eine schwerere Verpflichtung auf sich, als sich aus dem öffentlich beurkundeten Vertrag ergibt, so daß die öffentliche Beurkundung zu seinem Schutz erforderlich wäre[11]. Diese Auffassung wurde denn auch mehrfach vertreten, ist aber nicht zur herrschenden Meinung in Lehre und Praxis geworden[12]. Wenn der Vertrag für den Berechtigten keinerlei Verpflichtung und keine besonderen Bedingungen der Ausübung enthält, braucht er von ihm nicht unterzeichnet zu werden[13]. Durch Verfügung von Todes wegen kann das VKR in den dafür im Erbrecht bestimmten Formen begründet werden.

3. Der Vorkaufsfall

Vorkaufsfall ist der Verkauf der Sache an einen Dritten, womit die sachliche Voraussetzung der Ausübung des VKR gegeben ist. Keinen VK-Fall bilden die Schenkung und – in der Regel – der Tausch. Für die Schenkung ist die Person des Beschenkten Bestimmungsgrund. Im Tausch besteht die Gegenleistung in einer Sache oder Sachgesamtheit, über die eine andere

---

[10] Unverbindlich ist das VK-Versprechen, wenn es die Einigung über wesentliche Punkte vorbehält (BGE in der Pra 2 Nr. 203). Zum VKR an einem nicht abgegrenzten Stück einer Liegenschaft Kommentar LIVER, Art. 744, N. 28.
[11] Vgl. die Ausführungen über die öffentliche Beurkundung des Kaufvertrages über Grundstücke oben im § 23, II 1 b.
[12] Die Frage, ob die öffentliche Beurkundung erforderlich sei, hat das BGer in der Pra 2 Nr. 203 offengelassen. In den Kommentaren wird sie verneint, wenn auch nicht ohne Bedenken: Zu Art. 216 OR OSER/SCHÖNENBERGER, N. 27; BECKER, N. 10; LEEMANN, N. 8 zu Art. 681 ZGB. MEIER-HAYOZ hält das Gesetz in diesem Punkt für lückenhaft, schließt sich aber aus Gründen der Rechtssicherheit der herrschenden Meinung an (N. 67 ff. zu Art. 681).
[13] Anderer Ansicht ist MEIER-HAYOZ in N. 72 zu Art. 681. Vgl. N. 79 zu Art. 732 im Kommentar LIVER.

Person als die Gegenpartei meistens nicht verfügt[14]. Ausgeschlossen ist als Vorkaufsfall der Erbgang, und als antizipierte Erbfolge gilt auch der Kind-Kauf[15]. Nicht als Vorkaufsfälle gelten der Kaufsvorvertrag und der Kaufrechtsvertrag[16]. Gegen diese Praxis ließe sich aber einwenden, daß immer dann, wenn der Eigentümer bedingungslos zur Eigentumsübertragung verpflichtet ist, wenn die Gegenpartei diese verlangt, seine Lage auch gleich bleibt, wenn der VK-Berechtigte dies verlangt. Anders verhält es sich allerdings, wenn der Eigentümer gar nicht verkaufen will, sondern die Verpflichtung zur Eigentumsübertragung zur Sicherung einer übernommenen oder ihm aufgezwungenen Verbindlichkeit eingegangen ist, wozu der Kaufrechtsvertrag häufig dient[17].

Ist der Vertrag, der einen Vorkaufsfall bilden würde, ungültig oder für den Verkäufer unverbindlich oder von der Genehmigung der zuständigen Behörde abhängig[18], kann das Vorkaufsrecht nicht ausgeübt werden. Dies gilt auch für den häufigen Fall, in dem der Vertrag wegen Kaufpreissimulation rückgängig gemacht wird[19]. Macht dagegen keine der Parteien die Ungültigkeit geltend, oder geschieht dies, aber ohne Erfolg, weil die Ungültigkeitsklage als rechtsmißbräuchlich abgewiesen wird, muß der Vorkaufsberechtigte zum Zuge kommen können; er wäre sonst um sein Recht betrogen. Die Ausübung des VKR kann auch dadurch nicht illusorisch gemacht werden, daß der Eigentümer mit dem Käufer vereinbart, der Kaufvertrag solle dahinfallen, wenn der VK-Berechtigte sein Recht ausübe. Unter sich können die Vertragsparteien sehr wohl diese Vereinbarung treffen, tun u.U. sogar gut daran im Hinblick auf die Abwicklung des Geschäftes untereinander, wenn das VKR ausgeübt wird. Dem VK-Berechtigten können sie damit

---

[14] Ebenso MEIER-HAYOZ, N.172 zu Art.681 und dortige Zitate.

[15] In § 511 BGB ist dies ausdrücklich gesagt, bei uns durch eine konstante Praxis festgestellt: BGE 44 II, 1918, S.387 = Pra 7 Nr.151; 70 II, 1944, S.151 = Pra 33 Nr.159; 87 II, 1961, S.263 = Pra 51 Nr.19; ZBGR 34, 1953, Nr.66, S.330ff. (RR Bern); 36, 1955, Nr.30, S.191 (BezGer Neutoggenburg).

[16] BGE 54 II, 1928, S.326 = Pra 17 Nr.183; 80 II, 1954, S.371 = Pra 44 Nr.86; 85 II, 1959, S.572 = Pra 49 Nr.19, dazu ZBJV 96, 1960, S.424ff.; daselbst S.521f. (AppH Bern); BGE 89 II, 1963, S.446 = Pra 53 Nr.49.

[17] Siehe Bespr. LIVER von BGE 85 II, 1959, S.572 in der ZBJV 96, 1960, S.424ff. mit dem Hinweis auf ein wohlbegründetes Basler Schiedsgerichtsurteil in den BJM 1956, S.317 = ZBGR 38, 1957, Nr.6, S.23ff. Vgl. auch R.BÄR, Ist die Begründung eines Bau- oder Kaufrechts ein Vorkaufsfall? in: Der bernische Notar 1960, S.89ff.; MEIER-HAYOZ, N.179 und 180ff. zu Art.681. MEIER-HAYOZ läßt mit der Ausübung des Kaufrechts einen zweiten Vorkaufsfall eintreten.

[18] Zum genehmigungsbedürftigen Kaufvertrag BGE 73 II, 1947, S.162 = Pra 37 Nr.2; 82 II, 1956, S.404, bespr. in ZBJV 94, 1958, S.44ff.; MEIER-HAYOZ, N.188 zu Art.681.

[19] Siehe dazu oben § 23, II 1.

nichts anhaben; für ihn ist der Vorkaufsfall gegeben[20]. Eine wirkungslose Umgehung kann auch in der Belastung des Grundstückes mit einem Baurecht liegen, wenn dieses so ausgestaltet ist, daß es die Wirkung einer Eigentumsübertragung hat oder später herbeiführt[21]. Ferner wird der Versuch gemacht, das VKR wertlos zu machen, indem der Käufer Dienstbarkeiten auf sich nimmt, welche die Benutzung des Grundstückes für seinen Zweck nicht hindern, die Benutzung durch den Vorkaufsberechtigten für dessen Zweck aber unmöglich machen[22].

4. Die Vormerkung

Wenn dies im VK-Vertrag vorgesehen ist oder später vereinbart wird[23], kann das Vorkaufsrecht an einem Grundstück im Grundbuch vorgemerkt werden. Dies ist die Vormerkung eines persönlichen Rechts gemäß Art. 959 ZGB. Danach besteht die Wirkung der Vormerkung darin, daß das Recht Wirkung gegenüber jedem später erworbenen Recht hat. Das Vorkaufsrecht kann also nicht dadurch seiner Wirkung beraubt werden, daß der Eigentümer die Eigentumsübertragung auf den Käufer erwirkt, ohne dem VK-Berechtigten vorher Gelegenheit zur Ausübung seines Rechts gegeben zu haben. Das VKR kann dann gegenüber dem Eigentümer gewordenen Erwerber ausgeübt werden. Der Art. 681 Abs. 1 sagt denn auch ausdrücklich, das vorgemerkte VKR bestehe gegenüber jedem Erwerber zu den vorgemerkten Bedingungen. Dies bedeutet auch, daß es in jedem Vorkaufsfall, der während der Dauer der Vormerkung eintritt, ausgeübt werden kann[24]. Ferner kann es auch nicht dadurch entwertet oder illusorisch gemacht werden, daß der Eigentümer das Grundstück mit Dienstbarkeiten (oder Grundlasten) belastet, die mit dem VKR kollidieren, d.h. es entwerten würden, wenn sie vom VK-Berechtigten übernommen werden müßten. Durch die Vormerkung wird das Grundbuch auch für solche Belastungen nicht gesperrt, schon deshalb nicht, weil nicht feststeht, ob je das VKR ausgeübt wird, sodann auch weil dem Grundbuchverwalter die Beurteilung, ob bejahendenfalls eine Kollision entsteht, nicht möglich und nicht zumutbar ist; vor

---

[20] Ausdrücklich gesagt im § 506 BGB. Dem entspricht unsere Praxis: BGE 49 II, 1923, S. 203 = Pra 12 Nr. 85.
[21] BGE 85 II, 1959, S. 474 = Pra 49 Nr. 70, bespr. ZBJV 96, 1960, S. 422ff.
[22] Dies ist der Fall des BGE 82 II, 1956, S. 404, in dem aber der betrogene VK-Berechtigte wegen Verspätung seiner Ausübungserklärung infolge einer ganz vertrackten Situation abgewiesen wurde; bespr. ZBJV 94, 1958, S. 44 und 104, 1968, S. 18. Vgl. auch MEIER-HAYOZ, Art. 681, N. 196ff.
[23] BGE 83 II, 1957, S. 14 = Pra 46 Nr. 40.
[24] BGE 54 II, 1928, S. 436 = Pra 18 Nr. 2 (betr. das Kaufsrecht); HAAB, Art. 681/82, N. 8 und 19; MEIER-HAYOZ, Art. 681, N. 298 und 305.

allem aber deshalb, weil das VKR durch die Vormerkung seinen Rang innerhalb der dinglichen Rechte erhält. Solche im Nachgang errichteten Rechte können deshalb das VKR nicht beeinträchtigen und müssen im Kollisionsfall mit der Übertragung des Eigentums auf den VK-Berechtigten gelöscht werden. Man denke bloß an den Fall des VKR zur Sicherung eines Bauplatzes, in dem der Eigentümer einem Dritten das Baurecht einräumen würde[25].

Die Verpflichtung des jeweiligen Eigentümers, dem Vorkaufsberechtigten das Eigentum auf Grund der Vormerkung zu übertragen, ist eine **Realobligation**[26].

5. Zeitliche Begrenzung

Nach Art. 681 Abs. 3 erlischt das VKR mit dem Ablauf eines Monats, nachdem der Berechtigte von dem Vorkauf Kenntnis erhalten hat, und in jedem Fall mit dem Ablauf von 10 Jahren seit der Vormerkung. Nach der bundesgerichtlichen Praxis erlischt mit dem Ablauf der zweiten dieser Fristen nicht das VKR, sondern nur der Vormerkungsschutz, so daß der Eigentümer weiterhin verpflichtet ist, aber die Möglichkeit erhält, diese Verpflichtung durch die Eigentumsübertragung und arglistige Verheimlichung des VK-Falles so zu entkräften, daß von ihr höchstens eine Schadenersatzpflicht übrig bleibt[27].

Diese Meinung ist sowohl dogmatisch als auch rechtspolitisch höchst bedenklich. Ihr wäre die Ansicht gegenüberzustellen, daß der Bestand und der Schutz eines Rechtes übereinstimmen sollten[28]. Davon ist der Gesetzgeber in der Revision des OR zur Anpassung an das ZGB auch ausgegangen. Die zeitliche Begrenzung auf dreißig Jahre wurde dann auf zehn Jahre herabge-

---

[25] HAAB, N. 46 und MEIER-HAYOZ, N. 276 ff. und 284 ff. zu Art. 681. Gleich wie beschränkte dingliche Rechte sind auch vorgemerkte persönliche Rechte zu behandeln: BGE 90 II, 1964, S. 393 = Pra 54, Nr. 20, bespr. ZBJV 101, 1965, S. 396 ff.; teilweise abweichend PIOTET, JdT 115, 1967, Nr. 6; BGE 11.2.1966 in der ZBGR 47, 1966, Nr. 79, S. 375 ff. Abzulehnen ist die Beurteilung des Begehrens auf Löschung eines Wohnrechts seitens eines Kaufsberechtigten in BGE 92 II, 1966, S. 147 ff. = Pra 56 Nr. 3.

[26] Diese Auffassung hat sich in der Lehre und Praxis durchgesetzt: BGE 92 II, 1966, S. 155 = Pra 56 Nr. 3 = ZBGR 48, 1967, Nr. 23, S. 106 ff.; BGE 11.2.1966 in der ZBGR 47, 1966, S. 375 ff.; MEIER-HAYOZ, N. 255 ff. zu Art. 681. Vgl. im übrigen die Literatur zu § 5, III. – In Österreich war sie von jeher anerkannt: KRAINZ/PFAFF/EHRENZWEIG, § 283; RANDA, Eigentum, S. 221, N. 54 und 64: actio in rem scripta.

[27] BGE 53 II, 1927, S. 394 = Pra 17 Nr. 6; 73 II, 1947, S. 158 = Pra 36 Nr. 174; 87 II, 1961, S. 361 = Pra 51 Nr. 21; HAAB, N. 14 und 24 zu Art. 681/82; MEIER-HAYOZ, N. 316 ff. zu Art. 681 hält die gesetzliche Regelung für lückenhaft, schließt sich aber aus Gründen der Rechtssicherheit der bundesgerichtlichen Praxis an.

[28] Siehe LIVER, Zürcher Kommentar, Einleitung, N. 137 f.; MERZ, a.a.O. (oben Anm. 3), S. 240 ff. Die unbeschränkte Dauer wird wenigstens nicht vermutet nach BGE 97 II, 1971, S. 53 ff. = Pra 60 Nr. 142.

setzt. Schließlich begnügte man sich damit, im OR nur die Form des Begründungsvertrages zu bestimmen, im ZGB hinsichtlich der absoluten Dauer nur vom vorgemerkten VKR zu sprechen und alles andere der Praxis zu überlassen. Das Bundesgericht hat sich für die Vertragsfreiheit entschieden, wohl auch weil ihm die Frist von zehn Jahren für die Dauer des obligatorischen Rechts als zu kurz erschien. Eine zeitliche Beschränkung kann sich danach nur aus Art. 20 OR und besonders aus Art. 27 ZGB (Freiheitsentäußerung in einem «das Recht oder die Sittlichkeit verletzenden Grade») ergeben, also auf Grund eines höchst unsicheren Kriteriums[29].

Nach Ablauf der Dauer, mit welcher das VKR im Grundbuch vorgemerkt ist, hat der Grundbuchverwalter von Amtes wegen die Löschung vorzunehmen (Art. 72 GBV). Nur auf Grund einer neuen, auf diesen Termin getroffenen Vereinbarung kann die Vormerkung erneut vorgenommen werden. Eine zum voraus getroffene Vereinbarung, daß dies nach Ablauf der vorgesehenen Dauer der Vormerkung einmal oder jeweils zu geschehen habe, ist ein Versuch, das Gesetz zu umgehen, und als solcher unwirksam[30].

6. Rechtsnachfolge

Das VKR ist zwar nicht ein höchstpersönliches Recht, aber für seine Einräumung ist doch die Person des Berechtigten in der Regel bestimmend. Es ist deshalb nicht übertragbar, wenigstens nicht ohne die Zustimmung des Eigentümers. Dagegen ist es vererblich.

Das VKR besteht an einer Sache und geht mit dem Tode des Eigentümers auf dessen Erben über. Mit der Veräußerung der Sache geht die Vorverkaufsverpflichtung auf den Erwerber über, wenn sie vorgemerkt ist, sonst aber nur, wenn sie vom Erwerber übernommen wird[31].

Das VKR (wie auch das Kaufs- und Rückkaufsrecht) kann auch als Realrecht begründet werden. Die Berechtigung ist dann mit dem Eigentum oder einem dinglichen Recht (z. B. mit dem Baurecht) an einem Grundstück verbunden und nur mit diesem übertragbar[32].

---

[29] Die Entstehungsgeschichte wird sowohl im BGE 53 II, 1927, S. 394 als auch von MERZ, a.a.O. eingehend dargestellt. Ein eindeutiges Ergebnis ist aus ihr nicht zu gewinnen, weshalb die hievor zit. Ansicht von MEIER-HAYOZ am ehesten Zustimmung verdient.
[30] BGE 73 II, 1947, S. 158 = Pra 36 Nr. 174; LIVER, Zürcher Kommentar, Einleitung, N. 141. Die zehnjährige Höchstdauer ist nach dem BGE um der öffentlichen Ordnung willen festgesetzt und deshalb unabdingbar.
[31] BGE 48 II, 1922, S. 469 = Pra 12 Nr. 14; ZBGR 47, 1966, Nr. 17, S. 83f.; JKomm. Luzern Max XI Nr. 104 betr. Vererblichkeit; HAAB, N. 28 und MEIER-HAYOZ, N. 97ff. zu Art. 681; H.P. SCHMID, Das Vorkaufsrecht, Basler Studien 7, Basel 1934, S. 66ff.
[32] BGE 71 II, 1945, S. 158 = Pra 34 Nr. 203 = ZBGR 29, 1948, Nr. 42, S. 93ff.

7. Die Ausübung

Nach Art. 681 Abs. 2 hat der Verkäufer den Vorkaufsberechtigten vom Verkauf in Kenntnis zu setzen. Diese Mitteilung hat alle wesentlichen Bestimmungen des Kaufvertrages zu umfassen. Von ihnen muß der Vorkaufsberechtigte Kenntnis haben, damit er sich entschließen kann, ob er sein Recht ausüben will. Entschließt er sich dazu, hat er dies innert Monatsfrist seit Kenntnisnahme zu erklären. Die Ausübungserklärung ist eine formlose einseitige unbedingte und unwiderrufliche Willensäußerung. Sie muß dem Empfänger innert der gesetzlichen Frist zugegangen sein[33]. Empfänger ist die Gegenpartei des VK-Vertrages, wenn das VKR nicht vorgemerkt ist. Ist das VKR vorgemerkt, ist es der Veräußerer, und wenn dieser die Eigentumsübertragung bereits bewirkt hat, der Erwerber des Grundstücks. Von diesem kann der VK-Berechtigte dann auch die Übertragung des Eigentums verlangen und ihm die Auseinandersetzung mit seinem Vormann überlassen[34]. Wie oben ausgeführt wurde, begründet die Ausübungserklärung die Kaufsobligation mit dem Inhalt des den Vorkaufsfall bildenden Vertrages, aber gegenüber dem VK-Berechtigten.

Diesem steht gegenüber dem Eigentümer nötigenfalls am Ort der gelegenen Sache[35] die Klage auf Zusprechung des Eigentums gemäß Art. 665 Abs. 1 zu (Gestaltungsklage). Mit ihr kann er, wie bereits ausgeführt, die Klage auf Löschung der sein Vorkaufsrecht beeinträchtigenden beschränkten dinglichen Rechte und vorgemerkten persönlichen Rechte verbinden.

Sind aus dem Vorkaufsverhältnis mehrere Personen gemeinschaftlich verpflichtet, muß die Ausübungserklärung je nach dem Gemeinschafts- oder Gesellschaftsverhältnis allen oder einem von ihnen zuhanden der anderen abgegeben werden[36].

---

[33] BGE 81 II, 1955, S. 239 = Pra 44 Nr. 150. Die Erklärung über die Ausübung des gesetzlichen landwirtschaftlichen Vorkaufsrechtes, die dem Grundbuch-Amt einzureichen ist, gilt als rechtzeitig, wenn sie innert der Frist einer schweizerischen Poststelle übergeben wird. Dies soll nach BGE 84 II, 1958, S. 187 ff. «geradezu allgemeines schweizerisches Gewohnheitsrecht» sein.

[34] Diese Lehre vereinfacht sowohl das Verhältnis zwischen dem Vorkaufsberechtigten und dem zur Eigentumsübertragung verpflichteten Erwerber der Sache, als auch zwischen diesem und seinem Vormann. Die vorübergehend von GUHL und dann von HAAB, N. 44 ff. zu Art. 681/82, vertretene Ansicht, daß die Eigentumsübertragung nur von der Gegenpartei des Vorkaufsvertrages verlangt werden könne, und daß durch Grundbuchberichtigungsklagen zunächst die Rückübertragung des Eigentums auf diese erwirkt werden müsse, ist nicht nur zweckwidrig, sondern auch dogmatisch nicht zu begründen. Dies zeigt schon die Überlegung, daß jede Verpflichtung des Erstveräußerers erlischt, wenn das VKR in dem von ihm herbeigeführten ersten Vorkaufsfall nicht ausgeübt wird.

[35] BGE 92 I, 1966, S. 36 = Pra 55 Nr. 69 und dortige Zitate.

[36] BGE 92 II, 1966, S. 147 ff. = Pra 56 Nr. 3 = ZBGR 48, 1967, Nr. 23, S. 106 ff., bespr. ZBJV 104, 1968, S. 12 ff. – Vgl. auch BGHZ 46, 1967, Nr. 37, S. 253. Vorn S. 112, 116 Anm. 8.

8. Das gesetzliche Vorkaufsrecht

Das gesetzliche Vorkaufsrecht des Miteigentümers sowie das gegenseitige Vorkaufsrecht der Parteien des Baurechtsverhältnisses steht unter den Bestimmungen über das vertragliche Vorkaufsrecht[37]. Als unmittelbar gesetzliche Eigentumsbeschränkung bildet es eine der Schranken, innerhalb welcher der normale Inhalt des Eigentums liegt. Es ist deshalb weder eintragungsbedürftig noch eintragungsfähig (Art. 680 Abs. 1 ZGB). Gemäß Art. 680 Abs. 2 kann es durch öffentlich beurkundeten Vertrag «aufgehoben oder abgeändert werden». Dieser Vertrag kann zwar nicht gemäß dieser Bestimmung, die nur auf Benutzungsbeschränkungen anwendbar ist, als Dienstbarkeit in das Grundbuch eingetragen werden. Aber er kann nach der neuen ausdrücklichen Bestimmung im Art. 682 Abs. 3 im Grundbuch v o r g e m e r k t werden. Das gesetzliche VKR hat gegenüber dem vertraglichen insofern eine stärkere Wirkung, als es ihm (wie auch einem Kaufsrecht) vorgeht und auch in der Zwangsvollstreckung ausgeübt werden kann[38]. Es steht, weil den normalen Inhalt des Eigentums bestimmend, nicht in der Rangordnung der dinglichen Rechte und kann deshalb nur ausgeübt werden, indem das Grundstück mit allen Belastungen übernommen wird[39].

Üben mehrere Berechtigte das VKR an einem Miteigentumsanteil aus, erwerben sie diesen zu den ihren Anteilen proportionalen Quoten. Ihre Anteile vergrößern sich um diese Quote. Gesondertes Miteigentum erwerben sie, wenn der Miteigentumsanteil wegen seiner Sonderbelastungen als deren Objekt bestehen bleibt, was auch gilt, wenn Vorkaufsobjekt das Baurecht oder das mit diesem belastete Grundstück ist[40].

Besonders geregelt ist das gesetzliche landwirtschaftliche Vorkaufsrecht im BG über die Erhaltung des bäuerlichen Grundbesitzes vom 21. Juni 1951, revidiert durch das BG über Änderungen des bäuerlichen Zivilrechts vom 6. Okt. 1972.

III. Das Kaufsrecht (droit d'emption, diritto di compera)

1. Begriff und praktische Bedeutung

Das Kaufsrecht ist das Gestaltungsrecht, kraft dessen der Berechtigte die Übertragung des Eigentums an einer Sache jederzeit nach eigenem freiem

---

[37] BGE 73 II, 1947, S. 162 = Pra 37 Nr. 2 = ZBGR 29, 1948, Nr. 135, S. 281 ff.; 83 II, 1957, S. 519 = Pra 47 Nr. 64; 89 II, 1963, S. 446 = Pra 53 Nr. 59.
[38] Art. 132 SchKG, Art. 73 VZG; Anleitung der SchK-Kammer vom 7. 10. 1920, Nr. 32, bei JAEGER, Erg. Bd. II, S. 191 ff.
[39] MEIER-HAYOZ, Art. 682, N. 10.
[40] Siehe oben § 12, VI 3.

Belieben verlangen kann und zwar zu dem im Begründungsvertrag festgesetzten oder nach diesem bestimmbaren Preis[41].

Mit der Einräumung eines Kaufsrechtes bindet sich der Eigentümer in einer Weise, die viel enger ist als die Vorkaufsverpflichtung. Sie kann sich überaus drückend und höchst unbillig auswirken. Für eine zwingende zeitliche Beschränkung bestünden noch viel stärkere Gründe als die in der Behandlung des VKR dargelegten. Sie sollten wenigstens auf Grund der Art. 2 und 27 ZGB sowie 20 OR vom Richter beachtet werden. Besonders stoßend wirkt sich das Kaufsrecht in einer Zeit der Inflation und des Anstiegs der Grundstückspreise überhaupt aus. Ganz vorzüglich eignet sich das Kaufsrecht als Mittel der Grundstückspekulation, indem es zum Gegenstand des Verkehrs zur Erzielung von Zwischengewinnen ohne großen Kapitalaufwand gemacht und dieses Geschäft auch gewerbsmäßig betrieben wird. Das Kaufsrecht ist sowenig wie das Vorkaufsrecht frei übertragbar, aber die Übertragbarkeit kann vereinbart und damit das Recht zu Spekulationszwecken brauchbar gemacht werden[42]. Nicht selten dient das Kaufsrecht (mit niedrigem Kaufpreis) auch als Druckmittel zur Erzwingung eines vom Eigentümer zugesagten Verhaltens[43]. Auch in solchen Fällen sollte dem Richter in der Herabsetzung der Verpflichtung auf ein nach den Art. 2 und

---

[41] Das Kaufsrecht ist weder im BGB, CCfr. noch im ABGB geregelt, kann jedoch in diesen Ländern begründet werden (Optionsrecht), sowohl durch einseitige Erklärung als auch durch Vertrag: LARENZ, Schuldrecht II, § 40, 3, S. 102. Ebenso ist im Art. 1331 CCit. die Rede von der proposta irrevocabile wie auch vom patto di opzione. Zur Problematik hinsichtlich der Begründung wie der Wirkungen des Optionsvertrages eingehend FR. MESSINEO, Il contratto, N. 67 (SA aus der Encyclopedia del diritto). Bemerkenswert ist, daß der aus dem Optionsvertrag sich ergebenden Unterwerfung des Eigentümers vom Richter zeitliche und inhaltliche Grenzen gesetzt werden können. Wenn ihre Dauer nicht vertraglich bestimmt ist, kann sie durch den Richter begrenzt werden. Eine gegen das Recht und die Sittlichkeit verstoßende Ausübung des Optionsrechtes kann auf Grund von Art. 1468 CCit. herabgesetzt werden. Siehe MESSINEO, a.a.O., und TORRENTE/PESCATORE, Codice civile annotato con la giurisprudenza della Cassazione, 1967, Art. 1331.

[42] Im Kaufsrechtsvertrag kann die Übertragbarkeit des Rechtes vereinbart werden. Wird diese Vereinbarung nachträglich getroffen, bedarf sie der öffentlichen Beurkundung. Die Übertragung muß dann nicht öffentlich beurkundet werden. Sie hat nicht ein Vertragsverhältnis zum Gegenstand, sondern das Gestaltungsrecht. Daß dieses nur gegen Entgelt ausgeübt werden kann, nimmt ihm den Charakter eines durch einseitige Willensbetätigung ausübbaren Rechtes nicht, sowenig wie der Dienstbarkeit (LIVER, N. 159 zu Art. 730 und Nachtrag S. 664). Gleicher Ansicht scheinen HAAB, N. 4 und LEEMANN, N. 21 zu Art. 683 zu sein. Dagegen hält MEIER-HAYOZ (N. 44 zu Art. 683) die öffentliche Beurkundung für erforderlich; dafür auch Trib. cant. Fribourg, SJZ 61, 1965, S. 221 ff. (betr. ein Vorkaufsrecht). Siehe auch ObGer Solothurn, ZBGR 9, 1928, S. 140 f. mit redaktioneller Anmerkung. Zur Übernahme der Verpflichtung aus dem nicht vorgemerkten Kaufsrechtsvertrag durch den Rechtsnachfolger des Eigentümers KtGer Graubünden (PKG 1966, Nr. 2 = ZBGR 51, 1970, Nr. 17, S. 78 ff.).

[43] HAAB, Art. 683, N. 1.

27 ZGB sowie OR 20 zulässiges Maß ein weiter Ermessensbereich zustehen[44].

Besonders beliebt war das Kaufsrecht auch als Mittel der Sanktion der Verpflichtungen des Baurechtsnehmers, auch der zur pünktlichen Zahlung des Baurechtszinses. Dem damit ermöglichten Mißbrauch ist mit dem neuen Art. 779i abgeholfen worden[45]. Überhaupt bleibt das Kaufsrecht eine fatale Institution. Insbesondere hätte zum mindesten die Beschränkung seiner Dauer, wie sie ursprünglich im Entwurf zum neuen OR vorgesehen war, aufrechterhalten werden sollen[46].

2. Begründung

Da mit der Ausübungserklärung die Kaufsobligation begründet wird, ohne daß ein Kaufvertrag mit einem Dritten vorliegt, muß der Kaufrechtsvertrag öffentlich beurkundet sein (Art. 216 Abs. 2 OR) und zwar mit allen Bedingungen, mit denen der Kaufvertrag öffentlich beurkundet sein muß[47]. Zur Eigentumsübertragung bedarf es dann, wenn das Kaufsrecht ausgeübt wird, bloß der Anmeldung zur Eintragung durch den Eigentümer[48]. Umfaßt die öffentliche Beurkundung diese Vertragsbestimmungen nicht, ist eine zusätzliche öffentliche Beurkundung erforderlich, damit das Kaufsrecht wirksam werden kann[49]. Zu diesen Bestimmungen gehört insbesondere die Festsetzung des Kaufpreises. Sie muß, wenn sie den Kaufpreis nicht zahlenmäßig festlegt, die Angaben enthalten, nach denen er sicher bestimmt werden kann[50]. Auch das Kaufsrecht kann als Realrecht begründet werden. Die selbständige Übertragung ist dann ausgeschlossen.

---

[44] Der Zweck des Kaufrechts ist der Erwerb eines Grundstücks. Eine zweckwidrige Ausübung sollte nicht geschützt werden. Ein Beispiel dafür ist BGE 54 II, 1928, S. 435 = Pra 18 Nr. 2.
[45] Art. 779f–h (1965), Botschaft vom 9.4.1963, S. 10, 12f., 20.
[46] Siehe hievor Ziff. II 5; BGE 89 I, 1963, S. 503 = Pra 53 Nr. 36 und dazu die Bespr. ZBJV 100, 1964, S. 476 ff. Daß ein Kaufsrecht mit unbeschränkter Dauer erworben werden könne, bejaht BGE 71 II, 1945, S. 158 = Pra 34 Nr. 203 = ZBGR 29, 1948, Nr. 42, S. 93 ff.; ebenso 73 II, 1947, S. 158 = Pra 36 Nr. 174 = ZBGR 29, 1948, Nr. 43, S. 100 ff.
[47] Siehe dazu die Ausführungen oben § 23, II 1.
[48] BGE 56 I, 1930, S. 198 = Pra 19 Nr. 121.
[49] LIVER, Gutachten in: Der bernische Notar 22, 1961, S. 41 ff. und 71 f.: Über die öffentliche Beurkundung der zur Begründung und Ausübung eines Kaufsrechtes erforderlichen Willenserklärungen. Dazu HANS HUBER, Bespr. ZBGR 43, 1962, S. 253 f.
[50] Über die öffentliche Beurkundung der Kaufpreisvereinbarung s. § 23, II 1. Über eine ungenügende Preisbestimmung KtGer Freiburg, SJZ 59, 1963, Nr. 216, S. 343.

3. Die Vormerkung

Ihre Voraussetzungen und Wirkungen entsprechen denen des VKR, wie sie hievor (II 4) bestimmt wurden[51].

4. Das Verkaufsrecht (pactum de emendo)

Die Verpflichtung besteht darin, eine bestimmte Sache zu einem bestimmten (oder bestimmbaren) Preis zu kaufen. Sie kann gültig begründet, aber nicht vorgemerkt werden, da das Gesetz dies nicht vorsieht[52]. Vgl. die Novelle 1973 zum deutschen Wohnungseigentumsgesetz.

IV. Das Rückkaufsrecht
(droit de réméré; diritto di ricupera – Art. 683 ZGB)

1. Zweck und Bedeutung

Das Rückkaufsrecht, das im Art. 683 zusammen mit dem Kaufsrecht genannt ist, sichert dem Verkäufer die Möglichkeit, die veräußerte Sache zurückzuerwerben[53]. In den meisten Fällen dient es der Durchsetzung von Verpflichtungen, die der Käufer übernommen hat. Er hat z.B. versprochen, das Grundstück nicht umzugestalten, ein Gebäude in seinem bisherigen Zustand zu belassen, Bäume nicht zu fällen, oder das Grundstück weder als ganzes noch teilweise zu veräußern. Der Verkäufer, der das Grundstück in Geldnot veräußert hat, hofft, es wieder erwerben zu können, wenn sich seine

---

[51] Verneint wurde die Vormerkbarkeit des Kaufsrechts auf Grund eines Kaufsvorvertrages zugunsten des «promettant-acheteur» (BGE 56 I, 1930, S. 198 = Pra 19 Nr. 121), ferner im Falle der Hinausschiebung des Ausübungstermins über die Vormerkungsdauer hinaus (BGE 89 I, 1963, S. 503 = Pra 53 Nr. 36). Ungültig ist die Vereinbarung in einem Kaufvertrag, daß, wenn der Käufer seinen Verpflichtungen nicht nachkomme und das Grundstück weiterverkaufe, der Verkäufer gegenüber dem Erwerber das Kaufsrecht habe (MEIER-HAYOZ, N. 14 ff. zu Art. 683). Dies wäre ein Kaufrechtsvertrag zu Lasten eines Dritten.

[52] BGE 56 I, 1930, S. 198 = Pra 19 Nr. 121; RGZ 78, S. 387; 81, S. 134; BECKER, N. 10 zu Art. 22 OR; A. BECHMANN, Der Kauf nach gemeinem Recht II, 1884, S. 270.

[53] In der Form des (dinglichen) Zugrechtes und des gemeinrechtlichen Retraktrechtes war das Rückerwerbsrecht im vormodernen Recht außerordentlich stark verbreitet. Man denke nur an das Vorkaufsrecht des Grundherrn an den Erbleihegütern und an den sehr häufigen Verkauf grund- und gerichtsherrschaftlicher Rechte auf Wiederkauf, welcher der Geldaufnahme diente, aber in der Regel zur endgültigen Veräußerung führte. Vgl. GIERKE, DPR III, S. 497 ff. Das Wiederkaufsrecht ist auch in Kodifikationen, die das Vorkaufs- und Kaufsrecht nicht erwähnen, ausführlich geregelt, so im CCfr. Art. 1659–1673, im CCit. Art. 1500–1509, im ABGB §§ 1068–1070. Im BGB ist es neben dem schuldrechtlichen und dem «dinglichen» VKR in den §§ 497–503 ebenfalls einläßlich geordnet. Diese Bestimmungen werden mit Vorteil hilfsweise herangezogen, da in unserem Rechte entsprechende Vorschriften fehlen.

finanzielle Lage gebessert hat. Weitere Funktionen erfüllt das Rückkaufsrecht in der Sicherungsübereignung[54] sowie zur Sicherung der Kaufpreisforderung. In diesen beiden Fällen hat es aber nicht mehr die Bedeutung, welche in der Geschichte der Verkauf auf Wiederkauf gehabt hat[55].

Wenn das Rückkaufsrecht eine besondere und eingehendere Regelung erfahren hätte, wäre es wohl zeitlich befristet worden. Dafür sprechen auch die auf geschichtlicher Erfahrung beruhenden ausländischen Gesetze[56].

2. Begründung

Der Rückkaufsvorbehalt ist in der Regel eine Bestimmung des Kaufvertrages und deshalb in der gleichen Form wie dieser vereinbart. Die Vereinbarung kann aber auch nachträglich getroffen werden und bedarf dann, wenn ein Grundstück Gegenstand des Kaufvertrages ist, der öffentlichen Beurkundung (Art. 216 Abs. 2 OR). Dieser Form bedarf insbesondere auch die Bestimmung des Rückkaufspreises, doch gilt der Kaufpreis als Rückkaufspreis, wenn darüber nichts oder nichts anderes bestimmt ist[57].

3. Die Ausübung

Mit der Ausübungserklärung wird der Anspruch des Verkäufers auf Rückübertragung des Eigentums begründet und kann in gleicher Weise durchgesetzt werden wie der Anspruch aus dem Kauf-, Vorkaufs- und Kaufrechtsvertrag (Art. 665 Abs. 1; 960 Ziff. 1 ZGB)[57a]. Je nach seiner Zweckbestimmung ist das Recht von Voraussetzungen abhängig, die bewiesen sein müssen, damit es ausgeübt werden kann. Der Ausübung in der Zwangsverwertung der Sache steht jedenfalls dann nichts entgegen, wenn ein den Rückkaufspreis übersteigender Verwertungserlös nicht zu erwarten ist. Liegt der Rückkaufspreis aber weit unter dem Verkehrswert, wird dieser den Gläubigern mit besserem Rang nicht durch den Rückkauf entzogen werden können[58].

---

[54] Gegen Umgehungsversuche im gewerblichen Verkehr richtet sich der Art. 914 (Pfandleihgewerbe).

[55] Da ein gemäß Art. 214 Abs. 3 OR bedingter Kaufvertrag über ein Grundstück nicht eingetragen werden kann, ist zum gleichen Zweck nur das Rückkaufsrecht anwendbar. BGE 52 II, 1926, S. 331 = Pra 15 Nr. 27, S. 101. Siehe auch meine Bespr. ZBJV 97, 1961, S. 378 und dagegen MERZ, daselbst, S. 425f.

[56] Höchstdauer nach BGB § 503: dreißig Jahre (= ordentl. Verjährungsfrist); CCfr. Art. 1660: fünf Jahre; CCit. Art. 1501: fünf Jahre, wenn ein Grundstück, zwei Jahre, wenn eine bewegliche Sache Kaufobjekt ist; ABGB § 1070: Das Wiederkaufsrecht ist unvererblich und unübertragbar. Zur Geschichte des schweiz. Privatrechts siehe EUGEN HUBER, System IV, S. 785 Anm. 2.

[57] So ausdrücklich BGB § 497 Abs. 2.

[57a] Siehe vorn § 23 Anm. 21.

[58] Siehe dazu namentlich HAAB, N. 6ff. zu Art. 683 (Kaufsrecht).

Hinsichtlich der Nutzungen und Aufwendungen ist der Rückverkaufspflichtige wie der gutgläubige Besitzer im Sinne der Art. 938/39 ZGB zu behandeln. Dagegen haftet er für Verschlechterungen der Sache, wenn er nicht beweist, daß sie ohne sein Verschulden eingetreten sind, denn er mußte, anders als der gutgläubige Besitzer i.S. von Art. 938, mit einer eventuellen Rückgabe rechnen[59].

4. Das Rückverkaufsrecht

Der Verkäufer verpflichtet sich, die Sache zu einem bestimmten oder doch bestimmbaren Preis zurückzukaufen. Dieses Geschäft wird im § 1071 ABGB den Bestimmungen über den Wiederkauf unterstellt, aber mit dem Vorbehalt der Simulation zur Verbergung eines Darlehens- und Verpfändungsgeschäfts (§ 916). Es kann auch bei uns, ohne im Gesetz erwähnt zu sein, abgeschlossen, aber nicht vorgemerkt werden[60].

5. Öffentlich-rechtliche Erwerbsrechte

Ein solches Erwerbsrecht ist das wasserrechtliche Rückkaufsrecht, das sich das Gemeinwesen in der Konzession vorbehalten kann, um das Wasserkraftwerk des Konzessionärs an sich zu ziehen und zu betreiben[61].

Im kantonalen öffentlichen Recht kann dem Gemeinwesen die Befugnis zum Erwerb veräußerter Gegenstände des Natur- und Heimatschutzes gegeben sein[62].

Endlich ist die Rückforderung von Grundstücken und Rechten zu erwähnen, welche enteignet, aber nicht gemäß dem Enteignungszweck verwendet werden[63].

Ein Kauf im Sinne des OR liegt jedoch in keinem dieser Fälle vor.

---

[59] Jede Vorschrift darüber fehlt im ZGB und OR, während die zit. ausländischen Gesetzbücher die entsprechenden Bestimmungen enthalten: BGB §§ 498 ff.; ABGB § 1069; CCfr. Art. 1673; CCit. Art. 1502. BGE 92 II, 1966, S. 147 = Pra 56 Nr. 3 zieht die §§ 502 und 513 BGB heran, um eine Lücke im Falle, daß das Recht mehreren Personen zusteht, zu schließen. Siehe hievor Anm. 36.
[60] MEIER-HAYOZ, N. 25 ff. zu Art. 683. Die Vormerkung wäre, wie da gesagt wird, auch nicht möglich, weil das Grundstück sich nicht im Eigentum des Verpflichteten, sondern des Berechtigten befindet. Zum BGB siehe P. OERTMANN, Kommentar zum Recht der Schuldverhältnisse, 3./4. Aufl., Berlin 1910, Vorbem. 4 vor § 497; zum CCit. DE RUGGIERO/MAROI II, S. 217 (pactum de retrovendendo).
[61] Eidg. WRG Art. 63 (Rückkaufsrecht, droit de rachat, diritto di riscatto).
[62] Siehe z.B. Graubünden, VO über den Natur- und Heimatschutz vom 27. Nov. 1946 Art. 10.
[63] Eidg. EntG Art. 102 ff.

§ 32. Die Verantwortlichkeit des Grundeigentümers

I. Wesen und Bedeutung

Mit dem Art. 679 gewährt das Gesetz dem Nachbarn[1] Schutz gegen alle widerrechtlichen schädlichen oder lästigen Einwirkungen, die von einem Grundstück ausgehen. Der Eigentümer dieses Grundstückes wird für sie verantwortlich erklärt und zwar wegen «Überschreitung des Eigentums». Er haftet für sie, ohne daß ihn ein Verschulden trifft. Dies ist ein Sondertatbestand, der sich mit keinem der anderen gesetzlichen Haftungstatbestände deckt.

Das deutsche BGB enthält keine besondere Regelung mit dem gleichen Anwendungsgebiet. Der § 906 hat nur Immissionen zum Gegenstand und erfaßt auch sie nicht in der gleichen Allgemeinheit wie unser Art. 684, auch nicht in der neuen Fassung des Jahres 1959, in welcher zwar nun auch eine ortsübliche Benutzung des Grundstückes, welche einen Nachbarn wesentlich beeinträchtigt, verboten werden kann, wenn die Abhilfe durch Schutzmaßnahmen nicht möglich ist. Die Klage aber ist eine Eigentumsklage (actio negatoria), während die Klage aus Art. 679 ZGB einem viel weiteren Kreise von Nachbarn zusteht. Ein Immissionsartikel nach dem Vorbild des § 906 BGB (alter Fassung) ist auch in den § 364 des österreichischen ABGB übernommen worden (Teil-Novelle III vom 19. März 1916). In der Pflicht zur Duldung von Einwirkungen behördlich genehmigter Anlagen ist das österreichische Recht weiter gegangen als das deutsche (Reichs-Gewerbe-Ordnung)[2].

Im Ergebnis kommt unserem Recht das französische am nächsten, so wie es Lehre und Praxis ausgebildet haben. Der Code civil selber kennt die Kausalhaftung des Grundeigentümers nicht und besondere Bestimmungen über den Schutz gegen Immissionen auch nicht. Doch ist in der Praxis schon in der Mitte des 19. Jahrhunderts der Grundsatz entwickelt worden: «Le droit de la propriété est limité par l'obligation naturelle et légale de ne causer à la propriété d'autrui aucun dommage». Der Abwehr- und Schadenersatzanspruch kann nur auf Art. 1382 CCfr., der unserem Art. 41 OR entspricht, gegründet werden. Die Voraussetzung des Verschuldens ist durch Umdeutung des Begriffs «faute» insofern unwirksam gemacht worden, als sie als gegeben erachtet wurde, wenn der Eigentümer sein Recht im Übermaß ausübt, so daß dadurch der Nachbar geschädigt wird. Die Ausschließung des Anspruchs durch öffentlich-rechtliche Betriebsgenehmigung ist aufs äußerste zurückgedrängt. Ist der Schaden durch den Zustand einer Sache verursacht, sind die Art. 1384/85 (fait des choses) anwendbar, wofür die Gefährdungstheorie in dem Sinne herangezogen wird, daß, wer im eigenen Interesse Sachen in seinem Gewahrsam hält, für schuldig erachtet wird, wenn er ihn so ausübt, daß der Nachbar dadurch zu Schaden kommt (théorie des risques)[3].

In den CCit. ist ein besonderer Immissionsartikel aufgenommen worden (844), der, wie § 906 BGB, ausgehend vom Grundsatz des Ausschließungsrechts des Grundeigentümers, sagt, daß Einwirkungen vom Nachbargrundstück her zu dulden seien, wenn sie nicht das Maß des

---

[1] Über die gesetzlichen Eigentumsbeschränkungen und das Wesen des Nachbarrechts siehe den § 30, II hievor.
[2] EHRENZWEIG, System I/2, § 188, S. 130ff.
[3] PLANIOL/RIPERT/BOULANGER II, Nos. 2679f., 1045, 904f.; CARBONNIER II, S. 186ff. (Les obligations de voisinage, bes. No. 59, S. 193, mit dem Hinweis auf die gemeinrechtliche actio de in rem verso).

nach der örtlichen Lage der Grundstücke normalerweise zu Tolerierenden überschreiten. Besonders hervorgehoben wird, daß die Interessen der Produktion zu berücksichtigen seien. Dies hat nach CARBONNIER (a.a.O.) eine gewisse Abschwächung des Schutzes gegen Immissionen zur Folge, was aber von BARASSI, Proprietà, S. 626, bestritten wird. Zu ersetzen ist ferner jeder Schaden, der die Folge einer Betätigung ist, welche ihrer Natur nach oder nach den verwendeten Mitteln als gefährlich zu gelten hat (Art. 2050). Schließlich trägt jeder die Verantwortung für den Schaden, der durch eine in seinem Gewahrsam stehende Sache verursacht wird (Art. 2051). Befreien kann er sich von ihr nur durch den Nachweis des Zufalls oder höherer Gewalt. – Diese Regelung ist offenbar dem französischen Recht nachgebildet, aber im Gegensatz zu ihm gesetzlich bestimmt[4].

In unserem Gesetz hätte der Art. 679 seinen richtigen Platz unter dem Marginale «Nachbarrecht», so daß der Art. 684 an ihn anschließen würde mit dem Randtitel: 2. Art der Bewirtschaftung. Ihm wurde diese Stellung deshalb nicht gegeben, weil Unklarheit darüber bestand, in welchem Verhältnis er zu den übrigen Normen über die Haftung für Schäden steht, die von Sachen oder an Sachen verursacht werden[5]. Nach überwiegender Ansicht sollte er den Art. 58 OR in dem Sinne ergänzen, daß er die Haftung für Werkmängel auf die aktiv betätigte Eigentumsausübung ausdehne. Jeder dadurch Geschädigte wäre danach zur Klage aktiv legitimiert[6].

Erst in den letzten Jahrzehnten ist erkannt worden, daß der Art. 679 eine **nachbarrechtliche** Bestimmung ist, und daß dadurch seine Stellung im System und seine Bedeutung für die besonderen nachbarrechtlichen Tatbestände der Art. 684ff. bestimmt wird[7]. Diese sind samt und sonders Tatbestände der Verantwortung des Grundeigentümers[8].

---

[4] DE RUGGIERO/MAROI I, S. 528 (Immissioni), II, S. 486f., 489 (responsabilità per l'esercizio di attività pericolose; responsabilità per fatto di cose). Siehe auch BARASSI, Proprietà, S. 619ff. und MESSINEO, Manuale II (1965), § 80, bes. N. 13 und 14.
[5] Erläuterungen 1914, II, S. 93f.; HAAB, Art. 679, N. 1 und 2.
[6] Dies zeigt sich auch im Wortlaut des Art. 679: «Wird jemand dadurch, daß ein Grundeigentümer sein Eigentumsrecht überschreitet, geschädigt oder mit Schaden bedroht ...». Die Art. 679, 684ff. schützen aber nicht jedermann, sondern nur den Nachbarn. Wer geschädigt wird, weil er sich zufällig auf dem Nachbargrundstück befindet, ohne zu ihm in einer näheren und nicht bloß momentanen Beziehung zu stehen, hat nicht einen Anspruch aus Art. 679. Es hat diesen nicht: der Passant, den Staub oder Ruß am Auge verletzt, den ein über die Grenze fliegendes Wurfgeschoß trifft, oder den das plötzlich einsetzende Geheul einer Fabriksirene erschreckt, so daß er die Herrschaft über sein Motorfahrzeug verliert und einen Unfall erleidet.
[7] OFTINGER, Haftpflichtrecht, II/1, S. 14ff.; R. FROELICHER, Die Abgrenzung der Haftung des Werkeigentümers nach Art. 58 OR von der Verantwortlichkeit des Grundeigentümers nach Art. 679 ZGB, Diss. Bern 1950, S. 76f. und 80ff.; E.W. STARK, a.a.O. (Lit. Verz. vor § 30), S. 76f. und 89ff.; LIVER, Zürcher Kommentar, Art. 737, N. 117.
Aus der übrigen Literatur: E. BACHMANN, a.a.O. (Lit. Verz. vor § 30); L. L'HUILLIER, La responsabilité du propriétaire foncier selon l'article 679 du CCS, und W. KOLB, Die Haftung des Grundeigentümers nach Art. 679 ZGB, Referate für den Schweiz. Juristentag 1952 in Genf, ZSR 71 II, 1952, S. 1aff. und 99aff. Die ältere Praxis ist außerhalb der Kommentare

Der Art. 679 hat seine eigenen, durch keine anderen Haftungsbestimmungen ersetzbaren Funktionen. Es sind die folgenden:

a) Der Eigentümer haftet ohne Verschulden für jede den Nachbarn schädigende Einwirkung, auch wenn sie durch eine, von seinem Standpunkt aus gesehen, mängelfreie Benutzung seines Grundstückes verursacht wird, aber das in der nachbarlichen Gemeinschaft begründete Gebot der Rücksichtnahme verletzt.
b) Er haftet allen Geschädigten, die zum Kreise der Nachbarn gehören, auch wenn sie an einem Nachbargrundstück bloß Besitz auf Grund einer persönlichen Berechtigung haben, wie Pächter und Mieter.
c) Dem geschädigten Nachbarn steht nicht nur ein Abwehr-, sondern auch ein Schadenersatzanspruch zu, ohne daß den Grundeigentümer ein Verschulden trifft.

---

verarbeitet bei A. WALDIS, a.a.O. (Lit. Verz. vor § 30). Zur rechtspolitischen Lage: A. MEIER-HAYOZ, Technische Entwicklung und Fortbildung des privatrechtlichen Immissionsschutzes in: Die Rechtsordnung im technischen Zeitalter, Festschrift zum Zentenarium des Schweiz. Juristenvereins, Zürich 1961.

Eingehende rechtsvergleichende Ausführungen finden sich in der genannten Arbeit von STARK, ferner bei HEIDI BLUMER, Die Haftung für Schädigungen durch unbewegliche Sachen, Zürcher Diss. Affoltern a.A. 1940.

[8] Die Nachbarn bilden unter sich eine Gemeinschaft, welche begründet wird durch die Gegenseitigkeit der Beschränkungen, denen ihre Grundstücke unterstellt sind, und durch die Verpflichtung des Eigentümers zur Gewährung nachbarlicher Rechte in der Form von Grunddienstbarkeiten (Realobligation), welche einen Ausgleich zwischen dem Mangel auf der einen und dem Überfluß an Nutzungswerten auf der anderen Seite herbeiführen. Siehe dazu vorn § 30, II 4. Diese notwendige Gemeinschaft ist die Grundlage der gesetzlich geregelten und von der Praxis und Lehre entwickelten Rechte und Pflichten zwischen den Nachbarn. Auf ihr vollzog sich namentlich in Frankreich, wo gesetzliche nachbarliche Haftungsbestimmungen fehlen, diese Ausbildung eines umfassenden Haftpflichtrechtes. Das ganze Nachbarrecht steht im Lehrbuch von J. CARBONNIER unter dem Titel «La communauté de voisinage». Auch in Deutschland ist dies die Idee, die vielfach dem Nachbarrecht zugrundegelegt wird, so z.B. von H. WESTERMANN in seinem Sachenrecht, § 62, III und 63, I, II, unter Hinweis auf BGH 38, S.63f. Aus der früheren Praxis wären zu nennen: RGZ 154, 1937, S.165 und schon 132, S.56 und 11, S.343, sodann BGH 28, S.110 und 225.

Unser höchstes Gericht hat aus diesem Gedanken nachbarrechtliche Haftungstatbestände abzuleiten versucht, die unter keine der gesetzlichen Verpflichtungen fallen; siehe vorn § 30 Anm. 15.

Im Haftpflichtrecht stellt sich dann namentlich auch die Frage nach der räumlichen Ausdehnung des Nachbarschaftsverhältnisses. Nach der Praxis des BGer ist jedes Grundstück demjenigen benachbart, von dem die schädigende Wirkung auf es ausgeht. Es kann von ihm je nach der Reichweite der Schädigung weniger oder weiter entfernt sein. Das Erfordernis der räumlichen Nachbarschaft hat also keine haftungsbegrenzende Funktion: BGE 55 II, 1929, S.246 = Pra 19 Nr.9; 59 II, 1933, S.134 = Pra 22 Nr.89; 79 I, 1953, S.204; 91 II, 1965, S.190 = Pra 55 Nr.6. Ebenso RGZ 176, S.21 und 23/24. Nicht ganz einfach ist die Bestimmung des nachbarlichen Umkreises als Voraussetzung des gesetzlichen Durchleitungsanspruchs oder Notbrunnenrechts. Siehe unten § 36, III.

Haftungsgrund ist die Überschreitung des Eigentums in der Benutzung des Grundstücks, welche in der Übertretung der dem Grundeigentum im Interesse der Nachbarn gesetzten Schranken des privaten und des öffentlichen Rechtes besteht[9]. Auch öffentlich-rechtliche Vorschriften können einen zugleich nachbarschützenden Zweck haben, so daß ihre Verletzung eine Widerrechtlichkeit im Sinne des Art. 679 ZGB begründet[10]. Die nachbarrechtlichen unmittelbar gesetzlichen Eigentumsbeschränkungen verpflichten den Grundeigentümer zu einem Dulden oder Unterlassen. Der Anspruch gegenüber dem Nachbarn auf eine positive Leistung, auf ein Handeln oder Tun, hat seinen Grund in einer nachbarrechtlichen gesetzlichen Realobligation, auf welche wegen Nichterfüllung die Art. 97 ff. OR Anwendung finden[11].

II. Abgrenzungen

1. von der Eigentumsklage

Die Klage aus Art. 641 Abs. 2 (actio negatoria) könnte sich, wie gegen jeden Störer, auch gegen ungerechtfertigte Einwirkungen, die von einem Nachbargrundstück ausgehen, richten; auch für sie ist der Nachweis eines Verschuldens nicht verlangt. Sie ist eine Unterlassungs- oder Beseitigungsklage. Aber Schadenersatz kann mit ihr nicht verlangt werden. Sodann steht sie nur dem Eigentümer der beschädigten oder mit Schaden bedrohten Sache zu, nicht aber dem Nachbarn, der das Grundstück bloß auf Grund eines persönlichen Rechtes oder prekaristischer Gestattung benutzt[12]. Ob die Einwirkung ungerechtfertigt ist, beurteilt sich, wenn sie von einem Grundstück ausgeht, nach den Art. 679/84. Sie wird deshalb im nachbarrechtlichen Verhältnis durch die Klage aus diesen Bestimmungen ersetzt[13]. Gegeben ist sie gegenüber dem Grundeigentümer, auch wenn die Schädi-

---

[9] Schädigungen durch Naturereignisse begründen die Haftung aus Art. 679 nicht, auch dann nicht, wenn sie bedingt sind durch einen gefährlichen Zustand des Grundstückes: BGE 73 II, 1947, S. 151 = Pra 37 Nr. 22 (Erdrutsch in einem Weinberg); 93 II, 1967, S. 236 = Pra 56 Nr. 145 (Steinblock in einer verwitterten Felswand, der abzustürzen droht).
[10] In Betracht fallen z.B. Wasserrechts-, Wassernutzungs-, Gewässerschutzgesetze und Strassengesetze. Zur Fischereigesetzgebung BGE 75 II, 1949, S. 116 = Pra 38 Nr. 93; 76 II, 1950, S. 129 = Pra 39 Nr. 136.
[11] Zur Realobligation siehe vorn § 5. Vgl. auch HAAB, N. 5 zu Art. 679; U. NEUENSCHWANDER, a.a.O. (Lit. Verz. vor § 30), S. 303 f.; R. FROELICHER, a.a.O., S. 30, 39, 356 f.; LIVER, Zürcher Kommentar, Einleitung, N. 148 ff. und Nachtrag S. 653 f.; Art. 730, N. 228.
[12] BGE 73 II, 1947, S. 151 = Pra 37 Nr. 22.
[13] Siehe zur Eigentumsklage vorn, § 6, III.

gung nicht durch die Grundstücksbenutzung verursacht ist, sondern etwa durch die Erstellung baulicher Anlagen, ohne daß künftige Immissionen zu erwarten sind. Oftmals kann im einen wie im anderen Fall der Streit durch richterliche Verfügung im summarischen Verfahren wegen Besitzesstörung beendigt werden[14].

2. von der Haftung des Werkeigentümers

Meistens geht die Schädigung, für welche der Grundeigentümer haftet, von einem ihm gehörenden Werk aus. In der Regel trifft der Art. 679 allein zu, nämlich immer dann, wenn der Grundeigentümer unter Mißachtung der nachbarlichen Rücksichtspflicht sein Grundstück benutzt. Diese Art der Benutzung kann von seinem eigennützigen Standpunkt aus rationell und fehlerfrei sein. Im Art. 58 OR wird der Werkeigentümer haftbar erklärt für Schädigungen, welche ihre Ursache in einem Mangel des Werkes haben, welches fehlerhaft ausgeführt oder ungenügend unterhalten ist. Der Schaden kann ein Personen- oder Sachschaden sein, sei es, daß eine Baute einstürzt oder ungenügend gestützte oder befestigte Bauteile herunterfallen oder durch einen Sturmwind weggerissen werden[15]. Ein und dasselbe Bauwerk kann beide Tatbestände (679 ZGB und 58 OR) erfüllen[16].

Ein wesentlicher Unterschied zwischen beiden Klagen besteht auch darin, daß der Werkmangel in den meisten Fällen auf dem Werkgrundstück selber

---

[14] Sowohl, wenn der eine oder der andere Tatbestand erfüllt ist, liegt auch eine Besitzesstörung aus verbotener Eigenmacht vor (Art. 928). Der geschädigte Besitzer kann das richterliche Unterlassungs- oder Beseitigungsverbot verlangen, insbesondere auch wegen eines erst drohenden Schadens. Vorbeugen ist auch hier besser als heilen. In vielen Fällen verhindert das richterliche Verbot die Störung endgültig, obwohl es nur eine einstweilige Verfügung ist. Die Aktivlegitimation ist gleich ausgedehnt wir zur Klage aus Art. 679. Schadenersatz kann jedoch mit der Besitzesschutzklage als solcher nicht verlangt werden. Die Schadenersatzklage muß sich, auch wenn sie mit ihr verbunden wird, auf den Art. 41 OR stützen können. In diesem Sinne sind die Art. 927 Abs. 3 und 928 Abs. 2 ZGB zu verstehen. So auch E. W. STARK, Berner Kommentar, N. 46 zu Art. 928, dagegen mit Hinweis auch auf Art. 938 ff. neben Art. 41 OR in N. 26 ff. zu Art. 927. Von größter Bedeutung ist das Besitzesschutzverfahren namentlich, wo es gilt, erst bevorstehende, aber sicher voraussehbare Einwirkungen zu verhindern. Vgl. dazu auch HINDERLING, unten § 78, I 1 und III 3, 4.

[15] Das BGer hat seine frühere Ansicht, daß nur Personenschäden unter den Art. 58 OR fallen, aufgegeben: BGE 91 II, 1965, S. 474, bes. 485 f. = Pra 55 Nr. 100, Bespr. in ZBJV 103, 1967, S. 7 ff.

[16] Eine Bodensenkung infolge ungenügender Fundation oder Absenkung des Grundwassers durch dessen Ausnutzung oder durch Entwässerungen setzt sich über die Grenze auf das Nachbargrundstück fort. Schädigende Abwässer dringen, weil das Klärbecken undicht ist, in den Untergrund anliegender Grundstücke. Die Möglichkeit der Gesetzeskonkurrenz wird bejaht in BGE 91 II, 1965, S. 187, 479 Erw. 3 = Pra 55 Nr. 6 und Nr. 100; BGE 96 II, 1970, S. 337 = Pra 60 Nr. 83. S. 264.

sich schädigend auswirkt, also (abgesehen etwa vom Verhältnis zwischen Stockwerkeigentümern) nicht im nachbarlichen Verhältnis, während nur dieses dem Art. 679 zugrundeliegt.

III. Unmittelbare und mittelbare Einwirkungen

Unter den Art. 679 fallen sowohl unmittelbare als mittelbare Einwirkungen auf das Nachbargrundstück.

Unmittelbar ist die Einwirkung, wenn mit einer Handlung der Grundstücksbenutzung in das Nachbargrundstück eingegriffen wird und damit dessen Grenzen unter oder über der Grundfläche durch körperliche Einwirkung überschritten werden. Typische Fälle dieser Verletzung sind gesetzlich geregelt, nämlich in den Art. 685 f. (Graben und Bauen), 687 (Pflanzen) und 689 f. ZGB (Wasserablauf und Entwässerungen), Art. 57 OR (Eindringen von Tieren).

Diese Einwirkungen sind als Grenzüberschreitungen (vorbehältlich des Notstandes gemäß Art. 701) immer widerrechtlich. Die Schwierigkeit, welche mit der Beurteilung der mittelbaren Einwirkungen auf ihre Widerrechtlichkeit verbunden sind, besteht hier nicht.

Mittelbare Einwirkungen oder Immissionen liegen vor, wenn sich das schädliche Element (als Inbegriff der Schadensfaktoren) auf dem Ausgangsgrundstück selbst befindet und durch ein Medium auf das Nachbargrundstück hinübergetragen wird, wo es sich schädigend oder belästigend auswirkt. Das Gesetz nennt im Art. 684 als Beispiele: Rauch, Ruß, lästige Dünste, Lärm und Erschütterungen. Die widerrechtliche Ableitung von Wasser auf das untere Grundstück ist eine unmittelbare Einwirkung; wird aber in den Wasserlauf Jauche oder Abwasser eines Hauses eingeleitet und dadurch der Unterlieger belästigt oder geschädigt, ist das eine mittelbare Einwirkung. Wiederholt hat das Bundesgericht ausgeführt, daß die Immissionen gemäß Art. 684 die wichtigsten Spezialtatbestände der Verantwortlichkeit des Grundeigentümers nach Art. 679 seien[17].

IV. Immissionstatbestände aus der Gerichtspraxis

1. Materielle Einwirkungen

Alle im Art. 684 beispielsweise genannten Einflüsse sind materieller Natur. Sie bestehen in der Übertragung von Stoffen und Kräften, welche sich auf

---

[17] BGE 44 II, 1918, S. 36 = Pra 7 Nr. 38; 73 II, 1947, S. 151 = Pra 37 Nr. 22.

dem Nachbargrundstück physisch auswirken und erst dadurch, sekundär, auch das psychische Wohlbefinden des Menschen beeinträchtigen.

a) Rauch, Ruß, Staub und Abgase gehören zu den ältesten Immissionselementen.

Im römischen Recht: l. 8 D VIII 5 (S. SOLAZZI, Specie ed estinzione delle servitù prediali, 1948, S. 53 ff., 68).

In der älteren Praxis des BGer erscheinen als störende Betriebe die mit Dampf betriebenen Eisenbahnen: BGE 40 II, 1914, S. 259 = Pra 3 Nr. 93; 47 II, 1921, S. 408 = Pra 10 Nr. 162.

Feuerung mit Rauch- und Gasabzug durch Kamine: BGE 42 II, 1916, S. 216 = Pra 5 Nr. 145; ZBJV 53, 1917, S. 128 = SJZ 13, S. 365.

Teppichklopfen: SJZ 12, 1915/16, Nr. 274, S. 315; 23, 1926/27, Nr. 35, S. 45. Seither haben solche Immissionen aus Fabriken, Kehrichtverbrennungsanstalten und vor allem auch durch den Betrieb von Motorfahrzeugen, Ölheizungen und sonstigen Ölverbrennungsanlagen ein gewaltiges und gemeingefährliches Ausmaß angenommen. Ihnen, wie auch dem Verkehrs- und Baulärm sowie der Verschmutzung, Vergiftung und anderen schädlichen Veränderungen der Gewässer kann nur auf dem Boden des öffentlichen Rechtes erfolgreich entgegengewirkt werden.

b) Lästige Dünste

In der älteren Praxis stehen als Quellen dieser (und weiterer) Belästigungen die Schweinezüchtereien und -mästereien vorne an: BGE 42 II, 1916, S. 437 = Pra 5 Nr. 159; 51 II, 1925, S. 398 = Pra 14 Nr. 165; 56 II, 1930, S. 360 = Pra 19 Nr. 199; 58 II, 1932, S. 117 und S. 336 = Pra 21 Nr. 9 und Nr. 186; 87 I, 1961, S. 363 = Pra 51 Nr. 5.

Miststöcke: BGE 40 II, 1914, S. 445 = Pra 3 Nr. 200; ZBJV 54, 1918, S. 19. Benzindunst (und Lärm) einer Autogarage: ZBGR 39, 1958, S. 214.

Der Geruch einer Kaffeerösterei: BGE 65 II, 1939, S. 157 = Pra 28 Nr. 128, wozu GUHL (ZBJV 76, 1940, S. 528) die Glosse machen konnte: «Was wir doch für feine Nasen haben!»

Geflügelmastfarm (Staub- und Geruchsimmission): BGE 95 I, 1969, S. 193 = Pra 58 Nr. 123.

c) Lärm

Die Bemerkungen zu den öffentlich-rechtlichen Aufgaben sind zu wiederholen unter Hinweis auf zwei Veröffentlichungen des Pioniers der Lärmbekämpfung: K. OFTINGER, Lärmbekämpfung, Zürich 1956, sowie Lärmbekämpfung in rechtlicher Sicht, ZBJV 100, 1964, S. 101 ff., sodann auf den durch die Revision vom 6. Juni 1971 in die BV aufgenommenen Artikel über den Umweltschutz.

Hier folgen als Beispiele aus der Praxis, namentlich der des BGer eine Anzahl von Fällen als Beispiele.

Gewerbebetriebe: BGE 44 II, 1918, S. 31 = Pra 7 Nr. 51; 53 II, 1927, S. 393 = Pra 17 Nr. 7; 79 II, 1953, S. 47 = Pra 42 Nr. 113; 83 II, 1957, S. 384 = Pra 46, Nr. 153; ZBJV 79, 1943, S. 133.

Baulärm: BlZR 29, 1930, Nr. 90; 31, 1932, Nr. 28; Zbl 34, 1933, S. 18; SJZ 52, 1956, S. 77; BGH in NJW 1962, S. 1342 (seither Gesetz zum Schutz gegen den Baulärm vom 9. September 1965).

Nationalstraßen: BGE 94 I, 1968, S. 286 = Pra 57 Nr. 137; 95 I, 1969, S. 490 = Pra 59 Nr. 27; 96 II, 1970, S. 337 = Pra 60 Nr. 83 (Autobahn); 97 I, 1971, S. 583 = Pra 61 Nr. 8.

Güterbahnhof: BGE 40 I, 1914, S. 447 = Pra 3 Nr. 188.

Herdengeläute: BGE 45 II, 1919, S. 406 = Pra 8 Nr. 138; SJZ 67, 1971, Nr. 7, S. 13.

Zeitzeichen durch Glockenschlag: BGE 65 II, 1939, S. 249 = Pra 29 Nr. 45 und (berichtigend) ObGer Zürich, SJZ 64, 1968, Nr. 179, S. 337; RR Bern SJZ 61, 1965, Nr. 133, S. 306.

Kunsteisbahn: BGE 88 II, 1962, S. 10 = Pra 51 Nr. 88.

Schießstand: BGE 87 I, 1961, S. 87 = Pra 50 Nr. 112.

Musik: BGE 59 II, 1933, S. 134 = Pra 22 Nr. 89.

d) Erschütterungen

Sägereibetrieb: ZBJV 79, 1943, S. 133.

Werkzeugmaschinen: BGE 79 II, 1953, S. 47 = Pra 42 Nr. 113.

Druckereimaschinen: SJZ 20, 1923/24, S. 328; ZBJV 75, 1939, S. 143.

e) Andere materielle Einwirkungen

Einleitung von verschmutzten oder vergifteten Abwässern in Gewässer: BGE 55 II, 1929, S. 245 = Pra 19 Nr. 9; 75 II, 1949, S. 117 = Pra 38 Nr. 93; 76 II, 1950, S. 129 = Pra 39 Nr. 136; 91 II, 1965, S. 183 = Pra 55 Nr. 6.

Erhöhung des Grundwasserstandes durch Stauung eines Flusses: BGE 62 I, 1936, S. 9 = Pra 25 Nr. 94.

Absenkung des Grundwasserspiegels durch den Betrieb eines Pumpwerkes: BGE 68 II, 1942, S. 14 = Pra 31 Nr. 41 (ablehnend); dagegen RGZ 155, 1937, S. 154 sowie in JW 36, S. 804.

Verunreinigung einer Quelle durch Düngung: BGE 78 IV, 1952, S. 178 = Pra 41 Nr. 192.

Überschwemmung infolge fehlerhafter Korrektion eines Baches: BGE 91 II, 1965, S. 494 = Pra 55 Nr. 100.

Intensive Beleuchtung der Fensterfront eines Wohnhauses durch Lichtreklame: ZBJV 89, 1953, S. 231.

Insektenplage, verursacht durch Tierhaltung: BGE 40 II, 1914, S. 448 = Pra 3 Nr. 200; 58 II, 1932, S. 337 = Pra 31 Nr. 186; ZBJV 54, 1918, S. 20; BlZR 1, 1902, Nr. 243 (Bienen).

2. Psychische Einwirkungen

Asyl für unheilbare Kranke: BGE 42 II, 1916, S. 446 = Pra 5 Nr. 204, worauf Bezug nehmen 61 II, 1935, S. 325 = Pra 25 Nr. 44 und 79 I, 1953, S. 205.

Schlachtlokal im Weichbild eines Dorfes: BGE 84 II, 1958, S. 85 = Pra 47 Nr. 47.

Einblick in das Nachbargrundstück durch Ausbrechen von Fenstern ermöglicht: SJZ 45, 1949, Nr. 164, S. 347 (ablehnend).

Ausblick auf das benachbarte Freibad: RGZ 76, S. 130. Nach in Deutschland herrschender Lehre ist die Klage nicht begründet[17a], wie überhaupt nicht gegen immaterielle Einwirkungen.

3. Negative Einwirkungen

Sie fallen grundsätzlich auch unter den Art. 684, aber nicht, wenn sie die Folge der Überbauung des Grundstückes sind.

Abhaltung von Licht und Sonne: ZBJV 65, 1929, S. 233; 70, 1934, S. 355 (anders noch ZBJV 61, 1925, S. 124); ZBGR 39, 1958, Nr. 29, S. 214 = SJZ 54, 1958, S. 239; Zbl 34, 1933, S. 18.

Abhaltung von Kundschaft durch Absperrung des öffentlichen Weges mit einer Schutzwand für Bauten auf dem Nachbargrundstück: BGE 83 II, 1957, S. 375 = Pra 47 Nr. 4; 91 II, 1965, S. 100 = Pra 54, Nr. 109. Gegenteiliges Urteil: BGHZ 24.11.1967 (WARNEYER 1967 II, Nr. 258, S. 582)[17b].

[17a] BAUR, Sachenrecht, § 25 IV 2; WOLFF/RAISER, § 53 I.
[17b] Zur viel umfangreicheren Praxis Deutschlands: MEISNER/STERN/HODES, Nachbarrecht im Bundesgebiet, § 16, und GLASER/DROESCHEL, Das Nachbarrecht in der Praxis (beide im Lit. Verz. vor § 30).

V. Benutzung des Grundstücks

Die Frage, durch welche Art der Ausübung seines Rechts der Grundeigentümer sich nach Art. 679 haftbar mache, stellt sich nicht, wenn eine unmittelbare Einwirkung auf Nachbargrundstücke stattfindet, weil jeder körperliche Eingriff in den Herrschaftsraum der Nachbarn widerrechtlich ist, welche Art der Grundstücksbenutzung auch immer seine Ursache sein mag. Dagegen fallen unter das Immissionsverbot des Art. 684 nur Akte der **Bewirtschaftung** des Grundstückes, insbesondere des gewerblichen Betriebs. Damit sind Schädigungen und Belästigungen ausgeschlossen, welche ihre **mittelbare** Ursache in Bauarbeiten (Neubau-, Umbau-, Erneuerungsarbeiten) auf dem Nachbargrundstück haben. Ihre Unterstellung unter das Immissionsverbot würde diese doch notwendigen und aus wirtschaftlichen und anderen Gründen, auch solchen des gemeinen Wohls, nützlichen Arbeiten zu sehr erschweren, wenn nicht gar verunmöglichen. Außerdem ist ihre Ausführung zeitlich beschränkt, so daß durch sie nicht eine dauernde Beeinträchtigung der Nachbarn eintritt. Dies ist denn auch in der Praxis von jeher beachtet und danach entschieden worden[18]. Ein in diesem Zusammenhang behandelter Sondertatbestand ist das Pflanzen und Halten von Eiben an der Grenze des Grundstücks[19].

VI. Negative Immissionen

Ob auch negative Immissionen unter den Art. 684 fallen, ist eine vielerörterte Streitfrage. Solche Immissionen liegen vor, wenn dem Nachbargrundstück nicht Stoffe oder Kräfte zugeführt, sondern von ihm abgehalten werden[20].

---

[18] BGE 40 II, 1914, S.335 = Pra 3 Nr.151; 88 II, 1962, S.264; 88 II, 1962, S.334 = Pra 52 Nr.3; 91 II, 1965, S.100 = Pra 54 Nr.109 und dazu die Bespr. ZBJV 103, 1967, S.1ff.; BlZR 29, 1930, Nr.96, und die oben angeführten Entscheidungen zu «Baulärm».

[19] Die Zweige von Eiben (taxus bacata) sind ein für Pferde tödliches Gift. Steht ein Pferd um, das von der Straße oder vom anliegenden Weidegrundstück aus davon frißt, stellt sich die Frage der Verantwortlichkeit des Grundeigentümers. Eine Haftung aus Art. 679 läßt sich kaum vertreten, da weder ein körperlicher Eingriff in das Nachbargrundstück noch eine Immission vorliegt. Eher ließe sich die Haftung aus Art. 58 OR begründen. Bringt der Grundeigentümer (Wirt) eine Vorrichtung zum Anbinden von Pferden an, von der aus diese Eibenzweige erlangen können, haftet er aus Verschulden: SJZ 17, 1920/21, S.141; 28, 1931/32, S.283; 29, 1932/33, Nr.4, S.14.

[20] Die Verantwortlichkeit des Grundeigentümers für negative Immissionen ist durch den Art. 684 nicht ausgeschlossen. Dagegen fällt sie nicht unter den § 906 des BGB. Daran halten sich Praxis und Literatur: RGZ 155, 1937, Nr.23, S.154ff.; PLANCK/STRECKER, § 903, Erl. 2b

Neben dem Entzug von Grundwasser (Anm. 20) wie auch von Quellwasser, wovon noch die Rede sein wird, ist das nächstliegende Beispiel der Entzug von Licht und Sonne durch Bauten und durch Pflanzungen. Dies sind jedoch besondere Tatbestände des privaten Baurechts, das im Art. 686 der Gesetzgebung der Kantone vorbehalten ist. Das Mittel zur Behebung oder doch Herabsetzung dieser Einwirkungen auf ein erträgliches Maß sind die gesetzlichen Gebäudeabstände, auf die im Abs. 1 des Art. 686 ausdrücklich verwiesen ist. Hat ein Kanton von dieser ihm zugewiesenen Befugnis keinen Gebrauch gemacht, hat er damit das Bauen und Pflanzen an der Grenze gestattet. Die Unterlassungs- oder Beseitigungsklage auf Grund des Art. 679/84 ist ausgeschlossen[21]. Einzelne Kantone haben gegenüber dem Nachbarn, auch wenn er die gesetzlichen Bauabstände eingehalten hat, unter besonderen Voraussetzungen einen Anspruch auf Schadenersatz wegen Entzugs von Licht oder Sonne gegeben[22]. Als gesetzliche Bauvorschrift ist auch vereinzelt unter dem Gesichtspunkt der Wohnhygiene die Klage auf Beseitigung von Bäumen, die den gesetzlichen Grenzabstand haben, vorgesehen[23]. Dies sind Ansprüche kantonalen Rechtes. Aus den Art. 679/84 ergeben sie sich nicht.

VII. Psychische Einwirkungen

Anders als die entsprechende Vorschrift des deutschen BGB (§ 906) läßt der Immissionsbegriff unseres Gesetzes die Unterstellung der psychischen

---

und § 906, Erl. 3; WOLFF/RAISER, § 53 I, N. 10; MEISNER/STERN/HODES (Lit. Verz. vor § 30), § 38 I 1; GLASER/DROESCHEL, § 41 II h, S. 136. Gleich werden auch die ideellen (psychischen) Einwirkungen behandelt. – In besonders gelagerten Fällen braucht jedoch nach der Praxis auch die negative Einwirkung nicht geduldet zu werden. Ein solcher Fall ist der Entzug von Grundwasser, wenn durch ihn auf dem Nachbargrundstück Bodensenkungen eintreten. Auf diesen Tatbestand wird jedoch § 909 BGB über die Vertiefung eines Grundstücks angewendet: RGZ 167, S. 14 und JW 36, S. 804; WOLFF/RAISER, § 54, Anm. 44; WESTERMANN, § 63 IV 1, S. 314; MEISNER/STERN/HODES, § 26a I. Für den gegenteiligen Tatbestand (Aufschüttungen, welche ein Ansteigen und Eindringen des Grundwassers in Gebäude auf dem Nachbargrundstück bewirken) wird dagegen die Haftung verneint: RGZ 155, S. 154; MEISNER/STERN/HODES, § 26a I, S. 541f («weil die Einwirkung die natürliche Folge einer erlaubten Benutzung des eigenen Grundstückes ist»). Vom Bundesgericht sind die beiden Tatbestände im umgekehrten Sinne beurteilt worden; einerseits 68 II, 1942, S. 14, andererseits 62 I, 1936, S. 9. Siehe hievor unter IV/1 e und im Kommentar LIVER N. 69 zu Art. 737.

[21] Zu diesen Kantonen gehörte bis 1958 Bern. Siehe die hievor unter Ziff. IV 3 zit. Entscheidungen aus der ZBJV.
[22] EGzZGB Graubünden Art. 116; EG Glarus Art. 124/25; EG Zürich § 154–156 (Einsprache).
[23] EGzZGB Graubünden, Art. 127; EGzZGB Bern, Art. 79 m (gemäß Baugesetz 1970, Art. 118).

Einwirkungen unter das Verbot zu. Sinnliche Eindrücke, welche unmittelbar oder durch Gedankenassoziation das körperliche und seelische Wohlbefinden und Ruhebedürfnis der Bewohner von Nachbargrundstücken beeinträchtigen, gehören, wenn diese Wirkung das Maß des Gewöhnlichen und Alltäglichen überschreitet, zu den widerrechtlichen Einwirkungen. Innere Unruhe und Angst (z.B. vor den Gefahren von in der Nähe gelagerten Explosivstoffen), Erregung oder moralische Entrüstung (Bordell, Nacktbad), Abscheu (vor einem Schlachtlokal, Metzgereiabfällen), Depressionen als Folge des Anblicks von Anstalten für körperlich oder seelisch unheilbar Kranke und ihrer Insaßen, all dies kann als Beeinträchtigung im Sinne des Art. 684 in Frage kommen. Schon früh ist die Praxis zu dieser Auslegung gelangt (siehe die Entscheidungen unter Ziff. IV 2, 3).

VIII. Die Übermäßigkeit der Einwirkung

Die Einwirkung im Sinne des Art. 684 ist nur widerrechtlich, wenn sie **übermäßig** ist. Einwirkungen, die sich aus der Benutzung eines Grundstückes trotz Beachtung der gesetzlichen Eigentumsbeschränkungen und der aus dem Grundsatz der nachbarlichen Rücksichtnahme abzuleitenden Pflichten ergeben, können nicht widerrechtlich sein. Bestünde diese Beschränkung der Haftung nicht, könnte ein Grundstück, namentlich ein gewerbliches oder Wohngrundstück, überhaupt nicht seinem Zwecke gemäß benutzt werden. Wird der Nachbar in seinem Grundeigentum auch noch so stark geschädigt, wenn ihm durch die Erstellung einer Baute Sonne, Aussicht, Ruhe und idyllische Abgeschiedenheit genommen werden, hat er diesen Schaden auf sich zu nehmen, sofern die Baute vorschriftsgemäß erstellt wird. Die Schwierigkeit der Auslegung und Anwendung des Art. 684 liegt in der Beurteilung der Übermäßigkeit von Einwirkungen, welche die Folge einer Mißachtung von Pflichten ist, welche sich aus dem nachbarlichen Gemeinschaftsverhältnis ergeben. Bei der Bestimmung dieser Pflichten sind die beidseitigen Interessen gegeneinander abzuwägen. Der Grundsatz der Verhältnismäßigkeit muß auch hier gewahrt bleiben[24]. Im übrigen nennt das Gesetz selber die Gesichtspunkte, unter denen die Frage der Übermäßigkeit zu beurteilen ist.

---

[24] Zur Vermeidung einer mäßigen unangenehmen oder nicht ganz unerheblichen Schädigung darf nicht eine Grundstücksbenutzung verboten werden, an welcher der Eigentümer selbst, vielleicht auch die Allgemeinheit, ein ungleich größeres Interesse hat. In dieser Hinsicht nimmt auch das BGer eine Interessenabwägung vor: BGE 40 II, 1914, S. 30 = Pra 3 Nr. 46; 45 II, 1919, S. 406 = Pra 8 Nr. 138; 79 I, 1953, S. 205 f.; SJZ 52, 1956, Nr. 42, S. 77 f.

1. Die Lage der Grundstücke

Die gleiche Einwirkung kann übermäßig sein oder nicht, muß geduldet werden oder nicht, je nachdem, ob sich die Grundstücke in einer landwirtschaftlichen Siedlung befinden oder in einer Ortschaft mit städtischen Verhältnissen, innerhalb dieser je nachdem, ob das Nachbargrundstück sich in einer reinen Wohnzone, einer gemischten Wohn- und Industriezone, in einer engeren Kurortszone befindet oder in einer Industriezone oder in nächster Nähe geräuschvoller Verkehrsbetriebe. Dabei ist auch die mit Sicherheit voraussehbare künftige bauliche Entwicklung zu berücksichtigen[25].

2. Die Beschaffenheit der Grundstücke

An den Eigentümer eines Grundstückes können je nach dessen Zweckbestimmung und Verwendungsart höhere oder geringere Anforderungen zur Vermeidung von Einwirkungen auf Nachbargrundstücke gestellt werden. Kann ein Grundstück nur durch die gewerbliche oder landwirtschaftliche Bewirtschaftung genutzt werden, sind diese Anforderungen nicht so hoch, wie wenn es als Wohn- oder Erholungsfläche genutzt wird. Von einem Grundstück, auf dem ein Glockenturm steht, kann das Geläute nicht schlechthin als übermäßige Auswirkung gelten; von Grundstücken, die dem öffentlichen Verkehr dienen, gilt dies in höherem Maße hinsichtlich der Duldung des Verkehrs- und Baulärms sowie anderer damit verbundener Belästigungen[26]. Ebenso kommt es auf die Art der Verwendung des von den Einwirkungen betroffenen Grundstückes an (Krankenhaus, neurologische Klinik) und auf die Bauzone, in der es liegt, sowie auf die Eignung zur Überbauung[27]. Doch kann einem Grundstück nicht dadurch, daß es oder das Nachbargrundstück einer anderen Zone zugewiesen wird, der bisher genossene Schutz entzogen werden[28].

3. Der Ortsgebrauch

Was am einen Orte als gewöhnlich, selbstverständlich und unbeachtlich gilt, kann am anderen Ort, wo Ordnung und Sauberkeit herrscht und für

---

[25] BGE 40 I, 1914, S. 447 = Pra 3 Nr. 188 (Güterbahnhof); 94 I, 1968, S. 286 = Pra 57 Nr. 137; 95 I, 1969, S. 490 = Pra 59 Nr. 27.
[26] Wie Anm. 25 sowie oben unter Ziff. IV 1c.
[27] BGE 65 II, 1939, S. 249 = Pra 29 Nr. 45 (Zeitzeichen durch Glockenschlag), nunmehr richtig SJZ 64, 1968, Nr. 179, S. 337 (ObGer Zürich).
[28] 83 II, 1957, S. 389 f. = Pra 46 Nr. 153.

die klaglose Beseitigung von Abfällen und Gewässern gesorgt ist, als übermäßige Belästigung empfunden werden. Der Einzelne hat sich mit dem örtlichen Zustand abzufinden, allerdings nur bis zu einem gewissen Grade.

4. Der Charakter der Örtlichkeit

Der Charakter der Örtlichkeit wird durch die daselbst vorherrschende Art der Grundstücksnutzung bestimmt. Diese und damit der Charakter der Örtlichkeit können sich im Laufe der Zeit, heute vielfach sehr rasch, ändern. Solange der Boden ausschließlich oder doch vorherrschend landwirtschaftlich genutzt wird, hat, wer sich in diesem Umkreis haushäblich niederläßt, die mit dem landwirtschaftlichen Betrieb verbundenen Immissionen in Kauf zu nehmen, auch wenn sie ihm übermäßig lästig sind. Wenn sich die Überbauung von einem außerhalb liegenden Zentrum her ins landwirtschaftliche Gebiet hinein ausdehnt und ein Wohnquartier entsteht, das nun für den Charakter der Örtlichkeit bestimmend ist, haben sich ihm die landwirtschaftlichen Anwesen durch möglichste Beschränkung der von ihnen ausgehenden lästigen Wirkungen anzupassen[29]. Dies kann soweit gehen, daß bestimmte Betriebszweige aufgegeben oder anders organisiert oder verlegt werden müssen. Nur so kann sich das gewaltige Wachstum der Städte, Gewerbe- und Industrieanlagen und schließlich auch der Fremdenverkehrs- und Ferienhaus-Stätten mit ihren Transportmitteln vollziehen. In dieser Entwicklung ist der Weiterbestand von Landgütern von jahrhundertealtem Bestand mit altüberkommener Wirtschaftsweise an Orten, die sich in ihrem wirtschaftlichen Charakter und Siedlungsbild gewandelt haben, nicht mehr gesichert. Lehre und Praxis lehnen ihre auf die Priorität gestützte Verteidigung ab. Dem, was als Fortschritt gilt, muß das für sich Wertvollere, durch alte Tradition Gefestigte und Bewährte geopfert werden, so hart und unbillig dieses Opfer auch sein kann[30].

---

[29] z.B. sogar das Herdengeläute, wenigstens in der Nacht, abzustellen.
[30] Strikte Ablehnung des Prioritätsargumentes: 40 II, 1914, S.447 = Pra 3 Nr.200; 44 II, 1918, S.471 = Pra 8 Nr.6; 45 II, 1919, S.406 = Pra 8 Nr.138; 55 II, 1929, S.247 = Pra 19 Nr.199. Eine gewisse Berücksichtigung der Priorität drängt sich aus Billigkeit innerhalb der recht weiten Schranken des richterlichen Ermessens auf. Darauf deuten BGE 83 II, 1957, S.391 = Pra 46 Nr.153 und 88 II, 1962, S.13 = Pra 51 Nr.88 sowie auch schon SJZ 11, 1914/15, S.196 (AppGer Basel) wenigstens hin. Vgl. auch RGZ 154, S.165 (Schutz der Landwirtschaft, aber nicht wegen ihrer altüberkommenen Existenz: «übrigens wäre jeder Fortschritt gehemmt, wenn man die sog. Prävention berücksichtigen wollte»). Art. 844 CCit. ermächtigt den Richter ausdrücklich, der Herkömmlichkeit (priorità) einer bestimmten Grundstücksnutzung Rechnung zu tragen.

5. Maß der Beeinträchtigung

Allgemein, bei uns wie im Ausland, wird der Grundsatz anerkannt, daß von der Erträglichkeit der Einwirkung für den Durchschnittsbürger mit normaler physischer und psychischer Konstitution auszugehen, und daß nicht auf eine krankhafte oder übersteigerte Empfindlichkeit abzustellen sei[31].

6. Ergänzung durch richterliche Rechtsfindung

Das Bundesgericht hat, wie schon vorn (Anm. 15 zu § 30) bemerkt wurde, die Auffassung vertreten, die Regelung im Art. 684 sei lückenhaft. Zur Schließung der Lücke könnten aus dem ihm zugrundeliegenden Gemeinschaftsprinzip weitere Normen abgeleitet werden. In diesem Sinne wurde folgender Tatbestand beurteilt: Ein Ladengeschäft erlitt einen Frequenzrückgang, weil der Zugang zu ihm dadurch behindert wurde, daß der Bauplatz auf dem Nachbargrundstück während längerer Zeit abgeschrankt war und mit ihm ein Teil des Straßenareals. Die Schadenersatzklage des Ladeninhabers wurde gutgeheißen, erstmals ohne haltbare Begründung in BGE 83 II, 1957, S. 375 = Pra 47 Nr. 4, dann 91 II, 1965, S. 100 = Pra 54 Nr. 109 mit der hievor genannten Begründung[32]. Ob diese richtig ist, kann bezweifelt werden. Da der Schaden durch die dem Nachbarn von der zuständigen Behörde erteilte Sonderbewilligung entstanden ist, steht eher die Frage der Haftung für die Einschränkung des Gemeingebrauchs zum Vorteil des Nachbarn zur Diskussion. Dies ist die Frage des Anliegergemeingebrauchs[33].

IX. Ansprüche aus Art. 679 ZGB

1. Inhalt

Auf Grund des Art. 679 kann in erster Linie auf Unterlassung oder Beseitigung der bevorstehenden oder sich fortsetzenden Schädigung geklagt werden. Die Beseitigungsklage erfüllt ihren Zweck, die weitere Schädigung zu verhindern dann, wenn diese ihre Ursache in einer bestehenden baulichen Anlage oder in einer Vorrichtung hat (Dachkännel, Rauchabzugsrohr,

---

[31] BGE 45 II, 1919, S. 406 = Pra 8 Nr. 138 (Herdengeläute): «Dagegen kann nicht eingewendet werden, daß ein normal veranlagter Mensch sich in kurzer Zeit an das Geläute gewöhne». Siehe nunmehr BGE 95 I, 1969, S. 193 = Pra 58 Nr. 123.
[32] Bespr. in ZBJV 95, 1959, S. 20ff. und ZBJV 103, 1967, S. 1ff.
[33] E. von CAEMMERER, Wandlungen des Deliktsrechts, in: Festschrift für den deutschen Juristentag 1860–1960, Karlsruhe 1960.

Abort- oder Düngergrube, Bienenstand an der Grenze). Ist ein Schaden bereits entstanden, kann auf dessen Ersatz geklagt werden. Wird auf Unterlassung oder Beseitigung geklagt, kann der Beklagte durch das Urteil auch zur Durchführung von Maßnahmen verpflichtet werden, welche ihm gemäß der Interessenabwägung zumutbar sind und die Schädigung auf ein für den Kläger nach den dargelegten Kriterien erträgliches Maß herabsetzen[34].

Entgegen der herrschenden Lehre und Praxis sollte der Richter auf Schadenersatz erkennen können, wenn die Durchführung sichernder Maßnahmen Aufwendungen verlangt, die ein Mehrfaches des verursachten Schadens ausmachen. Zur Verhinderung einer verhältnismäßig geringen Beeinträchtigung des Klägers sollte dem Beklagten nicht der Einsatz von Mitteln auferlegt werden können, die nicht nur den Schaden, sondern sogar den Wert des beschädigten Grundstückes weit übersteigen. Zu solchen Ergebnissen kommt man aber, wenn man die Überschreitung des Eigentums als Delikt im Sinne der Art. 41 ff. OR behandelt[35]. Diese den Grundsatz der Verhältnismäßigkeit verneinende Betrachtungsweise ist dem Wesen des Nachbarrechtes fremd. Dieses verlangt den Ausgleich zwischen dem Vorteil für den einen und dem Nachteil für den anderen Nachbarn. Unter besonderen Umständen kann die Anwendung dieses Grundsatzes die Preisgabe eines Rechtes gegen volle Entschädigung im Interesse der Erhaltung eines viel wertvolleren Gutes verlangen. Darin klingt der Enteignungsgedanke an, der auch dem privaten Recht nicht ganz fremd ist. Man denke bloß an die zwangsweise Einräumung von Grunddienstbarkeiten aus gesetzlicher Verpflichtung (mittelbare gesetzliche Eigentumsbeschränkungen)[36].

Ist der Tatbestand des Art. 679 erfüllt, liegt auch eine Störung des Besitzes vor (Art. 928). Wird schon gegen die drohende Störung eingeschritten, bestehen bessere Aussichten für die Durchsetzung des Unterlassungsanspruches, als wenn die Anlagen, von denen die Einwirkungen ausgehen, mit großen Aufwendungen bereits erstellt sind. Damit ein richterliches Verbot

---

[34] BGE 44 II, 1918, S. 32 = Pra 7 Nr. 51; 55 II, 1929, S. 245 = Pra 19 Nr. 9; BGE 83 II, 1957, S. 384 = Pra 46 Nr. 153.

[35] Dies ist die Auffassung des BGer. Jeder Ausgleich der Interessen in der Bestimmung der Rechtsfolgen wird abgelehnt: BGE 68 II, 1942, S. 374 Erw 4 = Pra 32 Nr. 39 und 83 II, 1957, S. 384 = Pra 46 Nr. 153. Vgl. dazu die Bespr. LIVER in ZBJV 95, 1959, S. 24 f. und Kommentar, N. 207 und 211 zu Art. 737, N. 49 ff. zu Art. 739. BGB § 906 bezeichnet die Geldleistung, welche dem Geschädigten unter Umständen zu erbringen ist, als «angemessenen Ausgleich». Daß sie eine Leistung des nachbarlichen Interessenausgleichs sei, betont namentlich WESTERMANN, Sachenrecht, § 63 II.

[36] LIVER, Zürcher Kommentar, Einleitung, N. 54, 88 und 107. Siehe auch P. LABAND, Die rechtliche Natur des Retraktrechts und die Expropriation, AcP 52, 1869. Dazu Kommentar LIVER, Art. 739, N. 39.

erwirkt werden kann, muß aber feststehen, daß von den projektierten Bauten schädigende Einwirkungen sicher ausgehen werden[37].

2. Der Gerichtsstand

Die Klage aus Art. 679, und zwar auch die Schadenersatzklage, ist eine nachbarrechtliche Klage. Daraus ist, entgegen der bisher herrschenden Lehre und Praxis[38], die Konsequenz zu ziehen, daß sie den Gerichtsstand am Ort der gelegenen Sache hat. Jeder Grund, die Schadenersatz- von der Unterlassungs- und Beseitigungsklage zu trennen und den Kläger auf den Art. 59 BV zu verweisen[39], fällt dahin, sobald der nachbarrechtliche Charakter des Tatbestandes anerkannt wird[40].

3. Legitimation

Die Legitimation zur Klage wird bestimmt durch den nachbarrechtlichen Charakter und den durch ihn bestimmten Zweck der Haftung. Passiv legitimiert ist der Grundeigentümer. Ihm ist gleichgestellt, wer das Grundstück in Ausübung eines dinglichen Rechtes nutzt: der Nutznießer, der Wohnberechtigte, der Bauberechtigte.

Gegen den Pächter oder Mieter kann die Klage dagegen nicht gerichtet werden; für ihn hat der Grundeigentümer, dessen rechtlicher Herrschaft er untersteht, die Haftung zu übernehmen[41].

Schwieriger ist die Aktivlegitimation zu bestimmen. Nachbar und damit klageberechtigt ist, wie vorn ausgeführt wurde, außer dem Eigentümer und dinglich zur Nutzung Berechtigten, auch der Pächter oder Mieter. Zum

---

[37] BGE 42 II, 1916, S. 436 = Pra 5 Nr. 189; 58 II, 1932, S. 117 und 336 = Pra 21 Nr. 99 und 186; 84 II, 1958, S. 85 = Pra 47 Nr. 47.

[38] LEEMANN, N. 30, HAAB, N. 23 und MEIER-HAYOZ, N. 141 zu Art. 679 mit Hinweisen auf die Praxis.

[39] BGE 66 I, 1940, S. 234 = Pra 30 Nr. 19; BlZR 39, 1940, Nr. 70.

[40] BGE 92 I, 1966, S. 201 ff. = Pra 55 Nr. 167 (Grundstücksmiete!); G. LEUCH, Die Zivilprozeßordnung für den Kanton Bern, Kommentar, 3. Aufl., Bern 1956, S. 53 zu Art. 29; P. GULDENER, Schweiz. Zivilprozeßrecht, 2. Aufl., Zürich 1958, S. 92 (Sachzusammenhang); Bespr. LIVER von BGE 92 I, 1966, S. 36 = Pra 55 Nr. 69 in der ZBJV 104, 1968, S. 31 ff.

[41] So ist schon im BGE 44 II, 1918, S. 36 = Pra 7 Nr. 38 entschieden worden. Vorher und nachher war die Praxis schwankend. In BGE 83 II, 1957, S. 380 = Pra 47 Nr. 4 wurde dann erkannt, daß die Klage gegen den Grundeigentümer zu richten sei, auch wenn der Schaden vom Bauunternehmer (oder dessen Hilfspersonen) verursacht worden ist, obwohl der Bauunternehmer gegenüber dem Eigentümer eine selbständigere Stellung hat als der Mieter und der Pächter. Ebenso LEEMANN, N. 29 und HAAB, N. 13 zu Art. 679; LIVER, Zürcher Kommentar, N. 106 ff., bes. N. 116 zu Art. 737; MEIER-HAYOZ, N. 52 ff. zu Art. 679. Neuestens BGE 96 II, 1970, S. 337 ff. = Pra 60 Nr. 83 Erw 4d (Nationalstraßenbau).

Kreis der Nachbarn ist indessen jeder zu zählen, der in einer nicht bloß zufälligen und momentanen Beziehung zum Grundstück steht. Dazu gehören auch der Bauunternehmer oder Handwerker, der auf dem Grundstück selbständig arbeitet, und auch der Eigentümer einer Fahrnisbaute, der das Grundstück als solcher nutzt, z.B. als Halter eines darauf stehenden, wenn auch nur prekaristisch aufgestellten Bienenstandes. Das Bundesgericht hat sich mit dieser Frage mehrfach befaßt und ist zum Ergebnis gekommen, daß die Aktivlegitimation jeder Person zuzuerkennen sei, die am Grundstück Besitz habe[42].

4. Die Verjährung

Die Unterlassungs- und die Beseitigungsklage unterliegen keiner Verjährung, da sie zur Voraussetzung haben, daß die Schädigung noch andauert. Sie könnten nur zeitlich begrenzt sein durch die Ersitzung einer Grunddienstbarkeit, kraft welcher die übermäßige Einwirkung zu dulden wäre[43]. Die Klage auf Ersatz des Schadens, soweit er entstanden und ein abgeschlossenes Faktum ist, verjährt mit dem Ablauf eines Jahres (absolut nach 10 Jahren) gemäß den Bestimmungen über die unerlaubten Handlungen (Art. 60 OR)[44]. Die Klage auf Ersatz des durch die andauernde Schädigung entstehenden Schadens verjährt nicht[45]. Ist die Schädigung, d.h. die den Schaden verursachende Eigentumsüberschreitung, beendigt und endgültig abgestellt, sind die Schadensfolgen aber noch nicht behoben, so daß sich ein Schaden mit einer neuen Benutzung des beschädigten Grundstücks noch realisiert, kann dafür nur innert der Verjährungsfrist des Art. 60 OR Ersatz verlangt werden, welche mit der Beendigung der Schädigung zu laufen beginnt[46].

---

[42] BGE 75 II, 1949, S. 117 = Pra 38 Nr. 93, worin zur Klage wegen Fischvernichtung gegen die Einwohnergemeinde Bern, durch deren Kanalisation gifthaltige Abwasser in die Aare geflossen waren, der Staat Bern als Gewässereigentümer, nicht aber, mangels Besitzes, die Fischereipachtvereinigung Bern und Umgebung als legitimiert anerkannt wurde. Darauf und auf weitere Entscheide wird Bezug genommen in BGE 83 II, 1957, S. 380 Erw 1 = Pra 47 Nr. 4. Vgl. dazu MEIER-HAYOZ, N. 46f. zu Art. 679; LIVER, N. 118 zu Art. 737.
[43] Zur Ersitzung von Dienstbarkeiten siehe LIVER, Kommentar, Art. 731, N. 91 ff.
[44] BGE 43 II, 1917, S. 321 = Pra 6 Nr. 156, S. 403 f.; 55 II, 1929, S. 258 = Pra 18 Nr. 125; 68 II, 1942, S. 371 = Pra 32 Nr. 39.
[45] LEEMANN, N. 25, HAAB, N. 18 und MEIER-HAYOZ, N. 145 zu Art. 679.
[46] Das BGer hat in 81 II, 1955, S. 489 = Pra 45 Nr. 25 im Gegensatz dazu die Möglichkeit der Verjährung abgelehnt, solange sich ein Schaden auf dem Nachbargrundstück noch realisieren kann (mit der Überbauung des beschädigten Grundstückes), und damit die Schädigung mit dem Schaden verwechselt. Siehe LIVER, Kommentar, Art. 737, N. 217. Vgl. auch WESTERMANN, Sachenrecht, § 36 III.: «Die Abgrenzung von Schaden und Beeinträchtigung ist nicht immer leicht. Beeinträchtigung ist die Quelle der Einwirkung auf die Sache, Schaden ist die eingetretene Veränderung der Sache.»

X. Das Gemeinwesen als Nachbar[47]

Es gibt im schweizerischen Recht neben dem privaten kein öffentliches Eigentum, das dem Privatrecht entzogen wäre und ausschließlich und in jeder Hinsicht dem öffentlichen Recht unterstellt wäre. Es gibt nur Eigentum schlechthin. Doch kann ein Grundstück (als Verwaltungsvermögen) in den öffentlichen Dienst gestellt oder dem Gemeingebrauch gewidmet sein. Seine Benutzung ist dann, soweit diese Zweckbestimmung es erfordert, durch das öffentliche Recht geregelt. Auch diese Grundstücke sind aber Objekte des privaten Rechtes, soweit ihre Zweckbestimmung mit privatrechtlichen Verhältnissen vereinbar ist und für deren Begründung Raum läßt[48]. Daß auch das Gemeinwesen in der Benutzung seiner Grundstücke mindestens die gleiche nachbarliche Rücksichtnahme walten lasse wie ein privater Grundeigentümer, muß und darf von ihm verlangt werden. Verletzt es diese Pflicht, haftet es wie jeder andere Grundeigentümer und zwar ohne Unterschied, ob die Benutzung in Erfüllung einer öffentlichen Aufgabe vor sich gehe oder nicht, auch ohne Unterschied, ob es das Grundstück dem Gemeingebrauch gewidmet habe oder nicht[49]. Nur wenn der öffentliche Zweck, in dessen Dienst das Grundstück steht, nicht oder nur mit unverhältnismäßig hohen Kosten erfüllt werden könnte, ohne daß die Nachbarn durch übermäßige Einwirkungen im Sinne der Art. 679/84 belästigt oder geschädigt werden, ist die Unterlassungs- und Beseitigungsklage auf Grund von Art. 679 ausgeschlossen. Mit ihr würde die Erfüllung einer öffentlichen Aufgabe in Wahrung privater Interessen gehindert. Das geht nicht an. In seiner öffent-

---

[47] OFTINGER, Haftpflichtrecht, II/2, S. 517 ff.; K. WEGMANN, Das Gemeinwesen als Nachbar, Berner Diss., Abh. schweiz. R 188, Bern 1941; TH. GLATZFELDER, Die nachträgliche Enteignung nach eidgenössischem und kantonalem Recht, Diss. Bern 1952; FR. GYGI, Verwaltungsrecht und Privatrecht, Abh. schweiz. R 317, Bern 1956; P. U. ROSENSTOCK, Die Haftung des Staates als Unternehmer im Bereiche der Hoheitsverwaltung, Zürcher Diss., Zürcher Beiträge 259, Zürich 1966; P. LIVER, Die nachbarrechtliche Haftung des Gemeinwesens, ZBJV 99, 1963, S. 241 ff.

[48] A. GRISEL, Droit administratif suisse, Neuchâtel 1970, S. 280; E. RUCK, Das Eigentum im schweizerischen Verwaltungsrecht, in: Festschrift P. Speiser, Basel 1926, S. 17 ff. und DERSELBE, Schweiz. Verwaltungsrecht I, 3. Aufl., Zürich 1951, S. 141 ff.; LIVER, Zürcher Kommentar, Einleitung, N. 111; Art. 742, N. 112; Art. 731, N. 121 ff.

[49] Ohne Bedeutung für die Haftung ist die Theorie vom «öffentlichen Eigentum» nach BGE 70 II, 1944, S. 87 = Pra 33 Nr. 112; 75 II, 1949, S. 119 = Pra 38 Nr. 33; 76 II, 1950, S. 131 = Pra 39 Nr. 136; 91 II, 1965, S. 479 = Pra 55 Nr. 100. Die Unterscheidung, ob das Gemeinwesen das Grundstück als Eigentümer oder als Hoheitsträger benutzt, welche das BGer während langer Zeit (noch 83 II, 1957, S. 543 = Pra 47 Nr. 81) als maßgebend erachtete, ist unhaltbar und inzwischen aufgegeben worden: BGE 88 I, 1962, S. 190 ff. = Pra 51 Nr. 145; 94 I, 1968, S. 297 Erw 6 = Pra 57 Nr. 137. Dazu ausführlich P. LIVER, a.a.O. (Anm. 47), S. 241 ff. – Siehe die Anm. 51 hienach.

lich-rechtlichen Zweckverfolgung überwindet das Gemeinwesen alle entgegenstehenden privaten Interessen[50]. Aber es kann auch seine öffentlichen Aufgaben nicht unter entschädigungsloser Inanspruchnahme privater Grundstücke durchführen, sondern hat die beanspruchten oder hinderlichen Rechte gegen volle Entschädigung zu erwerben oder aufzuheben. Dies geschieht auf dem Wege der **Expropriation**[51].

Da die übermäßigen Einwirkungen oft nicht zum voraus, vor der Erstellung des Werkes oder der Eröffnung oder Änderung des Betriebes, voraussehbar waren, sondern nachher unversehens eintreten, muß die **nachträgliche Enteignung** verlangt werden können. Das eidg. Enteignungsgesetz läßt sie zu (Art. 41), aber nur innert allzu kurzer Frist[52].

Wird ein Grundstück durch öffentlich-rechtliche Eigentumsbeschränkungen in einem der Enteignung gleich oder doch annähernd gleich starkem Maße entwertet, ohne daß dieser Entzug von Nutzungsmöglichkeiten im Enteignungsverfahren erfolgt ist, liegt eine **materielle Enteignung** vor[53].

Zur Beurteilung des Schadenersatzanspruches ist auch in diesem Fall die Enteignungsbehörde oder die Verwaltungsjustizbehörde zuständig[54]. Wenn nach dem kantonalen Recht die Kompetenz weder der einen noch der anderen von ihnen gegeben ist, muß der Zivilrichter zuständig sein, der dann, wie in anderen Fällen, über einen öffentlich-rechtlichen Anspruch entscheidet[55].

---

[50] FLEINER, Institutionen des deutschen Verwaltungsrechts, S. 329.
[51] Von der hier vertretenen Unterscheidung ist das BGer in seiner anfänglichen Praxis zu Art. 679 ausgegangen: BGE 40 II, 1914, S. 289 = Pra 3 Nr. 93; 40 I, 1914, S. 447 = Pra 3 Nr. 188. Endlich ist es nun zu ihr zurückgekehrt: BGE 88 I, 1962, S. 190 ff. = Pra 51 Nr. 145; 91 II, 1965, S. 479 = Pra 55 Nr. 100; 93 I, 1967, S. 300 = Pra 57 Nr. 1. Damit ist die Übereinstimmung mit der vorherrschenden wissenschaftlichen Lehre wieder hergestellt: Siehe Anm. 47, ferner HAAB, N. 14 zu Art. 706/07; MEIER-HAYOZ, N. 87 zu Art. 664 und N. 71 zu Art. 679; BGE 96 II, 1970, S. 337 = Pra 60 Nr. 83 (Autobahn).
[52] BGE 64 I, 1938, S. 280 = Pra 28 Nr. 7; 64 I, 1938, S. 379 = Pra 28 Nr. 8; 88 I, 1962, S. 190 = Pra 51 Nr. 145, sowie GLATZFELDER, a.a.O. (Anm. 47).
[53] BGE 69 I, 1943, S. 241 = Pra 33 Nr. 55; 81 I, 1955, S. 346 = Pra 45 Nr. 12; 89 I, 1963, S. 104 = Pra 52 Nr. 120; 89 I, 1963, S. 385 = Pra 53 Nr. 23; 91 I, 1965, S. 339 = Pra 55 Nr. 57; 93 I, 1967, S. 137 = Pra 56 Nr. 95; 93 I, 1967, S. 250 Erw 2; 93 I, 1967, S. 340 Erw 4 = Pra 57 Nr. 9; IMBODEN, Schweiz. Verwaltungsrechtsprechung, 3. Aufl., Nr. 357 und 358; GRISEL, a.a.O. (Anm. 48), S. 404 ff.; LIVER, a.a.O. (Anm. 47), S. 261 ff. Zu erwähnen ist in diesem Zusammenhang auch der baurechtliche Sondertatbestand des Lastenausgleichs im bernischen Recht, Baugesetz vom 7. Juni 1970, Art. 51 ff., erwähnt von BAUR, Sachenrecht, 6. Aufl. 1970, § 25 IV 4, S. 222 Anm. 2.
[54] Siehe z.B. das bernische Baugesetz (1970), Art. 99 ff. und das EntG (1965), Art. 1 Ziff. 2.
[55] BGE 62 I, 1936, S. 11 = Pra 25 Nr. 94; 81 I, 1955, S. 340 = Pra 45 Nr. 12; LIVER, a.a.O. (Anm. 47), S. 256 f.; vgl. auch IMBODEN, a.a.O., Nr. 112. – In der öffentlich-rechtlichen Beurteilung der Haftung des Gemeinwesens darf die von seinem Betrieb ausgehende Einwirkung gegenüber den privaten Interessen in der Abwägung der Interessen einigermaßen vorge-

In allen diesen Fällen ist vorausgesetzt, daß der Schaden, weil unvermeidbare Folge der gesetzmäßigen Erfüllung eines öffentlichen Zweckes, nicht widerrechtlich verursacht ist. Dagegen haftet das Gemeinwesen auf Grund von Art. 679, wenn es den Schaden widerrechtlich, insbesondere auch unter vermeidbarer Mißachtung der nachbarrechtlich gebotenen Rücksicht verursacht hat [56].

Daß das Gemeinwesen als Werkeigentümer gemäß Art. 58 OR haftet wie ein Privater, war immer anerkannt und ist in einer langen konstanten Praxis bestätigt worden [57].

XI. Der öffentlich-rechtliche Immissionsschutz

Von jeher gab es gesetzliche Vorschriften, welche die Ortspolizei ermächtigten, gegen Immissionen, welche die öffentliche Ordnung gefährdeten oder schwer beeinträchtigten, einzuschreiten [58]. Sie haben aber den privatrechtlichen Schutz gegen Immissionen nicht entwertet oder gar überflüssig gemacht. Sie kamen kaum je in Fällen zur Anwendung, in denen die

---

zogen werden: BGE 91 I, 1965, S. 409 = Pra 55 Nr. 115; 94 I, 1968, S. 286 = Pra 57 Nr. 137; 95 I, 1969, S. 490 = Pra 59 Nr. 27; BlZR 29, 1930, Nr. 90, S. 220.

[56] Aus der Praxis des BGer sind die Urteile hervorzuheben, welche die Gemeinden als Eigentümerinnen von Kanalisationsanlagen für die Folgen der Einleitung schädigender Abgänge in öffentliche Gewässer haftbar machen, namentlich für den Schaden am Fischbestand: BGE 75 II, 1949, S. 116 = Pra 38 Nr. 93; 76 II, 1950, S. 129 = Pra 39 Nr. 136. Die Haftung des Gemeinwesens wegen fehlerhafter Korrektion eines Wasserlaufes für den Überschwemmungsschaden, der ohne unverhältnismäßige Mehraufwendungen vermeidbar gewesen wäre, ist Gegenstand von BGE 91 I, 1965, S. 474 = Pra 55 Nr. 100. Sodann erscheinen in der Praxis die Kantone als Eigentümer der Nationalstraßen, von deren Bau und Betrieb übermäßig schädigende Einwirkungen auf die anliegenden Grundstücke stattfinden: BGE 94 I, 1968, S. 286 = Pra 57 Nr. 137 (dazu GIGER, SJZ 65, 1969, S. 201 ff. und WEGMANN, SJZ 65, 1969, S. 369, mit Nachschrift des Redaktors OFTINGER); 95 I, 1969, S. 490 = Pra 59 Nr. 27.

Mit der zivilrechtlichen Haftung des Gemeinwesens ist nicht nur die Schadenersatz-, sondern auch die Unterlassungsklage gegeben: BGE 91 II, 1965, S. 483 = Pra 55 Nr. 100. Steht dem Gemeinwesen aber das Recht der Enteignung zu, kann deren Durchführung verlangt und nötigenfalls gegen den vorherigen Eingriff Besitzesschutz erlangt werden: LEUCH, a.a.O. (Anm. 40), S. 303; FR. HESS, Das Enteignungsrecht des Bundes, Kommentar, Bern 1935, S. 407.

[57] Im Vordergrund stehen Schäden, die durch fehlerhafte Konstruktion oder ungenügenden Unterhalt von Straßen verursacht werden. Aus der neueren Praxis seien nur erwähnt: BGE 84 II, 1958, S. 266 = Pra 47 Nr. 127; 89 II, 1963, S. 332 = Pra 53 Nr. 19; 90 IV, 1964, S. 270 = Pra 54 Nr. 5; Haftung der Gemeinde als Grundeigentümerin für die Beschädigung von Leitungen der PTT durch Reparaturen an eigenen Leitungen: 70 II, 1944, S. 87 = Pra 33 Nr. 112 und dazu im Kommentar LIVER N. 117 ff. zu Art. 737.

[58] EGzZGB Zürich, § 168; Österreich kannte vor der Novellierung des § 364 ABGB (1916) nur den öffentlich-rechtlichen Immissionsschutz; siehe RANDA, Das Eigentumsrecht (1893), S. 337.

Voraussetzungen des Art. 684 nicht gegeben waren; es mußte vielmehr ein ordnungswidriger Zustand vorliegen, der nicht nur das private Interesse eines Einzelnen berührte, sondern allgemein, in einem größeren Kreis von Betroffenen, als übermäßig störend empfunden wurde. Hierin scheint eine grundlegende Änderung im Anzug zu sein[59]. Der Umweltschutz wird zu einer der zentralen gesetzlichen Aufgaben der Zukunft, für welche die verfassungsmäßige Grundlage mit der Revision der BV vom 6. Juni 1971 geschaffen worden ist. Seine umfassende Verwirklichung kann nur auf dem Boden des öffentlichen Rechts versucht werden. Dabei wird den Kantonen und innerhalb der Kantone den Gemeinden die Ausführung der Gesetze und Verordnungen überlassen werden müssen. Schon bisher ist der Art. 684 vielfach als öffentlich-rechtliche Bestimmung in Erlasse der Gemeinden übernommen worden. Seine Anwendung durch die Gemeinden bringt die Gefahr der Willkür und damit Rechtsunsicherheit mit sich. Wie weit dieser Mißstand gemildert werden kann, hängt von der Verwaltungsjustiz ab, namentlich von ihrer Kognitionsbefugnis, welche vom Bundesgericht im Interesse einer aufgeblähten Gemeindeautonomie allzu stark beschränkt worden ist[60].

Der Polizeibefehl sollte beschränkt sein auf die Wahrung der öffentlichen Ordnung und nicht in den Dienst bloß privater Interessen gestellt werden. Die «allgemeine Polizeiklausel» ist eine allzu unbestimmte Grundlage für ihn[61]. Die durch ihn zu schützenden öffentlichen Interessen sollten, abgesehen von krassem Eigentumsmißbrauch, einzeln durch besondere Erlasse bestimmt und geschützt sein. Außer den Erlassen über die Gesundheits- und Tierseuchenpolizei sind vor allem die Bestimmungen der Bauordnungen für bestimmte Zonen (reine Wohnzonen, Spitalzone, Kurortszone) zu nennen[62].

---

[59] BGE 87 I, 1961, S. 362 = Pra 51 Nr. 5; 95 I, 1969, S. 193 = Pra 58 Nr. 123 (solothurnisches Gesetz über die öffentliche Gesundheitspflege); RR Bern SJZ 61, 1965, Nr. 133.
[60] Siehe LIVER, Eigentumsbegriff und Eigentumsordnung (zit. § 1, Anm. 7), S. 255/56 und in den Privatrechtl. Abhandlungen, S. 161.
[61] RR Zürich, SJZ 67, 1971, Nr. 86, S. 191 ff.: «Auf Grund dieser neuen Rechtsgrundlagen (VO des RR über allg. Wohnhygiene vom 20. März 1967; Gemeindepolizeiordnung) haben die Gemeindebehörden nicht nur gegen erhebliche Immissionen einzuschreiten, sondern gegen alle vermeidbaren, belästigenden Immissionen.» Also auch gegen unerhebliche! Zurückhaltender RR Bern, 26. Nov. 1965, MBVR 67, 1969, Nr. 2, S. 25 ff. – BGE 100 Ia, 1974, S. 144 = Pra 63 Nr. 204.
  IMBODEN, a.a.O., Nr. 114 und dazu Bespr. LIVER, ZBJV 101, 1965, S. 299 f.; R. BÄUMLIN, Privatrechtlicher und öffentlich-rechtlicher Immissionsschutz, in: Rechtliche Probleme des Bauens, Berner Tage für die jurist. Praxis 1968, Bern 1969; LIVER, Privates und öffentliches Baurecht (zit. § 30, Anm. 2), S. 31 ff., bes. S. 36; LIVER, Eigentumsbegriff und Eigentumsordnung (zit. § 1, Anm. 7), S. 247 ff., bes. S. 255 f. und in den Privatrechtl. Abhandlungen, S. 161.
[62] EGzZGB Appenzell AR (1969), Art. 136; Baugesetz des Kantons Bern (1970), Art. 12 und Kommentar dazu von A. ZAUGG, Bern 1971.

Viele Gemeinden (und auch Kantone) werden durch die sich gewaltig mehrenden Aufgaben des Umweltschutzes dermaßen überfordert werden, daß sie vor ihnen kapitulieren und untätig bleiben. Andere aber werden ihr Polizeiregiment mit unzulänglichen Kräften und ohne Verfahrensgarantien ausüben. Jedenfalls ist damit zu rechnen, daß mancherorts der privatrechtliche Schutz vor Immissionen untergraben und seine Bedeutung verlieren wird[63]. Unentbehrlich und ungeschwächt bleibt, solange noch rechtsstaatliche Grundlagen des Gemeinwesens bestehen, auch in Zukunft die Anwendung des Art. 679 auf die unmittelbaren Einwirkungen auf Nachbargrundstücke.

§ 33. Graben und Bauen

I. Schädigung durch bauliche Vorkehren

1. Baufreiheit

Auf dem eigenen Grundstück muß man auf und unter der Grundfläche bauen können, wenn man sich nur an die privat- und öffentlich-rechtlichen Bauvorschriften hält. Innerhalb dieser Schranken wird dem Grundeigentümer die Freiheit zu bauen, in welcher der Inhalt der Eigentumsfreiheit und Eigentumsgarantie zu einem ganz wesentlichen Teil besteht, gewährleistet. Weil das private Recht allen Grundeigentümern die gleichen Schranken auferlegt, schützt es sie gegenseitig im gleichen Recht. Wer zuerst baut und sich im Genuß von Licht und Sonne, Aussicht und ungestörter Ruhe befindet, kann keinen Nachbarn daran hindern, ebenfalls zu bauen und ihm damit diesen Genuß zu schmälern. Nur dem Nachbarn, der sich dieses Rechtes freiwillig, durch Begründung eines Bauverbotes oder einer Baubeschränkung begeben hat, ist das Bauen verwehrt. Das öffentliche Recht beeinträchtigt diese Gleichheit aufs schwerste, indem es ein bereits bestehendes Gebäude in der Bauzone beläßt, aber das Nachbargrundstück in eine Landwirtschaftszone oder Schutzzone verweist, mit einem Bauverbot belegt und damit seinen Verkehrswert stark herabsetzt, vielleicht auf den hundertsten Teil, und den Grundstücken innerhalb der Bauzone, an deren Rand, eine unverdiente Wertsteigerung verschafft. Die Frage des Ausgleichs ist noch nur ganz un-

---

[63] Das eidg. Gewässerschutzgesetz (1955, rev. 1971) unterwirft sich auch die Quellen schlechthin. Ein Vorbehalt der Bestimmungen des ZGB über den Schutz rein privater Interessen wurde, obwohl die Botschaft vom 26.8.1970 ihn gelten lassen will, schon von der Expertenkommission in Verkennung der Begrenztheit der Aufgaben und Wirkungsmöglichkeit der Gewässerschutzbehörden abgelehnt.

zulänglich gelöst. Das private Recht dagegen ist vom Grundsatz der Gleichheit durchdrungen und wird dem Postulat des Ausgleichs gerecht.

2. Überschreitung der Baufreiheit

Das Erdreich des Nachbarn darf nicht durch Graben und Bauen in Bewegung gebracht werden. Geschieht dies, ist die Baufreiheit überschritten und damit auch das Eigentum. Die Handlung ist widerrechtlich. Sie kann in jeder Veränderung bestehen, welche am Erdkörper des Grundstückes vorgenommen wird. Alle diese Veränderungen fallen unter den Begriff des Grabens und Bauens gemäß Art. 685 Abs. 1 ZGB, auch der Entzug von Grundwasser auf dem eigenen Grundstück mit der Folge, daß auf dem Nachbargrundstück Bodensenkungen und Risse in den Mauern von Gebäuden eintreten. Dies ist ein Tatbestand, welcher in Deutschland wiederholt nach dem § 909 BGB, der unserem Art. 685 Abs. 1 entspricht[1], beurteilt worden ist[2]. Die gleiche Handlung fällt unter Art. 684 als negative Immission. Die Einwirkung wird fast immer übermäßig sein. Daß dies zutreffe, ist indessen nur Voraussetzung der Anwendung von Art. 684, nicht auch von Art. 685. Die Stabilität von Grund und Boden des Nachbarn darf nicht gestört werden. Auch wenn dadurch «Vorrichtungen» beschädigt oder in ihrer Funktion beeinträchtigt werden, ist Art. 685 verletzt. Unter den Vorrichtungen sind bauliche Anlagen, wie Stützmauern, Leitungen, Rollbahngeleise, auch maschinelle Einrichtungen, wie Aufzüge, Sägewerke u.a.m. verstanden.

3. Rechtsfolgen

Mit dem Art. 685 Abs. 1 ist, wie mit dem Art. 684, ein Sondertatbestand der Verantwortlichkeit des Grundeigentümers gemäß Art. 679 geschaffen worden. Daraus ergeben sich für den geschädigten Nachbarn die Ansprüche auf Unterlassung, Beseitigung und Schadenersatz. Als Voraussetzung genügt, im Unterschied zu den Einwirkungen gemäß Art. 684, die Überschreitung des Eigentums schlechthin, d.h. jeder Eingriff in den Herrschaftsraum des Nachbarn, welcher dessen Erdreich in Bewegung bringt oder in seiner Stabilität beeinträchtigt[3]. Übermäßig braucht diese Einwirkung nicht zu

---

[1] Siehe über die Anwendung von § 909 BGB auf den genannten Tatbestand oben § 32, VI, Anm. 20.
[2] Der § 909 BGB ist (mit den Immissionsbestimmungen) auch ins österreichische ABGB (364b) übernommen worden.
[3] Siehe oben § 32, III.

sein; sie ist ohnedies verboten[4]. Dieser Unterschied gegenüber dem Immissionstatbestand hat seinen Grund darin, daß ein Grundstück sehr wohl genutzt und bewirtschaftet werden kann, ohne daß die Stabilität des nachbarlichen Grundes beeinträchtigt wird, nicht dagegen, ohne daß indirekte Einwirkungen, eben Immissionen, auf das Nachbargrundstück stattfinden. Deshalb konnten nur übermäßige mittelbare Einwirkungen verboten werden. Die Grenzverletzung dagegen ist widerrechtlich, auch wenn der durch sie verursachte Schaden im Verhältnis zum Interesse, das der Bauende an der Beibehaltung des rechtswidrigen Zustandes hat, mäßig ist. Der Nachbar hat die Ansprüche aus Art. 679[5]. Den Anspruch auf Schadenersatz hat er, auch wenn der Art. 674 (siehe folgende Ziffer) zur Anwendung kommt[6]. Die Unterlassungs- und die Beseitigungsklagen unterliegen der Verjährung im Gegensatz zur Schadenersatzklage nicht[7]. Wenn aber der Nachbar den ihm nachteiligen Zustand während langer Zeit geduldet hat, ohne dagegen Einspruch zu erheben, kann die Abweisung seiner Klage wegen Rechtsmißbrauchs (venire contra factum proprium) in Frage kommen. Die zeitliche Begrenzung des Abwehrrechts durch ihm entgegenstehende Ersitzung einer Grunddienstbarkeit ist, nachdem das eidgenössische Grundbuch oder ein ihm in der Wirkung gleichgestelltes kantonales Grundbuch eingeführt ist (Art. 46 SchlT ZGB), so selten möglich, daß sie fast bedeutungslos geworden ist. Dagegen kann im einen oder anderen Fall die Unvordenklichkeit zur Geltung kommen[8].

Wer auf einem Grundstück Instrumente herstellt oder verwendet, welche die Empfindlichkeit eines Seismographen haben, kann geschädigt sein, auch wenn auf dem Nachbargrundstück das «Bauen und Graben» mit aller gebotenen Sorgfalt vor sich geht. In solchen außerordentlichen Fällen muß sich der Grundeigentümer, welcher dadurch beeinträchtigt würde, durch

---

[4] Dies ist vom AppH Bern, ZBJV 66, 1930, S. 17 = SJZ 27, 1930/31, S. 105 nicht beachtet worden.
[5] Nicht alle Besitzer des Nachbargrundstuckes haben die gleichen Ansprüche. Jeder von ihnen kann nur seine eigenen Interessen geltend machen und Ersatz seines eigenen Schadens verlangen, gleich wie im Enteignungsverfahren. Der dinglich Berechtigte braucht nicht die gleichen Interessen zu haben wie der Eigentümer, Mieter und Pächter nicht die gleichen wie die dinglich Berechtigten. Wenn der Eigentümer sich verpflichtet hat, die Immissionen der projektierten oder in Betrieb genommenen Schweinemästerei oder Auto-Einstellhalle zu dulden, können der Mieter und der Pächter jedenfalls nicht zur Einsprache, zur Unterlassungs- oder Beseitigungsklage legitimiert sein. Für ein Vorgehen gegen das Graben und Bauen auf Grund von Art. 685 Abs. 1 gilt dasselbe.
[6] BGE 41 II, 1915, S. 215 = Pra 4 Nr. 123; 53 II, 1927, S. 221 = Pra 16 Nr. 122.
[7] Zur Bemessung des Schadenersatzes BGE 82 II, 1956, S. 397.
[8] LIVER, Zürcher Kommentar, Art. 731, N. 91 ff. und 141 ff.

entsprechende Standortswahl für seinen Betrieb oder durch besonders weit in die Tiefe reichende Fundamente selber schützen.

II. Überragende Bauten

Nach Art. 685 Abs. 2 sind auf Bauten, die den Vorschriften des Nachbarrechtes zuwiderlaufen, die Bestimmungen betreffend überragende Bauten anwendbar. Diese Regel kann nicht Grabungen und Bauten im Sinne des Abs. 1 schlechthin zum Gegenstand haben. «Überragend» kann nur ein Bauwerk sein, das auf dem eigenen Boden errichtet und dessen Bestandteil ist, aber mit seinem Körper oder einzelnen Bauteilen über die Baugrenze gegen den Nachbarn hinüberragt. Ist diese Grenze die Liegenschaftsgrenze, liegt der Tatbestand des Art. 674 selber vor; dessen analoge Anwendung, welche im Art. 685 Abs. 2 vorgeschrieben ist, kann nur Platz greifen, wenn die Baugrenze durch den gesetzlichen Grenzabstand gebildet wird. Da die Festsetzung der Grenzabstände den Kantonen vorbehalten ist, hat der Art. 685 Abs. 2 die besondere Bedeutung, daß die Rechtsfolgen der Verletzung dieser kantonalen Vorschriften nach eidgenössischem Recht zu beurteilen sind. Nach diesem kann der Nachbar, auch wenn er nicht Einsprache erhoben hat, Schadenersatz oder die Entfernung des in den Grenzabstand hereinragenden Bauteiles verlangen, kann aber auf Widerklage des Beklagten verurteilt werden, diesem gegen Entschädigung das Überbaurecht einzuräumen[9]. Vorschriften der Kantone, nach welchen der Nachbar, wenn er nicht fristgemäß Einsprache erhebt, dem widerrechtlich Bauenden nichts mehr anhaben kann, sind ungültig, weil bundesrechtswidrig[10].

III. Kantonales Baurecht

1. Zuständigkeit

Zur Gesetzgebung auf dem Gebiete des öffentlichen Rechtes sind die Kantone ohnehin, von Haus aus, zuständig (BV Art. 3, 64 argumentum e contrario; ZGB Art. 6 und 702). Damit die Kantone zum Erlaß privater Bauvorschriften befugt sind, mußte ihnen diese Kompetenz ausdrücklich

---

[9] Siehe oben § 28, II.
[10] BGE 41 II, 1915, S. 218 = Pra 4 Nr. 123; 82 II, 1956, S. 397; HAAB, Art. 685/86, N. 17; O. HERTER, Baubewilligung und Baueinsprache nach zürcherischem Recht, Zürcher Diss., Affoltern a.A. 1941, S. 88 ff., bes. S. 111 ff.

vorbehalten werden. Dieser echte Vorbehalt ist im Art. 686 gemacht[11]. Er umfaßt im besonderen die Bauabstände und dann ganz allgemein «weitere Bauvorschriften», also das gesamte private Baurecht, sofern in einzelnen Fällen nicht auch der Bund auf Grund einer besonderen Kompetenz gemäß der BV Bauvorschriften aufgestellt hat. Die privatrechtlichen Bauabstände sind in der Regel Grenzabstände, ausnahmsweise auch besondere Gebäudeabstände.

2. Öffentlich-rechtliche Bauvorschriften

Das private Baurecht wird vom öffentlich-rechtlichen überlagert, welches die Baufreiheit viel stärker einschränkt. Es stellt generell Grenz- und Gebäudeabstände auf, im besonderen Baulinienabstände, die regelmäßig viel größer sind als die privatrechtlichen. Es regelt aber auch die Bauweise bis ins einzelne und bestimmt die Ausnutzungsziffer und überhaupt die Art der baulichen Verwendung des Bodens gemäß einer Zonenordnung. Diese öffentlich-rechtlichen Bestimmungen sind von Amtes wegen im Baubewilligungs-, Baukontroll-, Sanktions- und Verwaltungsjustizverfahren durchzusetzen[12].

Einzelne von ihnen haben auch nachbarschützende Wirkung. Welche es sind, ist nicht leicht zu bestimmen. Gegen ihre Verletzung kann auch der Nachbar Einsprache erheben. Solange dies nicht anerkannt war, sah man sich in der Praxis gezwungen, sie als sog. Doppelnormen aufzufassen, was bedeutet, daß in ein und derselben Vorschrift sowohl eine öffentlich-rechtliche, als auch eine privatrechtliche Norm enthalten ist. Zu dieser Konstruktion sah man sich namentlich da gedrängt, wo das kantonale Baurecht, insbesondere auch das private, nur rudimentär oder doch mangelhaft ausgebildet war. Dies traf vor allem da zu, wo den Gemeinden auch die Zuständigkeit zum Erlaß privatrechtlicher Bauvorschriften gegeben war[13].

Auch unter der Geltung eines modernen Baurechtes[14] kann indessen der

---

[11] BGE 56 II, 1930, S. 22 = Pra 19 Nr. 29.
[12] Ihnen untersteht auch die Eidgenossenschaft: BGE 92 I, 1966, S. 205 ff = Pra 55 Nr. 166 (Bauten der PTT).
[13] Zu diesen Kantonen gehörte bis zum Inkrafttreten des neuen Baugesetzes (1. Jan. 1971) vor allem der Kanton Bern. – Am eindrücklichsten tritt der Mißstand, aus welchem mit der Doppelnorm der Ausweg gesucht wird, in dem Urteil des AppH Bern, ZBJV 74, 1938, S. 544 ff. in Erscheinung. Siehe dazu LIVER, Privates und öffentliches Baurecht (zit. § 30, Anm. 2), S. 34 f. Vgl. sodann auch H. SIEGENTHALER, Gemischtrechtliche Bauvorschriften, MBVR 59, 1961, S. 1 ff.; E. FISCHLI, Fragen des Baubewilligungsverfahrens, ZBGR 51, 1970, S. 129 ff.
[14] Kommentare zu modernen Baugesetzen sind: E. ZIMMERLIN, Bauordnung der Stadt Aarau, Aarau 1960, und A. ZAUGG, Kommentar zum Baugesetz des Kantons Bern vom 7. Juni 1970,

privatrechtliche Grenzabstand und Gebäudeabstand immer dann zur Geltung kommen, wenn die Baubewilligung als Ausnahmebewilligung die Verletzung auch des privaten Abstandes zuläßt. Mit der Baubewilligung wird aber lediglich festgestellt, daß der Ausführung des Projektes keine öffentlich-rechtlichen Hindernisse entgegenstehen. Privatrechtliche Hindernisse bleiben ausdrücklich oder stillschweigend vorbehalten. Solange sie bestehen, kann von der Baubewilligung kein Gebrauch gemacht werden.

3. Privatrechtliche Bauvorschriften[15]

Im Vordergrund stehen die Grenzabstände für Hochbauten, in denen auch der Begriff «Hochbaute» umschrieben sein sollte. In einzelnen Gesetzen ist dies geschehen und zwar recht verschieden. Auch soll gesagt sein, wie und an welcher Stelle der Abstand zu messen ist, ferner wie vorspringende Bauteile zu behandeln sind. Ist der Grenzabstand nach der Höhe der Gebäude abgestuft, muß auch bestimmt sein, wie die Gebäudehöhe zu messen ist. Neben den Grenzabständen sind vereinzelt auch Bestimmungen über den Gebäudeabstand in den EG zu finden, während dieser Abstand in der Regel öffentlich-rechtlicher Natur ist und auch zwischen Gebäuden auf dem gleichen Grundstück einzuhalten ist, also nicht bloß nachbarrechtlichen Charakter hat. Art. 685 Abs. 1 findet nicht selten seine nähere Ausführung in Bestimmungen über Grenzabstände für Tiefbauten, über Böschungen und andere Anlagen zur Sicherung des nachbarlichen Grundes.

Die Grenzabstände für Hochbauten haben den Zweck, dem Nachbarn Luft und Licht, Sonne und Aussicht, größere Feuersicherheit, freien Raum, in dem sich der Eigentümer bewegen kann, zu erhalten, wenigstens in einem Mindestmaß. Auch der Zutritt von Organen der Verwaltung und der Feuerwehr kann von etwelcher Bedeutung sein. Besondere Grenzabstände für Dünger-, Abfall und Abortgruben dienen der Vermeidung von allzu intensiven Immissionen.

Bern 1971. Das zürcherische Baugesetz für Ortschaften mit städtischen Verhältnissen vom 23. April 1893 ist wiederholt revidiert worden (1943, 1956, 1959). Siehe dazu H. EGGER, Einführung in das zürcherische Baurecht, Schriftenreihe VZGV 5, Wädenswil 1958; Rechtsprobleme von Stadtgemeinden – Dem Schweiz. Jur. Ver. zum 100jährigen Jubiläum gewidmet von Juristen der Stadtverwaltung, Zürich 1961; darin namentlich B. SCHNEWLIN, Wie werden Strassen und Gebäude aufeinander abgestimmt? und W. VOLLENWEIDER, Stadtgestaltung durch Bauvorschriften. Vgl. auch J. W. NATSCH, Instrumente der Regionalplanung unter bes. Berücksichtigung des zürcherischen Rechts, Zürcher Diss., Zürcher Beiträge 247, Zürich 1964 und Bespr. LIVER in ZBJV 101, 1965, S. 301 ff., auch in den Privatrechtl. Abhandlungen, S. 542 ff.

[15] Sie finden sich in den EGzZGB der Kantone, z.T. aber auch in den Baugesetzen und anderen Erlassen mit vorwiegend öffentlich-rechtlichem Inhalt.

Der Eigentümer des Nachbargrundstückes kann auf die Einhaltung des Grenzabstandes verzichten. Zum voraus und mit dinglicher Wirkung kann dies nur geschehen durch Errichtung einer Grunddienstbarkeit mit dem Inhalt des Näherbaurechts. Darauf ist der Art. 680 anwendbar, der die öffentliche Beurkundung und Eintragung ins Grundbuch verlangt. Siehe dazu vorn, § 30, II 3. Bloß durch Zustimmung des Nachbarn zur Baubewilligung, die mitunter verlangt wird, wenn der Grenzabstand nicht gewahrt ist, entsteht kein dingliches Näherbaurecht[16].

Im französischen Code civil mit seinem besonders gut geregelten Nachbarrecht und auch in den auf ihm beruhenden Gesetzen der Westschweiz, des Tessins und Italiens sind die Grenzabstände unter einem ganz anderen Gesichtspunkt geregelt. Es gibt da nicht allgemeine Grenzabstände; die Abstände richten sich danach, ob Fenster am Gebäude angebracht werden und danach, welcher Art diese Fenster sind. Unterschieden wird zwischen Fenstern und Lichtöffnungen (fenêtres, jours). Die Fenster sind eingeteilt in solche, die direkt auf das Nachbargrundstück gehen und solche, die schräg zum Nachbargrundstück gerichtet sind (vues droites ou fenêtres d'aspect einerseits, fenêtres obliques andererseits). Damit wird darauf abgestellt, ob und in welcher Bequemlichkeit die Sicht auf das Nachbargrundstück und in die Räume eines Gebäudes möglich ist[17].

In Siedlungen und Straßenzügen mit geschlossener Bauweise hat das Brandmauerrecht immer noch große Bedeutung, wenigstens für Altbauten. Es ist in jahrhundertelanger Entwicklung vielseitig durchgebildet worden. Die Brandmauer ist einerseits als Umfassungsmauer ein konstruktiver und tragender Teil des Gebäudes, andererseits ist sie Feuerscheidemauer. In diesen beiden Funktionen wird sie geschützt durch Bestimmungen über ihre Benutzung sowie über ihre Erstellung und Vergrößerung in horizontaler und vertikaler Richtung. Genau geregelt sind sodann die Eigen-

---

[16] LIVER, Privates und öffentliches Baurecht (zit. § 30, Anm. 2), S. 30, wo der Titel nicht «Überbaurecht», sondern «Näherbaurecht» lauten sollte.

[17] Von den vues droites heißt es bei PLANIOL/RIPERT/BOULANGER, Traité II, No. 3106: «Ce sont les plus gênantes de toutes, parce-qu'une personne assise à l'intérieur de l'appartement peut, sans se déranger, voir ce qui se passe chez le voisin». Von den deutschschweiz. Kantonen hat sich nur Glarus von diesem Recht beeinflussen lassen. Dagegen ist das Recht des Code civil in den Teilen Deutschlands, die ihm ehemals unterstellt waren, beibehalten worden. Infolgedessen haben wir die ausführlichste deutschsprachige Darstellung des Fensterrechts in den Werken über das deutsche (und über das bayrische) Nachbarrecht von MEISNER/STERN/HODES, § 25, S. 505, und MEISNER/RING, § 22 (beide im Lit. Verz. vor § 30). In allen Lehr- und Handbüchern Frankreichs und Italiens ist das Fensterrecht eingehend behandelt. Die reiche italienische Praxis ist dargeboten im Massimario generale delle luci e vedute – distanze legali, servitù private e pubbliche, 1960. Dazu nun auch BGE 99 II, 1973, S. 152.

tumsverhältnisse an ihr und ihre Ausgestaltung vor und nach dem Anbau des Nachbarn. Nach dem System der halben Hofstatt, das namentlich im Recht von Basel-Stadt ausgebildet ist[18], darf der Erstbauende die Mauer auf die Grenze stellen, so daß sie zur Hälfte auf dem Boden des Nachbarn steht. Dadurch entsteht ein gesetzliches Überbaurecht. Wenn der Nachbar seinerseits auch baut, unter Benutzung der bestehenden Mauer, hat er sich in diese durch Bezahlung der Hälfte der Erstellungskosten einzukaufen. Dadurch entsteht Miteigentum und zwar ein Miteigentum, das dem Grundsatz des Art. 670 entspricht. Dieses System stimmt weitgehend überein mit dem Institut des Miteigentums an Brandmauern wie an Einfriedungsmauern, Gräben und sonstigen Abgrenzungsanlagen des französischen Rechts, das auch von den westschweizerischen Kantonen übernommen wurde, soweit es nicht schon ihrem eigenen Gewohnheitsrecht entsprochen hat, ebenso vom Kanton Tessin wie von Italien[19]. In den meisten deutschschweizerischen Kantonen darf der Erstbauende die Brandmauer nur an die Grenze stellen, muß sie also ganz auf eigenem Boden errichten. Der Nachbar, der unter Mitbenutzung der bestehenden Mauer anbaut, erwirbt an ihr Miteigentum durch Bezahlung der Hälfte der Erstellungskosten und des Wertes der halben Grundfläche der Mauer. Eine Grenzveränderung hat dies nicht zur Folge, so daß Miteigentum beider Nachbarn an der ausschließlich auf dem Boden des einen von ihnen stehenden Mauer besteht[20]. Mit dem Grundsatz des Art. 670 stimmt dieses System nicht überein.

Für Neubauten verliert das Brandmauerrecht seine Bedeutung mit der Verwendung neuer Baumaterialien und mit dem veränderten Verhältnis zwischen Material- und Arbeitskosten. Es ist heute vorteilhafter, eine neue Umfassungsmauer neben die auf dem Nachbargrundstück stehende zu stellen, als diese mitzubenutzen, auch wenn sie die erforderliche Dicke und Festigkeit hätte.

Besondere Institute des privaten Baurechts sind sodann die Einfriedigung, zu deren Regelung das ZGB die Kantone im Art. 697 als zuständig

---

[18] Basel-Stadt EG §§ 161 ff; A. WIELAND, Die kantonalrechtliche halbe Hofstatt und ihre Anpassung an das ZGB, ZSR 46, 1927, S. 116 ff.
[19] Waadt, EG Art. 143 ff. und dazu BGE 59 II, 1933, S. 221 ff. = Pra 22 Nr. 146, wonach sich die gleiche Lösung auch durch die Unterstellung der Brandmauern unter Art. 670 (Einfriedigungen) ergibt, was als gerechtfertigt erachtet wird.
[20] Graubünden, EG Art. 122 f.; Zürich, Baugesetz § 82 f. Dazu BGE 56 II, 1930, S. 21 = Pra 19 Nr. 29; ObGer in BlZR 27, 1928, Nr. 132 = ZBGR 21, 1940, Nr. 19, S. 69 f.; BlZR 29, 1930, Nr. 103; 44, 1945, Nr. 71.

erklärt[21], das Stützmauerrecht[22], das Hofstattrecht[23], ferner das Recht, das Nachbargrundstück zu benutzen, um Reparaturen am eigenen Gebäude an der Grenze auszuführen oder Lebhäge zu beschneiden; das ist das Hammerschlags-, Leiter-, Gerüstrecht[24].

Auch wenn die hier namhaft gemachten Institute des privaten Baurechts erhalten bleiben, bilden sie gegenüber dem öffentlichen Recht nur ein engbegrenztes, aber sicheres Réduit, das nur im Expropriationsfall aufgegeben werden muß. Sie sollten davor geschützt sein, vom öffentlichen Recht überfahren zu werden[25].

---

[21] Das kantonale Recht bleibt danach vorbehalten in bezug auf die Pflicht und die Art der Einfriedigung. Die Eigentumsverhältnisse regelt das ZGB selber, aber nur für den Fall, daß die Vorrichtungen zur Abgrenzung auf der Grenze stehen. Sie sind dann vermutungsweise Miteigentum der Nachbarn (Art. 670). In den Bestimmungen über die Errichtung und den Unterhalt wird dieser Fall vorbehalten und im übrigen gesagt, der Eigentümer, der sein Grundstück einfriedige, habe auch die Kosten der Erstellung zu tragen (Art. 697). Die Kosten des Unterhaltes der Vorrichtungen zur Ausübung der nachbarrechtlichen Befugnisse (Stützmauern, Wege, Kanäle, Entwässerungsanlagen) tragen die Nachbarn nach Maßgabe ihres Interesses an ihnen. Das ist das allgemeine nachbarrechtliche Prinzip, das, wenn auch schematisiert, dem Miteigentumsverhältnis an Brandmauern und Einfriedigungsmauern entspricht. Da die Einfriedigungen ebenfalls als baurechtliche Einrichtungen gelten können und im kantonalen Recht auch als solche behandelt werden, erstreckt sich der umfassendere Vorbehalt des Art. 686 Abs. 2 auch auf sie. Von ihm haben die Kantone denn auch Gebrauch gemacht. Die eingehendsten Bestimmungen finden sich, wie im französischen und italienischen Recht, in den Kantonen der Westschweiz sowie im Kanton Tessin. Die mitoyenneté ist ein Hauptinstitut dieses Rechts und umfaßt in gleicher Weise die Brandmauern und alle Vorrichtungen zur Abgrenzung der Liegenschaften. In den EG der Kantone wird dann namentlich näher bestimmt, in welchem Falle die Abgrenzungsanlage vom einen, in welchem vom anderen der Nachbarn, in welchem von beiden zu erstellen ist. Sodann wird bestimmt, ob die Einfriedigung an der Grenze oder auf der Grenze erstellt werden darf, welche Höhe sie haben darf, ohne daß ein Grenzabstand eingehalten werden muß, welchen Abstand Lebhäge haben dürfen und auf welche Höhe sie zurückzuschneiden sind: Zürich, EG § 177 ff.; Graubünden, EG Art. 128; Appenzell AR, EG Art. 146-154; Bern, EG (1970) Art. 79 k. Zur privatrechtlichen Natur von Einfriedigungsbestimmungen im Baugesetz AppH Bern, ZBJV 103, 1967, S. 408 ff. Gegenüber Straßen, Eisenbahnen u.a. öffentl. Verkehrsflächen wird auch die Einfriedigung durch das öffentliche Recht geregelt.

[22] Besondere Bestimmungen über die Stützmauern enthielt ursprünglich nur das EG Basel-Stadt, § 159. Erst in den von einzelnen Kantonen durchgeführten Revisionen ihrer EG wurde das Stützmauerrecht seiner Bedeutung entsprechend geregelt: Graubünden (1944) Art. 129, Appenzell AR (1969) Art. 155, Bern (1970) Art. 79 h und i. – BGE 98 I, 1972, S. 345, bespr. in der ZBJV 110, 1974, S. 21 ff. – Bemerkenswert ist der Zwangseinkauf nach Maßgabe des Interesses im bündnerischen und im appenzellischen Recht.

[23] Wiederaufbau eines den privatrechtlichen Abstandsvorschriften nicht entsprechenden Gebäudes im vorherigen Umfange: EG Zürich, § 157; St. Gallen, 99; Aargau, 87 Abs. 2; Graubünden, 117; Bern, 79 d.

[24] EG Zürich, § 162 ff. und 179; St. Gallen, 112 (Gerüstrecht); Graubünden, 131; Glarus, 127; Appenzell AR, 109; Bern, 79 o; Zug, 107 und 111; Waadt, 166.

[25] LIVER, Privates und öffentliches Baurecht (zit. § 30, Anm. 2), S. 38.

§ 34. Pflanzen[1]

I. Grenzabstände des kantonalen Rechts

1. Festsetzung und Bemessung

Dem kantonalen Recht ist im Art. 688 ZGB die Festsetzung bestimmter Grenzabstände für Anpflanzungen vorbehalten. Die meisten Kantone haben davon Gebrauch gemacht. Die westschweizerischen Kantone hatten auch dafür ihr Vorbild im französischen Code civil, der auf die Reglemente, Gebräuche und Gewohnheiten des lokalen Rechtsgebietes verweist, aber subsidiär für Bäume und Sträucher, deren Höhe 2 m überschreitet, einen Grenzabstand von 2 m, im übrigen von 50 cm vorschreibt (Art. 671). In den deutschschweizerischen Kantonen, die dem zürcherischen Vorbild folgten, sind größere Abstände vorgeschrieben. Es sind Abstände bis zu 8 m für Waldbäume, große Zierbäume und Nußbäume, 4 m für hochstämmige Obstbäume, kürzere Abstände für kleinere Bäume und für Sträucher. Die Abstände sind bemessen nach der Höhe der Bäume und nach der Mächtigkeit des Ast- und Wurzelwerkes. Bäume mit kleinerem Abstand wegen ihrer geringen Höhe, müssen auf dieser Höhe unter der Schere gehalten werden[2].

Die Einhaltung des Grenzabstandes soll den Nachbarn schützen gegen die Abhaltung von Licht und Sonne, gegen den Laubfall, gegen den Entzug von Nährstoffen aus dem Boden und gegen die Behinderung in der Bearbeitung des Bodens durch eindringende Wurzeln und an der Grenze stehende Stämme.

Besondere Abstände sind im öffentlichen Recht (Straßengesetze) vorgeschrieben gegenüber den Verkehrslinien. Sie dienen der Verkehrssicherheit durch Freihaltung der Sicht. Sie fallen nicht unter Art. 688, sondern unter die unechten Vorbehalte in den Art. 6 und 702 ZGB. Der Art. 688 ist insofern lückenhaft, als er nur von Anpflanzungen, nicht aber von wild wachsenden Bäumen und Sträuchern spricht. Verschiedene Kantone haben diese in ihre Abstandvorschriften einbezogen[3].

---

[1] F. LINDENMANN, Bäume und Sträucher im Nachbarrecht, Diss. Bern 1950, 2. Aufl. hg. vom Verband schweiz. Gärtnermeister, Laufenburg 1968.
[2] EG Zürich, § 169 ff.; St. Gallen, § 98; Glarus, § 130 ff.; Graubünden, Art. 126; Zug, § 102; Appenzell AR, Art. 140 ff.; Bern, Art. 79 l. Für Tännchen, die als Christbäume gepflanzt und verkauft werden sollen, also nicht hochwachsen, muß nicht der Abstand für Waldbäume (Tannen) eingehalten werden: KtGer St. Gallen, GVP 1967, S. 87 = SJZ 65, 1969, Nr. 12, S. 28 f.
[3] Glarus, St. Gallen («Wildlinge»), Graubünden, Appenzell AR, Bern.

2. Der Beseitigungs- und Beschneidungsanspruch

Es wäre mit den Normen von «Recht und Billigkeit» und mit dem ihnen immanenten Grundsatz von Treu und Glauben nicht vereinbar, dem Nachbarn das Recht zu geben, die Beseitigung von Bäumen und Sträuchern zu verlangen, die er während langer Zeit ohne Widerspruch geduldet hat, obwohl ihnen der gesetzliche Abstand fehlt. Während nach französischem Recht die allgemeine Verjährungsfrist von 30 Jahren läuft[4], gilt in unseren kantonalen Rechten vorwiegend eine kürzere als die ordentliche Verjährungsfrist von 10 Jahren, nämlich die Frist von 5 Jahren[5]. Innert dieser Frist ist für den Nachbarn sicher feststellbar, welcher der für die Bestimmung des Abstandes maßgebenden Kategorie der jungwüchsige Baum oder Strauch angehört. Das Recht, die Beschneidung auf die zulässige Höhe zu verlangen, unterliegt keiner Verjährung[6].

Ein besonderes baurechtliches Institut ist das in einzelnen EG vorgesehene Recht, die Beseitigung von Bäumen zu verlangen, die den gesetzlichen Abstand haben, aber eine schwere Beeinträchtigung für die Erstellung oder Benutzung von Wohnbauten auf einem Nachbargrundstück darstellen[7].

II. Das Kapprecht

Die Beseitigung von über die Grenze hereinragenden Ästen und eindringenden Wurzeln von Bäumen und Sträuchern auf dem Nachbargrundstück kann der Grundeigentümer durch Ausübung des Kapprechts bewirken, das gemäß Art. 687 Abs. 1 von Gesetzes wegen besteht. Er hat dem Nachbarn eine angemessene Frist zu ihrer Beseitigung zu setzen und kann sie, wenn diese Frist unbenutzt abgelaufen ist, selber wegschneiden und für sich behalten. Dies ist ein unbedeutender Fall des originären Eigentumserwerbs an Fahrnis. Im Art. 687 Abs. 1 sind in dieser Hinsicht Äste und Wurzeln gleich behandelt. Wurzeln sollte der Eigentümer aber selber ohne weiteres kappen dürfen, z.B. beim Pflügen oder bei der Erstellung einer Leitung für die Zu- oder Abfuhr von Wasser oder bei anderen Grabungen zur Bewirtschaftung seines Grundstückes. Der Gesetzgeber hat da einen Sachverhalt

---

[4] Vgl. dazu AppH Bern, ZBJV 105, 1969, S. 368 ff.
[5] EG Zürich, § 173; Glarus, § 133; Graubünden, Art. 126; Appenzell AR, 141; Bern, Art. 79 l. Im st. gallischen Recht ist diese zeitliche Beschränkung unterlassen worden, welcher Fehler sich im Urteil SJZ 55, 1959, S. 194 ausgewirkt hat.
[6] Dies gilt für alle hievor zit. Bestimmungen.
[7] Graubünden, EG Art. 127; Bern, EG Art. 79 m.

mißachtet, der in unseren Nachbarländern überall Beachtung gefunden hat[8]. Da die Anwendung des Art. 687 Abs. 1 auf die Wurzeln in vielen Fällen, wie beim Pflügen, überhaupt nicht angewendet wird und nicht anwendbar ist, dürfte eine sog. unechte Lücke des Gesetzes vorliegen[9]. HAAB meint, diese Vorschrift habe lediglich subsidiären Charakter; die Kantone könnten eine abweichende Regelung für fruchttragende Bäume treffen[10]. In Anbetracht dessen, daß abweichende kantonale Bestimmungen nicht bestehen[11] und unzulänglich wären, da sie sich nach Art. 688 – streng genommen – nur auf fruchttragende Bäume beziehen würden, könnte eine vernünftige Lösung nur durch richterliche Rechtsfindung oder gestützt auf ein dem Gesetz derogierendes Gewohnheitsrecht erzielt werden. Doch ist die Angelegenheit nicht von solcher Tragweite, daß man sich bis jetzt in der Praxis mit ihr zu befassen hatte.

Nach Art. 687 Abs. 3 finden die Vorschriften über das Kapprecht keine Anwendung auf Waldgrundstücke, die aneinander grenzen, wohl aber auf Waldgrundstücke im Verhältnis zu angrenzendem Wies- und Ackerland. Dagegen gibt es öffentlich-rechtliche Vorschriften, die das Kapprecht gegenüber öffentlichen Waldungen schlechthin ausschließen. Ob sich diese Bevorzugung der öffentlichen gegenüber privaten Waldungen rechtfertigt und ob dafür ausreichende forstpolizeiliche Gründe vorliegen, muß als fraglich erscheinen[12].

Das Kapprecht kann aber durch das kantonale Privatrecht überhaupt ausgeschlossen werden, wenigstens an fruchttragenden Bäumen, so daß der Grundeigentümer «das Übergreifen von Ästen oder Wurzeln dem Nachbarn zu gestatten hat»[13]. Trifft dies zu oder macht der Grundeigentümer von

---

[8] BGB § 910; CCfr. Art. 673; CCit. Art. 896. In § 422 ABGB kann der Grundeigentümer von sich aus das Kapprecht ausüben, ohne dem Nachbarn, der selber nicht verpflichtet ist, dies zu besorgen, eine Frist zu setzen (Kommentar KLANG zu § 422).

[9] Ein Versehen des Gesetzgebers kann nicht vorliegen, denn die bestehende Regelung wurde unter Ablehnung eines Antrages OSER, die Wurzeln anders zu behandeln als die Äste, in der Grossen Expertenkommission gebilligt (ProtExpKomm 7. 11. 1902, S. 6 f.). Zur sog. unechten Lücke siehe DESCHENAUX in Schweiz. Privatrecht, Bd. II, S. 99 f., sowie EGGER, Kommentar, N. 43 zu Art. 1 und W. BURCKHARDT, Einführung in die Rechtswissenschaft, 2. Aufl. Zürich 1948, S. 215.

[10] HAAB, Kommentar, Art. 687/88, N. 2 a.E.

[11] Ausnahme EGzZGB Appenzell AR (1969), Art. 143 Abs. 2.

[12] ObGer Zürich, BlZR 36, 1937, Nr. 102.

[13] Das Gesetz lautet so, als ob die Kantone dem Grundeigentümer bloß eine mittelbar gesetzliche Dienstbarkeit auferlegen könnten, kraft deren er gegenüber den Nachbarn den Anspruch hätte, ihm das Dulden des Überhanges zu gestatten. Es kann indessen doch wohl nur eine unmittelbar gesetzliche Eigentumsbeschränkung sein und ist es auch in den Kantonen, welche das Kapprecht ausgeschlossen haben. Ausgeschlossen haben es Glarus, EG § 135, und ursprünglich beide Appenzell, doch ist Appenzell AR 1969, EG 143/44, zur Regel des ZGB zurückgekehrt. Beschränkt ist das Kapprecht in den Kantonen Freiburg, EG Art. 234, und Thurgau, EG Art. 87.

seinem Kapprecht keinen Gebrauch, steht ihm das Anries zu, wenn der Kanton, dessen Regelung es unterliegt, es nicht ausschließt.

III. Das Anries

«Anries» ist das, was auf den Boden rieselt oder «gerist» wird[14]. Es ist das Recht, die Früchte zu ernten, welche an übergreifenden Ästen gewachsen sind, und zwar sowohl durch Auflesen vom Boden als auch durch Pflücken. Darin hat der Gesetzgeber dem Grundeigentümer ein Äquivalent für die Verpflichtung, den Überhang zu dulden, gegeben. Mit der Trennung erwirbt dieser das Eigentum an den Früchten. Ist das Fruchtziehungsrecht einem Nutznießer oder einem Pächter überlassen, umfaßt es im Zweifel auch das Anries[15]. Es wird die Ansicht vertreten, hier werde das Eigentum an den Früchten erst durch die Perzeption (Inbesitznahme) erworben[16]. Der Eigentümer des Baumes, der die Früchte an den übergreifenden Ästen behändige, entwende sie nicht, da sie ihm gehören, auch wenn sie dem Nachbarn gebühren[17]. Dies gilt aber auch nach dem Separationsprinzip. Beim Pflücken vollzieht sich die Separation durch Perzeption. Daß das Separationsprinzip gemäß Art. 643 gilt, zeigt sich, wenn die Früchte auf den Boden des Nachbarn fallen. Schwierigkeiten in der Ausübung des Rechts ergeben sich, wenn der Baum an einer Halde steht und die Früchte auf das unten angrenzende Grundstück, auf dem der Baum steht, rollen, auch die unter das Anries des Oberliegers fallenden. Der Anries-Berechtigte hat dann das Rückholungsrecht gemäß Art. 700. Aber die Ausscheidung seines Anteils wäre schwierig und könnte leicht zu Streitigkeiten Anlaß geben[18].

Das Anries steht nur dem Eigentümer von bebautem oder überbautem Boden zu, nicht aber dem Eigentümer von Weideland oder von Boden, der

---

[14] Vgl. Laubrisenen = Laubfall, im alten Recht verbreitete Bezeichnung für die Jahresfrist: 9 oder 10 Laubrisenen als Verjährungs- und Ersitzungsfrist. Siehe LIVER, Ges. rechtsgeschichtl. Abhandlungen, S. 242 Anm. 17. Auch riesen (Holzstämme durch eine Runse zutalfahren lassen) dürfte das gleiche Wort sein (LIVER, Kommentar, N. 47 zu Art. 740). Siehe Idiotikon VI, Sp. 1362 und 1367; DtRWB s.v. «Abries», «Anries»; LINDENMANN, a.a.O. (Anm. 1), S. 59.

[15] Zum Fruchtziehungsrecht des am Grundstück dinglich oder persönlich Berechtigten siehe oben § 10, III.

[16] HAAB, N. 15, LEEMANN, N. 19 zu Art. 687/88, zit. ObGer Zürich, SJZ 12, 1915/16, S. 370 und BlZR 16, 1917, Nr. 13.

[17] So LEEMANN, a.a.O.

[18] Nach BGB § 911 gelten Früchte, die auf das Nachbargrundstück fallen, als Früchte dieses Grundstücks. Dies ist eine konsequente und einfache Regelung. Sie wird dem Sachverhalt, daß alle Früchte infolge der Neigung des Geländes oder infolge eines Sturmwindes auf das Grundstück rollen, auf dem der Baum steht, so daß der Anriesberechtigte leer ausgeht, nicht gerecht. Vgl. MEISNER/STERN/HODES (Lit. Verz. vor § 30), § 23, S. 546 ff. Mit dieser Regel stimmt überein Waadt, Code rural, Art. 31.

als Steinbruch oder Kiesgrube genutzt wird, auch nicht dem Eigentümer von Sachen im Gemeingebrauch (Straßen, Plätze, Gewässer) und infolgedessen auch nicht den den Gemeingebrauch ausübenden Personen.

Die Kantone können das Anries regeln oder aufheben, wovon einzelne von ihnen auch Gebrauch gemacht haben[19].

§ 35. Wasserablauf und Entwässerung

I. Wasserablauf (Art. 689 ZGB)

1. Der Grundsatz

«Keiner darf den natürlichen Ablauf des Wassers zum Schaden des Nachbarn verändern» (Art. 689 Abs. 2). Der Eigentümer der höher gelegenen Liegenschaft muß das Wasser so abfließen lassen, wie es nach der natürlichen Lage und Gestalt des Geländes rinnt, und der Eigentümer der tiefer gelegenen Liegenschaft hat es so, wie es ihm zufließt, aufzunehmen. Die damit begründete unmittelbar gesetzliche Eigentumsbeschränkung besteht in der gegenseitigen Verpflichtung der Nachbarn, jede Veränderung des natürlichen Wasserablaufs durch irgendwelche Vorrichtungen, durch Graben und Bauen, zu unterlassen. Dadurch darf der Abfluß nicht vermehrt, konzentriert oder von seiner natürlichen Richtung abgelenkt werden. Der Nachbar, dem das Wasser zufließt, darf es nicht zum Schaden des oberen Grundstückes an dessen Grenze aufhalten, so daß es sich hier staut oder auf ein anderes Grundstück zu dessen Schaden abfließt. Ist das Wasser aber seit langer, unvordenklicher Zeit von der Fallinie weggeleitet und seither in anderer Richtung durch einen natürlichen oder künstlichen Graben oder einem Hohlweg entlang abgeführt worden, ist das der natürliche Ablauf, der nicht zum Schaden eines Nachbarn verändert werden darf[1].

Dieser Grundsatz ist im römischen Recht ausgebildet und in der romanistischen Rechtswissenschaft vielfach und sehr eingehend behandelt worden. Das Hauptwerk in deutscher Sprache ist H. BURCKHARD, Die actio aquae pluviae arcendae, als Fortsetzung von GLÜCKS Pan-

---

[19] Wallis, EG Art. 180 bestätigt das Kapprecht und schließt das Anries aus; das Anries ist auch nach Art. 87 Abs. 2 EG Thurgau ausgeschlossen. Siehe im übrigen die Zusammenstellung bei WALDIS, a.a.O. (Lit. Verz. vor § 30), S. 136ff.
[1] E. SCHÖNBAUER, Die actio aquae pluviae arcendae, SavZ, Rom. Abt., 54, 1933, S. 233 ff.; HAAB, Art. 689/90, N. 3 a.E. und dortige Zitate; WOLFF/RAISER, § 102 II. Dies galt gemäß l. 1 §§ 11, 21 D. de aqua 39, 3 (DERNBURG, Pandekten (System) I, § 195, N. 9, S. 404).

dektenkommentar (1881)². Der Grundsatz hatte gemeinrechtliche Geltung, die sich auch auf unser früheres kantonales Recht erstreckte³. Der französische Code civil spricht ihn in Art. 640 aus. Er steht da unter dem Titel: Des servitudes qui dérivent de la situation des lieux. Damit wird, wie das auch im römischen Recht geschehen ist (fr. 2 pr. D de aqua 39,3: natura loci), zum Ausdruck gebracht, daß der Rechtssatz durch die natürliche Lage und topographische Gestalt der Grundstücke, also durch die Natur selber hervorgebracht wird. Nicht haltbar ist die Auffassung, daß durch ihn eine Servitut begründet wird⁴. Der italienische Codice civile stellt im Art. 913 die gleiche Regel auf und zwar, wie das ZGB, als unmittelbar gesetzliche Eigentumsbeschränkung⁵.

In Deutschland ist dieses Rechtsverhältnis der Gesetzgebung der Länder überlassen, welche den gemeinrechtlichen Grundsatz z.T. in ihre früheren und neuen Wassergesetze aufgenommen haben⁶. Eine Ausnahme machte das AllgPrLR, indem es dem Unterlieger das Recht gab, das Wasser von seinem Grundstück abzuwehren. Auch noch im WG 1913 besteht die Abnahmepflicht grundsätzlich nicht, wenn auch eine Annäherung an das gemeine Recht erfolgt ist. «Es ist dies der Punkt, an dem das preussische Wasserrecht am entschiedensten von allen anderen Wasserrechten abweicht.»⁷ In Österreich ist der gemeinrechtliche Grundsatz zwar nicht ins ABGB aufgenommen, wohl aber ins Reichswasserrechtsgesetz 1869 (§ 11) und aus diesem ins geltende Bundeswasserrechtsgesetz 1934 (§ 35) übernommen worden⁸.

2. Das Objekt

Der Art. 689 hat nur Oberflächenwasser (eau de surface) zum Gegenstand, Wasser also, das keinen Bach bildet, sondern ohne festes Bett oder feste Rinne über die Bodenfläche abfließt⁹. Als Beispiele führt das Gesetz an:

---

² Neben ihm ist aus neuerer Zeit E. SCHÖNBAUER zu nennen (s. Anm. 1). Sehr eingehend zum römischen, gemeinen und italienischen Recht: FERRINI/PULVIRENTI/BUTERA, Delle servitù, 3 Bände, 1908, 2. Aufl. 1920, I, S. 189–382.

³ EUGEN HUBER, System III, S. 305 ff.

⁴ PLANIOL/RIPERT/PICARD, Traité pratique, Nos. 504, 506, 609; CARBONNIER, Droit civil II/1, No. 51 I, S. 168; LIVER, Gesetzliche Eigentumsbeschränkungen (Lit. Verz. vor § 30), S. 749 ff.; U. NEUENSCHWANDER, a.a.O. (Lit. Verz. vor § 30), S. 309 ff.

⁵ BARASSI, Proprietà, N. 129 ff., S. 556 ff. im Kapitel: Il contenuto normale del diritto di proprietà e comproprietà.

⁶ Siehe die Zusammenstellung bei MEISNER/STERN/HODES, § 16 II 4, S. 307 f.; zum früheren badischen Wassergesetz siehe bes. den Kommentar von KARL SCHENKEL (1902), S. 29 f. und 210 ff.

⁷ WOLFF/RAISER, § 102 II, S. 416.

⁸ Zum WG 1869 siehe K. VON PEYRER, Kommentar, 3. Aufl. 1898; zum WG 1934 siehe HAAGER/VANDERHAAG, Kommentar, 1936. Allgemein EHRENZWEIG, System I/2, § 188, S. 137 und RANDA, Eigentum, S. 90 f., sowie DERSELBE, Österreichisches Wasserrecht, 3. Aufl. 1891, § 4, N. 10. (Siehe das Lit. Verz. vor § 40.)

⁹ BGE 48 II, 1922, S. 322 = Pra 11 Nr. 137; 64 II, 1938, S. 340 = Pra 27 Nr. 183 («cette disposition vise exclusivement les eaux de surface»). Das ZBG weist keine Bestimmungen über die privaten Bäche auf und hat deren Erlaß auch nicht den Kantonen vorbehalten, deren früheres Recht, das diese Verhältnisse z.T. eingehend regelte, aufgehoben ist, so daß eine Gesetzeslücke besteht, die durch Gewohnheitsrecht, als dessen Ausdruck das frühere in allen Kantonen übereinstimmende Recht gelten kann, oder durch Rechtsfindung auszufüllen ist, wobei das frühere Recht und seine Anwendung als bewährte Lehre und Überlieferung wieder zum Zuge käme. Siehe LIVER, Die Geschichte des Wasserrechts, ZSR 71 I, 1952, S. 342 und Berner Kommentar, Einleitungsband, N. 45 und 109 zu Art. 5.

Regenwasser (aqua pluvia), Schneeschmelze und Wasser von Quellen, die nicht gefaßt sind. Bildet der Abfluß der Quelle von Anfang an einen Bach, ist die Quelle Bestandteil dieses Wasserlaufes[10]. Ihr Wasser fällt nicht unter den Art. 689. Gewöhnlichen privaten Quellen ist der natürliche Abfluß nach Art. 689 zu lassen, aber nur solange sie nicht gefaßt sind. Damit soll gesagt sein, daß der Art. 689 dem Grundeigentümer nicht verbietet, die Quelle zu fassen und das Wasser in Röhren wegzuleiten[11].

Anderseits dürfte der Nachbar die Aufnahme des Wassers nicht verweigern, das bisher von einer nicht gefaßten Quelle auf sein Grundstück abgeflossen, nun aber der Überlauf des Brunnens ist, für den die Quelle gefaßt worden ist. Er wird dadurch ja nicht beschwert.

3. Gegenseitige Rechte und Pflichten der Nachbarn

Der Eigentümer des oberen Grundstückes hat alles zu unterlassen, was durch Änderung des natürlichen Wasserablaufes dem Eigentümer des unteren Grundstückes schadet. Er darf keine Vorrichtungen und Anlagen erstellen, um durch von außen zugeführtes Wasser die Abflußmenge zu vermehren, das bisher wild abgelaufene Wasser in einen Graben oder eine sonstige Leitung zusammenzuziehen, so daß es gesammelt über die Grenze fließt. Er darf auch die Abflußrichtung nicht verändern, so daß es einem anderen als dem bisherigen Nachbarn zufließt. Beide Nachbarn könnten sich dagegen zur Wehr setzen und die Wiederherstellung des früheren Zustandes verlangen. Aber schlechthin alles, was den natürlichen Abfluß verändert, kann nicht verboten sein. Das gilt für die Bebauung und den Wechsel der Kulturart sowie für die Überbauung des Grundstückes[12]. Eine Änderung des natürlichen Wasserabflusses tritt auch ein, wenn nach der Erstellung eines Gebäudes das Wasser vom Dache in Kännel zusammenfließt und so gesammelt abläuft. Ein Verstoß gegen Art. 689 liegt aber nicht vor. Nur darf das Wasser nicht vom Dach auf das Nachbargrundstück fallen[13]. Auch muß

---

[10] Siehe die Ausführungen zum Quellenrecht unten § 40.
[11] BGE 48 II, 1922, S. 322 = Pra 11 Nr. 137.
[12] Die actio aquae pluviae arcendae (arcere = abwehren) hatte der Nachbar nach l. 1 § 1 D. 39,3: ... quotiens manu facto opere agro aqua nocitura est, id est cum quis manu fecerit, quo aliter fluerit, quam natura soleret, si forte immittendo eam aut maiorem fecerit aut citatiorem aut vehementiorem aut si comprimendo redundare effecit (wenn der Grundeigentümer bewirkt, daß das Wasser anders abfließt als im natürlichen Lauf, daß die Wassermenge vermehrt wird, oder daß sie rascher und heftiger oder zusammengezogen abfließt). – Gegen Veränderungen, die durch Anbauarbeiten verursacht werden (agri colendi causa aratro), ist die Klage nicht gegeben (l. 1 § 3 D.h.t. 39,3).
[13] Dies ergibt sich aus CCfr. Art. 681; PLANIOL/RIPERT/PICARD, No. 906.

dem Grundeigentümer gestattet sein, dem Wasser nötigenfalls den Weg zu öffnen, damit es ungehindert abfließen kann.

Der Eigentümer des unteren Grundstückes ist verpflichtet, das Wasser aufzunehmen, d.h. auf sein Grundstück und über dieses weiterfließen zu lassen. Dies gilt auch, wenn das Wasser Erde, Sand, Kies zuführt, nicht aber, wenn es vom Oberlieger durch die Einleitung von Jauche und sonstigen Abgängen und Abfällen verschmutzt worden ist. Dann liegt eine nach Art. 684 übermäßige lästige oder schädliche Immission vor. Wenn er sein Grundstück überbaut oder mit einer Mauer einfriedigt, hat er Durchlässe anzubringen und dem Wasser freien Lauf zu geben[14]. Bildet sich auf seinem Grundstück ohne sein Zutun eine Bodenerhöhung aus angeschwemmtem Material oder sonstwie, hat er dieses Hindernis des Abflusses zu beseitigen. Er kann also auch zu einem Tun verpflichtet sein, doch ist das keine selbständige Verpflichtung, sondern nur eine Nebenerscheinung (adminiculum) der Aufnahmepflicht[15].

Der Last entspricht das Recht des Unterliegers, vom Oberlieger zu verlangen, daß er ihm das Wasser, das er nicht selber benötigt, zufließen lasse, soweit er es nötig hat (Art. 689 Abs. 3). Um diesen Anspruch ist im justinianischen Recht die actio aquae pluviae arcendae erweitert worden[16]. Nur das für ihn unentbehrliche Wasser darf der obere Grundeigentümer zurückbehalten und zur Bewirtschaftung seiner Liegenschaft verwenden.

4. Die Ansprüche

Den Nachbarn stehen die Ansprüche zu, welche ihnen der Art. 679 gibt. Auch die Aktiv- und Passivlegitimation richtet sich nach dieser Vorschrift. Es besteht kein Grund, das Klagerecht den Mietern und Pächtern abzusprechen und nur den dinglich Berechtigten zuzuerkennen[17]. Die Klage kann sich auch gegen das Gemeinwesen oder eine andere Korporation des öffentlichen Rechts wenden. Das Gemeinwesen kann insbesondere als Straßeneigentümer belangt werden, wenn es das auf der Straße sich sammelnde Wasser wild auf die anliegenden Grundstücke abfließen läßt. Die Verantwort-

---

[14] «Ne inferior aquam quae natura fluit, opere facto inhibeat per suum agrum decurrere» (l. 1 § 13 D.h.t. 39,3).

[15] Vgl. bei LIVER, Kommentar, Art. 730, N. 217, den analogen Fall.

[16] M. KASER, Das römische Privatrecht, II, München 1959, S. 196; BONFANTE, Corso di diritto romano (zit. § 3, Anm. 1), II/1, S. 339: «Giustiniano finalmente ha innovato in modo radicale il regime dell'actio aquae pluviae arcendae».

[17] Zu beachten ist bloß, daß, wie oben (§ 33, I, Anm. 5 und 32, IX 3) bemerkt wurde, jeder Kläger nur seine eigenen Interessen geltend machen kann.

lichkeit kann sich jedoch aus speziellen Vorschriften des öffentlichen Rechtes ergeben, namentlich aus der Straßengesetzgebung[18]. Wie für die Haftung aus Art. 685 muß die Einwirkung nicht übermäßig sein[19].

II. Entwässerung (Art. 690 ZGB)

Das Verbot, den natürlichen Ablauf zu verändern und dem Unterlieger künstlich zugeführtes oder zusammengezogenes Wasser zuzuleiten, kann ein Hindernis für die Entwässerung der Liegenschaft sein. Dieses Verbot bedarf deshalb einer Beschränkung, wie sie in verschiedenen in- und ausländischen Gesetzen vor dem Inkrafttreten des ZGB bereits bestanden hat. Am deutlichsten tritt die Durchsetzung dieses Bedürfnisses in der Gesetzgebung Frankreichs in Erscheinung. Durch Gesetz vom 8. April 1898 wurde die Pflicht der Aufnahme ausgedehnt auf Wasser, das auf dem oberen Grundstück im Interesse der landwirtschaftlichen oder auch gewerblichen Ertragssteigerung zutagegefördert, gefaßt oder zusammengezogen ist oder in Abweichung vom natürlichen Lauf abgeleitet wird (CCfr. Art. 641 Abs. 2–4). Schon 1845 und 1854 war die Pflicht zur Aufnahme jeglichen Wassers, mit dem das obere Grundstück bewässert oder das durch die Entwässerung zusammengezogen und abgeleitet wird, gegen Ersatz des Schadens statuiert worden (Art. 641 Abs. 6 und 7)[20]. Entsprechende Bestimmungen fehlten im Entwurf des ZGB. Der Art. 690 wurde diesem erst auf Anregung der Konferenz der schweizerischen beamteten Kulturingenieure eingefügt. In deren Eingabe wurde geltend gemacht, daß der Art. 689 die Drainage unnötig erschwere, obwohl sie in der Regel dem unteren Grundstück nicht schade, da sie das Wasser wohl konzentriere und vermehre, aber bewirke, daß es stetig und regelmäßig abfließe und auch kein Geschiebe führe.

Im Art. 690 ist die Pflicht zur Aufnahme des Wassers gegenüber Art. 689 nicht wesentlich erschwert. Die Abweichung von dieser Norm besteht darin, daß die Entwässerung durchgeführt werden kann, ohne daß vorher ein Durchleitungsrecht mit der Pflicht zu vorgängiger Entschädigung er-

---

[18] BGE 68 II, 1942, S. 371 = Pra 32 Nr. 39; 61 II, 1935, S. 223 = Pra 25 Nr. 45 (entgegen der damaligen Ansicht des BGer hätte auch aus Art. 58 OR geklagt werden können). Siehe dazu LIVER, Die nachbarrechtliche Haftung des Gemeinwesens, ZBJV 99, 1963, S. 246f., 261ff.; AppH Bern, ZBJV 69, 1933, S. 495ff.
[19] BGE 68 II, 1942, S. 371 = Pra 32 Nr. 39: «Eine solche Interessenabwägung ist nach Art. 689/90 nicht angängig». In diesem Urteil wird auch die Frage, ob solidarische oder anteilmäßige Haftung verschiedener Grundeigentümer bestehe, eingehend erörtert.
[20] PLANIOL/RIPERT/PICARD, Traité pratique, Nos. 504–506; PLANIOL/RIPERT/BOULANGER II, No. 3120.

worben werden muß. Wenn sich dann zeigt, daß dem unteren Grundstück nur Wasser zugeleitet wird, das ihm schon vorher zugeflossen ist, oder daß die neue Zuleitung ihm nicht schadet, hat es dabei sein Bewenden. Entsteht aber infolge der Zuleitung des Drainagewassers Schaden, muß dieses Wasser in unschädlicher Weise durch das untere und gegebenenfalls durch weitere Grundstücke hindurchgeführt werden. Zu diesem Zweck muß dann das Durchleitungsrecht erworben werden, es wäre denn, die Eigentümer dieser Grundstücke würden selber die erforderlichen Maßnahmen treffen, was ihnen nicht verwehrt sein kann[21], und vom Oberlieger oder von der Meliorationsgenossenschaft (Art. 703) nur den Ersatz der Kosten verlangen[22].

§ 36. Das Durchleitungsrecht

Literatur: K. BRUGGMANN, Das Durchleitungsrecht im schweizerischen Privatrecht, Diss. Bern 1913; MARGRIT BUGMANN, Die Enteignung für Fortleitung und Verteilung elektrischer Energie, Diss. Zürich 1943, Zürcher Beiträge 94; EUGEN MEIER, Das Recht der Gemeindekanalisationen und der Einleitung von Abwasser in die öffentlichen Gewässer, Diss. Freiburg, Veröffentlichungen zum aarg. Recht 4, 1948; U. NEUENSCHWANDER, Die Leistungspflichten der Grundeigentümer im französischen Code civil und im schweizerischen ZGB (Lit. Verz. vor § 30), § 37, I: Der Anspruch auf Einräumung eines Notweges und einer Notleitung.

I. Gegenstand

Das nachbarliche Durchleitungsrecht gemäß Art. 691 ZGB ermöglicht dem Grundeigentümer, Stoffe und Kräfte über fremde Grundstücke seiner Liegenschaft zuzuführen oder von ihr abzuleiten. Das Gesetz nennt im Art. 691 als Beispiele der Objekte und Anlagen der Durchleitung: Brunnen, Drainierröhren, Gasröhren und dergl.; im Art. 676 sind auch die Elektrizitätsleitungen genannt, die auch hier in der vorderen Linie stehen müßten[1]. Auch Abwasserleitungen fallen unter den Art. 691, wenn sie nicht übermäßige Immissionen verursachen oder nach dem Gewässerschutzgesetz un-

---

[21] LEEMAN, N. 19 und HAAB, N. 6 zu Art. 690.
[22] Die Klarstellung der rechtlichen Bedeutung des Art. 690 ist namentlich der Kommentierung dieses Artikels durch HAAB zu verdanken.
[1] Zu erwähnen sind auch Leitungen für Wärme von Fernheizwerken (LIVER, Gutachten in: Der bernische Notar, 1959, S. 46 ff.).

zulässig sind². In der Praxis sind den Leitungen auch Rollbahnen, Verbindungsgeleise und Seilbahnen gleichgestellt worden. Das Bundesgericht hat dem jedoch für Luftseilbahnen nicht zugestimmt, weil sie das belastete Grundstück in anderer Weise beeinträchtigten als die Leitungen, eher so wie ein Weg, so daß auf sie die Anwendung der Bestimmungen über den Notweg in Frage käme³.

Belastet sind mit dem Durchleitungsrecht die Grundstücke zwischen dem Ausgangs- und dem Empfangsgrundstück der Leitung.

II. Rechtliche Natur

Die Belastung mit dem Durchleitungsrecht kann verschiedenen Kategorien von Eigentumsbeschränkungen entsprechen. Sie kann sein:

a) eine unmittelbar gesetzliche Eigentumsbeschränkung[4],
b) eine mittelbar gesetzliche Eigentumsbeschränkung (Legalservitut),
c) eine (gewöhnliche) Dienstbarkeit, begründet
  α) durch Vertrag (Art. 675/76, 742),
  β) durch Enteignung[5].

Das nachbarrechtliche Durchleitungsrecht ist eine Grunddienstbarkeit, welche der Eigentümer des belasteten Grundstücks dem Eigentümer des berechtigten Grundstückes in Erfüllung einer gesetzlichen Verpflichtung, die eine Realobligation ist, eingeräumt hat. Es fällt unter die lit. b der vorstehenden Übersicht (Legalservitut)[6].

Das Durchleitungsrecht für die Zuführung von Wasser und für die Ableitung des Drainagewassers war im früheren kantonalen Recht (in Civilgesetzbüchern, Wassergesetzen, Flurgesetzen) aller Landesteile anerkannt und geregelt[7].

---

[2] Aarg. ObGer, Viertelj. Schrift 36, Nr. 4, S. 6 = ZBGR 32, 1951, Nr. 30, S. 110ff.; AppH Bern, ZBJV 68, 1932, S. 545f.; RR St. Gallen, GVP 1961, Nr. 76, S. 203.
[3] BGE 71 II, 1945, S. 83 = Pra 34 Nr. 103. Dazu CH. KNAPP, JdT 93 I, 1945, S. 518ff.
[4] Leitungen der öffentlichen Wasserversorgung, Kanalisationsleitungen gemäß kant. Recht; elektr. Schwachstromleitungen der PTT, die durch den Luftraum eines Grundstücks geführt werden, ohne dessen Nutzung zu beeinträchtigen, gemäß eidg. ElG Art. 6; siehe ferner § 29, Anm. 11.
[5] Leitungen der PTT nach ElG Art. 12 sowie insbesondere Starkstromleitungen nach ElG Art. 43ff.; für Leitungen öffentlicher Werke kann nach eidg. und kant. Recht (Eisenbahn- und Straßengesetzgebung, Bodenverbesserungsrecht, Gewässerschutzgesetzgebung) expropriiert werden.
[6] LIVER, Zürcher Kommentar, Einleitung, N. 89ff. und Art. 731, N. 6, 33, 71; BGE 93 II, 1967, S. 170 = Pra 56 Nr. 142 (Legalservitut im Sinne von Art. 694).
[7] EUGEN HUBER, System III, S. 308ff.

Das BGB hat die Gesetzgebung über Leitungen den Ländern überlassen. Diese haben z.T. Bestimmungen darüber in ihre Wassergesetze aufgenommen[8].

In Frankreich ist das Durchleitungsrecht, nachdem es 1898 nur zum Zwecke der Bewässerung eingeführt worden war, für die Zuführung und Ableitung von Wasser auch zu anderen Zwecken 1955, 1960 und 1964 im Code rural als «servitude d'aqueduc» eingehend geregelt worden[9].

In Italien ist das Durchleitungsrecht im Codice civile als 1.Abschnitt des Kapitels Delle servitù coattive unter dem Titel «Dell'acquedotto e dello scarico coattivo» in den Art. 1033–1046 sehr eingehend geregelt. Die servitù coattiva entspricht unserer Legalservitut[10]. In den Hauptzügen konnte diese Regelung aus dem CCit. 1865 übernommen werden, der in den wasserrechtlichen Bestimmungen die größte Selbständigkeit gegenüber dem CCfr. bewiesen hat, was auf der Entwicklung des Wasserrechtes in der Lombardei beruht, rühmlichst bearbeitet von G.D. ROMAGNOSI, übergeführt in die sardische Kodifikation, den Codice Albertino 1837[11].

Österreich kennt kein privates nachbarliches Durchleitungsrecht, wohl aber ein umfassendes Recht der Expropriation von Wasserleitungsdienstbarkeiten gemäß § 50 des Bundeswasserrechtsgesetzes, mit welchem der Anwendungsbereich des § 31 des Reichswasserrechtsgesetzes von 1869 erweitert worden ist.

Der Vergleich zeigt, daß in keinem unserer Nachbarstaaten ein nachbarrechtliches Durchleitungsrecht mit einer so allgemeinen Zweckbestimmung besteht wie sie unser Durchleitungsrecht gemäß Art. 691 hat.

III. Der Anspruch auf Einräumung des Durchleitungsrechtes

Dem Anspruch liegt, wie allen «Notrechten» der nachbarrechtliche Gedanke zugrunde, daß der Grundeigentümer verpflichtet ist, dem Nachbarn aus der Not zu helfen, indem er ihm, wenn das ohne unverhältnismäßige Belastung geschehen kann, die Benutzung seines Grundstückes gegen Entschädigung gestattet[12]. Daraus folgt, daß der Nachbar die Gewährung des Durchleitungsrechtes nur verlangen kann, wenn er es für die bestimmungsgemäße Nutzung seines Grundstückes nötig hat. Dies dürfte, entgegen der herrschenden Meinung[13], auf luxuriöse Bedürfnisse, wie für die Errichtung eines Springbrunnens, nicht zutreffen. Das Durchleitungsrecht kann eine Wasserversorgungsunternehmung, auch wenn ihr das Enteignungsrecht

---

[8] Zusammengestellt bei MEISNER/STERN/HODES, § 27 V unter dem Titel Leitungsnotweg; im übrigen wird in Lehre und Praxis die analoge Anwendung der §§ 917/18 BGB (Notweg) vertreten; siehe MEISNER/STERN/HODES, S. 574; P. GIESEKE, Leitungen auf fremden Grundstücken, in: Festschrift Hedemann, Berlin 1958, S. 104; LIVER, Gesetzliche Eigentumsbeschränkungen (Lit. Verz. vor § 30), S. 757 f.

[9] Siehe MARTY/RAYNAUD, Droit civil II/2, No. 278.

[10] LIVER, a.a.O. (oben Anm. 8), S. 765 ff.

[11] Siehe FERRINI/PULVIRENTI/BUTERA, Delle servitù (zit. § 35, Anm. 2), II, N. 518 ff.; ferner Hinweis LIVER in der rechtsvergleichenden Geschichte der Servitut in ZSR 85 I, 1966, S. 302 und 327, wo auch die wichtigste Literatur zum geltenden Dienstbarkeitsrecht Italiens verzeichnet ist.

[12] Siehe oben § 30, II 2; LIVER, Gesetzliche Eigentumsbeschränkungen, S. 751 f. und Zürcher Kommentar, Einleitung, N. 87 ff.; Vorbemerkung vor Art. 730 N. 1; Art. 736, N. 24 ff.; Art. 740, N. 23.

[13] LEEMANN, N. 23 und HAAB, N. 4 zu Art. 691.

versagt wäre, nicht beanspruchen an den zwischen ihrer Hauptleitung und dem zu versorgenden Grundstück liegenden Parzellen, weil damit ja nicht die Bewirtschaftung ihr gehörender Liegenschaften ermöglicht werden soll. Der Anspruch stünde nur dem Eigentümer des Empfangsgrundstückes zu[14].

Der Anspruch besteht nur im Verhältnis der Nachbarschaft. Aber hier ist, wie vorn bemerkt wurde (§ 32, Anm. 8), die Bestimmung des Umkreises der Nachbarn mit Schwierigkeiten verbunden. Wird sie entsprechend dem Grundsatz des Immissionsrechtes vorgenommen, wonach jedes Grundstück, welches von der Immission betroffen wird, als benachbart gilt, richtet sich der Anspruch auf Gestattung der Durchleitung gegen alle Grundeigentümer, durch deren Liegenschaften die Leitung geführt wird, wie weit sie vom berechtigten Grundstück auch entfernt sein mögen. Es ist sehr wohl denkbar, daß eine private Zu- oder Ableitung von Wasser sich auf mehrere Kilometer erstreckt. Ein Abgrenzungskriterium nach der Länge der Leitung gibt es nicht. Es empfiehlt sich deshalb diese Abgrenzung fallen zu lassen[15].

Der Anspruch kann sich auch gegen das Gemeinwesen oder eine andere Korporation des öffentlichen Rechtes richten, wenn die Leitung die Erfüllung der öffentlichen Zweckbestimmung des zu belastenden Grundstückes nicht beeinträchtigt[16]. Die Verpflichtung des Nachbarn besteht nur, «insofern sich die Leitung ohne Inanspruchnahme seines Grundstückes gar nicht oder nur mit unverhältnismäßigen Kosten durchführen läßt» (Art. 691 Abs. 1). Damit ist der Grundsatz der Proportionalität ausgesprochen, der im Nachbarrecht noch allgemeinere (sein Wesen bestimmende) Bedeutung hat als im Dienstbarkeitsrecht und insbesondere notwendige Voraussetzung des Notrechtsanspruches ist in allen seinen Erscheinungen (Überbaurecht, Durchleitungsrecht, Notwegrecht, Notbrunnenrecht)[17]. Ihm entspricht auch

---

[14] BGE 51 II, 1925, S. 158 = Pra 14 Nr. 111. Vgl. dazu LIVER, Kommentar, Art. 734, N. 159f., 173ff. und Nachtrag S. 678.

[15] Für kilometerlange Leitungen kann nach herrschender Ansicht das Durchleitungsrecht nicht beansprucht werden: LEEMANN, N. 14 und HAAB, N. 6 zu Art. 691; WALDIS, a.a.O. (Lit. Verz. vor § 30), S. 158; BGE 76 I, 1950, S. 385ff. = Pra 40 Nr. 84 Erw. 9. Der Hinweis auf das Enteignungsrecht ist unbehilflich, da sich die Frage überhaupt nur stellen kann, wenn die Möglichkeit der Expropriation nicht gegeben ist.

[16] Diese Frage ist vom BGer noch offen gelassen worden: BGE 58 I, 1932, S. 241 = Pra 21 Nr. 162; 76 I, 1950, S. 385ff. = Pra 40 Nr. 84. Jedenfalls darf das Durchleitungsbegehren nicht aus Gründen der wirtschaftlichen Konkurrenz abgelehnt werden. Das tatsächliche Monopol des Durchleitungsrechts der Gemeinde über öffentlichen Boden ist beschränkt auf Leitungen für die Zuführung und Verteilung von elektrischer Energie (ElG Art. 46 Abs. 3). Siehe dazu LIVER, Eigentumsbegriff und Eigentumsordnung (zit. § 1, Anm. 7), S. 254, Anm. 22, in den Privatrechtl. Abhandlungen S. 158.

[17] LIVER, Zürcher Kommentar, Art. 736, N. 28, 129, 171f., 182; Art. 737, N. 43, 59ff., 70 und Nachtrag S. 683; Art. 738, N. 16, 41; Art. 739, N. 52; Art. 742, N. 11, 14, 93.

das Gebot der Rücksicht auf die Interessen des belasteten Grundeigentümers (Art. 691 Abs. 2), das sowohl für die Führung und Ausführung der Leitung gilt, als auch für die im Durchleitungsrecht eingeschlossene Befugnis der Begehung und Benutzung des Grundstückes zum Zwecke der Kontrolle, des Unterhaltes und der Erneuerung der Leitung. Wenn durch die Leitung (Leitungsmast, Sammel- oder Kontrollschacht einer Wasserleitung) ein Stück Boden des belasteten Grundstückes, etwa am Rand oder in einer Ecke, so entwertet wird, daß es nicht mehr rationell genutzt werden kann, ist der Eigentümer befugt, seine Abnahme in angemessenem Umfang gegen volle Entschädigung zu verlangen (Art. 692 Abs. 2). Dieses der «Ausdehnung der Enteignung» entsprechende Recht ist das gleiche, das der mit dem Überbau belastete Grundeigentümer hat (oben § 28, II 1 und 3).

Da der Anspruch die Errichtung einer Grunddienstbarkeit zum Gegenstand hat, kann er sich primär nur gegen den Grundeigentümer selber richten, da nur er (nicht der dinglich oder gar nur persönlich am Grundstück Berechtigte) zu dieser Belastung befugt ist. Zustehen kann der Anspruch auch nur dem Grundeigentümer sowie Inhabern selbständiger und dauernder Rechte, die in das Grundbuch aufgenommen sind (Baurecht, Quellenrecht)[18].

Ausgeschlossen ist der nachbarrechtliche Anspruch auf Einräumung des Durchleitungsrechtes, wenn nach eidgenössischem oder kantonalem Recht die Möglichkeit seiner Begründung durch Enteignung besteht. Dann dient die Leitung einem öffentlichen, nicht einem privaten nachbarrechtlichen Interesse. Es besteht dann auch keine Notlage[19].

IV. Begründung

Das Durchleitungsrecht wird, wenn eine Einigung zustandekommt, durch vertragliche Einräumung kraft gesetzlicher Verpflichtung begründet. Der Erwerber kann es nach Art. 691 Abs. 3 auf seine Kosten in das Grundbuch eintragen lassen. Es bedarf also zu seiner Entstehung der Eintragung nicht, sondern entsteht außergrundbuchlich. Diese Vorschrift macht eine Ausnahme vom Eintragungsprinzip, dem die Legalservituten unterstehen[20]. Sie wurde mit der Erwägung begründet, die Intensität der Belastung sei

---

[18] Ebenso HAAB, N. 3 und 4 zu Art. 691. Zuzustimmen haben, damit das Durchleitungsrecht auch ihnen gegenüber wirksam wird, die am zu belastenden Grundstück dinglich Berechtigten. Siehe dazu im Kommentar LIVER, Einleitung, N. 88 a.E. und 103; Art. 731, N. 90; LEEMANN, Art. 691, N. 15.
[19] BGE 51 II, 1925, S. 158 = Pra 14 Nr. 111.
[20] Siehe oben § 30, II 3.

im Vergleich mit dem Notwegrecht gering; auch wären Änderungen des Eintrages häufiger nötig[21]. Vermag diese Begründung auch nicht zu überzeugen, so hat sich doch in der Praxis herausgestellt, daß Leitungen in Grundstücken liegen, deren Entfernung mit ganz unverhältnismäßigen Nachteilen für den Eigentümer des berechtigten Grundstückes verbunden wäre, für die aber keine andere Rechtsgrundlage besteht als die formlose Gestattung ihrer Erstellung durch den Eigentümer des belasteten Grundstückes. Unvordenklichkeit des Bestandes braucht nicht gegeben zu sein. Es liegt deshalb nahe, nicht nur vom Erfordernis der Eintragung, sondern auch von dem der schriftlichen Form gemäß Art. 732 abzusehen. Dies dürfte unvermeidlich sein[22].

Willigt der Nachbar in die vertragliche Begründung des Durchleitungsrechtes nicht ein, obwohl er dazu verpflichtet ist, kann der Anspruch gegen ihn (und die an seinem Grundstück dinglich Berechtigten) mit einer Leistungs- oder Gestaltungsklage durchgesetzt werden. Für diese Klagen gilt, was zum Überbaurecht ausgeführt wurde (§ 28, II 3 b).

Zur Begründung des Durchleitungsrechts als gewöhnliche Dienstbarkeit und zu den an den Leitungen bestehenden Eigentumsverhältnissen siehe § 29, II.

V. Schadenersatz

Der Nachbar braucht die Durchleitung erst zu gestatten, nachdem ihm der mit der Ausübung des Durchleitungsrechtes entstehende Schaden ersetzt worden ist. Er kann von dieser Leistung die Begründung des Durchleitungsrechts abhängig machen. Auch das Urteil, mit dem er zur Einräumung verpflichtet wird, ist dann ein bedingtes Urteil. Zu ersetzen ist nicht nur der Kulturschaden, sondern auch der Minderwert des Grundstückes, welcher durch die Belastung verursacht wird[23]. Im Streit über die Höhe des künftigen Schadens kann der Durchleitungsberechtigte, wenn sein Anspruch auf das Durchleitungsrecht nicht streitig ist, durch Hinterlegung des von der zuständigen Behörde geschätzten Schadensbetrages sich das Recht öffnen lassen. Er kann dann mit den Bauarbeiten beginnen, auch wenn der Schadenersatz erst im Prozeß definitiv festgesetzt werden muß.

---

[21] EUGEN HUBER, Sachenrecht, S. 64; Kommentar LIVER, Einleitung, N. 92; Art. 731, N. 14.
[22] Kommentar LIVER, Art. 732, N. 7 und 67; Art. 743, N. 47; Graubünden, PKG 1958, Nr. 31, S. 87 ff.; AppH Bern, ZBJV 68, 1932, S. 545 = ZBGR 23, 1942, Nr. 59, S. 136 f.
[23] Der durch die Kontrolle, den Unterhalt und die Erneuerung der Leitung später entstehende Kulturschaden ist jeweils nach seiner Entstehung zu vergüten.

VI. Untergang des Durchleitungsrechtes

Das Recht geht, abgesehen vom Verzicht als Verpflichtung und als Verfügung, unter mit dem Wegfall des Interesses an der Durchleitung und zwar des ursprünglichen Interesses. Dies wird offenkundig, wenn die Leitung dem Zerfall überlassen oder zu einem andern als dem Zweck der Begründung benutzt wird[24]. Da das Durchleitungsrecht ein Notrecht ist, fällt es mit der Behebung der Notlage dahin, ohne daß die strengen Voraussetzungen des Art. 736 erfüllt sind[25]. Das Recht, nicht der gesetzliche Anspruch auf seine Einräumung, geht auch unter, wenn es nicht eingetragen und das Grundstück von einem Dritten gutgläubig erworben wird. Gegenüber dem Erwerber besteht nur der Anspruch auf neuerliche Einräumung gegen Entschädigung[26].

VII. Die Verlegung der Leitung

«Wenn die Verhältnisse sich ändern» und der belastete Grundeigentümer infolgedessen stärker behindert ist, kann er vom Berechtigten auf dessen Kosten die Verlegung der Leitung verlangen. Die Kostenfrage war im Entwurf ins Ermessen des Richters gestellt. Diese wohlbegründete Bestimmung ist dann aber in der parlamentarischen Beratung geändert worden und zwar im Hinblick auf die Überlandleitungen der damals im Aufkommen begriffenen Elektrizitätswirtschaft. Maßgebend für diese Änderung war die Erwägung, daß in diesem Verhältnis die Kosten nur vom Elektrizitätsunternehmer, niemals vom belasteten Grundeigentümer, getragen werden können. Aber unter diesem Gesichtspunkt können die Verhältnisse auch umgekehrt liegen. Die Verlegungskosten können für den Durchleitungsberechtigten untragbar sein, so daß er, wenn sie ihm auferlegt würden, auf sein Recht überhaupt verzichten müßte, was unmöglich dem Willen des Gesetzes entsprechen kann. Man denke bloß an den Werkkanal eines Handwerkers, der auf eine Strecke von 100 oder 200 m durch den Boden einer Gemeinde

---

[24] Siehe Kommentar LIVER, Erläuterungen des Art. 736 sowie die nachstehenden Abhandlungen: Die Aufhebung und Ablösung von Servituten, ZBGR 42, 1961, S. 1 ff. und Festschrift Emilio Betti V, Milano 1962, S. 279 ff.; Die Löschung infolge Unterganges des dinglichen Rechtes, ZBGR 39, 1958, S. 321 ff.; Der Verzicht auf beschränkte dingliche Rechte und auf den Miteigentumsanteil, in: Festschrift Walther Hug, Bern 1968.
[25] Siehe LIVER, Zürcher Kommentar, Einleitung, N. 104 und Nachtrag S. 651; Art. 734, N. 177; Art. 736, N. 75 und Nachtrag S. 680, N. 180 a.E.; Art. 740, N. 28; Art. 742, N. 83.
[26] Dies ist in BGE 51 II, 1925, S. 158 = Pra 14 Nr. 111 übersehen. Vgl. dazu Kommentar LIVER, Art. 734, N. 159 f. und 173 ff. mit Nachtrag S. 678.

verläuft, welcher von dieser als Industrieland mit dem Versprechen, die Entfernung des Kanals zu verlangen, verkauft wird. Die Kosten der Verlegung würden den Wert des Wasserrechtes mehrfach übersteigen. Die Veränderung der Verhältnisse kann auch bei der Begründung des Durchleitungsrechts vorausgesehen und in der Bemessung der Entschädigung voll berücksichtigt worden sein. In manchen Fällen ist die Verlegung nur mit ganz exorbitanten Kosten oder überhaupt nicht möglich. Wenn man dies alles bedacht und nicht nur die Elektrizitätsleitungen ins Auge gefaßt hätte, würde man es bei der Bestimmung des Entwurfes belassen haben. Zwar sind die Kosten der Verlegung nach dem Art. 693 Abs. 2 dem Berechtigten nur «in der Regel» aufzuerlegen. Nach Abs. 3 kann ein angemessener Teil der Kosten dem Belasteten auferlegt werden, «wenn besondere Umstände es rechtfertigen». Diese Umstände hat man in der Literatur immer nur in dem besonderen Vorteil zu sehen vermocht, welchen die Verlegung dem Belasteten bringt, und im übrigen Ausnahmen von der Regel bis zu deren Umkehrung aus der «elastischen» Fassung des Art. 693 Abs. 2 und 3 zugestehen wollen[27]. Aber ein besonderer Vorteil des belasteten Grundeigentümers ist ja immer gegeben, ist er doch die Voraussetzung und das Motiv des Verlegungsbegehrens. Die bisherige Interpretation des Art. 693 in der Literatur und Praxis läuft auf eine Befolgung der Regel nach ihrem Wortlaut und auf völlig unbestimmbare Abweichungen von ihr im Bedarfsfall hinaus. Nach dem Ergebnis meiner eingehenden Untersuchung[28] könnte der Art. 693, besonders auch unter Berücksichtigung seiner finanziellen Motivierung durch den Gesetzgeber, so verstanden werden, daß er in allen Fällen angewendet werden könnte, und zwar ohne daß vom Wortlaut soweit abgewichen würde wie es bisher in der Literatur als möglich gehalten wurde. Mein Vorschlag lautet: «Die Kosten sind nach Ermessen des Richters unter Berücksichtigung der beidseitigen Vor- und Nachteile sowie der finanziellen Leistungsfähigkeit der Beteiligten zu verteilen»[29]. Das Bundesgericht hat diesen Vorschlag jedoch abgelehnt, weil es offenbar keinen Wert auf die Entscheidung der Frage nach Grundsätzen legt, sondern am Wortlaut festhalten will, soweit damit ohne Mißachtung von Vernunft und Gerechtigkeit entschieden werden kann, und im übrigen von Fall zu Fall Ausnahmen «nach Recht und Billigkeit» machen würde, denn ohne solche kann es nicht abgehen[30]. Der Gesetzgeber hat der verfehlten Bestimmung noch größere

---

[27] WIELAND, Kommentar, Bem. zu Art. 693; LEEMANN, N. 11 und HAAB, N. 19 zu Art. 691–693; WALDIS, a.a.O., S. 168.
[28] Kommentar LIVER, Art. 742, N. 1–139.
[29] Kommentar LIVER, Art. 742, N. 100.
[30] BGE 97 II, 1971, S. 371 = Pra 61 Nr. 123; vgl. dazu LIVER, Bespr. in ZBJV 109, 1973, S. 84.

und bedenklichere Bedeutung gegeben, indem er ihr als Ausnahmebestimmung auch Durchleitungsrechte unterstellte, welche nicht auf Grund gesetzlicher Verpflichtung, sondern als gewöhnliche Dienstbarkeiten errichtet worden sind (Art. 742 Abs. 3)[31].

Daß die Verlegung auch auf ein anderes Grundstück des Belasteten oder sogar auf das eines Dritten verlangt werden kann, ist für die Legalservituten deshalb leichter zu begründen als für die übrigen Dienstbarkeiten, weil sie gemäß ihrem Charakter als Notrechte stärker durch die clausula rebus sic stantibus bedingt sind, so daß die Belastung eines anderen Grundstückes, für welches infolge einer Änderung der Verhältnisse die Voraussetzungen der Belastung in höherem Maße gegeben sind, verlangt werden kann[32].

§ 37. Der Notweg

I. Der Begriff

Der Notweg im Sinne des Art. 694 ist das Wegrecht, das Nachbarn einem Grundeigentümer einzuräumen haben, der sich in einer Notlage befindet, weil ihm der für die bestimmungsgemäße Benutzung seines Grundstückes genügende Weg zur öffentlichen Straße fehlt[1].

II. Die rechtliche Natur

Das Notwegrecht hat die gleiche rechtliche Natur wie die anderen gesetzlichen Notrechte: Das Überbaurecht (vorn § 28, II), das Durchleitungsrecht (vorn § 36) und das Notbrunnenrecht (hinten § 43, II). Das Gesetz begründet das Recht des Grundeigentümers auf den Notweg und die Verpflichtung von Nachbarn zu dessen Errichtung. Dieses Rechtsverhältnis ist eine gesetzliche Realobligation. Das Notwegrecht einerseits und die Belastung von Nachbarn mit ihm bestehen nicht kraft Gesetzes, sondern entstehen mit der Erfüllung der gesetzlichen Realobligation durch die Errichtung des Dienstbarkeitsverhältnisses. Das Notwegrecht ist eine Grunddienstbarkeit.

---

[31] Kommentar LIVER, Art. 742, N. 83 ff.
[32] Kommentar LIVER, Art. 742, N. 37 ff. und 44 ff.
[1] Außer der Literatur zum Nachbarrecht im allgemeinen haben zwei Berner Dissertationen speziell das Notwegrecht zum Gegenstand: W. BAUMGARTNER, Das Notwegrecht und das Notbrunnenrecht nach dem schweizerischen ZGB, Abh. schweiz. R 53, Bern 1930 und KARIN CARONI-RUDOLF, Der Notweg, Abh. schweiz. R 387, Bern 1969.

Die Rechtsvergleichung zeigt, daß das Notwegrecht ein allgemein anerkanntes Institut ist, daß aber seine Stellung im System gar nicht einheitlich bestimmt ist.

Das Notwegrecht ist zu einem Institut des gemeinen römischen Rechts geworden und ist als solches in die kantonalen Civilgesetzbücher aller drei Kodifikationsgruppen aufgenommen worden, vereinzelt auch in Flur- und Expropriationsgesetze[2].

Sowohl in Gesetzen der Zürcher als auch der Berner Gruppe erscheint das Notwegrecht, wie im geltenden Recht, als mittelbar gesetzliche Eigentumsbeschränkung[3]. Man konnte sich dabei an Auffassungen halten, die in der gemeinrechtlichen Wissenschaft vertreten wurden[4].

Die nachbarrechtlichen Wegrechte der deutschen Quellen hatten wohl den gleichen Inhalt, beruhten aber auf unmittelbaren genossenschaftlichen Eigentumsbeschränkungen, wie die im Art. 695/96 genannten Wegrechte[5].

Im BGB (§§ 917/18) erscheint das Notwegrecht als unmittelbare gesetzliche Eigentumsbeschränkung, was es nach den Voraussetzungen, unter denen es besteht, gar nicht sein kann. Otto Gierke begrüßte diese Auffassung freudig, weil er darin die Abwendung vom römischen und die Rückkehr zum deutschen historischen Recht erblickte[6]. In Deutschland ist zwar vereinzelt das Bedürfnis nach Publizität der effektiv entstandenen Notwegrechte anerkannt worden[7], aber der Mißgriff des Gesetzgebers wird kritiklos hingenommen.

Im französischen Code civil, Art. 682 ff. ist das Notwegrecht unter den servitudes établies par la loi geregelt, welche auch die unmittelbaren gesetzlichen Eigentumsbeschränkungen umfassen. Als solche wird denn auch der Notweg, wie in Deutschland, immer noch aufgefaßt, obwohl diese Auffassung schon früh bekämpft worden ist (Demolombe, Huc, Aubry et Rau) und von hervorragenden neueren Autoren abgelehnt wird[8].

In Österreich ist das Notwegrecht erst durch Spezialgesetz vom 7.7.1896 eingeführt worden, obwohl es im alten Recht und 1. Entwurf des ABGB seinen Platz gehabt hatte[9]. Im Titel des Spezialgesetzes «Gesetz betr. die Einräumung von Notwegen» kommt zum Ausdruck, daß die Belastung mit der Einräumung des Rechtes zustandekommt. Diese erfolgt ausschließlich durch richterlichen Entscheid im außerstreitigen Verfahren. Gleichwohl ist die rechtliche Natur streitig[10]. Eine Ergänzung folgte 1932 mit dem Güter- und Seilweggesetz, das die Agrarbehörden als zuständig zur Einräumung erklärt.

Wie schon zum Durchleitungsrecht bemerkt wurde, ist im italienischen Codice civile (Art. 1051-1055) das Notwegrecht unter dem Titel «Del passaggio coattivo» geregelt und hat damit die gleiche rechtliche Natur und Stellung im System erhalten wie unser Notwegrecht[11].

---

[2] Eugen Huber, System III, S. 317 f.
[3] G. König, Commentar zum bernischen CBG, Bern 1879/84, II, S. 123.
[4] Windscheid/Kipp, Pandekten I, § 169, S. 863, Anm. 4. Da heißt es, in den Quellen sei das nur für den iter ad sepulchrum anerkannt (l. 12 pr. D. 11, 7); die Ausdehnung auf den Notweg schlechthin beruhe auf einer unbezweifelbaren Praxis.
[5] Zur Geschichte und Dogmatik vgl. Liver, Gesetzliche Eigentumsbeschränkungen (Lit. Verz. vor § 30), S. 758 ff., sowie Die Servitut in der Eigentumsordnung und Eigentumslehre der deutschen, französischen und italienischen Rechtsgeschichte, ZSR 85 I, 1966, S. 297 ff. Übereinstimmend G. Buch, Der Notweg, 1910, und Karin Caroni, a.a.O. (oben Anm. 1).
[6] Gierke, DPR II, S. 438.
[7] Westermann, Sachenrecht, § 64 III 5, S. 320; Heck, Sachenrecht, S. 222.
[8] So z.B. in den Lehrbüchern von Baudry/Lacantinerie/Chauveau, Bd. V, 1905, S. 535, und Ripert/Boulanger, Traité II, No. 3117, S. 1080. J. Carbonnier, II/1, No. 51, S. 168 f. schließt sich ihnen an und spricht von einer «véritable expropriation pour cause d'utilité privée».
[9] K. Caroni, a.a.O., S. 36 ff.
[10] F. Gschnitzer, Sachenrecht, Wien 1968, S. 119; Klang, Kommentar zu § 364, S. 158 ff.
[11] Siehe die beiden oben (Anm. 5) zit. Abhandlungen von Liver; K. Caroni, a.a.O., S. 6 f. und 39 ff.

III. Die Wegenot

Die Grundvoraussetzung des Anspruchs auf den Notweg ist die Wegenot. Die Divergenzen in der Praxis der kantonalen Instanzen haben ihren Grund größtenteils in der verschiedenen Beurteilung dieser Voraussetzung. Wegenot besteht nur, wenn eine genügende Wegverbindung mit der öffentlichen Straße fehlt, nicht aber, wenn eine zur Not ausreichende Verbindung besteht, aber unbequem ist, weil etwas steil oder eng oder lang (Umweg) oder reparaturbedürftig[12].

Wegenot kann entstehen, wenn der Weg oder das mit dem Wegrecht belastete Stück Boden durch Rutschung, Felssturz, Hochwasser, Lawinen weggerissen oder verschüttet wird. Sehr viel häufiger entsteht sie jedoch, wenn der Grundeigentümer seinen Boden einem neuen Zweck dienstbar macht, der eine viel intensivere Beanspruchung der Grundstücke verlangt, über welche die Zufahrt geht. Dies trifft immer dann zu, wenn auf einem landwirtschaftlichen Grundstück Wohnhäuser oder gewerbliche Bauten erstellt werden, oder wenn auf dem Grundstück Baumaterialien (Steine, Kies, Sand, Lehm, Tonerde) ausgebeutet werden sollen. Die Beanspruchung des bestehenden Weges würde dann zu einer Mehrbelastung der Zufahrtsgrundstücke führen, die weit über das ihren Eigentümern zumutbare Maß hinausgeht, während eine stärkere Belastung zum bisherigen landwirtschaftlichen Zweck, die durch die intensivere Nutzung und durch die Verwendung der unentbehrlich gewordenen Maschinen (Motormäher, Traktoren und andere Motorfahrzeuge) entsteht, von den mit dem Wegrecht belasteten Nachbarn geduldet werden müßte, so daß eine Wegenot nicht entstünde[13].

Die durch Überbauung entstehende Notwegsituation ist meistens eine Erscheinung der Streubauweise, in der namentlich Ferienhäuser erstellt werden. Wenn eine baurechtliche Zonenordnung besteht, die Grundstücke in der Bauzone planmäßig erschlossen werden und keine Baubewilligung für nicht erschlossene Parzellen erteilt wird, sollte eine Wegenot, welche durch Einräumung eines Notweges behoben werden muß, nicht entstehen. Aber davon sind wir noch weit entfernt, weshalb selbst im Baugebiet von Städten oder großen Ortschaften der Anspruch auf den Notweg geltend gemacht werden muß, sei es weil die Baubewilligung erteilt wird, obwohl der

---

[12] BGE 80 II, 1954, S. 311 = Pra 44 Nr. 44; 84 II, 1958, S. 614 = Pra 48 Nr. 35, bespr. in ZBJV 95, 1959, S. 437; BGE 85 II, 1959, S. 392 = Pra 49 Nr. 32, bespr. in ZBJV 96, 1960, S. 427.
[13] LIVER, Zürcher Kommentar, Art. 737, N. 33 ff. und Nachtrag S. 682; Art. 738, N. 18, 76, 117; Art. 739, N. 12 ff. und 40. Bespr. von BGE 87 II, 1961, S. 85 = Pra 50 Nr. 125 in ZBJV 98, 1962, S. 422 ff.

genügende Weg fehlt oder die Bewilligung vom Erwerb des Wegrechts abhängig gemacht wird[14]. Im letzteren Fall fragt sich aber, ob ein Notweg beansprucht werden kann, der den Anforderungen entspricht, welche die Baubehörde bestimmt. Dies hat das Bundesgericht verneint, weil für den Notweg das Bundeszivilrecht maßgebend und dieses einheitlich und nicht nach den von Kantonen und Gemeinden aufgestellten divergierenden Bauvorschriften anzuwenden ist, deren Berücksichtigung zu einer Partikularisierung des einheitlichen Zivilrechts führen würde[15].

Genügend ist die Wegverbindung, wenn sie die bestimmungsgemäße Bewirtschaftung des Grundstückes ohne unzumutbare Erschwerung ermöglicht. Den Zweck der Grundstücksnutzung bestimmt der Eigentümer frei. Welche Wegverbindung dieser Zweck nötig macht, bestimmt sich nach dem gegenwärtigen Stande der Benutzungsweise und der technischen Mittel zu deren Ermöglichung. Extravaganten Ansprüchen, die über das, was normal und üblich geworden ist, hinausschießen, kann nicht entsprochen werden[16].

Unbeantwortet läßt das ZGB im Unterschied zu den angeführten Bestimmungen unserer Nachbarstaaten die Frage, ob der Notweg auch zur Behebung einer selbst verschuldeten Notlage beansprucht werden könne[17]. Zu verneinen ist die Frage, wenn der Grundeigentümer den Anspruch wider Treu und Glauben erhebt[18] und wohl auch, wenn er seine Wegenot

---

[14] Der erste Fall: 93 II, 1967, S.167 = Pra 56 Nr.142, bespr. in ZBJV 105, 1969, S.3f. (Stadtgemeinde Aarburg); der zweite Fall: 85 II, 1959, S.392 = Pra 49 Nr.32, bespr. in ZBJV 96, 1960, S.427ff. (Einwohnergemeinde Bern).

[15] Eben zit. Urteil (Bern). Dazu K. CARONI, a.a.O., S.54.

[16] Für die Benutzung eines Hauses in der Landhauszone einer Stadt kann ein Notweg zur Befahrung mit Motorfahrzeugen beansprucht werden: BGE 93 II, 1967, S.167 (s. Anm.14). In diesem Urteil wird auf BGE 17.12.1965 i.S. Kürsteiner verwiesen, in dem es heißt, es sei heute eine Selbstverständlichkeit, daß ein Grundstück, auf dem Wohn- oder Ferienhäuser stehen, mit Motorfahrzeugen müsse erreicht werden können.

Die ordnungsgemäße Benutzung einer Liegenschaft in einem ruhigen Wohnquartier erfordert nach einem Urteil des OLG Köln nicht ein Wegrecht für die persönlichen Bedürfnisse eines «leidenschaftlichen Autofahrers». Unter diesem Titel wiedergegeben von M. LUTTER, Case-book zum Sachenrecht, Frankfurt 1970, Fall 19.

[17] Nach BGB § 918 hat der Grundeigentümer kein Recht auf den Notweg, wenn er die bisherige Wegverbindung durch eine willkürliche Handlung aufgehoben hat. Nach dem österr. Notweggesetz (§ 2) ist dem Grundeigentümer der Notweg zu versagen, wenn er die Wegenot durch «auffallende Sorglosigkeit» verursacht hat. In Italien gilt dasselbe, wobei der Grundeigentümer strenger behandelt wird, welcher die Notlage durch Rechtsgeschäft geschaffen hat: BRANCA, Commentario, Art.1051, N.1, 2; BARASSI, Diritti reali, S.220; MESSINEO, Servitù, N.109, S.212; G.GROSSO/G.DEIANA, Le servitù prediali, Torino 1963, II, N.253f., S.1729ff.; B.Biondi, Le servitù, Milano 1967, N.357, S.860.

[18] So wäre es, wenn der Grundeigentümer den bestehenden Weg dem Verfall überließe, wenn er das Wegrecht aufgeben und dabei auf die Erlangung eines kürzeren und bequemeren Notweges spekulieren würde.

leichtfertig verursacht hat oder eintreten ließ und in Kauf genommen hat[19].

Die Wegenot kann auch durch Parzellierung entstehen, wenn durch diese die hintere Parzelle von der Straße abgeschnitten wird, weil für sie das Wegrecht über die vordere Parzelle nicht vorbehalten worden ist[20]. Mit dem Übergang einer der beiden Parzellen in andere Hände sollte eine sog. selbstverständliche Dienstbarkeit (par destination du père de famille) entstehen. Das ZGB kennt diese Entstehungsart nicht. Deshalb kann der Anspruch auf den Notweg nicht ausgeschlossen sein[21]. Doch sollte der besonderen Ursache der Wegenot durch Herabsetzung der Entschädigung Rechnung getragen werden können[22].

IV. Die zu belastenden Liegenschaften

Der Anspruch richtet sich gegen die Eigentümer der Grundstücke, deren Belastung mit dem geringsten Schaden möglich ist, ohne daß der Zweck des Notweges erheblich beeinträchtigt wird. Das Wegrecht darf dem Verpflichteten nicht gleich viel oder gar mehr schaden, als es dem Berechtigten nützt. Die Verpflichtung ist nur dann gerechtfertigt, wenn sie ein Opfer verlangt, das im Verhältnis zum Vorteil für den Nachbarn unter Berücksichtigung des Anspruchs auf volle Entschädigung leicht ist, so daß der Gesamtnutzen des berechtigten und der belasteten Grundstücke erhöht wird[23].

---

[19] Darin liegt kein erheblicher Unterschied zum deutschen, österreichischen und italienischen Recht, dem sich denn auch unsere Kommentatoren angeschlossen haben: LEEMANN, N.19, HAAB, N.19 zu Art.694.

BGE 84 II, 1958, S.614 = Pra 48 Nr.35 lehnt den Notweganspruch ab für die Unterbringung eines PW in einer Remise hinter dem Haus, zu der nur unter Beanspruchung des Nachbargrundstückes zugefahren werden kann, weil das eigene an der Straße gelegene Haus fast die ganze Breite des Grundstückes einnimmt. Dabei ist allerdings auch berücksichtigt worden, daß das Grundstück seinen vollen Gebrauchswert hat ohne das Notwegrecht für einen PW, der nur selten und für rein persönliche Bedürfnisse benutzt wird. Zwar wird in diesem Urteil bemerkt, das Notwegrecht könne auch um der Bequemlichkeit oder um des Vergnügens willen beansprucht werden, wenn jeder Zugang fehle. Dem könnte ich nicht zustimmen (ZBJV 95, 1959, S.437f.). Vgl. auch Anm.15 hievor.

[20] Kommentar LIVER, Art.743, N.45ff.; deductio servitutis: Art.732, N.9ff.

[21] Daselbst, Art.733, N.45ff. Den Anspruch auf den Notweg anerkennen LEEMANN, N.18, HAAB, N.19 zu Art.694; ebenso BGB § 918 Abs.2, CCfr. Art.684.

[22] Der CCit. gibt dem Eigentümer der abgeschlossenen Parzelle das Recht, vom Vertragspartner die Einräumung des Wegrechtes als Grunddienstbarkeit (nicht als Notweg) zu verlangen, und zwar entschädigungslos. Darin kommt der Grundsatz der destinazione del padre di famiglia (Art.1062) zur Geltung.

[23] Siehe dazu oben § 30, II 4 und außer den dortigen Zitaten LIVER, Eigentumsbegriff und Eigentumsordnung (zit. § 1, Anm.7), S.249, auch in den Privatrechtl. Abhandlungen, S.152.

Damit der das Wesen des Nachbarrechts bestimmende Grundsatz der Verhältnismäßigkeit (Proportionalität) gewahrt bleibt, muß der Berechtigte u.U. auf die Einräumung des kürzesten oder bequemsten Weges verzichten. Unter den Eigentümern verschiedener Grundstücke, deren Belastung in Betracht fällt, sind in erster Linie diejenigen verpflichtet, welche schon mit dem Wegrecht für die bisherige Bewirtschaftung belastet waren[24], es wäre denn, die Verpflichtung könnte von anderen Nachbarn mit viel geringerem Schaden erfüllt werden. Wenn schon ein Weg besteht, ist dessen Mitbenutzung in der Regel für den Belasteten mit dem geringsten Nachteil und für den Berechtigten mit der geringsten Entschädigung verbunden[25].

Der Notweg ist die Verbindung mit der öffentlichen Straße. Gegenüber dem Eigentümer dieser Straße, welche für die neue Bewirtschaftung des Grundstückes ungenügend angelegt oder ausgebaut ist, besteht ein Anspruch aus Art. 694 nicht. Der Grundeigentümer hat sich gegebenenfalls mit einem Gesuch an das Gemeinwesen zu wenden, das sich zur Korrektion bereitfinden lassen wird, wenn er die Kosten oder doch einen wesentlichen Teil übernimmt. Andernfalls hat er sich mit den bestehenden Straßenverhältnissen abzufinden[26].

Wegenot, die durch die Verlegung oder Aufhebung der öffentlichen Straße entstanden ist, hat das Gemeinwesen zu beheben[27].

V. Analoge Anwendung der Art. 691–693 ZGB

1. Der nachbarrechtliche Anspruch auf das Durchleitungsrecht ist ausgeschlossen, wenn die Möglichkeit der Expropriation besteht. Eine entsprechende Vorschrift über das Notwegrecht fehlt. Die Analogie ist jedoch gegeben. Das Gemeinwesen, dem das Recht der Enteignung zusteht oder gewährt werden kann, leidet keine Wegenot. Nur für Grundstücke des Finanzvermögens hat es auch im Nachbarrecht die Stellung eines Privaten.

---

[24] Diese Richtlinie, die der Interessen- und Rechtslage ohnehin entspricht, war auch im früheren kantonalen Recht wegleitend und ist z.B. im glarnerischen CGB, § 28 lit. b. ausgesprochen. Der CCit. Art. 1051 Abs. 3 spricht vom ampliamente der Wegverbindung.
[25] Zu der in diesem Fall zu leistenden Entschädigung BGE 45 II, 1919, S. 25 = Pra 8 Nr. 32. Vgl. auch BGE 86 II, 1960, S. 235 = Pra 49 Nr. 181.
[26] Zum Verhältnis gegenüber dem Eigentümer der öffentlichen Straße K. CARONI, a.a.O., S. 76f.
[27] Das zürch. EGzZGB gibt dem Grundeigentümer im § 181 das Recht, die verlassene Wegstrecke weiterhin zu benutzen, bis ihm ein anderer ausreichender Weg angewiesen wird. VerwGer in der ZBGR 48, 1967, Nr. 15, S. 69 ff.; KassGer in ZBGR 43, 1962, Nr. 5, S. 69 ff. sah in diesem Recht einen Anspruch auf Einräumung einer Grunddienstbarkeit, welcher als Realobligation der Verjährung unterliege.

2. Der Nachbar, der die Durchleitung gestatten muß, kann verlangen, daß ihm das durch die Leitung nicht in Anspruch genommene, aber durch sie in seiner Nutzbarkeit beeinträchtigte Stück Boden gegen volle Entschädigung abgenommen werde. Es besteht kein Grund, dem mit dem Notweg belasteten Grundeigentümer das gleiche Recht zu versagen, denn auch durch einen gebahnten[28] oder als Kunstbaute angelegten Weg kann ein Bodenabschnitt für ihn unbrauchbar werden[29].

3. Auch das Notwegrecht braucht nur gegen eine Entschädigung, die **vorgängig** der Eintragung zu leisten ist, eingeräumt zu werden[30]. Wenn der verpflichtete Nachbar daran festhält, kann die Entschädigung nur in der Form eines Kapitalbetrages, nicht, wie nach BGB § 917 Abs. 2, in einer jährlichen Rente bestehen.

4. Die Anwendung des Art. 693 über die Verlegung der Leitung ist auch auf den Notweg anwendbar, erklärt Art. 742 Abs. 3 diese Vorschrift doch sogar als maßgebend für die Verlegung von Dienstbarkeitsleitungen. Umso eher ist ihr allgemeine Geltung innerhalb des Rechtes der nachbarlichen mittelbar gesetzlichen Eigentumsbeschränkungen zuzuerkennen[31].

VI. Begründung und Untergang

Die Begründung ist im Art. 694 klar bestimmt als Einräumung des Rechts auf Grund gesetzlicher Verpflichtung. Diese Regel gilt für alle auf Grund mittelbarer gesetzlicher Eigentumsbeschränkung errichteten Rechte. Von ihr ist nur für das Durchleitungsrecht eine Ausnahme gemacht. Die Einräumung besteht in der Errichtung einer Grunddienstbarkeit nach den für diese geltenden Vorschriften: schriftlicher Vertrag und Eintragung im Grundbuch. Für den Notweg ist dies denn auch allgemein anerkannt, ergibt es sich doch per argumentum e contrario aus dem Art. 696[32].

Muß der Anspruch auf den Notweg gerichtlich durchgesetzt werden[33],

---

[28] Zu diesem Begriff siehe Kommentar LIVER, Art. 740, N. 45.
[29] Anders die herrschende Lehre, insbes. HAAB, Art. 694, N. 20 unter der nicht zutreffenden Berufung auf BGE 45 II, 1919, S. 26 = Pra 8 Nr. 32.
[30] K. CARONI, a.a.O., S. 136 ff. und 141 ff.
[31] Daselbst S. 165 f. – Siehe zur Verlegung oben § 36, VII.
[32] EUGEN HUBER, Sachenrecht, S. 64 f.; LEEMANN, N. 41 und HAAB, N. 21 und 40 zu den Art. 694/95/96; BGE 97 III, 1971, S. 89 ff.
[33] Verschiedene Kantone haben Verwaltungsbehörden als zuständig erklärt (z. B. St. Gallen, Schwyz, Luzern). Dies hat neben Vorteilen (geringe Kosten, Vertrautheit der Behörde mit den örtlichen Verhältnissen) den Nachteil mangelnder Rechtskenntnis, Unabhängigkeit und Objektivität. Allzu leicht wird der Notweg gewährt, wenn die Vorteile für den Gesuchsteller

wird das Recht entweder durch das Gesetz selber begründet (Gestaltungsurteil), oder es wird der Beklagte zur Einräumung durch grundbuchliche Anmeldung verurteilt (Leistungsurteil)[34]. Ist auch die Entschädigungsfrage Gegenstand des Streites, ist auch über sie zu entscheiden. Das Urteil ist bedingt, weil der Beklagte die Eintragung von der Leistung der Entschädigung abhängig machen kann. Die Bedingtheit ist mit dem Leistungsurteil besser vereinbar als mit dem Gestaltungsurteil[35]. Damit das Notwegrecht den Vorrang vor den bereits bestehenden Rechten erhält, müssen deren Inhaber zustimmen und nötigenfalls mit ins Recht gefaßt sein, denn auch ihnen gegenüber besteht die gleiche Verpflichtung wie gegenüber dem Eigentümer[36].

Im Grundbucheintrag sollte das Wegrecht als Notrecht oder Legalservitut bezeichnet sein, damit festgelegt ist, daß der Belastete die Verlegung gemäß Art. 693 und die Aufhebung mit der Behebung der Notlage verlangen kann, die am häufigsten durch den Bau einer Straße, an die das herrschende Grundstück zu liegen kommt, bewirkt wird. Im besonderen ist auch an die landwirtschaftliche Aufschließung im Verfahren der Güterzusammenlegung und an die baurechtliche Aufschließung im Quartierplanverfahren und durch Bodenumlegung zu denken.

Im übrigen geht das Notwegrecht, wie jedes beschränkte dingliche Recht, durch Verzicht[37] und vereinbarte Löschung unter. Zu seinem Untergang führt auch die Zerstörung der Wegverbindung durch Naturereignisse, wenn ihre Wiederherstellung nicht oder nur mit unverhältnismäßigen Kosten möglich ist. Befreit wird das Grundstück von der Wegelast auch, wenn der Weg auf ein anderes Grundstück verlegt wird, das die Voraussetzungen der Belastung besser erfüllt.

Da die Entschädigung, wenn es nicht anders vereinbart ist, zum voraus als Kapitalbetrag zu leisten ist, stellt sich die Frage, ob der Berechtigte sie zurückfordern könne, wenn er den Notweg aufgibt, weil sein Grundstück an eine neu erstellte Straße zu liegen gekommen ist. Dieses Rückforderungsrecht wird fast allgemein grundsätzlich anerkannt[38]. Daß die Forderung um

---

größer sind als die Nachteile für den Gegner, obwohl damit eine Wegenot im Sinne des Art. 694 nicht gegeben ist. Vgl. dazu Kommentar LIVER, N. 49 zu Art. 742 und bes. ZBJV 96, 1960, S. 253 ff.

[34] Zur Frage der Vollstreckung siehe oben § 23, II 5; § 28, II 3b und § 36, IV.
[35] LIVER, Kommentar, Einleitung, N. 97 f.; Art. 731, N. 33 ff.
[36] Daselbst Einleitung, N. 103. – Zur Aktiv- und Passivlegitimation siehe oben § 36, III.
[37] LIVER, Kommentar, Art. 734, N. 97 ff. und «Der Verzicht auf beschränkte dingliche Rechte» (zit. § 36, Anm. 24), S. 355.
[38] WIELAND, Bem. 1 zu Art. 694; LEEMANN, N. 45 ff. zu Art. 694; HAAB, N. 24 zu den Art. 694–696.

den Betrag des dem Nachbarn verursachten dauernden Schadens herabzusetzen ist, kann nicht bestritten werden. Aber auch unter diesem Vorbehalt ist die Rückforderung im vollen Betrag nur begründet, wenn das Wegrecht noch gar nicht ausgeübt wurde und keine baulichen Anlagen erstellt worden sind oder nur solche, die keine dauernde Schädigung, sondern vielleicht sogar eine Verbesserung des belasteten Grundstückes bewirkt haben. Im übrigen aber ist dieses Rückforderungsrecht fragwürdig[39]. Auf jeden Fall vermindert sich die Forderung mit der Dauer der Wegbenutzung und dürfte nach 30 Jahren als konsumiert gelten.

VII. Ausübung

Die Ausübung des Notwegrechts und der Unterhalt von Weganlagen sind den gleichen Vorschriften unterstellt, welche für Grunddienstbarkeiten überhaupt gelten, nämlich den Art. 737 bis 739 und 741.

VIII. Verzicht auf den Notweganspruch und Verjährung

Auf den Notweg kann, wie vorhin bemerkt, gültig verzichtet werden. Durch Verjährung kann er nicht untergehen, weil das ZGB die Dienstbarkeiten der Verjährung entzogen hat und auch die Ersitzung der Eigentumsfreiheit nicht zugelassen hat[40]. Anders verhält es sich mit dem Anspruch auf den Notweg. Der Verzicht auf ihn wäre nicht ein Verzicht auf das die Nachbarliegenschaft belastende Recht. Dieses entsteht ja erst mit der Errichtung des Notwegrechtes als Grunddienstbarkeit. Deshalb wäre der Verzicht nicht Aufhebung einer gesetzlichen Eigentumsbeschränkung im Sinne von Art. 680 Abs. 2. Der Berechtigte braucht seinen Anspruch nicht auszuüben; er kann also auf die Ausübung verzichten. Aber er kann sich nicht gültig verpflichten, den Anspruch nie geltend zu machen. Auch der Verjährung unter-

---

[39] In m. Kommentar, N. 180 zu Art. 736, habe ich mich ablehnend geäußert und folgendes bemerkt: Wenn das Grundstück die Hand gewechselt hat und nachher die Wegenot behoben worden ist, würde der nunmehrige, durch den Bau der neuen Straße begünstigte Eigentümer eine Leistung zurückfordern, die nicht er, sondern sein Rechtsvorgänger erbracht hatte. Dafür besteht nicht der geringste Grund. Siehe auch K. CARONI, a.a.O., S. 164f. – Ausdrücklich ist die Rückerstattungspflicht vorgesehen im österr. NotwegG (§ 24) und im CCit. (Art. 1055). Da ist jedoch, veranlaßt durch die Kontroversen, zu denen die entsprechende Bestimmung des Codice civile 1865 Anlaß gegeben hat, dem Richter weitgehende Ermessensfreiheit gegeben: «... ma l'autorità giudiziaria può disporre una riduzione della somma, avuto riguardo alla durata della servitù e al danno sofferto».
[40] LIVER, Kommentar, Art. 734, N. 181 ff. und 196 ff.; Art. 736, N. 7 ff. und 45 ff.

liegt der Anspruch nicht. Er ist eine Eigentumsbefugnis, die (im Gegensatz zum Notweg selber) unmittelbar durch das Gesetz begründet wird. Sie gehört zu den res merae facultatis (les actes de pure faculté; atti meramente facoltativi). In facultativis non datur praescriptio[41]. Nicht nur im BGB (§ 924) und im CCfr. (Art. 685 Abs. 2) ist die Verjährung ausgeschlossen[42], sondern auch im österreichischen Notweggesetz (§ 8) und im italienischen Recht[43], wo der Anspruch die gleiche rechtliche Natur hat wie in unserem Recht. Er ist unverzichtbar und unverjährbar[44].

§ 38. Andere Wegrechte

I. Begriff und Einteilung

Von anderen Wegrechten spricht das Gesetz in den Art. 695 und 696 sowie auch im Art. 740 ZGB. Diese Rechte beruhen auf unmittelbaren gesetzlichen Eigentumsbeschränkungen einerseits, auf freiwillig vereinbarten Dienstbarkeitsverträgen andererseits. Hinzuweisen ist auch auf die öffentlichen Wege, welche zu den öffentlichen Sachen im Sinne des Art. 664 gehören[1].

Sowohl die Dienstbarkeitswege gemäß Art. 740 als auch die gesetzlichen Wegrechte gemäß Art. 695 sind der Gesetzgebung der Kantone überlassen und in dieser vielfach nach Maßgabe des Ortsgebrauchs anerkannt. Die Wegrechte beider Kategorien sind überkommene Rechte, die im historischen

---

[41] Daselbst, Art. 731, N. 133; P. MENGIARDI, Der Ausschluß der Verjährung im Sachenrecht, Diss. Bern 1953, S. 81 ff.

[42] CCfr. Art. 685 Abs. 2 unterstellt den Entschädigungsanspruch der Verjährung, nicht aber die Realobligation: NEUENSCHWANDER, a.a.O. (Lit. Verz. vor § 30), S. 165 ff.

[43] BRANCA, Commentario, Art. 1051, N. 7; DE RUGGIERO/MAROI, Istituzioni I, S. 158; BARASSI, Diritti reali, N. 128, S. 144; MESSINEO, Servitù, N. 37, S. 84; DERSELBE, Manuale I, § 13, N. 3, S. 182.

[44] K. CARONI, S. 122 und dortige Zitate; die Begründung mit einem angeblichen öffentlichen Interesse (daselbst S. 123) ist nicht haltbar; die Annahme der Verzichtbarkeit, wenigstens inter partes, gestützt auf Art. 680, auch nicht. Die gleiche Begründung wie hier, im Text, gibt H. DESCHENAUX, Les restrictions légales de la propriété foncière, ZBGR 38, 1957, S. 336.

[1] HANS HUBER, Das Flurwegrecht des Kantons Zürich, Diss. Zürich., Affoltern a.A. 1944; R. ZÜRCHER, Die Wegrechte des Schweizerischen Privatrechts, Diss. Zürich, Aarau 1947; F. RINGGER, Die Privatstraßen nach ZBG und zürcherischem Recht, Diss. Zürich 1959; F. WICKI, Die öffentliche Straße und ihre Benützung in der neueren Straßenrechtsgesetzgebung unter bes. Berücksichtigung des luzernischen Straßengesetzes und vergleichender Heranziehung der deutschen Straßen- und Weggesetzgebung, Diss. Fribourg, Winterthur 1967 und dazu LIVER, Privatrechtl. Abhandlungen, S. 549 ff.

Bodenrecht verwurzelt sind, landwirtschaftlichen oder baurechtlichen Inhalt haben und eine nachbarrechtliche Funktion erfüllen. Die Rechte der einen wie der anderen Kategorie können den gleichen Entstehungsgrund, nämlich den der genossenschaftlichen Beschränkung des Eigentums zur Ermöglichung der land-, alp- und forstwirtschaftlichen sowie baulichen Bodennutzung haben, wie sie jahrhundertelang, bis zur Wende unserer Zeit, geübt worden ist. Die Unterscheidung zwischen Dienstbarkeiten, unmittelbaren und mittelbaren Eigentumsbeschränkungen blieb der Gesetzgebung und großenteils auch der Lehre verborgen. So kommt es, daß Rechte gleichen Ursprungs und gleichen Inhaltes im einen Kanton als gesetzliche Eigentumsbeschränkungen gemäß Art. 695, im anderen aber als Servituten galten und als solche in den EGzZGB, in Flurgesetzen und Baugesetzen erscheinen[2]. Dafür kann ich auf meinen Kommentar zum Art. 740 verweisen, wo die nachbarrechtliche Literatur und Praxis verzeichnet ist[3]. Hier kann es deshalb bei der kurzen Erklärung der Bezeichnungen der im Art. 695 genannten Wegrechte und bei einem Hinweis auf die öffentlichen Wege sein Bewenden haben.

II. Die nachbarlichen Weg- und Betretungsrechte (Art. 695 ZGB)

1. Übersicht

Das Gesetz behält diese Rechte der Gesetzgebung der Kantone vor[4], in welcher vielfach auf den Ortsgebrauch verwiesen wird[5]. Genannt sind im Art. 695 einige Beispiele von Weg- und Zutrittsrechten für die Bewirtschaftung land- und forstwirtschaftlicher Liegenschaften. Es sind die folgenden:

a) Das Streck- und Tretrecht
Um den Acker in Gemengelage voll auszupflügen, dürfen für die Wendung des Pfluges die Nachbargrundstücke auf beiden Stirnseiten betreten und befahren werden (Pflugwenderecht). Zum Ziehen der ersten und der letzten Furche dürfen die Nachbargrundstücke auf den Längs-

---

[2] Dies ist nicht verwunderlich, wenn man bedenkt, daß die nachbarrechtlichen Eigentumsbeschränkungen im CCfr. als Servituten geregelt sind und auch das gemeine römische Recht sie und andere genossenschaftliche Rechte, wie Weiderechte und Beholzungsrechte, als Servituten begriff und sie, soweit sie in diesem Begriff nicht aufgingen, als servitutes juris germanici bezeichnete: Kommentar LIVER, N. 136 zu Art. 738, N. 20 ff. zu Art. 740, N. 7 zu Art. 741; in der Abhandlung zur vergleichenden Geschichte der Servitut, ZSR 85 I, 1966, S. 311 ff., auch in den Ges. rechtsgeschichtl. Abhandlungen, S. 292 ff.
[3] Vervollständigt durch einen Nachtrag auf S. 688 des Kommentars.
[4] Berner Kommentar, Einleitungsband, N. 30 ff. zu Art. 5; M. JAGMETTI in: Schweiz. Privatrecht, Bd. I, S. 312.
[5] Ebenda. Das kantonale Recht kann auch Gewohnheitsrecht sein. Siehe bes. N. 39 ff. zu Art. 5 des Berner Kommentars.

seiten betreten werden. Beides geht immer zusammen, so daß es nicht, wie es im Gesetz heißt, ein Tret- oder Streckrecht, sondern nur das Tret- und Streckrecht gibt.

b) Der Tränkeweg
Das ist das Recht, nötigenfalls das Vieh über fremden Boden zur nächsten Tränke zu führen oder zu treiben.

c) Der Winterweg
Wenn der Boden gefroren oder mit Schnee bedeckt ist, ausnahmsweise auch wenn dies nicht der Fall ist, darf während einer feststehenden Zeit (etwa November bis März) mit Heu, Stroh, Holz und Dünger auf dem kürzesten Weg über fremden Boden gefahren und Vieh getrieben werden. In einzelnen Kantonen besteht das Recht nur auf bestimmter Route.

d) Der Brachweg
Über abgeerntete Felder darf mit der Ernte zum nächsten Weg gefahren und auch etwa Dünger zugeführt werden. Im Art. 740 wird dafür die Bezeichnung Zelgweg verwendet, die im kantonalen Recht nicht vorkommt.

e) Der Holzlaß
Wo Abfuhrwege fehlen, darf man geschlagene Stämme durch eine Runse im Steilhang zutal rutschen oder schießen lassen. Der Weg ist die Riese; die Tätigkeit ist das Riesen. Mit diesem Recht wird – auch etwa in der Gesetzgebung – der Reistweg verwechselt.

f) Der Reistweg
Holz und Heu darf über eine Felswand auf ein fremdes Grundstück gestürzt und von diesem weggeführt werden.
Diese land- und forstwirtschaftlichen «Gerechtigkeiten» haben ihren Entstehungsgrund und ihre Notrechtsfunktion in geschichtlichen Bodennutzungs- und Betriebsverhältnissen. In unserer Zeit der grundlegenden Neugestaltung und Mechanisierung (Güter- und Waldzusammenlegung, Weg- und Transportseilbahnen, Aufgabe der Nutzung weit abgelegener ertragsarmer Wiesen, Weiden und Wälder) werden sie höchst selten oder überhaupt nicht mehr ausgeübt.

g) Betretungsrechte für Bau- und Unterhaltsarbeiten
Aus dem Baurecht wären insbesondere Betretungsrechte wie das Hammerschlagsrecht (auch Leiter- oder Gerüstrecht genannt) zur Ausführung von Bauarbeiten an Bauwerken an oder auf der Grenze, zur Erstellung und Erneuerung von Einfriedigungen sowie zur Beschneidung von Bäumen und Sträuchern anzuführen[6].

2. Die Anmerkung im Grundbuch

Die gesetzlichen Eigentumsbeschränkungen bestehen gemäß Art. 680 Abs. 1 ohne Eintragung im Grundbuch. Dies trifft auf die hier zur Erörterung stehenden unmittelbar gesetzlichen Eigentumsbeschränkungen zu. Sie sind gar nicht eintragungsfähig. Sie bestimmen den normalen Inhalt des Eigentums und bedürfen auch nicht der Anmerkung. Daß Art. 696 Abs. 2 die Anmerkung der Wegrechte von dauerndem Bestande vorsieht, steht dazu im Widerspruch[7] und hat höchstens dann eine erwünschte Funktion, wenn die Wegrechts-Linie auf bestimmte Grundstücke festgelegt ist, wie der Winterweg in einzelnen Kantonen.

---

[6] Diese Rechte samt Literatur und Praxis sind als «landwirtschaftliche Dienstbarkeiten» zusammengestellt in den Erl. zu Art. 740 in meinem (Zürcher) Kommentar. Über das bisherige kantonale Recht als Ausdruck der Übung und des Ortsgebrauchs N. 91 ff. zu Art. 5 im Berner Kommentar.
[7] K. CARONI, a.a.O., S. 30.

III. Öffentliche Wege und Betretungsrechte

Wegrechte gleichen Inhaltes können ihren Grund je nach der kantonalen Rechtsordnung im privaten oder im öffentlichen Recht haben. Die öffentlichen Wege bilden die wichtigste Kategorie der öffentlichen Sachen im Sinne des Art. 664[8]. Das Straßenrecht ist ein Hauptgebiet des Verwaltungsrechts[9]. Die öffentlichen Straßen und Wege sind Liegenschaften im Eigentum des Kantons oder der Gemeinde[10]. Ausnahmsweise können auch sie einen privaten Eigentümer haben. Die «Widmung» zum Gemeingebrauch kann auch durch die Errichtung einer Dienstbarkeit mit öffentlichem Zweck erfolgen[11] oder im unvordenklichen öffentlichen Gebrauch liegen[12]. Wie das private kann auch das öffentliche Wegrecht unmittelbar durch Gesetz oder durch Gewohnheitsrecht begründet worden sein[13]. Das ZGB hat im Art. 699 Abs. 2 das kantonale öffentliche Recht ausdrücklich vorbehalten als Regelung des Betretens fremder Grundstücke zur Ausübung der Jagd und Fischerei[14].

Zu den Einfriedigungen siehe § 33, III 3, Anm. 21.

§ 39. Das Recht auf Zutritt und Abwehr

I. Das Recht zur Begehung von Wald- und Weideland
(droit d'accès sur le fonds d'autrui; diritto di accesso – Art. 699 ZGB)

1. Der Begriff

Das Recht des Grundeigentümers, den Zutritt zu seiner Liegenschaft zu verbieten, ist dadurch beschränkt, daß jedermann im ortsüblichen Umfang befugt ist:

---

[8] Siehe oben § 22 (Sachen im Gemeingebrauch).
[9] Neuestens F. WICKI, a.a.O. (oben Anm. 1). Dazu Bespr. LIVER in der ZBJV 104, 1968, S. 419ff. und in den Privatrechtl. Abhandlungen, S. 549ff.
[10] Siehe z.B. BGE 94 I, 1968, S. 569 = Pra 58 Nr. 54 (Graubünden).
[11] LIVER, Zürcher Kommentar, Einleitung, N. 11 ff.; StrG Bern 1964, Art. 13 und 15.
[12] LIVER, a.a.O., Einleitung, N. 114; Art. 731, N. 141 ff. Zur Frage der Ersitzung von sog. Gemeindedienstbarkeiten Art. 731, N. 139 f., mit Nachtrag S. 672. – Unzulässige öffentlich-rechtliche Ersitzung (Genf): BGE 71 I, 1945, S. 433, auch wiedergegeben bei IMBODEN, Verwaltungsrechtsprechung, Nr. 421, unter dem unzutreffenden Titel «Widmung einer öffentlichen Sache», bespr. ZBJV 101, 1965, S. 298.
[13] Zum Gewohnheitsrecht BGE 45 I, 1919, S. 54 = Pra 8 Nr. 77; 74 I, 1948, S. 41 = Pra 37 Nr. 49; Berner Kommentar, Einleitungsband, N. 39 ff. zu Art. 5.
[14] BG über Jagd und Vogelschutz vom 10. Juni 1925 Art. 12 und ergänzende Vorschriften der kant. Jagdgesetze; BG über die Fischerei (1888) und kant. Fischereigesetze. Eingehende Regelung des Fischereiweges im bern. Fischereigesetz vom 4. Dez. 1960, Art. 15 ff.

a) Wald- und Weideland zu betreten und zu begehen;
b) auf diesem Land wildwachsende Beeren, Pilze und dergleichen Gewächs zu sammeln und sich anzueignen.

Der Ausflugsverkehr, der Berg- und Skisport sowie das Sammeln von Beeren, Pilzen, Blumen und Sträuchern (die nicht geschützt sind) sollen nicht vom Grundeigentümer verboten werden können. Schönheiten und Gaben der Natur sollen für jedermann zugänglich sein und genossen werden. Die Bevölkerung soll sich ihrer Wanderlust und Bewegungsfreiheit überhaupt erfreuen können, soweit dadurch berechtigte Interessen der Grundeigentümer nicht verletzt werden.

2. Rechtliche Natur

Der Art. 699 steht unter den nachbarrechtlichen Bestimmungen und war vom Gesetzgeber als solche gedacht. Als Nachbar wird, wie im Art. 679 jedermann bezeichnet. Während dieser Ausdruck dort unrichtig ist, weil nur Nachbarn betroffen und berechtigt sein können, läßt sich hier diese Begrenzung nicht durchführen. Infolgedessen scheint hier die Grenze des Nachbarrechts überschritten zu sein und eine öffentlich-rechtliche Eigentumsbeschränkung vorzuliegen. Einzelne Autoren neigen, wie HAAB, einer publizistischen Deutung zu[1]. Das Bundesgericht ist jüngst zur Meinung gekommen, es liege eine Doppelnorm vor, eine Vorschrift, die eine privatrechtliche und eine öffentlich-rechtliche Norm enthält[2]. Diese Konstruktion ist dem ZGB fremd. Die Doppelnorm ist eine Verlegenheitskonstruktion, die sich dem Richter aufdrängen mußte, um Recht und Billigkeit nicht ganz in einem baurechtlichen Wirrsal untergehen zu lassen[3].

---

[1] Kommentar, Art. 699, N. 3.
[2] BGE 96 I, 1970, S. 97 (nicht i.d. Pra) schützt die vom Zürcher RR gutgeheißene Verfügung, ein Grundeigentümer habe den Zaun, mit dem er ein Stück Wald auf seinem Hausgrundstück eingefriedigt hatte, abzureißen. Der RR, so heißt es da, sei damit nicht der Willkür verfallen. «Die Lösung des Gesetzes läßt sich jedoch mit der Schutzfunktion des Waldes rechtfertigen. Diese besteht darin, der Bevölkerung den notwendigen Erholungsraum zu erhalten.» Die «Schutzfunktion des Waldes» würde also darin bestehen, daß seine ganze Fläche von jedermann betreten und begangen werden kann. Die Frage, ob der Eingriff in das Privateigentum nach dem Grundsatz der Verhältnismäßigkeit durch dieses (effektive?) Interesse gerechtfertigt sei, verstummt vor der Magie des Schlagwortes «Erholungsraum». – In Zukunft wird man sich auf den Art. 3 der VVO vom 1.10.1965 zum eidg. Forstpolizeigesetz stützen, der die Einzäunung von Waldgrundstücken oder Teilen davon verbietet. Sollte dieses Verbot als verfassungsmäßig anerkannt werden, müßte dafür wohl eine neue Begründung gefunden werden.
[3] Siehe LIVER, Privates und öffentliches Baurecht (zit. § 30, Anm. 2), S. 34 f. Mit der Anerkennung von bestimmten öffentlich-rechtlichen Bauvorschriften mit nachbarschützender Funktion werden die Folgen der Mißachtung des Unterschieds von öffentlichem und privatem Recht in der Rechtsetzung gemildert. Aber das Erfordernis der klaren Trennung bleibt unerläßlich.

Der Art. 699 hat damit nichts gemein. Er steht unter der Voraussetzung, daß der Grundeigentümer gar keine Beeinträchtigung erfährt, wenn sein Wald- und Weideland von jedermann betreten und begangen werden kann. Würde er dies verbieten, könnte sein Verbot wegen Rechtsmißbrauchs nicht geschützt werden. Diese Voraussetzung ist auch bestimmend für den Umfang des Zutrittsrechtes, welches der Gesetzgeber nach den damaligen Verhältnissen und Bräuchen in Betracht gezogen hat[4]. Im übrigen ist mit EUGEN HUBER darauf hinzuweisen, daß es auch andere private Rechte gibt, die von jedermann ausgeübt werden können, wie einzelne der sog. Gemeindedienstbarkeiten, unter ihnen besonders Wegrechte[5]. Ferner gibt es überhaupt Dienstbarkeiten mit öffentlicher Zweckbestimmung[6] und Dienstbarkeiten, die durch Expropriation entstanden sind, weil an ihrer Begründung ein öffentliches Interesse besteht[7].

Am besten ist die rechtliche Natur des Zutrittsrechtes von CARL WIELAND erkannt und umschrieben worden. Er geht aus vom Betretungsverbot und fährt dann fort: «Das Eigentum reicht indessen nur soweit, als es in Betätigung eines schutzwürdigen Interesses ausgeübt wird. ...Wald und Weide unterliegen damit einem beschränkten privaten Gemeingebrauch.»[7a]

In unseren Nachbarstaaten ist dieses allgemeine Zutrittsrecht nirgends ausdrücklich anerkannt. Aber auch dort ist das Betreten und Begehen von Wald und Weide, durch welches kein Schaden verursacht wird, sicher nicht ein verbotener Eingriff in das Grundeigentum[8], sonst wäre ja der Berg- und Skisport verunmöglicht. Wenn jede Schädigung ausgeschlossen ist, können bei uns

---

[4] Im VE lautete der Art. so: «Der Grundeigentümer kann jedermann den Zutritt zu seinem Eigentum verwehren. Zuzulassen hat er das Betreten von offenem Wald und Weideland in ortsüblichem Umfang». In den Erläuterungen II, S. 105 wird gesagt, daß sich diese Bestimmung dem Nachbarrecht anreihe, und kein Zweifel darüber gelassen, daß sie privatrechtlichen Charakter hat. Begründet wird sie einmal mit der «volkstümlichen Auffassung» und besonders mit der Erwägung, daß aus ihr dem Eigentümer kein Schaden erwachsen könne, denn «was sollte es dem Eigentümer schaden, wenn solches Land betreten wird?» Der im VE vorangestellte Grundsatz, daß der Eigentümer das Betreten seiner Liegenschaft verbieten könne, ist nicht etwa fallen gelassen, sondern im vorliegenden Art. gestrichen worden, weil er sich aus dem Art. 641 Abs. 2 ergebe. Siehe in den Erläuterungen 1914, II, S. 105, Anm. 1. Die heutige Fassung hat der Art. 699 erst in der parlamentarischen Beratung erhalten. Daß man dabei von der Beschränkung auf offenes Wald- und Weideland abgehen wollte, ergibt sich, soweit ich sehe, aus den Beratungen nicht und wird auch in der Literatur allgemein verneint. Siehe unten.
[5] Erläuterungen 1914, II, S. 105; StenBullNR 1906, S. 549 ff.; StenBullStR 1906, S. 1283; EUGEN HUBER, System III, S. 325 f.; LIVER, Zürcher Kommentar, Art. 731, N. 139 f.
[6] LIVER, a.a.O., Einleitung, N. 111.
[7] LIVER, a.a.O., Art. 731, N. 19.
[7a] Kommentar, Bem. 1 zu Art. 699.
[8] Für Österreich hat darin FR. GSCHNITZER einen Hauptfall des Gewohnheitsrechts gesehen, das trotz des Vorbehalts im § 10 ABGB, wonach Gewohnheitsrecht nur zu berücksichtigen ist, wenn sich das Gesetz auf es beruft, besteht (Festvortrag am 3. Österr. Juristentag, 1967, Verhandlungen II 6, S. 36 f.).

das Betreten und Begehen selbst von Wiesland (man denke nur an die großen Flächen magerer Wiesen im Bergland oder auch an tiefer gelegene abgemähte Wiesen) nicht verboten werden. Dies galt immer als selbstverständlich und ist deshalb in den Civilgesetzbüchern der Kantone nirgends statuiert worden. Dagegen stellte sich die Frage, ob private Wege, insbesondere Güterwege, von jedermann begangen werden dürften. Das zürch. EG bejaht dies im § 185: «Gebahnter Wege durch offenes Feld und Wald darf jeder Fußgänger sich bedienen» (= PGB § 713/ 263). Eine ähnliche, etwas engere Bestimmung enthielt das glarnerische CGB, worauf EUGEN HUBER hinweist[9]. Der zürcherischen entspricht die urnerische Bestimmung im EG 94 Abs. 1. Diesen Bestimmungen liegt der gleiche Gedanke zugrunde wie dem Art. 699: Ein Begehen fremden Bodens, durch das kein Schaden entstehen kann, darf nicht verboten werden.

Im CCit. Art. 943 (Accesso al fondo) ist nur das Recht des Anstößers, nötigenfalls das Nachbargrundstück zu betreten, geregelt, um die auf oder jenseits der Grenze stehende, von ihm mitbenutzte Mauer oder sonstige bauliche Anlage zu unterhalten oder zu erneuern. Dies ist unser Hammerschlagsrecht in etwas erweitertem Umfang[10]. Von einem Betretungsrecht von Wald und Weide ist nirgends die Rede, sowenig wie in unseren früheren CGB, obwohl unter ihrer Geltung das Betretungsrecht nach «volkstümlicher Auffassung» bestanden hat.

3. Wald und Weide

Als Wald im Sinne des Art. 699 sind nicht alle Baumbestände zu verstehen, die nach der extrem ausgedehnten forstpolizeilichen Bestimmung im Art. 1 der VVO 1965 zum eidg. Forstpolizeigesetz als solcher gelten, sondern nur vom Kulturland getrennte eigentliche Wälder, nicht einzelne Baumgruppen, wo immer sie stehen mögen. Weiden sind Flächen im Gelände, die ausschließlich durch Beweidung genutzt werden (unter Ausschluß von Einfängen in der Nähe von Haus und Hof)[11]. Wiesen, die gemäht werden, aber nachher (oder auch im Frühling) beweidet werden, sind nicht Weideland, doch sind sie, wie bemerkt, wenn gemäht, ebenfalls frei begehbar, namentlich im Berggebiet. Dann sind für sie die gleichen Voraussetzungen gegeben wie allgemein für das Wald- und Weideland: Kein Schaden! Der Grundeigentümer kann aber beachtliche Gründe haben, ein Wald- oder Weidegrundstück einzuzäunen, zum Schutz von Kulturen (Gärten), aber auch zum Schutz von Haus und Hof mit Groß- und Kleinvieh, Geflügel, gegen eindringendes Wild sowie gegen zwei- und vierbeinige Eindringlinge (Hunde) aus dem Gebiet der «Wohnkultur» und aus der Vagabondage[12]. Bisher war denn auch in der Literatur allgemein anerkannt, daß nur **offenes Wald- und Weideland** dem Zutrittsrecht des Art. 699 unterstellt sei[13].

---

[9] System III, S. 327.
[10] Dazu ausführlich BARASSI, Proprietà, N. 23 ff., S. 58 ff.
[11] AppH Bern, ZBJV 67, 1931, S. 565 ff. = SJZ 27, 1930/31, S. 205.
[12] Gegen fahrendes Volk gerichtetes Verbot einer Gemeinde ObGer Luzern, SJZ 60, 1964, Nr. 164, S. 232 f.
[13] WIELAND, Bem. 2, LEEMANN, N. 10, HAAB, N. 5 zu Art. 699; ROSSEL/MENTHA II, No. 1307, S. 376; TUOR ZGB (8. Aufl. 1968), S. 533.

4. Der Umfang des Zutrittsrechtes

In welchem Umfang das Zutrittsrecht besteht, bestimmt sich in erster Linie danach, ob es ohne Schädigung ausgeübt werden kann und deshalb mit den Interessen des Grundeigentümers vereinbar ist. Bei der Beratung im Nationalrat ist das Wurzelgraben durch Abstimmung als unzulässig erklärt worden. Ebenso kann das Graben nach Mineralien, welche dem Bergrecht nicht unterstellt sind, vom Grundeigentümer verboten werden. Auch die Benutzung von Grundstücken zur Aufstellung von Zelten und überhaupt als Lagerplätze und die Beschädigung und Gefährdung durch Feuerstellen kann verboten werden. Das Reiten fällt unter das Begehungsrecht, doch kann auch es verboten werden, wenn dadurch Wege und der Rasen, besonders auf Strecken, die infolge von Feuchtigkeit weich sind, beschädigt werden[14].

Die stärkste Inanspruchnahme von fremdem Boden, von Wald und Weide, aber auch von Wiesland, hat der Skisport mit sich gebracht, «das ganze Volk fährt Ski»; im Sommer ist es das Picknicken an Plätzen, die mit dem Auto erreichbar sind. Da zeigt sich besonders deutlich, daß die Voraussetzungen, unter denen der Art. 699 zustandegekommen ist, sich stark verändert haben, und zwar nach zwei Richtungen: Erstens entspricht das Betretungsrecht dem Bedürfnis eines viel größeren Personenkreises als früher; zweitens hat die Konzentration auf bestimmte Plätze und Routen durch die Zufahrt mit Autos sowie durch den Bau unzähliger Luftseilbahnen, Skilifte und die Anlegung von Pisten zur Folge, daß bestimmte Grundstücke vom Massentourismus erfaßt werden und daß dieser den sog. Erholungsraum zum Rummelplatz und Abfallkübel macht. Die Voraussetzung, daß keine Beschädigung und keine Verunstaltung verursacht wird, ist da nicht mehr gegeben, so daß der Art. 699 Verbote zulassen würde. Diese könnten aber nicht durchgesetzt werden, so daß sich ein Ortsgebrauch bilden kann, der allen Unfug deckt.

In zweiter Linie ist es ja der Ortsgebrauch, nach dem sich der Umfang der Rechte aus Art. 699 bestimmt, und zwar im Sinne der Beschränkung. Er kann namentlich das Sammeln von Beeren, Pilzen, Blumen und Blüten beschränken und Verbote zulassen zur Eindämmung des Kahlstrupfens der Beeren- und Pilzplätze, der massenhaften Abfuhr dieser Früchte und der Beschädigung von Sträuchern und Bäumen sowie der Verunreinigung des Geländes. Aber auch diese Verbote sind schwerlich durchsetzbar. Daß den

---

[14] Viel weiter gehende Verbote wurden von Gemeinden im Berner Jura erlassen. Bericht im «Bund» 1963, Nr. 316, 28. Juli 1963. Vgl. auch W. ZUMSTEIN, Der strafrechtliche Besitzesschutz im bernischen EGzZGB, ZBJV 67, 1931, S. 201 ff.

bäuerlichen Grundeigentümern und Anwohnern, die zur gegebenen Zeit mit Arbeit voll belastet sind, von Auswärtigen, die stets über genügend freie Zeit verfügen, die Früchte des Waldes und der Weiden vorweg «geraubt» werden, ist immer als eine Ungerechtigkeit empfunden worden. Es sind eben nicht mehr die ortsansässigen armen Leute, die Beeren und Pilze sammeln, um sich einen kargen Verdienst zu verschaffen, an die man bei der Beratung des Gesetzes gedacht hatte. In den Art. 121 des Entwurfs zum Landwirtschaftsgesetz[15] war die Bestimmung aufgenommen worden, daß die Kantone einschränkende Vorschriften zum Schutz der einheimischen Bevölkerung in Berggebieten erlassen könnten. Sie ist indessen fallen gelassen worden[16].

Im Art. 699 Abs. 1 sind Verbote nur vorgesehen zur Verhinderung der Beschädigung der Grundstücke, insbesondere zum Schutze der Kulturen, wobei vor allem an forstliche Pflanzungen gedacht ist. Öffentlich-rechtlichen Zutritts- und Begehungsverboten, die aus seuchen- und gesundheitspolizeilichen Gründen erlassen werden, steht der Art. 699 selbstverständlich nicht entgegen. Doch dürfen sie nicht dazu mißbraucht werden, auswärtige Touristen, Beerenleser und Pilzsammler fernzuhalten. Überhaupt sind Verbote, die bloß das Mittel sind, um einen zweckfremden Erfolg zu erzielen, ungültig, erst recht, wenn dieser Zweck bloß vorgeschützt ist[17].

5. Skisport

Die Ausübung des Skisportes, welche von lebenswichtigem wirtschaftlichem Interesse für große und kleine Sportplätze ist, könnte auf berühmten Routen unmöglich gemacht werden, wenn das Befahren von Maiensässen und Bergwiesen verboten würde[18]. Auf diese erstreckt sich ja der Art. 699 nicht. Wenn jede Schädigung dieser Liegenschaften ausgeschlossen wäre, würden solche Verbote trotzdem nicht geschützt[19]. Da aber tatsächlich mancherlei Schädigungen eintreten, bedarf es einer Beschränkung des

---

[15] Botschaft vom 19. Januar 1951, BBl 1951, S. 133.
[16] Eingehend befaßt sich mit diesen Fragen ein Entscheid des RR St. Gallen, Zbl 25, 1924, S. 287 = SJZ 21, 1924/25, S. 213.
[17] BGE 43 I, 1917, S. 282 = Pra 6 Nr. 176: Verbot des Beerenlesens am Sonntag wegen sittlich anstößiger Aufführung hergelaufener Leute in der Nacht vom Samstag auf den Sonntag (Zug); BGE 58 I, 1932, S. 173 = Pra 21, Nr. 137: Verbot des Beerenlesens am Sonntag auf Grund einer Bestimmung des Sonntagsruhegesetzes, welches das Tragen von Lasten verbietet (Uri).
[18] K. DANNEGGER, Einige Rechtsfragen des Skifahrers, ZBJV 73, 1937, und DERSELBE, Die Rechtsfragen der Bergsteiger und Skifahrer, Zürich 1938.
[19] AppH Bern, ZBJV 67, 1931, S. 567 ff.

Eigentums an diesen Liegenschaften durch gesetzliche öffentlich-rechtliche Vorschrift, damit sie als Übungsgelände, für den Aufstieg und die Abfahrt sowie als Ruheplätze benutzt werden können. Diese Vorschrift soll den Grundeigentümern Anspruch auf Ersatz des verursachten Schadens geben[20]. Wird zum gleichen Zweck ein Bauverbot auf Bauland gelegt, muß eine formelle oder materielle Enteignung gegen volle Entschädigung durchgeführt werden[21].

6. Jagd und Fischerei

Hierfür ist zurückzuverweisen auf § 38, III.

Im öffentlichen Recht finden sich zahlreiche weitere Beschränkungen des Grundeigentums mit dem Inhalt von Zutrittsrechten[22].

II. Betreten fremder Grundstücke zum Aufsuchen und Wegschaffen zugeführter Sachen und entlaufener Tiere

1. Zugeführte Sachen

Vom Standpunkt des Eigentümers des Grundstücks, auf dem sich die Sachen befinden, welche zurückgeholt werden dürfen, sind dies zugeführte Sachen. Unter diesem Marginale steht im Grundstücksrecht der Art. 700 und unter dem Marginale «Zuführung» der Art. 725 im Fahrnisrecht. Die Zuführung wird in beiden Artikeln wörtlich gleich umschrieben. «Wasser, Wind, Lawinen oder andere Naturereignisse» tragen Sachen auf fremden Boden. In beiden Artikeln werden als zugeführte Sachen auch Tiere angeführt, die auf fremde Grundstücke geraten, ferner Bienenschwärme, im Art. 700 aber auch Groß- und Kleinvieh, Geflügel und Fische. (Fische werden kaum je auf fremdem Boden anzutreffen sein, höchstens vielleicht einmal in einem fremden Gewässer!) Vgl. auch Art. 660 und dazu vorn § 24, III.

2. Das Recht, fremde Grundstücke zu betreten

Der Grundeigentümer hat dem Eigentümer der zugeführten Sachen (und sicher auch dem Besitzer und Besitzdiener) zu gestatten, diese aufzusuchen

---

[20] Graubünden, EGzZGB (1944) Art. 140, Botschaft vom 16. April 1943, S. 164; weitere Kantone sind gefolgt. Über die Lage in Österreich: TH. MAYER-MALY zum Urteil OGH SZ 34, Nr. 59, in: Der Staatsbürger, unter dem Titel «Ersitzung von Skiabfahrten?», 22. und 28. Mai 1969.
[21] BGE 89 I, 1963, S. 104 = Pra 52 Nr. 120; BGE in MBVR 62, 1964. S. 217 ff.
[22] HAAB, Art. 699, N. 2 und 11 ff.

und wegzuschaffen und zu diesem Zweck seine Liegenschaft zu betreten. Mit dieser Eigentumsbeschränkung geht der Gesetzgeber davon aus, daß grundsätzlich kein Betretungsrecht besteht, wobei der Art. 699 stillschweigend vorbehalten ist. Nur zum hier genannten Zweck muß der Zutritt gestattet werden. Der Grundeigentümer müßte also darum ersucht werden. Im täglichen Leben hält man sich an diese Vorschrift nicht. Es ist ganz selbstverständlich, daß der Hirte verlaufenes Vieh vom fremden Grundstück zurückholt, ohne um Erlaubnis dafür zu fragen. Mit anderen Sachen wird gleich verfahren, wenigstens wenn dabei nicht ein abgeschlossener Raum betreten werden muß oder Schaden an baulichen Anlagen, wie an Zäunen und anderen Abschrankungen, oder erheblicher Schaden an Kulturen verursacht wird[23]. Wenn der Grundeigentümer von seinem «Pfändungsrecht» gemäß Art. 57 OR, das ein Retentionsrecht ist, Gebrauch macht und die Tiere in seinen Gewahrsam nimmt, müssen sie ausgelöst werden. Auch das ist heute ein seltener Fall geworden, während das Recht der Viehpfändung im alten Recht ausführlicher geregelt und häufig ausgeübt wurde.

3. Anspruch auf Schadenersatz und Wiederherstellung

Während dem Grundeigentümer nach Art. 57 OR der von fremdem Vieh verursachte Schaden zu ersetzen ist und dafür das Retentionsrecht besteht, gibt der Art. 700 dem Grundeigentümer nur Anspruch auf Ersatz des Schadens, der durch das Aufsuchen und Wegschaffen der zugeführten Sache entstanden ist. Die praktisch wichtigere Frage ist aber die, ob der Grundeigentümer den Eigentümer der zugeführten Sachen vor die Alternative stellen darf, von der Rückholung abzusehen oder alles, was dem Grundstück zugeführt worden ist, wegzuschaffen, also den früheren Zustand wiederherzustellen. Diese Frage stellt sich, wenn ein Grundstück überführt worden ist durch einen Erdrutsch, der gutes Baumaterial mitgeführt hat, oder durch eine Lawine, welche Waldbäume mit Stock und Wurzeln mitgerissen hat. Soll dann der Eigentümer dieses Materials die gut verwertbaren Teile wegschaffen dürfen und alles übrige, mit dem das Grundstück verwüstet worden

---

[23] Die Rückholung von Bienenschwärmen war im alten Recht, in Offnungen und Statuten, vielfach besonders geregelt. Statt vieler Quellenstellen sei nur der Art. 365 des Schwabenspiegels (Ausgabe LASSBERG) zitiert: «Von Ymmen». Vgl. auch J. J. BLUMER, Staats- und Rechtsgeschichte der schweizerischen Demokratien, 3 Bde., St. Gallen 1850–1859, II/2, S. 67; J. LEUENBERGER, Studien über bernische Rechtsgeschichte, Bern 1873, S. 271 f.; EUGEN HUBER, System IV, S. 739. Aus dem geltenden Recht: Wallis, EGzZGB Art. 218. Das Bienenrecht des BGB, das, wie gesagt wurde, als Bienenidylle in den §§ 961–964 enthalten ist, wird eingehend erläutert von BRODMANN im PLANCKschen Kommentar. Siehe auch W. KÜHNE, Eigentumserwerb durch Verbindung, Vermischung und Verarbeitung, Diss. Bern 1956, S. 56 f.

ist, daselbst liegen lassen dürfen? Diese Frage beantwortet der Art. 700 nicht. Er läßt damit eine Lücke des Gesetzes offen. Sie kann m.E. nur nach dem Grundsatz geschlossen werden: Wer den guten Tropfen genießen will, muß auch den bösen schlucken. Die Rückholung muß gestattet werden, aber nur wenn der Eigentümer alle seine dem verwüsteten Grundstück zugeführten Sachen wegschafft. Mit dieser Lösung würde man sich anlehnen an altes Recht, das als Ausdruck bewährter Lehre und Überlieferung gelten kann. Dies gilt insbesondere vom bündnerischen CGB, das diese Frage aus besserer Kenntnis der tatsächlichen Verhältnisse und Vorgänge beantwortet als das ZGB durch sein Schweigen[24].

III. Abwehr von Gefahr und Schaden (Art. 701 ZGB)

Der Notstand schließt die Widerrechtlichkeit der Schädigung aus. Der Tatbestand des Notstands ist sowohl im Art. 701 ZGB als auch im Art. 52 Abs. 2 OR geregelt. Art. 701 hat den Eingriff in das Grundeigentum, Art. 52 Abs. 2 OR den in andere Rechte zum Gegenstand. Mit dieser Unterscheidung werden nicht wesentliche Verschiedenheiten erfaßt. Sie ist eher darauf zurückzuführen, daß die beiden Tatbestände sich in verschiedenen Gesetzen finden[25]. Ihre Regelung zeigt in den Voraussetzungen und Folgen gewisse Verschiedenheiten[26]. In den Hauptmerkmalen aber besteht Übereinstimmung[27]. Im Notstand handelt, wer in ein fremdes Recht eingreift, um sich oder einen anderen vor einem ungleich größeren Schaden zu bewahren, welcher nicht anders abgewehrt werden kann. Nach dem Wortlaut des Art. 701 ist «eine gegenwärtige Gefahr oder ein drohender Schaden», nach Art. 52 Abs. 2 OR «drohender Schaden oder Gefahr» vorausgesetzt. Gefahr und Schaden können drohen für Leib, Leben und Gesundheit oder für

---

[24] CGB Graubünden (1862) § 196 lautet: «Wird unverarbeitetes Holz durch Lawinen oder Erdschlipfe auf das Grundstück eines andern gebracht, so fällt es diesem als Eigentum zu. – Wurde es dagegen durch Windwurf auf das Grundstuck eines andern gebracht, so steht dem Eigentümer des Holzes frei, dieses gegen Ersetzung des dem Grundeigentümer verursachten Schadens zu Handen zu nehmen oder aber es dem Grundeigentümer eigentümlich zu überlassen».
   Unserer Ansicht scheint BGE 80 II, 1954, S. 216 = Pra 44 Nr. 5 zu widersprechen. Dies trifft jedoch nicht zu. Weil die Entscheidung dieser Frage fatalerweise nicht mit dem Rechtsbegehren direkt verlangt worden war, wurde sie unentschieden gelassen. Vgl. dazu A. STEINWENTER, Recht und Kultur, Aufsätze und Vorträge (Festschrift), Wien 1958, S. 52 ff. unter dem Titel «Römisches Recht und Begriffsjurisprudenz».
[25] VON TUHR/SIEGWART, Allg. Teil des OR I, S. 362 (§ 46 IV).
[26] Diese werden besonders von HAAB, Art. 701 N. 4, namhaft gemacht.
[27] VON TUHR/SIEGWART, a.a.O.

Vermögenswerte. So verstanden, würde richtiger von der gegenwärtigen Gefahr eines drohenden Schadens gesprochen. Besonders betont ist im Art. 701 der für das Nachbarrecht wesensbestimmende Grundsatz der Proportionalität[28] in der Bestimmung der Voraussetzungen wie in der Bemessung des ins Ermessen des Richters gestellten Ersatzes des verursachten Schadens. Eine wesentliche Verschiedenheit besteht zwischen dem sog. defensiven und dem aggressiven Notstand. Im ersten Fall wird in fremdes Vermögen, von dem die Gefahr droht, eingegriffen, im zweiten gehandelt, um die von anderswoher kommende Gefahr abzuwenden; der Geschädigte hat den Eingriff zu dulden, obwohl nicht er oder ihm gehörendes Gut den Notstand verursacht hat. Deshalb hat er auch Anspruch auf Ersatz des Schadens (sog. Ausgleichshaftung). In der Literatur werden folgende Beispiele angeführt[29].

Für den ersten Tatbestand:
Ein morscher Baum oder eine baufällige Mauer droht einzustürzen und großen Schaden auf dem Nachbargrundstück zu verursachen. Der Nachbar ist zur Abwendung des Schadens, der ungleich größer ist als der Nachteil des Eigentümers, berechtigt, den Baum zu fällen oder niederzureißen oder die Mauer abzubrechen.

Für den zweiten Tatbestand:
Der Wanderer oder Tourist, der sich verirrt hat und in Gefahr ist, zu erfrieren oder in der Dunkelheit abzustürzen oder vor Erschöpfung umzukommen, ist berechtigt, zur Abwehr dieser Gefahren ein Haus oder eine Hütte aufzubrechen und von den darin befindlichen Brennmaterialien und Nahrungsmitteln Gebrauch zu machen. Den dadurch verursachten Schaden hat er zu ersetzen, während im erstgenannten Fall ein Schadenersatz nicht geschuldet ist, weil der Eigentümer verpflichtet gewesen wäre, selber die Gefahr zu beseitigen.

Infolge andauernden Regens droht ein Bach über die Ufer zu treten und großen Schaden an den Kulturen und Gebäuden eines Nachbargrundstückes anzurichten. Dessen Eigentümer ist berechtigt, das Wasser auf ein anderes Grundstück abzuleiten, das dadurch ungleich geringeren Schaden erleidet. Dieser ist zu ersetzen, wobei zu berücksichtigen ist, ob der eine oder der andere der Beteiligten die Gefahr durch Vernachlässigung des Bachunterhaltes verursacht oder erhöht hat.

Bei einer Feuersbrunst darf ein an das Brandobjekt anstoßendes Gebäude abgerissen werden, um das Übergreifen des Feuers auf weitere wertvollere Gebäude zu verhindern. Der Anspruch auf Ersatz besteht, und zwar gegenüber der Brandversicherungsanstalt, wenn das abgebrochene Gebäude ohnehin abgebrannt wäre, aber wohl auch ohnedies.

Auch das BGB unterscheidet zwei Notstandstatbestände, von denen der eine dem Schuldrecht (§ 228), der andere dem Sachenrecht (§ 904) angehört. Aber diese Unterscheidung wird nicht, wie im ZGB, danach getroffen, ob Objekt des Eingriffs das Grundeigentum oder das sonstige Vermögen ist. Der Tatbestand des § 228 ist der der Verteidigung durch Eingriff in den Gegenstand, von dem die Gefahr ausgeht; der Tatbestand des § 904 ist der des Eingriffs in das Eigentum und andere Vermögenswerte zur Abwendung einer anderswoher drohenden Ge-

---

[28] Siehe dazu vorn § 32, IX 1; GIERKE, DPR III, S. 883: «aus Gründen der Gerechtigkeit auferlegtes gesetzliches Schuldverhältnis».
[29] Eine namhafte Praxis dazu ist nicht zur Ausbildung gekommen. Neuestens BGE 100 II, 1974, S. 120 = Pra 63 Nr. 168 (Sprengung von Lawinen).

fahr[30]. Schadenersatz wird ohne Verschulden nur auf Grund von § 904 geschuldet. Ins österr. ABGB ist eine Notstandsbestimmung erst mit der III. Teilnovelle (1917) aufgenommen worden und zwar als § 1306a. Sie schließt den Tatbestand des Verteidigungsnotstandes und des agressiven Notstandes (Duldungspflicht des Unbeteiligten) in sich und regelt den Interessenausgleich[31].

Im CCfr. findet sich der Notstandstatbestand nicht, doch kann er gleichwohl nicht unberücksichtigt gelassen werden[32].

In den CCit. ist eine Bestimmung über den Notstand (stato di necessità) aufgenommen worden (Art. 2045): «Wer, um von sich oder einem anderen die gegenwärtige Gefahr eines schweren Schadens an der Person, die nicht anders abzuwehren war und die er auch nicht selber herbeigeführt hat, abzuwenden, in fremdes Vermögen eingreift, hat dem Geschädigten Ersatz zu leisten, dessen Höhe ins billige Ermessen des Richters gestellt ist.»[33]

Vierter Abschnitt

Quellen, Bäche und Grundwasser

Gesetzgebung und Literatur:

I. Schweiz

Die neben dem ZGB bestehenden gesetzlichen Erlasse werden in den einzelnen Abschnitten zitiert.
GW = Grundwasser; WR = Wasserrecht

AD. E. ALTHERR, Die rechtliche Ordnung des GW, Diss. Zürich 1934; A. BEILICK, Aus der Praxis des zürcherischen GW-Rechtes, Zbl 29, 1928; L. BENDEL, Ingenieurgeologie, Bd. I, 2. Aufl., Wien 1949; D. BEZZOLA, Die Rechtsverhältnisse an den öffentlichen Wasserläufen, Diss. Zürich 1898; R. BLASS, Das Quellen- und Brunnenrecht nach dem ZGB mit Berücksichtigung des bisherigen kantonalen Rechts, Aarau 1910; E. BLUMENSTEIN, Zum Begriff der Privatgewässer im Wasserrechtsgesetz, MBVR 45, 1947, S. 321 ff.; DERSELBE, Die rechtlichen Voraussetzungen einer gesetzgeberischen Beschränkung der Ableitung von Quellen, MBVR 5, 1907, S. 1 ff.; H. CARRARD, De l'utilisation des eaux courantes, JdT 1869, S. 425 (auch SA); M. A. DAETWYLER, Ausgewählte Fragen zur rechtlichen Behandlung des GW in der Schweiz, Zürcher Diss., Zürcher Beiträge 262, Zürich 1966; H. DESCHENAUX/P. JÄGGI, Sources provenant d'eaux souterraines publiques, JdT 106, 1958 (Hommage du JdT à la Société suisse des juristes, congrès 1958 à Lausanne); K. DUFFING, Die Rechtsverhältnisse an Quellen und GW nach deutschem

---

[30] BAUR, Sachenrecht, 6. Aufl. 1970, § 25 III, S. 206; WESTERMANN, Sachenrecht, § 28 III 1; LARENZ, Schuldrecht II, § 72 (Haftung für erlaubte Eingriffe), S. 481 f.
[31] FR. GSCHNITZER, Schuldrecht, Besonderer Teil und Schadenersatz, Wien 1963, S. 156 ff.
[32] RIPERT/BOULANGER, Traité II, No. 979 (légitime défense) und da zit. Literatur.
[33] MESSINEO, Manuale I, § 11, N. 3; III, § 113, N. 6; III/2, § 169, N. 7; DE RUGGIERO/MAROI, ISTITUZIONI I, S. 151; II, S. 497.

und schweizerischem Recht, Diss. Freiburg i. Br. 1963; St. Gabuzzi, Il diritto delle acque nel Cantone Ticino, Repertorio, Serie III, Bd. I, 1901, S. 1 ff., 87 ff.; M. Gmür, Bernisches Quellenrecht, ZBJV 43, 1907, S. 1 ff., 57 ff.; Fr. Guisan, L'eau en droit privé, JdT 90 I, 1942, S. 490 ff. (auch SA); F. Hammer, Beiträge zum schweizerischen Quellen- und GW-Recht, Berner Diss., Abh.schweiz.R 196, Bern 1942; F. Hefti, Das Wasserrecht des Kantons Glarus, Diss. Bern 1922; Eugen Huber, Die Gestaltung des WR im künftigen schweizerischen Recht, ZSR 19, 1900 und SA; derselbe, Gutachten über die Rechtsverhältnisse an Quellen und Wasserläufen, ZSR 12, 1893, S. 52 ff.; Max Huber, Die WR nach den Entwürfen des ZGB, Zürcher Beiträge XII, Aarau 1906; J. Hug/A. Beilick, Die GW-Verhältnisse des Kantons Zürich, Beiträge zur Geologie der Schweiz, geotechnische Serie, Hydrologie, 1934; J. Hug, Einleitung zu B. Wettstein, Das GW-Recht, Verbands-Schriften des schweiz. Wasserwirtschaftsverbandes 17, 1931; W. E. Iten, Das WR nach dem zugerischen EGzZGB, Diss. Zürich 1914; P. Jäggi siehe H. Deschenaux; P. Liver, Der Prozeß des Müllers Arnold und das geltende private WR, ZBJV 82, 1946, S. 97 ff., 147 ff. und in: Privatrechtliche Abhandlungen, Bern 1972, S. 407 ff.; derselbe, Die Entwicklung des WR in der Schweiz seit hundert Jahren, ZSR 71 I, 1952, S. 305 ff. und in den Ges. rechtsgeschichtl. Abhandlungen, Chur 1970, S. 156 ff.; derselbe, Öffentliches GW-Recht und privates Quellenrecht, ZBJV 89, 1953, S. 1 ff. und in Privatrechtl. Abhandlungen, S. 441 ff.; derselbe, Die ehehaften WR in der Schweiz, in: Festschrift P. Gieseke, Karlsruhe 1958, und in: Privatrechtl. Abh., S. 465 ff.; H. U. Müller, Der privatrechtliche Schutz vor Gewässerverunreinigung und die Haftung, Diss. Zürich 1968; M. A. Müller, Die rechtliche Regelung des GW im Kanton Thurgau, Diss. Zürich 1953; H. Müri, Das Recht an der Wasserquelle, Diss. Bern 1896; J. Rossel, Des sources immédiatement génératrices d'eau courante, ZBJV 54, 1918, S. 249 ff., 329 ff.; L. Schürmann, Zum schweizerischen GW-Recht, Zbl 46, 1945, S. 57 ff.; E. Sillig, Le régime des sources dans le CCS, thèse Lausanne 1912; P. Steffen, Die rechtliche Behandlung des GW mit bes. Berücksichtigung des Kantons Luzern, Diss. Freiburg 1963; Ch. Sury-Bussy, Das Recht an der Wasserquelle, Diss. Bern 1910; E. Vogt, Die Rechte der Eigentümer von Quellen, Rechtsgutachten, 1872; B. Wettstein, Das schweizerische GW-Recht mit geologischer Einführung von J. Hug (siehe oben J. Hug).

II. Ausland

1. Deutschland

Das BGB befaßt sich weder mit den Quellen noch mit anderen privaten Gewässern. § 65 EGzBGB läßt die wasserrechtlichen Vorschriften der Länder unberührt. Inzwischen ist die Gewässernutzung vereinheitlicht worden im Wasserhaushaltsgesetz vom 27. Juli 1957. Die Eigentumsverhältnisse und die (stark beschränkte) Verfügungsmacht der Eigentümer sind nach wie vor in den Wassergesetzen der Länder geregelt.

Zum Wasserrecht im allgemeinen: A. Wüsthoff, Einführung in das deutsche Wasserrecht, 3. Aufl., Berlin 1962.

Zum Wasserhaushaltsgesetz die Kommentare von P. Gieseke/W. Wiedemar, München 1963 und G. Witzel, 2. Aufl., Frankfurt a.M. 1960; ferner P. Gieseke,

Sozialbindungen des Eigentums im Wasserrecht, in: Festschrift H. Lehmann, Berlin/Tübingen 1956; DERSELBE, Eigentum und Grundwasser, Arbeitsgemeinschaft Nordrhein-Westfalen, Geisteswissenschaften 79, 1959; K. DUFFING, Die Rechtsverhältnisse an Quelle und Grundwasser nach deutschem und schweizerischem Recht, Diss. Freiburg i.Br. 1963.

Dem Inhalt nach bleibt altes Recht in erheblichem Umfang unverändert und ist in die neuen Wassergesetze übernommen: Baden-Württemberg, WG vom 25. Februar 1960; Kommentar von U. ZIEGLER, Stuttgart 1966. – Bayern, WG vom 26. Juli 1962; Kommentar von F. SIEDER/H. ZEITLER, München 1970.

Hervorragende Werke zum alten Landeswasserrecht sind: HOLTZ/KREUTZ/SCHLEGELBERGER, Das preussische Wasserrecht, 2 Bde., 3./4. Aufl., Berlin 1927/31; K. SCHENKEL, Das badische Wasserrecht, 2. Aufl. 1902, ergänzt von A. WIENER auf Grund des Standes 12.4.1913, Karlsruhe 1913.

Den stärksten Einfluß hatte in der Schweiz das frühere bayrische Wasserrecht (bes. in Bern, Luzern, Obwalden) mit seinem ausgezeichneten Kommentar von J. VON PÖZL, Die bayerischen Wassergesetze, 2. Aufl., 1880.

2. Österreich

Das gesamte WR wurde durch das Reichswasserrechtsgesetz vom 30. Mai 1869 vereinheitlicht. Dazu: K. PEYRER, Ritter vom Heimstätt, Das österreichische Wasserrecht, 3. Aufl., 1898; A. RANDA, Das österreichische Wasserrecht, 3. Aufl., 1893; DERSELBE, Das Eigentumsrecht, 2. Aufl., Leipzig 1893 (§ 4: Eigentum an Gewässern).

Revidiert wurde das WRG 1869 durch das geltende WRG vom 19. Oktober 1934. Dazu: HAAGER/VANDERHAAG, Das neue österreichische Wasserrecht, Kommentar, Wien 1936; E. HARTIG, Das österreichische Wasserrecht (nach dem Stande vom 31.12.1949), Wien 1950; FR. KRZIZEK, Kommentar zum Wasserrechtsgesetz, Wien 1962; A. FRANK, Das österreichische Wasserrecht, mit Anhang: WRG 1959, Wien (o. J.).

3. Frankreich

Code civil Art. 641–645 in der Fassung des Gesetzes vom 8. April 1898; Code rural in der Fassung vom 16. April 1955 und 16. Dezember 1964.

PLANIOL/RIPERT/BOULANGER, Traité de droit civil, Bd. II, Paris 1957, Nos. 2567–2597, S. 902 ff., Nos. 3120–3125, S. 1081 f.; PLANIOL/RIPERT/PICARD, Traité pratique de droit civil français, 2. Aufl., Paris 1952/62, Nos. 474 ff., S. 468 ff.; MARTY/RAYNAUD, Droit civil, Bd. II/2, Paris 1965, Nos. 105–120, S. 219 ff.; M. P. FABREGUETTES, Traité des eaux publiques et des eaux privées, 2 Bde., 1911.

4. Italien

Codice civile Art. 909–921, 1042, 1048; Testo unico di legge sulle acque e sugli impianti elettrici, 11 dicembre 1933.

L. BARASSI, Proprietà e comproprietà, Milano 1951, N. 129 ff., S. 556 ff.; FR. DE MARTINO, La proprietà, Commentario SCIALOJA/BRANCA, 2. Aufl., Bologna 1954, Art. 840 (acque sotterranee), Art. 909 ff.; FR. MESSINEO, Manuale di diritto civile e commerciale, 9. Aufl., Milano 1952/63, I: § 29 N. 2bis, S. 426 f., II: § 80 N. 5, § 87 N. 10 (acque sotterranee), § 91 N. 20 (servitù di acquedotto).

Zur Beseitigung wohlerworbener Wasserrechte in Italien siehe P. LIVER, Die ehehaften Wasserrechte in der Schweiz (oben unter Ziff. I), S. 236 ff. und die dort zit. Literatur.

§ 40. Gegenstände

I. Die Quellen

1. Begriff

Die Quelle ist an bestimmter Stelle ständig zutage tretendes Grundwasser samt dem es an die Oberfläche leitenden und einfassenden Teil des Bodens. Nach der Entstehung unterscheidet man natürliche und gegrabene Quellen. Als Quellwasser gilt auch das auf eine größere Fläche verteilt an die Oberfläche tretende Grundwasser, selbst wenn infolgedessen diese Fläche als Ried oder Sumpf anzusprechen ist. Wird solches Wasser gefaßt, sei es zum eigenen Gebrauch oder zum Zwecke der Verwertung, ist es gegen Abgrabung geschützt[1]. Der Grundwasseraustritt muß, um als Quelle zu gelten, das Merkmal der Dauer aufweisen[2].

Nicht Quellwasser ist das Meteorwasser. Eine Ansammlung von Regen- und Schneeschmelzwasser ist keine Quelle, und das aus einem Gletscher abfließende Wasser ist nicht Quellwasser. Solches Wasser, wie auch der Überlauf eines Brunnens, wird auch nicht zum Quellwasser, wenn es in den Boden einsickert, eine Strecke weit unterirdisch weiterfließt und dann in der Form einer Quelle wieder an die Oberfläche tritt. Es ist gegen Abgrabung nicht geschützt[3]. Stammt es aus Anlagen der Wasserversorgung, kann deren Eigentümer verpflichtet sein, dieses Wasser der Kanalisation zuzuführen. Es muß vom Unterlieger nicht gemäß Art. 689 aufgenommen werden. Die Fassung von Oberflächenwasser ist keine Quellfassung[4].

2. Quellenrecht

Die Quelle ist Bestandteil der Liegenschaft, in der sie entspringt. Das Gesetz sagt dies ausdrücklich und zwar zweimal, im Art. 667 Abs. 2 und dann im Art. 704 Abs. 1, um zu betonen, daß sie nicht für sich, sondern nur

---

[1] BGE 44 II, 1918, S. 475 = Pra 8 Nr. 33.
[2] BGE 44 II, 1918, S. 475 = Pra 8 Nr. 33; 65 II, 1939, S. 57 = Pra 29 Nr. 73.
[3] BGE 48 II, 1922, S. 321 = Pra 11 Nr. 137.
[4] Siehe oben § 35, I 2 und insbes. KtGer Freiburg, ZBGR 37, 1956, S. 343.

mit dem Boden zu Eigentum erworben werden kann[5]. Das Recht der Verfügung über das Quellwasser kann, wie im 2. Absatz des Art. 704 gesagt ist, nur als Dienstbarkeit am Quellengrundstück erworben werden. Die «Kaufverträge» über Quellen, die einer volkstümlichen Auffassung entsprachen und bis zum heutigen Tag immer wieder abgeschlossen werden, müssen, um rechtswirksam zu sein, als Quellenrechtsverträge angesehen werden und werden auch im Grundbuchverfahren als solche behandelt, denn durch Kauf kann man das Eigentum an einer Quelle sowenig erwerben wie das an irgendeinem anderen Grundstücksbestandteil. Während andere Bestandteile, wie z.B. Bäume und sonstige Pflanzen vom Boden getrennt und dann zum Gegenstand von Fahrniseigentum des Käufers gemacht werden können, ist die Quelle unlösbar mit der Liegenschaft verbunden, so daß jedes dingliche Recht zu ihrer Nutzung die Liegenschaft belastet[6].

Das Quellenrecht kann eine Grunddienstbarkeit sein, eine selbständige Personaldienstbarkeit gemäß Art. 780 oder eine unselbständige «andere Dienstbarkeit» im Sinn des Art. 781. Dienstbarkeiten der beiden letzteren Kategorien («irreguläre Personalservituten» der gemeinrechtlichen Doktrin) waren dem römischen Recht und den ihm folgenden Kodifikationen fremd. Das gilt insbesondere für den französischen Code civil und damit auch für die Gesetzbücher der westschweizerischen Kantone[7]. Auch das bernische CGB bot keine sichere Grundlage für die Begründung von Quellenrechten im Sinne des Art. 780. Erst eine authentische Interpretation durch den Großen Rat vom 8. Oktober 1908 sicherte diese Möglichkeit[8].

Wenn an der Grundstücksgrenze nach Wasser gegraben wird, kann streitig werden, ob die damit geschaffene Quelle als Bestandteil des Grundstückes, auf dem sie sich befindet, alles in ihr hervortretende Wasser umfasse, oder ob ein Teil davon zum Nachbargrundstück gehöre. Das Bundesgericht erklärte, es komme auf den Quellpunkt an. Dies sei der Punkt (oder die Strecke), wo

---

[5] BGE 44 II, 1918, S.472 = Pra 8 Nr.5: «Indem Art. 704 ZGB die Quellen als Bestandteile der Grundstücke bezeichnet, will er bloß sagen, daß die aus dem Boden hervortretende Quelle insofern keine selbständige rechtliche Existenz habe, als sie nur zusammen mit Grund und Boden zu Eigentum erworben werden könne». – Kritisch zur Bestandteilseigenschaft GUISAN, a.a.O., S.8 (SA).

[6] Erläuterungen 1914, II, S.107 ff.; S.109: «Die Quelle ist pars fundi, wie die Erdscholle und die Bäume des Grundstücks».

[7] Juristische Personen, insbes. Gemeinden, haben Quellenrechte als Grunddienstbarkeiten und zu diesem Zweck den Bauplatz für die Brunnstube zu Eigentum erworben, um ein berechtigtes Grundstück zu haben. Berechtigt im eigentlich rechtlichen Sinne hätte dieses Grundstück zwar nicht sein können.

[8] GMÜR, a.a.O. und F. BÜHLMANN, Das schweizerische ZGB im Kanton Bern, 1912, S.354.

die Wasserader angeschnitten wurde. Zu jedem Grundstück gehört das Wasser, dessen Quellpunkt innerhalb seiner Grenzen liegt[9].

3. Abgrenzung von öffentlichen Gewässern

Die Fluß- und die Bachquelle (caput fluminis)

Der Abfluß der Quellen im Sinne von Art. 704 ist Oberflächenwasser. Als solches bezeichnet denn auch der Art. 689 das «Wasser von Quellen, die nicht gefaßt sind». Das Eigentum am Quellengrundstück erstreckt sich auf alles über dieses abfließende Wasser bis zur Grenze. Ist dieses Wasser aber ein Bach oder gar ein Fluß, ist es in den meisten Kantonen, aber durchaus nicht in allen, ein öffentliches Gewässer, wenigstens vorbehältlich des Nachweises von Privateigentum (Art. 664 ZGB; Art. 1 und 2 Eidg. WRG). Einen Bach bildet das Wasser, wenn es die Mächtigkeit und Stetigkeit hat, daß es sich ein festes Gerinne, ein Bett mit festen Ufern, zu schaffen vermag oder zu schaffen vermöchte, wenn es ihm nicht künstlich bereitet wäre. Ist es unmittelbar von der Quelle weg ein solcher Wasserlauf, umfaßt dieser auch die Quelle. Die Quelle und ihr Abfluß sind dann nicht nur hydrologisch, sondern auch rechtlich eine Einheit. Die Fluß- und Bachquellen sind in den Kantonen öffentliche Gewässer, in denen die Flüsse und die Bäche öffentliche Gewässer sind.

Diese Einheit von Quelle und Wasserlauf war im gemeinen Recht anerkannt[10]. Sie ist im CCfr. Art. 643, in der Fassung des Gesetzes vom 8. April 1898, gesetzlich festgelegt. Sie wird auch in Italien allgemein anerkannt.[11].

EUGEN HUBER war nicht anderer Ansicht. Er unterschied die Fluß- und Bachquellen durchaus von den übrigen Quellen[12], hob aber andererseits die unbeschränkte Verfügungsmacht des Grundeigentümers über die Quellen in schroffer Einseitigkeit hervor[13]. Auf diese Äußerungen hat dann das Bundesgericht mit großem Nachdruck abgestellt und die Unterscheidung der Fluß- und Bachquellen von den übrigen Quellen abgelehnt: BGE 43 II, 1917, S. 152 = Pra 6 Nr. 84. Dieses Urteil war unrichtig und kann heute schon gar nicht mehr als maßgebend gelten[14].

---

[9] BGE 65 II, 1939, S. 52 = Pra 28 Nr. 73.

[10] REGELSBERGER, Pandekten, S. 432; BEZZOLA, a.a.O., S. 28ff.; MÜRI, a.a.O., S. 69ff. und 74ff.

[11] Außer der angegebenen Literatur ist noch zu nennen: AVOLIO CASTELLI, Commento alle leggi sulle acque ..., 1936, N. 163, S. 192 (sorgenti che costituiscono capita fluminis).

[12] Erläuterungen II, S. 48; ZSR 19, 1900, S. 528; SA S. 26: «Man denke an den Fall des Eybaches, der in einer Höhe von sechs Metern aus der hundert Meter hohen Dossenfluh mit einer Mächtigkeit von mehreren tausend ML hervorbricht und sofort ein fließendes Gewässer bildet...» (Seither ist diese Quelle gefaßt und in die Wasserversorgung der Stadt Luzern einbezogen worden). Eine Reihe weiterer Beispiele aus der Westschweiz bei ROSSEL/MENTHA II, No. 1315, S. 383.

[13] Erläuterungen II, S. 48, bes. aber ZSR 19, S. 567, SA S. 64f.

[14] Zu ihm hat der nachmalige Bundesrichter JEAN ROSSEL im oben verzeichneten Aufsatz (ZBJV 54, 1918) kritisch Stellung genommen. Ihm haben sich dann ROSSEL/MENTHA (II, No. 1315, S. 383) und auch HAAB (Art. 704, N. 9) angeschlossen. Im gleichen Sinn die Abhandlung

Davon ausgehend, daß die Fluß- und Bachquellen nicht unter den Art. 704 fallen, haben mehrere Kantone sie dem Wasserlauf, der ihnen entspringt, gleichgestellt[15]. Inzwischen ist das Bundesgericht zur gleichen Auffassung gelangt[16].

II. Öffentliche Grundwasserströme und Grundwasserbecken

Im Art. 704 Abs. 3 wird das Grundwasser den Quellen gleichgestellt. Soweit dies zutrifft, wäre, wer das Eigentum oder das Quellenrecht an einem Grundstück hat, mag es auch das geringste Stück Boden sein, befugt, soviel Grundwasser als er zu fassen und zu fördern vermag, zu nutzen und zu verwerten[17]. Das Bedürfnis, dem Boden gewaltige Wassermengen zu entziehen, und die Möglichkeit, dazu mit elektrischer Kraft betriebene Pumpwerke zu bauen, stellten sich erst nach dem Erlaß des ZGB ein. Dann aber zeigte sich, daß die zu solcher Nutzung geeigneten Grundwasservorkommen von gewaltiger Mächtigkeit und Ausdehnung unmöglich den Quellen gleichgestellt sein können. Sie sind nach Gestalt und Bedeutung für die Wasserversorgung ganzer Talschaften, Flußgebiete und Landesgegenden den Flüssen und Seen, nicht den Quellen gleichzustellen. Den Flüssen und Bächen entsprechen die fließenden Grundwasservorkommen, die man Grundwasserströme nennt; den Seen entsprechen die stehenden Grundwasservorkommen, die man Grundwasserbecken nennt. Als erster Kanton hat daraus Zürich die rechtlichen Konsequenzen gezogen. Durch Revision des EGzZGB vom 2. Februar 1919 wurden GW-Ströme und GW-Becken mit einer nutzbaren Wassermenge von mehr als 300 ML als öffentliche Gewässer erklärt (Art. 137bis). Das Bundesgericht anerkannte die Verfassungsmäßigkeit des Erlasses und lehnte die staatsrechtliche Beschwerde gegen ihn ab[18]. Zehn Jahre später (1939) hatte das Bundesgericht als Zivilgerichtshof zu entscheiden. Es entschied, daß Grundwasservorkommen, die sich unter der

---

LIVER zum Prozeß des Müllers Arnold (Lit. Verz. vor § 40), S. 145 ff., sowie Die Entwicklung des WR in der Schweiz (oben Lit. Verz.), S. 344 ff. Das Urteil des BGer hatte den Staldigbach im unteren Entlebuch zum Gegenstand. Über dessen weiteres Schicksal, in dem er doch in den Dienst des Gemeinwesens gelangte, s. P. STEFFEN, a.a.O., S. 44.

[15] Graubünden, EGzZGB Art. 149 Abs. 3: «Den Flüssen und Bächen sind Quellen von solcher Mächtigkeit, daß ihr Abfluß von Anfang an den Charakter eines Baches oder Flusses hat, gleichgestellt.» Siehe dazu die Botschaft vom 16. April 1943, S. 168 ff. und auch PKG 1950, Nr. 2. Im gleichen Sinne haben dann weitere Kantone legiferiert: Neuenburg, WRG 1953 Art. 8; St. Gallen, WRG 1960 Art. 2 Ziff. 3; Glarus, EGzZGB 1951 § 167; Appenzell AR, EGzZGB 1969, Art. 201; Bern, WRG 1971 Art. 2 Abs. 2.

[16] BGE 97 II, 1971, S. 333 = Pra 61 Nr. 3, bespr. in ZBJV 109, 1973. S. 80 f. Gleich entschied vorfrageweise das VerwG Graubünden am 4. 6. 1974 i. S. Gemeinde Ragaz/Gemeinde Tamins.

[17] Vorbehalten bleibt das Immissionsverbot im Sinne der Ausführungen oben § 32.

[18] BGE 55 I, 1929, S. 397 = Pra 19 Nr. 64.

Erdoberfläche über weite Strecken hinziehen, öffentliches Gut seien, also nicht unter den Art. 704 Abs. 3 fallen und deshalb von den Kantonen bis zum Erlaß besonderer Grundwassergesetze ihren Wasserrechtsgesetzen unterstellt werden könnten[19]. In einem weiteren Urteil wurde dies bestätigt, aber betont, daß Grundwasser, das nicht in einer ausgedehnten geschlossenen Erdschicht (Grundwasserträger) fließe oder stehe, sondern sich auf kleinere, von einander getrennte Erdschichten verteile (Moränegebiet), nicht ein öffentliches Gewässer bilde, sondern den Quellen gleichgestellt bleibe, auch wenn seine nutzbare Menge das im kantonalen Recht festgesetzte Maß von 300 oder 600 ML übersteige[20]. Der Art. 704 ist in seinem 3. Absatz nicht gegenstandslos geworden. Alle Grundwasservorkommen, die wegen ihrer geringen Ausdehnung als fließende Gewässer nicht den Flüssen und Bächen vergleichbar sind, und wenn sie stehen, nicht als Seen angesprochen werden können, bleiben den Quellen gleichgestellt[21].

Wenn die Quelle einem öffentlichen Grundwasservorkommen entspringt, erhebt sich die Frage, ob sie als dessen Bestandteil anzusehen sei. Diese Frage ist zu verneinen, weil sonst sehr viele Quellen, welche das Gesetz dem Art. 704 zweifellos unterstellt und als private Gewässer erklärt, dem Bundeszivilrecht entzogen würden, wozu die Kantone nicht zuständig wären. Alle Quellen (außer den Fluß- und Bachquellen), welche als natürliche Grundwasseraufstöße hervortreten, sind und bleiben private Gewässer. Dagegen wirkt sich die Unterstellung der GW-Ströme und GW-Becken unter das öffentliche Recht dahin aus, daß aus ihnen (vorbehältlich der für den Eigenbedarf des Grundeigentümers gestatteten Nutzung) nicht künstlich Wasser zutagegebracht werden darf, sei es durch Pumpanlagen oder auch nur durch Grabungen (Vortrieb von Stollen, Saug- und Sickerröhren)[22]. Dazu ist die Bewilligung oder Konzession des zuständigen Gemeinwesens erforderlich. Auch solche GW-Fassungen müssen jedoch als rechtmäßig anerkannt werden, wenn sie errichtet und genutzt wurden, bevor eine Bewilligungs- oder Konzessionspflicht eingeführt war. Die Nutzungsbefugnis genießt dann den Schutz eines wohlerworbenen Rechtes[23].

Das Recht des Gemeinwesens zur Verfügung über die großen GW-Vorkommen ist ein Wasserrechtsregal. Das ist ein durch Beschränkung des

---

[19] BGE 65 II, 1939, S. 143 ff. = Pra 29 Nr. 3.
[20] BGE 68 II, 1942, S. 14 ff. = Pra 31 Nr. 41.
[21] Dem entsprechen die kantonalen Bestimmungen. Dem Kanton Zürich sind zunächst gefolgt: Obwalden (1919), Schaffhausen (1931), Genf (1939), Graubünden (1944), dann weitere Kantone. Auch Bern hat nunmehr (1971) seine frühere unklare GW-Bestimmung im gleichen Sinne geändert (WRG Art. 1 Abs. 2 lit. b).
[22] Näher begründet in der Abhandlung LIVER, Öffentliches GW-Recht (oben Lit. Verz.), S. 18f.
[23] Siehe dazu LIVER, Die ehehaften WR in der Schweiz (oben Lit. Verz.).

Grundeigentums vom Gemeinwesen sich selber vorbehaltenes nutzbares Recht. Die oberirdischen öffentlichen Gewässer sind dagegen in der Regel Liegenschaften im Eigentum des Gemeinwesens[24]. Die das Grundwasser führenden Schichten samt dem Wasser, von denen auch zwei oder drei übereinander liegen können (Grundwasserstockwerke), sind dagegen nicht Gegenstand von Sondereigentum des Gemeinwesens, da sie überhaupt nicht Sachen, d.h. abgegrenzte, für sich bestehende Stücke des Erdkörpers sind. Sie sind Bestandteil des Grundstückes, soweit das Eigentum an diesem in die Tiefe reicht, aber dem Nutzungs- und Verfügungsrecht des Grundeigentümers entzogen[25].

§ 41. Abgraben von Quellen (Art. 706/07 ZGB)

I. Das Abgraben

Das Gesetz verbietet dem Grundeigentümer Grabungen, welche die Beeinträchtigung von Quellen auf Nachbargrundstücken zur Folge haben. Beeinträchtigt ist die Quelle, wenn ihr Wasser absinkt, so daß sie versiegt, wenn ihre Leistung sich vermindert, und wenn sie verunreinigt wird. Unter dem Abgraben versteht das Gesetz jeden Eingriff in den Grundstückskörper, welcher die genannten Folgen hat, gleichgültig zu welchem Zweck er auch immer vorgenommen wird[1]. Das Abgrabungsverbot ist die wichtigste und im Vergleich mit anderen Rechtsordnungen der Vergangenheit und Gegenwart bemerkenswerteste, für den genossenschaftlichen Geist, der im allgemeinen[2] das ZGB durchdringt, charakteristischste Vorschrift in der Ausgestaltung des privaten Wasserrechtes.

---

[24] Eingehend dargelegt bei LIVER, Die Entwicklung des WR in der Schweiz (oben Lit. Verz.), S. 325f. Beiläufige Bemerkung im gleichen Sinn in BGE 93 II, 1967, S. 177 = Pra 56 Nr. 130; 95 I, 1969, S. 248 = Pra 58 Nr. 125.

[25] Dazu die Bemerkung LIVER, a.a.O. (Anm. 24), S. 331 (in Ges. rechtsgeschichtl. Abhandlungen, S. 179). Daß Grundwasservorkommen Bestandteil der Liegenschaft sind, ist auch im Ausland allgemein anerkannt: GIESEKE, Eigentum und GW (oben Lit. Verz.); HAAGER/VANDERHAAG, a.a.O., S. 95ff. Anderer Meinung MEIER-HAYOZ, N. 156 zu Art. 664. Von einer «Sache im Gemeingebrauch» kann wohl nicht die Rede sein. BGE 44 II, 1918, S. 472 = Pra 8 Nr. 5 scheint die Bestandteilseigenschaft des unter der Oberfläche des Grundstückes durchfließenden Wassers zwar zu verneinen. Es spricht da aber von der frei durch ein Grundstück fließenden Wasserwelle und will bloß deren ausschließliche Nutzung durch einen Grundeigentümer zum Nachteil von Nachbarn verneinen, gestützt auf Art. 706.

[1] LEEMANN, N. 4/5 und HAAB, N. 10 zu Art. 706/07.

[2] Um so schwieriger ist verständlich, daß EUGEN HUBER die genossenschaftliche Bindung zugunsten der unbeschränkten Verfügungsmacht des Grundeigentümers über die Quellen aufgeben wollte.

Für die Kantone der zürcherischen Kodifikationsgruppe und die ihr nahestehenden Kantone bedeutete das Abgrabungsverbot nicht eine grundsätzliche Neuerung, wohl aber eine Erweiterung des Verbotes, wie es im zürcherischen PGB (§ 612/182) enthalten war[3]. Groß ist die Neuerung für die übrigen Kantone, namentlich für die westschweizerischen[4].

Gegen das Abgraben sind nicht alle Quellen geschützt, sondern nur Quellen, die in erheblicher Weise benutzt werden oder zum Zwecke der Verwertung gefaßt sind.

Die Fassung braucht keineswegs fachmännisch angelegt und ausgeführt zu sein. Es genügt auch eine mit primitiven Mitteln bewerkstelligte Zusammenfassung und Zurückhaltung in einem künstlichen Becken. Erheblich benutzt ist die Quelle, wenn sie nicht nur gelegentlich als Tränke dient oder ihr gelegentlich Wasser zum häuslichen oder sonstigen Gebrauch entnommen wird, sondern der Grundeigentümer oder Quellenrechtsinhaber des Wassers für die Bewirtschaftung von Haus und Hof bedarf und es dafür auch regelmäßig benutzt. Beide Voraussetzungen hat das Bundesgericht eingehend und umsichtig erörtert in seinem Urteil 80 II, 1954, S. 378 = Pra 44 Nr. 21.

Die Bezeichnung des Schutzobjekts lautet im deutschen Text «Quellen und Brunnen», im französischen Text dagegen einfach «sources». Es müssen auch nur Quellen gemeint sein. Von «Quellen und Brunnen» zu sprechen, ist bloß eine Floskel im Volkston. Der Brunnen fällt nur als gefaßte Quelle unter den Art. 706. Nach REGELSBERGER[5] entsteht der Brunnen durch künstliche Fassung der Quelle behufs Hebung des Wassers. Der Brunnen, der das künstliche Becken zur Verwendung des vom Quellengrundstück abfließenden Wassers ist, genießt den Schutz des Art. 706 in keiner Weise. Wer dies verkennt, wie LEEMANN[6], gerät in Schwierigkeiten und Widersprüche. Der Eigentümer des Quellengrundstücks ist ja, vorbehältlich öffentlich-rechtlicher Beschränkungen, befugt, die Quelle zu fassen und das Wasser anderwärts abzuleiten ohne jede Rücksicht auf Brunnen, die bisher durch den Ablauf gespiesen wurden und auf Wasserrechte an Gewässern, denen es zufließt[7].

Sind die Voraussetzungen des Art. 706 nicht gegeben, ist das Abgraben von Quellen nicht rechtswidrig. Der Grundeigentümer, der das Wasser zuerst auf seiner Liegenschaft zutagefördert, ist sein rechtmäßiger Eigentümer, auch wenn er dadurch dem Nachbarn die Möglichkeit nimmt, sich

---

[3] Danach durften vorhandene Brunnen nicht abgegraben werden (BlZR 11, 1912, Nr. 5). Ebenso Schaffhausen, Graubünden, Glarus, St. Gallen, Appenzell AR.
[4] Im französischen Recht gibt es kein Abgrabungsverbot (PLANIOL/RIPERT/BOULANGER II, No. 2683, S. 936). Das englische Recht ist davon nicht weniger weit entfernt (s. A.B. SCHWARZ, Das schweizerische ZGB, ... 1952, S. 34). Für die westschweizerischen Kantone brachte der Art. 706 «une grande, mais salutaire innovation» (ROSSEL/MENTHA II, No. 1318, S. 386). Ausdrücklich war die Abgrabungsfreiheit auch anerkannt in Basel-Stadt (Gesetz betr. die Nachbarrechte; EUGEN HUBER, System III, S. 280).
[5] Pandekten, S. 432.
[6] Art. 706/07, N. 19.
[7] BGE 42 II, 1916, S. 440 = Pra 5 Nr. 205. Dieses Urteil befaßt sich eingehend mit der Stellung des Eigentümers des Quellengrundstückes im nachbarlichen Verhältnis und betont dessen Ungebundenheit im Sinne der zit. Äußerungen EUGEN HUBERS; im besonderen verneint es jede Pflicht zur Rücksichtnahme auf Brunnen, in denen der Abfluß der Quelle genutzt wird, und auf Wasserwerke an öffentlichen Gewässern, denen das Quellwasser zufließt. Im Entwurf des ZGB (noch 1904) stand die folgende Vorschrift: «Die Verleihung erstreckt sich nicht auf die Quellen, die das öffentliche Gewässer speisen».

sein Grundstück in gleicher Weise nutzbar zu machen. Da kommt der Grundsatz der Priorität zur Geltung[8].

II. Die Folgen des widerrechtlichen Abgrabens

Die Art. 706 und 707 ZGB sind nachbarrechtliche Vorschriften. Sie finden nur Anwendung, wenn die Abgrabung vom Nachbargrundstück aus erfolgt, nicht aber wenn der Eigentümer des mit dem Quellenrecht belasteten Grundstücks oder ein Dienstbarkeitsberechtigter auf diesem Grundstück selber Handlungen vornimmt, welche die Quelle beeinträchtigen[9].

Mit der Abgrabung der geschützten Quelle des Nachbarn (dies kann unter bestimmten hydrologischen Voraussetzungen auch der Oberlieger sein) überschreitet der Grundeigentümer sein Eigentumsrecht im Sinne von Art. 679[10]. Das Abgraben erfüllt den Tatbestand der Immission (Art. 684). Die Entziehung und die Verminderung des Wasserzuflusses sind negative Immissionen; die Verunreinigung ist eine positive Immission. Der Abgrabungsstreit ist nach den Regeln der Art. 679/84 zu beurteilen und zwar sowohl hinsichtlich der Ansprüche und ihrer Durchsetzung, als auch der Aktiv- und Passivlegitimation, des Besitzesschutzes und der Verjährung. Das Gesetz läßt es aber dabei nicht in jeder Beziehung bewenden[11]. Es stellt spezielle Vorschriften über die Bemessung des Schadenersatzes und über die Wiederherstellung auf. Möglicherweise ist der Zusammenhang mit den Art. 679/84 gar nicht beachtet worden. Jedenfalls sollten die Rechtsfolgen der Mißachtung des Abgrabungsverbotes gemildert werden, weil dieses für einen großen Teil des Landes eine Neuerung war, die nicht mit allzu schweren Sanktionen belastet werden sollte[12]. Man behielt die Haftung ohne Verschulden zwar bei, stellte aber dem Richter anheim, nach eigenem Ermessen zu entscheiden, ob, in welcher Weise[13] und in welchem Umfang Ersatz zu

---

[8] BGE 64 II, 1938, S. 340 = Pra 27 Nr. 183: «... le code permet une sorte de ‹course à la source›, qui ne répond peut-être plus à la conscience juridique actuelle...».

[9] BGE 57 II, 1931, S. 260 = Pra 20 Nr. 133; 88 II, 1962, S. 334 = Pra 52 Nr. 3; 91 II, 1965, S. 287 = Pra 55 Nr. 2; LIVER, Zürcher Kommentar, Art. 737, N. 70 und 118 ff. sowie auch 199 ff.

[10] Siehe oben § 32 (Die Verantwortlichkeit des Grundeigentümers).

[11] H.-U. MÜLLER, a.a.O. (Lit. Verz. vor § 40), S. 30 ff.

[12] Erläuterungen 1914, II, S. 45 f. und 110; HAAB, Art. 706/07, N. 18, sieht in diesen Haftungsbestimmungen eine Konzession an das gemeine Recht, das ja auch das Recht mehrerer Kantone war.

[13] Es kann nicht nur Entschädigung in Geld, sondern auch Realersatz in Betracht kommen (HAAB, Art. 706/07, N. 21). Zur Entschädigungsfrage im übrigen BGE 64 II, 1938, S. 340 = Pra 27 Nr. 183; 80 II, 1954, S. 378 = Pra 44 Nr. 21.

leisten ist. Dabei wird sich der Richter vom Grundsatz der nachbarrechtlichen Proportionalität leiten lassen. Danach kann er unter besonderen Umständen auch zur Ablehnung der Ersatzforderung gelangen. Dies rechtfertigt sich etwa, wenn der Schaden ganz gering ist und nicht als Folge der – vielleicht notwendigen – Arbeiten, die ihn verursacht haben, vorauszusehen war. Der schuldhaft verursachte Schaden aber ist, vorbehältlich der Art. 43 und 44 OR, voll zu ersetzen. Die Wiederherstellung des früheren Zustandes kann insbesondere dann verlangt werden, wenn Quellen abgegraben (auch beeinträchtigt[14]) werden, «die für die Bewirtschaftung oder Bewohnung eines Grundstückes oder für Trinkwasserversorgungen **unentbehrlich sind**» (Art. 707)[15]. In den meisten Fällen ist die Wiederherstellung nicht möglich, was auch in der Wendung des Gesetzes zum Ausdruck kommt: «soweit überhaupt möglich». Am nächsten kommt der Wiederherstellung die Leistung von Realersatz durch Zuleitung des fehlenden Wassers. Dazu kann der Beklagte verurteilt werden, ohne daß die Voraussetzungen des Anspruchs auf Wiederherstellung gegeben sind. Dies rechtfertigt sich immer, wenn der Beklagte das Ersatzwasser ohne eigene Not abgeben kann, vor allem, wenn er das dazu nötige Wasser durch die Abgrabung gewonnen hat. Gegen seinen Willen kann dem Kläger aber nicht Realersatz zugesprochen werden, wenn er Entschädigung in Geld verlangt[16].

Besteht die Schädigung in einer **Verunreinigung** der Quelle, ist auch das eidg. Gewässerschutzgesetz verletzt, dem die Quellen nach seinem Wortlaut vorbehaltlos unterstellt sind[17].

III. Die Quellengemeinschaft (Art. 708 ZGB)

Quellen verschiedener Grundeigentümer, die ihren Ursprung im gleichen Grundwasservorkommen haben, sei es eine Wasserader oder eine Wasser-

---

[14] Die Abweichung vom Wortlaut des Art. 706, welche in der Weglassung des Wortes «beeinträchtigt» besteht, ist unbeachtlich. HAAB, N. 22; a.M. LEEMANN, N. 39 zu Art. 706/07.
[15] Zur Voraussetzung der Unentbehrlichkeit eingehend BGE 80 II, 1954, S. 319 = Pra 44 Nr. 22. Danach ist abgegrabenes Wasser nicht unentbehrlich, wenn es durch den Anschluß an die öffentliche Wasserversorgung ersetzt werden kann. Auf das Schadenersatzbegehren, das sehr wohl begründet sein konnte, ist das BGer aus formellen Gründen nicht eingetreten.
[16] Eidg. EntG Art. 18 dürfte analog gelten.
[17] In der Botschaft vom 26. August 1970 ist zugegeben, daß der Fall, den man im Gesetzestext nicht vorbehalten wollte, doch als vorbehalten gelten kann, nämlich die ausschließliche Anwendung der Art. 706/07, wenn durch die Verunreinigung nur private Interessen berührt werden. Auch in Deutschland besteht gegenüber Nachbarn nur der privatrechtliche Schutz (J. SALZWEDEL, Bürgerlich-rechtliche Unterlassungsansprüche gegen Gewässerbenutzer, in: Das Recht der Wasserwirtschaft, Köln/Berlin 1973, Heft 18, S. 93 ff.).

ansammlung unter der Oberfläche, sind von einander abhängig. Wenn ein Grundeigentümer seine Quelle neu oder besser faßt, besteht Gefahr, daß dadurch die eine oder andere oder alle übrigen Quellen beeinträchtigt werden. Die Fassungsarbeiten können ihm verboten werden, wenn die gefährdeten Quellen erheblich benutzt oder zum Zwecke der Verwertung gefaßt sind. Jede Verbesserung der Fassungsanlagen und jede Ertragssteigerung ist dadurch gehemmt. Mit dem Art. 708 soll dieses Hemmnis beseitigt und eine rationellere Wassernutzung ermöglicht werden. Jeder der beteiligten Grundeigentümer kann dem anderen beantragen, daß alles Wasser gemeinschaftlich gefaßt und nach Maßgabe der bisherigen Quellenerträge verteilt werde[18]. Wird dies vereinbart, ist die natürliche zu einer rechtlichen Gemeinschaft geworden. An den Fassungs- und Leitungsanlagen bis zur Brunnstube besteht Miteigentum. In der Brunnstube erhält jeder Miteigentümer seinen Anteil zugeschieden und führt das Wasser in eigener Leitung seinem Brunnen zu[19].

Die Quellengemeinschaft ist keine Zwangsgemeinschaft. Wenn nicht alle oder gar keine der befragten Grundeigentümer mitmachen wollen, kann der Antragssteller die Fassung auf seinem Grundstück erstellen und verbessern. Die Grundeigentümer, welche die Mitwirkung ablehnten, haben sich damit jeden Anspruchs aus den Art. 706/07 begeben. Wird mit der neuen Fassung zusätzliches Wasser gewonnen, das den anderen Quellen entzogen wird, ist deren Eigentümern daraus ihr Verlust doch noch auszugleichen. Diesen Ausgleich verlangt der Art. 708 Abs. 3 und bestätigt damit, daß es hier nur darum geht, die Erstellung einer neuen und die Verbesserung einer bestehenden Fassung unbehindert durch Einsprachen auf Grund der Art. 706/07 zu ermöglichen[20].

---

[18] Die Ansicht, daß der Art. 708 nur anwendbar sei, wenn alle Quellen bereits gefaßt oder erheblich benutzt sind (BGE 41 II, 1915, S. 662 = Pra 5 Nr. 49 und 63 II, 1937, S. 366 = Pra 27 Nr. 40), ist, wie HAAB, N. 2 zu Art. 708, dargetan hat, nicht zutreffend. Nach Art. 708 muß auch verfahren werden können, wenn die eine oder andere Quelle noch nicht gefaßt ist, aber gefaßt werden soll. In diesem Sinn wohl auch BGE 78 II, 1952, S. 20 = Pra 41 Nr. 65. Zwar setzt der Art. 708 voraus, daß die Quellen bestehen, da ja das neu gefaßte Wasser nach der vorherigen Quellenstärke verteilt werden soll.

[19] Die Bildung, auch die zwangsweise, von privatrechtlichen Genossenschaften der Inhaber von Wasserrechten am gleichen Wasserlauf regelt recht eingehend das Eidg. WRG in den Art. 34–37.

[20] Damit die Wasserzuteilung nach Art. 708 verlangt werden kann, muß das da vorgesehene Verfahren eingehalten werden. Als zwei Grundeigentümer sie verlangten, welche beidseits unmittelbar an der gemeinsamen Grenze um die Wette nach Wasser gruben mit dem Ergebnis, daß sich die beiden Gruben in der Tiefe zu einer einzigen vereinigten, lehnte das Bundesgericht es ab, sich damit zu befassen (BGE 41 II, 1915, S. 662 = Pra 5 Nr. 49).

§ 42. Die Ableitung von Quellen (Art. 705 ZGB)

Man sollte annehmen dürfen, in das «jeder Überspannung des individuellen Eigentumsbereichs abholde ZGB» (BGE 65 II, 1939, S. 145 = Pra 29 Nr. 3) seien wenigstens die Beschränkungen der Ableitung von Quellen aufgenommen worden, welche der individualistische Code civil enthielt und mit ihm die Gesetzbücher unserer westschweizerischen Kantone. EUGEN HUBER meinte jedoch, diese Beschränkungen seien vor dem Rechtsbewußtsein seiner Zeit nicht mehr haltbar und verwies auf das öffentliche Recht als letzte Zuflucht[1]. Nach dem Art. 643 des Code civil durfte der Eigentümer des Quellengrundstückes den Bewohnern einer Gemeinde, eines Dorfes oder eines Weilers das nötige Wasser nicht durch Änderung des Wasserlaufes entziehen, doch hatte er, wenn ihm dies verwehrt wurde, Anspruch auf Entschädigung. Die Ergänzung durch das Gesetz vom 8. April 1898 entzog dem Grundeigentümer die Ableitung von Bach- und Flußquellen ohne Entschädigung. Im ZGB ist von solchen Beschränkungen abgesehen und dafür den Kantonen im Art. 705 vorbehalten, die Fortleitung der Quellen zur Wahrung des allgemeinen Wohls, nicht zur Wahrung nachbarrechtlicher Interessen, «zu ordnen, zu beschränken oder zu untersagen». Dies ist ein unechter Vorbehalt, aber als solcher nicht wertlos, weil mit ihm festgestellt wird, daß diese Beschränkungen und Verbote mit dem Art. 704 ZGB vereinbar sind[2].

Die westschweizerischen Kantone haben ihre früheren zivilrechtlichen Bestimmungen als kantonales öffentliches Recht in die EGzZGB übernommen. Die anderen Kantone haben im allgemeinen nur die Ableitung über die Kantonsgrenze (z.T. auch die Ableitung aus dem Gemeindegebiet oder Flußgebiet) von einer Bewilligung abhängig gemacht und damit bewiesen, daß ihnen die Bedeutung des Art. 705 noch nicht aufgegangen war. Eine Ausnahme machte der Kanton Bern. Während der Beratungen des WRG vom Jahre 1907 im Großen Rat ist eine sachgemäße Bestimmung zustandegekommen, die jedoch sehr strenge Anforderungen an die Voraussetzung des allgemeinen Wohles stellte. Mit dem Art. 142 seines EGzZGB folgte 1944 Graubünden, und nachher sind weitere Kantone mit weitgehend übereinstimmenden Normen hinzugekommen, wobei auch die Interessen der Nachbarn stärker zur Geltung kamen[3].

---

[1] ZSR 19, 1900, S. 567 und SA, S. 64 f.; Erläuterungen II, S. 48.
[2] Berner Kommentar, Einleitungsband, N. 13 zu Art. 5.
[3] Siehe dazu LIVER, Der Prozeß des Müllers Arnold (Lit. Verz. vor § 40), S. 155 bzw. S. 432, und Die Entwicklung des WR, a.a.O., S. 344 ff. bzw. 188. Seither haben neue Bestimmungen aufgestellt: Glarus, EG § 169; Waadt, WRG 1953 Art. 10; Neuenburg, WRG 1953 Art. 10; Solothurn, WRG 1959 § 17; Appenzell AR EG 1969 Art. 204.

Als Beispiel mag hier Art. 204 des EGzZGB von Appenzell AR wiedergegeben werden:
«Das Wasser einer Quelle oder eines anderen privaten Gewässers darf nur mit Bewilligung des Regierungsrates abgeleitet werden,
a) wenn und soweit sein natürlicher Abfluß für den landwirtschaftlichen, häuslichen oder gewerblichen Bedarf von Anliegern bisher benutzt wurde und notwendig ist;
b) wenn dadurch der Wasserstand und Wasserlauf eines öffentlichen Gewässers in einer Weise beeinflußt würde, daß öffentliche Interessen schwer beeinträchtigt würden;
c) wenn die Ableitung über die Gemeindegrenze und wenn sie über die Kantonsgrenze erfolgen soll.»

§ 43. Nachbarliche Notrechte an Quellen, Bächen und Brunnen

I. Bewässern, Trinken, Tränken und Wasserholen (Art. 709 ZGB)

Private Gewässer, Quellen, Brunnen und Bäche, können nach Art. 709 Nachbarn und auch andere Personen, die dessen bedürfen, benutzen, wenn das kantonale Recht ihnen diese Befugnis gibt. Die Kantone, die dieses Notrecht anerkennen, bewahren damit altes deutsches Rechtsgut, das im französischen Rechtsgebiet verschüttet wurde, aber von einzelnen deutschschweizerischen Kantonen in ihre Civilgesetzbücher und in die EG zum schweizerischen ZGB übernommen worden ist.

Das bündnerische EG gibt mit der unmittelbaren Eigentumsbeschränkung des Art. 141 den Nachbarn und jedermann das Recht, für die Haushaltsbedürfnisse und für die Viehtränke den nächsten Brunnen zu benutzen, wenn der eigene versagt, was namentlich im Winter und zu Trockenzeiten nötig werden kann. Am Lauf privater Bäche dürfen nach Art. 143 keine Änderungen zum Nachteil eines Anliegers vorgenommen werden, und überschüssiges Wasser ist den Nachbarn abzugeben, soweit es zur Bewirtschaftung ihrer Grundstücke, namentlich zu deren Bewässerung notwendig ist. P. C. PLANTA sagt in seinen Erläuterungen zum CGB, daß diese Bestimmungen bestehender Übung entsprächen und an den altschweizerischen Tränkeweg erinnerten[1].

Als am Schweizerischen Juristentag des Jahres 1873 in Chur unter PLANTAS Vorsitz das Thema zur Diskussion stand «Die Hauptdifferenzen der französisch- und deutschschweizerischen Civilgesetzgebung» äußerte sich Prof.

---

[1] Zu dieser Bemerkung zitiert PLANTA die Staats- und Rechtsgeschichte der schweizerischen Demokratien von J. J. BLUMER (zit. § 39, Anm. 23), Bd. I, S. 448; auch Bd. II/2, S. 78 hätte angeführt werden können.

CARRARD als Referent wie folgt: «Dans le Canton des Grisons le bon samaritain aurait eu peu de mérite de donner l'eau de son puits à son voisin, car celui-ci a le droit de venir la prendre lorsqu'il en manque pour lui ou pour son bétail. Touchante loi des anciens âges que nous regretterions de voir disparaître sans pouvoir cependant en proposer l'adoption générale.»[1a] Im ZGB ist den Kantonen die Aufrechterhaltung dieses Überrestes alter nachbarlicher Gemeinschaft vorbehalten worden und zwar nicht vergeblich. Außer Graubünden haben verschiedene weitere Kantone von diesem Vorbehalt Gebrauch gemacht[2].

Objekt der nachbarlichen Nutzungsbefugnisse sind auch die privaten Bäche. Sie sind nur in den Art. 709 und 711 erwähnt. Beide Artikel haben das Verhältnis zwischen den Gewässereigentümern und Nachbarn, die Nichteigentümer sind, zum Gegenstand. Dagegen ist das Verhältnis der Gewässereigentümer untereinander nirgends geregelt, und seine Regelung ist auch nicht den Kantonen vorbehalten. Es bildete aber von jeher den Hauptgegenstand des privaten Wasserrechts. Verschiedene Kantone haben ihr früheres privates Wasserrecht in ihre EGzZGB oder in ihre WRG übernommen. Da sie zur Gesetzgebung in dieser Sache nicht mehr zuständig sind, können diese Bestimmungen (der zit. Art. 143 des bündnerischen EG enthält nur den allgemeinen Grundsatz) doch, da sie alle miteinander übereinstimmen, als eidg. Gewohnheitsrecht oder bei der Rechtsfindung als bewährte Lehre und Überlieferung weiterhin zur Geltung kommen, wie vorn im § 35, I 2 bemerkt wurde.

II. Der Notbrunnen (Art. 710 ZGB)

1. Der Begriff

Der Notbrunnen ist das einem Nachbarn auf Grund gesetzlicher mittelbarer Eigentumsbeschränkung zur Behebung des Wassermangels eingeräumte Wasserbezugsrecht.

2. Die rechtliche Natur

Das Notbrunnenrecht ist das vierte der nachbarlichen gesetzlichen Notrechte. Es hat den gleichen rechtlichen Charakter wie das Überbaurecht, das

---

[1a] ZBJV 9, 1873, S. 39.
[2] EG Glarus, § 170 ff.; Nidwalden, § 116 ff.; Schwyz, § 194 ff.; Wallis, § 182 lit. e und 211 ff.; Zug, § 131 ff. Dann sind insbes. die Kantone anzuführen, welche die Bestimmungen des bayrischen WG 1852 zum Vorbild nahmen, wie Bern mit seinem Wasserbaupolizeigesetz von 1857 (§ 31 ff.), oder sie unverändert übernommen haben, wie Luzern (Gesetz über Wasserrechte 1875, § 20 ff.) und Obwalden (WG 1877, § 27 ff.). Siehe dazu LIVER, Die Entwicklung des WR, ZSR 71 I, 1952, S. 308 und 341 ff. und in den Ges. rechtsgeschichtl. Abhandlungen S. 158 und 188 f. EUGEN HUBER (ZSR 19, 1900 und Erläuterungen II, S. 48) hat den Gegensatz zwischen der Verfügungsmacht über Quellen einerseits, über den Bach als Wasserlauf andererseits betont, aber für die letztere bloß auf die Analogie der Regelung des Ablaufs von Oberflächenwasser verwiesen. Diese Analogie besteht aber gerade inbezug auf das Recht zum Verbrauch des Wassers nicht. Siehe zu dieser Frage auch ROSELL/MENTHA II, No. 1314, S. 381 f.

Durchleitungsrecht und das Notwegrecht. Errichtet wird es in Erfüllung der gesetzlichen Realobligation als Grunddienstbarkeit, doch kann es, anders als die übrigen genannten Rechte, weil der Kreis der Berechtigten ein anderer ist, auch als irreguläre Personalservitut (Art. 781) begründet werden. Die Form der Errichtung entspricht den dafür geltenden allgemeinen Vorschriften, welche sich für den Notweg klar aus dem Wortlaut des Gesetzes ergeben. Nur für das Durchleitungsrecht ist von ihnen eine Ausnahme gemacht. Das Recht entsteht durch Eintragung ins Grundbuch, für die der Rechtsgrundausweis in einem schriftlichen Vertrag oder in einem gesetzlichen Urteil besteht[3].

Dieses Institut findet sich weder in den Gesetzbüchern der Kantone aus der Zeit vor der Einführung des ZGB noch in denjenigen unserer Nachbarstaaten, welche damals bestanden.

Dagegen ist es mit gleichem Inhalt in den italienischen Codice civile von 1942 aufgenommen worden. Die Art. 1049/50 stehen unter dem Titel «Della somministrazione coattiva di acqua a un edificio o a un fondo». In den Materialien[4] wird es charakterisiert als «una nuova figura di servitù coattiva, la quale attinge il suo fondamento dal principio che il diritto di proprietà deve subire quelle limitazioni che derivano dalla necessità della convivenza e della solidarità sociale». Das schweizerische Vorbild wird, soweit ich sehe, in der italienischen Literatur nicht erwähnt.

Die gleichen Wasserbezugsrechte können nach dem österreichischen WRG im Notfall durch Bescheid der Wasserrechtsbehörde den Nachbarn an Privatgewässern eingeräumt werden (§ 51 im Abschnitt von den Zwangsrechten)[5].

3. Der Anspruch

Den Anspruch auf Einräumung des Wasserbezugsrechtes hat jeder Grundeigentümer, der an dem für Haus und Hof notwendigen Wasser Mangel leidet und sich dieses Wasser nicht oder nur mit unverhältnismäßig viel Mühe und Kosten anderweitig verschaffen kann[6]. Der Anspruch kann sich

---

[3] LIVER, Zürcher Kommentar, Einleitung, N. 92 ff., wo auf Art. 34 GBV, auf EUGEN HUBER, Sachenrecht, S. 64 f., und auch auf FR. JENNY, Der öffentliche Glaube des Grundbuches nach dem ZGB, Fribourg 1926, S. 100 f. verwiesen wird. Daß der Notbrunnen die gleiche rechtliche Natur hat wie das Notwegrecht betont auch HAAB, N. 10 zu Art. 708. Er vertritt aber überhaupt eine andere Auffassung von allen vier Notrechten, nach welcher sich mit ihrer Begründung «lediglich eine Verschiebung des Eigentumsinhaltes vollzöge, derart daß der Ansprecher kraft seines Eigentums und in Ausübung desselben die Quelle des Anspruchsgegners zu benutzen berechtigt ist» (N. 17 zu Art. 709/10). Damit wird die rechtliche Natur der Notrechte verkannt. Ich verweise auf die früheren Ausführungen in den §§ 28 (Überbau), 30, II 2 (Eigentumsbeschränkungen), 36 (Durchleitungsrecht), 37 (Notweg).

[4] PANDOLFELLI/SCARPELLO/STELLA RICHTER/DALLARI, Libro della proprietà, 1941.

[5] Siehe dazu im Kommentar von HAAGER/VANDERHAAG (Lit. Verz. vor § 40) S. 307 ff.

[6] In den Erläuterungen II, S. 114 wird ausgeführt, daß sich das Bedürfnis nach der Einführung des Notbrunnenrechtes erst in neuester Zeit infolge der in starkem Zunehmen begriffenen Wassernutzung eingestellt habe. Namentlich sei es der Ausbau großer Wasserversorgungsanlagen und Wasserkraftwerke, der viele Quellen zum Versiegen bringe und dadurch Wassernot verursache. Soweit dadurch Quellen abgegraben werden, ist der Ersatz jedoch auf Grund der Art. 706/07 oder dann auf Grund der eidgenössischen und kantonalen Wasserrechts- und Enteignungsgesetzgebung zu erlangen.

gegen jeden Nachbarn richten, der in der Lage ist, dieses Wasser ohne eigene Not abzugeben. Dieser Nachbar kann auch die Gemeinde oder eine Wasserversorgungsgenossenschaft des öffentlichen oder privaten Rechtes sein[7].

Ob der Anspruch auch besteht, wenn der Grundeigentümer seine Wassernot selber verschuldet hat, ist nach den gleichen Kriterien zu beurteilen wie der Anspruch auf das Durchleitungsrecht und auf den Notweg. Sicher besteht er dann nicht, wenn der Grundeigentümer über eigenes Wasser gegen Entgelt verfügt und dabei auf den Notbrunnen spekuliert hat. Für Einrichtungen der Lustbarkeit kann der Notbrunnen auch nicht verlangt werden, weil keine Wassernot im Sinne des Gesetzes besteht[8].

Das Gesetz lautet ganz unjuristisch, wenn es von der «Abtretung eines Anteils an Brunnen oder Quellen» spricht. Eine Quelle kann, wie im Art. 704 als Grundsatz ausgesprochen ist, für sich nicht veräußert werden. Es kann auch nicht ein Anteil abgetreten werden. Es kann nur eine Dienstbarkeit am Quellengrundstück mit der Begrenzung des Umfanges auf den Bezug einer bestimmten Wassermenge zugunsten des notleidenden Grundstückes errichtet werden. Es wird nicht ein Quellenrecht im Sinne des Art. 780 sein, da der Zweck des Notbrunnenrechtes die Übertragbarkeit ausschließt. Ein B r u n n e n kann aber auch nicht mit einem solchen Recht belastet werden. Objekt der Belastung kann nur das Brunnengrundstück oder das selbständige und dauernde in das Grundbuch aufgenommene Quellenrecht sein, auf Grund dessen das Wasser für den Brunnen bezogen wird.

4. Die Interessen des Verpflichteten

Auf diese Interessen ist nach der Vorschrift des Art. 710 Abs. 2 v o r z u g s w e i s e Rücksicht zu nehmen. Diese Richtlinie ergibt sich schon aus dem Grundsatz der Proportionalität, der für alle Legalservituten maßgebend ist, hier aber noch verstärkte Geltung haben soll, weil dem Grundeigentümer eine neue, noch nicht erprobte Eigentumsbeschränkung nur unter sorgfältiger Wahrung seiner eigenen gegenwärtigen und auch künftigen, voraussehbaren Bedürfnisse auferlegt werden soll. Die Leistung voller Entschädigung enthebt nicht von dieser Würdigung der Interessenlage.

---

[7] Auch eine Gemeinde kann Nachbar sein: AppH Bern, ZBJV 70, 1934, S. 189, wo die Voraussetzungen des Anspruchs eingehend erörtert und als nicht gegeben erachtet werden. Über das Verhältnis zur Gemeinde als Quelleneigentümerin s. LIVER, Zürcher Kommentar, N. 130 zu Art. 731 und Nachtrag S. 672.

[8] Das KtGer der Waadt, SJZ 42, 1946, Nr. 42, S. 122 ff. lehnte jedoch die Einwendung ab, die Einräumung des Wasserbezugsrechtes werde für eine Luxus-Baute (maison de plaisance) verlangt. Auch die Tatsache, daß der Kläger die Villa gebaut hatte, ohne sich vorher das nötige Wasser zu sichern, wurde nur bei der Bemessung der Entschädigung berücksichtigt.

III. Zwangsabtretung (Art. 711/12 ZGB)

1. Der Anspruch

Für Trinkwasserversorgungen, Hydrantenanlagen und andere Unternehmungen des allgemeinen Wohles kann vom Grundeigentümer die Abtretung von «Quellen, Brunnen und Bächen», die ihm von keinem oder im Verhältnis zu ihrer Verwertbarkeit von ganz geringem Nutzen sind, verlangt werden[9]. Die Abtretungspflicht kann auch das Eigentum am Boden umfassen, dessen Erwerb zum Schutze von Quellen gegen Verunreinigung notwendig ist. Diese privatrechtliche Enteignung wurde eingeführt, weil der gleiche Zweck auf Grund der damaligen unzulänglichen Expropriationsgesetzgebung der Kantone nicht hätte erfüllt werden können. Heute, nachdem das Expropriationsrecht in mehreren Kantonen stark ausgebaut worden ist und die Gewässerschutzgesetzgebung des Bundes und der Kantone sich entfaltet hat, bestünde keine dringende Notwendigkeit einer ergänzenden privatrechtlichen Enteignung. Ihr kommt denn auch in der Praxis keine grosse Bedeutung zu. Immerhin kann es Fälle geben, in denen nach dem Stande des kantonalen Enteignungsrechtes ein Bedürfnis besteht, die Art. 711 und 712 anzuwenden. Zwar muß auch dabei der Grundsatz gelten, daß die Enteignung nicht weiter greifen darf, als zur Erreichung des gesetzlichen Zweckes notwendig ist. Davon abgesehen, daß Quellen, Brunnen und Bäche nicht abgetreten werden können, verlangt der Zweck auch hier nur die Einräumung von Wasserbezugsrechten in der Form der Grunddienstbarkeit oder irregulären Personalservitut. Zum Schutze der Quellen gegen Verunreinigung wird ebenfalls selten der Erwerb des Eigentums am umliegenden Boden erforderlich sein; es genügt vielmehr ein Bau- und gegebenenfalls ein Düngeverbot. Nach der in der Literatur allgemein vertretenen Ansicht kann der Anspruch aus Art. 711 auch Privatpersonen zustehen, welchen die Expropriationsbefugnis auf Grund der kantonalen Gesetzgebung nicht gegeben werden könnte, denn auch private Unternehmungen können das Erfordernis des allgemeinen Wohles in einem weiteren Sinn erfüllen[10].

---

[9] Würde strenge daran festgehalten, könnte die Weigerung geradezu als rechtsmißbräuchlich erscheinen.
[10] Das öffentliche Interesse muß in irgendeiner Weise, sei es direkt oder indirekt, beteiligt sein. So HAAB, Art. 711, N. 2, unter Berufung auf BGE 64 II, 1938, S. 345f. = Pra 27 Nr. 183. Vgl. auch RR Zürich, SJZ 11, 1914/15, Nr. 91, S. 131.

2. Die Entschädigung

Die Entschädigung kann in der Zuleitung von Wasser aus der neuen Anlage bestehen (Art. 711 Abs. 2). Damit soll doch wohl nur gesagt werden, daß der Enteignete Realersatz verlangen könne. Man wird ihm diesen nicht gegen seinen Willen aufzwingen können[11]. Diese Bestimmung setzt voraus, daß das Recht zum Bezug einer Wassermenge erworben wird, von welcher ein verhältnismäßig kleiner Teil dem Enteigneten aus der neuen Anlage (Brunnstube oder Versorgungsleitung) zugeleitet wird, den er benötigt oder verlangt. Es kann aber nicht der Wille des Gesetzes sein, daß damit «die Entschädigung» geleistet sei und der Enteigner den übrigen, viel größeren Teil des Wassers entschädigungslos erhalte. Für ihn hat er auch, wenn er in bisher ungenutztem Wasser besteht, was ja Voraussetzung des Zwangserwerbs ist, eine nach den Expropriationsgrundsätzen zu bestimmende Entschädigung in Geld zu leisten[12].

3. Zuständigkeit und Verfahren

Mit dem Art. 711 wird nicht ein zusätzlicher Tatbestand des kantonalen Expropriationsrechtes geschaffen. Die Kantone sind nicht verpflichtet, für die Durchsetzung des Anspruchs aus Art. 711 ihr Enteignungsverfahren zur Verfügung zu stellen. Ihre Expropriationsgesetze brauchen die Anwendung auf diesen Tatbestand nicht zuzulassen. Der Anspruch aus Art. 711/12 ist privatrechtlicher Natur und deshalb vom Zivilrichter im ordentlichen Verfahren zu beurteilen[13]. Die Kantone können jedoch im EG oder einem anderen Gesetz auf ihr Expropriationsverfahren verweisen und es damit als anwendbar erklären[14].

---

[11] Dies gilt hier so gut wie nach dem eidg. EntG (Art. 18).
[12] So auch ROSSEL/MENTHA II, No. 1325, S. 394.
[13] Dies wird anerkannt in BGE 64 II, 1938, S. 340 = Pra 27 Nr. 183, sowie im Entscheid des RR Zürich, SJZ 11, 1914/15, Nr. 91, S. 131. In der Literatur wird dieser Standpunkt namentlich eingenommen von LEEMANN, Art. 711, N. 2 und 15, und ROSSEL/MENTHA II, No. 1325, S. 394f. Anderer Meinung ist WIELAND, Bem. 4 zu Art. 711. HAAB, N. 8 zu Art. 711, bemerkt, die Zuständigkeit und das Verfahren richten sich nach kantonalem Recht. Damit ist vereinbar, daß, wenn das kantonale Recht darüber nichts sagt, nach der ZPO zu verfahren ist.
[14] Basel-Stadt verweist im § 183 EG auf das kantonale EntG und Basel-Landschaft im § 92 EG auf das Baugesetz.

Drittes Kapitel

Das Fahrniseigentum

Erster Abschnitt

Das Fahrniseigentum im allgemeinen

Vorbemerkung und Literatur: Die dinglichen Rechte an beweglichen Sachen, insbesondere der Übergang des Eigentums, waren schon im sechsten Titel des alten OR von 1881 (Art. 199 ff.) geregelt. Diese Regelung ist ohne wesentliche Änderungen ins ZGB übernommen worden, so daß Rechtsprechung und Lehre zum aOR nicht jede Bedeutung verloren haben. Namentlich ist hiefür hinzuweisen auf den inhaltsreichen Kurzkommentar von Bundesrichter H. HAFNER, Das schweizerische Obligationenrecht, 2. Aufl., Zürich 1905.

Aus der *Literatur zum derivativen Erwerb des Fahrniseigentums*, einschließlich des Erwerbs von Nichtverfügungsberechtigten nach dem geltenden Recht sind besonders zu nennen: A. VON TUHR, Die Eigentumsübertragung nach schweizerischem Rechte, ZSR 40, 1921, S. 40 ff.; K. OFTINGER, Von der Eigentumsübertragung an Fahrnis, Abh.schweiz.R 82, Bern 1933; HANSJAKOB SCHMID, Das Traditionsprinzip im neueren schweiz. Sachenrecht, Diss. Zürich 1945 (mehr historisch und rechtsvergleichend); J. BLASS, Die Sicherungsübereignung nach schweiz. Recht. Ein Beitrag zur Lehre vom fiduziarischen Rechtsgeschäft, Zürcher Beiträge 185, Aarau 1953; DARIUS WEBER, Das Publizitätsprinzip im schweiz. Recht der beweglichen Sachen, Diss. Basel 1963. Eng ist der Zusammenhang mit dem Besitzrecht, weshalb auf dieses zu verweisen ist. Dies ist bestätigt in den Erläuterungen II, S. 119.

Aus der *allgemeinen und rechtsvergleichenden Literatur* sind anzuführen: W. FELGENTRÄGER, Friedrich Carl von Savignys Einfluß auf die Übereignungslehre, Göttinger Abhandlungen 3, 1927; J. G. FUCHS, Justa causa traditionis in der romanistischen Wissenschaft, Basler Studien 35, Basel 1952; E. VON CAEMMERER, Rechtsvergleichung und Reform der Fahrnisübereignung, Zeitschr. für ausl. und internat. Privatrecht, 12, 1938, S. 675 ff.; K. ZWEIGERT, Rechtsvergleichend-Kritisches zum gutgläubigen Mobiliarerwerb, ebendort, 23, 1950, S. 1 ff.

§ 44. Grundeigentum und Fahrniseigentum

I. Allgemeine Bestimmungen[1]

Für das Grundstücksrecht sind die allgemeinen Bestimmungen nicht viel mehr als eine Einleitung. Seine vielseitige Ausgestaltung erfährt es in den

---

[1] Vgl. insbes. die Vorbemerkungen von HAAB vor Art. 713.

beiden Abschnitten «Gegenstand, Erwerb und Verlust» (Art. 655 bis 666 ZGB) und «Inhalt und Beschränkungen» (Art. 667 bis 712a-t). Das Fahrniseigentum ist in den wenigen Artikeln 713 bis 729 ZGB geregelt. Je ein einziger Artikel davon befaßt sich mit dem Gegenstand (713) und dem Verlust (729). Alle übrigen Artikel sind den Erwerbsarten gewidmet (714-728). Daraus ist zu ersehen, daß der Inhalt des Fahrniseigentums als durch die allgemeinen Vorschriften über das Eigentum genügend bestimmt gilt[2]. Daran hat auch die in den Jahrhunderten der Neuzeit stark zugenommene wirtschaftliche Bedeutung der Fahrnis im Verhältnis zum liegenden Gut nichts geändert. Vor allem fehlen im Fahrnisrecht die Vorschriften über den Umfang, den Inhalt und die Beschränkungen des Eigentums, welche den Hauptteil des Grundstücksrechtes ausmachen. Da die Fahrnis aus körperlich selbständigen Sachen besteht, ist ihr Umfang durch die Natur bestimmt und bedarf keiner gesetzlichen Umschreibung. Der Inhalt des Eigentums entspricht dem Begriff[3]. Er ist durch keine privatrechtlichen Normen beschränkt[4]. Es gibt insbesondere kein Fahrnis-Nachbarrecht. Das Eigentum an Fahrnis ist wirklich das ius fruendi, utendi, abutendi, d.h. das Recht, die Sache zu nutzen, zu gebrauchen und zu verbrauchen. Die verbrauchbaren Sachen (Konsumtibilien) machen einen wesentlichen Teil der beweglichen Sachgüter aus. Wohl gibt es auch gesetzliche Beschränkungen des Fahrniseigentums, aber es sind nicht privatrechtliche und nicht Benutzungsbeschränkungen, sondern fast ausnahmslos Verfügungsbeschränkungen des öffentlichen Rechts, auf die der unechte Vorbehalt des Art. 6 hinweist[5]. Von den das Eigentum beschränkenden Dienstbarkeiten ist es einzig die Nutznießung, die Fahrnis zum Gegenstand haben kann (Art. 745 ff.). Dies sind die Gründe, aus welchen sich erklärt und rechtfertigt, daß sich das Gesetz

---

[2] Dies wird in den unzähligen Schriften mit Erörterungen über den Begriff des Eigentums vielfach übersehen oder doch zu wenig gewürdigt.

[3] Vgl. dazu oben § 3.

[4] Vgl. dazu oben § 20. Damit hängt es zusammen, daß die Verschiedenheiten von Land zu Land viel geringer sind als im Grundeigentumsrecht und die Hindernisse einer internationalen Vereinheitlichung gering sein sollten. Auch römisches und deutsches Recht stehen hier nicht in einem grundlegenden Gegensatz einander gegenüber. Die Neu- und Fortbildungen, welche, den wirtschaftlichen Verhältnissen entsprechend, sich verschieden vollzogen haben, gehören zum Pfandrecht und den übrigen Sicherungsgeschäften. – Nicht zu vergessen ist allerdings die im folgenden hervorzuhebende Verschiedenheit der Traditionserfordernisse.

[5] Es sind Beschränkungen und Verbote des Verkehrs mit bestimmten Arten von Sachen. Sie werden im Art. 6 Abs. 2 ZGB ausdrücklich erwähnt. Zum größten Teil sind sie polizeilicher Natur (Sicherheits-, Gesundheits-, Tierseuchenpolizei); ferner bezwecken sie den Tier- und Pflanzenschutz; auch Vorschriften des Natur- und Heimatschutzes können solche Verbote enthalten (Aneignungs- und Ausfuhrverbote, Vorerwerbsrecht des Gemeinwesens). Soweit der Verkehr untersagt ist, sind diese Sachen res extra commercium.

in der Regelung des Fahrniseigentums fast nur mit den besonderen Arten des Erwerbs von beweglichen Sachen befaßt.

II. Erwerbstatbestände

Die weitaus größte Bedeutung hat im Fahrnisrecht wie im Grundstücksrecht der rechtsgeschäftliche derivative Erwerb des Eigentums.

Daneben ergeben sich aus der physischen Besonderheit der beweglichen Sachen besondere Erwerbstatbestände. Die Sache kann dem Eigentümer abhanden gekommen sein; sie kann so lange verborgen gewesen sein, daß nicht mehr feststellbar ist, wer ihr Eigentümer gewesen ist; sie kann unausscheidbar mit fremden Sachen verbunden, vermischt, vermengt worden und dadurch möglicherweise zum Bestandteil einer neuen Sache geworden sein. Immer stellt sich die Frage, ob und gegebenenfalls welche Veränderung in den Eigentumsverhältnissen eingetreten ist oder herbeigeführt werden kann. Für diese und weitere Tatbestände beantwortet das Gesetz diese Frage unter dem Titel «Erwerbsarten».

Aber auch außerhalb dieses Titels finden sich Bestimmungen über den Erwerb von Fahrnis.

Früchte werden zu Objekten des Sondereigentums durch die Trennung von der Hauptsache[6]; bewegliche Sachen, die Zugehör sind, werden mit dem Grundstück in den für dessen Übertragung geltenden Vorschriften (ohne Tradition) erworben[7]; verbrauchbare Sachen gehen ins Eigentum des Nutznießers über[8]; bares Geld, andere vertretbare Sachen und Inhaberpapiere, die nur der Gattung nach bestimmt sind, gehen, wenn sie von der Frau in die Ehe eingebracht werden, nach Güterverbindungsrecht ins Eigentum des Mannes über[9]. Durch vertragliche Erbteilung oder Realteilung erwirbt der einzelne Erbe auch die beweglichen Sachen seines Erbteils. Der Erwerb durch Urteil tritt ein, wenn dieses gestaltend wirkt, etwa durch die Aufhebung von Miteigentum oder Gesamteigentum. Durch Zuschlag wird Eigentum erworben in der Zwangsversteigerung[10] und in der freiwilligen öffentlichen Versteigerung[11].

---

[6] Oben §10, II und III.

[7] Oben §9, II 2.

[8] Dies trifft zu, wenn es nicht anders vereinbart ist, insbesondere wenn nicht ein Dispositionsnießbrauch begründet worden ist, sondern der unechte Nießbrauch (quasi ususfructus) vorliegt (Art. 772).

[9] Art. 201 Abs. 3 ZGB.

[10] Art. 126 ff. SchKG; Art. 229, 235 OR.

[11] Art. 229 Abs. 2 OR.

Weitere Erwerbstatbestände können sich namentlich auch aus Vorgängen des Gesellschaftsrechtes ergeben[12].

III. Das Publizitätsprinzip

Der rechtsgeschäftliche derivative Eigentumserwerb ist im Fahrnisrecht wie im Grundstücksrecht vom Publizitätsprinzip beherrscht. Die dinglichen Rechtsverhältnisse und ihre Änderungen sollen, wenigstens dem Grundsatz nach, zur äußeren Erscheinung gebracht werden, und der gutgläubige Dritte wird im Vertrauen darauf, daß hinter der äußeren Erscheinung das ihr entsprechende Recht steht, geschützt. Die Publizitätseinrichtung des Grundstücksrechtes ist das Grundbuch, die des Fahrnisrechtes der Besitz.

Das Grundbuch im Grundstücksrecht und der Besitz im Fahrnisrecht haben die gleichen Wirkungen. Es sind die folgenden:

1. Die Translativwirkung. Die rechtsgeschäftliche Übertragung des Eigentums (und die Begründung eines beschränkten dinglichen Rechts durch sog. konstitutive Sukzession) vollzieht sich
   a) im Grundstücksrecht durch Eintragung im Grundbuch;
   b) im Fahrnisrecht durch Übertragung des Besitzes (Tradition).
2. Die Defensivwirkung. Zur Verteidigung des Rechtes gegenüber jedem Dritten ist legitimiert
   a) der nach dem Grundbuch Berechtigte;
   b) der Besitzer der beweglichen Sache.
3. Die Offensivwirkung. Zur Klage gegen den zu Unrecht besitzenden Dritten auf Rückgabe der Sache ist legitimiert
   a) der nach dem Grundbuch Berechtigte;
   b) wer ein besseres Recht zum Besitz der Sache hat.
4. Der Schutz des Vertrauens auf die äußere Erscheinung. Im Erwerb des Rechtes vom Nichtverfügungsberechtigten ist geschützt
   a) wer sich als Dritter gutgläubig auf das Grundbuch verlassen hat;
   b) wer sich als Dritter gutgläubig auf die Verfügungsberechtigung des Besitzers verlassen hat.

Diese Funktionen gründen sich auf die Vermutung der Vollständigkeit und Richtigkeit des Grundbuches (Art. 971, 973, 937 ZGB) einerseits, auf die Vermutung aus dem Besitz auf das Eigentum (oder auf das durch den Besitz

---

[12] Siehe auch dazu HAAB, Vorbem. zum Titel Fahrniseigentum.

in Erscheinung tretende dingliche oder persönliche Recht) andererseits (Art. 930, 931).

Der Rechtfertigungsgrund dafür liegt nicht in der Gerechtigkeit, sondern in der Rechtssicherheit, in der Erleichterung des Verkehrs und in der Erhöhung seiner Sicherheit.

Indessen ist auch unter diesem Gesichtspunkt die Vermutung aus dem Besitz der Vermutung aus dem Grundbuch nicht ebenbürtig. Sie steht auf schwachen Beinen und kann nur aufrecht bleiben, wenn der Besitz recht und redlich erworben ist. Er muß, wie es in der französischen Lehre heißt, «paisible, publique et non équivoque» sein; er (la possession) darf nicht «violente, délictueuse, clandestine» sein[13].

Welches auch immer diese Anforderungen sein mögen, ist festzustellen, daß der Erwerb und der Schutz des Fahrniseigentums ebensosehr eine Angelegenheit des Besitzes- wie des Eigentumsrechtes sind.

§ 45. Die Gegenstände des Fahrniseigentums

I. Die beweglichen körperlichen Gegenstände

Nur körperliche Gegenstände sind Sachen im Sinne des Gesetzes. Dieser Begriff ist vorn unter Hinweis auf abweichende Bestimmungen im ausländischen Recht erörtert[1]. Als Fahrnis haben alle Sachen zu gelten, die nicht Grundstücke sind[2]. Beweglich sind sie, wenn sie natürliche, für sich bestehende Sachen sind, die nicht als Bestandteile mit anderen Sachen verbunden sind. Sie können ohne Eingriff in ihre eigene oder in die Substanz einer anderen Sache in ihrer räumlichen Lage verändert werden oder sich verändern, weggetragen oder weggeführt werden[3].

Unter diesem Gesichtspunkt können Fahrnisbauten und Fahrnispflanzen die Besonderheit aufweisen, daß sie mit dem Boden ebenso fest verbunden sind, wie wenn sie Bestandteil der Liegenschaft wären. Zur Fahrnis gehören

---

[13] PLANIOL/RIPERT/PICARD, No. 375, S. 536 f.; CARBONNIER II, No. 42, S. 129 f. Aus der Praxis des BGer sind Hinweise darauf und Äußerungen im gleichen Sinne anzuführen: 41 II, 1915, S. 31 = Pra 4 Nr. 69; 50 II, 1924, S. 241 = Pra 13 Nr. 132; 68 II, 1942, S. 24 = Pra 31 Nr. 42; 84 II, 1958, S. 253 = Pra 47 Nr. 111 und dortige Zitate.

[1] Im § 2, V.

[2] Daselbst.

[3] Anschaulich ist die Umschreibung im Schwabenspiegel (Ausgabe LASSBERG, LR Art. 168): «alles das man getriben und getragen mag».

sie, weil diese Verbindung nicht auf unbegrenzte Dauer hergestellt, sondern ihre Lösung durch Entfernung in absehbarer Zeit vorgesehen ist. Dies gilt auch, wenn die Lösung nicht ohne Eingriff in die Substanz möglich ist[4].

Ihrer Natur nach bewegliche Sachen können aber auch in bestimmter Hinsicht dem Grundstücksrecht unterstellt werden. Dies ist eine, im Gegensatz zum früheren deutschen Recht, seltene Erscheinung. Sachen, die derart «verliegenschaftlicht» wurden, sind ins Register der See- oder der Binnenschiffe aufgenommene Schiffe. Der Rechtsverkehr an ihnen ist nach den Grundsätzen des Grundstücksrechtes geregelt[5].

Das Gegenstück von Grundstücken, die in gewisser Hinsicht als Fahrnis behandelt werden, entsprechend dem «ameublissement» des französischen ehelichen Güterrechts, kennt unser Recht nicht[6].

II. Wertpapiere

Die Urkunde ist eine bewegliche Sache, auch wenn sie den Charakter eines Wertpapiers hat. Reinen Sachwert hat sie zwar nicht, sondern Vermögensgegenstand und Objekt des Rechtsverkehrs ist sie nur, weil sie ein Recht verkörpert. Dem Fahrnisrecht ist das Wertpapier unterstellt, wenn das Recht im Verkehr der Sache folgt, so daß es mit der Übertragung der Sache auf den Erwerber übergeht. Am vollkommensten «versachlicht» das Inhaberpapier die Forderung, die es verkörpert. Mit dem Besitz der Urkunde ist die Eigentumsvermutung gegeben, welche sich auf das verbriefte Recht erstreckt. Auch bei der Übertragung von Ordrepapieren durch Indossament folgt das Recht dem Papier. So ist mit der Ausgestaltung des Grundpfandrechts in der Form des Schuldbriefes und der Gült zu gesetzlichen Inhaber- oder Ordrepapieren die Mobilisierung des Bodenwertes erreicht. Mit dem Wertpapier als beweglicher Sache wird der Bodenwert in Verkehr gebracht. Auch Namen- und Rectapapiere sind Wertpapiere, aber unvollkommene. Das Recht folgt nicht dem Papier, sondern umgekehrt das Papier dem verbrieften Recht, so daß das sachenrechtliche Element dem forderungsrechtlichen untergeordnet ist. Dies gilt auch für den Schuldschein und ähnliche Urkunden[7].

---

[4] Siehe oben § 8, I d und § 29, III.
[5] BG über das Schiffsregister vom 28. September 1923 und BRB über die Seeschiffahrt unter Schweizerflagge vom 9. April 1941.
[6] CCfr. Art. 1505–1509: De la clause d'ameublissement.
[7] Erläuterungen 1914, II, S. 117 f.; BGE 89 I, 1963, S. 122 = Pra 52 Nr. 100. Aus der Literatur insbesondere: HAAB, Art. 714, N. 6 ff.; JÄGGI, Zürcher Kommentar, Art. 965, N. 303 ff., wo die Eigentumstheorie zwar abgelehnt oder doch modifiziert wird.

III. Naturkräfte

Als Gegenstände des Fahrniseigentums werden im Art. 713 ZGB auch die Naturkräfte erklärt, welche der menschlichen Herrschaft unterworfen werden können. Sachen sind sie nicht; sie brauchten sonst nicht als besondere Gegenstände des Fahrniseigentums erklärt zu werden. Ob diese Zuordnung möglich und gerechtfertigt ist, entscheidet sich nicht nach naturwissenschaftlichen Erkenntnissen. Entscheidend ist vielmehr die Möglichkeit und Art der Beherrschung zur Nutzung dieser Kräfte[8]. Naturkräfte, die nicht in dieser Weise beherrscht werden können, sind deshalb auch nicht den Sachen gleichgestellt. Die frei fließende Wasserwelle und die Luft, deren Strömung eigentliche Naturkräfte erzeugen, werden erst dadurch beherrschbar und nutzbar, daß sie durch künstliche Vorrichtungen der menschlichen Bedürfnisbefriedigung dienstbar gemacht werden. Mittelst dieser Einrichtungen werden auch die Naturkräfte, wie z. B. die Wasserkraft, wie eine bewegliche Sache beherrscht, auch in andere Energie umgewandelt, die ebenfalls beherrschbar ist, wie die Wasserkraft, die in elektrische Energie umgewandelt wird. Anzuführen sind dann die aus Naturprodukten (z. B. in thermischen Kraftwerken) gewonnene kinetische Energie, die Atomenergie und die Radioaktivität[9].

Zweiter Abschnitt

Der rechtsgeschäftliche Erwerb von Fahrniseigentum

§ 46. Derivativer und originärer Eigentumserwerb

Art. 714 Abs. 1 hat den derivativen, die folgenden Bestimmungen haben alle den originären Rechtserwerb zum Gegenstand. Nach Art. 714 Abs. 2 käme auch der Erwerb vom Nichtverfügungsberechtigten kraft guten Glaubens durch Eigentumsübertragung, also derivativ zustande. Ob dies richtig sei,

---

[8] Erläuterungen II, S. 116 f.
[9] Zur zivil- und strafrechtlichen Qualifizierung der Naturkräfte und ihrer Erörterung in der Literatur und Praxis verweise ich auf die Ausführungen über die Einteilung der Sachen, oben § 2, V 1b. Dem sind noch folgende Schriften hinzuzufügen: FR. BÜHLMANN, Die Energielieferungsverträge in der schweizerischen Elektrizitätsindustrie, Diss. Bern 1920; LINA STRICKLER, Der Energielieferungsvertrag nach schweizerischem Recht, Abh. schweiz. R 22, Bern 1926, wo auch die ältere Literatur zitiert ist.

ist eine umstrittene Frage[1]. Ich verneine sie und behandle diesen Erwerb in einem besonderen Abschnitt[2]. Derivativ ist der Erwerb, der dadurch zustandekommt, daß der Veräußerer ein eigenes Recht oder ein Recht, über das zu verfügen er berechtigt ist, dem Erwerber überträgt. Tritt der Erwerb aber nicht durch die Nachfolge in ein solches Recht des Veräußerers ein, sondern wird er durch die Entstehung eines davon verschiedenen Rechtes in der Person des Erwerbers auf Grund einer besonderen gesetzlichen Voraussetzung bewirkt, ist er originär. Der Grundsatz *nemo plus iuris transferre potest quam ipse habet* ist der Ausdruck einer logischen und rechtlichen Notwendigkeit, wenn man ihn richtig versteht, nämlich dahin, daß der Veräußerer ein Recht, das er nicht hat und über das er nicht zu verfügen berechtigt ist, niemandem übertragen kann. Eine Übertragung läge nur vor, wenn sie nicht nur eine notwendige, sondern die hinreichende Bedingung des Erwerbes wäre, was sie in den Fällen der Art. 714 Abs. 2 und 933 nicht ist.

Originär ist also der Erwerb, der nicht durch Nachfolge in das Recht eines andern auf Grund eines Rechtsgeschäfts oder von Gesetzes wegen (Erbfolge) eintritt, sondern wenn das Recht in der Person des Erwerbers durch dessen Willensakt oder durch einen natürlichen oder künstlich bewirkten physikalischen oder chemischen Vorgang am Rechtsobjekt neu entsteht.

§ 47. Das Traditionsprinzip

Mit dem Grundsatz, daß das Fahrniseigentum mit dem Übergang des Besitzes erworben werde, wird im Art. 714 das Publizitätsprinzip zur Geltung gebracht. Der Eigentumsübergang muß dadurch nach außen in Erscheinung treten, daß der Besitz vom Veräußerer auf den Erwerber übergeht. Dieser Vorgang ist die Tradition (tradere [aus trans-dare] = übergeben). Das Traditionserfordernis gilt auch für die Begründung von dinglichen Rechten an beweglichen Sachen. Art. 746 verlangt die Übertragung des Besitzes zur Bestellung der Nutznießung und Art. 884 zur Verpfändung der Sache. Eine Mobiliarhypothek gibt es nicht; die Viehverschreibung ist die Ausnahme,

---

[1] HAAB, Art. 714, N. 1; HOMBERGER, Art. 933, N. 3; KIPP in: WINDSCHEID/KIPP, Pandekten I, S. 896; ENNECCERUS/NIPPERDEY, § 141 III; LEHMANN, Allg. Teil, § 21 II, S. 121.
[2] HOMBERGER (Art. 933, N. 3) neigt der Ansicht vom derivativen Erwerb zu. Dagegen OFTINGER, a.a.O. (Lit. Verz. vor § 44), S. 8 und 67; ebenso NIPPERDEY, KIPP und H. LEHMANN an dem oben a.O.; WINDSCHEID/KIPP I, § 64, N. 6. – E. W. STARK, Berner Kommentar, Art. 933, N. 88, nimmt eine Zwischenstellung ein. Herrschend ist die Lehre vom originären Erwerb in Italien: DE RUGGIERO/MAROI I, S. 538; BARASSI, Diritti reali II, S. 448; L. MANGONI, L'acquisto a «non domino», 1949, S. 142 ff. mit reichen Literaturangaben.

und auch für sie ist die Publizität nicht ganz preisgegeben, aber nicht durch den Besitz, sondern durch den Registereintrag einigermaßen gewahrt.

Das Publizitätsprinzip beherrschte das alte deutsche Recht in allen Teilen. Die Eigentumsübertragung vollzog sich aber auch nach römischem Recht durch die Tradition. Daran wurde auch im gemeinen (römischen) Recht festgehalten. Es galt der Satz: Traditionibus et usucapionibus dominia rerum, non nudis pactis, transferuntur. Indessen hat sich das Traditionserfordernis schon im justinianischen und nachjustinianischen Recht stark abgeschwächt und dann wieder in der mittelalterlichen Lehre und Praxis[1]. In Frankreich hat sich diese Entwicklung bis ins 18. Jahrhundert fortgesetzt und ist durch den Code civil abgeschlossen worden mit dem Grundsatz, daß der Eigentumsübergang mit dem Abschluß des Veräußerungsvertrages eintrete[2], also lediglich durch übereinstimmende Willenserklärungen. Das ist das «principe du transfert par le seul consentement». Nur dem Dritten (nicht der Gegenpartei) kann die Veräußerung erst entgegengehalten werden, wenn dem Erwerber der Besitz übertragen ist[3]. Nur in diesem Verhältnis kommt die Publizitätswirkung des Besitzes noch zur Geltung.

Die gleiche Regel ist auch in den italienischen Codice civile von 1865 übernommen worden und im geltenden Recht aufrechterhalten (Art. 1376)[4].

Dazu stellt sich das ZGB, gleich wie das BGB (§ 929) und das ABGB (§ 423 ff.), in Gegensatz. Darin besteht wohl die stärkste Verschiedenheit innerhalb der kontinentalen Rechtsordnungen auf dem Gebiet des Fahrnisrechtes[5]. Daß die Möglichkeit der Eigentumsübertragung durch bloßen Vertragsschluß die Rechtssicherheit beeinträchtigen kann, wird auch in Frankreich und Italien nicht verkannt. Wird die Sache vom gleichen Veräußerer zwei- oder dreimal verkauft, ist der erste Käufer, der das Eigentum ohne Tradition erworben hat, gegenüber einem weiteren Erwerber, der den Besitz gutgläubig erlangt hat, nicht geschützt[6].

Andererseits ist auch das Traditionsprinzip etwa als ein zu den Anschauungen der Rechtsgenossen im Widerspruch stehendes Dogma kritisiert worden[7].

---

[1] J. BIERMANN, Traditio ficta – Ein Beitrag zum heutigen Civilrecht auf geschichtlicher Grundlage, Stuttgart 1891.
[2] Zu diesem Prinzip und seiner Geschichte PLANIOL/RIPERT/BOULANGER II, No. 2439 ff., S. 854 ff.; CARBONNIER II, No. 38, S. 118 ff.
[3] PLANIOL/RIPERT/BOULANGER II, No. 2451 f., S. 860 f.; CARBONNIER II, No. 39 f., S. 121.
[4] DE RUGGIERO/MAROI I, S. 562 f.; MESSINEO, Manuale III, § 136, N. 5 ff., S. 644 ff. Zur Geschiche der Tradition und ihrer schließlichen Preisgabe: P. S. LEICHT, Storia del diritto italiano, 1943, Bd. II, S. 65 ff.
[5] Erläuterungen II, S. 118 ff., wo die Tradition als Parallelerscheinung zum Grundbucheintrag dargestellt ist und die prinzipielle Einheit von Grundstücks- und Fahrnisrecht hervorgehoben wird.
[6] CARBONNIER II, S. 122; DE RUGGIERO/MAROI, S. 563; C. SCUTO, Istituzioni, 1944, I/2, N. 131, S. 538 f. Wichtigster Schutz gegenüber Dritten ist danach das Erfordernis des guten Glaubens.
[7] E. RIEZLER, Das Rechtsgefühl, 2. Aufl., München 1946, S. 151; M. WOLFF, Das bürgerliche Recht und die Rechtsgewohnheiten, JW 1906, S. 697. – JOSEF KOHLER versteigt sich gar zur Proklamierung der «formlosen Eigentumsübergabe» des französischen Rechts als «eine der größten gesetzgeberischen Taten aller Zeiten» und des Traditionssystems als «Überrest romanistischer Scholastik» (Die Besitzauftragung [constitutum possessorium] und ihre Geschichte, Rhein. Z. für Zivil- und Prozeßrecht, II, 1910, S. 194 ff.).

Richtig ist, daß es nicht konsequent durchgeführt werden kann, sondern notwendige Modifikationen (Traditionssurrogate) und Ausnahmen (Besitzvertrag) erfährt, wenigstens unter besonderen tatsächlichen Voraussetzungen. In unserem Recht ist das Traditionsprinzip immerhin konsequenter durchgeführt als etwa im Recht des deutschen BGB. Da mit ihm die Rechtssicherheit doch wesentlich erhöht wird, sollte es nicht preisgegeben werden[8].

§ 48. Das Verpflichtungs- oder Grundgeschäft

Während das Gesetz im Grundstücksrecht vom Verfügungsgeschäft (Art. 656, 963 ff. ZGB) das Verpflichtungsgeschäft als «Vertrag auf Eigentumsübertragung» unterscheidet (Art. 657: Übertragung als Erwerbsart), nennt es dieses Geschäft im Fahrnisrecht überhaupt nicht. Daß es der Tradition zugrunde liegen muß, wird als selbstverständlich vorausgesetzt. Im Grundstücksrecht mußte es auch nur deshalb namhaft gemacht werden, weil vorgeschrieben wurde, daß es der besonderen Form der öffentlichen Beurkundung zu seiner Gültigkeit bedürfe (Art. 657 ZGB; Art. 216, 237, 243 Abs. 2 OR). Das Grundgeschäft der Fahrnisübertragung bedarf dagegen mit Ausnahme des Schenkungsversprechens (Art. 243 Abs. 1 OR) keiner besonderen Form und wird deshalb weder in den Bestimmungen über die Eigentumsübertragung noch im Art. 884 (Verpfändung) erwähnt. Art. 746 Abs. 2 ZGB verweist für den Erwerb der Nutznießung an beweglichen Sachen auf die Bestimmungen über das Eigentum, welche es nicht gibt, weil dafür der allgemeine Grundsatz des Art. 11 OR gilt, daß Verträge formlos gültig sind, wenn das Gesetz nicht eine besondere Form vorschreibt. Grundgeschäfte der Fahrnisübertragung sind insbesondere Verträge über Kauf, Tausch, Schenkung, Einbringung in eine Gesellschaft und Sicherungsübereignung[1]. Erwerbstatbestände, die nicht unter den Art. 714 fallen, weil sie ihren Grund im Gesetz, im Urteil oder in einer behördlichen Verfügung haben, sind im § 46 erwähnt.

Eine Eigentumsübertragung um ihrer selbst willen gibt es nicht. Sie hat ihren bestimmten Grund. Mit ihr wird die mit dem Grundgeschäft eingegangene Verpflichtung erfüllt[2].

---

[8] Das deutsche BGB hat von ihm zu leicht Abstand genommen. Siehe WOLFF, Sachenrecht, § 66, N. 1, S. 234. Insbesondere ist hier hinzuweisen auf die Sicherungsübereignung durch Besitzeskonstitut, die nach Art. 717 ZGB Dritten gegenüber unwirksam ist.
[1] VON TUHR/SIEGWART, § 26 V; zur fiducia als Rechtsgrund BGE 78 II, 1952, S. 416 = Pra 42 Nr. 35; 85 II, 1959, S. 97 = Pra 48 Nr. 127; 86 II, 1960, S. 221 = Pra 49 Nr. 180; OFTINGER, a.a.O., S. 74 ff.
[2] VON TUHR/SIEGWART, § 20 N. 28 und § 26, N. 7; M.R. KUMMER, Beiträge zur Lehre von der causa, Abh. schweiz. R 194, Bern 1942, S. 22 ff., bes. S. 29/30.

Die Unterscheidung von zwei Rechtsgeschäften, die beide notwendig sind, damit die Eigentumsübertragung zustandekommt, tritt nach außen nicht in Erscheinung, wenn sie beide in einer Handlung zusammenfallen (Schenkung von Hand zu Hand; Kauf von einer Auslage durch Ansichnahme und Bezahlung). Aber das Verpflichtungsgeschäft als Grund der Eigentumsübertragung und als Rechtstitel des Eigentumserwerbs muß doch immer zustandegekommen sein.

§ 49. Die Tradition

I. Der rechtsgeschäftliche Charakter

Die Übergabe der Sache als physischer Vorgang ist eine Tathandlung, ein Realakt, nicht ein Rechtsgeschäft. Sie kann von jedem Menschen, auch von einem Handlungsunfähigen vollzogen werden. «Das Kind kann dem Kinde übergeben.»[1] Die Verschaffung des Eigentums durch Übergabe der Sache aber ist ein Rechtsgeschäft und setzt die Handlungsfähigkeit desjenigen, der sie vornimmt oder für den sie vorgenommen wird, voraus. Zwischen dem Veräußerer und dem Erwerber muß Willensübereinstimmung darüber bestehen, daß Eigentum übertragen wird, daß die Übertragung in Erfüllung des Grundgeschäfts erfolgt und somit die übergebene Sache mit dem Gegenstand des Verpflichtungsgeschäfts identisch ist[2]. Die Besitzübertragung in diesem Sinne ist ein Rechtsgeschäft und wird als solches Tradition genannt. Damit steht auch der vertragliche Charakter der Tradition fest[3].

---

[1] WOLFF, Sachenrecht, § 11 I; HINDERLING, unten § 74, II 1.

[2] Der Käufer, der die gekaufte Sache eigenmächtig an sich nimmt oder dem sie von einem Unberechtigten (einem Handlungsunfähigen oder vom Besitzdiener) übergeben wird, erwirbt damit das Eigentum nicht, erst recht nicht, wenn es nicht die gekaufte Sache ist oder der vereinbarte Übergabe-Termin noch gar nicht herangekommen ist. Ebensowenig tritt der Eigentumserwerb ein, wenn die Sache in den Gewahrsam des Erwerbers gegen dessen Willen gekommen ist (A. VON TUHR, Eigentumsübertragung nach schweiz. Recht, ZSR 40, 1921, S. 67). Besonders prägnant PAULUS in l. 5 D. 41.2: Si ex stipulatione tibi Stichum debeam et non tradam eum, tu autem nanctus fueris possessionem, praedo es; aeque si vendidero nec tradidero rem, si non voluntate mea nanctus sis possessionem, non pro emptore possides, sed praedo es. Vgl. auch HINDERLING, § 80 II.

[3] Daß die Tradition ihrem innersten Wesen nach ein wahrer Vertrag sei und als solcher gelten müsse, weil sie nur dann Eigentum übertrage, wenn beide Parteien ihren Willen übereinstimmend ausdrücken, hat namentlich C. F. von Savigny gelehrt (FELGENTRÄGER, a.a.O. [Lit. Verz. vor § 44], S. 35 f.). Dies wird auch von den entschiedensten Gegnern jedes «dinglichen Vertrages» nicht bestritten. HAAB/SIMONIUS, N. 42 zu Art. 714: «Der rechtsgeschäftliche Charakter der Besitzübergabe, die der Übertragung des Eigentums dient, wird allgemein anerkannt». Siehe daselbst auch N. 64 a.

II. Tradition und dinglicher Vertrag

Einen dinglichen Vertrag als selbständiges zwischen dem Grundgeschäft und der Tradition stehendes Rechtsgeschäft gibt es nicht. Die Eigentumsübertragung vollzieht sich im Fahrnisrecht wie im Grundstücksrecht nicht in drei, sondern in zwei Akten. Alle ihre wesentlichen Elemente verteilen sich auf das Grundgeschäft und auf die Tradition.

Damit wird die in Deutschland herrschende, aber keineswegs allgemein anerkannte Lehre von der Dreistufigkeit der Eigentumsübertragung abgelehnt[4]. Nach dieser Lehre wären im Fahrnisrecht wie im Grundstücksrecht die drei folgenden Akte zu unterscheiden: 1. Ich verkaufe dir das Grundstück; 2. wir einigen uns über den Eigentumsübergang; 3. die Einigung wird eingetragen (im Fahrnisrecht: der Besitz wird übertragen)[5]. Schon CROME sagt, das Zwischenglied (der 2. Akt) werde nicht besonders betont, und verweist auf RGZ 54, S. 378 ff. In neueren Darstellungen wird die dingliche Einigung in die Tradition verlegt. So sagt MARTIN WOLFF, die Übereignung geschehe durch die Übergabe und Einigung über den Eigentumsübergang; die Übereignung sei Vertrag, ob man dabei auch die Einigung allein als Vertrag bezeichne, sei ohne Belang[6].

Was Gegenstand der Übereignung sein soll, unter welchen Bedingungen und zu welchem Zweck sie erfolgen soll, sowie daß der Veräußerer verpflichtet ist, die Sache zu übergeben, und der Erwerber, sie anzunehmen, ergibt sich aus dem Grundgeschäft. Die Tradition ist dann das Erfüllungsgeschäft. Auch schon im gemeinen Recht ist diese Einheit zwischen der Übergabe und der Willensübereinstimmung in den genannten Punkten betont worden[7]. Wenn auch der «dingliche Vertrag» kein selbständiges Rechtsgeschäft innerhalb des Übereignungsvorganges ist, sondern aus Elementen besteht, die Bestandteile des Grundgeschäfts und der Tradition sind, haben wir doch keinen Grund, ihn aus der Terminologie auszumerzen. Im Grundstücksrecht hat man auch keine Bedenken, die Anmeldung zur Grundbucheintragung als dingliche Verfügung im Sinne der Verfügung über das dingliche Recht zu bezeichnen. Da ist das Verfügungsgeschäft eigentümlicherweise ein einseitiges Rechtsgeschäft. Hier, im Fahrnisrecht, besteht das Verfügungsge-

---

[4] Soweit ist SIMONIUS (HAAB/SIMONIUS, Kommentar, Art. 714, N. 35–44) zuzustimmen. Siehe auch M. HOWALD, Der dingliche Vertrag, Zürcher Diss., Andelfingen 1946.
[5] CROME, System III, S. 115, Anm. 49.
[6] ENNECCERUS/KIPP/WOLFF III (WOLFF/RAISER), Sachenrecht, § 66, S. 204.
[7] WINDSCHEID, Pandekten, 9. Aufl. 1906, behandelt im § 171 (Bd. I, S. 882 f.) den Eigentumsübertragungsvertrag und die Übergabe der Sache als einheitliches Rechtsgeschäft, indem er die Übergabe als die Form dieses Vertrages bezeichnet.

schäft, eben die Tradition, in einem Vertrag, was eher systemgerecht ist[8]. Wenn man dieses Rechtsgeschäft als dinglichen Vertrag bezeichnen wollte, wäre dagegen kaum etwas einzuwenden[9].

III. Das rechtliche Verhältnis zwischen Tradition und Grundgeschäft

Wenn man die Selbständigkeit der Tradition ablehnt und in ihr die Erfüllung des Grundgeschäfts sieht, ist damit auch ihre Abhängigkeit vom Grundgeschäft bejaht. Die Tradition ist nur wirksam, wenn sie in beidseitiger Anerkennung, daß mit ihr das Grundgeschäft erfüllt sei, vorgenommen wird. Diese Abhängigkeit vom Grundgeschäft macht die Tradition zu einem **kausalen Rechtsgeschäft**. Erweist sich das Grundgeschäft wegen eines Willensmangels, wegen Dissenses oder Simulation, wegen Widerrechtlichkeit oder Unsittlichkeit, als ungültig, ist auch die Tradition unwirksam und zwar in dem Sinne, daß das Eigentum nicht auf den Erwerber übergegangen ist. Der Veräußerer ist Eigentümer geblieben und kann die übergebene Sache vindizieren[10]. Das durch die Besitzesrechtsklage stark verminderte Anwendungsgebiet der rei vindicatio gegenüber dem gemeinen Recht erfährt durch die Anerkennung der kausalen Natur der Tradition eine Erweiterung[11]. Auch wenn die Tradition ein abstraktes Rechtsgeschäft wäre und die Übertragung des Eigentums auf den Erwerber bewirken würde, könnte der Veräußerer die Sache zurückfordern, wenn das Grundgeschäft ungültig ist. Aber er könnte sie nicht vindizieren, sondern nur kondizieren; er hätte die condictio indebiti, d.h. die Klage aus ungerechtfertigter Bereicherung. Mit ihr kann der Veräußerer aber die Sache nicht mehr zurückbekommen, wenn sie ins Eigentum eines Dritten übergegangen oder wenn der Erwerber ausgepfändet oder in Konkurs gefallen ist. Der im allgemeinen gerechtfertigte stärkere Schutz des Veräußerers erscheint dann als problematisch, wenn die Eigentumsübertragung trotz der Ungültigkeit des Grundgeschäftes von den Parteien gewollt ist. Dies kann besonders dann zutreffen, wenn die Ungültigkeit ihren Grund in einem Formmangel hat. Wenn z.B. jede Abweichung des öffentlich beurkundeten Vertrages vom tatsächlich vereinbarten Kaufpreis den Vertrag wegen Simulation ungültig macht und die Unwirksamkeit des Grundbucheintrages bewirkt, wird dadurch die Zuverlässigkeit des Grundbuches und mit ihr die Rechtssicherheit beeinträchtigt. Die Gerichts-

---

[8] Siehe oben § 23, II 4.
[9] Als solchen bezeichnen ihn VON TUHR, ZSR 40, 1921, S. 67 und OFTINGER, a.a.O., S. 57.
[10] Vorbehalten ist der Art. 66 OR (in pari turpitudine melior est causa possidentis), der sich aber als revisionsbedürftig erwiesen hat.
[11] Siehe oben § 6, II.

praxis zu diesem Tatbestand und ihr Bestreben, diese Folgen zu vermindern, zeigt deutlich genug, daß die Abhängigkeit der Eigentumsübertragung von der Gültigkeit des Grundgeschäfts auch nicht frei von jedem Nachteil ist[12]. Im Grundstücksrecht ist sie jedoch gesetzlich festgelegt[13]. An ihr kann und soll nicht gerüttelt werden. Im Fahrnisrecht des alten OR dürfte der Gesetzgeber sich wohl auf den Boden der gemeinrechtlichen Lehre gestellt haben, und dem entsprach auch die Gerichtspraxis[14]. Erst nachdem im Grundstücksrecht die kausale Natur des Verfügungsgeschäfts festgelegt war, ist namentlich vom Boden dieses Rechtes aus von namhaften Autoren die Geltung des gleichen Prinzips auch im Fahrnisrecht verfochten worden[15]. Im Jahre 1929 hatte das Bundesgericht die Streitfrage zu entscheiden. Es sprach sich für die kausale Natur der Tradition aus[16]. Es distanzierte sich von seiner früheren Praxis mit der Erwägung, daß inzwischen, im Grundstücksrecht des ZGB, die Wirksamkeit der Eintragung in das Grundbuch von der Gültigkeit des Rechtsgrundes abhängig gemacht worden sei, ohne daß für das Fahrnisrecht etwas anderes vorgeschrieben worden sei. Das Dogma des gemeinen Rechts, das die Grundlage der früheren Praxis gewesen sei, habe seinen Zweck vor allem durch den Schutz des Erwerbs vom Nichtberechtigten verloren, ganz davon abgesehen, daß es mehr aus doktrinären als aus Zweckmäßigkeitserwägungen Anerkennung behalten habe und von hervorragenden Autoren bekämpft werde. Daß es seinen Zweck der Sicherung und Erleichterung des Verkehrs ohnehin nicht zu erfüllen vermöge, gehe daraus hervor, daß von der deutschen Lehre und Praxis in den kritischen Fällen die stillschweigend vereinbarte Bedingung untergeschoben werde, daß das Grundgeschäft gültig sei. Es rechtfertige sich auch nicht, dem Veräußerer im Konkurs des Erwerbers den Schutz zu versagen, so daß die Konkursgläubiger den Wert der dem Gemeinschuldner grundlos übereigneten Sache erhalten würden.

Dieser Entscheidung ist in der Literatur und kantonalen Praxis zunächst keineswegs einhellig zugestimmt worden. Aber sie hat sich inzwischen durchgesetzt[17].

---

[12] Siehe oben § 23, II 1.
[13] Siehe daselbst.
[14] Aus dem gemeinen Recht ist die Lehre von der Abstraktheit der Tradition namentlich auch ins BGB übernommen worden. Das ABGB steht noch auf dem Boden der älteren Lehre vom titulus und modus acquirendi. Dazu HAAB, N. 21 zu Art. 714.
[15] WIELAND, Kommentar, Bem. 3 b zu Art. 714; OSTERTAG, Kommentar, N. 7 zu Art. 922.
[16] BGE 55 II, 1929, S. 302 ff. = Pra 19 Nr. 28, bestätigt in BGE 72 II, 1946, S. 240 = Pra 35 Nr. 146 und 78 II, 1952, S. 210 = Pra 41 Nr. 143.
[17] HAAB, Art. 714, N. 24. HAAB selber hat sich in eingehender Erörterung dem Bundesgericht angeschlossen. Auch SIEGWART bemerkt im Vorwort zur 2. Auflage des Allg. Teils von A. VON TUHR, daß er an dessen Lehre von der Abstraktheit der Tradition nicht festhalte.

§ 50. Der Erwerb ohne Übertragung des Besitzes

Wenn der Veräußerer oder sein Stellvertreter nicht selber den Besitz an der Sache hat, kann er ihn einem anderen nicht durch körperliche Übergabe der Sache übertragen. Das Gesetz läßt die Eigentumsübertragung ohne Übergabe der Sache aber nicht generell zu, sondern nur auf Grund besonderer rechtlicher oder tatsächlicher Voraussetzungen, welche als Traditionssurrogate bezeichnet werden[1]. Von den vier Tatbeständen solcher Übereignung ist der erste so selbstverständlich, daß das Gesetz ihn gar nicht erwähnt. Das ist die brevi manu traditio: Der Eigentümer veräußert die Sache demjenigen, der sie von ihm gemietet, entlehnt, zu Pfand oder in Nutznießung erhalten, der sie also bereits in seinem unmittelbaren Besitz hatte. Der zweite dieser Tatbestände besteht darin, daß der Eigentümer die Sache, die sich im unmittelbaren Besitz eines andern befindet, dem sie verpfändet, vermietet, gelehnt oder hinterlegt ist, einem Dritten veräußert. Das ist die sog. Besitzanweisung gemäß Art. 924 ZGB, welche Bezeichnung insofern nicht ganz zutreffend ist, als der Eigentumsübergang mit dem Abschluß des Veräußerungsvertrages eintritt und die Mitteilung an den unmittelbaren Besitzer diesen nur anweist, fortan für den Erwerber, der nun selbständiger Besitzer ist, den unselbständigen (unmittelbaren) Besitz auszuüben. Nur zum dritten dieser Tatbestände ist eine Bestimmung ins Eigentumsrecht aufgenommen worden als Art. 717. Das ist das Besitzeskonstitut (constitutum possessorium)[1a]. Auch dies ist ein Tatbestand des Art. 924. Im Art. 717 wird ihm bloß die Wirkung abgesprochen, wenn in seiner Herstellung ein Rechtsmißbrauch liegt, der darin besteht, daß die Bestimmungen über das Faustpfand umgangen werden. Das Faustpfand kann nur dadurch gültig begründet werden, daß sich der Verpfänder des unmittelbaren Besitzes begibt; die tatsächliche Herrschaft über die Sache muß ihm entzogen sein, sei es dadurch, daß die Sache dem Pfandgläubiger oder einem Dritten (Pfandhalter) übergeben wird oder unter Verschluß gelegt wird. Das Besitzeskonstitut besteht aber gerade darin, daß die übereignete Sache im Besitz des Veräußerers bleibt und zwar auf Grund eines besonderen Rechtsverhältnisses[2] (Art. 717, 924 ZGB): Miete, Leihe,

---

[1] Vgl. HINDERLING, unten § 75, insbes. § 75, I–VI, VI.

[1a] «Constitutum» ist im römischen Recht die feierliche Erklärung des Veräußerers, daß er fortan den Besitz für den Erwerber ausübe: me possidere nomine alieno. Diese Formel stammt aus der mittelalterlichen Urkundenpraxis: BIERMANN, a.a.O. (§ 47, Anm. 1), S. 51; DERNBURG, Pandekten (System) I, § 147, N. 15; KASER, Römisches PR I, S. 333. In der Literatur Deutschlands wird der Ausdruck «Besitzauftragung» verwendet. Er ist aber nicht besser verständlich als der lateinische.

[2] Das besondere Rechtsverhältnis besteht nicht, wenn die Sache beim Veräußerer bleibt, weil die Übergabe bloß auf einen späteren Zeitpunkt hinausgeschoben ist, was im Viehhandel häufig

Nutznießung[3]. Haben die beiden Rechtsgeschäfte den Zweck, dem Erwerber als Gläubiger Sicherheit für seine Forderung zu verschaffen, also eine Sicherungsübereignung ohne Übergabe der Sache vorzunehmen, ist die Übereignung Dritten gegenüber unwirksam[4]. Ob die Absicht der Gesetzesumgehung vorliegt, entscheidet der Richter nach seinem Ermessen (Art. 717 Abs. 2)[5].

Der vierte, im Gesetz nicht ausdrücklich geregelte Tatbestand ist der des Besitzvertrages. Durch Besitzvertrag (Ermächtigung des Erwerbers zur Ausübung des unmittelbaren Besitzes) wird das Eigentum (auf Grund eines gültigen Grundgeschäftes) übertragen, wenn eine körperliche Übergabe gar nicht möglich ist, was zutrifft, wenn Gegenstand des Erwerbs Sachen in großen Quantitäten sind, wie aufgerollte Baumstämme, aufgeschichtete Baumaterialien (Bausteine, Kies, Sand) oder ein Heustock. Mit der Erlaubnis zur Abfuhr, die regelmäßig mit dem Abschluß des Kaufvertrages zusammenfallen wird, geht das Eigentum auf den Erwerber über. Wenn sich der Erwerber mit Willen des bisherigen Besitzers in der Lage befindet, die Gewalt über die Sache auszuüben, ist nicht nur «die Übergabe vollzogen» (Art. 922 Abs. 2), sondern – unter der hier zur Erörterung stehenden tatsächlichen Voraussetzung – auch der Eigentumserwerb ohne Übergabe[6].

---

vorkommt. Zum Tatbestand mit Übernahme des Transportrisikos durch den Verkäufer: BGE 93 II, 1967, S. 373 = Pra 57 Nr. 62.

[3] Ob das Veräußerungsgeschäft auch eine Schenkung oder Stiftung sein könne, ist bezweifelt worden, namentlich von HOMBERGER, N. 21 zu Art. 924, wurde aber vom Bundesgericht bejaht: BGE 63 II, 1937, S. 395 = Pra 27 Nr. 38 (Praxisänderung); 70 II, 1944, S. 204 = Pra 34 Nr. 4.

[4] OFTINGER, Kommentar, Art. 884, N. 227 mit Hinweisen auf das davon verschiedene deutsche und englische Recht.

[5] Das Eigentum des Erwerbers ist, sofern es keine Wirkung gegenüber benachteiligten Dritten hat, relatives Eigentum. Dazu oben § 5, Anhang; BGE 78 II, 1952, S. 412ff. = Pra 42 Nr. 43 unter Hinweis auf VON TUHR/SIEGWART, § 25 IV. Als benachteiligter Dritter wird in der Literatur der erste Käufer der doppelt verkauften Sache nicht erwähnt. Vgl. jedoch HAAB/SCHERRER, Art. 717, N. 56 und 69; VON TUHR/SIEGWART, § 25 a.E., S. 189 und Anm. 29 mit Bezug auf den nachherigen Käufer, der von der Übereignung durch Besitzeskonstitut Kenntnis hat, verneinend. Im Vertrauen auf den Besitz des Veräußerers als Erscheinung des Eigentums erwirbt der Zweitkäufer indessen das Eigentum gemäß Art. 714 Abs. 2 und 933. Um so weniger ist die Übereignung durch Besitzeskonstitut gegenüber dem Dritten wirksam, der vor der Übereignung durch Besitzeskonstitut den Anspruch auf Eigentumsübertragung erworben hat, ist er doch Gläubiger des Veräußerers. Umgehungstatbestände aus der Praxis: BGE 42 II, 1916, S. 24 = Pra 5 Nr. 3; ZBJV 72, 1936, S. 633 ff., 75, 1939, S. 251 ff.; SJZ 55, 1959, Nr. 71, S. 193 f. (ObGer Appenzell AR). Eingehend zu den Kriterien der Entscheidung BGE 78 II, 1952, S. 207 ff. = Pra 41 Nr. 143.

[6] St. Gallen RR, SJZ 14, 1917/18, S. 105; Zug, KtGer, ZGBR 25, 1944, S. 304. – BGB § 956 und dazu RGZ 72, 1910, S. 310; 108, S. 269 ff.; BGHZ 27, 1958, S. 360 ff., NJW 1958, S. 1723.

§ 51. Der Erwerb vom Nichtverfügungsberechtigten kraft guten Glaubens

I. Zur Geschichte, Verbreitung und Rechtfertigung

In jeder Rechtsordnung hat sich immer die Frage gestellt, ob der Eigentümer die Sache von jedem Dritten, in dessen Besitz sie gelangt ist, herausverlangen könne. Die Unterscheidung unseres Gesetzes, ob es eine **anvertraute** oder eine **abhandengekommene** Sache sei, war dafür schon im mittelalterlichen deutschen Recht maßgebend. A, der die Sache zur Aufbewahrung, zur Leihe, zur Reparatur dem B übergeben hatte, konnte sich nur an diesen halten; dem C, dem B die Sache veräußert hat, konnte er nichts anhaben. C stand zu ihm in keinem Rechtsverhältnis, das er mit dem Erwerb der Sache hätte verletzen können und hatte die Sache auch nicht ihm weggenommen. Wenn C durch den Erwerb auch nicht Eigentümer wurde, war er doch in der Gewere an der Sache geschützt. Es hieß: «Wo du deinen Glauben gelassen hast, sollst du ihn wieder suchen». Der A hat dem B Glauben geschenkt, sein Vertrauen erwiesen. B hat sein Vertrauen mißbraucht und ist dem A dafür verantwortlich; mit dem C aber hat A nichts zu schaffen. «Hand wahre Hand» lautet das zweite Sprichwort. Die Hand des Empfängers leistet der Hand des Gebers Gewähr[1].

Dieser Rechtssatz hat sich im Laufe der Zeit verfeinert und unter dem Einfluß des römischen Rechtes das Element des guten Glaubens des Erwerbers in sich aufgenommen[2].

Im römischen und gemeinen Recht galt zwar der Satz: Ubi rem meam invenio ibi vindico. Doch wird der gutgläubige Erwerber einer ersitzungsfähigen Sache, der diese ex iusta causa erworben hat, gegenüber dem Dritten geschützt, auch wenn die Ersitzungszeit noch nicht abgelaufen ist, und gegenüber dem Eigentümer nach der Vollendung einer kurzen Ersitzungsfrist.

Der gute Glaube als Voraussetzung des Schutzes des Erwerbs vom Nichtberechtigten ist Gemeingut des neuzeitlichen und modernen Rechtes geworden. Ist er gegeben, wird dieser Schutz überall gewährt. Er gründet sich auf das Vertrauen darauf, daß der Besitz die äußere Erscheinung des Rechtes sei.

---

[1] GIERKE, DPR II, S. 558 f.; A. HEUSLER, Institutionen II, S. 212 ff.; EUGEN HUBER, System IV, S. 748 ff. – Vereinzelt, besonders in Stadtrechten, war die Fahrnisklage gegen den Dritten zugelassen. Siehe dazu bes. R. HÜBNER, Grundzüge des DPR, 5. Aufl., Leipzig 1930, S. 445; H. HÜBNER, Der Rechtsverlust im Mobiliarsachenrecht, Erlangen 1955.
[2] KASER, Römisches PR II, S. 215; DERNBURG, Pandekten (System) I, § 157, S. 325 mit trefflicher Begründung.

In Frankreich lautet der Grundsatz «Hand wahre Hand»: En fait de meubles, la possession vaut titre (Art. 2279 CCfr.), was bedeutet: «meubles confiés à un tiers n'ont pas de suite»[3]. Die Voraussetzung des guten Glaubens ist zwar im Gesetz nicht ausgesprochen, aber in der Lehre und Praxis anerkannt[4]. Im italienischen Recht ist die Unterscheidung zwischen anvertrauten und abhandengekommenen Sachen fallen gelassen. Auch den Erwerber der letzteren schützt danach sein guter Glaube[5]. Das ABGB bestimmt, über den Grundsatz «Hand wahre Hand» im Sinne des alten Rechtes hinausgehend, in seinem § 367, daß der redliche Besitzer vom Nichtverfügungsberechtigten das Eigentum an der Sache erwerbe[6]. Auch in England besteht die Möglichkeit des Erwerbs vom Nichtverfügungsberechtigten, wenn auch nicht im Sinne eines allgemeinen Grundsatzes[7]. Im deutschen BGB entspricht der § 932 weitgehend unserem Art. 933, hat seinen Platz aber nicht im Besitz, sondern im Eigentumsrecht[8].

Mit dem Erwerb der Sache durch den gutgläubigen Dritten, den C, geht das Eigentum des A unter, ohne daß dieser den Verlust verschuldet hat. Man kann ihm nur entgegenhalten, daß er sich in der Vertrauenswürdigkeit des B getäuscht und deshalb den Verlust sich selber zuzuschreiben habe, weil er den Anlaß zu ihm selber gegeben habe (Veranlassungsprinzip)[9]. Aber zur Rechtfertigung des Instituts reicht dieses Argument nicht aus. Maßgebend für seine Aufnahme in das Gesetz ist vielmehr die Förderung der Leichtigkeit und Sicherheit des Mobiliarverkehrs[10].

II. Die Voraussetzungen des Erwerbs

1. Die anvertraute Sache

Die Sache muß dem Veräußerer anvertraut sein. Sie muß dem B mit dem Willen des A übergeben oder überlassen sein. Der Besitz des B kann verschiedene Gründe haben. Er kann auf der Einräumung eines beschränkten

---

[3] PLANIOL/RIPERT/BOULANGER II, Nos. 2813 ff. Die Rückkehr zum alten Recht («Hand wahre Hand») im 18. Jahrh. wird da mit dem Bedürfnis nach Rechtssicherheit gerechtfertigt. Zur Geschichte eingehend W. MERK, Die Entwicklung der Fahrnisverfolgung im französischen Recht, 1914 (SA aus Rhein. Z. für Zivil- und Prozeßrecht, VII).
[4] PLANIOL/RIPERT/BOULANGER II, No. 2863; CARBONNIER II, No. 75f., S. 251 ff.
[5] CCit. Art. 1153; DE RUGGIERO/MAROI I, S. 640; MESSINEO, Manuale II (1965), § 83, N. 7; L. MANGONI, a.a.O. (oben § 46, Anm. 2).
[6] H. KRELLER, Grundlinien des gemeinen Rechts (Römisches Recht 2), Wien 1950, S. 207; FR. GSCHNITZER, Sachenrecht, S. 98 ff.
[7] E. HEYMANN, Überblick über das englische Recht, in: F. Holtzendorff/J. Kohler, Enzyklopädie (zit. oben § 5, Anm. 3), II S. 326.
[8] Auf andere Unterschiede wird im folgenden noch hingewiesen.
[9] Zum Veranlassungsprinzip WESTERMANN, § 45 III 2, S. 223.
[10] Siehe zu diesen Rechtfertigungsgründen BAUR, Sachenrecht (6. Aufl. 1970), § 52 I 2, S. 444f., ferner die Bemerkung oben § 44, III a.E. und als Beispiel aus der Praxis BGE 54 II, 1928, S. 244 = Pra 17 Nr. 163.

dinglichen Rechtes (Nutznießung, Pfandrecht) oder eines persönlichen Rechtes beruhen (Miete, Pacht, Leihe, Hinterlegung). Die Sache kann ihm zur Pflege, zur Wartung, zur Reparatur oder zur Besichtigung übergeben sein. Sie kann ihm auch unter Eigentumsvorbehalt verkauft sein. Anvertraut ist ihm die Sache auch, wenn das Rechtsverhältnis, das seinem Besitz zugrundeliegt, beendigt ist oder gar nie gültig zustandegekommen war, z. B. weil der A gar nicht handlungsfähig war; es genügt, daß er urteilsfähig war. Auch ist nicht etwa erforderlich, daß zwischen A und B ein besonderes Vertrauensverhältnis bestanden hat. Der B muß bloß im redlich erlangten Besitz der Sache sein. Nicht anvertraut ist ihm die Sache, wenn er sie bloß als Besitzdiener in seinem Gewahrsam hat[11].

2. Der gute Glaube

Der gute Glaube ist das Vertrauen in die durch den Besitz in Erscheinung tretende Verfügungsberechtigung des Veräußerers[12]. Er ist gegeben, wenn der Erwerber unter Beobachtung der im Verkehr gebotenen Sorgfalt überzeugt sein darf, daß er mit dem Erwerb der Sache vom Besitzer nicht das Recht eines andern verletzt[13].

Wenn der Veräußerer im Namen eines anderen handelt, muß sich der gute Glaube des Erwerbers auf die Verfügungsberechtigung des Vertretenen beziehen, für den die Verfügung getroffen wird[14]. Doch muß dann auch die Verfügungsmacht des Vertreters Gegenstand des guten Glaubens des Erwerbers sein[15]. Erfolgt der Erwerb durch direkten Stellvertreter, müssen dieser und der Vertretene gutgläubig sein[16]. Ist der Erwerber eine

---

[11] HAAB/SIMONIUS, Art. 714, N. 56; HOMBERGER, Art. 933, N. 12 ff.; OFTINGER, Art. 884, N. 335. Unzutreffend BGE 100 II, 1974, S. 8 = Pra 63 Nr. 199 (Schatzfund). Zum Verkauf unter Eigentumsvorbehalt unter diesem Gesichtspunkt: BGE 85 II, 1959, S. 580 = Pra 49 Nr. 111, bespr. in ZBJV 96, 1960, S. 446 ff. Dies gilt auch, wie daselbst ausgeführt ist, wenn die Sache als Zugehör mit der Hauptsache veräußert wird. Der gutgläubige Erwerb macht den Eigentumsvorbehalt hinfällig. Siehe oben § 9, II 1.

[12] BGB § 932 verlangt das Vertrauen, daß der Veräußerer Eigentümer der Sache sei: «Der Erwerber ist nicht in gutem Glauben, wenn ihm bekannt oder infolge grober Fahrlässigkeit unbekannt ist, daß die Sache nicht dem Veräußerer gehört.» STAUDINGER/KOBER (10. Aufl. 1935), § 932, N. 26; BAUR, Sachenrecht (6. Aufl. 1970), § 52 III 1d, S. 453. Dagegen HGB § 366: Der gute Glaube betrifft «die Befugnis des Veräußerers ... über die Sache zu verfügen».

[13] JÄGGI, Berner Kommentar, Einleitungsband, Art. 3, N. 16 ff., bes. 35; LIVER, Zürcher Kommentar, Art. 731, N. 92 und Nachtrag S. 670 f.; HAAB/SIMONIUS, Art. 714, N. 58; E. W. STARK, Berner Kommentar, Bd. IV, 3. Abt., 1. Teilbd., Sachenrecht (Bern 1966), Art. 933, N. 43 ff.

[14] STARK, a.a.O., Art. 933, N. 65.

[15] STARK, a.a.O., Art. 933, N. 66; BGE 43 II, 1917, S. 616 = Pra 6 Nr. 183; 69 II, 1943, S. 118 = Pra 32 Nr. 96.

[16] HAAB/SIMONIUS, Art. 714, N. 58; STARK, a.a.O., Art. 933, N. 75.

juristische Person, ist sie nicht gutgläubig, wenn auch nur ein Mitglied des den Vertrag schließenden Organs bösgläubig ist[17].

Der gute Glaube muß im Zeitpunkt der Eigentumsverfügung (oder Verfügung zur Einräumung eines beschränkten dinglichen Rechtes) gegeben sein; wird er später erschüttert oder hinfällig, wird dadurch das einmal erworbene Eigentum (oder dingliche Recht) nicht aufgehoben[18]. Hier gilt also der Satz: Mala fides superveniens non nocet.

3. Das Erwerbsgeschäft

Der Vertrag zwischen B und C muß als solcher, abgesehen vom Mangel des Verfügungsrechtes des B, gültig sein. Wenn ihm ein Gültigkeitserfordernis fehlen würde, könnte C das Eigentum ja auch nicht erlangen, wenn der Veräußerer zur Verfügung berechtigt wäre. Der gute Glaube kann diesen Ungültigkeitsgrund nicht aufheben, sondern nur den Mangel des Verfügungsrechtes heilen[19]. Das Eigentum kann dem C auch durch eines der Traditionssurrogate übertragen sein (brevi manu traditio, Besitzanweisung, Besitzeskonstitut, Besitzvertrag). Zwar erfüllt der Besitz in diesen Fällen die Publizitätsfunktion nicht sinnfällig. Die Traditionssurrogate haben aber die sie ersetzende Bedeutung hier ebenso, wie wenn der Berechtigte verfügt. Nur müssen in diesen Fällen an die Sorgfaltspflicht des Erwerbers als Voraussetzung des Vertrauens auf die Verfügungsberechtigung des Veräußerers höhere Anforderungen gestellt werden, besonders für den Erwerb durch Besitzanweisung, weil da der Veräußerer nicht als unmittelbarer Besitzer auftritt[20].

4. Gegenstand des Erwerbs

Art. 714 Abs. 2 spricht nur vom Erwerb des Eigentums, Art. 933 auch vom Erwerb beschränkter dinglicher Rechte, von denen nur die Nutznießung und das Pfandrecht in Betracht fallen. Forderungen, die nicht in einem Wertpapier verkörpert sind, können auf Grund dieser Bestimmungen nicht erworben werden, da sie nicht Gegenstand des Besitzes sind. Sie treten deshalb

---

[17] BGE 56 II, 1930, S. 186 = Pra 19 Nr. 174; siehe dazu oben § 9, II.
[18] HAAB/SIMONIUS, Art. 714, N. 59; STARK, a.a.O., Art. 933, N. 7; BGE 90 IV, 1964, S. 14 ff. = Pra 53 Nr. 67.
[19] BGE 48 III, 1922, S. 5; 65 II, 1939, S. 65 = Pra 28 Nr. 88. Auch in der Literatur allgemein anerkannt. Im Text des § 932 BGB (Hinweis auf § 929), im § 367 ABGB und bes. im Art. 1153 CCit. klar ausgesprochen (titolo idoneo = iustus titulus).
[20] HOMBERGER, Art. 933, N. 20; STARK, Art. 933, N. 81 ff.; OFTINGER, Kommentar, Art. 884, N. 251 ff. Vgl. auch FR.-ED. KLEIN, Zur Tauglichkeit des Besitzkonstituts zum gutgläubigen Eigentumserwerb an Fahrnis, in: Festgabe Max Gerwig, Basel 1960 (rechtsvergleichend).

auch nicht durch den Besitz in Erscheinung, auf welchen ein Erwerber sich verlassen können müßte[21].

Das Recht wird mit dem Inhalt und in dem Umfang erworben, in dem es in der Person des Erwerbers kraft seines guten Glaubens entsteht. War die Sache belastet, erwirbt sie der C ohne die Belastung, wenn er sie in gutem Glauben für lastenfrei gehalten hat. Was er erwirbt, ist eben nicht das Recht des A, das ihm der B nicht hat übertragen können, weil er es nicht hatte[22].

§ 52. Der Eigentumsvorbehalt (Art. 715/716 ZGB)

Literatur

1. Zum Eigentumsvorbehalt: EUGEN HUBER, Zum schweizerischen Sachenrecht, Abh. schweiz. R. 58, Bern 1914, S. 108; EMIL BECK, Der Eigentumsvorbehalt nach dem schweiz. ZGB, Abh. schweiz. R. 72, Bern 1916; S. BOVAY, Acte translatif de propriété et condition, Diss. Lausanne 1938; F. A. STAEHELIN, Probleme aus dem Gebiet des Eigentumsvorbehalts, Basler Studien 11, Basel 1937; FR. SCHWARZENBACH, Der Eigentumsvorbehalt – Seine Bedeutung im Abzahlungsgeschäft und in der Zwangsvollstreckung des schweiz. Rechts, Diss. Zürich 1967; D. GIANINAZZI, La riserva della proprietà nel diritto civile svizzero con riguardo al diritto civile italiano e tedesco, Berner Diss., Zürich 1968; K. H. NEUMAYER, Dogmatische Unebenheiten um den Eigentumsvorbehalt nach schweiz. Recht, SJZ 66, 1970, S. 394 ff.; K. OFTINGER, Zürcher Kommentar, IV. Bd., 2. Abt. (Fahrnispfand), 2. Aufl. Zürich 1952, Syst. Teil, S. 51 ff.: Eigentumsvorbehalt als Ersatz- und als Umgehungsgeschäft.

2. Zum Gesetz über den Abzahlungsvertrag: Botschaft des Bundesrates vom 26. Jan. 1960 (BBl 1960 I, S. 523); H. STOFER (Verfasser des Entwurfs), Grundsätzliche Bemerkungen zum BG über den Abzahlungs- und den Vorauszahlungsvertrag, in: Festgabe zum Schweiz. Juristentag 1963, Basel 1963; DERSELBE, Kommentar zum schweiz. BG über den Abzahlungs- und Vorauszahlungsvertrag, 2. Aufl., Basel 1972; P. ZWEIFEL, Die Neugestaltung des Teilzahlungskaufes, ZBJV 99, 1963, S. 121; R. JEANPRÊTRE, La vente par acomptes en droit suisse. Recueil des travaux de la 3e semaine juridique turco-suisse, Ankara 1966 und SA; H. GIGER, Systematische Darstellung des Abzahlungsrechts, Zürich 1972; GUHL/MERZ/KUMMER, OR, 6. Aufl. 1972, S. 305 ff.

---

[21] BGE 81 II, 1955, S. 339 ff. = Pra 44 Nr. 210: An einer Forderung, für die keine Urkunde oder bloß ein Schuldschein ausgestellt ist, besteht kein Besitz (BGE 41 II, 1915, S. 47). An Inhaberpapieren dagegen besteht Forderungsbesitz. Gehören sie einer juristischen Person, hat deren Organ nicht Besitz, weshalb seine persönliche Verfügung dem gutgläubigen Erwerber die Forderung nicht zu verschaffen vermag. Siehe dazu OFTINGER, Kommentar, Art. 891, N. 109 ff. und Art. 900, N. 103.

[22] Siehe dazu die Ausführungen über derivativen und originären Eigentumserwerb im § 46 hievor.

I. Die gesetzliche Regelung und Bedeutung des Eigentumsvorbehaltes im allgemeinen

1. Entstehung der Bestimmungen des ZGB über den EV

In den Entwürfen des ZGB war der Eigentumsvorbehalt nicht zugelassen (Entw. 1904 Art. 702), obwohl er in der Praxis Verwendung und gerichtliche Anerkennung gefunden hatte. Er sollte überflüssig gemacht werden durch die Fahrnisverschreibung für Vieh, Betriebsinventar, Vorräte und Warenlager. Die Verschreibung wäre durch Eintragung in ein öffentliches Register, das Pfandprotokoll (Entw. Art. 890–895) erfolgt. In der Botschaft (S. 18/19) wurde das Eintragungserfordernis mit dem Schutz des Erwerbers vor wucherischer Ausbeutung und des Dritten vor der Täuschung über die Kreditwürdigkeit des Käufers begründet. In der Beratung der Räte fand indessen das von seiten der Wirtschaft geltend gemachte Bedürfnis nach gesetzlicher Anerkennung der bereits feststehenden Übung des Verkaufs unter EV Beachtung. Man ließ die Fahrnisverschreibung fallen (mit Ausnahme der Viehverschreibung) und ersetzte sie durch den EV[1]. Auch für ihn behielt man jedoch das Eintragungserfordernis bei und stellte im OR die Bestimmungen über das Abzahlungsgeschäft auf, welche zum Schutze des Käufers nötig erschienen. Es waren die Art. 226–228 OR, welche namentlich die Verfallklausel ausschlossen und den Vorbehalt der Fälligkeit der ganzen Kaufpreisforderung als Folge jeden Verzugs in der Bezahlung einer Rate beschränkten. Da nicht nur die Gegenstände, für welche in den Entwürfen die Fahrnisverschreibung vorgesehen war, sondern alle beweglichen Sachen (mit Ausnahme von Vieh) unter EV auf Abzahlung gekauft werden können, betrachtete man dies, wenn auch als wirtschaftlich notwendig, doch als ein Übel, weil es dem Käufer unbesonnene, unnötige, seine finanziellen Kräfte übersteigende Anschaffungen erleichtere.

Für wirtschaftliche Unternehmungen hat der EV in Deutschland viel größere Verbreitung und Bedeutung erlangt als bei uns. Die außerordentliche Kreditnot führte namentlich nach den beiden Weltkriegen dazu, daß sehr viele Unternehmungen des Gewerbes, des Handels und der Industrie sich gezwungen sahen, Rohmaterialien, Halb- und Fertigfabrikate sowie Handelswaren auf Abzahlung unter EV zu erwerben. Zur Sicherung des Verkäufers solcher Waren reicht der einfache EV nicht aus, weil er durch den Verbrauch, die Verarbeitung und durch den Umsatz der Ware untergeht. Um ihn aufrechtzuerhalten, wird er durch Vereinbarung erweitert. Der «verlängerte EV» besteht darin, daß der Käufer den Preis für die veräußerte Ware dem Lieferanten als künftige Forderung abtritt und den EV auf die durch Verarbeitung entstehenden Produkte

---

[1] StenBullStR 1906, S. 1349–51 (eingehende Begründung des Kommissionsreferenten HOFFMANN); ausführlich äußern sich dazu auch ROSSEL/MENTHA, II, No. 1334, S. 401 ff., ferner das Bundesgericht in BGE 42 II, 1916, S. 578 ff. = Pra 6 Nr. 15; OFTINGER, Kommentar, Systemat. Teil, S. 51 f., N. 173 ff.

ausdehnt. Außerdem verpflichtet er sich vielfach, den EV «weiterzugeben», d.h. die erworbene oder durch Verarbeitung umgestaltete Ware nur unter EV, den er zugunsten des Lieferanten begründet, zu veräußern. Auch wird etwa vereinbart, daß der EV des Lieferanten erst untergehe, wenn dessen sämtliche Forderungen (auch aus anderen Geschäften) beglichen sind (Kontokorrentvorbehalt). Schließlich wird zur Sicherung von Krediten eine Sicherungsübereignung durch Besitzeskonstitut vorgenommen. Auch dadurch entsteht wirtschaftlich ein besitzloses Pfandrecht. Zwischen so gesicherten Gläubigern untereinander und anderen Gläubigern können sich mancherlei Kollisionen ergeben. Mit der Lösung der dadurch entstehenden Schwierigkeiten haben sich Lehre und Rechtsprechung in Deutschland seit vielen Jahren so intensiv beschäftigt wie mit kaum einem anderen Problem des Sachenrechts[2].

Die gleichen Probleme werden in der österreichischen Lehre und Praxis erörtert, wenn auch, wie es scheint, mit stärkerer Zurückhaltung gegenüber verschiedenen Verlängerungsformen[3].

Auch im schweizerischen Recht sind Erweiterungen des EV möglich, wenn sie auch seltener vereinbart werden und durch das Eintragungserfordernis erschwert und durch die Unwirksamkeit der Sicherungsübereignung durch Besitzeskonstitut gegenüber Dritten beschränkt sind[4].

Wie in der Schweiz vor 1912 nach der Gerichtspraxis, so ist auch in Frankreich die Wirksamkeit des EV ohne besondere gesetzliche Grundlage anerkannt. Sie wird mit der Vertragsfreiheit begründet. Ein Aussonderungsrecht im Konkurs gewährt der EV nach der Praxis jedoch nicht[5].

In den CCit. sind mit den Artikeln 1523–1526 Bestimmungen über den EV aufgenommen worden (Della vendita con riserva della proprietà). Die Wirkung gegenüber den Gläubigern des Erwerbers wird vom Nachweis der Priorität durch beglaubigten Vertrag oder durch Registrierung abhängig gemacht. Der gutgläubige Dritte ist im Erwerb der Sache vom EV-Käufer (wie in den übrigen angeführten Rechtsordnungen) geschützt. Im Handel mit Maschinen und Apparaten kann aber durch eine besondere Registrierung dieser Erwerb ausgeschlossen werden, solange das Objekt sich im Amtsbezirk des Registers befindet[6].

2. Der Abzahlungsvertrag

Der EV hat sein hauptsächliches Anwendungsgebiet im Abzahlungsgeschäft. Seine Verbreitung und wirtschaftliche Bedeutung hängt deshalb weit-

---

[2] Die Literatur ist so umfangreich, daß sie selbst in den Lehrbüchern des Sachenrechts nicht vollständig verzeichnet sein kann. Die wichtigsten Erscheinungen dieses Schrifttums sind in den Lehrbüchern von BAUR (6.Aufl. 1970), §§ 56–59, WESTERMANN (5.Aufl. 1966), §§ 43 f., LARENZ, Schuldrecht II (6.Aufl. 1964), § 39 angegeben. An einzelnen Schriften mögen genannt sein: F.BAUR, Das besitzlose Pfandrecht als Mittel der Kreditsicherung, in: Festschrift Castan, Pamplona 1968, und SA; Verhandlungen des deutschen Juristentages 1956: Gesetzliche Regelung der Sicherungsübereignung und des Eigentumsvorbehaltes? Referat WESTERMANN und Diskussion; A.GEORGIADES, Die Eigentumsanwartschaft beim Vorbehaltskauf – Zur Theorie der dinglichen Anwartschaften, mit Geleitwort von K.LARENZ, Tübingen 1963.
[3] H.MAYRHOFER, Eigentumsvorbehalt und Weiterveräußerung der Sache, in: Gedenkschrift F.Gschnitzer, Innsbruck 1969, S.285 ff.; F.GSCHNITZER, Sachenrecht, Wien 1968, S.84; DERSELBE, Lehrbuch des österr. bürgerl. Rechts, Bes. Teil, Schuldrecht, Wien 1963, S.34 ff. (zum Ratengesetz vom 15.Nov. 1961).
[4] R.HOMBURGER, Beiträge zur Frage der erweiterten Eigentumsvorbehalte, Diss. Zürich 1937 (mit dem dürftigen Hinweis auf BlZR 31, 1932, Nr.85); vgl. auch BGE 88 II, 1962, S.81 = Pra 51 Nr.85.
[5] PLANIOL/RIPERT/BOULANGER II, No.2450, S.860.
[6] CCit. Art.1524, 2704; MESSINEO, Manuale III/1, § 140, N.14, S.81 ff.; DE RUGGIERO/MAROI II, S.215 f.; GIANINAZZI, a.a.O. (Lit. Verz. § 52), S.59 f., 91 ff.

gehend davon ab, wie häufig, mit welchen Summen und über welche Gegenstände Käufe auf Abzahlung getätigt werden. Da in unserer Zeit der Inflation, Vollbeschäftigung und einer flutartigen Reklame das Bedürfnis nach den Gebrauchs- und Luxusgegenständen einer komfortablen und geltungssüchtigen Lebensweise sich gewaltig gesteigert hat und die Möglichkeit seiner Befriedigung besteht oder doch leicht bejaht wird, ist ein für das Abzahlungsgeschäft günstiges Klima eingetreten. Die Nachteile, die sich daraus für den Käufer ergeben können und vom Gesetzgeber ersorgt wurden, sind dadurch schwerer und viel häufiger geworden. Zum Schutze des Käufers vor Überrumpelung und Übertölpelung durch die Reklame und durch die Vertreter von Versandgeschäften sowie vor der Eingehung allzu schwerer und ungünstiger Zahlungsbedingungen wurde das Gesetz vom 23. März 1962 über den Abzahlungs- und Vorauszahlungsvertrag erlassen und dem OR eingefügt (Abzahlungsvertrag: Art. 226 a–m; Vorauszahlungsvertrag: Art. 227 a–i OR).

Es hat sich gezeigt, daß bei uns der Abzahlungsvertrag mit EV weniger der Beschaffung von Handelsware und Betriebseinrichtungen dient, wofür in den Entwürfen die Fahrnisverschreibung vorgesehen war, sondern vielmehr für den Kauf von Personenwagen und Motorrädern, für Möbel und andere Ausstattungsgegenstände sowie für Plattenspieler mit Verstärkungsanlagen, Radio- und Fernsehapparate. Für solche Plattenspieler mit Verstärkungsanlagen, aber auch für andere Kaufgeschäfte dient der EV nicht selten als Mittel der Finanzierung durch ein Kreditinstitut, das sich zur Sicherung des Darlehens vom Veräußerer die Kaufpreisforderung mit dem EV abtreten läßt. Dieses Geschäft wird den Bestimmungen über den Abzahlungsvertrag im Art. 226 m OR ausdrücklich unterstellt[7]. Die Leistung des Kreditinstituts kann auch das Entgelt für den Erwerb der Kaufpreisforderung samt EV sein[8].

II. Begründung und Untergang des Eigentumsvorbehalts

1. Vereinbarung und Eintragung

a) Der Vertrag auf Übertragung des Eigentums

Der Eigentumsvorbehalt ist die Bedingung des Vertrages auf Übertragung des Eigentums an einer beweglichen Sache, daß der Erwerber das volle

---

[7] KtGer Wallis, ZBGR 51, 1970, Nr. 6, S. 11 ff.
[8] HAAB/SCHERRER, Art. 715/16, N. 85.

Eigentum erst mit der restlosen Entrichtung des vereinbarten Entgelts erlange[9].

Dieser Vertrag ist in der Regel ein Kaufvertrag mit der Bestimmung, daß der Preis in Raten zu zahlen sei (Abzahlungsgeschäft)[10]. Wir gehen im folgenden von der in unserer Literatur und in der Rechtsprechung herrschenden Auffassung aus, daß der Verkäufer bis zur Abzahlung des vollen Kaufpreises Eigentümer der Kaufsache bleibt, sich also das Eigentum im wörtlichen Sinne v o r b e h a l t e n hat. Dieser Vorbehalt muß im Kaufvertrag v o r der Tradition vereinbart sein. Eine erst nach der Tradition getroffene Vereinbarung könnte dem Veräußerer das Eigentum der veräußerten Sache nicht wieder geben, geschweige denn «vorbehalten»[11].

Der Vertrag samt der EV-Klausel ist formlos gültig, wenn er nicht ein Abzahlungsvertrag ist. Dieser bedarf zu seiner Gültigkeit der Schriftform und muß alle im Gesetz aufgezählten Bestimmungen enthalten (Art. 226a Abs. 2 OR). Ist der Käufer verheiratet, muß er die Zustimmung des Ehegatten haben, wenn der Preis 1000 Fr. übersteigt (Art. 226h), und zwar «spätestens bei der Unterzeichnung». Innerhalb von fünf Tagen seit der Unterzeichnung kann er den Abstand vom Vertrag erklären (Art. 226c OR)[12]. Daß dies nicht geschehen ist, muß belegt sein, damit die Eintragung des EV verlangt werden kann[13].

Die EV-Vereinbarung im Kaufvertrag begründet den EV noch nicht, da dieser erst mit der Eintragung entsteht. Sie gibt dem Veräußerer aber die Befugnis, die Eintragung nach der Tradition jederzeit bis zur restlosen Zah-

---

[9] Diese Umschreibung läßt die Frage, ob der Eigentumserwerb resolutiv oder suspensiv bedingt sei, noch offen.

[10] Der EV kann auch in anderen Verträgen als dem Abzahlungsvertrag vereinbart werden. Es genügt, daß der Preis für die übertragene Sache kreditiert wird, also bis zu einem künftigen Termin zu zahlen ist.

Objekt des Vertrages kann jede bewegliche Sache sein. Ausgenommen ist im Art. 715 Abs. 2 nur das V i e h. Dazu gehören die im Art. 198 OR aufgezählten Tiergattungen. Diese Ausnahme wurde gemacht, weil der EV an Vieh zu besonderen Mißbräuchen Anlaß geben konnte und gegeben hatte (man sprach von den «Judenkühen»). Außerdem würde der Verkäufer eines Kälbleins oder eines Füllens nach Jahren eine Zeitkuh oder ein ausgewachsenes Pferd zurückfordern können. Die Bestimmungen des Art. 716 über die Auseinandersetzung beim Rücktritt wären auf einen solchen Fall nicht anwendbar. Der Kauf von Vieh auf Kredit wurde ermöglicht durch die Beibehaltung der Mobiliarhypothek als Viehverschreibung. Der Käufer kann sich den erforderlichen Betrag von einem dazu ermächtigten Kreditinstitut als Darlehen verschaffen gegen Verpfändung der gekauften oder anderer Stücke seines Viehbestandes.

[11] BGE 51 II, 1925, S. 139 E. 2 = Pra 14 Nr. 97; AppH Bern, ZBJV 96, 1960, S. 250 f.; ObGer Luzern, Max XI, Nr. 387 = SJZ 63, 1967, Nr. 107, S. 207; VON TUHR/SIEGWART, §84, N. 55.

[12] BGE 89 III, 1963, S. 83 = Pra 52 Nr. 172; 92 III, 1966, S. 34 = Pra 55 Nr. 124.

[13] Zur Umgehung der Vorschriften über den Abzahlungsvertrag und über den EV durch einen Mietkaufvertrag: BGE 86 IV, 1960, S. 160 ff. = Pra 49 Nr. 174.

lung des Kaufpreises zu erwirken. Mit dem EV ist, auch wenn und solange dieser nicht eingetragen ist, der Rücktritt im Sinne des Art. 214 Abs. 3 OR vorbehalten[14]. Kommt der Abzahlungskäufer in Verzug (mit wenigstens zwei Teilzahlungen, die zusammen einen Zehntel des Preises ausmachen, oder mit einer einzigen Teilzahlung, die mindestens einen Viertel des Preises ausmacht; Art. 226h Abs. 2 OR), kann der Verkäufer entweder Zahlung verlangen oder vom Vertrage zurücktreten. Mit dem gemäß Art. 107 OR ausgeübten Rücktrittsrecht fällt der Vertrag dahin und zwar ex tunc. Der in der EV-Klausel enthaltene Rücktrittsvorbehalt stellt den Vertrag unter eine Resolutivbedingung[15]. Der zurückgetretene Verkäufer hat Anspruch auf Rückgabe der Kaufsache. Diese fällt mit der Aufhebung des Vertrages nicht an ihn zurück, sondern ist Gegenstand der obligatorischen Rückforderung. Sobald der EV eingetragen ist, kann der Verkäufer, wenn er vom Vertrage zurückgetreten ist, die Kaufsache kraft dinglichen Rechtes zurückverlangen. Ist die Tradition resolutiv bedingt, fällt die Sache mit dem Eintritt der Bedingung in sein Eigentum zurück. Ist die Tradition suspensiv bedingt, ist der Verkäufer Eigentümer geblieben oder durch die Eintragung nach der Tradition wieder Eigentümer geworden und kann als solcher die Rückgabe verlangen. Nach herrschender Lehre und Rechtsprechung ist die Tradition suspensiv bedingt[16].

---

[14] BGE 58 II, 1932, S. 354 = Pra 21 Nr. 159; 90 II, 1964, S. 285 = Pra 54 Nr. 15; 88 II, 1962, S. 85 = Pra 51 Nr. 85; HAAB/SCHERRER, Art. 715/16, N. 46; F. A. STAEHELIN, a.a.O. (oben Lit. Verz.), S. 29; GIANINAZZI, a.a.O., S. 87.

[15] Da die EV-Vereinbarung nach der zit. Praxis des Bundesgerichts stets den Vorbehalt des Rücktritts im Sinne von Art. 214 Abs. 3 OR in sich schließt, wird der Veräußerungsvertrag als durch den Rücktritt resolutiv bedingt angesehen. Vgl. A. VON TUHR, Eigentumsübertragung nach schweiz. Rechte, ZSR 40, 1921, S. 61 (Rückforderung der Sache als condictio ob causam finitam – ebenso JEANPRÊTRE, a.a.O. [oben Lit. Verz.], S. 296); VON TUHR/SIEGWART, §73, N. 98a, 110 mit Hinweis auf WINDSCHEID/KIPP, §323, N. 4 und 5. Ebenso LEEMANN, Art. 715, N. 39; STAEHELIN, a.a.O., S. 20ff.; OSER/SCHÖNENBERGER, N. 13 zu Art. 214 OR. – SIMONIUS sagt, die Ausübung des Rücktrittsrechts wirke wie der Eintritt einer Resolutivbedingung (in: Der Kauf nach schweiz. Recht, Festschrift Th. Guhl, Zürich 1950, S. 50). Nach BGE 73 III, 1947, S. 165ff. = Pra 37 Nr. 105 ist die Geltendmachung des EV nur eine Modalität des Rücktritts vom Vertrag. BGE 93 III, 1967, S. 109 = Pra 57 Nr. 40 bestätigt dies, hebt aber, wie im Text geschehen, hervor, daß der Anspruch auf Rückgabe der Sache obligatorischer Natur sei und nur durch den Eintrag dingliche Wirksamkeit erhalte.

[16] VON TUHR/SIEGWART, §85 III, S. 710; LEEMANN, Art. 715, N. 5f.; F. A. STAEHELIN, a.a.O., S. 20ff.; BGE 46 II, 1920, S. 48 = Pra 9 Nr. 25; 58 II, 1932, S. 354 = Pra 21 Nr. 159; BlZR 36, 1937, Nr. 117, S. 230; HINDERLING, unten § 80, II 2. Abweichend SCHERRER (HAAB/SCHERRER, Art. 715/16, N. 48), der aus der Verwerfung des «dinglichen Vertrages» durch Simonius die (selbstverständliche) Folgerung zieht, daß dieser nicht bedingt sein könne. Schließt aber, wie hievor (im § 47) dargelegt, die Tradition den «dinglichen Vertrag» in sich, fällt dieses Argument dahin.

b) Die Eintragung

Der EV wird begründet durch die Eintragung in das besondere Register der Eigentumsvorbehalte, welches von dem am Wohnort des Käufers zuständigen Betreibungsamt geführt wird[17]. Die Eintragung kann vom Verkäufer mit den hievor (Ziffer 1) genannten Ausweisen von sich aus erwirkt werden, ohne sie auf ihre Gültigkeit durch den Registerführer prüfen lassen zu müssen[18]. Auch wenn die Eintragung nicht für ein Abzahlungsgeschäft verlangt wird, sondern für einen formlos gültigen Kreditkauf, wird dieser doch ausnahmslos schriftlich abgeschlossen, weil sonst beide Parteien vor dem Betreibungsamt ihre Erklärungen zu Protokoll geben müßten[19]. Nimmt der Käufer außerhalb des Betreibungskreises Wohnsitz, behält die Eintragung ihre Wirkung noch drei Monate lang[20]. Dann erlischt sie und mit ihr der EV, der neu entsteht, wenn er im Register des neuen Wohnortes wieder eingetragen wird. Solange das Kreditverhältnis besteht (für das Abzahlungsgeschäft ist seine Dauer zeitlich begrenzt), kann die Eintragung immer verlangt werden und wird auch in der Regel erst verlangt, wenn der Käufer nicht pünktlich zahlt, unter Umständen also erst, nachdem einzelne Raten bereits bezahlt sind. Einer Mitwirkung oder auch nur einer Benachrichtigung des Käufers bedarf es dazu nicht.

Es ist eine viel erörterte Frage, ob die Eintragung auch noch nach der Pfändung der Kaufsache, nach der Auspfändung des Käufers[21] und nach der Eröffnung des Konkurses über ihn erwirkt werden könne[22]. Das Bundesgericht hat entschieden, daß dies möglich sei, daß die Eintragung aber für den bereits eröffneten Konkurs keine Wirkung habe, jedoch zur Geltung kommen könne, wenn der Konkurs widerrufen werde[23].

Auch der EV an der aus dem Ausland in die Schweiz gelieferten Sache bedarf der Eintragung am Wohnort des Käufers. Auf ihn ist das Recht des Ortes, an dem sich die Sache befindet (lex rei sitae), anwendbar[24].

---

[17] VO des BGer betr. die Eintragung der EV, vom 19. Dez. 1910, mit Änderungen 1932, 1953, 1962.
[18] BGE 93 III, 1967, S. 103f., Erw 4 = Pra 57 Nr. 40.
[19] Art. 4 der zit. VO.
[20] Art. 3 Abs. 3 der zit. VO. Vor dem 1. Jan. 1963 war es ein Monat.
[21] BezGer Horgen, SJZ 58, 1962, Nr. 216, S. 357.
[22] ADRIAN STAEHELIN, Zwangsvollstreckung und nachträgliche Eintragung des Eigentumsvorbehalts, SJZ 59, 1963, S. 113; E. CURTI, Ist die Eintragung nach der Konkurseröffnung noch wirksam? SJZ 61, 1965, S. 320ff.; dagegen M. GULDENER, daselbst, S. 328f.; dazu BGE 93 III, 1967, S. 105 = Pra 57 Nr. 40.
[23] BGE 93 III, 1967, S. 107ff., Erw 7 = Pra 57 Nr. 40, bestätigt BGE 96 II, 1970, S. 171, Erw 7 = Pra 60 Nr. 32.
[24] BGE 93 III, 1967, S. 100ff. = Pra 57 Nr. 40. Vgl. dazu FRANK VISCHER, Schweiz. Privatrecht, Bd. I, S. 654.

2. Untergang

Der Eigentumsvorbehalt geht unter:
1. mit der vollständigen Abzahlung des Kaufpreises, und zwar ohne daß er im Register gelöscht wird;
2. durch Verzicht; als solcher gilt auch das Verwertungsbegehren des Verkäufers in der Zwangsvollstreckung gegen den Käufer;
3. mit dem gutgläubigen Erwerb eines dinglichen Rechtes an der EV-Sache durch einen Dritten (Eigentum, u. U. Pfandrecht, Retentionsrecht);
4. mit dem Untergang der Sache (Zerstörung, Verbrauch, Verarbeitung oder Verbindung zu einer neuen Sache);
5. wenn die Sache ihrer Bestimmung gemäß verbraucht oder umgesetzt wird und nicht vereinbart ist, daß an ihre Stelle das Entgelt oder Erzeugnis tritt (verlängerter EV).

III. Die Wirkungen

1. Zwischen den Parteien

Die unter EV tradierte Sache ist, ob dies unter einer Suspensiv- oder Resolutivbedingung geschehen ist, eine dem Käufer **anvertraute** Sache[25]. Sie darf ohne Zustimmung des Veräußerers nicht veräußert und nicht verpfändet werden[26] und ist vor Beschädigung und Zerstörung zu bewahren. Nutzen und Gefahr gehen mit der Tradition auf den Erwerber über. Dies folgt nicht aus den Art. 152 und 185 OR, wohl aber aus den besonderen Vorschriften über die Auseinandersetzung im Falle des Rücktritts wegen Verzugs des Käufers in der Zahlung des Kaufpreises (Art. 716 ZGB)[27].

Nach diesen Vorschriften hat der Käufer dem Verkäufer die Sache zurückzugeben und der Verkäufer ihm die erhaltenen Abzahlungen zu erstatten[28]. Der Verkäufer hat zudem Anspruch auf ein angemessenes Entgelt für die Benützung der Sache (im Art. 716 ZGB, sowie im Art. 226 i OR Mietzins genannt) und auf eine Entschädigung für die Abnutzung der Sache. Darunter

---

[25] BGE 85 II, 1959, S. 580, Erw 4 = Pra 49 Nr. 110.
[26] Zur strafrechtlichen Beurteilung einer widerrechtlichen Verfügung BGE 90 IV, 1964, S. 180ff. und 190ff. = Pra 54 Nr. 41 und 42; 95 IV, 1969, S. 4 = Pra 58 Nr. 55.
[27] VON TUHR/SIEGWART, §86, N. 22, S. 719.
[28] Die Vereinbarung, daß, wenn der Käufer in Verzug komme, die Kaufsache unentgeltlich an den Veräußerer zurückfalle (lex commissoria), ist nichtig. Beschränkt ist, wie oben bemerkt wurde, auch der Eintritt der Fälligkeit des ganzen Kaufpreises infolge jeglichen Verzuges des Käufers (Art. 226 h Abs. 2 OR).

kann nur eine Abnutzung verstanden sein, die nicht die Folge des ordentlichen, bestimmungsgemäßen Gebrauchs ist, denn für diese ist die Entschädigung im «Mietzins» enthalten. Im Art. 226 i ist sie denn auch ausdrücklich als außerordentliche Abnützung bezeichnet. Alle diese Abzüge von den erhaltenen Teilzahlungen oder über sie hinausgehende Forderungen dürfen zusammen mit dem Wert der zurückgegebenen Sache den vereinbarten Kaufpreis nicht übersteigen[29].

2. Im Verhältnis zu Dritten: Die Rechtskraft des EV-Registers[30]

Da die Eintragung im EV-Register konstitutiv wirkt, hat das Register negative Rechtskraft in dem Sinne, daß ein nicht eingetragener EV nicht besteht. Die positive Rechtskraft (Schutz des gutgläubigen Dritten in seinem Vertrauen darauf, daß das Register richtig und vollständig ist) kommt nicht in Betracht. Aber auch die negative Rechtskraft ist sehr beschränkt und zwar aus folgenden Gründen:

a) Der Dritte, der mit dem Käufer in geschäftliche Beziehungen tritt, insbesondere als Kreditgeber, und deshalb Einsicht in das Register nimmt und feststellt, daß kein EV eingetragen ist, kann sich nicht darauf verlassen, daß die Eintragung nicht schon am Tage darauf vom Verkäufer verlangt wird;

b) diese Gefahr besteht insbesondere, wenn der Käufer inzwischen den Wohnort gewechselt hat und der Verkäufer davon noch keine Kenntnis erhalten hat;

c) eine Vermutung (eine widerlegbare, die praesumptio iuris, oder gar eine unwiderlegbare, die praesumptio iuris et de iure, d.h. eine Fiktion), daß der Dritte das Register kennt, besteht nicht. Der Dritte kann deshalb in gutem Glauben sein, daß sein Partner das Recht der freien Verfügung über Sachen habe, die er unter EV gekauft hat, auch wenn der EV eingetragen ist. Es gibt allerdings Fälle, in denen die im Verkehr gebotene Sorgfalt vom Dritterwerber verlangt, daß er sich nach dem EV erkundigt, weil dieser im Handel mit Sachen bestimmter Kategorien (z.B. Occasionautomobilen) üblich ist[31].

Daraus folgt, daß im übrigen, also in der Regel, der gutgläubige Dritte vom EV-Käufer die diesem anvertraute Sache zu Eigentum erwerben kann

---

[29] Dies ist nun gesetzlich festgelegt für den Abzahlungsverkauf, und zwar in Art. 226 i OR. Dadurch ist eine davon abweichende verfehlte frühere Ansicht (BGE 68 II, 1942, S. 312 = Pra 32 Nr. 3) abgetan. Siehe nunmehr BGE 95 II, 1969, S. 312 = Pra 59 Nr. 18 und die da zit. Literatur und Praxis.

[30] Grundlegend sind BGE 42 II, 1916, S. 574ff. = Pra 6 Nr. 15 und die Kreisschreiben des Bundesgerichts Nr. 29 vom 31. März 1911 und Nr. 14 vom 11. Mai 1922.

[31] ObGer Aargau, Ger. u. Verw.Pr. 1956, S. 46 = SJZ 52, 1956, Nr. 55, S. 113; KassGer Zürich, SJZ 63, 1967, Nr. 197, S. 376.

und daß der EV infolgedessen untergeht. Dies trifft auch dann zu, wenn die Sache als Zugehör einer anderen Sache, insbesondere auch eines Grundstückes, erworben wird[32]. Ein Hauptgrund der Unzuverlässigkeit des EV-Registers besteht darin, daß die Eintragung auch erst nach der Tradition und zwar während der ganzen Dauer des Vertragsverhältnisses verlangt werden kann, in der Regel auch erst verlangt wird, wenn der Käufer in Verzug gekommen ist[33]. Diese Absurdität wäre nach dem Entwurf der neuen Bestimmungen über den Abzahlungskauf durch die Befristung des Eintragungsanspruches auf einen Monat seit der Tradition stark gemildert worden. Diese Bestimmung wurde jedoch in der Beratung der Räte fallen gelassen[34]. Der EV kann auch dahinfallen, ohne daß die Eintragung gelöscht wird. Damit Eintragungen, die infolge Erfüllung des Kaufgeschäftes gegenstandslos geworden sind, gelöscht werden können, muß von Zeit zu Zeit eine Bereinigung der Register durchgeführt werden[35]. Die Publizitätswirkung eines Registers von Rechten an beweglichen Sachen ist schon an sich fragwürdig, weil diese Sachen mit dem Wohnungswechsel des Besitzers ihren Standort ändern und die Eintragung am neuen Wohnort sich leicht verzögern oder unterbleiben kann, nachdem sie am alten Wohnort ihre Wirkung verloren hat. Inzwischen kann der EV-Käufer in Konkurs gefallen sein[36].

3. Veräußerung oder Belastung der Sache durch den EV-Käufer

Wie hievor (III 1) festgestellt wurde, ist die unter EV erworbene eine dem Käufer anvertraute Sache, die dieser nicht veräußern und nicht belasten darf. Verfügt er zugunsten eines gutgläubigen Dritten, geht der EV unter. Es ist aber möglich, daß er die Erlaubnis seines Lieferanten hat, über die ihm gelieferten Sachen zu verfügen. Dies ist immer dann der Fall, wenn dies zum Verbrauch, zur Verarbeitung oder zum Umsatz bestimmte Sachen sind. Dann ist die Verfügung gemäß diesen Zwecken rechtmäßig, bewirkt den Untergang des EV aber trotzdem. Doch kann sich der Lieferant durch die Vereinbarung

---

[32] Siehe dazu die Ausführungen oben § 9, II und auch HAAB/SCHERRER, Art. 715/16, N. 133.
[33] F. A. STAEHELIN, a.a.O., S. 12 und 36f., HAAB/SCHERRER, Art. 715/16, N. 69f.; GIANINAZZI, a.a.O., S. 51f., 89.
[34] Dazu BGE 93 III, 1967, S. 111 = Pra 57 Nr. 40, S. 141. Als Hauptzweck der Eintragung ist darin bezeichnet, daß Personen, die jemandem Kredit gewähren wollen, sich darüber orientieren können, ob an den im Besitz des Kreditnehmers befindlichen Sachen ein EV besteht. – Daß aber das EV-Register tatsächlich diesen Zweck nur in ganz ungenügendem Maße zu erfüllen vermag, wurde im Text dargelegt.
[35] VO des BGer betr. Bereinigung der EV-Register vom 29. März 1939. Dazu BGE 85 III, 1959, S. 109f. = Pra 48 Nr. 160.
[36] BGE 96 II, 1970, S. 161ff. – Pra 60 N. 132 ist ein treffliches Beispiel dafür.

sichern, daß ihm der Erlös als künftige Forderung abgetreten werde[37], daß ihm an der durch Verarbeitung entstandenen neuen Sache der EV eingeräumt werde, oder daß die gelieferte Ware nur unter EV zu seinen Gunsten verkauft werden dürfe. Sind Sachen, die nicht eine dieser Zweckbestimmungen haben, Gegenstand des EV, dürfen sie nur mit ausdrücklicher Zustimmung des EV-Verkäufers durch den Käufer einem Dritten übertragen werden. Der Dritte erwirbt die Sache dann unter EV und dieser wird im Register auf ihn übertragen. Der Dritte kann zugleich die Kaufpreisschuld übernehmen. Dann ist mit der Abtretung der Sache eine Schuldübernahme (Vertrag des Übernehmers mit dem Gläubiger gemäß Art. 175 ff. OR) verbunden[38].

In Deutschland hat sich die Auffassung durchgesetzt, daß der Käufer die Anwartschaft auf das Eigentum einem Dritten ohne Zustimmung des Verkäufers in der Form der Eigentumsübertragung abtreten könne, selber aber Schuldner des Kaufpreises bleibe, so daß Schuldnerschaft und Anwartschaft auseinanderfallen und der Erwerber der Anwartschaft das volle Eigentum erlangt, sobald der Kaufpreis bezahlt ist und zwar unmittelbar, ohne Durchgangseigentum des Käufers[39].

Die Stellung des Verkäufers wird dadurch verschlechtert, wenn der Erwerber der Anwartschaft geringere Gewähr für die Rückgabe der Sache, für deren Bewahrung vor Entwertung, Zerstörung oder Verlust bietet und es zum Rücktritt und zur Vindikation der Sache kommt. In der schweizerischen Lehre und Rechtsprechung ist die Zulässigkeit dieses Geschäfts bisher nicht bejaht worden[40]. Die Eintragung des daraus sich ergebenden Verhältnisses ins EV-Register ist denn auch nicht vorgesehen.

4. Pfändung der EV-Sache für Gläubiger des Käufers

Unter EV stehende Sachen haben für den Käufer einen Vermögenswert, dessen Höhe sich danach bestimmt, wie groß der bereits bezahlte Teil des Kaufpreises ist. Sie können deshalb für seine Gläubiger gepfändet werden. Ob an ihnen ein EV besteht und welche Abzahlungen noch zu leisten sind, wird im Streitfall durch das Widerspruchsverfahren gemäß Art. 106 ff. SchKG abgeklärt[41]. Der Pfändungsbeamte ist nicht verpflichtet, das EV-Register

---

[37] BGE 57 II, 1931, S. 537 = Pra 21 Nr. 15.

[38] BlZR 36, 1937, Nr. 117.

[39] BAUR, § 59, V 2 a; WESTERMANN, § 44; L. RAISER, Die dingliche Anwartschaft, Tübinger rechtswissenschaftl. Abhandlungen 1, Tübingen 1961, S. 22 f.; RGZ 101, S. 185; BGHZ 20, S. 88, 35, S. 85.

[40] HAAB/SCHERRER, Art. 715/16, N. 97 setzt die Zustimmung des Veräußerers voraus, ebenso, darauf Bezug nehmend, SCHWARZENBACH, a.a.O. (oben Lit. Verz.), S. 71; BGE 95 IV, 1969, S. 4 = Pra 58 Nr. 55: Der Eigentumsvorbehalt kann nur mit der Kaufpreisforderung abgetreten werden.

[41] BGE 37 I, 1911, S. 168, und darauf Bezug nehmend die beiden Kreisschreiben des Bundesgerichtes: Nr. 29 vom 31. März 1911 und Nr. 14 vom 11. Mai 1922, beide im Anhang der Ausgabe des SchKG von JAEGER/DAENIKER sowie im Kommentar von JAEGER, II, S. 633 ff. und Erg. Bd. III, S. 136 f.; das zweite Kreisschreiben auch in BGE 48 III, 1922, S. 107 = Pra 11 Nr. 143; HAAB/SCHERRER, Art. 715/16, N. 120; LEEMANN, Art. 715, N. 57 ff.

daraufhin zu konsultieren[42]. Der EV geht den Pfändungspfandrechten der Gläubiger des Käufers vor und kann im Zwangsverwertungsverfahren ausgeübt werden[43]. Die Ansprüche des Schuldners auf Rückzahlung der geleisteten Anzahlungen (unter Abzug der dem Veräußerer zukommenden Entschädigung) fallen dann aber in die Verwertung. Daraus folgt, daß die EV-Sache in der Zwangsversteigerung nur zugeschlagen werden darf, wenn der Erlös den geschuldeten Kaufpreis übersteigt. Zu dem der Verwertung unterliegenden Vermögen des Schuldners gehört auch das Recht, das volle Eigentum an der Sache durch Zahlung des noch nicht geleisteten Kaufpreisrestes zu erlangen. Die Konkursmasse kann deshalb in das Vertragsverhältnis eintreten und den Veräußerer befriedigen, so daß der Verwertung der EV-Sache nichts mehr entgegensteht[44].

5. Übertragung des vorbehaltenen Eigentums durch den Veräußerer

Da nach der herrschenden Ansicht der Verkäufer bis zur vollständigen Bezahlung des Kaufpreises Eigentümer der Sache bleibt, würde daraus folgen, daß er über sein Recht durch Eigentumsübertragung, Verpfändung und Belastung mit einer Nutznießung verfügen könnte[45]. Er hat aber nur resolutiv bedingtes Eigentum, weshalb die Verfügung unter dem Vorbehalt des Art. 152 Abs. 3 OR steht. Die Verfügung ist hinfällig, soweit sie die Wirkung der Bedingung beeinträchtigt. Die Bedingung besteht in der Bezahlung des noch geschuldeten Kaufpreises. Auf den Erwerber kann nur das so bedingte Recht übergehen. Auch wenn der Erwerber die Sache vom Veräußerer kraft guten Glaubens erwirbt, kann er sie vom EV-Käufer nicht herausverlangen, weil dieser ein dingliches Recht an ihr hat, mit dem die Sache belastet ist. Ein solcher Erwerb kraft guten Glaubens wäre denkbar, wenn der Erwerber sich im guten Glauben darüber befindet, daß die Sache dem Dritten, der sie besitzt, nicht verkauft, sondern vermietet sei, so daß er durch die Besitzanweisung das volle Eigentum an ihr erhalte und sie vom Dritten gemäß dem Grundsatz «Kauf bricht Miete» herausverlangen könne. Dem steht aber eben die dingliche Rechtsstellung des EV-Käufers entgegen. Diese

---

[42] VO über die Eigentumsvorbehalte Art. 18 und BGE 64 III, 1938, S. 119 = Pra 27 Nr. 145.
[43] Kreisschreiben 1922.
[44] BGE 37 I, 1911, S. 168 ff.; 48 III, 1922, S. 65 = Pra 11 Nr. 93; 54 III, 1928, S. 34 = Pra 17 Nr. 67; 73 III, 1947, S. 165 = Pra 37 Nr. 105; 79 III, 1953, S. 67 = Pra 42 Nr. 97. Dazu eingehend FRITZSCHE, Schuldbetreibung I, S. 207 ff.
[45] VON TUHR/SIEGWART, § 85 III, S. 711: «Ferner kann der Veräußerer über die Sache (vorbehältlich Art. 152 III) verfügen».

Rechtsstellung ist nicht die eines persönlich oder beschränkt dinglich Berechtigten im Sinne des Art. 920 ZGB. Es besteht eine **dingliche Anwartschaft**. Dies ist ein in der Lehre und Rechtsprechung Deutschlands zu allgemeiner Anerkennung gelangter und vielerörterter Begriff[46]. Er ist auch im schweizerischen Recht unentbehrlich, wenn im Sinne der herrschenden Lehre der EV als Suspensivbedingung der Tradition aufgefaßt wird[47].

Vielfach wird jedoch bei uns dem Veräußerer mit vorbehaltenem Eigentum auch hinsichtlich der Verfügung über dieses nur die Rechtsstellung zuerkannt, welche er nach der bundesgerichtlichen Praxis im Zwangsvollstreckungsverfahren hat, nämlich die des Gläubigers, dessen Forderung durch den EV wie durch ein Pfandrecht an der veräußerten Sache gesichert ist. In dieser Betrachtungsweise erscheint die Übertragung des vorbehaltenen Eigentums als eine Abtretung der Kaufpreisforderung, welche den EV als Nebenrecht mitumfaßt. Als Nebenrecht einer abgetretenen Forderung wird ja das Pfandrecht im Art. 170 OR bezeichnet[48]. Diese Auffassung entspricht der wirtschaftlichen Betrachtungsweise, nicht aber der Konstruktion des EV als Suspensivbedingung der Tradition, nach welcher der Veräußerer nicht bloß dinglich gesicherter Gläubiger ist, sondern eben Eigentümer der verkauften Sache[49]. Siehe jedoch Ziffer IV hienach.

IV. Die rechtliche Konstruktion des Eigentumsvorbehalts

1. Der EV ist ein Mittel zur Sicherung der Kaufpreisforderung. Als solches hat er die gleiche Funktion wie das Pfandrecht[50]. Dies ist im kritischen Fall, nämlich in der Zwangsvollstreckung gegen den Käufer, seit dem Inkrafttreten des ZGB auch immer anerkannt worden[51]. «Denn wirtschaftlich be-

---

[46] Siehe außer BAUR, § 59 V («Kaum ein Problem des bürgerlichen Rechts ist so eingehend diskutiert worden wie dieses»): WESTERMANN, § 5 III 3 und 44; besonders RAISER, a.a.O. (oben Anm. 39); GEORGIADES, a.a.O. (oben Anm. 2).

[47] VON TUHR/SIEGWART, § 85 III, S. 710f. Siehe auch oben § 5, IV.

[48] BGE 46 II, 1920, S. 45 = Pra 9 Nr. 25; LEEMANN, Art. 715, N. 69; HAAB/SCHERRER, Art. 715/16, N. 84ff.; OSER/SCHÖNENBERGER, Art. 170 OR, N. 5; GUHL/MERZ/KUMMER, OR, 6. Aufl. 1972, S. 240; HINDERLING, unten § 75, IV Abs. 2.

[49] In der VO über den EV ist durch Revision der Art. 4bis aufgenommen worden, der die Eintragung der Abtretung von Kaufpreisforderungen ins Register vorsieht (Vermerk). Die Verpfändung kann dagegen nicht vermerkt werden und soll damit ausgeschlossen sein: BGE 75 III, 1949, S. 117 = Pra 38 Nr. 138. Zum Verfahren der Eintragung von Abtretungen BGE 80 III, 1954, S. 133 = Pra 43 Nr. 177.

[50] Siehe die Zitate oben in den Anm. 40ff.; ferner HAAB/SCHERRER, Art. 715/16, N. 16; OFTINGER, Kommentar, Systemat. Teil, N. 173ff.

[51] Siehe Anm. 44 hievor.

trachtet, gehört eine unter EV des Verkäufers stehende Sache doch schon dem Käufer» (BGE 80 III, 1954, S. 26/27 = Pra 43 Nr. 57).

2. Dem entspricht auch die Behandlung der Übertragung des vorbehaltenen Eigentums durch den Veräußerer als Abtretung der Kaufpreisforderung, welche den Übergang des EV als Nebenrecht in sich schließt[52].

3. Mit den Feststellungen, die sich aus der wirtschaftlichen Funktion und Interessenlage ergeben, steht die Konstruktion des EV als Suspensivbedingung in Widerspruch. Dagegen entspricht ihnen die von EUGEN HUBER vertretene und von seinem Schüler EMIL BECK in grundlegender Weise dargelegte Auffassung, daß mit dem EV die Tradition resolutiv bedingt sei[53]. Danach erhält der Erwerber mit der Tradition resolutiv bedingtes Eigentum, während der Veräußerer ein Rücktrittsrecht gemäß Art. 214 Abs. 3 OR hat. Der Rücktritt gibt ihm das obligatorische Recht, die Sache zurückzuverlangen, weil der Vertrag dahingefallen ist (condictio ob causam finitam). Der durch die Eintragung begründete EV verleiht dem Rücktrittsrecht dingliche Wirkung in dem Sinne, daß der Veräußerer die Sache vindizieren und im Konkurs ihre Aussonderung verlangen kann.

4. Die Suspensivbedingung ist auch unvereinbar mit der Begründung des EV durch die Eintragung. Wenn die Eintragung erst nach der Tradition erfolgt, was in der Regel zutrifft, hätte sie danach die Wirkung, daß das Eigentum vom Käufer auf den Verkäufer zurückspringt, ohne daß sich an der tatsächlichen Herrschaft des Käufers über die Sache etwas ändert. Wechselt der Käufer den Wohnsitz, ohne daß dies dem Verkäufer innert drei Monaten bekannt wird, verliert dieser das Eigentum wieder an den Käufer und erlangt es wieder mit der Eintragung des EV am neuen Wohnort. Dieses Herüber- und Hinüberspringen des Eigentums ohne Tradition und ohne daß ein Traditionssurrogat gegeben wäre, ist eine allen Rechtsgrundsätzen hohnsprechende Komödie[54]. Die Eintragung erhält eine beispiellose und unerhörte Wirkung, während sie nur die normale Funktion der Verstärkung des obligatorischen Rückforderungsrechtes zu einem dinglichen Recht hat, wenn der Erwerber mit der Tradition nicht suspensiv, sondern resolutiv bedingtes Eigentum erhält.

5. Als Vorzug der herrschenden Lehre wird etwa geltend gemacht, daß der Veräußerer nach ihr den strafrechtlichen Schutz wegen Veruntreuung habe,

---

[52] Siehe Anm. 48 hievor, sowie HINDERLING, unten § 75, IV Abs. 2.
[53] Siehe die Literaturangaben § 52.
[54] Siehe auch Votum LIVER zum Vortrag R. JEANPRÊTRE, La vente par acomptes en droit suisse, in: Recueil des travaux de la 3e semaine juridique turco-suisse, Ankara 1966, S. 301 ff.

der ihm fehle, wenn der Käufer Eigentümer der Sache geworden sei. Auch dieses Argument hat sehr beschränkte Geltung. Einmal deshalb, weil auch im Falle der suspensiv bedingten Tradition die Bedingung nur wirksam ist, wenn der EV eingetragen ist, aber solange die Eintragung nicht erfolgt ist oder ihre Wirkung (infolge des Wohnsitzwechsels) verloren hat, der Käufer Eigentümer der Sache ist, diese also nicht veruntreuen kann. Sodann ist dem Käufer die Sache auch auf Grund der Theorie der Resolutivbedingung a n v e r t r a u t, so daß die rechtswidrige Verfügung über sie ebenfalls eine Veruntreuung ist, wenigstens deren subjektiven Tatbestand erfüllt, und deshalb eine Bestrafung wegen des Versuchs der Veruntreuung eines untauglichen Objekts möglich ist[55]. Endlich muß es auch strafrechtlich als unbefriedigend gelten, daß der Käufer und Besitzer der Sache gar nicht zu wissen braucht, ob er oder ob der Veräußerer Eigentümer ist, da das Eigentum ohne sein Wissen und seinen Willen hin und her springt.

6. In Deutschland (BGB § 455) und in Italien (CCit. Art. 1523) scheint es gegeben zu sein, die Tradition unter EV als suspensiv bedingt gelten zu lassen, weil das Gesetz selber dies zum Ausdruck bringt. Gleichwohl ist diese Konstruktion in Deutschland nicht unbestritten geblieben, obwohl ihr das Hindernis der konstitutiven Wirkung einer Eintragung nicht, wie bei uns, entgegensteht. Es ist vielmehr die durch die Interessenlage bestimmte tatsächliche Funktion des EV, welche der Behandlung des Veräußerers als Eigentümer der Sache bis zur restlosen Abzahlung des Kaufpreises entgegensteht[56].

In unserem Recht verbietet schon das Eintragungserfordernis die Übernahme der in Deutschland und Italien herrschenden Konstruktion, und keine Aussage des Gesetzes hindert uns, die Konstruktion in Übereinstimmung mit der Rechtswirklichkeit zu bringen und EUGEN HUBER in der Auffassung zu folgen, daß der Erwerber an der EV-Sache resolutiv bedingtes Eigentum hat[57].

---

[55] Siehe Anm. 26 hievor.
[56] GIANINAZZI, a.a.O., S. 55 f., bes. sein Hinweis auf GEORGIADES, a.a.O., S. 153 ff.
[57] Eingehend hat sich K. NEUMAYER (SJZ 66, 1970, S. 349 ff.) mit den dogmatischen Unebenheiten um den EV nach schweiz. Recht befaßt. Sein Ergebnis stimmt mit der hier dargelegten Ansicht überein. Die von NEUMAYER erörterten Schwierigkeiten, welche sich aus der kausalen Natur der Tradition ergeben, wenn aus dieser gefolgert wird, daß die Tradition überhaupt kein Rechtsgeschäft sei, sondern ein bloßer Realakt, bestehen nach unserer Auffassung von der juristischen Natur der Tradition nicht (siehe oben § 47).

Dritter Abschnitt

Die Tatbestände des gesetzlichen Erwerbs und der Verlust des Fahrniseigentums

§ 53. Der originäre Eigentumserwerb und der Eigentumsverlust (Art. 718–729 ZGB)

Vorbemerkung: Originär wird das Eigentum erworben, wenn es nicht durch Nachfolge in das Recht eines Vormannes, sondern neu in der Person des Erwerbers entsteht[1]. Damit dieser Erwerb eintreten kann, muß die Sache in niemandes Eigentum stehen, oder sie muß doch dem Besitzer abhanden gekommen, also besitzlos geworden sein. Alle diese Tatbestände involvieren Vorgänge von und mit beweglichen Sachen, welche überall und zu allen Zeiten in gleicher Weise vorkommen. Sie sind allen Rechtsordnungen gemeinsame Typen.

Das deutsche Recht kennt sie wie das römische, und in den Kodifikationen des geltenden Rechts haben sie eine weitgehend übereinstimmende Regelung gefunden. Diese hat ihre Grundlage im gemeinen römischen Recht, ist aber in einzelnen Punkten durch die deutschrechtliche Überlieferung modifiziert[2]. Auf Vollständigkeit hat unser Gesetzgeber in diesem Abschnitt entgegen einer ursprünglichen Absicht verzichtet[3].

Hier nicht behandelte Fälle des originären Rechtserwerbs sind in den §§ 44 II und 46 genannt. Als solcher ist in § 51 auch der Erwerb vom Nichtverfügungsberechtigten kraft guten Glaubens behandelt. Zur Ergänzung könnte auf die Fälle der dinglichen Surrogation, wie z. B. die Ersatzanschaffung gemäß Art. 196 ZGB[4], auf den Eigentumserwerb durch Ausübung des Kapprechts, des Anries sowie des Wegnahmerechts (Art. 753 Abs. 2, 754, 939, 940 ZGB; Art. 65 OR) hingewiesen werden. Aus dem öffentlichen Recht könnte die Entscheidung angeführt werden, die ausnahmsweise bewegliche Sachen zum Gegenstand haben kann[5]. Auch die straf- und polizeirechtlichen Bestimmungen über Konfiskation oder Einziehung sowie die BRB über Requisitionen auf Grund der Militärorganisation könnten namhaft gemacht werden.

Den Art. 718–728 ZGB entsprechen in den Kodifikationen unserer Nachbarstaaten die folgenden Vorschriften: BGB §§ 937–950; CCfr. Art. 551, 564, 565–577; CCit. Art. 922–940; ABGB §§ 381–403, 404/5, 414–416.

---

[1] Siehe oben § 46.
[2] GIERKE, DPR II, S. 518; STOBBE/LEHMANN, Handbuch des DPR II/1 (3. Aufl., Berlin 1896), § 104, S. 366 f.
[3] Erläuterungen 1914, II, S. 120.
[4] Siehe zu den Fällen der gesetzlichen Surrogation namentlich BGE 71 II, 1945, S. 94 = Pra 34 Nr. 135.
[5] Siehe unten § 65, Anm. 12 und 13.

Neben den Lehrbüchern und Kommentaren zu diesen Gesetzbüchern kommt dem römischen und gemeinen Recht die Hauptbedeutung zu[6].

§ 54. Die Aneignung (occupation; occupazione – Art. 718 ZGB)

I. Objekte

1. Herrenlose Sachen

Durch Aneignung können nur herrenlose Sachen (choses sans maître, cose senza padrone) zu Eigentum erworben werden. Dies gilt im Fahrnisrecht wie im Grundstücksrecht, in dem die Aneignung (Art. 658) als erster der Tatbestände des außergrundbuchlichen Eigentumserwerbs erscheint. Bewegliche Sachen sind in viel größerer Zahl herrenlos als Liegenschaften, zumal das der Kultur nicht fähige Land, das im Art. 664 als herrenlos bezeichnet ist, nach dem dafür maßgebenden kantonalen Recht gar nicht herrenlos ist und auch in den wenigen Kantonen, in denen es nicht dem Staat oder der Gemeinde gehört, dem Erwerb durch Aneignung entzogen ist, so daß nur derelinquierte Grundstücke zur Aneignung freistehen. Sie werden im bernischen CGB (Satz. 335 und 414) freistehende Sachen genannt, wie im ABGB (§§ 287, 381/82)[1].

Bewegliche Sachen werden durch Dereliktion herrenlos, indem sie mit dem Willen, das Eigentum an ihnen aufzugeben, liegen gelassen, weggeworfen, zur Abfuhr bereitgestellt werden. Wie das Interesse, das Eigentum an ihnen zu behalten, so ist auch das Interesse, sie sich anzuzeigen, nicht von großer wirtschaftlicher Bedeutung. Dagegen dienen Jagd und Fischerei nicht nur dem menschlichen Bedürfnis, sich sportlich und in Lust und Leidenschaft zu betätigen, sondern sie sind auch Erwerbszweige von etwelchem volkswirtschaftlichem Gewicht. Ihr Erfolg besteht in der Aneignung herrenloser Sachen. Als solche gelten die jagdbaren Tiere. Ihrer Natur nach sind sie in der Freiheit nicht jemandes Eigentum, sind es nie gewesen und werden es erst, wenn der Mensch sie tötet oder fängt und sich aneignet. Es sind, wie es im zürcherischen Privatrechtlichen Gesetzbuch, § 62 (487) hieß: «das Wild im

---

[6] WINDSCHEID/KIPP, Pandekten I (1906), §§ 174–190; DERNBURG, Pandekten (System, 1911), §§ 164–169, 172; P. BONFANTE, Corso di diritto romano, Neudruck Milano 1966, Bd. II/2, S. 55–133, 192–273 (besonders eingehend).
Zum früheren kantonalen Recht: EUGEN HUBER, System III, S. 16f. und 152ff., IV, S. 735ff.
[1] Der Begriff der Dereliktion ist im Fahrnisrecht der gleiche wie im Grundstücksrecht. Siehe dazu oben § 25, II 2 und über die Aneignung § 24, I.

Walde, die Fische im Wasser, die Vögel in der Luft». Ihre Herrenlosigkeit ist in der schweizerischen Literatur und Praxis allgemein anerkannt[2].

2. Den herrenlosen Sachen gleichgestellte Objekte der Aneignung

Ausdrücklich hat das Gesetz die Beeren und Pilze als freistehende Sachen erklärt und zwar auch, wenn sie als natürliche Früchte (Art. 643) Bestandteile privaten Bodens sind, der als Wald oder Weide allgemein zugänglich ist. Ihre Aneignung ist jedermann gestattet (Art. 699)[3]. Dasselbe gilt von Mineralien, die nicht dem Bergregal unterstellt sind und deren Entfernung aus dem Erdboden nicht vom Grundeigentümer mit Verbot belegt ist. Sträucher, Zweige und vielerlei Pflanzen, mit deren Wegnahme das Grundstück nicht beschädigt wird, kann sich jedermann aneignen. Ausgenommen sind alle durch gesetzliche Vorschriften im Sinne der Art. 6 Abs. 2 und 702 ZGB unter Naturschutz gestellten Tiere und Pflanzen.

II. Der Aneignungsakt

1. Auf Grund des privaten Rechts

Aneignung im engeren und eigentlichen Sinne ist die Aneignung aus eigener Macht, die nur an Sachen möglich ist, die vom Eigentümer oder Gesetzgeber freigestellt und infolgedessen herrenlos sind. Die Aneignung ist, wie das Anvertrauen im Sinne des Art. 933 ZGB eine Rechtshandlung. Mit dieser Bezeichnung soll sie unterschieden werden vom Rechtsgeschäft, das die Handlungsfähigkeit des Erwerbers voraussetzt[4]. Die Aneignung kann auch von Personen vollzogen werden, die nicht handlungsfähig, aber des Willens, Eigentum zu erwerben fähig, also in dieser Hinsicht urteilsfähig sind[5].

---

[2] Tessin AppH, Repertorio 66, 1934, S. 332 = SJZ 30, 1933/34, S. 11. – Öfters wird die Herrenlosigkeit des Wildes mit dem Art. 664 begründet: VerwEntsch 24, 1954, Nr. 68; ObGer Solothurn, SJZ 53, 1957, Nr. 68, S. 133f. Dabei wird übersehen, daß der Art. 664 nur Liegenschaften zum Gegenstand hat. – Über die Fische in öffentlichen Gewässern BGE 90 II, 1964, S. 421/22. Dem Fischereiregal können auch Gewässer unterstellt sein, die im übrigen private Liegenschaften oder deren Bestandteile sind.
[3] Oben im § 39, I behandelt.
[4] Über die Aneignung herrenlosen Landes siehe oben § 24, I.
[5] LEEMANN, N. 7 zu Art. 718, verlangt Handlungsfähigkeit. SCHERRER, Kommentar HAAB/SCHERRER, N. 29 zu Art. 718/19, läßt die Aneignung durch den urteilsfähigen Unmündigen oder Entmündigten zu, auch unter der Voraussetzung, daß sie ein Rechtsgeschäft ist, und zwar mit

Wer eine verlorene Sache, von der er glaubt, sie sei herrenlos, mit dem Willen, sie sich anzueignen in Besitz nimmt, wird nicht dadurch Eigentümer, sondern gegebenenfalls durch Ersitzung oder eher durch Erwerb kraft guten Glaubens nach Ablauf von fünf Jahren (Art. 934/933)[6].

Wer eine herrenlose Sache, von der er glaubt, sie sei verloren, in Besitz nimmt und die Pflichten des Finders getreulich erfüllt, erlangt das Eigentum nicht durch Aneignung, sondern ebenfalls als Finder nach fünf Jahren. Wenn er als «Finder» dagegen vorher den Entschluß faßt, die Sache als Eigentümer zu besitzen, obwohl er sie nach wie vor für abhanden gekommen hält, würde er damit nach der herrschenden Lehre Eigentümer werden[7]. Der ehrliche Finder würde also fünf Jahre warten müssen, der unehrliche dagegen würde mit seinem in rechtswidriger Absicht gefaßten Entschluß sofort Eigentümer werden. SCHERRER lehnt diese Lösung m. E. mit Recht ab[8].

2. Auf Grund einer Konzession oder Bewilligung

Viel bedeutsamer als die freie Aneignung derelinquierter oder freistehender Sachen ist die Aneignung, welche der Staat (Kanton) oder die Gemeinde auf Grund ihres Eigentums oder eines Regals durch Konzession oder Bewilligung oder auch durch Einräumung eines beschränkten dinglichen oder obligatorischen Rechtes gestatten. Gegenstand solcher Befugnisse ist namentlich die Entnahme von Trink- und Gebrauchswasser aus ober- und unterirdischen öffentlichen Gewässern sowie die Ausbeutung von Kies und Sand aus solchen Gewässern. Mit der Inbesitznahme dieser Bodenbestandteile in Förderungs- und Transportanlagen werden sie zu Gegenständen des Fahrniseigentums[9].

Zum fiskalisch nutzbaren Regal ist die Aneignung jagdbaren Wildes und fangbarer Fische in allen Kantonen gemacht und durch die eidgenössische

---

der Begründung, daß sie dem Erwerber nur Vorteile bringe und ihn zu nichts verpflichte (Art. 19 Abs. 2 ZGB).

In Deutschland ist die Frage streitig. Rechtsgeschäft mit dem Erfordernis der Handlungsfähigkeit ist die Aneignung nach VON TUHR, BGB I, S. 172; CROME, System III, S. 376 u.a. – Dagegen: WOLFF/RAISER, §78, III; WESTERMANN, §58, V; BAUR, §53f., III; PLANCK/BRODMANN, Erl. 2 zu §958.

[6] SCHERRER (HAAB/SCHERRER), N. 31 zu Art. 718; LEEMANN, N. 9 zu Art. 718, N. 9 zu Art. 722, N. 10 zu Art. 728; WESTERMANN, §59, I 3.
[7] WOLFF/RAISER, §78, III, S. 291; PLANCK/BRODMANN, Erl. 2 zu §958; DERNBURG, Das bürgerliche Recht, Bd. III (1904), §111, IV b, S. 334f. Dies entspricht der in l. 9 §4 D. 22, 6 ausgesprochenen Sentenz: plus est in re, quam in existimatione mentis.
[8] HAAB/SCHERRER, Art. 718/19, N. 32; VON TUHR, BGB II, S. 174, Anm. 173 heißt dagegen jene Lösung gut, bemerkt aber, daß sie innerlich wenig gerechtfertigt sei.
[9] Siehe über die Benutzungsrechte an «öffentlichen und herrenlosen Sachen» oben §22; zum Bergregal §21, I 3; zum Grundwasserregal §40, II.

und kantonale Jagd- und Fischereigesetzgebung geregelt, insbesondere auch im Interesse des Natur- und Tierschutzes sowie aus wirtschaftlichen Interessen beschränkt[10].

Die Jagd- und Fischereierlaubnis wird nach Maßgabe des kantonalen Rechtes durch Verpachtung oder durch Abgabe von Patenten gegen Entgelt erteilt[11]. Damit wird den Revierpächtern und den Patentinhabern die Befugnis gegeben, das Eigentum an jagd- und fangbaren Tieren durch Aneignung zu erwerben[12]. Die Aneignung vollzieht sich hier durch Inbesitznahme des getöteten oder gefangenen Tieres[13].

Durch Jagdfrevel erlegte Tiere werden konfisziert (Eidg. Jagdgesetz Art. 60). Der Frevler hat in Pachtgebieten dem Revierpächter, in den übrigen Gebieten dem Staat oder der Gemeinde den verursachten Schaden zu ersetzen. Der Erlös aus der Verwertung des eingezogenen Tieres wird vom Schadensbetrag abgezogen (Art. 64)[14]. Daraus ergibt sich keine Antwort auf die privatrechtliche Frage, ob auch die widerrechtliche Aneignung den Eigentumserwerb bewirke, so daß auch der «Wilddieb» Eigentümer des erlegten Tieres wäre[15]. Darüber gehen die Auffassungen auseinander. Nach dem gemeinen Recht, dem die herrschende schweizerische Lehre folgt[16], wäre die Frage zu bejahen[17]. Vom deutschen BGB wird sie dagegen verneint (§ 958 Abs. 2). Dem neigt auch SCHERRER für das schweizerische Recht zu[18]. Ich möchte ihm zustimmen aus der Erwägung, daß die verbotene und deshalb deliktische Aneignung nicht den gleichen Erfolg haben darf wie die rechtmäßige. Da es doch auch für die Aneignung nicht nur auf die Tatsache der Inbesitznahme, sondern auch auf den Eigentumserwerbswillen und zwar

---

[10] Die eidg. und kant. Gesetzgebung über Jagd- und Vogelschutz und auch über die Fischerei ist samt der Literatur dazu verzeichnet im Kommentar HAAB/SCHERRER zu den Art. 718/19.
[11] BGE 96 I, 1970, S. 554: Die Fischereipacht ist eine Konzession, das Fischereipatent eine Polizeierlaubnis.
[12] Der Grundeigentümer kann nach kant. Recht befugt sein, von seinen Wohn- und Wirtschaftsgebäuden aus schadenverursachendes Wild und Vögel zu töten und sich anzueignen. Siehe z. B. Jagdgesetz Graubünden (1962), Art. 28. Ausdrücklich heißt es da: Die rechtmäßig erlegten oder gefangenen Tiere gehören dem Erleger.
[13] Über die Aneignung eines widerrechtlich geschossenen Tieres durch einen Dritten: PKG 1947, Nr. 37, S. 83; Aneignung eines durch Anfahren mit einem Motorfahrzeug getöteten Tieres: ObGer Solothurn, SJZ 53, 1957, S. 138/39. Über Fallwild vgl. z. B. Jagdgesetz Graubünden, Ausf.Best. (1963), Art. 29, wonach der Erlös der Standeskasse zu überweisen ist.
[14] Graubünden, PKG 1967, Nr. 54, S. 122 ff.
[15] Ein Diebstahl im Rechtssinne kann ja nicht vorliegen.
[16] Siehe die Literaturangaben im Kommentar HAAB/SCHERRER, Art. 718/19, N. 37.
[17] Siehe die Anm. 7 hievor.
[18] a.a.O., N. 37.

doch wohl auf den erlaubten ankommt, würde ich dem gemeinen Recht nicht folgen[19].

Die Aneignungsfreiheit, das Freianglerrecht, ist eine Ausnahmeerscheinung[20]. Dagegen sind ehehafte Fischereirechte (Dienstbarkeiten) immer noch von einiger Bedeutung[21].

Als herrenlose Sachen haben auch der verborgene Schatz und die wissenschaftlichen Gegenstände vor ihrer Entdeckung zu gelten. Sie werden mit dem Fundrecht behandelt.

§ 55. Herrenlos werdende Tiere (Art. 719 ZGB)

Während der Art. 718 einen Erwerbstatbestand regelt, gibt der Art. 719 Antwort auf die Frage, ob das Eigentum an Tieren, die dem Gewahrsam des Besitzers entrinnen, erhalten bleibt, oder ob es sich verliert, so daß die Tiere herrenlos werden. Unter diesem Gesichtspunkt werden verschiedene Kategorien von Tieren unterschieden.

1. Gefangene Tiere. Ihrer Natur nach sind es wilde Tiere, welche diese ihre Natur behalten haben und sich in die Freiheit absetzen, wenn sie daran nicht durch Einschließung (in Gehegen, Käfigen, Fischbassins, Aquarien und Terrarien) gehindert werden. Gelingt es ihnen, sich zu befreien oder werden sie von dritter Hand befreit, werden sie nur dann nicht herrenlos, wenn der Eigentümer ohne Verzug die Suche nach ihnen aufnimmt und fortsetzt, bis es ihm gelingt, sie wieder in seinen Gewahrsam zu bringen.

2. Gezähmte Tiere. Es sind ihrer Natur nach ebenfalls wilde Tiere, die aber daran gewöhnt sind, im menschlichen Gewahrsam, auch in der Gesellschaft von Haustieren zu bleiben, ohne daß sie gefangen gehalten werden. Wenn in ihnen aber der natürliche Drang nach Freiheit durchbricht, so daß sie sich entfernen und nicht mehr zurückkehren, sondern sich den in Wildheit lebenden Gattungsgenossen beigesellen, so sind sie, wie diese, herrenlos geworden und unterliegen, wenn sie jagdbar sind oder fangbar, der Befugnis zur Aneignung durch den Jagd- oder Fischereiberechtigten.

3. Zahme Tiere. Das sind Haustiere. Verlaufen sie sich oder gelangen sie in fremden Besitz, etwa wenn sie bei der Alpentladung verwechselt werden oder wenn sie – aus einer anderen Alp zugelaufen – als verloren gelten und regelmäßig ausgeschrieben werden, besteht das Eigentum an ihnen weiter. Sie sind dem Berechtigten nach den Bestimmungen der Art. 938 ff. ZGB herauszugeben. Ein Zicklein oder eine Ziege, die sich unter die Gemsen gemischt hat und mit ihnen lebt, kann vom Eigentümer wieder eingefangen oder auch erlegt werden[1]. Eine verwilderte

---

[19] Ob ein Jagdaufseher, der Raubwild abgeschossen hat, dessen Eigentümer wird, wie das ObGer Aargau entschieden hat (Aarg. Viertelj.Schr. 23, Nr. 39 = SJZ 20, 1923/24, S. 30), hängt von der Rechtsstellung ab, welche er nach dem kant. Jagdgesetz zum Staat, zur Gemeinde oder zum Revierpächter hat. Dasselbe gilt vom Abschuß verletzter, kranker oder abnormaler Tiere durch die Jagdaufsichtsorgane (s. Jagdgesetz Graubünden, Art. 22).

[20] F. FLEINER, Das Freianglerrecht im Aargau, in: Festschrift für Walter Merz, Aarau 1928. Dazu die bei LIVER, Zürcher Kommentar, Dienstbarkeiten, Nachtrag S. 648 zit. Urteile.

[21] Siehe LIVER, Zürcher Kommentar, Dienstbarkeiten, Einleitung, N. 27 und Nachtrag; Art. 730, N. 179 und Nachtrag; BGE 95 II, 1969, S. 14.

[1] Verlaufenes ungesuchtes Vieh eines unbekannten Eigentümers fiel nach altem Recht dem Grafen, Landgrafen oder seinem Nachfolger als «Maulvieh» (mulafê) zu Eigentum zu. Dazu LIVER, Ges. rechtsgeschichtl. Abhandlungen, S. 104 ff.

Katze wird jedoch in der Regel herrenlos, weil das Eigentum an ihr als aufgegeben gilt. Wildert sie, kann sie auch ohnedies von den Jagdaufsichtsorganen und während der Jagdzeit auch von Jägern abgeschossen werden (Jagdgesetz Graubünden 1962 Art. 27 Abs. 2).

4. Bienenschwärme. Die einzelne Biene (mit Ausnahme der Königin) ist keine Sache im Rechtssinne, da sie nicht ein Gut ist, das der menschlichen Bedürfnisbefriedigung dienen kann. Dagegen ist der Bienenschwarm Objekt des Sachenrechts. Schwärmen die Bienen aus und gelangt der Schwarm auf fremden Boden, werden sie nach der lakonischen Bestimmung im Abs. 3 des Art. 719 nicht herrenlos, sind also den zahmen Tieren gleichgestellt. Der Eigentümer ist berechtigt, den Schwarm zurückzuholen. Der Grundeigentümer hat ihm dies gemäß Art. 700 zu gestatten[2]. Diese Bestimmung weicht vom alten Recht ab, nach welchem die Biene als «wilder Wurm» galt. Danach mußte die Verfolgung sofort aufgenommen und fortgesetzt werden bis zur Behändigung des Schwarmes. Versäumte der Eigentümer dies, verlor er das Eigentum[3]. Ergänzt wird der Art. 719 Abs. 3 durch den Art. 725 Abs. 2: Fliegt ein Bienenschwarm in einen bevölkerten fremden Bienenstock ein, so fällt er ohne Entschädigungspflicht dem Eigentümer dieses Stockes zu. Dadurch entsteht keine ungerechtfertigte Bereicherung, da die Vereinigung beider Völker so viele Tote und Flüchtige kostet, daß kaum ein Zuwachs entsteht und eine Trennung ohnehin nicht möglich wäre[4].

§ 56. Der Fund (choses trouvées; ogetti trovati) (Art. 720–722 ZGB)

Literatur: W. BECK, Das Fundrecht nach dem ZGB, unter Berücksichtigung des kantonalen und ausländischen Rechts, Diss. Zürich 1911.

Zum italienischen Recht: O. BUCCISANO, L'invenzione di cose perduti, Milano 1963.

Zur Geschichte: J. HÜBNER, Der Fund im germanischen und älteren deutschen Recht, Deutschrechtliche Beiträge X/1, Heidelberg 1914; FR. REINECKE, Die Entwicklung des Fundbegriffs im deutschen Recht, Diss. Göttingen 1929.

I. Der Begriff

1. Inbesitznahme

Ein Fund liegt vor, wenn jemand eine verlorene Sache entdeckt und in Besitz nimmt.

Ein Rechtsgeschäft besteht darin nicht. Sowenig wie für die Aneignung ist Geschäftsfähigkeit des Finders vorauszusetzen. Es genügen die Einsicht,

---

[2] Siehe oben § 39, II, wo auch auf die historische Literatur verwiesen ist, sowie auf die Erläuterungen II, S. 106 und 125; ferner LIVER, a.a.O., S. 104 und 108f.
[3] § 39, II, Anm. 23; EUGEN HUBER, System IV, S. 739; LIVER, a.a.O., S. 109. Dem alten Recht treu geblieben ist das deutsche BGB mit seiner «Bienenidylle» (§§ 961–964). – Aus flurpolizeilichen Gründen beschränkt das Rückholungsrecht Wallis, EGzZGB Art. 218.
[4] Erläuterungen 1914, II, S. 125.

daß die Sache verloren ist, und der Wille, sie als Besitzer zu behändigen (animus possidendi)[1].

Wer die verlorene Sache zwar entdeckt, aber nicht an sich nimmt oder doch gleich wieder aus den Händen läßt oder so hinlegt, daß sie (vom Verlierer) leichter gefunden werden kann, hat nicht die Stellung eines Finders. Hierin besteht in der Literatur allgemeine Übereinstimmung.

2. Die verlorene Sache

Verloren ist die besitzlos, aber nicht herrenlos gewordene Sache[2]. Die verlorene Sache bildet neben den gestohlenen Sachen einen Hauptteil der «abhanden gekommenen Sachen»[3].

Abhanden ist die Sache dem Besitzer gekommen, wenn sie entgegen seinem Willen, also unfreiwillig, seinem Besitz entfallen ist. Es ist der Besitzer selbst (oder ein Besitzmittler, unselbständiger Besitzer), der die Sache aus Unachtsamkeit, Vergeßlichkeit, Sorglosigkeit hat besitzlos werden lassen, ohne daß das Eigentum an ihr aufgehoben wird. So wird der Tatbestand im ZGB wie in den Kodifikationen unserer Nachbarstaaten aufgefaßt[4].

Das Bundesgericht hat die Ansicht vertreten, das schweizerische Recht fasse den Begriff des Verlorenseins, abweichend vom Sprachgebrauch, weiter; er umfasse auch die Sachen, an denen der Besitz freiwillig aufgegeben wurde, insbesondere verborgene Sachen. Dies habe sich daraus ergeben, daß das ZGB im Fundrecht auf den kantonalen Gesetzbüchern der Berner Gruppe beruhe; dies sei den Erläuterungen EUGEN HUBERS zu entnehmen und stimme auch mit der Auffassung GIERKES überein[5]. Auf den Begriff der verlorenen Sache trifft dies jedoch nicht zu. Dieser weicht im ZGB von der allge-

---

[1] Für das BGB namentlich WOLFF/RAISER, §82, III, S.307. Ebenso LEEMANN, Art.720, N.17; dagegen SCHERRER im Kommentar HAAB/SCHERRER, Art.720–722, N.23; HINDERLING, unten § 72.

[2] Diese Formulierung von WOLFF/RAISER, §82, I, ist allgemein in die Literatur eingegangen.

[3] Der Art.934 nennt als abhanden gekommene Sachen namentlich die verlorenen und die gestohlenen.

[4] PLANCK/BRODMANN, Erl.1a zu §975 BGB: «Merkmal des Verlierens ist das Unabsichtliche»; STAUDINGER/KOBER, Erl.1 zum gleichen §: Verloren ist die Sache, aus deren Besitz jemand durch Zufall, also gegen seinen Willen und ohne darauf gerichtete Tätigkeit eines anderen, gekommen ist». Ebenso CCit. Art.927. Dazu «... cosa smarrita quando la stessa uscita per un accidente fortuito dal possesso del proprietario, ma non dal suo patrimonio» (Codice civile annotato con la giurisprudenza della Cassazione, di TORRENTE e PESCATORE, 5.Aufl., 1967); ebenso DE MARTINO, in: Commentario SCIALOJA/BRANCA, N.2 ad art.927–931. Das ABGB unterscheidet verlorene Sachen einerseits (§ 388) und verborgene Sachen andererseits (§ 395). Verloren sind danach Sachen, die dem Besitzer ungewollt und unbemerkt entglitten sind: KRAINZ/PFAFF/EHRENZWEIG, System I/2 (1957), § 215; GSCHNITZER, Sachenrecht, S.76f.

[5] BGE 59 II, 1933, S.143ff. = Pra 22 Nr.109.

meinen Lehre und vom Sprachgebrauch nicht ab[6]. Verborgene Sachen, an denen der Besitz freiwillig aufgegeben ist, sind nicht verlorene Sachen. Aber es stellt sich die Frage, ob auf sie das Fundrecht analog anzuwenden sei. Diese Frage wird namentlich im österreichischen ABGB bejaht und von den früheren kantonalen CGB ist es das solothurnische, das ihm hierin gefolgt ist[7]. Diese Lösung ist richtig. Im Ergebnis stimmt sie mit dem zitierten BGE überein.

3. Verlegte und verborgene Sachen

Verlegt sind Sachen, die der Besitzer an einem Ort hingelegt oder zurückgelassen hat, dessen er sich nicht entsinnen kann, der sich aber im Bereiche seines Gewahrsams befindet, so daß eine Besitzesentziehung vorläge, wenn ein anderer die Sache entdecken und an sich nehmen würde. Dies sind insbesondere Sachen, die sich irgendwo in Haus und Hof befinden oder auch außerhalb desselben, wie das auf dem eigenen Grundstück liegen gelassene Gerät, wenn sie nach der Verkehrsanschauung nicht als besitzlos gelten.

Wer Sachen vergräbt, vermauert oder sonstwie verbirgt, verliert den Besitz nicht, solange er weiß, wo sie sich befinden, und infolgedessen auch die Möglichkeit hat, sie früher oder später wieder zu behändigen. Solche Sachen sind nicht verloren und können deshalb auch nicht gefunden werden.

Ein Liebespaar hat von einer Bank aus in einem Park nächtlicherweise gesehen, wie ein Mann herkam, in der Nähe den Boden aufgrub, einen Gegenstand hineinlegte, die Öffnung wieder zuschüttete und mit einer Steinplatte, die in der Nähe lag, deckte. Nachdem er sich wieder entfernt hatte, deckten die heimlichen Zuschauer das Loch wieder auf und enthoben ihm eine Brieftasche mit einem größeren Geldbetrag. Am anderen Tag gaben sie die Brieftasche auf dem Fundbureau ab und beanspruchten den Finderlohn. Sie konnten aber nicht als Finder gelten, da die Sache nicht verloren, sondern verborgen und nicht besitzlos war, da der Eigentümer die Stelle, wo er sie vergraben hatte, kannte und die Möglichkeit hatte, die Sache wieder zu behändigen[8].

Auch der Schmuggler, der im Eisenbahnzuge verhaftet wird, während die Devisen, die er im Abteil des Zuges versteckt hatte, mit diesem weiterfahren, ist nicht Verlierer. Wenn aber nicht damit zu rechnen ist, daß er je wieder das Schmuggelgut wird an sich nehmen können, hat dieses als verloren zu gelten[9].

---

[6] Erläuterungen II, S.122/23: «Als verloren hat jemand eine gefundene Sache zu betrachten, wenn er vernünftigerweise annehmen muß, daß sie einen Eigentümer habe und nicht mit Absicht weggeworfen sei, was der Entwurf mit dem Ausdruck ‹verloren› genügend angedeutet zu haben glaubt». Damit wird aber nur die Unterscheidung von den derelinquierten Sachen releviert. Die freiwillig aus dem Besitz gelegten, also die verborgenen, nicht mehr auffindbaren Sachen gehören auch nicht zu den verlorenen nach LEEMANN, N.10 und WIELAND, Bem.2 zu Art.720; ebenfalls nicht nach GIERKE, DPR II, S.533, Anm. 41 (Sonderfall).
[7] Solothurn, CGB Art.721.
[8] Seufferts Archiv 59, Nr.104 und dazu WOLFF/RAISER, §82, Anm.10 und STAUDINGER/KOBER, Erl.5 zu §965.
[9] Dies ist der Tatbestand des BGE 59 II, 1933, S.143ff. = Pra 22 Nr.109. Siehe auch HINDERLING, unten § 77.

II. Pflichten des Finders

Das Gesetz behandelt den Fund als Tatbestand des Erwerbs von Fahrnis durch den Finder. Als solcher hat der gewöhnliche Fund nicht allzu große Bedeutung. Meistens sind die Fundgegenstände von geringem Wert; sind sie wertvoller, sucht und erhält der Verlierer sie oder den Erlös aus ihnen zurück, so daß ein namhafter Erwerb des Finders die recht seltene Ausnahme ist. Im Vordergrund stehen nicht die Rechte, sondern die Pflichten des Finders. Es sind die folgenden:

a) Der Finder hat dem Verlierer vom Fund Anzeige zu machen, wenn er ihn kennt;
b) wenn er ihn nicht kennt, hat er, um ihn ausfindig zu machen, herumzufragen und nötigenfalls den Fund durch Ausschreibung oder durch Anschlag bekanntzumachen. Dies kann er zwar auch der Polizei überlassen, indem er ihr den Fundgegenstand abgibt;
c) übersteigt der Wert der Sache den Betrag von 10 Fr., ist der Fund der Polizei anzuzeigen (wenn der Finder ihn in seinem Besitz behält);
d) die gefundene Sache ist angemessen aufzubewahren; ist sie ein Tier, muß es gefüttert und in Wahrung und Pflege gehalten werden;
e) der Finder haftet für den Schaden aus schuldhafter Verletzung seiner gesetzlichen Pflichten.

Diesen Verpflichtungen kann der Finder sich entziehen, indem er die Fundsache der Polizei übergibt, d.h. der Amtsstelle, die nach kantonalem Recht die Fundgegenstände entgegenzunehmen hat (bes. Fundbureaux in großen Gemeinden). Wenn er davon absieht, ist er doch soweit entlastet, daß er nicht durch Nachforschungen und Bekanntmachungen mehr Zeit und Geld aufwenden muß, als die Sache wert ist. Besteht der Fund in leicht verderblichen Sachen (etwa Nahrungs- oder Genußmitteln oder Pflanzen), ist die im Art. 721 Abs. 2 vorgesehene Versteigerung nach vorgängiger Auskündigung und Einholung der behördlichen Genehmigung nicht praktikabel. Der Finder muß solche Sachen freihändig veräußern oder selber konsumieren können. An ihre Stelle tritt dann der Wertersatz. Das gesetzliche Verfahren der Versteigerung durch den Finder kommt wohl fast nur zur Anwendung, wenn die Sache unterhalten werden kann, aber nur mit Aufwendungen, die sich nicht lohnen. Dies gilt etwa für Tiere. Im übrigen beträgt die Aufbewahrungszeit, wenn die Sache nicht vorher dem Verlierer zurückgegeben werden kann, fünf Jahre. Die Amtsstelle oder öffentliche Anstalt ist nur zur Aufbewahrung während eines Jahres verpflichtet und kann dann die Fundsachen durch Versteigerung verwerten. Der Steigerungserlös tritt an die

Stelle der Sache (Art. 721 Abs. 3)[10]. Die Anwendung der gesetzlichen Vorschriften auf jeden Kleinfund geringsten Wertes kann nicht verlangt und ihre Verletzung nicht bestraft werden. Der ungeschriebene Rechtsgrundsatz «Minima non curat praetor» darf hier besonders häufig Geltung beanspruchen[11]. Auch mit der Pflicht zur Anzeige an die Polizei, wenn der Wert der Sache offenbar zehn Franken übersteigt, wird man es nicht allzu genau nehmen müssen. Dieser Fund galt 1907 schon nicht mehr als Kleinfund, während heute dieser gesetzlich festgelegte Geldwert sich auf einen kleinen Bruchteil vermindert hat.

Die Haftung für Schaden wegen schuldhafter Verletzung der Finderpflichten richtet sich nach den Bestimmungen über die Geschäftsführung ohne Auftrag. Nach Art. 420 OR ist sie milder zu beurteilen, wenn die Geschäftsführung zur Abwendung von Schaden übernommen worden ist. Auch wenn die Fundsache nicht in dieser Absicht in Besitz genommen wurde, ist diese Bestimmung auf den ehrlichen Finder doch entsprechend anwendbar[12].

III. Rechte des Finders

1. Eigentumserwerb

Wenn der Finder seine gesetzlichen Pflichten erfüllt, wird er nach fünf Jahren Eigentümer der Sache, sofern der Verlierer nicht vorher eruiert wird oder sich selber gemeldet und die Sache zurückverlangt hat. In der Zwischenzeit ist der Finder Besitzer der Sache und hat eine Anwartschaft auf das Eigentum. Obwohl die erforderliche Besitzesdauer mit der Ersitzungsfrist (Art. 728) übereinstimmt, liegt nicht ein Erwerb durch Ersitzung vor, weil der redliche Finder nicht Eigenbesitz an der Sache hat, sondern Fremdbesitz. Eigentum aber kann nur ersitzen, wer «als Eigentümer», d. h. mit dem Willen, Eigentümer zu sein, besitzt. Der redliche Finder aber übt den Besitz aus als Geschäftsführer des Verlierers. Dies ist zwar ein selbständiger Besitz[13]. Unselb-

---

[10] Siehe dazu etwa die Polizeiverordnung des Gemeinderates der Stadt Bern über Fundsachen, vom 1. Juni 1963. – Gegenüber dem ZGB blieb gemäß Art. 60 Abs. 3 SchlT die Bundesgesetzgebung über die Eisenbahnen, sowie über Post, Telephon und Telegraph vorbehalten. Gestützt darauf ist die Frist von einem Jahr auf 6 Monate verkürzt worden (Art. 11). Noch kürzer ist die Frist in der Postgesetzgebung bemessen; siehe BG betr. den Postverkehr Art. 29 und VVO I (Postordnung) vom 15. August 1939, Art. 69. – Vgl. auch das Kreisschreiben der zürch. Finanzdirektion über Maßnahmen bei Auffinden verlorener Sachen in Amtsgebäuden, SJZ 56, 1960, S. 164.
[11] WIELAND, Bem. 3b zu Art. 720.
[12] Art. 141 und 142 StGB: Fundunterschlagung; Art. 332: Nichtanzeige eines Fundes.
[13] Dies hat auch LEEMANN, Art. 720, N. 20, erkannt, nicht dagegen SCHERRER, Art. 720–722, N. 25.

ständig kann er nicht sein, weil er dem Finder nicht zu einem dinglichen oder obligatorischen Recht vom selbständigen Besitzer übertragen ist. Der Verlierer ist ja auch gar nicht selbständiger Besitzer, sondern hat überhaupt keinen Besitz. Am Erfordernis des guten Glaubens würde es dem redlichen Finder nicht fehlen. Bösgläubig kann er nicht sein, trotzdem er mit der Herausgabe der Sache an den besserberechtigten Verlierer rechnen muß[14]. Er erlangt den Besitz und übt ihn rechtmäßig aus. Wer nicht nur die Überzeugung hat, niemandes Recht mit der Ausübung des Besitzes zu verletzen, sondern tatsächlich in niemandes Recht eingreift, kann nicht bösgläubig sein. Ja, diese Frage stellt sich für den, der ein Recht ausübt, überhaupt nicht, sondern nur für den, der das Recht zum Besitz nicht hat, aber ehrlich glaubt, es zu haben[15]. Weil der redliche Finder die Sache rechtmäßig besitzt und zwar während der ganzen Dauer von fünf Jahren, wird er dem gutgläubigen Erwerber einer abhandengekommenen Sache gleichgestellt und erlangt das Eigentum mit der Verwirkung des Herausgabeanspruchs des Verlierers[16]. Die gleiche Wirkung tritt auch insofern ein, als die Sache lastenfrei erworben wird[17]. Ist die Sache inzwischen verwertet worden, ist an ihre Stelle der Erlös durch dingliche Surrogation getreten und kann herausverlangt werden[18].

2. Die Gebrauchsbefugnis

Der Finder ist befugt, die gefundene Sache zu gebrauchen, wenn dies geschehen kann, ohne daß sie dabei beschädigt wird und an Wert einbüßt. Unter dieser Voraussetzung darf ein Werkzeug oder Instrument (Photo-Apparat, Feldstecher, Spazierstock, Gletscherpickel) benutzt werden, wenn auch nur mit aller Sorgfalt. Die Wartung eines Tieres kann die Nutzung nötig machen und den Gebrauch gestatten.

Hat der Finder die Sache auf dem Fundbureau abgegeben, kann er sie nicht vorzeitig zum Gebrauche zurückverlangen. Nachdem die Amtsstelle den Fund ausgekündigt hat, ist sie verpflichtet, die Sache dem Verlierer zur Verfügung zu halten.

3. Ersatz von Auslagen und Verwendungen

Der Finder, der die Sache dem Verlierer zurückgibt, hat Anspruch auf diesen Ersatz. Daß ihm vom Verlierer zu bezahlen ist, was er in Erfüllung

---

[14] Daraus glaubt man irrtümlicherweise auf Bösgläubigkeit schließen zu müssen: LEEMANN, Art. 722, N. 4; WIELAND, Art. 722, Bem. 1; SCHERRER, Art. 720–722, N. 10, 51, 53, 54; dagegen die deutsche Doktrin, insbes. PLANCK/BRODMANN, Erl. 1 b zu § 965, S. 538.

[15] Siehe zur Funktionsbedeutung des guten Glaubens JÄGGI, Berner Kommentar, Einleitungsband, Art. 3, N. 31 ff.; hievor § 24, IV 2e, § 28, Anm. 41, § 51, II 2; WOLFF/RAISER, § 85, I 1, S. 329: «Der rechtmäßige Besitzer ist weder redlich noch unredlich».

[16] BGE 71 II, 1945, S. 94 = Pra 34 Nr. 135 spricht von «Versitzung», aber wohl im Sinne von «Verschweigung».

[17] LEEMANN, N. 13 und WIELAND, Bem. 1 zu Art. 722.

[18] BGE 71 II, 1945, S. 90 ff. = Pra 34 Nr. 135.

seiner gesetzlichen Finderpflichten ausgegeben hat, ist im Art. 722 Abs. 2 ausdrücklich gesagt. Dies sind namentlich die Auslagen für alles, was der Finder zur Eruierung des Verlierers vorgekehrt hat, insbesondere für die Bekanntmachung des Fundes durch Ausschreibung im Amtsblatt und anderen Blättern, aber auch Depotgebühren gehören dazu, wenn der Finder die Sache hinterlegt hatte, sodann die Kosten der Fütterung und Pflege eines Tieres, auch Tierarztkosten. Der Begriff Auslagen umfaßt im Art. 722 Abs. 2 auch Verwendungen, die auf die Sache zu deren Erhaltung in ihrem anfänglichen Zustand und zur Vermeidung von Werteinbußen gemacht wurden. Die Frage, ob außer den notwendigen auch nützliche Verwendungen zu ersetzen seien, müßte von den Vertretern der Ansicht, der Finder, auch der redliche, sei gegenüber dem Verlierer als Besserberechtigtem immer bösgläubig und deshalb nach Art. 940 zu behandeln, verneint werden. Diese Konsequenz wird aber von ihnen nicht, wenigstens nicht von allen, gezogen[19]. Diese Frage ist aber überhaupt nicht nach den Art. 938 ff. ZGB zu beurteilen, sondern nach den Bestimmungen über die Geschäftsführung ohne Auftrag, aus denen sich ergibt, daß der Anspruch des Finders sich auch auf die nützlichen Verwendungen erstreckt (Art. 422 OR: Verwendungen, die notwendig oder nützlich und den Verhältnissen angemessen sind).

Zur Sicherung seiner Ersatzforderung hat der Finder das Retentionsrecht. Die Sache ist zwar nicht mit dem Willen des Eigentümers in den Besitz des Finders gelangt (Art. 895), aber nicht gegen dessen Willen und in dessen Interesse[20]. Ist an Stelle der Sache der Erlös aus ihr getreten, findet mit ihm die Verrechnung der Ersatzforderung des Finders statt[21].

Der unredliche Finder, der sich die Sache aneignen will oder auch ohnedies die ihm gesetzlich obliegenden Pflichten versäumt, also nicht rechtmäßig besitzt, macht sich strafbar und wird, da er bösgläubig ist, nicht Eigentümer (Art. 936). Er hat, wenn er die Sache herausgeben muß, nur Anspruch auf Ersatz notwendiger Verwendungen und keinen Anspruch auf Finderlohn (Art. 940). Hat er den Fund nicht verheimlicht und sich die Sache nicht aneignen wollen, aber sie im eigenen Interesse gebraucht und nichts vorgekehrt, um den Verlierer ausfindig zu machen, dürfte unechte Geschäftsführung ohne Auftrag vorliegen (Art. 423 OR).

---

[19] So verweist WIELAND, Bem. 3a zu Art. 722 auf den Art. 939 Abs. 1, der die Ansprüche des gutgläubigen Besitzers zum Gegenstand hat. Auch SCHERRER, Art. 720–722, N. 57, will den Finder hinsichtlich der Aufwendungen «ähnlich wie den gutgläubigen Besitzer» behandeln, ihm also auch den Anspruch auf Ersatz bloß nützlich gewesener Auslagen geben.
[20] LEEMANN, Art. 722, N. 31; vom Steigerungserlös soll der Finder nach N. 19 zu Art. 721 seine Auslagen nicht abziehen dürfen. Wie hier dagegen SCHERRER, N. 61; ebenso OFTINGER, N. 66 zu Art. 895 ZGB.
[21] SCHERRER, N. 62 und OFTINGER, N. 26 zu Art. 895 (über die Zurückbehaltung von Geld).

4. Der Finderlohn

Das Gesetz gibt dem redlichen und pflichtgetreuen Finder Anspruch «auf einen angemessenen Finderlohn» (Art. 722 Abs. 2 ZGB), der ebenfalls durch das Retentionsrecht gesichert ist. Die Bestimmung des Betrages ist ins Ermessen des Richters gelegt. Doch ist ein Finderlohn von 10% des Wertes üblich geworden. Vorzuziehen wären die Bestimmungen des deutschen und italienischen Rechtes sowie ihnen entsprechende Vorschriften des früheren kantonalen Rechtes. Danach verringert sich der prozentuale Anteil, wenn der Wert der Sache einen bestimmten Betrag überschreitet [22]. Bei der richterlichen Bestimmung des Betrages, zu der sich jedoch keine Praxis gebildet hat, dürfte auch der Grad der Sorgfalt berücksichtigt werden, mit welcher der Finder seine gesetzlichen Pflichten erfüllt hat [23].

§ 57. Der Haus- und Anstaltsfund

I. Der Fundort

Für den Haus- und Anstaltsfund hat das ZGB eine Sonderregelung getroffen. Ihr ist im Art. 720 Abs. 3 und im Art. 722 Abs. 3 ZGB unterstellt: «Wer eine Sache in einem bewohnten Hause oder in einer dem öffentlichen Gebrauch oder Verkehr dienenden Anstalt findet». Als verloren erklärte das bernische CGB (Satz. 415) nur Sachen, die an einem unverwahrten Orte gefunden werden. Wer eine Sache an einem verwahrten Ort entdeckt und behändigt, hat nicht die Stellung eines Finders. In diesem Sinne wird auch «das bewohnte Haus» bloß als das Hauptbeispiel zu gelten haben, neben das auch andere abgeschlossene Räume zu stellen sind: Geschäftshäuser, Gewerbebauten, landwirtschaftliche Haupt- und Nebengebäude. Ja, man wird ihnen auch bloß fest eingefriedete Räume, die nicht gegen den Willen des Besitzers zugänglich sind, gleichstellen. Verwahrt sind auch sie, und diesem Ausdruck entspricht die heute in der Auslegung der genannten Be-

---

[22] BGB § 971; CCit. Art. 930. Diese degressive Abstufung ist auch nach Art. 722 Abs. 2 ZGB zulässig.

[23] In einzelnen Gemeinden bestehen entsprechende Weisungen für die Fundbureaux (Anm. 10 hievor). Im Streitfall ist der Richter zur Bemessung des Finderlohns zuständig.

Keinen Anspruch auf Finderlohn gewähren das römische und das englische Recht. Als Folge einer besonders stark individualistischen Auffassung betrachtet dies PRINGSHEIM, The Inner Relationship between Roman and English Law, in: Cambridge Law Journal V, 1933, S. 360.

stimmungen allgemein gebrauchte Wendung: im Gewahrsam stehend. Der Besitzer einer der genannten Liegenschaften hat Gewahrsam an den darauf sich befindenden Sachen, weil seine tatsächliche Herrschaft auch sie umfaßt, so daß er, auch wenn ihm dies nicht bewußt ist, ihm also der Besitzwille fehlt, doch die Gewalt über sie hat. Diese Sachen sind infolgedessen nicht ganz besitzlos und somit nicht verloren[1].

Dem öffentlichen Gebrauch oder Verkehr dienende Anstalten sind dem Publikum offenstehende Liegenschaften öffentlicher und privater Unternehmungen: Eisenbahn, Post, staatliche und kommunale Verwaltungsgebäude, Theater, Museen; auch Wagen und Stationsräume der Transportanstalten, ja sogar Telephonkabinen und Bedürfnisanstalten werden dazu gezählt.

Die Sonderstellung des «Fundes» in diesen Räumen beruht auf der Erwägung, daß der Besitzer über sie die Aufsicht ausübe und leicht in die Lage komme, darin befindliche fremde Sachen, die verlegt oder vergessen wurden, zu behändigen, und – weil er darüber orientiert sei, wer da ein- und ausgehe –, in der Lage sei, sie dem rechtmäßigen Besitzer oder Eigentümer zurückzugeben. Dieses Motiv würde es indessen verbieten, alle aufgezählten Räume dem «bewohnten Hause» gleichzustellen und auch die allgemein zugänglichen, dem Verkehr offenstehenden Anstalts-Grundstücke samt und sonders gleich zu behandeln. Diese Sonderstellung dürfte nur den tatsächlich unter steter Aufsicht stehenden Räumlichkeiten zuerkannt werden und den Amtsräumen, zu denen nicht allgemein freier Zutritt besteht. Im Strafrecht hat man sich denn auch mit guten Gründen von der herrschenden zivilrechtlichen Lehre freigemacht[2]. Diese läßt sich überhaupt nicht rechtfertigen[3].

II. Der Haus- und Anstaltsherr als Finder

Verloren werden Sachen in den genannten Liegenschaften, besonders häufig in Schalterhallen, Wartsälen, Toiletten, Telephonkabinen. Wer sie findet, sei es ein Angestellter des Hauses oder der Anstalt, sei es ein Dritter, hat aber nicht die Stellung des Finders. Er hat die Sache dem Haus- oder Anstalts-

---

[1] Zum Begriff des Gewahrsams als Element des Besitzes HOMBERGER, Art. 919, N. 9 und Art. 920, N. 26; LEEMANN, Art. 725, N. 3.
[2] Siehe den Abschnitt III hienach.
[3] Sie und der Grundsatz «Das Haus verliert nichts» werden mit eingehender Begründung bekämpft von L. B. PRINZ ZUR LIPPE in seiner Göttinger Diss. 1931, Fundrechtl. Streitfragen, 1. Hauptteil, «Der Begriff der verlorenen Sache und seine Anwendung auf den umschlossenen Raum», S. 19 ff. und bes. S. 66 ff.; den Satz «Das Haus verliert nichts» lehnen auch WOLFF/RAISER, § 82, Anm. 2, ab.

herrn (Eigentümer, Mieter, Hauswart, Hausverwalter, als Fundbureau bestimmte Amtsstelle) abzugeben. Als Finder gilt der Haus- oder Anstaltsherr (Art. 722 Abs. 3). Er hat die Finderpflichten zu erfüllen. Die Amtsstellen versteigern die von den Verlierern nicht abgeholten Sachen, nachdem sie sie während der gesetzlich vorgeschriebenen Zeit verwahrt haben[4]. Der Erlös tritt an die Stelle des Fundgegenstandes und kann vom Verlierer noch während fünf Jahren seit der öffentlichen Fundanzeige abzüglich der reglementarischen Gebühren herausverlangt werden. Dies kommt jedoch kaum jemals vor, weil ein Verlierer nicht wohl zu beweisen vermag, daß eine im Versteigerungsprotokoll verzeichnete Sache der von ihm verlorene Gegenstand ist.

Die Abgabe der «gefundenen» Sache an den Haus- oder Anstaltsherrn ist gesetzliche Pflicht und gibt keinen Anspruch auf Finderlohn (Art. 722 Abs. 3). Diese Bestimmung läßt sich ebenso wenig begründen wie die herrschend gewordene Lehre vom Anstaltsfund überhaupt[5]. Mit dem Finderlohn soll und wird die Erwartung, daß der Finder pflichtgemäß handelt, gestärkt werden und außerdem der redliche Finder belohnt. Diese Gründe gelten nicht minder, wenn der Fund im weiten Bereich der hier in Betracht gezogenen Räume gemacht ist. Als Beispiel kann etwa der Fund eines großen Geldbetrages in der Toilette des größten Bahnhofes der Schweiz gelten[6].

III. Die rechtswidrige Aneignung

Nach der früheren Lehre und Praxis erfüllte die widerrechtliche Aneignung der Sache den Tatbestand der Fundunterschlagung, wenn ein gewöhnlicher Fund vorlag, aber den des Diebstahls, wenn ein Anstaltsfund gegeben war[7]. Diese Unterscheidung ist aufrechtzuerhalten, aber der im Zivilrecht weit

---

[4] Die Aufbewahrungszeit beträgt mindestens ein Jahr (Art. 721 Abs. 2). Daran haben sich die kommunalen Fundbureaux zu halten, während diese Zeit für die PTT und die Eisenbahn, wie in § 56, Anm. 10 und 23 hievor angegeben, durch die Spezialgesetzgebung verkürzt ist. Kommunale Fundbureaux pflegen z. T. die Fundsache nach Ablauf eines Jahres von den Findern abholen zu lassen und versteigern nur die nicht abgeholten Gegenstände. Der Finder, der die Sache zurücknimmt, hat sie dem Verlierer bis zum Ablauf von fünf Jahren seit der Veröffentlichung zur Verfügung zu halten.
[5] Von den SBB werden dem Personal denn auch Entdeckerprämien ausgerichtet.
[6] Dies ist der Fall, in dem der Finder das Geld auf dem Fundbureau der SBB abgegeben und Anspruch auf Finderlohn erhoben hatte, den das zürch. ObGer mit besonderer Schroffheit abwies und bemerkte, die geltendgemachte Forderung stehe hart an der Grenze einer unzulässigen Ausbeutung. Moralisch wäre sie doch wohl verdient gewesen (BlZR 20, 1921, Nr. 119).
[7] BlZR 25, 1926, Nr. 241 (Wegnahme aus dem Schalterraum durch einen Postbeamten); ZBJV 66, 1930, S. 35 (Wegnahme eines im Hotel vergessenen Fingerringes durch das Zimmermädchen).

überdehnte Bereich des Anstaltsfundes wird im Strafrecht auf die Fälle beschränkt, in denen die dem Besitzer entfallene oder von ihm vergessene Sache nicht nur in den fiktiven, sondern in den tatsächlich wirksamen Gewahrsam des Haus- oder Anstaltsherrn oder seines Vertreters gefallen ist. Dies trifft nicht zu, wenn die Sache in einem Raum verloren wurde, zu dem das Publikum allgemein freien Zutritt hat und die verlorene Sache seinem unbewachten Zugriff ausgesetzt ist[8].

§ 58. Der verborgene Schatz (trésor; tesoro – Art. 723 ZGB)

I. Der Begriff des Schatzes

Im Art. 723 ist der Schatz im Anschluß an den Fund behandelt und unter dessen oberen Randtitel gestellt. Nach dem Wortlaut des Gesetzes wird der Schatz «aufgefunden», und wer dies tut, wird als «Finder» bezeichnet. Gemeinsam haben der Fundgegenstand und der Schatz das Merkmal, daß sie dem Eigentümer abhanden gekommene, in niemandes Besitz stehende bewegliche Sachen sind. Sie unterscheiden sich jedoch voneinander dadurch, daß der Schatz, wie der Name sagt, einen besonderen Verkehrswert hat, Fundgegenstand aber jede Sache sein kann. Während die Fundsache besitz-, aber nicht eigentumslos ist, hat der verborgene Schatz auch keinen Eigentümer. «Beim Schatz hat die Sache den Eigentümer, beim Fund der Eigentümer die Sache verloren» (ENDEMANN). Die damit angegebenen Merkmale des Schatzes sind in allen unseren Rechtsordnungen die gleichen[1].

---

[8] BGE 71 IV, 1945, S. 87 = Pra 34 Nr. 123 (Laden); ObGer Zürich, SJZ 58, 1962, Nr. 20, S. 21 ff. (Wegnahme eines in einer öffentlichen Telephonkabine vergessenen Geldbeutels.)

[1] CCfr. Art. 716 Abs. 2: «Le trésor est toute chose cachée ou enfouie sur laquelle personne ne peut justifier sa propriété, et qui est découverte par le pur effet du hasard.»
CCit. Art. 932: «Tesoro è qualunque cosa mobile di pregio, nascosta o sotterrata, di cui nessuno può provare d'essere proprietario.»
Das ABGB behandelt als Schatz die verborgenen Sachen (vergrabene, eingemauerte oder sonst verborgene), die in Geld, Schmuck oder andern Kostbarkeiten bestehen und so lange im Verborgenen gelegen haben, daß man ihren vorigen Eigentümer nicht mehr erfahren kann (§ 394 und 398). Im BGB (§ 984) wird der Wert nicht ausdrücklich als Merkmal des Begriffs genannt; er liegt aber in der Bedeutung des Wortes «Schatz». Nach WOLFF/RAISER, § 83, Anm. 1, ist die Bestimmung des Schatzes im § 984 «fast eine Übersetzung der römischen Definition», was auf die Bestimmungen des ZGB und der übrigen angeführten Gesetzbücher noch besser zutrifft. Dies gilt auch von den Definitionen unserer früheren kant. CGB, die bei EUGEN HUBER, System III, S. 163 ff. wiedergegeben sind.

Nach dem Art. 723 wird ein Wertgegenstand, von dem nach den Umständen mit Sicherheit anzunehmen ist, daß er seit langer Zeit verborgen oder vergraben war und keinen Eigentümer mehr hat, als Schatz angesehen.

Diese Bestimmung deckt sich in allen wesentlichen Punkten mit der des römischen Rechts: thesaurus est vetus quaedam depositio pecuniae, cuius non extat memoria ut iam dominum non habeat[2]. «Pecunia» ist hier im weiten Sinne von Wertgegenstand zu verstehen, «choses précieuses» im französischen und «oggetti di pregio» im italienischen Text. Der Schatz kann in Geld bestehen, aber auch in jedweden Gegenständen aus Edelmetall, Erzeugnissen der Kunst und des Kunstgewerbes, Sachen von Seltenheitswert (Bücher, Manuskripte, Inschriften auf beweglichen Sachen). Gleichartige und gleichwertige Erzeugnisse, die Bestandteile von unbeweglichen Sachen sind (Wandgemälde, kunstvolle Täfer, Inschriften, eingebaute Möbel), scheiden aus. Auch unverarbeitete Naturkörper aus kostbarem oder seltenem Stoff können unter den Begriff des Schatzes fallen, sofern sie nicht «wissenschaftliche Gegenstände» sind. Voraussetzung ist jedoch, daß sie einen Eigentümer gehabt haben, dem sie abhanden gekommen sind, weil er sie verborgen hatte und sie nicht mehr an sich nehmen konnte. Ein Schatz ist die Sache nur, wenn sie verborgen ist. Der Eigentümer hatte sie vergraben, eingemauert, eingenäht, dick umwunden oder sonstwie versteckt. Es kann auch sein, daß er sie auf der Flucht an einem Ort im Stiche lassen mußte, wo sie durch eine Erdbewegung verschüttet oder vom Wasser weggeschwemmt worden ist. Dies geschah am häufigsten in Zeiten großer Unsicherheit, der Bedrohung durch räuberische und kriegerische Überfälle, und geschieht aus Angst vor Diebstahl und Feuer sowie zur Verheimlichung von Geld und Gut[3]. Nur wenn die Sache herrenlos ist, kann sie ein Schatz sein, und herrenlos muß sie dadurch geworden sein, daß sie lange Zeit verborgen war und infolgedessen niemand da ist, der als Eigentümer gelten kann. Wenn anhand von Beigaben, Aufzeichnungen oder einer sicheren Tradition festgestellt werden kann, wer Eigentümer war und Erben da sind, auf welche dessen Nachlaß übergegangen ist, ist der Gegenstand nicht ein Schatz, sondern eine verlorene Sache[4].

---

[2] l. 31 §1 D. 41, 1.

[3] In der heutigen Zeit ist der Schatzfund verhältnismäßig selten. Aber bedeutungslos ist er nicht geworden. Wer durch Jahrzehnte hindurch die Zeitungsnachrichten über Schatzfunde liest und sammelt, kommt auf eine ganz erhebliche Zahl.

[4] Über diese Frage CARBONNIER, Droit civil II/1, No. 82, S. 274. Sie wurde in dem meist besprochenen Fall der französischen Praxis entschieden: «Dans la curieuse affaire de la rue Mouffetard, le Tribunal de la Seine (1er juin 1949, D. 49, 350, note critique RIPERT) a écarté l'art. 716 sous prétexte que des descendents du thésauriseur justifiaient de leur propriété du trésor ex jure hereditario. Mais contre, Paris 18 déc. 1950, D. 51, 144, approuvé par Civ. I 25 oct. 1955, D. 56, Somm. 27.» – Siehe auch MARTY/RAYNAUD II/2, No. 416. S. 407.

II. Der Eigentumserwerb

Das Eigentum am entdeckten Schatz fällt nach Art. 723 Abs. 2 dem Eigentümer des Grundstücks oder der beweglichen Sache, worin er aufgefunden worden ist, von Gesetzes wegen zu. Der «Finder» hat Anspruch auf eine angemessene Vergütung, die jedoch die Hälfte des Wertes des Schatzes nicht übersteigen darf. Das ZGB ist das einzige Gesetzbuch mit dieser Bestimmung. Es lehnt sich nur insofern an das sonst überall übernommene gemeine Recht an, als es zwar nicht eine Teilung des Schatzes, aber doch seines Wertes nach Hälften zuläßt und nahelegt. Das einzige unter den früheren kantonalen Gesetzbüchern mit der gleichen Regel war das aargauische CGB, das in seinem § 501 den Schatz ebenfalls ganz dem Eigentümer der bergenden Sache zuwies, während alle anderen CGB die hälftige Teilung zwischen diesem und dem Entdecker vorsahen [5].

Diese hälftige Teilung ist das Ergebnis der geschichtlichen Entwicklung des Institutes im römischen Recht seit Hadrian. Auch in dieser wechselten Perioden, in denen der Anfall an den Staat überwog mit anderen, in denen der private Eigentumserwerb anerkannt wurde, welcher seit den Glossatoren gemeinrechtliche Geltung behielt und schließlich kodifiziert wurde. Namentlich geschah dies, auch gestützt auf die Autorität POTHIERS, im CCfr. Art. 717: «il (le trésor) appartient par moitié à celui qui l'a découvert, et pour l'autre moitié au propriétaire du fonds». Dies ist auch die Regel des ABGB, des BGB und des alten wie des neuen CCit.

Im deutschen Recht des Mittelalters und auch einzelner Partikularrechte der Neuzeit war die Aneignung des Schatzes königliches, später landesherrliches oder auch grundherrliches Regal. «Al schat under der erde begraven deper den ein pluch (Pflug) ga, die hort to der koniglikken gewalt» (Sachsenspiegel I 35 § 1). In den Schwabenspiegel ist bereits das gemeine Recht übernommen: «Swaz der man uf sinem gute vindet under der erden, daz ist mit rehte sin. Vindet es aber jeman anders danne er selbe unde den erz niht hat geheizen suchen, dem sol er das viertel geben da von; wan das ist sin funtreht» (Landrecht Cap. 285, ed. GENGLER; 346b ed. LASSBERG; 281 ed. WACKERNAGEL). Das Regal blieb in einzelnen wenigen deutschen Ländern über das Jahr 1900 hinaus aufrechterhalten, ebenso in England. Nach dem ABGB (§ 399) wird der dritte Teil zum Staatsvermögen gezogen. In den rechtsgeschichtlichen Darstellungen wird der Schatzfund eingehend behandelt [6].

---

[5] EUGEN HUBER, System III, S. 163 ff.
[6] Deutsches Privatrecht: GIERKE, DPR II, S. 540 f.; R. HÜBNER, Grundzüge (oben § 51, Anm. 1), S. 459 f.; J. HÜBNER, Der Fund (Lit. Verz., § 56), S. 64, 113 f., 154 f; EUGEN HUBER, System IV, S. 741.
  Frankreich: CARBONNIER, Droit civil II/1, S. 266 ff.; PLANIOL/RIPERT/BOULANGER II, No. 2782 ff.
  Römisches und gemeines Recht: KASER, Römisches PR II, § 244, S. 207 f.; KRELLER, Römisches Recht (oben § 51, Anm. 6), I, S. 193 f.; BONFANTE, Corso di diritto romano II/2, S. 55 ff.; E. BESTA, I diritti sulle cose nella storia del diritto italiano, 1933, S. 155 ff.; B. BIONDI, Istituzioni di diritto romano, 1965, S. 237 f.
  Italienisches Recht: A. LUCCI, Del diritto di superficie e della proprietà del sottosuolo, in: Diritto civile italiano già dir. da Fiore, Brugi, ora di Vassalli, 1927, Kap. VI, S. 352 ff. (mit ausführlichen historischen und bibliographischen Angaben); BARASSI, Proprietà, S. 227 ff.; MESSINEO, Manuale II, § 83, N. 6bis, S. 425 ff.; DE MARTINO, Commentario (oben § 56, Anm. 4), Art. 932 CCit.

Im schweizerischen Schrifttum ist der Schatzfund außer in den Kommentaren nur im Zusammenhang mit dem Fund nebenbei behandelt.

Dem Art. 723 liegt nicht eine vom gemeinen Recht dem Ergebnis nach verschiedene Auffassung zugrunde. Mit ihm dürfte wohl nur eine Vereinfachung gewollt sein. Diese ist auch erreicht, indem dem Grundeigentümer das Alleineigentum und dem Entdecker die Entschädigung zur Hälfte des Wertes zuerkannt wird, statt daß Miteigentum beider entstehen würde.

Die rechtliche Konstruktion des Eigentumserwerbs durch den Grundeigentümer hat von jeher und überall Schwierigkeiten bereitet, die auch heute nicht überwunden sind. Sie haben ihren Grund hauptsächlich darin, daß der Schatz nicht als eigentlicher Bestandteil der bergenden Sache angesehen werden kann, sondern als eine von dieser gesonderte, selbständige Sache oder Sachgesamtheit und als solche herrenlos ist. Keine der gesetzlichen Erwerbsarten liegt in allen ihren Merkmalen vor. Das Gesetz spricht vom Finden und Finder. Aber dem widerspricht die Herrenlosigkeit der Sache und die Unmittelbarkeit des Eigentumserwerbs des Eigentümers der bergenden Sache mit deren Entdeckung[7]. Eine Aneignung liegt auch nicht vor, weil die

---

[7] LEEMANN, N.12, und SCHERRER, N.17, 20, 26 zu Art. 723 nehmen an, der Erwerb durch den Eigentümer der bergenden Sache trete dadurch ein, daß irgendwer die herrenlose Sache entdecke und in Besitz nehme. Indem dieser zum Finder werde, verschaffe er jenem das Eigentum. Auf eine juristische Begründung dieses seltsamen Vorganges verzichten beide Autoren ausdrücklich (LEEMANN, N.13; SCHERRER, N.20). Auch WOLFF/RAISER, §83, III 1, S.317, sehen keinen rechten Grund für den Erwerb des Anteils (oder gar des ganzen Schatzes) durch den Eigentümer der bergenden Sache. Daß die Besitzergreifung durch den Entdecker oder durch einen anderen (auf Grund der Entdeckung) den Eigentumserwerb vermittle, entspricht der in Deutschland herrschenden Auffassung. Daß dies aber eine Art des Fundes sei, wird nicht allgemein anerkannt, z.B. nicht von GIERKE, DPR II, S.543, Anm. 93; auch nicht von WESTERMANN, §60 2, der das Entscheidende im Gegensatz zum Fund nicht in der Ansichnahme, sondern in der Entdeckung sieht, aber doch die Besitzbegründung für den Eigentumserwerb als erforderlich hält; ebenso BAUR, §53 g, VI 2.

Nach der französischen Doktrin und Praxis ist die Inbesitznahme durch den Entdecker (oder gar durch irgendwen) nicht erforderlich. Die Entdeckung genügt, um dem Eigentümer der bergenden Sache das Eigentum (zur Hälfte) zu verschaffen: CARBONNIER, Droit civil II/1, No. 80, S.267, No. 82, S.273f.; MARTY/RAYNAUD II/2, No.416B, S.408; FUZIER/HERMAN, Code civil annoté, Art.716 §2, No.15. Dagegen sprechen sich PLANIOL/RIPERT/BOULANGER II, No. 2787, S.968 für die Aneignung einer herrenlosen Sache aus.

Mit der Entdeckung tritt auch in Italien der Eigentumserwerb ein: DE RUGGIERO/MAROI I, S.555: «Non occorre per contro l'effettiva presa di possesso della cosa, bastando qui l'aver tolto la cosa dallo stato di occultamento, cioè il solo fatto della scoperta (inventio)»; ebenso BARASSI, Proprietà, S.236; MESSINEO, Manuale II (1965), §83, N.6 und 6bis: ritrovamento, rinvenimento, invenzione (inventio) = scoperta della cosa irreperibile (nascosta o sotterrata); DE MARTINO, Commentario, Art.732, N.5; am eingehendsten LUCCI, a.a.O., S.359ff. Der berühmte Fall, welcher Anlaß zu vielfacher juristischer Erörterung gegeben hat, ist der der fanciulla di Anzio. In einer Sturmnacht wurde der Kopf der antiken Statue einer Niobide von hohem Wert ans

Inbesitznahme durch den Entdecker mit dem Willen, dadurch Eigentum zu erwerben, dem Gesetz widerspricht. Für den Erwerb durch Akzession müßte vorausgesetzt werden, daß der Schatz zum Bestandteil der ihn bergenden Sache würde. Wird der Eigentümer dieser Sache dennoch mit der Entdeckung kraft Gesetzes Eigentümer des Schatzes (nach dem früheren und den ausländischen Rechten zur einen Hälfte), so hat doch die Konstruktion als Akzessionserwerb das meiste für sich, denn der entscheidende Grund kann nur in der engen Beziehung des Schatzes zur bergenden Sache liegen, deren Eigentümer eben doch, um mit FRITZ REUTER zu sprechen, «der nächste dazu» ist[8].

Das Eigentum am Schatz erwirbt, wer im Zeitpunkt der Entdeckung Eigentümer der bergenden Sache ist[9]. Wird ein altererbtes Grundstück (oder auch eine bewegliche Sache) veräußert und entdeckt der Erwerber, gleich nachdem er das Eigentum erlangt hat, darin einen Schatz, wird er dessen Eigentümer. Dies kann als unbillig empfunden werden, auch wenn man die akzessionsartige Beziehung des Schatzes zur bergenden Sache bejaht[10].

Land geschwemmt und da von einem Fischer wahrgenommen und behändigt. Dessen Klage auf Zuerkennung der Hälfte des Wertes gegen die Grundeigentümerin (principessa Aldobrandini), auf deren Boden (in der Nische einer römischen Villa) die Statue gestanden hatte, wurde abgewiesen, weil keine Entdeckung (scoperta) eines verborgenen Schatzes vorgelegen habe (App. Roma, 28 luglio 1906, Foro it. 1906 I 1332). Siehe dazu DE MARTINO, BARASSI, LUCCI a.a.O. (oben Anm. 6).

[8] WESTERMANN, §60, 3: Daß der Eigentümer der bergenden Sache Miteigentum erwirbt, geht darauf zurück, daß er die stärkste Aussicht hatte, die Sache zu entdecken, und daß er der Entdeckung «am nächsten stand». Daraus ergibt sich, daß der Grund für den Erwerb durch den Eigentümer der bergenden Sache doch in der Akzession in einem weiteren Sinne liegt. Dies ist denn auch die in Frankreich und in Italien durchaus vorherrschende Auffassung: MARTY/RAYNAUD II/2, No. 416, S. 408: «On voit là le plus souvent une variété d'accession». Der gleichen Ansicht sind hinsichtlich des Erwerbs durch den Eigentümer der bergenden Sache alle in der Anm. 7 zit. italienischen Autoren, während sie den Grund des Erwerbs durch den Entdecker davon unterscheiden. So sagt DE MARTINO, N.6 zu Art. 932: «Di pura accessione od attrazione reale può parlarsi solo per la parte che spetta in ogni caso al proprietario, anche se la scoperta è fatta da altri perchè in tal caso non solo manca l'effettiva presa di possesso, ma può finanche mancare la scienza del rinvenimento e tuttavia l'acquisto avviene del pari.»

Nach unserem Recht kommt überhaupt nur der Erwerb durch den Eigentümer der bergenden Sache in Betracht, da der Entdecker keinen Eigentumsanspruch erhält, sondern bloß einen obligatorischen Anspruch auf die Entdeckerprämie.

[9] Die bergende Sache kann auch im Eigentum eines Dienstbarkeitsberechtigten stehen. Daß dazu eine selbständige Dienstbarkeit erforderlich wäre (SCHERRER, N.22 zu den Art. 723/24), trifft durchaus nicht zu. Siehe oben §29, I und über Dienstbarkeitsanlagen auch N.19 ff. zu Art. 741 im Kommentar LIVER.

[10] Dies ist trefflich illustriert in einer an ein tatsächliches Vorkommnis anknüpfenden Erzählung: W. LAEDRACH, Von Grenzwächtern und Überläufern, Gute Schriften, Bern 1939, S.43 ff. Denkbar, aber schwerlich durchführbar wäre eine Regelung des Ausgleichs, wie sie im Güterzusammenlegungsverfahren zwischen dem alten Eigentümer und dem neuen, der das Grundstück mit Gewinn verwertet, vorkommt.

III. Die Rechtsstellung des Entdeckers

Weil der Schatz mit seiner Entdeckung aufhört, herrenlose Sache zu sein, und kraft Gesetzes vom Eigentümer der bergenden Sache erworben ist, muß er diesem herausgegeben werden. Der Eigentümer kann die Herausgabe mit der rei vindicatio verlangen. Ob er mit dem Eigentum auch den Besitz an der vom Entdecker an sich genommenen Sache erlangt und infolgedessen auch mit der Besitzrechtsklage vorgehen kann, ist fraglich und wohl eher zu verneinen[11]. Wenn der Entdecker den Schatz in gutem Glauben für eine weiterhin herrenlos bleibende Sache hält und glaubt, das Eigentum durch Aneignung erworben zu haben, ist er im Unrecht; er kann das Eigentum in diesem Falle nur durch Ersitzung erwerben[12]. Hält er den Schatz in gutem Glauben für eine verlorene Sache und erfüllt er die Finderpflichten, wird er auch als Finder behandelt und erlangt das Eigentum kraft guten Glaubens im Sinne von Art. 722 Abs. 1[13].

Gegenüber dem Eigentümer, der den Schatz herausverlangt, hat der Entdecker den Entschädigungsanspruch bis zum halben Wert. Diese Entdeckerprämie schließt auch den Ersatz von Auslagen und Verwendungen in sich.

Entdecker kann der Eigentümer selber sein und ist es auch, wenn der Schatz in seinem Auftrage entdeckt wird. Der für den Eigentümer tätige Arbeiter oder Unternehmer, der keinen solchen Auftrag hat, erhält selber die Stellung des Entdeckers, wenn er den Schatz auffindet. Der Eigentümer der bergenden Sache erwirbt das Eigentum am Schatz auch, wenn dieser von jemandem entdeckt wird, der widerrechtlich nach ihm gesucht hat. Er schuldet ihm aber keine Entschädigung[14].

---

[11] Bejahend SCHERRER, Art. 723/24, N. 29; richtig N. 26/27.
[12] SCHERRER, Art. 723/24, N. 5.
[13] SCHERRER, daselbst. Eine dem Entdecker anvertraute Sache ist der Schatz (entgegen BGE 100 II, 1974, S. 8 = Pra 63 Nr. 199) nicht.
[14] SCHERRER, N. 34, will, übrigens in Übereinstimmung mit der deutschen Doktrin (STAUDINGER/KOBER, Erl. 3 g zu §984 BGB; GIERKE, DPR II, S. 542, Anm. 89), den Entschädigungsanspruch auch dem Entdecker geben, der widerrechtlich nach dem Schatz gesucht hat, der auch ein Einbrecher sein könnte. Dieser Ansicht kann nicht zugestimmt werden.

Der CCfr. und der CCit. geben das Erwerbsrecht auf die Hälfte nur dem Entdecker, der zufällig des Schatzes gewahr wurde. Dies war auch die Regel unserer früheren kantonalen CGB. Siehe EUGEN HUBER, System III, S. 163 ff.

Vgl. auch DERNBURG, Bürgerl. Recht III (1904), §117, 3: «Wer nach Schätzen auf fremdem Grundstück ohne Bewilligung des Eigentümers suchte, wer ferner magische Künste anwendete und wer polizeilichen Verboten zuwiderhandelte, verlor nach Allg. Pr. LR I 9, §§84 ff. – vgl. auch l. 10 C de thesauris 10, 15 – als der Glücksgabe unwürdig das Anrecht zugunsten des Fiskus. Nach dem BGB ist hiervon nicht die Rede.» – Doch dürfte davon auch im geltenden Recht die Rede sein.

Anhang. Die Perle in der Auster

Dieser in Deutschland viel besprochene Schulfall ist zwar nicht als Schatzfund zu behandeln, ist diesem aber in gewisser Hinsicht nahe verwandt.

Beim Austernessen in einem Restaurant findet der Gast in der aufgebrochenen Muschel eine Perle. Diese ist ein Wertgegenstand, aber kein Schatz, weil sie nie einen Eigentümer gehabt hat. Weder der Fischer noch der Importeur noch der Wirt war Eigentümer oder auch nur Besitzer, weil er keine Kenntnis von der Existenz der Perle hatte und deshalb auch den animus possidendi nicht haben konnte. Die Perle (eine Ausscheidung der Auster) blieb eine herrenlose Sache, bis sie entdeckt wurde. Mit der Entdeckung fiel sie dem Eigentümer der bergenden Sache, also dem Eigentümer der Muschel, zu. Der rechtliche Grund ist auch hier das akzessionsähnliche Verhältnis. Eigentümer der Muschel ist der Gast. Wenn er die Austern für seine eingeladene Gattin oder Freundin bestellt hat, sind es diese[15].

§ 59. Gegenstände von wissenschaftlichem Wert
(objets ayant une valeur scientifique; oggetti di pregio scientifico)
(Art. 724 ZGB)

I. Die Gegenstände

Der Art. 724 gibt dem Kanton das Recht, solche Gegenstände, die herrenlos sind, sich anzuzeigen. Er unterscheidet zwischen Naturkörpern und Altertümern. Die Wissenschaftsgebiete, für die sie einen erheblichen Wert haben müssen, sind weit gefaßt[1]. Zu ihnen gehören von den Naturwissenschaften Geologie und Mineralogie, Botanik, Zoologie, insbesondere die Palaeontologie, von den Geisteswissenschaften die Archäologie, die Geschichte in allen ihren Zweigen, die Heimatkunde und die Volkskunde sowie auch die Sprachwissenschaft. So erscheinen denn in den Gesetzen und Verordnungen über den Natur- und Heimatschutz einerseits Überreste von geschichtlichen und vorgeschichtlichen Menschen, Tieren und Pflanzen, erratische Blöcke, seltene Mineralien und Heilquellen, andererseits Gebäudebestandteile, In-

---

[15] Vgl. dazu SCHLOSSMANN, Jherings Jahrb. 49, 1905, S. 139 ff.; GAREIS, DJZ 1905, S. 347; J. GIERKE, DJZ 1905, S. 396; PLANCK/BRODMANN, Erl. 1a zu § 965; STAUDINGER/BERG, Bem. 1 a γ zu § 956 und 7 zu § 965 BGB.

[1] Der CCit. spricht im Art. 932 Abs. 2 von «oggetti d'interesse storico, archeologico, paletnologico, paleontologico e artistico».

schriften, Urkunden und andere Handschriften, Bücher, Wappen, Mobiliar, Waffen, Schmucksachen und Textilien[2]. Im Interesse der Forschung, aber auch der allgemeinen Bildung und des Traditionsbewußtseins sollen solche Gegenstände erhalten und geschützt, aber auch für jedermann, der sich für sie im angegebenen Sinne interessiert, zugänglich und beschaubar gemacht werden. Daran besteht ein öffentliches Interesse.

II. Der Eigentumserwerb

Die Objekte des Art. 724 sind, wie diejenigen des Art. 723, herrenlose Sachen, sei es daß sie nie in jemandes Eigentum gestanden haben, sei es, daß sie, wie ein Schatz, solange verborgen waren, daß ein Eigentümer nicht mehr feststellbar ist.

«Sie gelangen ins Eigentum des Kantons, in dessen Gebiet sie gefunden worden sind» (Art. 724 Abs. 1). Damit wird zum Ausdruck gebracht, daß der Kanton das ausschließliche Recht hat, sie sich anzueignen. Dieses Recht ist ein R e g a l, das sich aber insofern vom typischen Regal unterscheidet, als ihm das Merkmal der fiskalischen Nutzbarkeit fremd ist. Das ergibt sich aus seinem Zweck. Er besteht nur soweit, als ein wissenschaftliches Interesse an seiner Ausübung gegeben ist, dem die Sache dauernd dienstbar gemacht werden soll. Dies geschieht insbesondere dadurch, daß sie einem wissenschaftlichen Institut oder einer öffentlichen Sammlung übergeben wird[3]. Wer solche Gegenstände entdeckt und an sich nimmt, ist verpflichtet, sie den zuständigen

---

[2] Der erste umfassende Erlaß ist die VO des Kantons Graubünden über den Natur- und Heimatschutz vom 27. November 1946, gestützt auf Art. 139 EGzZGB. Von neueren VO ist namentlich diejenige des Kantons Nidwalden vom 16. Dez. 1961 zu nennen.
  Die Literatur befaßt sich fast ausschließlich mit dem Schutz von Landschaften, Siedlungen, Bauten. Umfassend ist die immer noch grundlegende Zürcher Diss. von H. GIESKER-ZELLER, Der rechtliche Heimatschutz in der Schweiz, Zürcher Beiträge 29, Aarau 1910. Zum geltenden zürch. Recht: R. KAPPELER, Die Unterstellung im zürch. Natur- und Heimatschutzrecht, SJZ 55, 1959, S. 17 ff., 35 ff. Die neueste Übersicht gibt TH. BÜHLER, Der Natur- und Heimatschutz nach schweiz. Recht, Zürich 1973.
  Auch vom Bund werden Bestrebungen des Natur- und Heimatschutzes unterstützt: BV Art. 24[sexies], BG vom 1. Juli 1966, VVO vom 27. Dez. 1966, BB vom 14. März 1958 betr. die Förderung der Denkmalpflege. Schon in der Normalkonzession für Eisenbahnen vom 10. Juli 1873 wurden Gegenstände von wissenschaftlichem Wert, welche bei den Bauarbeiten zutage gefördert würden, dem Kanton der gelegenen Sache zuerkannt.

[3] Das Regal darf nur zum Zweck ausgeübt werden, die erworbenen Objekte unmittelbar in den Dienst der Wissenschaft und Bildung zu stellen, wodurch sie zu öffentlichen Sachen werden. Der Erwerb zur fiskalischen Verwertung ist dem Kanton verwehrt. In diesem Sinne LEEMANN, N. 13 zu Art. 724, dagegen SCHERRER, N. 31. Wenn das Objekt später seinen besonderen wissenschaftlichen Wert verliert, geht es ins Finanzvermögen über, soweit es überhaupt einen Vermögenswert hat, und kann dann frei veräußert werden.

kantonalen Organen oder Anstalten abzuliefern. Diese entscheiden in jedem Fall, ob sie das Aneignungsrecht ausüben wollen oder nicht[4]. Üben sie es aus, haben sie dem «Finder», der die Sache behändigt hat, oder dem Entdecker, der ihnen den «Fund» angezeigt hat, eine angemessene Vergütung auszurichten. Wenn der Gegenstand zugleich den Wert eines Schatzes hat, wird die Vergütung sowohl dem Eigentümer der bergenden Sache als auch dem Entdecker geschuldet, und zwar wohl im gleichen Verhältnis wie beim Schatzfund, so daß der volle Wert erreicht werden kann, der aber nicht überschritten werden soll.

III. Das Ausgrabungsrecht

Mit dem 2. Abs. des Art. 724 wird dem Eigentümer die öffentlich-rechtliche Beschränkung auferlegt, Gegenstände von wissenschaftlichem Wert, die in seinem Grundstück gefunden werden, auf Anordnung der zuständigen Amtsstelle oder Anstalt ausgraben zu lassen. Er braucht aber die Grabung nur zu gestatten, wenn solche Gegenstände bereits entdeckt sind und es darum geht, sie zu bergen und ihrer durch Nachgrabung voll habhaft zu werden. Der dadurch am Grundstück entstehende Schaden ist voll zu ersetzen. Der Entschädigungsanspruch hat seinen Grund in der materiellen Enteignung, wodurch die Zuständigkeit zu seiner Beurteilung bestimmt wird[5].

IV. Öffentlich-rechtliche Erlasse

Die Zuständigkeit der Kantone für öffentlich-rechtliche Erlasse im Sinne der Art. 6 und 702 ZGB wird durch den Art. 724 nicht beschränkt. Diese

---

[4] Nach der h. A. erwirbt der Kanton jeden wissenschaftlichen Gegenstand von Gesetzes wegen mit der Entdeckung zu Eigentum (LEEMANN, N.13, WIELAND, Bem. 3 zu Art. 724; ROSSEL/MENTHA II, No.1352, S.418). In vielen Fällen ist der Kanton nicht gewillt oder nicht in der Lage, die entdeckten Gegenstände, denen ein erheblicher wissenschaftlicher Wert nicht abzusprechen ist, zu übernehmen. Soll er gleichwohl Eigentümer sein? Noch öfters ist der wissenschaftliche Wert vom Entdecker nicht erkannt worden, oder es bedarf überhaupt einer wissenschaftlichen Expertise, um ihn festzustellen. Die zuständigen Organe müssen die Entscheidung treffen können, ob ein Gegenstand erworben werden soll oder nicht. Dies spricht dafür, daß der Kanton nicht das Eigentum von Gesetzes wegen hat, sondern das Aneignungsrecht, das er auch unausgeübt lassen kann. Dies ist in der Botschaft, S.70 bestätigt: «Wissenschaftliche Gegenstände kann der Kanton ... gegen Entschädigung ansprechen.» Von einem ausschließlichen Aneignungsrecht des Kantons spricht auch SCHERRER, N.38 zu Art. 723/24.

[5] Damit wird die Zuständigkeit zur Beurteilung dieser Ansprüche bestimmt: BGE 81 I, 1955, S.284 = Pra 44 Nr.163; 96 II, 1970, S.337 = Pra 60 Nr.83. In diesem Sinne wurde die zit. bündnerische VO mit dem Erlaß des Verwaltungsgerichtsgesetzes 1967 revidiert.

Erlasse betreffen nicht nur Gegenstände von wissenschaftlichem Wert, sondern können das ganze Gebiet des Natur- und Heimatschutzes einschließen[6]. Sie befassen sich auch mit dem Erwerb des Eigentums und können, wie das in Graubünden, Nidwalden und Appenzell AR geschehen ist, den «Kauf», «Vorkauf» und «Rückkauf» von geschützten Objekten als öffentlich-rechtliches Erwerbsrecht vorsehen und ausgestalten. Den Eigentümern solcher Objekte können sowohl Leistungspflichten (Erhaltung und Restauration) als auch Unterlassungspflichten auferlegt werden (Verbot der Beschädigung, Veränderung, Entfernung, Verbauung). Insbesondere kann auch das Ausgrabungsrecht näher geregelt und gegenüber dem Art. 724 ausgedehnt werden. Seit dem Ende des 19. Jahrhunderts haben eine Reihe von Kantonen solche Bestimmungen aufgestellt, welche aber nur einzelne Kategorien von Gegenständen aus dem ganzen Schutzbereich betreffen. Umfassende Erlasse sind erst in den letzten Jahrzehnten geschaffen worden[7]. In neuester Zeit hat sich auch der Bund die Unterstützung der Bestrebungen der Kantone auf diesem Gebiet zur Aufgabe gemacht[8]. In Deutschland stammen die Denkmalschutz- und -Pflegegesetze der Länder aus der Zeit vor dem Ersten Weltkrieg[9]. Der italienische Codice civile verweist im Art. 932 Abs. 3 auf die Spezialgesetzgebung. Nach dem Gesetz vom 1. Juni 1939 hat der Staat kraft Gesetzes das Eigentum an allen auf privatem Boden gefundenen Schutzobjekten[10].

§ 60. Die Zuführung (épaves; cose trasportate e animali sfuggiti) (Art. 725 ZGB)

I. Der Begriff der Zuführung

Jemandem werden durch Wasser, Wind, Lawinen oder andere Naturgewalt oder zufällige Ereignisse bewegliche Sachen zugeführt, oder fremde Tiere geraten in seinen Gewahrsam. Das zufällige Ereignis kann auch darin bestehen, daß Sport- oder Spielzeuge aus einem Versehen oder Versagen in fremden Gewahrsam geraten.

---

[6] Siehe die Anm. 2 hievor.
[7] In einzelnen EGzZGB wurden diese Bestimmungen dem Abschnitt «Beschränkungen des Grundeigentums» eingefügt, so daß ihre Anwendung auf Fahrnis vom Bundesgericht abgelehnt werden konnte: BGE 16.10 1946 (Luzern), S. 121 ff. der Zeitschrift Heimatschutz, 1947.
[8] Siehe oben Anm. 2.
[9] WOLFF/RAISER, § 83, Anm. 14.
[10] M. CANTUCCI, La tutela giuridica delle cose d'interesse artistico o storico, 1953.

Der gleiche Tatbestand ist im Art. 700 geregelt, dort aber als gesetzliche Beschränkung des Grundeigentums, die in der Verpflichtung des Grundeigentümers besteht, dem Berechtigten, dem die Sache entführt oder entronnen ist, den Zutritt zur Liegenschaft und die Abholung oder Wegschaffung der Sache gegen Ersatz des dadurch entstehenden Schadens zu gestatten. Dieser Tatbestand ist vorn im § 39 II behandelt. Im Art. 725 wird bestimmt, welche Rechte und Pflichten jemand hat, der zwar in der Regel auch der Grundeigentümer ist, aber nicht sein muß, wenn ihm bewegliche Sachen zugeführt werden, so daß er den Gewahrsam an ihnen hat, wozu genügt, daß sie in seinen Herrschaftsbereich geraten sind. In diesem befinden sie sich auch, wenn sie in sein Zelt oder in sein Fahrzeug gelangt sind. Ein besonderer Tatbestand der Zuführung liegt vor, wenn Holz und andere Materialien, die nützlich verwendbar sind, auf dem zum Flußbett gehörenden, dem Gemeingebrauch unterliegenden Land angeschwemmt werden. Die Anschwemmung auf private Liegenschaften fällt dagegen unter den Art. 700. Nach Art. 725 hat der Gewahrsamsinhaber die Stellung des Finders.

Der Art. 725 Abs. 1 hat in den früheren kant. CGB kein Vorbild einer Bestimmung mit gleich umfassendem Inhalt. Geregelt ist in einigen dieser CGB das Rückholen von Holz, das durch Wasser, Sturm, Lawinen auf ein fremdes Grundstück getragen worden ist[1]. Über Lawinenholz, Flößholz, Sandholz oder Schwemmholz siehe namentlich CGB Graubünden §§ 95, 96, die Flößordnung vom 29. Januar 1920 mit ausdrücklichem Hinweis auf Art. 725 im Art. 10, und den Entscheid des KtGer-Ausschusses vom 28.3.1955[2]. Über Lawinenholz siehe vorn, § 39 II. Im übrigen wäre man auch mit der analogen Anwendung des Fundrechts und des Art. 700 ausgekommen[3]. Schon nach allgemeinen Grundsätzen besteht die Pflicht zur Rückgabe von Sachen, die jemandem durch Zufall, insbes. durch Naturgewalt zugetragen wurden oder zugelaufen sind[4]. Die ausländischen Gesetzbücher befassen sich im Anschluß an die Bestimmungen über den Schatzerwerb mit angeschwemmtem und aus Schiffbruch stammendem Material[5].

II. Rechtsstellung des Gewahrsamsinhabers

Wer durch Zuführung den Gewahrsam an fremden Sachen erlangt, hat nach Art. 725 Abs. 1 die Rechte und Pflichten des Finders. Das Fundrecht kann indessen nur eine analoge Anwendung finden. Nicht anwendbar ist es,

---

[1] EUGEN HUBER, System III, S. 165 f.
[2] PKG 1955, Nr. 68, S. 132 ff. und SJZ 52, 1956, Nr. 142, S. 297.
[3] LEEMANN, Art. 700, N. 16.
[4] RANDA, Eigentum (1893), S. 108 f.; DERNBURG, Bürgerl. Recht III (1904), S. 88 f.
[5] CCit. Art. 933: Rigetti del mare e piante sul lido; relitti aeronautici. Über den Erwerb der épaves nach französischem Recht (épaves maritimes, fluviales et terrestres) siehe PLANIOL/RIPERT/BOULANGER II, No. 2774 ff., S. 964 ff. Zum Strandrecht siehe GIERKE, DPR II, S. 539 f.; zur Grundruhr EUGEN HUBER, System IV, S. 741 (zu Wasser geschiertes Gut); STOBBE/LEHMANN, Handbuch des DPR, II/1, § 131 III.

wenn der Grundeigentümer (in der Regel werden die zugeführten Sachen ja in seinen Gewahrsam kommen) die Sache gar nicht in Besitz nimmt, sondern sie zurückwirft oder zugelaufene Tiere wegjagt, wozu er sicher befugt ist. Nach Art. 57 Abs. 1 OR ist er, wo es die Umstände rechtfertigen, sogar berechtigt, eingedrungene Tiere, die auf seinem Grundstück Schaden anrichten, besonders solche, die nicht wohl eingefangen werden können oder, wenn man sie einfängt, nicht abgeholt werden, zu töten. Nimmt er die Tiere (oder andere Sachen) in Besitz, hat er den Eigentümer davon ohne Verzug in Kenntnis zu setzen (Art. 57 Abs. 2 OR). Das ist eine Verpflichtung, die er als Finder hat. Wie der Finder hat er Anspruch auf Ersatz seiner Auslagen und Verwendungen. Außerdem ist ihm auch der Schaden zu ersetzen, der durch die Zuführung der Sache entstanden ist (Beweidung und auch Aufwühlung des Grundstückes, Beschädigung von Einfriedungen und Bauwerken, z.B. durch das Hereinfliegen eines Wurfobjekts, Herabfallen von Bestandteilen oder Ballast eines Luftfahrzeuges), sowie auch des durch das Aufsuchen und die Wegschaffung der Sache entstandenen Schadens. Ob auch ein Anspruch auf Finderlohn besteht, wie WIELAND und SCHERRER[6] annehmen, scheint mir sehr zweifelhaft zu sein. Er wäre auch deshalb nicht gerechtfertigt, weil der Eigentümer der Sache in der Regel weiß, wo diese hingekommen ist, und der Grundeigentümer weiß, wem die zugeführte Sache gehört. Jedenfalls ist ein Finderlohn in den Art. 57 OR und 700 ZGB nicht erwähnt und wird auch in diesen Fällen üblicherweise nicht beansprucht.

III. Bienenschwärme

Dazu verweise ich bloß auf die Ausführungen im § 39, Anm. 23 und im § 55.

§ 61. Die Verarbeitung (Spezifikation) (Art. 726 ZGB)

I. Das Akzessionsprinzip im Fahrnisrecht

Im Grundstücksrecht ist das Akzessionsprinzip nicht nur für das System, sondern auch für alle Einzelfragen von entscheidender Bedeutung. Es wurde im § 27 definiert und in seinen Konsequenzen dargestellt.

---

[6] WIELAND, Bem. 1, und SCHERRER, N. 19 zu Art. 725.

Im Fahrnisrecht sind die Verarbeitung, Verbindung, Vermischung und Vermengung als Erscheinungen der Akzession ein bevorzugtes Thema der Wissenschaft von jeher gewesen. Dem Umfang und der Eindringlichkeit dieser Untersuchungen entspricht die praktische Bedeutung des Gegenstandes nicht, wenigstens bei uns nicht, wo sich eine namhafte Gerichtspraxis zu ihm nicht gebildet hat. Auch für Frankreich wird dies bestätigt[1]. In Deutschland ist namentlich die Verarbeitung im Zusammenhang mit dem verlängerten Eigentumsvorbehalt zu großer rechtlicher Bedeutung gekommen und infolgedessen zum Gegenstand sehr eingehender wissenschaftlicher Untersuchungen gemacht worden. Davon war im § 52 die Rede.

In der Beurteilung der Rechtsfolgen der Verarbeitung und in deren theoretischer Begründung standen einander am Anfang der römischen Kaiserzeit die Sabinianer und die Prokulianer mit gegensätzlichen Lehrmeinungen gegenüber. Für die Sabinianer war der Stoff, die Materie, für die Prokulianer die durch die Arbeit geschaffene Form das bestimmende Element. Diese Auseinandersetzung, der verschiedene Auffassungen über die Kriterien der Sachindividualität zugrundelagen (Identität und Neuheit), stand unter dem Einfluß der griechischen philosophischen Richtungen. Dieser Einfluß hat seine große Bedeutung für die Geistes- und Kulturgeschichte des Abendlandes. Auf das römische juristische Denken wirkte er sich, wenigstens in der Behandlung des Problems der Verarbeitung, eher irreführend als förderlich aus. In der Abkehr von den extremen Positionen bildete sich dann die «media sententia» heraus, welche GAIUS vertritt, wohl im Anschluß an die bereits zur Herrschaft gelangte Lehrmeinung. Nach dieser behielt der Stoffeigentümer das Eigentum, wenn die Zurückführung der durch die Verarbeitung, Verbindung oder Vermischung entstandenen neuen Sache in den verwendeten Stoff möglich war.

Diese «media sententia» ist auch ins justinianische Recht übernommen worden und blieb maßgebend bis in die Zeit unserer älteren Kodifikationen[2].

Diese Auffassung ist mit dem Akzessionsprinzip nicht vereinbar, wie es seither zur Herrschaft gelangt ist. Mit ihm ist der Gedanke maßgebend geworden, daß einmal geschaffene Werte nicht zerstört werden sollen, sondern in der Hand desjenigen bestehen bleiben, der den wertvolleren Beitrag zu ihrer Bildung geleistet hat. Je nach dem Wert dieses Beitrages, sei es die Darangabe des Stoffes oder die Arbeitsleistung, wird der eine oder andere der Beteiligten Eigentümer der neuen Sache, oder beide zusammen werden deren Miteigentümer. Diese Regel begünstigt gegenüber der alten Lehre eher den Verarbeiter. Neueren deutschen und italienischen Autoren ist diese Tendenz

---

[1] PLANIOL/RIPERT/BOULANGER II, No. 2763: «Ce problème n'a d'ailleurs pas beaucoup d'importance pratique ...».
[2] Für das römische Recht ist grundlegend P. SOKOLOWSKI, Die Philosophie im Privatrecht, Halle 1902, Bd. I, S. 69 ff. Aus der neueren Literatur siehe KASER, Römisches PR I (1955), S. 360 ff. und Kurzlehrbuch (1962), S. 102 ff. KASER spricht an der erstgenannten Stelle von den ungesunden philosophischen Einflüssen, unter denen die äußere Gestalt der Sache die entscheidende Bedeutung erlangt habe. Vgl. auch F. WIEACKER, Spezifikation – Schulprobleme und Sachprobleme, in: Festschrift Rabel, Tübingen 1954, Bd. II, S. 263 ff., sodann KRELLER, Römisches Recht (oben § 51, Anm. 6), S. 158 ff. (Das Problem der Sachindividualität); BONFANTE, Corso di diritto romano II/2, S. 116 ff.

als ein Zug in der Entwicklung erschienen, welche das germanische Prinzip der Arbeit (oder der Produktion) zum Sieg über das römische Prinzip des Stoffes (und Kapitals) geführt hat. Gegenüber dieser Charakterisierung ist eine gewisse Skepsis nicht unangebracht[3].

Dem gemeinen römischen Recht (media sententia) am nächsten steht das ABGB, das im §415 darauf abstellt, ob eine verarbeitete neue Sache zur Zurückführung in ihre Bestandteile in den vorigen Stand gebracht und folglich jedem Beteiligten sein Anteil am Stoff zugeteilt werden kann. Dabei hat es aber doch nicht in jedem Fall sein Bewenden[4].

Im CCfr. Art. 565 ff. (Du droit d'accession relativement aux choses mobilières) ist für die Auseinandersetzung nicht mehr das physikalische Ergebnis der Verbindung und Verarbeitung maßgebend, sondern der Wert der Beiträge an Stoff und Arbeit[5].

Die Bestimmungen über die Entschädigung für die Einbuße an Stoff oder Arbeit sind durch Gesetz vom 17. Mai 1960 revidiert worden[6].

Unsere früheren kantonalen Kodifikationen stehen unter dem Einfluß des gemeinen römischen Rechts einerseits, des französischen Rechts andererseits[7]. Dies gilt zum größten Teil auch für die deutschen Partikularrechte[8].

In den neueren Kodifikationen ist die bereits namhaft gemachte Tendenz zur Verbesserung der Rechtsstellung des Verarbeiters gegenüber dem Stoffeigentümer, die schon vorher verschiedentlich in Erscheinung getreten war, verstärkt. Hierin gehen das BGB und der CCit. etwas weiter als das ZGB. Nach dem §950 BGB wird Eigentümer der neuen Sache deren Urheber, «wenn der Wert der Verarbeitung oder Umbildung nicht erheblich geringer ist als der Wert des Stoffes». Der Stoffeigentümer behält sein Eigentum also nur, wenn der Wert des Stoffes den der Arbeit erheblich übersteigt. Damit stimmt CCit. Art. 940 überein. Das ZGB hat im Art. 726 von dieser Qualifizierung abgesehen und erkennt dem Verarbeiter das Eigentum an der neuen Sache nur zu, wenn der Wert der Arbeit überwiegt[9].

II. Der Tatbestand der Verarbeitung

Die Verarbeitung besteht darin, daß eine fremde Sache zu einer neuen Sache verarbeitet oder umgebildet wird. Die Verarbeitung wird auch als

---

[3] Siehe zum Prinzip der Arbeit in der Rechtsgeschichte LIVER, Ges. rechtsgeschichtl. Abhandlungen, S. 61, und Berner Kommentar, Einleitungsband, S. 50, N. 108.

[4] GSCHNITZER, Sachenrecht, S. 84 f.

[5] P. OURLIAC/J. MALAFOSSE, Histoire du droit privé, Les biens, Paris 1962, No. 144 ff., S. 253 ff.

[6] MARTY/RAYNAUD II/2, No. 412 f., S. 402 f. Nach dieser Neuerung ist als Zeitpunkt der Bewertung der der Auseinandersetzung zwischen den Beteiligten als maßgebend erklärt.

[7] EUGEN HUBER, System III, S. 183 ff.

[8] STOBBE/LEHMANN II/1 (1896), S. 420 und da verzeichnete Literatur; GIERKE, DPR II, S. 582 ff.

[9] F. WIEACKER, Das Sozialmodell der klassischen Privatrechtsgesetzbücher und die Entwicklung der modernen Gesellschaft, Karlsruhe 1952, S. 17, sagt, der §950 BGB bekenne sich «zum germanischen Produktionsprinzip» und erbringe damit «eine recht unpraktische Huldigung an die politische Romantik». Wenn diese Charakterisierung überhaupt richtig ist, trifft sie auf das ZGB doch weniger zu als auf das BGB. Siehe dazu die Anm. 3 hievor. – An Spezialliteratur hiezu sind zwei Dissertationen zu nennen: W. KÜHNE, Der Eigentumserwerb durch Verbindung, Vermischung und Verarbeitung beweglicher Sachen im schweiz. Recht (Rechtsvergleichend mit dem österr. und deutschen PR), Bern 1956; K. HELBLING, Verarbeitung nach schweiz. Recht, Zürich 1958.

Spezifikation bezeichnet, welcher Ausdruck allen drei Gesetzessprachen des ZGB gemeinsam ist. Auch die Umschreibung des Tatbestandes stimmt in ihnen genau überein. Spezifikant ist nach dem französischen Text «une personne qui a travaillé ou transformé une matière qui ne lui appartient pas». Nach dem italienischen Text ist er «alcuno che ha lavorato o trasformato una cosa altrui».

Zahlreiche Beispiele dafür sind in den Quellen des römischen Rechtes aufgezählt und als Schulfälle durch alle Jahrhunderte hindurch behandelt worden. In den Institutionen Justinians II 1 § 25 werden als Stoffe, die zu neuen Sachen verarbeitet werden, genannt:

> Die Trauben, aus denen Wein, die Oliven, aus denen Öl gepreßt wird; das Gold, Silber, Erz, woraus ein Gefäß hergestellt wird; die Rohstoffe, aus denen Medikamente zubereitet werden; die Wolle, aus der das Kleidungsstück gefertigt wird, das Holz, welches zum Bau eines Bootes oder Schiffes verwendet wird; der Purpur, mit dem das Gewand eingefärbt wird.

Im § 950 BGB werden auch das Schreiben, Zeichnen, Malen, Drucken, Gravieren und ähnliche Behandlungen der Oberfläche einer Sache unter den Begriff der Verarbeitung gestellt. Darunter fällt auch die häufig genannte künstlerische oder kunstgewerbliche Bearbeitung von Holz, Stein und Metallen, auch das Schleifen, Polieren als Endzweck oder zur Vorbereitung weiterer Verwendung. Schließlich ist, wenn man nur auf den tatsächlichen Vorgang abstellt, die gewerbliche und industrielle Herstellung von Waren als Halb- oder Fertigprodukte stets ein Verarbeiten. Aber im Rechtssinne ist es nur eine Verarbeitung, wenn es an und mit fremden Sachen geschieht. Eine fremde Sache ist die einem anderen abhanden gekommene, die gestohlene, gefundene oder u.U. die anvertraute Sache (siehe Anm. 10 hienach). Nach der auch bei uns heute noch herrschenden Lehre (siehe vorn § 52) ist für den Käufer auch die unter Eigentumsvorbehalt erworbene eine fremde Sache.

Unter den Art. 726 fällt die Verarbeitung indessen nur, wenn mit ihr eine neue Sache entsteht. Neu ist die Sache, wenn der Stoff nach der Verarbeitung einer anderen Species zugehört. Dies trifft zu, wenn die verarbeitete Sache einen anderen Gebrauchszweck erhalten hat, für die Befriedigung eines anderen Bedürfnisses bestimmt und geeignet gemacht worden ist. Dafür ist die Verkehrsanschauung maßgebend, die in den meisten Fällen ihren Ausdruck in der Sachbezeichnung findet. Die Rohprodukte Wolle, Baumwolle, Leinen, Hanf werden zu Garn, Garn wird zu Tuch, Tuch wird zum Kleidungsstück, Rundholz wird zur Schnittware, der ausgehauene Granit- oder Serpentinblock wird zur Boden-, Deck- oder Schalterplatte, und der Traubensaft wird zu Wein. Auch die Gewinnung neuer Gebrauchsgegenstände durch die Trennung in ihre Bestandteile und deren Umwandlung fällt unter die Verarbeitung, so die Herstellung von Butter und Käse aus der Milch; die Herstellung von Cognac aus Wein (Weinbrand), von Branntwein aus Wein- und Obsttrester. Von jeher bereitete die Frage der Neuheit die größten Schwierigkeiten in der Lehre von der Verarbeitung.

III. Die rechtliche Natur der Verarbeitung

Die Verarbeitung ist ein Realakt oder eine Tathandlung, nicht ein Rechtsakt. Sie kann von jedermann durch seine Betätigung herbeigeführt werden. Handlungsfähigkeit ist nicht erforderlich, ja auch Urteilsfähigkeit nicht.

Wird auf Grund eines Rechtsgeschäftes verarbeitet, fällt dieser Vorgang nicht unter den Art. 726, sondern unter die Bestimmungen über das vorliegende Rechtsgeschäft. Das Rechtsverhältnis, auf Grund dessen neue Sachen durch Verarbeitung hergestellt werden, ist vor allem der Werkvertrag. Der Unternehmer, welcher Material verarbeitet, das ihm der Besteller liefert, wird nicht Eigentümer der neuen Sachen, sondern stellt sie für den Besteller her, dem sie gehören (Art. 365 Abs. 2 OR). Dies gilt für jeden, der im Auftrag eines anderen oder als Geschäftsführer ohne Auftrag dessen Stoffe verarbeitet. Wenn die Verarbeitung einer gemieteten oder entlehnten Sache vorgenommen wird, die völlig aus dem Rahmen des Vertrages fällt, also nicht für den Vermieter oder Verleiher erfolgt, muß dann doch der Art. 726 herangezogen werden[10].

IV. Der Eigentumserwerb

Da Voraussetzung der Verarbeitung im Sinne des Art. 726 die Entstehung einer neuen Sache ist, muß mit ihrer Verwirklichung die alte Sache, d. h. der verarbeitete Stoff als Gegenstand des Eigentums, untergegangen sein, so daß das Eigentum an der neuen Sache neu (originär) entsteht und sich die Frage stellt, ob es dem Stoffeigentümer oder dem Verarbeiter zufällt. Wie unter Ziffer I bemerkt wurde, ist dafür nach dem ZGB wie überhaupt nach den neueren Kodifikationen der wertmäßige Beitrag maßgebend, der von den Beteiligten geleistet worden ist. Ist die Arbeit kostbarer als der Stoff, spricht das Gesetz das Eigentum an der neuen Sache dem Verarbeiter zu, sonst aber, also auch wenn Wertgleichheit zwischen Stoff und Arbeit besteht, erwirbt der Stoffeigentümer die neue Sache.

---

[10] Die gleiche Frage wurde im Grundstücksrecht erörtert; siehe oben § 28, Vorbemerkung a.E. (Einbau und Überbau).

Zur Bestimmung des Wertverhältnisses ist vom Verkehrswert der neuen Sache auszugehen. Davon ist zur Ermittlung des Wertes der Arbeit der Wert des verarbeiteten Stoffes abzuziehen. Für die Bestimmung der Werte ist der Zeitpunkt der Auseinandersetzung maßgebend. Wie dem Verarbeiter sollen auch dem Stoffeigentümer inzwischen eingetretene Wertsteigerungen zugerechnet werden[11].

Fällt die neue Sache nicht dem Verarbeiter zu und sind Stoffe zweier oder mehrerer Eigentümer verarbeitet worden, werden diese Miteigentümer der Sache zu den ihrem Beitrag entsprechenden Quoten.

Da die verarbeiteten Sachen untergehen und an ihrer Stelle neue Sachen entstehen, gehen die beschränkten dinglichen Rechte, welche an den verarbeiteten Sachen bestanden haben (Nutznießung, Pfandrecht), unter. Ob sie auch untergehen, wenn sie an den eigenen Sachen des Verarbeiters bestanden haben, wäre aus logischen Erwägungen zu bejahen, da ihre Objekte durch die Verarbeitung untergegangen sind[12], widerspricht aber m. E. der nach Recht und Billigkeit gewürdigten Interessenlage. Diese Ansicht entspricht auch dem im Nutznießungsrecht gesetzlich festgelegten Surrogationsprinzip (Art. 750 ZGB). Praktische Bedeutung kann dieser Frage deshalb kaum zukommen, weil der Eigentümer der Nutznießungs- und der Pfandsache nicht deren unmittelbaren Besitz haben darf. Werden mehrere Stoffeigentümer Miteigentümer der neuen Sache, sind ihre Anteile mit der Nutznießung und dem Pfandrecht anstelle ihrer verarbeiteten Sachen belastet[13].

Grundsätzlich ist der **gute Glaube** des Verarbeiters Voraussetzung des Eigentumserwerbs. Der Dieb, der die gestohlene Sache verarbeitet oder umarbeitet, soll nicht Eigentümer der dadurch hergestellten Sache sein[14]. Aber dies gilt nicht absolut. Nach dem Wortlaut des Art. 726 Abs. 2 kann der Richter die neue Sache dem Verarbeiter, dessen Arbeit kostbarer ist als der Stoff, auch zusprechen, wenn er bösgläubig ist, also wußte oder hätte wissen müssen, daß er den Stoff unrechtmäßig verwendete. Diese Ausnahme rechtfertigt sich insbesondere dann, wenn der Stoff im Verhältnis zum Arbeitsprodukt nur einen ganz geringen Wert hat, wie etwa das Papier, das für wichtige Aufzeichnungen verwendet worden ist. Wenn ein Buchhalter einen eigenen Band mit eigenen Eintragungen vorübergehend für die Buchhaltung eines Auftraggebers verwendet, ihn aber nach Erfüllung des Auftrages wieder

---

[11] Im französischen Recht ist dies durch die Revision der Art. 556 ff. CCfr. vom 17. Mai 1960 festgelegt.
[12] KÜHNE, a.a.O. (oben Anm. 9), S. 59 und 72, Anm. 5.
[13] Mit Bezug auf die Verbindung und Vermischung OFTINGER, Kommentar, Art. 884, N. 49 und Art. 888, N. 7.
[14] Das BGB sieht vom Erfordernis des guten Glaubens überhaupt ab.

für eigene Zwecke brauchen will, hat der Auftraggeber das Eigentum am Band nicht erworben[15]. Wird ein gebrauchtes Kleidungsstück aufgetrennt und aus dem Stoff ein neues Gewand verfertigt, ist der Stoffwert des alten Stückes maßgebend und nicht der größere Wert des aufgetrennten Stoffes, da dieser Mehrwert ein Teil des Arbeitsproduktes ist.

V. Ausgleichsansprüche

1. Wenn die neue Sache dem Stoffeigentümer zuerkannt wird, büßt der Verarbeiter ein, was er geleistet hat. Dafür kann er Ersatz verlangen. Hat er gutgläubig gehandelt, kann er Ersatz des vollen Mehrwertes verlangen, den die neue Sache gegenüber der alten für den Eigentümer hat. War er bösgläubig, kann er nicht mehr verlangen als das, um was die neue Sache für den Eigentümer allermindestens mehr wert ist. Hierin besteht Übereinstimmung mit der Regelung der Entschädigungsfrage im Art. 672 (Einbau). Es ist aber auch möglich, daß die Sache durch die Verarbeitung an Wert nicht zugenommen, sondern abgenommen hat. Gutes Material ist für die Herstellung eines wertlosen «Kunstgegenstandes» verwendet und dadurch verdorben worden. Der «Künstler» hat dann dem Stoffeigentümer den Minderwert zu ersetzen und, wenn er bösgläubig war, vollen Schadenersatz zu leisten.

2. Die neue Sache wird dem Verarbeiter zuerkannt. Hat dieser gutgläubig gehandelt, hat er dem Stoffeigentümer den Betrag zu ersetzen, um den er bereichert ist. Dies ist der Preis des Materials im Zeitpunkt der Auseinandersetzung, der, wenn es sich um Gattungssachen handelt, leicht zu bestimmen ist, sonst geschätzt werden muß und zwar so, daß der Stoffeigentümer eine angemessene Entschädigung erhält (in Analogie zum Art. 672 Abs. 1). Wird die neue Sache ausnahmsweise dem bösgläubigen Verarbeiter zuerkannt, hat dieser dem Stoffeigentümer vollen Schadenersatz zu leisten.

3. Im Art. 726 werden die Ansprüche auf Schadenersatz und aus Bereicherung bloß vorbehalten. Etwas näher sind sie für den Einbau im Art. 672 geregelt. An diese Regelung schließen sich die vorstehenden Ausführungen an[16].

---

[15] Diesen Tatbestand hat das zürch. ObGer beurteilt: SJZ 36, 1939/40, S. 365 f.
[16] Mit den Ausgleichsleistungen im Sinne des Art. 672 befaßt sich eingehend BGE 95 II, 1969, S. 221 ff. = Pra 58 Nr. 138 mit Hinweis auf BGE 81 II, 1955, S. 346 = Pra 45 Nr. 23; neuestens BGE 99 II, 1973, S. 131–151 = Pra 63 Nr. 33.

§ 62. Verbindung und Vermischung
(adjonction et mélange; unione e mescolanza – Art. 727 ZGB)

I. Der Tatbestand

1. Die Verbindung

Eine Verbindung im Sinne des Art. 727 liegt vor, wenn Sachen verschiedener Eigentümer so miteinander verbunden werden, daß sie eine von ihren Bestandteilen verschiedene Sache bilden. Alle Fahrnisbauten, Fahrzeuge, Maschinen, Apparate sind durch Verbindung verschiedener Sachen hergestellt. Wie die Verbindung hergestellt ist, mit Schrauben, Nägeln, durch Anpassung, Einfügung, Auflagerung oder durch Schweißen und Löten, ist unerheblich. Neben der körperlichen muß die Zweckeinheit bestehen, und beide Beziehungen müssen feste Dauer haben. Es gilt hiefür nichts anderes als für das Bestandteilsverhältnis im allgemeinen, wie es im Art. 642 bestimmt ist. Siehe dazu vorn § 8.

2. Die Vermischung und Vermengung (confusio und commixtio)

Das Marginale zu Art. 727 nennt nur die Vermischung, während in der Literatur auch die Vermengung in den Tatbestand einbezogen wird. Die Vermengung ist auch eine Art der Vermischung. Ihr besonderes Merkmal ist der unveränderte Weiterbestand der miteinander vermengten festen Stoffe. Diese bilden aber trotzdem eine neue Sache oder doch eine andere Sache, aus der die vermengten Stoffe praktisch nicht oder doch nur mit ganz unverhältnismäßigem Aufwand ausgeschieden werden können. Durch die Vermischung i.e.S. verbinden sich die verwendeten flüssigen Stoffe in allen ihren Teilkörperchen miteinander. Verschiedene Flüssigkeiten werden zusammengegossen (Weine verschiedener Art und Herkunft, Spirituosen mit Fruchtsäften oder Essenzen), während man ein Gemisch von verschiedenen Mehlsorten, von Anthrazit mit anderer Steinkohle oder von Kunstdünger aus verschiedenen Salzen und Schlacken als Gemenge bezeichnet. Auch Gase können miteinander verbunden sein wie die Luft, oder auch vermischt und vermengt. Der Tatbestand der Vermischung und Vermengung wie der Verbindung kann auch ein natürlicher Vorgang, also nicht durch menschliche Tätigkeit bewirkt sein.

3. Die neue Sache

Als eine Sache können die verbundenen, vermischten oder vermengten Stoffe nur gelten, wenn sie ein abgegrenztes quantitativ bestimmtes Ganzes bilden. Durch die Verbindung entsteht eine zusammengesetzte Sacheinheit, durch die Vermischung und Vermengung ein Haufen oder ein durch den Behälter zusammengehaltenes meßbares Quantum. Zu einer Sache werden die einzelnen Teilchen (das Sand- oder Getreidekorn, der Tropfen Öl, Benzin oder Wein) ja erst, wenn sie zu einem Quantum, in dem sie der menschlichen Bedürfnisbefriedigung dienen, gehäuft oder geschüttet sind.

II. Das Eigentumsverhältnis

Rechtliche Bedeutung haben die Verbindung, Vermischung und Vermengung nur, wenn sie Stoffe verschiedener Eigentümer zum Gegenstand haben. Wenn jemand eigene Stoffe mit fremden Stoffen verbindet, vermischt oder vermengt, stellt sich die Frage nach dem Recht, das der oder die Eigentümer der fremden Stoffe an der neuen Sache haben. Da ihre Stoffe Bestandteile dieser Sache geworden sind, ist ihr Eigentum untergegangen. Das ist unter der auch hier geltenden Voraussetzung, daß die Verbindung, Vermischung oder Vermengung nicht auf Grund eines zwischen den beteiligten Stoffeigentümern bestehenden Vertragsverhältnisses vorgenommen worden ist, die von Gesetzes wegen eintretende Folge[1]. Auch beschränkte dingliche Rechte, die an den fremden Stoffen bestanden haben können, gehen mit dem Eigentum unter. An der neuen Sache können die früheren Eigentümer der fremden Stoffe und die an diesen dinglich Berechtigten nur die Rechte haben, die kraft Gesetzes in ihren Personen neu entstehen, die sie also originär erwerben. Im Grundstücksrecht ist die Liegenschaft immer die Hauptsache. Was Bestandteil ist, teilt ihr rechtliches Schicksal ohne Rücksicht auf Wert und Größe[2]. Im Gegensatz zum BGB wird nicht zwischen wesentlichen und anderen Bestandteilen unterschieden. Das hängt mit der einzigartigen Bedeutung des Bodens für die Wirtschaft und Gesellschaft zusammen. Die strenge Durchführung des Akzessionsprinzips dient auch in hohem Maße der Klarheit und Einfachheit des Immobiliarrechts[3]. Im Fahrnisrecht wird die Wirkung des Akzessionsprinzips im Interesse des früheren Eigentümers eines Bestandteils der neuen Sache wieder aufgehoben oder doch modifiziert, soweit die Gerechtigkeit es verlangt, ohne neu geschaffene Werte zu vernichten.

Hier werden die nebensächlichen von den übrigen Bestandteilen unterschieden. Nur sie fallen dem Eigentümer der Hauptsache zu. In Abweichung

---

[1] Siehe die Ausführungen über Hauptsache und Bestandteil oben § 8.
[2] CARBONNIER II, No. 22, S. 63: «... non pas qu'il vaille nécessairement plus, mais il est plus près de l'éternité.»
[3] Siehe oben § 7, § 8, II; § 27.

vom allgemeinen Grundsatz des Art. 642 wird für alle übrigen Bestandteile die Regel aufgestellt, daß ihre vormaligen Eigentümer an der neuen Hauptsache beteiligt sein sollen, und zwar als Miteigentümer[4]. Ihre Anteile werden nach dem Wert des aus ihrem Eigentum stammenden Stoffes zur Zeit der Verbindung bemessen (Art. 727 Abs. 1)[5]. Steht dieser Wert nicht fest, ist er im Streitfall durch behördlich angeordnete Schätzung zu bestimmen. Diese kann auch zur Festsetzung der Entschädigung für einen nebensächlichen Bestandteil nötig werden. Jedenfalls kann die Anwendung des Art. 727 zugunsten des Beteiligten, von dem feststeht, daß, aber nicht wieviel von seinem Stoff verwendet wurde, nicht ausgeschlossen werden[6].

Eine Modifikation erfährt der allgemeine Grundsatz des Art. 642 aber nicht nur durch die gesetzliche Begründung von Miteigentum, sondern auch mit der Berechtigung jedes Beteiligten, die Lostrennung des ihm entnommenen Stoffes von der neuen Sache zu verlangen, «wenn dies ohne Beschädigung oder unverhältnismäßige Auslagen möglich ist»[7].

Mit der Trennung werden die ursprünglichen Eigentumsverhältnisse wiederhergestellt. Dafür sind die Voraussetzungen ganz selten gegeben. In der Regel würde die Trennung, auch wenn sie praktisch durchführbar wäre, eine wesentliche Beschädigung bewirken. Diese zu verhindern, ist aber gerade der Hauptzweck aller Bestimmungen über die Akzession. Art. 727 schützt wie Art. 642 insbesondere die Hauptsache vor wesentlicher Beschädigung. Wenn durch die Trennung die verwendeten fremden Stoffe wesentlich beschädigt würden, hätten deren frühere Eigentümer kein Interesse an der Trennung, jedenfalls kein schutzwürdiges. Theoretisch ist die Trennung mit den Mitteln der modernen Technik in sehr vielen Fällen möglich, aber selten ohne unverhältnismäßige Arbeit oder Kosten. Indessen haben sich in dieser Hinsicht die Verhältnisse insofern stark geändert, als Bestandteile eines Motorfahrzeugs und anderer serienmäßig hergestellter Fabrikate, wie Maschinen und Apparate, als Ersatzteile jederzeit rasch zu beschaffen sind. Trifft dies zu, können sie, obwohl sie zu Bestandteilen einer Hauptsache geworden sind,

---

[4] Siehe oben, §12, IV 2 d. Das Eigentum aller Beteiligten erfährt dadurch eine Änderung.
[5] Weiter gefaßt im CCit. Art. 939; BARASSI, Diritti reali, N. 115f., S. 352ff.
[6] a. M. LEEMANN, N. 5 zu Art. 727 und RGZ 112, S. 103. Wie hier WESTERMANN, § 52 III a und BAUR, § 53a II 3. Im Zweifel greift die Vermutung des Art. 646 Abs. 2 Platz, daß die Anteile gleich groß sind.
[7] Damit hat sich namentlich KÜHNE, a.a.O. (§61, Anm. 9), S. 40ff. auseinandergesetzt. Er kommt zum Ergebnis, daß der Art. 642 in dem Sinne zu ergänzen sei, daß es Bestandteile gebe, an denen das Eigentum und die beschränkten dinglichen Rechte durch die Verbindung mit einer Hauptsache nicht untergehen, weil ihre Trennung und Ersetzung ohne Beschädigung der Hauptsache leicht möglich sei. Die Unterscheidung zwischen wesentlichen und unwesentlichen Bestandteilen habe auch im Grundstücksrecht ihren guten Grund.

vom vormaligen Eigentümer herausverlangt werden. Dies ist Sonderrecht für Fahrnis, das auf Grundstücke nicht analog anwendbar wäre und durch welches die allgemeine Regel des Art. 642 modifiziert würde[8].

Kein Rückforderungsrecht hat der vormalige Eigentümer, wenn sein Stoff zur Verbindung, Vermischung oder Vermengung verarbeitet worden ist und die Arbeit kostbarer ist als der Stoff. Dann ist nicht der Art. 727, sondern der Art. 726 anwendbar[9].

III. Ausgleichsansprüche

In wörtlicher Übereinstimmung mit Art. 726 Abs. 3 behält der Art. 727 Abs. 3 die Ansprüche auf Schadenersatz und aus Bereicherung vor. Hier, in den Tatbeständen der Akzession, liegt die Auslegung dieses Vorbehaltes nach Maßgabe des Art. 672 noch näher als auf Grund des Art. 726, auf dessen Behandlung verwiesen werden kann.

---

[8] In je einem Urteil des höchsten deutschen und des höchsten schweizerischen Gerichtshofes wird das durch Verbindung hergestellte Bestandteilsverhältnis auf Grund von Tatbeständen erörtert, die beide Lastwagen zum Gegenstand haben, aber im übrigen erhebliche Verschiedenheiten aufweisen.

In Deutschland ist es der sog. Schlepper-Fall. Der BGHZ entschied (18, S. 226 = NJW 1955, S. 1793), daß der Motor, weil er serienmäßig hergestellt und durch Lösung einiger Schrauben vom Schlepper getrennt und, wie auch der Schlepper, vom Fabrikanten nach wie vor veräußert und anderweitig verwendet werden könne, durch den Einbau nicht zu einem wesentlichen, sondern nur zu einem einfachen oder unwesentlichen Bestandteil des Fahrzeuges geworden sei. Infolgedessen sei der Eigentumsvorbehalt des Lieferanten durch den Einbau des Motors nicht erloschen. Dahingestellt ließ der BGH die Frage, ob anders zu entscheiden gewesen wäre, wenn der Schlepper bereits veräußert gewesen wäre, wozu auf RGZ 152, S. 9 hingewiesen wird.

Das Bundesgericht (76 II, 1950, S. 26 ff. = Pra 39 Nr. 90) läßt den EV an einem hydraulischen Motor-Dreiseitenkipper, der mit einem früher gelieferten Ford-Lastwagen-Chassis durch Anpassung verbunden worden war, untergehen. Zur Begründung wird ausgeführt, der Käufer habe den Kipper dauernd dem Chassis anfügen und nicht einen auswechselbaren Aufbau für ein Mehrzweckfahrzeug herstellen wollen; er habe ihn deshalb fest anschrauben und an der Ölleitung keine Kuppelungs- und Verschlußvorrichtung anbringen lassen. Dabei wurde hauptsächlich auf den Art. 642 und nur nebenbei auf den Art. 727 abgestellt und der Unterschied zwischen den beiden Bestimmungen unbeachtet gelassen. Möglicherweise wäre nicht anders entschieden worden, wenn dieser Unterschied wahrgenommen worden wäre, weil die Auswechselbarkeit und die Verkäuflichkeit des Kippers ohne wesentliche Einbuße für den einen und den anderen Beteiligten verneint worden wäre.

Nach römischem Recht ging das Eigentum an der trennbaren Nebensache mit der Verbindung nicht unter, sondern ruhte bis zur Trennung. KÜHNE bedauert die Preisgabe dieser Konstruktion im geltenden Recht (s. oben Anm. 7).

[9] LEEMANN, N. 6 zu Art. 727; STAUDINGER/KOBER, N. 3 zu § 947.

§ 63. Vermischung und Vermengung von Stoffen gleicher Art und gleichen Wertes

I. Der Tatbestand

Die Verbindung, Vermischung und Vermengung, welche der Art. 727 regelt, sind Vorgänge der Entstehung einer neuen Sache. Haben sie Stoffe gleicher Art und gleichen Wertes zum Gegenstand, führen sie nicht zur Entstehung einer neuen oder anderen Sache. Wenn gleicher Wein, gleiches Öl oder Milch verschiedener Produzenten im gleichen Gefäß gelagert oder transportiert wird, ist die Gesamtmenge ein abgegrenztes und beherrschbares Ganzes, aber stofflich unverändert. Der Anteil des einzelnen Eigentümers ist nicht eine individuell bestimmbare körperliche Einheit, die ausgeschieden und zurückgegeben werden könnte, sondern nur dem Quantum nach bestimmbar. Zum gleichen Verhältnis führt die Vermengung von Weizen, Kartoffeln, Rüben verschiedener Eigentümer, ferner die Lagerung von Kohle, Benzin, Petroleum verschiedener Eigentümer in ein und demselben Lagerabteil oder Tank. Die einzelnen körperlichen Teilchen sind keine Sachen. Sache kann nur die Gesamtheit sein. Diese aber ist homogen, so daß von Haupt- und Nebensache nicht die Rede sein kann. Diese Tatbestände sind häufiger und praktisch wichtiger als die im Art. 727 geregelten. Es braucht dafür nur an das Sammellagergeschäft im Sinne des Art. 484 OR erinnert zu werden. Von ihnen gesondert ist die Vermengung von Geld und von Wertpapieren, die nur der Gattung nach bestimmt und zu behandeln sind. Da sind die einzelnen Stücke zwar selbständige Sachen und als solche Eigentumsobjekte, aber sie sind nicht individualisierbar. Bestimmbar ist nur die Zahl oder der Nennwert des Anteils eines jeden Eigentümers an der vorhandenen Gesamtheit.

II. Die Rechtsfragen

Es steht von vornherein fest, daß die Gesamtmenge unter den an ihrer Bildung Beteiligten nach Maßgabe ihrer Beiträge sollte verteilt werden können. Jeder von ihnen sollte, was er hingegeben hat oder was ihm weggenommen und mit anderem vermengt worden ist, wieder herausverlangen können. Solange die Gesamtmenge unvermindert ist, kann und wird dem in der Regel auch entsprochen. Wenn aber die Gesamtmenge so vermindert oder mit Beschlag belegt ist, daß die Rückforderung nicht erfüllt werden kann, kommt es darauf an, welcher Natur dieser Anspruch ist, namentlich ob er dinglich oder bloß obligatorisch ist[1]. Im letzteren Fall ist es wenigstens zum Teil eine Schadenersatzforderung, und wenn der Ersatzpflichtige in Konkurs gefallen ist, gibt es einen Verlustschein.

Nach den Erläuterungen 1914, II, S.126 «kann Vermischung oder Verbindung im wirklichen Sinne nur vorliegen, wenn Gegenstände gemengt worden sind, die in ihrer Vereinigung etwas anderes ausmachen, als jeder Gegenstand für sich genommen, wie bei Vermengung verschiedener Arten von Mehl, von Flüssigkeiten u. dgl. Indem der Entwurf sich nur auf solche Fälle bezieht, überläßt er die Ordnung betreffend die Vermengung gleichartiger Sachen stillschweigend den allgemeinen Rechtsgrundsätzen». Darauf stellt auch das Bundesgericht ab[2]. In den übrigen Kodifikationen sind auch diese Tatbestände nach den Bestimmungen über die Verbindung, Vermischung und Vermengung zu beurteilen (BGB §§947/48, CCfr. Art.573–575, CCit. Art.939, ABGB § 415). Nur das ABGB hat im § 371 die Vermengung von Geld als Sonderfall in Übereinstimmung mit dem gemeinen Recht behandelt.

Nach der Ansicht EUGEN HUBERS[3] würde sich aus den allgemeinen Rechtsgrundsätzen ergeben, daß die Vermengung gleichartiger Sachen überhaupt keine Eigentumsänderung herbeiführt, sondern jeder Beteiligte Eigentümer seines im Gemenge aufgegangenen Sachquantums bleibt. Er könnte zwar nicht die gleichen Sachkörper herausverlangen, die er eingeworfen hat oder die ihm weggenommen wurden, aber einen Teil der vermengten Stoffe im gleichen Quantum. Nur darauf, nicht auf die Identität der vermengten und zurückverlangten Sachkörper komme es an. Dies trifft zwar wirtschaftlich zu, aber auch nur unter der Voraussetzung, daß die Gesamtmenge unvermindert vorhanden ist. Allgemeinen Rechtsgrundsätzen entspricht es auch unter dieser Voraussetzung nicht. Die vindicatio pro parte ist zwar auch im gemeinen Recht zugelassen worden, aber nur ausnahmsweise und im Bewußtsein ihrer Singularität[4]. Wenn aber die Hälfte der Gesamtmenge zerstört oder veräußert worden ist, reduziert sich auch der Anspruch eines jeden Beteiligten auf Herausgabe um die Hälfte. Daraus folgt, daß der Anspruch eines jeden Beteiligten eine nach einer Quote bemessene Teilmenge zum Gegenstand hat. Die Gesamtsache ist als solche ungeteilt. Sie kann infolgedessen nur Gegenstand des Miteigentums der Beteiligten nach Maßgabe ihrer Quote sein[5]. Die Quote ist nicht Eigentumsobjekt, sondern der arithmetische Ausdruck des Maßes der Beteiligung (siehe vorn §12 I 2). Mit der Rückforderungsklage wird nicht der Anteil vindiziert, sondern die partielle Aufhebung des Miteigentums verlangt[6]. Die

---

[1] Dies betont auch das zürch. HGer, BlZR 36, 1937, Nr.118.
[2] BGE 47 II, 1921, S.269 = Pra 10 Nr.147; darauf nimmt Bezug BGE 78 II, 1952, S.254 = Pra 41 Nr.142.
[3] Erläuterungen 1914, II, S.126.
[4] Siehe z.B. A. BECHMANN, Zur Lehre vom Eigentumserwerb durch Accession und von Sachgesamtheiten, 1867, S.28ff.
[5] WINDSCHEID/KIPP, §189, Anm.2; G.F. PUCHTA, Cursus der Institutionen II, 8. Aufl., Leipzig 1875, S.224; LEEMANN, Art.727, N.20; zürch. HGer, BlZR 36, 1937, Nr.118; unrichtig ObGer Luzern Max XI, Nr.586 = SJZ 65, 1969, Nr.80, S.176f.; BECHMANN, a.a.O., S.28, will jedem Eigentümer ausnahmsweise die Vindikation mit quantitativer Bezeichnung des Objekts geben und nennt den Ausspruch von BRINZ: «Quantitäten gelten für Sachen» einen «exorbitanten Satz». Er vertritt dann aber weiter hinten (S.32) die Ansicht, daß «das Gemischte ebenso sehr eine Sache ist, wie bisher die einzelnen Flüssigkeiten, die ja selbst wiederum nur ein Gemisch von unzähligen einzelnen Bestandteilen sind».
[6] Die Teilung auf Begehren eines Miteigentümers ohne Mitwirkung der übrigen ist allerdings eine Besonderheit dieses Miteigentums, die mit der Bezeichnung labiles Miteigentum zum Ausdruck gebracht wird.

Besonderheit des hier vorliegenden Miteigentums besteht in der Erleichterung und Vereinfachung der Aufhebung.

Dies ist auch die den Kodifikationen unserer Nachbarstaaten zugrundeliegende Auffassung[7].

III. Das Eigentumsverhältnis

Dem Erfordernis, daß jeder Beteiligte an der vorhandenen Gesamtmenge **dinglich** beteiligt ist und nach Maßgabe seiner Quote die Zuteilung eines Stoffquantums verlangen kann, entspricht nur die Ansicht, daß **Miteigentum** an der durch Vermengung entstandenen Sache bestehe. Diese Auffassung hat sich denn auch im Sammellagergeschäft, dem praktisch wichtigsten Tatbestand der Vermengung, durchgesetzt. In diesem erfährt das Miteigentum insofern eine Modifikation, als der Lagerhalter jedem Einlagerer auf dessen Begehren eine seinem Beitrag entsprechende Menge zuteilen darf, ohne daß dazu die anderen Einlagerer mitwirken müssen. Allgemein ist anerkannt, daß die zur Lagerung vermengten vertretbaren Güter der gleichen Art und Güte (Art. 484 OR) im **Miteigentum** der Einlagerer stehen[8]. Es ist nicht einzusehen, daß ein anderes Eigentumsverhältnis besteht, wenn die Vermengung von Stoffen ohne den Willen ihrer Eigentümer vorgenommen wird. Das Interesse des einzelnen Beteiligten, das seinem Anteil entsprechende Quantum herausverlangen zu können, verdient in diesem Fall noch

---

[7] Wie oben bemerkt wurde, hat keine andere Kodifikation die Vermengung gleichartiger und gleichwertiger Stoffe von den allgemeinen Bestimmungen über die Verbindung und Vermischung ausgenommen. Aus deren analoger Anwendung ergibt sich das Miteigentum an der abgegrenzten Gesamtmenge ohne weiteres.

Zum BGB (§ 948) siehe insbesondere WOLFF/RAISER, § 72 II 2 und III; WESTERMANN, § 52 III, S. 253; BAUR, § 53a II, S. 467; DERNBURG, Bürgerl. Recht III, § 108, S. 322f.

Zum ABGB (§ 415) KRAINZ/PFAFF/EHRENZWEIG, System, I/2, § 212 I: Bis zur Zuweisung der entsprechenden Quantität besteht Miteigentum nach Quoten. Dem stimmt GSCHNITZER, Sachenrecht, § 13, S. 86 zu: Es entsteht Quantitätseigentum, wenn das Gemenge abgegrenzt vorhanden ist (Sammeldepot, Einnahmen des Kellners incl. Trinkgeld).

Ebenso CCfr. Art. 573 Abs. 2, aber nur, wenn nicht der Beitrag eines Eigentümers weit überwiegt, nach dem Wert oder Quantum (MARTY/RAYNAUD II/2, No. 412.2).

Auch im italienischen Recht wird nicht unterschieden, ob durch die Vermengung eine neue Sache entsteht oder nicht. Selbst wenn die Trennung möglich ist, besteht, solange sie nicht erfolgt, eine Miteigentumsgemeinschaft. «L'unione e la mescolanza, separabili determinano una comunione incidente, che gli interessati possono sciogliere mediante l'actio communi dividundo. Tale è la tradizione romana ...» (A. BUTERA, Nuovo Codice civile commentato, Della proprietà I, 1941, S. 263 (zu Art. 129 = 939).

[8] Dies ist allgemein anerkannt: OSER/SCHÖNENBERGER, N. 23 zu Art. 481 und N. 4 zu Art. 484 OR; BECKER, N. 1 zu Art. 481 und N. 2 zu Art. 484 OR; GAUTSCHI, N. 5c, 9b, 10a zu Art. 481 und 1–3 zu Art. 484 OR; BGE 77 I, 1951, S. 34ff. = Pra 40 Nr. 57. – In Deutschland ist es gesetzlich festgelegt: HGB § 419; Gesetz über die Verwahrung und Anschaffung von Wertpapieren (Depotgesetz) vom 4. Febr. 1937; VO über Orderlagerscheine vom 16. Dez. 1931.

mehr, geschützt zu werden. Sein Anspruch besteht gegenüber dem Besitzer der Gesamtsache, der ihn, wie der Lagerhalter, ohne Mitwirkung der übrigen Beteiligten muß erfüllen können. Er ist hiefür aber allen Beteiligten in gleicher Weise verantwortlich und darf, wenn sie wegen Verminderung der Gesamtmenge nicht befriedigt werden können, einem jeden nur den seiner Quote entsprechenden Teil der vorhandenen Menge ausrichten. Damit kommt man zum Ergebnis, daß der Art. 727 auch auf die Vermengung gleichartiger und gleichwertiger Sachen analog anzuwenden ist[9]. Vom Abs. 2 des Art. 727 gilt dies indessen nicht, weil es, wie bemerkt wurde, hier keine nebensächlichen Bestandteile, ja überhaupt nicht eine Hauptsache und Bestandteile als Nebensachen gibt[10]. Infolgedessen hat jeder Stoffeigentümer, so gering auch sein Stoffquantum ist, einen entsprechenden Miteigentumsanteil an der Gesamtmenge. Wenn ein Sack Korn in einen eine noch so große Kornmenge enthaltenden Silo geschüttet wird, besteht auf Grund des Miteigentums der Anspruch auf Ausscheidung in gleicher Menge[11].

IV. Die Vermengung von Geld und Inhaberpapieren

1. Geld

Die Vermengung von Geld war im römischen und gemeinen Recht ein Sonderfall. Wer fremdes Geld mit eigenem vermengte, wurde ohne Rücksicht auf die Mengenverhältnisse dessen Eigentümer[12]. Diese Sonderregelung ist in den modernen Kodifikationen fallen gelassen worden. Einzig das ABGB hat sie, wie vorn bemerkt wurde, in seinem § 371 aufrechterhalten. Da sie ein Spezialfall der Vermengung von gleichartigen Sachen ist, die nicht eine neue oder andere Sache entstehen läßt, fällt auch sie nicht unter den Art. 727, wenigstens nicht unmittelbar, sondern ist «nach allgemeinen Rechtsgrundsätzen» zu beurteilen. Das Bundesgericht hat festgestellt, daß somit eine Lücke

---

[9] Diese Auffassung wird auch vertreten und eingehend begründet von P. LEMP, Das Eigentum am Erlös aus Kommissionsware, ZSR 61, 1942, S. 281 ff., bes. S. 323 ff.
[10] WIELAND, Bem. 6 zu Art. 727; Lemp, a.a.O.
[11] Anders auf Grund von § 947, Abs. 2 BGB WOLFF/RAISER, § 72, II 1; PLANCK/BRODMANN, Erl. 2 zu § 948. Wie hier aber WESTERMANN, § 52, III a, S. 253: «Die Entstehung von Alleineigentum eines Beteiligten ist hier nicht zu rechtfertigen, da der Grund, Erhaltung der wirtschaftlichen Einheit, für § 948 nicht gilt.» Ebenso BAUR, § 53a, III 2.
[12] BONFANTE, Corso di diritto romano, II/2, S. 123 f.; KASER, Römisches PR, Kurzlehrbuch, § 26, III 2, S. 103; DERNBURG, Pandekten (System), § 172, III 2b, S. 357; WINDSCHEID/KIPP, § 189, 2, N. 8 (Bd. I, S. 979); BECHMANN, a.a.O., S. 31; J.G.FUCHS, Consumptio nummorum, in: Festschrift Ph. Meylan, Lausanne 1963, I, S. 125 ff. Die Ansichten über den Grund dieses Sonderfalles gehen auseinander.

des Gesetzes bestehe. Um diese Lücke zu schließen, ist es aber nicht nach Art. 1 vorgegangen, sondern hat ohne weiteres auf das gemeine Recht zurückgegriffen und demgemäß entschieden, daß, wer widerrechtlich erlangtes Geld mit eigenem vermische, dessen Eigentümer werde[13]. Dieses Urteil läßt sich weder methodisch noch sachlich rechtfertigen. Es hätte geprüft werden sollen, ob nicht auch dieser Tatbestand durch analoge Anwendung des Art. 727, spezifiziert durch den Art. 484 OR (Sammellagergeschäft), zu beurteilen sei. Diese Frage könnte nur bejaht werden. Auch die teleologische Betrachtung führt zur gleichen Lösung. Der Eigentümer, dem Geld abhanden gekommen ist, das vom Dieb oder Finder mit seinem eigenen Geld vermengt worden ist und sich in der Gesamtmenge vorfindet, soll doch nach Recht und Billigkeit Anspruch auf Rückgabe des ihm fehlenden Betrages aus der Gesamtmenge haben und nicht mit einem obligatorischen Entschädigungs- oder Bereicherungsanspruch abgefunden werden, der gegebenenfalls mit einer Konkursdividende und einem Verlustschein «erfüllt» wird. Die Vermengung von Geld ist deshalb nach den gleichen Rechtssätzen zu beurteilen wie die Vermengung anderer vertretbarer Sachen gleicher Art und gleichen Wertes. Sie hat übrigens nicht mehr die gleiche praktische Bedeutung wie im römischen und gemeinen Recht, weil der gutgläubige Empfänger auch an abhanden gekommenem Geld nach Art. 935 das Eigentum ohnehin erlangt. Die Besonderheit des Geldes als Zirkulationsmittel, welche das römische Recht in der angegebenen Weise berücksichtigte, kommt im geltenden Recht ebenfalls in der Beschränkung der Vindikation und Besitzrechtsklage, aber im Sinne des Art. 935, zur Geltung[14].

Praktische Bedeutung erhält die Vermengungsfrage heute besonders im Kommissionsgeschäft, sowohl unter zivilrechtlichen als auch unter strafrechtlichen Gesichtspunkten. Die zivilrechtliche Frage, die sich in diesem Zusammenhang stellt, ist die, ob der Kommittent (Auftraggeber) vom Verkaufskommissionär den in Geld empfangenen Erlös aus dem Verkauf von Kommissionsware vindizieren und im Konkurs die Aussonderung verlangen kann. Dies wird verneint, wenn der Kommissionär das Geld mit seinem übrigen Geld vermengt hat[15]. Diese Ansicht ist jedoch nicht haltbar. Die Ver-

---

[13] BGE 47 II, 1921, S. 247 ff. = Pra 10 Nr. 147. In zustimmendem Sinne wird darauf Bezug genommen in BGE 78 II, 1952, S. 254 = Pra 41 Nr. 142. Ebenso LEEMANN, N. 19 und WIELAND, Bem. 6 zu Art. 727. Siehe im übrigen zum schweizerischen Recht P. GROSSHEINTZ, Die Vermischung von Geld und anderen vertretbaren Sachen, Diss. Basel 1937; KÜHNE, a.a.O., S. 55 f.; LEMP, a.a.O., S. 321 ff.
[14] Dies betont DERNBURG, Bürgerl. Recht III, § 108, III, S. 323.
[15] OSER/SCHÖNENBERGER, N. 15 zu Art. 401 und N. 2 zu Art. 434 OR; GAUTSCHI, N. 8 zu Art. 401 und N. 10c zu Art. 434 OR.

mengung schließt auch hier das dem dinglichen Anspruch aus dem Miteigentum entsprechende Recht des Kommittenten nicht aus[16].

2. Inhaberpapiere

Wertpapiere werden häufig und in zunehmendem Maße zur Verwaltung bei Banken hinterlegt. Die Bank kann ermächtigt sein, die ihr hinterlegten Inhaberpapiere gleicher Art in einem Sammeldepot zu vereinigen und bloß verpflichtet zu sein, dem Hinterleger jederzeit auf sein Verlangen Titel gleicher Art in gleicher Zahl zurückzugeben. Es liegt dann das dem Sammellagergeschäft genau entsprechende Verhältnis vor. Die Hinterleger erhalten Miteigentum am Sammelbestand, und die Bank ist berechtigt, jedem Hinterleger Wertpapiere ohne Mitwirkung anderer Miteigentümer von der Art und in der Zahl, worin sie ihr hinterlegt wurden, herauszugeben[17]. Die Bank kann sich vom Hinterleger auch ermächtigen lassen, die Titel zur Verwahrung und Verwaltung weiterzugeben, an eine Bank, welche die Funktion der Sammelstelle (Wertpapiersammelbank oder Giro-Zentrale) für sie und weitere Banken hat. An den Eigentumsverhältnissen ändert sich dadurch nichts. Die Hinterleger bleiben Miteigentümer. Ihre Bank wird aus dem unmittelbaren zum mittelbaren Besitzer. So kann sich ein zwei- oder mehrstufiges Besitzmittlungsverhältnis ergeben.

Dieses Effekten-Giro-Sammeldepot-System, wie es bei uns genannt wird, ermöglicht den Banken eine sehr erhebliche Rationalisierung der Verwaltung ihrer Bestände an nicht individualisierten Wertpapieren im offenen Depot[18]. In Deutschland hat es diesen Zweck seit längerer Zeit erfüllt und ist heute

---

[16] Auch im Kommissionsgeschäft kann vereinbart sein, daß der Kommittent mit dem Abschluß des Vertrages durch den Kommissionär in eigenem Namen das Eigentum am Kaufobjekt und das Eigentum am Verkaufserlös erlange, so daß die Vermengung durch den Kommissionär eine Vermengung von fremden mit eigenen Sachen ist. Siehe dazu und zur Vermengung überhaupt, insbesondere auch zur Vermengung von Geld, LEMP, a.a.O. (oben Anm. 9), S. 281 ff.

[17] Das zürch. HGer hat angenommen, daß sich durch die Sammelverwahrung von Wertpapieren an deren Eigentum nichts ändere, wenn die Bank anhand des sog. Skontrobuches den Eigentümer jedes Titels bestimmen könne. Da ein Teil der herausverlangten Inhaberpapiere im Sammeldepot nicht mehr vorhanden war, sah sich das Gericht dann doch genötigt, nach der quotenmäßigen Beteiligung der Hinterleger am vorhandenen Bestande zu entscheiden. Wenn danach Miteigentum besteht, sobald das Sammeldepot eine Verminderung erfahren hat, muß es von Anfang an bestanden haben (BlZR 36, 1937, Nr. 118, S. 231 ff.).

[18] O. BRASS, Die Möglichkeiten der Vereinfachung des Wertschriftenverkehrs unter bes. Berücksichtigung des deutschen Effektengiros, Diss. rer. pol. Bern 1958.

durch die hievor, in der Anm. 8 genannten Erlasse eingehend geregelt[19]. Neuerdings hat es auch im schweizerischen Bankwesen Eingang gefunden[20].

§ 64. Die Ersitzung

Literatur: In der Literatur wird die Fahrnisersitzung meistens zusammen mit der Grundstücksersitzung behandelt. Auch hier kann auf die Ausführungen im § 24, IV und die dort zit. Literatur verwiesen werden.

I. Funktion und Bedeutung

Im Abschnitt IV des § 24 ist die Ersitzung von Grundstücken dargestellt. Der Grundgedanke des Instituts ist im Fahrnisrecht der gleiche wie im Grundstücksrecht. Ein Mangel im Erwerb der Sache, der zur Folge hat, daß die rechtliche und die tatsächliche Herrschaft auseinanderfallen, wird durch die Ersitzung behoben. Der Besitzer der Sache, der sich zur rechtlichen Herrschaft über die Sache für befugt hält, erlangt diese Herrschaft, wenn er sie während längerer Zeit ausübt, ohne daß sie von dem dem Rechte nach Eigentümer gebliebenen früheren Besitzer angefochten wird. Die tatsächliche Herrschaft wird zur rechtlichen. Ein Rechtsverhältnis, das infolge des Zeitablaufs unsicher geworden ist, namentlich auch im Verhältnis zu Dritten, wird durch das dem tatsächlichen Herrschaftsverhältnis entsprechende Recht verdrängt. Das nicht betätigte und nicht verfolgte Eigentum verliert sich und weicht der fehlerhaften, aber in gutem Glauben betätigten Herrschaft; deren rechtlicher Mangel fällt dahin.

Der Vorgang, in welchem sich dieser Wandel vollzieht, ist im Grundstücksrecht einerseits, im Fahrnisrecht andererseits verschieden. Dort steht die Ersitzung auf dem Boden der grundbuchlichen Publizität. Sie heilt als ordent-

---

[19] Darauf wird in den Kommentaren und Lehrbüchern des deutschen Sachenrechts regelmäßig hingewiesen: WOLFF/RAISER, § 72, III 2, S. 269; BAUR, § 50, III 1 b und 53 b III 3 b. Siehe ferner die Kommentare zu den §§ 419–424 HGB, Anhang zu § 424 im STAUBschen Kommentar. Vgl. insbesondere den Kommentar zum Depotgesetz von G. OPITZ, Sammlung Guttentag, Berlin 1955.

[20] E. HIRSCHFELD, Zur Einführung des Sammeldepots in der Schweiz, Diss. Basel 1934; W. HUG, Die Rechtsverhältnisse beim Sammeldepot, in: Der Bankbetrieb und seine Revisionen, Zürich 1942; R. DE PREUX, Le contrat de dépôt ouvert de titres en banque, Diss. Fribourg, Sion 1946; P. ENGEL, Quelques problèmes de dépôt bancaire, 8e Journée juridique, Genève 1969; R. JENNY, Privatrechtsverhältnisse der Vermengung von Wertpapieren im Verwaltungsdepot der Bank, Zürcher Beiträge 325, Zürich 1969.

liche Ersitzung den Mangel des ungerechtfertigten Eintrages und führt als außerordentliche Ersitzung nach längerer Zeit und ohne daß der Besitz gutgläubig erworben und ausgeübt sein muß, den Rechtserwerb herbei. Jede Kontratabularersitzung ist ausgeschlossen[1]. Im Fahrnisrecht wirkt sich der Besitz für sich selbst aus, aber nur zugunsten des gutgläubigen Besitzers. Die Ersitzungszeit ist herabgesetzt. Eine außerordentliche Ersitzung, die sich auch zugunsten des bösgläubigen Besitzers vollziehen würde, gibt es nicht. «Wer den Besitz einer beweglichen Sache nicht in gutem Glauben erworben hat, kann von dem früheren Besitzer jederzeit auf Herausgabe belangt werden» (Art. 936 Abs. 1)[2].

II. Ausländisches und früheres kantonales Recht

1. Ausländisches Recht

Am wenigsten unterscheidet sich die Fahrnisersitzung des ZGB von der des deutschen BGB. Von dieser (§ 937) weicht sie nur ab in der kürzeren Ersitzungszeit (5 Jahre–10 Jahre) und durch die leichtere Verlierbarkeit des guten Glaubens. In den älteren Kodifikationen, namentlich im CCfr., ist die Ersitzung, wie im gemeinen Recht, die Wirkung der Verjährung des Herausgabeanspruchs. Die Ersitzung heißt wie die Verjährung «prescription» und als erwerbende Verjährung «prescription acquisitive». «En effet, quand la revendication de la propriété est éteinte, c'est le possesseur qui a la propriété.»[3] Diese Wirkung tritt mit dem gutgläubigen Besitz während 3 Jahren ein (Art. 2279)[4].

In Österreich (ABGB §§ 1451 ff.) ist das Verhältnis zwischen Verjährung und Ersitzung in den verschiedenen Erscheinungen des Instituts nicht einheitlich[5]. Nach § 1478 werden die Verjährung und die Ersitzung gleichzeitig vollendet, «insofern jede Ersitzung eine Verjährung in sich begreift». Die Frist beträgt 30 Jahre. Bewegliche Sachen, deren Besitz redlich und mit gültigem Rechtstitel erworben ist, sind nach 3 Jahren ersessen (§ 1466). In 3 Jahren ist auch die Condictio verjährt (§ 1487)[6].

Der neue CCit. hat die Ersitzung gegenüber der Verjährung verselbständigt und im tit. VIII, sez. III Dell'usucapione, als Art des originären Erwerbs des Eigentums und der übrigen ding-

---

[1] Siehe oben § 24, IV. Zur grundbuchlichen Publizität unter dem Gesichtspunkt der Verjährung und Ersitzung siehe LIVER, Zürcher Kommentar (Dienstbarkeiten) Art. 730, N. 15 der Vorbem.; Art. 731, N. 115 ff.; Art. 733, N. 45 ff.; Art. 734, N. 185 ff.; Art. 735, N. 27 f.; Art. 738, N. 19 ff. Die Ersitzung von Dienstbarkeiten ist daselbst ausführlich behandelt in den N. 91 ff. zu Art. 731 mit Nachträgen S. 670 f.

[2] BGE 48 II, 1922, S. 47 = Pra 11 Nr. 51 (Unverjährbarkeit der Eigentums- und der Besitzesrechtsklage gegenüber dem bösgläubigen Besitzer).

[3] PLANIOL/RIPERT/PICARD, Traité pratique, No. 689.

[4] Siehe auch MARTY/RAYNAUD II/2, No. 410, S. 400; CARBONNIER II/1, No. 76, S. 254 f.; W. MERK, Die Entwicklung der Fahrnisverfolgung im französischen Recht, Mannheim/Berlin/Leipzig 1914, S. 106 ff., wo betont wird, daß es in Frankreich eine eigentliche Fahrnisersitzung als selbständigen Eigentumserwerbsgrund nicht gebe.

[5] UNGER, System des österr. allg. Privatrechts, 5. Aufl., Leipzig 1892, Bd. II, § 104, S. 249 ff., 285 f.

[6] EHRENZWEIG, System I/2 (1957), § 209 ff.; GSCHNITZER, Sachenrecht, S. 106 f.

lichen Rechte geregelt (Art. 1158 ff.). Die Ersitzungszeit beträgt im Fahrnis- wie im Grundstücksrecht 20 Jahre (Art. 1158, 1161 al. 2). Wird der Besitz in gutem Glauben und auf Grund eines (an sich, in abstracto) geeigneten Rechtstitels (titolo idoneo) erworben, beträgt die Ersitzungszeit 10 Jahre (Art. 1159, 1161 al. 1). Während nach schweizerischem, deutschem und österreichischem Recht der gute Glaube während der ganzen Ersitzungszeit bestehen muß, genügt es nach dem italienischen wie nach dem französischen Recht, daß der gute Glaube im Zeitpunkt des Besitzerwerbs besteht; wenn er nachher erschüttert oder hinfällig wird, hindert dies die Ersitzung nicht (mala fides superveniens non nocet)[7]. Besonders geregelt hat der CCit. die Ersitzung von Gesamtheiten beweglicher Sachen (1160) und von beweglichen Sachen, die in öffentlichen Registern transkribiert sind (1162).

2. Früheres kantonales Recht

Die westschweizerischen Kantone und der Kanton Tessin folgten dem französischen, Bern und die übrigen Kantone seiner Gruppe lehnten sich an das österreichische Recht und damit alle zusammen an das gemeine römische Recht an. Die Ersitzung ist nach dem bern. CGB eine Verjährung, die sich auf Grund eines geeigneten Titels mit der Ausübung des Besitzes in gutem Glauben während 10 Jahren vollzieht (Satz. 1030–1041).

Dies ist die Zeit der ordentlichen Ersitzung von beweglichen Sachen, die sich anstelle der in der rechten Gewere begründeten Frist von Jahr und Tag unter dem Einfluß des gemeinen römischen Rechts (Zehnjahresfrist für die Grundstücksersitzung) seit dem späteren Mittelalter allmählich, zuerst im Landrecht, dann auch im Stadtrecht durchgesetzt und auch schon Aufnahme in den Schwabenspiegel gefunden hatte[8].

Das zürcherische PGB hat die Ersitzungszeit im § 642 gleich wie das österreichische und das französische Recht entsprechend der Frist für die Rückforderung abhanden gekommener Sachen (3 Jahre) bestimmt. Hierin sind Zürich nicht alle Kantone seiner Kodifikationsgruppe gefolgt. So unterscheidet das CGB von Graubünden (1862) die ordentliche Ersitzung von Fahrnis durch gutgläubigen Besitz von 12 Jahren auf Grund eines rechtmäßigen Titels und die außerordentliche Ersitzung in 20 Jahren, wenn der Erwerbstitel nicht nachweisbar ist (§ 202–204).

Nachdem das schweiz. OR von 1881 den Eigentumserwerb vom Nichtverfügungsberechtigten kraft guten Glaubens allgemein eingeführt hatte (Art. 205: sofortiger Erwerb anvertrauter Sachen; Art. 206: Erwerb abhanden gekommener Sachen nach 5 Jahren), hielt man in Zürich die Fahrnisersitzung für entbehrlich und hat den § 642 des ursprünglichen PGB nicht in die neue Redaktion von 1887 übernommen. Dies ist im Hinblick auf das Anwendungsgebiet der Fahrnisersitzung bemerkenswert, wenn auch nicht gerechtfertigt[9].

Nach den Erläuterungen II, S. 127 schloß sich der VE dem bereits geltenden Recht an. Die verhältnismäßig kurze Frist von 5 Jahren, heißt es da – nicht ganz mit Recht – sei nur im bernischen Recht länger. Im übrigen befassen sich die Erläuterungen nur mit der Unterbrechung des Besitzes.

---

[7] DE MARTINO, Commentario (oben § 56, Anm. 4), Art. 1161, S. 568; DE RUGGIERO/MAROI I, § 115, S. 570; MESSINEO, Manuale II, § 83, N. 12 ff., S. 444 ff. mit Hinweis auf die Grundstücksersitzung: § 81, N. 6, S. 398 ff. – Eingehende, auch rechtsvergleichende Darstellung: BARASSI, Diritti reali II, N. 225 ff., S. 396 ff.

[8] Art. 49 des Landrechts ed. WACKERNAGEL und GENGLER; Art. 56 ed. LASSBERG. Siehe dazu LIVER, Rechte, Gewere und Ersitzung, mit bes. Berücksichtigung Berns und seiner Gerichtssatzung (Lit. Verz. vor § 24, IV), S. 176 ff. in den Ges. rechtsgeschichtl. Abhandlungen. Siehe auch schon J. LEUENBERGER, Vorlesungen über das bernische Recht, 4 Bde., Bern 1850–1854, Bd. II/1, § 158, S. 176 ff.

[9] EUGEN HUBER, System III, S. 199; A. SCHNEIDER, Privatrechtl. Gesetzbuch für den Kt. Zürich (rev. 4. Sept. 1887) auf Grund des Bluntschli'schen Kommentars allg. faßl. erl., Zürich 1888, Bem. 2 zu § 9.

III. Das Anwendungsgebiet

Der Erwerb von beweglichen Sachen kraft guten Glaubens ist nur zu einem geringen Teil das Ergebnis einer Ersitzung. Keine Ersitzung ist:

1. Der Erwerb anvertrauter Sachen vom Nichtverfügungsberechtigten mit einem im übrigen gültigen Rechtsgeschäft nach Art. 714 Abs. 2 und 933 ZGB.
2. Die Entstehung des Eigentums an einer abhanden gekommenen Sache in der Person des gutgläubigen Erwerbers mit dem Eintritt der Verwirkung der Eigentums- oder Besitzesrechtsklage fünf Jahre nach dem Abhandenkommen (Art. 934).

Die Möglichkeit der Ersitzung hat der Besitzer in folgenden Fällen:

1. Er nimmt eine verlorene Sache, die er in guten Treuen für herrenlos hält, mit der Absicht der Aneignung in Besitz. Dies ist herrschende Lehre. Es können aber auch in diesem Fall die Voraussetzungen des Art. 714 in Verbindung mit Art. 933 erfüllt sein. Dies würde zutreffen, wenn man in der Aneignung ein gültiges Rechtsgeschäft zu sehen hätte. Siehe vorn § 54, II und § 56, III 1.
2. Die Sache ist dem Besitzer auf Grund eines ungültigen Rechtsgeschäfts übertragen worden. Der Rückforderungsanspruch des Veräußerers erlischt mit der Ersitzung durch den Erwerber. Dies ist der wichtigste Ersitzungstatbestand, der bei uns häufiger vorkommt als in Deutschland, weil die Ungültigkeit des Grundgeschäftes (des Rechtsgrundes in der Terminologie des Gesetzes) den Eigentumsübergang nicht zustandekommen läßt. Der Erwerber befindet sich dann, wenn er gutgläubig ist, in der Ersitzungslage.

    Die Fahrnisersitzung entspricht in diesem Falle der ordentlichen Ersitzung von Grundstücken. Der Mangel, der in der ungerechtfertigten Tradition liegt, wird wie der einer ungerechtfertigten Eintragung geheilt.

3. Wer den Besitz durch Gesamtnachfolge erwirbt, kann eine Sache, zu deren Herausgabe an einen Besserberechtigten der Rechtsvorgänger verpflichtet war, ersitzen. Dies ist der Fall des Erben, wenn sich in der Erbschaft Sachen finden, zu deren Herausgabe der Erblasser verpflichtet war[10].

---

[10] Vgl. jedoch Art. 599 Abs. 2 ZGB: «Auf die Ersitzung kann sich der Beklagte (nämlich der Besitzer der Erbschaft oder von Erbschaftssachen) gegenüber der Erbschaftsklage, die ihren Grund nicht in einem Anspruch des Erblassers hat, nicht berufen».

Nur im erstgenannten Fall wird der Besitz ohne Erwerbstitel erlangt. In den übrigen Fällen liegt dem Erwerb des Besitzes ein Titel zugrunde (justus titulus), auf den sich der gute Glaube bezieht und zur Geltung kommt, weil der Titel mangelhaft ist[11]. Jeder Ungültigkeitsgrund außer dem Mangel der Verfügungsberechtigung des Veräußerers der anvertrauten Sache kann in Betracht kommen, namentlich auch die Geschäftsunfähigkeit des Rechtsvorgängers, sofern der Erwerber sie nicht kannte oder nicht kennen mußte.

IV. Die Wirkung

Die Wirkung der Ersitzung besteht darin, daß das ersessene Recht in der Person des Erwerbers neu entsteht (originärer Rechtserwerb). Dieses Recht kann deshalb auch vom Recht des ursprünglichen Eigentümers inhaltlich verschieden sein. Es ist das Recht, das vom Willen des Erwerbers kraft dessen guten Glaubens erfaßt wird. Davon nicht erfaßte, weil dem Erwerber unbekannte Belastungen erlöschen. Solche sind im Fahrnisrecht nur die Nutznießung und das Faustpfand[12].

V. Gegenstand der Ersitzung

1. Das Eigentum

Nur Rechte, die durch den Besitz der Sache ausgeübt werden, können ersessen werden. Von ihnen nennt der Art. 728 nur das Eigentum.

2. Die Nutznießung

Wer eine Sache als Nutznießer besitzt, also mit dem Besitz nur dieses Recht ausüben will, ersitzt es und nicht das Eigentum des Rechtsvorgängers, das er anerkennt. Tantum praescriptum quantum possessum[13].

---

[11] Dieses Erfordernis der kurzen Ersitzung beweglicher Sachen im römischen, österreichischen und französischen Recht besteht darin, daß die Sache auf Grund eines Rechtstitels erworben sein muß, der als solcher, in abstracto, geeignet wäre, dem Erwerber das Recht zu verschaffen.
[12] BGB § 945 (lastenfreier Erwerb); CCit. Art. 1153 Abs. 2 und 3.
[13] Die Ersitzung der Nutznießung ist im § 1033 BGB ausdrücklich vorgesehen. Die Ersitzung anderer beschränkter dinglicher Rechte wird abgelehnt: STAUDINGER/KOBER, N.5 und PLANCK/BRODMANN, N.1 der Vorbem. vor § 937.

3. Das Faustpfand

Auch das Pfandrecht wird durch den Besitz der verpfändeten beweglichen Sache ausgeübt. Daß es vom Nichtverfügungsberechtigten kraft guten Glaubens gemäß Art. 933 erworben werden kann, ist unbestritten[14]. Wenn dies zutrifft, muß auch die Ersitzung möglich sein. Die Möglichkeit der Ersitzung eines Grundpfandrechtes wird verneint, weil der Gläubiger am verpfändeten Grundstück gar nicht Besitz hat. Am Faustpfand aber hat der Gläubiger, wenigstens dem Grundsatz nach, Besitz. Hat er den Besitz auf Grund eines ungültigen Pfanderrichtungsvertrages erhalten, sollte er das Pfandrecht als beschränktes dingliches Recht ersitzen können[15].

4. Inhaberpapiere

Da Inhaberpapiere im Rechtsverkehr als bewegliche Sachen zu behandeln sind, könnte auch an ihnen das Eigentum ersessen werden. Da aber Geld und Inhaberpapiere nach Art. 935, auch wenn sie dem Besitzer gegen seinen Willen abhandengekommen sind, mit der Tradition ins Eigentum des gutgläubigen Erwerbers übergehen, braucht dieser das Eigentum nicht zu ersitzen. Die Ersitzung wäre nur möglich, wenn die Tradition ungültig wäre und zwar aus einem anderen Grunde als dem, der darin besteht, daß abhandengekommene Sachen erworben werden[16].

5. Verkehrsfähigkeit

Sachen, die man rechtsgeschäftlich nicht erwerben kann, weil sie dem Verkehr entzogen sind, kann man auch nicht ersitzen. Dem Verkehr entzogen sind mancherlei bewegliche Sachen durch öffentlichrechtliche Eigentumsbeschränkungen. Diese sind meistenteils polizeilicher Natur; sie können aber auch der Erhaltung und Sicherung von Objekten des Natur-, Heimat- und Kulturschutzes sowie von Gegenständen mit hoheitlicher oder sakraler

---

[14] Es ist ja auch im Art. 884 Abs. 2 ZGB ausdrücklich gesagt.
[15] OFTINGER, N. 82 zu Art. 884, beschränkt sich auf die Feststellung, daß das Gesetz die Ersitzung nicht vorsehe. In der italienischen Doktrin wird zwar anerkannt, daß die im Text gezogene Folgerung sich aufdränge. Sie wird aber abgelehnt, weil, wie BARASSI, a.a.O., S. 411 sagt, damit eine «curiosissima sconcordanza legislativa» vorliegen würde. Nach Art. 1161 CCit. sind denn auch als Gegenstand der Ersitzung nur «diritti reali di godimento» genannt.
[16] In diesem Sinne BARASSI, a.a.O., S. 411; MESSINEO, Manuale II, § 83, N. 13, S. 444 (titoli di credito). Zum Übertragungsvertrag JÄGGI, Zürcher Kommentar, Art. 967 OR, N. 122, zum Schutz des gutgläubigen Erwerbers N. 169 ff.

Zweckbestimmung dienen. Dafür ist das öffentliche Recht der Kantone (Art. 6 ZGB) und des Bundes maßgebend[17].

VI. Der Besitz

1. Eigenbesitz

Der Besitz, notwendiges und wichtigstes Merkmal des Ersitzungstatbestandes, muß Eigenbesitz sein. Nur wenn der Besitz mit dem Willen ausgeübt wird, das zu ersitzende Recht als eigenes zu haben, kann die Ersitzung zustandekommen. Wer für einen anderen besitzt, kann nicht ersitzen. Der Besitz der Sache zur Ersitzung der Nutznießung oder des Faustpfandrechtes ist in bezug auf diese Rechte Eigenbesitz, obwohl es unselbständiger Besitz im Sinne des Art. 920 ZGB ist. Wer die Sache zu einem obligatorischen, nicht ersitzbaren Recht besitzt, als Mieter, Pächter, Entlehner, Depositar, Verwalter, ist Fremdbesitzer und kann als solcher nicht ersitzen.

2. Besitzwandlung

Der Fremdbesitzer kann nicht Ersitzungsbesitz erzielen, indem er den Willensentschluß faßt und aufrechterhält, die ihm anvertraute Sache als eigene zu besitzen. Der ungetreue Verwalter, der sich Eigenbesitz anmaßt, kann nicht ersitzen[18]. Da sich die Frage, ob der Besitzer Eigen- oder Fremdbesitz hat, nach dem Recht beurteilt, zu welchem er besitzt, gilt immer noch die Regel des römischen Rechts: Nemo sibi ipse causam possessionis mutare potest[19].

3. Die Besitzesdauer

Die Frist, während welcher der Besitz ausgeübt sein muß, beträgt fünf Jahre. Diese Frist ist länger als die der Rechtsordnungen, welche eine beson-

---

[17] MEIER-HAYOZ, Kommentar, Syst. Teil, N. 110 ff. Siehe auch oben § 22, 24, IV 2a und 3a; § 31, I sowie LIVER, Zürcher Kommentar, Art. 731, N. 121 ff. – Abgesehen von Vorschriften des Landesrechtes ist die Frage in Deutschland kontrovers. Die Ersitzbarkeit öffentlicher Sachen wird von WOLFF/RAISER bejaht unter der Voraussetzung, daß der Besitzer die öffentliche Zweckbestimmung nicht kennt (§ 71, Anm. 2), von WESTERMANN (§ 51, I 3) unter der Voraussetzung, daß die Sache der öffentlichen Organisation entzogen ist. Dem kann zugestimmt werden. Ausführlich äußert sich dazu PFISTER, a.a.O. (Lit. Verz. vor § 24, IV), S. 139 ff. Das strenge Erfordernis des guten Glaubens in der bezeichneten Hinsicht wirkt auch hier als Korrektiv.
[18] Bespr. LIVER von BGE 82 II, 1956, S. 388 in der ZBJV 94, 1958, S. 26 ff.
[19] Gegen die Geltung dieser Regel PFISTER, a.a.O., S. 85, mit der Begründung, daß auf den justus titulus nach unserem Recht keine Rücksicht zu nehmen sei.

dere, kurze Frist für die Ersitzung beweglicher Sachen auf Grund eines Erwerbstitels in gutem Glauben vorsehen, wie das römische, französische, österreichische Recht und die meisten früheren kantonalen Gesetzbücher.

Dies hat darin seinen Grund, daß es in unserem Recht nur eine Art der Fahrnisersitzung gibt, welche keinen Rechtstitel voraussetzt, während es in den eben genannten anderen Rechtsordnungen neben der kurzen noch eine lange Ersitzung gibt, für die vom Titel und auch vom guten Glauben abgesehen wird. Daß es diese lange Ersitzung in unserem Recht nur als Grundstückersitzung, nicht aber als Fahrnisersitzung gibt, könnte als ein Mangel erscheinen, da der Rückforderung einer Sache durch die rei vindicatio oder gar durch die Besitzesrechtsklage auch noch nach Generationen doch etwelche Gründe, auf denen das Ersitzungsinstitut beruht, entgegenstehen.

4. Konstanz des Besitzes

Während der ganzen Dauer der Ersitzungszeit muß der Besitz ununterbrochen und unangefochten ausgeübt sein. Nur über diese beiden Voraussetzungen trifft der Art. 728 nähere Bestimmungen. Ununterbrochen ist der Besitz nach Art. 728 Abs. 2 auch dann, wenn der Besitzer einen unfreiwilligen Verlust der Sache erleidet, diese aber innert Jahresfrist wieder erlangt, sei es mit Hilfe des Richters oder sonstwie. Durch Veräußerung der Sache endigt der Besitz und nimmt seinen Anfang von neuem, wenn die Sache nach einiger Zeit wegen eines körperlichen oder rechtlichen Mangels oder wegen eines Mangels im Recht zurückgenommen werden muß. Der Besitz ist dann in der Zwischenzeit unterbrochen; die Ersitzungszeit beginnt von neuem (Art. 137 OR). Das Gesetz verweist auf die Bestimmungen des OR über Hinderung, Stillstand und Unterbrechung der Verjährung (Art. 134 ff. OR) sowie auf die da geregelte Bestimmung der Fristen (Art. 132).

Unangefochten ist der Besitz, solange niemand auf dem Rechtswege ein besseres Recht zum Besitz mit Erfolg geltend macht. Der bloße Widerspruch eines Besserberechtigten vermag den Ersitzungsbesitz nicht zu unterbrechen, kann aber den guten Glauben des Ersitzenden erschüttern oder zerstören und dadurch die Fortsetzung der Ersitzung hindern.

5. Anrechnung des Besitzes des Rechtsvorgängers

Hatte der Rechtsvorgänger (der Veräußerer oder auch der Erblasser) Ersitzungsbesitz, kann dieser fortgesetzt werden. Dies ist die auch für die Grundstücksersitzung festgestellte accessio temporis (vorn § 24, IV 2 d).

Nicht erforderlich ist, daß der Besitz unmittelbar ausgeübt wird; der selbständige Besitzer kann das Eigentum auch ersitzen, wenn er die Sache einem andern zu einem beschränkten dinglichen oder persönlichen Recht übertragen hat, der den Besitz für ihn ausübt (Art. 920).

6. Die Vermutung des Eigenbesitzes

Vom Besitzer einer beweglichen Sache wird vermutet, daß er Eigentümer sei (Art. 930). Daraus würde folgen, daß die Vermutung für den Eigenbesitz spricht[20]. Diese Vermutung, die ohnehin auf schwachen Beinen steht, ist zerstört, wenn feststeht, daß die Sache dem Besitzer bloß zu einem beschränkten dinglichen oder persönlichen Rechte anvertraut ist (siehe Ziff. 2 hievor). Die Vermutung besteht dann nur zugunsten dieses Rechtes und kann demjenigen gegenüber nicht geltend gemacht werden, der die Sache dem Besitzer anvertraut hat (Art. 931). Im übrigen ist die Vermutung des Eigentums und damit des Eigenbesitzes nur haltbar, wenn ein eindeutiger, offenkundiger und redlicher Besitz vorliegt[21].

7. Gutgläubige Erlangung und Ausübung des Besitzes

Zur Ersitzung taugt der Besitz nur, wenn er weder durch verbotene Eigenmacht, noch heimlich, noch bittweise, d.h. mit jederzeit widerruflicher Erlaubnis des Berechtigten, erlangt ist: nec vi nec clam nec precario! Der gute Glaube, d.h. das Bewußtsein des Besitzers, daß er zum Besitz berechtigt sei und mit ihm keines anderen Recht verletze[22], muß während der ganzen Ersitzungszeit bestehen. Dieses dem kanonischen Recht des Mittelalters entstammende Erfordernis unterscheidet unser Ersitzungsrecht von dem Frankreichs, Österreichs und Italiens, nach dem es genügt, daß der Besitz in gutem Glauben erworben worden ist (mala fides superveniens non nocet). Das Erfordernis des unverändert fortbestehenden guten Glaubens ist auch im § 937 Abs. 2 BGB etwas abgeschwächt mit der Bestimmung, daß nur die nachträglich erlangte positive Kenntnis des Besitzers, daß ihm das Eigentum nicht zusteht, die Ersitzung hindert, während nach unserem Art. 728 zur Zerstörung des guten Glaubens genügt, daß der Besitzer den Rechtsmangel bei

---

[20] So LEEMANN, N. 5 zu Art. 728. Die gegenteilige Ansicht herrscht in Deutschland vor: WOLFF/RAISER, §71, I 1; STAUDINGER/KOBER, N. 1a und PLANCK/BRODMANN, Erl. 2a zu §937 BGB.
[21] Der Besitz muß, wie nach dem französischen Recht die «possession», sein: «Paisible, publique et non équivoque», nicht «clandestine, violente, délictueuse» (PLANIOL/RIPERT/PICARD, Traité pratique, No. 375; CARBONNIER II, No. 42, S. 129f.).
[22] Zum Begriff des guten Glaubens oben §24, IV 2e und dortige Zitate, sowie §28, Anm. 41.

Anwendung der gebotenen Sorgfalt nachträglich hätte erkennen müssen[23]. Möglich ist auch, daß der gute Glaube anfänglich fehlt, sich aber nachher einstellt, was seinen Grund in der Entstehung eines anderen Rechtsverhältnisses zum Besserberechtigten oder in der Feststellung, daß dieses andere Rechtsverhältnis schon zur Zeit des Besitzeserwerbs bestanden hat, haben kann[24].

VII. Bereicherungsansprüche

In Deutschland hat sich seit 1910 (im Gefolge OERTMANNS) die Ansicht mehrheitlich durchgesetzt[25], daß der Verlust des Eigentums infolge der Ersitzung gegenüber dem Erwerber einen Anspruch auf Herausgabe der Bereicherung begründen könne. Diese Ansicht hat ihren Grund in folgender Erwägung: Wenn der nicht erkennbar geschäftsunfähige A dem B eine Sache verkauft und mit gültiger Tradition übereignet, wird B Eigentümer, ist jedoch während 30 Jahren dem Bereicherungsanspruch des A oder dessen Erben ausgesetzt (Abstraktheit der Tradition; Verjährung der Condictio nach 30 Jahren). A darf nicht schlechter gestellt sein, wenn die Eigentumsübertragung gescheitert wäre und B die Sache ersessen hätte.

Für unser Recht kann dieser Ansicht nicht zugestimmt werden, und zwar aus folgenden Gründen nicht: 1. Der Bereicherungsanspruch verjährt regelmäßig nach einem Jahr, also vor dem Ablauf der Ersitzungszeit (Art. 67 OR); nur wenn der Verletzte erst nach Ablauf der Ersitzungszeit die für die Rückforderung erforderliche Kenntnis erhält, was höchst selten der Fall sein wird, würde die Verjährung des Bereicherungsanspruchs erst nach 10 Jahren eintreten. 2. Der Ersitzende erwirbt überhaupt nicht ohne Rechtsgrund. 3. Ein wesentliches Element des Ersitzungstatbestandes ist die Verschweigung. Sie trägt wesentlich zur Rechtfertigung des Rechtsverlustes bei. 4. Mit ungültigem Verpflichtungsgeschäft und gültiger Tradition kann nach unserem Recht überhaupt nicht Eigentum übertragen werden. Da der Veräußerer Eigentümer bleibt, kann er nur vindizieren, nicht kondizieren; die rei vindicatio

---

[23] Eingehend ist die Ersitzung beweglicher Sachen beurteilt im BGE 94 II, 1968, S. 297, mit dem folgenden Leitsatz: Erkundigungspflicht des Besitzers, falls der frühere Besitzer während der Ersitzungszeit das Eigentum beansprucht; auf den guten Glauben kann sich nur berufen, wer bei sehr schwierig zu beurteilenden Rechtsverhältnissen einer zwar unrichtigen, aber vertretbaren Ansicht folgt. Vgl. Bespr. LIVER in ZBJV 106, 1970, S. 61 ff.

[24] CCit. Art. 1164: Interversione del possesso.

[25] Entschieden ablehnend PLANCK/BRODMANN, Erl. 3 und STAUDINGER/KOBER, N. 4 zu § 937 BGB; GIERKE, DPR III, S. 999, Anm. 19.

aber ist ausgeschlossen, sobald Ersitzung eingetreten ist. 5. Daß die Gewährung des Bereicherungsanspruches die Ersitzung illusorisch machen kann, zeigt das für die deutsche Lehre und Praxis maßgebende Urteil des Reichsgerichts (RGZ 130, S.69) sehr eindrücklich. Nach ihm hatte eine noch nicht bevormundete, nicht erkennbar geschäftsunfähige Person der Münchner Pinakothek 66 ererbte Originalwerke Adolf Menzels geschenkt. Nach Vollendung der Ersitzung (10 Jahre!) klagte der Vormund auf Rückgabe der Bilder aus ungerechtfertigter Bereicherung und wurde geschützt[26].

§ 65. Der Verlust des Fahrniseigentums

I. Bedeutung in der Gesetzgebung

Gegenstand, Erwerb und Verlust bilden im Fahrnis- wie im Grundstücksrecht im gleichen Abschnitt oder Titel geregelte Tatbestände. Die beiden Gebieten gemeinsamen Untergangsgründe des Eigentums sind die Dereliktion und der Untergang der Sache. Die Dereliktion von Grundstücken ist vorn, im §25, dargestellt. Darauf soll hier verwiesen sein. Den Untergang der Sache hat das Gesetz im Grundstücksrecht (Art. 666 Abs. 1 und 712 f ZGB) angeführt. Im Fahrnisrecht ist er als selbstverständlich vorausgesetzt und deshalb nicht erwähnt. Unterschieden wird hier wie dort zwischen dem relativen Verlust des Eigentums, der darin besteht, daß die Sache von einem anderen erworben wird, was zur Folge hat, daß das Eigentum dem bisherigen Eigentümer verlorengeht, und dem absoluten Eigentumsverlust, der die Folge der Dereliktion oder des Unterganges der Sache ist.

Im §959 BGB ist nur die Dereliktion umschrieben, und zwar wie folgt: «Eine bewegliche Sache wird herrenlos, wenn der Eigentümer in der Absicht, auf das Eigentum zu verzichten, den Besitz der Sache aufgibt».

Nach dem §444 ABGB erlischt das Eigentumsrecht durch den Willen des Eigentümers, durch Gesetz und durch richterlichen Ausspruch. Damit ist die Dereliktion und sind die Tatbestände

---

[26] Erschöpfende Zusammenstellung der Befürworter und Gegner des Ausgleichs durch Herausgabe der Bereicherung bei EsSER, Schuldrecht, §187, 4, S.767. Außer dem im Text genannten ergibt sich ein Beispiel für das Bedürfnis nach einem Ausgleich durch Herausgabe der Bereicherung in Deutschland aus dem Tatbestand des §816 Abs. 2 BGB, wonach der Erwerber, der die Sache vom Nichtverfügungsberechtigten durch im übrigen gültiges Rechtsgeschäft geschenkt bekommen hat, zur Herausgabe der Bereicherung verpflichtet ist. In unserem Recht wird der unentgeltliche Erwerb nicht anders behandelt als der entgeltliche, so daß daraus zur Begründung des Bereicherungsanspruches nichts hergeleitet werden kann. Gleichwohl wird die Möglichkeit der Haftung des Eigentümers der ersessenen Sache aus ungerechtfertigter Bereicherung vertreten von PFISTER, a.a.O. (Lit. Verz. vor §24, IV), S.150ff. und neuerdings von W.LARESE, Fahrnisersitzung und Bereicherungsklage, SJZ 67, 1971, S.233ff.

des originären Erwerbs durch einen anderen unterschieden. (Das Eigentum und die beschränkten dinglichen Rechte an Grundstücken gehen durch Löschung im Grundbuch unter: ABGB § 445.)

Diese Vorschriften sind auch in die Rechte der bernischen Kodifikationsgruppe übernommen worden. Siehe bes. CGB Bern, Satz. 445. Nach dem CCfr. Art. 713 und 739 scheint es keine herrenlosen Sachen zu geben. Doch ist allgemein anerkannt, daß dies nur für Liegenschaften gilt, nicht aber für bewegliche Sachen, die derelinquiert werden können[1].

Der CCit. enthält den Tatbestand des Eigentumsverlustes nicht, setzt ihn aber in den Bestimmungen über den Erwerb des Fahrniseigentums voraus[2].

Monographisch ist der Verlust des Fahrniseigentums nicht behandelt[3].

Der Art. 729 ZGB sagt ausdrücklich nur, der Verlust des Eigentums trete nicht ein, wenn der Eigentümer bloß den Besitz verliere, sondern nur, wenn er mit dem Besitz auch das Eigentum aufgebe, oder wenn dieses von einem anderen erworben werde. Dies ist indessen schon in den Ausführungen über den Fund deutlich genug hervorgehoben worden.

II. Die privatrechtlichen Tatbestände des Eigentumsverlusts

1. Der relative Eigentumsverlust

Dieser tritt als Folge des Eigentumserwerbs durch eine andere Person ein:

a) Derivativ

durch Eigentumsübertragung und Gesamtrechtsnachfolge; die letztere tritt von Gesetzes wegen ein durch die Erbfolge, aber auch durch Heirat ohne Ehevertrag, und zwar an den von der Frau eingebrachten vertretbaren Sachen und Inhaberpapieren (Art. 201 Abs. 3 ZGB). Wird durch Ehevertrag Gütereinheit begründet (Art. 199), gilt dies für alles eingebrachte Gut der Frau, mit Ausnahme der Gegenstände des persönlichen Gebrauchs.

---

[1] PLANIOL/RIPERT/PICARD, Traité pratique, No. 63; PLANIOL/RIPERT/BOULANGER II, No. 2116 f., S. 742 f.; CARBONNIER II, No. 80, S. 264 ff. (acquisition des meubles vacants).

[2] MESSINEO, Manuale II, § 84, S. 499 f.; DE RUGGIERO/MAROI I, § 116, S. 572 f.; BARASSI, Proprietà, No. 59 (abbandono), S. 209 ff.

[3] H. HÜBNER, Der Rechtsverlust im Mobiliarsachenrecht. Ein Beitrag zur Begründung und Begrenzung des sachenrechtlichen Vertrauensschutzes – dargestellt an der Regelung nach § 932 BGB, Erlanger Forschungen 1955, beschränkt sich, wie der Untertitel sagt, auf den Verlust des Eigentums infolge des Erwerbs der anvertrauten Sache durch den gutgläubigen Dritten. Den Verzicht auf beschränkte dingliche Rechte und auf den Miteigentumsanteil habe ich behandelt in der Festschrift Walther Hug (1968), S. 353 ff., den Verzicht auf Dienstbarkeiten auch im Zürcher Kommentar, Art. 731, N. 73; Art. 734, N. 97 ff. und Nachtrag S. 677; Art. 741, N. 37 ff. Zum Verzicht im allgemeinen als Rechtsgeschäft G. GRAMMATIKAS, Théorie générale de la renonciation en droit civil, préface de J. Carbonnier, Paris 1971; daselbst zum Verzicht auf das Eigentum S. 97 f. – Zum Verlust des Besitzes HINDERLING, unten § 77.

b) Originär

durch Ersitzung, Erwerb von dem Veräußerer anvertrauten Sachen, von Geld und Inhaberpapieren kraft guten Glaubens vom Nichtverfügungsberechtigten (Art. 714 Abs. 2, 933, 935 ZGB), Verwirkung der Eigentums- und Besitzesrechtsklage gegenüber dem gutgläubigen Erwerber abhanden gekommener Sachen (Art. 934), durch Fund, Zuführung, Verarbeitung, Verbindung und Vermischung sowie durch Anwachsung infolge Verzichts (Akkreszenz).

2. Der absolute Eigentumsverlust

Dieser Verlust tritt ein, wenn die Sache untergeht oder herrenlos wird. Die Herrenlosigkeit (nur sie ist hier zu erörtern) tritt ein:

a) Mit der Dereliktion

Dieser Begriff steht fest und ist in allen Rechtsordnungen der gleiche: Aufgabe des Besitzes mit der Absicht, auf das Eigentum zu verzichten[4].

Bewegliche Sachen werden täglich in gewaltigen Mengen derelinquiert. Sie werden weggeworfen, liegen gelassen, zur Abfuhr bereitgestellt. Der Wille, das Eigentum aufzugeben, braucht nicht ausdrücklich erklärt zu werden, sondern kann und wird aus den Umständen auf Grund der Erfahrung des täglichen Lebens geschlossen. Dies schließt nicht aus, daß ein Rechtsgeschäft vorliegt (Willensäußerung durch konkludentes Verhalten). Als solches gilt denn auch die Dereliktion. Sie verlangt Geschäftsfähigkeit. Der absolut Handlungsunfähige kann nicht derelinquieren, der bloß beschränkt Handlungsunfähige kann es im Bereich seiner Verfügungsbefugnisse (Art. 19, 280ff., 295f., 410/12 ZGB). Auch der Eigentümer, der die Sache einem anderen zu einem dinglichen oder persönlichen Recht übertragen hat (Art. 920), also bloß mittelbarer Besitzer ist, kann sie derelinquieren. Er kann den Willen dazu aber nicht durch Besitzaufgabe zum Ausdruck bringen, sondern muß ihn ausdrücklich bekunden und zwar gegenüber dem unmittelbaren Besitzer, der sich die Sache muß aneignen können, bevor dies ein Dritter tut[5]. Davon abgesehen, kann sich jedermann die Sache, welche durch Dereliktion herrenlos geworden ist, aneignen[6].

---

[4] So der vorn wiedergegebene § 959 BGB, der auch mit dem römischen und gemeinen Recht übereinstimmt. «Pro derelicto habetur quod dominus ea mente abiecerit, ut id rerum suarum esse nollet, ideoque statim dominus esse desinit» (l. 47 Inst. 2, 1; l. 1 D 41, 7; l. 43 § 5 D 47, 2). WINDSCHEID/KIPP I, § 191, S. 984f.; DERNBURG, Pandekten (System), I, § 186, S. 381f.; H. KRELLER, Römisches Recht II, § 14, II 5e, S. 200f.
[5] STAUDINGER/KOBER, Erl. 1c, PLANCK/BRODMANN, Erl. 1b zu § 959 BGB.
[6] Siehe darüber oben § 54.

Nicht als Dereliktion kann die Aufgabe des Eigentums zugunsten einer bestimmten anderen Person gelten; ebensowenig das Versprechen, die Sache jemandem aus einer unbestimmten Zahl von Personen zuzuwenden[7].

b) Mit dem Verzicht auf die Rückforderung einer abhanden gekommenen Sache[8].

c) Mit dem Ablauf einer so langen Zeit, daß jede Eigentumszugehörigkeit einer verborgenen Sache von besonderem Wert oder wissenschaftlichem Interesse aufgehört hat[9].

d) Wenn gefangene wilde Tiere ihre Freiheit dauernd wiedererlangt haben oder gezähmte Tiere in den Zustand der Wildheit zurückgekehrt sind[10].

III. Die Enteignung

Im Grundstücksrecht (Art. 666) ist die Enteignung als ein hauptsächlicher Grund des Eigentumsverlustes erwähnt, allerdings nur mit dem Hinweis auf das den Zeitpunkt des Eigentumsüberganges bestimmende Expropriationsrecht des Bundes und der Kantone. Im Fahrnisrecht hat die Enteignung geringe Bedeutung. Ausgeschlossen ist sie zwar nicht. Es gibt kantonale Gesetze, welche auch die Enteignung beweglicher Sachen ausdrücklich vorsehen, wie z.B. das zürcherische Expropriationsgesetz vom 30. November 1879/30. Juni 1930[11].

Die Enteignung kann auch in der Gesetzgebung über den Natur- und Heimatschutz (Kulturgüterschutz) vorgesehen sein[12]. Von der Enteignung

---

[7] BGE 69 II, 1943, S.223 = Pra 32 Nr.153; LEEMANN, N.11 zu Art.729; STAUDINGER/KOBER, Erl.1d und PLANCK/BRODMANN, Erl.1a zu §959 BGB. Dies trifft jedoch nicht zu, wenn auf ein beschränktes dingliches Recht zugunsten des Eigentümers oder auf den Miteigentumsanteil zugunsten der übrigen Miteigentümer verzichtet wird.

[8] Durch den Verzicht auf den Miteigentumsanteil wird dieser nicht herrenlos, sondern er wächst den anderen Miteigentümern an (Akkreszenz). Unrichtig LEEMANN, N.4 zu Art.729; zutreffend dagegen HAAB, N.14 zu Art.646. Siehe dazu oben § 12, I 2, VI 4 und bes. meine oben (Anm.3) zit. Abhandlung in der Festschrift Walther Hug.
   Wie die Dereliktion durch den mittelbaren Besitzer ist der Verzicht auf die Rückforderung ohne Besitzaufgabe wirksam, da die Sache sich im Gewahrsam eines anderen befindet; die Äußerung des Verzichtwillens genügt.

[9] Siehe oben § 58 («Schatzfund») und § 59 (Gegenstände von wissenschaftlichem Wert).

[10] Siehe oben § 55.

[11] R. HAAB, Das Objekt der Enteignung, Diss. Bern 1916, S.40ff. und 82f.

[12] Siehe z.B. Art.10 der bündnerischen VO über Natur- und Heimatschutz vom 27. Nov. 1946 und §8 des bern. Gesetzes über die Erhaltung der Kunstaltertümer und Urkunden, vom 16. März 1902; EGzZGB Appenzell AR (1969), Art.106.

zu unterscheiden sind die militärische Requisition, die richterliche und polizeiliche Konfiskation sowie die Beseitigung von Erzeugnissen, die vom Richter zum Schutz von Persönlichkeitsrechten verfügt wird[13]. Auch in diesen Fällen tritt ein Eigentumsverlust ein.

Es entspricht der Einfachheit und Leichtigkeit des Fahrnisverkehrs und dessen Sicherung durch den Schutz des gutgläubigen Erwerbers, daß die Tatbestände des Erwerbs und des Verlustes des Eigentums zahlreich und mannigfaltig sind. Mit der großen Verschiedenheit des Wertes und des Gebrauchsbedürfnisses, das mit einmaliger und rascher Benutzung befriedigt sein kann, hängt die Häufigkeit der Dereliktion zusammen. Andererseits ist der Mangel des bösgläubigen Erwerbs und Besitzes unheilbar, so daß auch mit dem Ablauf der längsten Zeit kein Eigentumsverlust eintritt, während er im Grundstücksrecht durch die außerordentliche Ersitzung behoben und die Lücke des Grundbuches, das ein soviel wertvolleres Publizitätsmittel ist als der Besitz im Fahrnisrecht, geschlossen werden kann.

---

[13] BG über die Militärorganisation von 12. April 1907, Art. 203 Abs. 2; StGB Art. 58 und 59; BG betr. Betäubungsmittel vom 2. Okt. 1924, Art. 18/19; Lebensmittelgesetz vom 8. Dez. 1905, Art. 45; Zollgesetz vom 1. Okt. 1925, Art. 102 und 121 f.; Urheberrechtsgesetz vom 7. Dez. 1922, Art. 54 u.a.m.

Ein wichtiger Tatbestand des Eigentumsverlustes ist sodann die Zwangsvollstreckung gemäß SchKG.

Der Besitz
HANS HINDERLING

Erstes Kapitel

Grundsätzliches und geschichtliche Grundlagen

§ 66. Einleitung

I. Besitz und Recht zum Besitz

Die meisten dinglichen Rechte, insbesondere das Eigentum, berechtigen im Rahmen einer Sachherrschaft zum Besitz[1] und können, soweit sie sich auf bewegliche Sachen beziehen, grundsätzlich nur vermittels Erlangung des Besitzes erworben werden. Obligatorische Rechte (z.B. aus Miete) können gegen einen bestimmten Verpflichteten auf Einräumung des Besitzes gerichtet sein.

Besitz beruht meist auf einem Recht zum Besitz. Beides kann aber auseinanderfallen: Dem Eigentümer wird eine Sache gestohlen. Umgangssprache und gelegentlich auch juristisches Schrifttum verwenden ungenau den Ausdruck «Besitz» in der Bedeutung von Eigentum[2]. Demgegenüber sagt schon ULPIAN[3]: «nihil commune habet proprietas cum possessione». Das ZGB definiert den Besitz als «tatsächliche Gewalt über eine Sache» («maîtrise effective de la chose», «e possessore di una cosa colui che la tiene effettivamente in suo potere») und anerkennt auch eine durch Vermittlung eines andern ausgeübte Sachherrschaft als Besitz (Art. 919 Abs. 1 und 920 ZGB).

Der Besitz als Sachherrschaft ist ähnlich wie die Tatbestände des Strafrechts Anknüpfungspunkt für rechtliche Folgen und als solcher auf sie ausgerichtet. Auch die Gesamtheit dieser Rechtsfolgen nennt man «Besitz». Der Ausdruck bedeutet also beides: Tatbestand und Rechtsfolgen.

---

[1] Die Grundpfandrechte berechtigen nicht zum Besitz am Grundstück, Schuldbrief und Gült dagegen zum Besitz am Grundpfandtitel als Wertpapier, das seinerseits als bewegliche Sache behandelt wird. Für Grunddienstbarkeiten und Grundlasten vgl. Art. 919 Abs. 2 ZGB und hinten § 67, III.

[2] Das dürfte damit zusammenhängen, daß dem Zeitwort «besitzen» keine ebenso kurze Bezeichnung für «Eigentum haben» entspricht. Das Wort «eignen» – «eignet» sich nicht.

[3] Digesten 41, 2, 12, 1.

II. Funktionen des Besitzes

Der Besitz als Tatbestand erschließt sich dem Verständnis und der bei lapidarer Legaldefinition unerläßlichen Präzisierung nur im Hinblick auf die ihm von der Rechtsordnung zugeordneten Aufgaben, die sich in entsprechenden Rechtsfolgen konkretisieren. Deshalb ist ein kurzer Vorausblick auf die Funktionen des Besitzes unerläßlich. Dabei ist zu beachten, daß der Besitz an Mobilien umfassendere Funktionen zu erfüllen hat als der Besitz an Immobilien. Die Verschiedenheit der dem Besitz zugewiesenen Funktionen verunmöglicht eine im Interesse der Einfachheit und Übersichtlichkeit wünschbare einheitliche Präzisierung des Besitztatbestandes[4]. So brauchen für die Schutzwirkung des Besitzes die Voraussetzungen nicht völlig dieselben zu sein wie für andere Wirkungen[5]. So werden ferner an den Faustpfandbesitz (Art. 884 ZGB) strengere Anforderungen gestellt als an die zur Begründung anderer dinglicher Rechte vorausgesetzten Besitztatbestände[6].

Es lassen sich folgende Funktionen des Besitzes unterscheiden:
1. Der Besitz an Mobilien und Immobilien wird gegen verbotene Eigenmacht geschützt (Friedens- und Schutzwirkung, Art. 926–929 ZGB).
2. Der Besitz ist (nicht einzige, aber) unerläßliche Voraussetzung für die Aneignung (Art. 656 Abs. 2, 658, 718 ZGB) und für die Ersitzung (Art. 661, 662, 728, 941 ZGB) von Immobilien und Mobilien, ebenso nach Art. 895 ZGB für die Entstehung des dinglichen Retentionsrechts an Mobilien[7].
3. Der Besitz an beweglichen Sachen begründet die Vermutung für den Bestand des vom Besitzer behaupteten dinglichen oder persönlichen Rechts zum Besitz (Vermutungs- und Verteidigungs- oder Defensivwirkung, Art. 930–932 ZGB).
4. Der Besitz ist Mittel und Voraussetzung für die rechtsgeschäftliche Begründung und Übertragung dinglicher Rechte an beweglichen Sachen mit Einschluß der Wertpapiere (Übertragungs- oder Translativwirkung, fußend auf dem Traditionsprinzip, Art. 714 Abs. 1, 746 Abs. 1, 884 Abs. 1 und 3, 901 und 909 ZGB, Art. 967 Abs. 1 OR).

---

[4] OFTINGER, Art. 884 ZGB, N. 187: «Die Besitzfrage muß immer im Hinblick auf die Rechtsfolgen, welche an den jeweils zur Diskussion stehenden Besitz geknüpft werden sollen, geprüft werden.»
[5] Vgl. hinten § 78, I 3.
[6] Vgl. hinten § 74, Anm. 10; § 75, Anm. 17, 28, 47.
[7] Zur Bedeutung der Fortdauer des Besitzes für den Weiterbestand des Fahrnispfand- und Retentionsrechts vgl. OFTINGER, Art. 888, N. 32 ff., Art. 895, N. 176 ff.; siehe auch hinten § 68, Anm. 10, § 77, Anm. 14 und § 83, Anm. 24 c.

5. Mit den letztgenannten beiden dem Publizitätsprinzip dienenden Wirkungen hängt der Schutz gutgläubigen Erwerbs dinglicher Rechte an **beweglichen Sachen** vom Besitzer zusammen (Gutglaubenswirkung), wobei grundsätzlich vorausgesetzt wird, daß es sich nicht um Sachen handelt, die dem früheren Besitzer abhanden kamen: Vorbehältlich speziell geregelter Ausnahmen ist nur an «anvertrauten» Sachen gutgläubiger Erwerb möglich (Art. 933 ZGB)[8].

6. Mit einem Teil dieser Wirkungen (3, 4 und 5) hängt zusammen, daß sich bei beweglichen Sachen aus dem gutgläubig erworbenen früheren Besitz ein Herausgabeanspruch gegen den bösgläubigen oder, bei abhanden gekommenen Sachen, auch gegen den gutgläubigen Erwerber ergibt, vorbehältlich des Nachweises besserer Berechtigung durch den Beklagten (sog. Angriffs- oder Offensivwirkung, Art. 934–936 ZGB).

7. Der Besitz begründet die Passivlegitimation nicht bloß für die Besitzesschutz- und – für Mobilien – die Besitzrechtsklage, sondern auch für die Eigentumsklage und für alle andern Klagen, denen ein Herausgabeanspruch zugrunde liegt[9].

8. Nichtberechtigter Besitz an Mobilien und Immobilien begründet eine besondere Regelung der Verantwortlichkeit und kann Ersatzansprüche des Besitzers für Verwendungen entstehen lassen (Art. 938–940 ZBG).

III. Der Besitz ein subjektives Recht?

Als Tatbestand (tatsächliche Gewalt) ist der Besitz Anknüpfungspunkt für Rechtsfolgen. Soweit diese dem Besitzer Rechtsschutz gegen unbefugte Eingriffe gewähren oder – bei früherem Besitz – sich in Herausgabeansprüchen aktualisieren[10], stellen sie sich als geschützte Willensmacht im Dienste eines schutzwürdigen Interesses dar und lassen die Annahme eines subjektiven und, weil dem Schutze von Sachherrschaft dienend, dinglichen Rechtes

---

[8] Für Grundstücke und auch für besondere Kategorien beweglicher Sachen (Vieh, Schiffe, Flugzeuge) oder gewisse Komplexe von Sachen übernehmen das Grundbuch und andere Register die Funktionen 3, 4 und 5 ganz oder teilweise und unter bestimmten Voraussetzungen (Art. 937, wo ungenau die Klage aus dem Bucheintrag als Klage aus dem Besitz bezeichnet wird; Art. 885 ZGB, Art. 38 BG über das Schiffsregister, Art. 1 ff. BG über das Luftfahrzeugbuch, Art. 1 BG über Verpfändung und Zwangsliquidation von Eisenbahn- und Schiffahrtsunternehmungen; vgl. hinten § 79, Anm. 3 und § 80, Text zu Anm. 7).
[9] Vgl. z. B. BGE 81 II, 1955, S. 198 ff.
[10] Die Behandlung im Widerspruchsverfahren und im Konkurs hängt mit der Tragweite der Besitzrechtsklage zusammen; vgl. hinten § 83, II.

zu[11]. Freilich hat der Besitz nur die Bedeutung eines vorläufigen, zweitklassigen Rechts, das dem Recht zum Besitz weichen muß, übrigens auch, soweit es sich auf Grundstücke bezieht, im Grundbuch nicht darstellbar ist, weil ihm hier weder Vermutungs- noch Übertragungs- und Gutglaubensfunktion zukommt. Die Frage, ob der Besitz ein Recht (und, wenn ja, ein dingliches Recht) sei, ist umstritten und ohne praktische Bedeutung[12].

IV. Geschichtliche Grundlagen

Das Besitzrecht des ZGB geht für die auf dem Publizitätsprinzip beruhenden Übertragungs-, Gutglaubens- und Angriffswirkungen (Art. 922–925 in Verbindung mit Art. 714; Art. 933–936 ZGB) im wesentlichen auf die entsprechende Regelung des aOR von 1881–1883 (Art. 199–203, 205) und diese samt der Vermutungswirkung (Art. 930/31 ZGB) zur Hauptsache auf germanisches Recht zurück: Deutschrechtlich[13] ist der Ausbau der Rechtswirkungen des Besitzes zu einer allseitig gesicherten (wenn auch sekundären) und vererblichen Rechtsstellung, deutschrechtlich der Verzicht auf eine Unterscheidung zwischen possessio mit animus domini d. h. Eigenbesitz[14] und bloßer detentio. Grundsätzlich wird jede tatsächliche Herrschaft, ohne daß ein bestimmt gerichteter Besitzwille vorauszusetzen wäre, als Besitztatbestand anerkannt und bloß hinsichtlich der rechtlichen Wirkungen gewissen Differenzierungen unterworfen. Deutschrechtlich ist die daraus folgende Möglichkeit mehrstufigen, in der Abwandlung unmittelbaren und mittelbaren, unselbständigen und selbständigen, Besitzes in Anlehnung an die «Gewere» des germanischen Rechtes. Deutschrechtlich ist schließlich auch das Gewaltrecht, das jedem Besitzer gegen verbotene Eigenmacht zusteht (Art. 926 ZGB).

Auf römischem Recht[15] beruht die über das possessorium ordinarium auf das interdictum uti possidetis zurückgehende Klage wegen Entziehung und Störung des Besitzes (Art. 927/28) und im Zusammenhang damit auch der Begriff der Sachherrschaft, soweit er für den Besitzesschutz maßgebend ist. Ferner sind die Surrogate der körperlichen Übertragung des Besitzes großenteils römischrechtlichen Ursprungs. Unter römischrechtlichem Ein-

---

[11] Vgl. hinten § 69 I.
[12] Vgl. (für das deutsche Recht) WOLFF/RAISER, § 3, III und WESTERMANN, § 8, 4.
[13] Vgl. auch Handwörterbuch zur deutschen Rechtsgeschichte, S. 390 f. und S. 1658 ff.
[14] So der Besitzbegriff des römischen Rechts, unter Einbeziehung immerhin des Pfandbesitzes und einiger anderer Positionen, vgl. JOERS/KUNKEL/WENGER, § 64.
[15] Vgl. JÖRS/KUNKEL/WENGER, § 66.

fluß steht auch die Bedeutung des Besitzes als Element der Ersitzung (Art. 661 f., 728 ZGB). Auf römischrechtliche Vorstellungen geht der Begriff des Besitzdieners zurück.

Aus der Kombination deutschrechtlicher und römischrechtlicher Regelungen ergibt sich ein System, das den Bedürfnissen nach Wahrung des Rechtsfriedens und nach ungestörtem Rechtsverkehr dient, zugleich aber eine, im Hinblick auf die zusätzliche Anwendbarkeit zivilprozessualer und verwaltungsrechtlicher Behelfe noch potenzierte, Häufung von Klagemöglichkeiten, die als Hypertrophie bezeichnet werden muß. Als Ganzes gesehen weicht die Regelung des ZGB von der des BGB, die EUGEN HUBER in ihrer Entstehung genau verfolgt hatte, weniger ab, als nach Wortlaut und Systematik vermutet werden könnte[16]. Immerhin können sich Differenzierungen ergeben, die in einem deutlich und gewollt abweichenden Gesetzestext eine Stütze finden oder aus einer abweichenden Auslegung resultieren. Der in der Interpretation eher freiere schweizerische Richter ist an eine wenn auch einhellige Deutung ähnlich formulierter Bestimmungen des BGB oder anderer ausländischer Regelungen nicht gebunden, so aufschlußreich sie sein mögen. «Ähnliches ist schwerer zu scheiden als Ungleiches.»[17]

---

[16] Für die Unterschiede vgl. HINDERLING, ZBJV 98, 1962, S.5, Anm.1.
[17] K.FEHR, Mein wissenschaftliches Lebenswerk, Bern 1945, S.15.

Zweites Kapitel

Tatbestand und Arten des Besitzes

Literatur: G. BERGER, Der Besitz von Rechten, Diss. Zürich 1916; W. DÖRFLIGER, Der mehrfache Besitz nach dem ZGB, Diss. Zürich 1924; K. JENNY, Der Besitzbegriff nach dem schweizerischen Zivilgesetzbuch, Diss. Zürich 1915; G. KRÄNZLIN, Der Besitz als tatsächliche Gewalt, Diss. Zürich 1922; KRÜCKMANN, Sachbesitz, Rechtsbesitz, Rechtsschein, AcP 108, 1912, S.179ff.; P. MEYER VON SCHAUENSEE, Über den Besitz, wie er im schweizerischen Zivilgesetzbuch normiert ist, ZBJV 57, 1921, S.164ff.; H.-M. PAWLOWSKI, Der Rechtsbesitz im geltenden Sachen- und Immaterialgüterrecht, Göttingen 1961; PRALLER, Der Rechtsbesitz im romanischen Rechtskreis mit besonderer Berücksichtigung des französischen Rechts, Diss. Heidelberg 1954; SCHMELZEISEN, Die Relativität des Besitzbegriffs, AcP 136, 1932, S.38ff. und 129ff.; WENDT, Der mittelbare Besitz des BGB, AcP 87, 1897, S.40ff.

Vorarbeiten: Vorentwurf, Art.961–963; Erläuterungen 1914, II, S.378ff.; Entwurf, Art.957–959.

Ausländische Gesetze: BGB §§854–856, 869–872, 1029, 1090; CCfr. Art.2228, 2230/31.

§ 67. Subjekt und Objekt des Besitzes – Sachbesitz und Rechtsbesitz

I. Subjekt des Besitzes

Subjekt des Besitzes können natürliche und juristische Personen[1] sein, also jedermann, der Rechte und Pflichten haben kann.

II. Sachbesitz

Der Besitz kann an Sachen (Art. 919 Abs. 1 ZGB)[2] und Sachteilen[3] (z. B. am Stockwerk eines Gebäudes und den dazu gehörenden Einrichtungen)

---

[1] BGE 81 II, 1955, S.343.
[2] Fließendes Wasser ist keine Sache und deshalb nicht Gegenstand des Besitzes: vgl. BGE 60 II, 1934, S.486ff., ferner auch BGE 75 II, 1949, S.120.
[3] So ausdrücklich § 865 BGB.

bestehen. Naturkräfte (Energien) sind nicht Sachen, aber hinsichtlich des Eigentums Mobilien gleichgestellt, «soweit sie der rechtlichen Herrschaft unterworfen werden können und nicht zu den Grundstücken gehören» (Art. 713 ZGB). Ähnlich wie die Regeln über das Eigentum können auch die über den Besitz angewendet werden, aber hinsichtlich dessen Wirkungen höchstens «entsprechend»[4]. Dabei kommt vor allem ein den Bestimmungen von Art. 926 ff. analoger Schutz gegen verbotene Eigenmacht in Frage. Bei Wertpapieren ist die Urkunde Gegenstand des Besitzes[5]. Da diese das Recht verkörpert, folgt aus dem Urkundenbesitz eine mittelbare Anwendung der Besitzesregeln auf das Recht, soweit nicht die Grundsätze über das Wertpapierrecht ergänzend und ändernd eingreifen. So erweist sich bei Ordre- und Namenpapieren die Vermutung aus der Skriptur als stärker denn die Vermutung aus dem Besitz[6]. Warenpapiere gewähren mittelbaren Besitz an der Ware (Art. 925).

III. Rechtsbesitz

1. Dem Sachbesitz wird nach Art. 919 Abs. 2 bei Grunddienstbarkeiten und damit, wie aus Art. 781 Abs. 3 ZGB und aus der Natur der Sache folgt, auch bei Grundlasten die tatsächliche Ausübung des Rechtes gleichgestellt. Man spricht in diesem Sinne von Rechtsbesitz. Trotz Art. 847 ZGB kann das aber für Gülten nicht zutreffen, weil sie sich in einem Wertpapier verkörpern und der Besitz an diesem ausgeübt wird. Da Dienstbarkeiten und Grundlasten als dingliche Rechte sich auf Sachen (Grundstücke) beziehen[7], fragt sich, ob nicht auch hier Sachbesitz angenommen und auf den besondern Begriff des Rechtsbesitzes verzichtet werden könnte[8]. Daß das nicht geschah, beruht darauf, daß die tatsächliche Ausübung von Grunddienstbarkeiten und Grundlasten nach herkömmlicher Auffassung die Anforderungen an die den Besitz an Sachen selber voraussetzende tatsächliche Gewalt nicht immer

---

[4] Vgl. HAAB, Einleitung, N. 44; MEIER-HAYOZ, Das Eigentum, System. Teil, N. 121 ff., ferner – für obligatorische Rechtsgeschäfte – BGE 47 II, 1921, S. 451; 48 II, 1922, S. 371.
[5] HOMBERGER, Art. 919, N. 19; vgl. auch BGE 89 I, 1963, S. 122 ff.
[6] Vgl. JÄGGI, Art. 965 OR, N. 313; ferner DERSELBE in ZBJV 104, 1968, S. 74 ff. (Bern. Appellationshof).
[7] Mit Hilfe einer Fiktion werden gewisse Dienstbarkeiten selber als Grundstücke, mithin als Sachen, behandelt (Art. 655 ZGB), was nichts daran ändert, daß sie Dienstbarkeiten (Rechte) bleiben.
[8] Deshalb begnügt sich das BGB damit, ohne – anders als die deutsche Doktrin (vgl. WOLFF/RAISER, § 24, WESTERMANN, § 27) – von Rechtsbesitz zu sprechen, an die Ausübung von Dienstbarkeiten den Besitzesschutz und die Ersitzung anzuknüpfen (§§ 1029, 1090 und 900 Abs. 2).

erfüllt⁹. Freilich trifft diese Einschränkung nur für negative, d. h. die Nichtausübung von Eigentumsbefugnissen betreffende Dienstbarkeiten wie Bauverbote¹⁰, Gewerbebeschränkungen usw. zu. Bei den positiven, sich in einem eigenen Tun auswirkenden Gebrauchs- und Nutzungsdienstbarkeiten wird denn auch folgerichtig entsprechender Sachbesitz angenommen. Dabei kann angesichts der beschränkten Rechtswirkungen, um die es hier gehen kann (vgl. unten Ziff. 4) ein entsprechender Grundbucheintrag nicht¹¹ und das Vorhandensein sichtbarer Anlagen nur dann als Voraussetzung gelten, wenn ohne solche die behauptete Dienstbarkeit nicht ausgeübt werden kann¹². An negativen Grund- und Personaldienstbarkeiten und an Grundlasten ist Rechtsbesitz auf alle Fälle zu bejahen, wenn – z.B. bei einem behaupteten Bauverbot – ein entsprechender Grundbucheintrag und ein darauf abgestimmtes passives Verhalten des Grundeigentümers vorliegen. Ob aber hier der Grundbucheintrag unerläßliche Voraussetzung bilde, ist umstritten¹³. Ohne einen solchen kann ein passives Verhalten des Grundeigentümers dann als entsprechende Rechtsausübung und damit Rechtsbesitz eines Ansprechers angesehen werden, wenn der Passivität des Grundeigentümers ein mit dem Bestehen der behaupteten negativen Servitut begründeter Einspruch gegen ein Tun vorausgegangen ist¹⁴. Kein Rechtsbesitz an negativen Dienstbarkeiten oder an Grundlasten besteht, wenn das Verhalten des Grundeigentümers gerade so gut auf einer bloß persönlichen Verpflichtung oder – falls eine negative Dienstbarkeit im Streit steht – auf dem freien Belieben des Eigentümers beruhen kann¹⁵.

2. Liegt (selbständiger) Rechtsbesitz im Sinne von Art. 919 Abs. 2 vor, so kommt er auch solchen Personen zugute, die das herrschende Grundstück

---

9 Jede Ausübung eines Rechts an der Sache könnte umgekehrt auch als Rechtsbesitz konstruiert werden, so schon SAVIGNY, S. 192 ff. Das französische Recht anerkennt den mit einer Sachherrschaft verbundenen Rechtsbesitz (Art. 2228 CCfr.); FERID, S. 908 ff.
10 Vgl. z.B. BGE 93 II, 1967, S. 185 ff.
11 Denn die Schutzwirkung des Besitzes setzt die Wahrscheinlichkeit eines Rechts zum Besitz nicht voraus; vgl. hinten § 78, I 3.
12 Vgl. LIVER, Einleitung zu Art. 730–792, N. 71, ferner DERSELBE in ZBJV 95, 1959, S. 34; vgl. auch BGE 94 II, 1968, S. 351 (wo offen gelassen wird, ob neben Sach- nicht auch Rechtsbesitz vorliegen kann); für Rechtsbesitz BGE 60 II, 1934, S. 488; 83 II, 1957, S. 145.
13 Bejahend BGE 83 II, 1957, S. 146, ebenso HOMBERGER, Art. 919, N. 22 und 25; verneinend BGE 60 II, 1934, S. 488; beide Bundesgerichtsentscheide betreffen positive Dienstbarkeiten, also Sachbesitz.
14 BGE 52 II, 1926, S. 123.
15 HOMBERGER, Art. 919, N. 27 möchte zu Unrecht für Grundlasten auch die bloße gerichtliche Geltendmachung und versuchte Vollstreckung eines bestrittenen Leistungsanspruches genügen lassen.

als Mieter oder Pächter oder sonst als unselbständige Besitzer benutzen (Art. 920)[16].

3. Als Sachbesitz erweist sich die Ausübung positiver Einwirkungsbefugnisse kraft Nachbarrechts (Art. 684 ZGB), desgleichen auch, weil Ausdruck einer **gesetzlich garantierten Rechtslage**, die durch **nachbarrechtliche** Verbote (Art. 686) geschaffene Position des Berechtigten[17].

4. Der Rechtsbesitz ist auf **Grundstücke** beschränkt. Die Wirkungen erfahren deshalb eine Einschränkung: Wer Rechtsbesitz hat, kann grundsätzlich Besitzesschutz nach Art. 926–29 beanspruchen[18]. Außerdem wird Rechtsbesitz als Ersitzungsbesitz anerkannt[19]. Die Regeln über die Ansprüche und die Verantwortlichkeit des Besitzers (Art. 938–40) finden entsprechende Anwendung, führen aber selten zu praktischen Konsequenzen[20].

§ 68. Der Besitz als tatsächliche Gewalt

I.

Die Legaldefinition des Art. 919 Abs. 1 ZGB identifiziert den Tatbestand des Besitzes mit der «tatsächlichen Gewalt» über eine Sache[1]. Diese ebenso lapidare als unbestimmte Formulierung bedarf der Ergänzung und Differenzierung durch die aus Art. 920 sich ergebende Möglichkeit mehrstufigen Besitzes. Abgesehen davon läßt Art. 919 Abs. 1 nicht erkennen, daß es, da die Kriterien des Besitztatbestandes auf die Funktionen, die der Besitz zu erfüllen hat, abzustimmen sind, einen vollkommen einheitlichen Besitzbegriff nicht geben kann. So genügt verdächtiger Besitz («possession équivoque») nicht

---

[16] HOMBERGER, Art. 919, N. 33.
[17] Nach WIELAND, Art. 919, N. 3 würde es sich um Rechtsbesitz handeln; vgl. auch SJZ 65, 1969, S. 318f. (Obergericht Luzern).
[18] Vgl. hinten § 78, N. 1. – Unrichtig Erläuterungen 1914, II, S. 378, wonach Selbsthilfe nach Art. 926 ausgeschlossen sei. – Für Grundlasten erscheint die Anwendung von Art. 926ff. als fragwürdig.
[19] Für Einzelheiten vgl. LIVER, Art. 731, N. 91ff., ferner auch TH. GUHL, ZBJV 65, 1929, S. 253ff.
[20] Vgl. HOMBERGER, Art. 919, N. 35.
[1] Der französische Text setzt eine «maîtrise effective» voraus, nach dem italienischen Text «e possessore di una cosa colui che la tiene effettivamente in suo potere». Auf die «tatsächliche Gewalt» stellt auch das BGB ab (§ 854). Nach SAVIGNY (S. 26) wäre für den Besitz «die Fähigkeit des Sachherrn, Einwirkungen Fremder von der Sache fernzuhalten» kennzeichnend; indes hat auch der zur Abwehr Unfähige Besitz, solange kein erfolgreicher Angriff stattgefunden hat.

zur Begründung der Rechtsvermutung (Art. 930/31)[2] und der Gutglaubenswirkung[3], wohl aber zur Auslösung der Besitzschutz-[4] und der Besitzrechtsklage[5]. Ferner steht fest, daß an den Faustpfandbesitz strengere Anforderungen zu stellen sind als an den Eigentümerbesitz[6].

II.

1. Ob ein auf ein an sich gegebenes Gewaltverhältnis gerichteter Wille zu besitzen für Begründung und Bestand des Besitzes erforderlich sei, ist umstritten, aber mit der herrschenden Meinung grundsätzlich zu bejahen[7]. Bedeutungsvoll ist auf alle Fälle die Willensrichtung und -äußerung der Beteiligten für die Art des Besitzes[8].

2. Es gibt Fälle eines physischen Gewaltverhältnisses, des «Habens» einer Sache, wo Besitzwille und Besitztatbestand nach der Anschauung des Lebens, die im Sinne des Publizitätsprinzips stets mitzuberücksichtigen ist, zweifelsfrei gegeben erscheinen (und wo auch ein entsprechender Besitzwille ohne weiteres zu unterstellen ist); so bei Sachen, die in einer besonders engen Beziehung zu einer bestimmten Person (Kleider, Effekten) oder seiner Häuslichkeit (Möbel) stehen. Dagegen ist der Haus- oder Ladenangestellte trotz ähnlicher faktischer Zugriffsmöglichkeit nicht Besitzer der seiner Obhut unterstellten Gegenstände, da die Offenkundigkeit des Abhängigkeitsverhältnisses jene enge Beziehung nicht für ihn, sondern für seinen Arbeitgeber herstellt. Auch setzt der Besitz selbst für die Auslösung der Schutzwirkung (Art. 926 ff.) eine gewisse Dauer der Sachbeherrschung voraus. Wer als Kaufinteressent einen Feldstecher des Optikers vor dessen Laden ausprobiert, wird höchstens Besitzdiener[9], während der Optiker schon deshalb unmittelbarer Besitzer bleibt, weil «eine ihrer Natur nach vorübergehende Verhinderung oder Unterlassung der tatsächlichen Gewalt den Besitz nicht aufhebt» (Art. 921). Das trifft z. B. auch auf vorübergehend abgestellte Fahrzeuge zu[10].

---

[2] Vgl. hinten § 79, II 7.
[3] Vgl. hinten § 81, I.
[4] Vgl. hinten § 78, Anm. 18.
[5] Vgl. hinten § 83, I, II, aber auch S. 501.
[6] Vgl. vorn § 66, Anm. 6 und dortige Verweise.
[7] Vgl. hinten § 72 und daselbst Anm. 6. Ausnahme: Besitzerwerb durch Universalsukzession, § 73.
[8] Vgl. hinten § 75, II, III.
[9] Streitig ist, ob die Miete eines Theater- oder Tribünenplatzes ein Besitzverhältnis auslösen kann; vgl. gegenüber der verneinenden h. M.: HECK, § 6, 5, WESTERMANN, § 9, II 6.
[10] Vgl. hinten § 77, Anm. 3. – Die Auffassung, wonach Art. 921 darüber hinaus auch alle Fälle umfasse, wo die tatsächliche Gewalt mit Hilfe des Besitzesschutzes (Art. 927, HOMBERGER,

Anderseits kann aber die rein faktische Beziehung, der räumliche Zusammenhang, zwischen Person und Sache auch gelockert sein und einen sofortigen Zugriff auf die Sache erschweren und dennoch wegen des damit verbundenen Rechtsscheins den Besitztatbestand erfüllen. So ist der Fischer Besitzer der von ihm ausgelegten Netze und bleibt es, auch wenn er sich entfernt. Man kann an öffentlicher Straße liegendes Holz besitzen[11]. So, wie Netze und Holz liegen, präsentieren sie die Ausübung der tatsächlichen Gewalt, die den Besitz ausmacht. Entscheidend ist in solchen Fällen die aus einer früheren engen Beziehung (sei es auch zur Person eines Vorgängers) abgeleitete (und offenbar gewollte) Möglichkeit erneuten Zutritts und Eingriffs, während Dritte im Hinblick auf die Umstände Hemmungen ausgesetzt sind. Ebenso kann Besitz an einer unbebauten Parzelle trotz mangelnder Einfriedung bestehen. Besitzer eines auf freiem Feld stehenden Pflugs bleibt der Bauer, auch wenn er ihn dort stehen läßt; aber ein Paar Tanzschuhe, die auf dem gleichen Feld liegen, sind nicht in seinem Besitz, da die räumliche Beziehung keinerlei Anhaltspunkte für ein entsprechendes Recht zum Besitz vermittelt[12] und auch kein Bedürfnis für die Zugestehung von Schutzansprüchen nach Art. 926 ff. besteht.

Anderseits kommt die Rechtsordnung, wie näher zu zeigen sein wird, ohne die Anerkennung einer mittelbaren (zugleich selbständigen oder unselbständigen) und damit erweiterten, «vergeistigten»[13], entsinnlichten Sachherrschaft nach dem Vorbild der deutschrechtlichen «ideellen Gewere» nicht aus[14]. Sowohl wer eine Sache als Mieter gebraucht, wie auch der Vermieter, von dem er seinen Besitz ableitet, ist Besitzer[15]. Dagegen hat der Vermieter einer Liegenschaft keinen Besitz an den vom Mieter eingebrachten Sachen,

---

Art. 921, N. 3) oder gar der Besitzrechtsklage (Art. 934–936) wieder hergestellt werden könne (mißverständlich OFTINGER, Art. 888, N. 32), vermag nicht zu überzeugen: Daß der Besitzesschutz die Fortdauer des Besitzes gerade eben voraussetze (HOMBERGER), trifft nicht zu. Richtig ist bloß, daß trotz (unfreiwilligem) Besitzverlust das Pfandrecht erhalten bleiben (Art. 888 Abs. 1) und die Ersitzungsfrist weiterlaufen kann (Art. 728 Abs. 2).

[11] Das ergibt sich auch aus der Anerkennung der sog. offenen Besitzlage als Besitz, vgl. Art. 922 Abs. 2 und dazu hinten § 75, I.

[12] Vgl. WOLFF/RAISER, § 5, III 2.

[13] So die deutsche Lehre, z. B. WOLFF/RAISER, § 8, III.

[14] Zu einer derartigen Erweiterung des Besitzbegriffes muß schon die Übertragungsfunktion des Besitzes führen.

[15] Nach römischem Recht war der Mieter mangels animus rem sibi habendi nur detentor, Besitz hatte nur der Vermieter. Auf diesem Standpunkt steht heute noch das italienische Recht, dessen Legaldefinition (Art. 1140 CCit.), von diesem Punkt abgesehen, auch für das schweizerische Recht besser paßt als die des Art. 920 ZGB («Il possesso è il potere sulla cosa che si manifesta in un'attività corrispondente all'esercizio della proprietà o di altro diritto reale. Si può possedere direttamente o per mezzo di altra persona, che ha la detenzione della cosa.»).

da dieser sie nur für sich, nicht für ihn besitzt. Das dennoch dem Vermieter und Verpächter zustehende Retentionsrecht (Art. 272 ff., 286 Abs. 3 OR) ist ein besitzloses Pfandrecht. Keinerlei tatsächliche Herrschaft übt ein Erbe aus, wenn er vom Erbfall oder seiner Erbberechtigung nichts weiß. Das Gesetz anerkennt ihn dennoch als Besitzer, indem es den Besitz als subjektives Recht auf ihn übergehen läßt (Art. 560 Abs. 2 und 3 ZGB)[16].

§ 69. Unmittelbarer und mittelbarer, selbständiger und unselbständiger Besitz, Eigenbesitz und Fremdbesitz

I.

Der Besitz als Tatbestand ist Anknüpfungspunkt für eine Reihe von Rechtsfolgen, von denen die auf Fahrnis beschränkte Übertragungs-, Vermutungs- und Gutglaubensfunktion (Art. 714, 930/31 und 933 ZGB) sich als besonders belangvoll erweisen. Der Blick auf die Verschiedenartigkeit der mit dem Besitz verbundenen Funktionen macht erklärlich, daß eine unqualifizierte faktische Einwirkungsmöglichkeit für die Annahme von Besitz als Tatbestand nicht immer genügen kann, während anderseits wer als Eigentümer oder mit der Behauptung eines beschränkten dinglichen oder eines obligatorischen Rechts auftritt, nicht nur dann als Besitzer anerkannt wird, wenn er die Sache selber in Händen hat, sondern auch, wenn ein anderer, sei es als Pfandgläubiger, Nutznießer, Mieter oder kraft eines andern obligatorischen Verhältnisses, die tatsächliche Gewalt nicht nur für sich, sondern zugleich auch für jenen ausübt[1]. Die Sache hat dann zwei Besitzer, den Pfandgläubiger usw., weil er die Sache mit der Behauptung eines Pfandrechts in Händen hat, den Verpfänder, weil der Pfandgläubiger den Besitz auch für ihn ausübt, solange er das Pfandverhältnis als Grundlage des eigenen Besitzes anerkennt. Da auch der Verpfänder Besitz hat, kann er trotz Pfandbesitzes des Gläubigers den nach Art. 714 für die rechtsgeschäftliche Übereignung erforderlichen Besitz übertragen, nämlich durch Besitzanweisung (Art. 924 Abs. 1). Er kann auch trotz fehlender eigener Berechtigung unter den Voraussetzungen des Art. 933 gutgläubigen Dritten Eigentum verschaffen[2] und auf Grund bloß vermeintlich eigener Berechtigung nach Art. 728

---

[16] Vgl. Erläuterungen 1914, II, S. 384/85.
[1] Vgl. BGE 93 II, 1967, S. 376.
[2] Vgl. hinten § 81.

die Sache ersitzen. Sowohl dem Pfandgläubiger als dem Verpfänder stehen die Ansprüche gegen verbotene Eigenmacht Dritter nach Art. 926 ff. zu [3].

II.

Die Möglichkeit derart abgestuften, mehrfachen Besitzes drückt sich vor allem in der Unterscheidung zwischen **unmittelbarem** (durch keinen andern Besitzer vermittelten) und **mittelbarem** (z.B. dem Verpfänder durch den Pfandgläubiger vermittelten) Besitz aus. Der unmittelbare Besitz nimmt immer nur eine Stufe ein. Der mittelbare kann mehrere Stufen erfassen, so im Verhältnis Eigentümer/Nutznießer/Mieter/Untermieter, indem der Untermieter als unmittelbarer Besitzer nicht nur dem Mieter Besitz vermittelt, sondern – zusammen mit diesem – auch dem Nutznießer und dem Eigentümer (bzw. Eigentumsansprecher). Das ZGB erwähnt die Differenzierung zwischen unmittelbarem und mittelbarem Besitz nicht [4]. Es unterscheidet dafür, eine andere Stufenleiter benützend, zwischen **selbständigem** und **unselbständigem** Besitz (Art. 920 Abs. 2). Dabei berücksichtigt der Gesetzestext nur die Möglichkeit von zwei Stufen und spricht bloß dem Eigenbesitzer [5] selbständigen Besitz zu, gleichviel ob er unmittelbaren Besitz hat oder ob ein anderer den Besitz von ihm ableitet und seinerseits ihm mittelbaren Besitz vermittelt. Demgegenüber relativiert das Schrifttum den Begriff des selbständigen Besitzes: Der Nutznießer gilt als selbständiger Besitzer gegenüber seinem Mieter, als unselbständiger Besitzer gegenüber dem Eigentümer [6].

Die Unterscheidung zwischen unmittelbarem und mittelbarem Besitz [7] ist ergiebiger als die zwischen selbständigem und unselbständigem Besitz und kann auch für das ZGB nicht entbehrt werden. Vom unfreiwilligen Verlust des unmittelbaren (selbständigen oder unselbständigen) Besitzes hängt nämlich ab, ob eine bewegliche Sache als «abhanden gekommen» gilt mit der Folge, daß Art. 934 (im Gegensatz zu Art. 933) zur Anwendung kommt. Der unmittelbare Besitz kann durch körperliche Übergabe (Art. 922 Abs. 1) oder nach Art. 922 Abs. 2 übertragen werden oder aber zur Begründung mittelbaren Besitzes führen (Besitzkonstitut, Art. 924 Abs. 1). Auch der mittelbare (und selbständige) Besitz kann weitergegeben werden (Besitzanweisung,

---

[3] Vgl. hinten § 78, III 1.
[4] Ohne überzeugende Begründung: Erläuterungen 1914, II, S. 378.
[5] Vgl. § 872 BGB und BGE 57 II, 1931, S. 516 (wo freilich zu Unrecht eine Besitzanweisung angenommen wurde; s. hinten § 75, Anm. 45).
[6] Vgl. OSTERTAG, Art. 920, N. 3 und HOMBERGER ebenfalls Art. 920, N. 3; VAN KAN, S. 211.
[7] Vgl. § 868 BGB.

Art. 924 Abs. 1 und 2). Unselbständiger und zugleich unmittelbarer Besitz kann ohne äußerliche Veränderung in selbständigen Besitz umgewandelt werden (brevi manu traditio, im Gesetzestext nicht erwähnt): Der Mieter erwirbt das gemietete Klavier käuflich. Der unmittelbare Besitzer genießt gegenüber dem mittelbaren (und selbständigen) Besitzer Schutz nach Art. 926ff. und umgekehrt[8].

III.

Die Besitzmittlung wird im Hinblick auf ein Rechtsverhältnis ausgeübt. Der bloße abstrakte Wille, (auch) für einen andern zu besitzen, ist unbeachtlich. Gültigkeit des vorausgesetzten Rechtsverhältnisses ist aber für die Besitzmittlung (anders als für den Erwerb eines dinglichen Rechts) nicht unerläßlich. Es genügt, daß sie im Hinblick auf ein zur Begründung an sich taugliches Rechtsgeschäft vereinbart wurde, und daß dem mittelbaren Besitzer ein Herausgabeanspruch zusteht[9].

Typische Verträge und andere Rechtsverhältnisse, die zur Begründung und Übertragung unmittelbaren und zur Begründung unselbständigen unter gleichzeitiger Beibehaltung mittelbaren und selbständigen Besitzes führen können[10], sind Miete, Pacht, Leihe, Auftrag[11], Geschäftsführung ohne Auftrag, Kommission[12], Agenturvertrag, Spedition, Frachtvertrag[13], Hinterlegungsvertrag[14], Lagerhaltung, Werkvertrag, Pfandvertrag, Nutznießung, Willensvollstreckung[15], ferner die Güterverbindung[16], das Eltern- und Kindesverhältnis[17] und die Erbengemeinschaft[18].

IV.

Der unselbständige Besitzer kann den selbständigen Besitz dessen, von dem er seinen Besitz ableitet, dadurch aufheben, daß er sich selber zum

---

[8] Vgl. hinten § 78, I 3.
[9] Vgl. HOMBERGER, Art. 920, N. 11; WOLFF/RAISER, § 8, I 2; WESTERMANN, § 17, 5, 6.
[10] Vgl. die Aufzählung bei OFTINGER, Art. 895, N. 47.
[11] BGE 40 II, 1914, S. 208f.; 86 II, 1960, S. 354. Doch kann der Beauftragte auch bloßer Besitzdiener sein: BGE 75 II, 1949, S. 130 und hinten S. 423.
[12] BGE 15, 1889, S. 376.
[13] BGE 93 II, 1967, S. 376.
[14] Vgl. auch BGE 67 II, 1941, S. 21.
[15] Vgl. auch hinten § 71, Anm. 16.
[16] Eine nähere Erörterung für die bei (externer) Güterverbindung und Gütergemeinschaft sich ergebenden Fragen sprengt den Rahmen dieser Darstellung; vgl. für Einzelheiten P. LEMP, Berner Kommentar, Bd. II, Familienrecht, Das Eherecht, Bern 1974, Art. 194 ZGB, N. 12 und Art. 216, N. 4ff.; HOMBERGER, Art. 920, N. 21 f.
[17] C. HEGNAUER, Berner Kommentar, Bd. II, Familienrecht, Die Verwandtschaft, Bern 1964, Art. 290, N. 32.
[18] Vgl. hinten § 73, Anm. 3.

selbständigen Besitzer macht, indem er nach außen unmißverständlich und allseitig deutlich macht, unter Ausschluß des andern, d.h. selbständig besitzen zu wollen[19]. Bloße Änderung des Willens ohne entsprechende Äußerung reicht nicht aus. Mit der durch die Manifestation aufgehobenen Besitzmittlung geht der Oberbesitz verloren. Insoweit d.h. für die Begründung oder Wandlung des Besitzes kann der animus domini, der anders als nach römischem Recht nicht zum Begriff des Besitzes gehört, auch nach ZGB bedeutungsvoll werden[20].

§ 70. Alleinbesitz und gleichstufiger Mit- und Gesamtbesitz

I.

Alleinbesitz ist meist Eigenbesitz d.h. Besitz mit dem Willen, Eigentümer zu sein. Für den redlichen Finder trifft das aber nicht zu, solange er nicht nach Art. 722 ZGB Eigentümer geworden ist.

Mehrfacher Besitz an der gleichen Sache kommt meist in den Abstufungen selbständiger/unselbständiger und mittelbarer/unmittelbarer Besitz vor. Doch ist mehrfacher Besitz auch auf der gleichen Stufe möglich: Zwei oder mehr Personen können neben oder miteinander unmittelbar oder mittelbar besitzen[1]. Dabei kann zwischen Mitbesitz (im engern Sinn) und Gesamtbesitz unterschieden werden.

---

[19] Erläuterungen 1914, II, S. 381; OSTERTAG, Art. 919, N. 18; BGE 54 II, 1928, S. 246; vgl. hinten § 81, Anm. 77.
[20] Vgl. auch BGE 75 II, 1949, S. 122 ff., insbes. S. 130 und hinten § 71, Anm. 12, § 77, Anm. 11 und § 78, Anm. 29.
[1] Dabei üben sie meist auch gleichstufigen selbständigen oder unselbständigen Besitz aus. Es kommt aber auch vor, daß von zwei unmittelbaren Besitzern der eine selbständig besitzt, der andere unselbständig für den ersten; vgl. BGB 62 II, 1936, S. 197 f.: Ein Ehemann überläßt seiner Frau, mit der er in Güterverbindung lebt, Titel, die ihr gehören oder die er ihr übereignen will, indem er sie in ein auf seinen Namen angelegtes Banksafe legt, zu welchem sie einen Schlüssel erhält, wobei er die faktische Verwaltung weiterhin besorgt. Die Behauptung des Bundesgerichtes (ebenda), daß für die Eigentumsübertragung unter Ehegatten die Einräumung von Alleinbesitz nicht verlangt werden könne, weil sonst an Gegenständen des gemeinsamen Haushalts eine Eigentumsübertragung ausgeschlossen wäre, ist insofern ungenau, als auf der Stufe des selbständigen Besitzes Alleinbesitz eingeräumt werden kann, während der übertragende Ehegatte unselbständiger und unmittelbarer Mitbesitzer bleibt, wenn er nicht bloßen Gewahrsam behält.

II.

Mitbesitz (im engern Sinn) ist gegeben, wenn von zwei oder mehr Personen jede ohne Mitwirkung der andern eine dem Besitzbegriff entsprechende Herrschaft ausübt. So haben Stockwerk«eigentümer» oder Wohnungsmieter Mitbesitz an gemeinschaftlich benutzten Räumen. Zwei Personen können Mitbesitzer des Inhalts eines Safes sein, wenn jede von ihnen über einen Satz der zur Öffnung erforderlichen Schlüssel verfügt. Wenn letzteres indes auf einen Geschäftsherrn und seinen Angestellten zutrifft, so liegt nicht gleichstufiger Mitbesitz vor, sondern entweder bloße Besitzdienung neben Alleinbesitz oder allenfalls selbständiger neben unselbständigem Besitz zweier unmittelbarer Besitzer, von denen der eine zugleich auch für den andern Besitz ausübt.

III.

Gesamtbesitz liegt vor, wenn verschiedene Personen gemeinsam die tatsächliche Herrschaft über eine Sache ausüben, indem z.B. jede von ihnen über einen speziell gearbeiteten Schlüssel zu einem Kassenschrank verfügt, der sich nur mit Hilfe aller Schlüssel öffnen läßt[2]. Am Inhalt eines bei einer Bank gemieteten Schrankfaches hat aber nur der Kunde Besitz, auch wenn die Bank über den zweiten Schlüssel verfügt. Die Bank kann ihrer Aufgabe nach nur Besitzdienerin sein[3]. Erben üben im Hinblick auf Art. 560 Abs. 2 ZGB den von Gesetzes wegen auf sie übergegangenen[4] Besitz gesamthaft aus; überlassen sie aber einem unter ihnen die Verwaltung, so besitzt nur dieser unmittelbar. Er ist zugleich selbständiger Besitzer, wobei er den Miterben ebenfalls selbständigen Besitz vermittelt.

Ehegatten sind Gesamtbesitzer der zur Wohnungseinrichtung gehörenden Möbel[5].

IV.

Gesamtbesitz (und Mitbesitz) können auch als mittelbarer Besitz vorkommen, so wenn ein unmittelbarer Besitzer mehreren Personen selb-

---

[2] Je nachdem kam im Fall BGE 75 II, 1949, S. 129 Mit- oder Gesamtbesitz zweier Funktionäre in Betracht, wenn sie überhaupt (unselbständige) Besitzer und nicht bloße Besitzdiener waren.

[3] Sie kann aber ein Mietretentionsrecht haben; OFTINGER, Art. 895, N. 67 und dortige Zitate, WOLFF/RAISER, § 9, II 2, N. 4; abw. JÄGGI, Art. 976 OR, N. 47, wonach auch der Vermieter des Schrankfaches als Besitzer anzusehen sei.

[4] Vgl. hinten § 73, Anm. 3.

[5] Vgl. hinten § 75, Anm. 36 und § 79, Anm. 2.

ständigen Besitz in der Weise vermittelt, daß er die Sache nur an alle zusammen (bzw. an jede von ihnen) herausgeben darf[6].

Mitbesitzer genießen gegeneinander Besitzesschutz. Bricht ein Mitbesitzer den unmittelbaren Mitbesitz des andern, indem er die Sache veräußert, so gilt diese als abhanden gekommen[7]. Für den Bruch von (unmittelbarem) Gesamtbesitz gilt dies erst recht.

Mitbesitz kann die Vermutung für Miteigentum auslösen.

§ 71. Besitzdienung, Besitz und Gewahrsam

I. Besitz und Besitzdienung

Das ZGB erwähnt den Besitzdiener nicht[1]. Das beruht darauf, daß die genaue Umschreibung des an sich anerkannten Begriffs als zu schwierig empfunden wurde[2]. Die Gesetzeslücke ist also gewollt. Rechtsprechung und Lehre können aber auf eine Erörterung nicht verzichten, weil ohne Abgrenzung zwischen Besitzdienung[3] und Besitz auch der Begriff des Besitzes der Klarheit ermangelt. Auch müssen die Rechtswirkungen feststehen, die sich mit einer bloßen Besitzdienung verbinden.

Mit Hilfe des Besitzdieners übt der Besitzer die tatsächliche Gewalt («maîtrise») im Sinne von Art. 920 Abs. 1 unmittelbar aus. Der Besitzdiener selbst hat auch keinen unselbständigen Besitz, weil seine Stellung eine eigene tatsächliche Herrschaft im Sinne von Art. 919 Abs. 1 ausschließt. Typisch ist ein soziales Abhängigkeitsverhältnis, das den Besitzdiener der jederzeitigen Eingriffsmöglichkeit des Besitzers unterstellt. Die Einordnung eines Menschen und einer Sache in eine Organisation kann ein eigenes Recht zum Besitz offensichtlich von vorneherein ausschließen und damit zur An-

---

[6] BGE 57 II, 1931, S. 516, vgl. hinten § 75, Anm. 51.
[7] Vgl. hinten S. 474 ff.
[1] Vgl. § 855 BGB: «Übt jemand die tatsächliche Gewalt über eine Sache für einen anderen in dessen Haushalt oder Erwerbsgeschäft oder in einem ähnlichen Verhältnis aus, vermöge dessen er den sich auf die Sache beziehenden Weisungen des anderen Folge zu leisten hat, so ist nur der andere Besitzer».
[2] Erläuterungen 1914, II, S. 383.
[3] Diesen Ausdruck möchte ich der üblichen aber schwerfälligen und ungenauen (weil die Person, nicht das Verhältnis treffenden) Bezeichnung «Besitzdienerschaft» vorziehen.

nahme bloßer Besitzdienung führen⁴. So sind Angestellte⁵, Dienstboten, Kinder des Besitzers, welche von ihm oder für ihn Geräte, Tiere und andere Gegenstände in ihre Hand oder Obhut erhalten, bloße Besitzdiener. Doch kann die Besitzdienung entgegen der herrschenden Meinung zum BGB ausnahmsweise auch auf einer andern als einer sozialen, nämlich einer bloß funktionellen, Abhängigkeit beruhen. Wer ein Weinlager zum Zwecke der Verpfändung durch Übergabe der Schlüssel in den (unselbständigen, unmittelbaren) Besitz des Pfandgläubigers übergehen läßt (Art. 922 und 884 ZGB) und nun von diesem immer nur von Fall zu Fall gegen Quittung einen Schlüssel erhält, um das Lager aufzuheizen und ihm Muster zu entnehmen, wird dadurch nicht (unmittelbarer) Besitzer, sondern insoweit bloßer Besitzdiener des Pfandgläubigers, der ihm seinerseits freilich als unmittelbarer, unselbständiger Besitzer mit Rücksicht auf das Pfandverhältnis zugleich selbständigen (mittelbaren) Besitz vermittelt⁶. – Entscheidend ist, daß das für die Besitzdienung wesentliche Abhängigkeitsverhältnis nach außen erkenntlich sein muß⁷.

Der Besitzdiener hat keinen Besitzwillen. Besitzer kann er nicht durch bloße Willensänderung oder verbale Willensäußerung, sondern bloß dadurch werden, daß er durch Besitzanmaßung das bisherige unmittelbare Gewaltverhältnis zwischen dem Besitzer und dem Objekt einseitig aufhebt⁸ (oder dadurch, daß der Besitzer nach Art. 922 ff. Besitz auf ihn übergehen läßt)⁹. Erst wenn ein Dienstmädchen die Kleider, die es sich aneignen will, in seinem Schrank oder Koffer im Dienstenzimmer unterbringt, erwirbt es unmittelbaren Besitz daran, da es so den Besitz des Dienstherrn bricht, wobei es zugleich den Straftatbestand des Diebstahls verwirklicht. Unbefugte Herausgabe einer Sache durch den Besitzdiener an einen Dritten bedeutet «Abhandenkommen» der Sache (vgl. Art. 934), es sei denn, der Erwerb sei nach den Regeln des Obligationenrechts (Art. 32 ff. OR) durch eine Vertretungsmacht des Besitzdieners gedeckt¹⁰.

Der Besitzdiener genießt keinen Besitzesschutz, aber er kann die Abwehr- und Verfolgungsrechte nach Art. 926 für den Besitzer ausüben¹¹. Solange er

---

⁴ BGE 58 II, 1932, S. 375 (Journalier, chargé parfois de conduire du bétail), vgl. auch HOMBERGER, Art. 919, N. 10.
⁵ BGE 27 II, 1901, S. 156; 36 II, 1910, S. 349.
⁶ BGE 80 II, 1954, S. 238.
⁷ STAUDINGER, § 855 BGB, N. 6.
⁸ BGE 80 II, 1954, S. 239 (Besitzanmaßung durch Rückgabe falscher [nichtpassender] und Zurückbehaltung der richtigen Schlüssel zu einem Weinlager).
⁹ Vgl. hinten § 75, Anm. 18.
¹⁰ Vgl. hinten § 81, Anm. 66.
¹¹ So ausdrücklich § 860 BGB; vgl. auch Erläuterungen 1914, II, S. 382.

sich selber nicht als Besitzer aufspielt, kann er weder nach Art. 927/28 noch nach Art. 934–36 klagen oder beklagt werden[12]. Aber dem gegen den Besitzer erstrittenen Urteil kann er dann nichts entgegensetzen.

Es ist zuzugeben, daß die Grenze zwischen Besitz und Besitzdienung nicht immer leicht zu ziehen ist. Auch höchste Angestellte und Funktionäre sind Besitzdiener für Objekte, die ihnen in den Amtsräumen zur Verfügung gestellt werden[13]. Der Beauftragte ist bei unselbständiger Stellung, die ähnlich wie bei einem Arbeitsverhältnis die jederzeitige Einwirkung des Auftraggebers bestehen läßt und ein eigenes Recht zum Besitz ausschließt, bloßer Besitzdiener, sonst unselbständiger Besitzer[14]. Der Arbeitnehmer ist in der Regel Besitzdiener, so insbesondere der unter Aufsicht tätige Ladenangestellte. Dem Verwalter einer Verkaufsstelle, der als Gérant im Hinblick auf sein selbständiges Wirken zur Stellung einer Kaution für richtige Geschäftsführung veranlaßt worden war, hat das Bundesgericht unselbständigen Besitz zugestanden und deshalb ein Retentionsrecht nach Art. 895 ZGB für konnexe Ansprüche zuerkannt[15]. Unselbständiger Besitzer ist der Willensvollstrecker (Art. 518 Abs. 2 ZGB)[16].

Nach einem jüngeren Entscheid sind dagegen Organe juristischer Personen, wie selbst der einzige Verwaltungsrat der Aktiengesellschaft, da sie trotz selbständiger Entscheidungskompetenz nach außen bloß zum Handeln im Namen der juristischen Person ermächtigt sind, Besitzdiener oder haben doch eine entsprechende Stellung[17]. Verfügungsmacht nach außen haben sie nach Art. 55 ZGB und den einschlägigen Bestimmungen des OR, wie auch, wie bereits dargetan, der gewöhnliche Ladenangestellte nach Art. 34 Abs. 3

---

[12] Abweichend STARK, Art. 934, N. 10. Auch in BGE 75 II, 1949, S. 130 wird das verkannt. Die Passivlegitimation des damaligen Beklagten setzte die sich dort freilich aufdrängende Annahme voraus, daß er Besitzer geblieben war oder sich zum Besitzer gemacht hatte; vgl. auch hinten § 78, Text zu Anm. 29.

[13] Vgl. BGE 75 II, 1949, S. 129 f., ferner auch hinten § 81, Anm. 66.

[14] Vgl. HOMBERGER, Art. 919, N. 11. Nach BGE 75 II, 1949, S. 130 wäre der Beauftragte im allgemeinen hinsichtlich der ihm kraft des Auftrags übergebenen Sachen Besitzdiener, doch könnten Sachen einem Beauftragten in besonderm Sinne anvertraut sein, so daß «er mit Willen des selbständigen Besitzers eine Stellung erhält, die ihm für den Verkehr zum Besitzer stempelt, Erläuterungen II, S. 382»; vgl. auch BGE 86 II, 1960, S. 360, ferner ZBJV 85, 1949, S. 509. – Das Retentionsrecht des Anwalts an den ihm von Klienten übergebenen Akten oder Wertpapieren scheitert nicht an mangelndem Besitz; doch können dem dinglichen Retentionsrecht (mit einem obligatorischen Zurückbehaltungsrecht) andere Gründe entgegenstehen (OFTINGER, Art. 896, N. 4 und N. 9 ff.).

[15] BGE 67 II, 1941, S. 19 ff.; ZBJV 69, 1933, S. 280 f.: Besitz und deshalb Retentionsrecht eines Prokuristen, dem eine Schreib- und Additionsmaschine zur Arbeit nach Hause mitgegeben worden war.

[16] BGE 86 II, 1960, S. 359.

[17] BGE 81 II, 1955, S. 343 f.

OR zur Veräußerung (im Namen des Prinzipals) ermächtigt sein kann[18]. Dabei kommt es zu Abgrenzungsschwierigkeiten, die sich wohl am besten durch die Erkenntnis beheben lassen, daß sich aus der Vielfalt der Funktionen, die sich mit dem Besitztatbestand verknüpfen, Differenzierungen ergeben können: Es kann naheliegen, dem Organ einer juristischen Person wie auch dem Gérant einer Verkaufsstelle den Besitz im Sinne von Art. 895 ZGB, nicht aber für andere Rechtswirkungen des Besitzes zuzuerkennen[19, 20].

II. Besitz und Gewahrsam

Der Gewahrsam (vgl. Art. 700 und 725 ZGB[21] und Art. 57 OR)[22] setzt ein weniger straffes Gewaltverhältnis voraus als der Besitz und erfordert vor allem im Gegensatz zu diesem zu seiner Entstehung keinen Willensakt[23]. Es kann aber auch umgekehrt Besitz ohne Gewahrsam gegeben sein (vgl. Art. 920 und 560 Abs. 2 ZGB). Auf Grund des Gewahrsams können nach Art. 700 ZGB und Art. 57 OR Retentionsrechte zur Sicherung von Schadenersatzforderungen des Eigentümers (Art. 700 ZGB) bzw. Besitzers (Art. 57 OR) eines Grundstückes geltend gemacht werden[24].

Der Begriff des Gewahrsams ist auch für das Betreibungsrecht (Art. 106, 109, 242 SchKG) und insbesondere für das Strafrecht (Art. 137 ff. StGB) bedeutungsvoll. Er ist für diese Gebiete selbständig nach der ratio des Vollstreckungs- und Strafrechts zu bestimmen. Der eine «Herrschaftsmöglichkeit» und einen «Herrschaftswillen» voraussetzende strafrechtliche Gewahrsamsbegriff[25] deckt sich immerhin in wichtigen Punkten mit dem zivilrechtlichen Begriff des unmittelbaren Besitzes[26], ohne mit ihm identisch zu

---

[18] STARK, Art. 933, N. 38; vgl. auch hinten § 76, II 2, 3. So auch HGB §§ 54–56, während für das BGB eine entsprechende Möglichkeit fehlt und von einigen Autoren eine Lösung durch teilweise Gleichbehandlung des Besitzdieners mit dem Besitzmittler gesucht wird; vgl. WESTERMANN, § 49, I 6.

[19] Vgl. STAUDINGER, § 854 BGB, N. 26.

[20] In diesem Sinn wird in BGE 67 II, 1941, S. 19 eine extensive Interpretation des Begriffes «Besitz» bei Anwendung von Art. 895 ZGB zur Diskussion gestellt mit Hinweis auf das Retentionsrecht des «Gewahrsaminhabers» nach Art. 224 aOR; kritisch hiezu OFTINGER, Art. 895, N. 45.

[21] Vgl. hinten § 72, Anm. 2.

[22] Vgl. BGE 71 IV, 1945, S. 91.

[23] Vgl. vorn § 68, II 1, 2.

[24] Abweichend OFTINGER, Art. 895, N. 186, der hier nicht Gewahrsam, sondern Besitz annimmt, der ausnahmsweise keinen Besitzwillen voraussetze; vgl. auch oben Anm. 20. – Für Art. 725 ZGB vgl. HAAB/SCHERRER, Art. 725, N. 22f.

[25] BGE 71 IV, 1945, S. 91 und S. 185.

[26] Deshalb sind Fälle, bei denen es auf die Unterscheidung von Diebstahl und Fundunterschlagung ankommt, auch für die Frage des Besitzverlustes nach ZGB von Interesse; vgl. hinten § 77.

sein[27]. Für die Bestimmung des betreibungsrechtlichen Gewahrsams und damit für die wichtige Parteirollenverteilung im Widerspruchsverfahren (Art. 106–109 SchKG) und für die Anwendung des konkursrechtlichen Aussonderungsverfahrens (Art. 242 SchKG) ist entscheidend, wer bei äußerlicher Betrachtung im näheren (wenn auch ausnahmsweise durch einen Dritten vermittelten) Verhältnis zur Sache steht, nämlich der Schuldner bzw. die Konkursmasse oder ein Ansprecher[28].

---

[27] Vgl. für Einzelheiten M. SCHUBARTH, Die Systematik der Aneignungsdelikte, Basler Studien 86, Basel 1968, insbes. S. 30 ff. und S. 64 ff., ferner G. STRATENWERTH, Schweizerisches Strafrecht, Besonderer Teil I, Straftaten gegen Individualinteressen, Bern 1973, S. 179 ff. – Daß aber beim Haus- und Anstaltsfund (Art. 722 Abs. 3 ZGB) notwendigerweise Besitz des «Herrn» des Raumes angenommen werden müsse (BGE 71 IV, 1945, S. 91), trifft m. E. nicht zu: Das Gesetz fingiert ganz einfach, daß er der «Finder» sei.
[28] LEUCH, Widerspruchsverfahren, S. 18 ff.

Drittes Kapitel

Erwerb und Verlust des Besitzes

Literatur: F. HIRZEL, Das constitutum possessorium, Diss. Zürich 1893; H. REICHEL, Schenkungsvollzug durch Besitzauftragung, SJZ 18, 1922, S.87ff.; J. ROSSEL, Des donations manuelles en droit suisse, spécialement entre époux, ZBJV 58, 1922, S.345ff.

Vorarbeiten: Vorentwurf, Art. 964–967; Erläuterungen 1914, II, S.386ff.; Entwurf, Art. 960–963.

Ausländische Gesetze: BGB §§ 854, 870, 929–931, 986; HGB §§ 363, 424, 444ff.; CCfr. Art. 1604–07.

Erlangung des Besitzes ist eine der Voraussetzungen für die Aneignung und Ersitzung sowohl von Mobilien als von Immobilien sowie für den Fund an Mobilien. Übertragung des Besitzes ist grundsätzlich für die rechtsgeschäftliche Verschaffung des Eigentums und anderer dinglicher Rechte an Mobilien unerläßlich (Traditionsprinzip)[1]. Daraus erhellt die praktische Bedeutung des Besitzerwerbs.

§ 72. Ursprünglicher Besitzerwerb

Der ursprüngliche (originäre) Besitzerwerb kann befugt oder unbefugt (und trotzdem wirksam) sein. Befugt ist der originäre Besitzerwerb bei Aneignung (Art. 658, 718 ZGB), Fund (Art. 720) und auf Grund von Zuführung (Art. 725)[2], unbefugt bei Raub und Diebstahl und bei gewissen Fällen der Besitzwandlung: Ein unselbständiger Besitzer macht sich zum selbständigen (Eigen)Besitzer, indem er eine entsprechende Willensrichtung nach außen deutlich werden läßt, z.B. durch Veruntreuung[3]. Fraglich ist, ob der Wille

---

[1] Ausnahmen siehe hinten § 80, I.
[2] Vgl. HOMBERGER, Art. 922, N.2; HAAB/SCHERRER, Art. 725, N.15. – Art. 725 Abs. 2 (Einfliegen eines fremden Bienenschwarms in einen bevölkerten Bienenstock) stellt einen Sonderfall der Vermischung, Art. 727, dar.
[3] Vgl. auch vorn S. 418/19.

zu besitzen (auch) für den originären Erwerb des (unmittelbaren) Besitzes vorausgesetzt werden muß. Das ist grundsätzlich zu bejahen, wobei aber ein «natürlicher», nicht rechtsgeschäftlicher, Wille genügt, für den bloß eine entsprechende, d. h. für den einfachen Vorgang der Begründung einer faktischen Herrschaft ausreichende Urteilsfähigkeit verlangt werden kann [4]. Ausreichend ist ein irgendwie erkenntlicher genereller, von vorneherein auf eine Vielzahl von Sachen gerichteter Besitzergreifungswille (Anbringung eines Briefkastens) [5]. Nach einer andern Auffassung kann ein solcher Wille entbehrt werden, wenn eine Sache derart in einen Herrschaftsbereich eingefügt wird, daß für die Verkehrsauffassung der Besitztatbestand verwirklicht erscheine [6].

§ 73. Die Gesamtnachfolge (Universalsukzession) in den Besitz

Nach Art. 560 Abs. 2 ZGB geht der Besitz des Erblassers gleich den Forderungen, dem Eigentum und den beschränkten dinglichen Rechten «ohne weiteres», d. h. ohne irgendwelche Tathandlungen der Erben auf diese über [1]. Das bedeutet, daß die Rechtswirkungen, die sich für den Erblasser aus dem in seiner Person verwirklichten Besitztatbestand ergaben, mit seinem Tode von Gesetzes wegen für die Erben wirksam werden, ohne daß der Besitztatbestand bei ihnen ebenfalls eingetreten sein muß. Auch ein Erbe, der von den Erbschaftssachen oder gar vom Tode des Erblassers oder (bei zunächst unbekanntem Testament) von der eigenen Erbenstellung keine Kenntnis hat, erlangt ipso iure denjenigen (unmittelbaren, mittelbaren, unselbständigen, selbständigen) Besitz, den der Erblasser hatte [2]. Damit wird klargestellt, daß die für den Rechtserwerb durch Ersitzung erforderliche Kontinuität des Besitzes (Art. 661, 728, 731 ZGB) durch den Tod des Erblassers nicht unter-

---

[4] Herrschende Meinung z. B. HOMBERGER, Art. 919, N. 7; Beispiel: 93 II, 1967, S. 377.
[5] HOMBERGER, a.a.O.; WOLFF/RAISER, § 10, II und III.
[6] HECK, § 5, 4; WESTERMANN, § 13, I 2; STAUDINGER, § 854 BGB, N. 6. Indessen läßt sich gerade darüber streiten, ob das bloße Zulaufen eines Hundes zu einem fremden Bauernhof den Besitz bereits übergehen läßt; Art. 725 ZGB spricht insoweit bloß von «Gewahrsam». Daß der Schlafende an einem in seine Tasche gesteckten Brief zunächst noch keinen Besitz erwirbt, nimmt auch WESTERMANN an. Das gleiche gilt für den Reisenden, dem ein Schmuggler einen Wertgegenstand ins Gepäck appliziert. Auch die bloße Überführung von Material auf einen offenen Bauplatz begründet noch keinen Besitzwechsel, wenn es nach wie vor zur Verfügung des bisherigen Besitzers bleiben soll (ja nicht einmal Gewahrsam im Sinne von Art. 106 ff. SchKG); vgl. BGE 39 I, 1913, S. 134 ff.; HAAB/SCHERRER, Art. 720–722, N. 7.
[1] Vgl. BGE 73 II, 1947, S. 10; 89 II, 1963, S. 94.
[2] Eine ungültige Erbeinsetzung bewirkt den Übergang des Besitzes bis zu ihrer Aufhebung (Art. 519/20 ZGB).

brochen wird und daß Art. 941 ZGB auch im Verhältnis zwischen Erben und Erblasser Anwendung findet. Aus der erbrechlichen Natur der Regel folgt, daß mehrere zu einer Erbengemeinschaft verbundene Erben zu gesamter Hand besitzen[3]. Aus dem Nachlaß ohne den Willen der Erben entfernte Sachen gelten als abhanden gekommen, sofern der Erblasser unmittelbaren Besitz hatte (Art. 934)[4], und die Erben können gegebenenfalls auch die Ansprüche nach Art. 926 ff. erheben, deren Geltendmachung freilich an verspäteter Kenntnis der Erbenstellung scheitern kann (Art. 926 Abs. 2, Art. 929 Abs. 2). Anderseits muß der Erbe auch die gegen den Besitzer als solchen bestehenden Ansprüche (z. B. nach Art. 641, 934 ff. ZGB) gegen sich gelten lassen, wobei es für die Frage des guten oder bösen Glaubens im Sinne von Art. 936 auf das Wissen oder Wissenmüssen des Erblassers im Zeitpunkt seines Besitzerwerbs ankommt. Faktische Besitzergreifung seitens des Erben kann das Besitzverhältnis wandeln[5]. Auf Grund von Art. 560 Abs. 2 ZGB ohne eigene Ergreifung erworbener Erbenbesitz kann durch originären Besitzerwerb eines Dritten gebrochen werden. Der Nacherbe ist nicht Erbe des Vorerben, sondern des Erblassers (Art. 492 ZGB) und erbt im Sinne von Art. 560 Abs. 2 von diesem auch den Besitz[6]. War der Vorerbe unmittelbarer Besitzer, so kann freilich der Nacherbe höchstens mittelbaren Besitz haben, solange die Erben des Vorerben den Gegenstand des Besitzes nicht an ihn herausgeben[7].

§ 74. Die Übertragung des Besitzes (Einzelnachfolge) durch körperliche Übergabe

I.

Die Übertragung des Besitzes ist Voraussetzung und Mittel zur Übertragung des Eigentums und zur Einräumung und Übertragung beschränkter dinglicher Rechte an Mobilien (Art. 714, 726, 884, 933 ZGB)[1]. Für die

---

[3] Vgl. BGE 69 II, 1943, S. 366 (insbes. auch zum Verhältnis zwischen gesetzlichen und eingesetzten Erben).
[4] WESTERMANN, § 15, I 5.
[5] WESTERMANN, § 15, I 7.
[6] OSTERTAG, Art. 919, N. 24; GIERKE, DPR II, S. 241; anders HOMBERGER, Art. 919, N. 40, der Art. 560 Abs. 3 nicht auf den Nacherben anwenden will.
[7] Vgl. STAUDINGER, § 857 BGB, N. 9 d.
[1] Für die Übertragung des Rechts an und aus Wertpapieren vgl. JÄGGI, Art. 967 OR, N. 34; BGE 81 II, 1955, S. 340 ff.; 87 II, 1961, S. 256 ff.; 93 II, 1967, S. 479 und hinten § 75, V 1 und § 80, I.

Auslegung der Art. 922–925 muß diese primär wichtige Funktion wegleitend sein. Aber auch an Liegenschaften, an denen sich der Rechtserwerb grundbuchlich vollzieht, kann – insbesondere auch durch körperliche Übergabe – Besitz übertragen werden. Es ist jedoch stets zu bedenken, daß die (abgesehen vom Besitzesschutz) wichtigsten Funktionen des Besitzes nur an Mobilien sich entfalten können[1a].

II. Übertragung des Besitzes durch Übergabe der Sache oder der Mittel zu ihrer Beherrschung (Art. 922 Abs. 1 ZGB) [2]

1. Die Übergabe einer Sache besteht in der Übertragung der tatsächlichen Gewalt (Art. 919) und setzt in subjektiver Hinsicht eine entsprechende Willenseinigung («einverständliches Geben und Nehmen»)[3] voraus. Nach herrschender und zutreffender Auffassung handelt es sich dabei nicht um ein Rechtsgeschäft (Vertrag), sondern um einen Realakt (Tathandlung), was erlaubt, den sog. natürlichen Willen, zu nehmen und zu geben, genügen zu lassen[4]. Fehlt es hieran, so kann höchstens originärer Besitzerwerb vorliegen. (Dann bedarf es zur Übertragung eines dinglichen Rechts an einer Mobilie grundsätzlich einer Besitzwandlung, d.h. des Übergangs von originärem zu derivativem Besitzerwerb[5].) Da die Übergabe einer Sache kein Rechtsgeschäft ist, scheitert sie nur an solchen Willensmängeln, die eine Mobilie zu einer «abhandengekommenen» machen, was für die ernsthafte Drohung zutrifft – in welchem Falle es keiner Anfechtung im Sinne von Art. 29 OR bedarf –, nicht aber für Irrtum und Täuschung.

Nach der herrschenden Meinung kann auch der Unmündige (beschränkt Handlungsunfähige) wirksam Besitz übertragen, wenn er über die vorausgesetzte rudimentäre Urteilsfähigkeit verfügt. Das erweckt im Hinblick auf den

---

[1a] Deshalb sind im BGB abgesehen von § 854 (Erwerb des unmittelbaren Besitzes) sämtliche den Besitzerwerb betreffenden Bestimmungen (§ 929ff.) dem Eigentumserwerb an beweglichen Sachen zugeordnet.

[2] Bei der Berücksichtigung des Schrifttums zu § 854 BGB ist zu beachten, daß diese Bestimmung im Gegensatz zu Art. 922 Abs. 1 ZGB sich nicht nur mit der Übertragung, sondern generell mit dem Erwerb (auch auf andere Weise) des Besitzes befaßt. Vgl. anderseits § 929 BGB als Gegenstück zu Art. 714 ZGB.

[3] Vgl. WESTERMANN, § 13, II 2.

[4] So namentlich die deutsche Lehre zu § 929 BGB, z.B. WOLFF/RAISER, § 11, I und § 66, I a; WESTERMANN, § 13, II 2, ferner VON TUHR, Bürgerliches Recht, § 54, N. 22 (und VON TUHR/ SIEGWART, § 25, N. 5); weitere Literaturangaben bei HINDERLING, Die Bedeutung der Besitzübertragung für den Rechtserwerb im Mobiliarsachenrecht, ZSR 89 I, 1970, S. 163 und 179.

[5] Vgl. hinten § 80, Anm. 21.

Schutzzweck des Art. 19 ZGB Bedenken, die sich aber doch wohl nicht als genügend durchschlagend erweisen[6].

2. Der körperlichen Übergabe ist die Übergabe der Mittel, die dem Erwerber die tatsächliche Gewalt verschaffen (uneigentliche Tradition), gleichgestellt[7]. Der Verkäufer übergibt dem Käufer, der Verpfänder dem Pfandgläubiger die Schlüssel zu einem verschließbaren Raum, in dem sich die verkaufte oder zu verpfändende Ware befindet[8]. Die heimliche Zurückhaltung eines von mehreren gleichartigen Schlüsseln hindert die Übergabe im Sinne von Art. 922 Abs. 1 nicht[9].

3. An die Begründung von Fahrnispfandbesitz werden besondere Anforderungen gestellt[10].

4. Mit der Übertragung unmittelbaren aber unselbständigen Besitzes kann sich die Beibehaltung mittelbaren und selbständigen Besitzes verbinden (eine Sache wird vermietet usw.).

5. Da die Übertragung des Besitzes nach Art. 922 Abs. 1 nicht als Rechtsgeschäft aufzufassen ist, hängt sie in der Wirksamkeit von der Gültigkeit des Grundgeschäfts nicht ab[11].

§ 75. Die Übertragung des Besitzes durch Besitzvertrag als Übergabeersatz

Unter besondern Voraussetzungen kann Besitz ohne Übergabe der Sache selbst oder der Mittel, die die tatsächliche Gewalt verschaffen, übertragen

---

[6] Vgl. HINDERLING, a.a.O. (oben Anm. 4), S. 165 ff.
[7] Für das deutsche Recht wird die Auffassung vertreten, daß die Übergabe von Schlüsseln der Übertragung der offenen Besitzlage (vgl. Art. 922 Abs. 2) gleichzustellen, somit ein eigentlicher Besitzvertrag nötig sei; vgl. WOLFF/RAISER, § 11, III 2.
[8] Vgl. BGE 43 II, 1917, S. 20; 58 III, 1932, S. 124; 80 II, 1954, S. 237; 89 II, 1963, S. 319.
[9] Vgl. auch HOMBERGER, Art. 922, N. 6 und 13 und dazu hinten § 75, Anm. 11. – Die einverständliche Zurückbehaltung eines passenden Schlüssels steht der Übertragung von Alleinbesitz entgegen.
[10] Nach OFTINGER, Art. 884, N. 239 würde die Pfandbestellung sogar an der heimlichen Zurückbehaltung eines Schlüssels scheitern. – Anderseits kann die bloße Einräumung des Gesamtbesitzes genügen, wenn nur – worauf es wegen Art. 884 Abs. 3 in erster Linie ankommt – der Zugriff des Verpfänders ausgeschlossen wird (BGE 57 II, 1931, S. 516). Für die Wirksamkeit der Besitzübertragung kommt es nicht entscheidend darauf an, daß der Vorgang für jedermann erkennbar ist (BGE 55 II, 1929, S. 301).
[11] Vgl. HAAB/SIMONIUS, Art. 714, N. 64.

werden[1]. Es handelt sich um Fälle, wo eine körperliche Übergabe (Art. 922) zu einer den Rechtsverkehr unerträglich belastenden Komplizierung, meist bestehend in einem als überflüssig empfundenen Hin und Her einer Mobilie, führen müßte. Dafür ist in diesen Fällen, wo Übergabesurrogate[2] der körperlichen Übergabe gleichgestellt werden, ein Besitzvertrag, d.h. eine auf Übergang des Besitzes gerichtete Willenseinigung erforderlich, die als Rechtsgeschäft aufzufassen ist[3] und Handlungsfähigkeit voraussetzt. Der Besitzvertrag und damit die Besitzübertragung sind von der Wirksamkeit des zugrunde liegenden Rechtsverhältnisses (Kaufvertrag usw.) abhängig und unterliegen der Anfechtung im Falle wesentlicher Willensmängel[4]. Durch die Anerkennung von Surrogaten der körperlichen Übergabe werden das Publizitäts- und das Traditionsprinzip verwässert – was sich besonders deutlich in der Abhängigkeit des Besitzvertrags vom zugrunde liegenden Rechtsverhältnis zeigt –, und nähert sich die Lösung des ZGB (gleich wie die des BGB) der des französischen Rechtes an, welches vom Erfordernis der Besitzübertragung für die Übertragung dinglicher Rechte an Mobilien grundsätzlich abstrahiert[5].

I. Die Übertragung der offenen Besitzlage (Einräumung der Möglichkeit der Gewaltausübung)

Der Wortlaut des Art. 922 Abs. 2[6] könnte, wie richtig hervorgehoben wurde[7], zur irrigen Annahme verleiten, daß es hier bloß um die Präzisierung des entscheidenden Momentes der im übrigen nach Art. 922 Abs. 1 zu behandelnden Tradition gehe. Es würde der Klarheit dienen, wenn der Inhalt des zweiten Absatzes zum Gegenstand eines besondern Artikels gemacht wäre.

Art. 922 Abs. 2 setzt den besondern Fall einer zwar erheblich gelockerten aber doch noch als unmittelbarer Besitz anerkannten räumlichen Beziehung voraus, wie sie an Baumaterial oder geschlagenem Holz bestehen kann, das im Wald, am Straßenrand oder auf offenen und unbebauten Parzellen liegt[8].

---

[1] Das gilt auch für Wertpapiere; BGE 81 II, 1955, S. 340; 93 II, 1967, S. 87 und S. 479.
[2] Gegen diesen Ausdruck JÄGGI, Art. 967 OR, N. 39, dafür: WESTERMANN, § 40.
[3] Vgl. BGE 44 II, 1918, S. 398 ff., insbes. S. 404; hier fehlten auch die weiteren Voraussetzungen für eines der Surrogate der körperlichen Übergabe, welch letztere ebenfalls nicht vollzogen wurde.
[4] HOMBERGER, Art. 922, N. 15; HAAB/SIMONIUS, Art. 714, N. 64.
[5] FERID, § 68, I 1, S. 937.
[6] § 854 Abs. 2 BGB formuliert deutlicher.
[7] HOMBERGER, Art. 922, N. 10.
[8] Vgl. vorn § 68, Anm. 11. Holz auf dem Lagerplatz einer Firma (BGE 44 II, 1918, S. 404) befindet sich nicht in «offener Besitzlage».

Als lockeres Gewaltverhältnis kann hier unmittelbarer Besitz durch bloßen Besitzvertrag übertragen werden, ohne daß die Parteien sich an Ort und Stelle begegnen. Erforderlich ist, daß dem Zugriff des Erwerbers kein tatsächliches Hindernis entgegensteht, ferner auch, daß die Sache im Besitzvertrag deutlich bezeichnet wird. Soll nur ein Teil frei liegenden Holzes übertragen werden, so muß er an Ort und Stelle angezeichnet werden, da sonst die mangelnde Bestimmbarkeit des Objekts dem Übergang des Besitzes entgegensteht[9].

Die Besitzlage kann auch bloß zwischen zwei oder wenigen Personen «offen» sein. Dann ist unter ihnen Besitzübertragung nach Art. 922 Abs. 2 möglich[10]. Wenn Ehegatten im gleichen Schrank, der unverschlossen bleibt oder von jedem ohne Mitwirkung des andern geöffnet werden kann, unausgeschiedene Wertobjekte aufbewahren, so kann jeder von ihnen bei entsprechender Willensrichtung an von ihm abgelegten Gegenständen Alleinbesitz haben, der durch Besitzvertrag ohne äußerliche Änderung – es hat z. B. jeder von beiden nach wie vor einen zur Öffnung tauglichen Schlüssel – übergehen kann[11].

Besitzübertragung nach Art. 922 Abs. 2 setzt unmittelbaren Besitz voraus. Auch bei offener Besitzlage kann zwar mittelbarer Besitz bestehen, aber nicht nach Art. 922 Abs. 2 übertragen werden (sondern durch Besitzanweisung nach Art. 924).

Für die Begründung von Faustpfandbesitz reicht die bloße rechtsgeschäftliche Einigung (Besitzvertrag) bei offener Besitzlage nicht aus, weil ein solcher Besitzübergang den Zugriff des Verpfänders nicht genügend ausschließt[12].

---

[9] HOMBERGER, Art. 922, N. 13, 17.
[10] JÄGGI, Art. 967 OR, N. 40.
[11] Hier findet dann eben die Besitzübertragung nicht nach Abs. 1, sondern nach Absatz 2 von Art. 922 statt; auf diese Weise kann ausnahmsweise Alleinbesitz übertragen werden, obwohl der Übertragende mit dem Einverständnis des Erwerbers nach wie vor über einen von zwei Schlüsseln verfügt, von denen jeder die Öffnung ermöglicht. Dagegen kann, wenn einer von mehreren zur Öffnung genügenden Schlüsseln einverständlich zurückbehalten wird, selbständiger Besitz nach Art. 922 Abs. 1 übertragen werden, falls der bisherige Alleinbesitzer unmittelbaren Besitz auf einer andern Stufe, nämlich als unselbständiger Besitzer (durch eine Kombination von körperlicher Übergabe und Konstitut) behält (vgl. BGE 62 II, 1936, S. 197 f.; vorn § 70, Anm. 1 und hinten Anm. 70). Hat ein Veräußerer nur Mitbesitz, so geht durch bloße Übergabe des einen ihm zur Verfügung stehenden Schlüssels, während der andere Mitbesitzer den seinen behält, nur Mitbesitz über.
[12] OFTINGER, Art. 884, N. 267 f.

**II. Die Besitzwandlung (Besitzübertragung «kurzerhand»,
brevi manu traditio)**

Es handelt sich um einen im Gesetzestext nicht erwähnten Anwendungsfall von Besitzübertragung kraft bloßem Besitzvertrag[13]. Anders als bei der offenen Besitzlage bewirkt die auch hier unerläßliche rechtsgeschäftliche Einigung nicht die Einräumung bisher fehlenden unmittelbaren, sondern die Umwandlung bei einem unmittelbar oder mittelbar besitzenden Erwerber gegebenen unselbständigen Besitzes in selbständigen Besitz[14]: Ein gemietetes Automobil wird käuflich erworben. Für die Gültigkeit des Besitzvertrags und damit auch für die Wirksamkeit der Besitzwandlung gilt das gleiche wie für die andern Surrogate der körperlichen Übergabe[15]. Ein Scheitern des Besitzvertrags läßt hier aber Raum für die Annahme originären Erwerbs des selbständigen Besitzes seitens des unmittelbaren Besitzers, wenn dieser den Willen deutlich macht, nicht mehr Besitzmittler zu sein. – Durch Besitzwandlung kann z. B. für einen Mieter auf der Grundlage bereits bestehenden unmittelbaren Besitzes auch Faustpfandbesitz wirksam begründet werden[16], wobei der bisherige Mietbesitz neben dem neuen Pfandbesitz weiterbestehen kann. In solchen Fällen ist zwar die Besitzwandlung für Dritte schwer erkennbar, aber der unmittelbare Besitz sichert den Pfandgläubiger optima forma und darauf kommt es an[17, 18].

---

[13] Der Entwurf enthielt eine besondere Bestimmung («Befindet sich die Sache bereits in der tatsächlichen Gewalt des Empfängers, so erfolgt die Übergabe durch die Verabredung zwischen Geber und Nehmer, daß dieser nunmehr den Besitz des ersteren haben soll»), die aber, weil selbstverständlich, weggelassen wurde (Erläuterungen 1914, II, S. 387). Das BGB, das den Akzent für die Eigentumsübertragung auf eine «dingliche Einigung» legt, gibt hier auf Grund von § 929 Satz II («Ist der Erwerber im Besitz der Sache, so genügt die Einigung über den Übergang des Eigentums») das Erfordernis einer Übertragung des Besitzes für den Eigentumserwerb preis (vgl. z. B. WESTERMANN, § 39, V).

[14] Denkbar ist auch Umwandlung originären Besitzes in abgeleiteten Besitz: Der Finder erwirbt vom Verlierer die Sache käuflich (vgl. auch HECK, § 56, 6).

[15] Vgl. vorn S. 431. Ist das Grundgeschäft aufschiebend bedingt, so gilt das auch für die Besitzwandlung; vgl. BGE 56 II, 1930, S. 209.

[16] OFTINGER, Art. 884, N. 252. Es ist also auch Umwandlung unselbständigen in anders gearteten ebenfalls unselbständigen Besitz möglich; vgl. HOMBERGER, Art. 924, N. 22.

[17] Dagegen könnte der mittelbare Besitz eines Mieters, der die Sache untervermietet oder hinterlegt hat, zwar kraft entsprechender Abrede mit dem Eigentümer (durch brevi manu traditio) in Eigen- oder Nutznießungsbesitz, nicht aber ohne Benachrichtigung des unmittelbaren Besitzers in Pfandbesitz umgewandelt werden, vgl. hinten S. 438/39.

[18] Der Besitzdiener kann vom Besitzer nicht ohne Entlassung der Sache aus dem bisherigen Konnex Besitz erwerben, also in aller Regel nur durch körperliche Übergabe.

III. Das Besitzkonstitut (Besitzauftragung, constitutum possessorium; Art. 924 Abs. 1 ZGB)

Wie in den andern Fällen von Übergabeersatz kommt auch beim Besitzkonstitut die Übertragung des Besitzes durch ein Rechtsgeschäft (Besitzvertrag) zustande, das in der Regel im zugrunde liegenden Rechtsverhältnis zwischen den Parteien schon enthalten ist. Die Besonderheit beim Besitzkonstitut liegt darin, daß der Veräußerer Besitzer bleibt und der Erwerber gleichwohl Besitz erwirbt: Der Veräußerer wird aus einem selbständigen zu einem unselbständigen Besitzer, indem er nunmehr seinen (meist unmittelbaren) Besitz auch dem Erwerber vermittelt[19]. Daraus ergibt sich, daß beim Besitzkonstitut auf zwei Grundgeschäfte Bezug genommen wird: Auf ein auf die Übertragung von Besitz gerichtetes Veräußerungsgeschäft (z. B. Kauf einer Mobilie) und auf ein zweites Geschäft, das die Weiterdauer von Besitz des Veräußerers bei Umwandlung seines bisher selbständigen in unselbständigen Besitz begründet (z. B. Hinterlegungsvertrag, Art. 472 OR; Gebrauchsleihe[20], Art. 305 OR; Miete, Art. 253 OR). Auf seiten des Veräußerers liegt also auch hier eine Wandlung des Besitzes vor. Ausnahmsweise könnte freilich auch das gleiche Rechtsgeschäft die Begründung sowohl für die Übertragung wie auch für die Wandlung des Besitzes liefern[21]. Eine bloß abstrakte, eines besondern Rechtsgrundes entbehrende Abrede, daß der Veräußerer fürderhin für den Erwerber besitzen solle, vermag dagegen die Übertragung des Besitzes und damit des Eigentums (Art. 714 ZGB) nicht zu bewirken. Andernfalls würde das durch die Anerkennung von Surrogaten der körperlichen Übergabe bereits verwässerte Traditionsprinzip vollends preisgegeben und ließe die bloße Verzögerung der Lieferung Besitz und Eigentum übergehen[22]. Dabei ist für die Frage, ob auch hier der Besitzvertrag von der Gültigkeit des zugrunde liegenden Rechtsgeschäfts abhängig sei, zwischen den beiden Grundgeschäften zu unterscheiden, die für den doppelten Vorgang der Einräumung selbständigen und mittelbaren Besitzes in Verbindung mit der Umwandlung bisher selbständigen (regelmäßig unmittelbaren) Besitzes in unselbständigen Besitz vorausgesetzt werden: Die Gültigkeit des Erwerbsgeschäfts (z. B. Kaufvertrag) ist unerläßlich, dagegen schließen Mängel des zweiten, die Beibehaltung unselbständigen Besitzes begründenden Rechtsgeschäfts die Wirksamkeit des Konstituts nicht aus, sofern und

---

[19] Der Veräußerer ist meist unmittelbarer Besitzer, kann aber – anders als nach Art. 202 aOR – auch mittelbaren Besitz haben; vgl. auch unten Anm. 51.
[20] BGE 70 II, 1944, S. 204.
[21] Vgl. unten Anm. 29.
[22] BGE 53 II, 1927, S. 380.

solange der Veräußerer auf Grund des abgeschlossenen Geschäfts faktisch für den Erwerber besitzt und auf Grund des Veräußerungsgeschäfts zur Herausgabe gezwungen werden kann[23]. Im übrigen kann die Besitzmittlung auch auf einer gesetzlichen Verpflichtung beruhen, die dann aber der Konkretisierung durch ein Rechtsgeschäft bedarf. So kann der Ehemann (bei Güterverbindung) der Ehefrau, der Vater oder Vormund dem Kind[24] oder Mündel selbständigen Besitz und Eigentum an Sachen verschaffen und kraft gesetzlichen Verwaltungsrechts unselbständigen Besitz daran ausüben.

Entgegen einer früheren Auffassung[25] kann auch eine Schenkung von Hand zu Hand (Art. 242 Abs. 1 OR) durch Konstitut vollzogen werden[26, 27]. Dagegen versagt das Besitzkonstitut als Mittel zur Faustpfandbestellung, da der Verpfänder die «ausschließliche Gewalt» im Sinne von Art. 884 Abs. 3 ZGB über die Sache behält: Nach dem Recht des ZGB ist auch ein durch Konstitut übertragenes Sicherungseigentum Dritten gegenüber unwirksam, da damit die Bestimmungen über das Faustpfandrecht (Art. 884 Abs. 3) umgangen werden (Art. 717 ZGB)[28]. In dieser Hinsicht unterscheidet sich das ZGB vom BGB, wo das Besitzkonstitut als Mittel zur Übertragung wirksamen Sicherungseigentums gewohnheitsrechtlich Anerkennung gefunden hat und dem geldsuchenden Gewerbetreibenden ermöglicht wird, nicht nur sein Warenlager, sondern auch die seinem Betrieb dienenden Objekte (selbst wenn sie Zugehör einer Liegenschaft sind) zur Erlangung von Kredit einzusetzen, ohne den für die Fortführung des Betriebes erforderlichen unmittelbaren Besitz aufgeben zu müssen. Für das BGB wird angenommen, daß es in diesem Zusammenhang eines zweiten Rechtsgrundes (Miete, Gebrauchsleihe usw.) für die Beibehaltung des unselbständigen Besitzes nicht bedürfe, da der Sicherungsvertrag (fiducia) eine genügende Grundlage darstelle[29].

Einem Dritten kann durch Besitzkonstitut[30] nicht ohne seine Zustimmung Besitz übertragen werden, da sich eine Verflüchtigung des Publizitätsgedan-

---

[23] HAAB/SIMONIUS, Art. 714, N. 64 a.E.; abweichend HAAB/SCHERRER, Art. 717, N. 32.
[24] BGE 13, 1887, S. 221 ff., insbes. S. 226.
[25] BGE 47 II, 1921, S. 120; 52 II, 1926, S. 369; 57 II, 1931, S. 516 f. und HOMBERGER, Art. 924, N. 21.
[26] BGE 63 II, 1937, S. 395 f.; 70 II, 1944, S. 204.
[27] Wenn A an B durch Besitzkonstitut übertragen hat, kann er das Ergebnis nicht durch ein weiteres Konstitut zu Gunsten des C aufheben; vgl. unten Anm. 50 und § 81, IV 5.
[28] BGE 72 II, 1946, S. 240; 78 II, 1952, S. 212 und S. 415 f.; OFTINGER, Art. 884, N. 274 und Art. 901, N. 158.
[29] Vgl. statt vieler: WOLFF/RAISER, § 179, II und § 180.
[30] oder Besitzanweisung: BGE 67 II, 1941, S. 95; die dortige Begründung steht dem Erwerb nicht nur des Eigentums, sondern schon des Besitzes entgegen; vgl. unten Anm. 51.

kens ergäbe, wie sie in diesem Ausmaß nur gerade im Bereiche von Art. 560 Abs. 2 ZGB zur Anerkennung gelangt ist[31]. Dagegen steht der Zulassung der Besitzübertragung von A auf B durch ein sog. antizipiertes (richtig: antezipierendes) Besitzkonstitut nichts Entscheidendes im Weg[32]: Von A im Auftrag des B und auf dessen Rechnung aber im eigenen Namen zu erwerbende Ware soll nach der getroffenen Vereinbarung in das Eigentum des B übergehen, aber von A verwahrt werden[33]. Zwar erwirbt A Eigentum, doch gehen die Objekte im gleichen Augenblick auf Grund des durch den Hinterlegungsvertrag geschaffenen Besitzmittlungsverhältnisses in den mittelbaren Besitz und das Eigentum des B über. Das Gleiche gilt für die Einkaufskommission[34], für die Spedition und den Frachtvertrag. Auch kann Alleinbesitz in Gesamtbesitz übergehen: So kann auf Grund interner Vereinbarung zweier Mitglieder einer einfachen Gesellschaft der geschäftsführende Teilhaber, auch wenn er in eigenem Namen handelt, wirksam Gesamteigentum für sich und den andern Gesellschafter entstehen lassen, ohne daß auf Art. 32 Abs. 2 OR oder auf Art. 401 Abs. 1 in Verbindung mit Art. 540 Abs. 1 OR Bezug genommen werden muß.

IV. Die Besitzanweisung

1. Während bei offener Besitzlage (Art. 922 Abs. 2) unmittelbarer Besitz übergeht und durch Besitzwandlung (brevi manu traditio) und Besitzkonstitut (Art. 924) unter Belassung unmittelbaren Besitzes beim Erwerber (Besitzwandlung) bzw. Veräußerer (Konstitut) selbständiger Besitz übertragen werden kann, wird gemäß Art. 924 Abs. 1 durch formlosen Besitzvertrag mittelbarer und zugleich selbständiger Besitz von A auf B übertragen, während die Sache bei einem unmittelbaren unselbständigen Drittbesitzer C bleibt[35]. Auf

---

[31] Vgl. WESTERMANN, § 19, I 2 und § 3, II 4.
[32] Vgl. HAAB/SIMONIUS, Art. 714, N. 37; WOLFF/RAISER, § 67, I 2, abweichend GAUTSCHI, Art. 396 OR, N. 43 b und Art. 401, N. 10 b; vgl. auch BGE 84 II, 1958, S. 262.
[33] Nach BGB, wo die «besitzlose» Sicherungsübereignung anerkannt ist, die für die Schweiz vor allem an Art. 717 ZGB scheitert, erlaubt das «antizipierte» Besitzkonstitut dem Kaufmann die Erneuerung seines sicherungshalber übereigneten Warenlagers, so daß der Kreditgeber trotz Wechsels des Warenbestandes gesichert bleibt; vgl. WESTERMANN, § 40, III.
[34] Vgl. BGE 38 II, 1912, S. 188, 84 II, 1958, S. 262, ferner 33 II, 1907, S. 275 (Fehlen eines Besitzvertrags).
[35] BGE 46 II, 1920, S. 49; 58 II, 1932, S. 423 ff. (Einräumung von Mitbesitz). – Die Besitzanweisung setzt nicht notwendigerweise unmittelbaren Besitz des angewiesenen Dritten voraus, sondern ist auch bei mehrfach gestuftem Besitz möglich; BGE 89 II, 1963, S. 201: Ein Pfandgläubiger, der den unmittelbaren Besitz an einen Depositar übertragen hat, bleibt Adressat einer Nachverpfändung, vgl. unten Anm. 47.

diese Weise kann, wer Wein in Fässern hinterlegt hat, in Erfüllung eines Kaufvertrags seinen Eigenbesitz und damit sein Eigentum auf einen Käufer übergehen lassen, ohne eine mit einem unnötigen Hin und Her verbundene körperliche Übergabe (Art. 922 Abs. 1) vornehmen zu müssen[36]. Einer Anzeige an den unmittelbar besitzenden Dritten bedarf es anders als nach Art. 201 aOR grundsätzlich nicht[37], da angenommen wird, daß der Veräußerer kraft des Besitzvertrags seinen mittelbaren Besitz nunmehr unselbständig für den Erwerber ausübt, bis der Dritte vom Besitzvertrag Kenntnis erlangt und nun seinerseits nicht mehr für den Veräußerer, sondern für den Erwerber besitzt[38]. Bis zur Anzeige an den Dritten ist der Besitzübergang von der Gültigkeit des Grundgeschäfts (z. B. Kaufvertrag) abhängig[39].

---

[36] Als widerborstig hat sich der im BGE 85 II, 1959, S. 97 ff. geschilderte Fall erwiesen: Zur Wohnungseinrichtung eines Pfändungsschuldners gehörendes Mobiliar wird vom Betreibungsamt nach Art. 130 SchKG freihändig an eine Treuhandgesellschaft veräußert, die, fiduziarisch für einen Dritten handelnd, das vom Pfändungsschuldner und seiner Ehefrau bewohnte Logis als Mieterin übernimmt und der Ehefrau zur Untermiete überläßt. Zwei Jahre später verkauft die Treuhandgesellschaft die Möbel, die immer in der Wohnung der Ehegatten geblieben sind, unter Eigentumsvorbehalt an die Ehefrau. Als die Möbel in einer erneuten Betreibung gegen den Ehemann wiederum gepfändet werden, schützt das Bundesgericht die Eigentumsansprache der Treuhandgesellschaft. Wird der Freihandkauf als Privatrechtsgeschäft (Kaufvertrag nach OR) betrachtet – was bekanntlich umstritten ist, aber vom Bundesgericht hier offen gelassen wurde, vgl. hinten § 80, Anm. 2 –, so konnte die Treuhandgesellschaft ohne Tradition nicht Eigentümerin werden (Erw. 4, S. 102). Mit Recht kritisiert LIVER (ZBJV 96, 1960, S. 441 ff.) die Annahme des Bundesgerichts, daß die Treuhandgesellschaft durch Miete der Wohnung und im Anschluß an den Freihandkauf erfolgte Inventarisierung der Möbel Besitzerin geworden sei: Der Entscheid ist dennoch richtig. Geht man davon aus, das Betreibungsamt habe die Möbel in eigenem Namen verkauft, so liegt, da der Pfändungsschuldner und seine Frau unmittelbaren Besitz behalten haben, Tradition vermittels Besitzanweisung vor. Nimmt man dagegen an, der Pfändungsschuldner selber sei als Verkäufer (zwangsvertreten durch das Betreibungsamt) zu betrachten, so läßt sich ohne Zwang die Auffassung vertreten, die Treuhandgesellschaft habe ihm und seiner Frau die Möbel zur Gebrauchsleihe überlassen und demgemäß durch Konstitut mittelbaren und selbständigen Besitz und damit Eigentum erworben (vgl. auch vorn § 70, Anm. 1; verfehlt ist der Hinweis LIVERS auf Art. 922 Abs. 2 ZGB). Wäre übrigens die Treuhandgesellschaft weder auf die eine noch auf die andere Weise Besitzerin und Eigentümerin geworden, so wäre doch auf alle Fälle die Ehefrau des Pfändungsschuldners gegenüber den Pfändungsgläubigern auf Grund ihrer gutgläubig erworbenen, durch ein Retentionsrecht gesicherten Anwartschaft zu schützen (vgl. hinten Anm. 40 und 55 sowie § 80, Anm. 16 und § 81, Text zu Anm. 62 und S. 488). Da sie aber auf Grund des Eigentumsvorbehalts ihren eigenen Besitz zugleich auch für den Vorbehaltsverkäufer ausübt, wäre sogar zu fragen, ob nicht auf diese Weise dann doch die Treuhandgesellschaft Eigentum erworben hat (vgl. auch § 80, Anm. 16, aber auch Anm. 23, ferner § 81, Anm. 13). Ein entsprechendes Einverständnis des Betreibungsamts könnte auch hier unterstellt werden.

[37] BGE 46 II, 1920, S. 49; 93 II, 1967, S. 480; der Ausdruck «Besitzanweisung», der aus dem Marginale zu Art. 201 aOR stammt, ist für das ZGB verfehlt: Nach 201 aOR bedurfte es einer «Beauftragung» des Dritten.

[38] HOMBERGER, Art. 924, N. 6; JÄGGI, Art. 967 OR, N. 43.

[39] Vgl. vorn S. 431.

Beim Verkauf unter Eigentumsvorbehalt (Art. 715 ZGB) erlangt der Käufer regelmäßig unmittelbaren, zugleich bis zur Tilgung des Kaufpreises unselbständigen, Besitz, während der Verkäufer mittelbarer und selbständiger Besitzer bleibt[40]. Wenn nun der Verkäufer die Kaufpreisforderung einem Dritten zediert, so erwirbt nach herrschender Meinung der Zessionar auf Grund einer mit der Forderungsabtretung verbundenen Besitzanweisung den Besitz und damit das vorbehaltene Eigentum[41]. Da indes der Eigentumsvorbehalt als Nebenrecht der Kaufpreisforderung angesehen werden darf, geht der Vorbehalt mit der Abtretung nach Art. 170 Abs. 1 OR ipso iure über, ohne daß nach einer Übertragung des Besitzes zu fragen wäre[42]. Der Vorbehaltskäufer anderseits darf nach BGB seine Anwartschaft durch Übergabe der Sache übertragen[43], nach herrschender schweizerischer Lehre[44] nur die Sache selber, d.h. das Eigentum, und das selbstverständlich nur mit besonderer Ermächtigung des Verkäufers.

Auch die Schenkung «von Hand zu Hand» kann durch Besitzanweisung vollzogen werden[45]. Wenn dagegen die Besitzanweisung der Begründung von Faustpfandbesitz dienen soll, bedarf der Besitzvertrag der Ergänzung durch (formlose) Anzeige an den Besitzmittler. Denn vor der Anzeige besitzt der Mittler für den Verpfänder, so daß dieser immer noch im Sinne von Art. 884 Abs. 3 ZGB die «ausschließliche Gewalt über die Sache» ausübt[46].

---

[40] Für mittelbaren Besitz des Vorbehaltsverkäufers auch die Lehre und Rechtsprechung zum BGB; Zitate bei RAISER, Dingliche Anwartschaften, S. 71, der selber aber den Vorbehaltsverkäufer nicht als Besitzer gelten lassen will, da er für den Normalfall den Besitz endgültig aufgegeben habe und sein Sicherheitsinteresse die Aufrechterhaltung einer besitzrechtlichen Position nicht erfordere (S. 74).

[41] Vgl. BGE 46 II, 1920, S. 48/49; abweichend VON TUHR/SIEGWART, § 95, II 1a, N. 18 im Anschluß an § 401 BGB.

[42] Der Besitz folgt hier dem Recht, wobei der Zedent nunmehr durch Vermittlung des Käufers für den Zessionar besitzt. Ähnlich geht mit der Übertragung einer durch ein Faustpfand bzw. durch ein Retentionsrecht (BGE 80 II, 1954, S. 114) gesicherten Forderung der Besitz mit dem Pfandrecht über (OFTINGER, Art. 884, N. 162; HINDERLING, BJM 1966, S. 223/24, N. 41).

[43] RAISER, a.a.O. (Anm. 40), S. 23.

[44] HAAB/SCHERRER, Art. 716, N. 96, welche Auffassung eine Stütze in der Behandlung des Eigentumsvorbehalts im Pfändungsverfahren findet (vgl. die beiden Kreisschreiben der Schuldbetreibungskammer bzw. des Plenums des Bundesgerichts vom 31. März 1911 und vom 11. Mai 1922, ferner auch BGE 37 I, 1911, S. 170).

[45] BGE 57 II, 1931, S. 516 (wo aber gar keine Besitzanweisung vorlag, sondern körperliche Übergabe an einen Vertreter); 63 II, 1937, S. 395f. Eine Anzeige an den Besitzmittler, die zu Unrecht noch in BGE 52 II, 1926, S. 369 als erforderlich bezeichnet wurde, kann sich wegen Art. 924 Abs. 2 und weil der Mittler sonst weiterhin den Weisungen des Schenkers folgen wird, empfehlen, also aus ähnlichen Gründen, wie die Anzeige an den Schuldner bei der Zession (Art. 167 OR).

[46] BGE 72 II, 1946, S. 241. Für die Einräumung von Nutznießung an Wertpapieren durch Besitzanweisung vgl. JÄGGI, Art. 967 OR, N. 50ff.

Zustimmung des Mittlers ist dagegen auch für die Einräumung von Pfandbesitz nicht erforderlich[47]. Die Möglichkeit, mit Hilfe einer Anzeige an den Mittler die Besitzanweisung der Pfandbestellung dienstbar zu machen, ist von erheblicher praktischer Bedeutung. So können z. B. die bei einer Bank hinterlegten Titel[48] oder die in einem fremden Keller gelagerten Weine zur Erlangung von Kredit eingesetzt werden[49].

Da der durch Besitzanweisung entäußerte selbständige Besitz dem Übertragenden nicht mehr zusteht, kann dieser ihn nicht durch eine zweite Anweisung an einen Dritten übertragen[50]. Besitzanweisung «zugunsten eines Dritten» kann nicht ohne des Dritten Zustimmung wirksam werden, da sich sonst das für den Besitz wesentliche Beherrschungsmoment vollends verflüchtigen würde[51].

---

[47] BGE 35 II, 1909, S. 631; OFTINGER, Art. 884, N. 261; JÄGGI, Art. 967 OR, N. 62, mit Hinweis auf die Nachverpfändung als Sonderfall der Besitzanweisung, wo die Anzeige an den Pfandgläubiger der Schriftform bedarf (Art. 886 ZGB); vgl. BGE 66 II, 1940, S. 22; 72 II, 1946, S. 355; 81 II, 1955, S. 342. Besitzt der Pfandgläubiger seinerseits nur mittelbar, weil er die Pfandsache hinterlegt hat, so bleibt er dennoch maßgebender Adressat: BGE 89 II, 1963, S. 201. Dagegen hindert die Weigerung des Dritten, für den Pfandgläubiger zu besitzen, die Entstehung des Pfandrechts jedenfalls dann, wenn er damit die Besitzmittlung überhaupt aufhebt, indem er sich zum selbständigen Besitzer macht (abweichend OFTINGER, Art. 884, N. 262).

[48] BGE 35 II, 1909, S. 629.

[49] BGE 21 II, 1895, S. 1101; 33 II, 1907, S. 347; OFTINGER, Art. 884, N. 254.

[50] Vgl. oben Anm. 27 und hinten § 81, S. 487.

[51] Hinterlegt ein Aktionär im Zusammenhang mit einem Stimmrechtsbindungsvertrag seine Aktien bei einer Bank mit der Abrede, daß sie nur an alle Aktionäre gemeinsam herausgegeben werden dürfen, so verbindet sich mit der Übertragung unmittelbaren Besitzes an die Bank eine durch eine Kombination von Besitzanweisung und Besitzkonstitut erfolgende Übertragung mittelbaren Gesamtbesitzes an die übrigen Aktionäre unter Zurückbehaltung ebensolchen Gesamtbesitzes seitens des Hinterlegers. Unerläßlich ist dabei doch wohl die – regelmäßig ohne weiteres gegebene – Zustimmung der übrigen Aktionäre, die aber nur gegenüber dem Hinterleger, nicht gegenüber der Bank zu erfolgen braucht: In der Anwendung auf Besitz und dingliche Rechte an Sachen und Wertpapieren erfahren die Regeln über den (echten) Vertrag zu Gunsten Dritter (vgl. GUHL/MERZ/KUMMER, S. 170; BGE 46 II, 1920, S. 131 ff., insbes. S. 137 f.; 83 II, 1957, S. 277 ff.) eine Abwandlung, weil der Erwerb von Besitz (abgesehen von den Fällen von Universalsukzession) nicht ohne – allenfalls aus den Umständen zu erschließenden – Besitzwillen des Erwerbers erfolgen kann (vgl. auch VON TUHR/SIEGWART, § 82, III 13, aber auch ebenda § 19 bei N. 13, ferner JÄGGI, Art. 967 OR, N. 43 und 49). Fehlt es an einer entsprechenden Willensäußerung des Erwerbers, so scheitert nicht nur ein – in andern Fällen angestrebter – Eigentumsübergang, sondern eben schon eine hiezu erforderliche Besitzübertragung (vgl. oben Anm. 30 und 31). Beim antizipierten Besitzkonstitut und der Bezugnahme auf Art. 32 OR (oben Anm. 32) liegt ein solches Einverständnis bzw. ein Stellvertretungsverhältnis vor. (Dagegen können natürlich obligatorische Auskunfts- und Herausgabeansprüche zu Gunsten Dritter entstehen: unveröffentlichte Entscheidung des Bundesgerichts vom 11.2.1967, auszugsweise wiedergegeben in einem Aufsatz von ERNST WOLF über «Die Berechtigungen am Compte joint nach dem Tod eines Kontoinhabers», SJZ 67, 1971, S. 349, Anm. 2.)

Soll an Aktien, die bereits bei einer Bank hinterlegt sind, Gesamtbesitz entstehen, so gilt

2. Wenn Art. 924 Abs. 2 bestimmt, daß der durch Besitzanweisung vollzogene Besitzübergang dem Dritten (d. h. dem mittelbaren Besitzer) gegenüber erst durch Anzeige des Veräußerers (bzw. des Erwerbers als dessen Stellvertreter[52]) wirksam wird, so bedeutet das, daß der Dritte sich, wie bei Forderungsabtretung der Schuldner (Art. 167 OR), durch gutgläubige Leistung an den Veräußerer befreit (was übrigens im Einzelfall der Vertragsabrede zwischen Veräußerer und Erwerber entsprechen kann)[53]. Wird der durch Besitzanweisung erworbene Besitz vom Erwerber wiederum durch Besitzanweisung weiter übertragen, so setzt die «Wirksamkeit» der zweiten Übertragung dem Dritten gegenüber im Sinne von Art. 924 Abs. 2 eine Anzeige sowohl des ersten wie des zweiten Veräußerers voraus.

3. Die Rechtsstellung eines dinglich berechtigten Besitzmittlers (z. B. eines Faustpfandgläubigers) erleidet durch Eigentumsübertragung mittels Besitzanweisung keine Beeinträchtigung (Art. 924 Abs. 3): Die Berufung auf Art. 933 (Gutglaubensschutz) kann dem Erwerber nicht zu unbelastetem Eigentum verhelfen[54]. Obligatorische Ansprüche gegen den Veräußerer kann der Mittler, sofern sie vor der «Anzeige» entstanden sind, auch dem Erwerber insoweit entgegenhalten, als sie durch ein nach Art. 895 ZGB begründetes Retentionsrecht gesichert sind[54a], wie dies z. B. auch für den Eigentumsvorbehaltskäufer zutrifft[55]; der durch Art. 895 gesicherte Anspruch kann nämlich auch auf andere Leistungen als eine Geldzahlung gerichtet sein[56].

Das BGB (§ 870) läßt an Stelle der ihm unbekannten Besitzanweisung die «Abtretung des Herausgabeanspruchs» des mittelbaren Besitzers gegen den

---

Entsprechendes: Die körperliche Übergabe an die Bank ist hier nach der Prämisse bereits vollzogen, die Kombination von Besitzanweisung und Besitzkonstitut führt zum Gesamtbesitz der Aktionäre.

[52] HOMBERGER, Art. 924, N. 7.
[53] Zu weit geht die Annahme (VON TUHR/SIEGWART, § 25, N. 28), daß im Hinblick auf Art. 924 Abs. 2 ZGB im Verhältnis zum Dritten immer noch der Veräußerer bis zur Anzeige als Eigentümer anzusehen sei, so daß der Dritte die Sache für eine Forderung gegen den Veräußerer pfänden lassen könne. Es ist nicht einzusehen, wieso der Dritte in dieser Hinsicht anders dastehen soll als andere Gläubiger (und schlechter insofern, als er konsequenterweise die Sache für eine Forderung gegen den Erwerber nicht pfänden lassen könnte).
[54] Vgl. hinten § 81.
[54a] Das setzt, vorbehältlich Art. 897 Abs. 1 ZGB, Fälligkeit der Forderung im Zeitpunkt der Anzeige voraus.
[55] Der Verkäufer ist dem Vorbehaltskäufer verpflichtet, kein unbelastetes Eigentum auf einen Dritten zu übertragen. Befriedigender ist die Annahme einer dinglichen Anwartschaft des Vorbehaltskäufers (vgl. oben Anm. 40 und hinten § 80, Anm. 16, § 81, Anm. 62). – Art. 924 Abs. 3 sichert trotz Art. 259 OR auch den Fahrnismieter; abw. HOMBERGER, Art. 924, N. 10.
[56] OFTINGER, Art. 895, N. 75; abweichend Erläuterungen 1914, II, S. 387 und OSTERTAG, Art. 924, N. 12. Auch mittelbarer Besitz kann Retentionsbesitz sein (vgl. oben Anm. 35), sofern er den Anforderungen des Art. 884 Abs. 3 entspricht, so bei Hinterlegung der Sache bei einem Dritten (OFTINGER, Art. 895, N. 55).

Mittler aus dem der Mittlung zugrunde liegenden Rechtsverhältnis treten. Es handelt sich dabei zur Hauptsache[57] um eine konstruktiv anders gefaßte Bezeichnung für den auch für die Besitzanweisung des ZGB wesentlichen und auch für sie bei einem Besitzmittlungsverhältnis die körperliche Übergabe ersetzenden Übertragungswillen[58]. Insoweit tritt für das ZGB die Besitzanweisung an die Stelle der Abtretung des Herausgabeanspruchs. Dagegen ist die Übertragung des aus dem Eigentum fließenden oder nach Art. 934–936 begründbaren Herausgabeanspruchs das dem – z.B. wegen Diebstahls – besitzlosen Berechtigten zustehende Mittel zur Übertragung seiner Rechte. Nach einer andern Meinung verbindet sich freilich damit bloß der Anspruch auf Erlangung eines auch hier für den Rechtserwerb erforderlichen Besitzes[59].

V. Warenpapiere (Art. 925 ZGB)

1. Warenpapiere sind von einem Frachtführer ausgestellte Ladescheine (Rhein-[60] und Seekonnossemente) und die von einem Lagerhalter (Lagerhaus) ausgestellten Lagerscheine (Art. 482 OR), die Wertpapiercharakter haben[61], indem sie den formellen Erfordernissen des Art. 1153 OR genügen und das Versprechen des Ausstellers und unmittelbaren Besitzers enthalten, das Gut nur gegen Vorweisung der Urkunde herauszugeben. (Der vom Absender ausgestellte und die Sendung begleitende Frachtbrief ist trotz Art. 443 Ziff. 1 OR kein Waren- und kein Wertpapier.) Durch Übertragung des Besitzes an der Urkunde (und Herstellung der allenfalls erforderlichen Legitimation, z.B. durch Indossierung, Art. 967 Abs. 2 OR) wird der mittelbare selbständige Besitz an der Ware selber übertragen[62]. Der Übergang wird als wertpapiermäßig ausgestalteter Anwendungsfall der Besitzanweisung (Art. 924) angesehen, da in der Einigung über den Übergang der Urkunde zugleich die Einigung über die Übertragung des mittelbaren Besitzes an der Ware liegt[63]. Die Ausstellung eines Warenpapiers schließt eine Besitzanwei-

---

[57] Vgl. aber unten Anm. 59, wo keine Besitzanweisung, wohl aber die Abtretung eines Herausgabeanspruchs in Frage kommt.
[58] JÄGGI, Art. 967 OR, N. 44. Hier zeigt sich besonders deutlich, daß die Besitzanweisung, solange der unmittelbare Besitzer nicht benachrichtigt wird, auf die Fiktion einer Besitzübertragung hinausläuft.
[59] Vgl. HINDERLING, Anwendungsbereich der Besitzrechtsklage, S. 39, Anm. 102 und dortige Zitate.
[60] Vgl. BGE 93 II, 1967, S. 373 ff.
[61] JÄGGI, Wertpapiere, Vorbem. zum 7. Abschnitt, N. 3 (S. 658).
[62] Ähnlich schon nach Art. 209 aOR.
[63] HOMBERGER, Art. 925, N. 6.

sung ohne Übergabe der Urkunde aus[64]. Die für die Übertragung von Besitz (und Recht) an der Ware maßgebende Übertragung des Urkundenbesitzes kann ihrerseits durch Übergabe der Urkunde selbst wie auch durch Besitzwandlung oder Konstitut vollzogen werden. Weil aber die Besitzanweisung ein Rechtsgeschäft ist, kann in diesem Zusammenhang die körperliche Übergabe des Papiers nicht als Übertragung des Besitzes an der Ware anerkannt werden, wenn sich damit bloß der rudimentäre natürliche Wille, zu geben und zu nehmen[65], verbindet. Im übrigen beurteilen sich die Einreden des unmittelbaren Besitzers nach Art. 924 Abs. 2 und 3, soweit sich nicht aus der besondern Natur des Warenpapiers etwas anderes ergibt.

2. Verpfändung der Ware durch wertpapiermäßige Besitzanweisung nach Art. 925 ist, anders als die gewöhnliche Besitzanweisung nach Art. 924 ZGB, auch ohne Anzeige an den Besitzmittler (Lagerhalter, Frachtführer) möglich, da der Verpfänder die «ausschließliche Gewalt» über die Urkunde aufgegeben hat (Art. 884 Abs. 3) und deshalb nicht mehr mit Hilfe der Urkunde über die Ware selber verfügen kann[66]. Lediglich der Verpfändung der Ware dient der Pfandschein (Warrant), der nach Art. 902 ZGB neben dem Lagerschein, Ladeschein oder Konnossement als weiteres Warenpapier errichtet werden kann. Die Verpfändung der Ware mit Hilfe des Pfandscheins beläßt dem Verpfänder die Möglichkeit, vermittels des «Eigentumsscheins» über das Eigentum an der Ware zu verfügen. Die Verpfändung durch Pfandschein verbietet aber dem Lagerhalter oder Frachtführer, die Ware an den Vorweiser des Eigentumsscheins, auf dem sowohl die Ausstellung des Warrants als die vorgenommene Verpfändung mit Forderungsbetrag und Verfallsdatum einzutragen sind (Art. 902 Abs. 2 ZGB, 1154 Abs. 2 OR), herauszugeben[67].

3. Der Lagerhalter oder Frachtführer behält als unmittelbarer Besitzer auch bei Ausstellung eines Warenpapiers die Möglichkeit, rechtswirksam (wenn auch rechtswidrig) die ihm anvertraute Ware an einen gutgläubigen Dritten zu veräußern (Art. 933)[68]. Damit gehen die Rechte aus dem Warenpapier unter und können, da der Aussteller den für die Übertragung nach Art. 925 Abs. 1 erforderlichen Besitz verloren hat, auch gutgläubig nicht mehr mit Hilfe der Urkunde erworben werden (Art. 925 Abs. 2)[69].

---

[64] JÄGGI, a.a.O. (Anm. 61), N. 64.
[65] Vgl. vorn § 74, II 1.
[66] JÄGGI, a.a.O. (Anm. 61), N. 65.
[67] Vgl. OFTINGER, Art. 902, N. 28 ff.
[68] Handelt es sich um eine abhanden gekommene Ware, so behauptet sich der bisher Berechtigte auch gegenüber dem Erwerber der später errichteten (nicht abhanden gekommenen) Urkunde; abweichend JÄGGI, a.a.O., N. 64 a.E.
[69] Vgl. auch WESTERMANN, Anhang zu § 41 (2).

VI. Zusammenfassung

Die Übertragung des Besitzes ist Mittel zur Einräumung und Übertragung dinglicher Rechte an beweglichen Sachen. Sie vollzieht sich durch körperliche Übergabe (Art. 922 Abs. 1) oder durch Übergabesurrogate (Art. 922 Abs. 2, 924 und 925), die als solche mit Rücksicht auf die Verkehrsbedürfnisse und auf Kosten einer konsequenten Durchführung des Publizitätsprinzips anerkannt werden müssen[70]. Die körperliche Übergabe ist im Gegensatz zu den Übergabesurrogaten, wozu auch die nicht ausdrücklich geregelte Besitzwandlung (brevi manu traditio) gehört, nicht als Rechtsgeschäft, sondern als Verbindung von zwei Realakten aufzufassen, wobei der natürliche Wille, zu geben und zu nehmen, genügt.

§ 76. Die Übertragung von Mit- und Gesamtbesitz – Besitzerwerb durch Stellvertretung

I.

Auch die Einräumung und Übertragung von Mitbesitz (und von Gesamtbesitz)[1] vollzieht sich nach den Regeln von Art. 922 ff. ZGB. Dabei können sich Kombinationen zwischen zwei verschiedenen Übertragungsarten ergeben[2].

II.

1. Vom Besitzerwerb durch Stellvertretung handelt Art. 923 ZGB. Während aber hier nur an die körperliche Übergabe im Sinne von Art. 922 Abs. 1 gedacht ist und im Anschluß an Art. 203 aOR im Hinblick auf Distanzgeschäfte nur von der Übergabe «unter Abwesenden» die Rede ist, stellt sich die Frage der Stellvertretung ohne diese Einschränkung und außerdem auch für die Übergabesurrogate (insbesondere nach Art. 924 und 925).

---

[70] Dabei können sich Kombinationen ergeben: A veräußert seinen im unmittelbaren Pfandbesitz des B befindlichen Wagen an C und vereinbart gleichzeitig mit C im Hinblick auf die vermittels Zahlung des C an B (Art. 466 OR) erfolgende Auslösung des Pfandrechts eine Gebrauchsleihe. C erwirbt mittelbaren Besitz zunächst durch Besitzanweisung, die aber, sobald A den Wagen zurückerhält, durch ein Besitzkonstitut abgelöst wird (vgl. auch BAUR, § 51, V 1, N. 1).
[1] Sofern solcher faktisch ausgeübt wird und nicht bloße Folge von Art. 560 Abs. 2 ZGB ist, vgl. vorn § 70, Anm. 4.
[2] Vgl. z. B. oben § 75, Anm. 51.

2. Stellvertretung im eigentlichen Sinn als Handeln im Namen und mit Wirkung für einen andern gibt es nach herrschender Meinung nur für den Abschluß von Rechtsgeschäften, wie z. B. eines der Übertragung zugrunde liegenden Kaufvertrags und einer für den Vollzug geforderten «Verfügung». Da die körperliche Übergabe (Art. 922 Abs. 1) als Tathandlung qualifiziert wird und bloß von einem natürlichen Willen, zu geben und zu nehmen, gesteuert sein muß, kann sie nach herrschender Meinung nur in «uneigentlicher» Stellvertretung vorgenommen werden, was aber im Ergebnis auf das gleiche herauskommt[3]. In diesem Sinn kann auch ein Besitzdiener für seinen Herrn im Rahmen seiner allgemeinen Aufgabe Besitz nach Art. 922 Abs. 1 entgegennehmen oder übergeben (z. B. als Ladendiener oder Hausangestellter); gleichermaßen kann auch der Gast des Hauses vorübergehend Besitzdienerfunktionen ausüben und z. B. an einem vom Schneider übergebenen Kleid für den Hausherrn Besitz entgegennehmen[4].

3. Stellvertretung im eigentlichen Sinn gibt es bei den als Rechtsgeschäfte (Besitzverträge) aufzufassenden Übergabesurrogaten (Art. 922 Abs. 2, 924, 925 und Besitzwandlung). In diesem Bereich können (eigentliche) Stellvertreter für den Vertretenen (meist mittelbaren) Besitz erwerben[5]. In diesem Zusammenhang kann auch ein Besitzdiener Stellvertreter im eigentlichen Sinne sein, wenn seine Aufgabe den Abschluß von Besitzverträgen mit sich bringt. Das gleiche gilt für Organe juristischer Personen, denen eine Mittelstellung zwischen Besitzdiener und mittelbarem Besitzer zuerkannt wird[6].

4. Stellvertretung im uneigentlichen und im eigentlichen Sinn kann sich auch für den Besitzerwerb auf Grund eines gesetzlichen Rechtsverhältnisses ergeben[7].

5. Für die Frage des gutgläubigen Erwerbs dinglicher Rechte ist wichtig, ob es auf das Wissen und Wissenmüssen des Vertreters oder des Vertretenen oder beider ankommt[8].

---

[3] BGE 93 II, 1967, S. 87; vgl. ferner VON TUHR/SIEGWART, § 41, II; HOMBERGER, Art. 923, N. 3; OFTINGER, Art. 884, N. 211 ff.

[4] WOLFF/RAISER, § 13, I 2 – Pfandbesitz könnte, selbst wenn nicht schon Art. 884 Abs. 3 entgegenstände, nicht dadurch begründet werden, daß die Schlüssel zum Pfandlager von einem Angestellten des Verpfänders verwahrt werden, der als Besitzdiener dessen Weisungen unterworfen ist; BGE 89 II, 1963, S. 320, vgl. auch vorn § 74, Anm. 10. Dagegen verhält es sich anders, wenn die Schlüssel von einem Treuhänder übernommen werden.

[5] Bei brevi manu traditio verwandelt sich meist unselbständiger Besitz des unmittelbaren Besitzers in selbständigen Besitz (vgl. vorn § 75, II).

[6] Vgl. vorn S. 423/24.

[7] Vgl. HEGNAUER, a.a.O. (§ 69, Anm. 17), Art. 279 ZGB, N. 11.

[8] Vgl. darüber hinten § 81, IV 3.

6. Fraglich ist, ob ein indirekter (in eigenem Namen handelnder) Vertreter für sich unselbständigen und zugleich für einen andern mittelbaren und selbständigen Besitz erwerben kann. An sich wären zwei Besitzübertragungen erforderlich. Davon könnte allenfalls im Sinne von Art. 32 Abs. 2 OR abgesehen werden, wenn der Handelnde (z. B. als Einkaufskommissionär) für den Andern Besitz und Eigentum erwerben will und dem Veräußerer die Person des Erwerbers hinsichtlich Besitz und Recht gleichgültig ist. Statt dessen kann die Annahme eines antizipierten Besitzkonstituts zum gleichen Ergebnis führen[9].

§ 77. Der Verlust des Besitzes

Nach Art. 921 ZGB[1] hebt «eine ihrer Natur nach vorübergehende Verhinderung oder Unterlassung der Ausübung der tatsächlichen Gewalt den Besitz nicht auf». Daraus folgt, daß der Besitzverlust eintritt, wenn die tatsächliche Gewalt definitiv beendet ist. Vorübergehend ist die Verhinderung oder Unterlassung in der Ausübung, wenn die Lebenserfahrung für baldige Wiederherstellung spricht[2]: Bloßes Verlegen einer Sache im Machtbereich des Besitzers, zeitweises Abstellen von Fahrzeugen oder Vorfahren mit solchen zum Benzinbezug[3], Unzugänglichkeit eines Grundstücks wegen Niedergangs einer Lawine, Weglaufen von Tieren, wenn mit ihrer Rückkehr gerechnet werden kann[4], Liegenlassen einer Sache in einer Telephonkabine, eines Koffers im Gepäcknetz von Fahrzeugen, vorausgesetzt immer, daß die Rücknahme noch in Aussicht steht[5], Wegtragen von Sachen durch Natur-

---

[9] Vgl. vorn S. 436. Versandspediteure und Frachtführer besitzen für die Auftraggeber (BGE 93 II, 1967, S. 376), und zwar auch dann noch, wenn der Empfänger auf Grund von Art. 443 OR ausschließlich befugt ist, über das Frachtgut zu verfügen, das aber noch nicht getan hat (BGE 38 II, 1912, S. 167, vgl. auch BGE 59 III, 1933, S. 101). Empfangsspediteure können auf die im Text geschilderte Weise für den Empfänger Besitz erwerben (BGE 13, 1887, S. 75). – Für das sog. Insichkonstitut vgl. WESTERMANN, § 42, IV 2.
[1] Übernommen aus § 856 BGB.
[2] WESTERMANN, § 16, 3; vgl. vorn § 68, II.
[3] ZBJV 72, 1936, S. 252 ff. (HGer Bern).
[4] Vgl. vorn § 72, Anm. 6.
[5] Vgl. BGE 71 IV, 1945, S. 90 und S. 184, wo für die Frage des Gewahrsamsverlustes und damit für die Unterscheidung zwischen Fundunterschlagung und Diebstahl darauf abgestellt wird, «daß eine Sache dem Gewahrsamsinhaber so lange nicht abhanden gekommen ist, als er weiß, wo sie ist, und er sich an den Ort begeben kann, wo sie sich befindet». Dieses Kriterium ist auch für die Unterscheidung zwischen bloßer Verhinderung in der Ausübung (Art. 921) und Verlust des Besitzes brauchbar: Wer vorübergehend vergißt, daß er seine Taschenuhr auf den Tisch einer Schiffskabine gelegt hat, und sie, dorthin zurückkehrend, nicht mehr vorfindet,

gewalt oder andere zufällige Ereignisse (Art. 700 ZGB), Eindringen von Tieren (Art. 57 OR)[6]; hier überall handelt es sich um Fälle, wo in der Regel der bisherige Besitz bestehen bleibt und allenfalls ein an den bloßen «Gewahrsam» geknüpftes Retentionsrecht entstehen kann[7]. Kein Besitzverlust liegt wohl auch dann vor, wenn Flüchtlinge mit begründeter Aussicht auf Wiederkehr in absehbarer Zeit Wertsachen vergraben. Art. 921 findet auch Anwendung bei kurzfristiger behördlicher Beschlagnahme[8].

Der mit dauernder Beendigung der tatsächlichen Gewalt gleichzusetzende Besitzverlust kann freiwillig oder unfreiwillig sein. Freiwilliger Verlust, «Aufgabe» des unmittelbaren Besitzes, setzt grundsätzlich nur einen natürlichen, nicht einen rechtsgeschäftlich wirksamen Willen voraus und verbindet sich meist mit dem willentlichen Nehmen eines andern bei Besitzübertragung im Sinne von Art. 922 Abs. 1 ZGB. Nach Art. 922 Abs. 2 kann unmittelbarer Besitz, nach Art. 924 und 925 mittelbarer Besitz durch Besitzvertrag übertragen und somit freiwillig aufgegeben werden. Die brevi manu traditio bewirkt meist Umwandlung von bisherigem unselbständigem in selbständigen Besitz, das Besitzkonstitut überträgt Besitz bei gleichzeitiger Beibehaltung umgewandelten Besitzes. Freiwilliger Verlust des unmittelbaren Besitzes liegt auch vor, wenn der Besitzer eine Sache in der rechtsgeschäftlichen Absicht, das Eigentum daran aufzugeben, wegwirft oder an einem fremden Ort liegen läßt (Dereliktion)[9]. Unfreiwillig ist der Verlust des unmittelbaren Besitzes, wenn eine Sache gestohlen oder dem Besitzer von einem Besitzdiener durch Besitzanmaßung[9a] oder in Überschreitung seines Aufgabenkreises entfremdet wird, so wenn eine Hausangestellte einem Betrüger, der einen Verkaufsauftrag vorspiegelt, ein Gemälde herausgibt. Auch wenn eine Sache im Sinne des Fundrechts verloren geht (Art. 720 ZGB), ist der Besitzverlust fast immer unfreiwillig[10].

---

hat den Besitz erst durch den in der Zwischenzeit erfolgten Diebsgriff eines andern Fahrgasts verloren (BGE 71 IV, 1945, S. 184 f.). Wenn mir in einem Ladengeschäft unbemerkt eine Banknote entgleitet, verliere ich schon dadurch den Besitz, falls ich nachher nicht weiß, wo mir die Note abhanden kam (BGE 71 IV, 1945, S. 87 ff.).

[6] Vgl. vorn § 72, Anm. 6.

[7] Vgl. OFTINGER, Art. 895, N. 50 und N. 186 f., aber auch vorn § 71, II (für Abgrenzungsfragen: BGE 80 II, 1954, S. 216 ff.).

[8] BGE 52 II, 1926, S. 52.

[9] Der Becher des Königs von Thule, der Ring des Polykrates wurden derelinquiert, nicht aber der dem Taucher zugedachte Becher (vgl. HINDERLING, Bemerkungen zu zwei Balladen Friedrich Schillers, SJZ 66, 1970, S. 165 ff.).

[9a] Vgl. vorn § 71, Anm. 8.

[10] Anders, wenn ein entdeckter Dieb sich seiner Beute entledigt. (Wenn das bei Überführung auf frischer Tat geschieht, hat er freilich noch gar keinen Besitz erworben.)

Mit dem unmittelbaren und zugleich unselbständigen Besitz eines Mittlers endet auch ein dem selbständigen Besitzer vermittelter Besitz (Art. 920), der aber auch dann beendet ist, wenn der unmittelbare Besitzer aufhört, für ihn zu besitzen[11].

Die Unterscheidung zwischen freiwilliger und unfreiwilliger Beendigung des Besitzes ist insofern bedeutungsvoll, als unfreiwilliger Verlust des unmittelbaren Besitzes eine bewegliche Sache zu einer «abhanden gekommenen» macht. An einer abhanden gekommenen Sache ist dem Grundsatz nach gutgläubiger Erwerb dinglicher Rechte nicht möglich[12], weil sie nicht «anvertraut» wurde (Art. 933). Abhanden gekommene Sachen können grundsätzlich auch einem gutgläubigen Erwerber mit der Besitzrechtsklage abverlangt werden (Art. 934).

Unzutreffend ist die Auffassung, daß der Besitz im Sinne von Art. 921 nicht verloren gehe, solange die Wiederherstellung der tatsächlichen Gewalt mit der Besitzesschutzklage[13] durchgesetzt werden könne[14].

---

[11] Vgl. vorn § 69, IV.
[12] Vgl. hinten S. 474 ff., aber auch S. 490 ff.
[13] HOMBERGER, Art. 921, N. 3.
[14] Unfreiwilliger Besitzverlust läßt das Mobiliarpfandrecht bestehen, solange die Sache herausverlangt werden kann (vgl. OFTINGER, Art. 888, N. 32; BGE 85 II, 1959, S. 586 und vorn § 68, Anm. 10). Freiwillige Aufgabe des Faustpfandbesitzes läßt das Pfandrecht untergehen (BGE 99 II, 1973, S. 34 ff.). Damit entfällt die Klage nach Art. 936, weil umgekehrt die Möglichkeit einer solchen Klage das Pfandrecht weiterbestehen ließe (Art. 888 Abs. 1 ZGB). Vgl. auch hinten § 83, IV, Anm. 24 b.

Viertes Kapitel

Die Rechtswirkungen des Besitzes

Literatur: K. OFTINGER, Von der Eigentumsübertragung an Fahrnis, Abh. schweiz. R 82, Bern 1933; L. RAISER, Eigentumsanspruch und Recht zum Besitz, in: Festschrift für Martin Wolff, Tübingen 1952; H.-J. SCHMID, Das Traditionsprinzip im neueren schweizerischen Sachenrecht, Diss. Zürich 1945; A. VON TUHR, Eigentumsübertragung nach schweizerischem Rechte, ZSR 40, 1921, S. 40 ff.

§ 78. Der Schutz des Besitzes gegen verbotene Eigenmacht

Literatur: M. GULDENER, Bundesprivatrecht und kantonales Zivilprozeßrecht, J. VOYAME, Droit privé fédéral et procédure civile cantonale, Referate des Schweiz. Juristenvereins 1961 und ZSR 80, II, 1961, S. 1 ff. und 67 ff.; R. ROEMER, Der Rechtsschutz gegen Störung von Eigentum und Besitz sowie gegen Grundeigentumsüberschreitungen, Diss. Bern 1948; W. STAUFFER, Das luzernische Besitzesschutzverfahren gemäß §§ 348 f. der luzernischen ZPO, ZBJV 79, 1943, S. 556 ff.

Vorarbeiten: Vorentwurf Art. 968–971; Erläuterungen 1914, II, S. 388/89; Entwurf Art. 964–967.

Ausländische Gesetze: BGB §§ 858 ff., 863/64, 869; CCfr. Art. 2233.

I. Allgemeines

1. Im Interesse des Rechtsfriedens schützt die Rechtsordnung den Besitz als solchen gegen unbefugte Eingriffe, und zwar gleichviel, ob der Besitz auf einem Recht beruht oder nicht und ob es sich um Sachbesitz an Mobilien oder Immobilien (vgl. Art. 937 Abs. 2 ZGB) oder um Rechtsbesitz[1] handelt. Der Besitzesschutz dient aber im Ergebnis auch dem meist hinter dem Besitz stehenden Recht zum Besitz und der Aufrechterhaltung der Parteirollen für einen allfällig nachfolgenden Prozeß um das Recht[2].

---

[1] BGE 60 II, 1934, S. 488 und 83 II, 1957, S. 146 (wo es sich aber um Sach-, nicht um Rechtsbesitz handelt, vgl. LIVER, ZBJV 95, 1959, S. 34 und vorn § 67, III, Anm. 13.
[2] Für die verschiedenen Auffassungen über die innere Rechtfertigung des Besitzesschutzes vgl. STARK, Vorbem. Besitzesschutz, N. 2 ff.

Geschützt wird der Besitz gegen Aufhebung und Beeinträchtigung durch verbotene Eigenmacht (Art. 926 Abs. 1). Nicht jede unfreiwillige Einbuße der tatsächlichen Gewalt, nicht jeder unfreiwillige Besitzverlust beruht auf verbotener Eigenmacht. Anderseits setzt diese auch nicht geradezu ein gewaltsames oder heimliches Eingreifen voraus[3]. (Lediglich die Verteidigung auf dem Wege der Selbsthilfe, die sog. Besitzkehr ist nach Art. 926 Abs. 2 im Unterschied zur bloßen Besitzwehr und zu den gerichtlichen Klagen nach Art. 927 und 928 an diese besondere Voraussetzung geknüpft[4].) Verbotene Eigenmacht liegt vielmehr in jedem Eingriff in die Besitzessphäre, der auf einem unbefugten Tun oder Unterlassen, z.B. Eindringenlassen von Tieren auf ein Grundstück, Einwirkenlassen von Naturkräften – der Mieter einer Wohnung schützt die Wasserleitung nicht gegen Frost – beruht. Die Einwirkung kann seelischer Art sein (Störung durch übermäßigen Lärm[5]). Mangels Fremdeingriffs liegt keine Eigenmacht bei irrtümlicher Weggabe einer Sache und auch nicht im Falle des Fundes (Art. 720 ZGB) vor[6]. Auch die bloße Bestreitung eines Rechts zum Besitz, selbst in Form einer Provokationsklage oder der Erwirkung eines Verbots, ist kein Eingriff in den Besitz[7]. Bedeutung kann der Besitzesschutz vor allem für Liegenschaften haben, wo der bloß obligatorisch Berechtigte – anders als bei Mobilien (Art. 931 Abs. 2) – gegenüber Dritten sich nicht auf die für das Eigentum des Vermieters sprechende Vermutung aus dem Besitz berufen kann. Gegen Überschreitungen des Grundeigentums, insbesondere gegen übermäßige Immissionen[8], wird aber der besitzende Nachbar durch Art. 684 in Verbindung mit Art. 679 ZGB wirksamer geschützt, da diese auch dem Besitzer[9] zur Verfügung stehende Klage keine Reklamation voraussetzt und unverjährbar ist[10].

2. Verboten ist jede rechtswidrige, verschuldete oder unverschuldete, Einwirkung, d.h. jeder Eingriff, der nicht auf einem besondern Rechtfertigungsgrund beruht[11]. Rechtfertigungsgründe sind: Einwilligung, Notwehr,

---

[3] BGE 60 II, 1934, S. 490. Das Scheinerfordernis der Gewaltsamkeit bzw. Heimlichkeit figuriert nur im deutschen und italienischen Text («violenza») und in Erläuterungen 1914, II, S. 388, nicht in der französischen Fassung («le possesseur a le droit de repousser par la force tout acte d'usurpation ou de trouble»). Jenes Scheinerfordernis stammt aus dem römischen Interdictenprozeß. Unrichtig ZBJV 104, 1968, S. 75 (AppH Bern). Im Text des BGB (§§ 858ff.) ist ausschließlich von «verbotener Eigenmacht» die Rede.
[4] Vgl. unten II 1.
[5] Art. 28 ZGB; OFTINGER, Lärmbekämpfung, S. 17.
[6] Vgl. hinten § 81, Anm. 22a.
[7] BGE 60 II, 1934, S. 490; abweichend 83 II, 1957, S. 145f.; vgl. LIVER, ZBJV 95, 1959, S. 34.
[8] Vgl. z.B. BGE 85 II, 1959, S. 279.
[9] MEIER-HAYOZ, Art. 679, N. 31 und 61.   [10] Vgl. Art. 929.
[11] Mäßige und deshalb nach Art. 684 erlaubte Immissionen stellen keinen Eingriff in eine durch Besitz oder Recht geschützte Machtsphäre dar.

Notstand, erlaubte Selbsthilfe (Art. 52 OR), Kapprecht (Art. 687), Zutrittsbefugnis (Art. 699)[12], berechtigtes Interesse[13], öffentlichrechtliche Eingriffsbefugnis[14]. Der bloße Anspruch auf Verschaffung oder Wiederherstellung des Besitzes dagegen, z. B. an einer unter Eigentumsvorbehalt veräußerten Sache, ist auf dem Prozeßweg mit petitorischer Klage geltend zu machen.

Die Einwilligung zum Eingriff ist kein Rechtsgeschäft[15] und setzt nicht Handlungsfähigkeit, wohl aber entsprechende Urteilsfähigkeit voraus. (Der Schutzbereich von Art. 18/19 ZGB braucht nicht derart weit gespannt zu werden, daß dem Urteilsfähigen aber Unmündigen oder Entmündigten, der einem Eingriff zugestimmt hat, neben den allenfalls nach Art. 936[16], 641 Abs. 2 ZGB und Art. 41 OR gegebenen Ansprüchen auch noch solche nach Art. 926 ff. ZGB zugestanden werden müssen.) Unwirksam ist eine durch unmittelbare Gewalt oder Drohung herbeigeführte[17], in diesem Zusammenhang wirksam dagegen eine auf Irrtum beruhende oder durch Täuschung erschlichene Einwilligung. Schutz nach Art. 926 ff. genießt auch nicht, wer eine Sache freiwillig aus den Händen gibt, weil er sie mit einer andern verwechselt, wohl aber derjenige, dessen Hausangestellte (Besitzdienerin) durch täuschende Angabe zur Herausgabe z. B. eines Gemäldes veranlaßt wird.

3. Grundsätzlich ist jede Art von Besitz geschützt, nach dem Zweck der Ordnung als Friedensregelung auch der verdächtige Besitz (sog. possession équivoque), mag auch ein solcher die Rechtsvermutungen (Art. 930 und 931) und die Gutglaubenswirkung (Art. 933) nicht zu tragen vermögen[18]. Friedensschutz kommt selbst dem bösgläubig erlangten oder beibehaltenen Be-

---

[12] Vgl. BGE 96 I, 1970, S. 97 ff., ferner Art. 700.
[13] BGE 94 IV, 1968, S. 70. Vgl. auch HINDERLING, Persönlichkeit und subjektives Recht, S. 35 ff.; GUHL/MERZ/KUMMER, § 24, III 2. Ein berechtigtes Interesse des bauenden Grundeigentümers zu an sich übermäßigen, aber im Hinblick auf einen Bau notwendigen und von der Behörde bewilligten Eingriffen auf ein Nachbargrundstück wird neuerdings gegen Entschädigungspflicht unter Berufung auf Art. 1 Abs. 2 ZGB anerkannt (BGE 91 II, 1965, S. 103 ff.; vgl. hiezu LIVER, ZBJV 103, 1967, S. 1 ff.). Eigentlicher Rechtfertigungsgrund ist hier aber das Eigentum des Bauenden.
[14] z. B. von Straf- und Betreibungsbehörden oder der Armee (BGE 47 II, 1921, S. 180; 78 II, 1952, S. 18). Der Eingriff bleibt verboten, wenn er ohne Beeinträchtigung des öffentlichrechtlichen Zweckes vermieden werden kann (ZBJV 103, 1967, S. 481 f., ObGer Luzern). Für die Frage, ob die Verletzung einer öffentlichrechtlichen Norm eine verbotene Eigenmacht im Sinne des Privatrechts sein kann, vgl. MEIER-HAYOZ, Art. 679, N. 86 und SJZ 65, 1969, S. 318 f. (Luzern), ferner GUHL/MERZ/KUMMER, a.a.O. – vgl. auch Art. 274 OR, welche Bestimmung zur Selbsthilfe Anlaß geben kann (OSER/SCHÖNENBERGER, Art. 274, N. 8).
[15] Abweichend WESTERMANN, § 22, II 2.
[16] Vgl. hinten S. 496 und 502.
[17] HOMBERGER, Art. 926, N. 11; STARK, Vorbem. Besitzesschutz, N. 30; BGE 85 II, 1959, S. 586.
[18] Vgl. vorn § 68, Anm. 4 und hinten § 79, II 7 und § 81, I.

sitz zu. Besitzesschutz genießt ferner sowohl der selbständige wie auch der unselbständige Besitzer, so wer ein Grundstück gemietet oder gepachtet hat[19], ferner wer mit Rücksicht auf eine Dienstbarkeit Sach- oder Rechtsbesitz ausübt[20]. Vor allem aber ist der **unmittelbare** Besitz als Schutzobjekt bedeutsam. Der Besitzmittler wird in diesem Sinn auch gegen verbotene Eigenmacht des mittelbaren, selbständigen Besitzers geschützt, so der Mieter gegen Eingriffe des Vermieters oder von diesem bewilligte Eingriffe Dritter[21].

Der mittelbare selbständige Besitzer genießt Besitzesschutz auf alle Fälle dann, wenn durch Verletzung des unmittelbaren Besitzes auch der ihm vermittelte selbständige Besitz beeinträchtigt wird. (Dem Mieter werden die Scheiben eingeworfen[22].) Bei Wegnahme der Sache kann Rückgabe an den unmittelbaren Besitzer verlangt werden. Umstritten ist, ob der mittelbare Besitzer auch Besitzesschutz gegen Eingriffe genießt, die vom unmittelbaren Besitzer oder mit dessen Zustimmung von Dritten gegen seine Besitzesstellung vorgenommen werden[23]. Für die Bejahung spricht die Gleichstellung des mittelbaren mit dem unmittelbaren Besitz unter dem Gesichtspunkt der tatsächlichen Gewalt und des Besitztatbestandes (Art. 919)[24]. Klaren Übergriffen, «Exzessen» eines Mieters, die auf die Beeinträchtigung des mittelbaren, selbständigen Besitzes hinauslaufen (Abreißen eines gemieteten Hauses, Abholzen von Jungwald, Anbringen einer Reklametafel[25]) kann nicht bloß auf Grund von Eigentum und Mietvertrag, sondern auch nach Art. 926 ff. entgegengetreten werden. Dagegen ist für den Besitzesschutz kein Raum, soweit der Streit, weil es an dem für Besitzverhältnisse wesentlichen äußern Anschein fehlt, nur unter Heranziehung von Rechtsfragen (die z. B. den Umfang der Rechte und Pflichten eines Mieters betreffen) entschieden werden könnte[26]. Auch verbietet sich ein Vorgehen, das unter Berufung auf mittelbaren Besitz in den unmittelbaren Besitz, wie er **bisher** bestand, eingreifen würde: Wenn der Mieter nach Ablauf der Miete mit oder ohne Leugnung des selbständigen Besitzes des Vermieters im unmittelbaren Besitz bleibt, kann er nicht in Anwendung von Art. 927 zur Herausgabe bzw. zum Verlassen

---

[19] BGE 40 II, 1914, S. 329; vgl. STARK, Vorbem. Besitzesschutz, N. 103, ferner unten III 1 und 3.
[20] Vgl. vorn § 67, III.
[21] BGE 40 II, 1914, S. 329 ff.
[22] HOMBERGER, Art. 926, N. 17.
[23] Grundsätzlich verneinend HOMBERGER, Art. 926, N. 20, ebenso die Lehre zu § 869 BGB; hiegegen STARK, Vorbem. Besitzesschutz, N. 50 ff., ferner ZBJV 85, 1949, S. 463 (ObGer Luzern).
[24] Vgl. vorn § 69, II.
[25] BlZR 38, 1939, Nr. 150 und unten III 3.
[26] Vgl. jedoch BGE 85 II, 1959, S. 280, aber auch SJZ 65, 1969, S. 318 (ObGer Luzern).

gezwungen werden²⁷. Aus diesem Grunde kann das Verfahren auf Exmission des Mieters kein Anwendungsfall des Besitzesschutzes sein.

Unter Mitbesitzern (auf derselben Stufe des unmittelbaren Besitzes) und ebensolchen Gesamtbesitzern ist Besitzesschutz nach den gleichen Grundsätzen, die für den Schutz des mittelbaren gegen den unmittelbaren Besitzer gelten, zu gewähren, nämlich insoweit, als die Besitzessphären sich ohne Einbeziehung der Frage nach dem Recht zum Besitz abgrenzen lassen²⁸.

Der Besitzdiener genießt, weil er nicht Besitzer ist, keinen Besitzesschutz, kann aber im Rahmen der mit seiner Stellung verbundenen Aufgabe die dem Besitzer gegebenen Abwehrbefugnisse (Art. 926) für diesen geltend machen. Gegen den Besitzdiener kann der Besitzer nach Art. 926 ff. nicht bzw. erst vorgehen, wenn jener sich selber durch verbotene Eigenmacht zum unmittelbaren Besitzer macht²⁹.

II. Das Verteidigungsrecht des Besitzers (Art. 926)

1. Art. 926 Abs. 1 gibt dem Besitzer das Recht zur Besitzwehr, d.h. zur Selbstverteidigung «wenn nötig unter Gewaltanwendung» gegen verbotene (also nicht aus besonderm Grunde zulässige) Eigenmacht und erweist sich damit als Konkretisierung des Notwehrrechts (Art. 52 Abs. 1 OR).

Art. 926 Abs. 2 befugt den Besitzer zur Besitzkehr, d.h. zur erforderlichenfalls auch gewaltsamen Wiedererlangung des durch den Eingriff bereits verlorenen Besitzes. Das ist Konkretisierung des Selbsthilferechts, wobei anders als nach der allgemeinen Bestimmung (Art. 52 Abs. 2 OR) das Fehlen rechtzeitiger amtlicher Hilfe und eine drohende Vereitelung des Anspruchs oder Erschwerung seiner Geltendmachung nicht vorausgesetzt werden, dafür aber die Befugnis vom «sofortigen» Handeln (bei Grundstücken) bzw. von Ertappung des Täters «auf frischer Tat» und unmittelbarer Verfolgung desselben (bei beweglichen Sachen) abhängig gemacht wird.

Nach Art. 926 Abs. 2 ist Besitzkehr im Gegensatz zur Besitzwehr (Abs. 1) nicht bei jeder verbotenen Eigenmacht zulässig, sondern nur bei solcher, die unter Gewaltanwendung (Raub, Einbruch und dgl.) oder heimlich (d.h. dem Besitzer nicht erkennbar)³⁰ erfolgt. Die Qualifizierung läßt sich hinreichend

---

²⁷ Herrschende Meinung, abweichend BGE 75 II, 1949, S. 130.
²⁸ Vgl. Sem. jud. 93, 1971, S. 236 ff. (Genf). – Einschränkend § 866 BGB, wonach Besitzesschutz voraussetzt, daß der eine Mitbesitzer den andern ausschließt, nicht bloß stört, vgl. z. B. WOLFF/RAISER, § 21, II.
²⁹ Vgl. vorn § 71, Anm. 12.
³⁰ Vgl. SJZ 63, 1967, S. 243 betreffend unerlaubte Benützung eines Parkplatzes (ObGer Zürich).

rechtfertigen³¹: Die aktive Selbsthilfe (Art. 926 Abs. 2) darf an strengere Voraussetzungen geknüpft werden als die passive Verteidigung (Abs. 1) und das klagweise Vorgehen (Art. 927 und 928); es ist verständlich, daß das Recht zur Besitzkehr nicht im Anschluß an jede möglicherweise unverschuldete Besitzesentziehung zugestanden wird. Freilich sollte der Besitzer auch gegenüber einer weder gewaltsam noch heimlich, dafür aber unter Ausnützung des Überraschungsmoments und oft besonders dreist vollzogenen Wegnahme (Diebstahl eines angelehnten Fahrrads) nicht das Nachsehen haben. Er hat es aber auch nicht, denn er kann unter den Voraussetzungen des Art. 52 Abs. 2 OR, die seine Lage kaum ungünstiger gestalten, zur Selbsthilfe schreiten.

2. Bei Besitzwehr und Besitzkehr darf Gewalt angewendet werden, wenn und soweit eine solche nach den Umständen erforderlich ist, also je nach der Sachlage nicht ohne nutzlos gebliebene gütliche Aufforderung und immer nur unter Vermeidung unnötiger Schädigung des Störers (Art. 926 Abs. 3)³². Aus dieser Konkretisierung des allgemeinen Verbotes von Notwehr- und Selbsthilfeexzessen ergibt sich eine entsprechende Begrenzung des Rechts auf Selbstverteidigung. Dagegen kommt es auf die Proportionalität der auf dem Spiel stehenden Interessen grundsätzlich nicht an. Außerordentliches Mißverhältnis kann aber die Verteidigung als rechtsmißbräuchlich erscheinen lassen³³, insbesondere wenn das zu schützende Gut an sich keine große Bedeutung hat, die verbotene Eigenmacht nicht auf böser Absicht beruht und sofortige amtliche Hilfe erhältlich wäre.

III. Die Ansprüche aus Entziehung und Störung des Besitzes durch verbotene Eigenmacht

1. Allgemeines

Die Formulierung der Art. 927–929 ist auf den Prozeß zugeschnitten. Von den Ansprüchen aus dinglicher Berechtigung (Art. 641 Abs. 2, 755, 888 ZGB)

---

[31] Ein Versehen scheint HOMBERGER (möglicherweise inspiriert durch § 859 BGB) anzunehmen (Art. 926, N. 25), während in Erläuterungen 1914, II, S. 388 fälschlich behauptet wird, daß es ohne Gewalt oder Heimlichkeit überhaupt keine verbotene Eigenmacht gebe. Wie oben: OSTERTAG, Art. 926, N. 33 und STARK, Art. 926, N. 12.
[32] BGE 85 IV, 1959, S. 6.
[33] Vgl. OSER/SCHÖNENBERGER, Art. 52 OR, N. 14 und BGE 85 IV, 1959, S. 234, wo es aber schon an der in Art. 926 Abs. 2 vorausgesetzten Unverzüglichkeit der Besitzkehr fehlte; siehe ferner H. MERZ, Berner Kommentar, Bd. I, Einleitungsband, Bern 1966, Art. 2, N. 371 ff.

und aus dem besseren Recht zum Besitz (Art. 934–936) unterscheiden sich die Ansprüche aus verbotener Eigenmacht durch ihre possessorische Natur. Grundsätzlich, unter Vorbehalt von Art. 927 Abs. 2, braucht sich der Beklagte die Einbeziehung der Frage nach dem Recht zum Besitz in den Besitzesschutzprozeß nicht gefallen zu lassen.

Die Ansprüche verwirken, wenn sie nicht «sofort», d. h. innert zumutbarer Frist nach Kenntnis von Eingriff und Täter bei diesem durch (formlosen) Protest angemeldet werden, außerdem in jedem Fall nach Ablauf eines Jahres nach ihrer Entstehung (Art. 929 Abs. 1 und 2)[34]. Anspruchsberechtigt kann außer dem unmittelbaren auch ein mittelbarer, neben dem selbständigen auch ein unselbständiger Besitzer sein, ferner können sich die Ansprüche auch aus Mit- und Gesamtbesitz ergeben. Der Besitzdiener ist nicht anspruchsberechtigt, auch Organe juristischer Personen sind es nicht, sondern diese selber.

2. Der Anspruch auf Wiederherstellung des Besitzes und Schadenersatz (Art. 927)

a) Der Anspruch geht auf Wiederherstellung des entzogenen Besitzes, so wie er bestanden hat. Der bisherige mittelbare Besitzer kann deshalb nur Rückgabe an den unmittelbaren Besitzer fordern, solange dieser die Rücknahme nicht ablehnt. Entzogener Mitbesitz begründet Anspruch auf Wiedereinräumung von Mitbesitz. Der Anspruch richtet sich gegen den Täter[35], gegen Universalsukzessoren sowie, weil die Ausklammerung des Hehlers unverständlich wäre, gegen bösgläubige Singularsukzessoren[36].

b) Nach Art. 927 Abs. 2 wird der Beklagte mit der Einrede des **besseren Rechts zum Besitz** gehört, wenn er die Voraussetzung dazu «sofort», d. h. ohne wesentliche Prozeßverzögerung dartun kann, wobei er aber seinerseits aus einem rechtswidrig erlangten gegenwärtigen Besitz keine Rechtsvermutung ableiten kann (Art. 932). Der Einbruch des petitoriums in das possessorium soll die definitive Auseinandersetzung erleichtern und könnte in ge-

---

[34] Art. 929 spricht ungenau von Verjährung (vgl. BGE 76 II, 1950, S. 241 f.). Aber es gibt keine Fristerstreckung durch Unterbrechung im Sinne von Art. 135 OR. Auch ist der Zeitlauf von Amtes wegen zu berücksichtigen. Für Einzelheiten der Fristberechnung vgl. STARK, Art. 929, N. 13.

[35] Hat er den erlangten unmittelbaren Besitz einem Besitzmittler übertragen, so kann Abtretung eines allfälligen Herausgabeanspruchs gegen diesen verlangt werden; STARK, Art. 927, N. 8.

[36] Herrschende Meinung, so ausdrücklich § 858 Abs. 2 BGB. Nach ZGB sollte im Hinblick auf Art. 3 Abs. 2 ZGB auch fahrlässige Unkenntnis schaden. Abweichend – gestützt auf das Schweigen des Gesetzes – HOMBERGER, Art. 927, N. 8.

wissen Fällen auch auf Art. 2 Abs. 2 ZGB (dolo agit qui petit quod statim redditurus est) abgestützt werden. Diese auf einer Anregung der Großen Expertenkommission von 1903 beruhende Singularität des schweizerischen Rechts bleibt freilich nicht unbedenklich, da sie eine Belohnung krasser Eigenmacht bedeuten kann[37]. Das «bessere Recht» zum Besitz des Beklagten kann sowohl dinglicher als – wenigstens nach herrschender Meinung – persönlicher Natur sein[38]. Eine umfassendere Einbeziehung des petitoriums im Sinne einer Überprüfung auch nicht «sofort» nachweisbaren Rechts zum Besitz setzt das Einverständnis des Klägers voraus. In den Ablauf des possessoriums darf auch nicht durch eine im Hinblick auf einen petitorischen Gegenanspruch erlassene vorsorgliche Verfügung eingegriffen werden[39].

c) Neben Wiederherstellung des Besitzes kann Schadenersatz verlangt werden. Der Anspruch beurteilt sich nach Art. 41 OR[40] und setzt Schädigung gerade durch die Entziehung des Besitzes (z. B. durch anschließende Zerstörung der Sache) und Verschulden voraus[41]. Vorbehalten bleiben weitere Ansprüche nach Art. 938–940 ZGB, wenn die Voraussetzungen dieser Bestimmungen gegeben sind, also z. B. gegen einen Täter, der fremden Besitz ohne Verschulden gebrochen hat, aber nachträglich bösgläubig wird, und gegen bösgläubige Singularsukzessoren[42].

3. Der Anspruch auf Beseitigung und Unterlassung von Störungen des Besitzes

a) Während die Klage aus Besitzesentziehung (Art. 927) völlige oder teilweise Aufhebung des Besitzes und, soweit sie auf Rückgabe geht, Erlangung von Voll- oder Teilbesitz auf seiten des Beklagten voraussetzt, betrifft die Klage aus Besitzesstörung die bloße Beeinträchtigung grundsätzlich ver-

---

[37] Die Regelung des BGB und anderer Gesetzgebungen bleibt hier konsequent.
[38] BGE 40 II, 1914, S. 565. – Wenn der Käufer sich eigenmächtig in den Besitz der Kaufsache gesetzt hat, ergeben sich jedoch im Hinblick auf das Traditionsprinzip (Erfordernis der Besitzübertragung) besondere Probleme, vgl. hinten § 80, II 3.
[39] Abweichend VOYAME, Referat zum Schweiz. Juristentag 1961, S. 169.
[40] Herrschende Meinung, HOMBERGER, Art. 927, N. 25 ff.; Entscheidungen des Appellationsgerichtes Basel-Stadt, Bd. VIII, 1945, S. 119; abweichend STARK, Art. 927, N. 26 ff.
[41] BGE 66 I, 1940, S. 237; der Schadenersatzanspruch wird aber allzu sehr beschnitten, wenn hier ausgeführt wird, daß «soltanto il risarcimento del danno causato dall'illecita violenza, non l'interesse alla conservazione della cosa» verlangt werden kann. Doch kann der Geltendmachung des Interesses am Besitz das bessere Recht zum Besitz im Sinne des petitoriums entgegengehalten werden; vgl. auch hinten § 83, II.
[42] Auf diese Weise läßt sich doch wohl die Kontroverse zwischen STARK (a.a.O.) und der h. M. lösen.

bleibenden Besitzes. Im einzelnen Fall kann aber die Grenze zwischen teilweiser Entziehung und bloßer Störung des Besitzes zweifelhaft sein[43].

Die Störung kann durch ein Tun, z.B. durch Fällen eines Baumes auf der Liegenschaft des Nachbarn, durch unbefugte Benützung eines Weges[44] oder durch eine nach Art. 684 ZGB verbotene Immission[45] erfolgen. Übermäßiger Lärm greift nicht nur in die nach Art. 28 ZGB geschützte Persönlichkeitssphäre ein, vielmehr kann im Zusammenhang damit auch der ungestörte Gebrauch einer solchem Lärm ausgesetzten Liegenschaft und damit der Besitz daran beeinträchtigt erscheinen[46].

b) Besitzesstörung durch verbotene Eigenmacht erzeugt nach Art. 928 Ansprüche auf Unterlassung von Störungen, wenn solche ernstlich zu befürchten sind[47], außerdem auf Beseitigung von Anlagen, von denen Störungen ausgehen[48]. Bei Verschulden kann nach Art. 41 OR Ersatz desjenigen Schadens verlangt werden, der dem Besitzer durch die Störung zugefügt wurde[48a].

c) Die Ansprüche stehen dem von der eingetretenen oder drohenden Störung betroffenen Besitzer zu und richten sich gegen den effektiven oder potentiellen Störer[48b]. Der Schadenersatzanspruch, der im Gegensatz zum

---

[43] WESTERMANN, § 22, I 2; WOLFF/RAISER, § 17, I 3; STARK, Vorbem. Besitzesschutz, N. 15. Teilweise Besitzesentziehung bzw. Entziehung des Besitzes am Teil einer Sache liegt beim Überbau vor (Art. 674 Abs. 3), vgl. auch BGE 85 II, 1959, S. 279 (bloße Besitzesstörung).
[44] BGE 95 II, 1969, S. 401 (startende und landende Flugzeuge überrollen einen Weg und überfliegen ihn in niedriger Höhe).
[45] Hier läßt sich die Besitzesfrage nicht völlig von der Rechtsfrage trennen (BGE 85 II, 1959, S. 280), während es im übrigen grundsätzlich auf den tatsächlichen Besitzstand ankommt; ZBJV 91, 1955, S. 285 f. (Luzern).
[46] OFTINGER, Lärmbekämpfung, S. 17 mit reicher Kasuistik.
[47] Entgegen dem Wortlaut von Art. 928 Abs. 2 ZGB braucht sich die Befürchtung nicht auf «fernere» Störungen, also nicht auf eine Wiederholung bereits stattgehabter Eingriffe zu beziehen; vgl. BGE 66 I, 1940, S. 233. – Ein auf Art. 679/684 gegründeter Anspruch auf Unterlassung geplanter Bauten oder Anlagen setzt – offenbar mit Rücksicht darauf, daß es im Bereich des Nachbarrechts um eine Abgrenzung beiderseits geschützter Rechtssphären geht – eine hohe Wahrscheinlichkeit voraus, daß sich das Bauvorhaben gar nicht anders als eigentumsverletzend auswirken kann. Dann dürfen aber in diesem Bereich auch an einen parallel laufenden Unterlassungsanspruch nach Art. 928 Abs. 2 keine geringeren Anforderungen hinsichtlich der Wahrscheinlichkeit der Störung gestellt werden (vgl. die beiden Aufsätze von E. W. STARK, SJZ 71, 1975, S. 217 ff. und P. LIVER, ZBJV 111, 1975, S. 337 ff. über «Privatrechtliche Unterlassungsansprüche gegen Kernkraftwerke»).
[48] Was aber entsprechend der Rechtsprechung zu Art. 679 nur gelten kann, wenn nicht weniger kostspielige Behelfe (die im Urteil genau anzugeben sind) ausreichen, STARK, Art. 928, N. 41 und 51.
[48a] Nach allgemeinen Grundsätzen hat, wer zu einem Eingriff in den Besitz berechtigt ist, seine Befugnis schonend auszuüben und die zur Verhütung vermeidbarer Schädigungen geeigneten und zumutbaren Maßnahmen zu treffen; BGE 100 II, 1974, S. 326 ff.
[48b] Vgl. auch BGE 100 II, 1974, S. 309.

Unterlassungs- und Beseitigungsanspruch losgelöst vom Besitz abgetreten werden kann, richtet sich auch gegen den bösgläubigen Universalsukzessor des Störers [49].

d) Nach Wortlaut und Entstehungsgeschichte von Art. 928 kann der Klage aus Besitzesstörung die nach Art. 927 Abs. 2 gegenüber der Klage auf Besitzesentziehung zulässige Einwendung eines besseren Rechts nicht entgegengehalten werden. Es besteht keine Veranlassung, jene singuläre Bestimmung «entsprechend» anzuwenden [50].

4. Verfahrensfragen

Das ZGB überläßt die Ordnung des Verfahrens für Besitzesschutzklagen den Kantonen [51]. Doch darf die Verwirklichung des Privatrechts wie sonst [52] so auch hier nicht an unzulänglichen kantonalen Verfahrensregeln, z. B. an einer bundesrechtswidrigen Verquickung des possessoriums mit dem petitorium [53] oder umgekehrt an einer Beschränkung von Beweismitteln scheitern, die sich bei einem gleichzeitigen Ausschluß des ordentlichen Prozesses aus dem von den meisten Kantonen zur Verfügung gestellten summarischen Verfahren ergeben würde. Kantonalrechtlich geordnet ist auch die örtliche Zuständigkeit. Die Gerichtsstandsgarantie nach Art. 59 BV gilt nur für Schadenersatzklagen nach Art. 927 Abs. 3 und 928 Abs. 2 [54] bzw. 940. Die übrigen, keine «persönlichen Ansprachen» darstellenden Klagen werden auch von den kantonalen Prozeßordnungen zumeist als dingliche behandelt und deshalb, zum mindesten für Liegenschaften, an den Ort der gelegenen Sache gewiesen, der interkantonal von Bundesrechts wegen auch für Mobilien Anwendung findet [55]. Die Berufung an das Bundesgericht kommt nur

---

[49] Das Gleiche trifft für den Schadenersatzanspruch nach Art. 927 zu.
[50] Vgl. HOMBERGER, Art. 928, N. 1; ZBJV 91, 1955, S. 285 (Luzern), aber auch vorn Anm. 47.
[51] BGE 83 II, 1957, S. 143 ff.
[52] Vgl. GULDENER und VOYAME in den Referaten zum Schweiz. Juristentag 1961, S. 36 ff. und S. 125 ff. und die Diskussionsvoten im Protokoll 1961, S. 395 ff.
[53] Vgl. auch BGE 83 II, 1957, S. 144.
[54] BGE 66 I, 1940, S. 233 ff.
[55] Die zumeist für die betreibungsrechtliche Widerspruchsklage (Art. 107, 109 SchKG) entwickelten Grundsätze (BGE 24 I, 1898, S. 227; 58 I, 1932, S. 233; 80 III, 1954, S. 141; 81 III, 1955, S. 10; BlZR 54, 1955, N. 176) gelten entsprechend; die Frage, ob bei einer Verbindung des Schadenersatzanspruches mit dem Anspruch auf Rückgabe der Sache bzw. Beseitigung oder Unterlassung von Störungen das forum rei sitae als Gerichtsstand des Sachzusammenhangs unter gewissen Voraussetzungen auch vor Art. 59 BV standhalten könnte, wird in BGE 66 I, 1940, S. 237 f. verneint, wobei immerhin offengelassen wurde, ob anders entschieden werden kann, wenn der Zusammenhang ein besonders enger und die Ersatzforderung von geringer Bedeutung ist.

dann in Frage, wenn nach Art. 927 Abs. 2 (oder mit Einwilligung des Beklagten) über das Recht zum Besitz oder über Schadenersatzansprüche geurteilt wird[56]. Das wird nicht nur aus der begrifflichen Eigenart der Ansprüche, sondern auch aus der Funktion des Besitzesschutzes abgeleitet, der nur ein Provisorium sein will und deshalb eine Überdehnung der Rechtsschutzmöglichkeiten aus praktischen Gründen als nicht angezeigt erscheinen läßt[57]. Widerklagen, die einer Besitzesschutzklage entgegengesetzt werden, sind, wie sich sinngemäß aus Art. 927 Abs. 2 ergibt, abzutrennen, wenn ihre Beurteilung die Prozeßentscheidung verzögern würde. Zur Sicherung der Ansprüche nach Art. 927 Abs. 3 und 928 Abs. 2 können vorläufige Verfügungen nach kantonalem Prozeßrecht erlassen werden[58] und kommen namentlich in Betracht, wo der Besitzesschutzprozeß sich im langsamen ordentlichen Verfahren abwickelt. Vorläufige Verfügungen dürfen aber auch zum Schutze eines vom eigenmächtig verletzten Besitzer behaupteten Rechts zum Besitz erlassen werden und können bei zweckmäßiger Ausgestaltung durch den Kanton insoweit einen Prozeß nach Art. 927 und 928 praktisch weitgehend überflüssig machen. Die durch die Doppelspurigkeit zwischen kantonalem Prozeßrecht und eidgenössischem Privatrecht herbeigeführte Häufung von Behelfen kann sich noch dadurch vermehren, daß der Besitzer (als solcher oder im Hinblick auf ein behauptetes Recht zum Besitz) nach Art. 934 ff. oder nach Art. 641 vorgehen und unter Umständen auch verwaltungs- und strafrechtlichen Schutz in Anspruch nehmen kann[59].

§ 79. Die Vermutungswirkung des Fahrnisbesitzes

Literatur: E. ANNERS, Hand wahre Hand, Diss. Lund 1952; S. BERTAN, La revendication des meubles en droit suisse, Diss. Genf 1941; H. P. FRIEDRICH, Publizität und Schutz des guten Glaubens im schweizerischen Seerecht, in: «Aequitas und bona fides», Festgabe für A. Simonius, Basel 1955, S. 53 ff.; F. GILLIARD, Les présomptions posées par les art. 930 à 932 CC et leur rapport avec la protection de l'acquéreur de bonne foi, in: Festgabe der Juristischen Fakultät Lausanne zum Schweizerischen Juristentag 1958, Lausanne 1958; W. GULDIMANN, Die Eigen-

---

[56] Vgl. BGE 78 II, 1952, S. 87 f.; 85 II, 1959, S. 275 ff.; 94 II, 1968, S. 348 ff.; kritisch LIVER, ZBJV 106, 1970, S. 67 f. und KUMMER, ebenda, S. 131; vgl. auch STARK, Vorbem. Besitzesschutz, N. 111 und STAUFFER, ZBJV 79, 1943, S. 556 ff.

[57] Vgl. hinten § 83, V.

[58] Vgl. BGE 83 II, 1957, S. 144; 94 II, 1968, S. 352.

[59] Dabei kommt Androhung der Bestrafung nach Art. 292 oder im Sinne von Art. 335 StGB in Betracht, wenn die Prozeßordnung das vorsieht.

tumsvermutung zwischen Besitzer und unmittelbarem Vorbesitzer, SJZ 48, 1952, S. 197 ff.; R. VON JHERING, Über den Grund des Besitzesschutzes, 2. Aufl. 1869, Neudruck Aalen 1968; M. WELLSPACHER, Das Vertrauen auf äußere Tatbestände im bürgerlichen Rechte, Wien 1908; R. WINKLER, Die Rechtsvermutungen aus dem Besitz, Diss. Zürich 1969.

Vorarbeiten: Vorentwurf, Art. 972–974; Erläuterungen 1914, II, S. 389 ff.; Entwurf, Art. 968–970.

Ausländische Gesetze: BGB §§ 986, 1006; CCfr. Art. 1141, 2230, 2279.

I. Grundsätzliches

Wer eine Sache unmittelbar oder mittelbar, selbständig oder unselbständig, besitzt, ist nach der Lebenserfahrung meist Träger desjenigen dinglichen oder persönlichen Rechts, aus dem er seinen Besitz ableitet. Das gilt in besonderem Maße für Mobilien, weil für sie der rechtsgeschäftliche Erwerb dinglicher Rechte an die Übertragung des Besitzes geknüpft ist (Traditionsprinzip)[1], während für Immobilien die Eintragung im Grundbuch diese Funktion übernimmt. Gestützt hierauf steigert das Gesetz für Mobilien die mit dem Besitz verknüpfte faktische Wahrscheinlichkeit zur **Rechtsvermutung**[2], während für Immobilien die Vermutung des Eigentums und anderer dinglicher Rechte dem in dieser Hinsicht schlüssigeren Grundbuch zugewiesen wird (Art. 937 Abs. 1 ZGB). Entsprechendes gilt für die dinglichen Rechtsverhältnisse an den im Schiffahrtsregister und im Luftfahrzeugbuch eingetragenen Schiffen bzw. Flugzeugen[3]. Bei skripturbedürftigen Wertpapieren begründet in der Regel anders als bei Inhaberpapieren nicht der Besitz des Papieres, sondern die Skriptur die Vermutung gemäß Art. 930 ZGB, da sich nur hieraus eine entsprechende Wahrscheinlichkeit ergibt[4].

Die an den Besitz geknüpfte Rechtsvermutung verschiebt die Beweislast[5] für das Recht zum Besitz: Ist Besitz dargetan, so hat der Gegner Tatsachen

---

[1] Vgl. vorn § 75, I und hinten § 80.
[2] Vgl. KUMMER, Art. 8, N. 324 – für Ehegatten, die in Güterverbindung oder Gütergemeinschaft leben, treten die Vermutungsregeln des Güterstandes an die Stelle der Regeln des Sachenrechts (LEMP, a.a.O. [§ 69, Anm. 16], Art. 196, N. 6, teilweise abweichend STARK, Art. 930, N. 5 ff.).
[3] BG über das Schiffsregister vom 28. 9. 1923; BG über die Schiffahrt unter der Schweizerflagge vom 23. 9. 1953; BG über das Luftfahrzeugbuch vom 7. 10. 1959 (das sich über die Nutznießung ausschweigt); FRIEDRICH, S. 59; Kreisschreiben des Bundesgerichts vom 16. 10. 1961 betr. Luftfahrzeuge als Gegenstand der Zwangsvollstreckung: BGE 87 III, 1961, S. 41 ff.
[4] BGE 81 II, 1955, S. 204 f.; 84 II, 1958, S. 513; 89 II, 1963, S. 94. Einzelheiten bei JÄGGI, Art. 965 OR, N. 315 mit Hinweis auf Besonderheiten (Vermutung aus dem Papierbesitz, wenn die Umstände dafür sprechen, daß der Besitzer eine Skriptur im Hinblick auf eine erst geplante Rechtsbegründung eingetragen hat; vgl. auch BGE 89 II, 1963, S. 89 ff.).
[5] Vgl. KUMMER, Art. 8, N. 333.

nachzuweisen, die auf den Nichtbestand des Rechts schließen lassen. Die widerlegliche Rechtsvermutung nach Art. 930/31 erspart dem Besitzer die sog. probatio diabolica, die freilich durch die modernrechtliche Gutglaubenswirkung (Art. 933) und die im Gegensatz zu § 937 BGB kurzfristige Ersitzung (Art. 728) ohnehin entschärft wäre[6].

II. Die Tragweite der Vermutung

1. Der gegenwärtige Besitz begründet die Vermutung des gegenwärtigen Rechts. Aus früherem Besitz folgt eine Vermutung für damaligen Bestand des Rechts (Art. 930 Abs. 2) und für seine Fortdauer, vorausgesetzt allerdings, daß die stärkere Vermutung aus dem jetzigen Besitz entkräftet wird[7]. Nimmt man freilich an, daß die Besitzrechtsklage (nach Art. 936) auch dann möglich sei, wenn der Kläger außer dem unmittelbaren auch den mittelbaren Besitz freiwillig aufgegeben hat – und auf das gleiche läuft eine statt dessen anwendbare condictio possessionis hinaus[8] –, so verliert Art. 930 Abs. 2 viel von seiner Bedeutung[9]. Indes bleibt die Vermutungswirkung auch so von Belang, wenn die Besitzrechtsklage sich zu einem Streit um das Recht zum Besitz ausweitet[10], oder wenn der Prozeß von vornherein um das Recht zum Besitz geführt wird.

2. Vermutet wird dasjenige dingliche oder persönliche Recht, zu dessen Verwirklichung der Besitz ausgeübt wird. Es wäre sinnlos, den Besitzer als Eigentümer gelten zu lassen, wenn er bloß Pfandgläubiger, Nutznießer oder Mieter sein will. Unmittelbarer Besitz an beweglichen Sachen verbindet sich freilich am häufigsten mit Eigentum, und deshalb kann im Zweifel eine auch durch den Wortlaut von Art. 930 Abs. 1 gestützte Eigentumsvermutung gelten, wenn und solange der Besitzer nicht ein anderes Recht zum Besitz geltend macht[11]. Behauptet er jedoch nicht einmal im Prozeß ein Recht, so kann solches auch nicht vermutet werden[12].

---

[6] Die Rechtsvermutung schließt vorsorgliche Verfügungen nach kantonalem Prozeßrecht zur Sicherung von Drittansprüchen nicht aus; BGE 88 I, 1962, S. 11 ff. Doch wird dadurch die Verteilung der Beweislast nicht geändert.
[7] Vgl. auch BGE 81 II, 1955, S. 204.
[8] Vgl. hinten S. 502.
[9] Weitergehend will GILLIARD, S. 8, Abs. 2 von Art. 930 als «lettre morte» ansehen.
[10] Vgl. hinten § 83, II.
[11] Vgl. Erläuterungen 1914, S. 389 f.; WIELAND, Art. 930/31, N. 1c; OSTERTAG, Art. 931, N. 10 und 13; RUSCONI, a.a.O. (zit. Literatur zu § 83), S. 149. Demgegenüber setzen HOMBERGER, Art. 930, N. 8 und STARK, Art. 930, N. 15 eine ausdrückliche Eigentumsbehauptung voraus.
[12] BGE 81 II, 1955, S. 206.

Anders als nach deutschem Recht[13] dient die Vermutungswirkung des Besitzes nicht nur dem Schutz des Eigentums und beschränkter dinglicher, sondern auch persönlicher Rechte (Art. 931 Abs. 2), obwohl für deren Begründung das Traditionsprinzip nicht gilt. Die Vermutungswirkung kommt auch dem auf Auftrag, Miete, Hinterlegung, Testamentsvollstreckung, elterliche Gewalt gestützten Besitz zu. Fraglich bleibt, ob der Pfandbesitzer nicht nur für das Pfandrecht, sondern auch für die Pfandforderung in der von ihm behaupteten Höhe die Vermutung aus dem Pfandbesitz geltend machen kann. Dafür würde der Wortlaut des Gesetzes sprechen. Da aber die natürliche Wahrscheinlichkeit höchstens für das Bestehen einer Forderung, nicht aber für deren Umfang spricht, ist der Auffassung zu folgen, daß der Pfandbesitzer die Höhe der Forderung nachzuweisen hat, was ihm auch zugemutet werden kann[14].

3. Nach Art. 931 Abs. 2 kann der Besitzer die Vermutung eines beschränkten dinglichen oder eines persönlichen Rechts gegenüber dem Vormann (Auktor), von dem er die Sache erhalten hat, d. h. von dem er sein Recht zum Besitz ableitet, nicht geltend machen, was die Tragweite auch der Vermutung aus dem jetzigen Besitz erheblich begrenzt. In der Anwendung auf relative, gerade nur dem Auktor gegenüber ausspielbare, Rechte beschränkt sich damit der Vermutungsschutz auf die bloße Legitimation zur Geltendmachung von Schadenersatzansprüchen, da nach herrschender Lehre insoweit ein auf Besitz gestütztes persönliches Recht (z. B. Miete) auch gegen Dritte geltend gemacht werden kann[15]. Die dem BGB unbekannte Negierung der Vermutungswirkung im Verhältnis des unselbständigen Besitzers gegenüber seinem Vormann wird mit dem Neutralisierungseffekt der beidseitigen Besitzpositionen gerechtfertigt[16]. Da indessen der unselbständige und unmittelbare Besitzer näher an der Sache ist als sein Auktor und die der Vermutungswirkung zugrunde liegende typische Wahrscheinlichkeit auch hier besteht, muß die Begründung anderswo und zwar darin gefunden werden, daß der unselbständige Besitzer auf Beweiserleichterung nicht angewiesen

---

[13] §§ 1006 (Eigentum), 1065 (Nießbrauch), 1227 (Pfandrecht).
[14] Vom Faustpfand unterscheidet sich die grundsätzlich ähnlich strukturierte Grundpfandverschreibung in diesem Zusammenhang dadurch, daß der hier an die Stelle des Besitzes tretende Grundbucheintrag sich auch auf einen bestimmten Forderungsbetrag erstreckt, so daß diesfalls im Hinblick auf Art. 9 ZGB die Auffassung vertreten werden mag, daß die Vermutung – wenn auch nicht die Gutglaubenswirkung – sich auch auf die Forderung erstrecke (so HOMBERGER, Art. 937, N. 7, abweichend STARK, Art. 937, N. 18).
[15] STARK, Art. 931, N. 7 und dortige Zitate. (Aber auch hier ist Aufdeckung des Forderungsverhältnisses zumutbar.)
[16] BGE 54 II, 1928, S. 245.

ist, weil die Beweissicherung in den einschlägigen Fällen üblich und zumutbar ist[17].

Im Gegensatz zum unselbständigen, abgeleiteten Besitz (Art. 931 Abs. 2) vermittelt der Eigenbesitz nach Art. 930 die Rechtsvermutung allseitig, also auch im Verhältnis zum Vorbesitzer, selbst wenn dieser als solcher anerkannt wird[18]. Die Unterscheidung läßt sich damit begründen, daß bei Übertragung des vollen Rechts weniger auf Beweissicherung geachtet wird als bei der Einräumung beschränkter Rechte. Immerhin ist auch dem Eigenbesitzer zuzumuten, sein Verhältnis zum Vorbesitzer aufzudecken, und es kann sich deshalb je nach Lage des Falles empfehlen, keine strengen Anforderungen an die Entkräftung der Vermutung zu stellen[19].

4. Wer unselbständig, in Ausübung eines beschränkten dinglichen oder eines persönlichen Rechtes, besitzt, kann Dritten gegenüber auch die Vermutung des Eigentums dessen ausspielen, von dem er die Sache «in gutem Glauben» empfangen hat (Art. 931 Abs. 1). Genauer sollte es heißen: «Er kann die Vermutung des Eigentums oder eines andern (auch persönlichen) Rechts dessen geltend machen, für den er den Besitz in gutem Glauben ausübt.»[20] Wenn die Besitzleiter mehr als zwei Stufen hat (wie z. B. im Verhältnis Mieter/Nutznießer/Eigentümer), kommt dem Mieter als Besitzer auf der untersten Stufe durch Vermittlung des Zwischenbesitzers auch die Eigentumsvermutung des Besitzers auf der obersten Stufe zugute; der Untermieter kann Dritten gegenüber die ihm durch den Obermieter vermittelte Vermutung zugunsten des Eigentums des Obervermieters geltend machen.

Die Tragweite der gemäß Art. 931 aus dem Oberbesitz dem Unterbesitzer zugute kommenden Vermutung ist umstritten. Nach den einen beschränkt sie sich darauf, daß der von einem Dritten mit der Vindikation oder der Besitzrechtsklage auf Herausgabe belangte unselbständige Besitzer verteidigungsweise die für seinen Vormann sprechende Vermutung geltend machen kann, statt den entsprechenden Nachweis zur Widerlegung des vom Kläger behaupteten Rechts leisten zu müssen[21]. Nach den andern ermöglicht Art. 931 Abs. 1 demjenigen, der z. B. bloß kraft obligatorischer Berechtigung Besitz

---

[17] Erläuterungen 1914, II, S. 390 («keine Verkehrsbedürfnisse»), STARK, Art. 930, N. 21.
[18] BGE 54 II, 1928, S. 244 ff.; vgl. auch GULDIMANN, S. 197 ff.
[19] BGE 81 II, 1955, S. 205.
[20] Dem Nachmann ist aber der Oberbesitz des Vormanns unbehelflich, wenn sich daraus aus besondern Gründen keine Wahrscheinlichkeit des Rechts des Vormanns ergeben kann. Das trifft z. B. zu, wenn A von B einen Wagen mietet, sich dann überzeugen lassen muß, daß es sich um einen gestohlenen Wagen handelt, und nun behauptet, B sei nachträglich durch Kauf Eigentümer geworden.
[21] STARK, Art. 931, N. 11.

erhalten hat, gestützt auf das vermutete dingliche Recht seines Auktors gegen Störungen mit der negatoria (Art. 641 Abs. 2 ZGB) vorzugehen[22]. Aus der in Rechtsvermutungen sich aktualisierenden Defensivwirkung des Besitzes läßt sich indes eine Legitimation für die Klage aus dem dinglichen Recht des Auktors, die logischerweise auch den Zugang zur Vindikation öffnen müßte, nicht ableiten[23]. Der Besitz entfaltet freilich auch eine Offensivwirkung. Sie kommt in der Besitzrechtsklage (Art. 934–936) zum Ausdruck, die lediglich früheren Besitz (und unfreiwilliges Abhandenkommen der Sache oder bösgläubigen Erwerb des Beklagten) zur Voraussetzung hat, nicht aber eine Bezugnahme auf ein besonderes Recht zum Besitz des Klägers oder seines Vormannes; auch wenn der Prozeß sich zu einem Streit um das Recht zum Besitz ausweitet, obsiegt hier grundsätzlich der Kläger, vorausgesetzt lediglich, daß der Beklagte ein Recht zum Besitz nicht dartun kann[24]. Da bei verbotener Eigenmacht auch die Besitzesschutzklage zur Verfügung steht, ist die Kontroverse über die Tragweite von Art. 931 Abs. 1 erst recht von geringer Bedeutung.

Nach Art. 931 Abs. 1 muß der unselbständige Besitzer die Sache in **gutem Glauben** empfangen, d.h. vorwurfsfrei an das Recht seines Auktors geglaubt haben, um die Vermutung für das Bestehen dieses Rechts geltend machen zu können. Auch diese Einschränkung ist von geringer praktischer Bedeutung, da für den danach geforderten guten Glauben selber die allgemeine Vermutung des Art. 3 Abs. 1 ZGB spricht und diese Vermutung gerade umgekehrt bestehen bleibt, solange nicht nachgewiesen wird, daß das Recht des Auktors nicht besteht. Darauf schließlich, daß der Beklagte seinem Auktor gegenüber zum (meist) unmittelbaren Besitz nicht befugt sei, kann sich der Kläger zur Entkräftung der Vermutung nicht berufen, ebenso nicht darauf, daß der dinglich berechtigte Auktor durch die Weitergabe an den Beklagten eine persönliche Verpflichtung gegenüber dem Kläger verletzt habe.

5. Wenn eine im Besitz eines betriebenen Schuldners befindliche bewegliche Sache gepfändet wird, kann sich nicht nur der Schuldner, sondern auch der pfändende Gläubiger auf die Vermutungswirkung des Besitzes berufen[25].

---

[22] WIELAND, Art. 930/31, N. 3c; HOMBERGER, Art. 931, N. 7 und 13; MEIER-HAYOZ, Art. 641, N. 60.

[23] So auch das deutsche Recht nach dem präzisen Wortlaut von §§ 986 und 1006 BGB; vgl. auch hinten § 83, Anm. 9.

Im Immobiliarrecht ist dagegen zur Klage aus Art. 679 ZGB auch legitimiert, wer aus einem (beschränkten dinglichen oder) bloß persönlichen Recht Besitz an einem Nachbargrundstück ausübt (vgl. z. B. BGE 91 II, 1965, S. 107).

[24] Vgl. dazu hinten § 83, II.

[25] WESTERMANN, § 34, II 4 (wobei die Frage nach dem Besitz nicht identisch ist mit der für die Parteirollenverteilung entscheidenden Gewahrsamsfrage, vgl. vorn § 71, II).

6. Da der jetzige oder frühere Besitzer auf Grund der Rechtsvermutung Dritten gegenüber das vermutete Recht ausüben, z. B. Schadenersatzansprüche geltend machen kann, kann sich anderseits der gutgläubige Dritte durch Leistung an den als Berechtigten vermuteten Besitzer befreien[26]. Darüber hinaus wirkt nach ZGB ganz allgemein die Rechtsvermutung nicht nur für, sondern auch gegen den Besitzer[27].

7. Nach der ratio der Rechtsvermutung, die sich auf eine nach der Lebenserfahrung gegebene Wahrscheinlichkeit stützt, muß für die Anwendung der Art. 930 und 931 von andern Voraussetzungen ausgegangen werden als für den Besitzesschutz nach Art. 926 ff.[28]. Nur wenn der äußere Tatbestand, das Gewaltverhältnis (Art. 919 Abs. 1), vorläufig, d. h. vorbehältlich der Widerlegung durch andere Tatsachen, auf ein entsprechendes Recht zum Besitz schließen läßt, rechtfertigt sich die Vermutungswirkung. Die Vermutung zugunsten des jetzigen Besitzers entfällt, wenn er gegenüber der aus dem früheren Besitz eines andern fließenden Vermutung ein eigenes (besseres) Recht zum Besitz gar nicht behauptet[29] oder ein solches nicht auf die Erlangung des Besitzes stützt, sondern auf einen damit nicht zusammenhängenden Erwerbsgrund. Für den früheren Besitzer (Art. 930 Abs. 2) gilt Entsprechendes. Die Rechtsvermutung entfällt darüber hinaus immer dann, wenn von vorneherein feststehende Umstände der Besitzerlangung einen damit verbundenen Rechtserwerb unwahrscheinlich erscheinen lassen. In diesem Sinn schließt Art. 932 den durch verbotene Eigenmacht erlangten Besitz von der Vermutungswirkung explicite aus. Damit entfällt die Möglichkeit, sich gegenüber einer Besitzesschutzklage für den Sofortbeweis eines besseren Rechts (Art. 927 Abs. 2) auf die Vermutungswirkung des gegenwärtigen Besitzes zu stützen.

Weitergehend hat das Bundesgericht schon früh in Anlehnung an die französische Rechtsprechung (zu § 2229 CCfr.)[30] die Auffassung entwickelt, daß die Vermutungswirkung des Besitzes ein unzweideutiges, unverdächtiges Gewaltverhältnis voraussetze und sich nicht entfalten könne, wenn der an sich gegebene Besitz keine Wahrscheinlichkeit für das behauptete Recht begründe. Wenn z. B. der jetzige Gewaltinhaber als Verwandter oder Hausangestellter mit dem verstorbenen früheren Besitzer zusammengelebt hatte

---

[26] So ausdrücklich § 851 BGB.
[27] Anders nach § 1006 BGB, wo ausdrücklich – und abweichend von Art. 930 ZGB – von einer Vermutung nur «zugunsten» des Besitzers die Rede ist.
[28] Vgl. vorn § 66, II und § 78, I 3.
[29] Vgl. oben Anm. 12; BGE 81 II, 1955, S. 206.
[30] «Pour pouvoir prescrire, il faut une possession continue et non interrompue, paisible, publique, non équivoque, et à titre de propriétaire»; vgl. FERID, S. 910 f.

und sich die strittige Sache ohne weiteres angeeignet oder sie bloß zu treuen Handen erhalten haben konnte, mag die jetzige tatsächliche Beziehung zur Sache eine Vermutung nicht rechtfertigen. In etwas anders gelagerten Fällen mag die Vermutung zwar grundsätzlich zugestanden werden, während dann aber an ihre Entkräftung keine strengen Anforderungen zu stellen sind [31]. Eigentumserwerb zufolge Schenkung kann plausibel oder unwahrscheinlich sein, je nachdem, ob der jetzige Besitzer mit dem angeblichen Schenker befreundet oder verwandt war oder mit ihm in keinerlei näherer Beziehung stand. Nach dem BGB (§ 1006 Abs. 1) ist nicht nur der durch verbotene Eigenmacht, sondern, vorbehältlich der Fälle gesteigerten Vertrauensschutzes [32], auch der an unfreiwillig abhanden gekommenen Sachen erlangte, also der Besitzrechtsklage (vgl. Art. 934 ZGB) ausgesetzte Besitz von der Vermutungswirkung ausgeschlossen. Das muß im Ergebnis auch für das ZGB, das sich in dieser Hinsicht ausschweigt, gelten, wobei es nebensächlich ist, ob man annimmt, die Vermutung falle von vorneherein aus, oder, es sei zwar von ihr auszugehen, sie werde aber durch den Nachweis des unfreiwilligen Besitzverlustes sofort entkräftet.

8. Aus Mitbesitz (auf gleicher Stufe) ergibt sich eine Vermutung nicht für Allein-, sondern für Miteigentum. Gesamteigentum ist durch Aufdeckung des zugrunde liegenden Rechtsverhältnisses darzutun.

9. Im Bereich des ehelichen Güterrechts treten andere Vermutungen an Stelle der Vermutung aus dem Besitz, soweit es sich um die Güterstände der

---

[31] Vgl. BGE 71 II, 1945, S. 255; 76 II, 1950, S. 344 ff.; 84 III, 1958, S. 156; 89 II, 1963, S. 94 (keine Vermutung); 41 II, 1915, S. 21 ff; 50 II, 1924, S. 238 ff. (schwache Vermutung). Die Unterscheidung (überhaupt keine oder nur eine schwache Vermutung) hängt davon ab, ob durch die Umstände, unter denen der Besitz erworben wurde oder sich präsentiert, der normalerweise mit dem Besitz verknüpfte Rechtsschein von vorneherein entfällt oder nur geschwächt erscheint (vgl. auch HECK, § 33, 5 der im Gegensatz zur h. deutschen Meinung sich ebenfalls für elastische Lösungen ausspricht).

BGE 84 II, 1958, S. 261 betrifft die auf Art. 940 ZGB gestützte Schadenersatzklage eines Börsenagenten gegen einen angeblich bösgläubigen Zweitbesitzer, der ihn durch Veräußerung an einen gutgläubigen Dritten um das Eigentum an Inhaberpapieren gebracht habe (Art. 935). Der vom Kläger geltend gemachte frühere Besitz war insofern zweideutig, als er nicht mit genügender Wahrscheinlichkeit auf das behauptete Eigentum schließen ließ (vgl. aber auch hinten § 84, Anm. 8).

Fraglich ist, ob im Falle BGE 68 II, 1942, S. 24 ff. die Vermutungswirkung zu Recht verneint wurde. Es handelt sich um Devisenschmuggler, deren Besitz zwar heimlich war, dies aber aus Gründen, die die damalige politische Lage ohne weiteres erklärlich machte, ohne daß dadurch die Eigentumsvermutung entkräftet wurde. Auch fragt sich, ob das Rückgabebegehren, sofern die Beschlagnahme aus Gründen des öffentlichen Rechts nicht mehr aufrecht erhalten werden durfte, nicht schon auf Grund des Besitzes (auch ohne Vermutungswirkung) zu schützen war, vgl. hinten § 83, II.

[32] Vgl. hinten S. 490 ff. und 493/94.

Güterverbindung oder Gütergemeinschaft handelt (vgl. Art. 193, 196, 197 und 215 Abs. 3 ZGB)[33].

III. Die Widerlegung der Rechtsvermutung aus dem Besitz

Erforderlich ist der Nachweis von Tatsachen, aus denen hervorgeht, daß das auf den Besitz gestützte Recht nicht erworben wurde oder aus irgend einem Grund nachträglich erloschen ist oder nicht geltend gemacht werden kann. Bei verdächtigem Besitz sind, wie bereits erwähnt, geringe Anforderungen an die Entkräftung der Vermutung zu stellen, falls diese nicht von vornherein entfällt. Im übrigen kann im Rahmen der Beweiswürdigung auch das Verhalten des durch die Vermutung begünstigten Besitzers eine Rolle spielen. Weigert er sich, durch Aufdeckung des Erwerbsgrundes zur Aufklärung beizutragen, so kann, namentlich wenn das Gewaltverhältnis, auf das er sich stützt, ohnehin nicht eindeutig ist, die Vermutung als entkräftet gelten[34].

§ 80. Die Übertragungswirkung des Besitzes

Literatur: M. HOWALD, Der dingliche Vertrag, Diss. Zürich 1946; vgl. auch die Literatur vor § 78.

I. Die Traditionsmaxime

Die Übertragung des Besitzes ist Voraussetzung und Mittel zur Übertragung des Eigentums und zur Einräumung beschränkter dinglicher Rechte (Nutznießung, Pfandrecht) an beweglichen Sachen (Art. 714 Abs. 1, 746, 884 ZGB)[1]. Davon gibt es trotz des strikten Wortlautes von Art. 714 Abs. 1 Ausnahmen: Besitzlos vollzieht sich die Übertragung von Zugehör nach Art. 644 Abs. 1 ZGB sowie von öffentlich versteigerter Fahrnis (Art. 235 OR)[2]. Ist

---

[33] P. LEMP, Berner Kommentar, Bd. II, Das Eherecht, Sachregister S. 1261 f., teilweise abweichend STARK, Art. 930, N. 5 und 7. In BGE 71 II, 1945, S. 255 ff. und 85 II, 1959, S. 70 ff. wird auf die Bedeutung von Art. 193 nicht eingegangen.

[34] BGE 81 II, 1955, S. 205; KUMMER, Art. 8, N. 186.

[1] Für Wertpapiere vgl. vorn § 67, II und unten Anm. 11.

[2] Für weitere Ausnahmen vgl. vorn § 79, Anm. 3, für den Freihandverkauf in der Zwangsvollstreckung vorn § 75, Anm. 36 und HINDERLING, Fragen aus dem Grenzbereich zwischen Privat- und Verfahrensrecht, ZSR 83 I, 1964, S. 110 ff.

der Veräußerer weder unmittelbarer noch mittelbarer Besitzer, so genügt es, daß die Besitzübertragung auf seine Weisung hin vorgenommen wird[3]. Wird der Besitzer bestohlen oder hat er Eigenbesitz ohne gültige causa übertragen[3a], so sollte die Abtretung des dinglichen Herausgabeanspruchs (Art. 641 Abs. 2, Art. 934) als Mittel zur Rechtsverschaffung anerkannt werden[4]. Das Pfandrecht an beweglichen Sachen folgt ohne Tradition der abgetretenen Forderung als Nebenrecht (Art. 170 Abs. 1 OR)[5], während die Nutznießung nur – und zwar lediglich schuldrechtlich – zur Ausübung abgetreten werden kann (Art. 758 Abs. 1 ZGB)[6]. Der Besitz hat also Übertragungswirkung nur für die Begründung, nicht für die Übertragung beschränkter dinglicher Rechte.

An eingetragenen Schiffen und Luftfahrzeugen vollzieht sich die Verschaffung dinglicher Rechte nach dem Registerprinzip[7], das nach Art. 885 ZGB unter gewissen Voraussetzungen auch auf die Verpfändung von Vieh Anwendung finden kann.

Die Übertragung des Besitzes geschieht durch körperliche Übergabe (Art. 922 Abs. 1) oder – unter besondern Voraussetzungen – kraft Besitzvertrags durch Übergabesurrogate nach Art. 922 Abs. 2, 924 und 925 und durch brevi manu traditio, die als solche mit Rücksicht auf die Verkehrsbedürfnisse und auf Kosten einer konsequenten Durchführung des Publizitätsprinzips anerkannt werden mußten. Es wird in diesem Zusammenhang auf die einläßlichen Ausführungen vorn §§ 74, 75 und 76 verwiesen. Strengere Anforderungen an die Offenkundigkeit des Besitzübergangs und an die Einwirkungsmöglichkeit des Besitznachfolgers werden für die Einräumung des Pfandbesitzes gestellt (Art. 884 Abs. 3, Art. 717 ZGB)[8]. Darauf ist bei Behandlung des Fahrnispfandrechts näher einzutreten. Auch sonst muß der eingeräumte Besitz dem Recht (Eigentum usw.) «konform» sein, ihm als Erscheinungsform entsprechen, um als Mittel zu seinem Erwerb genügen zu können. Die Übertragung von Alleineigentum setzt Übertragung gleichstufigen, sei es unmittelbaren, sei es mittelbaren, Alleinbesitzes voraus[9]. Der

---

[3] So, wenn die gleiche Sache von A an B und von diesem an C veräußert wird, ohne daß es zwischen A und B zur Übergabe kommt; vgl. WOLFF/RAISER, § 66, I 1.
[3a] Vgl. hinten Anm. 12.
[4] Vgl. die Zitate bei HINDERLING, Besitzrechtsklage, S. 39, Anm. 102, und JÄGGI, Art. 967 OR, N. 83; abweichend MEIER-HAYOZ, Art. 641, N. 49 und dortige Zitate: Der Herausgabeanspruch ermögliche dem Erwerber lediglich, sich den für den Erwerb des dinglichen Rechts unerläßlichen Besitz zu verschaffen.
[5] Vgl. hinten § 83, Anm. 38.
[6] Abweichend WOLFF/RAISER, § 118, I.
[7] Vgl. vorn § 66, Anm. 8 und § 79, Anm. 3.
[8] Vgl. vorn § 75, Anm. 17, 28 und 47 und für die Nachverpfändung BGE 81 II, 1955, S. 340 ff.
[9] Vgl. auch hinten § 81, IV 5.

Veräußerer kann aber auf Grund eines besondern Rechtsgeschäftes unmittelbarer Mitbesitzer bleiben, während der Erwerber ebenfalls unmittelbaren Mitbesitz, außerdem aber mittelbaren Alleinbesitz erhält (Kombination von tatsächlicher Übergabe mit Besitzkonstitut): Der Veräußerer behält als Beauftragter einen Schlüssel zum Raum, in dem sich die veräußerte Ware befindet, während er den andern Schlüssel dem Käufer übergibt[10].

Für die Übertragung von Wertpapieren, die als Ordre- oder Namenpapiere auf einen bestimmten Berechtigten ausgestellt sind, tritt als zusätzliches Erfordernis zur Übertragung des Papiers die Vornahme einer vorgeschriebenen Skriptur[11].

II. Weitere Voraussetzungen der Rechtsverschaffung

1. Zur wirksamen Verschaffung eines dinglichen Rechts an einer beweglichen Sache bedarf es außer der Besitzübertragung auch eines gültigen Grundes (causa), der meist in einem Rechtsgeschäft (Kauf usw.) besteht[12]. Auch wenn der Übertragung eine gesetzliche Verpflichtung zugrunde liegt, muß letztere sich regelmäßig in einem entsprechenden Rechtsgeschäft konkretisieren, das dann die eigentliche causa bildet[13]. Die Rechtsverschaffung kann deshalb an mangelnder Handlungsfähigkeit der Parteien (vgl. auch Art. 19, 410 und 280 ZGB), an Dissens oder an Willensmängeln scheitern, mit denen das Grundgeschäft behaftet ist[14].

2. Vielfach wird auch eine, allerdings nicht abstrakte, sondern in ihrer Wirkung von der Gültigkeit der causa abhängige Verfügung über das dingliche Recht als Erfüllungsgeschäft gefordert: Wer zur Übertragung von Eigentum verpflichtet ist, muß Besitz mit dem Willen, Eigentum zu übertragen, übergehen lassen[15]. Sehr oft bildet aber das entsprechende Erfül-

---

[10] Vgl. vorn § 75, Anm. 19.
[11] Für Einzelheiten vgl. JÄGGI zu Art. 967 OR und OFTINGER zu Art. 901 ZGB (beide mit Zitaten, z.B. BGE 78 II, 1952, S. 276 und 81 II, 1955, S. 115).
[12] BGE 55 II, 1929, S. 306 ff. (grundsätzliche, praxisändernde Entscheidung); 65 II, 1939, S. 65; 67 II, 1941, S. 156; 71 II, 1945, S. 101; 72 II, 1946, S. 240; 84 III, 1958, S. 154; 93 II, 1967, S. 375 f.
[13] Ganz ausnahmsweise kann sich die causa auch unmittelbar aus dem Gesetz ergeben, Beispiele bei KUMMER, ZSR 73, 1954, S. 183.
[14] Für die Bedeutung von Rückgriff, Wandelung usw. vgl. A. SIMONIUS, Der Kauf als Mittel der Übertragung und der Verletzung des Eigentums, in: Vom Kauf nach schweizerischem Recht, Festschrift für Th. Guhl, Zürich 1950, insbes. S. 46 ff.
[15] Vgl. BGE 85 II, 1959, S. 99. In Anlehnung an die deutsche Lehre zu § 929 Satz I BGB wurde sogar bis zum Jahre 1929 (BGE 55 II, 1929, S. 306) vorwiegend ein abstraktes, von der causa losgelöstes Verfügungsgeschäft postuliert (Literatur bei HAAB/SIMONIUS, Art. 714, N. 24).

lungsgeschäft mit dem Grundgeschäft faktisch einen einheitlichen Vorgang, indem die Parteien – allenfalls unter einer Suspensivbedingung [16] – zugleich mit der Verpflichtung zur Rechtsverschaffung auch schon die Erfüllung vereinbaren [17], wobei die Übertragung des Besitzes unter Umständen nachfolgt. In andern Fällen verbindet sich der Verfügungswille erst mit der Besitzübertragung [18]. Die zum Zwecke der Verschaffung eines dinglichen Rechts vorgenommene körperliche Übergabe (Art. 922 Abs. 1) kann aber, weil sie bloße Tathandlung ist [19], ausnahmsweise als Tradition zustande kommen, ohne daß zugleich dem Erfordernis der als Rechtsgeschäft zu qualifizierenden Verfügung über das Recht Genüge getan wäre, so daß eine besondere Willensäußerung zur Perfizierung der Rechtsverschaffung unerläßlich bleibt. Ein auf der strukturellen Verschiedenheit zwischen Tathandlung und Rechtsgeschäft beruhendes Ungenügen der Besitzübertragung für die Rechtsverschaffung kann sich dagegen bei den Surrogaten der körperlichen Übergabe, also bei der Übertragung der offenen Besitzlage, dem Besitzkonstitut, der brevi manu traditio und der Besitzanweisung nicht ergeben, weil sie im Gegensatz zur körperlichen Übergabe ebenfalls als Rechtsgeschäfte (Verträge) zu qualifizieren sind und deshalb, wenn sie zur Erfüllung eines auf Einräumung oder Übertragung eines dinglichen Rechts gerichteten Anspruchs vorgenommen werden, eine nicht schon mit dem Grundgeschäft verbundene Verfügung notwendigerweise implizieren [20] (wie sie anderseits im Gegensatz zur körperlichen Übergabe in ihrer Wirkung von der Gültigkeit der causa abhängig sind). Wer z. B. ein bei einem Dritten hinterlegtes Gemälde auf

---

[16] So beim Kauf mit Eigentumsvorbehalt, wo aber die suspensiv bedingte Verfügung auch in einer ebenfalls suspensiv bedingten Besitzwandlung enthalten gedacht werden kann; vgl. HINDERLING, ZSR 89 I, 1970 (zit. § 74, Anm. 4), S. 171, Anm. 33. Der Käufer erhält allerdings schon mit dem Besitz eine unentziehbare, doch wohl «dingliche» Anwartschaft (vgl. auch vorn § 75, Anm. 55 und hinten § 81, Anm. 62), die mit der vereinbarten Vollzahlung zu Eigentum wird. – Nach K. NEUMAYER, SJZ 66, 1970, S. 349 ff. wäre beim Eigentumsvorbehalt der Eigentumserwerb des Käufers nicht suspensiv, sondern resolutiv bedingt. Die Divergenz hat kaum eine praktische Bedeutung, zumal Art. 152 Abs. 3 OR nach richtiger Auffassung auch auf resolutiv bedingte Verfügungen Anwendung findet; vgl. hinten § 81, Anm. 86.
[17] JÄGGI, Art. 967 OR, N. 15.
[18] Ein Drittes gibt es nach HAAB/SIMONIUS nicht: Es liege kein Grund vor, die von der dinglichen Einigung befreite Traditionslehre mit dem Erfüllungsvertrag oder einem andern zweiten Vertrag zu belasten (Art. 714 ZGB, N. 34, insbes. N. 41, 43 und 44). Der Kausalvertrag bilde mit der Übergabe zusammen das Verfügungsgeschäft, ebenso SIMONIUS in Festschrift Guhl (oben Anm. 14), S. 41. Die gleiche Meinung vertritt ferner HOWALD, S. 132: Obligatorisches Rechtsgeschäft und Besitzübertragung vermitteln das dingliche Recht, ferner ebenso HAAB/ SCHERRER, Art. 716, N. 48 und H. GIGER, Berner Kommentar, Bd. VI, Bern 1973, Art. 184 OR, N. 14 f. (ohne nähere Begründung). Unentschieden OFTINGER, Art. 884, N. 300.
[19] Vgl. vorn § 74, II 1.
[20] Vgl. auch BGE 84 III, 1958, S. 154.

Grund eines Kaufvertrages durch Besitzanweisung überträgt, bringt damit auch einen allenfalls bisher fehlenden Verfügungswillen zum Ausdruck, ebenso wer als Vermieter die beim Mieter befindliche Sache durch brevi manu traditio an ihn übergehen läßt. In solchen Fällen wird die Verfügung als zusätzliches Element des Veräußerungsgeschäfts entbehrlich. Es bleibt eine Frage ohne praktische Bedeutung, ob man auch in solchen Fällen an ihrer begrifflichen Unerläßlichkeit festhalten will. Sie ist, wenn man das tut, im Besitzvertrag mitenthalten.

3. Es ist denkbar, daß es bei wirksamem Grundgeschäft (fälliger Verpflichtung zur Eigentumsübertragung) an einem Erfüllungsgeschäft fehlt, während anderseits der Erwerber die Sache bereits besitzt, z. B. als Depositar. (In der Regel wird zwar in einem solchen Fall zugleich mit dem Grundgeschäft auch schon die Verfügung – d. h. die sie implizierende brevi manu traditio – vorgenommen worden sein, aber das könnte sich ausnahmsweise anders verhalten.) Oder es könnte so sein, daß der Käufer, dem der Verkäufer die Sache vertragswidrig vorenthält, sich eigenmächtig in den Besitz setzt. Logischerweise ist in solchen Fällen noch ein Erfüllungsgeschäft erforderlich, das nach dem Gesagten in einer Besitzwandlung (brevi manu traditio) bestehen kann[21]. Ohne daß es zu einer solchen kommt, könnte aber die Rückgabe bei freiwillig überlassenem Besitz unter Berufung auf ein Retentionsrecht, bei verbotener Eigenmacht auf Art. 927 Abs. 2 ZGB, in andern Fällen nach Art. 2 Abs. 2 (dolo petit qui petit quod statim redditurus est) verweigert werden. Aus dem Dilemma einer nur dem Verpflichteten gegenüber gesicherten Position, die ihre Schwäche offenbart, wenn der Erwerber die Sache weiterveräußern will oder nachträglich unfreiwillig verliert, kann eine Klage auf richterliche Zusprechung des Eigentums nach Analogie von Art. 665 Abs. 1 ZGB helfen[22,23].

---

[21] Ebenso könnte, wenn ausnahmsweise die körperliche Übergabe, weil sie z.B. von einem Kind als Tathandlung vorgenommen wird, die Verfügung nicht implizieren kann, das erforderliche zusätzliche Element auch hier mit einer Besitzwandlung zusammenfallen oder in ihr enthalten sein. Das gleiche trifft zu, wenn im offenen Depot einer Bank liegende Wertschriften, die mit Hilfe einer Besitzanweisung verpfändet werden, dem Pfandgläubiger nachträglich zu Eigentum übertragen werden. Besitzwandlung kann sich ja nicht bloß auf Grundlage von unmittelbarem, sondern auch von mittelbarem Besitz vollziehen; vgl. vorn § 75, Anm. 17.

[22] Es läßt sich nicht leugnen, daß sich aus Art. 927 Abs. 2 eine Durchbrechung des Traditionsprinzips ergibt, wenn – wie die h. L. doch wohl mit Recht annimmt (vgl. STARK, Art. 927, N. 20 und BGE 40 II, 1914, S. 536 ff. sowie die entsprechende Auffassung der Doktrin zu § 864 Abs. 2 BGB, WOLFF/RAISER, § 19, V) – das «bessere Recht» auch in einem obligatorischen Anspruch auf Eigentumsübertragung bestehen kann. – Im Fall BGE 77 II, 1951, S. 127 ff. war das Grundgeschäft unwirksam, während die Besitzergreifung, da sie sich offenbar mit Zustimmung des bisherigen Besitzers vollzog, den Voraussetzungen einer Tradition entsprochen hätte.

§ 81. Die Gutglaubenswirkung des Besitzes (Erwerb vom Nichtberechtigten)

Literatur: E. ANNERS, Hand wahre Hand, Diss. Lund 1952; W. FEGER, Der gutgläubige Eigentumserwerb an Fahrnis im Zivil- und Vollmachtenrecht, Diss. Basel 1947; F. GORPHE, Le principe de la bonne foi, Diss. Paris 1928; W. GÜLLER, Unfreiwilliger Besitzesverlust und gutgläubiger Fahrniserwerb, Diss. Zürich 1924; F. GUISAN, La protection de l'acquéreur de bonne foi en matière mobilière, thèse Lausanne 1970; O. HEGETSCHWEILER, Der Schutz des guten Glaubens nach dem schweizerischen Zivilgesetzbuch – Sachenrecht, Diss. Zürich 1912; P. KARRER, Der Fahrniserwerb kraft Guten Glaubens im Internationalen Privatrecht, Diss. Zürich 1968; F.-E. KLEIN, Zur Tauglichkeit des Besitzkonstituts beim gutgläubigen Eigentumserwerb an Fahrnis, in: Festgabe zum 70. Geburtstag von Max Gerwig, Basler Studien 55, Basel 1960; H. KRESS, Besitz und Recht, Nürnberg 1909; R. PATRY, La notion de la bonne foi subjective, ZBJV 91, 1955, S. 409 ff.; H. R. PFISTER, Der Schutz des öffentlichen Glaubens im schweizerischen Sachenrecht, Diss. Zürich 1969; P. PIOTET, L'acquisition d'une chose mobilière aliénée sans droit, SJZ 55, 1959, S. 285 ff.; DERSELBE, La bonne foi et sa protection en droit privé suisse, SJZ 64, 1968, S. 81 ff., 100 ff.; H. RIBI, Von der Übertragung der Wertpapiere, Diss. Zürich 1958; STILLSCHWEIG, Der Schutz des redlichen Erwerbers bei der Übereignung beweglicher Sachen nach deutschem, französischem, österreichischem und schweizerischem Recht, Berlin 1929; W. WEISFLOG, Der Schutz des Erwerbers beweglicher Sachen vom Nichteigentümer im internationalen Privatrecht, Diss. Zürich 1930; K. ZWEIGERT, Rechtsvergleichend-Kritisches zum gutgläubigen Mobiliarerwerb, RabelsZ 23, 1958, S. 1 ff. – Vgl. auch die Literatur vor § 78.

Vorarbeiten: Vorentwurf, Art. 976; Erläuterungen 1914, II, S. 376, 390/91; Entwurf, Art. 972.

Ausländische Gesetze: BGB §§ 932–936; HGB § 366; CCfr. Art. 2279.

I. Rechtsgeschichte, Rechtsvergleichung und Kritik

Zur Verschaffung von Eigentum und beschränkten dinglichen Rechten an beweglichen Sachen durch Einzelnachfolge bedarf es außer einem gültigen Grund, der Besitzübertragung und der auf Verschaffung gerichteten Willenseinigung (die im Grundgeschäft oder in der Besitzübertragung enthalten sein oder darin aufgehen kann) auch noch der Verfügungsbefugnis des Veräußerers, sei es, daß dieser als Eigentümer oder aber aus einem besondern Grunde zur Verfügung ermächtigt ist. Doch wird das Fehlen einer solchen Verfü-

---

[23] Die Analogie wird offensichtlich, wenn dem Eintrag des Erwerbers eine mit Willensmängeln behaftete Anmeldung des Veräußerers zugrunde lag und der von diesem angestrengten Grundbuchberichtigungsklage mit einer Widerklage im Sinne von Art. 665 ZGB begegnet wird; vgl. HOMBERGER, Art. 975, N. 25. – Die Auffassung, daß auch ohne ein Gestaltungsurteil und nur aus dem Besitz eine allseitig gesicherte Position abgeleitet werden könne (ZSR 89 I, 1970, S. 182) möchte ich allzu weitgehend nicht mehr aufrecht erhalten.

gungsbefugnis durch den auf den Besitz des Veräußerers gestützten guten Glauben des Erwerbers an ihr Vorhandensein ersetzt[1], vorausgesetzt, daß die Sache nicht abhanden gekommen, sondern dem Veräußerer (ohne Ermächtigung zur Übertragung) «anvertraut» worden war (Art. 933 in Verbindung mit Art. 934–936 ZGB). Die Gutglaubenswirkung (Legitimationskraft), die sich an den Besitz des Veräußerers knüpft[1a], besteht also im dinglichen Rechtserwerb (Eigentum; Pfandrecht incl. Retentionsrecht, Art. 895 Abs. 3 ZGB; 272, 286 Abs. 3 OR; Nutznießung, Art. 746 Abs. 2 ZGB) des gutgläubigen Erwerbers auf Kosten des bisher Berechtigten. Dabei darf nie übersehen werden, daß der gute Glaube nur gerade die mangelnde Verfügungsbefugnis des Veräußerers ersetzen kann, nicht aber die übrigen Voraussetzungen des Rechtserwerbs, nämlich: Besitz des Veräußerers[2], gültigen, auf Verschaffung des Eigentums oder eines beschränkten dinglichen Rechts gerichteten Rechtsgrund[3], Übertragung und «Anvertrautsein» der Sache. Das auf der grundlegenden Unterscheidung zwischen «abhanden gekommenen» und «anvertrauten» Sachen beruhende Ergebnis stellt sich als Lösung eines Widerstreits zwischen kollidierenden beiderseits schutzwürdigen und an sich rechtlich geschützten Interessen dar, nämlich dem Interesse des bisher Berechtigten an der Beibehaltung seines Rechtes und dem des Erwerbers am Schutz seines Vertrauens. Mit dem Interesse des Erwerbers verbindet sich das Allgemeininteresse an der Erleichterung des Rechtsverkehrs[4]. Der bisher Berechtigte bleibt auf Schadenersatzansprüche gegenüber seinem Vertrauensmann angewiesen.

Während das römische Recht sich auch für das Sachenrecht an den für die Übertragung von Forderungen grundsätzlich auch heute noch anerkannten Satz «nemo plus iuris transferre potest quam habet ipse» hielt und den gutgläubigen Verkehr bloß durch eine kurzfristige und guten Glauben nur im Zeitpunkt des Besitzerwerbs voraussetzende Ersitzung schützte[5], gewährte das frühe germanische Recht dem Inhaber der Gewere eine Deliktsklage und zwar nur, wenn ihm die Sache unfreiwillig abhanden kam, die Gewere also gebrochen wurde. Auf Rückerstattung anvertrauter Sachen konnte bloß

---

[1] Vgl. unten III 1.
[1a] Für eingetragene Schiffe und Luftfahrzeuge knüpft der Gutglaubensschutz an den Eintrag im Register an, vgl. vorn § 79, Anm. 3 und § 80, Anm. 7.
[2] BGE 81 II, 1955, S. 343.
[3] BGE 48 II, 1922, S. 5; 65 II, 1939, S. 65; vgl. auch vorn § 80, Anm. 12. Es kann auch eine Schenkung sein. Nach BGB, wo der Erwerb ein gültiges Grundgeschäft nicht voraussetzt, besteht hier immerhin eine condictio gegenüber dem Beschenkten (§ 816 Abs. 1, Satz II); vgl. auch PIOTET, SJZ 55, 1959, S. 289.
[4] Vgl. WOLFF/RAISER, § 68, II.
[5] Vgl. WOLFF/RAISER, § 68, I; JÖRS/KUNKEL/WENGER, § 70, 3 und § 75.

gegen den Vertrauensmann geklagt werden, gegen einen Nachmann nicht einmal im Falle der Bösgläubigkeit. Die daraus resultierende Begrenzung der Eigentumsverfolgung beruhte nicht auf einer allseitigen Interessenabwägung, sondern auf der Struktur des Klagtypus als einer Unrechtsklage. Erst im Recht des Mittelalters kam es zur Abstützung der Regelung auf das Veranlassungsprinzip («trau, schau, wem», «wo du deinen Glauben gelassen hast, da sollst du ihn suchen», «Hand wahre Hand»). Noch später wurde unter dem Einfluß der römischrechtlichen Ersitzung die Grenze zum Nachteil bösgläubigen Erwerbs anders gezogen. Wer den Besitz an einer Sache freiwillig aufgegeben hat, soll sich zwar darüber, daß er durch Vertrauensbruch des Nachmanns sein Recht an einen gutgläubigen Dritten verliert, nicht beklagen dürfen, weil er das Ergebnis durch Weggabe der Sache selber veranlaßt hat; aber der Schutz des Dritterwerbers wird an dessen guten Glauben geknüpft. Der Dritte erwirbt jedoch nach neuerer Rechtsentwicklung anders als nach dem älteren Recht nicht bloß unanfechtbaren Besitz, sondern, wiederum unter dem Einfluß römischrechtlicher Ersitzungslehre, das Recht (Eigentum, Pfandrecht, Nutznießung); aber er erwirbt es nur, wenn er im maßgebenden Zeitpunkt gutgläubig ist[6].

Von dieser Lösung, die nicht nur dem ZGB, sondern auch dem BGB (§§ 932 ff.) und dem CCfr. (Art. 2279)[7] zugrunde liegt, unterscheidet sich die Regelung des CCit. durch konsequenten Schutz des gutgläubigen Erwerbers auch bei unfreiwilligem Besitzverlust (Art. 1153–1157). Demgegenüber differenziert auch das angelsächsische Recht, aber nach andern Gesichtspunkten als ZGB und BGB: Im Handelsverkehr findet der gutgläubige Erwerb unbegrenzten Schutz, im sonstigen Rechtsverkehr bleibt der dinglich Berechtigte auch gegenüber dem gutgläubigen Erwerber geschützt, es sei denn, er habe den eigenen Besitzverlust nicht nur veranlaßt, sondern verschuldet[8].

Die dem ZGB und andern kontinentalen Rechten zugrunde liegende Lösung, die unter Vorbehalt von Sonderregelungen (Art. 934 Abs. 1, Befristung der Klage, und Abs. 2, Lösungsrecht, sowie Art. 935 ZGB und Art. 1006 Abs. 2 OR)[8a] auf den Gegensatz zwischen anvertrauten und abhanden gekommenen Sachen abstellt, wurde gerade unter dem Gesichtspunkt des zugrunde liegenden Veranlassungsprinzips kritisiert, das bei erfolgreicher

---

[6] Vgl. für die Entwicklung A. HEUSLER, Die Gewere, Weimar 1872, S. 487 ff., insbes. S. 492; ANNERS, S. 4 f., 225 ff.; WOLFF/RAISER, § 68, I.

[7] FERID, S. 924 ff.

[8] Der obige Text gibt eine vereinfachende Darstellung der differenzierenden und innerhalb des angelsächsischen Rechtsbereiches (Großbritannien einerseits, USA anderseits) divergierenden Lösungen; Einzelheiten bei ZWEIGERT, S. 5 ff.

[8a] Vgl. hinten § 82.

Anwendung zu Differenzierungen führen müsse: Wer eine Sache einem andern anvertraue, könne es unter Umständen mit besten Gründen und ohne jede Nachlässigkeit tun und sollte für den Vertrauensmißbrauch seines Vertrauensmannes weniger verantwortlich sein als ein anderer, der die ihm gestohlene Sache nachlässig verwahrt hatte, für den Besitzverlust[9]. Das läßt sich hören. Aber die unter dem Vorbehalt praktikabler Kriterien für besondere Fallgruppen getroffene Grundsatzlösung des ZGB (Schutz des gutgläubigen Rechtsverkehrs bei anvertrauter, des bisher Berechtigten bei abhanden gekommener Sache) hat den Vorteil, daß sie dem Richter die Entscheidung und den Beteiligten den Überblick über die Rechtslage erleichtert, was auch wieder im Verkehrsinteresse liegt[10].

II. Die Kriterien für die Unterscheidung zwischen anvertrauten und abhanden gekommenen Sachen

Ist der Veräußerer einer beweglichen Sache zur Übertragung des dinglichen Rechts nicht ermächtigt, so ist nach Art. 933 ZGB Voraussetzung für gutgläubigen Erwerb, daß ihm die Sache anvertraut war.

1. Art. 933 ist mißverständlich formuliert: Daß die Sache dem Veräußerer von seinem Vormann «anvertraut» war, wie dies z. B. für die unter Eigentumsvorbehalt gelieferte Sache zutrifft, ist zwar für den gutgläubigen Rechtserwerb erforderlich, aber nicht ausreichend. Vielmehr darf die Sache keinem früheren Besitzer unfreiwillig abhanden gekommen sein, wie sich aus Art. 934 Abs. 1 ergibt, welche Bestimmung zum Verständnis von Art. 933 beigezogen werden muß. Nur eine nicht abhanden gekommene Sache kann anvertraut sein. Es gilt der Satz «Einmal abhanden gekommen, immer abhanden gekommen», d. h. wenn auch nur einer der Vorbesitzer seinen unmittelbaren Besitz an der Sache unfreiwillig verloren hat, gilt sie nicht als anvertraut und die Gutglaubenswirkung kann sich vor Ablauf der in Art. 934

---

[9] ZWEIGERT, S. 12 ff.
[10] Die geltende Ordnung läßt immerhin eine weitere Differenzierung insofern zu, als nach der Rechtsprechung weniger strenge Anforderungen an die Aufmerksamkeit des Erwerbers gestellt werden, wenn den Berechtigten an der mangelnden Aufklärung des Verlustes oder an diesem selber ein Verschulden trifft (BGE 83 II, 1957, S. 140). Umfassend will PIOTET (SJZ 55, 1959, S. 291 ff.) im Bereich des Art. 934 in Fällen, wo der Besitzverlust auf einem Selbstverschulden beruht, die Stellung des gutgläubigen Erwerbers unter Bezugnahme auf Art. 2 Abs. 2 oder durch Belastung des Rückgabeanspruchs mit einer Schadenersatzpflicht verbessern (dazu HINDERLING, ZSR 89 I, 1970 [zit. § 74, Anm. 4], S. 175, Anm. 44). Hier könnte der Gesetzgeber durch eine entsprechende Erweiterung der für einen beschränkten Gutglaubensschutz nach Art. 934 Abs. 2 (Lösungsrecht) maßgebenden Tatbestände (s. hinten § 82, II) helfen.

Abs. 1 genannten fünf Jahre[11] und vorbehältlich der Sonderregelungen nach Art. 934 Abs. 2 und 935 ZGB und Art. 1006 Abs. 2 OR[12] nicht entfalten. Dabei bedeutet «Abhandenkommen» immer Verlust des unmittelbaren Besitzes[13]. Eine Sache kommt nicht abhanden, wenn bloß der mittelbare, nicht der unmittelbare Besitz unfreiwillig verloren geht, wenn also z. B. ein gemietetes Automobil veruntreut wird (Art. 140 Ziff. 1 StGB)[14]; hier verliert der Vermieter zwar seinen mittelbaren und selbständigen Besitz, aber die Sache kommt ihm nicht abhanden, weil er den unmittelbaren Besitz freiwillig dem Mieter abgegeben, ihm also die Sache anvertraut hat. Wird dagegen das Automobil beim Mieter gestohlen, so verliert dieser den unmittelbaren Besitz unfreiwillig, die Sache kommt ihm, zugleich aber auch dem Vermieter abhanden[15] (letzterem jedoch dann nicht, wenn er mit der Wegnahme beim Mieter einverstanden war)[16].

2. Entgegen der ungenauen Ausdrucksweise von Art. 934 Abs. 1 gelten anderseits nach einhelliger und richtiger Auffassung nicht nur solche Sachen als abhanden gekommen, an denen der unmittelbare Besitz «wider» den Willen des Besitzers aufgehoben wurde, vielmehr genügt hiezu und zum Ausschluß der Gutglaubenswirkung, daß sich der Besitzverlust «ohne» den Willen des Besitzers, also z. B. während seiner Abwesenheit oder durch Herausgabe seitens eines Besitzdieners ohne entsprechende Vertretungsmacht vollzog[17]. Freiwillige Aufgabe des Besitzes setzt nicht Handlungsfähigkeit, wohl aber entsprechende, d. h. auf den natürlichen Willensakt, der für die körperliche Übergabe nach Art. 922 Abs. 1 vorausgesetzt wird, bezogene Urteilsfähigkeit voraus[18]. Umstritten ist die Behandlung von Sachen, die der unmittelbare Besitzer unter dem Einfluß seines Willensmangels

---

[11] Vgl. hinten § 82, I.
[12] Vgl. hinten § 82, II, III und IV.
[13] An Abhandenkommen könnte auch gedacht werden, wenn sich ein auf Übertragung eines auf offener Besitzlage (vgl. vorn § 75, I) beruhenden unmittelbaren Besitzes gerichteter Besitzvertrag (Art. 922 Abs. 2) zwischen A und B als ungültig erweist und B die betreffende Sache weiterveräußert. Aber wenn B im Hinblick auf den Besitzvertrag die Sache bezieht, so läuft das auf eine körperliche Übergabe hinaus, da der Besitzvertrag ein entsprechendes – nicht als Rechtsgeschäft aufzufassendes, vgl. vorn § 74, Anm. 4 – Einverständnis des A in sich schließt; vgl. BAUR, § 7, B, II 2c. – Sogar wenn B die Sache an C weiterveräußert, ohne sie selber zu beziehen, also ohne Besitzer geworden zu sein, so liegt doch kein Abhandenkommen vor, sofern auf seine Weisung hin A die Sache an C überträgt (vgl. vorn § 80, Anm. 3).
[14] Das Gleiche trifft zu, wenn ein Konkursverwalter auf Grund eines ungültigen Zuschlags unmittelbaren Besitz überträgt und der mangels gültiger causa nicht Eigentümer gewordene Ersteigerer die Sache an einen gutgläubigen Dritten veräußert; BGE 44 III, 1918, S. 155f.
[15] Vgl. BGE 36 II, 1910, S. 348 (zu Art. 206 aOR).
[16] Das Recht des Mieters, nach Art. 934 vorzugehen, bleibt diesfalls aber gewahrt.
[17] Vgl. BGE 38 II, 1912, S. 189; WESTERMANN, § 49, I 6, aber auch vorn § 71, Anm. 10.
[18] Vgl. vorn § 74, II 1.

(Drohung, Betrug, Irrtum) herausgab und die dann vom Erwerber an einen gutgläubigen Dritten veräußert werden. Nach herrschender Meinung[19] wird auch in solchen Fällen der unmittelbare Besitz freiwillig aufgegeben, nach einer andern Meinung liegt bei Erregung begründeter Furcht (Drohung)[20], wieder nach einer andern Auffassung auch bei Täuschung[21] oder sogar bei Irrtum über die Identität der Sache, d.h. in Verwechslungsfällen[22] unfreiwilliges Abhandenkommen vor. Richtiger Auffassung nach ist (nur) begründete Furcht als unfreiwilliges Abhandenkommen aufzufassen, weil die Weggabe unter dem Einfluß von Willensbeugung nicht als Akt des «Anvertrauens» angesehen werden kann[22a]. Herausgabe auf Grund Betrugs ist dagegen typischer Vertrauensakt, wenn auch zugunsten eines des Vertrauens nicht Würdigen[23].

Steht mehreren Personen unmittelbarer Mitbesitz oder Gesamtbesitz zu, so kommt demjenigen von ihnen die Sache abhanden, ohne dessen Willen sie herausgegeben wird[24]. Wenn aber Mitbesitz zeitweilige Alleinausübung des Besitzes mit sich bringt, kann die Sache als dem betreffenden Mitbesitzer vom andern anvertraut gelten[25].

Neben «unfreiwilligem Abhandenkommen» und «Anvertrauen» gibt es nichts Drittes. Wer den unmittelbaren Besitz freiwillig zwar ohne Eigentumsverzichtswillen aber auch ohne Aushändigung an eine bestimmte Person aufgibt – ein Fall der wohl mehr theoretische Bedeutung hat –, wird nach Art. 933 behandelt. Er hat die Sache auf gut Glück anvertraut[26].

---

[19] Erläuterungen 1914, II, S.392; BGE 27 II, 1901, S.156 und die Zitate bei STARK, Art. 933, N. 29, ferner – für das deutsche Recht – WOLFF/RAISER, § 15, I 2, Anm. 7.
[20] HECK, § 60, 5; WESTERMANN, § 49, I 3.
[21] STARK, Art. 933, N. 29, der sich aber hier (anders N. 37) zu Unrecht auf BGE 80 II, 1954, S. 236 ff. beruft, da der unfreiwillige Besitzverlust hier nicht auf der Täuschungshandlung, sondern auf der Besitzanmaßung seitens eines bisherigen Besitzdieners beruht.
[22] ZWEIGERT, S. 19.
[22a] In Verwechslungsfällen liegt Abhandenkommen (nur) vor, wenn der Nehmer, nicht der Geber, die Verwechslung begeht.
[23] Vgl. BGE 85 II, 1959, S. 586.
[24] BGE 27 II, 1901, S.156; 36 II, 1910, S. 347 ff.; WESTERMANN, § 49, I 2.
[25] HOMBERGER, Art. 934, N. 6.
[26] HINDERLING, ZSR 89 I, 1970 (oben § 74, Anm. 4), S. 178, Anm. 51. – Ein seit unvordenklicher Zeit im Zapfloch des Balkens eines Speichers (Dauerbaute) versteckter Schatz (Goldmünzen aus dem 18. Jahrhundert, Art. 723 ZGB), der von einem mit dem Abbruch des Speichers beauftragten Zimmermann entdeckt wurde, wurde vom Bundesgericht als «zusammen mit dem Speicher» dem Zimmermann anvertraut erachtet und aus diesem Grunde gutgläubiger Eigentumserwerb einer Bank bejaht, an die der Zimmermann als unredlicher Finder einen Teil der Münzen veräußerte (100 II, 1974, S. 8 ff., insbes. S. 13 f.). Da der Eigentümer der Münzen (Art. 723 Abs. 2) erst nach der Veräußerung von ihrem Vorhandensein erfuhr, mag die Lösung des Interessenkonflikts zwischen ihm und dem gutgläubigen Dritterwerber als billig bezeichnet

III. Der gute Glaube und sein Gegenstand

1. **Begriff**: Guter Glaube setzt sowohl einen Rechtsmangel als Unkenntnis desselben voraus. Wenn der frühere Besitzer zur Veräußerung ermächtigt war, stellt sich die Frage gar nicht, ob der Erwerber gutgläubig war. Kenntnis eines gegebenen Rechtsmangels schließt die Anwendung von Art. 933 ZGB aus. Art. 3 Abs. 2 ZGB stellt aber klar, daß nur eine nach den Umständen **entschuldbare** Unkenntnis als guter Glaube anerkannt wird. Streitig ist, ob ein zufolge mangelnder Aufmerksamkeit Unwissender bösgläubig sei[27] oder sich auf einen an sich gegebenen guten Glauben nicht berufen könne[28]. Für die zweite Auffassung streitet der Wortlaut des Art. 3 Abs. 2, für die erste der Umstand, daß die beiden Fälle einander gleichgestellt werden. Es handelt sich um ein Scheinproblem. Wenn Art. 933 von «gutem Glauben» spricht, so ist damit auf alle Fälle im Sinne von Art. 3 Abs. 2 ZGB nur die entschuldbare Unkenntnis des Rechtsmangels, d.h. der fehlenden Verfügungsbefugnis gemeint[29]. Da nicht nur positive Kenntnis, sondern auch schon fahrlässige Nichtkenntnis des Rechtsmangels (also der fehlenden Verfügungsbefugnis) schadet, kann sich der Richter in der Regel damit begnügen, das nach einem objektiven Maßstab zu beurteilende «Kennenmüssen» zu überprüfen. Nur ganz ausnahmsweise könnte der Nachweis positiven Wissens bedeutungsvoll werden, nämlich da, wo an sich ein «Wissenmüssen» zu verneinen wäre.

---

werden; sie entspricht aber kaum der gesetzlichen Abgrenzung zwischen Abhandenkommen und Anvertrauen: Wie auch das Bundesgericht annimmt, waren dem Zimmermann die Münzen «nicht willentlich übergeben» worden; dies schon deshalb nicht, weil an einer Sache, mit deren Vorhandensein niemand rechnen kann, kein Besitz besteht (vgl. Art. 921 ZGB und vorn § 77), auf den sich ein Übergabewille beziehen könnte. Das Bundesgericht beruft sich auf das Veranlassungsprinzip. Mit der Behauptung, daß die Überlassung des Speichers an den Zimmermann die Übernahme der Gefahr unrechtmäßiger Veräußerung allfällig darin verborgener Gegenstände mit sich brachte, wird indessen die Tragweite dieses Prinzips doch wohl überspannt. Davon abgesehen, darf und soll gleich andern leitenden Rechtsgedanken das Veranlassungsprinzip die Auslegung des Gesetzes zwar beeinflussen, nicht aber an dessen Stelle zur Anwendung kommen. Nach Art. 933/34 kommt es darauf an, ob vorhandener Besitz freiwillig oder unfreiwillig beendet wurde. Im Lichte des Veranlassungsprinzips mag man diese Unterscheidung als zu rudimentär kritisieren (vgl. vorn zu Anm. 9). Unfreiwilliger Verlust wird aber z.B. durch nachlässige Aufbewahrung eines Gegenstandes, der dann gestohlen wird, viel eher provoziert – und schließt gutgläubigen Erwerb dennoch aus – als hier durch Überlassung des Speichers (oder in einem früheren Jahrhundert durch Verstecken der Münzen). Kritisch auch, mit ähnlicher Begründung, P. Piotet, JdT 122, 1974, S. 586. Vgl. im übrigen auch vorn Anm. 10.

[27] Piotet, SJZ 64, 1968, S. 81 ff.
[28] Jäggi, Berner Kommentar, Art. 3, N. 30 und 43/44; H. Deschenaux, Schweiz. Privatrecht, Bd. II, S. 226.
[29] So auch § 932 Abs. 2 BGB.

2. Im Bereich des Art. 933 ZGB ist Gegenstand des guten Glaubens die Verfügungsberechtigung des Veräußerers in bezug auf eine nicht abhanden gekommene, sondern anvertraute Sache. Guter Glaube liegt also dann vor, wenn der Erwerber im maßgebenden Zeitpunkt objektiv zu Unrecht, subjektiv aber vorwurfsfrei annahm, der veräußernde Besitzer sei als Eigentümer oder auf Grund einer von diesem erteilten oder gesetzlichen Ermächtigung zur Verschaffung des fraglichen dinglichen Rechts befugt gewesen, sei es in eigenem Namen, sei es im Namen des Eigentümers. Die Gutglaubenswirkung wird dadurch verstärkt, daß das Vorhandensein des guten Glaubens vermutet wird (Art. 3 Abs. 1). Tritt der veräußernde Besitzer als Eigentümer auf, so darf ihn der Erwerber beim Fehlen besonderer Verdachtsgründe als solchen betrachten (vgl. Art. 930 Abs. 1) und deshalb zur Verfügung (Art. 641 Abs. 1) als befugt ansehen [30]. Unter Umständen kann aber der Erwerber wissen, daß die Sache nicht dem Veräußerer gehört und ihn dennoch im Hinblick auf seinen Besitz zur Veräußerung als befugt erachten [31], so wenn er als Verkaufskommissionär auftritt (Art. 425 OR).

Von der Verfügungsbefugnis zu unterscheiden ist die Handlungsfähigkeit (Art. 13 ZGB). Sie ist im Gegensatz zu jener und gleich wie die weiteren unerläßlichen Erfordernisse eines wirksamen Rechtserwerbs (z. B. Besitz des Veräußerers und Gültigkeit der zugrunde liegenden causa) nicht Gegenstand des Gutglaubensschutzes [32].

Wer nicht über die rudimentäre, auf das «Geben und Nehmen» bezogene Urteilsfähigkeit verfügt, kann nicht einmal durch körperliche Übergabe (Art. 922 Abs. 1) Besitz übertragen. Läßt er eine Sache aus der Hand, so kommt sie ihm abhanden und der andere erwirbt höchstens originären Besitz [33].

Wer über die erforderliche Urteilsfähigkeit verfügt, aber unmündig oder entmündigt ist (vgl. Art. 19 ZGB), kann zwar nach Art. 922 Abs. 1 Besitz übertragen, aber selbständig weder Besitzverträge abschließen, noch Eigentum transferieren [34]. Auch insoweit gibt es keinen Gutglaubensschutz (wohl aber im Verhältnis zwischen dem nichtberechtigten, aber be-

---

[30] Vgl. aber auch vorn Anm. 24 und 25. – Nach § 932 Abs. 2 BGB wird sachenrechtlich nur der gute Glaube an das Eigentum des Veräußerers geschützt, während das für den Handel geltende HGB (§ 366) weitergehend und wie Art. 933 ZGB auch den guten Glauben an die Befugnis des Besitzers, über fremdes Eigentum zu verfügen, schützt.
[31] BGE 38 II, 1912, S. 190 f.; 65 II, 1939, S. 64; BlZR 32, 1933, N. 191. Das dingliche Retentionsrecht gemäß Art. 895 ZGB erwirbt der Gläubiger gutgläubig, wenn er weder weiß noch wissen muß, daß der Schuldner ihm die Sache nicht überlassen darf: 85 II, 1959, S. 590 f.
[32] Vgl. oben Anm. 2 und 3.
[33] Dann können sich für den Vertragspartner und seine Rechtsnachfolger die vorn § 80, Anm. 22 und 23, erörterten Probleme ergeben.
[34] Vgl. vorn S. 431 und 468 ff.

sitzenden Erwerber und seinen Singularsukzessoren). Die als Ausnahme vom Grundsatz, daß der gute Glaube eine mangelnde Handlungsfähigkeit des Veräußerers nicht ersetzen könne, bezeichnete Regelung des Art. 375 Abs. 3 ZGB schützt nur gerade die entschuldbare Unkenntnis einer nichtveröffentlichten Entmündigung, schränkt also die Tragweite der letzteren ein [35, 36].

3. Wenn das Vorhandensein des guten Glaubens **von Gesetzes wegen vermutet** wird (Art. 3 Abs. 1), so bedeutet das im Sinne einer Beweislastverteilung, daß die Gutglaubenswirkung eintritt, wenn dem Erwerber nicht Tatsachen nachgewiesen werden, die auf die Kenntnis oder Erkennbarkeit der mangelnden Verfügungsbefugnis des Veräußerers schließen lassen.

4. Geboten ist die Aufmerksamkeit, die «**nach den Umständen**» verlangt werden darf. Dabei wird ein objektiver Maßstab angelegt d. h. auf die durchschnittliche Sorgfalt abgestellt, die der Redliche unter den gegebenen Umständen anzuwenden pflegt [37]. Die Anforderungen dürfen nicht überspannt werden; insbesondere darf keine grundsätzliche Erkundigungspflicht zugemutet werden. Der gute Glaube wird nur durch Umstände in Frage gestellt, die einen ernstlichen Verdacht begründen, und wird zerstört, wenn die sich aufdrängende Abklärung nicht vorgenommen oder der Verdacht durch die beim Veräußerer oder anderswo eingezogenen Erkundigungen nicht beseitigt wird [38]. Wer indes bei pflichtgemäßer Aufmerksamkeit zu vertretbaren, wenn auch unzutreffenden, die Veräußerungsbefugnis rechtfertigenden Schlußfolgerungen gelangt, kann nicht als bösgläubig behandelt werden [39]. Dagegen kann man sich nicht auf den guten Glauben berufen, wenn man für eine Sache einen geradezu unverhältnismäßig niedrigen und durch die konkreten Umstände nicht plausibel gemachten Preis bezahlt, ohne dem Mißverhältnis nachgegangen zu sein [40]. Einträge in Registern, die weder mit unwiderleglicher noch mit widerleglicher Kenntnisvermutung ausgestattet sind (Eigentumsvorbehaltsregister, Art. 715 ZGB; Viehverpfändungs-

---

[35] Vgl. HINDERLING, BJM 1966, S. 214; BGE 57 II, 1931, S. 390 f.
[36] Als einzige echte Ausnahme bleibt die vom Bundesgericht aus Art. 865/866 ZGB abgeleitete Verpflichtungsfähigkeit des handlungsunfähigen Schuldbriefschuldners kraft gutgläubigen Dritterwerbs: 89 II, 1963, S. 387 ff.; vgl. HINDERLING, a.a.O., S. 213 ff.
[37] BGE 79 II, 1953, S. 62; ZBJV 83, 1947, S. 79 ff.
[38] BGE 28 II, 1902, S. 368 f.; 36 II, 1910, S. 356 f.; 38 II, 1912, S. 190 ff. und S. 468; 69 II, 1943, S. 116 f.; 70 II, 1944, S. 106; 71 II, 1945, S. 92; 72 II, 1946, S. 252 ff.; 80 II, 1954, S. 242 f.; 83 II, 1957, S. 133; 100 II, 1974, S. 14 ff.; BlZR 69, 1970, N. 95. Ausnahmsweise können besondere Umstände auch umgekehrt einen normalerweise gebotenen Verdacht ausschließen: BGE 94 II, 1968, S. 312.
[39] BGE 94 II, 1968, S. 312.
[40] BGE 43 II, 1917, S. 617; 47 II, 1921, S. 265; 79 II, 1953, S. 62.

protokoll, Art. 885), zerstören an sich den guten Glauben des Erwerbers nicht. Anders verhält es sich nur, wenn besondere Verdachtsmomente die Einsicht in das Register nahelegen[41]. Verdächtiger Besitz des Veräußerers (possession équivoque)[42] kann die Gutglaubenswirkung entfallen lassen. Der Stempel einer Leihbibliothek oder staatlichen Sammlung auf dem Vorsatzblatt eines wertvolleren Buches muß Verdacht erregen, weil die Freigabe durch den gestempelten Vermerk «ausgeschossen» gekennzeichnet wäre. Anders kann es sich mit antiquarisch angebotenen Büchern verhalten, die den stehengebliebenen Namen irgendeines Vorbesitzers tragen.

Das Maß der gebotenen Aufmerksamkeit kann für typische Fälle durch die Verkehrsübung festgelegt werden[43]. Der Bankier erkundigt sich, ob ihm angebotene Titel polizeilich als verloren oder sonst abhanden gekommen ausgeschrieben wurden[44]. Motorfahrzeuge werden nach der Übung nicht ohne Vorlage von Zollquittung und Fahrzeugbewilligung erworben und belastet[45]. Im einzelnen Fall kann die Häufung verdächtiger Umstände im Sinne eines Additionsbeweises den Ausschlag geben[46]. Grundsätzlich, unter dem Vorbehalt starrer Vorschriften, z. B. über die gesetzlich vorgeschriebene Kenntnis von Registereinträgen, ist die gebotene Aufmerksamkeit ein Ermessensbegriff (Art. 4 ZGB), dessen Anwendung bundesgerichtlicher Überprüfung zugänglich ist. Das Bundesgericht hat zwar nicht das subjektive Wissen (Tatfrage), aber die Anforderungen an das Wissenmüssen (Art. 3 Abs. 2) zu überprüfen. Ermessensentscheide sind nach Recht und Billigkeit zu treffen und müssen deshalb nach der ratio legis durch eine Abwägung der Schutzwürdigkeit der kollidierenden Interessen im Hinblick auf die Umstände des konkreten Falles beeinflußt werden[47]. Die besondere Unaufmerksamkeit dessen, dem ein Inhaberpapier abhanden kam, kann dazu führen, daß mildere Anforderungen an die Aufmerksamkeit des Erwerbers gestellt werden[48]. Entsprechendes kann gelten, wenn Fahrnisobjekte fahrlässig anvertraut wurden.

---

[41] BGE 42 II, 1916, S. 583; 56 II, 1930, S. 186.
[42] BGE 80 II, 1954, S. 242 f.; vgl. auch vorn § 78, I 3 und § 79, II 7.
[43] Vgl. JÄGGI, Berner Kommentar, Art. 3, N. 125 und – kritisch zur Annahme, daß ein seriöser Händler, der gewerbsmäßig gebrauchte Sachen bestimmter Art kaufe (z. B. Motorfahrzeuge), grundsätzlich das Eigentumsvorbehaltsregister einsehe – SJZ 63, 1967, S. 376 (Kassationsgericht Zürich).
[44] ZBJV 83, 1947, S. 83 (HGer Bern); vgl. BGE 80 II, 1954, S. 243; 83 II, 1957, S. 140; vgl. auch 100 II, 1974, S. 14 ff.
[45] BlZR 69, 1970, N. 95 (HGer Zürich).
[46] Vgl. BGE 79 II, 1953, S. 63.
[47] JÄGGI, Berner Kommentar, Art. 3, N. 121; MEIER-HAYOZ, ebenda, Art. 4, N. 47.
[48] BGE 83 II, 1957, S. 140; vgl. oben Anm. 10 und 44.

IV. Tragweite und Schranken der Gutglaubenswirkung [48a]

1. Gesetzliche und behördliche Verfügungsbeschränkungen und Verfügungsverbote

a) Die Verkehrsfähigkeit öffentlicher d. h. solcher Sachen, die im Hinblick auf ihre besondere Beschaffenheit oder als Teile des Verwaltungsvermögens des Staates und seiner Anstalten im Dienste eines öffentlichen Zweckes stehen [49] (z. B. als Gegenstände der Militärausrüstung), kann durch gesetzliche Normen des öffentlichen Rechts aufgehoben oder beschränkt sein (vgl. Art. 6 Abs. 2 ZGB). Soweit solche gesetzliche Veräußerungsverbote ihrem Zweck nach die Ungültigkeit der Veräußerung nach sich ziehen müssen, scheitert jeder erste und weitere Erwerb schon an der Unwirksamkeit des jeweiligen Kausalgeschäfts, ohne daß sich die Frage des Gutglaubensschutzes stellt [50].

b) Im Dienste privater Interessen stehende gesetzliche Verfügungsverbote oder Verfügungsbeschränkungen (z. B. güterrechtlicher oder betreibungsrechtlicher Natur) gelten zwar als allgemein bekannt und schließen deshalb grundsätzlich zwar nicht die Gültigkeit des Grundgeschäfts aus – man kann sich auch zur Übertragung fremden Eigentums verpflichten –, wohl aber dem ersten Erwerber gegenüber die Gutglaubenswirkung des Besitzes. Als allgemein bekannt gelten im Sinne einer unwiderleglichen Vermutung auch die dem Schutze privater Interessen dienenden Einträge in gewissen – nicht in allen – öffentlichen Registern (Güterrechts-, Schiffsregister, Luftfahrzeugbuch im Gegensatz zum Eigentumsvorbehaltsregister und zum Viehverschreibungsprotokoll) sowie gehörig publizierte behördliche Verfügungsverbote. Doch kann sich der Erwerber auf Art. 933 berufen, wenn die Anwendung eines gesetzlichen oder behördlichen Verbots von besonderen tatbestandlichen Voraussetzungen abhängt und er deren Vorliegen in concreto weder kennt noch kennen muß. Daß eine Pfändung als behördliches Verfügungsverbot die Verfügungsbefugnis des Schuldners einschränkt, muß jedermann wissen, nicht aber ohne Nachweis besonderer Anhaltspunkte, daß im speziellen Fall eine im Besitz eines Veräußerers befindliche Sache gepfändet ist. In diesem Sinn behält Art. 96 Abs. 2 SchKG den sachenrechtlichen Gutglaubensschutz ausdrücklich vor. Demgegenüber scheint sich gemäß Art. 204 Abs. 1 SchKG der Konkursbeschlag und damit

---

[48a] Vgl. auch oben Anm. 3.
[49] Vgl. MEIER-HAYOZ, System. Teil, N. 112.
[50] OFTINGER, Art. 884, N. 66 ff. und 352 f.; vgl. HANS HUBER, Berner Kommentar, Art. 6, N. 201, aber auch BGE 47 II, 1921, S. 62.

die relative, d. h. den Gläubigern gegenüber geltende Unwirksamkeit von Verfügungen des Gemeinschuldners über Aktiven der Konkursmasse auch gegenüber einem gutgläubigen Dritten durchzusetzen, selbst wenn die Verfügung vor der Veröffentlichung des Konkurses stattfand. Diese, übrigens nicht folgerichtig durchgeführte Abweichung (vgl. Art. 204 Abs. 2 und 205 Abs. 2 SchKG) beruht auf einer unrichtigen Wertentscheidung und unbegründeten Identifizierung des Gläubigerinteresses mit dem Interesse der Allgemeinheit. Gutgläubiger Erwerb sollte im Sinne von Art. 933 ZGB Schutz finden, wenn er vor der Konkurspublikation erfolgte[51].

Die speziellen Regeln des ehelichen Güterrechts schränken die Tragweite der sachenrechtlichen Regelung ein. Sowohl unmittelbar aus dem Gesetz folgende Verfügungsbeschränkungen wie auch solche, die sich aus güterrechtlichen Verhältnissen ergeben, die im Güterrechtsregister eingetragen und veröffentlicht wurden und deshalb ebenfalls als jedermann bekannt gelten (Art. 248 ff. ZGB), begrenzen den Gutglaubensschutz nach Art. 933. Leben Ehegatten extern in Güterverbindung, was zutrifft[52], wenn ein anderer Güterstand nicht eingetragen und publiziert ist, so muß jeder Vertragspartner der Ehefrau die grundsätzlichen Verfügungsbeschränkungen kennen, die ihr das Gesetz hinsichtlich der Gegenstände ihres Einbringens auferlegt. Dabei kann sich aber im Bereiche dieser Beschränkungen ein güterrechtlicher Gutglaubensschutz ergeben (Art. 203 in Verbindung mit Art. 163 ff. ZGB). Das gilt z. B. dann, wenn ein Dritter rechtsirrtümlich aber nach den Umständen gutgläubig annimmt, die Ehefrau dürfe im Sinne einer nach Art. 166 ZGB erweiterten Vertretungsmacht über eine dem Ehemann gehörende bewegliche Sache verfügen[53]. Auf den sachenrechtlichen Gutglaubensschutz nach Art. 933 könnte sich dagegen ein Dritter z. B. berufen, wenn die Voraussetzungen zur Vertretung der ehelichen Gemeinschaft nicht mehr vorliegen – die Schlüsselgewalt der Ehefrau entfällt mit der Aufhebung des gemeinsamen Haushalts, eine nach Art. 166 zugestandene

---

[51] Vgl. HINDERLING, ZSR 83 I, 1964 (zit. § 80, Anm. 2), S. 113, Anm. 10; so auch H. FRITZSCHE, Schuldbetreibung und Konkurs, 1. Aufl., Bd. II, Zürich 1955, S. 42, anders aber 2. Aufl., Bd. II, Zürich 1968, S. 42, N. 66, wo der widersprüchliche Bundesgerichtsentscheid 55 III, 1929, S. 167 ff. anders interpretiert wird als in der 1. Aufl. – Solange einem gegen die Konkurseröffnung eingelegten Rechtsmittel aufschiebende Wirkung erteilt ist, bleibt nach BGE 79 III, 1953, S. 43 ff. der Gemeinschuldner verfügungsfähig, so daß sich insoweit die Frage einer Gutglaubenswirkung nicht stellt. – Für die behördliche Nachlaßstundung (Art. 295 SchKG) vgl. auch STARK, Art. 933, N. 61. Der behördliche Liquidationsvergleich ist nach Analogie des Konkurses zu behandeln (vgl. Art. 316 lit. d Abs. 1 SchKG).

[52] Vorbehalten bleibt die gesetzpolitisch verfehlte, weil unglücklich formulierte, Regelung des Art. 182 ZGB.

[53] Vgl. LEMP, a.a.O. (§ 69, Anm. 16), Art. 200 ZGB, N. 39.

erweiterte Vertretungsmacht auf alle Fälle mit einer gerichtlichen Trennung (Art. 146 Abs. 1 ZGB) – und die Ehefrau über eine ihr anvertraute Sache verfügt[54]. Gutglaubensschutz nach Art. 933 kann dem Vertragspartner einer Ehefrau zu Hilfe kommen, wenn er sie für unverheiratet halten darf[55], aber auch wieder nur unter der weitern Voraussetzung, daß die Sache dem Ehemann «nicht abhanden kam». Für die Güterverbindung bleibt im übrigen zu beachten, daß die der Ehefrau hinsichtlich ihres Einbringens auferlegten Verfügungsbeschränkungen Ausfluß spezieller güterrechtlicher Vertretungs- und Verfügungsbefugnisse des Ehemannes sind, die ihrerseits noch durch einen die Vertretungsmacht des Ehemanns erweiternden güterrechtlichen Vertrauensschutz ergänzt werden: Mobilien dürfen als zum ehelichen Vermögen gehörend und primär dem Ehemann als Eigentümer zustehend vermutet werden (Art. 193, 196 Abs. 1 ZGB). Ist die Zugehörigkeit zum Frauengut erkennbar, so ist der Ehemann zwar ohne Zustimmung der Ehefrau zu außerordentlichen Verfügungen nicht befugt; dem Dritterwerber wird aber auch hier ein güterrechtlicher Gutglaubensschutz zuteil, nämlich dann, wenn er weder weiß noch wissen sollte, daß die Verfügung des Ehemannes den Rahmen der gewöhnlichen Verwaltung sprengt und die diesfalls erforderliche Genehmigung seitens der Ehefrau nicht erteilt wurde[56].

2. Rechtsgeschäftliche Veräußerungsverbote

haben nur obligatorische Bedeutung (vgl. Art. 97 ff. OR), schränken somit eine an sich gegebene Verfügungsmacht nicht ein[57]: Der Dritterwerber wird geschützt, ohne daß sich die Frage seines guten oder bösen Glaubens stellt[58]. Dagegen machen unter einer aufschiebenden oder auflösenden Bedingung vorgenommene Verfügungen dem Grundsatz nach alle widersprechenden, d. h. mit dem Rechtszustand, wie er nach dem Eintritt der Bedingung resultieren soll, unvereinbaren Zwischenverfügungen, die während des Schwebezustandes vorgenommen wurden, unwirksam (Art. 152 OR)[59]. Das kann

---

[54] Ungenau LEMP, a.a.O., Art. 203, N. 26.   [55] LEMP, a.a.O., Art. 203, N. 27.
[56] Die unglückliche Formulierung des Art. 202 Abs. 1 bringt das freilich nur undeutlich zum Ausdruck. Für die entsprechende Bestimmung bei der Gütergemeinschaft (Art. 217 Abs. 2) gilt mutatis mutandis das gleiche.
[57] Vgl. § 137 BGB. – Beim sog. Doppelverkauf kommt es darauf an, gegenüber welchem der beiden Käufer der Verkäufer erfüllt. In Extremfällen kann aber der Zweitverkauf als unsittlich und nichtig erscheinen; vgl. N. ZACHMANN, Die Kollision von Forderungsrechten, Diss. Basel 1973, S. 58.
[58] In diesem Sinn kann auch der Fiduziar ohne Rücksicht auf guten oder bösen Glauben des Erwerbers Eigentum übertragen; BGE 39 II, 1913, S. 812; 91 III, 1965, S. 108; 94 II, 1968, S. 311; abweichend OFTINGER, System. Teil, N. 251.
[59] VON TUHR/SIEGWART, Bd. II, § 85, III N. 32.

dann aber der Anwendung des Art. 933 zugunsten eines gutgläubigen Zwischenerwerbers Raum lassen, so wenn eine mit Rückfallsvorbehalt geschenkte Sache (Art. 247 OR) in der Zwischenzeit (oder auch nachher) vom Besitzer an einen Dritten veräußert wird[60]. Wenn dagegen eine unter eingetragenem Eigentumsvorbehalt oder eine auf Probe erworbene Sache (Art. 715/16 ZGB bzw. 223 OR) vom Verkäufer[61] ohne Rücksicht auf die Anwartschaft seines Vertragspartners weiterveräußert wird, steht der Berufung des Zweiterwerbers auf Art. 933 die des Ersterwerbers auf Art. 924 Abs. 3 ZGB bzw. die dingliche Anwartschaft im Wege[62].

3. Guter Glaube bei Veräußerung durch einen Vertreter

Die Frage des Gutglaubensschutzes stellt sich sowohl, wenn auf seiten des Veräußerers dieser selber, wie auch, wenn ein Vertreter nicht verfügungsbefugt ist.

a) Daß bei gültigem Grundgeschäft die mangelnde Verfügungsbefugnis des Vertretenen durch den guten Glauben an ihr Vorhandensein geheilt werden kann, ergibt sich aus den bisherigen Ausführungen.

b) Wenn es an der Vertretungsbefugnis (dem «Dürfen») eines als Vertreter handelnden unselbständigen Besitzers fehlt, gilt folgendes: Regeln außerhalb des Sachenrechts können ganz allgemein das rechtliche Können des Vertreters gegenüber dem rechtlichen Dürfen, also die extreme Vertretungsmacht, begründen oder gegenüber einer engeren internen Vertretungsbefugnis erweitern und demzufolge nicht nur das obligatorische Grundgeschäft, sondern auch dessen Vollzug gültig machen. Das gilt bei gesetzlich vorgesehener oder umschriebener Vertretungsmacht des Prokuristen (Art. 459 OR), des Handlungsbevollmächtigten (Art. 462 OR), des geschäftsführenden Kollektiv- und Kommanditgesellschafters (Art. 564 und 603 OR) und der Organe der juristischen Personen des Obligationenrechts (Art. 718, 765, 814, 899), da sich die hier umschriebene Vertretungsmacht auf alle Geschäfte erstreckt, die der Zweck des Unternehmens «gewöhnlich mit sich bringt» (Art. 462 Abs. 1 OR), bzw. «mit sich bringen kann», die also durch ihn nicht ausgeschlossen werden. Aber auch die den Organen des Vereins und der Stiftung (Art. 60 und 80 ZGB) zukommende Vertretungsmacht muß ähnlich weit

---

[60] Das gilt auch für unerlaubte Verfügungen eines Vorerben (P. Tuor, Berner Kommentar, Bd. III, Erbrecht, Bern 1973, Art. 491 ZGB, N. 10).
[61] Für vom Vorbehaltskäufer vorgenommene Verfügungen vgl. vorn S. 438. Seinem Nachmann kann die Gutglaubenswirkung des Art. 933 zugute kommen.
[62] Vgl. vorn § 75, Anm. 55 und § 80, Anm. 16.

gespannt werden⁶³. Dagegen liegt, da in solchen Fällen die Regeln über die Besitzdienung Anwendung finden, Abhandenkommen vor, wenn mit solchen Funktionen ausgestattete Personen eine ihrem Wirkungsbereich unterstellte Sache, an der sie selber keinen Besitz haben, pflichtwidrig in eigenem Namen und Interesse veräußern⁶⁴.

Ein Ladenangestellter übt an den zum Verkauf stehenden Objekten den unmittelbaren Besitz erst recht nicht für sich selber, sondern – für den Arbeitgeber – als Besitzdiener aus. Soweit aber die Veräußerung zu seinem generellen Wirkungsbereich gehört, stellt eine im einzelnen Fall weisungswidrige Verfügung kein Abhandenkommen dar⁶⁵, da hier der Besitzdiener nach außen den Besitzer in seinem Willen vertritt (Art. 33 Abs. 3, 34 Abs. 3 OR)⁶⁶.

Eine Beschränkung auf die sachenrechtliche Gutglaubenswirkung resultiert dagegen überall, wo zusätzlicher Vertrauensschutz nicht besteht. Das gilt da, wo der besitzende Veräußerer als indirekter Vertreter, also in eigenem Namen handelt und dabei unerkennbar seine Befugnisse überschreitet, z.B. als Kommissionär⁶⁷ oder Trödler⁶⁸. Dabei bleibt, da man sich auch zur Übertragung einer fremden Sache verpflichten kann, zu beachten, daß das Grundgeschäft – vorbehältlich des Extremfalls eigentlicher Sittenwidrigkeit und daraus folgender Nichtigkeit – auch dann wirksam bleibt, wenn der Kommissionär oder Trödler erkennbar pflichtwidrig handelt. Die Unwirksamkeit beschränkt sich auf die den Auftraggeber nicht bindende Verfügung⁶⁹.

---

⁶³ Vgl. zu den einschlägigen Fragen BGE 20 II, 1894, S. 440; 22 I, 1896, S. 594; 31 II, 1905, S. 637; BIZR 42, 1943, N. 9; von TUHR/SIEGWART, Bd. I, § 43, N. 19a mit Hinweis auf A. EGGER, Zürcher Kommentar, Bd. I, Zürich 1930, Art. 54/55 ZGB, N. 16; R. SECRÉTAN, JdT 108, 1960, S. 2ff.; W. HARTMANN, Berner Kommentar, Bd. VII, Bern 1943, Art. 564 OR, N. 13; W. VON STEIGER, Zürcher Kommentar, Bd. V, Zürich 1965, Art. 814 OR, N. 4; M. GUTZWILLER, Schweiz. Privatrecht, Bd. II, S. 486; A. HEINI, ebenda, S. 564; H. MERZ, Vertretungsmacht und ihre Beschränkungen im Recht der juristischen Personen, der kaufmännischen und der allgemeinen Stellvertretung, Festschrift für H. Westermann, Karlsruhe 1974, S. 399ff.
⁶⁴ BGE 81 II, 1955, S. 339ff., insbes. S. 343f., vgl. auch vorn § 71, Anm. 17.
⁶⁵ Teilweise abweichend STARK, Art. 933, N. 36/37.
⁶⁶ Das gilt nicht nur dann, wenn ein Ladendiener mit der Veräußerung eine interne Weisung übertritt, sondern auch, wenn er mit der dadurch geradezu eine Veruntreuung begeht. Anders verhält es sich natürlich, wenn er die Sache zuerst nach Hause nimmt und außerhalb seines geschäftlichen Wirkungskreises veräußert. Ähnlich liegen die Fälle BGE 27 II, 1901, S. 150ff.; 36 II, 1910, S. 342ff.; 80 II, 1954, S. 235ff.; vgl. auch oben Anm. 17 und vorn S. 422.
⁶⁷ Abweichend GAUTSCHI, Art. 434 OR, N. 2a (Der Kommissionär werde Eigentümer).
⁶⁸ Vgl. BGE 43 II, 1917, S. 616; 69 II, 1943, S. 114ff. (in diesen beiden Fällen ist von «Mißbrauch» eines an sich gegebenen Verfügungsrechts die Rede); 70 II, 1944, S. 103ff.; HAAB/SIMONIUS, Art. 714, N. 55; STARK, Art. 933, N. 70.
⁶⁹ Wenn § 932 BGB im Gegensatz zu Art. 933 ZGB (und zu § 366 – und § 55 – HGB) nur den guten Glauben an das Eigentum, nicht an eine aus andern Gründen angenommene Ver-

Auch die Verfügungsmacht des Vormundes (vgl. Art. 421/22 ZGB) und des Willensvollstreckers[70] kann weiter gespannt sein als die interne Befugnis, mögen sie dabei als direkte oder als indirekte Stellvertreter handeln.

4. Guter Glaube beim Erwerb durch einen Vertreter

Bei direkter Stellvertretung setzt die Gutglaubenswirkung voraus, daß sowohl der Vertretene[71] als auch der oder die Vertreter (Kollektivunterschrift) hinsichtlich der Verfügungsbefugnis des veräußernden Besitzers gutgläubig sind. Ebenso schadet einem Betriebsinhaber das Wissen oder Wissenmüssen «am Tatbestand beteiligter Personen». Dieselbe Lösung muß auch bei indirekter Stellvertretung[72] und erst recht gelten, wenn ein gutgläubiger Zwischenerwerber bösgläubig als Werkzeug eingeschaltet wird. Bloßes Wissen, daß ein Rechtsvorgänger nur kraft Gutglaubenswirkung (Art. 933) Eigentümer geworden ist, steht wirksamer Weitergabe des Eigentums natürlich nicht entgegen. Die Frage des guten oder bösen Glaubens stellt sich hier gar nicht.

Bei juristischen Personen schließt der böse Glaube auch nur eines Organs oder Angestellten die Anwendung des Art. 933 aus, sofern die betreffende Person am Erwerbstatbestand mitwirkte oder hätte mitwirken sollen[73].

5. Guter Glaube und Übergabesurrogate

Die Gutglaubenswirkung (Art. 933) findet ihre innere Rechtfertigung im Besitz des Veräußerers, der die Verfügungsbefugnis wahrscheinlich macht. Da der Gutglaubensschutz an den Besitz, nicht an dessen Übertragung anknüpft, muß er sich auch entfalten, wenn der Besitz nicht durch körperliche Übergabe, sondern durch Surrogate derselben (Art. 922 Abs. 2, 924/25[73a],

---

fügungsbefugnis des Veräußerers schützt, so ist das im Hinblick auf den weitgespannten außersachenrechtlichen Vertrauensschutz verständlich, kann aber bei Besitzdienung, Kommission und Trödelvertrag unter Nichtkaufleuten zu Schwierigkeiten führen; vgl. WESTERMANN, § 49, I 6.

[70] BGE 97 II, 1971, S. 15.
[71] BGE 43 II, 1917, S. 491; vgl. auch BlZR 69, 1970, N. 95.
[72] Vgl. für Einzelheiten JÄGGI, Berner Kommentar, Art. 3, N. 137. Nach einer weitverbreiteten Meinung (z. B. HAAB/SIMONIUS, Art. 714, N. 58 und STARK, Art. 933, N. 76) kommt es bei indirekter Vertretung nur auf das Wissen und Wissenmüssen des Vertreters an, doch scheitere dann der Rechtserwerb des bösgläubigen Vertretenen an Art. 2 Abs. 2 ZGB. Damit gerät aber der gutgläubige Vertreter in eine schiefe Stellung.
[73] BGE 56 II, 1930, S. 188; vgl. JÄGGI, Art. 3, N. 141, ferner H. REICHWEIN, SJZ 66, 1970, S. 1 ff. Entsprechendes gilt für Gesamthänder.
[73a] BGE 81 II, 1955, S. 342 (Nachverpfändung, vgl. vorn § 75, Anm. 47).

brevi manu traditio) übertragen wird, und muß umgekehrt entfallen, wenn ausnahmsweise Eigentum ohne Anknüpfung an Besitz übertragen wird[74]. Anderseits muß sich der Erwerber dort, wo der Besitz durch ein Surrogat übertragen wird, diejenige Kenntnis entgegenhalten lassen, die ihm eine körperliche Übergabe (z.B. durch den Stempel einer öffentlichen Bibliothek auf dem Vorsatzblatt eines Buches) verschaffen würde. Denn die Zulassung von Surrogaten soll den Rechtsverkehr erleichtern, nicht aber dem Erwerber Vorteile verschaffen, die bei einer körperlichen Übergabe nicht vorhanden wären[75].

Nicht aus einer Begrenzung der Gutglaubenswirkung auf die körperliche Übergabe, sondern aus den Anforderungen, die an die rechtliche Wirksamkeit der Übertragungssurrogate zu stellen sind, ergibt sich die Lösung eines seit HOMBERGER[76] erörterten Beispiels:

Eine Bank veräußert von A bei ihr hinterlegte Wertpapiere in der irrigen Annahme, Eigentümerin zu sein, an einen Kunden B, der sie bei ihr in offenem Depot beläßt. Entscheidend muß sein, daß die Bank, weil sich die Tradition an B nicht durch körperliche Übergabe (Art. 922 Abs. 1), sondern lediglich durch Besitzkonstitut (Art. 924) vollziehen sollte, immer noch und weiterhin für den ahnungslos bleibenden A Besitz ausübt. Zwar geriert sich die Bank gegenüber B als Eigenbesitzerin, ohne aber gegenüber A die Stellung eines unselbständigen Besitzers aufgegeben zu haben. Der fortbestehende Eigenbesitz des A schließt B vom Erwerb des nämlichen für den Erwerb von Eigentum erforderlichen Besitzes aus[77]. Anders könnte es sich nur verhalten, wenn die Bank dem A erklärt hätte, daß sie nicht mehr für ihn besitze[78]. Ähnlich wäre zu entscheiden, wenn eine bewegliche Sache von ihrem Eigentümer und Besitzer A zuerst an B und dann an C verkauft und an beide sukzessive durch Besitzkonstitut übertragen wird, indem A mit beiden im Zusammenhang mit den Kaufverträgen Hinterlegungsverträge abschließt und als Depositar im unmittelbaren Besitz der Sache bleibt: Der Erstkäufer B erwirbt Eigentum, der Zweitkäufer C dagegen nicht, weil der fortbestehende Besitz des B das verhindert.
Ähnliche Probleme kann die Besitzanweisung aufwerfen: Wenn A seinen im Keller des B gelagerten Wein zuerst an C und später an D verkauft und mit beiden Käufern Besitzverträge (Besitzanweisungen) im Sinne von Art. 924 abschließt, so erlangt auch hier D keinen Besitz und erst recht nicht für den Eigentumserwerb tauglichen Eigenbesitz, solange das Besitzverhältnis zwischen A und C nicht aufgehoben ist. Der durch den ersten Vorgang zum unselbständigen Besitzer gewordene A ist nicht mehr imstande, Besitz oder gar selbständigen Besitz (Eigenbesitz) zu übertragen[79]. Aufgehoben würde das Besitzverhältnis zwischen A und C jedoch, wenn A dem B (nur) vom Vertrag mit D Mitteilung macht, weil von diesem Augenblick an B nicht mehr für A (und dieser für C), sondern ausschließlich für D besitzen würde. Ein gutgläubiger D würde Eigentum erwerben.

---

[74] Vgl. vorn § 80, Anm. 4.
[75] HOMBERGER, Art. 933, N. 19, auf den diese wertvolle Erkenntnis zurückgeht.
[76] Art. 933, N. 20.
[77] Vorn § 69, IV und § 80, I; abweichend F.-E. KLEIN, a.a.O.
[78] Vgl. vorn § 72.
[79] Vgl. vorn § 75, Anm. 50.

6. Der für die Gutglaubenswirkung maßgebende Zeitpunkt

Für die Wirksamkeit des guten Glaubens kommt es grundsätzlich auf dessen Vorhandensein zur Zeit des Rechtserwerbs an [80], der in der Regel mit dem Besitzerwerb zusammenfällt, während später bekanntwerdende oder erkennbare Tatsachen keine Rolle spielen (mala fides superveniens non nocet) [81]. Demzufolge sollte bei Eigentumsvorbehalt, wenn hier der Eigentumserwerb als unter einer Suspensivbedingung stehend gedacht wird [82], der Eintritt der Bedingung (Vollzahlung) maßgebend sein [83], auf welchen Zeitpunkt übrigens auch entsprechender (konformer) späterer Besitzerwerb (Erwerb selbständigen Besitzes) durch suspensiv bedingte Besitzwandlung (brevi manu traditio) gedacht werden könnte [84]. Indessen ist ein Vorbehaltskäufer, der bereits einen – je nachdem sehr erheblichen – Teil des Kaufpreises bezahlt hat, übel dran, wenn ihm ein nachträgliches Wissen oder Wissenmüssen mangelnder Verfügungsbefugnis des Veräußerers schadet. Auch in diesem Zusammenhang ist daran zu denken, daß er auf Grund von Kaufvertrag und körperlicher Übergabe eine unentziehbare Anwartschaft auf den Erwerb des vollen Eigentums erlangt hat, die nach dem Recht des BGB als dingliches Recht sui generis anerkannt wird (dingliche Anwartschaft) [85]. Die besonders starke Stellung des Vorbehaltskäufers sollte auch nach ZGB für die Bestimmung des für die Gutglaubenswirkung maßgebenden Zeitpunktes nicht unberücksichtigt bleiben [86].

7. Guter Glaube und Übertragung von Zugehör

Verpflichtungen und Verfügungen, die eine Hauptsache (Grundstück oder Fahrnis) betreffen, erstrecken sich, wenn nichts anderes vereinbart ist, ohne weiteres d. h. ohne entsprechende Tradition auch auf bewegliche Sachen, die

---

[80] HOMBERGER, Art. 933, N. 34; STARK, Art. 933, N. 79, während OFTINGER, Art. 884, N. 358 auf den Zeitpunkt des Besitzerwerbes abstellt; vermittelnd JÄGGI, Berner Kommentar, Art. 3, N. 131; vgl. auch vorn § 75, Anm. 54a.
[81] BGE 90 IV, 1964, S. 19; vgl. auch BGE 72 II, 1946, S. 251.
[82] Vgl. vorn § 80, Anm. 16.
[83] STARK, a.a.O., im Ergebnis auch JÄGGI, a.a.O.
[84] Vgl. vorn § 75, II.
[85] Für das BGB vgl. namentlich RAISER, Dingliche Anwartschaften, insbes. S. 36 und S. 68.
[86] Erst recht wäre zu Gunsten des Vorbehaltskäufers zu entscheiden, wenn mit NEUMAYER, SJZ 66, 1970, S. 353 (schon EUGEN HUBER, Zum schweizerischen Sachenrecht, Drei Vorträge, Bern 1914, S. 108f.) angenommen würde, daß der Eigentumsvorbehaltskäufer sofort aber unter einer Resolutivbedingung Eigentum erwirbt (vgl. auch vorn § 80, Anm. 16). Wollte man nicht so weit gehen, so könnte die Lösung allenfalls darin bestehen, daß der Eigentumsvorbehaltskäufer die noch nicht bezahlten Kaufpreisraten im Hinblick auf Art. 423 OR im Sinne von Art. 96 OR beim Richter hinterlegt.

wegen hinreichenden örtlichen und funktionellen Zusammenhangs und zusätzlichen Ortsgebrauchs oder Widmung die Eigenschaft von Zugehör haben (Art. 644 Abs. 1). Wenn z. B. der Eigentümer einer Hotelliegenschaft dem Hotelmobiliar kraft Widmung Zugehörcharakter verleiht, macht dieses mangels abweichender Abrede den durch Grundbucheintrag erfolgenden Eigentumswechsel mit, ohne und bevor Besitz übertragen wird[87]. Damit verbindet sich auch die Gutglaubenswirkung, da der Besitz des Veräußerers, nicht der hier nicht erforderliche Besitzerwerb des Käufers Anknüpfungspunkt bleibt[88]. Ohne Besitz des Veräußerers gibt es aber folgerichtig keinen gutgläubigen Erwerb der Zugehör, da die für den Erwerb eines Grundstücks maßgebende Gutglaubenswirkung des Grundbuchs für den Erwerb der Zugehör als einer Mobilie nichts hergibt[89].

Stärker ist nach herrschender Lehre die Stellung des Dritteigentümers von Zugehör gegenüber dem gutgläubigen Erwerber eines Grundpfandrechts an der Hauptsache[90]. Zwar ergibt sich das aus dem Wortlaut von Art. 805 Abs. 3 ZGB nicht eindeutig. Aber es scheint richtig, den Interessenkonflikt zwischen Vorbehaltsverkäufer und Grundpfandgläubiger zu Gunsten des ersteren zu lösen, das vorbehaltene Eigentum also bestehen zu lassen, da der Pfandgläubiger sich an das Grundstück halten kann und bei anderer Entscheidung auch im Konflikt mit späteren Lieferanten obsiegen und ohne eigenes Zutun zusätzliche Sicherheiten erlangen würde, mit denen er gar nicht rechnen konnte.

Auch mit dem Zuschlag an einer freiwilligen öffentlichen (Art. 229 OR) oder einer Zwangsversteigerung (Art. 108, 256 SchKG) verbindet sich schon vorgängig der nachträglichen Übertragung des Besitzes (vorbehaltlich Art. 934 Abs. 1 und 2) die Gutglaubenswirkung, falls der Veräußerer (bzw. derjenige, für den veräußert wurde) Besitzer der Sache war[91].

---

[87] Vgl. vorn § 80, I.
[88] Ebenso im Ergebnis HAAB, Art. 644/45, N. 24 und MEIER-HAYOZ, Art. 644 und 645, N. 41; abweichend STARK, Art. 933, N. 11. Mit gleicher Wirkung ist gutgläubiger Erwerb bei einer nur vermeintlich pfandversicherten Forderung denkbar: Besteht das Pfandrecht, so geht es besitzlos mit der Forderung über; besteht es nicht, so gilt, da der Gutglaubensschutz an den Besitz des Veräußerers anknüpft, das gleiche, vorausgesetzt, daß – was freilich unerläßlich bleibt – die Forderung besteht und der Zedent den Besitz an der Sache hat, so daß ihn der Zessionar nach Art. 933 als pfandberechtigt ansehen darf. Damit erübrigt sich die Hilfskonstruktion, der gute Glaube beziehe sich auf den von Gesetzes wegen mit der Zession verknüpften Übergang des Besitzes.
[89] Vorbehalten bleibt Art. 934, wenn die Zugehörsache einem früheren Besitzer unfreiwillig abhanden kam.
[90] BGE 60 II, 1934, S. 195 ff.; 64 II, 1938, S. 87; MEIER-HAYOZ, Art. 644/45, N. 46 und 47; abweichend HAAB, Art. 644/45, N. 25 und HAAB/SCHERRER, Art. 715/16, N. 133 sowie dortige Zitate; ferner LIVER, ZBJV 96, 1960, S. 447 f.
[91] Vgl. G. LEUCH, ZBJV 76, 1940, S. 8.

§ 82. Erweiterte Gutglaubenswirkung unter besondern Voraussetzungen oder an besondern Sachen

Literatur: W. BURCKHARDT, Das Geld, ZBJV 71, 1935, S. 6 ff.; W. KÜHNE, Der Eigentumserwerb durch Verbindung, Vermischung und Verarbeitung beweglicher Sachen im Schweizerischen Recht, Diss. Bern 1956; P. PIOTET, L'acquisition « A non domino » de monnaie ou de papiers-valeurs au porteur ou à ordre, in: Festgabe der Juristischen Fakultät Lausanne zum Schweizerischen Juristentag 1958, Lausanne 1958; W. SCHERRER, Der Kaufmann, der mit Waren gleicher Art handelt, in: Festgabe zum Schweizerischen Juristentag 1963, Basel 1963; G. WEISS, Das Verhältnis der sachenrechtlichen Bestimmungen über den Schutz des gutgläubigen Erwerbers zur Entwehrung und Mängelhaftung beim Wertpapierkauf, in: Festschrift zum 70. Geburtstag von Theo Guhl, Zürich 1950; R. K. STAHEL, Zur Rechtsübertragung (insbes. der Wertpapiere), Diss. Zürich 1967.

Vorarbeiten: Vorentwurf, Art. 977/78; Erläuterungen 1914, II, S. 392; Entwurf, Art. 973/74.

Ausländische Gesetze: BGB §§ 935, 1007; HGB § 367; CCfr. Art. 2279/80.

I. Zeitablauf

Nach Art. 934 Abs. 1 ZGB können abhanden gekommene Sachen auch einem gutgläubigen Empfänger abgefordert werden, diesem aber anders als einem bösgläubigen Erwerber (Art. 936) nur «während fünf Jahren», wobei diese Frist vom Tag des Abhandenkommens, also des unfreiwilligen Verlusts des unmittelbaren Besitzes an zu rechnen ist. Umstritten bleibt, ob damit nur die Besitzrechtsklage im Gegensatz zu einer parallel laufenden Eigentumsklage (Vindikation) befristet wird, oder ob der gutgläubige Empfänger mit dem Ablauf der fünf Jahre das dingliche Recht erwirbt. Die Frage wird nicht etwa dadurch gegenstandslos, daß die Frist für die zum Eigentumserwerb führende Ersitzung (Art. 728) ebenfalls fünf Jahre beträgt. Denn der für den Beginn der Ersitzung maßgebende Besitzerwerb kann in einem spätern Zeitpunkt erfolgen als der für die Verwirkung nach Art. 934 Abs. 1 maßgebende Besitzverlust: Der Dieb veräußert die Sache 4 oder 6 Jahre nach dem Diebstahl an einen Gutgläubigen. Auch unterliegt nur die Ersitzungsfrist dem Stillstand und der Unterbrechung, wobei die Vorschriften über die Verjährung von Forderungen (Art. 134 ff. OR) entsprechende Anwendung finden (Art. 728 Abs. 2 und 3 ZGB). Die in Art. 934 Abs. 1 vorgesehene Befristung läuft also nicht einfach auf einen Anwendungsfall der in Art. 728 geregelten Ersitzung hinaus. Zwar wird beide Male Eigentum erworben. Anders als bei der Ersitzung handelt es sich aber um einen derivativen Erwerb. Im Interesse des gutgläubigen Rechtserwerbs nimmt ganz einfach der Zeitablauf der gutgläubig erworbenen Sache den Makel des «Abhandenkommens». Sie wird wie eine anvertraute behandelt[1]. Findet der Besitzerwerb erst mit oder nach Ablauf der Frist statt, so tritt deshalb die Gutglaubenswirkung sofort ein. Das Ergebnis steht mit der Entstehungsgeschichte im Einklang[2] und deckt sich mit Art. 714 Abs. 2, wonach «wer in gutem Glauben eine bewegliche Sache zu Eigentum übertragen erhält», auch bei fehlender Befugnis des Veräußerers Eigentümer wird, «sobald er nach den Besitzesregeln im Besitze der Sache geschützt ist». Erfolgt freilich der Erwerb vor dem Ablauf der Frist, so muß doch wohl nach der allgemeinen Regel[3] der Erwerber bis zum Ablauf gutgläubig bleiben, um einer Vindikation (Art. 641 ZGB) trotzen zu können; andernfalls könnte Hehlerei eine Belohnung durch Eigentumserwerb erfahren. Anders als dem Eigentumsvorbehaltskäufer[4] steht hier dem Erwerber keine oder doch nur eine schwache Anwartschaft zu. Allerdings wird man dem Erwerber für die der Erlangung des Besitzes bis zum Fristablauf folgende Zeit in der Regel keine besondere Erkundungspflicht mehr auferlegen dürfen[5]. Für den Rechtserwerb unabdingbar ist im übrigen, daß alle sonstigen Voraussetzungen des Art. 933, insbesondere also ein gültiges Grundgeschäft[6], vorliegen[7].

II. Erwerb unter besondern Voraussetzungen

Art. 934 Abs. 2 gewährt dem Erwerber einen sofort eintretenden beschränkten Gutglaubensschutz an abhanden gekommenen Sachen, wenn sie an einer «öffentlichen Versteigerung, auf dem Markt oder bei einem Kaufmann, der mit Waren der gleichen Art handelt», erworben werden. Es wird ihm ein Lösungsrecht zugestanden, d. h. er muß die Sache zwar herausgeben, aber nur gegen Vergütung des von ihm selber bezahlten Preises und kann

---

[1] Nach Art. 2279 Abs. 2 CCfr. tritt die gleiche Wirkung nach einem Zeitablauf von 3 Jahren ein; FERID, S. 931.
[2] Erläuterungen 1914, II, S. 120.
[3] Vgl. vorn S. 488.
[4] Vgl. vorn § 80, Anm. 16.
[5] Vgl. vorn § 81, Anm. 47. – Das im Text Gesagte trifft zu, wenn der Beklagte sich einer Vindikation gegenüber sieht. Die Besitzrechtsklage versagt auch gegenüber bloß anfänglicher Redlichkeit (nach Art. 936, weil es hier grundsätzlich auf diesen Zeitpunkt ankommt, nach Art. 934 wegen der Verwirkung durch Zeitablauf).
[6] Vorn S. 468.
[7] HOMBERGER, Art. 934, N. 16 und die bei HINDERLING, Besitzrechtsklage, S. 34, Anm. 84 genannten Autoren; abweichend STARK, Art. 934, N. 29: Der Eigentumserwerb trete unabhängig von den übrigen Voraussetzungen des Art. 933 ein; für bloße Verwirkung der Besitzrechtsklage (ohne Eigentumsverlust): MEIER-HAYOZ, Art. 641, N. 56; TUOR/SCHNYDER/JÄGGI, S. 452.

ein Retentionsrecht geltend machen[8]. Im Hinblick auf die Differenz zwischen einem größeren Wert der Sache und einer geringeren Preisvergütung kann der Herausgabeanspruch für den früheren Besitzer gleichwohl interessant bleiben. Dieses dem BGB nicht bekannte, aus Art. 206 aOR übernommene und über Art. 2280 CCfr. auf mittelalterliche Rechte zurückführende Lösungsrecht[9] erweitert den Vertrauensschutz im Interesse einer reibungslosen Abwicklung des Umsatzes, ohne im Sinne angelsächsischer Rechte, dem es immerhin bis zu einem gewissen Grade sich nähert, den Handelsverkehr zur grundsätzlichen Voraussetzung der Gutglaubenswirkung zu machen[10].

Das Lösungsrecht steht auch dem Pfandgläubiger zu[11], und zwar in Höhe der Pfandforderung oder des Wertes der Sache, wenn dieser geringer ist als jene. Im einzelnen gilt folgendes:

1. Öffentlich sind alle öffentlich ausgekündigten, auf öffentlichem oder privatem Recht beruhende Versteigerungen, z. B. nach Betreibungsrecht, wo zu beachten ist, daß ein vom Betreibungsamt vorgenommener «Verkauf aus freier Hand»[12] der öffentlichen Steigerung gleichgestellt ist[13].

2. Erwerb auf dem Markt bedeutet Erwerb von einer Person, die an einer «Veranstaltung, zu der an bestimmten Zeiten an bestimmtem Orte Käufer und Verkäufer zusammenkommen, um Waren abzusetzen und zu erwerben»[14], als Verkäufer von Waren der entsprechenden Art teilnimmt. Als Markt gilt auch die Wertpapier- und die Warenbörse[15].

3. Erwerb von einem Kaufmann, der mit Waren gleicher Art handelt: Kaufmann ist, wer ein nach kaufmännischer Art geführtes Gewerbe betreibt[16]. Waren gleicher Art liegen vor, wenn gerade der Handel mit solchen Waren zur eigentlichen und üblichen Geschäftstätigkeit des veräußernden

---

[8] BGE 71 II, 1945, S. 93. Zins kann nicht verlangt werden, da der Erwerber in der Zwischenzeit die Sache besaß (HOMBERGER, Art. 934, N. 28).
[9] Vgl. WOLFF/RAISER, § 68, I 4.
[10] Vgl. vorn § 81, Anm. 8.
[11] Vgl. BGE 36 II, 1910, S. 351 f.
[12] Ebenso der von einem Konkursverwalter oder – beim Liquidationsvergleich – den Liquidatoren getätigte Freihandverkauf.
[13] Art. 108 SchKG. Hierher gehören auch die Versteigerung von Fundsachen nach kantonalem öffentlichem Recht und die öffentlich angekündigte Steigerung nach Art. 234 Abs. 3 OR und 612 ZGB.
[14] Brockhaus, Konversationslexikon: Stichwort «Markt».
[15] STARK, Art. 934, N. 38; ZBJV 98, 1962, S. 238 (AppH Bern). Der Erwerb von Wertpapieren ist aber nach Art. 935 ZGB und 1006 OR umfassender geschützt, was STARK, Art. 934 N. 39 unberücksichtigt läßt.
[16] Vgl. Art. 934 OR und 52 HRgV; BlZR 41, 1942, N. 85. Doch braucht der Umsatz die Grenze nicht zu erreichen, die die Eintragspflicht begründet; HOMBERGER, Art. 934, N. 26; SCHERRER, S. 204 f.

Kaufmanns gehört[17]. Typischer, aber nicht ausschließlicher Anwendungsfall ist das Ladengeschäft, wobei nicht vorausgesetzt werden darf, daß der Betrieb sich auf einen eng begrenzten Kreis von Objekten beschränkt; er kann vielmehr bei einem Warenhaus auf möglichste Vollständigkeit gerichtet sein[18]. Sog. Trödler, die wahllos gebrauchte Waren aller Art zum Wiederverkauf erwerben, sind, da der Gutglaubensschutz nicht überspannt werden soll, nicht als Kaufleute im Sinne von Art. 934 Abs. 2 anzusehen[19].

4. Die Gewährleistungsrechte[20], die dem entwehrten Besitzer gegen seinen Vormann zustehen, gehen nicht von Gesetzes wegen auf den einlösenden früheren Besitzer über, können diesem aber abgetreten werden[21]. Hat indessen jener Vormann ebenfalls unter einer der in Art. 934 Abs. 2 genannten Voraussetzungen erworben, so kann er den von ihm selber ausgelegten Betrag im Rahmen des ihm zustehenden Lösungsrechts in Anrechnung bringen.

Das Lösungsrecht geht auf gutgläubige Rechtsnachfolger dessen über, der unter den Voraussetzungen des Art. 934 Abs. 2 die Sache erworben hat. Doch können sie keinen höheren Betrag verlangen, als sie selber erlegt haben. Ein vom Vormann unabhängiges Lösungsrecht steht ihnen zu, wenn sie selber auch wieder unter einer der Voraussetzungen des Art. 934 Abs. 2 und dabei zu einem teureren Preis erworben haben. Vorbehalten bleibt die Ablösung der nach Art. 934 Abs. 2 zunächst eintretenden Wirkungen durch den mit Ablauf von fünf Jahren eintretenden uneingeschränkten Schutz des gutgläubigen Erwerbs.

III. Geld und Inhaberpapiere

Art. 935 ZGB hebt im Sinne einer Erweiterung des Gutglaubensschutzes für «Geld und Inhaberpapiere» die Unterscheidung zwischen Abhandenkommen und Anvertrauen auf[22].

Geld ist in- und ausländisches, im Ausgabeland staatlich als Zahlungsmittel

---

[17] BGE 36 II, 1910, S. 352 (zu Art. 206 aOR); HOMBERGER, Art. 934, N. 26; ZBJV 98, 1962, S. 238 (AppH Bern).
[18] Vgl. SCHERRER, S. 207.
[19] Vgl. SCHERRER, S. 206.
[20] Bei Zwangsversteigerung findet, vorbehältlich besonderer Zusicherungen und absichtlicher Täuschung, keine Gewährleistung statt (Art. 234 OR).
[21] HOMBERGER, Art. 934, N. 29; anders STARK, Art. 934, N. 45, der eine vertragliche Zession überhaupt ausschließen will.
[22] Vgl. BGE 81 II, 1955, S. 341; anders die Regelung des aOR: BGE 27 II, 1901, S. 158/59, was bei der Lektüre alter Gerichtsentscheide zu berücksichtigen ist.

anerkanntes (nicht außer Kurs gesetztes) Metall- und Papiergeld. Da der Erwerber von Geld und Banknoten fast immer ohne Rücksicht auf guten oder bösen Glauben (unter Vorbehalt von Schadenersatz- und Bereicherungsansprüchen) schon durch Vermengung Eigentümer wird[23], ist Art. 935 in seiner Anwendung auf Geld von geringer praktischer Bedeutung.

Inhaberpapiere sind Wertpapiere, bei denen der Schuldner verspricht, nur an den Inhaber zu leisten, was zur Folge hat, daß die Papiere im Falle des Verlusts kraftlos erklärt werden können. Als Inhaberpapiere können namentlich Obligationen, Pfandbriefe, Kassascheine, Schuldbriefe, Gülten und Aktien (Dividendencoupons auch von Namenaktien) ausgestaltet werden. An den sog. kleinen oder unvollkommenen Inhaberpapieren (Eintrittsbillette, übertragbare Abonnemente etc.) und an den sog. hinkenden Inhaberpapieren (Sparhefte, Policen) ist Erwerb von Nichtberechtigten grundsätzlich und deshalb erst recht erweiterter Gutglaubensschutz ausgeschlossen[24].

Über die Anforderungen, die an den guten Glauben bei Erwerb von Inhaberpapieren, insbesondere bei mehr oder weniger verdächtigem Besitz des Veräußerers, gestellt werden, gibt die Rechtsprechung Auskunft[25].

IV. Ordrepapiere

In Verbindung mit Art. 1152 scheint Art. 1006 Abs. 2 OR den Erwerber eines vorschriftsgemäß indossierten Ordrepapiers[26] noch stärker zu schützen, indem nur **grobe** Fahrlässigkeit den irrigen Glauben an eine mangelnde Verfügungsbefugnis unentschuldbar macht. Doch darf in diesem Zusammenhang die Unterscheidung zwischen leichter und grober Fahrlässigkeit nicht überwertet werden[27]. Besonderes gilt nach Auffassung des Bundesgerichts auf Grund von Art. 865 und 866 ZGB für als (Inhaber- oder) Ordrepapiere ausgestellte Schuldbriefe und Gülte, indem der gute Glaube eines Dritterwerbers hier selbst dann Schutz finden soll, wenn der Aussteller der Urkunde handlungsunfähig war[28].

---

[23] Vgl. BGE 47 II, 1921, S. 270; 90 IV, 1964, S. 188. Anders verhält es sich in Erpressungsfällen mit Banknoten, die speziell individualisiert wurden.
[24] JÄGGI, Art. 978 OR, N. 101 (anders Art. 967, N. 174).
[25] BGE 36 II, 1910, S. 356f.; 38 II, 1912, S. 190ff. und S. 468f.; 80 II, 1954, S. 242f.; 83 II, 1957, S. 133.
[26] z. B. Namenaktien, BGE 81 II, 1955, S. 202; vgl. auch BGE 65 II, 1939, S. 64.
[27] JÄGGI, Art. 967 OR, N. 175; STARK, Art. 935 ZGB, N. 12; abweichend PIOTET, SJZ 55, 1959, S. 285, Anm. 2.
[28] BGE 89 II, 1963, S. 387ff.; dazu HINDERLING, BJM 1966, S. 213ff. und ZSR 89 I, 1970 (zit. § 74, Anm. 4), S. 187.

§ 83. Die Angriffswirkung des früheren Besitzes: Die Besitzrechts- oder Fahrnisklage

Literatur: T.-J. DORHOUT MEES, La revendication de meubles perdus ou volés contre le possesseur de bonne foi, in: Mélanges René Savatier, Paris 1965; H. FRANK, Vergleich der actio Publiciana mit der Klage aus § 1007 des Bürgerlichen Gesetzbuches, Köln 1903; O. VON GIERKE, Die Bedeutung des Fahrnisbesitzes für streitiges Recht nach dem Bürgerlichen Gesetzbuch für das deutsche Reich, Jena 1897; B. HÖRER, Die Besitzrechtsklage – Klagegrundlage und Praktikabilität, Berlin 1974; B. RUSCONI, L'action pétitoire fondée sur la possession, Diss. Lausanne 1958; B. SCHMIDLIN, Zur Bedeutung des Besitzes in der Besitzrechtsklage, ZSR 87 I, 1968, S. 141 ff.; A. SIEBEN, Zur Rückforderung konfiszierter Fahrnis, SJZ 46, 1950, S. 133 ff.; R. WINKLER, Die Rechtsvermutungen aus dem Besitz, Diss. Zürich 1969; A. ZYCHA, Eigentumsverfolgung und Verkehrsschutz bei Fahrnis nach dem schweizerischen Civilgesetzentwurfe, ZSR 22, 1903, S. 74 ff.

Vorarbeiten: Vorentwurf, Art. 979; Erläuterungen 1914, II, S. 392; Entwurf, Art. 975.

Ausländische Gesetze: BGB §§ 932–935, 1007; CCfr. Art. 1141, 2279/80; CCit. Art. 1140.

I. Historisches

Die Besitzrechtsklage geht auf die deutschrechtliche Fahrnisklage aus gebrochener Gewere zurück. Nach germanischem Recht konnte der bestohlene Besitzer wegen erlittenen Unrechts gegen jeden Besitzer Klage erheben. Wer dagegen freiwillig eine Sache aus seiner Gewere entließ, konnte nur seinen Vertrauensmann wegen Treubruches belangen. Die Einbeziehung bösgläubiger Nachfolger und eine konsequentere Ausrichtung der Besitzrechtsklage auf das Veranlassungsprinzip blieb späterer Entwicklung vorbehalten[1] und wurde in CCfr. Art. 2279/80, aOR Art. 206–208 und im Rahmen des deutschen BGB und HGB positiviert.

Die Besitzrechtsklage des ZGB übernimmt weitgehend die Formulierung der Art. 206 ff. aOR mit der Abweichung vor allem, daß nun anders als dort – und gleich wie nach § 1007 BGB[2] – ausdrücklich der frühere Besitzer als klagberechtigt anerkannt wird. Die Abweichung ist darauf zurückzuführen,

---

[1] Vgl. vorn § 81, Anm. 5, 6 und 7.
[2] Wenn man das Puzzle zusammensetzt, das das BGB mit seinen teils dem Besitz, teils dem Eigentum zugeordneten Bestimmungen (§§ 930 ff., 1006) aufgibt, so überrascht das Ergebnis durch eine weitgehende Übereinstimmung mit der Regelung des ZGB, die dennoch aus sich selber zu interpretieren ist. Beiden Rechtsordnungen fehlt die Bezugnahme auf die gemeinrechtliche actio Publiciana, die verschiedenen kantonalrechtlichen Gesetzen zugrunde lag (vgl. auch unten Anm. 20).

daß es beim Erlaß des OR von 1881 nicht möglich war, «das Sachenrecht im allgemeinen und namentlich nicht das Besitzesrecht in den Rahmen der Gesetzesordnung zu bringen»³.

II. Die Einbeziehung des Rechts zum Besitz

Die deutschrechtliche Besitzrechtsklage gibt Gelegenheit, ausgehend vom früheren Besitz des Klägers «in der äußeren Gestalt des dinglichen Rechts an der Sache, im Besitz, auch zugleich über das Recht zu verhandeln»⁴, während demgegenüber die römischrechtliche Besitzesschutzklage (Art. 927/28 ZGB) grundsätzlich der Verteidigung des Besitzes als solchem gegen unbefugte Eingriffe dient und die Eigentumsklage (Art. 641 ZGB) die Klage aus dem dinglichen Recht darstellt. Die Gutglaubenswirkung des Art. 933 mit ergänzenden Bestimmungen⁵ schützt den gutgläubigen Erwerber einer anvertrauten Sache gegen die Besitzrechtsklage wie gegen andere Behelfe. Wer dagegen eine abhanden gekommene oder bösgläubig d.h. in Kenntnis oder fahrlässiger Unkenntnis fehlender Veräußerungsbefugnis eine anvertraute Sache erwirbt, erlangt kein Recht daran und sieht sich deshalb der erfolgreichen Belangung mit der Besitzrechtsklage (Art. 936)⁶ – oder mit andern Behelfen – ausgesetzt. Die Klage gegen einen bösgläubigen Erwerber ist zeitlich nicht beschränkt⁷. Vorbehalten bleibt der gesteigerte, auch auf abhanden gekommene Sachen sich erstreckende Gutglaubensschutz beim Vorliegen speziell geregelter Tatbestände gemäß Art. 934 Abs. 1 (Zeitablauf) und 935 ZGB sowie Art. 1006 Abs. 2 in Verbindung mit Art. 1152 OR. Ferner bleibt, auch wenn die Voraussetzungen für die Klage nach Art. 934 ff. gegeben sind, dem Beklagten die Berufung auf jedes aus einem besondern Entstehungsgrund sich ergebende Recht oder bessere Recht zum Besitz vorbehalten. So kann der Beklagte dartun, er sei immer Eigentümer der Sache gewesen und es geblieben, oder – was die Behauptung eigenen Eigentums nicht in sich zu schließen braucht –, die Sache sei ihm selber in einem noch früheren Zeitpunkt abhanden gekommen⁸, oder er habe nachträglich ein

---

3 Erläuterungen 1914, II, S. 377.
4 Ebenda, S. 375.
5 Vgl. vorn § 81 und insbes. § 82.
6 Das gilt auch für den Erwerb an öffentlicher Steigerung; auch der Erwerb im Rahmen einer Zwangsvollstreckung ist davon nicht ausgenommen (vgl. BGE 54 III, 1928, S. 297 und insbes. LEUCH, ZBJV 76, 1940, S. 1 ff., namentlich S. 8, Anm. 1).
7 BGE 48 II, 1922, S. 47.
8 Wobei dann aber allenfalls das in Art. 934 Abs. 2 vorbehaltene Lösungsrecht, ferner die in Abs. 1 vorbehaltene zeitliche Einschränkung und andere Erwerbsgründe, z.B. eine nach Art. 728 eingetretene Ersitzung, entgegengehalten werden können.

besseres Recht zum Besitz erworben, etwa dadurch, daß er den wahren Eigentümer beerbte oder daß ihm die zunächst nicht rechtswirksam erworbene Sache vom Kläger nachträglich verpfändet oder vermietet worden sei. Der Kläger mag dann replicando ein noch besseres Recht (z.B. aus Untermiete) geltend machen[9].

Zusammenfassend und zugleich ergänzend ist festzustellen: Der Kläger hat auf Grund von Art. 934 ff. nach den Regeln des kantonalen Prozeßrechts zu behaupten und bei Bestreitung zu beweisen

1. eigenen früheren Besitz,
2. jetzigen Besitz des Beklagten,
3. Abhandenkommen der Sache oder bösgläubigen Erwerb durch den Beklagten.

Dabei gilt: Einmal abhanden gekommen, immer abhanden gekommen, ferner: Die einem unmittelbaren Besitzer (Mieter) abhanden gekommene Sache ist auch dem mittelbaren Besitzer (Vermieter) abhanden gekommen.

Der Beklagte kann beweisen:

1. Daß der Kläger den eigenen Besitz selber bösgläubig erworben habe (Art. 936 Abs. 2). Da diese Einwendung sogar einem ebenfalls bösgläubigen Beklagten zusteht (in pari turpitudine melior est causa possidentis), muß sie der gutgläubige, nur nach Art. 934 (nicht nach Art. 936) belangbare Erwerber einer abhanden gekommenen Sache erst recht erheben können. Der Wortlaut des Gesetzes ist also zu eng. Bloße Verdächtigkeit des früheren Besitzes (possession équivoque) des Klägers genügt nicht, um seine Klage von vorneherein zu entkräften[10]. Wer bösgläubigen Besitzerwerb der Gegenpartei behauptet, trägt nach der bekannten Regel des Art. 3 Abs. 1 die Beweislast für die entsprechenden Tatsachen.

---

[9] Ist der Eigentümer mit dem Verpfänder identisch, so führt schon der obligatorische Anspruch aus dem Pfandvertrag zu diesem Ergebnis. Im Verhältnis zwischen Vermieter und Mieter einer beweglichen Sache gilt Entsprechendes. Dagegen unterliegt nach der h.L. der Mieter mit einer Klage gegen den Dritten, an den der Vermieter die weggenommene weitergegeben hat (STARK, Art. 934, N. 21; HOMBERGER, Art. 934, N. 7; gegen OSTERTAG, Art. 934, N. 8). Das setzt indessen voraus, daß das dem Mieter zustehende Retentionsrecht (vgl. vorn S. 440) trotz seiner Dinglichkeit keinen vindikatorischen Anspruch auslöst (vgl. OFTINGER, Art. 895, N. 152) und daß außerdem auch im Besitzrechtsprozeß (Art. 924) der Mieter sich nicht auf das Retentionsrecht berufen kann. Gerade letzteres versteht sich nicht von selbst. Vielmehr sollte jedenfalls dann gegenteilig entschieden werden, wenn man mit OFTINGER (Art. 895, N. 177) gegenüber der h.L. annimmt, daß das Retentionsrecht bei unfreiwilligem Besitzverlust erhalten bleibt.

[10] Vgl. vorn § 68, Anm. 5 und hinten S. 501.

2. Der Beklagte kann gegenüber einer nach Art. 934 erhobenen Klage auch dartun, daß ihm selber die Sache zu einem noch früheren Zeitpunkt ebenfalls unfreiwillig abhanden gekommen sei.

3. Wer, Kläger oder Beklagter, dartut, daß er zum Besitz (besser) berechtigt ist, bleibt Sieger im Prozeß.

4. Die Verwirkung der Klage nach Art. 934 ist zu berücksichtigen, wenn der Zeitablauf von fünf Jahren feststeht oder speziell dargetan wird und die zu vermutende Redlichkeit des Beklagten nicht entkräftet wurde.

5. Wenn der Kläger die in Art. 934 und 936 genannten Voraussetzungen dartut, ohne daß eine der oben genannten Einwendungen und entsprechenden Tatsachen zutreffen, und der Beklagte nichts Weiteres geltend macht, führt die Besitzrechtsklage zum Erfolg, ohne daß es zur Erörterung der Frage kommt, ob der Kläger als Eigentümer oder aus einem andern Grunde oder aber der Beklagte ein Recht zum Besitz hat. Behauptet der Beklagte dagegen zum Besitz berechtigt zu sein, so resultiert aus der Klage aus früherem Besitz ein Prozeß über das Recht zum Besitz.

III. Beidseitig fehlendes Recht zum Besitz

Offen bleibt die oft erörterte, theoretisch interessante, praktisch weniger bedeutsame Frage, ob der Beklagte, ohne ein eigenes Recht zum Besitz darzutun oder zu behaupten, sich der Klage mit dem Nachweis erwehren kann, daß der Kläger zum Besitz ebenfalls nicht berechtigt sei: A findet eine Sache, verliert sie selber ebenfalls und verlangt sie vom zweiten Finder B heraus. Die Frage wird für das BGB einhellig verneint, für das ZGB ist sie umstritten[11]. Nach einigen Autoren dient die Besitzrechtsklage ausschließlich dem effektiven oder mangels Bestreitung vermuteten Recht zum Besitz[12]. Wenn eigene Unredlichkeit beim Erwerb des Besitzes die Klage scheitern läßt (Art. 936 Abs. 2), so beruhe das darauf, daß der Unredliche kein Recht erworben hat. Bösgläubiger Besitzerwerb sei also bloßer Anwendungsfall der

---

[11] Vgl. die Zusammenstellung bei HÖRER, S. 32ff. und S. 61ff., der wie SCHMIDLIN vom BGB herkommend, sämtliche bisher gegebenen Begründungen sowohl für die eine wie für die andere Auffassung in Bausch und Bogen verwirft, ohne jedoch selber – außer einer brauchbaren und instruktiven Kasuistik – etwas wesentlich Neues zu bringen.

[12] HOMBERGER, Art. 932, N. 6, 934, N. 18 und 936, N. 2; HOMBERGER/MARTI, SJK, Nr. 646; RUSCONI, S. 121 und 126; WINKLER, S. 49f., LIVER, ZBJV 95, 1959, S. 444f.; PIOTET, SJZ 63, 1967, S. 66f. (Bespr.); ferner ein obiter dictum in BGE 52 II, 1926, S. 50, wo es aber nicht um die Besitzrechtsklage, sondern um eine Eigentumsfeststellungsklage des gegenwärtigen Besitzers gegen einen das Eigentum bestreitenden Beklagten ging.

allgemeinen Regel, daß bei beiderseits fehlendem Recht zum Besitz die Stellung des jetzigen Besitzers die stärkere sei.

Nach einer andern Auffassung trifft die für das BGB akzeptierte Lösung auch für das ZGB zu. Bei beidseitigem fehlendem Recht zum Besitz reiche der – vermutet gutgläubige – Besitzerwerb aus, um die abhanden gekommene oder vom Beklagten bösgläubig erworbene Sache zurück zu erlangen. Aus dem früheren Besitz ergebe sich ein sekundäres Recht zum Besitz. Daß die Klage bei beiderseits unredlichem Erwerb nicht zum Ziel führt, beruhe lediglich auf dem Satz «in pari turpitudine melior est causa possidentis» und erlaube keine erweiternde Anwendung auf Fälle, wo auf seiten des Klägers jenes disqualifizierende subjektive Moment fehlt[13].

Gibt es nur eine Wahl zwischen diesen beiden Auffassungen im Sinne einer strikten Entweder/Oder-Entscheidung? Daß der Unredliche selbst gegen den ebenfalls Unredlichen mit der Besitzrechtsklage keinen Erfolg haben kann, läßt sich auf einen allgemeinen Grundsatz zurückführen (Art. 2 ZGB, vgl. auch Art. 66 OR). Umgekehrt wäre es gewiß stoßend, wenn ein Kläger, der beim eigenen Erwerb gutgläubig war, aber mangels gültiger causa, oder weil es sich um eine einem früheren Besitzer abhanden gekommene Sache handelt, nicht Eigentümer werden konnte, sogar von einem bösgläubigen jetzigen Besitzer die Sache nicht herausverlangen könnte[14]. Wenn aber keiner dieser beiden Extremfälle vorliegt, wenn also weder ein Unredlicher gegen einen sei es Redlichen oder Unredlichen, noch ein Redlicher gegen einen Unredlichen streitet, sondern ein Redlicher gegen einen ebenfalls Redlichen, reagiert das Rechtsgefühl unsicher: Soll bei beidseitig fehlender Berechtigung und beidseitigem redlichem Erwerb die hier allein in Betracht kommende Klage nach Art. 934 durchdringen, oder soll auch bei beiderseits zu vermutender Redlichkeit (hinsichtlich des Besitzerwerbs) wie bei beidseitiger Unredlichkeit eine Pattsituation angenommen und die Stellung des jetzigen Besitzers sich behaupten können?

---

[13] ZYCHA, S. 102; WIELAND, Art. 934, N. 10d; OSTERTAG, Vorbem. zum 24. Titel, N. 22, ferner Art. 931, N. 9, 932, N. 6 und 934, N. 14; STARK, Vorbem. Rechtsschutz, N. 42, 57 und 59; SCHMIDLIN, S. 143 ff.; unentschieden BGE 84 II, 1958, S. 259.

[14] Entgegen PIOTET, a.a.O. (Anm. 12), S. 67 führen andere Behelfe nicht immer zum Ziel. Die Besitzesschutzklage kann mangels «Eingriffes» (vorn § 78, I) oder wegen Unterlassung sofortigen Protestes oder wegen Zeitablaufes (vgl. vorn § 78, III) außer Betracht fallen. Weshalb anderseits der verlorene Besitz die Grundlage für eine Klage aus unerlaubter Handlung (oder ungerechtfertigter Bereicherung) soll bilden können, wenn er mangels Schutzwürdigkeit die Besitzrechtsklage nicht tragen könnte, ist nicht erfindlich: Wenn es mit Art. 934 nicht geht, bleibt auch für Art. 41 OR kein Raum. – Wenn Piotet für die Art. 934–936 den Bedeutungsgehalt der Art. 206/207 aOR anruft, so ist entgegenzuhalten, daß das damalige OR das Besitzrecht nicht integrieren konnte (vgl. oben Anm. 3).

Die Annahme, daß eine der Lehre zu § 1007 BGB entsprechende Lösung zwangsläufig aus der «Struktur» der Besitzrechtsklage und aus dem «institutionellen Zusammenhang» folge[15], läuft auf eine petitio principii hinaus, und auch die mehr bildhafte als präzise Äußerung EUGEN HUBERS, daß «in der äußeren Gestalt des dinglichen Rechts, im Besitz, auch zugleich über das Recht verhandelt wird»[16], ergibt weder in der einen noch in der andern Richtung etwas Schlüssiges. Daß der frühere Besitz als solcher sich bei beidseitiger Redlichkeit nicht voraussetzungslos durchsetzen kann, steht insofern fest, als im Bereich des Art. 936, also bei einer anvertrauten Sache, der jetzige Besitzer die stärkere Stellung hat, auch wenn er – z.B. wegen Mangelhaftigkeit des seinem Erwerb zugrunde liegenden Kaufgeschäfts – trotz seines guten Glaubens nicht Eigentümer geworden ist. Wenn es sich im Bereich des Art. 934 anders verhalten soll, so kann dafür einzig angeführt werden, daß entsprechend dem Wortlaut der Bestimmung der Umstand des Abhandenkommens auch dann den Ausschlag geben soll, wenn weder der Kläger noch der Beklagte zum Besitze berechtigt ist. Man wird dieser Auffassung – auch unter dem für das Sachenrecht besonders bedeutsamen Gesichtspunkt einer überschaubaren und praktikablen Lösung den Vorzug geben müssen und kann sich trotzdem fragen, ob nicht für besondere Ausnahmesituationen eine Wertungslücke offen bleibt, die zu Gunsten des jetzigen gutgläubig erworbenen Besitzes ausgefüllt werden kann. Die zum BGB vertretene Auffassung fühlt sich durch den Wortlaut des Gesetzes gebunden. Aber es wird von einigen maßgebenden Autoren bedauert, daß § 1007 BGB dem Richter nicht erlaube, nach den Umständen zu entscheiden[17]. Vom wenig präzisen Wortlaut des ZGB, das zum Beispiel versehentlich gerade bei dem umstrittenen Artikel 934 (anders als bei Art. 936) trotz der zutreffenden Formulierung des zeitlich früheren BGB (§ 1007 Abs. 3) den bösgläubigen Erwerb als anspruchshindernde Tatsache nicht nennt und sich auch hinsichtlich anderer Fragen des Besitzrechts ausschweigt[18], darf man eine verbind-

---

[15] SCHMIDLIN, S. 176 f., dessen Ausführungen auf der Literatur zum BGB basieren.
[16] Erläuterungen 1914, II, S. 375 ff.
[17] So HECK, § 34, 2: Die Lösung des BGB sei das Äquivalent zum volkstümlichen Spruch «Unter Blinden ist der Einäugige König». Aber gerade weil sich fragt, wer hier blind und wer hier einäugig ist, hätte Heck gewünscht, daß das BGB die Würdigung des konkreten Falles dem Richter überlassen hätte; ebenso STAUDINGER, § 1007 BGB, N. 1, wonach die mangelnde Beliebtheit der Besitzrechtsklage auf die einseitige Bevorzugung des früheren Besitzers zurückzuführen sei; vgl. auch ZYCHA, S. 103: Der Grundgedanke der Besitzrechtsklage, daß nämlich aus dem Besitz als der Form des Rechts geklagt werde, werde durch die genannte Bevorzugung ad absurdum geführt.
[18] Im Gegensatz zum BGB erwähnt das ZGB z.B. weder die Besitzdienung noch die brevi manu traditio.

liche Antwort nicht mit Sicherheit erwarten[19]. Eine so freie Stellung, wie dies gesetzeskritisch im Hinblick auf § 1007 BGB postuliert wurde, wird man freilich dem Richter für die Anwendung von Art. 934 ZGB nicht zubilligen können, weil dies die Regelung allzusehr verunsichern würde. Wenn aber der Kläger für seinen früheren Besitz nicht einmal einen Putativtitel darzutun vermag (ohne deshalb des bösgläubigen Erwerbs überführt werden zu können), während der redlich Beklagte sich immerhin auf einen gültig mit einem Zwischenbesitzer einer abhanden gekommenen Sache geschlossenen Kaufvertrag stützen kann, sollte die Klage abgewiesen werden dürfen[20], indes umgekehrt einen früheren Besitzer die für das Eigentum seines Vormannes sprechende Eigentumsvermutung (Art. 931 Abs. 1)[21] zwar nicht zur Vindikation legitimieren mag[22], wohl aber des Erfolgs mit der Klage nach Art. 934 als besonders würdig erscheinen läßt. Im erstgenannten Fall könnte übrigens der vom Kläger angerufene frühere Besitz als verdächtig (équivoque) erscheinen. Verdächtiger Besitz löst die Vermutungswirkung (Art. 930/31) nicht aus[23], läßt jedoch der Möglichkeit Raum, nach Art. 934/36 vorzugehen und muß sich auf alle Fälle gegenüber einem nachgewiesenen bösgläubigen Erwerb durchsetzen. Hat dagegen der Beklagte gutgläubig erworben, so sollte der Kläger scheitern, wenn ihm zwar nicht gerade bösgläubiger Erwerb nachgewiesen werden kann, die Umstände aber seinen Besitzerwerb doch als suspekt erscheinen lassen, wobei freilich nicht ein Recht zum Besitz fragwürdig erscheinen muß – der Kläger muß ja nach der Prämisse gar kein Recht zum Besitz haben –, wohl aber der gute Glaube im Zeitpunkt des Erwerbs, mag er auch nicht geradezu widerlegt sein. Dem richterlichen Recht könnte vorbehalten bleiben, auch in andern besonders gelagerten Fällen zu Gunsten des gutgläubigen Beklagten zu entscheiden. Doch müßte es sich im Hinblick auf die gebotene Rücksicht auf Klarheit und Übersichtlichkeit der Ordnung immer speziell begründen lassen, daß im Widerstreit der Interessen das Interesse des Beklagten am Schutz seiner

---

[19] Vgl. JÄGGI, Berner Kommentar, Art. 3, N. 131.
[20] Daß damit einer Überlegung Gewicht zukommt, die für die actio Publiciana kantonaler Rechte (Privatrechtliches Gesetzbuch für den Kanton Zürich, §§ 516/17, Privatrecht Graubünden, § 219) typisch ist, sollte keinen Einwand bilden, sondern stützt eine Lösung, die nicht am Wortlaut des Gesetzes haften bleibt; vgl. auch BGE 81 II, 1955, S. 205, wo als bedeutsam betrachtet wurde, daß nicht der Beklagte, wohl aber der Kläger einen «iustus titulus» vorweisen konnte (HINDERLING, Besitzrechtsklage, S. 26, Anm. 63); siehe im übrigen auch die Ausführungen im Text zu IV.
[21] Vgl. oben § 79, II 4.
[22] Vgl. vorn S. 463. – Die Besitzrechtsklage eines B wird nicht dadurch ausgeschlossen, daß auch einem Vormann A gegen den gleichen C ebenfalls die Besitzrechtsklage oder sogar die Vindikation zusteht, vgl. GIERKE, Bedeutung des Fahrnisbesitzes für streitiges Recht, S. 58.
[23] Vgl. oben § 79, S. 464.

gutgläubig erlangten Position gegenüber dem Interesse des ebenfalls redlichen Klägers den deutlichen Vorrang verdient.

IV. Aufgabe des Besitzes

§ 1007 Abs. 3 BGB schließt den Anspruch aus früherem Besitz nicht nur bei unredlichem Erwerb des Klägers (so auch Art. 936 Abs. 2 ZGB) aus, sondern auch, wenn der Kläger den Besitz «aufgegeben hat». Damit sind nicht die Fälle gemeint, wo jemand als Vermieter, Kommittent usw. sich bloß des unmittelbaren Besitzes begibt, aber mittelbarer und selbständiger Besitzer bleibt. Besitzaufgabe im Sinne von § 1007 Abs. 3 BGB liegt vielmehr vor, wenn der Kläger, z. B. als Verkäufer, sich jeden Besitzes, wenngleich möglicherweise im Zusammenhang mit einem mangelhaften Grundgeschäft, entäußert hat.

Auch in dieser Hinsicht schweigen sich das ZGB und seine Materialien aus. Die Lösung muß dem Wesen der Sache abgewonnen werden. Dabei ist zu unterscheiden: Hat beispielsweise A durch Dereliktion (Art. 729 ZGB) Besitz und Eigentum aufgegeben und hat hierauf ein durch Okkupation (Art. 718 ZGB) Besitzer und Eigentümer gewordener B die Sache an C auf Grund eines von diesem betrügerisch erschlichenen Vertrags veräußert, so besteht keinerlei Veranlassung, dem A lediglich auf Grund seines früheren (aber aufgegebenen) Besitzes irgendeine Klagemöglichkeit gegen den wenn auch bösgläubigen C zuzugestehen[24]. Anders verhält es sich, wenn A eine von ihm selber gutgläubig aber wegen mangelnder causa unwirksam erworbene Sache an B auf Grund eines von diesem betrügerisch erschlichenen Rechtsgeschäftes veräußert. Da Art. 936 nur zur subjektiven Seite der beidseitigen Besitzerwerbe Stellung nimmt, bleibt Raum für eine lückenfüllende elastische condictio possessionis (Bereicherungsklage)[24a], die in der Beschränkung auf eine Leistungskondiktion nur auf den zweiten der genannten Fälle Anwendung findet, und wenn die Übertragung des Besitzes auf die Erfüllung einer Nichtschuld hinausläuft, an den Nachweis einer irrtümlich erfolgten Leistung gebunden ist (Art. 63 OR), andererseits aber bösen Glaubens des Empfängers nicht voraussetzt[24b] und deshalb auch insoweit eine Ergänzung zu Art. 936 ZGB darstellen kann[24c].

---

[24] Daß B klagen kann, würde an sich nicht entgegenstehen, vgl. auch oben Anm. 22.
[24a] Vgl. VON TUHR/SIEGWART, § 52 II, 2, insbes. N. 21; BECKER, Art. 62 OR, N. 2; OSER/SCHÖNENBERGER, Art. 62 OR, N. 5; STARK, Vorbem. Art. 930–937, N. 64 ff.; für das deutsche Recht E. VON CAEMMERER, Festschrift für E. Rabel, 1954, Bd. 1, insbes. S. 349 ff.
[24b] Auch die condictio bliebe natürlich unanwendbar, wenn ausnahmsweise (s. Text vorn zu III) dem Beklagten eine bessere Befugnis zum Besitz zuerkannt würde.

V. Aktiv- und Passivlegitimation, Inhalt des Anspruchs und Verfahren

Kläger ist der frühere, unmittelbare oder mittelbare, unselbständige oder selbständige Besitzer[25]. Die Klage kann sich gegen jede Person richten, die auf eine dieser Arten Besitzer ist[26], und geht auf Wiederherstellung der früheren Besitzlage. Herausgabe an sich selber kann der frühere bloß mittelbare aber selbständige Besitzer dann verlangen, wenn der unmittelbare, unselbständige Besitzer die Sache nicht mehr zurückhaben will oder aber durch die Weitergabe einen Vertrauensbruch beging. Bei der auch gegen den mittelbaren Besitzer zulässigen Klage[27] setzt die Vollstreckung ein entsprechendes Urteil auch gegen den – am besten als Streitgenossen gleich mitzubelangenden – unmittelbaren Besitzer oder aber dessen Einverständnis mit der Klage voraus. Ein unselbständiger Besitzer kann dem Gewährsmann, von dem er seinen Besitz ableitet, den Streit verkünden[28], und der Streitberufene kann nach den Regeln der einschlägigen Prozeßordnung dem Verfahren als Nebenintervenient beitreten. Früherer Mit- oder Gesamtbesitz rechtfertigt ein Begehren auf Wiederherstellung dieser Besitzlagen. Der bloße Besitzdiener ist weder Kläger noch Beklagter[29], aber das gegen den Besitzer erstrittene Urteil wirkt auch gegen ihn, wenn er Besitzdiener geblieben ist[30]. Der Herausgabeanspruch ist vererblich und kann abgetreten werden[31].

Die Gerichtsstandsgarantie des Art. 59 BV erstreckt sich nicht auf die Besitzrechtsklage, da diese nicht der Durchsetzung einer «persönlichen An-

---

[24c] Während OSTERTAG, Art. 934, N. 16 und 20 und Art. 936, N. 3 die Lösung des BGB übernimmt, soll nach ZYCHA, S. 98, VON DER CRONE, S. 71, GILLIARD, S. 6f. und grundsätzlich auch nach HINDERLING, Besitzrechtsklage, S. 32, eine freiwillige Aufgabe des Besitzes der Klage nach Art. 936 gegen einen bösgläubigen Erwerber nicht entgegenstehen. Widersprüchlich: STARK, Art. 936, N. 8 (wie BGB), anders aber Vorbem. Art. 930–937, N. 47 und Vorbem. Art. 938–940, N. 16. – Freilich können auch bei freiwilliger Besitzaufgabe Ansprüche aus Art. 938ff., also aus dem Besitz gegeben sein (BGE 57 II, 1931, S. 390ff.; 84 II, 1958, S. 377ff.). Aber das spräche nur dann gegen die im Text vertretene Auffassung, wenn auch die Anwendbarkeit der condictio possessionis grundsätzlich verneint würde. Zu beachten ist ferner noch, daß ein Faustpfandgläubiger, der seinen Besitz freiwillig aufgibt, sein Pfandrecht verliert, ohne daß es auf den guten oder bösen Glauben eines jetzigen Besitzers ankommt (BGE 99 II, 1973, S. 34. ff.), was wegen Art. 888 Abs. 1 ZGB nicht gelten dürfte, wenn er mit der Besitzrechtsklage vorgehen könnte; vgl. auch vorn S. 447, Anm. 14 (die Möglichkeit einer condictio spielt insoweit keine Rolle).
[25] Vgl. aber auch oben Anm. 8 und für das Widerspruchsverfahren Art. 108 SchKG sowie vorn § 71, II.
[26] BGE 47 II, 1921, S. 269.
[27] BGE 38 II, 1912, S. 467f.
[28] BGE 47 II, 1921, S. 270.
[29] Abweichend STARK, Art. 934, N. 10, der unter Hinweis auf das Schweigen des Gesetzes die Passivlegitimation des Besitzdieners bejahen möchte.
[30] Vgl. vorn S. 422/23.
[31] ZBJV 83, 1947, S. 80. Der Anspruch erstreckt sich bei Umtausch von Aktien auf die Ersatztitel; BGE 80 II, 1954, S. 241f.

sprache» dient[32]. Nach einigen kantonalen Prozeßordnungen – und im Fall von Kompetenzkonflikten von Bundesrechts wegen[33] – gilt der Gerichtsstand der gelegenen Sache. Letztinstanzliche kantonale Urteile sind grundsätzlich der Berufung an das Bundesgericht fähig.

VI. Besitzrechtsklage und Vindikation

1. Dem Eigentümer, Nutznießer, Pfandgläubiger steht gegenüber einem nichtberechtigten Besitzer die Klage aus dem Recht (Vindikation) zu. Liegen die Voraussetzungen sowohl hiefür wie für die Besitzrechtsklage vor, so können beide Behelfe geltend gemacht werden. Die Behauptung, daß im Bereich des ZGB die Besitzrechtsklage die Klage aus dem Recht verdrängt habe[34], ist insofern ungenau als, wer an das eigene Recht zum Besitz glaubt, sich schon in der Klage – und nicht, wie dies der Besitzrechtsklage entsprechen würde, erst wenn die Antwort dazu Veranlassung gibt, in der Replik – auf sein Recht zum Besitz berufen wird; dies um so mehr, als er zu diesem Behufe bloß die aus dem früheren Besitz fließende Rechtsvermutung anzurufen und zusätzlich das Abhandenkommen bzw. den bösgläubigen Erwerb der Sache zu behaupten braucht. Die Vermutungswirkung des früheren Besitzes kann sogar ohne ausdrückliche Rechtsberufung die Besitzrechtsklage zugleich als Vindikation erscheinen lassen; denn was vermutet wird, muß nicht speziell behauptet werden[35]. Das Fundament beider Klagen ist dann das nämliche; da die Vindikation aber anders als – dem Grundsatz nach – die Besitzrechtsklage durch den (bloßen) Nachweis mangelnder Berechtigung des Klägers entkräftet wird, kann unter Umständen nur die Besitzrechtsklage Erfolg haben (vorausgesetzt, daß die entsprechenden Kriterien vorliegen). Der Richter braucht sich mit der Vindikation, auch wenn sie ebenfalls zur Diskussion gestellt wird, nicht zu befassen, wenn schon die Besitzrechtsklage gutgeheißen werden muß.

2. Die Anwendungsbereiche der Besitzrechtsklage und der Vindikation überschneiden sich. Je nach den Gegebenheiten kann nur die eine oder nur die andere zum Ziele führen[36].

---

[32] BGE 66 I, 1940, S.235.
[33] Argum. BGE 58 I, 1932, S.233 und 86 III, 1960, S.141 (Widerspruchsklage).
[34] Vgl. STARK, Vorbem. Rechtsschutz, N.47; MEIER-HAYOZ, Art.641, N.39.
[35] KUMMER, Art.8, N.358; vgl. vorn § 79, Anm.11.
[36] Die weitgehende Duplizität der beiden Klagemöglichkeiten, die sich unter gewissen Voraussetzungen um die Möglichkeit weiterer Behelfe erweitert (vgl. vorn § 78, Anm.59), legt die Frage nahe, ob nicht de lege ferenda die Klage aus dem Recht und die Klage aus dem früheren Besitz zu einer einheitlichen umfassenden Klage vereinigt werden sollten.

a) Nur die Klage aus dem Recht findet Anwendung, wenn der Kläger ein solches geltend macht, ohne sich auf früheren Besitz stützen zu können, weil er besitzlos erworben hat, z. B. durch Zuschlag an öffentlicher Steigerung (Art. 235 Abs. 1 OR) oder – bei Zugehör – durch Erwerb der Hauptsache (Liegenschaft)[37, 38] oder durch Abtretung des Vindikationsanspruches. (Doch kann sich damit auch die Abtretung eines Anspruchs nach Art. 934 oder 936 verbinden.) Der Kläger kann auch den Besitz bösgläubig erworben haben und doch zum Besitz berechtigt sein: Zu denken ist an einen späteren gutgläubigen aber besitzlosen Erwerb (die Sache hat Zugehörqualität).

Nur die Klage aus dem Recht, nicht auch die Besitzrechtsklage, kommt ferner in Betracht, wenn die Sache dem früheren Besitzer weder unfreiwillig abhanden kam, noch vom Beklagten bösgläubig erworben wurde. Das trifft außer da, wo die Veräußerung an (unerkennbar) unwirksamer causa (ungültiger Kaufvertrag) scheitert, vor allem dann zu, wenn Rückgabepflichten aus gültig vereinbarten Verträgen (Hinterlegung, Miete) bestehen und auch – nach herrschender Meinung zum BGB sogar nur[39] – die Vertragsklage gegeben ist. Das gleiche gilt bei Eintritt einer mit einer Sicherungsübereignung verknüpften Resolutivbedingung.

Schließlich kann die Klage aus dem Recht übrig bleiben, wenn eine auf Art. 934 gestützte Besitzrechtsklage wegen Fristablauf verwirkt ist, während – gerade auch wieder mangels gültiger causa – der Beklagte nicht Eigentümer geworden ist, anderseits aber Art. 936 wegen der Redlichkeit des Besitzerwerbs nicht zur Anwendung kommen kann[40].

---

[37] Vgl. vorn S. 466 und § 81, IV 7.
[38] Es kann nicht wohl angenommen werden, daß der bisherige Eigentümer mit dem Übergang des Rechts von Gesetzes wegen für den neuen Eigentümer besitze; denn es fehlt an einem die Besitzmittlung rechtfertigenden besondern Rechtsverhältnis (vgl. vorn S. 434), wie das für den Besitzerwerb durch Konstitut gefordert wird. Wer veräußert, wird mangels funktioneller Unterordnung (vgl. vorn S. 421 f.) wohl auch nicht Besitzdiener des Erwerbers. Wäre es in diesen Beziehungen anders, so müßte sich mit dem Erwerb von Eigentum an einem Grundstück notwendig auch die Erlangung des Besitzes daran verknüpfen, was trotz der mißverständlichen Formulierung von Art. 937 ZGB offensichtlich nicht zutrifft. Ähnlich verbindet sich bei der Güterverbindung mit dem gesetzlichen Verwaltungsrecht des Ehemannes ein entsprechender Besitz an den eingebrachten Objekten der Ehefrau erst, wenn er die tatsächliche Gewalt über die Sachen erhalten hat (LEMP, [a.a.O. § 69, Anm. 16], Art. 194, N. 12). Gleich verhält es sich, wenn sicherungshalber übertragenes Eigentum zufolge Eintritts einer Resolutivbedingung an den Fiduzianten zurückfällt. Der Besitz bleibt zunächst beim Fiduziar und bedarf der Rückübertragung. Dagegen läßt die Zession einer pfandversicherten Forderung Besitz und Pfandrecht auf den Zessionar übergehen (vgl. vorn § 75, Anm. 42).
[39] WOLFF/RAISER, § 84, I 2; dagegen MEIER-HAYOZ, Art. 641, N. 53.
[40] Daneben kommt auch die condictio possessionis in Betracht (vgl. vorn Anm. 24a). – Ist die causa gültig, so geht das Eigentum auf den bis zum Fristablauf redlichen Erwerber über (vgl. vorn § 82, I).

b) Nur die **Besitzrechtsklage** findet Anwendung, wenn der Kläger bei beiderseits fehlendem Recht zum Besitz den früheren Besitz gutgläubig erworben hat und die vorne im Text besprochenen weiteren Voraussetzungen nach Art. 934/36 gegeben sind. Von der Auslegung des Art. 931 Abs. 1 hängt ab, ob der frühere Besitzer sich für die Klage **aus dem Recht** auf die Vermutung zu Gunsten des Rechts seines Auktors stützen darf oder nicht. Das ist zu verneinen[41]. Auch eine bloß obligatorische Befugnis zum Besitz und – nach herrschender Lehre – selbst ein diese Befugnis verstärkendes Retentionsrecht (Art. 895 ZGB) können nur vermittels der Besitzrechtsklage geltend gemacht werden[42].

VII. Rechtskraftprobleme[43]

1. Wer im Prozeß nach Art. 934ff. unterlegen ist, kann mit einer Klage aus dem dinglichen Recht nur Gehör finden, wenn sein Vorbringen im zweiten Prozeß eine selbständige, im ersten Verfahren nicht geprüfte und nicht zu prüfende Grundlage für die Beurteilung des jetzigen Begehrens darstellt: So kann die Eigentumsklage erheben, wer mit einem ersten bloß nach Art. 934 oder 936 erhobenen Begehren deshalb abgewiesen wurde, weil der Nachweis früheren Besitzes oder unfreiwilligen Abhandenkommens einer Sache oder bösgläubigen Besitzerwerbs des Beklagten nicht erbracht wurde. In diesem Sinn kann unter Umständen, wer früheren Besitz nicht dartun konnte, im zweiten um das Recht zum Besitz geführten Prozeß besitzlosen Eigentumserwerb wegen Zugehörqualität der Sache dartun, wenn das nicht im ersten Prozeß Gegenstand der richterlichen Prüfung sein konnte[44]. Wurde umgekehrt im ersten Prozeß eine Besitzrechtsklage, die sich nur als solche, nicht zugleich als Eigentumsklage, präsentierte, gutgeheißen, so kann der unterlegene Beklagte dem siegreichen Gegner mit der Klage aus dem Recht beikommen, wenn er sich im ersten Verfahren mit einer Bestreitung des Klagfundaments begnügt oder auf alle Fälle ein eigenes Recht zum Besitz nicht geltend gemacht hat.

---

[41] Vgl. vorn § 79, II 4.
[42] OFTINGER, Art. 895, N. 152.
[43] Vgl. hiezu und zu weiteren einschlägigen Fragen LEUCH, ZPO Bern, Art. 192, N. 11 d; KUMMER, Das Klagerecht und die materielle Rechtskraft im schweizerischen Recht, Bern 1954, S. 94 und 106; HINDERLING, Besitzrechtsklage, S. 42 ff.
[44] Die Wirkung einer kantonalprozessualen Eventualmaxime bleibt auf den ersten Prozeß beschränkt; vgl. auch HINDERLING, Besitzrechtsklage, S. 44, Anm. 116. Das Vorbringen im zweiten Prozeß darf allerdings nicht als rechtsmißbräuchlich erscheinen.

2. Gutheißung einer Klage aus dem Recht verunmöglicht den Erfolg einer späteren, nicht auf erst nachträglich eingetretene Tatsachen gestützten Besitzrechtsklage des anderen, da eine solche nur im Widerspruch zum früheren rechtskräftigen Urteil geschützt werden könnte. Abweisung der Klage aus dem Recht läßt einer erfolgreichen Klage nach Art. 934ff. unter den früher erwähnten Voraussetzungen[45] Raum, wobei freilich vorzubehalten ist, daß das Klagefundament nicht schon im Rahmen des ersten Prozesses gegeben wurde (iura novit curia) und der erste Prozeß nicht umgekehrt zur rechtskräftigen Feststellung führte, daß der Beklagte zum Besitz berechtigt ist.

3. Wenn eine Besitzesschutzklage abgewiesen wurde, weil der Beklagte sein Recht zum Besitz liquid dargetan hat (Art. 927 Abs. 2)[46], bleibt, vorbehältlich nachträglich eintretender Tatsachen, für eine erfolgreiche Besitzrechtsklage oder Klage aus dem Recht kein Raum[47].

---

[45] Vgl. vorn S. 495 ff.
[46] Vgl. vorn § 78, III 2.
[47] Vgl. auch HINDERLING, Besitzrechtsklage, S. 44, Anm. 116.

Fünftes Kapitel

Verantwortlichkeit und Ersatzansprüche des nichtberechtigten Besitzers

§ 84. Grundsätzliche Bedeutung der Art. 938–940 ZGB

Literatur: H. Dimopoulos-Vosikis, Die bereicherungs- und deliktsrechtlichen Elemente der §§ 987–1003 BGB, Köln 1966; Ed. Keller, Die Rechtsstellung des unrechtmäßigen Besitzers gegenüber dem Herausgabeberechtigten nach Art. 938ff. ZGB, Diss. Zürich 1940; W. E. Krause, Die Haftung des Besitzers nach den §§ 989–993 BGB, Berlin 1965; K. Utku, La restitution de la possession selon les art. 938–940 CCS, Diss. Genf 1939.

I.

Wer eine Sache unberechtigt besitzt, ist nicht nur Herausgabeansprüchen ausgesetzt, die mit Vindikation, einer Vertragsklage, der Besitzesschutz- oder Besitzrechts- oder allenfalls einer Bereicherungsklage geltend gemacht werden können. Vielmehr läßt sich bei unberechtigtem jetzigem oder früherem Besitz fragen:

1. Ob der Besitzer noch vorhandene Nutzungen (natürliche und zivile Früchte wie Zinsen, Dividenden, Erträgnisse aus Miete und Pacht) herauszugeben, noch in seinem Besitz befindliche sonstige Vorteile zu vergüten und für nicht mehr vorhandene Früchte und Nutzungen sowie für solche, die er zu ziehen unterließ, Ersatz zu leisten hat.

2. Ob der Besitzer für Untergang oder Beschädigung der Sache und für Vorenthaltung des Besitzes dem Berechtigten Schadenersatz schuldet.

3. Ob der Besitzer umgekehrt bei Auslieferung der Sache für eigene Verwendungen Ersatz beanspruchen kann.

Ohne lex specialis (Art. 938–940) wären alle diese Fragen nach den allgemeinen Regeln über unerlaubte Handlung (Art. 41 ff. OR), ungerechtfertigte Bereicherung (Art. 62 ff. OR) oder Geschäftsführung (insbesondere Art. 423 f. OR) zu beantworten. Das ZGB enthält nach dem Vorgang des CCfr. und des BGB eine besondere Regelung, für die es mit drei knappen Artikeln auskommt, während das BGB 17 kompliziert formulierte Bestimmungen

(§§ 987–1003) benötigt. Die lex specialis[1] stellt den gutgläubigen Besitzer in gewisser Hinsicht besser, den bösgläubigen in einem Punkt schlechter: Jener darf noch vorhandene Nutzungen behalten, dieser haftet für unsorgfältige Mindernutzung auch dann, wenn ohne Vorenthaltung des Besitzes eine bessere Nutzung nicht erzielt worden wäre.

Zu beachten ist, daß sich die in den Art. 938–940 getroffene Regelung, auf die für gewisse Tatbestände in den Artikeln 547 Abs. 1, 560 Abs. 3, 630 Abs. 2 und 934 Abs. 3 ausdrücklich verwiesen wird, nicht nur auf bewegliche, sondern auch auf unbewegliche Sachen bezieht, wobei aber stets ein ungerechtfertigter Besitz vorausgesetzt wird. Obwohl lex specialis, lassen die Art. 938–940 noch spezielleren Lösungen den Vorrang, so wenn bei Nutznießung, Pfandrecht, Miete, Pacht und Hinterlegung die Sache zu Unrecht im Besitz behalten wird (vgl. Art. 756/57 und 890 ZGB, Art. 271, 298, 474 OR). Vertragsrecht gilt bei einem durch Kündigung aufgelösten, nicht aber bei einem nichtigen Vertrag[2]. Aber auch sonst läßt sich der Vorrang der Art. 938–940 vor den allgemeinen Bereicherungs- und Schadenersatzregeln nicht lückenlos durchführen. So verweisen die Art. 726 Abs. 3 und 727 Abs. 3 ZGB für die Fälle der Verarbeitung, Verbindung und Vermischung nicht auf Art. 938ff., sondern auf die generellen «Ansprüche auf Schadenersatz und aus Bereicherung»[3]. Aber selbst da, wo grundsätzlich Art. 938–940 Anwendung finden, bedeutet ein Schweigen der lex specialis nicht ohne weiteres eine negative Entscheidung. Die Frage, ob in einem solchen Fall nicht doch auf allgemeine Regeln des OR zurückgegriffen werden soll, kann nur unter Besinnung auf die grundsätzlichen Wertentscheidungen der Rechtsordnung beantwortet werden[4]. Die damit verknüpfte Problematik tut freilich der mit der lex specialis angestrebten Vereinfachung der Rechtslage etwelchen Abbruch.

Die Regelung der Art. 938–940 gehört zwar dem Sachenrecht an, läßt aber Forderungen entstehen, für deren Verjährung die einjährige relative und die zehnjährige absolute Verjährungsfrist des obligationenrechtlichen Schadenersatz- und Bereicherungsrechts (Art. 60 und 67 OR) entsprechend zutrifft[5].

---

[1] BGE 84 II, 1958, S. 377ff.
[2] Vgl. für Einzelheiten HOMBERGER, Art. 938, N. 1; STARK, Vorbem. Verantwortlichkeit, N. 16 und 19.
[3] Vgl. BGE 71 II, 1945, S. 98.
[4] So sind z.B. die Verjährungsregeln der Art. 60 und 67 OR auf die Ansprüche aus Art. 938ff. ZGB anzuwenden (STARK, Vorbem. Verantwortlichkeit, N. 14; vgl. auch hinten § 86, Anm. 8). Für das BGB, wo sich die gleiche Problematik ergibt, steht einer Ausschließlichkeitstheorie eine Theorie der kumulativen Ansprüche gegenüber, die aber beide nicht konsequent vertreten werden und deshalb in den praktischen Ergebnissen nicht allzu sehr divergieren (vgl. für Einzelheiten DIMOPOULOS-VOSIKIS, a.a.O.).
[5] Vgl. auch BGE 81 II, 1955, S. 435ff.

Dagegen ist Art. 59 BV, da es sich um Nebenansprüche aus dinglicher Berechtigung bzw. aus Besitz handelt, nicht anwendbar; etwas anderes gilt nur für die nach Art. 938 und vor allem nach Art. 940 sich ergebenden Schadenersatzansprüche[6]. Außerhalb des Anwendungsbereiches von Art. 59 BV begründet im interkantonalen Verhältnis der Ort, wo der Besitz ausgeübt wird, den Gerichtsstand der gelegenen Sache, oder, wo dieser, wie bei gewissen Mobilien, nicht klar bestimmt ist, des Wohnsitzes des Beklagten[7].

II.

Träger der in Art. 939 und 940 speziell geregelten Ansprüche gegen den jetzigen oder früheren Besitzer ist, wem als «Berechtigtem» der Besitz vorenthalten wurde. Bei einer beweglichen Sache braucht auch hier der Kläger, statt das eigene Recht zum Besitz (Eigentum usw.) nur den unfreiwilligen Verlust des mittelbaren oder unmittelbaren Besitzes oder die Unredlichkeit des Beklagten darzutun. Sache des Beklagten ist es dann wiederum, ein besseres Recht zum Besitz nachzuweisen. Bei beiderseits fehlendem Recht zum Besitz gelten die Ausführungen zu Art. 934–936 entsprechend[8].

III.

«Verantwortlichkeit» wie auch «Ersatzforderungen» des unberechtigten Besitzers hängen maßgeblich von seinem guten oder bösen Glauben ab. Gutgläubig ist, wer sich vorwurfsfrei zum Besitz berechtigt glaubt (Art. 3 Abs. 2), bösgläubig, wer das Gegenteil weiß oder nach den Umständen wissen muß[9]. Dabei ist naturgemäß – anders als für den Herausgabeanspruch nach

---

[6] BGE 66 I, 1940, S. 235; teilweise abweichend STARK, Vorbem. Verantwortlichkeit, N. 30 ff.
[7] Vgl. zu den hier behandelten Fragen auch vorn S. 503/04.
[8] Vgl. vorn S. 498 ff. – Demgegenüber soll nach BGE 84 II, 1958, S. 259 ff. ein früherer Besitzer nach Art. 940 nur Erfolg haben können, wenn «ihm die Sache gehörte oder er einem andern gegenüber dafür verantwortlich war» (S. 261); ebenso STARK, Art. 940, N. 3. Richtig dürfte sein, daß bei beiderseits fehlendem Recht zum Besitz der Kläger, falls er nach Art. 934–936 durchdringen würde, (nur) das Interesse an der Fortdauer des Besitzes geltend machen kann. Für das BGB ergibt sich das aus der in § 1007 Abs. 3, letzter Satz, enthaltenen Verweisung; vgl. WOLFF/RAISER, § 23, III 2; WESTERMANN, § 35, III. – Bei der Gläubigeranfechtung (Art. 285 ff. SchKG) richtet sich die Verantwortlichkeit des Beklagten, da er Eigentümer geblieben ist und als solcher nutzt, nicht nach Art. 938 oder 940 ZGB; vielmehr ist sie aus dem Zweck der Anfechtungsklage abzuleiten: BGE 98 III, 1972, S. 46 f.
[9] BGE 57 II, 1931, S. 392; vgl. auch 54 II, 1928, S. 248 ff. (Belangung mit einer Klage macht nicht ohne weiteres bösgläubig, wohl aber ein verurteilendes gerichtliches Erkenntnis, BGE 84 II, 1958, S. 379). Wer sich aber mit einem Herausgabebegehren konfrontiert sieht, ist gehalten, dessen Begründung zu überprüfen, und kann nur als gutgläubig gelten, wenn er den Anspruch mit vertretbaren Gründen als ungerechtfertigt ansehen darf (BGE 94 II, 1968, S. 310 f.).

Art. 936 – nicht der Zeitpunkt des Besitzerwerbs, sondern die ganze Dauer des Besitzes in Betracht zu ziehen[10]. Anders als dort gilt hier «mala fides superveniens nocet».

IV.

Eine Sache kann zufolge bösgläubigen Besitzes «vorenthalten» sein, bevor ein Herausgabebegehren gestellt ist[11]. Ob in einem solchen Fall durch die Vorenthaltung der Berechtigte geschädigt wurde, hängt von der Lage des Einzelfalles ab.

§ 85. Verantwortlichkeit und Ansprüche des gutgläubigen Besitzers

Literatur: H. JANKE, Das Fruchtrecht des redlichen Besitzers und des Pfandgläubigers, Erlangen 1882; A. KOEPPEN, Der Fruchterwerb des bonae fidei possessor, Jena 1872.

Vorarbeiten: Vorentwurf, Art. 980/81; Erläuterungen 1914, II, S. 393/94; Entwurf, Art. 976/77.

Ausländische Gesetze: BGB §§ 987–1003; CCfr. Art. 549/50, 867, 1380, 1631 ff., 1935.

I. Verantwortlichkeit

Nach Art. 938 ist der gutgläubige Besitzer für Gebrauch und Nutzung der Sache entsprechend dem von ihm angenommenen Recht dem Berechtigten nicht verantwortlich, ebenso nicht für den Untergang oder Beschädigung der Sache. Insoweit wird das fehlende Recht zum Besitz durch den guten Glauben an sein Vorhandensein ersetzt. Somit kann eine Haftung des gutgläubigen Eigenbesitzers nicht entstehen, da ihm das vorwurfsfrei vermutete Eigentum das volle Gebrauchs-, Nutzungs- und Verfügungsrecht gäbe. Als Nutzungen kann der gutgläubige Eigentümer z. B. den auf die Zeit seines gutgläubigen Besitzes entfallenden Teil der Zinsen beanspruchen, die aus der Vermietung der Sache erwachsen. Dagegen haftet der Fremdbesitzer für ein

---

[10] BGE 54 II, 1928, S. 248 ff; 84 II, 1958, S. 378 f.
[11] Anders anscheinend BGE 57 II, 1931, S. 392.

Verhalten, das ihn auch bei Bestehen des von ihm gutgläubig angenommenen Rechts (Pfandrecht, Nutznießung, Miete usw.) dem umfassend Berechtigten gegenüber haftbar machen würde (z. B. den Pfandgläubiger gegenüber dem Verpfänder nach Art. 890).

Daß der Besitzer sogar die noch v o r h a n d e n e n , während der Dauer seines gutgläubigen Besitzes im Rahmen des vermuteten Rechts bezogenen Nutzungen behalten darf, wie allgemein angenommen wird, stellt ihn besser als nach Bereicherungsrecht und läßt sich nicht leicht rechtfertigen (am ehesten noch mit dem Hinweis auf die dadurch erzielte Vereinfachung der Rechtslage)[1]. V e r ä u ß e r u n g s g e w i n n ist keine Nutzung. Das Bundesgericht stellt ihn aber einer solchen gleich und begründet das damit, daß der gutgläubige Besitzer alle aus der vermeintlichen Rechtsausübung erwachsenen Vorteile behalten dürfe[2]. Das würde doch wohl auf eine weitere Abweichung von den Regeln über die ungerechtfertigte Bereicherung bzw. die unechte Geschäftsführung ohne Auftrag (Geschäftsanmaßung) hinauslaufen, die auch im Wortlaut des Art. 938 keine genügende Stütze findet und abgelehnt werden sollte[3], zumal die Sache selber, wenn sie noch in den Händen des Besitzers wäre, vorbehältlich der Berufung auf Art. 934 Abs. 2 ohne weiteres herauszugeben wäre. Soweit freilich der veräußernde Besitzer seinem Käufer aus Gewährleistung haftet, kann von einem Veräußerungsgewinn nicht die Rede sein, wohl aber dann, wenn er eine auf Grund eines bloß vermeintlich gültigen Kaufvertrags erworbene Sache teurer an einen ebenfalls gutgläubigen Dritten weiterveräußert, der sie auf Grund von Art. 933 behalten kann. Vorbehalten bleibt der Einwand, daß er den Gewinn durch Abschluß eines andern Ge-

---

[1] A. SIMONIUS, in: Festschrift Guhl (zit. § 80, Anm. 14), S. 62.
[2] BGE 71 II, 1945, S. 90 ff.; 84 II, 1958, S. 378; ebenso STARK, Art. 938, N. 8 und 18 – anders aber Vorbem. Rechtsschutz, N. 66 –, der sogar findet, daß der gutgläubige Besitzer den ganzen Kaufpreis auch dann behalten könne, wenn er die Sache unentgeltlich erhalten hatte. Dieser Standpunkt kann nicht mit einem «Recht auf den Gebrauch der Sache» begründet werden (STARK), da eine entsprechende Berechtigung vorbehältlich der hinten S. 514 erwähnten Situation nicht besteht.
[3] SIMONIUS, a.a.O. (§ 80, Anm. 14), S. 60 ff. Nach einer andern Meinung findet allerdings Art. 423 OR nur auf die «bösgläubige vertragslose Geschäftsführung» Anwendung (GAUTSCHI, Art. 423, N. 1 c; GUHL/MERZ/KUMMER, S. 440; wie im Text VON TUHR/SIEGWART, § 52, VIII 3; ferner BGE 97 II, 1971, S. 177 f.: «Die Herausgabepflicht [nach Art. 423 OR] setzt nach schweizerischem Recht kein Verschulden voraus und trifft den Gut- wie den Bösgläubigen in gleicher Weise»). Auch für das BGB ist die Frage umstritten, doch wird die Herausgabepflicht doch wohl vorwiegend bejaht, und zwar unter dem Gesichtspunkt von § 816 Abs. 1 BGB oder der Eingriffskondiktion: BGHZ 29, 1959, S. 157 ff.; WESTERMANN, § 31, IV 3 b; J. ESSER, Schuldrecht, 4. Aufl., Bd. II, Karlsruhe 1971, § 104, II 1 b (mit Differenzierungen z. B. für den Fall gewinnsteigernder Aufwendungen des Besitzers). Verneinend z. B. K. LARENZ, Schuldrecht, 10. Aufl., Bd. II, München 1972, § 69, IV a; E. VON CAEMMERER, Bereicherungsausgleich bei Verpfändung fremder Sachen, in: Festschrift Hans Lewald, Basel 1953, S. 448.

schäftes ohnehin gemacht hätte. Eine krasse Begünstigung folgt aus der bisherigen Auffassung, wenn ein ungültig Beschenkter die Sache verkauft[4].

Keine Nutzung ist die Schadenersatzforderung, die ein gutgläubiger Besitzer gegen seinen Mieter wegen Verletzung des Mietvertrags erwirbt. Es wäre stoßend, wenn er, obwohl er die Sache herausgeben müßte, ihren Gegenwert behalten kann, wenn sie durch den Mieter (beschädigt oder) zerstört wird. Noch nicht geleisteten Schadenersatz kann der Vermieter vom Mieter direkt verlangen (Art. 423 Abs. 1 OR).

II. Ansprüche

1. Der nichtberechtigte Besitzer kann für die Sache Verwendungen vorgenommen, d. h. Leistungen aus seinem Vermögen erbracht oder Arbeit ausgeführt haben. Art. 939 stellt den «notwendigen und nützlichen» Verwendungen, die hier anders als nach Art. 940 Abs. 2 unterschiedslos behandelt werden, alle «anderen» Verwendungen gegenüber. Notwendig sind die Verwendungen, welche nach den Regeln einer ordnungsgemäßen Wirtschaft erforderlich sind, nützlich sind sie, wenn sie, ohne notwendig zu sein, im Rahmen einer sorgfältigen Bewirtschaftung zur Erzielung eines Vorteils, insbesondere zur Steigerung ihres Ertrags oder Werts gemacht werden[5]. Reparaturen, Bodenverbesserungen, bauliche Veränderungen (Einbau eines Lifts), Neubauten können je nach den Verhältnissen des Einzelfalls notwendig oder doch nützlich sein. Für notwendige oder nützliche Verwendungen kann der Besitzer, wenn er zur Zeit ihrer Vornahme gutgläubig war, «Ersatz verlangen», dies jedoch nur, wenn der Berechtigte die Auslieferung der Sache fordert. Ihm gegenüber hat er dann ein Zurückbehaltungsrecht (Art. 939 Abs. 1). Für Auslagen, die weder notwendig noch nützlich sind (Luxusaufwendungen, impensae voluptuariae) besteht kein Ersatzanspruch, sondern bloß ein Wegnahmerecht und auch dies nur, falls die Wegnahme ohne Beschädigung, wenn auch nicht ohne Veränderung der Sache möglich ist (Art. 939 Abs. 2)[6].

---

[4] Demgegenüber besteht nach § 816 Abs. 1, Satz II BGB im Falle unbefugter Schenkung einer fremden Sache sogar eine (schuldrechtliche) Herausgabepflicht nicht nur eines allfälligen Erlöses, sondern der Sache selber trotz zufolge Gutglaubensschutzes wirksam erlangten Eigentums, was sich freilich auf das ZGB nicht übertragen läßt (vgl. vorn § 81, Anm. 3).
[5] HOMBERGER, Art. 939, N. 6f. unter Hinweis auf VON TUHR/SIEGWART, § 17, II.
[6] Im Eigentum des gut- (oder bös)gläubigen Besitzers befindliches Zugehör kann selbstverständlich voraussetzungslos weggenommen werden.

2. Der Ersatzanspruch ist insofern bedingt, als er von der Rücknahme der Sache durch den Berechtigten abhängt. Umstritten ist, ob der Anspruch nur einredeweise gegenüber dem Herausgabebegehren[7] oder auch nach erfolgter Herausgabe selbständig geltend gemacht werden kann und – wenn letzteres grundsätzlich zutrifft, wie das meines Erachtens zu bejahen ist –, ob in einer vorbehaltlosen Herausgabe ein stillschweigender Verzicht erblickt werden darf[8]. Verzichte sind nicht zu vermuten. Im einzelnen Falle kann sich ein solcher aber doch aus dem besondern Verhalten des Besitzers schlüssig ergeben oder die spätere Geltendmachung eines die Rücknahme nachträglich belastenden Anspruchs kann als Verstoß gegen Treu und Glauben erscheinen[9]. Für die Höhe des Ersatzanspruches kommt es auf die tatsächlichen Aufwendungen an, nicht auf die Wertvermehrung oder -verminderung der Sache zur Zeit der Rückgabe[10].

Der Ersatzanspruch für Verwendungen reduziert sich um den Wert der effektiv bezogenen Früchte (Art. 939 Abs. 3), wobei beiderseits eine Verzinsung zu einem mittleren Zinsfuß hinzuzurechnen ist.

Das sowohl an Mobilien als an Immobilien mögliche Zurückbehaltungsrecht ist weder ein Retentionsrecht im Sinne von Art. 895 ZGB noch überhaupt ein Pfandrecht (Verwertungsrecht) im Sinne von Art. 37 SchKG. Aber es besteht die gleiche Verantwortlichkeit für Beschädigung der Sache wie beim Pfandrecht. Auch kann der gutgläubige Besitzer einer Mobilie sein Zurückbehaltungsrecht mit Hilfe von Art. 934 durchsetzen, wenn ihm die Sache unfreiwillig abhanden kommt[11]. Er hat bis zur Befriedigung seines Ersatzanspruches ein besseres Recht zum Besitz als der grundsätzlich Berechtigte[12].

---

[7] So VON TUHR/SIEGWART, § 4, 5.
[8] OSTERTAG, Art. 939, N. 13; STARK, Art. 939, N. 25 und 33; verneinend: HOMBERGER, Art. 939, N. 16.
[9] Dabei könnte es etwas ausmachen, ob es sich um eine notwendige oder bloß um eine nützliche Verwendung handelt. Das BGB (§ 1002/3) sucht dem Interessenkonflikt durch eine komplizierte Regelung beizukommen.
[10] HOMBERGER, Art. 939, N. 9.
[11] Die dem Schutz des Retentionsrechts nach Art. 895 ZGB dienenden Regeln gelten insofern entsprechend; vgl. OFTINGER, Art. 895, N. 150f. und 176ff.
[12] Vgl. oben Anm. 2.

§ 86. Verantwortlichkeit und Ansprüche des bösgläubigen Besitzers

Vorarbeiten: Vorentwurf, Art. 982; Erläuterungen 1914, II, S. 393/94; Entwurf, Art. 978.

Ausländische Gesetze: BGB §§ 990–992; CCfr. Art. 1379.

I. Verantwortlichkeit

1. Bösgläubig ist ein Besitzer, der das Fehlen eines Rechts zum Besitz kennt oder bei der nach den Umständen gebotenen Aufmerksamkeit kennen (Art. 3 Abs. 2) und deshalb mit der Rückerstattung rechnen muß [1,2].

2. Der bösgläubige Besitzer hat nach Art. 940 alle von ihm gezogenen Nutzungen herauszugeben bzw. zu ersetzen. Er ist ferner für alle Nutzungen verantwortlich, die er nach den Regeln einer sorgfältigen Bewirtschaftung hätte ziehen können. Da ein abstrakter Maßstab gilt – was allenfalls mit der Vereinfachungstendenz der lex specialis begründet werden kann –, ist der Einwand, der Berechtigte hätte die versäumten Früchte ebenfalls nicht erzielt, unbehelflich. Der bösgläubige Besitzer hat ferner im Sinne von Art. 41 OR für allen Schaden (damnum emergens, lucrum cessans) einzustehen, der infolge seines unbefugten Besitzes dem Berechtigten durch Vorenthaltung, Verbrauch, Zerstörung, Beschädigung, Entwertung, Veräußerung [3], Belastung – der Dritterwerber mag sich auf Art. 933 ZGB berufen können oder der Berechtigte will ihm gegenüber den Prozeß nicht führen – entsteht [4].

Das Fehlen ursächlichen Zusammenhangs ist zu berücksichtigen, wenn nachgewiesenermaßen der gleiche Schaden auch ohne den unbefugten Besitz des Beklagten entstanden wäre [5]. Zum Schaden gehört im übrigen auch das Lösegeld, das der Berechtigte nach Art. 934 Abs. 2 einem Dritterwerber be-

---

[1] Vgl. Art. 3 ZGB.
[2] Vgl. vorn § 84, II.
[3] BGE 38 II, 1912, S. 465 ff.; 45 II, 1919, S. 263 ff.; 57 II, 1931, S. 392; 79 II, 1953, S. 61; 84 II, 1958, S. 253 ff. Eine zu Ersatz verpflichtende «Vorenthaltung» beginnt entgegen BGE 57 II, 1931, S. 392 nicht erst mit dem Moment, wo Herausgabe verlangt wird. – Die unbefugte Veräußerung einer Liegenschaft gelingt nicht zufolge eigenen Besitzes, sondern nur bei ungerechtfertigtem Bucheintrag (Art. 973), so daß insoweit Art. 940 höchstens entsprechend Anwendung finden kann.
[4] Die Weiterveräußerung hindert die Belangung des früheren bösgläubigen Besitzers auf Herausgabe nicht (BGE 38 II, 1912, S. 468), doch tut der Kläger diesfalls gut daran, mit dem Hauptbegehren einen Eventualantrag auf Leistung von Schadenersatz für den Fall der Nichtherausgabe innert zu bestimmender Frist zu verbinden. Er braucht sich nicht auf eine Klage auf Herausgabe gegen den Dritterwerber verweisen zu lassen.
[5] BGE 45 II, 1919, S. 265.

zahlen muß, um die Sache zurückzuerlangen[6]. Vorbehalten bleibt in besonders gelagerten Fällen die Anwendung von Art. 44 Abs. 1 OR[7]. Daß der durch Weiterveräußerung erzielte Erlös oder Zwischengewinn vom bösgläubigen Erwerber nach Bereicherungsregeln (Art. 62–64 OR) zu erstatten ist, wenn der Berechtigte die Sache vom späteren Erwerber nicht herausbekommt, wurde vom Bundesgericht mit Recht angenommen, ja als selbstverständlich vorausgesetzt[8], wodurch die vorn im Text entwickelte Auffassung, daß die lex specialis der Art. 938 ff. das Bereicherungsrecht des OR nicht in toto ausschließt, bestätigt wird.

Nach Art. 940 Abs. 3 haftet der bösgläubige Besitzer, solange er nicht weiß, an wen er die Sache herausgeben soll, nur für den von ihm **verschuldeten** Schaden. Als wichtigster Anwendungsfall wird der Fund bezeichnet[9]. Ein Finder, der die ihm im Interesse des Eigentümers (Verlierers) vom Gesetz (Art. 720) auferlegten Pflichten erfüllt und deshalb «redlich» ist, bleibt indes bis zur allfälligen Ermittlung des Verlierers (und allenfalls im Hinblick auf ein Retentionsrecht bis zur Befriedigung des eigenen Anspruchs[10]) zum Besitz berechtigt und kann schon aus diesem Grunde nicht als bösgläubig betrachtet werden. Das gleiche trifft für einen aus der Zuführung von Sachen (Art. 725) entstandenen Besitz zu. In Fällen aber, wo der Besitzer durch bösgläubigen Erwerb die Ursache dafür setzte, daß eine spätere Ungewißheit über die Person des Herausgabeberechtigten entsteht, hat er den Schaden verschuldet und verdient die in Art. 940 Abs. 3 vorgesehene Milderung der Verantwortlichkeit nicht. Das gilt erst recht, wenn er den Schaden durch Hinterlegung – Art. 96 OR ist entsprechend anwendbar – vermeiden konnte. Der Anwendungsbereich des Art. 940 Abs. 3 muß deshalb als problematisch bezeichnet werden.

II. Ansprüche

Der bösgläubige Besitzer kann nur für notwendige, also für solche Verwendungen, die nach den Regeln einer sorgfältigen Verwaltung für die Sache erforderlich waren, Ersatz verlangen. Ein Rückbehaltungsrecht hat er nicht, zumal er es auch bei Anwendung von Art. 65 OR/895 ZGB nicht hätte, wenn

---

[6] BGE 84 II, 1958, S. 260.
[7] BGE 84 II, 1958, S. 264 (Erw. 5).
[8] BGE 93 II, 1967, S. 373 ff. Seltsamerweise wurde in diesem Entscheid – der Beklagte hatte bösgläubig originären Besitz erworben – auf die aus Art. 938–940 ZGB einerseits, Art. 62 ff. OR andererseits sich ergebenden Abgrenzungsfragen überhaupt nicht Bezug genommen.
[9] HOMBERGER, Art. 940, N. 13; STARK, Art. 940, N. 17.
[10] Vgl. OFTINGER, Art. 895, N. 66.

die Sache ohne den Willen des andern in seinen Besitz kam. Gerade deshalb aber kann das Forderungsrecht die Rückgabe überdauern. Ein Rücknahmerecht hinsichtlich «nützlicher» und «anderer» Verwendungen ist, soweit es ohne Beschädigung der Sache verwirklicht werden kann, zu bejahen, da eine Verwirkung poenale Bedeutung hätte und dem Sinn einer privatrechtlichen Regelung nicht entspräche[11]. Das Schweigen des Gesetzes ist insoweit nicht als negative Entscheidung zu deuten.

---

[11] Vgl. auch HOMBERGER, Art. 940, N. 14 und 15 (abweichend hinsichtlich des Wegnahmerechts) und STARK, Art. 940, N. 31 ff. (abweichend auch hinsichtlich des Zurückbehaltungsrechts).

Dienstbarkeiten und Grundlasten
PAUL PIOTET

Deutsche Übersetzung von
Me SALOMÉ PARAVICINI
Advokat, Genf

Erstes Kapitel

Die beschränkten dinglichen Rechte im allgemeinen

Literatur: G. ANDRÉ, De l'usufruit des actions – Etude de droit civil comparé, Diss. Lausanne 1930; J. CHUARD, De l'usufruit des créances en droit civil suisse, Diss. Lausanne 1913; R. GMÜR, Das Schweizerische Zivilgesetzbuch verglichen mit dem deutschen Bürgerlichen Gesetzbuch, Abh. schweiz. R 366, Bern 1965; EUGEN HUBER, Die Eigentümerdienstbarkeit – Ein Beitrag zu ihrer Rechtfertigung, in: Festschrift der Jur. Fakultät Bern für Fitting, Bern 1902; P. ISLER, Der Baurechtsvertrag und seine Ausgestaltung, Diss. Zürich, Abh. schweiz. R 423, Bern 1973; H. KARNBACH, Die Nutznießung aus Forderungen nach schweizerischem Recht, Diss. Zürich 1936; R. KOEFERLI, Die Nutznießung an Wertpapieren unter besonderer Berücksichtigung der Nutznießung an Aktien, Diss. Zürich, Winterthur 1954; R. LIEBERMANN, Die sachenrechtliche Nutznießung, Diss. Zürich 1933; R. MENGIARDI, Die Errichtung von beschränkten dinglichen Rechten zugunsten und zu Lasten von Miteigentumsanteilen und Stockwerkeigentumseinheiten, Diss. Bern, Abh. schweiz. R 415, Bern 1972; P. PIOTET, Les usufruits du conjoint survivant en droit successoral suisse, Abh. schweiz. R 400, Bern 1970; E. DE RHAM, Les sûretés dues par l'usufruitier au nu-propriétaire, Diss. Lausanne 1925; R. RUEDIN, Le droit réel de superficie, Neuchâtel 1969; O. SCHMIDLIN, Die Sicherung der Rechte des Pfandgläubigers und Nutznießers an der versicherten Sache, Diss. Bern 1954.

§ 87. Die beschränkten dinglichen Rechte

I. Begriff

Die beschränkten dinglichen Rechte sind wie das Eigentum absolute subjektive Rechte. Sie richten sich gegen jedermann und verleihen dem Berechtigten eine unmittelbare Herrschaft über die Sache[1]. Während aber das Eigentum eine universale rechtliche Sachherrschaft beinhaltet, gewähren die beschränkten dinglichen Rechte lediglich begrenzte Herrschaftsbefugnisse über die Sache, daher ihre Bezeichnung «beschränkte dingliche

---

[1] Vgl. MEIER-HAYOZ, Berner Kommentar, Das Eigentum, System. Teil, N. 129–138 b.

Rechte» und «diritti reali limitati» in der deutschen und italienischen Fassung des Zivilgesetzbuches. Da dieser Ausdruck der juristischen Terminologie Frankreichs fremd ist, hat der Gesetzgeber darauf verzichtet, ihn im französischsprachigen Text des Gesetzes zu verwenden; die Bezeichnung «droits réels limités» oder «droits réels restreints» hat sich jedoch mittlerweile auch in der welschen Schweiz[2] dank ihrer Einfachheit durchgesetzt.

Gegenstand eines beschränkten dinglichen Rechts ist nicht in jedem Fall eine fremde Sache; das schweizerische Recht kennt auch beschränkte dingliche Rechte an der eigenen Sache – vgl. unten sub Ziff. IV – (aus diesem Grund stellt der Gesetzgeber dem Eigentum nicht die Rechte an fremden Sachen gegenüber – iura in re aliena –, sondern einfach «die beschränkten dinglichen Rechte»: ZGB 4. Teil, 2. Abteilung, Art. 730 ff.) und an herrenlosen Sachen. So bleibt einerseits das beschränkte dingliche Recht an der Sache nach erfolgter Dereliktion bestehen[3], andererseits kann gemäß Art. 731 Abs. 2 ZGB eine Dienstbarkeit durch Ersitzung erworben werden; hingegen ist u. E. die Ersitzung einer Grundlast ausgeschlossen[4].

Die öffentlichen Beschränkungen bezüglich der Begründung oder des Bestandes beschränkter dinglicher Rechte an herrenlosen, sowie an öffentlichen Sachen im Sinne von Art. 664 ZGB werden in der allgemeinen Darstellung über das Eigentum behandelt[5].

Unser ZGB kennt drei Kategorien von beschränkten dinglichen Rechten: die Dienstbarkeiten (oder Servituten), die Pfandrechte und die Grundlasten. Die Doktrin unterscheidet, je nach Art der durch das dingliche Recht verliehenen Herrschaftsbefugnisse, Gebrauchs- oder Nutzungsrechte und Haftungs- oder Wertrechte. Erstere sind die Dienstbarkeiten, welche dem Berechtigten einen unmittelbaren Genuß an der Sache verschaffen, beispielsweise das Recht zur Fassung und Ableitung einer fremden Quelle (Art. 780 ZGB) oder das Recht, zu Fuß oder mit einem Fahrzeug einen auf fremdem Grundstück befindlichen Weg zu benützen. Letztere umfassen die Pfandrechte und, wie wir sehen werden[6], die Grundlasten: sie ermöglichen dem Berechtigten, im Falle der Nichterbringung einer ihm geschuldeten Leistung die Verwertung der Sache zu erlangen und sich aus dem Erlös zu befriedigen. Es sei im übrigen bereits an dieser Stelle darauf

---

[2] Siehe z.B. TUOR/DESCHENAUX, § 96.
[3] LEEMANN, in Berner Kommentar, N.12 zur Art. 666 ZGB; HAAB, im Zürcher Kommentar, N.13 zu Art. 666 ZGB; MEIER-HAYOZ, N.14 und 16 zu Art. 658 und N.12 zu Art. 666 ZGB.
[4] Vgl. unten § 103, II; anderer Auffassung LIVER, im Zürcher Kommentar, Einleitung, S.14 N.24.
[5] Vgl. MEIER-HAYOZ, N.64 und 68 ff. zu Art. 664 ZGB sowie in diesem Band LIVER, Das Eigentum, § 22.
[6] § 102, I.

hingewiesen, daß unter bestimmten Voraussetzungen[7] dem aus einer Dienstbarkeit Berechtigten ebenfalls ein Anspruch auf einen Teil des Verwertungserlöses der Sache zusteht, während umgekehrt die Haftungsrechte dem Inhaber gegebenenfalls die Befugnis einräumen, Maßnahmen zu treffen, um einer allfälligen Wertverminderung der Pfandsache entgegenzutreten (Art. 808 und 810 ZGB). Dienstbarkeiten an Immobilien und Grundlasten können mit dem Eigentum am «herrschenden» Grundstück subjektiv-dinglich so verknüpft werden, daß sie dem jeweiligen Eigentümer des berechtigten Grundstückes zustehen (Grunddienstbarkeiten und Prädial- oder Realgrundlasten); beim Pfandrecht dagegen besteht diese Möglichkeit nicht.

II. Das Verhältnis der beschränkten dinglichen Rechte an fremder Sache zum Eigentum

Bezüglich der Begründung beschränkter dinglicher Rechte zu Lasten des Eigentums bestehen zwei Theorien. Nach der ersten – hier Teilungs-Theorie (théorie du démembrement) bezeichnet –, welche in der Schweiz vor allem von ROGUIN[8] und von TUOR[9] vertreten wird, werden eine oder mehrere Befugnisse, welche im Eigentum enthalten sind, ausgeschieden und auf eine andere Person übertragen, wodurch sie zu einem beschränkten dinglichen Recht werden. Gemäß der zweiten, welche wir Belastungs-Theorie nennen, und die von allen Kommentatoren[10] vertreten wird, stellt das beschränkte dingliche Recht eine vom Eigentum unabhängige Berechtigung dar, welche jenes von außen her einschränkt, eine Belastung, eine Begrenzung also, – und nicht eigentlich einen verselbständigten Eigentumsbestandteil. Diese letztere Auffassung, der wir uns anschließen, entspricht der klassischen romanistischen Tradition, welche im Eigentum nicht eine Summe, eine Reihe oder ein Bündel von unterschiedlichen Einzelbefugnissen erblickt, sondern eine einzige, umfassende und unteilbare Sachherrschaft, welcher diese Befugnisse inhärent sind (wie z. B. auch die verschiedenen Aspekte des Rechtes auf Schutz der Persönlichkeit, wie Ehre, Intim- und Geheimsphäre usw., diesem inhärent sind). Man kann

---

[7] Vgl. unten III 1 b α in fine.
[8] ERNEST ROGUIN, La science juridique pure, Lausanne 1923, Bd. III, S. 870–872.
[9] TUOR/SCHNYDER, S. 548–550. Siehe auch z. B. M. PILET, Le droit de superficie du CCS, Diss. Lausanne 1912, S. 70; J. VOLLENWEIDER, Etude sur les droits distincts et permanents en droit civil suisse, Diss. Lausanne 1923, S. 17–18.
[10] Vgl. insbes. LEEMANN, N. 6 der Vorbem. zu Art. 641 ZGB; LIVER, im Zürcher Kommentar, Einleitung, S. 7–8, N. 7–8; MEIER-HAYOZ, System Teil, N. 143 und 196, S. 76 und 102.

das Eigentum nicht mit einem in Stücke geschnittenen Kuchen vergleichen, von welchem eines weggenommen und als beschränktes dingliches Recht einem andern abgetreten wird; vielmehr gleicht es einem Gummiball, der durch einen Fremdkörper, welcher das beschränkte dingliche Recht darstellt, eingedrückt wird.

Man spricht häufig von Elastizität des Eigentums, um zu erklären, daß dieses ipso iure seine Universalität wiedererlangt, wenn das das Eigentum beschränkende dingliche Recht untergeht. Dieser Ausdruck ist sicherlich gerechtfertigt; aber er sollte auch bezüglich der übrigen dinglichen Rechte verwendet werden, welche ebenfalls ipso iure ihren gesamten Umfang zurückerlangen, sobald das sie beschränkende dingliche Recht (sei es gleichen oder höheren Ranges) erlischt. Wir werden hierauf zurückkommen im Zusammenhang mit der Frage nach der Rangordnung[11] der beschränkten dinglichen Rechte sowie der Nutznießung und den Pfandrechten, die Rechte belasten[12].

Diese Elastizität steht in vollem Einklang mit der herrschenden, auch von uns vertretenen Meinung in der Frage nach dem Eigentumsbegriff; jedoch läßt sich das Wiederanwachsen des Eigentums, wenn auch vielleicht weniger leicht, von der Teilungs-Theorie her ebenfalls erklären: im Gegensatz zu LIVER[13] sehen wir darin, daß dem Eigentümer eines mit einer Dienstbarkeit belasteten Grundstückes die Befugnis verbleibt, dieses in gleicher Weise wie der Servitutsberechtigte zu benützen, ohne daß letzterer dadurch beeinträchtigt würde, noch keinen Beweis für die Richtigkeit unserer Auffassung[14]. Die Teilungs-Theorie geht dahin, daß die nämliche Befugnis aufgesplittert und teilweise übertragen werden kann, wodurch dann eine Dienstbarkeit entsteht. LIVER bemerkt auch, daß durch die Begründung einer Bauverbotsservitut dem Dienstbarkeitsberechtigten nicht ein Recht zu bauen übertragen wird. Dieses Argument dürfte kaum von Bedeutung sein: nach der Teilungs-Theorie teilen sich der Eigentümer und der Servitutsberechtigte in die Befugnis, die Erstellung einer Baute auf dem Grundstück zu verhindern, wobei der Berechtigte dieses Recht gegen jedermann, eingeschlossen den Eigentümer des belasteten Grundstückes, geltend machen kann. Der Eigentümer wird in einem solchen Falle Passivsubjekt und hört auf, nur Aktivsubjekt zu sein.

Um von Nutzen zu sein, muß das beschränkte dingliche Recht dem Eigentum vorgehen, zu dessen Lasten geltend gemacht werden können; nun kann aber im Prinzip kein Recht in seiner Ausübung ohne Einverständnis seines Inhabers eingeschränkt werden. Deshalb erfordert die Begründung eines beschränkten dinglichen Rechts die Zustimmung des Eigentümers. Nach der Teilungs-Theorie vollzieht sich die Begründung eines beschränkten dinglichen Rechts in der Übertragung von Befugnissen, welche bis anhin dem Eigentümer zustanden; und nur dieser hat das Recht, solche Befugnisse zu übertragen.

---

[11] Vgl. unten III 1 vorletzter Absatz und III 2 in fine.
[12] Vgl. unten § 88, I vor Anm. 4.
[13] Zürcher Kommentar, Einleitung, S. 8, N. 8.
[14] Vgl. unten § 93, IV Abs. 2.

Die Doktrin nimmt allgemein an, daß ein Miteigentumsanteil Gegenstand eines beschränkten dinglichen Rechts sein kann[15]. Unserer Ansicht nach hat das beschränkte dingliche Recht immer die Sache selbst zum Gegenstand; jedoch kann es lediglich das Recht eines Miteigentümers begrenzen und einschränken und nur diesem geht es vor, nicht aber den Rechten der übrigen Miteigentümer. Wenn ein Miteigentumsanteil als solcher Gegenstand einer Nutznießung (welche dem Berechtigten den vollen Genuß an der Sache verleiht, Art. 745 ZGB) wäre, würde dieses Recht mit seinem Gegenstand untergehen, wenn beispielsweise alle Miteigentümer auf ihre Rechte an der Sache verzichteten[16]; nun ist dies aber sicherlich nicht der Fall. Wie sich die gewöhnliche Nutznießung auf die Sache selbst bezieht und nicht das Eigentum, welches sie beschränkt, zum Gegenstand hat (wäre dem nicht so, wäre entgegen der einhelligen Lehrmeinung eine Nutznießung an einer herrenlosen Sache nicht denkbar), so hat auch die «an» einem Miteigentumsanteil bestehende Nutznießung die Sache selbst zum Gegenstand und nicht den Anteil, den sie belastet. Da das beschränkte dingliche Recht die Ausübung der Rechte eines einzigen Miteigentümers einschränkt, wird es auch ausschließlich durch diesen einen Miteigentümer begründet.

Im Falle gewöhnlichen Miteigentums ist die Nutznießung die einzige Dienstbarkeit, die dem Berechtigten erlaubt, aus der Sache nur denjenigen Nutzen zu ziehen, der auch dem belasteten Miteigentümer zusteht. Wenn aber der Miteigentümer Inhaber eines ausschließlichen Gebrauchs- und Nutzungsrechtes an bestimmten Teilen der Sache ist (sog. Stockwerkeigentum: Art. 712a–712t ZGB), so ist denkbar, daß verschiedene andere Dienstbarkeiten dem Berechtigten Vorteile aus dem Grundstück gewähren, welche allein den betreffenden Miteigentumsanteil belasten. Das Gesetz sieht diese Möglichkeit in Gestalt des Wohnrechts vor (Art. 712c Abs. 2 ZGB); jedoch kann beispielsweise auch ein Leitungsrecht solchermaßen als dingliches Recht ausgestaltet werden, daß die Leitung durch die Wohnung nur eines Miteigentümers gelegt werden darf. Da das Gesetz die Mit-

---

[15] LEEMANN, N. 28 ff. zu Art. 646; HAAB, N. 12 zu Art. 646 ZGB; LIVER, im Zürcher Kommentar, Einleitung, S. 11–12, N. 18–19 und N. 22 und 48 zu Art. 730 ZGB; MEIER-HAYOZ, N. 41 ff. zu Art. 646 ZGB; MENGIARDI, S. 56 ff., der seine ganze Dissertation auf dieser, unserer Meinung nach falschen Auffassung aufbaut, auf Grund seiner unseres Erachtens ungenauen Analyse des Miteigentums (S. 39 ff.). Vgl. PIOTET, S. 35–41 und 43–53, den MENDIARDI außer acht läßt. Siehe auch PIOTET, Traité de droit privé suisse, IV, Droit successoral, 1975, § 84, II S. 580 ff.

[16] Wenn alle Miteigentümer gleichzeitig derelinquieren, schließt dies die Akkreszenz aus, die von der überwiegenden Lehre – MEIER-HAYOZ, N. 46 zu Art. 646 ZGB; LIVER, Der Verzicht auf beschränkte dingliche Rechte und auf den Miteigentumsanteil, in: Festschrift für Walther Hug, Bern 1968, S. 359–365 – im Falle der Dereliktion eines Miteigentumsanteils angenommen wird.

eigentumsanteile zu den «Grundstücken» zählt (Art. 655 Ziff. 4 ZGB), betrachtet die Doktrin die auf einem Miteigentumsanteil lastende Nutznießung als Recht an einer unbeweglichen Sache (öffentliche Beurkundung und Eintragung ins Grundbuch sind demnach für die rechtsgültige Entstehung unerlässlich). Unserer Ansicht nach ist eine solche Nutznießung deshalb als Recht an einer unbeweglichen Sache zu qualifizieren, weil sie das Grundstück zum Gegenstand hat.

III. Das Verhältnis der beschränkten dinglichen Rechte untereinander, namentlich deren Rangordnung

1. Mögliche Kollisionen und ihre Auflösung

Zwei an der gleichen Sache bestehende beschränkte dingliche Rechte kollidieren in verschiedenen Fällen dann, wenn deren Inhaber nicht beide voll befriedigt werden können. Dabei sind zwei Lösungsmöglichkeiten denkbar: entweder wird jedes dieser Rechte in seiner Ausübung gleichermaßen eingeschränkt (gleicher Rang), oder aber das eine nimmt einen höheren Rang ein als das andere, das eine Recht geht dem andern vor, verdrängt dieses und kann allein voll ausgeübt werden. Bei drei Arten von möglichen Kollisionen zeigen sich die Auswirkungen einer Rangordnung.

a) Zwei Wertrechte kollidieren, wenn der Verwertungserlös der Sache zur Befriedigung beider gesicherter Gläubiger nicht ausreicht. Wenn der Erlös aus der Versteigerung (welche von einem Pfandgläubiger nur verlangt werden kann, falls sein Pfandrecht den ersten Rang einnimmt oder wenn der im vorgehenden Rang berechtigte Gläubiger durch den angebotenen Preis vollständig gedeckt wird) ausreicht, um denjenigen Gläubiger, dessen Wertrecht den vorgehenden Rang einnimmt, zu befriedigen, geht ein allfälliger Überschuß an den andern (bis zum Betrag seiner fälligen Forderung; besteht auch dann noch ein Überrest, so fällt dieser dem Eigentümer zu oder in die Konkursmasse). Wenn dagegen der Erlös zur Befriedigung des ersten Gläubigers nicht ausreicht, so erhält ihn dieser vollumfänglich. Ein Wertrecht, welches eine nicht fällige Forderung betrifft, belastet das vom Ersteigerer erworbene Grundstück in dem Maße weiterhin, als die gesicherte Forderung durch den Verwertungserlös gedeckt worden ist. Das Haftungsrecht geht jedoch in dem Maße unter, als die Forderung, für welche es besteht, mit dem Verwertungserlös nicht bezahlt (verfallene Forderung) oder nicht gedeckt ist (nicht fällige Forderung).

Nach LIVER[17] soll die Rangordnung auch zur Vermeidung einer andern Art Kollision zweier Rechte Geltung erlangen: nämlich dann, wenn verschiedene Grundlasten den Eigentümer des belasteten Grundstückes zur Belieferung der Berechtigten mit einer bestimmten Menge Erträgnisse aus dem Grundstück verpflichten, zum Beispiel Quellwasser, und der Ertrag aus diesem Grundstück für die Belieferung beider Berechtigter nicht ausreicht. Die Doktrin scheint diesen Fall nicht erörtert zu haben. Unseres Erachtens handelt es sich aber hier um die Kollision zweier Forderungen (d. h. zweier Rechte auf Erbringung positiver Leistungen durch den selben, bestimmten Schuldner) und nicht zweier dinglicher Rechte. Wir neigen zur Annahme, daß wenn die Parteien für diesen Fall nichts vorgesehen haben (unerwarteter Rückgang des Quellwasserertrages nach Begründung der Grundlasten), kraft ihrer, durch den mutmaßlichen Parteiwillen ergänzten, Vereinbarung, oder, mangels einer solchen, aufgrund einer vom Richter gemäß Art. 1 Abs. 2 ZGB aufgestellten Regel, die durch die jüngere Grundlast gesicherte Verpflichtung in dem Umfang dahinfällt, als infolge von vom Schuldner nicht zu vertretender Umstände die Realerfüllung aus der älteren Grundlast jene aus der jüngeren ausschließt. Aber es handelt sich dabei nicht eigentlich um eine Frage der Rangordnung dinglicher Rechte. Wenn nämlich keine der gesicherten Forderungen untergeht, obwohl die Erträgnisse aus dem Grundstück nicht für beide Berechtigten ausreichen (dies trifft jedenfalls dann zu, wenn der Rückgang des Quellwasserertrages vom Grundstückseigentümer verschuldet worden ist), kann jeder der beiden Berechtigten, falls er nicht befriedigt wird, die Zwangsverwertung des belasteten Grundstückes verlangen; das Rangverhältnis unter den Grundlasten (dinglichen Haftungsrechten) kommt dann bei dieser Verwertung zur Geltung.

b) **Eine Dienstbarkeit konkurriert mit einem Haftungsrecht entweder bei der Zwangsvollstreckung oder dann, wenn das Grundstück durch die Ausübung dieser Dienstbarkeit eine Wertverminderung erfährt:**

α) Wenn eine Sache, die mit einer vorrangigen Servitut belastet ist, im Pfandverwertungsverfahren veräußert wird, wird sie mit der sie belastenden Dienstbarkeit versteigert. Dadurch erleidet sie eine Wertverminderung, was dazu führen kann, daß der Gläubiger nicht voll befriedigt wird. Wenn umgekehrt das Haftungsrecht der Dienstbarkeit vorgeht, kann der Gläubiger den doppelten Aufruf verlangen: das Grundstück (für bewegliche Sachen sieht das Gesetz diese Möglichkeit nicht vor, was eine Lücke zu sein scheint) wird zunächst mit der Servitut ausgeboten; es wird zugeschlagen, wenn das Höchstgebot zur Befriedigung des Gläubigers ausreicht; kann der Gläubiger aber durch dieses Höchstgebot nicht voll gedeckt werden, erfolgt ein zweiter Aufruf des Grundstückes ohne die Servitut; falls beim zweiten Aufruf das Höchstgebot gleich hoch oder sogar niedriger ist als beim ersten, wird das Grundstück mit der Dienstbarkeit dem höchstbietenden Ersteigerer aus dem ersten Aufruf zugeschlagen; erfolgt in diesem zweiten Aufruf aber ein höheres Angebot, so wird das Grundstück ohne die Servitut zugeschlagen; diese wird gelöscht (Art. 56 VZG). Aus einem nach Bezahlung der gesicherten Forderung allenfalls verbleibenden Überschuß wird dann in erster Linie der Servitutsberechtigte entschädigt (Art. 812

---

[17] Zürcher Kommentar, Einleitung, S. 19, N. 40.

Abs. 2 und 3 ZGB, Art. 142 SchKG, Art. 56, 104 und 116 VZG und Art. 37 Abs. 2 GBV).

β) Das Problem ist einfacher, wenn die Ausübung der Dienstbarkeit das belastete Grundstück in seinem Werte vermindert (so, wenn der Nutzungsberechtigte befugt ist, auf einem Waldgrundstück Holz zu schlagen): entweder geht die Servitut dem Wertrecht vor, und der Berechtigte kann sie vollumfänglich zum Nachteil des gesicherten Gläubigers ausüben; oder aber das Haftungsrecht hat den Vorrang vor der Dienstbarkeit, und der gesicherte Gläubiger ist ermächtigt, deren Ausübung in dem Maße zu verhindern, als dadurch das Grundstück eine Wertverminderung erleidet (Art. 808 und 810 ZGB).

c) Zwei Dienstbarkeiten kollidieren:

α) wenn die eine nicht vollumfänglich ausgeübt werden kann, ohne die vollumfängliche Ausübung der andern zu behindern. Zum Beispiel kann das Recht zur Ausbeutung von Lehm mit einem Quellenrecht kollidieren, wenn die Quelle durch die Ausbeutung verschmutzt oder zum Versiegen gebracht würde[18].

β) wenn ihnen ein Haftungsrecht vorgeht, beim Verfahren des doppelten Aufrufs: dies ist dann der Fall, wenn das Grundstück beim zweiten Ausgebot ohne die Servituten zugeschlagen wird und der überschießende Erlös nicht ausreicht, um beide Dienstbarkeitsberechtigte zu entschädigen.

Die allgemeine Regel, welche erlaubt, alle derartigen Kollisionsprobleme zu lösen, indem sie eine Rangordnung unter den bestehenden Rechten festlegt, wird durch die Rechtsparömie: *prior tempore potior iure* ausgedrückt: das jüngere dingliche Recht hat dem älteren zu weichen (Art. 972 ZGB, für dingliche Rechte an unbeweglichen Sachen). Wenn die Rechtsordnung nichts anderes vorschreibt, kann die Ausübung eines Rechtes immer nur mit Zustimmung des betreffenden Inhabers eingeschränkt werden. Aber auch wenn kein Eigentümer vorhanden ist – um dieses Beispiel ebenfalls anzuführen –, hat das auf einem herrenlosen Grundstück lastende Wegrecht (die Dereliktion des Grundstückes läßt es weiter bestehen) – vorbehältlich einer abweichenden Vereinbarung – den Vorrang vor der später durch Ersitzung erworbenen Nutznießung.

<small>Wie dieses Beispiel zeigt, läßt sich der Grundsatz *prior tempore potior iure* nicht in jedem Fall mit dem Rechtssprichwort *nemo plus iuris ad alium transferre potest quam ipse habet* (niemand kann einem andern mehr Rechte übertragen, als ihm selbst zustehen)[19] erklären. Wohl trifft es zu, daß der Eigentümer sein Grundstück nicht mit einem beschränkten dinglichen Recht belasten</small>

---

[18] Siehe BGE 57 II, 1931, S. 258 ff. = JT 1932 I, S. 47 ff.
[19] a. A. anscheinend LIVER im Zürcher Kommentar, Einleitung, S. 18, N. 37.

kann, welches einem bereits früher begründeten nachteilig ist, da das ältere Recht seinerseits dem Eigentum vorgeht; dies kann unseren Grundsatz jedoch dann nicht rechtfertigen, wenn das jüngere Recht nicht durch den Eigentümer begründet worden ist. Muß der Inhaber des älteren Rechts (mangels einer abweichenden Gesetzesvorschrift) der Begründung eines weiteren dinglichen Rechts zustimmen, damit dieses zu seinen Lasten ausgeübt werden kann, so entspricht dies der gleichen Regel, wonach die Belastung eines Grundstückes mit einem beschränkten dinglichen Recht grundsätzlich der Einwilligung des Eigentümers bedarf.

Eine Folge dieses Grundsatzes ist, daß die Ausübung zweier im gleichen Rang stehender beschränkter dinglicher Rechte, sofern sie miteinander unvereinbar sind, verhältnismäßig eingeschränkt werden muß. Diese Reduktion erfolgt rein rechnerisch, wenn die Kollision der verschiedenen Rechte bei der Verteilung des Zwangsverwertungserlöses eintritt. Ebenso in anderen Fällen: Beispielsweise werden zwei Quellenrechte, welche die Inhaber zur Ableitung von 10 bzw. 20 Litern Wasser pro Minute berechtigen, auf die Hälfte reduziert, wenn der Quellenstrom von 50 auf 15 Liter pro Minute zurücksinkt. Erweist sich die Kollisionsregelung als komplizierter, so wird sie im einzelnen durch Übereinkunft der Parteien und, mangels einer solchen, durch einen richterlichen Billigkeitsentscheid festgelegt. Werden zwei unvereinbare Rechte gleichen Ranges zur Eintragung ins Grundbuch angemeldet, so muß der Grundbuchführer die Eintragung verweigern; findet diese jedoch statt, so entfaltet sie ihre Wirkungen.

Die Begrenzung der Ausübung eines beschränkten dinglichen Rechts durch ein anderes gleichen oder höheren Ranges entfällt natürlich, wenn dieses untergeht. Im Falle beschränkter dinglicher Rechte unterschiedlichen Ranges spricht man von Nachrückung, da das später begründete Recht den Rang des vorgehenden Rechtes einnimmt, wenn dieses untergeht oder seinerseits in einen höheren Rang nachrückt. Es handelt sich dabei um das gleiche Phänomen, auf Grund dessen man von der Elastizität des Eigentums spricht. Ist z.B. ein Grundstück, dessen Quelle einen Wasserertrag von 15 Litern pro Minute ergibt, mit drei Servituten verschiedenen Ranges, deren jede den Berechtigten zum Bezug von 10 Litern Wasser pro Minute ermächtigt, belastet, so begründet die im ersten Rang stehende Dienstbarkeit einen Anspruch auf 10 Liter Wasser pro Minute, die nächste einen solchen auf 5 Liter pro Minute, und der dritte Nutzungsberechtigte geht leer aus. Wird in diesem Fall die erste Dienstbarkeit gelöscht, rückt die nächste vom zweiten in den ersten Rang nach und verschafft dem Berechtigten nunmehr ein Bezugsrecht von 10 Litern Wasser pro Minute; die dritte Dienstbarkeit rückt in den zweiten Rang nach, weshalb der Berechtigte von nun an zum Bezug von 5 Litern Wasser pro Minute befugt ist. Will der Grundstückseigentümer eine neue Servitut errichten, kann er diese (ohne Zustimmung der aus den vorgehenden Dienstbarkeiten verbliebenen

Nutzungsberechtigten) nur im dritten Rang begründen; dem Berechtigten aus dieser jüngsten Dienstbarkeit steht erst dann, wenn der Gesamtertrag der Quelle auf über 20 Liter pro Minute ansteigt, eine Bezugsbefugnis zu.

Forderungsrechte, welchen durch Vormerkung im Grundbuch gemäß Art. 959, 960 Abs. 1 Ziff. 2 oder 961 Abs. 1 Ziff. 2 ZGB eine «verstärkte» Wirkung verliehen worden ist, unterstehen einer ähnlichen Regelung wie die beschränkten dinglichen Rechte und zwar in dem Sinne, als die auf Grund der Vormerkung eintretende Verfügungsbeschränkung wie ein beschränktes dingliches Recht einen bestimmten Rang erhält[20]. So befindet sich der Mieter, dessen Mietverhältnis vorgemerkt wurde, in einer dem Nutznießer analogen Stellung: wird die Liegenschaft beispielsweise in einem Pfandverwertungsverfahren verkauft, so tritt der Ersteigerer als Vermieter in das Vertragsverhältnis ein, wenn die Miete vor der Pfandbestellung (oder Begründung der festen Pfandstellen, die das Pfandrecht einnimmt; siehe Ziff. 3 hienach) vorgemerkt worden ist. Ist dagegen die Vormerkung des Rechts später erfolgt, so findet gegebenenfalls das Verfahren des doppelten Aufrufs statt (zunächst mit, danach ohne Vormerkung). Die Vormerkung eines persönlichen Rechts hat unseres Erachtens die gleiche Wirkung wie die Einschreibung eines dinglichen Rechts im Tagebuch bis zur Eintragung im Hauptbuch.

2. Beschränkte dingliche Rechte, welche andere beschränkte dingliche Rechte belasten

Wir haben gesehen, daß ein beschränktes dingliches Recht, welches einen Miteigentumsanteil belastet, die Sache als solche zum Gegenstand hat. Bei den beschränkten dinglichen Rechten, welche ihrerseits andere beschränkte dingliche Rechte belasten, findet sich die gleiche Problematik[21]. So ist das, was man Nutznießung «an» einem Wegrecht nennt, ein Recht, welches das Grundstück selbst zum Gegenstand hat; jedoch geht es lediglich der Dienstbarkeit vor (und dem Eigentum oder anderen dinglichen Rechten in dem Maße, als die diese belastende Servitut Vorrangstellung genießt). Ist nur die Zustimmung des aus der Dienstbarkeit Berechtigten zur Begründung einer jene belastenden Nutznießung erforderlich, so deshalb, weil die Schaffung dieser Nutznießung in keiner Weise die rechtliche Stellung der andern Inhaber dinglicher Rechte beeinträchtigt.

Die Dienstbarkeit ist das einzige beschränkte dingliche Recht, welches mit einem andern beschränkten dinglichen Recht belastet werden kann.

---

[20] Siehe insbesondere PIOTET in ZBGR 46, 1965, S. 136–137, und 50, 1969, S. 34–75.
[21] Über die Begründung dieser Rechte vgl. unten § 90, III und § 93, V.

Sowohl beim Pfandrecht als auch bei der Grundlast ist nämlich die gesicherte Forderung Hauptgegenstand; und es ist diese Forderung, und nicht etwa das dingliche Verfügungsrecht, welche mit einem sogenannten beschränkten dinglichen Recht belastet werden kann.

Die Doktrin stellt zu Unrecht die Dienstbarkeit als möglichen Gegenstand eines beschränkten dinglichen Rechts den Sachen gleich. Wie beim Verhältnis der beschränkten dinglichen Rechte zum Eigentum oder zu einem Miteigentumsanteil, spricht man hier nicht von «Rangordnung» unter den bestehenden Rechten.

Wie das Eigentum oder der Miteigentumsanteil nach dem Untergang des ihnen vorgehenden beschränkten dinglichen Rechtes, so dehnt sich auch die Dienstbarkeit ipso iure wieder auf ihren ursprünglichen Umfang aus, wenn das sie belastende beschränkte dingliche Recht untergeht. Auch hier findet sich das bereits beschriebene Phänomen der Elastizität[22].

3. Abweichungen von den allgemeinen Regeln

Solche Abweichungen können sich aus einem Vertrag oder dem Gesetz ergeben. Der Inhaber eines beschränkten dinglichen Rechts kann sich damit einverstanden erklären, daß ein später begründetes dingliches Recht dem seinigen vorgeht: dies erfolgt mittels einer Nachgangserklärung, welche an keine spezielle Form gebunden ist (ihr Eintrag ins Grundbuch – Art. 37 Abs. 3 GBV – erfordert jedoch einen schriftlichen Nachweis oder eine richterliche Anweisung[23]. Das Gesetz, nötigenfalls vom Richter präzisiert, verleiht gelegentlich Pfandrechten oder Grundlasten, welche ipso iure ohne Eintrag ins Grundbuch entstehen (Art. 836 und 784 Abs. 1 ZGB) einen privilegierten Rang. Das gleiche gilt für die sogenannten Legalservituten (auf deren Begründung der Berechtigte kraft einer mittelbaren gesetzlichen Eigentumsbeschränkung[24] Anspruch hat), die Grundlasten gemäß Art. 784 Abs. 2 ZGB sowie die durch Expropriation begründeten Servituten und die Pfandrechte bei Bodenverbesserungen (Art. 820 ZGB)[25].

Der Vorbehalt eines bestimmten Ranges nach dem gesetzlichen System der festen Pfandstelle, welches für die Grundpfandrechte (Art. 813–815 ZGB) vorgesehen ist und im Zusammenhang mit diesen im einzelnen behandelt wird, modifiziert die allgemeinen Regeln in dem Sinne,

---

[22] Vgl. oben II.
[23] Siehe insbesondere LEEMANN, N. 12–18 zu Art. 812 ZGB.
[24] Vgl. MEIER-HAYOZ, N. 55–57 zu Art. 680 ZGB.
[25] H. NUSSBAUM, Dienstbarkeiten und Grundlasten in Konkurrenz mit Grundpfandrechten, ZBGR 19, 1938, S. 5 ff.; LIVER, im ZÜRCHER Kommentar, Einleitung, S. 23–24, N. 53–54.

daß dabei der Rang nicht durch den Zeitpunkt der Begründung des Pfandrechtes bestimmt wird, sondern durch den Zeitpunkt der Schaffung der Pfandstelle, welche das Pfandrecht einnimmt. (Ähnlich verhält es sich bei der Vormerkung von Verfügungsbeschränkungen gemäß Art. 960 Abs. 1 Ziff. 1 ZGB: Der Rang des dinglichen Rechts, das auf Grund der durch eine Vormerkung geschützten Forderung eingetragen ist, bestimmt sich nach dem Zeitpunkt der Vormerkung und nicht der Eintragung.)

Die festen Pfandstellen selbst – ob sie nun besetzt oder leer sind – unterstehen den allgemeinen Regeln und zwar sowohl in ihrem Verhältnis untereinander als auch im Verhältnis zu den Dienstbarkeiten und Grundlasten: insbesondere rücken sie im Rang vor, wenn eine ältere Servitut oder Grundlast untergeht oder wenn eine feste vorgehende Pfandstelle (sei diese nun leer oder besetzt) dahinfällt (mit ihrem oder ihren allfälligen Pfandrechten)[26]. Die leeren oder mit (infolge vollständiger Vereinigung von Forderung und Schuldpflicht in einer Person) materiell inexistenten Pfandrechten besetzten Pfandstellen fallen bei der Zwangsverwertung außer Betracht (Art. 815 ZGB). Im ganzen genommen erlaubt das System der festen Pfandstelle dem Grundeigentümer lediglich, sich bis zur Zwangsverwertung der Liegenschaft die Möglichkeit vorzubehalten, ein oder mehrere Grundpfänder in Höhe eines von vornherein bestimmten Betrages zu bestellen, welche dem Rang älterer Pfandrechte (oder anderer beschränkter dinglicher Rechte) vorgehen.

IV. Das beschränkte dingliche Recht des Eigentümers an der eigenen Sache

Die Dienstbarkeit und die Grundlast an der eigenen Sache werden wir in einem besonderen Abschnitt[27] erörtern. In allgemeiner Hinsicht geht es hier vor allem um die Konsolidation, d.h. das Zusammentreffen der Eigenschaften des Eigentümers einer Sache und des Inhabers eines beschränkten dinglichen Rechts in einer Person. Streng genommen kann man lediglich von Konsolidation sprechen, wenn diese Eigenschaften vereinigt werden, nachdem sie ursprünglich getrennt voneinander bestanden; der Einfachheit halber verwenden wir diesen Ausdruck jedoch auch dann, wenn

---

[26] So insbes. WIELAND, im Zürcher Kommentar, N. 6 zu Art. 812 ZGB; LEEMANN, N. 22 zu Art. 812 und N. 11 und 19 zu Art. 813/14 ZGB; a. M. SCHNEEBERGER in Sem. jud. 1954, S. 146–47, und die von ihm zitierten Autoren, nach welchen eine leere Pfandstelle nur bestehen kann, wenn ein Pfandrecht im nachfolgenden Rang eingetragen ist. Die Wirkung einer leeren Pfandstelle bezüglich einer Dienstbarkeit würde folglich vom Bestehen oder Nichtbestehen eines der Servitut nachgehenden Pfandrechtes abhängen, was unbefriedigend ist.

[27] Vgl. unten § 90, I 5, und § 103, I.

die Vereinigung von allem Anfang an besteht. Die Konsolidation ist unvollständig (teilweise Vereinigung) oder vollständig (restlose Vereinigung), je nachdem, ob das Eigentum oder das beschränkte dingliche Recht mit (anderen) dinglichen Rechten belastet oder durch Zwangsverwertungsmaßnahmen eingeschränkt ist, welchen der Untergang des beschränkten dinglichen Rechtes des Eigentümers nutzt oder schadet. Man kann auch dann von teilweiser Vereinigung sprechen, wenn der Alleineigentümer Mitinhaber oder Inhaber zu gesamter Hand eines (sein Grundstück belastenden) beschränkten dinglichen Rechtes wird, oder umgekehrt[28].

Diese Konsolidation ist sehr verschieden von der Vereinigung von Forderung und Schuldpflicht in einer Person, wie sie in Art. 118 OR beschrieben wird. Bringt das Zusammentreffen der Eigenschaften des Gläubigers und des Schuldners in derselben Person (und innerhalb desselben Vermögens) die Forderung zum Erlöschen, so deshalb, weil jedes obligatorische Rechtsverhältnis wenigstens zwei verschiedene Rechtssubjekte voraussetzt; eines auf der aktiven und eines auf der passiven Seite. Diese notwendige Voraussetzung entfällt bei der Konsolidation. Im Gegensatz zur Forderung sind beim dinglichen Recht alle Personen außer dem Berechtigten Passivsubjekt; es ist aber ausgeschlossen, daß jedes Passivsubjekt auch Aktivsubjekt ist. Aus diesem Grunde besteht, entgegen einer ziemlich verbreiteten Auffassung, immer eine «Trennung der Rechtssubjekte»[29]. Deshalb ist es ohne weiteres denkbar, daß im Falle der restlosen Konsolidation der Eigentümer ein wirksames beschränktes dingliches Recht an seiner eigenen Sache erwirbt[30]: diesem Recht steht dann als Passivsubjekt die Gesamtheit aller andern Personen gegenüber. In dem Maße als der Eigentümer einen Dritten daran hindert, die Ausübung des beschränkten dinglichen Rechts zu beeinträchtigen, kann er eben dieses Recht geltend machen. Die Parömie *nemini res sua servit* drückt eine Regel des positiven Rechts aus (welche übrigens bei Fehlen eines Grundbuches sehr verständlich ist) und nicht eine logische Notwendigkeit. So war beispielsweise im römischen Recht die Belastung einer Dienstbarkeit mit einer andern Servitut ausgeschlossen.

LIVER[31] vertritt die Auffassung, daß der Eigentümer bei vollständiger Konsolidation kein wirksames beschränktes dingliches Recht an seiner Sache innehat. Er führt an, daß der Grundeigentümer in einem solchen Falle sich selbst gegenüber nicht verpflichtet ist, seine Dienstbarkeit zu respektieren. Das gleiche trifft jedoch auch zu, wenn infolge teilweiser Konsolidation eine «Zweiung der Subjekte» (so LIVER) eintritt, und beide Berechtigten die materielle Existenz der

---

[28] Vgl. LEEMANN, N. 31 zu Art. 646 ZGB; HAAB, N. 25 zu Art. 646 ZGB; LIVER, N. 49 zu Art. 730 ZGB; MEIER-HAYOZ, N. 44 zu Art. 646 ZGB.
[29] Siehe, in diesem Sinne, PIOTET in JT 1959 I, S. 462.
[30] EUGEN HUBER, Die Eigentümerdienstbarkeit, S. 23 ff., insbes. 41 ff. und 44 ff.
[31] N. 10 zu Art. 732 und N. 2–4 zu Art. 733 ZGB.

Eigentümerdienstbarkeit anerkennen: wenn z. B. ein Grundstück im ersten Rang mit einer Eigentümer-Bauverbotsservitut belastet ist und im zweiten Rang mit einer Servitut, welche einen andern dazu berechtigt, auf der Hälfte des Grundstücks ein Renditenhaus zu erstellen (sogenanntes Baurecht gemäß Art. 779 ZGB), so kann der Eigentümer auf der andern Hälfte des Grundstückes bauen unter Mißachtung der zu seinen Gunsten bestehenden Bauverbotsservitut. Sowohl in diesem letzteren Falle als auch bei der restlosen Konsolidation erfolgt die Sanktion der Mißachtung der Bauverbotsservitut erst, wenn die Person, welche jene verlangen kann, jemand anders als der Rechtsverletzer selbst ist, z. B. wenn das herrschende Grundstück gepfändet und mit der Grunddienstbarkeit bei der Zwangsverwertung verkauft wird.

Die Tatsache, daß die Sanktion der während der Dauer der vollständigen Konsolidation erfolgten Servitutsverletzung erst nach der sogenannten Zweigung der Subjekte erfolgen kann (in unserem Beispiel auf Verlangen des Ersteigerers), ist folglich kein Beweis für die Nichtexistenz der Eigentümerdienstbarkeit zur Zeit ihrer Mißachtung.

LIVER[32] führt zudem aus, daß der Eigentümer, solange die vollständige Konsolidation andauert, in der Nutzung des dienenden Grundstückes trotz der später möglichen Sanktion absolut frei sei; jedoch müsse er, um der Sanktion zu entgehen, die Dienstbarkeit in dem Umfange löschen lassen, als er sie verletzt habe. Dieser Einwendung kommt keinerlei Aussagekraft zu: daß die Dienstbarkeit gelöscht werden kann, beweist selbstverständlich nicht, daß sie vor der Aufhebung materiell nicht existierte.

Die weitere Behauptung, daß die Eigentümerdienstbarkeit keine Wirkung gegenüber Dritten hat[33], kommt einer petitio principii gleich – da die gegenteilige Behauptung ebensogut aufrechterhalten werden kann –, oder man vergißt dabei, daß der Eigentümer des dienenden Grundstückes nicht das einzige Passivsubjekt der Servitut ist. Existiert aber die Eigentümergrunddienstbarkeit materiell (ob nun eine vollständige Konsolidation besteht oder nicht), stellt sich die Frage, ob der Eigentümer, wenn er Handlungen Dritter, durch welche seine Dienstbarkeit verletzt würde, verhindert, seine Servitutsberechtigung oder sein Eigentumsrecht ausübt. Die Fragestellung ist die gleiche, wenn zwei in verschiedenem Rang bestehende, dasselbe Grundstück belastende Servituten einem einzigen Berechtigten zustehen: hindert der Berechtigte aus einem im ersten Rang bestehenden Quellenrecht und einer im zweiten Rang lastenden Nutznießung Dritte daran, das Quellwasser zu nutzen, so fragt sich, ob er nun die im ersten oder die im zweiten Rang lastende Servitut ausübt. Zumindest kann gesagt werden, daß der Berechtigte dasjenige seiner Rechte geltend machen darf, welches dem andern vorgeht.

Ist auch ein wirksames beschränktes dingliches Recht des Eigentümers theoretisch denkbar, so fragt sich dennoch, ob dies ganz allein und insbesondere für das schweizerische Recht Geltung hat. Wir müssen unterscheiden, je nachdem, ob die Konsolidation vollständig oder unvollständig ist. Die teilweise Konsolidation läßt das beschränkte dingliche Recht niemals untergehen. So besteht z. B. eine im ersten Rang auf einer Fahrnis lastende Nutznießung, welche einer im zweiten Rang bestehenden Nutznießung oder einem eine Drittschuld sichernden Pfandrecht vorgeht, weiter, wenn deren Inhaber Alleinerbe des Eigentümers wird. Das gleiche gilt für die Immobilien, und zwar unabhängig von der Eintragung ins Grundbuch; so behält derjenige, der ein einer später errichteten Nutznießung vorgehendes Quellenrecht besitzt, dieses bei, wenn er das Grundstück zu Eigentum erwirbt und zwar auch dann, wenn das Quellenrecht im Grund-

---

[32] N.9 zu Art. 733 ZGB; a. A. LEEMANN, N. 12 zu Art. 733 ZGB.
[33] LIVER, N. 2 zu Art. 733 ZGB: «eine Dienstbarkeit, die niemanden und zu nichts verpflichtet».

buch nicht eingetragen (oder ohne gültigen Grund gelöscht worden) ist. Diese Lösung drängt sich in Anbetracht der Interessenlage auf[34].

Die vollständige Konsolidation zeitigt je nach Sachlage unterschiedliche Wirkungen. Wenn es sich um Fahrnis handelt, nimmt man an, daß das beschränkte dingliche Recht durch die Konsolidation vollständig und definitiv untergeht[35]. Diese Lösung erscheint uns richtig, da, wäre dem nicht so, dem Dritten die Existenz des beschränkten dinglichen Rechts des Eigentümers durch nichts erkennbar wäre und allein vom Willen seines Inhabers abhängen würde; das Publizitätsprinzip wäre nicht gewahrt, und um davon abzuweichen, kann auch nicht ein überwiegendes Interesse des Eigentümers angeführt werden. Aus den gleichen Gründen erfährt das beschränkte dingliche Recht an Grundstücken dasselbe Schicksal, wenn es nicht im Grundbuch eingetragen ist (was e contrario aus Art. 735 ZGB hervorgeht). Praktische Vorteile, welche dem Eigentümer bei einer gegenteiligen Regelung allenfalls erwachsen würden (Vorteile, wie wir sie vor allem bei den Dienstbarkeiten sehen werden[36]), sind nicht von genügender Wichtigkeit, um das Erfordernis der Publizität beschränkter dinglicher Rechte fallen zu lassen.

Ist das beschränkte dingliche Recht des Eigentümers im Grundbuch gültig eingetragen[37], muß jedermann seine volle Wirksamkeit erkennen, sobald die vollständige Konsolidation nicht mehr andauert. Aber man kann sich fragen, ob während der Dauer der vollständigen Konsolidation das beschränkte Recht nur formell (lediglich als Rangvorbehalt – unter der Bedingung, daß das spätere Recht die durch die Eintragung vorgeschriebene Form hat – wie eine offene Pfandstelle) besteht oder auch materiell. Die Haftungsrechte sind Nebenrechte der Forderung, deren Tilgung sie garantieren; und wie die Konfusion die Forderung untergehen läßt[38], so existieren auch sie nur formell, wenn der Eigentümer sowohl Gläubiger wie Schuldner ist[39]; dies wird durch Art. 815 ZGB bestätigt,

---

[34] WIELAND, N. 3e zu Art. 889 ZGB; LEEMANN, N. 4 zu Art. 748 und N. 11–14 zu Art. 889 ZGB; OFTINGER, im Zürcher Kommentar, N. 11–12 zu Art. 888 ZGB.

[35] Siehe die Zitate der vorstehenden Anmerkung.

[36] Vgl. unten § 90, I 5.

[37] Das Gesetz erlaubt dies ausdrücklich bezüglich der Grunddienstbarkeiten (Art. 733 und 735 ZGB), der Schuldbriefe und der Gült (Art. 859 Abs. 2 und 863 ZGB und Art. 20 GBV), nicht jedoch bezüglich der Grundpfandverschreibungen; wir werden nachstehend untersuchen, ob diese Regeln analog auf die Personaldienstbarkeiten und Grundlasten anwendbar sind: unten § 90, I 5, § 103, I.

[38] Auch im Wertpapierrecht ist das Bestehen einer Forderung bei Fehlen zweier verschiedener Rechtssubjekte undenkbar (Ausgabetheorie und nicht Kreationstheorie: JT 1959 I, S. 462–464).

[39] Aus diesem Grunde sind sie unpfändbar; und das Recht, sie durch ein Rechtsgeschäft zum Entstehen zu bringen, ist ebenfalls unpfändbar, denn dieses Recht ist nichts anderes als die

nach welchem Haftungsrechte, die dem Eigentümer zustehen, bei der Zwangsverwertung des Grundstückes nicht beachtet werden. Dagegen muß den Haftungsrechten, die zwar dem Eigentümer zustehen, aber die Schuldpflicht eines Dritten[40] sichern, sowie den Eigentümerdienstbarkeiten, wie wir gesehen haben, die materielle Existenz nicht abgesprochen werden.

LIVER ist derjenige schweizerische Autor, der sich am deutlichsten gegen die materielle Existenz der Eigentümerdienstbarkeit bei der vollständigen Konsolidation ausgesprochen hat[41]. Diese Betrachtungsweise ist durchaus vertretbar; aber sie drängt sich, wie wir gesehen haben[42], nicht zwingend auf. Es obliegt letztlich der Doktrin und der Rechtsprechung, den Sinn des Gesetzes, namentlich der Vorschriften von Art. 733 und 735 ZGB in diesem Punkte genau zu bestimmen. Wir persönlich ziehen es vor, entsprechend dem Wortlaut des Art. 735 ZGB und, wie es scheint, der Auffassung von EUGEN HUBER[43], anzunehmen, daß die Eigentümerdienstbarkeit (wie der Schuldbrief – Art. 842 ff. ZGB – des Eigentümers, welcher eine Drittschuld garantiert) während der vollständigen Konsolidation «als beschränktes dingliches Recht», d.h. materiell existiert.

Nach der gegenteiligen Theorie lebt das beschränkte dingliche Recht des Eigentümers unter den verschiedensten Umständen wieder auf, sobald auf Grund der dem Eigentum innewohnenden Befugnisse gewisse praktische Auswirkungen nicht mehr erklärt werden können; aber der Grund und die Art und Weise dieses Wiederauflebens wird nicht aufgezeigt. Es erscheint daher viel ein-

---

Handlungsfähigkeit des Eigentümers und die dem Eigentum innewohnende und von ihm untrennbare Verfügungsbefugnis.

[40] Im schweizerischen Recht kann es sich ausschließlich um Schuldbriefe handeln, da das Gesetz die Eigentümergrundpfandverschreibung nicht erlaubt (Art. 859 und 863 e contrario: WIELAND, N. 4 und 6 ad b zu Art. 859 ZGB; LEEMANN, N. 8 und 11 zu Art. 859 ZGB) und der Schuldner der Grundlast oder der Gült per definitionem (Verpflichtung propter rem) der Eigentümer des belasteten Grundstückes ist (Art. 782 Abs. 1, 792, 847 und 851 ZGB; vgl. unten § 102, I).

[41] Die übrigen Kommentatoren äußern sich nicht klar über die Möglichkeit, bei vollständiger Konsolidation ein wirkliches dingliches Recht des Eigentümers anzunehmen. Sie begnügen sich damit, zu bemerken, daß während der vollständigen Konsolidation die praktischen Wirkungen des beschränkten dinglichen Rechts ausbleiben, d.h. die Situation ist die gleiche, wie wenn das Eigentum nicht mit einer Servitut belastet wäre. Nach WIELAND, N. 1 zu Art. 733 ZGB wird die Servitut auf dem eigenen Grundstück im Moment ihrer Errichtung eine gewöhnliche Servitut. LEEMANN, N. 6 und 10 zu Art. 733 ZGB spricht von einem «eigenen Wert», einem «Recht eigener Art» und einer «Grunddienstbarkeit im eigentlichen Sinne», welche der Eigentümer von seinem Eigentum loslöst; während der vollständigen Konsolidation «ruhe» die Servitut (N. 11), habe keine materielle Wirkung, außer bezüglich ihres Ranges (N. 10) und der Beschränkung des Rechts des Eigentümers, tatsächlich über sein Grundstück zu verfügen (N. 12). Siehe auch TUOR/SCHNYDER, S. 548–551, und ROSSEL/MENTHA III, S. 13. GMÜR (S. 128–129) scheint sehr wohl anzunehmen, daß die Eigentümerdienstbarkeit materiell besteht.

[42] Vgl. oben nach Anmerkung 28.

[43] Die Eigentümerdienstbarkeit, S. 23 ff., 41 ff. und 44 ff.

facher und natürlicher, zu behaupten, daß das im Grundbuch gültig eingetragene beschränkte dingliche Recht des Eigentümers materiell existiert, obwohl es keine praktischen Auswirkungen zeitigt, die sich von denen des nicht belasteten Eigentums unterscheiden. Wenn schließlich die Eigentümerdienstbarkeit nach den allgemeinen Prinzipien bestehen kann, so müßte sie das Gesetz ausschließen, um ihre Existenz im positiven Recht zu leugnen. Dies ist aber nicht der Fall.

LIVER ist der Ansicht, daß das beschränkte dingliche Recht erst entsteht, wenn eine andere Person das Eigentum des dienenden Grundstückes, ein dieses oder das herrschende Grundstück belastendes beschränktes dingliches Recht erwirbt[44]; jedoch ist nicht verständlich, inwiefern sich dadurch das Verhältnis zwischen dem Eigentum und dem beschränkten dinglichen Recht des Eigentümers ändern sollte. Weshalb und auf welche Weise sollte der Unternehmer, der ein auf das dienende oder herrschende Grundstück belastendes Grundpfand errichten läßt (Art. 837 Abs. 1 Ziff. 3 ZGB), dadurch das zugunsten des Eigentümers eingetragene Quellenrecht zum Entstehen bringen? Und weshalb sollte die Zwangsverwertung des herrschenden oder dienenden Grundstücks, welche auf Verlangen eines Gläubigers des Eigentümers erfolgt, eine solche Wirkung haben? Entsteht die Eigentümerdienstbarkeit erst bei der Versteigerung oder bereits bei der Pfändung? Diese wichtigen Fragen werden weder von der Doktrin noch in der Rechtsprechung beantwortet. Bejaht man dagegen die materielle Existenz der Eigentümerdienstbarkeit während der restlosen Konsolidation, ergibt sich eine klare Situation.

Das gleiche Problem stellt sich im übrigen, wenn jemand zwei sich widersprechende Dienstbarkeiten unterschiedlichen Ranges auf dem gleichen fremden Grundstück hat, z.B. eine im ersten Rang lastende Bauverbotsservitut und ein die Hälfte des Grundstücks umfassendes Baurecht im zweiten Rang: niemand kann den aus dem Baurecht Berechtigten hindern, die Bauverbotsservitut zu mißachten. Der Unterschied zwischen diesem Fall und demjenigen der Eigentümerdienstbarkeit liegt darin, daß neben den beiden, dem gleichen Berechtigten zustehenden Servituten, ein weiteres dingliches Recht am Grundstück besteht, nämlich das fremde Eigentum. Dieser Unterschied kann jedoch ausgeschaltet werden, wenn man annimmt, das Grundstück sei herrenlos. Dabei ist offensichtlich, daß die beiden Dienstbarkeiten materiell existieren (was insbesondere zum Ausdruck kommt, wenn eine der beiden Dienstbarkeiten durch Zeitablauf untergeht): so kann beispielsweise das Baurecht gepfändet werden. Und, obwohl der Baurechtsinhaber seine Bauverbotsservitut mißachten kann, darf er auf Grund dieser Dienstbarkeit einem Dritten, welcher weder ein Recht am Grundstück hat noch ein solches behauptet, die Bebauung der vom Baurecht nicht betroffenen Grundstückshälfte untersagen.

Die Annahme dieser letzteren Lösung ist insofern zwingend, als die Wirksamkeit der Bauverbotsservitut die einzig mögliche Erklärung bietet, da ja das Baurecht sich nicht auf denjenigen Teil des Grundstückes erstreckt, welcher vom Dritten bebaut wird. Nehmen wir nun an, der Dritte errichte eine Baute auf dem mit dem Baurecht belasteten Grundstücksteil; in diesem Fall muß sich der Berechtigte nicht auf die Bauverbotsservitut berufen, da er sich auf Grund des ihm zustehenden Baurechts der Baute des Dritten widersetzen kann; jedoch kann deswegen weder die materielle Existenz der Bauverbotsservitut geleugnet werden noch deren Ausübungsmöglichkeit. Ebenso muß es sich verhalten, wenn das Baurecht sich auf das ganze dienende Grundstück erstreckt. Auf diese Weise gelangt man zu einer ähnlichen Situation wie bei der Eigentümerdienstbarkeit, wo die Tatsache, daß aufgrund des Eigentums (jedenfalls dann, wenn dieses nicht mit einer fremden Dienstbarkeit belastet ist) gewisse Handlungen Dritter auf dem Grundstück verhindert werden können, die materielle Existenz der Eigentümerdienstbarkeit, die eben diese Befugnis, solche Handlungen zu untersagen, beinhaltet, keineswegs ausschließt.

Es genügt, an den Fall der Dereliktion des dienenden Grundstückes zu denken, um festzustellen, daß die Eigentümerdienstbarkeit, welche in diesem Zeitpunkt sicherlich besteht, nicht erst mit der «Zweiung der Subjekte» im Sinne LIVERS geschaffen wird. Auf welche Weise und weshalb könnte denn die Aufgabe des Eigentums des dienenden Grundstückes die mit dem Eigentum eines andern Grundstückes verbundene Dienstbarkeit zum Entstehen bringen? Auch hier scheint es rationaler, anzunehmen, daß die Dienstbarkeit bereits vor der Dereliktion effektiv bestand.

---

[44] N. 4 zu Art. 733 ZGB.

Es gibt im Falle der absoluten Konsolidation praktische Unterschiede zwischen den beiden Theorien, welche der Doktrin anscheinend entgangen sind. Die Eigentümerdienstbarkeit kann überhaupt nur gepfändet werden, wenn sie materiell besteht. Ebenso kann beispielsweise eine dem Grundeigentümer zustehende Nutznießung nur dann mittels eines Pachtvertrages übertragen werden, wenn sie materiell existiert (Art. 758 ZGB)[45]; in diesem Falle hat der Nutzungsberechtigte dem Eigentümer, vor allem, wenn er dessen Rechte gefährdet (Art. 758 Abs. 2 und 760 ZGB), Sicherheit zu leisten; besteht aber die Nutznießung nicht materiell, so wird die Ausübung des Eigentums übertragen und der «Zessionar» hat keine Sicherheit zu leisten. Existiert die Überbaudienstbarkeit (Art. 675 ZGB) materiell, so ist die auf das dienende Grundstück übergreifende Baute Bestandteil des herrschenden Grundstückes. Sie ist hingegen Bestandteil des dienenden Grundstückes, wenn die Dienstbarkeit nicht entstanden ist, usw.

§ 88. Die Nutznießung und das Pfandrecht, welche Forderungen und andere Rechte belasten

I. Belastungs-Theorie – nicht Teilungs-Theorie

Wie wir gesehen haben[1], hat das dingliche Recht im eigentlichen Sinn immer eine Sache zum Gegenstand und – entgegen der in der Doktrin vertretenen Auffassung – niemals einen Miteigentumsanteil oder ein beschränktes dingliches Recht. Im folgenden geht es nicht mehr um diese Auseinandersetzung sondern um die Nutznießung und das Pfandrecht, welche Forderungen oder andere, nicht dingliche Rechte belasten.

So wie man die Nutznießung oder das Pfandrecht an einer Sache als dem Eigentum an dieser Sache entnommene Einzelbefugnis[2] betrachten kann, können auch die eine Forderung oder ein anderes Recht belastenden Nutznießungs- oder Pfandrechte als vom belasteten Recht abgetrennte Befugnisse verstanden werden: So würde beispielsweise das Recht auf Zinsen vom Forderungsrecht ausgeschieden und auf den Nutznießer übertragen[3].

Wie aus der Systematik des Gesetzes hervorgeht, welches die Nutznießung «an» einem Recht nicht als Einzelfall behandelt sondern den allgemeinen Regeln unterstellt, ist der Begriff der Nutznießung und des Pfandrechts einheitlich. Wird die Belastungs-Theorie bezüglich der Nutznießung

---

[45] Vgl. unten § 95, IV.
[1] § 87, II und III.
[2] § 87, II.
[3] Dies ist die von VON TUHR/SIEGWART vertretene Theorie: S. 821–822, § 98, und S. 827, Ziff. 6, und VON TUHR/ESCHER II, S. 373–374 und 376, Ziff. 6; CHUARD, S. 40–44; DE RHAM, S. 17 ff.; SCHMIDLIN, S. 81; KARNBACH, S. 57–58; LIEBERMANN, S. 57–58; DES GOUTTES, SJK 1969, Nr. 704, S. 4–5.

und des Pfandrechtes an einer Sache angenommen, so muß sie auch bei der Nutznießung und dem Pfandrecht «an» Forderungen oder andern Rechten Geltung haben. So muß insbesondere die Nutznießung «an» einer Forderung als ein diese Forderung von außen her einschränkender Fremdkörper und nicht als ein Bündel von Einzelbefugnissen, welche der Forderungsgläubiger dem Nutzungsberechtigten abgetreten hat, verstanden werden.

Wie bei den beschränkten dinglichen Rechten im eigentlichen Sinne, steht diese Auffassung in vollem Einklang mit der Elastizität der belasteten Forderung; d.h. der Forderungsgläubiger kann ipso iure wieder sämtliche, seinem Forderungsrecht innewohnenden Befugnisse (Recht auf Zinsen usw.) ausüben, sobald die Nutznießung untergeht[4].

Kann der Inhaber des belasteten Rechts die Nutznießung begründen, so nicht deshalb, weil er Befugnisse, die ihm zustehen, auf den Nutznießer überträgt, sondern weil im Prinzip kein Recht in seiner Ausübung ohne Einwilligung seines Inhabers eingeschränkt werden kann. Und wenn die Rechte des Nutznießers denjenigen des Gläubigers (der belasteten Forderung) vorgehen, so nicht, weil der Gläubiger die vom Nutznießer erworbenen Befugnisse verloren hätte; vielmehr findet sich hier ein ähnliches Verhältnis wie zwischen dem Eigentum an einer Sache und dem beschränkten dinglichen Recht an dieser Sache, oder zwischen zwei an der gleichen Sache bestehenden beschränkten dinglichen Rechten unterschiedlichen Ranges.

II. Rechtliche Natur der Nutznießung und des Pfandrechtes, welche Forderungen und andere Rechte belasten

Der rechtliche Begriff der Nutznießung und des Pfandrechtes «an» einer Forderung ist deshalb verworren, weil die Doktrin[5] die Forderung an Stelle der Sache als Gegenstand der Nutznießung oder des Pfandrechtes setzt und infolgedessen behauptet, daß die Nutznießung und das Pfandrecht («an» einer Forderung), wenn nicht beschränkte dingliche Rechte im eigentlichen Sinne, so zumindest absolute Rechte sind und den dinglichen Rechten gleichgestellt werden müssen. Die Forderung als

---

[4] Vgl. oben § 87, II.
[5] z.B. WIELAND, N.2 zu Art.773–774 und N.1 zu Art.899 ZGB; LEEMANN, N.3 zu Art.773–774 und N.1–3 zu den Vorbem. zu Art.899ff. ZGB; HAAB, Einleitung, S.19ff., N.40ff.; OFTINGER, N.5–6 zu Art.899 ZGB; LIVER, Zürcher Kommentar, Einleitung, S.12–13, N.21; MEIER-HAYOZ, System Teil, S.66, N.126; LIEBERMANN, S.52–56; KOEFERLI, S.3; a.A. PIOTET, Les usufruits, S.36–38; RUEDIN, S.160–168, geht noch weiter, indem er behauptet, daß die Nutznießung und das Pfandrecht, welche eine Forderung belasten, beschränkte dingliche Rechte sind genau gleich wie bei Sachen.

Gegenstand der Nutznießung zu betrachten, ist jedoch ebenso ungenau, wie wenn man das Eigentum als Gegenstand der es belastenden Nutznießung (welche, wie wir gesehen haben, immer die Sache selbst zum Gegenstand hat) bezeichnet. Kurzum, **die Forderung spielt in Wirklichkeit eine dem Eigentum und nicht eine der Sache entsprechende Rolle.**

Der Begriff der Belastung, des Rangverhältnisses im weiteren Sinne, findet sich bei allen Arten von Nutznießung. Der Nießbrauch an einer Sache verschafft dem Berechtigten die Befugnis, von jedem Dritten zu verlangen, ihm den Genuß der Sache zu überlassen; der Eigentümer hat die gleiche Genußberechtigung, nur steht sie derjenigen des Nutznießers nach, d.h. letzterer genießt eine Vorrangstellung. Das gleiche gilt für die Nutznießung an einem beschränkten dinglichen Recht; so verschafft die Nutznießung an einer Quelle dem Nießbraucher eine direkte Berechtigung am Grundstück, welche er jedermann entgegenhalten kann; der Grundeigentümer und der Servitutsberechtigte haben gleichfalls das Recht, die Quelle zu nutzen; das Recht des Nießbrauchers geht jedoch dem ihrigen vor (wie das Recht des Servitutsinhabers demjenigen des Eigentümers vorgeht). **Wenn es sich um eine Forderung handelt, so steht dem Nutznießer ein persönliches Recht gegenüber dem Schuldner auf die Erträgnisse der Forderung zu.** Der Gläubiger hat das gleiche Recht, nur wird dieses von demjenigen des Nutznießers unterdrückt.

Die Nutznießung und das Pfandrecht an einer Forderung sind keine dinglichen Rechte im eigentlichen Sinne, weil sie nicht eine Sache zum Gegenstand haben. Sie sind außerdem, entgegen der herrschenden Meinung, auch keine absoluten Rechte. Das absolute Recht erlaubt dem Inhaber per definitionem von jedermann eine negative Verhaltensweise (Duldung oder Enthaltung) zu verlangen; nun gewährt aber einerseits die Nutznießung an einer Forderung, wie die Forderung selbst, dem Berechtigten lediglich Rechte gegenüber dem Schuldner (wie das Pfandrecht an einer Forderung dem Berechtigten ein Verfügungsrecht verleiht, das mit demjenigen des Forderungsgläubigers identisch ist), und andererseits ist die Leistung (Zahlung von Zinsen usw.) im allgemeinen positiv.

Haben bei der Zwangsverwertung der Nutznießer oder der Pfandgläubiger den Vorrang vor den gewöhnlichen Gläubigern des Inhabers der belasteten Forderung, so nicht deshalb, weil sie ein absolutes Recht haben, wie dies in der Doktrin behauptet wird. Vielmehr stehen den Gläubigern bei einer Zwangsverwertung niemals mehr Rechte zu, als demjenigen, der ihr unterliegt. Da die Nutznießung und das Pfandrecht den Rechten des Gläubigers der belasteten Forderung vorgehen, genießen sie auch den Vorrang vor den Rechten der an der Zwangsverwertung beteiligten Gläubiger. Auch hier wiederum ist es der Begriff der Belastung, des Rangverhältnisses im weiteren Sinne, welcher die Wirkungen der Nutznießung und des Pfandrechtes, welche eine Forderung belasten, erklärt, und nicht der angeblich absolute Charakter der Nutznießung und des Pfandrechts. Persönliche Rechte können einen unterschiedlichen Rang haben, ohne deshalb zu absoluten Rechten zu werden.

Die Nutznießung und das Pfandrecht können **absolute nicht dingliche Rechte** sein, wenn das Recht, welches sie belasten, solcher Art ist; dies ist vor allem der Fall bei der Nutznießung und dem Pfandrecht, welche Rechte am sogenannten **geistigen Eigentum** belasten.

So ist der Nutznießer eines Erfindungspatentes befugt, gegen jeden Dritten vorzugehen, welcher das Patent, namentlich durch Nachahmung, verletzt. Es ist augenfällig, daß hier die Situation ganz anders ist als diejenige bei der Nutznießung an einer Forderung. Hier kann von jedem Rechtssubjekt eine bestimmte Verhaltensweise, welche passiver Art ist, gefordert werden.

Man kann anführen, daß die Rechtsnatur der Nutznießung und der Pfandrechte, welche Forderungen belasten, auch nach der Teilungs-Theorie offensichtlich die gleiche ist: Es ist klar, daß, werden die Nutznießung und das Pfandrecht durch die Übertragung gewisser bis anhin der Forderung innewohnender Befugnisse an den Nutznießer oder den Pfandgläubiger begründet, diese Befugnisse sich nicht in absolute Rechte umwandeln, indem sie vom Gläubiger der belasteten Forderung auf den Nutznießer oder den Pfandgläubiger übergehen[6]. Die Tatsache, daß diese Befugnisse im Falle der Zwangsverwertung den bloßen Chirographargläubigern entgegengehalten werden können, läßt sich andererseits sehr einfach erklären: Die übertragenen Befugnisse stehen nicht mehr dem Gläubiger der belasteten Forderung zu und unterliegen deshalb nicht der Zwangsverwertung, die dieser erleidet[7]. Einige Autoren[8] haben diesen letzten Punkt übersehen und die Teilungs-Theorie dadurch vervollständigt, daß sie die Wirksamkeit (der abgetretenen Befugnisse) Dritten gegenüber derjenigen der dinglichen Rechte gleichgestellt haben, was widersprüchlich ist.

III. Vollständige oder teilweise Konfusion im Falle der Nutznießung oder bei Pfandrechten, welche eine Forderung belasten

Die Nutznießung an einer Forderung geht unter, wenn die Eigenschaften des Gläubigers und des Nutzungsberechtigten in derselben Person zusammentreffen, es sei denn, die Nutznießung gehe einem andern Recht vor (einem Drittpfandrecht oder einer im zweiten Rang lastenden Nutznießung)[9]. Bei Vereinigung der Eigenschaften des Gläubigers und des Schuldners

---

[6] Siehe z.B. VON TUHR/SIEGWART, S. 821–822, § 98 und VON TUHR/ESCHER, S. 373–374; vgl. oben Anm. 2 und 4.
[7] So DE RHAM, S. 22–23; ANDRÉ, S. 18–19; KARNBACH, S. 53–54.
[8] Insbes. CHUARD, S. 44.
[9] Siehe WIELAND, N. 8 zu Art. 773–774 ZGB; LEEMANN, N. 30 zu Art. 773–774 ZGB.

bleibt die Nutznießung dagegen bestehen: eine persönliche Rechtsbeziehung existiert weiterhin, da ja zwei Rechtssubjekte sich gegenüberstehen. Wenn der Nutznießer Schuldner der Forderung wird, so besteht teilweise Vereinigung: solange sie andauert, muß der Schuldner die Erträgnisse der Forderung nicht an sich selber bezahlen; dagegen bleiben ihm als Nutznießer die Verwaltungsrechte erhalten.

Man kann jedoch mit LEEMANN[10] die Meinung vertreten, daß in diesem Falle der Gläubiger ohne Einwilligung des Nutznießers, welcher in seiner Eigenschaft als Schuldner die Forderung gefährdet, Zahlung verlangen kann.

Voraussetzung eines Pfandrechtes sind zwei Forderungen: die gesicherte Forderung, deren Aktivsubjekt der Pfandgläubiger und Passivsubjekt der Hauptschuldner sind, und die belastete Forderung, deren Aktivsubjekt der Pfandbesteller und Passivsubjekt der Schuldner der verpfändeten Forderung sind. Sechs Fälle[11] sind vorstellbar, bei denen ein und dieselbe Person die Eigenschaften zweier der beteiligten Rechtssubjekte in sich vereinigen kann: 1. Im allgemeinen ist der Pfandbesteller auch Hauptschuldner; in diesem Falle besteht keinerlei Konfusion. – 2. Wird der Pfandgläubiger (zufolge Erbganges usw.) Hauptschuldner, tritt eine vollständige Konfusion ein; sie hat den Untergang der gesicherten Hauptforderung und des akzessorischen Pfandrechtes zur Folge. – 3. Tritt der Pfandgläubiger in die Rechte des Pfandbestellers ein oder umgekehrt, so geht das Pfandrecht durch Konfusion unter, wenn diese vollständig ist (d.h. wenn das Pfandrecht nicht einem andern Recht vorgeht). – 4. Wird der Pfandgläubiger Schuldner der verpfändeten Forderung, tritt keine Konfusion ein; in seiner Eigenschaft als Schuldner der verpfändeten Forderung zahlt der Pfandbesteller Zinsen, als Gläubiger dagegen kann er die gesicherte Forderung mit dem Pfandrecht abtreten. – 5. Teilweise Konfusion tritt ein, wenn der Pfandbesteller Schuldner der verpfändeten Forderung wird (und namentlich nicht Zinsen an sich selber zahlen kann); der Pfandgläubiger ist berechtigt, die verpfändete Forderung bei Verfall zu verwerten, und die teilweise Konfusion wird mit der Verwertung und dem Erwerb der Forderung durch einen Dritten rückgängig. – 6. Ist der Hauptschuldner gleichzeitig Schuldner der verpfändeten Forderung, besteht keine Konfusion.

---

[10] N. 39 zu Art. 773–774 ZGB.
[11] Siehe WIELAND, N. 6 zu Art. 899 ZGB; LEEMANN, N. 36–37 zu Art. 899 ZGB; OFTINGER, N. 138–140 zu Art. 899 ZGB.

Zweites Kapitel

Die Dienstbarkeiten im allgemeinen, insbesondere die irregulären Dienstbarkeiten und das Baurecht

Literatur: F. BOLLA, La loi fédérale du 19 mars 1965 sur le droit de superficie et le transfert des immeubles, ZBGR 46, 1965, S. 257 ff.; O. BRANDENBURGER, Das Baurecht der Art. 675 und 779 des schweizerischen ZGB, Diss. Zürich 1910; E. CHRISTEN, Das Baurecht nach dem schweizerischen ZGB, Diss. Leipzig 1909; G. EGGEN, Das Bundesgesetz vom 19. März 1965 über das Baurecht und den Grundstückverkehr, ZGBR 46, 1965, S. 269 ff.; H. U. FREIMÜLLER, Die Stellung der Baurechtsdienstbarkeit im System der dinglichen Rechte, Diss. Bern, Abh. schweiz. R 380, Bern 1967; H. P. FRIEDRICH, Zum Inhalte der Nutzungsdienstbarkeiten, in: Festgabe zum schweizerischen Juristentag 1963, Basel 1963, S. 37 ff.; DERSELBE, Die Neuordnung des Baurechtes im Zivilgesetzbuch, BJM 1966, S. 1 ff.; DERSELBE, Das Baurecht des Zivilgesetzbuches im Dienste öffentlicher Aufgaben, Zbl 68, 1967, S. 257 ff., 281 ff.; DERSELBE, Baurechts-, Unterbaurechts- und Überbaurechts-Dienstbarkeiten, in: Rechtliche Probleme des Bauens, Berner Tage für die jurist. Praxis 1968, Bern 1969, S. 135 ff.; R. GMÜR, Das Schweizerische Zivilgesetzbuch verglichen mit dem deutschen Bürgerlichen Gesetzbuch, Abh. schweiz. R 366, Bern 1965; H. F. HITZIG, Die Grunddienstbarkeit im Vorentwurf eines schweizerischen Civilgesetzbuches, ZSR 19, 1900, S. 353 ff.; DERSELBE, Das Baurecht im Vorentwurf eines schweizerischen Civilgesetzbuches, ZSR 22, 1903, S. 1 ff.; EUGEN HUBER, Die Eigentümerdienstbarkeit – Ein Beitrag zu ihrer Rechtfertigung, in: Festschrift der Jur. Fakultät Bern für Fitting, Bern 1902.

F. JENNY, Der öffentliche Glaube des Grundbuches nach schweizerischem ZGB, Diss. Fribourg, Abh. schweiz. R 17, Bern 1920; DERSELBE, Das Legalprinzip im schweizerischen Grundbuchrecht, ZGBR 11, 1930, S. 185 ff. und 233 ff.; E. KLÖTI, Das Baurecht des ZGB im Dienste kommunaler Boden- und Wohnungspolitik, Statistik der Stadt Zürich, Heft 52, Zürich 1943; P. LIVER, Über die Baurechtsdienstbarkeit, ZBJV 94, 1958, S. 377 ff.; DERSELBE, Über die Formen der Begründung und Übertragung von dinglichen Rechten an Grundstücken, ZBGR 26, 1945, S. 65 ff. und 121 ff.; DERSELBE, Die Aufhebung und Ablösung von Servituten im schweizerischen Recht (Art. 736 ZGB), ZBGR 42, 1961, S. 1 ff.; DERSELBE, Die Servitut in der Eigentumsordnung und Eigentumslehre der deutschen, französischen und italienischen Rechtsgeschichte, ZSR 85 I, 1966, S. 297 ff.; A. VON MAY, Aus der Praxis des Baurechts, ZBGR 51, 1970 S. 65 ff.; B. MAYR VON BALDEGG, Die Gegenleistung beim Baurecht, Diss. Bern, Abh. schweiz. R 144, Bern 1938; R. MENGIARDI, Die Errichtung von beschränkten dinglichen Rechten zugunsten und zu Lasten von Miteigentumsanteilen und Stockwerkseigentumseinheiten, Diss. Bern, Abh. schweiz. R 415, Bern 1972; V. MÜLLER, Der Baurechtszins und seine grundpfandrechtliche Sicherung, Diss. Zürich, Zürcher Beiträge 287, Zürich 1968; K. NAEGELI, Die Auslegung der Grunddienstbarkeiten, Diss. Zürich, Zürcher Beiträge 44, Aarau 1935; U. NEUENSCHWANDER, Die Leistungspflichten der Grundeigentümer im französischen Code civil und im schweizerischen ZGB unter besonderer Berücksichtigung des Nachbarrechts, Diss. Bern, Zürich 1966.

H. PFISTER, Der Inhalt der Dienstbarkeit, ZSR 52, 1933, S. 325 ff.; M. PILET, Le droit de superficie du code civil suisse, Diss. Lausanne 1912; J. PLATTNER, Die Baurechtsdienstbarkeit – Bemerkungen zum Vorentwurf der Justizabteilungen zur Revision der Bestimmungen des ZGB über das Baurecht, ZBGR 41, 1960, S. 257 ff.; H. M. RIEMER, Das Baurecht (Baurechtsdienstbarkeit) des Zivilgesetzbuches und seine Behandlung im Steuerrecht, Diss. Zürich, Zürcher Beiträge 289, Zürich 1968; R. RUEDIN, Le droit réel de superficie, Neuchâtel 1969; A. H. SCHATZMANN, Eintragungsfähigkeit der dinglichen Rechte und Prüfungspflicht des Grundbuchverwalters, Diss. Bern, Abh. schweiz. R 148, Bern 1939; P. SCHNEEBERGER, L'avant-projet relatif à la révision des dispositions du CCS sur le droit de superficie, ZBGR 41, 1960 S. 268 ff.; V. SCHWANDER, Die Grunddienstbarkeiten, mit besonderer Berücksichtigung des ZGB und des schweiz. Rechtes, Diss. Bern 1910; K. SPIRO, Die Begrenzung privater Rechte durch Verjährungs-, Verwirkungs- und Fatalfristen, 2 Bde., Bern 1975; E. VON STEIGER, Vom Baurecht, ZBGR 37, 1956, S. 81 ff.; J. STOECKLIN, Die Begründung von Baurechten unter Bedingungen und Auflagen sowie Beschränkungen des Inhalts und der Übertragbarkeit, Abh. schweiz. R 321, Bern 1956; E. TH. TOBLER, Die dinglichen Rechte des Zivilgesetzbuches, dargestellt am Beispiel der Leitungen, Diss. Bern 1953; J. VOLLENWEIDER, Etude sur les droits distincts et permanents en droit civil suisse, Diss. Lausanne 1923; W. WILD, Das Baurecht, ZBGR 33, 1952, S. 293 ff.; G. WITT, Das Baurecht – Eine vergleichende Betrachtung insbesondere des schweizerischen und des deutschen Baurechtes. Diss. Basel, Basler Studien 92, Basel 1970; R. ZUERCHER, Die Wegrechte des schweizerischen Privatrechts, Diss. Zürich, Zürcher Beiträge 124, Aarau 1947.

§ 89. Der Begriff der Dienstbarkeit im schweizerischen Recht

I. Definition, Gliederung und numerus clausus

Wie wir gesehen haben, ist die Dienstbarkeit ein beschränktes dingliches Recht auf Genuß oder Gebrauch einer Sache. Eine Sache benutzen oder gebrauchen heißt im weitesten Sinne, daraus einen Vorteil oder Nutzen ziehen. Dieser besteht für den Servitutsberechtigten entweder darin, eine positive Handlung auf dem dienenden Grundstück oder in Abweichung der nachbarrechtlichen Schutzbestimmungen vornehmen zu können – in diesem Falle spricht man von affirmativer Dienstbarkeit –, oder aber darin, eine bestimmte Benutzungsweise des dienenden Grundstückes jedermann, sowie namentlich dem Eigentümer und anderen Personen, welche beschränkte dingliche oder persönliche Rechte auf dem Grundstück haben, untersagen zu können – in diesem Falle spricht man von negativen Dienstbarkeiten[1]. Wie alle beschränkten dinglichen Rechte verpflichtet die Dienstbarkeit jedes Rechtssubjekt außer dem Inhaber zu einem passiven Verhalten: *servitus in faciendo consistere nequit*[2]. Eine Verpflichtung zu einem Tun kann jedem Eigentümer eines dienenden Grundstückes unter bestimmten Bedingungen auferlegt werden[3]; diese Verpflichtung bleibt jedoch eine von der Servitut zu unterscheidende persönliche Rechtsbeziehung. Schließlich kann sich das auf Grund der Dienstbarkeit geforderte passive Verhalten lediglich auf die Benutzungsweise des dienenden Grundstückes[4] beziehen; ausgeschlossen sind insbesondere Rechtsgeschäfte zum Zwecke der Übertragung von Rechten an Dritte (Veräußerung, Begründung von beschränkten dinglichen Rechten, Vermietung etc.[5]).

Eine Fahrnis kann höchst selten dem unterschiedlichen Gebrauch mehrerer Personen dienen; aus diesem Grund sieht unser Gesetz (Art. 745 Abs. 1 ZGB im Vergleich mit 730 Abs. 1, 779 Abs. 1, 780 Abs. 1 und 781 Abs. 1 ZGB) im Einklang mit der Rechtstradition eine einzige Fahrnisdienstbarkeit vor, die Nutznießung, welche ein beschränktes dingliches Recht zum vollen Gebrauch einer Sache bei Erhaltung der Substanz beinhaltet. Die Immobiliardienstbarkeiten dagegen – welche sich auch auf die Zugehör des belasteten Grundstückes erstrecken können – sind zahlreich und unterschiedlich, da ein Grundstück oft gleichzeitig verschiedenen

---

[1] Zu Unrecht bezeichnet ROGUIN, a.a.O. (§ 87, Anm. 8), S. 886–891, die negative Dienstbarkeit als eine Forderung gegen die Grundstücksbesitzer und nicht als beschränktes dingliches Recht. Er vertritt in der Tat die Auffassung (S. 695–702, insbes. S. 700–701), daß die Unterlassungspflicht nur diesen Besitzern obliegt, nicht jedoch jedem beliebigen Dritten. In einem analogen Sinne siehe in Frankreich ABERKANE, Essai d'une théorie générale de l'obligation propter rem, Diss. Paris 1957, S. 126 ff., Nr. 101 bis und 102. – RUEDIN, S. 80–81, will, bei der von ihm als intern bezeichneten Definition der Dienstbarkeit, das Gleichgewicht zwischen Inhalt und Dauer derselben berücksichtigt wissen, indem er fordert, daß eine Dienstbarkeit, welche alle Nutzungsmöglichkeiten der Sache erschöpft, zeitlich beschränkt werden muß (vgl. unten III). Unserer Meinung nach betrifft dieses Erfordernis jedoch die Zulässigkeit der Dienstbarkeit und nicht ihre begriffliche Umschreibung. Die zeitlich unbeschränkte Nutznießung läßt sich ohne weiteres denken, sie ist jedoch im schweizerischen Recht unzulässig.

[2] Anderer Ansicht insbesondere H. DESCHENAUX, Obligations propter rem, in: Ius et Lex, Festgabe für Max Gutzwiller, Basel 1959, S. 729, Anm. 65, in bezug auf eine von Art. 698 ZGB abweichende Vereinbarung betreffend die Unterhaltspflicht: siehe PIOTET, Des effets de l'annotation au registre foncier de rapports de droit personnels, ZSR 79, 1960, S. 414, Anm. 40 bis.

[3] Vgl. unten IV.

[4] PFISTER, S. 348; LIVER, N. 140 ff. zu Art. 730 ZGB.

[5] Anderer Ansicht insbes. LEEMANN, N. 32–33 zu Art. 680 und N. 23 zu Art. 730 ZGB, bezüglich des Verzichtes auf das gesetzliche Vorkaufsrecht des Miteigentümers.

Zwecken mehrerer Personen dienen kann. Das Grundbuch erlaubt im übrigen, in diesem Falle das Publizitätsprinzip vollumfänglich zu wahren, indem es den Inhalt der auf dem Grundstück lastenden beschränkten dinglichen Rechte genau beschreibt, was bezüglich der Fahrnis nicht möglich wäre.

Je nachdem, ob die Servituten dem jeweiligen Eigentümer eines Grundstückes (welches dann als herrschendes Grundstück bezeichnet wird) oder einer bestimmten Person (natürliche oder juristische, privat- oder öffentlichrechtliche) zustehen, sind die Grunddienstbarkeiten (Praedialservituten, Art. 730 Abs. 1 ZGB) oder Personaldienstbarkeiten («andere Dienstbarkeiten», Art. 745 Abs. 1 ZGB). Unter den letzteren sind die Nutznießung und das Wohnrecht (welches der Nutznießung verwandt ist und sich nur in gewissen Punkten davon unterscheidet) die eigentlichen Personalservituten «par excellence»; sie können nicht abgetreten und nicht vererbt werden. Man stellt ihnen die anderen Personalservituten – welche in Frankreich und Italien unbekannt sind –, die sogenannten irregulären Dienstbarkeiten gegenüber, welche sowohl übertragbar als auch vererblich sind (im Gegensatz zum deutschen System: vgl. § 1092 BGB). Dies ergibt sich aus den dispositiven Gesetzesbestimmungen, welche die Übertragbarkeit für das Baurecht und das Quellenrecht (Art. 779 Abs. 2 und 780 Abs. 2 ZGB) und die Unübertragbarkeit für alle anderen irregulären Personaldienstbarkeiten vorsehen (Art. 781 Abs. 2 ZGB). Die Unübertragbarkeit eines Quellenrechtes oder Baurechtes bzw. die Übertragbarkeit einer andern irregulären Personalservitut kann einem gutgläubigen Erwerber nicht entgegengehalten werden, sofern sie nicht im Grundbuch eingetragen sind[6].

Der Inhaber der Dienstbarkeit ist nicht immer identisch mit dem Genußberechtigten. In diesem Zusammenhang müssen insbesondere die Gemeindedienstbarkeiten erwähnt werden, welche dem Gemeinwesen zustehen – welches im Grundbuch eingetragen ist, über die Dienstbarkeit verfügen kann und in rechtlichen Auseinandersetzungen einzig als Partei legitimiert ist –, deren Genußberechtigte jedoch die Gemeindeeinwohner sind, oder bestimmte unter ihnen, oder die Allgemeinheit: so z.B. ein Tränkrecht zugunsten der viehbesitzenden Gemeindeeinwohner oder ein Wegrecht zugunsten der Allgemeinheit.

---

[6] WIELAND, N. 4a zu Art. 681 ZGB; LEEMANN, N. 52 zu Art. 681 ZGB; WITT, S. 84–86, hält dafür, daß Art. 772 Abs. 2 ZGB sich auf das selbständige und dauernde Recht bezieht und nicht auf jegliches persönliche Baurecht, da ein solches Recht nach Art. 781 Abs. 2 ZGB im Prinzip unübertragbar ist. Diese Interpretation widerspricht dem Wortlaut des Gesetzes und erscheint uns nicht gerechtfertigt.

Allen Genußberechtigten steht der Besitzesschutz zu, und sie ermöglichen der Gemeinde[7] die Ersitzung durch ihre Ausübungshandlungen. In der Regel handelt es sich in diesem Fall um eine Personalservitut; es kann aber auch eine Grunddienstbarkeit sein: so kann beispielsweise das Wegrecht, auf Grund dessen dem Publikum erlaubt wird, durch Überqueren des dienenden Grundstückes von einer öffentlichen Straße zu einem Park zu gelangen, eine Grunddienstbarkeit sein, wobei dasjenige Grundstück, auf dem der Park angelegt ist, herrschendes Grundstück ist.

Im folgenden Paragraphen werden wir sehen, daß die übertragbaren Personalservituten nur mit beschränkten dinglichen Rechten an beweglichen Sachen, Forderungen und andern Rechten belastet werden können; die Nutznießung ist deshalb die einzige Servitut, welche «auf» einer Personalservitut errichtet werden kann. Jedoch ist jede übertragbare Personaldienstbarkeit, wenn sie auf wenigstens dreißig Jahre oder auf unbestimmte Zeit begründet ist, ein «selbständiges und dauerndes Recht» (Art. 779 Abs. 3, 780 Abs. 3, 655 Ziff. 2 ZGB und Art. 7 GBV), welches als Grundstück ins Grundbuch aufgenommen werden kann. Es erhält wie die Liegenschaften ein eigenes Blatt im Hauptbuch, wohingegen der Servitutsberechtigte in der Spalte der Eigentümer eingetragen wird. Durch dieses Vorgehen wird der Charakter des Rechts keineswegs modifiziert. Seine Übertragung und die Begründung beschränkter dinglicher Rechte, welche es belasten, erfordern jedoch die Beachtung der Vorschriften betreffend die Übertragung des Eigentums und dessen Belastung mit beschränkten dinglichen Rechten. Beschränkte dingliche Rechte, welche solchermaßen im Grundbuch als Grundstücke aufgenommene Dienstbarkeiten belasten, werden demgemäß den Rechten an «unbeweglichen» Sachen gleichgestellt. Die in Frage kommenden Pfandrechte sind demnach die Grundpfandverschreibung, der Schuldbrief und die Gült, zudem ist die Begründung von Grundlasten sowie Dienstbarkeiten außerhalb der Nutznießung möglich; so kann beispielsweise ein im Grundbuch als Grundstück aufgenommenes Quellenrecht mit einer Wasserbezugs-Servitut oder einer Wasserlieferungs-Grundlast belastet werden.

Im römischen und gemeinen Recht sowie, wenn auch etwas weniger ausgeprägt, in den uns umgebenden Ländern ist die Grunddienstbarkeit «praedio utilis»: sie muß dem herrschenden Grundstück, d.h. dem jeweiligen Eigentümer dieses Grundstückes einen Vorteil aus dem dienenden Grundstück gewähren und dabei die Benutzung des herrschenden Grundstückes selbst erleichtern. Unser Gesetzgeber hat dieses Erfordernis vollständig fallengelassen, um das Anwendungsfeld der Grunddienstbarkeit so

---

[7] Siehe WIELAND, N. 5b zu Art. 681 ZGB; LEEMANN, N. 17–23 zu Art. 781 ZGB; LIVER, N. 139–140 zu Art. 731 ZGB; BGE 74 I, 1948, S. 41 ff. = JT 1948 I, S. 234 ff.; vgl. außerdem unten § 93, V und VI.

weit wie möglich auszudehnen[8]. Es besteht daher kein Unterschied zwischen den Grunddienstbarkeiten und den Personaldienstbarkeiten hinsichtlich ihres möglichen Inhaltes; so kann insbesondere die Grunddienstbarkeit ein rein persönliches Bedürfnis des Berechtigten befriedigen. Die ziemlich ungeschickte Formulierung des Art. 730 ZGB, wonach die Grunddienstbarkeit «zum Vorteil eines andern Grundstückes» besteht (eine ähnliche Ausdrucksweise findet sich in den Artikeln 736 Abs. 1 und 739 ZGB), besagt lediglich, daß die Berechtigung bezüglich der Servitut mit dem Eigentum am herrschenden Grundstück verbunden ist. Außerdem ist zu präzisieren, daß die erwähnte Bestimmung unter «Eigentümer des herrschenden Grundstückes» auch den Inhaber eines selbständigen und dauernden Rechtes im Sinne von Art. 655 Ziff. 2 ZGB, eines Bergwerkes (Art. 655 Ziff. 3 ZGB), einer Wasserrechtsverleihung (Art. 59 des Bundesgesetzes über die Nutzbarmachung von Wasserkräften und Art. 8 GBV) oder eines kantonalen beschränkten dinglichen Rechts (Fischereirecht usw.), welche im Grundbuch eingetragen sind, sowie Miteigentümer (Art. 655 Ziff. 4 ZGB) versteht.

Unserer Meinung nach kann eine Grunddienstbarkeit immer mit einem Miteigentumsanteil verbunden sein. Davon zu unterscheiden ist die Frage, ob ein Miteigentumsanteil mit einer Servitut belastet werden kann: Diese Frage wird namentlich von LIVER[9] verneint, wenn der Miteigentumsanteil nicht ein Sonderrecht zum ausschließlichen Gebrauch eines Teiles der Sache beinhaltet, da die Servitut nicht «teilbar» ist. Diese Schlußfolgerung ist ungenau: Wie wir gesehen haben[10], kann ein Miteigentumsanteil nur dann mit einer andern Dienstbarkeit als der Nutznießung belastet werden, wenn dem Miteigentümer das ausschließliche Gebrauchsrecht eines Teiles der Sache zusteht (sogenanntes Stockwerkeigentum), weil im Falle gewöhnlichen Miteigentums die Dienstbarkeit notwendigerweise zu Lasten der übrigen Miteigentümer begründet würde. Jedoch ist umgekehrt ohne weiteres denkbar, daß nur einer der Miteigentümer als solcher Inhaber einer Grunddienstbarkeit ist; es besteht in diesem Falle kein Grund zu verlangen, daß ihm ein ausschließliches Recht auf Benutzung eines bestimmten Teils der Sache zusteht[10a].

Gewisse alte beschränkte dingliche Rechte sind Privat-Dienstbarkeiten auf öffentlichem Boden und können heute als solche nicht mehr begründet werden (die öffentliche Gemeinschaft kann lediglich auf Grund des öffentlichen Rechts eine Konzession erteilen). So beispielsweise Wasserrechte, das Recht auf Nutzbarmachung der Wasserkräfte an öffentlichen Gewässern

---

[8] Siehe insbes. die klaren und vollständigen Ausführungen von EUGEN HUBER, in den Erläuterungen 1914, II, S. 132–135; SCHWANDER, S. 16–26; und die kritischen Bemerkungen von HITZIG, Die Grunddienstbarkeit, S. 362–363, und LIVER, N. 105 zu Art. 730 ZGB.

[9] N. 22, 44 und 48 zu Art. 730 ZGB. Ebenso, wenn auch aus andern Gründen, MENGIARDI, S. 137 ff.

[10] Vgl. oben § 87, II.

[10a] Es muß zugegeben werden, daß die Übertragung von Anteilen oder die materielle Teilung unter den Miteigentümern gewisse Schwierigkeiten mit sich bringt (MENGIARDI, S. 137–139). Aber diese sind bei weitem nicht unüberwindbar.

sowie private Fischereirechte in öffentlichen Gewässern[11]. Ebenfalls angeführt werden können hier das private Recht auf Benützung bestimmter Sitzplätze in einer Kirche oder Grabplätze auf einem Friedhof. Die Aufnahme von Konzessionen (namentlich Bergwerkskonzessionen) im Grundbuch als Grundstücke[12] macht diese nicht zu Privat-Rechten, sondern unterstellt lediglich die sie betreffenden Verfügungsakte den Formvorschriften des Zivilgesetzbuches.

Man spricht häufig von Nutznießung, um auf einfache Weise das gesetzliche Nutzungsrecht der Eltern am Kindesvermögen und das Nutzungsrecht des Ehemannes am Einbringen der Ehefrau beim Güterstand der Güterverbindung zu bezeichnen. Diese Ausdrucksweise ist insofern gerechtfertigt, als es sich sehr wohl um ein vollumfängliches Nutzungsrecht handelt (welches, insoweit es sich auf Sachen bezieht, ein dingliches Recht ist), bezüglich dessen die gesetzlichen Vorschriften über die Nutznießung in dem Umfang anwendbar sind, als die familienrechtlichen Bestimmungen keine abweichende Regelung enthalten. Der Gesetzgeber hat es jedoch vorgezogen, den Ausdruck Nutznießung zu vermeiden. Die erbrechtliche gesetzliche Nutznießung des überlebenden Ehegatten, der Urgroßeltern, Großonkel und Großtanten dagegen (Art. 460 und 462 ZGB) ist in jeder Beziehung eine wirkliche Nutznießung. Die Legalservituten im geläufigen Sinn dieses Wortes sind in der Schweiz diejenigen, zu deren Begründung das Gesetz den Eigentümer des dienenden Grundstückes verpflichtet (Nachbarrecht); sie unterscheiden sich insofern von der gesetzlichen Nutznießung, als diese von Rechts wegen auf Grund der elterlichen Gewalt, des Güterstandes, der Güterverbindung oder mit der Eröffnung des Erbganges entsteht.

Dem Prinzip des numerus clausus entsprechend können nach schweizerischem Recht nur die im Gesetz vorgesehenen Arten von Dienstbarkeiten begründet werden. In dieser Hinsicht sind die Personalservituten im eigentlichen Sinn eng definiert: Jede Dienstbarkeit, welche ihrem Inhalt nach eine Nutznießung oder ein Wohnrecht darstellt, kann nur dann begründet werden, wenn sie unübertragbar und zeitlich begrenzt ist, im Maximum auf Lebenszeit des Inhabers, respektive auf 100 Jahre, wenn der Inhaber eine juristische Person ist. Ebenso kann ein selbständiges Baurecht nicht auf eine nach

---

[11] Siehe z. B. betreffend ein Wasserrecht BGE 88 II, 1962, S. 498 ff. = JT 1963 I, S. 322 ff., betreffend ein Fischereirecht BGE 97 II, 1971, S. 25 ff. und ein ehehaftes Tavernenrecht BGE 98, I a, 1972, S. 659 ff.
[12] Siehe Art. 56 SchlT, welcher in Art. 59 des Bundesgesetzes von 1916 (abgeändert durch BG vom 20. Juni 1952) über die Nutzbarmachung der Wasserkräfte aufgenommen worden ist, und Art. 8 GBV.

Art. 779 1 ZGB nicht zugelassene Dauer begründet werden. Dagegen können die Grunddienstbarkeiten und die irregulären Personalservituten von den Parteien frei gestaltet werden unter der einzigen Voraussetzung, daß ihr Inhalt der vom Gesetz in Art. 730 Abs. 1 und 781 ZGB gegebenen Generaldefinition entspricht (das persönliche Quellenrecht nach Art. 780 ZGB ist in der Generaldefinition des Art. 781 ZGB enthalten).

Das beschränkte dingliche Recht auf einen spezifischen Gebrauch (ausgenommen das Baurecht[13]) muß als Nutznießung betrachtet werden (der Berechtigte erhält den vollen Genuß der Sache, wobei gewisse Befugnisse ausgeschlossen werden können: Art. 745 ZGB), wenn die ins Auge gefaßte Benutzung des Grundstückes die einzig mögliche ist, bei welcher weder die Art noch der Bestand noch die wirtschaftliche Bestimmung desselben verändert wird (Art. 759, 764 Abs. 1 und 769 ZGB). Demnach stellt das Recht auf Ausübung des Schmiedehandwerkes in einer das ganze belastete Grundstück einnehmenden Schmiede eine Nutznießung dar; anderer Meinung ist, wie es scheint, FRIEDRICH[14], welcher behauptet, daß das dingliche Recht zur Benützung eines ganzen Gebäudes zum Zwecke der Ausübung eines Gewerbes nicht eine Nutznießung darstellt, sondern auf Grund von Art. 781 ZGB begründet werden kann, was ohne zeitliche Begrenzung zu einer Aushöhlung des Eigentums führen würde.

II. Gesetzliches System und Gliederung unserer Darstellung

Wie bei anderer Gelegenheit, hat es der schweizerische Gesetzgeber vorgezogen, vor allem eine Form des Instituts zu regeln und bezüglich der übrigen darauf zu verweisen, anstatt allgemeine Prinzipien zu formulieren. In Art. 730–744 ZGB werden für die Grunddienstbarkeiten Regeln aufgestellt, die allgemein, gelegentlich mutatis mutandis, für sämtliche Servituten gelten. Art. 781 ZGB definiert die irregulären Personalservituten und verweist auf Art. 730–744 ZGB. Die Art. 745–778 ZGB enthalten die speziellen Bestimmungen bezüglich der Nutznießung (Art. 745–775) und des Wohnrechts (Art. 776–778 ZGB); Art. 779 und 780 ZGB regeln das persönliche Bau- und Quellenrecht, indem sie bestimmen, daß diese Dienstbarkeiten im Prinzip, im Gegensatz zu den übrigen irregulären Personalservituten, übertragbar sind und als selbständige und dauernde Rechte als Grundstücke im Grundbuch eingetragen werden können. Die Revision des Zivilgesetzbuches durch das Bundesgesetz vom 19. März 1965, in Kraft getreten am 1. Juli 1965, hat die Reglementierung des Baurechtes ergänzt (Art. 779–779 l).

Was uns angeht, so versuchen wir im vorliegenden zweiten Kapitel, die auf alle Dienstbarkeiten anwendbaren allgemeinen Regeln darzustellen und nötigenfalls die Unterschiede zwischen Grunddienstbarkeiten und Perso-

---

[13] Vgl. unten § 94.
[14] In der Festgabe zum Schweizerischen Juristentag 1963, S. 54, lit. f.

nalservituten aufzuzeigen; dem Baurecht wird zudem ein besonderer Paragraph gewidmet. Anschließend untersuchen wir im dritten Kapitel die speziellen Regeln über die Nutznießung und das Wohnrecht, welchen das Gesetz der Tradition entsprechend zahlreiche Bestimmungen widmet.

III. Inhalt und Modalitäten der Dienstbarkeiten

In der Doktrin wird mit Recht die Auffassung vertreten, daß die Dienstbarkeit per definitionem die dinglichen Rechte, welche das dienende Grundstück belasten können, begrenzen muß und nicht nur die persönliche Freiheit des Eigentümers oder anderer Beteiligter[15]. In Art. 730 ZGB kommt dies klar zum Ausdruck, indem gefordert wird, daß die negative Dienstbarkeit den Berechtigten in den Stand versetzt, dem Eigentümer (des dienenden Grundstückes) die Ausübung seines Eigentumsrechts nach gewissen Richtungen zu untersagen. Wie namentlich LIVER[16] ausführt, kann dieses Prinzip in dem Sinne präzisiert werden, daß die durch eine negative Dienstbarkeit untersagte Handlung den körperlichen Zustand, die äußere Erscheinungsform, den wirtschaftlichen und sozialen Charakter des dienenden Grundstückes bestimmen muß und dadurch direkt oder indirekt Drittpersonen betrifft. Die berühmte «Bierservitut», welche den Eigentümer der Liegenschaft verpflichtete, das zum Verkauf bestimmte Bier ausschließlich beim Servitutsberechtigten zu beziehen, widerspricht der Absicht des Gesetzgebers, welche in den Vorarbeiten klar zum Ausdruck kommt, da sie nicht die Benutzung der Liegenschaft betrifft; die Benutzung bleibt sich gleich, auch wenn der Bierlieferant wechselt. Dagegen kann, unter Vorbehalt der Nichtigkeit des Vertrages, insbesondere auf Grund der Regeln über das Konkurrenzverbot, das absolute Verbot, in einer Liegenschaft Bier auszuschenken, als Servitut begründet werden; ebenso wie das Verbot, eine Gaststätte[17], einen bestimmten Handel[18] oder ein gewisses Gewerbe zu betreiben, oder die Untersagung jeglichen Handels oder Gewerbes, welches mit bestimmten Unannehmlichkeiten (Lärm, Erschütterungen, lästige Dünste usw.) verbunden ist: in allen diesen Fällen wird der äußere Charakter des dienenden Grundstückes betroffen.

---

[15] WIELAND, N. 5–6 zu Art. 730 ZGB; SCHWANDER, S. 25 und 32; LEEMANN, N. 20–21 zu Art. 730 ZGB; PFISTER, S. 351–361; LIVER, N. 106 ff. zu Art. 730 ZGB. Das Erfordernis der causa perpetua, der engen Beziehung zwischen der Natur des dienenden Grundstückes und dem Inhalt der Dienstbarkeit, wird aufgegeben: SCHWANDER, S. 16–26.
[16] N. 110 zu Art. 730 ZGB; siehe auch PFISTER, S. 354–355.
[17] BGE 78 II, 1952, S. 435 ff. = JT 1953 I, S. 367 ff.
[18] BGE 85 II, 1959, S. 177 ff. = JT 1960 I, S. 13 ff.; BGE 86 II, 1960, S. 743 ff. = JT 1961 I, S. 98 ff.

Kontrovers ist heute hauptsächlich die Frage der Gültigkeit einer Servitut (Tankstellenservitut), deren Inhaber nicht nur das Recht hat, auf dem dienenden Grundstück gewisse Einrichtungen für den Verkauf von Treibstoff zu installieren (affirmative Dienstbarkeit), sondern auch andere gleichartige Installationen untersagen kann (negative Dienstbarkeit). Die Praxis ist von Kanton zu Kanton unterschiedlich. LIVER[19] stellt hier, wie bei der Bierservitut, das Vorliegen einer negativen Dienstbarkeit in Abrede. Er hält dafür, daß die dem Eigentümer untersagten Handlungen in dem Maße, als sie sich auf die Ausübung der dem Eigentum inhärenten Befugnisse beziehen, die Befugnis zur rechtlichen Verfügung über das Grundstück betreffen und nicht dessen Benutzung. Diese Argumentationsweise überzeugt uns nicht. Nur wenn die Dienstbarkeit dem Eigentümer des dienenden Grundstückes untersagen würde, seine Tanksäulen mit von Konkurrenten bezogenem Treibstoff zu füllen, könnte sie mit der Bierservitut verglichen werden. Was jedoch untersagt ist (wenn der Dienstbarkeits-Vertrag richtig formuliert ist), ist die Installation anderer Tanksäulen und Einrichtungen auf dem dienenden Grundstück (Tanksäulen und Einrichtungen können theoretisch ebensogut dem Grundeigentümer wie einem Dritten gehören). Es ist jedoch klar, daß eine solche Servitut die Benutzung des dienenden Grundstückes betrifft, genau wie die Bauverbotsservitut. Können, wie dies allgemein angenommen wird, die Installation und die Benützung einer Tanksäule und der Einrichtungen zum Treibstoffvertrieb Gegenstand einer affirmativen Dienstbarkeit sein, so deshalb, weil sie die Benutzung des dienenden Grundstückes, die Ausübung bestimmter, dem Eigentum innewohnender Befugnisse betreffen; demnach können solche Installierungen und eine solche Benützung auch durch eine negative Servitut untersagt werden.

Es ist nicht einzusehen, weshalb der Baurechtsinhaber, der Nutznießer, der Mieter einer Villa, eines Weekend-Hauses oder einer Gaststätte usw. mittels einer Dienstbarkeit den Bau eines dem gleichen Zwecke, wie das ihrige dienenden Gebäudes untersagen können, wohingegen der an Einrichtungen zum Treibstoffvertrieb Berechtigte die Installation anderer, gleichartiger Einrichtungen auf dem gleichen Grundstück nicht soll verbieten können. Es scheint im übrigen klar zu sein, daß eine Dienstbarkeit, welche jegliche Einrichtung zum Zwecke des Treibstoffvertriebs auf dem dienenden Grundstück untersagt, dessen Benutzung betrifft und somit als zulässig betrachtet werden muß. Die Installierung von Tanksäulen und anderen Einrichtungen ist sicher eine Benutzung des Grundstückes auf Grund der dem Eigentum innewohnenden Befugnisse. Und wenn jegliche Installierung solcher Einrichtungen mittels einer Dienstbarkeit untersagt werden kann, so auch bloß die Installation weiterer Einrichtungen neben den bestehenden.

Wie wir gesehen haben, ist nach dem geltenden System nicht mehr erforderlich, daß die Grunddienstbarkeit für das herrschende Grundstück nützlich ist; es wird lediglich verlangt, daß sie, wie die Personaldienstbarkeiten, **dem Berechtigten einen Nutzen bringt**. Im besonderen kann keine Dienstbarkeit begründet werden, welche mit einer gesetzlichen Eigentumsbeschränkung zusammenfällt[20], wenn die Nutzlosigkeit sicher und von Dauer ist. Diese Bedingung ist dann nicht erfüllt, wenn durch die gesetzliche öffentlich-rechtliche Eigentumsbeschränkung demjenigen, der daraus einen Nutzen zieht, kein subjektives Recht verliehen wird, wenn ein Zweifel über den Sinn des Gesetzestextes besteht, oder wenn nach menschlichem Ermessen der Gesetzesinhalt oder die tatsächliche Situation[21] ändern

---

[19] N.133 zu Art. 730 ZGB; gleicher Ansicht NEUENSCHWANDER, S. 510–511, und RIEMER, S. 39, Anm. 123.
[20] WIELAND, N.1 zu Art. 730 ZGB; LEEMANN, N.19 zu Art. 730 ZGB; PFISTER, S. 332–334; SCHATZMANN, S. 46–49; LIVER, N. 93–96 zu Art. 730 ZGB; MEIER-HAYOZ, N. 61 zu Art. 680 ZGB.
[21] PFISTER, S. 343, lit. C: z. B. der Charakter des Quartiers bei Immissionen.

können. Das Interesse des Berechtigten an der Existenz einer Dienstbarkeit kann beliebig sein und braucht nicht objektiv vernünftig zu sein; aber es muß die Begründung eines beschränkten dinglichen Rechtes, welches jedermann entgegengehalten werden kann, rechtfertigen. So kann beispielsweise das Recht, unverzüglich das «dienende» Grundstück betreten zu können, um dort einen schon gefällten Baum in Besitz zu nehmen, nicht als Dienstbarkeit im Grundbuch eingetragen werden; dagegen kann das Recht, jederzeit einen bestimmten Baum umzuschlagen und in Besitz zu nehmen, als Servitut eingetragen werden; denn man bedient sich dadurch des einzigen Mittels, um einem solchen Recht Wirksamkeit gegenüber den Singularsukzessoren des Eigentümers des dienenden Grundstückes zu verleihen.

Um das Eigentum nicht seiner Substanz zu berauben, muß die Dienstbarkeit dem Berechtigten ein begrenztes Gebrauchsrecht verleihen. Die Begrenzung betrifft die Dauer bei der Nutznießung, beim Wohnrecht (Lebensalter des Berechtigten, resp. 100 Jahre, wenn der Berechtigte eine juristische Person ist) und beim selbständigen Baurecht (100 Jahre); diese Rechte umfassen sozusagen alle möglichen Arten der Benutzung der Sache. Unserer Meinung nach ist eine solche Begrenzung zu Unrecht weder für das persönliche, nicht übertragbare Baurecht (welches einer juristischen Person zustehen kann) noch für die Baurechtsgrunddienstbarkeit vorgesehen worden. Mit Zustimmung der Inhaber beschränkter dinglicher Rechte, welche der Baurechtsservitut im Range nachgehen, kann diese bis auf 100 Jahre ab Datum des Prolongationsvertrages verlängert werden (siehe Art. 779 1 ZGB).

Wenn die Baurechtsservitut in Form einer Grunddienstbarkeit begründet wurde, so verhindert nach LEEMANN[22] Art. 730 ZGB, daß dem dienenden Grundstück jegliche Nutzungsmöglichkeit entzogen wird; dagegen kann das als Personaldienstbarkeit begründete Baurecht dem Eigentümer des dienenden Grundstückes alle Nutzungsbefugnisse entziehen und muß deshalb wie die Nutznießung auf 100 Jahre begrenzt werden. Unserer Meinung nach können Inhalt und Ausübung der Servitut die gleiche sein, ob diese nun Grund- oder Personaldienstbarkeit ist. Die einzige billige und logische Lösung scheint darin zu bestehen, je nachdem zu unterscheiden, ob durch die Dienstbarkeit dem Eigentum am dienenden Grundstück jeglicher oder fast jeglicher Nutzen entzogen wird oder nicht. Der Vorentwurf der Gesetzesnovelle von 1965[23] ging wohl in dieser Richtung und beschränkte die Dauer aller Baurechtsservituten, deren Ausübung einen wichtigen Teil des dienenden Grundstückes betreffen, auf 100 Jahre. Dieses zu ungenaue Kriterium wurde dann fallen gelassen. Es hätte durch das von SCHNEEBERGER[24] entwickelte Kriterium ersetzt werden können, welcher eine grundsätzliche Begrenzung auf 100 Jahre, außer für Baurechte, die Kanalisationen, Brunnen, Stützmauern usw. zum Gegenstand haben, vorgeschlagen hat.

Man kann sich fragen, ob aus Art. 779 1 ZGB e contrario geschlossen werden muß, daß die als Grund- oder Personaldienstbarkeit begründeten, unübertragbaren Baurechtsservituten immer

---

[22] N. 44–45 zu Art. 779 ZGB; vergleiche ROSSEL/MENTHA III, S. 66, und HOMBERGER, Das schweiz. ZGB, S. 212; a. A. LIVER, N. 15 zu Art. 730 ZGB.
[23] Vgl. unten § 94, II.
[24] ZBGR 41, 1960, S. 288.

dauernd sein können²⁴ᵃ, oder ob von Fall zu Fall untersucht werden muß, ob dem dienenden Grundstück ein in Betracht fallender Nutzen verbleibt. Wir neigen persönlich zur letzteren, einzig billigen Lösung. Selbst wenn man uns folgt, so ist doch zu bemerken, daß dieses System theoretisch wenig befriedigt; denn es gibt übertragbare Personal-Baurechtsservituten, welche dem dienenden Grundstück nur einen Teil seines Nutzens entziehen und deshalb sollten dauernd sein dürfen.

Durch eine Dienstbarkeit kann ein dauerndes vollständiges Nutzungsrecht verliehen werden, wenn dieses sich **nur auf einen Teil des Grundstückes bezieht**: Dies ist beispielsweise der Fall bei einer Servitut, welche die vollständige Nutzung einer Quelle beinhaltet²⁵. Außer in solchen Fällen ist das Nutzungsrecht **bezüglich seines Inhaltes begrenzt** und kann deshalb dauernd sein. Dies geht deutlich aus den in Art. 730 und 781 ZGB verwendeten Ausdrücken wie «bestimmte Eingriffe», «... nach gewissen Richtungen sein Eigentumsrecht nicht ausüben darf» und «in bestimmter Hinsicht jemandem zum Gebrauch dienen können» hervor. Die Dienstbarkeit muß positiv die Handlungen, zu denen der Berechtigte befugt ist, oder jene, welche Drittpersonen untersagt sind, beschreiben; sie kann folglich nicht einfach jegliche Nutzung eines Grundstückes außer einer bestimmten untersagen.

Die Servitut kann auch nicht **bedingt** sein: handelt es sich um eine Suspensivbedingung, so existiert das dingliche Recht nicht und kann deshalb nicht im Grundbuch eingetragen werden. Handelt es sich um eine Resolutivbedingung, so nehmen die herrschende Lehre und das Bundesgericht²⁶ an, daß eine Eintragung ins Grundbuch im Widerspruch zu dessen Klarheit und Einfachheit stünde; dies gilt auch dann, wenn der **Zeitpunkt des Eintritts des Ereignisses unbestimmt** ist (außer bei einer persönlichen, unübertragbaren Servitut, welche mit dem Tod des Berechtigten endet). Dagegen ist die Begründung einer Dienstbarkeit für eine begrenzte Dauer ohne weiteres möglich.

Im übrigen darf die Bedingung betreffend die Entstehung oder den Bestand einer Dienstbarkeit nicht mit derjenigen, welche sich nur auf die Ausübung bezieht, verwechselt werden: so kann

---

²⁴ᵃ So FREIMÜLLER, S. 59 und 61. RUEDIN, S. 85–86, scheint diese Überlegung e contrario anzustellen, fordert jedoch (S. 80–81 und 119) einen begrenzten Inhalt für Dienstbarkeiten (Grund- oder Personalservituten), welche nicht selbständige und dauernde Rechte sind, da nur diese jegliche Nutzungsmöglichkeit des Eigentums aufheben können. Nach diesem System würde zwar der Entzug jeglicher Nutzungsmöglichkeit des Grundeigentums durch eine Personalservitut während 25 Jahren (kein dauerndes Recht) verhindert, der Entzug dieser Nutzungsmöglichkeiten während 30 oder mehr Jahren (dauerndes Recht) wäre jedoch zulässig, was ausgeschlossen ist; oder aber eine – jegliche Nutzungsmöglichkeit des Eigentums aufhebende – Dienstbarkeit könnte für 40 Jahre begründet werden, je nachdem ob sie übertragbar ist oder nicht (selbständiges Recht oder nicht), was ebenfalls ausgeschlossen ist.
²⁵ So insbesondere LIVER, N. 14 zu Art. 730 ZGB, und FRIEDRICH, in: Festgabe zum Schweiz. Juristentag 1963, S. 49–50, welcher unterstreicht, daß sämtlichen Umständen des Falles und namentlich der Dauer der Dienstbarkeit Rechnung getragen werden muß (S. 47–48).
²⁶ BGE 87 I, 1961, S. 311 ff. = JT 1962 I, S. 237 ff.

beispielsweise ein Wegrecht derart ausgestaltet sein, daß der Berechtigte nur dann zur Ausübung befugt ist, wenn ihm die Benützung eines andern Weges wegen des Flußstandes unmöglich ist.

In rein obligatorischer Beziehung können die Parteien übereinkommen, unter bestimmten Bedingungen ein dingliches Recht zu begründen, aufzulösen, zu modifizieren oder zu übertragen; solche Vereinbarungen können jedoch ohne Schuldübernahme den Singularsukzessoren der vertragsschließenden Parteien nicht entgegengehalten werden. Wenn es dem mutmaßlichen Willen der Parteien entspricht, kann der Vertrag, welcher die Dienstbarkeit einer aufschiebenden Bedingung unterstellt, in einen Vertrag umgewandelt werden, der die Verpflichtung zur Begründung einer unbedingten Dienstbarkeit bei Eintritt der Bedingung beinhaltet; ebenso kann die Vereinbarung unter einer auflösenden Bedingung oder einer Bedingung, bei welcher der Zeitpunkt des Eintrittes ungewiß ist, in einen Vertrag umgewandelt werden, welcher die Verpflichtung beinhaltet, bei Eintritt der Bedingung die (bestehende) dauernde Dienstbarkeit zu löschen.

Selbstverständlich muß die Dienstbarkeit gemäß den allgemeinen Prinzipien (Art. 20 OR und 7 ZGB) einen möglichen und erlaubten Inhalt haben[27]. Die Verletzung dieser Regel hat die Nichtigkeit des Dienstbarkeitsvertrages zur Folge, was sich ohne weiteres aus Art. 20 OR ergibt; sie verhindert jedoch auch andere Erwerbsarten der Dienstbarkeit, namentlich die Ersitzung oder den Erwerb durch denjenigen, der sich in gutem Glauben auf einen unrichtigen Grundbucheintrag verläßt (Art. 973 ZGB). Wie die Nutzlosigkeit muß auch die Unmöglichkeit sicher und von Dauer sein. Die Widerrechtlichkeit ist bereits definiert durch die bis anhin untersuchten Regeln; aber sie ergibt sich auch aus jedwelcher zwingenden Norm unserer Rechtsordnung, welche der Begründung einer Dienstbarkeit entgegensteht. So sieht beispielsweise Art. 680 Abs. 3 ZGB die Nichtigkeit von Dienstbarkeiten vor, welche öffentlich-rechtliche Eigentumsbeschränkungen aufheben oder abändern. Die Unsittlichkeit ist ein Spezialfall der Widerrechtlichkeit (Art. 20 OR). Die nachträgliche Unmöglichkeit oder Widerrechtlichkeit bringen die Servitut zum Untergehen (Art. 119 Abs. 1 OR und 7 ZGB)[28].

IV. Die Realobligationen, welche mit der Servitutsberechtigung oder mit dem Eigentum am dienenden Grundstück verbunden sind

Wie die dinglichen Rechte, so sind auch die Realobligationen dem Prinzip des numerus clausus unterworfen. Bezüglich der Servituten sieht unser Gesetz zwei solcher Verpflichtungen allgemein vor (Art. 730 Abs. 2 und 741 ZGB) und andere, welche nur die Nutznießung und das Wohnrecht oder das Baurecht betreffen, und die wir zusammen mit diesen besonderen

---

[27] PFISTER, S. 332; LIVER, N. 82 ff. zu Art. 730 ZGB.
[28] In Übereinstimmung mit LIVER (N. 117 ff. zu Art. 734 und N. 16 zu Art. 736 ZGB) nimmt das Bundesgericht (BGE 89 II, 1963, S. 370 ff. = JT 1964 I, S. 529 ff., Erw 3) den Untergang wegen Unmöglichkeit auf Grund von Art. 736 Abs. 1 ZGB an (vgl. unten § 92, II). Dieser Umweg erscheint uns unnötig.

Servituten untersuchen. Daß diesen rechtlichen Beziehungen persönlicher Charakter zukommt, steht außer Zweifel: Einerseits ist ein bestimmtes Passivsubjekt vorhanden und andererseits besteht die Verpflichtung in der Erbringung einer positiven Leistung [29]. Daraus ergibt sich namentlich, daß der Schuldner persönlich mit seinem ganzen Vermögen für die Nichterfüllung haftet, und daß ferner die Art. 97 ff. OR anwendbar sind.

Die von den Art. 730 Abs. 2 und 741 ZGB geregelten Verpflichtungen sind dadurch charakterisiert, daß sie auf der aktiven Seite mit dem Eigentum am dienenden Grundstück und auf der passiven Seite mit der Berechtigung an der Servitut verbunden sind, oder umgekehrt. Einerseits kann die Verpflichtung ohne Zustimmung des Gläubigers nicht untergehen, solange der Schuldner Berechtigter an jenem Recht ist, mit welchem diese Verpflichtung verbunden ist, außer wenn diese vom Gemeinwesen auf Grund des öffentlichen Rechts übernommen wird oder bei Wegfall der Voraussetzungen für den Bestand der Realobligation infolge veränderter Umstände (die auf Grund von Art. 730 Abs. 2 ZGB entstandene Verpflichtung hört auf, nebensächlich zu sein, und wird zur gewöhnlichen Verpflichtung, jedenfalls im allgemeinen [30], oder der Eigentümer des belasteten Grundstückes hört definitiv auf, die zur Ausübung der Dienstbarkeit notwendigen Vorrichtungen zu benützen, Art. 741 Abs. 2 ZGB) [31]. Andererseits hört eine Realobligation bei Verzicht auf das dingliche Recht, mit welchem sie verbunden ist, auf; es ist jedoch möglich, daß sie nach Auslegung oder Ergänzung des Vertrages durch eine gewöhnliche Verpflichtung desselben Inhaltes zwischen den Vertragsparteien ersetzt wird [32].

Art. 741 ZGB überträgt dem Servitutsberechtigten die Last des Unterhaltes der zur Ausübung der Servitut notwendigen Vorrichtungen, es sei denn, daß diese Vorrichtungen in beachtlichem Umfang und regelmäßig auch vom Eigentümer des dienenden Grundstückes benützt werden, welcher dann seinen Anteil an den Unterhalt zu leisten hat. Diese obligatorischen Beziehungen sind dispositiv-rechtlicher Art; die Parteien können durch einen Vertrag, welcher den Formvorschriften des Dienstbarkeits-Vertrages

---

[29] Vgl. MEIER-HAYOZ, System. Teil, N. 150 ff.
[30] Vgl. unten nach der Verweisung von Anmerkung 37.
[31] Der Servitutsberechtigte kann auf den Gebrauch der Vorrichtungen verzichten, ohne sein dingliches Recht aufzugeben, und sich auf diese Weise von seiner Unterhaltspflicht befreien; er bleibt jedoch für den Schaden haftbar, den der schlechte Zustand oder der Verfall der Vorrichtung dem dienenden Grundstück verursachen können: LEEMANN, N. 7 zu Art. 741 ZGB; LIVER, N. 35 zu Art. 741 ZGB.
[32] Nur auf diese Weise können die beiden Entscheidungen des Bundesgerichtes (BGE 50 II, 1924, S. 234 ff. = JT 1924 I, S. 549 ff; BGE 85 I, 1959, S. 261 ff. = JT 1960 I, S. 76 ff.) gerechtfertigt werden.

unterliegt (außer bei Schulderlaß), die Unterhaltsverpflichtung ausschließlich dem belasteten Eigentümer übertragen oder in einem andern Verhältnis als vom Gesetz vorgesehen verteilen, oder aber ausschließlich dem Dienstbarkeitsberechtigten übertragen, obwohl der belastete Eigentümer die betreffenden Vorrichtungen ebenfalls benützt. Diese Abweichungen vom gesetzlichen System haben jedoch nur dann die Entstehung von Realobligationen zur Folge, wenn sie aus dem Eintrag der Dienstbarkeit im Grundbuch[33] hervorgehen (ein einfacher Verweis auf die Belegtitel genügt). Die Errichtung einer Grundlast ist ebenfalls möglich[34].

Der nebensächliche Charakter der Realobligation zur Erbringung einer positiven Leistung, deren Begründung zu Lasten des Eigentümers des belasteten Grundstückes und zugunsten des Servitutsberechtigten (Gläubiger propter rem) Art. 730 ZGB Abs. 2 erlaubt, muß aus ihrem **Inhalt und Umfang** hervorgehen[35]. Ihrem **Inhalt** nach muß die Verpflichtung die Ausübung der Dienstbarkeit möglich machen oder erleichtern oder aber verhindern, daß die Ausübung Dritten schadet: es handelt sich beispielsweise um den Unterhalt oder die Beleuchtung eines Weges, welcher Gegenstand eines Wegrechtes ist, um den Erhalt der Sauberkeit eines Kanales, der der Ausübung eines Quellenrechts dient, oder um die Reglierung des Quellenabflusses dieses Kanals. Ihrem **Umfang** nach darf die nebensächliche Verpflichtung wirtschaftlich nicht eine größere Last darstellen als die Dienstbarkeit (was vom Richter im Einzelfall zu beurteilen ist): so kann die Überbaurechts-Dienstbarkeit nicht mit der «nebensächlichen» Verpflichtung des Eigentümers des belasteten Grundstückes zum Bau des Hauptteiles des Gebäudes auf seinem Boden verbunden sein. Die nebensächliche Verpflichtung entsteht als Realobligation erst durch den sie betreffenden Eintrag im Grundbuch. Wenn die Bedingungen von Art. 730 Abs. 2 ZGB nicht erfüllt sind, muß der Eintrag verweigert werden; die Obligation propter rem entsteht auch dann nicht, wenn der Eintrag trotzdem stattfindet (numerus clausus).

Der Dienstbarkeits-Vertrag bleibt nur dann bestehen, wenn die Nichtigkeit der Klausel betreffend die Verpflichtung nach dem mutmaßlichen Parteiwillen nicht auch die Nichtigkeit des Dienstbarkeits-Vertrages zur Folge hat, d.h. wenn die Parteien – wie das Gesetz es vermutet – beim Vertragsschluß die teilweise Erhaltung der Vereinbarung der vollständigen Nichtigkeit vorgezogen hätten (Art. 20 Abs. 2 OR); wenn die Nichtigkeit auf den Dienstbarkeits-Vertrag über-

---

[33] LEEMANN, N. 2 und 6 zu Art. 741 ZGB; LIVER, N. 77–79 zu Art. 741 ZGB. Wir haben uns ausführlicher zu diesem Punkte in ZBJV 104, 1968, S. 78–79 und in ZSR 86, 1967, S. 408–409, geäußert.

[34] Was die Unterschiede zur Obligation propter rem nach Art. 730 Abs. 2 ZGB anbelangt, vgl. unten § 102, II.

[35] Siehe insbesondere PFISTER, S. 361–366; LIVER, N. 194 ff. zu Art. 730 ZGB.

greift, so hat die Eintragung im Grundbuch ohne gültigen Grund stattgefunden und die Servitut ist nicht entstanden. Unserer Meinung nach entscheidet sich somit die ganze Frage auf Grund des Eintragungstitels. Gegen diese Auffassung sprechen sich LEEMANN[36] aus, für welchen die Dienstbarkeit nie entsteht, und LIVER[37], für den die Servitut immer entsteht. Wenn der Dienstbarkeits-Vertrag gültig bleibt, wird die vorgegebene nebensächliche Verpflichtung propter rem im allgemeinen in eine gewöhnliche Verpflichtung umgewandelt («Konversion»).

§ 90. Entstehung, Änderung, Übertragung und Untergang der Servituten auf Grund eines Rechtsgeschäfts

I. Die Begründung

1. Der Servitutsvertrag

Der Servitutsvertrag ist ein Vertrag, durch welchen sich der Eigentümer des zukünftigen dienenden Grundstückes verpflichtet, eine Servitut zu begründen. Die Zustimmung der Inhaber der beschränkten dinglichen Rechte auf dem dienenden Grundstück ist nicht notwendig: Der entsprechende Rang genügt, um sie zu schützen. Ist dieser Vertrag unentgeltlich, so betrachtet ihn der Gesetzgeber als Schenkungsversprechen (Art. 243 Abs. 2 OR)[1]. Verpflichtet sich dagegen der zukünftige Inhaber des beschränkten dinglichen Rechtes, ein Entgelt zu bezahlen, kann der Vertrag dennoch nicht als Kaufvertrag qualifiziert werden, da er der Definition von Art. 184 OR nicht entspricht. Es handelt sich folglich um einen Vertrag sui generis, einen sogenannten Innominatskontrakt. Aber die für den Kauf geltenden Regeln sind analog anwendbar, insbesondere diejenigen über die Gewährleistung bezüglich Entwehrung und Mängel. Der Servitutsvertrag ist häufig lediglich eine Klausel eines komplexeren Vertrages (Kauf-, Teilungsvertrag usw.). Es kommt insbesondere oft vor, daß sich der Veräußerer eines Grundstückes eine Servitut auf diesem Grundstück vorbehält. Begründet der Eigentümer des dienenden Grundstückes eine Servitut auf Grund einer gesetzlichen Verpflichtung (Legalservitut), schließt er damit einen wirklichen Servitutsvertrag ab (Art. 674 Abs. 3, 691, 694 oder 710 ZGB).

Die Anerkennung einer Servitut stellt keinen Servitutsvertrag dar. Sie kann einfaches Zugeständnis sein und liefert dann ein Beweismittel, um

---

[36] N. 40 zu Art. 730 ZGB.
[37] N. 211 und 229 zu Art. 730 ZGB.
[1] Art. 239 Abs. 1 OR definiert die Schenkung als Zuwendung eines oder mehrerer Vermögenswerte; Art. 243 Abs. 2 OR betrifft die Errichtung, die Begründung einer Servitut, einer Grundlast oder eines Grundpfandrechts.

die Existenz des beschränkten dinglichen Rechtes darzutun, wobei jederzeit der Gegenbeweis erbracht werden kann[2]. Sind die Parteien sich bewußt, daß die Anerkennung keine solche ist, sondern in Wirklichkeit ein nicht bestehendes dingliches Recht begründen soll (zum Beispiel eine Legalservitut), liegt trotz der ungenauen Bezeichnung ein Servitutsvertrag vor, was bedeutet, daß die Schriftform oder die Form der öffentlichen Beurkundung beachtet werden muß. Die schriftliche Anerkennung einer Servitut (gegebenenfalls mit Zustimmung der beteiligten Rechtsinhaber) im Grundbuchbereinigungsverfahren ist Teil eines außerstreitigen Verfahrens, welches der Behörde erlaubt, im Grundbuch ein Recht einzutragen und damit zur Entstehung zu bringen, welches in Wirklichkeit nicht bestand oder einen anderen Inhalt hatte[3].

Im Servitutsvertrag muß das dienende und, wenn es sich um eine Grunddienstbarkeit handelt, auch das herrschende Grundstück bezeichnet werden und der Wille, ein wirkliches Gebrauchsrecht zu schaffen, muß darin zum Ausdruck kommen. Der Inhalt, Umfang sowie nötigenfalls die Ausübungsmodalitäten müssen bestimmt oder zum mindesten bestimmbar sein. Sehen die Parteien eine oder mehrere Realobligationen vor, welche mit der Servitut oder dem dienenden Grundstück[4] verknüpft sind, so handelt es sich dabei ebenfalls um Vertragselemente. Schließlich muß im Vertrag die allfällige Gegenleistung enthalten sein. Ist ein wesentlicher Punkt des Vertrages nicht mit Sicherheit bestimmbar, so muß der Grundbuchverwalter die rechtsbegründende Eintragung verweigern. Die Parteien oder der Richter können dann den Vertrag (nach den allgemeinen Prinzipien)[5] präzisieren, beziehungsweise vervollständigen.

2. Die Form des Rechtsgeschäfts

Der Servitutsvertrag erfordert im allgemeinen (Art. 732 ZGB) die Schriftform (Art. 13–16 OR)[6].

---

[2] Anderer Ansicht LIVER, N. 64–65 zu Art. 732 ZGB, welcher die Auffassung vertritt, daß die Anerkennung, auch wenn sie unwahr oder irrtümlich erfolgt ist, immer den in Wirklichkeit nicht bestehenden gültigen Rechtsgrund ersetzt und sogar mit rückwirkender Kraft; diese Lösung steht im Widerspruch zu den allgemeinen Prinzipien und wäre nur zulässig, wenn sie im Gesetz verankert wäre.
[3] BGE 85 II, 1959, S. 177 ff. = JT 1960 I, S. 13 ff., Erw 2.
[4] Vgl. oben § 89, IV.
[5] Siehe MERZ, N. 145 zu Art. 2 ZGB, und PIOTET, Le complètement judiciaire du contrat, ZSR 80 I, 1961, S. 367–401.
[6] LEEMANN, N. 20 zu Art. 655, N. 22 zu Art. 779, N. 7 zu Art. 780 und N. 25 zu Art. 781 ZGB; OSTERTAG, N. 26 zu Art. 965 ZGB; HAAB, N. 6 zu Art. 657, BGE 39 II, 1913, S. 694 ff.; Art. 19 Abs. 2 GBV.

Wie wir gesehen haben[7], stellen die Vorschriften bezüglich der Grunddienstbarkeiten den allgemeinen Teil des Rechts der Dienstbarkeiten dar und finden, manchmal mutatis mutandis, auf die Personalservituten Anwendung (Art. 781 Abs. 3 ZGB). Insbesondere trifft dies für den Art. 732 ZGB zu. Ein Formunterschied, je nachdem, ob es sich um eine Grunddienstbarkeit (Schriftform auf Grund von Art. 732 ZGB) oder eine Personalservitut handelt (öffentliche Beurkundung gemäß Art. 731 Abs. 2 ZGB), wäre im übrigen nicht erklärbar; denn was die eine oder andere Form rechtfertigt, ist der Inhalt und die Beweiskraft des Vertrages und die Art der Vertragsschließung[8], welche in beiden Fällen die gleiche bleibt.

LIVER[9] vertritt die Auffassung, daß Art. 732 ZGB zwar auf die irregulären Personalservituten Anwendung findet, nicht jedoch auf die Quellen- und Baurechte (Art. 779 und 780 ZGB). In Wirklichkeit, so führt er aus, schränken diese Rechte das Eigentum stark ein und können selbst einen großen Wert besitzen. Letzterer kann im übrigen unterschiedlich sein, und sowohl die lange Dauer als auch das Interesse der Parteien und Drittpersonen verlangt eine sorgfältige Formulierung; lediglich die Form der öffentlichen Beurkundung liefert folglich die notwendigen Garantien, weshalb Art. 732 ZGB nicht analog angewendet werden darf. Abgesehen davon, daß diese Gründe für viele andere Personalservituten ebenfalls angeführt werden können (Ausbeutung eines Steinbruches, Beschränkung des Rechts zu bauen usw.), widersprechen sie auch der Anwendung des Art. 732 ZGB auf die als Grunddienstbarkeit ausgestalteten Quellen- und Baurechte; der Art. 732 ZGB ist jedoch – LIVER muß dies auch anerkennen[10] – direkt anwendbar. In seinem Kommentar[11] scheint LIVER seine Ansichten eher im Sinne wünschbaren Rechts als bezüglich des positiven Rechts, wo sie unseres Erachtens abgelehnt werden müssen, zu vertreten.

Immerhin sieht unser Gesetz 5 Fälle vor, bei welchen die Form der öffentlichen Beurkundung erforderlich ist:

a) Der Vertrag zur Begründung einer Nutznießung auf einem Grundstück (Art. 746 Abs. 2 und 657 ZGB) oder eines Wohnrechtes (Art. 776 Abs. 3 ZGB) bedarf der öffentlichen Beurkundung.

b) Gleiches gilt für den Vertrag über die Begründung eines selbständigen und dauernden Baurechtes (Art. 779a ZGB)[12].

c) Das Schenkungsversprechen bezüglich der Begründung einer Servitut bedarf ebenfalls der öffentlichen Beurkundung (Art. 243 OR).

d) Diese Form ist außerdem für die Begründung einer Dienstbarkeit, welche die teilweise oder gänzliche Aufhebung gesetzlicher Eigentumsbeschränkungen zum Gegenstand hat (Art. 680 Abs. 2 ZGB), erforderlich, nicht jedoch, wenn die Servitut weiter geht als diese Beschränkung[13]. Überdies steht es den Parteien frei, ihren Vertrag willentlich einer strengeren als der vom Gesetz vorgeschriebenen Form zu unterstellen,

---

[7] Vgl. oben § 89, II.
[8] Siehe z. B. LIVER, N. 73 zu Art. 732 ZGB.
[9] ZBGR 26, 1945, S. 121–129; siehe auch SJZ 91bis, 1955, S. 40.
[10] ZBGR 26, 1945, S. 129.
[11] N. 74–75 zu Art. 732 ZGB.
[12] Daß Art. 732 ZGB auf die andern Baurechtsverträge Anwendung findet, ist unserer Meinung nach zwar nicht gerechtfertigt, steht aber außer Zweifel. Vgl. unten vor und nach Anmerkung 23, sowie PLATTNER, in ZBGR 41, 1960, S. 261.
[13] Siehe PFISTER, S. 338–340; HAAB, N. 16 zu Art. 680 ZGB; LIVER, N. 104 zu Art. 732 ZGB.

§ 90 Der Servitutsvertrag 561

insbesondere jener der öffentlichen Beurkundung (eine erschwerte Schriftform ist ebenfalls denkbar).

LIVER[14] schlägt vor, die Art. 680 Abs. 2 ZGB und 243 Abs. 2 OR als gesetzgeberisches Versehen zu betrachten; denn, so führt er aus, ersterer hätte modifiziert werden sollen, als die im Entwurf des Zivilgesetzbuches vorgesehene Form der öffentlichen Beurkundung für den Servitutsvertrag durch die Schriftform ersetzt worden ist; und letzterer, welchen das Obligationenrecht mit dem Zivilgesetzbuch hätte in Einklang bringen sollen, hat das Gegenteil bewirkt, da der Art. 732 ZGB die Schriftform vorsieht. Unserer Meinung nach darf der Richter eine im Gesetz ausdrücklich gegebene Lösung, sofern diese nicht mit andern bestimmten Lösungen unvereinbar ist, kaum abändern mit Rücksicht auf allfällige Motivirrtümer, denen der Gesetzgeber eventuell zum Opfer gefallen ist[15].

Nun stellt jedoch die Tatsache, daß die von den Artikeln 680 Abs. 2 ZGB und 243 Abs. 2 OR verlangte Form sich von derjenigen, welche Art. 732 ZGB vorsieht, unterscheidet, keineswegs eine Unvereinbarkeit dar; dies um so weniger als diesen beiden Bestimmungen nicht nur die Servituten unterstehen. Was den Art. 680 ZGB betrifft, so begründen die Parteien nicht immer eine Servitut: so können sie insbesondere mit dinglicher Wirkung das in Art. 682 ZGB enthaltene Vorkaufsrecht aufheben[16]. In gleicher Weise können die Parteien die in Art. 698 ZGB vorgesehene Regelung bezüglich der Unterhaltspflicht modifizieren: da es in diesem Falle um eine positive Leistung geht, steht keineswegs eine Servitut zur Diskussion[17], sondern lediglich eine Verpflichtung propter rem. Wenn keine Servitut besteht, so wird die vereinbarte Pflicht (wie die mit einer Servitut nebensächlich verbundene Verpflichtung gemäß Art. 730 Abs. 2 ZGB) ebenfalls in der Kolonne der Servituten und Grundlasten eingetragen, ohne dadurch den Charakter einer Grundlast zu erhalten (persönliche Haftung des Schuldners und kein dingliches Haftungsrecht)[18].

Was das Schenkungsversprechen anbelangt, so kann dieses sehr wohl einer strengeren Form unterstellt werden als der entsprechende entgeltliche Akt, da dies ohnehin der Fall ist, wenn der Gegenstand des Schenkungsversprechens eine bewegliche Sache ist. Sollte der Art. 243 OR für das unentgeltliche Versprechen, ein beschränktes dingliches Recht zu begründen, eine einzige Form vorsehen, so könnte diese ausschließlich die Form der öffentlichen Beurkundung sein, da diese Form zur entgeltlichen Begründung gewisser Servituten, der Grundpfänder und Grundlasten, erforderlich ist. Wieso sollte man überhaupt versuchen, die Zahl der Fälle, in welchen die

---

[14] N. 102–117 zu Art. 732 ZGB und ZBGR 26, 1945, S. 71–73.
[15] LIVER selbst hält sich für gebunden auf Grund anderer im Gesetz ausdrücklich enthaltener Lösungen infolge eines Irrtums in der Systematik: So behauptet er z.B. (N. 60 zu Art. 731 ZGB), daß gemäß Art. 968 ZGB die Grunddienstbarkeit auf dem Blatt des herrschenden Grundstückes eingetragen werden muß, wohingegen diese hier logischerweise nur angemerkt werden müßte.
[16] Siehe z.B. HAAB, N. 52 zu Art. 681–682 ZGB. LEEMANN, N. 23 zu Art. 682 ZGB, sieht hierin zu Unrecht eine Grunddienstbarkeit, da ja der Gebrauch des Grundstückes nicht betroffen wird. Seit dem 1. Januar 1965 sind die Aufhebung und Abänderung des gesetzlichen Vorkaufsrechtes gemäß dem neuen Artikel 682 Abs. 3 ZGB der Form der öffentlichen Beurkundung unterstellt und können im Grundbuch vorgemerkt werden. Der neue Art. 682 Abs. 3 ZGB bestätigt folglich Art. 680 Abs. 2 hinsichtlich des Erfordernisses der öffentlichen Beurkundung, ersetzt jedoch die Eintragung durch die Vormerkung.
[17] In diesem Sinne unser Artikel (zit. § 89, Anm. 2) in ZSR 79, 1960, S. 414, Anm. 40bis, und MEIER-HAYOZ, N. 106 zu Art. 680 ZGB; a.A. HAAB, N. 2 zu Art. 698 ZGB, gefolgt vor allem von DESCHENAUX, a.a.O. (oben § 89, Anm. 2), S. 729, Anm. 65; siehe zudem PIOTET, Bespr. in ZSR 86 I, 1967, S. 408–409.
[18] Vgl. in bezug auf die Abweichungen von Art. 741 ZGB LIVER, N. 73 ff. zu Art. 741 ZGB. MEIER-HAYOZ, N. 106–109 zu Art. 680 ZGB, geht unserer Meinung nach zu Unrecht davon aus, daß eine obligatio propter rem nicht durch Eintragung begründet werden kann. Art. 680 Abs. 2 ZGB impliziert das Gegenteil und entspricht einem Bedürfnis. Siehe auch ZBJV 104, 1968, S. 78 und 79, und ZSR 86 I, 1967, S. 408–409.

Form der öffentlichen Beurkundung verlangt wird, einzuschränken, da sie doch übereinstimmend als wünschbar betrachtet wird?

Gewisse Autoren[19] vertreten die Auffassung, daß der Formmangel des unentgeltlichen Versprechens bezüglich der Begründung eines beschränkten dinglichen Rechtes (oder der Übertragung von Grundeigentum) durch das Ersuchen des Schenkers, das entsprechende Recht im Grundbuch einzutragen (Art. 243 Abs. 3 OR), aufgehoben wird. Das Bundesgericht dagegen[20], gefolgt vor allem von OSER/SCHÖNENBERGER[21], hält dafür, daß gemäß Art. 242 Abs. 3 OR die Eintragung im Grundbuch nur auf Grund einer öffentlichen Urkunde stattfinden kann und der Art. 243 Abs. 3 OR keine Anwendung findet. Diese letztere Lösung scheint uns richtig, um so mehr als Art. 243 Abs. 3 OR, wie der Text dies anzeigt, lediglich den Fall der Handschenkung im Sinne von Art. 242 Abs. 1 OR betrifft unter Ausschluß der Übertragung oder Begründung beschränkter dinglicher Rechte, welche, gemäß der gesamten Doktrin[22], niemals Handschenkungen sein können.

Anläßlich der Revision der Bestimmungen über das Baurecht hat der Gesetzgeber die Gelegenheit gehabt, jeglichen Servitutsvertrag der Form der öffentlichen Beurkundung zu unterstellen, welche man allgemein als wünschbar betrachtet. Dennoch hat er darauf verzichtet, indem er die Beschränkung dieses Erfordernisses auf das selbständige und dauernde Baurecht mit folgenden, seltsam anmutenden Worten erklärt hat[23]:

«Die öffentliche Beurkundung als Erfordernis der Gültigkeit der Dienstbarkeitsverträge läßt sich nicht rechtfertigen, ohne daß die offenkundigen oder selbstverständlichen Dienstbarkeiten von dieser Vorschrift ausgenommen werden. Will man diese Ausnahme nicht, so muß man auch auf die noch so wohlbegründete allgemeine Regel verzichten und sich mit kasuistischem Flickwerk begnügen»[24].

Für das Versprechen, einen Servitutsvertrag abzuschließen, muß dieselbe Form beachtet werden wie für den Vertrag selbst (Art. 22 OR). Ist die Begründung von Dienstbarkeiten Gegenstand eines Rechtsgeschäfts, für welches das Gesetz eine Spezialform vorschreibt, so genügt diese Spezialform. So können beispielsweise eine Nutznießung oder ein selbständiges dauerndes Baurecht rechtsgültig in einem schriftlichen Erbteilungsvertrag vereinbart werden. Wenn es sich um ein Rechtsgeschäft von Todes wegen handelt, so genügen die im Erbrecht vorgesehenen Formen. Ebenso regelt das jeweils anwendbare Prozeßrecht die Form des Vergleichs und der Anerkennung des Anspruchs, wenn diese sich auf die Begründung einer Dienstbarkeit beziehen. Dagegen muß der eine Legalservitut begründende Vertrag die üblichen Formen beachten[24a].

---

[19] Siehe ROSSEL/MENTHA, S. 316–317, No. 480; MARTIN, Code des obligations, II, Des contrats civils, 1922, S. 88–89; vgl. OSTERTAG, N. 27 zu Art. 965 ZGB.

[20] BGE 45 II, 1919, S. 27 ff. = JT 1919 I, S. 246 ff.

[21] N. 9 zu Art. 243 OR.

[22] OSER/SCHÖNENBERGER, N. 6–7 zu Art. 242 OR; BECKER, N. 3 zu Art. 242 OR; MEIER-HAYOZ, N. 20 zu Art. 657 ZGB.

[23] Botschaft, BBl 1963 I, S. 983.

[24] Diese Lösung ist um so überraschender, als nach LIVER, Hauptverfasser des Entwurfes, der Vertrag über eine persönliche Baurechtsservitut immer der Form der öffentlichen Beurkundung unterstellt war: ZBGR 26, 1945, S. 121–129. Vgl. oben nach Anmerkung 9; siehe auch Ziff. 3 hienach, letzter Abschnitt.

[24a] Vgl. MEIER-HAYOZ, N. 64 zu Art. 691 ZGB und die dort angeführten Stellen; a. A.: HAAB, N. 2 und 10 zu Art. 691–693 ZGB; LEEMANN, N. 32 zu Art. 681 ZGB und LIVER, N. 7 und 67 zu Art. 732 ZGB.

Wie bei allen Verträgen muß die Form bezüglich aller wesentlichen Vertragselemente beachtet werden[25].

Diese traditionelle Auffassung, welche vor allem WIELAND[26] und LEEMANN[27] vertreten, wird von LIVER[28] nicht geteilt. Dieser Autor hält dafür, daß das Erfordernis der Schriftform lediglich die Hauptelemente der Servitut selbst betrifft, nicht jedoch die Essentialia des Vertrages und jedenfalls nicht die eventuelle Gegenleistung. Er fügt bei, daß, wenn der Vertrag entgeltlich ist, dieser vom Gegenkontrahenten des Bestellers der Servitut unterzeichnet werden muß, jedoch nur, wenn die vereinbarte Gegenleistung im geschriebenen Text erwähnt wird. Es scheint jedoch offensichtlich, daß Art. 732 ZGB auf die Art. 13–15 OR (Art. 7 ZGB) Bezug nimmt und daß man nicht vom Erfordernis der Unterschrift beider Parteien bei einem entgeltlichen Vertrag absehen kann, indem man im geschriebenen Text die Erwähnung der vereinbarten Gegenleistung unterläßt. Und das Erfordernis der Unterschrift beider Parteien, welche sich verpflichten, hat nur dann einen Sinn, wenn alle wesentlichen Verpflichtungen im geschriebenen Text enthalten sind. Der Grundbuchführer muß übrigens wissen, ob ein Schenkungsversprechen vorliegt, weil in diesem Fall die Form der öffentlichen Beurkundung erforderlich ist.

Jedermann ist sich darüber klar, daß die für den Verpflichtungsvertrag betreffend die Übertragung von Grundeigentum erforderliche Form der öffentlichen Beurkundung sämtliche wesentlichen Vertragselemente umfassen muß. Indem der Gesetzgeber die Bestimmungen über den Erwerb von Grundeigentum für die Begründung einer Nutznießung anwendbar erklärt hat, hat er demnach gewollt, daß alle wesentlichen Elemente eines Vertrags über die Bestellung einer dinglichen Nutznießung von der Form der öffentlichen Beurkundung erfaßt werden, sowie er dies zweifellos auch für das selbstständige und dauernde Baurecht (Art. 779a ZGB) gewollt hat; man sieht deshalb nicht ein, weshalb es sich bezüglich der übrigen Dienstbarkeiten anders verhalten sollte, nur weil die einfache Schriftform die der öffentlichen Beurkundung ersetzt. Der im übrigen absolut klare Sinn des Art. 732 ZGB muß der gleiche sein wie derjenige von Art. 657 ZGB bezüglich der der erforderlichen Form unterstellten Vertragsklauseln.

Nebenbei sei bemerkt, daß SPIRO, welcher bezüglich gewisser Punkte von der herrschenden Lehre und Rechtsprechung abweicht, indem er namentlich die Auffassung vertritt, daß im Falle der Veräußerung von Grundeigentum das Gesetz lediglich für die Verpflichtungen des Veräußerers die Form der öffentlichen Beurkundung verlangt, zugibt, daß die Voraussetzungen dieser Verpflichtungen der Form der öffentlichen Beurkundung ebenfalls unterstellt sind und daß die Gegenleistung demgemäß in der Urkunde enthalten sein muß[29].

3. Die Eintragung im Grundbuch

Ist der Besteller auf Grund eines Rechtsgeschäfts unter Lebenden oder von Todes wegen verpflichtet, eine Servitut zu begründen, so erfüllt er

---

[25] Über die verschiedenen Auffassungen in der Doktrin betreffend den Begriff wesentlicher Vertragspunkte – objektiv, subjektiv, gemischt –, siehe YUNG, in Sem. jud. 1965, S. 637–646. Unter den Autoren, die sich in neuerer Zeit zu dieser Frage geäußert haben, lassen sich MEIER-HAYOZ, N. 84–90 zu Art. 657 ZGB, und B. VON BÜREN, Schweizerisches Obligationenrecht, Allg. Teil, Zürich 1964, S. 142–143, anführen.
[26] N. 1 zu Art. 732 ZGB.
[27] N. 17 zu Art. 732 ZGB; siehe neuerdings MEIER-HAYOZ, N. 71–72 zu Art. 684 ZGB.
[28] N. 44–55 und 78–85 zu Art. 732 ZGB, gefolgt von FREIMÜLLER, S. 45.
[29] K. SPIRO, Die unrichtige Beurkundung des Preises bei Grundstückskauf – Eine zivilistische Studie, Basler Studien 70, Basel 1964, S. 15; DERSELBE, Grundstückskauf und Formzwang, BJM 1965, S. 223. Es sei ferner darauf verwiesen, daß V. MÜLLER, S. 15–19, unserer Lösung hinsichtlich des Baurechtsvertrages folgt, ohne sich klar zu den übrigen Fällen auszusprechen.

seine Pflicht, indem er um Eintragung ins Grundbuch nachsucht. Diese Eintragung ist konstitutiv unter der Voraussetzung, daß der Rechtsanspruch gültig ist (Kausalcharakter der Eintragung). Besteht der Rechtsanspruch auf Grund eines Rechtsgeschäftes, so ist die Eintragung das Verfahren der Begründung der Servitut, welche nur dann und in dem Maße entsteht, als der Rechtstitel mit der Eintragung übereinstimmt. Die Eintragung erfolgt auf dem Blatt des dienenden Grundstückes und auf demjenigen des herrschenden, wenn es sich um eine Grunddienstbarkeit handelt (Art. 968 ZGB und 35 GBV); ist das Grundstück auf einem Kollektivblatt eingetragen, so muß im Hinblick auf Art. 947 Abs. 2 ZGB die Nummer des Grundstückes (Art. 38 GBV) angegeben werden. Anläßlich der Eintragung können der Servitutsberechtigte und der Eigentümer des belasteten Grundstückes gemeinsam die Angabe einer bestimmten Summe als Wert der Servitut verlangen, wenn letzterer ein Pfandrecht oder eine leere Pfandstelle vorgehen (der Text des Art. 37 GBV ist zu eng gefaßt). Dieser Gesamtwert ist, unter Vorbehalt des Gegenbeweises (vgl. Art. 789 ZGB), derjenige, bis zu dessen Höhe der Servitutsberechtigte mittels der Preiserhöhung, welche beim zweiten Aufruf im Zwangsverwertungsverfahren erlangt worden ist[30], abgefunden werden kann. Dem Inhaber eines Rechtes, welches einer Servitut nachgeht oder mit ihr im gleichen Rang konkurriert, steht immerhin der Beweis offen, daß der Gesamtwert der Servitut niedriger ist als derjenige, welcher im Grundbuch angegeben ist.

Wenn eine Grunddienstbarkeit besteht, so gibt das Blatt des dienenden Grundstückes als Inhaber der Servitut die Nummer des Blattes des herrschenden Grundstückes an (Art. 35 Abs. 2 GBV). Durch diese Angabe wird die Beziehung propter rem, die Verknüpfung der Servitutsberechtigung mit dem herrschenden Grundstück begründet; (dagegen hat sich LIVER[31] ausgesprochen, welcher annimmt, daß das dingliche Recht als Grunddienstbarkeit entsteht, wenn der Grundbuchführer irrtümlicherweise den Namen des derzeitigen Eigentümers des herrschenden Grundstückes angibt anstelle der Nummer des Blattes dieses Grundstückes). Die Eintragung der Grunddienstbarkeit auf dem Blatt des dienenden Grundstückes ist unerläßlich, wohingegen derjenigen auf dem Blatt des herrschenden Grundstückes (vgl. Art. 968 ZGB) lediglich die Bedeutung einer einfachen Verweisung zukommt. Sie müßte daher eher eine Anmerkung sein (wie für die Beziehung propter rem einer Grundlast, des Eigentums oder Miteigentumsanteils an einem Grundstück: Art. 32, 39 und 82 GBV[32]). Deshalb darf die Eintragung auf dem Blatt des berechtigten Grundstückes keine Gültigkeitsbedingung für die Entstehung des dinglichen Rechtes sein, und nur der Eintragung auf dem Blatt des belasteten Grundstückes darf der Genuß des öffentlichen Glaubens zuerkannt werden, sofern mit derjenigen auf dem Blatt des herrschenden Grundstückes eine Divergenz besteht[33].

---

[30] Vgl. oben § 87, III 1b α und die Art. 812 Abs. 2 und 3 ZGB und 141 Abs. 3 SchKG.
[31] N. 49 in fine zu Art. 731 ZGB.
[32] OSTERTAG, N. 1 zu Art. 968 ZGB, behauptet sogar, diese Lösung sei im positiven Recht verankert, trotz des klaren Sinnes des Gesetzes.
[33] So F. JENNY, S. 147–148; LIVER, N. 51 ff. zu Art. 731 und N. 21 zu Art. 738 ZGB; a. A.: LEEMANN, N. 20 zu Art. 731 ZGB; HOMBERGER, N. 1 zu Art. 968 ZGB; und, bezüglich des öffentlichen

Die Leitungsdienstbarkeiten müssen dagegen nicht zwingend eingetragen werden, sofern die Leitungen äußerlich wahrnehmbar (Art. 676 Abs. 3 ZGB), d. h. nicht unterirdisch sind, oder wenn es sich um Legalservituten handelt (Art. 691 Abs. 3 ZGB und Art. 34 GBV).

Diese Ausnahmen sind kaum gerechtfertigt. Gewiß kann das Gesetz die zur Ausübung einer Dienstbarkeit äußerlich notwendigen Installationen der Eintragung im Grundbuch gleichstellen; aber abgesehen davon, daß die Grenzfälle zahlreich und diskutabel sind, ist diese «natürliche» Publizität beträchtlich weniger präzis als jene, welche das Grundbuch verleiht (z.B. wird der dingliche Charakter der Belastung, ihr Rang und oft auch ihre Dauer und ihr Umfang nicht angegeben); sie kann außerdem mit dem Grundbuch im Widerspruch stehen (Löschung einer äußerlich wahrnehmbaren Dienstbarkeit, trotz Weiterbestehens der Installationen) und scheint daher nicht empfehlenswert. Da dieses System an sich im schweizerischen Recht ausgeschlossen ist, bestehen kaum Gründe, lediglich für die Leitungsdienstbarkeiten eine Ausnahme zu gestatten. Was den Art. 691 Abs. 3 ZGB betrifft, so ist dieser um so mehr anfechtbar, als die Durchleitungen äußerlich nicht wahrnehmbar sein können und die Dienstbarkeit somit verborgen ist. Mit Recht hat das Bundesgericht verlangt, daß die Begründung einer Überbaudienstbarkeit gemäß Art. 674 Abs. 3 ZGB der Eintragung im Grundbuch bedarf[34].

4. Die Ersitzung

Der Erwerb einer Dienstbarkeit durch Ersitzung ist möglich. Die Eintragung im Grundbuch hat in diesem Fall lediglich eine deklaratorische Bedeutung.

Aber man kann sich fragen, ob eine Inbesitznahme bei negativen Dienstbarkeiten überhaupt denkbar ist. Dies scheint uns nicht der Fall zu sein; eine solche Inbesitznahme könnte im übrigen nur in einer Verbotsaussprache bestehen; aber an wen könnte dieses Verbot schon gerichtet werden, da es sich ja um ein herrenloses Grundstück handelt? LIVER[35] scheint die Inbesitznahme durch eine andere Willenskundgebung zum Erwerb ersetzen zu wollen, namentlich durch die Eintragung im Grundbuch; dadurch läßt man eine der gesetzlichen Bedingungen für den Erwerb durch Ersitzung fallen, aber man kann dies gestützt auf Art. 1 Abs. 2 ZGB tun.

5. Die Errichtung einer Eigentümerdienstbarkeit

Wie wir gesehen haben[36], läßt die vollständige Konsolidation die Eigentümergrunddienstbarkeit nicht untergehen – wenigstens nicht definitiv – unter der Bedingung, daß sie im Grundbuch eingetragen ist (Art. 735 ZGB). Der Schweizerische Gesetzgeber hat mit Recht nicht nur die Ser-

---

Glaubens, OSTERTAG, N. 26 zu Art. 973 ZGB. Siehe neuerdings BGE 97 II, 1971, S. 37 ff. = JT 1972 I, S. 331 ff. Erw 3, wo sich das Bundesgericht beiläufig zu dieser Frage äußert, da sie im Entscheid BGE 95 II, 1969, S. 605 ff. (zusammengefaßt in JT 1971, S. 255 ff.) unentschieden geblieben ist.

[34] BGE 78 II, 1952, S. 131 ff. = JT 1952 I, S. 546 ff., Erw 5; zustimmend: MEIER-HAYOZ, N. 25 zu Art. 674 ZGB; a. A. LEEMANN, N. 25 zu Art. 674 ZGB; HAAB, N. 25 und 27 zu Art. 674 ZGB.
[35] Zürcher Kommentar, N. 24 der Einleitung, S. 14.
[36] § 87, IV.

vitut, welche zur Eigentümerdienstbarkeit wird, bestehen lassen; er läßt sogar deren Errichtung von vornherein zu (Art. 733 ZGB). Abgesehen davon, daß die Errichtungskosten geringer sind als diejenigen eines öffentlich beurkundeten Servitutsvertrages, genießt die Eigentümerdienstbarkeit nur dann eine tatsächliche praktische Nützlichkeit, wenn die Konsolidation endet, oder wenn sie eine teilweise ist oder wird[37]. Sie erlaubt vor allem dem Eigentümer, eine Dienstbarkeit innezuhaben, welche rangmäßig dem einem Dritten gehörenden beschränkten dinglichen Recht vorgeht, um sie als Inhaber der Servitut einer Person zu übertragen, deren beschränktes dingliches Recht seinem Eigentum vorgeht.

So hat der Eigentümer, der vorsichtig genug war, sein Grundstück zu seinen Gunsten mit einem Quellenrecht für 10 Liter Wasser/Minute zu belasten, vor der Errichtung eines identischen Quellenrechtes zugunsten eines Dritten, immer Anspruch auf diese 10 Liter Wasser/Minute, selbst wenn der Ertrag der Quelle auf 15 Liter/Minute zurücksinkt. Eine Vorsichtsmaßnahme ist auch dann nützlich, wenn der gleiche Eigentümer, anstatt ein Quellenrecht zugunsten eines Dritten zu errichten, sein Grundstück mit einem Pfandrecht zur Sicherung einer Drittschuld belastet; denn die Zwangsverwertung des Grundstückes auf Grund des Pfandrechtes läßt die Dienstbarkeit bestehen. Die Errichtung einer Eigentümergrunddienstbarkeit steigert den Wert des herrschenden Grundstückes, was namentlich dann von Nutzen sein kann, wenn der Eigentümer es mit einem Pfandrecht belasten will. In den Erläuterungen[38] zum Vorentwurf des schweizerischen ZGB findet sich das Beispiel desjenigen Eigentümers, der im Hinblick auf den Verkauf zur Erstellung von Einfamilien- oder Reihenhäusern sein Grundstück in eine gewisse Anzahl Parzellen unterteilt: natürlich ist es sehr viel einfacher, von vornherein alle gegenseitigen Servituten für die verschiedenen Parzellen als Eigentümerdienstbarkeiten zu errichten und anschließend die Parzellen eine nach der andern zu verkaufen. Da unser Gesetz die «servitude par destination du père de famille» – welche auf Grund der Tatsache entsteht, daß ein Eigentümer dank äußerer Einrichtungen (z.B. Überbau, Quellableitung usw.) eines seiner Grundstücke zugunsten eines andern benützt –, nicht kennt, muß man sich in diesen Fällen mit der Eigentümerdienstbarkeit behelfen, um Schwierigkeiten zu vermeiden[39], wenn der Erwerb durch einen Dritten in Aussicht steht.

---

[37] Betreffend den praktischen Wert der Eigentümerdienstbarkeit, siehe EUGEN HUBER, Die Eigentümerdienstbarkeit, S. 10–23 und 73.
[38] 1914, II, S. 142.
[39] Wenn die Dienstbarkeit nicht eingetragen ist, können die Vorschriften betreffend überragende Bauten (BGE 78 II, 1952, S. 131 ff. = JT 1951 I, S. 546 ff.) oder betreffend die Legalservituten ana-

Auf Grund der ratio legis sind die Art. 733 und 735 ZGB auf alle Dienstbarkeiten anwendbar[40].

Die Willenskundgebung des Eigentümers, eine Dienstbarkeit auf seinem eigenen Grundstück zu erwerben, ist ein **einseitiges Rechtsgeschäft**. Sie erfolgt in Form einer schriftlichen Anmeldung zur Eintragung im Grundbuch (Art. 20 Abs. 1 GBV)[41].

Bei der Verpflichtung, eine Eigentümerdienstbarkeit zu errichten, müssen die Formvorschriften betreffend den Servitutsvertrag beachtet werden, zum mindesten dann, wenn die Parteien übereinkommen, die Dienstbarkeit zu übertragen oder mit einem dinglichen Recht zu belasten. Andernfalls könnten die Bestimmungen insbesondere bezüglich der Form der öffentlichen Beurkundung des Servitutsvertrages allzuleicht umgangen werden. Das Bundesgericht[42] hat, unter Bezugnahme auf die Meinung von LEEMANN[43], betreffend die Verpflichtung zur Errichtung von Eigentümerschuldbriefen und deren Bestellung als Pfand die gleiche Auffassung vertreten. LIVER[44] scheint das Formerfordernis für alle diese Fälle abzulehnen.

II. Die Abänderung

Die **Umgestaltung einer Grunddienstbarkeit in eine Personalservitut oder umgekehrt** bedeutet in Wirklichkeit die Aufhebung der bestehenden Dienstbarkeit und deren Ersetzung durch eine Servitut gleichen Inhalts der andern Kategorie. Die Bedingungen sowohl für die Aufhebung[45] als auch für die Begründung (namentlich die Form des Servitutsvertrages) müssen erfüllt sein. Gleiches gilt, wenn das herrschende Grundstück durch ein anderes ersetzt wird. Dagegen ändert die Aufnahme eines selbständigen und dauernden Rechts als Grundstück in das Grundbuch, d. h. einer übertragbaren Personalservitut von mindestens 30 Jahren (Art. 7 GBV), in keiner Weise weder die Natur des Rechts noch die juristische Lage. Sie erfolgt deshalb auf einfache schriftliche Anmeldung des Berechtigten hin.

---

log angewendet werden. Auch die Berufung auf Rechtsmißbrauch ist möglich (ROSSEL/MENTHA II, S. 292 No. 1194, und III, S. 12 No. 1366). Hat die Teilung mittels Vertrag stattgefunden (Verkauf eines der beiden Grundstücke usw.), kann die geschädigte Partei den Vertrag oft wegen Irrtums anfechten.

[40] So WIELAND, N. 6 zu Art. 781 ZGB; LEEMANN, N. 15ff. zu Art. 733 ZGB, und LIVER, N. 37ff. zu Art. 733; a.A. TUOR/SCHNYDER, S. 550, II a.
[41] Im Gegensatz zu der für das Eigentümerpfandrecht geltenden Bestimmung (Art. 20 Abs. 2 GBV) können die Kantone hier nicht vorschreiben, daß die Anmeldung durch eine Urkundsperson zu geschehen hat.
[42] BGE 71 II, 1945, S. 262 ff. = JT 1946 I, S. 370 ff. Erw 1 und 2.
[43] N. 27–28 zu Art. 799 ZGB.
[44] N. 26 zu Art. 733 ZGB.
[45] Vgl. unten IV: Zustimmung des Inhabers beschränkter dinglicher Rechte, nachgehenden Ranges, auf dem herrschenden Grundstück.

Eine Abänderung, welche die Belastung des dienenden Grundstückes (oder des Eigentümers. wenn es sich um die nebensächliche Verpflichtung handelt) herabsetzt, kann formlos vereinbart werden (Art. 115 OR); aber der Grundbuchführer trägt sie nur ein, wenn sämtliche Inhaber späterer dinglicher Rechte auf dem dienenden Grundstück schriftlich zustimmen. Andernfalls muß bei der vertragsmäßigen Abänderung des Inhalts der Servitut oder der nebensächlichen Verpflichtung zu einem gewissen Tun die Form des Servitutsvertrages beachtet werden[46]; und die Belastung des dienenden Grundstückes kann nur mit der Zustimmung der Inhaber beschränkter dinglicher Rechte auf diesem Grundstück, welche der Servitut nachgehen, erhöht werden.

III. Die Übertragung von Dienstbarkeiten und ihre Belastung mit dinglichen Rechten

Die Grunddienstbarkeiten teilen das juristische Schicksal des herrschenden Grundstückes und können, wenn sie nicht in persönliche und übertragbare Servituten umgewandelt werden (Ziff. II oben), nur mit und durch dieses Grundstück übertragen oder mit dinglichen Rechten belastet werden (dieser Gedanke wird in Deutschland dadurch ausgedrückt, daß man die Servitut als «Bestandteil» des herrschenden Grundstückes bezeichnet). Daraus folgt insbesondere, daß die Grunddienstbarkeiten nicht als Grundstücke ins Grundbuch aufgenommen werden können.

Das Gesetz hat für die Übertragung von übertragbaren persönlichen Servituten keine besonderen Regeln aufgestellt; daraus geht hervor, daß die Bestimmungen betreffend die Zession von Forderungen (Art. 164 ff. OR) analog anwendbar sind (Art. 7 ZGB)[47]. Die Zession findet ohne Eintragung im Grundbuch (die Eintragung ist jedoch möglich[48]) mittels eines schriftlichen Aktes statt[49]. Wie die Forderungen können auch die persönlichen Servituten mit einer einzigen Dienstbarkeit belastet werden: der Nutznießung; und das Pfandrecht, welches sie belastet, ist ein sog. Faustpfand (Art. 899 ZGB). Die Nutznießung und das Pfandrecht sind im übrigen ausgeschlossen, wenn es sich um eine unübertrag-

---

[46] Eine solche Abänderung kann kaum als «ergänzende Nebenbestimmung» im Sinne von Art. 12 OR betrachtet werden.
[47] So LEEMANN, N. 16 zu Art. 774 ZGB, N. 48 zu Art. 779 und N. 53 zu Art. 781 ZGB; HOMBERGER, N. 10 zu Art. 971 ZGB; LIVER, in ZBGR 26, 1945, S. 69.
[48] So LEEMANN, N. 53 zu Art. 781 ZGB; a.A. WIELAND, N. 466 zu Art. 979 ZGB.
[49] Der abstrakte Charakter der Zession wird heute in Frage gestellt: BGE 84 II, 1958, S. 355 ff. = JT 1959 I, S. 198 ff. Erw 1.

bare Servitut handelt⁵⁰. Das Versprechen, eine Servitut zu zedieren oder mit einer Nutznießung zu belasten, bedarf im Prinzip keiner speziellen Form (Art. 165 Abs. 2 OR); aber nach Art. 243 Abs. 1 OR ist die schriftliche Form erforderlich, wenn das Versprechen zur Begründung unentgeltlich erfolgt⁵¹.

Jede zedierbare Servitut⁵² von unbestimmter Dauer oder von einer Dauer von mehr als 30 Jahren kann auf einfache schriftliche Anmeldung des Berechtigten hin (Art. 7 GBV) als **Grundstück ins Grundbuch aufgenommen werden** (Art. 655 Ziff. 2 ZGB)⁵³. Diese Eintragung hat zur Folge, daß die **Bestimmungen betreffend die Übertragung und die Belastung von Grundeigentum** durch beschränkte dingliche Rechte anwendbar sind: öffentliche Beurkundung und Eintragung im Grundbuch für die Abtretung, Begründung von beschränkten dinglichen Rechten gemäß den üblichen Formvorschriften (öffentliche Urkunde – namentlich für die Nutznießung – oder schriftlicher Vertrag für die Servituten sowie Eintragung im Grundbuch, öffentliche Urkunde für die Pfandbestellung oder die Begründung einer Grundlast mit Eintragung). Ebenso haben die Bestimmungen Geltung, welche die Verknüpfung eines andern Rechts mit dem Eigentum propter rem ermöglichen (Grunddienstbarkeit, Realobligation usw.)⁵⁴. Jede mögliche Dienstbarkeit kann ein selbständiges und dauerndes, ins Grundbuch als Grundstück aufgenommenes Recht belasten (Recht zum Wasserabzug oder Grundlast betreffend Wasserlieferung, welche ein Quellenrecht belasten; Wegrecht und Baubeschränkungsrecht, welche ein Baurecht belasten usw.), jedoch unter der Bedingung, daß der Zweck der belasteten Servitut, die Bedürfnisse, denen nachzukommen sie bestimmt ist, dadurch nicht abgeändert werden⁵⁵. **Der Schutz gutgläubiger Dritter** betreffend das Verfügungsrecht der eingetragenen Person ist der gleiche bei der Übertragung und Belastung des als Grundstück ins

---

⁵⁰ Art. 899 Abs. 1 ZGB e contrario.
⁵¹ Nach Art. 242 Abs. 2 und 243 Abs. 2 OR ist die Form der öffentlichen Beurkundung und die Eintragung im Grundbuch lediglich für die unentgeltliche Begründung beschränkter dinglicher Rechte erforderlich: Dies wird eben durch das Erfordernis der Eintragung bewiesen (Art. 731 Abs. 1 und 799 Abs. 1 ZGB); so LIVER, in ZBGR 26, 1945, S. 69–71.
⁵² Die Übertragbarkeit kann nach Bundesgericht (BGE 72 I, 1946, S. 233 ff. = JT 1947 I, S. 265 ff. Erw 2) nicht ausschließlich vom Belieben des Eigentümers des belasteten Grundstückes abhängen. Dieser Entscheid setzt voraus, daß der Zustimmung des Eigentümers dingliche Wirkung zukommt; a.A. WITT, S. 89–90, welcher zu Unrecht das Prinzip des numerus clausus der beschränkten dinglichen Rechte anführt.
⁵³ LEEMANN, N. 58 zu Art. 781 ZGB; HAAB, N. 5 zu Art. 655 ZGB; MEIER-HAYOZ, N. 14 ff. zu Art. 655 ZGB.
⁵⁴ Vgl. oben I 3.
⁵⁵ Vgl. unten § 93, V.

Grundbuch aufgenommenen dauernden und selbständigen Rechtes wie für das Grundeigentum, wohingegen bezüglich der Übertragung und der Belastung von nicht als Grundstück ins Grundbuch aufgenommenen Servituten dieser Schutz nicht besteht, da das Grundbuch weder die Existenz noch die Gültigkeit der vorgehenden Übertragungen garantiert. Die Dienstbarkeiten, welche ein als Grundstück ins Grundbuch aufgenommenes selbständiges und dauerndes Recht belasten, können selbst ebenfalls als Grundstück ins Grundbuch aufgenommen werden[56].

IV. Der Untergang

Der Verzicht auf eine Personalservitut ist ein einseitiges Rechtsgeschäft, durch welches der Verzichtende seinen Willen kundtut, von der Dienstbarkeit abzulassen. Diese Willenskundgebung erfolgt am klarsten mittels einer schriftlichen an den Grundbuchführer gerichteten Anmeldung zur Löschung; aber sie kann auch durch eine andere Form erfolgen, namentlich durch konkludentes Handeln. Eine Grunddienstbarkeit kann durch Dereliktion des herrschenden Grundstückes aufgegeben werden (in diesem Fall kann sie nur weiterbestehen, wenn sie vorgängig in eine Personalservitut[57] umgewandelt worden ist). Der Eigentümer des berechtigten Grundstückes kann aber auch auf die Servitut verzichten und das Eigentum behalten; ist jedoch das herrschende Grundstück mit beschränkten dinglichen Rechten belastet, welche nach der Bestellung der Servitut begründet worden sind, so müssen deren Inhaber der Löschung zustimmen (Art. 964 ZGB)[58]. Der Löschung kommt lediglich deklaratorische Bedeutung zu; sie stellt den materiellen Untergang des betreffenden Rechtes fest[59]. Dies ist der umgekehrte Fall der Aneignung, bei welcher die Eintragung ebenfalls deklaratorisch ist (Art. 656 Abs. 4 ZGB).

Unserer Meinung nach hat die Dereliktion des herrschenden Grundstückes den Untergang der Grunddienstbarkeit zur Folge, es sei denn, diese sei mit einem dinglichen Recht (Nutznießung oder insbesondere Grundpfand auf dem berechtigten Grundstück) belastet; denn kein Recht kann materiell bestehen ohne Aktivsubjekt, und nur der Eigentümer des herrschenden Grundstückes kann Inhaber der Grunddienstbarkeit sein. Wenn die Eintragung der Servitut bestehen bleibt,

---

[56] HAAB, N. 6 zu Art. 655; MEIER-HAYOZ, N. 16 zu Art. 655 ZGB; LIVER, N. 3 zu Art. 730 ZGB; FRIEDRICH, in: Rechtliche Probleme des Bauens, S. 169–173; BGE 92 I, 1966, S. 539 ff. = JT 1968 I, S. 170 ff.; a.A. HOMBERGER, N. 9 zu Art. 943 ZGB.

[57] Vgl. oben II.

[58] Siehe weiter unten vor und nach Anmerkung 62.

[59] Betreffend die deklaratorische Lösung siehe LEEMANN, N. 6 zu Art. 748 ZGB (anders dagegen in N. 11 zu Art. 734 ZGB) und LIVER, N. 97–98 zu Art. 734 ZGB und in: Festschrift für Walther Hug (zit. oben § 87, Anm. 16), S. 353 ff.; WIELAND, N. 3a zu Art. 734 und N. 3a zu Art. 748 ZGB, scheint anderer Ansicht zu sein; HOMBERGER, N. 2 zu Art. 964 ZGB.

(weil der Derelinquent die Löschung nicht verlangt), so lebt sie materiell erst wieder auf, wenn das herrschende Grundstück in Besitz genommen oder von der öffentlichen Hand erworben wird (Art. 658 ZGB). In der Praxis scheint streitig zu sein, ob der Besitzer des dienenden Grundstückes während der Dauer, in der das herrschende Grundstück herrenlos ist, die Löschung verlangen kann. Wenn das kantonale Recht es erlaubt (Art. 658 Abs. 2 ZGB), so kann der belastete Eigentümer das herrschende Grundstück okkupieren und sofort auf das Eigentum an diesem Grundstück und die Servitut verzichten; nach dem derzeitigen Stand unseres positiven Rechts scheint der Eigentümer des belasteten Grundstückes nicht die «freigewordene Servitut» okkupieren zu können, wie dies LIVER[60] vorschlägt. Dagegen sind wir mit diesem Autor[61] der Auffassung, daß die Löschung auf Grund von Art. 976 ZGB stattfinden kann, außer natürlich, wenn die Servitut mit einem beschränkten dinglichen Recht belastet ist (Nutznießung oder Grundpfand auf dem herrschenden Grundstück).

Der Inhaber der Servitut kann sich mittels eines unentgeltlichen oder entgeltlichen Vertrages verpflichten, ohne dafür irgendwelche Form zu beobachten, sie löschen zu lassen. Anderseits kann er dazu verpflichtet werden, namentlich durch ein Rechtsgeschäft von Todes wegen. Die Anmeldung der Löschung stellt in diesem Fall keinen Verzicht dar (abstraktes Rechtsgeschäft wie die Dereliktion), sondern die Erfüllung einer Verpflichtung, eine Servitut untergehen zu lassen. Ist der Vertrag nicht gültig, hat die Löschung keine Wirkung, weil sie ohne Rechtsgrund erfolgt ist. Wenn der Inhaber der Servitut dies will, so kann er die Löschung auf Grund eines abstrakten Verzichtes verlangen, und nicht in Erfüllung seiner Verpflichtung; in diesem Falle ist die Löschung gültig, selbst wenn der Vertrag nichtig ist (unter Vorbehalt der Aufhebung auf Grund eines Irrtums). Hingegen kann der Inhaber der Servitut ihre Löschung insbesondere nicht in Erfüllung eines Vertrages beantragen, wenn er sich weigert, diesen Vertrag vorzuweisen.

Handelt es sich um eine Grunddienstbarkeit, so müssen erst die Inhaber späterer dinglicher Rechte auf dem herrschenden Grundstück – welche mit der Dienstbarkeit bei der Entstehung ihrer Rechte rechnen konnten – dem Grundbuchführer in dem Maße, als der Untergang der Servitut ihnen schaden könnte[62], ihre schriftliche Zustimmung geben.

Wenn die Löschung einer Grunddienstbarkeit trotz des Fehlens einer gültigen Zustimmung eines Beteiligten stattgefunden hat, geht die Servitut unserer Meinung nach nicht unter, selbst in bezug auf diejenigen, die der Löschung beigestimmt haben; denn jedes das herrschende Grundstück belastende Recht belastet notwendigerweise auch die Servitut, und kann deshalb erst aufhören, diese zu belasten, wenn es das Eigentum des berechtigten Grundstückes nicht mehr belastet. Alle Inhaber beschränkter dinglicher Rechte, welche die Servitut belasten, können deshalb deren Wiedereintragung verlangen. Wir können LIVER[63] nicht folgen, welcher meint, daß die Dienstbar-

---

[60] N. 143 zu Art. 734 ZGB; a.A. LEEMANN, N. 12 zu Art. 666 ZGB; HAAB, N. 7 zu Art. 658 und N. 13 zu Art. 666 ZGB; MEIER-HAYOZ, N. 16 zu Art. 658 und N. 12 zu Art. 666 ZGB.
[61] N. 142 zu Art. 734 ZGB.
[62] So LEEMANN, N. 5 zu Art. 734 ZGB; OSTERTAG, N. 9 zu Art. 964 ZGB, und LIVER, N. 36 ff. zu Art. 734 ZGB; a.A. WIELAND, N. 3 zu Art. 964 ZGB, und HOMBERGER, N. 10 zu Art. 964 ZGB.
[63] N. 58–62 zu Art. 734 ZGB.

keit – oder auf jeden Fall die Berichtigungsklage, welche u.E. davon untrennbar ist – bezüglich derjenigen Person besteht, welche der Löschung nicht beigestimmt hat, hingegen nicht bezüglich der übrigen. Man kann außerdem oft annehmen, daß jeder seine Zustimmung nur für den Fall gibt, daß die andern dies ebenfalls tun (innerhalb einer vernünftigen Frist). Wenn der Rechtsinhaber die Zustimmung unbedingt erteilt, so verpflichtet ihn diese; der Eigentümer kann dann die Löschung verlangen, wenn er in einem späteren Zeitpunkt die Zustimmung(en) erhält, welche ihm fehlte(n).

Die Inhaber beschränkter dinglicher Rechte, welche eine übertragbare Personalservitut belasten (ob diese nun als Grundstück ins Grundbuch aufgenommen ist oder nicht), müssen selbstverständlich deren Löschung zustimmen. Das Einverständnis des Betreibungs- und Konkursamtes ist ebenfalls erforderlich, wenn das berechtigte Grundstück oder die Servitut Gegenstand einer Zwangsverwertung ist.

Die Zustimmung zur Löschung einer Personalservitut kann ein unbedingter Verzicht auf das die Servitut belastende Recht sein, und dieses Recht verschwindet selbst dann, wenn die Inhaber der andern Rechte der Löschung nicht zustimmen; man muß jedoch oft davon ausgehen, daß das Einverständnis nur für den Fall erteilt worden ist, daß die andern die Dienstbarkeit belastenden Rechte ebenfalls aufgegeben würden.

Der Eigentümer des dienenden Grundstückes hat nie der Löschung zuzustimmen, selbst wenn er Installationen benützt, welche vom Inhaber der Servitut unterhalten werden[64].

Ist die Servitut im Grundbuch nicht eingetragen, so geht sie unter, ohne daß es im Hinblick auf die Löschung der vorherigen Eintragung bedürfte[65]. Den Installationen der absichtlich nicht eingetragenen Servituten betreffend sichtbare Leitungen (Art. 676 Abs. 3 ZGB) kommt die gleiche Bedeutung zu wie der Eintragung im Grundbuch: ihre Entfernung, welche sich auf einen gültigen Rechtsgrund stützt, läßt die Servitut untergehen, und ihre Entfernung ohne gültigen Rechtsgrund ermöglicht einem gutgläubigen Dritten, das dienende Grundstück, befreit von der Servitut, zu erwerben.

§ 91. Die Anwendung allgemeiner Bestimmungen über Erwerb, Änderung und Untergang des Eigentums auf Dienstbarkeiten

Gemäß Art. 731 Abs. 2 ZGB (Art. 731 Abs. 3 ZGB ist lediglich eine Bestätigung desselben bezüglich eines Spezialpunktes) sind Erwerb und Ver-

---

[64] BGE 67 I, 1941, S. 124 ff., Zusammenfassung in JT 1941 I, S. 579–580.
[65] HOMBERGER, N. 9 zu Art. 971 ZGB; LIVER, N. 156 zu Art. 734 ZGB.

lust der Dienstbarkeiten mutatis mutandis den gleichen Bestimmungen unterstellt wie Erwerb und Verlust des Eigentums, Bestimmungen, auf die wir hier verweisen, insbesondere in bezug auf die Expropriation – durch welche eine Servitut begründet, übertragen oder zum Untergang gebracht werden kann – und ähnliche Verfahren (Güterzusammenlegung, Quartierplanungen, Raumplanung). Das gleiche gilt für das Gestaltungsurteil: hauptsächlich die Zwangsvollstreckung der Verpflichtung zur Begründung, Änderung oder Löschung einer Servitut (Art. 665 ZGB)[1].

Der Schutz des gutgläubigen Erwerbers bewirkt, daß je nach den Umständen eine Servitut erworben, geändert werden oder untergehen kann. Die Zuschlagserteilung des dienenden Grundstückes bei der Zwangsverwertung hat zur Folge, daß nur die es belastenden dinglichen Rechte, welche im Lastenverzeichnis – falls dies ungenau ist – aufgeführt sind, Geltung haben, sofern der Ersteigerer sich gutgläubigerweise auf dieses Verzeichnis verlassen hat. Der Verlust des herrschenden oder dienenden Grundstückes (u.E. bedeutet dies seinen Übergang zufolge eines Naturereignisses in die Herrschaft des Gemeinwesens als Bestandteil der herrenlosen und öffentlichen Sachen) läßt die Servitut wie das Eigentum untergehen.

Die Konsolidation haben wir bereits besprochen[2]. Der Ablauf der Zeit, für welche die Servitut begründet wurde, ist selbstverständlich ein Untergangsgrund (deklaratorische Löschung im Grundbuch); insbesondere geht die als solche eingetragene Legalservitut unter, wenn die Bedingungen für ihren Bestand weggefallen sind.

Wird der Inhalt einer Servitut unmöglich, widerrechtlich oder absolut und definitiv unnütz (Art. 736 Abs. 1 ZGB)[3], so geht die Dienstbarkeit unter, denn eine ihrer Bestandesbedingungen[4] fällt weg. Die Löschung im Grundbuch hat lediglich deklaratorischen Charakter. Außer der Nutznießung[5] erfolgt die Begründung oder der Untergang der Servituten (im Gegensatz zu den Pfandrechten und Grundlasten) niemals direkt von Gesetzes wegen (die Legalservituten sind jene, zu deren Begründung das Gesetz verpflichtet); jedoch kann die Dienstbarkeit durch eine Änderung der Gesetzgebung unmöglich, unnütz oder widerrechtlich werden.

Das schweizerische Zivilrecht kennt weder den Verlust eines dinglichen Rechtes durch Zeitablauf (Art. 734 und 748 ZGB a contrario) noch die

---

[1] Betreffend Löschung durch den Richter vgl. unten § 92, III vor und nach Anmerkung 15.
[2] § 87, IV und § 90, I 5.
[3] Vgl. unten § 92, II.
[4] Vgl. oben § 89, II in fine.
[5] Siehe insbes. H. TRUEB, Das Nutzungsrecht des Ehemannes und der Eltern, Diss. Bern, Abh. schweiz. R 59, Bern 1915, S. 67ff.

Freiheitsersitzung eines Grundstückes⁶. Die Ersitzung ermöglicht nicht nur, eine Servitut zu erwerben, sondern auch die Ausdehnung des Inhaltes einer bestehenden Dienstbarkeit⁷.

Nach LIVER⁸ ist die ordentliche Ersitzung einer Dienstbarkeit an öffentlichen Sachen möglich; sie setzt in der Tat die ungerechtfertigte Eintragung der Servitut voraus; nun kann jedoch diese Eintragung nur erfolgen, wenn das Grundstück selbst im Grundbuch eingetragen ist (Art. 944 ZGB), und bezüglich ihrer Wirkungen gilt das Bundesrecht, namentlich was die Ersitzung anbelangt; bezüglich der außerordentlichen Ersitzung (Art. 662 ZGB) auf öffentlichem Gebiet, welche nur stattfinden kann, wenn das Grundstück nicht auf den Namen des Staates im Grundbuch eingetragen ist, findet das öffentliche Recht Anwendung. Die traditionelle Doktrin schließt jegliche Ersitzung aus⁹.

Der Besitz, Voraussetzung für die Ersitzung, besteht in der tatsächlichen Ausübung der Dienstbarkeit – sei diese nun eine Grund- oder eine Personaldienstbarkeit[10] – durch den Ersitzenden, welcher auch die Öffentlichkeit sein kann[11]. Eine Schwierigkeit bezüglich des Beweises – und nicht der Rechtsanschauung – tritt bei den negativen Servituten auf. Besitz der negativen Servitut kann nur bestehen, wenn er vom Eigentümer des die-

---

⁶ BGE 62 II, 1936, S. 135 ff. = JT 1937 I, S. 165 ff.; BGE 95 II, 1969, S. 605 ff. Erw 1a; LIVER, N. 196–201 zu Art. 734 ZGB, und ZBGR 42, 1961, S. 7–9; TH. GUHL, ZBJV 65, 1929, S. 257–258. Diese Auffassung ist sicher richtig in bezug auf die im Grundbuch eingetragenen beschränkten dinglichen Rechte. Dagegen könnte man den Untergang beschränkter dinglicher Rechte, welche nicht im Grundbuch eingetragen und nicht ausgeübt worden sind, durch Verjährung zulassen: siehe neuerdings SPIRO, §§ 506–509, S. 1449–1460, dessen Werk während der Drucklegung des vorliegenden Handbuches erschienen ist.

⁷ LIVER, N. 119 ff. zu Art. 738 ZGB. Die Frage der Ersitzung von Dienstbarkeiten ist kontrovers; siehe insbesondere TOBLER, S. 79–83, und SPIRO, §§ 502–503, S. 1435 ff. Die ordentliche Ersitzung ist nicht nur möglich, wenn der Ersitzer im Grundbuch als Berechtigter eingetragen ist, sondern auch dann, wenn im Grundbuch jemand anders als Berechtigter eingetragen ist, da es ja nicht über den derzeitigen Berechtigten Auskunft gibt. Ist die Dienstbarkeit auf dem Blatt des, mit Angabe des Eigentümers, ins Grundbuch aufgenommenen dienenden Grundstückes nicht eingetragen, so ist die Ersitzung nicht möglich, außer es handle sich um eine Leitungsdienstbarkeit bei äußerlich sichtbaren Leitungen (Art. 676 Abs. 3 ZGB); sie ist dagegen möglich, wenn das dienende Grundstück nicht ins Grundbuch aufgenommen ist, oder wenn das Grundbuch nicht angibt, wer Eigentümer ist. Ist die Servitut im Grundbuch eingetragen, besteht im Falle von Bösgläubigkeit des Ersitzers nur die Möglichkeit einer Extra-Tabularersitzung. Darüber hinaus muß sie zugelassen werden, wenn das Grundbuch keinen Servitutsberechtigten angibt.

⁸ LIVER, N. 121 zu Art. 731 ZGB.

⁹ Siehe insbes. MEIER-HAYOZ, N. 145 zu Art. 664 ZGB. Auf jeden Fall kann die Möglichkeit einer Ersitzung, welche im Widerspruch zur Zweckbestimmung des Grundstücks steht, bezweifelt werden. Bezüglich Eisenbahnanlagen siehe J. MEYLAN, Le domaine ferroviaire en droit comparé, Diss. Lausanne 1966, S. 319–323; siehe neuerdings SPIRO, § 497, S. 1417.

[10] Vgl. unten § 91, VI.

[11] BGE 74 I, 1948, S. 41 ff. = JT 1948 II, S. 234 ff.

nenden Grundstückes anerkannt wird (und von den Inhabern anderer dinglicher Rechte, welche durch die Servitut belastet werden, da der Eigentümer durch seine Anerkennung diese Rechte nicht verletzen kann). Diese Anerkennung wird vermutet, wenn die Servitut auf einem Erwerbstitel beruht (Vertrag, Testament, Urteil), oder wenn sie im Grundbuch eingetragen ist; die Vermutung kann umgestoßen werden, insbesondere durch den Beweis, daß der angeblich belastete Eigentümer den Titel oder den Eintrag nicht kannte. Außer in diesen Fällen wird die Anerkennung nicht vermutet und muß durch den Ersitzer bewiesen werden. Er kann diesen Beweis erbringen, indem er dartut, daß er den Eigentümer gehindert hat, sein Eigentum entgegen der Servitut auszuüben, oder ihm mit Erfolg eine solche Ausübung untersagt hat.

Nach dem Bundesgericht[12] ersetzt der seit **unvordenklicher Zeit** bestehende Besitz einer Servitut (während mehr als zwei Generationen) den Erwerbstitel.

Diese Regel ist wohl als Beweisregel zulässig, wenn die Begründung der Servitut vor 1912 stattgefunden hat. Ist die angebliche Entstehung nach dem 1. Januar 1912 erfolgt, scheint uns hingegen, daß die Art der Servitutsbegründung bewiesen werden muß: mit Rücksicht auf die genauen Bestimmungen des Zivilgesetzbuches betreffend die Errichtung von Dienstbarkeiten kann man in der Tat kaum zulassen, daß diese begründet werden, ohne irgendwelche Spur zu hinterlassen, insbesondere ohne Eintragung im Grundbuch (oder Installierung von äußerlich wahrnehmbaren Leitungen)[13].

§ 92. Aufhebung oder Modifizierung von Dienstbarkeiten insbesondere infolge Änderung der Umstände

I. Im allgemeinen

Wir behandeln hier die Aufhebung oder Abänderung des beschränkten dinglichen Rechtes als solches. Hiernach[1] werden wir uns mit den Abänderungen befassen, welche nur die Ausübung desselben, so namentlich auf Grund von Art. 742 ZGB, betreffen.

Die Theorie der **Unvorhersehbarkeit** (imprévision) – clausula rebus sic stantibus – bezieht sich auf Rechtsgeschäfte, folglich also auch auf

---

[12] BGE 74 I, 1948, S. 41 = JT 1948 I, S. 234 ff. Erw 3. Zustimmend: LIVER, N. 141 ff. zu Art. 731 ZGB.
[13] Ebenso, in bezug auf das Ergebnis, WIELAND, N. 5b in fine zu Art. 781 ZGB; vgl. LIVER, N. 141 ff. zu Art. 731 ZGB.
[1] Vgl. unten § 93, III.

den Servitutsvertrag; sie beschränkt sich auf die Vervollständigung der Rechtsgeschäfte in den Grenzen des hypothetischen Parteiwillens und, mangels eines solchen, auf die Vervollständigung des dispositiven Rechts, dem die im Rechtsgeschäft nicht geregelten Punkte unterstellt sind[2]. Dagegen kann diese Regel nicht auf die Servitut als solche angewendet werden, insbesondere nicht auf jene, welche von einer nicht durch den Servitutsvertrag verpflichteten Person erworben wird.

LIVER[3] hebt mit Recht hervor, daß der Richter den Erwerbstitel in dem Sinn ergänzen kann, als er, dem hypothetischen Parteiwillen entsprechend, annimmt, daß die Dienstbarkeit untergehen soll oder daß die Last des Risikos, das eingetreten ist, angemessen von beiden Beteiligten getragen werden muß. Dies bedeutet die Zuhilfenahme der clausula rebus sic stantibus (in gewissen Fällen könnte man auch den Irrtum gemäß Art. 24 Abs. 1 Ziff. 4 OR anführen). Aber der auf diese Weise ergänzte Grundvertrag kann dem Dritterwerber der Servitut nicht entgegengehalten werden. Zwar sind Inhalt und Ausübung der Servitut im Grundvertrag beschrieben und die Vervollständigung dieses Grundvertrages versteht sich mit Rücksicht auf diese Beschreibung; der Untergang oder die Abänderung des dinglichen Rechtes selbst kann jedoch ausschließlich auf Grund des Rechtstitels erfolgen, insbesondere wenn es sich um ungewisse Bedingungen oder Befristungen handelt[4]. Der Rechtstitel kann lediglich zur Modifizierung oder zur Löschung des dinglichen Rechtes verpflichten; nun geht jedoch diese Verpflichtung nicht ohne Schuldübernahme auf die Einzelnachfolger über. Die Servitut kann im übrigen durch Ersitzung erworben werden, und man sieht dabei nur schwerlich, wie man den Rechtstitel ergänzen könnte. Die vorgeschlagene Methode liefert keine Lösung bezüglich der beschränkten dinglichen Rechte, sondern nur betreffend die Rechtsgeschäfte; sie ermöglicht lediglich, das Problem zu lösen, wenn die in Frage stehenden Beteiligten die Parteien des Servitutsvertrages oder deren Gesamtnachfolger sind.

LIVER[5] hat auch vorgeschlagen, die Bestimmungen des Art. 736 ZGB sowie die Regeln von Treu und Glauben analog anzuwenden, wenn die Dienstbarkeit eine unzumutbare Last ist, ohne daß eine wesentliche Änderung der Umstände eingetreten wäre.

Das Gesetz enthält Bestimmungen, welche den Untergang oder die Abänderung der Servitut in verschiedenen Fällen vorsehen. Es gibt jedoch Fälle, die vom Gesetzgeber nicht in Betracht gezogen worden sind, und es ist Aufgabe des Richters, das Gesetz diesbezüglich zu ergänzen. Unserer Meinung nach muß die Servitut aufgehoben oder abgeändert werden, wenn sich erweist, daß sie eine unzumutbare Last ist, so wie man allgemein annimmt, daß eine Verpflichtung aufgehoben oder abgeändert werden muß, wenn ihre Erfüllung, ohne daß diese geradezu unmöglich wäre, viel zu belastend geworden ist, als daß man sie dem Schuldner vernünftiger- und billigerweise aufzwingen dürfte. Die gänzliche Erhaltung der Dienstbarkeit widerspräche auch den Regeln von Treu und Glauben, und der Richter

---

[2] Siehe MERZ, N. 119 ff. zu Art. 2 ZGB, und PIOTET, Le complètement judiciaire du contrat (zit. § 90, Anm. 5), S. 367 ff., 376 ff., 385 ff., und 397 ff.
[3] N. 67 zu Art. 737 ZGB.
[4] Vgl. oben § 89, II.
[5] ZBGR 42, 1961, S. 17–18, Ziff. 8.

muß das Gesetz in diesem Punkt ergänzen, indem er eine gerechte Verteilung des eingetretenen Risikos auf die Beteiligten vorsieht.

Diese gerechte Verteilung des Risikos erfordert im Prinzip, daß der Servitutsberechtigte eine Entschädigung erhält, wenn sein dingliches Recht aufgehoben wird; wird es dagegen nur abgeändert, so kann der Richter von der Zusprechung einer Entschädigung absehen (namentlich dann, wenn die Servitut, obwohl abgeändert, eine sehr schwere Last geblieben ist und das, was bei ihrer Bestellung vorausgesehen werden konnte, übertrifft).

Unserer Meinung nach ist der Art. 710 ZGB analog anwendbar zugunsten des Eigentümers des dienenden Grundstückes, wenn dieses des notwendigen Wassers entbehrt, weil seine Quelle aus unvoraussehbaren Gründen zurückgegangen ist und infolgedessen gänzlich vom Inhaber der Servitut genützt wird.

II. Aufhebung der Servitut oder eines Teils derselben infolge Verlustes der Nützlichkeit

Der Art. 736 Abs. 1 ZGB ist die Folge des bereits dargelegten[6] Prinzips, wonach die Servitut für den Berechtigten nützlich sein muß. Anläßlich der Bestellung ist die Nützlichkeit fast zwangsweise vorhanden; aber es kommt oft vor, daß diese in der Folge verschwindet. Da damit eine ihrer Existenzvoraussetzungen wegfällt, geht die Servitut dann von Gesetzes wegen unter; das Gerichtsurteil und die Löschung im Grundbuch haben lediglich deklaratorische Bedeutung[7] (wie übrigens, wenn die Servitut nie irgendwelche Nützlichkeit hatte und der Grundbuchführer ihre Eintragung dennoch nicht verweigert hat).

Wenn die Nutzlosigkeit der Servitut offensichtlich ist (so geht beispielsweise das Recht unter, das im Wald des herrschenden Grundstücks geschlagene Holz über das dienende Grundstück zu transportieren, wenn letzteres ganz überbaut ist), kann der Grundbuchführer die Servitut auf Grund von Art. 976 ZGB löschen. Wenn der Untergang dagegen nicht gewiß ist, muß gemäß Art. 736 Abs. 1 ZGB ein Urteil gefällt werden[8].

---

[6] Vgl. oben § 89, III. Wir verweisen hier noch auf die Arbeit von A. TEMPERLI, Die Problematik bei Aufhebung und Ablösung von Dienstbarkeiten (ZGB 736), Diss. Zürich 1975, welche während der Drucklegung des vorliegenden Handbuches erschienen ist, und die wir infolgedessen nicht mehr berücksichtigen konnten.

[7] LIVER, N. 102–105 zu Art. 736 ZGB; a.A. WIELAND, N. 6 zu Art. 736 (Gestaltungsurteil); siehe auch BESSON, La suppression et l'adaptation des servitudes par le juge, Art. 736 et 742 CC, in JT 1969 I, S. 258 ff. Nach diesem Artikel kann jeder Beteiligte den teilweisen oder gänzlichen Untergang feststellen lassen. In BGE 95 II, 1969, S. 14 ff. = JT 1969 I, S. 576 ff. Erw 2 in fine wird die gegenteilige Auffassung vertreten.

[8] Die Klage muß gegen diejenigen Personen erhoben werden, welche durch die verlangte Löschung in ihrer dinglichen Rechtsstellung benachteiligt würden, sowie gegen die Inhaber beschränkter dinglicher Rechte an der (Personal-) Servitut oder die Inhaber von beschränkten dinglichen Rech-

Der Richter muß untersuchen, ob die Bedürfnisse, zu deren Befriedigung die Servitut bestellt worden war, nicht mehr vorhanden sind, oder ob sie mittels der Dienstbarkeit nicht mehr erfüllt werden können [8a]. Meistens sind diese Bedürfnisse im Erwerbstitel nicht erwähnt; man vermutet dann, daß es sich um diejenigen handelt, für welche die Servitut normalerweise begründet worden ist, d. h. – wenn es sich um eine Grunddienstbarkeit handelt – die Bedürfnisse des herrschenden Grundstückes [9]. Besteht eine einigermaßen wahrscheinliche Möglichkeit, daß die Servitut ihre Nützlichkeit in nicht allzuferner Zukunft wieder erlangt, so ist Art. 736 Abs. 1 ZGB unanwendbar [10], jedoch kann dann Art. 736 Abs. 2 ZGB in Betracht gezogen werden.

Unserer Meinung nach muß Art. 736 Abs. 1 ZGB mit Zurückhaltung angewandt werden. Denn bereits ein eventuelles Interesse an der Servitut rechtfertigt die Ablösung derselben gegen Ausrichtung einer Entschädigung (Art. 736 Abs. 2 ZGB).

Wir können der Meinung von LIVER [11] nicht folgen, wonach eine vertragsmäßige Servitut untergeht, wenn sie als Legalservitut hätte begründet werden können – aber nicht begründet worden ist –, und wenn die Voraussetzungen dieser Legalservitut weggefallen sind. Unserer Auffassung nach muß der Charakter der Legalservitut aus dem Vertrag und der Eintragung hervorgehen. Indem der Servitutsbesteller stillschweigend auf diesen Charakter verzichtet, verzichtet er auch auf die entsprechenden Konsequenzen; und nur diese Lösung ist möglich mit Rücksicht auf die allfälligen Erwerber des herrschenden Grundstücks. Wenn beispielsweise der durch vertraglich bestellte Servitut gesicherte Durchgang aufhört, der einzig mögliche zu sein, verliert die Dienstbarkeit dadurch nicht ihre Nützlichkeit im Sinne von Art. 736 Abs. 1 ZGB: die Tatsache, daß der Berechtigte nun einen andern Durchgang schaffen könnte, was bis dahin unmöglich war, ändert nichts an der Nützlichkeit des bestehenden Durchgangs. Hingegen kann, je nach den Umständen, die Anwendung von Art. 736 Abs. 2 ZGB, von welchem noch die Rede sein wird, in Frage kommen, d. h. die Löschung der Servitut gegen Ausrichtung einer Entschädigung.

Obwohl der (schlecht redigierte) Gesetzestext dies nicht klar zum Ausdruck bringt, findet die teilweise Aufhebung der Servitut entsprechend dem in Art. 736 Abs. 1 ZGB enthaltenen Prinzip statt (keine Entschädigung), wenn der aufzuhebende Teil seine Nützlichkeit eingebüßt hat [12].

---

ten, welche nach der Errichtung der Dienstbarkeit begründet worden sind und das herrschende Grundstück belasten (vgl. HOMBERGER, N. 18–19 zu Art. 975 ZGB; OSTERTAG, N. 19 ff. zu Art. 575 ZGB).

[8a] BGE 92 II, 1966, S. 89 ff. = JT 1966 I, S. 564 ff.

[9] Vgl. unten § 93 Anm. 3.

[10] Siehe insbes. WIELAND, N. 5 zu Art. 736 ZGB; LIVER, N. 130 zu Art. 736 ZGB; BGE 89 II, 1963, S. 370 ff. = JT 1964 I, S. 529 ff. Erw 3.

[11] N. 75 zu Art. 736 ZGB.

[12] So LEEMANN, N. 10 zu Art. 736 ZGB; LIVER, N. 130 zu Art. 736 ZGB; BGE 91 II, 1965, S. 180 ff. (Zusammenfassung in JT 1966 I, S. 255–256).

III. Gänzliche oder teilweise Löschung der Dienstbarkeit, wenn das Interesse des Berechtigten im Vergleich zur Belastung des dienenden Grundstücks unverhältnismäßig gering wird

Das durch Art. 736 Abs. 2 ZGB gelöste Problem unterscheidet sich erheblich von demjenigen, welches Art. 736 Abs. 1 ZGB betrifft. Es ist ohne weiteres möglich, eine Dienstbarkeit zu errichten, durch welche ein – im Verhältnis zur Schwere der dem dienenden Grundstück auferlegten Belastung – geringer Vorteil gewährt wird. So kann ein leidenschaftlicher Bogenschütze ohne weiteres eine Parzelle, welche sich vorzüglich zur Bebauung eignet, mit einer Servitut zugunsten eines Bogenschützenvereins belasten, welche diesem Verein das Recht sicherstellt, sein jährliches Meisterschaftspiel auf dem belasteten Grundstück auszutragen. Wenn dagegen ein Bauer vor 50 Jahren die gleiche Servitut auf dem gleichen Grundstück bestellt hat, welches damals eine Weide in offener Landschaft war, ermöglicht Art. 736 Abs. 2 ZGB, gegen Ausrichtung einer Entschädigung diese Servitut, welche das Grundstück fast seines ganzen Wertes beraubt, aufzuheben. Im Gegensatz zu Art. 736 Abs. 1 ZGB sieht Art. 736 Abs. 2 nicht die Feststellung des Untergangs einer Servitut vor, von welcher eine der gesetzlichen Existenzvoraussetzungen weggefallen ist. Die Unverhältnismäßigkeit zwischen dem Interesse an der Dienstbarkeit und der Belastung des dienenden Grundstückes reicht nicht aus; sie muß zudem einer Änderung der Umstände entspringen. Wie es das angeführte Beispiel zeigt, kann die Unverhältnismäßigkeit ebensogut durch ein Anwachsen der dem dienenden Grundstück auferlegten Belastung als auch durch eine Verminderung des Interesses an der Dienstbarkeit entstehen[13].

Es handelt sich um eine Art privater Enteignung (im Gegensatz zu derjenigen bei der Bestellung von Legalservituten). Die Worte «gegen Entschädigung» des deutschen und italienischen Textes sind aus Versehen in der französischen Fassung des Gesetzes weggefallen. Für die Berechnung der Entschädigung gelten die bezüglich der Enteignung aufgestellten Prinzipien. Die Bezahlung der Entschädigungssumme ist für die gänzliche oder teilweise Löschung der Servitut erforderlich. Wenn die im Urteil festgesetzte Entschädigungssumme bereits bezahlt oder gerichtlich hinterlegt worden ist und der Kläger ein entsprechendes Rechtsbegehren gestellt hat, so wird die Dienstbarkeit durch den Urteilsspruch gelöscht. Diese Löschung tritt mit sofortiger Wirkung ein. Ist die Entschädigung noch nicht

---

[13] So WIELAND, N. 1 zu Art. 736 ZGB; ROSSEL/MENTHA III, S. 17, No. 1372; LEEMANN, N. 10 zu Art. 736 ZGB; LIVER, N. 157 ff. zu Art. 736 ZGB, und in ZBGR 42, 1964, S. 8, 13–14 und 17 Ziff. 6; a.A.: BGE 79 II, 1953, S. 56 ff. = JT 1954 I, S. 105 ff. Erw 3b.

bezahlt oder hinterlegt worden, so ist das Urteil bedingt, d.h. es sieht die Löschung vor für den Fall, daß die Entschädigungssumme bezahlt wird.

Der Eigentümer des belasteten Grundstückes ist nicht verpflichtet, eine Entschädigungssumme zu bezahlen. Wenn er sie bezahlt, erfüllt er die Bedingung der Löschung der Servitut, welche dann auf Grund des Urteils stattfindet, wie dies das Marginale des Art. 736 ZGB angibt, und wie im Falle der Enteignung. Hat der belastete Eigentümer für die Bestellung der Servitut eine ins Gewicht fallende Gegenleistung erhalten, so muß er einen Teil derselben zurückerstatten[13a].

Der Kläger kann das Rechtsbegehren auf Feststellung seines Rechts beschränken (Feststellungsbegehren). Abgesehen von diesem Fall, ist die Rechtsnatur des Urteils (Feststellungs- oder Gestaltungsurteil) umstritten[14]. Was auch immer die Rechtsnatur dieses Urteils sein mag, es scheint uns, daß die Klage gegen alle jene Inhaber eines beschränkten dinglichen Rechts gerichtet werden muß, welche durch die Löschung in ihren Rechten verletzt werden könnten. Diese Lösung – welche von LIVER[15] verworfen wird – geht aus Art. 964 ZGB hervor, wenn es sich um ein Gestaltungsurteil handelt; die gleiche Lösung gilt bei einem Feststellungsurteil, welches auf Grund von Art. 736 Abs. 1 ausgesprochen wird[16]. In diesem letzteren Falle bindet das Urteil nur die Parteien oder ihre Rechtsnachfolger, welche bei gutgläubigem Erwerb nicht geschützt werden (relative Rechtskraft der res iudicata). Es ist jedoch auch hier angebracht, alle Beteiligten zu binden. Schließlich ist es vorzuziehen, allen Parteien die Möglichkeit zu geben, ihre Interessen zu wahren und den Richter zu ermächtigen, den Anteil eines jeden an der Entschädigungssumme festzusetzen[17]. Diesbezüglich besteht keinerlei Unterschied zwischen beispielsweise der Nutznießung an einer Personalservitut (Dienstbarkeit, deren Aufhebungsmöglichkeit ohne Teilnahme des Nutznießers am Prozeß anscheinend von niemandem vertreten wird) und der Nutznießung, welche eine Grunddienstbarkeit gleichen Inhalts belastet. Die Tatsache, daß die Nutznießung an einer Grunddienstbarkeit nur bestehen kann, wenn sie gleichzeitig das herrschende Grundstück belastet, ändert nichts am Erfordernis der Teilnahme des Nutznießers am Prozeß; und wenn die Teilnahme der Inhaber beschränkter dinglicher Rechte auf dem herrschenden Grundstück, welche der Grunddienstbarkeit vorgehen, nicht erforderlich ist, so deshalb, weil diese Personen die Aufrechterhaltung der Servitut, welche bei der Begründung ihrer eigenen Rechte nicht bestand, nicht verlangen können, was mit der Natur der Dienstbarkeit nichts zu tun hat.

Siehe auch hiernach § 93 III, in fine.

IV. Teilung des dienenden oder des herrschenden Grundstückes

Die Servitut ist ein sogenanntes unteilbares Recht: Im Falle der Teilung und ohne gegenteilige Übereinkunft besteht sie weiter zugunsten jeder der einzelnen Parzellen, die das herrschende Grundstück bildeten, oder belastet sie weiterhin alle Parzellen, welche das dienende Grundstück bildeten (Art. 743 Abs. 1 und 744 Abs. 1 ZGB), in dem Sinne, daß ebensoviele Servituten (und nicht Dienstbarkeitsanteile) wie neue Grundstücke

---

[13a] Gegenteiliger Auffassung: LIVER, N. 180 ff. zu Art. 736 ZGB.
[14] Siehe WIELAND, N. 6 zu Art. 736 ZGB; LEEMANN, N. 16 zu Art. 736 ZGB; OSTERTAG, N. 2 zu Art. 976 ZGB; LIVER, N. 177 zu Art. 736 ZGB.
[15] LIVER, N. 198–199 zu Art. 736 ZGB.
[16] Siehe oben Anmerkung 8.
[17] Ein Recht auf einen Teil der Entschädigung wird von LEEMANN, N. 15 zu Art. 736 ZGB, mit Recht angenommen.

bestehen. Wenn das ganze dienende oder herrschende Grundstück durch die Servitut in Anspruch genommen wird bzw. an der Servitut berechtigt ist, und die Natur der Dinge eine **Teilung der Ausübung der Servitut** erlaubt, so wird diese Ausübungsberechtigung respektive die entsprechende Belastung auf die neuen herrschenden oder dienenden Grundstücke verteilt und zwar proportional zum Verhältnis der Oberfläche eines jeden Grundstückes[18]. Wird z.B. ein ganzes Grundstück zufolge einer Servitut als Torfgrube ausgebeutet, welche die Gewinnung eines bestimmten Quantums Torf pro Jahr erlaubt, und wird das dienende oder herrschende Grundstück in zwei gleich große Parzellen geteilt, ist jedes der solchermaßen neu gebildeten Grundstücke mit einer um die Hälfte reduzierten Servitut ausgestattet oder belastet. Ist die **Ausübung nicht teilbar**, so kann die Servitut von jedem Eigentümer der herrschenden Grundstücke vollumfänglich ausgeübt werden, und die entsprechende (ganze) Belastung berührt jedes dienende Grundstück. Entsteht dadurch eine Mehrbelastung, so ist Art. 739 ZGB anwendbar[19]. Installationen, welche der Ausübung verschiedener Servituten dienen, gehören im Miteigentum ihren Inhabern; diese sind, jeder für seinen Teil, Schuldner der Unterhaltspflicht[20].

Wenn dagegen die Servitut **nur zum Nutzen einer der durch die Teilung des herrschenden Grundstückes entstandenen Parzellen** besteht, oder **nur auf einer der durch die Teilung des dienenden Grundstückes entstandenen Parzellen ausgeübt werden kann** (was sich aus der Begründungsurkunde – welche nötigenfalls gemäß Art. 738 Abs. 2 ZGB ausgelegt wird – oder aus den Umständen ergibt), kann oder können der oder die Eigentümer des oder der dienenden Grundstücke, welche ein Interesse an der Löschung haben, diese verlangen (Art. 743 Abs. 2 und Art. 744 Abs. 2 ZGB); sie müssen im übrigen vom Grundbuchführer benachrichtigt werden (Art. 86 Abs. 2 GBV). Es handelt sich dabei um eine Folge des Prinzips, welches Art. 736 Abs. 1 ZGB zugrunde liegt: die Servitut hat keine materielle Existenz. Die Art. 743 Abs. 3 und 744 Abs. 3 ZGB sowie 85 und 86 GBV regeln das entsprechende Verfahren. Das Gesuch um Löschung wird vom Grundbuchführer dem Berechtigten mitgeteilt, und wenn dieser innerhalb eines Monats keinen Widerspruch erhebt, erfolgt die Löschung. Wird Widerspruch erhoben, so entscheidet der Richter gemäß Art. 736 ZGB[21].

---

[18] Siehe WIELAND, N. 2 zu Art. 743 ZGB; LEEMANN, N. 7 zu Art. 743 ZGB; LIVER, N. 28–29 zu Art. 743 ZGB und N. 9–11 zu Art. 744 ZGB.
[19] Vgl. unten § 93, II.
[20] LIVER, N. 41–43 zu Art. 743 ZGB.
[21] Nach LIVER, N. 79–84 zu Art. 743 und namentlich N. 34 zu Art. 744 ZGB, kann der Grundbuchführer die Eintragung der Dienstbarkeit zugunsten oder zu Lasten eines Grundstückes,

Wie immer teilen die mit der Servitut oder dem Eigentum am dienenden Grundstück verknüpften Realobligationen deren Schicksal[22]. Unserer Meinung nach (die Doktrin scheint diese Frage nicht zu beachten) können diese Realobligationen modifiziert werden, um der neuen Lage Rechnung zu tragen. Wenn beispielsweise der Eigentümer des herrschenden Grundstückes eine Einrichtung auf dem dienenden Grundstück unterhalten muß und diese Einrichtung nur für eine der aus der Teilung des herrschenden Grundstücks entstandenen Parzellen von Nutzen ist (wobei die Servitut selbst für alle andern Parzellen von Vorteil bleibt), muß der Eigentümer dieser Parzelle die Einrichtung allein unterhalten.

Was die Wirkungen der Teilung auf die mit einer Servitut verbundenen Grundlast anbelangt (Art. 788 Abs. 3 ZGB), siehe hinten § 113, V nach Anführung der Anmerkung 37.

§ 93. Auslegung und Ausübung der Servitut

I. Die Auslegungsprinzipien bezüglich der Servituten

Die Auslegung ist die Bestimmung des Inhalts der Servitut in einem konkreten Fall. Die Eintragung im eidgenössischen Grundbuch bezeichnet die Servitut mit Abkürzungsformeln: z.B. «Nutznießung zugunsten von X», «Fußwegrecht zugunsten von Nr..», «Tränkrecht auf Nr..»[1]. Nach Art. 738 ZGB ist die Auslegung der im Grundbuch eingetragenen Dienstbarkeit nur im Rahmen des Eintrags möglich. Dieses Prinzip kann nur für die konstitutive Eintragung Geltung haben, weil dabei die Servitut nur und ausschließlich in dem Maße entsteht, als der Eintrag mit einem gültigen Erwerbstitel übereinstimmt. Eine deklaratorische Eintragung dagegen oder eine Abänderung ohne rechtsgültigen Grund für die konstitutive Eintragung verhindern nicht, daß der Servitut, auf dem Wege der Auslegung, ein anderer oder weitergehender Inhalt als derjenige, welcher im Hauptbuch dargelegt ist, zuerkannt wird. Dies ist natürlich nur dann unzulässig, wenn ein gutgläubiger Erwerber sich auf den ungenauen Eintrag verlassen hat. Die Berufung auf den guten Glauben setzt voraus, daß der Eintrag einigermaßen präzis ist; andernfalls ist der Erwerber verpflichtet, die Belege und eventuell den Plan, den Beschrieb oder die Protokolle über

---

für welches sie offensichtlich keinerlei Bedeutung hat (Art. 976 ZGB), verweigern. Dies scheint uns richtig.

[22] Vgl. oben § 89, IV.

[1] Was die Beziehung der Eintragung auf dem Blatt des dienenden Grundstücks zur Eintragung auf dem Blatt des herrschenden Grundstücks anbelangt, vgl. oben § 90, I 3.

die Bereinigung dinglicher Rechte anläßlich der Einführung des Grundbuches einzusehen.

Wenn, wie beim waadtländischen Grundbuch, das Hauptbuch die Dienstbarkeit nicht beschreibt, sondern lediglich einen Verweis auf die Belege enthält, stützt sich die Auslegung niemals auf den Eintrag, und eine Divergenz zwischen dem Eintrag und dem Titel kann somit überhaupt nicht bestehen.

Um den Inhalt der Servitut in ihren Einzelheiten zu präzisieren (im Rahmes des Eintrags, wenn dieser konstitutiv ist), müssen die Parteien, nötigenfalls der Richter, den Erwerbstitel interpretieren (Vertrag, Testament, Vergleich, Urteil, Entscheidung, Gesuch um Eintragung einer Eigentümerdienstbarkeit) und nötigenfalls ergänzen[2]. Um den Titel zu interpretieren und zu ergänzen, wenn er nicht klar ist, muß vor allem der (gekannte oder vernünftigerweise vermutete) Zweck der Servitutsbegründung in Betracht gezogen werden. Indem man sämtlichen Umständen Rechnung trägt, bestimmt man die Bedürfnisse, zu deren Befriedigung die Servitut errichtet worden ist; man wird sich insbesondere fragen, ob die Servitut derzeitige Bedürfnisse befriedigen muß, welche im Zeitpunkt ihrer Errichtung noch nicht bestanden. Weiter sind die Personen zu ermitteln, welche die Servitut ausüben können, und ob letztere ein ausschließliches Nutzungsrecht beinhaltet oder eines, das mit dem Eigentümer des dienenden Grundstückes geteilt werden muß. Wenn es sich um eine Personalservitut handelt, so sind die gewöhnlichen, voraussehbaren Bedürfnisse des Berechtigten im Zeitpunkt ihrer Errichtung maßgebend (Art. 781 Abs. 2 ZGB), falls keine gegenteilige Vereinbarung vorliegt. Handelt es sich um eine Grunddienstbarkeit, so darf im Zweifel angenommen oder vermutet werden, daß sie dazu bestimmt war, die Bedürfnisse des herrschenden Grundstückes, welche im Zeitpunkt der Errichtung voraussehbar waren, zu befriedigen[3].

Die Servitut befugt den Berechtigten zu jeder Nutzung des dienenden Grundstückes, welche zu ihrer zielgerechten Ausübung oder zum Unterhalt der dazugehörigen Installationen notwendig ist (Art. 737 Abs. 1 ZGB): So kann beispielsweise der Inhaber eines Wegrechtes die ihn beeinträchtigenden Äste schneiden, er kann auch die zum Unterhalt des Weges erforderlichen Arbeiten ausführen lassen.

---

[2] Siehe z. B. BGE 88 II, 1962, S. 352 ff. = JT 1963 I, S. 166 ff. Erw 6 c; BGE 88 II, 1962 S. 498 ff. = JT 1963 I, S. 322 ff. Erw 5. Nach Bundesgericht sind die vor 1912 abgeschlossenen Verträge zwar gemäß dem kantonalen Recht zu interpretieren, welches zur Zeit des Vertragsschlusses in Kraft war (siehe die diesbezüglichen kritischen Bemerkungen von LIVER, N. 56 ff. zu Art. 738 ZGB), jedoch gemäß Bundesrecht zu ergänzen.

[3] WIELAND, N. 2 zu Art. 738 ZGB; LEEMANN, N. 11 zu Art. 738 ZGB; LIVER, N. 40–48 zu Art. 738 ZGB.

In Übereinstimmung mit deutschen Autoren ist LIVER[4] der Auffassung, daß der Erwerbstitel ohne Rücksicht auf die persönlichen und individuellen Umstände und Motive der Parteien interpretiert werden muß, wenn durch die Auslegung Drittrechte berührt werden[5]. Wir zweifeln an der Richtigkeit dieses Prinzips. Unserer Meinung nach muß bei der Auslegung versucht werden, den wirklichen Willen des oder der Urheber des Erwerbstitels zu ermitteln (Art. 18 OR); allen Umständen, welche dem Erklärungsempfänger bekannt sind oder sein müssen, ist, sofern es sich um eine empfangsbedürftige Erklärung handelt, deshalb Rechnung zu tragen.

Dagegen geben wir zu, daß der gutgläubige Dritte dann geschützt wird, wenn er, um die Eintragung zu präzisieren, dem Sinn, der dem Titel vernünftigerweise für ihn zukam, vertraut hat, unter Berücksichtigung sämtlicher Umstände, die ihm bekannt waren oder sein mußten, was eine andere Frage darstellt[6].

Die Art und Weise, wie die Servitut während längerer Zeit unangefochten und in gutem Glauben ausgeübt worden ist, kann ebenfalls dazu beitragen, ihren Inhalt zu präzisieren, falls der Erwerbstitel dazu nicht ausreicht[7,8]: Dabei handelt es sich um ein Auslegungsmittel und nicht um Annahme einer Ersitzung; dennoch gleichen sich die beiden Rechtsinstitute hinsichtlich ihrer Voraussetzungen; insbesondere ist der Besitz dann als unangefochten zu betrachten, wenn er nicht mit Erfolg bestritten worden ist, und das Prinzip der accessio temporis (Art. 941 ZGB) gilt auch bei der Auslegung[9]. Schließlich bildet der Ortsgebrauch (als dessen Ausdruck das frühere kantonale Recht gilt: Art. 5 Abs. 2 ZGB) ein wesentliches Auslegungselement[10], selbst für die in Art. 740 ZGB nicht erwähnten Servituten. Dagegen gilt der in Art. 740 ZGB enthaltene Verweis auf das kantonale Recht lediglich zur Bestimmung des Inhaltes und Umfanges der in diesem Artikel aufgezählten dinglichen Rechte[11]; das kantonale Gesetzes- oder Gewohnheitsrecht – welches seinerseits auf den Ortsgebrauch verweisen kann – wird hier als Regeln der Auslegung oder Ergänzung beigezogen.

Entsprechend Art. 8 ZGB hat derjenige, welcher den Bestand und Inhalt einer Servitut, auf welche er Anspruch erhebt, behauptet, den Beweis dafür zu erbringen.

Behauptet man mit der herrschenden Lehre[12], daß die Freiheit des Eigentümers vermutet wird, so löst man nur einen Teilaspekt der bestehenden Frage; denn der Bestand und Inhalt der Servitut

---

[4] N. 94 zu Art. 738 ZGB.
[5] Anderer Ansicht anscheinend LEEMANN, N. 6 zu Art. 738 ZGB.
[6] In analogem Sinne, vgl. K. NAEGELI, S. 130–137 und 151–157.
[7] LIVER, N. 125–127 zu Art. 738 ZGB.
[8] BGE 87 II, 1961, S. 85 ff. = JT 1962 I, S. 388 ff. Fuß- und Fahrwegrecht auf einem kleinen Weg mit Tor, welcher während 28 Jahren nur zur Lieferung von Brennmaterial und von vereinzelten Besuchern benützt worden war; das Bundesgericht hat die tägliche Benützung des Weges mit zwei Automobilen durch Mieter des herrschenden Grundstücks untersagt.
[9] LEEMANN, N. 7–10 zu Art. 738.
[10] Siehe Erläuterungen 1914, II, S. 146–147.
[11] Nicht jedoch die Unterhaltspflicht: so LIVER, N. 33–34 zu Art. 740 ZGB; a.A. LEEMANN, N. 5 zu Art. 740 und N. 3 zu Art. 742 ZGB.
[12] LEEMANN, N. 6 zu Art. 738 ZGB; LIVER, N. 14 zu Art. 738 ZGB.

müssen auch dann bewiesen werden, wenn es sich um ein herrenloses Grundstück oder um einen Konflikt mit einem andern beschränkten dinglichen Recht handelt.

Art. 1371 des italienischen Zivilgesetzbuches sieht vor, daß, wenn sämtliche andern Auslegungsmethoden versagen, die unentgeltlich begründete Servitut einschränkend interpretiert werden muß; Liver[13] pflichtet dieser Bestimmung bei. Unserer Meinung nach kommt ihr keine allzu große Bedeutung zu; es genügt die Vermutung der Freiheit des Eigentümers. Das Vorliegen einer Gegenleistung kann dagegen ein Auslegungselement bilden: die Dienstbarkeit muß einen Inhalt haben, welcher den Umfang der Gegenleistung rechtfertigt. Ist beispielsweise zweifelhaft, ob ein bestehendes Durchgangsrecht lediglich zur Begehung des Weges zu Fuß oder auch zum Befahren mit sämtlichen Fahrzeugen ermächtigt, kann die Höhe des bezahlten Preises als Beweis dafür angebracht werden, daß es sich um ein ausgedehntes, d. h. auch für die Benützung mit Fahrzeugen gedachtes, Wegrecht handelt.

II. Das Verbot der Mehrbelastung

Die Art und Intensität der Ausübung einer Servitut können erlaubterweise ändern, wenn das der Dienstbarkeit innewohnende Ziel, das heißt die Bedürfnisse, zu deren Befriedigung sie errichtet worden ist, gleich bleiben. So hat das Bundesgericht entschieden[14], daß ein Fuß- und Fahrwegrecht, welches vor der gängigen Benützung von Automobilen begründet worden ist, heute das Recht beinhaltet, den Weg mit einem Motorfahrzeug zu benützen, da eine solche Benützung zur Befriedigung der Bedürfnisse, für welche die Servitut begründet wurde[15], notwendig ist. Hingegen kann der Servitutsberechtigte den Zweck nicht dadurch ändern, daß er sich anschickt, Motorfahrzeuge zu reparieren, ihnen Benzin zu liefern und sie dazu auf dem Weg des dienenden Grundstücks stehen läßt. Jedoch genügt es nicht, daß der Zweck unverändert bleibt; es ist zudem erforderlich, daß die Ausübung der Dienstbarkeit, d. h. die Befriedigung der Bedürfnisse, für welche sie begründet worden ist, nicht über den Zweck hinausgeht, welcher mittels der Auslegung bestimmt werden kann. Dies ist der Sinn von Art. 739 ZGB.

In diesem Zusammenhang müssen zwei Kategorien unterschieden werden. Der Inhalt und die Ausübung der sogenannten ungemessenen Dienstbarkeiten richten sich nach den Bedürfnissen des herrschenden Grundstückes oder des Berechtigten; wenn diese Bedürfnisse zunehmen, bleibt die Ausübung zur Befriedigung derselben im Prinzip zulässig, es sei denn, es liege eine gegenteilige Bestimmung vor. Widerspricht die Befriedigung der umfangreicheren Bedürfnisse dem hypothetischen Parteiwillen, so muß der Inhalt auf das beschränkt werden, was die Parteien bestimmt

---

[13] N. 135–137 zu Art. 738 ZGB.
[14] BGE 64 II, 1938, S. 411 ff. = JT 1939 I, S. 337 ff. Erw 2.
[15] Betreffend Benützung alter Wegrechte durch Automobile, siehe Naegeli, S. 11–16, und Zürcher, S. 27–33.

hatten[16]. Schließlich kann die Zunahme der Bedürfnisse ohne gegenteilige Übereinkunft, durch ein Anwachsen des herrschenden Grundstückes bedingt sein oder durch eine Änderung des Gebrauches und der Nutzung, wenn diese Änderung den Grundstückscharakter modifiziert; so wenn beispielsweise eine Villa durch eine Fabrik ersetzt wird[17]. Inhalt und Ausübung der sogenannten **gemessenen** Servituten sind im allgemeinen genau bestimmt und in jedem Falle unabhängig von den Bedürfnissen des Berechtigten: so zum Beispiel ein Fußwegrecht zugunsten einer Person und in jeder Richtung einmal pro Tag; Bezug von 10 Litern Quellenwasser pro Minute usw. In diesen Fällen darf die Intensität der Ausübung nicht über die festgesetzte Grenze hinaus ausgedehnt werden. Andernfalls läge eine unerlaubte «Mehrbelastung» im Sinne von Art. 739 ZGB vor.

Auf Begehren desjenigen, den eine Mehrbelastung verletzt, d.h. eine nennenswerte, fühlbare Überschreitung der Servitut (der Eigentümer des dienenden Grundstückes oder der Inhaber eines beschränkten dinglichen oder eines persönlichen Rechts auf diesem Grundstück), kann der Richter **Maßnahmen zur Beschränkung der Ausübung**, so wie sie durch die Auslegung bestimmt werden kann, verfügen; wenn dies nicht möglich und wirksam ist, kann er die Ausübungsbefugnis während der Dauer der neuen Bedürfnisse **einstellen**. Er kann sie sogar gegen Entschädigung **aufheben**, wenn die Mehrbelastung andauert[18]. Das Urteil kann nur den am Prozeß beteiligten Parteien, ihren Universalnachfolgern sowie Singularsukzessoren, welche nicht unter dem Schutz des gutgläubigen Erwerbers stehen[19], entgegengehalten werden. Wenn die Dienstbarkeit aufgehoben wird, so geht sie mit der Bezahlung der Entschädigung unter, und die Löschung im Grundbuch hat nur deklaratorische Bedeutung. Die Einstellung der Ausübungsbefugnis kann im Grundbuch jedoch eingetragen werden und wird dadurch jedem Dritterwerber der Dienstbarkeit gegenüber wirksam. Darüber hinaus kann der Verletzte selbstverständlich die Wiedergutmachung des durch die Überschreitung der erlaubten Ausübung verursachten Schadens verlangen, wenn Verschulden vorliegt.

Im Gegensatz zu gewissen kantonalen Rechten sieht das Zivilgesetzbuch die Erlaubnis der Mehrbelastung gegen Entschädigung nicht vor. Der Berechtigte kann lediglich die Begründung einer Legalservitut verlangen,

---

[16] Siehe auch oben § 92, I.
[17] LIVER, N. 12 ff. zu Art. 737 ZGB. Jedoch bringt nicht jede Vergrößerung des herrschenden Grundstückes eine erhebliche Steigerung der Bedürfnisse mit sich: BGE 94 II, 1968, S. 145 ff. = JT 1969 I, S. 371 ff.
[18] WIELAND, N. 1 in fine und 3 zu Art. 739 ZGB; LEEMANN, N. 8–12 zu Art. 739 ZGB; LIVER, N. 54–56 zu Art. 739 ZGB.
[19] Vgl. oben § 92, III in fine.

wenn die im Gesetz aufgeführten Bedingungen vorliegen (Art. 674 Abs. 3, 691, 694 und 710 ZGB[20].

Die Expertenkommission hat in diesem Zusammenhang die private Enteignung abgelehnt; eine solche Enteignung darf nur angenommen werden, wenn sie vom Gesetz vorgesehen wird. Zwar schlägt LIVER[21] diese Lösung nur für Ausnahmefälle vor; diese erscheinen uns aber nicht als genügender Grund, die Enteignung zu bejahen.

III. Die Art der Servitutsausübung und das Einschreiten des Richters

Die Dienstbarkeit muß in möglichst schonender Weise ausgeübt werden (Art. 737 Abs. 2 ZGB). Es ist dies ein traditionelles Prinzip, welches den Regeln von Treu und Glauben entspringt. Der Berechtigte ist verpflichtet, die Servitut auf zurückhaltende Art und Weise und – wenn sie sich nicht auf das ganze dienende Grundstück bezieht – an einer geeigneten Stelle auszuüben, damit sie Drittpersonen (insbesondere den Eigentümer des dienenden Grundstücks) so wenig wie möglich beeinträchtigt, wobei jedoch volle Befriedigung der Bedürfnisse, für welche die Servitut begründet worden ist, gewährleistet bleibt.

Die Verlegung der Stelle der Servitut, wie sie in Art. 742 ZGB vorgesehen wird – es handelt sich hier um dispositives Recht[22] –, ist eine Folge des obgenannten Prinzips, geht aber insofern weiter als dieses, als hier erlaubt wird, die vereinbarte und gegebenenfalls im Grundbuch bezeichnete Ausübungsstelle zu verlegen. Die Stelle der Dienstbarkeit, d. h. der Ort des dienenden Grundstückes, auf welchem sie ausgeübt wird (z. B. der Weg, auf welchem ein Durchgangsrecht ausgeübt wird), wird durch den Berechtigten (Realobligation) verlegt[23], und zwar auf Begehren und Kosten (Realobligation) des belasteten Eigentümers[24] (welcher die Kosten vorschießen muß), wenn die Inanspruchnahme des dienenden Grundstückes dadurch geringer[25] wird und sich die Servitut nach der Verlegung nicht

---

[20] So LEEMANN, N. 1 zu Art. 739 ZGB, und, implicite, WIELAND, N. 3 zu Art. 739 ZGB; a.A. LIVER, N. 36–39 und 50–53 zu Art. 739 ZGB.
[21] LIVER, N. 39 zu Art. 739 ZGB.
[22] Siehe LIVER, N. 14–20 zu Art. 740 ZGB; a.A. insbes. WIELAND, N. 6 zu Art. 742 ZGB; LEEMANN, N. 15 zu Art. 742 ZGB.
[23] A fortiori ist eine weniger weitgehende Maßnahme als die Verlegung möglich: siehe BGE 71 II, 1945, S. 27 ff. = JT 1945 I, S. 369 ff. bezüglich Sicherungsvorrichtungen zum Schutze einer Leitung, welche wegen der Errichtung einer Bank auf dem dienenden Grundstück nötig geworden sind.
[24] Siehe insbes. LIVER, N. 106–109 zu Art. 742 ZGB, betreffend dinglichen Charakter der gegenseitigen Verpflichtungen der Beteiligten.
[25] Der Eigentümer des dienenden Grundstückes kann nicht nur ein wirtschaftliches, sondern beispielsweise auch ein ästhetisches Interesse an der Verlegung haben: BGE 57 II, 1931, S. 155 ff. = JT 1931 I, S. 533 Erw 1a; LEEMANN, N. 4 zu Art. 742 ZGB.

nennenswert weniger bequem ausüben läßt. Da der Wert der Dienstbarkeit dadurch nicht berührt wird, ist keinerlei Entschädigung zu entrichten, und die Zustimmung der Inhaber beschränkter dinglicher Rechte auf dem dienenden Grundstück, die der Servitut nachgehen, ist nicht erforderlich. Die neue Stelle der Servitut ist im Grundbuch einzutragen, sofern es die frühere auch war.

Vom italienischen Zivilgesetzbuch beeinflußt, schlägt LIVER[26] vor, die Verlegung auch dem Servitutsberechtigten zu gewähren, wenn sie für ihn deutlich günstiger ist und den Eigentümer des dienenden Grundstückes in keiner Weise beeinträchtigt; auf jeden Fall dann, wenn dessen Weigerung einen Rechtsmißbrauch darstellt. Diese Auffassung scheint uns richtig, wobei die Kosten selbstverständlich vom Dienstbarkeitsberechtigten zu tragen sind (Art. 1 Abs. 2 ZGB).

Betreffend die Kosten der Verlegung von Leitungsdienstbarkeiten verweist Art. 742 Abs. 3 ZGB auf die Bestimmungen in Art. 693 Abs. 2 und 3 ZGB (in der Regel trägt der Servitutsberechtigte die Kosten der Verlegung, außer wenn besondere Umstände – welche die Vorteile und Unannehmlichkeiten der Verlegung für beide Parteien oder deren finanzielle Situation betreffen – es rechtfertigen, einen Teil der Kosten dem Eigentümer aufzuerlegen[27]. Diese unterschiedliche Behandlung bezüglich der Kostentragung, je nachdem, ob es sich um Leitungsdienstbarkeiten oder andere Servituten handelt, scheint ungerechtfertigt[27a].

Findet Art. 693 ZGB keine Anwendung, so schlägt LIVER[28] vor, die Kosten teilweise dem Berechtigten aufzuerlegen, wenn die Servitut nicht gegen ein Entgelt begründet worden ist, welches die durch die Nachteile der Servitut bedingte Wertverminderung voll kompensiert. Dieser Auffassung können wir nicht beitreten. Die (teilweise oder gänzliche) unentgeltliche Begründung kann ein in Betracht fallendes Element, nicht jedoch ein allgemeines Kriterium sein. Es wäre im übrigen nur dann billig, dem Umstand der Unentgeltlichkeit Rechnung zu tragen, wenn die Parteien dieselben geblieben sind, und wir haben es hier eher mit Vertragsrecht zu tun: so kann demjenigen, welcher zu einem normalen Preis das herrschende Grundstück erwirbt, zu dessen Gunsten früher unentgeltlich eine Servitut errichtet worden ist, aus dem unentgeltlichen Charakter der Errichtung kein Nachteil erwachsen. Und wenn die Servitut gegen ein volles Entgelt errichtet und später unentgeltlich dem derzeitigen Inhaber abgetreten worden ist, soll der belastete Eigentümer aus dieser Schenkung keinen Vorteil ziehen können.

Nach Doktrin und Rechtsprechung[29] findet Art. 742 ZGB analoge Anwendung für die Verlegung der Servitut auf ein anderes Grund-

---

[26] N. 28–29 zu Art. 742 ZGB.
[27] WIELAND, N. 7 zu Art. 742 ZGB; LEEMANN, N. 18 zu Art. 742 ZGB; HAAB, N. 16 zu Art. 691–693 ZGB; LIVER, N. 86–88 zu Art. 742 ZGB.
[27a] Nach der von BESSON, a.a.O. (§ 92, Anm. 7), vorgeschlagenen Interpretation von Art. 742 Abs. 3 ZGB (S. 284), soll die Anwendung von Art. 693 Abs. 2 und 3 ZGB ausschließlich für Leitungen, welche auf Grund der nachbarrechtlichen Bestimmungen errichtet worden sind, vorbehalten sein, was praktisch darauf hinausläuft, Art. 742 Abs. 3 als nicht geschrieben zu betrachten. Siehe BGE 97 II, 1971, S. 371 ff. (Zusammenfassung in JT 1973 I, S. 56 ff. Erw 5–11).
[28] N. 101–104 zu Art. 742 ZGB, entsprechend ROSSEL/MENTHA III, No. 1381, S. 22.
[29] WIELAND, N. 3 zu Art. 742 ZGB; LEEMANN, N. 10–11 zu Art. 742 ZGB; LIVER, N. 37–43 zu Art. 742 ZGB; BGE 88 II, 1962, S. 150 ff. = JT 1963 I, S. 12 ff. Betreffend die Verlegung der

stück, welches ebenfalls dem Eigentümer des dienenden Grundstückes gehört. In diesem Fall liegt Untergang der Servitut auf ersterem und Neuerrichtung einer Servitut auf letzterem Grundstück vor, mit entsprechender Änderung der Einträge im Grundbuch. Diese Lösung scheint der ratio legis zu entsprechen; sie ist jedoch nur dann zulässig, wenn die Servitut nicht durch den Bestand anderer dinglicher Rechte oder Verfügungsbeschränkungen ernstlich gefährdet wird, namentlich auf Grund von Vormerkungen persönlicher Rechte gemäß Art. 959 ZGB (beispielsweise Kaufrechte) auf dem neuen dienenden Grundstück.

Sind die Bedingungen nach Art. 736 Abs. 2 ZGB erfüllt, so kann der Richter gegen Ausrichtung einer Entschädigung die Verlegung der Servitut an eine Stelle, wo sie sich weniger annehmlich ausüben läßt, anordnen[30]. Wer mehr kann, kann auch weniger; da der Richter die Servitut selbst aufheben kann, ist er auch befugt, gegen Entschädigung ihre Ausübungsstelle[31] zu verlegen oder deren Umfang zu reduzieren.

Es sei zudem in Erinnerung gerufen, daß, wenn zwei Dienstbarkeiten gleichen Ranges nicht vollumfänglich ausgeübt werden können, ohne sich gegenseitig zu stören, die Ausübung beider verhältnismäßig reduziert werden muß[32].

IV. Die Ausübung der Dienstbarkeit im Verhältnis zur Ausübung des Eigentums

Die Dienstbarkeit geht dem Eigentum vor, wie ein beschränktes dingliches Recht einem solchen späteren Ranges vorgeht. Der Eigentümer des dienenden Grundstückes kann deshalb dieses nicht auf eine solche Art und Weise nutzen, daß die Ausübung der Servitut, so wie sie auf Grund einer richtigen Interpretation erlaubt ist, beeinträchtigt wird. So kann er beispielsweise nicht ein Mietshaus bauen in einem Meter Entfernung der Südfenster einer Villa, welche Gegenstand eines Wohnrechtes ist; denn wie der Mieter, so muß auch der Inhaber eines Wohnrechtes die Vorteile, die ihm die Servitut verschaffen soll, genießen können (Sonne, Licht, keine übermäßigen Immissionen usw.)[33]. In jedem Fall müssen die Grenzen zwischen

---

Servitut auf das Grundstück eines Dritten, der einwilligt, siehe LIVER, N. 44–46 zu Art. 742 ZGB.

[30] Vgl. oben § 90, II.
[31] So WIELAND, N. 5 zu Art. 742 ZGB; LEEMANN, N. 17 zu Art. 742 ZGB; LIVER, N. 184 zu Art. 736 und N. 73–77 zu Art. 742 ZGB; BGE 43 II, 1917, S. 29 ff. = JT 1918 I, S. 13 ff.
[32] Vgl. oben § 87, III 1 in fine.
[33] So BGE 88 II, 1962, S. 331 ff. = JT 1963 I, S. 277 ff. Erw 6.

der Ausübung des Eigentumsrechts einerseits und der Servitut andererseits mittels Auslegung und wenn nötig Ergänzung der Servitut bestimmt werden. So kann normalerweise, wenn keine gegenteilige Übereinkunft vorliegt, der Eigentümer sein Grundstück einfrieden und ein abgeschlossenes Portal auf dem Weg installieren, der ein- bis zweimal pro Woche vom Inhaber eines Fußwegrechtes benützt wird, welcher einen Schlüssel erhält. Wenn jedoch das Fußwegrecht errichtet worden ist, um den Patienten eines Arztes zu ermöglichen, diesen aufzusuchen, darf das Portal nicht abgeschlossen werden, da sonst der Arzt jedem seiner Patienten einzeln öffnen gehen müßte.

Die Interpretation und Ergänzung der Servitut ermöglichen auch, zu bestimmen, ob und in welchem Maße der Eigentümer (oder eine andere Person: Nutznießer, Mieter) vom dienenden Grundstück den gleichen Gebrauch machen kann wie der Inhaber einer affirmativen Servitut. Man darf vermuten, daß der Gebrauch des Grundstückes, welcher die Ausübung der Servitut nicht stört, erlaubt ist; ist er untersagt, so handelt es sich in diesem Punkt um eine negative Servitut.

V. Die Ausübung der von der Dienstbarkeit verliehenen Befugnisse durch einen Dritten

Wie wir gesehen haben[34], kann eine Servitut vom Berechtigten nur zur Befriedigung der Bedürfnisse, für welche sie errichtet worden ist, ausgeübt werden. A fortiori kann ein Dritter sie nur zur Befriedigung derselben Bedürfnisse ausüben; und es ist in dieser Hinsicht einerlei, ob der Dritte ein beschränktes dingliches Recht, das die Servitut belastet, erwirbt («bewegliche» Nutznießung, welche eine übertragbare Personalservitut belastet, Nutznießung an einer Grunddienstbarkeit auf dem dienenden Grundstück, «unbewegliche» Nutznießung oder andere Servitut oder Grundlast, welche eine als Grundstück ins Grundbuch aufgenommene, selbständige und dauernde Dienstbarkeit belastet) oder ein einfaches persönliches Recht (Darlehen, Pacht usw.).

Infolgedessen kann eine Servitut, die dazu bestimmt ist, persönliche Bedürfnisse des Inhabers zu befriedigen, nicht durch einen Dritten ausgeübt werden. Dies trifft von Gesetzes wegen immer für das Wohnrecht zu (Art. 777 Abs. 1 und 2 ZGB) und gilt außerdem gemäß Art. 781 Abs. 2 ZGB[35], welche Bestimmung allerdings dispositivrechtlicher Natur ist, auch

---

[34] Vgl. oben II.
[35] So WIELAND, N. 47 zu Art. 781 ZGB.

für die irregulären Personalservituten; aus der Auslegung oder Ergänzung der Servitut kann sich jedoch das Gegenteil, d. h. die Übertragbarkeit der Ausübung ergeben. Eine als beschränktes dingliches Recht übertragbare Personalservitut muß Bedürfnisse befriedigen können, welche nicht dem ursprünglichen Inhaber eigen sind; ohne gegenteilige Abmachung ist sie deshalb auch in bezug auf die Ausübung übertragbar. Da der Inhalt und Umfang der Nutznießung nicht durch die persönlichen Bedürfnisse des Nutznießers bestimmt werden, ist ihre Ausübung übertragbar, wenn nicht eine gegenteilige Bestimmung vorliegt (Art. 758 Abs. 1 ZGB); die entgeltliche Übertragbarkeit ihrer Ausübung (Miete, Pacht usw.) ist im übrigen eine der häufigsten Formen, die Sache zu nutzen [36]. Im Zweifel wird vermutet daß die Grunddienstbarkeiten zur Befriedigung der Bedürfnisse des herrschenden Grundstückes bestimmt sind, weshalb sie lediglich auf Personen übertragen werden können, welche befugt sind, das Grundstück zu benutzen (Nutznießer, Baurechtsinhaber, Mieter oder Pächter usw.), aber auch hier kann sich aus der Auslegung oder Ergänzung der Dienstbarkeit das Gegenteil ergeben, d. h. daß es sich bei den zu befriedigenden Bedürfnissen nicht um solche des herrschenden Grundstückes handelt.

Im Gegensatz zu seiner Auffassung bezüglich der Nutznießung[37] verlangt LEEMANN, wahrscheinlich beeinflußt von der Bestimmung des § 1092 des deutschen Bürgerlichen Gesetzbuches, für die Übertragung einer irregulären Personalservitut[38] die Zustimmung des belasteten Eigentümers, es sei denn, es liege eine gegenteilige Übereinkunft vor. Dieses Erfordernis erscheint uns unbegründet: entweder ist die Ausübung unübertragbar, dann kann das Einverständnis des Eigentümers lediglich obligatorische Wirkungen entfalten, welche ohne Schuldübernahme seinen Singularsukzessoren nicht entgegengehalten werden können, da nur ein formgerecht abgeschlossener Servitutsvertrag und die Eintragung im Grundbuch das dingliche Recht gültig modifizieren können (zu den hievor erläuterten Bedingungen[39]), so daß die Ausübung übertragbar wird; oder aber die Ausübung ist von vornherein übertragbar, dann ist das Einverständnis des Eigentümers bedeutungslos wie bei der Nutznießung.

VI. Die Klagen zur Durchsetzung der Dienstbarkeit oder zu deren Besitzesschutz, sowie diejenigen gegen den Servitutsberechtigten

Die Klagen zum Schutze der Dienstbarkeit sind identisch mit denjenigen zum Schutze des Eigentums[40] und brauchen deshalb an dieser Stelle nicht im einzelnen erörtert zu werden.

---

[36] Vgl. unten § 95, IV. Bezüglich der Verpflichtung, auf eine Dienstbarkeit nicht zu verzichten, sondern sie aufrechtzuerhalten, siehe BGE 100 II, 1974, S. 105 ff. = JT 1975 I, S. 136 ff.
[37] N. 6 zu Art. 758 ZGB.
[38] N. 50–51 zu Art. 781 ZGB.
[39] Oben § 90, II.
[40] Vgl. MEIER-HAYOZ, N. 40 ff. zu Art. 641 ZGB, sowie in diesem Band LIVER, § 6.

Die Klage auf Unterlassung unerlaubter Verhaltensweisen, welche die Ausübung der Dienstbarkeit vermindern oder beeinträchtigen, wird oft konfessorische Klage genannt. Sie richtet sich sowohl gegen den Störer, d.h. den Urheber des in Frage stehenden Verhaltens (dies kann der Eigentümer des dienenden Grundstückes, eine Person, welche vom Eigentümer oder Inhaber der Servitut ein dingliches oder persönliches Recht erhalten hat, oder aber ein beliebiger Dritter sein) als auch gegen denjenigen, welcher das unerlaubte Verhalten hervorgerufen oder geduldet hat[41].

Im Immobiliarrecht steht die konfessorische Klage (welche die Form der sich auf die Eintragung im Grundbuch stützenden Klage annehmen kann: Art. 937 Abs. 1 ZGB) nur dem Servitutsberechtigten und den Inhabern beschränkter dinglicher Rechte zu, welche die Personalservitut oder das herrschende Grundstück belasten. Selbstverständlich müssen diese, wie allgemein angenommen wird, in ihren legitimen Interessen verletzt sein, was, wie LIVER[42] gezeigt hat, dann zutrifft, wenn gemäß Art. 964 ZGB ihre Zustimmung für die Löschung der Dienstbarkeit erforderlich wäre[43].

Im Mobiliarrecht steht die petitorische Klage, welche sich auf den Besitz stützt (Art. 934 und 936 ZGB) und die unserer Meinung nach[44] nichts anderes darstellt als ein durch die Vermutung aus Besitz erleichterter Herausgabeanspruch, den Inhabern beschränkter dinglicher Rechte und den unselbständigen Besitzern, Inhaber von persönlichen Rechten, zu. Diese Klage kann deshalb nicht nur vom Nutznießer einer Fahrnis angehoben werden, sondern auch vom unselbständigen Besitzer, der ein persönliches Recht innehat (Mieter, Pächter, Borger usw.).

Die Feststellungsklage und die Grundbuchberichtigungsklage bestehen sowohl für die Servituten als auch für das Eigentum.

Die Klagen aus Besitzesentziehung und aus Besitzesstörung[45] (Art. 927 und 928 ZGB) stehen demjenigen zu, der eine Servitut tatsächlich ausgeübt hat; seine Eintragung im Grundbuch als Inhaber dieser Servitut ist nicht unerläßlich, selbst für ein nach 1911 entstandenes Recht[46]. Diese

---

[41] In diesem Sinne, siehe MEIER-HAYOZ, N.61 zu Art.641 ZGB, und LIVER, N.192–194 zu Art.737 ZGB.
[42] N.184–191 zu Art.737 ZGB.
[43] Vgl. oben § 90, IV vor Anm.62.
[44] Siehe unseren Bericht in SJZ 1967, S.66–67 und R. WINKLER, Die Rechtsvermutungen aus dem Besitz, Diss. Zürich, Zürcher Beiträge 329, Zürich 1969, S.49–50; a.A. B. SCHMIDLIN, Zur Bedeutung des Besitzes in der Besitzrechtsklage, ZSR 87 I, 1968, S.141 ff.
[45] Diese können selbst Rechte und Besitzansprüche am Grundstück haben. Sobald sie aber die Grenzen dieser Rechte und Besitzansprüche überschreiten, begehen sie einen unrechtmäßigen Aneignungs- oder Störungsakt: so OSTERTAG, N.9 zu Art.926 ZGB und LIVER, N.166 zu Art.737 ZGB; a.A. HOMBERGER, N.20 zu Art.926 ZGB.
[46] Eine andere Auffassung scheint das Bundesgericht in BGE 83 II, 1957, S.141 ff. = JT 1957 I, S.529 ff. Erw 3 b zu vertreten: man denke beispielsweise an ein Wegrecht, welches seit 50 Jahren benützt wird, aber vor 10 Jahren im Grundbuch irrtümlicherweise gelöscht worden ist, ohne daß die Beteiligten es wissen.

Klagen können auch von allen andern Besitzern, namentlich denjenigen, die ein obligatorisches Gebrauchsrecht bezüglich des Grundstückes innehaben, angehoben werden.

Der aus der Ausübung einer affirmativen Servitut hervorgehende Besitz ist analog demjenigen, den das Eigentum verleiht; er wird in Art. 919 Abs. 1 ZGB (Sachbesitz – possession matérielle) angeführt. Art. 919 Abs. 2 ZGB (Rechtsbesitz – possession juridique) kann sich deshalb nur auf die negativen Servituten[47] beziehen und muß im übrigen auch für die Personaldienstbarkeiten Anwendung finden[48]. (Diese Auslegung ist nach dem französischen Gesetzestext zulässig, wenn sich das Wort «foncières» nur auf «charges» bezieht.)

Der Besitz an negativen Servituten wird durch die Eintragung im Grundbuch oder einen Erwerbstitel (Vertrag, Testament, Urteil) dargelegt, oder aber durch den Nachweis, daß der Inhaber den Eigentümer gehindert hat, sein Grundstück in einer der Servitut widersprechenden Weise zu nutzen oder ihm eine solche Nutzung mit Erfolg untersagt hat[49]. Diese Form von Besitz besteht jedoch nicht für die obligatorischen Rechte mit einem den negativen Servituten entsprechenden Inhalt, da Art. 919 Abs. 2 ZGB innerhalb des schweizerischen Systems bezüglich des Besitzes eine Ausnahme bildet.

Oft werden die Eigentums- oder Besitzklagen zum Schutze der Dienstbarkeiten durch Klagen aus unerlaubter Handlung oder aus Vertrag auf Schadenersatz ergänzt.

Überschreitet er sein Recht, so setzt sich der Dienstbarkeitsberechtigte namentlich den Eigentums- und Besitzklagen der andern zum Nutzen des dienenden Grundstückes berechtigten Personen aus; aber er wird dann wie ein beliebiger Dritter behandelt[50].

Die Bestimmungen über die gesetzliche Überbaudienstbarkeit (Art. 674 Abs. 3 ZGB) sind analog anwendbar, sowohl wenn eine Baute des Eigentümers eine sein Grundstück belastende Servitut verletzt[51] als auch, wenn ein Bauwerk des Servitutsberechtigten die ihm gestellten Grenzen überschreitet[52].

Als Inhaber einer Servitut kann man hinsichtlich der Klage gemäß Art. 679 ZGB[53] sowohl aktiv- als auch passivlegitimiert sein. Man haftet selbstverständlich auch auf Grund von Art. 58 OR, wenn man Eigentümer von fehlerhaften oder mangelhaft unterhaltenen Werken oder Installationen ist, die zur Ausübung des Rechtes dienen; viel weniger gewiß ist,

---

[47] So HOMBERGER, N. 21 zu Art. 919; LIVER, N. 130–132 zu Art. 737. Diese Frage ist in BGE 94 II, 1968, S. 348 ff. Erw 1 unentschieden geblieben.
[48] So LEEMANN, N. 27 zu Art. 781, LIVER, N. 134–136 zu Art. 737; a.A. OSTERTAG, N. 25 und 27 zu Art. 919 ZGB und anscheinend HOMBERGER, N. 21 zu Art. 919 ZGB.
[49] Siehe LIVER, N. 140–145 zu Art. 737 ZGB.
[50] Vgl. oben Anmerkung 45.
[51] Siehe LIVER, N. 109 zu Art. 734 und N. 203–212 zu Art. 737 ZGB; MEIER-HAYOZ, N. 22 zu Art. 674 ZGB; M. PITTET, Les servitudes légales, Diss. Lausanne 1967, S. 69–72; a.A.: BGE 83 II, 1957, S. 201 ff. = JT 1958 I, S. 108 ff. Erw 2.
[52] Vgl. unten § 94, I nach Anm. 14.
[53] Siehe MEIER-HAYOZ, N. 50 und 58 zu Art. 679 ZGB.

ob man auf Grund dieser Bestimmung auch haftet, wenn das Werk dem Eigentümer des dienenden Grundstückes gehört, wobei der Unterhalt ganz oder teilweise dem Servitutsberechtigten obliegt[54]. Dieses Problem sprengt jedoch den Rahmen des Dienstbarkeitsrechts.

§ 94. Das Baurecht

I. Der schweizerische Begriff des Baurechts

Das Baurecht ist eine Dienstbarkeit, welche dem Berechtigten entweder das Eigentum an einem bestimmten Werk gibt, das mit einem Grundstück dauernd verbunden ist, oder das Recht, ein solches Werk auf fremdem Boden zu erbauen oder zu verändern (Art. 779 Abs. 1 ZGB)[1]. Das Eigentum am Werk ist mit der Dienstbarkeitsberechtigung verbunden und teilt deren rechtliches Geschick[2], was eine Abweichung vom Akzessionsprinzip bedeutet (Art. 667 und 675 Abs. 1 ZGB); es kann sich nur auf ein ganzes Gebäude beziehen (Art. 675 Abs. 2 ZGB)[3]. Dieses Werk ist während der Dauer der Dienstbarkeit eine selbständige Sache; es fällt als Bestandteil des Grundstückes wieder ins Eigentum des Bodeneigentümers zurück, sobald das Baurecht erlischt (Art. 779 c ZGB). Eine Dienstbarkeit, die darin besteht, auf dem dienenden Grundstück eine Fahrnisbaute zu haben oder aufstellen zu dürfen (Art. 677 ZGB), ist kein Baurecht[4].

---

[54] BGE 91 II, 1965, S. 281 ff. = JT 1966 I, S. 167 ff. Erw 3–7.

[1] Der italienische Text von Art. 779 ZGB scheint nur auf die zweite Möglichkeit hinzudeuten; aus Unachtsamkeit mißt ihm BOLLA, S. 257–258, diesen Sinn bei.

[2] Dingliche Verknüpfung: PILET, S. 127–129; LEEMANN, N. 68 zu Art. 779 ZGB; HAAB, N. 8 zu Art. 675 ZGB; MEIER-HAYOZ, N. 10 zu Art. 675 ZGB; FREIMÜLLER, S. 100–102; WITT, S. 16–17 und 112; BGE 90 I, 1964, S. 252 ff. Erw 2 (Zusammenfassung in JT 1965 I, S. 514 ff.). Für RUEDIN, S. 148–149, schafft das Baurecht eine «Akzessioritäts»-Beziehung zwischen dem Werk und der Dienstbarkeit; diese Ausdrucksweise ist sehr fragwürdig und erklärt nichts.

[3] So WIELAND, N. 3 zu Art. 675; LEEMANN, N. 4, 19, 20 zu Art. 675 ZGB; HAAB, N. 5 zu Art. 675 ZGB; MEIER-HAYOZ, N. 11 und 18–19 zu Art. 675 ZGB; FRIEDRICH, in BJM 1966, S. 5–6, und in: Rechtliche Probleme des Bauens, S. 157–163. Der Begriff Gesamtwerk muß jedoch funktionell verstanden werden; so gehört beispielsweise ein Keller funktionell nicht zu dem Haus, unter welchem er sich befindet, wenn er zu diesem keine Verbindung hat, sondern lediglich zum Nachbarhaus des Bauberechtigten (Überbau). Siehe hiezu einen solothurnischen Entscheid in SJZ 54, 1958, S. 43 Nr. 5; zustimmend PITTET, a.a.O. (§ 93, Anm. 51), S. 66–67; ferner FREIMÜLLER, S. 29; LIVER, in ZGBR 1967, S. 87 ff., insbes. S. 90, Ziff. 4; LEEMANN, N. 11 zu Art. 779 und N. 20 zu Art. 675 ZGB; FRIEDRICH, in: Rechtliche Probleme des Bauens, S. 165–166; RIEMER, S. 42; RUEDIN, S. 125–128; ISLER, S. 34–36.

[4] So PILET, S. 101; RUEDIN, S. 129; WITT, S. 43; ebenso WIELAND, N. 4 zu Art. 677 und N. 4 zu Art. 674 ZGB; HAAB, N. 5 zu Art. 675 ZGB; MEIER-HAYOZ, N. 1 und 2 zu Art. 675 ZGB;

Die Lehre nimmt fast einheitlich an, daß man mit mehreren Baurechten ein und dieselbe Baute auf mehreren Grundstücken haben kann[5]. Sicher ist diese Lösung nicht empfehlenswert und könnte in der Praxis zu Schwierigkeiten führen. Steht nur ein Teil der Baute auf einem Grundstück, das dem Bauberechtigten gehört, kann gemäß LEEMANN[6] nur ein Überbaurecht gemäß Art. 674 ZGB vorliegen. Die Botschaft[7] verwirft jedoch diese Theorie.

Wie alle selbständigen und dauernden Rechte kann auch das Baurecht, wenn es im Grundbuch als Grundstück aufgenommen ist, mit Dienstbarkeiten belastet werden. Namentlich kann es seinerseits wieder einem Baurecht unterworfen sein[8].

Das Werk, welches Eigentum des Bauberechtigten ist, ist eine unbewegliche Sache, da es nicht der Begriffsbestimmung der Art. 713 und 677 ZGB entspricht[9], und man hat auch das Stockwerk, welches ein eigentliches Stockwerkeigentum bildet[10], immer als eine unbewegliche Sache betrachtet. Man kann über das Eigentum am Werk nur mittels der Dienstbarkeit und gemäß den für die Dienstbarkeiten vorgesehenen Formen verfügen; daher erhält auch das Bauwerk, welches dem Inhaber des Baurechts gehört, kein eigenes Blatt im Grundbuch. Unter diesem Gesichtspunkt ist deshalb nicht von Bedeutung, daß es eine unbewegliche Sache ist. Wohl aber ist dies von

---

ISLER, S. 28–29. Siehe auch Erläuterungen 1914, II, S. 92 und BGE 92 II, 1966, S. 227 ff. = JT 1967 I, S. 264 ff. Erw 2d in fine. Anderer Auffassung LEEMANN, N. 9 zu Art. 779 ZGB; BRANDENBURGER, S. 76; FREIMÜLLER, S. 34; FRIEDRICH, in: Rechtliche Probleme des Bauens, S. 150–151. Die dingliche Beziehung zwischen Dienstbarkeit und Eigentum am Werk besteht nicht im Falle einer Fahrnisbaute (ein Nutznießer oder Mieter der Baute kann Inhaber der Dienstbarkeit sein) und die Vorschriften der Art. 779 c–779 l entsprechen diesem Fall nicht oder kaum: siehe unsere Bemerkungen in JT 1967 I, S. 274 und BGE 98 II, 1972, S. 199 ff. = JT 1973 I, S. 166 ff. Erw 3. Wir leugnen zwar nicht den Bestand einer Servitut, sind jedoch der Ansicht, daß es sich nicht um ein Baurecht handelt; es ist dies teilweise eine Frage der Terminologie. Im französischen kann man, um jegliche Unklarheit zu vermeiden, beispielsweise von einer «servitude de construction mobilière» sprechen, im Gegensatz zur «servitude de superficie» (immobile Bauwerke). Was die deutsche Sprache betrifft, so widersetzt sich LIVER mit Vehemenz dem Gebrauch eines andern Begriffs als Baurecht zur Qualifizierung dieser Art von Servitut (ZBJV 1974, S. 28–31), welche man z. B. präzisieren kann, indem man sie als Baurecht für Fahrnisbauten bezeichnet.

[5] BRANDENBURGER, S. 66; PILET, S. 102–103; LEEMANN, N. 12 zu Art. 779 ZGB; LIVER, Der bernische Notar, 1959, S. 41 ff.; Botschaft, BBl 1963, S. 995; FRIEDRICH, in BJM 1966, S. 6; WITT, S. 59–61, unter der Bedingung, daß alle belasteten Grundstücke Dritten gehören; a.A. SCHNEEBERGER, S. 270–271; RIEMER, S. 44; RUEDIN, S. 128–129. Was das Baurecht, welches mehrere Grundstücke belastet, anbelangt, sowie das Zusammentreffen mehrerer Baurechte, die als Grundstücke ins Grundbuch aufgenommen sind, siehe ISLER, S. 36–37.

[6] N. 12 zu Art. 779 ZGB; zustimmend RUEDIN, S. 128–129.

[7] BBl 1963, S. 995, welches LIVER, in: Der bernische Notar, 1959, S. 45–46, zitiert; siehe auch RIEMER, S. 43–44.

[8] Vgl. oben § 90, III; HAAB, N. 7 in fine zu Art. 675 ZGB; LIVER, ZBJV 94, 1958, S. 387; Botschaft BBl 1963, S. 994; FRIEDRICH, in: Rechtliche Probleme des Bauens, S. 169–173; a.A. CHRISTEN, S. 109. Siehe BGE 92 I, 1966, S. 539 ff. = JT 1968 I, S. 170 ff., welcher Entscheid sehr ausführlich begründet ist.

[9] So BRANDENBURGER, S. 82; CHRISTEN, S. 54–55; LEEMANN, N. 2 zu Art. 675 ZGB; MEIER-HAYOZ, N. 13 und 15 zu Art. 675 ZGB; RUEDIN, S. 136–137; a.A. PILET, S. 119–121.

[10] Vgl. auch BGE 89 I, 1963, S. 253 A = JT 1964 I, S. 194 ff. Erw 12a.

Bedeutung in bezug auf die Anwendung der Regeln über die Verantwortlichkeit des Werkeigentümers (Art. 58 OR), über die Miete von unbeweglichen Sachen (Art. 259 Abs. 2 OR), über die Bestellung von Legalserviruten zugunsten der Bauberechtigten und vielleicht auch in bezug auf die Zwangsverwertung von Grundstücken[11].

Der Dienstbarkeitsvertrag bestimmt Wirkung und Umfang des Baurechts; insbesondere der Ort, die Grenze, das Ziel, die Höhe und vielleicht sogar Einzelheiten des oder der Bauwerke, die man bauen kann, können im Baurechtsvertrag enthalten sein, ebenso die Ausnützung der nicht überbaubaren Flächen (vgl. Art. 779b, dessen französischer Text das Wort «obligatoires» nicht enthalten sollte, da dadurch nur Verwirrung entsteht[12]). Diese Klauseln, welche das dingliche Recht umschreiben, müssen aber von jenen unterschieden werden, die einen rein obligatorischen Charakter haben und den Einzelnachfolger nicht verpflichten ohne Schuldübernahme (Unterhalt des Gebäudes, Miete von Wohnungen, Betrieb von handwerklichen Unternehmungen auf dem belasteten Grundstück usw.).

Was geschieht, wenn der Bauberechtigte baut und dabei die Grenzen überschreitet, die ihm gesetzt worden sind? Allgemein nimmt die Lehre an, eine kleine Überschreitung des Baurechts lasse den Inhaber des Baurechts trotzdem zum Eigentümer der gesamten Baute werden, eine schwere Überschreitung des Rechtes habe jedoch zur Folge, daß der Bau dem Grundbesitzer gehört[13]. HAAB[14] unterscheidet drei Fälle: 1. Ist der Bau anderer Art als jener, der vorgesehen ist, dann fällt er ins Eigentum des Grundeigentümers; 2. ist der Bau von der gleichen Art, so hat der Bauberechtigte das Eigentumsrecht daran, und der Eigentümer des Bodens muß durch eine negatorische Klage sein Recht geltend machen; 3. Art. 674 Abs. 3 ZGB scheint jedoch per analogiam anwendbar, wenn der Bau über den Grundstücksteil hinausgeht, auf den er beschränkt sein sollte.

---

[11] So LIVER, N. 106 zu Art. 737 und N. 21 zu Art. 741 ZGB; LEEMANN, N. 16 zu Art. 675 und 63–64 und 91 ff. zu Art. 779 ZGB; HAAB, N. 10 zu Art. 675 ZGB; MEIER-HAYOZ, N. 15 zu Art. 675 ZGB. Letztere drei Autoren erwähnen außerdem die Eigentumsbeschränkungen (Art. 684 ff. ZGB) und die Verantwortlichkeit des Grundeigentümers (Art. 679 ZGB). Diese Bestimmungen würden dagegen auch für den Baurechtsinhaber gelten, selbst wenn er nicht Eigentümer des Werkes ist: WIELAND, N. 3 der Vorbem. zu den Art. 730–792 ZGB; LIVER, N. 68–70 der Einleitung, S. 29–30, N. 107 ff. zu Art. 737 ZGB; MEIER-HAYOZ, N. 58 ff. zu Art. 679 ZGB. Die Anwendung von Art. 58 OR in bezug auf den Servitutsberechtigten, welcher nicht Eigentümer des von ihm benützten Werkes ist, ist dagegen ungewiß: BGE 91 II, 1965, S. 281 ff. = JT 1966 I, S. 167 ff. Erw 7 in fine; LIVER, N. 39–40 zu Art. 743 ZGB; FRIEDRICH, in: Rechtliche Probleme des Bauens, S. 143.

Was den Überbau anbelangt, vgl. oben nach Anm. 13. Wir denken vor allem an das unentbehrliche Wegrecht, welches unserer Meinung nach dem Bauberechtigten gemäß Art. 694 ZGB in seiner Eigenschaft als Eigentümer gewährt werden muß, ohne daß es der Aufnahme seines Baurechts als Grundstück im Grundbuch bedarf, was oft ausgeschlossen ist; a.A. FREIMÜLLER, S. 117; siehe auch MEIER-HAYOZ, N. 19–20 zu Art. 694 ZGB, den wir in diesem Punkte in ZSR 92 I, 1973, S. 423, kritisieren.

In bezug auf die Zwangsverwertung, siehe WITT, S. 129–130; die Frage ist umstritten: FRIEDRICH, in: Rechtliche Probleme des Bauens, S. 150.

[12] Dieser Verwechslung erliegen beispielsweise EGGEN, ZBGR 1965, S. 274–275, und BOLLA, S. 263, 5a, welcher hier rechtliche Verpflichtungen annimmt. Zur Kritik des Ausdrucks «verbindlich» siehe FREIMÜLLER, S. 51. Vgl. auch EGGEN, ZBGR 1965, S. 273–274, welcher von RIEMER, S. 78, kritisiert wird; ferner RUEDIN, S. 115–118.

[13] BRANDENBURGER, S. 65–66; PILET, S. 122; STOECKLIN, S. 39–40; LIVER, in ZBJV 94, 1958, S. 385–386; RUEDIN, S. 132–136, welcher präzisiert, daß der Richter von Fall zu Fall zu entscheiden hat, ob eine schwere oder nur leichte Verletzung vorliegt.

[14] N. 9 zu Art. 675 ZGB.

FREIMÜLLER gewährt dem Eigentümer des Bodens immer die negatorische Klage unter Vorbehalt der analogen Anwendung von Art. 674 ZGB. Diese Lösung scheint uns die beste zu sein[15]. Art. 779f[16] gestattet übrigens dem Eigentümer des dienenden Grundstückes die Übertragung des Baurechts auf seinen Namen, wenn die Überschreitung des Baurechts schwerwiegend ist. Wenn der Bauberechtigte auf das Grundstück eines Dritten übergreift, kann er eine überragende Baute als Dienstbarkeit gemäß Art. 674 Abs. 3 ZGB eintragen lassen, aber keinesfalls die Abtretung des Bodens verlangen[17].

Das Überbaurecht und die Leitungsdienstbarkeit, welche in Art. 674 Abs. 3 und 676 ZGB geregelt sind, bilden Baurechte[17a]. Die Vorschriften der Art. 779 ff. ZGB sind mutatis mutandis auf sie anwendbar. Wenn diese Dienstbarkeiten einzig darauf zielen, im Luftraum oberhalb der belasteten Grundstücke zu bestehen oder Leitungen zu benutzen, welche dem Eigentümer des belasteten Grundstücks gehören, dann bleiben sie dem Akzessionsprinzip unterworfen und haben keine nahe Verwandtschaft mehr mit dem Baurecht[18].

Es gibt Fälle, in welchen ein Bau einem Dienstbarkeitsberechtigten zur Verfügung steht, ohne daß deswegen ein Baurecht bestünde. Dies trifft zu für Fassungen und Ableitungen von Quellen, da das Recht, diese Bauten zu errichten, im Quellenrecht inbegriffen ist[19]. Dieselbe rechtliche Konstruktion muß in allen andern Fällen angenommen werden, wo die Ausübung der Dienstbarkeit eine bauliche Konstruktion voraussetzt[20].

II. Die Novelle vom 19. März 1965 – Anwendungsbereich und Übergangsrecht

Das ZGB von 1907 hat das Baurecht nur in zwei Vorschriften geregelt: im Art. 675 ZGB als Ausnahme des allgemeinen Akzessionsprinzips und

---

[15] FREIMÜLLER, S. 57–58. Es ist nicht zu verstehen, weshalb HAAB die Überschreitung der Teilfläche des dienenden Grundstückes, welche zur Bebauung bestimmt ist, günstiger behandelt (Art. 674 Abs. 3 ZGB per analogiam) als andere Vertragsverletzungen (in jedem Falle negatorische Unterlassungsklage des Eigentümers). Siehe auch STOECKLIN, S. 39, welcher zu Unrecht glaubt, die negatorische Unterlassungsklage könne auf Aufhebung des Baurechtes gehen, und LIVER, in ZBJV 94, 1958, S. 386, sowie WITT, S. 48–55, welcher diese Frage ausführlich erläutert.
[16] Vgl. unten IV.
[17] Vgl. LEEMANN, N. 64 zu Art. 779 ZGB; HAAB, N. 1 zu Art. 674 ZGB; MEIER-HAYOZ, N. 14 zu Art. 674 ZGB.
[17a] Betreffend die Dienstbarkeiten, auf welche Art. 676 ZGB hindeutet, siehe PIOTET, JT 1972 I, S. 322 ff.
[18] Siehe insbesondere WIELAND, N. 6b zu Art. 674 ZGB; HAAB, N. 5 in fine zu Art. 675 ZGB; ISLER, S. 32–34; a.A. PILET, S. 94–99.
[19] Siehe WIELAND, N. 1 zu Art. 780 ZGB und LEEMANN, N. 21 zu Art. 780 ZGB; RUEDIN, S. 39.
[20] LIVER, N. 106 zu Art. 737 und N. 21 zu Art. 741 ZGB; FRIEDRICH, in: Rechtliche Probleme des Bauens, S. 140–142, welcher bemerkt, daß das dem Servitutsberechtigten gehörende Werk älter sein kann als die Servitut; siehe auch RIEMER, S. 46.

neben dem Quellenrecht (Art. 780 ZGB), im Art. 779 ZGB besonders als Abweichung vom Grundsatz des dispositiven Rechts der Unübertragbarkeit persönlicher irregulärer Dienstbarkeiten (Art. 781 Abs. 2 ZGB) und als Beispiel selbständiger und dauernder Rechte, welche ins Grundbuch als Grundstücke aufgenommen werden können. (Art. 779 ZGB rechnete das Baurecht – im Gegensatz zu ausländischen Rechten – klarerweise zu den Dienstbarkeiten.) Mit der Zeit hat eine vollständige Regelung dieser Dienstbarkeit sich aufgedrängt, deren Benutzung häufiger wurde, die den Bau und den Erwerb von Bauten durch Personen mit beschränkten finanziellen Mitteln gestattet, und die andererseits dem Grundeigentümer erlaubt, die Baute nach einem gewissen Zeitablauf zurückzunehmen und dadurch den Mehrwert einzuheimsen, der oft sehr bedeutend ist[20a].

Die neue Regelung (Art. 779a – 779l ZGB) ist im wesentlichen das Werk von Professor PETER LIVER. Sie bringt einerseits im Baurecht spezielle Lösungen für Fragen, die sich auch für andere Dienstbarkeiten stellen (Vertragsform, Entschädigung für Einrichtungen, die der Bauberechtigte erstellt und die dem Eigentümer des Bodens beim Erlöschen des Baurechts verbleiben, Kaufrecht und Heimfallsrecht des Grundeigentümers, Sicherung des Baurechtszinses bzw. der Gegenleistung für die Dienstbarkeit), und enthält andererseits Vorschriften, welche nur für gewisse Arten des Baurechtes gelten.

<small>Es fragt sich, ob analogerweise gewisse Vorschriften auf andere Dienstbarkeiten als das Baurecht anwendbar sind. Die Art. 779a–779k zum Beispiel könnten sich sehr wohl aus den gleichen Gründen, welche sie für das Baurecht anwendbar machen, auch auf das Quellenrecht anwenden lassen. Unserer Meinung nach sollte man grundsätzlich die analoge Anwendung ausschließen; höchstens könnte man analogerweise Art. 779c–779e anwenden, wenn ein Quellenrecht für eine bestimmte Zeit errichtet worden ist und bei seinem Erlöschen der Grundeigentümer die Fassung und Pumpstation erwirbt, die ihm nützlich ist und die der Quellenberechtigte erbaut hat[21].

Da die gesetzliche Regelung je nach der Art der Baurechte ändert, kann man eine dieser Kategorien auswählen, um die Vorschriften zu umgehen, welche eine bestimmte Art betreffen. So können zum Beispiel die Beteiligten eine Grunddienstbarkeit zugunsten eines Grundstückes von wenigen Quadratmetern errichten, das vom dienenden Grundstück abgetrennt worden ist, um etwa die Einschränkungen des Heimfallsrechtes (Art. 779g) oder die zeitliche Beschränkung (Art. 779l) zu umgehen.</small>

Die Art. 682 Abs. 2 und 3 und 779a (selbständige und dauernde Rechte), Art. 779i–779k (selbständige und dauernde Rechte, die im Grundbuch als Grundstück aufgenommen sind) und Art. 779l (selbständige Rechte) um-

---

[20a] Betreffend den Wert des Baurechts für den Privateigentümer siehe ISLER, Der Baurechtsvertrag, S. 71 ff., sowie DERSELBE, Die Eignung des Baurechts für private Grundeigentümer, in: Aspekte der Rechtsentwicklung, Festgabe für A. Meier-Hayoz, Zürich 1972, S. 77 ff.; im öffentlichen Recht siehe HÖSLI, Das öffentliche Baurecht nach der bundesgerichtlichen Rechtsprechung, Diss. Freiburg/Schweiz 1972, S. 77 ff.
[21] Vgl. EGGEN, S. 283d, und FREIMÜLLER, S. 36–37; a.A. RIEMER, S. 67–68.

schreiben genau ihren jeweiligen Anwendungsbereich. Die Art. 779 b und 779 c bestätigen allgemeine Grundsätze.

Gemäß ihrer Stellung im Gesetzbuch und der Definition des Art. 779 Abs. 1 ZGB regeln die Art. 779 ff. ZGB nur die persönlichen Baurechte (oder gewisse davon). Aber die Frage der Entschädigung, die der Bodeneigentümer schuldet, der beim Erlöschen der Dienstbarkeit die Bauten erwirbt, welche der Bauberechtigte errichtete (Art. 779 b und 779 e), stellt sich auch, wenn das Baurecht eine Grunddienstbarkeit ist. Die Lösung muß in beiden Fällen dieselbe sein. Man kann sich nur fragen, ob die Art. 779 b und 779 e direkt oder nur analogerweise anwendbar sind.

Die Vorschrift des vorzeitigen Heimfalls des Baurechts an den Grundeigentümer (Art. 779 f–779 h) betrifft nur die persönlichen Dienstbarkeiten unter Ausschluß der Grunddienstbarkeiten, da sie die Übertragung des Baurechtes vorsehen und diese Übertragung von derjenigen des herrschenden Grundstückes untrennbar ist, wenn es sich um eine Grunddienstbarkeit handelt [21a].

Ist das persönliche Baurecht nicht übertragbar, fällt es ebenfalls unter die Vorschriften der Art. 779 f–779 g [22]. Denn das Verbot der Übertragung ist im Interesse des belasteten Grundstückeigentümers errichtet und darf nicht gegen ihn verwendet werden; hier aber wird das Recht auf Verlangen des Eigentümers des belasteten Grundstücks auf ihn selbst übertragen.

Die Novelle vom 19. März 1965 und der dazugehörige Bundesratsbeschluß vom 29. Juni 1965, welche die Grundbuchverordnung ergänzen, sind am 1. Juli 1965 in Kraft getreten. Diese Novelle enthält keine Übergangsregelung. Daher wird man diesbezüglich die Vorschriften des Schlußtitels des ZGB anwenden (Art. 17–18) [23]. Die Beschränkung der Baurechte auf hundert Jahre ist nur für jene vorgesehen, die unter der Herrschaft der Novelle errichtet worden sind (Art. 779 l) [24]. Diese Lösung ist logisch, da es sich dabei um den Bestand und nicht um die Ausdehnung und den Inhalt des Rechtes handelt (Art. 17 Abs. 2 SchlT ZGB) [25].

Wenn diese Beschränkung die alten Baurechte betreffen sollte, müßte man übrigens festlegen, von wann an die hundertjährige Frist zu laufen beginnt; unserer Meinung nach müßte es das Datum des Inkrafttretens der Novelle sein; davon sagt aber das Gesetz nichts.

[21a] Anderer Ansicht ISLER, Der Baurechtsvertrag, S. 127, welcher die Löschung des Baurechts und damit die Aufhebung der Rechte (Pfandrechte usw.), welche dieses belasten, zuläßt, was dem klaren Sinn von Art. 779 f ZGB und seinen eigenen Erläuterungen (S. 131, III 4) widerspricht; vgl. FRIEDRICH, in BJM 1966, S. 17; EGGEN, ZBGR 1965, S. 280–281; FREIMÜLLER, S. 83–84.

[22] So EGGEN, S. 281 c, und RIEMER, S. 70; a.A. FREIMÜLLER, S. 83–84.

[23] Siehe insbes. LIVER, N. 226 ff. zu Art. 737 ZGB, und BGE 92 I, 1966, S. 236 ff. = JT 1967 I, S. 92 ff. Erw 3.

[24] Siehe Botschaft, BBl 1963, S. 992, betreffend den Sinn von Art. 779 l und vgl. z. B. die deutsche und die französische Fassung des Art. 335 Abs. 2 ZGB. Siehe auch RIEMER, S. 63–66.

[25] Anderer Ansicht FRIEDRICH, in BJM 1966, S. 25, und EGGEN, ZBGR 1967, S. 202–203.

Die Art. 779i–779k dagegen betreffen die Baurechte, welche vor der Novelle schon bestanden und deren Inhalt geändert wird (Art. 17 Abs. 2 SchlT ZGB); haben jedoch die Beteiligten die Frage unter sich geregelt, so ist diese Vereinbarung maßgebend[26]. Das gleiche gilt für die Art. 779d und 779e, welche sich nicht auf die früheren Rechtsverhältnisse beziehen, wenn die Parteien die Fragen unter sich geregelt haben[27]. Art. 779f–779h sind zwingenden Rechts und daher auch auf die alten Baurechte anwendbar[28]. Art. 779b und 779c bestätigen lediglich schon bestehende Vorschriften; Art. 779a betrifft selbstverständlich nur die Verträge, welche nach dem Inkrafttreten der Novelle abgeschloßen wurden (Art. 1 SchlT ZGB).

FRIEDRICH[29] nimmt an, daß man im Grundbuch Vereinbarungen nicht mehr vormerken könne, welche unter dem alten Recht abgeschlossen wurden, wenn sie dem zwingenden neuen Recht widersprechen. In dieser Form ist die Fragestellung unvollständig: Der numerus clausus der Vormerkungen rechtfertigt diese Lösung auch bei Abweichungen vom gegenwärtigen dispositiven Recht. Im übrigen ist die Vormerkung nur möglich, wenn diesbezüglich eine Vereinbarung getroffen wurde.

Das gesetzliche gegenseitige Vorkaufsrecht des Grundeigentümers und des Inhabers eines Baurechts (Art. 682 Abs. 2 und 3 ZGB)[30] ist innerhalb des gesetzlichen Vorkaufsrechts der Miteigentümer behandelt. Die Vorschriften über die Vertragsform (Art. 779a) und über die Dauer der Dienstbarkeit (Art. 779l) sind bereits geprüft worden[31]. Es muß daher noch die Frage der Entschädigung, die dem Bauberechtigten für seine Bauten geschuldet sind, das vorzeitige Heimfallsrecht des Grundeigentümers sowie die Sicherung des Baurechtszinses erörtert werden.

Wir bemerken: Die Novelle hat die Verteilung der Lasten (z. B. Steuern und öffentliche Abgaben) zwischen dem Grundeigentümer und dem Bauberechtigten (vgl. Art. 765 ZGB) nicht geregelt.

Der Richter wird – anstelle des Gesetzgebers – (im internen Verhältnis und unter Vorbehalt von Vereinbarungen, die er allenfalls zu ergänzen hat) die Lasten, welche die Bauten als solche berühren, dem Bauberechtigten überbinden und jene, welche den Boden belasten, dem Grundeigentümer; Lasten, welche gleichzeitig den Bau und den Boden betreffen, werden auf Eigentümer und Bauberechtigten verteilt[32].

---

[26] BGE 92 I, 1966, S. 236 ff. = JT 1967 I, S. 92 ff Erw 3 und 4; FREIMÜLLER, S. 80–81 und 98; siehe auch V. MÜLLER, S. 97–98.
[27] Siehe FREIMÜLLER, S. 93.
[28] So FREIMÜLLER, S. 88, und EGGEN, ZBGR 1967, S. 202.
[29] BJM 1966, S. 26.
[30] Siehe insbes. FREIMÜLLER, S. 94–97, sowie in diesem Band LIVER, § 31.
[31] Vgl. oben § 90, I 2 nach Anm. 23 und § 89 vor und nach Anm. 22.
[32] Siehe PILET, S. 156; WIELAND, N. 16 zu Art. 779 ZGB; LEEMANN, N. 81 zu Art. 779 ZGB; WITT, S. 106–107; ISLER, S. 161–162.

III. Entschädigung für die vom Bauberechtigten errichteten Bauten

Nach Erlöschen des Baurechtes fallen die Bauten, die der Bauberechtigte auf Grund seiner Dienstbarkeit errichtet hat, ins Eigentum des Grundstückes als dessen Bestandteile (Art. 667 Abs. 2, 675 und 779c ZGB). Der Eigentümer des dienenden Grundstücks ist damit im Vorteil. Bis zur 1965 erfolgten Revision des ZGB lag es den Parteien ob, die Art und Weise zu regeln, wie dieser Vorteil aufgehoben (durch Wiederherstellung des früheren Zustandes) oder kompensiert werden konnte (durch eine Reduktion der Gegenleistung des Bauberechtigten oder eine Entschädigung, deren Höhe meistens noch zu bestimmen war[33]; letzteres ist die beste Lösung, da der Wert von Bauten sehr wandelbar ist).

Diese Abmachungen galten nur unter den Parteien (dagegen kann das Entgelt durch eine Maximalhypothek auf dem belasteten Grundstück sichergestellt werden, welche dem Baurecht im Rang nachgeht und beim Erlöschen des Baurechtes nachrückt); der Gesetzgeber hat daher als Grundsatz die Pflicht des Grundeigentümers festgelegt, dem Bauberechtigten eine billige Entschädigung zu zahlen, wenn das Recht erlischt (Art. 779d Abs. 1); eine entsprechende Vereinbarung, die man durch Vormerkung im Grundbuch jedem Neuerwerber des Grundstücks entgegenhalten kann (Art. 779e ZGB und 71b GBV) wird vorbehalten. Eine solche Vereinbarung kann die Wiederherstellung des früheren Zustandes, den Verzicht auf die Entschädigung[34] (da der Bauberechtigte eine bescheidene Gegenleistung erbracht hat) vorsehen. Sie kann auch schon den Betrag der Entschädigung festhalten oder das Vorgehen um diesen Betrag festlegen. Durch die Vormerkung im Grundbuch wird der Eigentümer des Grundstücks Vertragspartei propter rem.

Einige Autoren haben früher vorgeschlagen, ganz oder zum Teil die Art. 671–673 ZGB anzuwenden[35]. Dies scheint jedoch ausgeschlossen, da diese Bestimmungen nur für Bauten zutreffen,

---

[33] Durch einen oder mehrere Schiedsrichter: vgl. z.B. WILD, S. 300 d.
[34] FRIEDRICH, in BJM 1966, S. 13, Anm. 23, hat unseren Artikel in ZBGR 46, 1965, S. 130 ff. in diesem Punkte mißverstanden. Nach FRIEDRICH, in BJM 1966, S. 8–9, weicht Art. 779e ZGB von dem in Art. 115 OR aufgestellten Prinzip (Schulderlaß ohne besondere Form: vgl. oben § 90, II) ab, indem hier zwingend vorgeschrieben werde, daß Vereinbarungen über die Aufhebung oder die Herabsetzung der Entschädigung der Form des Servitutsvertrages unterstellt seien, und zwar sowohl wenn sie in den Errichtungsvertrag aufgenommen, als auch wenn sie nachträglich getroffen werden. Unserer Meinung nach enthält der Errichtungsvertrag nie eine dem Schulderlaß ähnliche Klausel (man kann nicht auf ein nichtbestehendes Recht verzichten). Der Gesetzgeber scheint diesen Fall im Auge zu haben; wir glauben kaum, daß er die Anwendung von Art. 115 OR ausschließen wollte, wenn es um den späteren (gänzlichen oder teilweisen) Verzicht auf die Entschädigung geht.
[35] So WIELAND, N. 7c zu Art. 779 ZGB; LEEMANN, N. 60 zu Art. 779 ZGB; HAAB, N. 11 zu Art. 675 ZGB; MEIER-HAYOZ, N. 16 zu Art. 675 ZGB; BRANDENBURGER, S. 84–85.

welche ohne Recht auf fremden Grundstücken errichtet worden sind, und ohnehin nicht vollständig anwendbar wären (vgl. Art. 671, Abs. 2 und Art. 673 ZGB)[36]. Andere sahen darin eine ungerechtfertigte Bereicherung[37], was uns auch ungenau scheint. Wenn die Beteiligten im Baurechtsvertrag diesen Punkt nicht geregelt haben, so soll dies unserer Ansicht nach als eine Lücke betrachtet werden, welche nach dem hypothetischen Willen der Parteien oder mangels eines solchen durch eine Gesetzesnorm ersetzt werden muß. Oft wird diese Ergänzung in einer Entschädigung bestehen. Der Nachteil dieser Lösung besteht darin, daß der Vertrag nur die Vertragsschließenden verpflichtet und ihre Universalnachfolger. Trotzdem ist es unserer Meinung nach die einzige Lösung, und sie zeigt die Unrichtigkeit der Theorie von der ungerechtfertigten Bereicherung: denn, wenn der Erwerber des Grundstücks die Verpflichtung zur Entschädigung nicht übernimmt (falls eine solche besteht), ist er nicht unrechtmäßig bereichert. Die Sache ist in der Tat so wichtig, daß die Parteien sie immer ausdrücklich zu regeln pflegen. Da somit keine ungerechtfertigte Bereicherung vorliegt, ist Art. 127 OR und nicht Art. 67 OR inbezug auf die Verjährung der Forderung anwendbar, und das noch heute[38].

Schuld und Forderung hören auf, propter rem zu sein, sobald das Baurecht erlischt. Obwohl Art. 779d nicht sehr klar ist, muß man, scheint es, annehmen, daß das Pfandrecht des Gläubigers, vormals Baurechtberechtigten, sich auch auf die Entschädigungsforderung bezieht: Die Botschaft[39] spricht von Subrogation.

Diese Subrogation scheint aber nur einzutreten, wenn das Baurecht erlischt (andernfalls fände sie für einen unbestimmten oder vielleicht für gar keinen Betrag statt). Wenn die Forderungen der Pfandgläubiger die Entschädigung übersteigen, muß diese im Verhältnis zu den sichergestellten Forderungen verteilt werden. Es scheint dem Willen des Gesetzgebers zu entsprechen, daß der Verzicht des Bauberechtigten dem Pfandgläubiger, der sich dem Verzicht widersetzte, nicht entgegengehalten werden kann.

Wenn der Verzicht auf die Entschädigung nicht im Grundbuch vorgemerkt ist, kann sie demjenigen nicht entgegengehalten werden, der im guten Glauben die Dienstbarkeit oder ein Pfandrecht an der Dienstbarkeit erwirbt. Der gute Glaube besteht besonders dann, wenn der Verzicht später als der Dienstbarkeitsvertrag erfolgte, welcher ja normalerweise vom Erwerber eingesehen werden kann[40].

Der gesetzliche Schutz ist nicht umfassend: Bei vorzeitigem Heimfall (Art. 779f–779g ZGB) wird die Entschädigung einzig dem Bauberechtigten ausbezahlt; dessen Pfandgläubiger sind dann nur durch das Baurecht sichergestellt. Wie vor der Novelle, so werden die Grundpfandgläubiger des Bauberechtigten daher zu ihrem Vorteil darauf achten, daß ihre Forderungen vollständig beglichen sind, bevor das Baurecht erlischt.

Wenn die Entschädigung weder bezahlt noch sichergestellt ist, kann der Bauberechtigte oder sein Grundpfandgläubiger zu deren Sicherung innert

---

[36] So PILET, S. 131; VOLLENWEIDER, S. 104.
[37] So PILET, S. 132, und VOLLENWEIDER, S. 104, welcher hinzufügt, daß der Bauberechtigte die Gebäude abreißen kann, wenn er vom Eigentümer nicht freiwillig eine Entschädigung erhält. Er kann dies jedoch nur vor dem Untergang der Servitut tun (Untergang, welcher mit dem Tod des Berechtigten zusammenfallen kann), und außerdem ist dieses Vorgehen oft sehr kostspielig.
[38] Anderer Auffassung: FREIMÜLLER, S. 90, Anm. 9.
[39] BBl 1963, S. 986.
[40] Professor LIVER, der Verfasser des Textes, scheint diese Hypothese in seiner Antwort auf eine der Fragen, die wir ihm gestellt haben, nicht in Betracht zu ziehen; diese, so wie andere seiner Antworten sind von EGGEN, in ZBGR 46, 1965, S. 284, übernommen worden.

der peremptorischen Frist von 3 Monaten nach dem Erlöschen des Baurechtes eine gesetzliche Hypothek im gleichen Rang wie das erloschene Baurecht (Art. 50 Abs. 3 und 4 GBV) eintragen lassen. Diese Vorschrift setzt bei fehlender Zustimmung des Eigentümers die Möglichkeit einer provisorischen Eintragung voraus (Art. 22 Abs. 4, 22a und 75 GBV). Diese Eintragung hat konstitutive Wirkung[41]; die Entschädigung ist auf Grund einer Obligation propter rem geschuldet, welche jeden Eigentümer des Grundstücks bindet.

Gemäß der Botschaft[42] verhindert der Rang, welcher von Gesetzes wegen der gesetzlichen Hypothek reserviert ist, daß der Eigentümer beim Erlöschen des Baurechtes oder später das Grundstück so belastet, daß die Entschädigung nicht wirklich gesichert sei. In Wirklichkeit läßt das Gesetz dieses gesetzliche Pfandrecht allen am Baurecht später errichteten Rechten vorgehen, selbst wenn diese lange vor dem Erlöschen des Baurechts begründet wurden. Für Dritte ist es oft schwer zu erraten, welches der gesetzliche Hypothekenbetrag ist, denn er hängt von der Größe der Bauten oder Abänderungen ab, welche der Bauberechtigte macht (sogar nach der Errichtung eines Drittrechtes), und von ihrem Zustand. In dieser Hinsicht ist die Wirkung der Handwerker- und Unternehmerhypothek (Art. 837 ZGB) eine andere, weil ihr Rang durch den Zeitpunkt ihrer Eintragung bestimmt wird.

Da der Bauberechtigte auf die Entschädigung verzichten kann, kann er (im Einverständnis mit seinen jeweiligen Grundpfandgläubigern) zum vorneherein auch auf die gesetzliche Hypothek verzichten und diesen Verzicht im Grundbuch eintragen lassen[43].

IV. Das vorzeitige Heimfallsrecht des Eigentümers

Sehr oft behielt sich der Eigentümer ein Kaufsrecht vor für den Fall, daß der Bauberechtigte seine Verpflichtungen nicht einhielt. Manchmal war der Preis zum voraus bestimmt und verhältnismäßig niedrig. Es kam sogar vor, daß die Parteien das Erlöschen des Baurechts ohne Entschädigung vorsahen. Die Novelle will insbesondere verhindern, daß unter dem Vorwand einer minimen Verletzung des Vertrages (sogar einer ungewollten) der Eigentümer den Baurechtsinhaber um sein Recht bringe und auf diese Art und Weise ein ausgezeichnetes Geschäft zu seinen Gunsten mache[44]. Darum hat der Gesetzgeber Bedingungen und Wirkungen des vorzeitigen Heimfallsrechtes zwingend geordnet; die Art. 779f–779h sind anwendbar, was auch immer der Inhalt der Parteivereinbarungen sei. So ist einerseits der Bauberechtigte gegen unbillige Klauseln geschützt; andererseits hat der Eigentümer ein Heimfallsrecht, auch wenn der Vertrag es nicht vorsieht, und dieses Heimfallsrecht entspricht einer Obligation «propter rem»

---
[41] BBl 1963, S. 987.
[42] BBl 1963, S. 987.
[43] Anderer Ansicht ISLER, S. 121–122.
[44] Siehe Botschaft: BBl 1963, S. 979b, 981, 987–989.

des Bauberechtigten, einer Obligation, welche ihrer Art nach jedem Erwerber überbunden wird, während das vertragliche Kaufsrecht nur für 10 Jahre eingetragen werden kann (Art. 683 ZGB). Das Heimfallsrecht besteht daher «propter rem», ist also unabtrennbar[45]. Im Gegensatz zum deutschen Recht kennt unsere Gesetzgebung keine Frist für die Ausübung des vorzeitigen Heimfallsrechtes, was als Gesetzeslücke verstanden werden muß[46].

Der Art. 779 h betrifft nur das vertragliche Heimfallsrecht im Fall von Vertragsverletzung durch den Bauberechtigten. Wenn daher der Bodeneigentümer sich ein Kaufsrecht sichert wie irgendein Dritter, unabhängig von jeder Vertragsverletzung, so ist dieses Kaufsrecht gültig. Dadurch wird der Eigentümer normalerweise veranlaßt, ein solches unbedingtes Kaufsrecht zu seinen Gunsten zu verlangen; der Bauberechtigte wird aber in einem solchen Fall wahrscheinlich keinen unbilligen Preis zugestehen.

Das Heimfallsrecht besteht nur, wenn der Bauberechtigte sein dingliches Recht in bedeutendem Maß überschreitet oder seine Verpflichtungen schwer verletzt – auch andere Verpflichtungen als die besonders gesicherte, einen Zins für das Baurecht zu zahlen – (Art. 779 f). Die Dienstbarkeit wird nur dann auf den Grundeigentümer übertragen, wenn eine angemessene Entschädigung bezahlt oder dem Bauberechtigten sichergestellt wird. Ein schuldhaftes Verhalten des Bauberechtigten gestattet die Herabsetzung der Entschädigung (Art. 779 g). Der Grundeigentümer erwirbt dann eine Dienstbarkeit auf seinem eigenen Grundstück. Die beschränkten dinglichen Rechte, namentlich die Pfandrechte, welche das Baurecht belasten, werden in Betracht gezogen, um die angemessene Entschädigung festzusetzen, welche der Grundeigentümer dem Bauberechtigten schuldet. Wie wir gesehen haben, ist der vorzeitige Heimfall nur dann möglich, wenn das Baurecht eine Personaldienstbarkeit ist (wobei diese unübertragbar sein kann)[47].

Gemäß der Botschaft[48] ist die Übertragung der Dienstbarkeit auf den Grundeigentümer durch Eintragung im Grundbuch zu vollziehen: dies trifft aber nur für jenes Baurecht zu, welches als Grundstück ins Grundbuch aufgenommen ist; in den andern Fällen hat die Übertragung durch einfache Schriftform zu geschehen[49]. Meistens wird die Übertragung durch ein Urteil erfolgen, das sie von der Bezahlung einer Entschädigung abhängig macht, falls eine Entschädigung noch nicht bezahlt oder sichergestellt worden ist.

Art. 779 g ZGB sieht eine Entschädigung nur für die Bauten vor, welche vom Bauberechtigten errichtet worden sind. Falls die Gegenleistung in einem Baurechtszins besteht, dessen Bezahlung

---

[45] So FREIMÜLLER, S. 83.
[46] FREIMÜLLER, S. 83, welchem ISLER, S. 130, folgt, schlägt vor, in analoger Anwendung der Art. 107 und 214 Abs. 3 OR das Erfordernis der sofortigen Rechtsausübung aufzustellen. Persönlich neigen wir eher zur analogen Anwendung von Art. 681 Abs. 3 ZGB. Die Inverzugsetzung ist im übrigen sinnlos, wenn das schuldhafte Verhalten aufgehört hat.
[47] Siehe bei II vor und nach Anm. 21 a und 22.
[48] BBl 1963, S. 988.
[49] Vgl. oben § 90, III.

an den Eigentümer hinfällig wird, ist diese Lösung befriedigend. Wenn für die Errichtung des Baurechtes als Gegenleistung eine Kapitalzahlung geleistet worden ist, muß der Bauberechtigte natürlich eine Entschädigung für den Verlust der Dienstbarkeit erhalten. Dem Buchstaben des Gesetzes nach kann man diese Zahlung mit den Vorschriften über die ungerechtfertigte Bereicherung begründen; doch scheint uns dies recht fragwürdig zu sein, denn der Eigentümer und der Bauberechtigte können andere Parteien sein als jene, welche den Vertrag abschlossen. Im übrigen kann die Dienstbarkeit auch unentgeltlich errichtet worden sein; in diesem Fall kann man die Zahlung an den Bauberechtigten nicht aufgrund einer ungerechtfertigten Bereicherung erklären. Schließlich kann die Forderung aus ungerechtfertigter Bereicherung nicht wegen schuldhaften Verhaltens des Bauberechtigten reduziert werden, und die Zahlung kann nicht als Voraussetzung der Dienstbarkeitsübertragung vom Berechtigten auf den Eigentümer herhalten. Persönlich fassen wir das Heimfallsrecht lieber als eine Art gesetzlichen Kaufsrechts auf, etwa eines privaten Enteignungsrechtes: in diesem Fall entspricht die Entschädigung, abgesehen von der Herabsetzung wegen schuldhaften Verhaltens des Bauberechtigten, dem Wert der Dienstbarkeit und dies trotz des Buchstabens des Gesetzes, welches eine Lücke enthält.

V. Die Sicherung für Baurechtszinse

In seiner Novelle hat der Gesetzgeber den Bauberechtigten nicht zur Zahlung eines Zinses verpflichtet und dem Grundeigentümer keine entsprechende Forderung zugebilligt[50]. Dagegen hat er ein gesetzliches Pfandrecht vorgesehen, das einzig das als Grundstück ins Grundbuch aufgenommene Baurecht belastet und im Maximum drei Jahresleistungen sichert, oder, wenn diese jährlichen Zahlungen ungleich sind, einen Betrag, der dreimal die mittlere jährliche Zahlung darstellt. In dem Maße als die Parteien durch ein Grundpfand mehr als drei jährliche Zahlungen sicherstellen, ist das Grundpfand ein vertragliches. Das gesetzliche Grundpfand entsteht durch Eintragung im Grundbuch (Art. 50 Abs. 2 GBV); diese Eintragung kann zu jeder Zeit erfolgen. Die Verpflichtung, ein Grundpfand einzutragen, besteht propter rem, sie ist daher dem Baurecht selbst innewohnend[51].

Wenn der Baurechtsvertrag nichts vorsieht, bietet das gesetzliche Pfandrecht wenig Sicherheit: der Bauberechtigte braucht nur auf die Aufnahme seines Rechts als Grundstück ins Grundbuch zu verzichten, um die Eintragung und damit das Entstehen des gesetzlichen Grundpfandrechts zu verhindern[52]. Er kann auch gleichzeitig mit der Aufnahme ins Grundbuch ein weiteres zweites

---

[50] Botschaft, BBl 1963, S. 981–982, Ziff. 4; FREIMÜLLER, S. 75–76; V. MÜLLER, S. 26–38; RIEMER, S. 82–83; RUEDIN, S. 26, 27 und 109; ISLER, S. 46–47. Da diese Verpflichtung nicht immer besteht, und es den Parteien zudem freistehen muß, anstelle der dinglichen Verpflichtung eine persönliche zu begründen, wäre nach unserer Meinung ein Grundbucheintrag erforderlich gewesen, um die dingliche Verknüpfung zu schaffen.

[51] Betreffend eine solche Verpflichtung und insbes. deren Wirkungen bei der Zwangsverwertung siehe unseren Artikel zu ZBGR 1968, S. 193 ff.; a.A. V. MÜLLER, S. 62–66.

[52] FRIEDRICH, in BJM 1966, S. 23, verneint es, ohne sich jedoch zu diesem Punkt zu äußern. Unserer Meinung nach (wie auch nach Auffassung von FREIMÜLLER, S. 79 und Anm. 11) ist es kaum möglich, dem Inhaber des Baurechts die Aufnahme seiner Rechte als Grundstück ins Grundbuch aufzuzwingen. Diese hat weittragende materielle Folgen, z. B. bezüglich der die

Baurecht auf dem ersten oder eine Nutznießung eintragen lassen, um dem gesetzlichen Grundpfand praktisch jeden reellen Wert zu entziehen. Das beste Mittel, dies zu vermeiden, besteht wohl darin, im Dienstbarkeitsvertrag die Urkundsperson oder den Grundeigentümer zu verpflichten, gleichzeitig mit der Eintragung des Baurechts dessen Aufnahme als Grundstück ins Grundbuch und die Eintragung des gesetzlichen Pfandrechts zu verlangen, wobei alle drei Anmeldungen gemäß Art. 12 Abs. 2 GBV verbunden werden können. Auf diese Weise wird das Grundpfandrecht praktisch zu einem vertraglichen, genießt jedoch den Vorteil, im Gegensatz zu andern Pfandrechten, nach einer Zwangsverwertung mitsamt seiner Eintragung bestehen zu bleiben.

Art. 779i ZGB gibt dem «Eigentümer» das Recht, die Eintragung des gesetzlichen Pfandrechtes zu verlangen. Unter «Eigentümer» muß man den Eigentümer des dienenden Grundstückes verstehen oder den Inhaber des Baurechtes, das im Grundbuch als Grundstück aufgenommen und seinerseits mit der Dienstbarkeit belastet ist. Gläubiger kann aber sehr wohl ein anderer sein als der Eigentümer, weil die Forderung nicht propter rem besteht; kann er in einem solchen Fall die Eintragung verlangen? Wir glauben, daß er dies kann, denn das Recht, ein Grundpfand eintragen zu lassen, scheint ein Nebenrecht des Rechtes auf einen Zins zu sein[53].

Der Anspruch auf Zins und auf Errichtung eines Grundpfandrechtes sind Forderungen, so daß der Verzicht auf das gesetzliche Grundpfand allen Nachfolgern des ursprünglichen Gläubigers entgegengehalten werden kann. Dieser Verzicht bedeutet einen Vorteil für die Gläubiger, welche durch ein Pfandrecht am Baurecht gesichert sind[54]; der Verzicht steht der Sicherung des Baurechtszinses durch ein vertragliches Grundpfand nicht im Wege. Damit die Forderung auf Errichtung einer gesetzlichen Hypothek nicht zugunsten eines gutgläubigen Erwerbers des belasteten Grundstückes wieder auflebe, scheint die Vormerkung notwendig zu sein (vgl. Art. 682 Abs. 3 in fine und 779b ZGB). Dies muß trotz des Schweigens des Gesetzes in diesem Punkt zugelassen werden (Art. 1 Abs. 2 ZGB). Auf Grund des Verweises von Art. 779k auf Art. 837 Abs. 2 ZGB kann aber der Verzicht nur nach Abschluß des Baurechtsvertrages[55] stattfinden.

Wenn der Bauberechtigte seine Rechte aus der Dienstbarkeit an eine Person abtritt, welche die Verpflichtung übernimmt, den durch das gesetzliche oder vertragliche Pfandrecht gesicherten Zins zu bezahlen, so ist Art. 832 ZGB anwendbar[56].

Der Rang des Pfandrechtes wird durch den Zeitpunkt der (vorläufigen) Eintragung bestimmt. Aber im Gegensatz zu den vertraglichen Hypotheken wird die gesetzliche Hypothek im Fall der Zwangsverwertung nicht gestrichen (Art. 779k Abs. 1): Das gesetzliche Pfandrecht garantiert weiter-

---

Servitut belastenden Pfandrechte. Es liefe praktisch darauf hinaus, in fast allen Fällen die Möglichkeit eines selbständigen und dauernden Rechts ohne Aufnahme ins Grundbuch zu unterbinden. Siehe auch HOMBERGER, N. 12 zu Art. 943 ZGB; OSTERTAG, N. 9 zu Art. 943 ZGB; HAAB, N. 9 zu Art. 655 ZGB; MEIER-HAYOZ, N. 27 zu Art. 655 ZGB; J.C DE HALLER, Le droit à l'inscription de l'hypothèque légale de l'entrepreneur, Diss. Lausanne 1970, S. 128–129. Anderer Auffassung G. EGGEN, Das BG vom 19. März 1965 über das Baurecht und den Grundstückverkehr, ZBGR 46, 1965, S. 278; RIEMER, S. 128.

[53] Vergleiche mit dem Anspruch auf Eintragung der gesetzlichen Grundpfandrechte nach Art. 837 ZGB: LEEMANN, N. 55–56 zu Art. 836 ZGB.

[54] Siehe Text in Petit am Ende des vorliegenden Paragraphen.

[55] Vgl. LEEMANN, N. 59 zu Art. 837 ZGB; a.A. V. MÜLLER, welcher aus wenig überzeugenden Gründen jeglichen Verzicht, auch wenn er nach dem Abschluß des Baurechtsvertrages erfolgt, für unzulässig hält. Dagegen betrachtet er es – wie wir – als zulässig, daß die Parteien den Rang der gesetzlichen Hypothek hinter leeren Pfandstellen festsetzen (S. 86–87), was im Gegensatz zu dem von MÜLLER verfolgten Ziel ermöglicht, die Legalhypothek jeden Wertes zu berauben, indem man ihr ein oder mehrere Pfandrechte, welche den Wert des Baurechts übersteigen, vorgehen läßt. Anderer Auffassung auch ISLER, S. 143–144.

[56] FREIMÜLLER, S. 78; V. MÜLLER, S. 39.

hin die zukünftigen Annuitäten bis zum Erlöschen des Baurechtes. Insofern ist dieses gesetzliche Pfandrecht eine Sicherheit, welche bedeutend weiter geht als eine vertragliche Hypothek[57] und namentlich weiter als das gesetzliche Pfandrecht der Handwerker und Unternehmer; sie nimmt dem Baurecht viel von seinem Wert und damit auch den Pfandrechten, welche dieses Baurecht belasten.

Wenn der Baurechtszins dem Wert des Baurechtes entspricht, wird niemand bereit sein, einen Preis für den Erwerb dieses Rechtes zu bezahlen und darüber hinaus noch einen Zins zu entrichten, um die Dienstbarkeit nicht durch Verwertung auf Grund des gesetzlichen Pfandrechts zu verlieren[58]. Ein Preis wird daher nur bezahlt werden, wenn die Bauten, welche der Bauberechtigte errichtet hat, den Wert dieses Baurechtes wesentlich erhöht haben. Das Problem wäre übrigens dasselbe, wenn die Verpflichtung zur Zinszahlung propter rem bestünde.

Obwohl das gesetzliche Pfandrecht formell den Rang der ihm vorgehenden Pfänder wahrt, beraubt es sie in Wirklichkeit ihrer Substanz: bestünde es nämlich nicht, würde die Zwangsverwertung dieser Pfänder zum Zuschlag des Baurechts zu einem normalen Preis führen; der Preis sinkt aber auf Null, wenn eine gesetzliche Hypothek besteht, jedenfalls dann, wenn der Erwerber das gesetzliche System durchschaut und der Bauberechtigte nicht bedeutende Bauten errichtet hat.

---

[57] So SCHNEEBERGER, S. 284–286, und EGGEN, S. 277.
[58] V. MÜLLER, S. 94–97, nimmt zudem an, daß, wenn der Gläubiger nicht Einsprache erhebt, der Ersteigerer selbst Schuldner der nach der Versteigerung fällig werdenden Rendite wird. Dies erscheint in theoretischer Hinsicht sehr fragwürdig und ändert in der Praxis nicht viel.

Drittes Kapitel

Die Nutznießung und das Wohnrecht

Literatur: G. ANDRÉ, De l'usufruit des actions – Etude de droit civil comparé, Diss. Lausanne 1930; G. L. BUETTI, Il diritto di usufrutto e la cessione del suo esercizio nella legislazione svizzera, Diss. Bern, Locarno 1945; J. CHUARD, De l'usufruit des créances en droit suisse, Diss. Lausanne 1913; M. HEINZ, Das dingliche Wohnrecht, Diss. Bern, Europ. Hochschulschriften, Rechtswiss. 28, Bern 1970; H. KARNBACH, Die Nutznießung aus Forderungen nach schweizerischem Recht, Diss. Zürich 1936; F. KELLERHALS, Die Nutznießung am Handelsgeschäft, ZSR 31, 1912, S. 269 ff.; R. KOEFERLI, Die Nutznießung an Wertpapieren, unter besonderer Berücksichtigung der Nutznießung an Aktien, Diss. Zürich, Winterthur 1954; R. LIEBERMANN, Die sachenrechtliche Nutznießung, Diss. Zürich 1933; C. MUGGLIN, Das dingliche Wohnrecht im schweizerischen Zivilgesetzbuch Art. 776–778, Diss. Bern, Abh. schweiz. R 164, Bern 1940; P. PIOTET, Les usufruits du conjoint survivant en droit successoral suisse, Abh. schweiz. R 400, Bern 1970; E. DE RHAM, Les sûretés dues par l'usufruitier au nu-propriétaire, Diss. Lausanne 1925; H. ROTHMUND, Die Nutznießung an Forderungen nach schweizerischem ZGB, Diss. Leipzig 1916; O. SCHMIDLIN, Die Sicherung der Rechte des Pfandgläubigers und Nutznießers an der versicherten Sache, Diss. Bern 1954; W. SEBES, Der überlebende Ehegatte als Nutznießer, Diss. Zürich 1943; E. SIMEN, Das Dispositionsrecht des Nutznießers und des Nutzungsberechtigten nach ZGB, Diss. Bern 1929; F. VON STEIGER, Die Nutznießung an Aktien, Schweiz. AG 17, 1944, S. 49 ff.; H. TRUB, Das Nutzungsrecht des Ehemannes und der Eltern nach ZGB, Diss. Bern, Abh. schweiz. R 59, Bern 1915; W. WEBER, Das Stimmrecht bei Aktien in Nutznießung, Diss. Zürich 1927.

§ 95. Die Nutznießung an einer Sache im allgemeinen

I. Die eigentliche Nutznießung

Wie die andern Dienstbarkeiten (Grunddienstbarkeiten oder Personaldienstbarkeiten) sind die Nutznießung an einer Sache und das Wohnrecht – welches immer ein Grundstück betrifft – eigentliche dingliche Rechte,

d. h. sie verleihen eine unmittelbare Herrschaftsbefugnis über die Sache selbst und richten sich gegen jedermann. Wir sahen[1], daß die Nutznießung an einem Miteigentumsanteil oder an einer Dienstbarkeit ebenfalls die Sache selbst zum Gegenstand hat und nicht den Miteigentumsanteil oder die Dienstbarkeit – weshalb sie auch zu den eigentlichen dinglichen Rechten gehört[2]. Dagegen ist die Nutznießung an sonstigen Rechten etwas anderes und im Grunde genommen kein dingliches Recht[3]. Wenn die Nutznießung und das Wohnrecht ein eigenes Kapitel bilden müssen, so deshalb, weil sie – wie in unsern Nachbarländern – durch viele besondere Regeln beherrscht werden, welche die allgemeinen Grundsätze der vorigen Kapitel entweder präzisieren, ergänzen oder abändern. Die Nutznießung kommt übrigens in der Praxis häufig vor, insbesondere als gesetzliche Nutznießung des überlebenden Ehegatten im Erbrecht (Art. 462 ZGB). Wie der Gesetzgeber selbst, so werden auch wir das Wohnrecht nur insofern behandeln, als es in einigen Punkten vom Nutznießungsrecht an einer Sache abweicht[4].

Das eigentliche Nutznießungsrecht an einer Sache ist das dingliche Recht, **aus ihr jeden möglichen Nutzen zu ziehen, ohne ihre Substanz anzugreifen**, wobei allerdings die eine oder andere bestimmte Benutzung ausgeschlossen sein kann, ohne daß dadurch die Nutznießung als solche verschwinde (Art. 745 Abs. 2 ZGB). Der aus dem ordentlichen Gebrauch der Sache sich ergebende Nutzen stellt keine weiteren Probleme. Die Unterscheidung zwischen der Substanz der Sache und ihrem Ertrag, ihren Früchten im weitesten Sinn, beruht auf Brauch und gängigen Ideen; das Kriterium hat einen wirtschaftlichen Hintergrund. Die Früchte im weitesten Sinn sind jene Bestandteile einer Sache, die man von ihr wegnehmen kann, ohne ihre wirtschaftliche Substanz zu verändern (nicht aber ihre physische Substanz wie zum Beispiel beim Ausbeuten einer Torfgrube). Die Früchte im engeren Sinn, namentlich die Vegetationsfrüchte, sind durch ihre Natur schon dazu bestimmt, von der Hauptsache getrennt zu werden, während die übrigen Erzeugnisse davon künstlich getrennt werden (Steine, Sand, Torf, Mineralien usw.). So sind die Milch, der Mist, die Lämmer eines Schafs Früchte im eigentlichen Sinn; die Wolle dagegen ist ein Erzeugnis. Das Fleisch des Schafes ist weder eine Frucht noch ein Erzeugnis, sondern

---

[1] § 87, II und III.
[2] Es ist unwichtig, ob die Dienstbarkeit als Grundstück ins Grundbuch aufgenommen ist oder nicht. Was die ein Bergwerk im Sinne von Art. 655 Ziff. 3 ZGB belastende Nutznießung anbelangt, so ist diese von gleicher Art wie das belastete Recht, welches in der Regel durch die Erteilung einer Konzession begründet wird. Die Nutznießung an einer Grundlast ist Nutznießung an einer Forderung: siehe unten § 103, III.
[3] Vgl. oben § 88, II.
[4] Vgl. unten § 101.

die Substanz der Sache. Notwendigenfalls muß die Grenze zwischen Früchten und Erzeugnissen einerseits – der Ertrag einer normalen Ausbeutung – und Substanz der Sache andererseits durch den Richter, unter Umständen auf Grund eines Gutachtens, bestimmt werden. Das sehen Art. 770 und 771 ZGB ausdrücklich vor für Wälder, Bergwerke, Kies- und Torfgruben.

II. Die Quasi-Nutznießung und die Verfügungsnutznießung

Die Quasi-Nutznießung (oder Nutznießung im uneigentlichen Sinn) an einer Sache ist nicht ein beschränktes dingliches Recht: Die Sache wird Eigentum des Quasi-Nutznießers, welcher daran alle Rechte hat (namentlich der Verfügung), aber auch alle Lasten trägt (große Unterhaltsarbeiten usw.), und alle Risiken (Verlust und Beschädigung) wie ein eigentlicher Eigentümer. Die andere Vertragspartei hat kein Eigentum an der Sache mehr, sondern nur eine Forderung auf Bezahlung des Wertes, den die Sache zur Zeit der Eigentumsübertragung besaß. Diese Forderung ist abtretbar, und auch Schuldübernahme möglich. Die Parteien können dahin übereinkommen, daß der Quasi-Nutznießer Sachen zurückgibt, welche den erhaltenen ähnlich sind; das Gesetz stellt eine dispositive Regel in diesem Sinne auf, wenn es sich um Gattungssachen handelt (Art. 772 Abs. 3 ZGB). Die Lage ist daher vollständig verschieden von jener bei der eigentlichen Nutznießung. Einzig die Regeln über die Dauer der Nutznießung (was hier Fälligkeit der Rückforderung bedeutet), über die Sicherheiten und über das öffentliche Inventar sind anwendbar.

Die Verfügungsnutznießung ist eine eigentliche Nutznießung, ergänzt durch das Recht des Nutznießers, auch tatsächlich über die Sache zu verfügen (durch Verbrauch, Zerstörung, Verarbeitung usw.) oder juristisch (durch Verkauf usw.). Der Nutznießer kann in diesem Fall den Besitz der auf den Inhaber lautenden Titel verlangen und die Indossierung bei indossierbaren Titeln oder eine Zession bei Namenspapieren, durch die sein Verfügungsrecht anerkannt wird[5]. Die Eintragung im Grundbuch muß ebenfalls präzisieren, daß es sich um eine Verfügungsnutznießung handelt. Im Augenblick der Verfügung wird aus der gewöhnlichen Nutznießung eine Quasi-Nutznießung, und der Nutznießer wird zum Schuldner des ge-

---

[5] Vollständiges Indossament oder Zession ist zwar möglich, kann jedoch nicht verlangt werden, da dadurch der Schein erweckt wird, daß das Eigentum am Wertpapier und das darin verkörperte Recht übertragen werde; a.A.: LEEMANN, N. 15 zu Art. 772 ZGB. Der Besteller hat das Recht, das Wertpapier zu indossieren oder zu zedieren, mit der Präzisierung, daß es eine Nutznießung mit Verfügungsrecht begründet.

schätzten Wertes (was ihm eine Spekulation erlaubt). Man nimmt an[6], daß Dinge, die der Nutznießer von Gattungssachen als Ersatz der verbrauchten Sachen erwirbt, Eigentum der andern Partei werden und durch Realsubrogation der Nutznießung unterworfen sind. Diese Subrogation ist jedoch ausgeschlossen, wenn die Ersatzsachen Wertpapiere sind, welche dem Nutznießer indossiert oder zediert wurden, oder wenn es sich um Grundstücke handelt, welche in seinem Namen im Grundbuch eingetragen sind[7].

Art. 772 ZGB sieht die Quasi-Nutznießung vor, wenn es sich um verbrauchbare Sachen handelt, die Verfügungsnutznießung dagegen bei nicht verbrauchbaren beweglichen Sachen, welche von den Parteien anläßlich der Übergabe geschätzt worden sind. In allen übrigen Fällen handelt es sich um eine eigentliche Nutznießung. Jede Art von Nutznießung kann aber durch Änderung der nur dispositiven gesetzlichen Regelung auf jede Art Sachen zutreffen (Verfügungsnutznießung an verbrauchbaren Sachen, eigentliche Nutznießung an beweglichen geschätzten Sachen, Quasi-Nutznießung an nicht verbrauchbaren Sachen usw.). In Wirklichkeit hat allerdings die eigentliche Nutznießung an verbrauchbaren Sachen kaum einen Sinn.

III. Obligatorische Verhältnisse propter rem zwischen Nutznießer und Eigentümer

Gesetzliche Bestimmungen dispositiver Natur sehen eine Reihe von Verpflichtungen propter rem zu Lasten des Nutznießers vor[8]. Es handelt sich auch um Forderungen propter rem, da die Gläubigereigenschaft mit dem Eigentumsrecht verknüpft ist, wenigstens während der Dauer der Nutznießung. So werden wir sehen, daß der Nutznießer die laufenden Unterhaltsarbeiten vornehmen muß, die Versicherungsprämien zu bezahlen und Sicherheit zu leisten hat usw. Die Rechtsstellung des Nutznießers ist daher sowohl dinglicher wie persönlicher Natur.

Der Eigentümer seinerseits hat wenigstens eine Verpflichtung propter rem gegenüber dem Nutznießer (Gläubiger propter rem): er muß die Aufnahme eines öffentlichen Inventars akzeptieren und dessen Kosten zur Hälfte tragen[9]. Die Rückerstattung der Auslagen, welche ohne Verpflichtung vom

---

[6] LEEMANN, N.19 zu Art.772 ZGB.
[7] LEEMANN, N.15 zu Art.772 ZGB, nimmt an, daß der Nutznießer in jedem Fall das Ersatzgrundstück auf den Namen des Eigentümers eintragen lassen muß.
[8] LEEMANN, N.7 zu Art.745 ZGB.
[9] Vgl. auch unten § 98, III in fine und § 100 nach Anm.7.

Nutznießer gemacht wurden, ist dagegen nicht auf Grund einer persönlichen, während der Dauer der Nutznießung bestehenden Beziehung geschuldet, sondern auf Grund der Vorschriften über die Geschäftsführung ohne Auftrag (Art. 753 ZGB).

In allen diesen und andern Fällen ist der persönliche Charakter des Rechtes gewiß; denn der Schuldner muß eine positive Leistung erbringen. In Einklang mit dem Gesetzgeber nehmen – wie es scheint – Doktrin und Rechtsprechung an, daß es sich um persönliche Verpflichtungen handelt, welche zum Teil den zur Wahrung des Eigentums auferlegten Pflichten entsprechen, namentlich in bezug auf die Rückerstattung der Sache bei Beendigung der Nutznießung. So steht man vor einem Zusammentreffen von Ansprüchen, die sich auf das Eigentum stützen, und von solchen, die aus persönlichen Beziehungen entspringen. Alles in allem nimmt man eine persönliche Verpflichtung zur sorgfältigen Geschäftsführung durch den Nutznießer an, aus der alle übrigen sich ableiten.

Während die andern gesetzlichen Vorschriften über die Nutznießung zwingenden Rechtes sind, können die Regelungen obligatorischer Natur von den Parteien abgeändert werden[10]. Handelt es sich um Grundstücke, so können die Parteien den einzelnen Rechtsnachfolger des Eigentümers (Obligation propter rem) durch eine Eintragung im Grundbuch auf Grund analoger Anwendung von Art. 730 Abs. 2 ZGB verpflichten (mit dem Verweis auf die Belege). Der Dritte, der im guten Glauben das Eigentum erwirbt, erwirbt auch die Forderung «propter rem», welche gemäß Grundbucheintrag scheinbar damit verbunden ist, auch wenn sie nicht besteht oder abgeändert worden ist. Wenn die Nutznießung von einem Nichteigentümer bestellt wurde, kann der gutgläubige Erwerber seine Rechte und Pflichten gegenüber dem «falsus auctor» gültig ausüben bzw. erfüllen, solange er den wahren Eigentümer nicht kennt oder kennen sollte.

IV. Höchstpersönlicher Charakter der Nutznießung

Im Gegensatz zu andern persönlichen – den sogenannten irregulären – Dienstbarkeiten sind die höchstpersönliche Nutznießung (Art. 758 Abs. 1

---

[10] LIEBERMANN, S. 39–42; LEEMANN, N. 13 zu Art. 776; DESCHENAUX, in ZBGR 1962, S. 296. Anderer Ansicht NEUENSCHWANDER, S. 546–547, nach welchem die Artikel 730–744 ZGB niemals analogerweise auf die Nutznießung angewendet werden können. Dies ist nicht richtig, denn sicher finden die Artikel 733, 755 und insbesondere 744 ZGB inbezug auf die Nutznießung Anwendung. Wir haben NEUENSCHWANDER in diesem Punkt zu widerlegen versucht: ZBJV 1968, S. 79–80; siehe auch HEINZ, S. 91–93.

ZGB) und das Wohnrecht (Art. 776 Abs. 2 ZGB) immer mit einer bestimmten Person, dem Berechtigten, verbunden und daher **unabtretbar und unpfändbar als dingliche Rechte**. Sie können auch nicht durch andere beschränkte dingliche Rechte belastet werden.

Nach der herrschenden Lehre in Deutschland erstreckt sich die gesetzliche Unabtretbarkeit der Nutznießung auch auf die Forderung, eine solche zu bestellen. Unserer Ansicht nach ist eine solche Abtretung jedoch sehr wohl möglich (nach dem Willen der Parteien kann der Zessionar in diesem Falle die Errichtung zu seinen Gunsten oder zugunsten des Zedenten verlangen), aber Parteienvereinbarung oder Natur der Sache werden meistens eine unabtretbare Forderung erheischen (Art. 164 Abs. 1 OR).

Immerhin sei auf die Abweichung hingewiesen, welche § 1059a des deutschen Bürgerlichen Gesetzbuchs bezüglich des Grundsatzes der Unabtretbarkeit enthält: Die Nutznießung, welche zum Vermögen einer juristischen Person gehört, die infolge Universalsukzession auf eine andere Person übergeht, wird mit dem Rest des Vermögens übertragen, ebenso jene Nutznießung, welche in einem Unternehmen oder Teilen eines Unternehmens von einer juristischen Person auf eine andere übertragen wird. In der Schweiz kann man praktisch die Nutznießung abtreten, indem man sie etwa zugunsten einer Aktiengesellschaft oder einer Gesellschaft mit beschränkter Haftung begründet und indem man die Aktien oder die Anteile überträgt.

Die **Ausübung der Nutznießung** (Art. 758 Abs. 1 ZGB) – nicht aber des Wohnrechts (Art. 777 Abs. 2 ZGB) – ist, ohne gegenteilige Übereinkunft, **abtretbar** (durch obligatorischen unentgeltlichen oder entgeltlichen Vertrag) und **pfändbar**. Der Zessionar hat ein persönliches Recht[11]; er erwirbt die Früchte oder Erzeugnisse wie der Nutznießer oder der Pächter. Wenn er die Sache besitzt, kann er an ihr, auch gegenüber dem Eigentümer, sein Recht ausüben, solange die Nutznießung dauert; denn der Pachtvertrag, welchen der Nutznießer, dessen Recht untergeht, abschließt, untersteht den Bestimmungen von Art. 259 Abs. 2, 281 Abs. 2 und 281bis OR. Ähnlich wie im Fall der Untermiete (Art. 264 OR), kann der Eigentümer gegenüber dem Zessionar (Art. 758 Abs. 2 ZGB) nicht nur sein Eigentumsrecht geltend machen, was selbstverständlich ist, sondern auch die gleichen persönlichen Rechte wie gegenüber dem Nutznießer (vgl. namentlich Art. 760–763 und 751–752 ZGB[12]). Anderseits ist der Nutznießer persönlich für das Verhalten des Zessionars verantwortlich. Im Fall der Pfändung kann der Ertrag der Nutznießung nur für ein Jahr gepfändet werden[13]. Die Aufsichtsbehörde bestimmt die Art und Weise der Verwertung (Art. 132 SchKG): Die Versteigerung des Nutznießungsrechts ist ausgeschlossen[14];

---
[11] Anderer Auffassung SEBES, S. 97–100, der darin eine Zersplitterung der Nutznießung erblickt, da der Zessionar ein dingliches Recht besitze.
[12] Unserer Meinung nach ist Art. 758 Abs. 2 ZGB analog anwendbar im Falle gesetzlicher Übertragung der Ausübung der Nutznießung (gesetzliches Nutzungsrecht der Eltern oder des Ehemannes an einer Nutznießung der Kinder bzw. einer zum eingebrachten Gut der Ehefrau gehörenden Nutznießung).
[13] BGE 55 III, 1929, S. 185 ff. Erw 3.
[14] BGE 39 I, 1913, S. 502 ff.

die Verwaltung der Nutznießung wird einem offiziellen Verwalter übertragen (der mit dem Betreibungsbeamten, dem pfändenden Gläubiger, dem Nutznießer oder einem Dritten identisch sein kann: Art. 16 VZG). Der Ertrag aus der Nutznießung dient in erster Linie dazu, die gesetzlichen Lasten, welche die Nutznießung mit sich bringt, abzugelten (Art. 93 SchKG) und die lebensnotwendigen Unterhaltskosten für den Nutznießer und dessen Familie zu begleichen[15].

Die Ausübung des gesetzlichen Nutznießungsrechtes des Familienrechts und das Wohnrecht sind von Gesetzes wegen unabtretbar und unpfändbar; in andern Fällen können die Parteien vertraglich die Unabtretbarkeit vereinbaren. Wenn das Nutznießungsrecht unpfändbar ist, kann nur die Frucht, die der Nutznießer bereits erworben hat, gepfändet werden, soweit sie nicht erforderlich ist, um die gesetzlichen Lasten zu tragen, welche mit der Nutznießung verbunden sind (zum Beispiel der Unterhalt der Kinder unter der elterlichen Gewalt), und um das Existenzminimum des Schuldners zu sichern[16].

V. Entstehung und Untergang der Nutznießung

Bei der singulären konstitutiven Sukzession wird die Nutznießung an beweglichen Sachen wie das Eigentum erworben (Übertragung des Besitzes auf Grund eines Titels durch eine Person, welche die nötige Verfügungsgewalt hat, wobei der gutgläubige Erwerber geschützt wird; Aneignung; Ersitzung). Die Nutznießung an Immobilien ist den Vorschriften unterworfen, welche für persönliche Dienstbarkeiten gelten[17]. Die gesetzlichen Nutznießungen dagegen werden gemäß den Bestimmungen des Familienrechtes und des Erbrechtes «ipso jure» erworben (Art. 747 ZGB).

Bezieht sich die erbrechtliche gesetzliche Nutznießung auf ein ganzes Vermögen (der Erblasser hat zum Beispiel einen Großonkel als einzigen Erben hinterlassen: Art. 460 Abs. 3 ZGB), gerät jedes im Nachlaß befindliche Vermögensstück mit der Eröffnung des Erbganges in die gesetzliche Nutznießung. (Im Fall der Ausschlagung fällt die Nutznießung dahin.) Bezieht sich die Nutznießung nur auf einen Bruchteil, weil mehrere gesetzliche Nutznießer vorhanden sind (z.B. mehrere Großonkel), steht ihnen die Nutznießung bis zur Teilung gesamthänderisch zu. Bei der Teilung werden jedem von ihnen bestimmte Güter zur ausschließlichen Nutzung zugewiesen. Wählt der überlebende Ehegatte neben Nachkommen des Erblassers die Hälfte zur Nutznießung, so steht die Nutzung den Nachkommen und dem Ehegatten bis zur Teilung gemeinsam zu. Bei einer vorläufigen Teilung werden dem Ehegatten jene Sachen, an welchen er die ausschließliche

---

[15] BGE 51 III, 1925, S. 169 ff. = JT 1926 II, S. 75 ff.
[16] BGE 51 III, 1925, S. 220 ff. = JT 1926 II, S. 59 ff.; BGE 58 II, 1932, S. 87 ff.
[17] Oben § 90 und § 91.

Nutzung erhält, zugewiesen, während die nuda proprietas den Nachkommen bis zur endgültigen Teilung weiterhin gemeinsam zusteht. Wenn der überlebende Ehegatte neben Erben der zweiten oder dritten Parentel steht, erhält er von Anfang an die Nutznießung am gesamten Nachlaß und die nuda proprietas gemeinsam mit den Miterben bis zur Teilung. Wie der Teilungsvertrag (Art. 634 Abs. 2 ZGB) so bedarf auch der Vertrag, in welchem die Nutznießung bestellt wird, in jedem Fall der schriftlichen Form. Die Teilung (Ersetzen der gemeinsamen Nutzung durch eine ausschließliche Nutznießung des Nutznießers) wird auf die übliche Art und Weise durchgeführt (Eintragung im Grundbuch für Grundstücke, Besitzesübertragung für Fahrnis usw.). Die Nutznießung kann aber schon vorher im Grundbuch auf dem Blatt aller zur Erbschaft gehörenden Grundstücke eingetragen werden (z.B. als gesetzliche Nutznießung zugunsten von X auf einer Hälfte)[18].

Das dem Familienrecht entstammende Nutznießungsrecht erstreckt sich ipso iure auf alle Güter, welche während seines Bestandes in das Vermögen, das es belastet, eintreten, und geht unter in bezug auf die Güter, welche aus diesem Vermögen ausscheiden. Es erlischt, wenn die familienrechtliche Stellung, an die es geknüpft ist, dahinfällt.

Die Nutznießung endet mit Ablauf der Zeit, für die sie bestellt worden ist, und spätestens beim Tod des Nutznießers oder, wenn eine juristische Person Nutznießer ist, mit ihrer Beendigung oder nach hundert Jahren (Art. 749 ZGB). Der vertragliche Verzicht beendet die Nutznießung an Fahrnis oder Immobilien, bevor der Besitz wieder übergegangen oder die deklarative Löschung im Grundbuch erfolgt ist[19].

Der vollständige Untergang der Sache bringt den Untergang der Nutznießung mit sich. Dagegen bleibt die Nutznießung bestehen, wenn die Sache nur teilweise zerstört ist (die Nutznießung an einem Grundstück läßt, auch wenn das darauf gebaute Haus vollständig zerstört wird, die Nutznießung an Grund und Boden weiterbestehen, und sie erstreckt sich auch auf die Bestandteile, welche zur Hauptsache neu hinzukommen (z.B. das wiederaufgebaute Haus)[20]. Von Gesetzes wegen lebt die Nutznießung wieder auf an der Sache, welche sich der Eigentümer verschafft, um eine zerstörte Sache zu ersetzen (Art. 750 Abs. 2 ZGB). Die Nutznießung entsteht ebenfalls ex lege an Rechten, welche der Eigentümer durch den Verlust der Sache erwirbt (z.B. Schadenersatzanspruch gegenüber dem Täter einer unerlaubten Handlung, Schadenersatzleistung einer Versicherungsgesellschaft usw.). Der Verlust des Eigentumsrechtes (nicht aber der Sache, wie der Gesetzgeber in Art. 750 Abs. 3 ZGB sagt, worin ihm die Kommentatoren gefolgt sind) erstreckt sich auch auf die Nutznießung bei Enteig-

---

[18] Zu allen diesen Fragen siehe PIOTET, Les usufruits, S. 35 ff., insbes. S. 41–52.
[19] Vgl. oben § 90, IV; a.A. WIELAND, N. 3 zu Art. 748 ZGB, nach welchem die Löschung den Untergang zur Folge hat.
[20] Es handelt sich hier nicht um eine Subrogation, sondern um die Anwendung des Akzessionsprinzipes; a.A. LEEMANN, N. 4 und 6 zu Art. 750 ZGB.

nung, Güterzusammenlegung, Teilung vom Miteigentum usw. Der Gegenwert des Eigentumsrechtes (Enteignungsentschädigung, Ersatzgrundstück, Anteil am Verkaufserlös) untersteht dann dem Nutznießungsrecht (dem Nutznießer steht dann nicht nur ein Nutzungsrecht am Ersatzgrundstück, sondern auch an einem eventuellen Ausgleichsbetrag zu, welcher dem Eigentümer bezahlt wird, wogegen er den durch den Eigentümer für das Ersatzgrundstück bezahlten Ausgleichsbetrag verzinsen müßte).

§ 96. Rechte und Lasten des Nutznießers einer Sache

I. Die Rechte

Die Nutznießung gewährt das Recht, eine Sache zu besitzen, zu brauchen und zu nutzen. **Früchte und Erzeugnisse** der besessenen Sache werden Eigentum des Nutznießers, sobald sie getrennt sind[1]; ist der Nutznießer nicht im Besitz der Sache – was recht selten vorkommt –, erwirbt er das Eigentumsrecht an den Früchten und Erzeugnissen erst nach deren Behändigung; sind aber die Früchte und Erzeugnisse durch Zufall oder auf Grund bösen Glaubens in den Besitz einer anderen Person geraten, so gehören sie dem Eigentümer, solange der Nutznießer oder ein Dritter nicht ordentlicherweise den Besitz und damit das Eigentum daran erworben hat.

Grundsätzlich hat der Nutznießer nur Anspruch auf die Früchte, welche während der Dauer der Nutznießung abgetrennt werden. Für die **pflanzlichen Früchte** enthält unser Gesetz eine Abänderung dieses Grundsatzes, indem nicht die Trennung, sondern die Reife als Kriterium gilt (Art. 756 Abs. 1 ZGB): der Nutznießer oder seine Erben haben Anspruch auf die während der Nutznießung zur Reife gelangten Früchte, auch wenn die Nutznießung vor der Trennung zu Ende geht; das Recht auf Abtrennung ist ein dingliches Recht, und die Abtrennung der reifen Früchte läßt den besitzenden Nutznießer zum Eigentümer derselben werden, nicht etwa den Eigentümer der Sache. Der Eigentümer oder Nutznießer muß dem anderen die Auslagen zurückerstatten, die dieser im Hinblick auf die Ernte hat – höchstens jedoch bis zum Wert der Ernte selber (Art. 756 Abs. 2

---

[1] LEEMANN, N. 20–24 zu Art. 643 ZGB und N. 2–6 zu Art. 756 ZGB; HAAB, N. 12–15 zu Art. 643 ZGB, MEIER-HAYOZ, N. 30, 38 und 39 zu Art. 643 ZGB.

ZGB). Diese Forderung wird mit der Ernte fällig und verjährt innert 10 Jahren (Art. 127 OR).

<small>Unserer Ansicht nach darf der Nutznießer oder der Eigentümer vom Wert der Ernte noch jene Auslagen in Abzug bringen, die er selbst hatte; der Saldo bildet das Maximum der Entschädigung. LEEMANN[2] empfiehlt mit Recht, Art. 756 Abs. 2 analogerweise auch auf Früchte und Erzeugnisse von Tieren anzuwenden. Er schlägt zudem vor, dem Eigentümer einen Anspruch auf die pflanzlichen Früchte zu gewähren, welche vor Beginn der Nutznießung zur Reife gelangt, aber noch nicht abgetrennt worden sind[3]. Diese angemessene Lösung könnte aber vom Richter nur anstelle des Gesetzgebers (Art. 1 Abs. 2 ZGB) angewandt werden; lehnt man sie jedoch ab, so kann der Eigentümer die Rückerstattung seiner Auslagen bis zum Wert der Ernte verlangen; er erleidet dabei keinen Verlust, es kann ihm aber allenfalls ein Gewinn entgehen.</small>

Die Bestandteile, welche nicht Früchte oder Erzeugnisse sind, gehören auch nach der Abtrennung dem Eigentümer, sind dann aber dem Nutzungsrecht des Nutznießers unterworfen (Art. 756 Abs. 3 und Art. 768 Abs. 2 ZGB – wo ungenauerweise von «Früchten» gesprochen wird). Handelt es sich um einen Wald oder um ein Bergwerk, so regelt das Gesetz besonders, was mit den Sachen zu geschehen hat, welche rechtmäßigerweise, jedoch über die normale Nutzungsbefugnis hinaus bezogen worden sind, sei es infolge von Naturereignissen oder aus andern Gründen, so etwa zum Zwecke einer rationellen Ausnützung des Waldes, welche Kahlschläge erfordert. Die Ausbeutung wird in diesem Fall reduziert oder der Ausnutzungsplan abgeändert. Was die ordentliche Nutzung überschreitet, wird verkauft, und der Erlös muß entweder die Kosten der Wiederaufforstung decken oder, soweit er hiefür nicht verwendet wird, zinstragend angelegt werden. Der Zins dient zum Ausgleich des verminderten Ertrages. Diese Vorschrift sollte unserer Ansicht nach analog in anderen Fällen angewendet werden, zum Beispiel wenn zahlreiche Tiere einer Herde infolge einer Seuche abgeschlachtet werden müssen.

Der Nutznießer hat die Befugnis, anstelle des Eigentümers rechtlich oder tatsächlich über die Sache zu verfügen, wenn dieser die notwendigen ihm obliegenden Arbeiten nicht ausführt (z.B. große Reparaturen), oder eine Schuld nicht bezahlt, welche durch die mit der Nutznießung belastete Sache gesichert ist, was deren Verwertung zur Folge haben könnte (Art. 764 Abs. 3 ZGB). Zum Beispiel kann der Nutznießer über eine normale Nutzung hinaus Bäume des Waldes umschlagen, um eine Hypothekarschuld zu begleichen, die der Eigentümer nicht bezahlt, oder um Arbeiten zu finanzieren, die für die Erhaltung des Waldes notwendig sind. In solchen Fällen liegt mehr als Geschäftsführung vor: es handelt sich um Ausübung eines Rechtes auf Kosten des Eigentümers. Wenn jedoch die Arbeiten oder

---

[2] N. 11 zu Art. 756 ZGB.
[3] N. 4 zu Art. 756 ZGB.

Maßnahmen nicht zur Erhaltung der Sache nötig sind (z. B. Wiederaufbau einer zerstörten Sache), dann liegt Geschäftsführung im eigentlichen Sinne vor mit dem Recht des Nutznießers zur Wegnahme (Art. 753 ZGB)⁴.

Wie wir gesehen haben, kann der Nutznießer grundsätzlich die Ausübung seines Rechtes abtreten und dafür einen Zins beziehen; die Ausübung des Nutznießungsrechtes kann sogar von Gesetzes wegen einem Dritten zugewiesen werden (Art. 281bis OR). In diesem Falle hat der Nutznießer einen Anspruch auf die mittelbaren Früchte der Sache, die sogenannten «Zivilfrüchte».

Schließlich kann sowohl der Eigentümer als auch der Nutznießer ein amtliches Inventar auf gemeinsame Kosten⁵ verlangen.

II. Die Lasten

Die Nutznießung verschafft dem Nutznießer den Netto-Ertrag der Sache; ohne gegenteilige Regelung muß dieser daher jene Lasten tragen, welche üblicherweise mit der Nutzung verbunden sind (Art. 764 Abs. 1, 765 Abs. 1 und 767 Abs. 2 ZGB), nämlich den gewöhnlichen Unterhalt der Sache, die Auslagen für Verwaltung und Nutzung, die Zinsen derjenigen Schulden des Eigentümers, welche durch ein Pfandrecht gesichert sind, oder wiederkehrende durch eine Grundlast gesicherte Leistungen, wenn das Pfandrecht und die Grundlast das in Nutznießung stehende Grundstück belasten und im Rang dem Nutznießungsrecht vorgehen (in der Regel aber nicht Zinsen von durch ein Faustpfandrecht gesicherten Schulden)⁶. Er muß die ordentlichen öffentlich-rechtlichen Abgaben, welche auf dem Ertrag der Sache lasten, bezahlen (Grundsteuer, Wirtschaftspatent, nicht jedoch Mehrwertsteuer), die Versicherungsprämien für übliche Versicherungen (Feuer, Diebstahl, Transportversicherung usw.); dagegen ist er nicht verpflichtet, die Erträgnisse zu versichern (z. B. durch Hagelversicherung usw.). Schließlich ist der Nutznießer verpflichtet, die Sache so zu gebrauchen, daß sie in einem ordentlichen Zustand verbleibt, der ihrer wirtschaftlichen Bestimmung entspricht (z. B. darf der Nutznießer eines landwirtschaftlichen Grundstücks dieses weder brachliegen lassen noch allzusehr ausbeuten). Diese verschiedenen Verpflichtungen werden im deutschen Text in der Randnote zu Art. 764 ZGB mit «Lasten» bezeichnet. Sie obliegen dem Nutznießer im Verhältnis zur Dauer des Nutznießungsrechtes (Art. 765 Abs. 1; Art. 767 Abs. 2 ZGB).

---

⁴ LEEMANN, N. 8–9 zu Art. 764 ZGB.
⁵ Vgl. unten § 97, III.
⁶ LEEMANN, N. 6 zu Art. 765 ZGB.

Der gewöhnliche Unterhalt wird durch den Ortsgebrauch bestimmt; er umfaßt diejenigen Maßnahmen, welche nicht allzu kostspielig und dazu bestimmt sind, eine Verschlechterung der Qualität der Sache zu verhindern oder die Sache auszubessern (laufende Reparaturen), zu erhalten oder zu erneuern (z. B. Pflanzungen von jungen Bäumen in Ersetzung jener, welche bei der Nutzung des Waldes umgeschlagen wurden). Alle diese Maßnahmen müssen normalerweise mehr oder weniger periodisch ergriffen werden. Dem Gläubiger werden die Zinsen nach wie vor vom Eigentümer geschuldet; die Lage des Nutznießers läßt sich mit einer internen Schuldübernahme vergleichen: er muß an sich den Gläubiger befriedigen; der Eigentümer kann zwar die Zahlung an sich selber nicht verlangen, wohl aber die Rückerstattung dessen, was er bezahlt hat. Gleich verhält es sich, wenn nach dem anwendbaren öffentlichen Recht die vom Nutznießer zu tragenden öffentlichen Abgaben vom Gemeinwesen beim Eigentümer erhoben werden (Art. 765 Abs. 2 ZGB). Ähnlich liegt der Fall, wenn die Versicherung durch den Eigentümer abgeschlossen worden und dieser gegenüber dem Versicherer einziger Schuldner ist; die Nutznießung entsteht dann an der Forderung des Eigentümers gegenüber dem Versicherer[7]. Wenn eine gewöhnliche Versicherung durch den Eigentümer nicht abgeschlossen wurde oder während der Dauer der Nutznießung zu Ende geht, muß der Nutznießer eine Versicherung auf Rechnung des Eigentümers abschließen. Unterläßt er diese Pflicht und erhält der Eigentümer aus diesem Grund keinen vollen Ersatz für die Sache (mangelnde Versicherung, Unterversicherung), so haftet er dem Eigentümer gegenüber für den daraus erfolgten Verlust.

Die übrigen Maßnahmen, namentlich große Reparaturen, sind Kapitallasten, außer sie seien infolge pflichtwidriger Unterlassung der dem Nutznießer obliegenden Unterhaltsmaßnahmen nötig geworden. Erscheinen diese Maßnahmen unerläßlich, so hat der Nutznießer den Eigentümer davon in Kenntnis zu setzen und deren Ausführung zu dulden (Art. 764 Abs. 2 ZGB). Der Eigentümer ist nicht gehalten, die notwendigen Maßnahmen selbst zu ergreifen (Art. 750 Abs. 1 ZGB); tut er dies jedoch, so kann er vom Nutznießer verlangen, daß dieser ihm unentgeltlich die Mittel dazu vorschieße. Andernfalls kann er sich die Mittel dadurch verschaffen, daß er einen Teil der Sache verkauft oder ein Pfandrecht auf derselben bestellt, das der Nutznießung vorangeht (Art. 765 Abs. 3 ZGB).

---

[7] So LEEMANN, N. 10 zu Art. 767 ZGB; SCHMIDLIN, S. 49–57.

§ 97. Der Schutz des Eigentümers während der Dauer der Nutznießung an einer Sache

I. Die Rechte des Eigentümers in bezug auf den Gebrauch und die Verwaltung der Sache durch den Nutznießer

Auf Grund seines dinglichen Rechts kann der Eigentümer verlangen, daß die Nutznießung auf möglichst schonende Weise ausgeübt wird (Art. 737 Abs. 2 ZGB) und daß der Nutznießer oder dessen Zessionar die Grenzen des Nutzungsrechtes nicht überschreiten (Art. 768 Abs. 1 ZGB); insbesondere darf weder die Substanz der Sache verändert werden (auch nicht zugunsten des Eigentümers: Errichtung einer Baute auf Bauland, Art. 769 Abs. 2 ZGB) noch ihre ökonomische Zweckbestimmung (Art. 769 Abs. 1 ZGB; beispielsweise die Umgestaltung eines Hotels in ein Sanatorium oder eines Wohnhauses in eine Werkstatt usw.). In Abweichung von Art. 769 Abs. 1 ZGB ermächtigt Art. 769 Abs. 3 ZGB den Nutznießer immerhin zur Neuanlage von Steinbrüchen, Mergelgruben oder Torfgrabereien, sofern dadurch die Bestimmung des Grundstückes nicht wesentlich verändert wird – was eine Frage des Einzelfalles ist, die der Richter nötigenfalls ex aequo et bono entscheidet –; der Nutznießer muß im übrigen sein Vorhaben dem Eigentümer rechtzeitig anzeigen, um ihm zu ermöglichen, dagegen Einspruch zu erheben und gegebenenfalls den Richter anzurufen. Das Aufsichtsrecht – welches innerhalb vernünftiger Grenzen, die wenn nötig vom Richter festgelegt werden, ausgeübt werden muß – sowie das Einspracherecht (Art. 759 ZGB) sind Aspekte der Ausübung des Eigentumsrechts; handelt der Nutznießer dem gerechtfertigten Einspruch des Eigentümers zuwider, so kann der Richter ihm den Besitz der Sache entziehen und einem «Beistand» (Art. 762 ZGB) anvertrauen. Wird das dingliche Recht auf unerlaubte Weise durch den Nutznießer verletzt, so finden Art. 41 ff. OR Anwendung (wobei das Verschulden des Nutznießers nicht vermutet wird und die Verjährungsfrist von Art. 60 OR gilt). Wie wir gesehen haben[1], kann der Eigentümer, ebenfalls in Ausübung seines dinglichen Rechtes, die notwendigen Maßnahmen zur Erhaltung der Sache (große Reparaturen usw.) ergreifen und die Sache veräußern oder verpfänden, um sich das hiefür notwendige Geld zu verschaffen, oder um eine Schuld zu begleichen, welche durch ein Pfandrecht oder eine Grundlast an dieser Sache gesichert ist.

---

[1] § 96, II.

In seiner Eigenschaft als Gläubiger des Nutznießers (oder des Zessionars der Ausübung derselben: Art. 758 Abs. 2 ZGB) besitzt der Eigentümer alle Rechte eines gewöhnlichen Gläubigers (Art. 97 ff. OR). So kann er namentlich den Nutznießer in Verzug setzen, diejenigen Maßnahmen zu ergreifen, welche diesem obliegen (laufende Reparaturen usw.), und sich durch den Richter ermächtigen lassen, sie selbst auszuführen oder ausführen zu lassen und zwar auf Kosten des Schuldners (Art. 98 OR). Die Nichterfüllung oder mangelhafte Erfüllung der dem Nutznießer obliegenden Verbindlichkeiten gibt dem Eigentümer einen Anspruch auf Schadenersatz, falls Verschulden (welches vermutet wird) vorliegt. Die Haftung aus Nichterfüllung einer Verbindlichkeit kann mit derjenigen aus unerlaubter Handlung konkurrieren (so beispielsweise im Falle schuldhafter Wertverschlechterung der Sache durch den Nutznießer).

II. Der Anspruch des Eigentümers auf Sicherstellung

Auf Verlangen des Eigentümers, welcher nachweist, daß **seine Rechte gefährdet sind** (Art. 760 Abs. 1 ZGB), ist der Nutznießer verpflichtet, Sicherheit zu leisten, außer wenn er durch Rechtsgeschäft davon entbunden wird oder wenn er dem Eigentümer die Sache unter Vorbehalt der Nutznießung geschenkt hat (Art. 761 Abs. 1 ZGB). Die Gefahr muß objektiv bestehen, ein Verschulden des Nutznießers ist nicht erforderlich; besteht die Gefahr von Anfang an, so darf der Eigentümer die Besitzübergabe so lange verweigern, als die verlangten Sicherheiten nicht geleistet worden sind oder ein «Beistand» ernannt worden ist (Art. 762 ZGB). Der Nachweis einer konkreten Gefahr ist nicht notwendig, wenn die Nutznießung **verbrauchbare Sachen oder Wertpapiere** zum Gegenstand hat (Art. 760 Abs. 2 ZGB): der Eigentümer kann den Besitz bis zur Sicherstellung behalten.

LEEMANN[1a] hält dafür, daß der Gesetzgeber, indem er den Ausdruck «verbrauchbare Sachen» verwendet, die Quasi-Nutznießung bezeichnen will. Danach bestände die Verpflichtung zur Sicherstellung auch dann, wenn die Quasi-Nutznießung nicht verbrauchbare Sachen zum Gegenstand hätte, wohingegen keine derartige Verpflichtung vorläge, wenn es sich um eine Verfügungsnutznießung an verbrauchbaren Sachen handelte. Man sollte sich jedoch lieber an den Gesetzestext halten, der sich sehr gut mit dem, den verbrauchbaren Sachen eigenen, Konsumationsrisiko erklären läßt (so wie auch die den Wertpapieren eigenen Risiken eine Sicherstellung rechtfertigen). Außerdem kann ja der Eigentümer nur bei verbrauchbaren Sachen auf Grund des Gesetzes (Art. 772 Abs. 1 ZGB) seines dinglichen Rechts verlustig gehen, und es ist deshalb richtig, daß das Gesetz

---

[1a] N. 6 zu Art. 760 ZGB; ebenso DE RHAM, S. 52–54, nach welchem diese Lösung auch für die Verfügungsnutznießung gilt: S. 55–56.

diesen Eigentumsverlust mit dem Recht auf Sicherheitsleistung kompensiert; findet jedoch der Übergang des Eigentums auf den Nutznießer auf Grund eines Rechtsgeschäftes statt, so muß letzteres auch die Frage der Sicherstellung regeln wie bei Begründung einer Verfügungsnutznießung.

Die gesetzliche «Nutznießung» des Ehemannes am eingebrachten Gut seiner Frau und diejenige der Eltern am Vermögen ihrer Kinder unterstehen in bezug auf die Bedingungen und die Sanktion bei einer Verletzung der Sicherstellungspflicht (Art. 183 Ziff. 2 und 205 ZGB für den Ehemann, Art. 297 und 298 ZGB – gegenwärtig in Revision – für die Eltern) ausschließlich Spezialbestimmungen, auf die Art. 761 Abs. 2 ZGB verweist. Heikler ist die Frage bei der gesetzlichen Nutznießung erbrechtlicher Natur.

Nach der jüngeren Lehre und Rechtsprechung geht Art. 464 ZGB dem Art. 760 ZGB vor und regelt die Pflicht bezüglich der Sicherheitsleistung abschließend. Der überlebende, die Nutznießung innehabende Ehegatte hat demnach den eigentumsberechtigten Erben Sicherheit zu leisten, falls er ihre Rechte gefährdet oder sich wieder verheiratet, jedoch nicht nur dann, wenn die Nutznießung Wertpapiere oder verbrauchbare Sachen zum Gegenstand hat[2]. Im letztern Falle muß der Eigentümer demnach die Gefährdung seiner Rechte nachweisen; da die verbrauchbaren Sachen auf Grund von Art. 772 Abs. 1 ZGB ins Eigentum des überlebenden Ehegatten übergehen, genügt der Nachweis eines Insolvenzrisikos. Diese Lösung rechtfertigt sich vor allem im Hinblick auf die dem überlebenden Ehegatten geschuldete Rücksichtnahme. Da die Spezialbestimmung des Art. 464 ZGB nur die Bedingungen der Sicherstellungspflicht, nicht jedoch deren Sanktion regelt, findet Art. 762 ZGB auch bezüglich des überlebenden Ehegatten Anwendung[3]. Bei der gesetzlichen Nutznießung der Urgroßeltern, Großonkel und Großtanten (Art. 460 ZGB) scheint Art. 464 ZGB jedoch nicht analog anwendbar zu sein, weshalb hier die Art. 760–762 ZGB zum Zuge kommen. Die Wiederverheiratung des überlebenden Ehegatten ändert in der Tat oft dessen Beziehungen zu seinen Kindern und angeheirateten Verwandten, welche eigentumsberechtigt sind. Die Wiederverheiratung eines gesetzlichen Nutznießers der vierten Parentel wird dagegen kaum dessen Verhältnis zum erbenden Gemeinwesen ändern, und die Rücksichtnahme, welche die eigentumsberechtigten Verwandten des Erblassers dem überlebenden Ehegatten schulden, wird vom Gemeinwesen dem gesetzlichen Nutznießer der vierten Parentel nicht geschuldet.

Die Sicherheiten (Bürgschaft, Pfandrecht usw.) müssen den möglichen Schaden decken (Wert der Inhaberpapiere – welche einem gutgläubigen Dritten veräußert werden können –, Schaden, der an einer Liegenschaft entstehen kann, usw.). Im Bestreitungsfalle entscheidet der Richter, ob die geleisteten Garantien ausreichen. Die Hinterlegung von Wertpapieren

---

[2] So TUOR, N. 4a zu Art. 464 ZGB; ESCHER, N. 2 und 2a zu Art. 464 ZGB; SEBES, S. 114–116; BGE 82 II, 1956, S. 94 ff. = JT 1956 I, S. 578 ff. Erw 5; a.A. WIELAND, in fine zu Art. 761 ZGB; LEEMANN, N. 3 und 5 zu Art. 761 ZGB; DE RHAM, S. 43–44; KOEFERLI, S. 45; THILO, in JT 1943 I, S. 491–492. Zur Unterstützung der Interpretation der jüngeren Kommentatoren darf man bemerken, daß es unnütz wäre, in Art. 464 die alternative Bedingung der Gefährdung der Rechte des Eigentümers aufzunehmen, eine Bedingung, welche auch in Art. 762 ZGB enthalten ist, wenn letztere Bestimmung neben Art. 464 ZGB anwendbar wäre. Zum ganzen Fragenkomplex siehe PIOTET, Les usufruits, S. 130 ff. und 191 ff. und DERSELBE, Traité de droit privé suisse IV (zit. § 87, Anm. 15), § 11, VII B, S. 55 ff.

[3] TUOR, N. 4a in fine zu Art. 464 ZGB; ESCHER, N. 4 zu Art. 464 ZGB.

in Händen eines Dritten (Bank), welcher sie der einen Partei nur mit Zustimmung der andern oder auf Anordnung des Richters aushändigen kann und der dem Nutznießer die Erträgnisse ausrichtet, ist in Art. 760 Abs. 3 ZGB vorgesehen. Bei der gesetzlichen oder vertraglichen Quasi-Nutznießung (serienweise ausgegebene Titel, die als verbrauchbare Sachen gelten)[4] reicht die Hinterlegung für sich allein als Sicherstellung nicht aus; denn die Hinterlegung verhindert die Zwangsverwertung zugunsten der Gläubiger des Quasi-Nutznießers nicht[5]. Außerdem wird der Quasi-Nutznießer durch die Hinterlegung der Möglichkeit beraubt, über die Sache zu verfügen, wozu er berechtigt ist.

Die wirksamste Maßnahme zum Schutze des Eigentümers besteht in der Übertragung des Besitzes und der Verwaltung auf einen amtlichen Verwalter. Der Ausdruck «Beistand», den der Gesetzgeber verwendet, ist ungenau oder zumindest zweideutig; denn es handelt sich um eine Sicherheitsmaßnahme, gleich der von Amtes wegen angeordneten Verwaltung eines Nachlasses, und nicht um eine Beistandschaft, welche im Interesse einer Person angeordnet wird, die infolge eines tatsächlichen Hindernisses im Sinne von Art. 392 ff. ZGB nicht selbst zu handeln vermag. Die gleiche Verwechslung findet sich im französischen Text von Art. 725 Abs. 4 OR in fine. Die Anordnung der Maßnahme und Ernennung des amtlichen Verwalters erfolgt durch den Richter. Ist der Eigentümer noch im Besitze der Vermögenswerte, so fordert ihn der Richter zur Aushändigung derselben an den «Beistand» auf; ist der Besitz dagegen bereits an den Nutznießer übergegangen, so verurteilt der Richter diesen, die Vermögenswerte dem «Beistand» auszuhändigen, wobei die Zwangsvollstreckung dieser Verpflichtung dem kantonalen Recht untersteht.

Im Gegensatz zu der von WIELAND[6] und LEEMANN[7] vertretenen Auffassung, bedeutet die diesbezüglich dem Richter verliehene Kompetenz keine Abweichung von den Prinzipien betreffend die Beistandschaft, da es sich um etwas anderes, nämlich eine Sicherheitsmaßnahme handelt. Die Zuständigkeit ratione loci bestimmt sich nach den üblichen Regeln: Ort der gelegenen Sache bei Grundstücken, Wohnort des Nutznießers für die übrigen Vermögenswerte; es scheint kaum möglich, Art. 396 Abs. 2 ZGB analog anzuwenden, wie dies von WIELAND[8] und LEEMANN[9] vorgeschlagen wird.

---

[4] Vgl. § 1084 BGB und JÄGGI, Zürcher Kommentar, N. 265 zu Art. 965 OR und N. 10 ff. zu Art. 967 OR.

[5] Wenn der Hinterlegungsvertrag mit einem Pfandrecht zugunsten des Bestellers kombiniert ist (OFTINGER, im Zürcher Kommentar, System. Teil, S. 59 ff., N. 202 ff., insbes. 215–221, nimmt eine dispositiv-rechtliche Bestimmung in diesem Sinne an), kann die Sicherheit dagegen ausreichend sein.

[6] N. 2 zu Art. 762 ZGB.

[7] N. 6 zu Art. 762 ZGB. Siehe auch, insbes., DE RHAM, S. 68 ff., und KOEFERLI, S. 48.

[8] N. 3 zu Art. 762 ZGB.

[9] N. 6 zu Art. 762 ZGB.

Die amtliche Verwaltung wird in zwei Fällen angeordnet. Zunächst als Sanktion beim Ausbleiben der Sicherstellung innerhalb einer angemessenen, vom Richter festgesetzten Frist (werden die Sicherstellungspflicht als solche oder der Minimalwert der zu leistenden Sicherheiten bestritten, so entscheidet der Richter auch diese Fragen). Außerdem wird sie angeordnet, wenn der Nutznießer trotz Einsprache des Eigentümers (Vetorecht im Falle unerlaubten Gebrauchs der Sache oder Inverzugsetzung bezüglich einer vorzunehmenden Handlung, beispielsweise Anbau brachliegender Felder) fortfährt, seine Pflichten zu verletzen (Wahrung des Eigentumsrechts oder Erfüllung persönlicher Obliegenheiten gegenüber dem Eigentümer). Selbst wenn der (mögliche) Schaden durch die bereits geleisteten oder vom Nutznießer nachträglich angebotenen Sicherheiten gedeckt ist, wird die amtliche Verwaltung angeordnet; denn allein diese Maßnahme gewährleistet die Rückgabe in natura in einem annehmbaren Zustand. Als «Beistand» ernennt der Richter eine Vertrauensperson, welche je nach den Umständen ausnahmsweise der Eigentümer selbst[10] sein kann.

Die Stellung des amtlichen «Beistandes» ist relativ klar: er hat die Rechte des Nutznießers auszuüben und dessen Pflichten zu erfüllen, einschließlich derjenigen, die vor seiner Ernennung hätten erfüllt werden müssen. Die Erträgnisse der Sache werden dem Nutznießer nach Bezahlung der mit der Nutznießung verbundenen Lasten und der Entschädigung für den amtlichen Verwalter (die im Bestreitungsfalle vom Richter festgesetzt wird) ausgerichtet. Wie beispielsweise der amtliche Verwalter und der Testamentsvollstrecker im Erbrecht, so untersteht auch der «Beistand» nach Art. 762 ZGB der Überwachung durch den Richter, welcher die Dauer seines Amtes und seine Entschädigung festlegt, auf Begehren der einen oder andern Partei einschreiten, den «Beistand» nötigenfalls abberufen und eine andere Person einsetzen kann. Die Aufgabe des «Beistandes» endet mit dem Untergang der Nutznießung, auf Einigung der Parteien hin oder durch eine Entscheidung des Richters, wenn die Bedingungen der Ernennung nicht mehr erfüllt sind (so wenn die innert Frist nicht geleisteten Sicherheiten nachträglich geleistet worden sind und eine Verletzung der dem Nutznießer obliegenden Verpflichtungen nicht mehr zu befürchten ist). Der «Beistand» haftet sowohl dem Eigentümer als auch dem Nutznießer für jeden Schaden, den er ihnen schuldhaft (was vermutet wird) zufügt; es gilt die zehnjährige Verjährungsfrist (Art. 127 OR)[11].

---

[10] LEEMANN, N. 7 zu Art. 762 ZGB; DE RHAM, S. 71–72; a.A.: WIELAND, N. 2 zu Art. 762 ZGB; CHUARD, S. 64; SEBES, S. 118–119.

[11] Anderer Ansicht: LEEMANN, N. 9–11 zu Art. 762 ZGB, nach welchem bezüglich der Verwaltung, Überwachung und Haftung die Bestimmungen über die Beistandschaft anwendbar sind.

Die mit der Sicherstellung oder der amtlichen Verwaltung verbundenen Kosten hat der Nutznießer zu tragen: sie gehören zu den Lasten der Nutznießung.

III. Das amtliche Inventar

Das amtliche Inventar ist keine Sicherheitsmaßnahme, sondern ein Beweismittel. Die Kantone bezeichnen die zur Errichtung kompetenten Beamten sowie das Gericht oder die Amtsstelle, deren Intervention notwendig sein kann. In der Praxis ist das Inventar vorab dazu bestimmt, den Eigentümer zu schützen, dem der Beweis bezüglich seines Eigentums und des Gegenstandes der Nutznießung obliegt, insbesondere bei der Rückgabe; aus diesem Grunde können wir das amtliche Inventar an dieser Stelle erörtern. Immerhin sei bemerkt, daß es auch dem Schutze des Nutznießers dienen kann, indem es ihm namentlich den Beweis der Nutznießung im Falle der Bestreitung durch den Eigentümer erleichtert. Das Recht auf ein Inventar beruht auf einer zwingenden Gesetzesbestimmung. Der Testator, welcher beispielsweise eine Nutznießung vermacht, kann den Vermächtnisnehmer nicht gültig von der Inventaraufnahme entbinden; dagegen kann er ihn von den diesbezüglichen Kosten befreien.

Sowohl der Eigentümer wie der Nutznießer können jederzeit die Errichtung eines amtlichen Inventars auf gemeinsame Kosten verlangen. Der günstigste Zeitpunkt hiefür ist selbstverständlich derjenige der Bestellung der Nutznießung. Da das amtliche Inventar eine öffentliche Urkunde ist, wird seine Richtigkeit vermutet[12]. Die Inventaraufnahme jedoch kann der Gegenpartei nur auferlegt werden, um festzuhalten, welche Sachen Gegenstand der Nutznießung bilden, und für welchen Wert der Quasi-Nutznießer oder der Verfügungsnutznießer ersatzpflichtig sind oder werden können. Wird dieser Wert durch Übereinkunft der Parteien festgelegt – mittels öffentlicher Urkunde oder nicht –, so liegt ein sie bindender Vertrag vor, es sei denn, dieser sei nichtig oder werde für ungültig erklärt. Dagegen kann eine Partei die Schätzung der Vermögenswerte, welche Gegenstand einer gewöhnlichen Nutznießung bilden, nicht auf gemeinsame Kosten verlangen.

---

[12] Den Parteien steht es natürlich frei, ein privates Inventar aufnehmen zu lassen. Dieses ist ein Beweismittel, über dessen Beweiskraft der Richter nach freiem Ermessen entscheidet.

§ 98. Rückerstattung und Abrechnung nach Beendigung der Nutznießung an einer Sache

I. Pflicht zur Rückerstattung der Sache

In diesem Zusammenhang zeigt sich erneut der Dualismus zwischen dem Sachenrecht und dem Obligationenrecht. Der Eigentümer kann die Sache herausverlangen; der Nutznießer oder seine Erben hingegen sind verpflichtet, die Sache zurückzuerstatten[1], und zwar der Person, welche im Moment des Erlöschens der Nutznießung Eigentümer ist und ihren Anspruch an eine Drittperson abtreten kann[2]. Gegen den Nutznießer oder dessen Erben, welche die Sache nicht mehr besitzen, ist nur eine obligatorische Klage möglich (Schadenersatz wegen Nichterfüllung einer Obligation oder aus unerlaubter Handlung). Gegen einen dritten Besitzer ist nur die Vindikationsklage möglich: zum Beispiel gegen einen Mieter des Nutznießers, der mit Recht die Herausgabe der Sache an seinen Vermieter verweigern kann, nicht aber an den Eigentümer. Ist die Nutznießung an einem Grundstück im Grundbuch eingetragen, kann der Eigentümer selber die Löschung der Eintragung verlangen; auf jeden Fall ist die Berichtigungsklage möglich. Die Klage auf Rückerstattung ist durch Art. 97ff. OR geregelt und verjährt in 10 Jahren (Art. 127 OR)[3].

Der Gläubiger muß das Ausbleiben der Rückerstattung der Sache oder deren Minderwert beweisen. Der Nutznießer haftet hiefür, es sei denn, er beweise, daß ihn oder einen allfälligen Zessionar der Nutznießung kein Verschulden treffe (Zufall oder Wertverminderung durch einen normalen Gebrauch der Sache: Art. 752 ZGB). Der Anspruch auf Entschädigung wegen Wertverminderung entsteht mit Erlöschen der Nutznießung und verjährt in einem Jahr nach der Rückerstattung der Sache (Art. 754 ZGB).

Es bestehen daher oft mehrere Klagemöglichkeiten; ist der Beklagte zahlungsfähig, ist meistens die obligatorische Klage ebenso günstig oder sogar günstiger als die dingliche Klage, auch wenn diese mit der Deliktsklage verbunden wird. Notwendig ist dies jedoch nicht: so haftet z.B. der bösgläubige Beklagte im Falle einer dinglichen Klage auch für Zufall, wenn er weiß, an wen er die Sache herausgeben soll (Art. 940 Abs. 3 ZGB e contrario)[4], während der Schuldner einer persönlichen Verbindlichkeit nur dann haftet, wenn er in Verzug gesetzt wurde (Art. 103 Abs. 1 OR).

---

[1] BGE 60 II, 1934, S. 172 ff.

[2] So LEEMANN, N. 1-2 zu Art. 751 ZGB. Der Charakter propter rem der Rechtsbeziehung endet mit dem Untergang der Nutznießung: So HEINZ, S. 82.

[3] BGE 60 II, 1934, S. 172 ff.

[4] Es ist unserer Meinung nach jedoch angebracht, Art. 103 Abs. 2 OR, Fall 2 analogerweise anzuwenden.

II. Rückerstattung der freiwilligen Auslagen des Nutznießers

Wenn der Nutznießer ganz oder zum Teil das Kapital einer Schuld zurückzahlt, die durch Pfandrecht auf der genutzten Sache sichergestellt ist, tritt er im Umfang seiner Zahlung an die Stelle des Pfandgläubigers (Art. 110 Ziff. 1 OR)[5]. Wird die Zahlung geleistet, um die Verwertung zu verhindern, so hat der Nutznießer – wie wir gesehen haben[6] – das Recht, während der Dauer der Nutznießung über die Sache zu verfügen, um sich selbst schadlos zu halten; gleich verhält es sich, wenn der Nutznießer andere Maßnahmen ergreift, die dem Eigentümer obliegen und die zur Erhaltung der Sache unumgänglich sind (Art. 764 Abs. 3 ZGB). Tritt er nicht an die Stelle des Pfandgläubigers und kann er nicht über die Sache verfügen, um sich bezahlt zu machen, so muß der Nutznießer das Ende der Nutznießung abwarten, um die Rückerstattung seiner Auslagen verlangen zu können. Schließlich kann der Nutznießer auch noch Anspruch auf eine Entschädigung erheben für Auslagen, die er im Hinblick auf die Einbringung pflanzlicher Früchte hatte, welche nach Erlöschen der Nutznießung zur Reife gelangten (Art. 756 Abs. 2 ZGB). Außerdem kann er gewisse Lasten, welche mit der Nutznießung verbunden sind (z. B. die Grundsteuern), über die Dauer der Nutznießung hinaus bezahlt haben; diese Lasten trägt infolge Erlöschens der Nutznießung teilweise der Eigentümer (Art. 765 Abs. 1 und Art. 767 Abs. 2 ZGB). In diesem Falle sind die Darlehensvorschriften anwendbar.

Handelt es sich um andere Auslagen, so ist nur die Rückerstattung am Ende der Nutznießung möglich; das Gesetz verweist bezüglich der Modalitäten und der Höhe der Rückerstattungspflicht des Eigentümers (Art. 753 ZGB) auf die Vorschriften über die Geschäftsführung ohne Auftrag (Art. 422/23 OR); in Abweichung von Art. 422 Abs. 1 OR wird jedoch kein Zins geschuldet, solange die Nutznießung dauert[7]. Art. 938–940 ZGB sind in diesem Punkt nicht anwendbar; hingegen kommen sie zum Zuge, wenn der Nutznießer oder seine Erben nach Beendigung der Nutznießung den Besitz der Sache behalten und eine dingliche Klage gegen sie erhoben wird. Ebenso wie die Rechte, welche Art. 938–940 ZGB dem Besitzer einräumen, können jene, welche Art. 753 ZGB dem Nutznießer und dessen Erben verleiht, jedem Eigentümer entgegengehalten werden (obligatio propter rem)[8].

Unserer Ansicht nach bindet ein Urteil, das zugunsten des Nutznießers gegen einen Beklagten ergeht, der nicht mehr Eigentümer ist, den wirklichen Eigentümer nicht. Die gegenteilige Lösung,

---

[5] Die Kommentatoren äußern sich in ihren Bemerkungen zu Art. 745 ff. hiezu nicht.
[6] Vgl. oben § 96, I.
[7] So WIELAND, N. 3 zu Art. 753 ZGB; LEEMANN, N. 7 zu Art. 753 ZGB.
[8] So WIELAND, N. 4 zu Art. 753 ZGB; LEEMANN, N. 14 zu Art. 753 ZGB.

welche anscheinend von WIELAND und LEEMANN[9] angenommen wird, würde den Grundsatz der Relativität der res judicata verletzen. Dagegen bindet ein gutgläubig erzieltes Urteil gegen den Scheineigentümer den wirklichen Eigentümer[10].

Handelt es sich um Fahrnis, so hat der Nutznießer ein Retentionsrecht an der Sache, um die Befriedigung seiner Forderung zu sichern (Art. 895 ZGB). Bei Grundstücken steht ihm eine Einrede zu, welche ihm ermöglicht, die Rückgabe und die Löschung im Grundbuch zu verweigern, solange er nicht bezahlt worden ist.

III. Wegnahmerecht

Wird der Ersatz der Aufwendungen des Nutznießers für Neuanschaffungen, welche zu Bestandteilen der Sache wurden, nicht gemäß den Regeln der Geschäftsführung ohne Auftrag geschuldet, kann der Nutznießer den Eigentümer auffordern, ihn freiwillig zu entschädigen (durch Bezahlung des Wertes, den die abgetrennten Vorrichtungen für ihn, den Eigentümer, darstellen); andernfalls ist er befugt, diese Vorrichtungen wegzunehmen (Art. 753 Abs. 2 ZGB). Das Wegnahmerecht setzt voraus, daß der Nutznießer, stünde ihm dieses Recht nicht zu, einen Schaden erlitte, den ihm der Eigentümer nicht ersetzt; wenn daher die Neuerungen für den Nutznießer keinen Wert haben, hat er kein Recht, sie wegzunehmen. Im übrigen verpflichtet die Wegnahme den Nutznießer, den vorigen Zustand der Sache wiederherzustellen und den Schaden zu ersetzen, der dem Eigentümer durch die Wegnahme und Wiederherstellung entstanden ist. Wie das Recht des gutgläubigen Besitzers nach Art. 939 Abs. 2 ZGB, so muß auch das Wegnahmerecht des Nutznießers oder dessen Erben gegen den derzeitigen Eigentümer ausgeübt werden. Es handelt sich dabei um eine gesetzliche Verpflichtung propter rem, welcher nicht nur der Eigentümer, sondern auch die Inhaber von beschränkten dinglichen Rechten, die der Nutznießung im Rang folgen, unterworfen sind.

IV. Verjährung

Die Forderung auf Rückgabe der Sache verjährt innert 10 Jahren; aber die Rückgabe kann mit der Vindikationsklage auch noch später ver-

---

[9] WIELAND, N. 4 zu Art. 753 ZGB; LEEMANN, N. 15 zu Art. 753 ZGB.
[10] Vgl. oben § 95, III in fine.

langt werden[11]. Die gegenseitigen Forderungen der Parteien, welche auf Rechnungsablegung hinzielen (Ersatzansprüche für Verlust, Beschädigung und unbewilligte Veränderungen; Ansprüche auf Ersatz von Verwendungen und auf Wegnahme usw.), verjähren mit Ablauf eines Jahres seit der Rückgabe der Sache, sei diese nun Fahrnis oder ein Grundstück (Art. 754 ZGB).

§ 99. Die Nutznießung, welche Forderungen und andere Rechte belastet

I. Analoge Anwendung der Regeln, welche die Nutznießung an einer Sache betreffen

Wir haben gesehen[1], daß die Nutznießung an einem Recht sich von der Nutznießung an einer Sache unterscheidet. Der Gesetzgeber beabsichtigte aber mutatis mutandis die gleichen Regeln auf alle Nutznießungen anzuwenden. Sofern daher die Natur der Sache nicht eine andere Lösung verlangt und abgesehen von den in Art. 773–775 ZGB vorgesehenen Ausnahmen, regeln Art. 745–767 und 772 ZGB auch die Nutznießung an Forderungen und andern Rechten. Um Wiederholungen zu vermeiden, werden daher in diesem Paragraphen nur jene Punkte untersucht, in denen die Nutznießung an Rechten Besonderheiten aufweist.

II. Durch Nutznießung belastbare Rechte

Wie wir wissen[2], ist die Nutznießung an einem Miteigentumsanteil oder an einer Dienstbarkeit ein dingliches Recht, das die Sache selbst zum Gegenstand hat und nicht das belastete Recht. Diese Art Nutznießung ist daher den Regeln, die in den vier vorangehenden Paragraphen erörtert wurden, unterworfen. Das Pfandrecht als solches kann wegen seines akzessorischen Charakters nicht mit einer Nutznießung belastet werden; wohl hingegen

---

[11] LEEMANN scheint dies zu vergessen (N. 4 zu Art. 754 ZGB), wenn er ausführt, daß wenn das Rückforderungsrecht verjährt ist, die Verjährung auch der gegenseitigen Rechnungsablegung der Parteien entgegensteht.
[1] § 88, II.
[2] Vgl. oben § 87, II und III; § 88, I.

die gesicherte Forderung, wobei dem Nutznießer das Pfandrecht (welches die Zahlung der Zinsen sicherstellt) zugute kommt. Gleiches gilt für die Grundlast: nur die sichergestellte Forderung – und nicht das dingliche Recht auf Verfügung zu ihrer Sicherstellung – kann mit einer Nutznießung belastet werden[3]. Daher haben wir hier nur jene Nutznießungen zu untersuchen, welche nicht dingliche Rechte belasten. Es kann sich dabei entweder um Forderungen handeln, um Gesellschaftsrechte oder um absolute Rechte, welche nicht eine Sache betreffen, zum Beispiel die sogenannten geistigen Eigentumsrechte (Urheberrechte, Erfinderpatente usw.).

Alle diese Rechte müssen gemäß den sie beherrschenden Regeln abtretbar und nutzbar sein: zum Beispiel ist das Markenrecht ein untrennbarer Bestandteil der Unternehmung und gewisse Gesellschafterrechte sind unabtretbar[4]. Die vertragliche Unabtretbarkeit einer Forderung verhindert jedoch den Erwerb einer Nutznießung nicht, wenn der Erwerber sich gutgläubig auf eine Schuldanerkennung verläßt, welche die Unabtretbarkeit der Forderung nicht erwähnt (Art. 164 Abs. 2 OR). Ein abtretbares Kaufsrecht ist nicht nutzbar und kann daher auch nicht mit einer Nutznießung belastet werden[5]; wenn die Parteien übereinkommen, daß das Kaufsrecht mit einer Nutznießung belastet werden darf, meinen sie damit meistens, daß die Sache, welche Gegenstand des Kaufsrechts bildet, mit einer Nutznießung belastet werden darf. In der Nutznießung an einem Wertpapier ist sowohl ein dingliches Recht an der Sache selbst – der Urkunde nämlich – als auch eine Nutzungsbefugnis am Recht, welches durch die Urkunde verkörpert wird, enthalten; letztere überwiegt, was zur Folge hat, daß die Nutznießung an Wertpapieren wie eine Nutznießung an Rechten behandelt wird (vgl. Art. 773 Abs. 2 und 775 Abs. 1 und 2 ZGB und Art. 901 ZGB)[6].

III. Quasi-Nutznießung und Verfügungsnutznießung

Gewisse Gesetzgebungen wie zum Beispiel die französische kennen nur die Quasi-Nutznießung an Rechten: die Rechte werden auf den Quasi-Nutznießer übertragen, der Schuldner für deren Gegenwert wird. In der

---

[3] Vgl. unten § 103, III.
[4] Siehe insbes. OFTINGER, N. 29–106 zu Art. 899 ZGB.
[5] So WIELAND, N. 3 zu Art. 773 ZGB; a.A. LEEMANN, N. 5 zu Art. 773–774 ZGB, welcher den Genuß des Kaufsrechts mit dem Genuß an der Sache, welche die Ausübung des Kaufsrechts verschafft, zu verwechseln scheint. Die Sache geht in das Vermögen über, zu welchem das Kaufsrecht gehörte und aus dessen Mitteln es bezahlt worden ist.
[6] Insoweit, als es sich um Warenpapiere handelt, besteht ausschließlich eine Nutznießung an zwei Sachen – dem Papier und der Ware. Nähere Ausführungen hiezu würden den Rahmen dieses Paragraphen sprengen; Art. 925 ZGB wird analog angewendet.

Schweiz gibt es eine gesetzliche Quasi-Nutznießung an Rechten in zwei Fällen. Einmal wenn es sich um Inhaberpapiere handelt (oder um blanko indossierte Ordrepapiere), die man als **verbrauchbare Güter** (Art. 772 Abs. 1 ZGB) betrachten kann, weil sie dazu bestimmt sind, veräußert zu werden[7]. Schließlich kann die Umwandlung der Nutznießung an einer Forderung oder an einem Wertpapier in eine Quasi-Nutznießung **durch den Nutznießer selbst** unter zwei Voraussetzungen gefordert werden (Art. 775 ZGB): sie muß binnen drei Monaten nach Bestellung der Nutznießung verlangt werden – was den Nutznießer am Spekulieren hindern soll –, und die Übertragung des Rechts findet ohne gegenteilige Abmachung dann statt (oftmals nach Ablauf der dreimonatigen Frist), wenn der Nutznießer ausreichende Sicherheiten für seine Verpflichtung zur Rückerstattung des Wertes, welcher der Sache bei der Konversion zukam, geleistet hat. Außer in diesen Fällen wird die Quasi-Nutznießung durch Rechtsgeschäft (Vertrag, Testament) errichtet wie die Verfügungsnutznießung.

LEEMANN[8] irrt, wenn er meint, der Gesetzgeber schütze den Gläubiger kaum gegen unlautere Machenschaften des Nutznießers, indem er die Übertragung der Rechte von der Leistung genügender Sicherheiten abhängig macht. Zunächst ist nicht zu vergessen: das Gesetz verhindert zumindest, daß die Forderung in einer Schuldbetreibung gegen den Nutznießer, der keine Sicherheiten geleistet hat, verwertet werde. Gemäß LEEMANN beeinträchtigt der Nutznießer, der keine genügende Sicherheit leistet, die Rechte der Gegenpartei, wenn er Wertpapiere verkauft, Forderungen abtritt, verrechnet oder die Zahlung des Schuldners entgegennimmt. Es trifft zu, daß der Nutznießer, welcher ein Inhaberpapier oder ein blanko oder auf seinen Namen indossiertes Ordrepapier, das keinen Hinweis auf die Nutznießung enthält, besitzt, dieses Wertpapier einem Dritten veräußern kann, der in seinem Erwerb geschützt wird; der Nutznießer kann auch den Schuldner befreien, wenn er beim Verfall der Forderung dessen ohne Arglist oder grobe Fahrlässigkeit (Art. 966 Abs. 2 OR) geleistete Zahlung annimmt. All dies hat aber nichts zu tun mit der Umwandlung der Nutznießung in eine Quasi-Nutznießung; im übrigen kann der Eigentümer sich weigern, dem Nutznießer das Wertpapier zu übergeben, solange er von diesem nicht genügende Sicherheiten erhalten hat (Art. 760 Abs. 2 ZGB)[9]. Dagegen haben Abtretung oder Verrechnung einer Forderung seitens der Nutznießer keinerlei Wirkung, bevor die Umwandlung erfolgt ist, und die Rückzahlung des Kapitals an den Nutznießer seitens des Schuldners erfolgt in diesem Fall nicht rechtsgültig.

Der Quasi-Nutznießer und der Verfügungsnutznießer schulden dem Nutznießungsbesteller – oder dessen Universal- oder Singularnachfolger –, wenn sie über dieses Recht verfügt haben (und der Verfügungsnutznießer so zum Quasi-Nutznießer geworden ist), den Wert des belasteten Rechtes im Augenblick der Übertragung. Ohne gegenteilige Abmachung muß dieser Wert in Geld bezahlt werden[10]. Der Quasi-Nutznießer verfügt frei

---

[7] LEEMANN, N. 29 zu Art. 773–774 ZGB; vgl. § 1084 BGB.
[8] N. 10 zu Art. 775 ZGB.
[9] Vgl. oben § 97, II.
[10] Anderer Ansicht LEEMANN, N. 14 zu Art. 773–774 ZGB, nach welchem die Rückerstattung der zedierten Forderungen oder Wertpapiere ähnlicher Art unter Bezahlung eines eventuellen Aus-

über das belastete Recht. Gegenüber dem Schuldner der abgetretenen Forderung hat er die Stellung eines gewöhnlichen Zessionars, namentlich in bezug auf die Einwendungen, die ihm entgegengehalten werden können (Art. 169, 979, 1007, 1143 Ziff. 5 und Art. 1146 OR).

IV. Errichtung und Untergang

Die Errichtung einer gesetzlichen Nutznießung – bei weitem die häufigste – «an» einem Recht erfolgt unter den gleichen Voraussetzungen wie an einer Sache; wir kommen darauf nicht mehr zurück. Die rechtsgeschäftliche Errichtung einer Nutznießung erfolgt auf ähnliche Weise wie die Übertragung des belasteten Rechts (Art. 746 Abs. 1 ZGB) und mit denselben Wirkungen wie diese Übertragung, namentlich was die Gewährleistung seitens des Begründers (Art. 171–174 OR bei Forderungen) und die Einwendungen betrifft, die dem Nutznießer entgegengehalten werden können (Art. 169, 979, 1007, 1143 Ziff. 5 und 1146 OR). So können die nicht registrierten Rechte dem gutgläubigen Nutznießer eines Erfindungspatentes nicht entgegengehalten werden, wohl aber die Nichtigkeit wegen fehlender Neuheit.

Bei gewöhnlichen Forderungen bedarf es daher der schriftlichen Form (Art. 165 OR); bei Versicherungspolicen[11] ist darüber hinaus die Übergabe der Police an den Nutznießer und die Mitteilung an den Versicherer erforderlich (Art. 73 des Versicherungsvertragsgesetzes). Der schriftliche Vertrag wird üblicherweise präzisieren, daß eine Nutznießung bestellt wird (und keine Abtretung des Rechts vorliegt); trifft dies nicht zu, wird der Gläubiger gut daran tun, den Schuldner von der Nutznießung zu unterrichten, um der Gefahr entgegenzutreten, daß dieser eine Kapitalzahlung an den Nutznießer leistet. Statt zugunsten eines Dritten eine Nutznießung zu bestellen, kann der Gläubiger auch seine Forderung abtreten und sich eine Nutznießung daran vorbehalten[12]. Ist die belastete Forderung durch ein Grundpfand gesichert, kann sich der Nutznießer als solcher im Gläubigerregister eintragen lassen (Art. 66 Abs. 2 und 3 und Art. 108 GBV).

Besteht die Nutznießung an einem Wertpapier, so ist die Übertragung des Titels auf den Nutznießer immer notwendig. Diese Übertragung ge-

---

gleichs für Minderwert zulässig ist. Dies scheint dem Art. 775 Abs. 2 und Art. 772 Abs. 2 ZGB zu widersprechen. Eine solche Lösung ist nur im Rahmen von Art. 772 Abs. 3 ZGB möglich.
[11] Welche normalerweise nicht Wertpapiere sind: JÄGGI, N. 292–294 zu Art. 965 OR.
[12] Siehe BGE 69 II, 1943, S. 305 ff. = JT 1944 I, S. 176 ff., wo die Parteien sich auf Vertrag zugunsten eines Dritten berufen haben.

nügt bei Inhaberpapieren, muß aber durch eine Indossierung oder eine gewöhnliche Abtretung (außerhalb des Wertpapieres) ergänzt werden, wenn es sich um Ordrepapiere handelt; schließlich ist eine Abtretung (auf dem Wertpapier oder außerhalb desselben) neben der Besitzübertragung bei Namenpapieren erforderlich. Bei der Indossierung und Zession kann präzisiert werden, daß der Berechtigte Nutznießer ist («als Nutznießung» usw.)[13], womit verhindert wird, daß ein Dritter das Wertpapier von einem Nichteigentümer erwirbt (Art. 933 und 935 ZGB, Art. 1006, 1112, 1098, 1147, 1151 Abs. 1 und 1152 Abs. 2 OR)[14] oder daß der Schuldner rechtsgültige Zahlung an den Nutznießer leistet. Auch der Eigentümer eines Inhabertitels kann diesen mit dem Vermerk «als Nutznießung» indossieren, um die gleichen Gefahren zu vermeiden. Der Erwerber «a non domino»[15] kann übrigens der Nutznießer selbst sein. Ist das Recht auf Zinsen, Dividenden usw. im Wertpapier verkörpert («Coupons»), so kann die Nutznießung entweder durch Übertragung des Haupttitels bestellt werden (gewöhnlicher Besitz genügt, und der Nutznießer hat ein dingliches Recht auf Herausgabe der Coupons) oder durch Besitzübertragung der Coupons (wobei der Nutznießer auch den Besitz des Haupttitels fordern kann)[16]. Bei Beendigung der Nutznießung muß das Wertpapier dem Eigentümer zurückgegeben werden; handelt es sich um Namen- oder Ordrepapiere, muß darüber hinaus entweder eine Rückzession oder ein Rückindossament erfolgen, oder aber die nutznießungsbegründende Indossierung oder Zession annulliert (gestrichen) werden[17]. Dies ist nicht etwa nötig, damit die Nutznießung erlischt, die ja nicht mehr besteht, sondern um die Verkäuflichkeit des Wertpapiers zu erleichtern.

Die Nutznießung an einem **Urheberrecht, an einem Erfinderpatent, an einem industriellen Modell oder an einer industriellen Zeichnung** wird durch gewöhnliche Vereinbarung bestellt; doch läßt die Eintragung einer Nutznießung an einem Erfinderpatent im öffentlichen Register diese Nutznießung Dritten gegenüber wirksam werden. Belastet zum

---

[13] WIELAND, N. 10d bb zu Art. 774 ZGB; LEEMANN, N. 20 zu Art. 773–774 ZGB; KOEFERLI, S. 14.
[14] Siehe PIOTET, L'acquisition a non domino de monnaie ou de papiers-valeurs au porteur ou à ordre, in: Recueil des travaux de la Faculté de droit de Lausanne, Lausanne 1958, S. 33 ff.
[15] Die Frage nach den Bedingungen des Erwerbs eines Inhabertitels a non domino ist umstritten: nach der traditionellen Doktrin (z.B. OFTINGER, N. 52–53 zu Art. 901 ZGB; KOEFERLI, S. 12; BGE 81 II, 1955, S. 112 ff. = JT 1956 I, S. 16 ff. Erw 5a) verhindern das Indossament und die gewöhnliche Zession eines solchen Titels, daß der Erwerber mehr Rechte erhält als der Pfandgeber; nach JÄGGI, N. 128–130 zu Art. 967 OR, ändern das Indossament oder die Zession an den Wirkungen der Besitzübertragung eines Inhabertitels nichts.
[16] So JÄGGI, N. 50–57 zu Art. 967 OR.
[17] LIEBERMANN, S. 68–69; KOEFERLI, S. 59–60.

Beispiel der Inhaber eines Erfinderpatentes dasselbe mit zwei Nutznießungen, so wird die jüngere Nutznießung den Vorrang haben, wenn der spätere Nutznießer sich als erster eintragen läßt und gutgläubig das Bestehen einer vorgehenden Nutznießung nicht kannte (Art. 33 Abs. 3 und 4, Art. 34 Abs. 3 des Bundesgesetzes betreffend die Erfindungspatente, vom 25. Juni 1954).

Die Nutznießung an einem Recht erlischt unter den gleichen Voraussetzungen wie die Nutznießung an einer Sache. Der Fall der Konfusion ist bereits untersucht worden[18]. Solange der Schuldner gutgläubig das Erlöschen der Nutznießung nicht kennt, zahlt er rechtsgültig dem Nutznießer das, worauf dieser Anspruch hätte, wenn die Nutznießung noch bestünde (Art. 167 OR per analogiam). Bei Wertpapieren ist Art. 966 OR anwendbar.

V. Rechte und Lasten des Nutznießers

Der Nutznießer hat Anspruch auf die «Zivilfrüchte», das sind die periodischen Einkünfte des belasteten Rechts: Zinsen mit Einschluß der Verzugszinsen und Zwischenzinsen (Art. 676 OR)[19], Dividenden (nicht aber die Tantiemen, welche eine Entschädigung der Geschäftsführer darstellen)[20], wiederkehrende Leistungen einer Grundlast usw. Dagegen ist eine Amortisation nie Einkommen aus einer Forderung; ist die Amortisation zusammen mit dem Zins berechnet, muß der Schuldner die beiden Elemente trennen und die Amortisation dem belasteten Gläubiger zahlen; auch das «agio» ist kein Ertrag. Der Nutznießer einer Aktie hat kein Vorzugsrecht auf die Zeichnung einer neuen Aktie; er erwirbt nur die Nutznießung an den Aktien, welche der belastete Aktionär neu zeichnet – und dem der Nutznießer den Zins des Emissionspreises schuldet –, oder er hat die Nutznießung am Erlös der Zeichnungsrechte, die der belastete Aktionär verkaufte[21]. Die gratis verteilten Aktien gehören dem belasteten Aktionär, und der Nutznießer hat ihre Nutznießung[22]; gleiches gilt für den Liquidationsanteil.

---

[18] Vgl. oben § 88, III.
[19] So insbesondere ANDRÉ, S. 56–57; KOEFERLI, S. 66–67.
[20] Anderer Auffassung LEEMANN, N. 20 zu Art. 757 und N. 32 zu Art. 773–774 ZGB.
[21] Siehe ANDRÉ, S. 72–77; KOEFERLI, S. 72.
[22] Dies ist die traditionelle Lösung (ANDRÉ, S. 58–77; KOEFERLI, S. 68–71; BGE 46 II, 1920, S. 473 ff. = JT 1921 I, S. 359 ff.; BGE 85 I, 1959, S. 115 ff. Erw 2, Zusammenfassung in JT 1960 I, S. 371–372). Wenn die neuen Aktien ausschließlich Erträgnisse darstellen, welche während der Dauer der Nutznießung nicht verteilt worden sind, ist der Nutznießer verletzt; es kann eine Gesetzesumgehung oder Rechtsmißbrauch vorliegen.

Die periodischen Einkünfte werden dem Nutznießer pro rata temporis (Art. 757 ZGB) geschuldet. Was während der Zeit der Nutznießung fällig wird, hat der Schuldner dem Nutznießer zu leisten; dieser schuldet dem Inhaber des belasteten Rechts jenen Teil der Einkünfte, welcher der vor Bestellung der Nutznießung abgelaufenen Periode entspricht; was nach Erlöschen der Nutznießung verfällt, wird dem Inhaber des belasteten Rechts geschuldet, welcher dem Nutznießer dessen Anteil abtreten muß[23]. Werden die Einkünfte zum voraus geschuldet, gilt die umgekehrte Lösung.

Wird die Verpflichtung, eine Nutznießung zu bestellen, nicht fristgemäß erfüllt, sind die Art. 97ff. OR anwendbar, aber die Einkünfte als solche sind dem Nutznießer erst vom Augenblick der Bestellung der Nutznießung an geschuldet. LEEMANN[24], im Gefolge von KELLERHALS[25], will von dieser Regel in bezug auf das Nutznießungsvermächtnis abweichen, indem er dem Legatar den Anspruch auf die Einkünfte vom Zeitpunkt der Testamentseröffnung an zugesteht (also ein Recht auf Erträgnisse, die vor der Fälligkeit der Verpflichtung des Beschwerten anfallen: Art. 562 Abs. 2 ZGB). Diese Abweichung ist jedoch nicht gerechtfertigt: die Nutznießung kann keinen Anspruch auf Erträgnisse einräumen, die vor ihrer Bestellung anfallen; will der Erblasser solche Einkünfte dem Vermächtnisnehmer verschaffen, kann er diese selbst als Vermächtnis aussetzen; ob er das tatsächlich getan hat, ist Frage der Interpretation der letztwilligen Verfügung.

Der Nutznießer trägt die Lasten, welche dem Nutzen des belasteten Rechts entsprechen (Steuern, jährliche Abgaben auf dem Erfinderpatent, übliche oder bereits abgeschlossene Versicherungen usw.); Lasten auf dem Kapital selber hat der Inhaber des Rechts zu tragen; dies ist zum Beispiel der Fall für die Liberierungspflicht von Aktien, an denen eine Nutznießung besteht (Art. 680, 687 OR); diese Liberierung kommt übrigens – bei Fehlen einer gegenteiligen Abmachung – dem Nutznießer nicht zugut, da er nur Anrecht auf jene Dividenden hat, welche dem bei Bestellung der Nutznießung bereits einbezahlten Betrag entsprechen[26].

VI. Verwaltung des belasteten Rechts

Besteht keine gegenteilige Verfügung, haben Eigentümer und Nutznießer das Verwaltungsrecht miteinander. Die Folge der Verletzung dieser Regelung ist allerdings nicht immer dieselbe; in gewissen Fällen führt sie zur Ungültigkeit des Rechtsgeschäftes: eine Kündigung auf Rückzahlung ist nur dann rechtswirksam, wenn sie dem Schuldner vom Gläubiger und vom Nutznießer oder umgekehrt vom Schuldner dem Gläu-

---

[23] WIELAND, N. 4 zu Art. 757 und N. 4 zu Art. 773–774 ZGB; LEEMANN, N. 6 zu Art. 757 ZGB; CHUARD, S. 69–71.
[24] N. 3 zu Art. 757 ZGB.
[25] ZSR 31, 1912, S. 301.
[26] So ANDRÉ, S. 113; KOEFERLI, S. 82–83.

biger und dem Nutznießer zugestellt wird. Dasselbe gilt für Verfügungen über Wertpapiere (Art. 773 Abs. 2 ZGB). Gemäß den Kommentatoren[27] ist die Zustimmung des Gläubigers und des Nutznießers eine Bedingung für die Gültigkeit jeder Rechtshandlung des Gläubigers oder des Nutznießers, durch welche die Schuld gelöscht oder herabgesetzt werden kann (Schulderlaß, Vergleich, Verrechnung, Stundung, Änderung des Verpflichtungsinhaltes). Diese Auffassung scheint begründet[28]. Bei den übrigen Rechtshandlungen (Verwaltung im engeren Sinn: Inverzugsetzung, Betreibung usw.) verhindert die Verletzung der Vorschrift betreffend die gemeinschaftliche Verwaltung die juristische Wirkung der Handlung des Gläubigers oder des Nutznießers nicht. Jedoch kann diejenige Partei, welche die Handlung nicht gebilligt hat, von der andern Ersatz für den schuldhaft verursachten Schaden verlangen.

Jede Partei ist verpflichtet, den Maßnahmen zuzustimmen, welche zu einer sorgfältigen Verwaltung gehören, wenn die Forderung gefährdet ist (Art. 773 Abs. 3 ZGB), z.B. wenn ein Risiko der Nichtzahlung besteht; die fehlende Zustimmung kann nur in diesem Fall durch ein Urteil ersetzt werden. Auf Grund von Art. 690 Abs. 2 OR, der nicht zwingenden Rechts ist, weshalb in den Statuten oder durch Übereinkunft[29] eine andere Regelung vorgesehen werden kann, hat der Nutznießer einer Aktie das Stimmrecht allein, wird jedoch dem Eigentümer gegenüber ersatzpflichtig, wenn er dessen Interessen nicht wahrt. Diese Regelung ist analog anwendbar bei Obligationen (Art. 1157 ff. OR)[30], nicht jedoch bei der Anfechtung von Generalversammlungsbeschlüssen, da die entsprechende Klage sowohl vom belasteten Aktionär allein als auch vom Nutznießer allein angehoben werden kann[31].

Der Inhaber des belasteten Rechts ist frei, dasselbe zu verkaufen oder zu verpfänden oder daran eine weitere Nutznießung zu bestellen; denn die Rechte des Nutznießers werden dadurch nicht geschmälert; im übrigen handelt es sich dabei nicht um einen Verwaltungs-, sondern um einen Verfügungsakt. Das Gesetz scheint immerhin eine Ausnahme zu machen: auf Grund von Art. 773 Abs. 2 ZGB bedarf jede Verfügungshandlung betreffend ein Wertpapier der Zustimmung des Eigentümers und des Nutznießers. Man gewinnt jedoch den Eindruck, der Gesetzgeber habe lediglich Handlungen verhindern wollen, welche dem Nutznießer zum Nachteil gereichen

---

[27] WIELAND, N. 5 zu Art. 773–774 ZGB; LEEMANN, N. 36 zu Art. 773–774 ZGB.
[28] Anderer Ansicht insbes. KOEFERLI, S. 22.
[29] VON STEIGER, S. 53–54.
[30] So KOEFERLI, S. 78–79.
[31] LEEMANN, N. 50 zu Art. 773–774 ZGB; ANDRÉ, S. 105; KOEFERLI, S. 79–80.

könnten; die Bestellung eines Pfandrechtes oder eines nachgehenden Nutznießungsrechtes muß also möglich sein[32]. Ist die Zustimmung des Berechtigten erforderlich, muß der Nutznießer dennoch das belastete Recht sorgfältig verwalten, namentlich durch Inverzugsetzung oder durch Einleitung einer Betreibung. Er haftet für den Schaden, der infolge einer schlechten Verwaltung entsteht (Art. 755 ZGB).

VII. Zahlung und Neuanlage

Die Erbringung von Leistungen, welche die Einkünfte des belasteten Rechtes darstellen, hat an den Nutznießer zu erfolgen (bzw. an dessen Vertreter oder den amtlichen Verwalter: Art. 762 ZGB). Die Leistungen hingegen, welche dem Inhaber des belasteten Rechtes geschuldet sind (Kapitalabzahlungen, Amortisationen usw.), können nur an den Inhaber und den Nutznießer gemeinsam erfolgen oder an die Person, welche von diesen beiden bezeichnet worden ist; sind diese Bedingungen nicht erfüllt, kann der Schuldner sich nur durch Hinterlegung befreien (Art. 774 Abs. 1 ZGB und Art. 91 ff. OR).

Ist die Leistung erbracht, so unterliegt deren Gegenstand der Nutznießung (Art. 774 Abs. 2 ZGB). Handelt es sich um eine Geldsumme, so wird sie auf Grund von Art. 772 Abs. 1 ZGB Eigentum des Nutznießers; jede der Parteien kann aber verlangen, daß die betreffende Geldsumme in einer Bank zinstragend angelegt oder in sichere Titel investiert werde (die französische Fassung von Art. 774 Abs. 3 ZGB, welche nur den Kauf von Titeln erwähnt, ist zu einschränkend); das Guthaben, welches auf Grund der Bankanlage entsteht, unterliegt der Nutznießung ebenso wie die gekauften Wertpapiere. Die Anlage oder der Kauf selber kann nur im Einvernehmen beider Parteien stattfinden oder, mangels eines solchen, auf Grund eines Urteils. Bezieht sich die Leistung auf andere verbrauchbare Sachen als Geld, erhält der Nutznießer daran das Eigentum; solange er jedoch nicht genügende Sicherheit geleistet hat (Art. 760 Abs. 2 ZGB), kann die andere Partei die Aushändigung verweigern. An beweglichen und unbeweglichen Sachen, welche Gegenstand der Leistung sind, entsteht die Nutznießung ebenfalls von Gesetzes wegen[33]: es handelt sich dabei um eine gesetzliche Nutznießung im Sinn von Art. 747 Abs. 1 ZGB; die Eintragung im Grundbuch hat nur deklaratorische Bedeutung. Schließlich unterliegt auch die Forderung auf Schadenersatz wegen Nichterfüllung der Nutznießung.

---

[32] So KOEFERLI, S. 42.
[33] So LEEMANN, N. 58–59 zu Art. 773–774 ZGB; LIEBERMANN, S. 60–61: a.A. WIELAND, N. 7 c zu Art. 773–774.

§ 100. Die Nutznießung an einem Vermögen oder Unternehmen

I. Die Nutznießung an einem Vermögen

Die Nutznießung hat nie das Vermögen als solches zum Gegenstand: sie kann nur einen individualisierten Vermögenswert belasten (Spezialitätsprinzip[1]). Wenn der Gesetzgeber von Nutznießung an einem Vermögen spricht, meint er damit, daß **ebensoviele Nutznießungen wie belastete Vermögenswerte**, aus denen sich das Vermögen zusammensetzt, vorliegen. Die Art der Nutznießung ändert je nach ihrem Gegenstand: Nutznießung an Sachen, Nutznießung an Rechten, Quasi-Nutznießung an verbrauchbaren Sachen. Jede dieser Nutznießungen untersteht den bereits erörterten Regeln. Eine praktische Bedeutung kommt dem Begriff Vermögen vor allem in bezug auf die Schulden zu. Ihretwegen hat der Gesetzgeber im übrigen eine einzige Spezialregel, Art. 766 ZGB, aufgestellt. Außerdem ermächtigt die Nutznießung an einem Vermögen, über die belasteten Vermögenswerte im Rahmen der Verwaltung dieses Vermögens zu verfügen[2].

Nach den Kommentatoren[3] kann die Nutznießung den Gläubigern des Bestellers, deren Forderungen bereits vor der Bestellung bestanden, entgegengehalten werden (außer, es werde eine paulianische Anfechtungsklage angehoben). Diese Rechtslage wird von ihnen kritisiert. Man muß sich jedoch in Erinnerung rufen, daß die einzig praktisch vorkommenden Nutznießungen an einem Vermögen die gesetzlichen und die als Vermächtnis ausgesetzten sind. Nun behauptet jedoch niemand, daß die familienrechtlichen Nutznießungen die Gläubiger des Eigentümers (die Ehefrau bei der Güterverbindung oder die Kinder) daran hindern, die belasteten Vermögenswerte samt und sonders verwerten zu lassen. Und im Erbrecht steht die gesetzliche Nutznießung den Forderungen gegen den Erblasser nach (Art. 561 Abs. 2 ZGB), ebenso die als Vermächtnis ausgesetzte (Art. 564 ZGB).

In jedem Falle hat der Eigentümer im Rahmen der Regeln von Treu und Glauben das Recht, die Guthaben des belasteten Vermögens zu verwerten, um seine Schulden, welche bereits vor der Nutznießungsbestellung bestanden, zu begleichen (Art. 765 Abs. 3 ZGB); der Nutznießer kann dies ebenfalls tun[4].

---

[1] Vgl. MEIER-HAYOZ, Zürcher Kommentar, System. Teil, N. 34, S. 28.
[2] So SEBES, S. 64–70; SIMEN, S. 58–73.
[3] WIELAND, N. 39 zu Art. 766 ZGB; LEEMANN, N. 9 zu Art. 766 ZGB.
[4] WIELAND, N. 3b zu Art. 766 ZGB; LEEMANN, N. 10 und 11 zu Art. 766 ZGB.

Die Lasten bei der Nutznießung an einem Vermögen sind umfangreicher als bei der gewöhnlichen Nutznießung[5]: sie umfassen insbesondere alle, den Vermögenskomplex belastenden, direkten Steuern – Vermögen (im engeren Sinne)[6] und Einkünfte – (nicht jedoch die Handänderungssteuern, Mehrwertsteuern usw.), sowie die Zinsen der Schulden, für welche das belastete Vermögen haftet. Der Eigentümer bleibt jedoch dem Gläubiger gegenüber Schuldner der Zinsen. Wer dem öffentlichen Gemeinwesen gegenüber Schuldner der Steuern und Abgaben ist, entscheidet das öffentliche Recht. Belastet die Nutznießung nur einen Anteil am Vermögen, so trägt bei Fehlen einer gegenseitigen Übereinkunft der Nutznießer nur einen entsprechenden Teil der Lasten. Wählt beispielsweise der überlebende Ehegatte in Konkurrenz mit Nachkommen die Nutznießung an der Hälfte des Nachlasses (Art. 462 Abs. 1 ZGB), so hat er die Hälfte der Zinsen zu bezahlen, welches auch immer die ihm zur Nutzung zugeteilten Vermögenswerte sind, und selbst dann, wenn diese mit Pfandrechten für mehr als die Hälfte der Schulden belastet sind.

Der Nutznießer kann in dem Maße, als die Umstände dies rechtfertigen, verlangen, daß die Schulden des Vermögenskomplexes mittels der belasteten Guthaben desselben bezahlt werden, und sich auf diese Weise von der Verpflichtung, Zinsen zu zahlen, befreien (Art. 766 ZGB). Der Richter entscheidet ex aequo et bono, falls die Parteien sich nicht einigen können.

II. Die Nutznießung an einem Unternehmen

Durch diese Art der Nutznießung wird immer eine komplizierte Situation geschaffen, welche die Parteien (oder der Testator) zum vornherein regeln sollten, indem sie entweder, anstatt eine Nutznießung zu bestellen, eine andere Lösung treffen (Quasi-Nutznießung, Rente, Nutznießung am Erlös der Veräußerung oder Liquidation des Vermögens, usw.) oder aber die Nutznießungsbestellung durch präzise Bestimmungen, namentlich bezüglich der Schulden, ergänzen. Die Prinzipien, welche wir hiernach erörtern, kommen mangels gegenteiliger Übereinkunft (oder Verfügung von Todes wegen) zum Zuge.

Die Nutznießung an einem Unternehmen fällt, wie diejenige an einem Vermögen, in ebenso viele Nutznießungen wie belastete Vermögenswerte auseinander. Alle dem Unternehmen zugehörigen Vermögenswerte, welche zur Veräußerung bestimmt sind (insbesondere Warenlager), sind ver-

---

[5] Siehe KELLERHALS, S. 324–330.
[6] So LEEMANN, N. 16 zu Art. 766 ZGB; a.A. WIELAND, N. 6a zu Art. 766 ZGB.

brauchbare Sachen und gehen ins Eigentum des Nutznießers über, welcher bei diesem Eigentumsübergang Sicherheiten für ihren Wert leisten muß (Quasi-Nutznießung: Art. 772 Abs. 1 und 760 Abs. 2 ZGB). Gleiches gilt selbstverständlich für die zum eigentlichen Verbrauch bestimmten Güter (Brennmaterial eines Hotels, Futter- und Düngmittel eines landwirtschaftlichen Unternehmens, usw.); der Nutznießer hat die Pflicht, diese Güter – über die er erlaubterweise verfügt – zu ersetzen, insoweit die Bedürfnisse des Unternehmens dies erfordern. Alle andern Güter (Sachen und Rechte) unterliegen der Nutznießung im eigentlichen Sinne[7]; sie müssen ebenfalls ersetzt werden, wenn die Unternehmensführung dies erfordert (Abnutzung, technischer Fortschritt, usw.). Schließlich umfaßt das Recht des Nutznießers den Genuß an den immateriellen Gütern des Unternehmens wie namentlich Kundschaft und Geschäftsgeheimnisse; deshalb darf der Eigentümer dem Nutznießer insbesondere keine Konkurrenz machen und muß ihn in die Geschäftsgeheimnisse einweihen. Letzterer ist seinerseits verpflichtet, die Geschäftsgeheimnisse zu wahren[8], und darf das Unternehmen, an dem er die Nutzung hat oder hatte, nicht konkurrenzieren.

Der Nutznießer hat das Recht und die Pflicht (diese entspringen der Aufgabe, das Unternehmen zu erhalten und seine Substanz zu bewahren), das Unternehmen zu führen. Er hat die entsprechenden Verfügungsbefugnisse, ist Chef des Unternehmens und führt es in seinem Namen. Sein Genußrecht verschafft ihm Anspruch auf den jährlichen Nettogewinn, so wie er sich aus dem Inventar, der Bilanz und der Gewinn- und Verlustrechnung ergibt. Der Eigentümer kann diese nachprüfen, und der Nutznießer ist insbesondere verpflichtet, genügende Amortisationen vorzusehen. Schließt das Geschäftsjahr mit einem Verlust, so wird dieser vom Nutznießer getragen, selbst wenn er beweist, daß der Verlust ohne sein Verschulden eingetreten ist[9]. Dies bedeutet, daß der Gewinn aus darauffolgenden Jahren in erster Linie dazu dienen muß, den Verlust zu kompensieren, es sei denn, dieser sei an Gütern entstanden, welche dem Eigentümer gehören (z.B. Maschinen, jedoch nicht Waren), und beruhe auf außerordentlichen Ereignissen, welche normalerweise nicht vorausgesehen werden (Aufruhr, Feuersbrunst, Verstaatlichung) und deren Folgen

---

[7] Siehe KELLERHALS, S. 275–278. Im Gegensatz zu der von WIELAND in N. 7e dd zu Art. 766 ZGB vertretenen Auffassung kann der Nutznießer dem Eigentümer nicht eine Quasi-Nutznießung aufzwingen, indem er die analoge Anwendung von Art. 775 Abs. 1 ZGB anführt; siehe KELLERHALS, S. 288, und LEEMANN, N. 24 zu Art. 766 ZGB.

[8] KELLERHALS, S. 277–278.

[9] Anderer Ansicht namentlich LEEMANN, N. 29 zu Art. 766 ZGB.

der Eigentümer zu tragen hat. Könnte nämlich der Nutznießer sich den ganzen Nettogewinn aus den guten Jahren aneignen, wobei der Eigentümer den Verlust aus den übrigen Jahren zu tragen hätte, würde die Substanz des Unternehmens vermindert und der Nutznießer erhielte mehr als die gesamten Nettoerträgnisse während der Dauer des Nutznießung. Liegt Verschulden des Nutznießers vor (was vermutet wird), so kann der Eigentümer immer Ersatz des Verlustes fordern; vor der Beendigung der Nutznießung kann er jedoch Ersatz nur aus den erzielten Gewinnen verlangen. Bleibt bei Beendigung der Nutznießung ein nicht verschuldeter Verlust (teilweise) bestehen, so geht dieser zu Lasten des Eigentümers. Endlich kann der Nutznießer das Unternehmen dem Eigentümer oder einem Dritten verpachten (es sei denn, es handle sich um eine streng persönliche Nutznießung).

Wie KELLERHALS[10] will auch LEEMANN[11] dem Nutznießer im Falle des Verlustes Anspruch auf einen Lohn geben, wofür der frühere Art. 556 Abs. 2 OR (welcher dem heutigen Art. 558 OR entspricht) per Analogie angerufen wird. Diese Lösung scheint uns ausgeschlossen: Wenn dem Kollektivgesellschafter ein Honorar oder Zinsen geschuldet sind, so deshalb, weil die Gesellschafter durch eine vertragliche Abrede eine Gesellschaftsschuld begründen; dies trifft jedoch hier nicht zu, und das Verhältnis zwischen Eigentümer und Nutznießer unterscheidet sich sehr stark von den Beziehungen der Kollektivgesellschafter untereinander. Außerdem ist schwer einzusehen, weshalb der Nutznießer eines Unternehmens Anspruch auf einen Lohn haben sollte, wohingegen dem Nutznießer an einer Sache (z.B. dem Nutznießer eines landwirtschaftlichen Grundstückes, der seine ganze Zeit der Bebauung desselben widmet) dieses Recht im Falle eines Verlustes nicht zustünde.

Die Schulden des Unternehmens, welche bereits vor der Bestellung der Nutznießung bestanden, sind Schulden des Eigentümers; das Problem stellt sich hier in gleicher Weise wie bei der Nutznießung an einem Vermögen[12]: die Nutznießung kann den Gläubigern entgegengehalten werden[13], wenn es sich nicht um eine gesetzliche oder als Vermächtnis ausgesetzte Nutznießung handelt – welchem Fall fast ausschließlich theoretische Bedeutung zukommt. Die beste Lösung besteht natürlich in einer Schuldübernahme durch den Nutznießer gemäß Art. 181 OR[14]. Was die vom Nutznießer im Rahmen der Unternehmensführung eingegangenen Schulden anbelangt, so sind diese lediglich durch sein persönliches Vermögen gesichert. Dies bedeutet, daß die Gläubiger namentlich die Ausübung der Nutznießung sowie die Güter, welche Gegenstand der Quasi-Nutznießung bilden, pfänden können. Bei Beendigung der Nutznießung kann der Eigentümer die

---

[10] ZSR 31, 1912, S. 300.
[11] N. 29 zu Art. 766.
[12] Siehe Ziff. I hievor.
[13] WIELAND, N. 7c zu Art. 766 ZGB; LEEMANN, N. 34 zu Art. 766 ZGB.
[14] KELLERHALS, S. 322–324. Siehe auch BECKER, N. 38 zu Art. 181 OR.

vom Nutznießer eingegangenen Schulden zahlen oder übernehmen. Tut er dies nicht, so darf der Nutznießer zu ihrer Bezahlung Vermögenswerte des Unternehmens verwerten.

§ 101. Das Wohnrecht

I. Begriff – Anwendung der Bestimmungen über die Nutznießung

Das Wohnrecht – dingliches Recht zum ausschließlichen oder hauptsächlichen Gebrauch von Räumlichkeiten zu Wohnzwecken[1] – steht der Nutznießung an einem Wohnhaus oder an Wohnräumlichkeiten sehr nahe (diese Nutznießung erlaubt den Gebrauch der Liegenschaft zu andern Zwecken als der Bewohnung ebenso wenig wie das Wohnrecht, denn dadurch würde die Zweckbestimmung der Sache verändert: Art. 769 Abs. 1 ZGB). Das Wohnrecht kennzeichnet sich vorab durch seinen **höchstpersönlichen** Charakter, welcher in jedem Fall nicht nur die Übertragung oder Pfändung des dinglichen Rechts sondern auch der Ausübung desselben ausschließt (vgl. Art. 758 ZGB)[2]. Der höchstpersönliche Charakter verlangt ferner, daß das Recht der Befriedigung persönlicher Bedürfnisse seines Inhabers (und anderer Benützer) dient, was voraussetzt, daß der Berechtigte eine natürliche Person ist[3]. Das Wohnrecht übt sich immer in Wohnräumlichkeiten aus und kann deshalb nur begründet werden, wenn die Liegenschaft, welche Gegenstand dieses Rechtes ist, solche Wohnräumlichkeiten enthält; jedoch kann das durch die Dienstbarkeit belastete Recht nicht nur das ausschließliche Eigentum am Grundstück sein, sondern auch das Stockwerkeigentum oder ein als Grundstück ins Grundbuch aufgenommenes

---

[1] Der nebensächliche Gebrauch einer Wohnung, um darin eine berufliche Tätigkeit auszuüben, ist nicht ausgeschlossen: siehe LEEMANN, N. 12 zu Art. 776 ZGB; MUGGLIN, S. 47; HEINZ, S. 49. Wenn eine solche Tätigkeit im Errichtungsvertrag nicht vorgesehen ist, kann sie dagegen die durch die Servitut auferlegte Last nicht erheblich steigern.

[2] Siehe WIELAND, N. 3 zu Art. 776 ZGB; LEEMANN, N. 4 zu Art. 777 ZGB; HEINZ, S. 15–16. Im Rahmen von Art. 649c ZGB könnte man sich eine zwangsweise Zession der Nutznießungsausübung, nicht jedoch der Ausübung eines Wohnrechtes, denken. Man muß jedoch eher annehmen, daß ausschließlich ein Entzug dieser beiden Rechte, die somit gleichgestellt sind, in Frage kommt. Siehe insbes. MEIER-HAYOZ, N. 27–30 zu Art. 649c ZGB.

[3] So HEINZ, S. 45–46; a.A. MUGGLIN, S. 39, welcher das Wohnrecht auch einer juristischen Person gewähren will, was praktisch dazu führt, daß das Verbot der Übertragbarkeit dieses Rechts oder der Ausübung desselben umgangen wird.

Baurecht[4]; eine Fahrnisbaute (Art. 677 ZGB) kann lediglich Gegenstand einer Nutznießung sein. Man nimmt an, daß das Wohnrecht ein akzessorisches Recht auf Benützung des Gartens oder Gemüsegartens des belasteten Hauses verleihen kann[5].

Ob in einem konkreten Fall eine Nutznießung oder ein Wohnrecht vorliegt, ist eine Frage der Auslegung. Ist das Recht – unter Lebenden oder als Verfügung von Todes wegen – mittels einer öffentlichen Urkunde begründet worden, darf man sich in der Regel auf die verwendeten Ausdrücke verlassen. Besteht der Rechtstitel dagegen in einem handschriftlichen (oder mündlichen) Testament, so ist die Auslegung häufig schwieriger[6]. Sind das Gebäude oder die belasteten Räumlichkeiten offensichtlich viel größer, als dies die Bedürfnisse des Berechtigten (und seiner Nächsten) erfordern, darf man annehmen, daß es sich trotz der verwendeten Ausdrücke um eine Nutznießung und nicht um ein Wohnrecht handelt[7]; ebenso wenn beispielsweise der Rechtstitel vorsieht, daß der Berechtigte den Gegenstand des Rechtes vermieten kann.

Das Wohnrecht kann ausschließlich sein – in diesem Falle hat der Berechtigte allein ein Benützungsrecht am Haus oder an den belasteten Räumlichkeiten – oder es kann ein Mitbenutzungsrecht, gemeinsam mit dem Eigentümer, am Haus, an den belasteten Räumlichkeiten oder einem Teil derselben verleihen. Beschränkt sich das Wohnrecht auf einen Teil des Gebäudes und bestehen Einrichtungen, welche zum gemeinschaftlichen Gebrauch bestimmt sind, verleiht das Wohnrecht dem Inhaber gemäß Art. 777 Abs. 3 ZGB bei Fehlen einer gegenteiligen Abmachung ein Mitbenutzungsrecht an diesen Einrichtungen (Treppenhaus, Waschküche, Brunnen usw.).

Die Regeln über die Nutznießung finden mangels gegenteiliger Bestimmungen auch auf das Wohnrecht Anwendung. Außer der Tatsache, daß es nach der geltenden Gesetzgebung kein direkt von Gesetzes wegen entstehendes Wohnrecht gibt (vgl. Art. 747 ZGB), betrifft der Unterschied zur Nutznießung zwei Punkte: die sich aus dem höchstpersönlichen Charakter des Wohnrechts ergebenden Folgen (der Berechtigte muß eine natürliche Person sein; die Zession der Ausübung dieses Wohnrechtes ist unzulässig; der Umfang des Rechts wird in Art. 777 ZGB bestimmt) und die mit der Berechtigung verbundenen Lasten (Art. 778 ZGB). Man kann hinzufügen, daß der Eigentümer, falls der Berechtigte die Liegenschaft in unerlaubter Weise benützt, zwar Sicherheiten, ja sogar die Räumung vom Berechtigten verlangen kann, jedoch nicht die Ernennung eines amtlichen Verwalters (Art. 762 ZGB)[8].

---

[4] Vgl. oben § 87, II, III; § 90, III; § 93, V und § 94.
[5] WIELAND, N. 2 in fine zu Art. 777 ZGB; HEINZ, S. 54; BGE 52 II, 1926, S. 124 ff. = JT 1926 I, S. 485 ff.
[6] Siehe z. B. BGE 91 II, 1965, S. 94 ff.
[7] WIELAND, N. 2 zu Art. 777 ZGB.
[8] WIELAND, N. 3 zu Art. 776 ZGB; LEEMANN, N. 21 zu Art. 776 ZGB; HEINZ, S. 80 und Anm. 36.

II. Umfang des Wohnrechts

Im Rechtstitel (Rechtsgeschäft unter Lebenden oder von Todes wegen) müssen Inhalt und Umfang des Wohnrechtes genau bestimmt werden. Nötigenfalls findet in dieser Beziehung eine Auslegung oder Ergänzung statt; genügt dies nicht, so müssen Bestimmungen dispositiv-rechtlicher Natur aufgestellt werden. Wird ein Wohnrecht ohne nähere Angaben verliehen, so darf angenommen werden, es handle sich um ein ausschließliches Recht. Der Inhaber ist im Prinzip allein befugt, die belasteten Räumlichkeiten zu benützen; immerhin, sieht der Grundvertrag nichts Gegenteiliges vor, ist der Berechtigte befugt, die Benützung von Anfang an oder nachträglich mit seinen nächsten Verwandten oder Hausangestellten zu teilen (Art. 777 Abs. 2 ZGB); so kann er zusammen mit seiner Frau – oder seiner Konkubine –, seinen Kindern und seiner Schwiegermutter wohnen, jedoch darf er keine Pensionäre bei sich aufnehmen; dies schließt natürlich die gelegentliche Beherbergung von Besuchern nicht aus; das Kriterium für das, was in dieser Beziehung normal und somit zulässig ist, liefern Sitte und Brauch sowie die besonderen Umstände des Falles. Der Grundvertrag kann den Berechtigten auch ermächtigen, eine oder mehrere Personen, welche nicht Verwandte oder Hausangestellte sind, bei sich aufzunehmen.

Die den Umfang des Wohnrechtes bestimmenden Bedürfnisse sind somit diejenigen des Berechtigten und der Personen, welche letzterer bei sich aufnehmen darf (Art. 777 Abs. 2 ZGB). Diese Bedürfnisse können zudem ändern: beispielsweise wenn der Berechtigte krank wird, sich verheiratet, Kinder hat etc.[9]. Die Regel, wonach der Umfang des Rechts durch die Bedürfnisse der Personen, welche befugt sind, die Räumlichkeiten zu benutzen, bestimmt wird, ist zwingend; die Bestimmung der befugten Personen dagegen ist Sache der Parteien, da Art. 777 Abs. 2 ZGB dispositivrechtlicher Natur ist.

III. Die mit dem Wohnrecht verbundenen Lasten

Nach der Rechtsprechung des Bundesgerichtes[10] regelt Art. 778 ZGB die Frage der Lastentragung abschließend, wenn keine gegenteilige Abmachung vorliegt. Danach trägt der Wohnberechtigte einzig die Last des **gewöhnlichen Unterhalts** (die Bedeutung ist hier die gleiche wie bei der Nutz-

---

[9] So LEEMANN, N. 8 zu Art. 777 ZGB; a.A. WIELAND, N. 1 in fine zu Art. 777 ZGB, welcher nur die Bedürfnisse, die bei der Errichtung bestanden, berücksichtigt.
[10] BGE 52 II, 1926, S. 124 ff. = JT 1926 I, S. 485 ff. Erw 2.

nießung[11]). Außerdem hat der Inhaber eines Wohnrechts diese Last nur insofern und in dem Umfang zu tragen, als sein Recht ausschließlich ist; die Kosten für den Unterhalt des Hauses oder der zu gemeinschaftlichem Gebrauch mit dem Eigentümer bestimmten Räumlichkeiten hat letzterer zu tragen. Der Inhaber eines Wohnrechtes hat deshalb weder die Zinsen der durch eine Grundpfandverschreibung an der Liegenschaft gesicherten Schulden zu bezahlen, noch die die Liegenschaft betreffenden Steuern und andere Abgaben (welche natürlich den Preis – Gebühren und Preis stricto sensu – von Elektrizität, Wasser oder Gas, das er konsumiert, nicht umfassen); er ist auch nicht verpflichtet, die Sache zu versichern.

Die Kommentatoren[12] sprechen sich dagegen für die Anwendung der Bestimmungen über die Nutznießung aus, wenn das Wohnrecht sich auf ein ganzes Haus bezieht; sie scheinen somit der Auffassung zu sein, daß Art. 778 ZGB diesen Fall nicht betrifft. Unserer Meinung nach ist dem Bundesgericht beizupflichten[13], was vor allem der französische Text von Art. 778 ZGB zeigt, der ausdrücklich den Fall eines ausschließlichen Wohnrechtes an einem Haus erwähnt; im übrigen würde die von den Kommentatoren vorgeschlagene Differenzierung, je nachdem, ob sich das Wohnrecht auf ein ganzes Haus oder auf einen Teil desselben bezieht, zu allzu großen Unterschieden führen.

Obwohl die Last betreffend den Unterhalt, welche der Wohnberechtigte zu tragen hat, sie von der entsprechenden Pflicht des Nutznießers unterscheidet, finden die Bestimmungen über die Nutznießung Anwendung in bezug auf die Sanktionen der gewöhnlichen Unterhaltungspflicht sowie die Pflicht, den Eigentümer zu benachrichtigen, wenn wichtige Arbeiten vorzunehmen sind, und deren Vornahme zu gestatten (Art. 764 Abs. 2 ZGB), sowie die Befugnis, diese Arbeiten auf Kosten des Eigentümers vornehmen zu lassen, wenn letzterer keine Abhilfe schafft (Art. 764 Abs. 3 ZGB).

---

[11] Vgl. oben § 96, II.
[12] WIELAND, N. 2 zu Art. 778 ZGB; LEEMANN, N. 6 zu Art. 778 ZGB; so auch HEINZ, S. 76.
[13] So MUGGLIN, S. 55–57, und HANS SCHMID, in SJZ 22, 1925/26, S. 145 ff., insbes. S. 146, Ziff. 2.

Viertes Kapitel

Die Grundlast

Literatur: G. EGGEN, Die Verbreitung von Grundlast und Gült, SJZ 63, 1967, S. 285 ff.; P. LIVER, Über die Formen der Begründung und Übertragung von dinglichen Rechten an Grundstücken, ZBGR 26, 1945, S. 65 und 121 ff.; B. MAYR VON BALDEGG, Die Gegenleistung beim Baurecht, Diss. Bern, Abh. schweiz. R 144, Bern 1938; U. NEUENSCHWANDER, Die Leistungspflichten der Grundeigentümer im französischen Code civil und im schweizerischen ZGB unter besonderer Berücksichtigung des Nachbarrechts, Diss. Bern, Zürich 1966; TH. PESTALOZZI, Die Grundlastleistungen nach dem schweizerischen ZGB, Diss. Zürich 1925; A. H. SCHATZMANN, Eintragungsfähigkeit der dinglichen Rechte und Prüfungspflicht des Grundbuchverwalters, Diss. Bern, Abh. schweiz. R 148, Bern 1939; K. SPIRO, Die Begrenzung privater Rechte durch Verjährungs-, Verwirkungs- und Fatalfristen, 2 Bde., Bern 1975; P. TURIN, De la nature juridique des charges foncières, Diss. Lausanne 1916; M. WISMER, Die Grundlasten und ihre Ablösung im Stande Luzern, Diss. Bern 1942.

§ 102. Der schweizerische Begriff der Grundlast

I. Definition und Rechtsnatur

Die Grundlast ist eine Obligation propter rem[1], die nur durch ein dingliches Verfügungsrecht über das belastete Grundstück gesichert ist[2], ohne persönliche Haftung des Schuldners. Die Gläubiger-Eigenschaft kann an das Eigentum eines herrschenden Grundstücks geknüpft sein (Art. 782 Abs. 2 ZGB): prädiale Grundlast, oft Realgrundlast genannt im Gegensatz zur Personalgrundlast. Das belastete Grundstück kann eine Liegenschaft,

---

[1] Vgl. MEIER-HAYOZ, System. Teil, N. 150 ff.
[2] Schon J. KOHLER, Pfandrechtliche Forschungen, Jena 1882, S. 58–59, schrieb: «Die Reallasten sind ... als obligationes in rem scriptae, verbunden mit pfandhafter Belastung zu konstruieren». Zu Unrecht betrachtet LEEMANN, N. 4 in fine der Vorbem. zu Art. 782–792, das dingliche Recht als Basis der Grundlast.

ein Miteigentumsanteil oder ein als Grundstück ins Grundbuch aufgenommenes selbständiges und dauerndes Recht sein [3].

Das Grundstück (in diesem umfassenden Sinn) kann nicht herrenlos sein, da mangels eines Schuldners die sichergestellte Forderung nicht bestehen kann (im Gegensatz zur herrschenden Lehre [4], die zu Unrecht die Grundlast wie eine Grunddienstbarkeit behandelt); wird aber ein mit einer Grundlast belastetes Grundstück derelinquiert, ohne daß die Grundlast im Grundbuch gelöscht wird, lebt sie wieder auf, sobald das Grundstück in Besitz genommen wird (Art. 658 ZGB). Die Grundlasten auf Grundstücken der öffentlichen Hand werden durch das öffentliche Recht geregelt; insbesondere muß das Bundesgesetz vom 4. Dezember 1947 über die Schuldbetreibung gegen Gemeinden und andere kantonalrechtliche Gemeinwesen, insofern als es sich auf Pfandrechte bezieht (Art. 10) [5], auf Grundlasten angewendet werden.

Das dingliche Verfügungsrecht ist genau dasselbe wie beim Grundpfand; es gestattet dem Gläubiger, der nicht befriedigt wurde, die Verwertung des Grundstücks zu verlangen und sich aus dem Erlös bezahlt zu machen. Der Unterschied zur Grundpfandverschreibung und zum Schuldbrief betrifft nur die sichergestellte Forderung, da die Schuldner-Eigenschaft an das Eigentum am belasteten Grundstück geknüpft (Art. 792 und 851 ZGB) und die persönliche Haftung (Vollstreckung ins Vermögen des Schuldners) ausgeschlossen ist (Art. 782 Abs. 1 und 791 Abs. 1 ZGB) [6]. Überdies muß bei der privatrechtlichen Grundlast die Leistung sich aus der wirtschaftlichen Natur des belasteten Grundstücks ergeben oder für die wirtschaftlichen Bedürfnisse des berechtigten Grundstücks bestimmt sein (Art. 782 Abs. 3 ZGB). In diesem Punkt unterscheidet sich die Grundlast von der Gült (welche der Gesetzgeber ausdrücklich als Grundlast und Grundpfand zugleich betrachtet: Art. 785 und 847 ZGB), die nur die Zahlung eines geliehenen Kapitals (und dessen Zinsen) sicherstellen kann.

Überdies ist festzuhalten, daß auch die Grundlast die Zahlung eines Betrages sicherstellt, welcher der oder den vom Schuldner nicht erbrachten Leistung(en) entspricht (wohingegen die Gült lediglich Kapital sicherstellt und nicht die kapitalisierten Zinsen). Dieser Betrag, der durch Zwangsverwertung des Grundstücks eingebracht werden kann, steht aber ebensowenig im Zusammenhang mit der wirtschaftlichen Natur des belasteten oder berechtigten Grundstücks wie die durch die Gült sichergestellte Forderung.

Da kein Artenunterschied besteht zwischen dem dinglichen Recht beim Pfand und bei der Grundlast, gelten die allgemeinen Vorschriften über das Grundpfand (Art. 794–823 ZGB; vgl. dazu die Erörterungen bezüglich des Grundpfandes in der Darstellung des Pfandrechts im vorliegenden Werk [7]) auch für die Grundlasten, außer sie seien durch Sondervorschriften ersetzt

---

[3] Vgl. oben § 90, III.
[4] LIVER, Zürcher Kommentar, Einleitung, S. 13, N. 22; MEIER-HAYOZ, N. 14 zu Art. 658 ZGB.
[5] Siehe auch MEIER-HAYOZ, N. 72–81 zu Art. 664 ZGB.
[6] Wie auch kein Versatzpfand: Art. 910 Abs. 2 ZGB.
[7] Vgl. H. P. FRIEDRICH in Schweiz. Privatrecht V/2 (in Vorbereitung).

(deren Inhalt ihnen übrigens sehr nahe steht)[8]: Art. 794 ist durch Art. 783 Abs. 2 ersetzt; Art. 795 ist gegenstandslos (vgl. Art. 785); Art. 799 ist durch Art. 783 ersetzt, Art. 801 durch Art. 786 und Art. 807 durch Art. 790 ZGB; schließlich stellt Art. 812 ZGB die Pfandrechte in Gegensatz zu den Dienstbarkeiten und Grundlasten und läßt das System der festen Pfandstelle nur für erstere gelten (Art. 813 ZGB). Andererseits regeln die Vorschriften des OR ganz allgemein die sichergestellten Forderungen[9].

Dagegen unterscheidet sich die Grundlast ihrer Art nach stark von der Dienstbarkeit, und die Art. 730–744 und 781 ZGB lassen sich auf sie nur insoweit analog anwenden, als sie allgemeingültige Grundsätze betreffend die beschränkten dinglichen Rechte enthalten und nicht besondere Bestimmungen über die Dienstbarkeiten.

Zu Unrecht behandeln LEEMANN[10] und TUOR[11] die Grundlast als Mittelstufe zwischen der Dienstbarkeit und dem Grundpfand und schlägt LEEMANN[12] daher vor, die Art. 730–744 ZGB unter dem gleichen Titel wie die Art. 794–823 ZGB analogerweise auf die Grundlast anzuwenden[13]. LEEMANN[14] erkennt drei der Grundlast und der Dienstbarkeit gemeinsame Eigenschaften: sie seien – im Gegensatz zum Pfand im allgemeinen – vom Bestand einer Forderung unabhängig; sie verminderten wirtschaftlich für den Eigentümer den Wert des eigenen, belasteten Grundstücks; außerdem würden sie, in der Regel, periodisch ausgeübt. Die beiden letzteren Eigenschaften werden auch von TUOR anerkannt.

Zu behaupten, die Grundlast sei von einer Forderung unabhängig, ist jedoch ungenau: wie bei der Grundpfandverschreibung und beim Schuldbrief entsteht, erlischt und überträgt sich das dingliche Verfügungsrecht zugleich mit der sichergestellten Forderung (der Hauptunterschied ist, daß ohne das dingliche Recht für die Forderung keine Sicherheit bestünde und sie daher praktisch wertlos wäre). Übrigens hat die Gült, die dritte Art Grundpfand unseres Gesetzes, genau die gleiche Rechtsstruktur wie die Grundlast. Die Dienstbarkeit dagegen hängt nicht von einer Forderung ab.

Man kann auch nicht sagen, die Grundlast schmälere den Wert des belasteten Grundstücks für dessen Eigentümer. Einerseits kann die Grundlast in Dienstleistungen zugunsten des herrschenden Grundstückes bestehen (Unterhalt eines Weges, Kanals usw.), und in diesem Fall wird offensichtlich der Wert des belasteten Grundstücks nicht gemindert (in diesem Punkt sind unsere Autoren wohl durch Ansichten in der deutschen Rechtslehre beeinflußt, wonach die Leistungen immer aus dem Ertrag des belasteten Grundstückes erbracht werden: § 1105 des deutschen Bürgerlichen Gesetzbuches[15]). Andererseits ist nicht einzusehen, weshalb die Erbringung einer periodischen Geldleistung den Wert des belasteten Grundstückes vermindern sollte, nicht dagegen die Zahlung der durch ein Grundpfand gesicherten Geldsumme. Schließlich und vor allem ist es bei der Dienstbarkeit die Ausübung derselben, welche den Wert des dienenden Grundstücks mindert, während diese (angebliche) Minderung bei der Grundlast auf der Erfüllung einer persönlichen Verpflichtung beruht.

---

[8] So WIELAND, N. 3–4 zu Art. 782 ZGB.
[9] WIELAND, N. 3a zu Art. 782 ZGB; LEEMANN, N. 59 zu Art. 782 ZGB.
[10] N. 6–23 Vorbem. zu Art. 782–792 ZGB.
[11] TUOR/SCHNYDER, S. 582.
[12] N. 56–58 zu Art. 782 ZGB.
[13] Siehe auch MEIER-HAYOZ, System. Teil, S. 77, N. 146.
[14] N. 12–13 Vorbem. zu Art. 782–792 ZGB.
[15] Siehe die Kritik dieser Theorien im deutschen Recht von TURIN, S. 162–167, und von PESTALOZZI, S. 134–137.

Was den wiederkehrenden Charakter der Ausübung des Rechts betrifft (auch hier wird die Ausübung des dinglichen Dienstbarkeitsrechts der Erfüllung einer persönlichen, durch Grundlast sichergestellten, Verpflichtung gleichgestellt), so ist dieser keineswegs wesentlich und kann sehr gut ganz fehlen; überdies erfolgen Abzahlungen und Zinszahlungen von grundpfandgesicherten Forderungen ebenso wiederkehrend.

Wir haben gesehen[16]: wirft das Grundstück nicht genügend Erträgnisse ab, um die Gläubiger zweier Grundlasten zu befriedigen (z. B. ermöglicht die Quelle auf dem Grundstück dem Eigentümer nicht, die ganze zugesagte Wassermenge zu liefern), besteht keine Kollision in der Ausübung zweier dinglicher Rechte sondern von zwei Forderungen. Ganz anders liegt der Fall, wenn es sich nicht um Grundlasten, sondern um Dienstbarkeiten handelt (Quellenrechte z. B.): dann kollidieren zwei dingliche Rechte und das im Rang vorgehende obsiegt.

Der Gesetzgeber selber hat auf sehr fragwürdige Weise[17] die Grundlast der Dienstbarkeit angenähert, namentlich indem er einen Besitz von Grundlasten gleich demjenigen von Dienstbarkeiten annimmt, welcher in der «tatsächlichen Ausübung des Rechtes» besteht (Art. 919 Abs. 2 ZGB). In Wirklichkeit besteht nur der Besitz einer Dienstbarkeit in der Ausübung eines dinglichen Rechtes; für die Grundlast kann es sich lediglich um die Erbringung der Leistung durch den Schuldner handeln[18,19]; diese «Ausübung des Rechtes» besteht genauso, wenn durch Grundpfandverschreibung oder Schuldbrief sichergestellte Annuitäten oder Zinsen bezahlt werden. Betrachtet man Art. 919 Abs. 2 ZGB, soweit er sich auf Grundlasten bezieht, nicht einfach als ungeschrieben – was wir gerne täten –, so schafft diese Vorschrift, ohne daß der Gesetzgeber es offenbar recht gemerkt hätte, den im schweizerischen Recht einmaligen Fall von Besitz einer Forderung. OSTERTAG[20] und HOMBERGER[21] nehmen Besitz nur bei Prädial-Grundlasten an. Unserer Ansicht nach gilt jedoch Art. 919 Abs. 2 ZGB entsprechend dem Buchstaben des Gesetzes auch für persönliche Grundlasten. Es stellt sich das gleiche Problem wie bei den Dienstbarkeiten[22].

Der Besitz nach Art. 919 ff. ZGB besteht wie das dingliche Recht in einer Herrschaftsbefugnis, welche jedermann entgegengehalten werden kann. Der angebliche Besitz einer Grundlast jedoch beruht auf der Ausübung eines relativen Rechts, welches nur gegenüber dem Schuldner besteht. Wir glauben daher nicht, daß dem Gläubiger einer Grundlast die Besitzesklagen gegenüber einem

---

[16] Vgl. oben § 87, III 1a.
[17] Man kann verstehen, daß die 11 Artikel, welche den Grundlasten gewidmet sind, mit Rücksicht auf den beschränkten Umfang nicht in einem besonderen Titel des Zivilgesetzbuches, sondern mit den 51 Artikeln über die Dienstbarkeiten aufgeführt worden sind. Es wäre jedoch logischer gewesen, sie bei den Bestimmungen über die Pfandrechte einzureihen, obwohl diese sehr zahlreich sind. Dagegen ist es durchaus gerechtfertigt, die Dienstbarkeiten und Grundlasten in der gleichen Kolonne des Hauptbuches im Grundbuch einzutragen, da die Grundpfänder wegen ihrer großen praktischen Bedeutung für sich allein eine Kolonne beanspruchen.
[18] WIELAND, N. 3a zu Art. 919 ZGB; OSTERTAG, N. 30 in fine zu Art. 919 ZGB.
[19] HOMBERGER, N. 27 zu Art. 919 ZGB, fügt die Möglichkeit hinzu, das Recht auf Leistung gerichtlich oder in einer Betreibung geltend zu machen.
[20] N. 25 zu Art. 919 ZGB.
[21] N. 20, 24, 27 zu Art. 919 ZGB.
[22] Vgl. oben § 93, VI.

Dritten zustehen, der die Erbringung der Leistung des Schuldners erschwert oder verhindert; infolgedessen vermögen wir den Nutzen der Besitzesschutzmittel, welche das Gesetz dem Gläubiger zu gewähren scheint, nicht einzusehen.

II. Die Arten von Grundlasten

Die Grundlasten sind in der Schweiz selten[22a]. Es wurde bereits festgehalten, daß die Gläubiger-Eigenschaft einer bestimmten Person oder dem Eigentümer eines herrschenden Grundstückes als solchem zukommen kann. Im ersten Fall liegt eine Personalgrundlast vor, im zweiten eine sogenannte Real- oder, genauer gesagt, Prädialgrundlast. Diese Unterscheidung entspricht derjenigen zwischen Personaldienstbarkeiten und Grunddienstbarkeiten[23]. Durch die Prädialgrundlast kann namentlich eine Forderung begründet werden, die dem Eigentümer eines herrschenden Grundstückes zusteht, um eine Grunddienstbarkeit zu ergänzen (namentlich wenn die Verpflichtung nicht im Sinne von Art. 730 Abs. 2 ZGB nebensächlich ist).

Selbst wenn die Grundlast juristisch ein Akzessorium der Dienstbarkeit ist, unterscheidet sie sich in verschiedener Hinsicht von der nebensächlichen Verpflichtung nach Art. 730 Abs. 2 ZGB: es besteht keine persönliche Haftung des Schuldners; wirtschaftlich kann die Leistung die Hauptlast darstellen[24]; im Gegensatz zur Grundlast muß sich bei der Dienstbarkeit die Verpflichtung weder aus der wirtschaftlichen Natur des belasteten Grundstücks ergeben noch für die wirtschaftlichen Bedürfnisse des herrschenden Grundstücks im Sinne von Art. 782 Abs. 3 ZGB bestimmt sein. Ein Beispiel hierfür ist die nebensächliche Verpflichtung zum Unterhalt eines Werkes (Anlegung von Kanälen) auf einem Grundstück, welches dem Inhaber einer persönlichen Servitut (Quellenrecht) gehört, um die Ausübung dieser Servitut zu erleichtern. Dagegen kann die Grundlast, wie die nebensächliche Verpflichtung, unablösbar sein, wenn sie mit einer Dienstbarkeit verbunden ist (Art. 788 Abs. 3 ZGB)[25].

Wie die Dienstbarkeiten, so können auch die Grundlasten zugunsten der Öffentlichkeit oder bestimmter Personengruppen bestellt werden. So kann z. B. eine Grundlast, welche zugunsten einer Gemeinde errichtet worden ist, den Eigentümer des belasteten Grundstücks verpflichten, dieses als der Öffentlichkeit zugänglichen Park zu unterhalten. Oder ein Elektrizitätswerk ist durch Grundlast verpflichtet, den Einwohnern einer Gemeinde zu einem bestimmten Tarif elektrischen Strom zu liefern. In obligationenrechtlicher Hinsicht kann ein – vollständiger oder unvollständiger – Vertrag zugunsten Dritter angenommen werden (Art. 112 Abs. 1 und 2 OR) mit oder ohne direkten Anspruch des Dritten auf die Leistung. Aber auf jeden Fall steht nur der Gemeinde als Inhaberin des dinglichen Rechts der Anspruch auf Zwangsverwertung des belasteten Grundstücks zu.

Die Gült ist eine Grundlast, welche vom Gesetzgeber unter die Grundpfänder eingereiht worden ist und im vorliegenden Werk mit diesen behandelt wird[26]. Wie die andern Grundlasten untersteht sie teilweise den Art. 782–792 ZGB sowie den allgemeinen Bestimmungen über das Grund-

---
[22a] Siehe Eggen, in SJZ 63, 1967, S. 285 ff.
[23] § 89, I.
[24] Vgl. oben § 89, IV.
[25] Vgl. unten § 103, IV in fine.
[26] Siehe Kommentar Wieland und Leemann zu Art. 847 ff. ZGB.

pfandrecht (Art. 794–823 ZGB) und teilweise Spezialregeln (Art. 847–874 ZGB), namentlich was ihre Verkörperung in einem Wertpapier, die Höchstbelastung und die Natur des belasteten Grundstücks betrifft. Um die Umgehung der Art. 847, 848, 850 und 854 ZGB durch Bestellung einer Grundlast zu verhindern, welche ein geliehenes oder kreditiertes Kapital samt Zinsen sicherstelle, unterwirft Art. 785 ZGB eine solche Grundlast den Vorschriften über die Gült[27]. Das dingliche Recht entsteht daher nur, wenn die Voraussetzungen zur Errichtung einer Gült erfüllt sind (namentlich die in Art. 847 und 848 ZGB genannten)[28]; trifft dies zu, so wird das dingliche Recht durch Eintragung im Grundbuch begründet (Art. 856 Abs. 2 ZGB).

Die Parteien können die Anwendung von Art. 785 ZGB ausschließen, indem sie vereinbaren, daß ihr Vertrag wirkungslos sein soll, wenn das Recht, das sie begründen wollten, nicht den Vorschriften über die Grundlasten gewöhnlicher Art untersteht. Man kann zur Diskussion stellen, ob auf Grund des hypothetischen Willens gleichen Inhalts (nämlich: die Parteien hätten lieber gar nichts vereinbart als die Anwendung der Bestimmungen über die Gült, wenn sie sich bei Vertragsabschluß diese Frage vorgelegt hätten) die Anwendung von Art. 785 ZGB ebenfalls ausgeschlossen werden kann. Wir neigen dazu, dies zu bejahen[29].

Die öffentlich-rechtlichen Grundlasten (Art. 784 ZGB) sind wie die gesetzlichen, öffentlich-rechtlichen Grundpfandrechte (Art. 836 ZGB) dem öffentlichen Recht unterstellt; die Regelung in bezug auf das Grundbuch erfolgt jedoch durch das Zivilrecht. Dieses sieht vor, daß die Eintragung zur Entstehung des Rechts nicht erforderlich ist, sondern daß dieses unmittelbar kraft Gesetzes entsteht. Die Kantone (oder der Bund) können die Anmerkung dieser Lasten im Grundbuch vorsehen. Sie können ebenfalls verlangen, daß die kraft Gesetzes entstandene Grundlast innert bestimmter Frist im Grundbuch eingetragen wird, andernfalls sie erlischt (sog. konservative Eintragung). Schließlich kann das öffentliche Recht dem Gläubiger (Körperschaft oder öffentlich-rechtliche Anstalt) auch einen lediglich persönlichen Anspruch auf Eintragung zuerkennen (Art. 784 Abs. 2 ZGB), in welchem Fall die Eintragung konstitutive Wirkung hat. Der Rang, der nicht notwendigerweise privilegiert sein muß, wenn keine Eintragung vorliegt[30], die Ablösung, die Verjährung, die Art der Leistungen sind durch das öffentliche Recht geregelt, während das Zivilrecht in anderen Punkten subsidiär angewendet werden kann.

---

[27] Wenn die Bezahlung des gesicherten Kapitals nicht im Zusammenhang mit der wirtschaftlichen Natur des belasteten Grundstückes steht und nicht für die wirtschaftlichen Bedürfnisse des herrschenden Grundstückes bestimmt ist (vgl. unten IV), so scheidet die Anwendung der Art. 782 ff. ZGB bereits auf Grund von Art. 782 Abs. 3 ZGB aus und Art. 785 ZGB ist bedeutungslos.
[28] LEEMANN, N. 7–8 zu Art. 785 ZGB.
[29] Siehe PIOTET, Le complètement judiciaire du contrat in ZSR 80 I, 1961, S. 367 ff., insbes. S. 385 ff.
[30] Vgl. PIOTET in ZBGR 44, 1963, S. 75 ff.; a.A. LEEMANN, N. 27 zu Art. 784 ZGB; vgl. auch WIELAND, N. 3 zu Art. 784 ZGB.

III. Die sichergestellte Verpflichtung und die Zwangsvollstreckung

Das Schuldverhältnis, aus welchem namentlich die einzelnen Forderungen auf zukünftige Leistungen entstehen, muß von der Verpflichtung, eine ein zelne Leistung zu erbringen, unterschieden werden; diese klassische Unterscheidung aus dem Obligationenrecht gilt für die Grundlast, denn das Fehlen der persönlichen Haftung des Schuldners und der Charakter propter rem der Verpflichtung ändern diesbezüglich nichts. Die Grundforderung wird stets durch das dingliche Verfügungsrecht gesichert; das Recht auf die einzelne Leistung dagegen nur während drei Jahren ab ihrer Fälligkeit (Art. 791 Abs. 2 ZGB[31]; Art. 816, 817 und 818 Ziff. 1 und 2 ZGB – Ablösungsbetrag – sind ebenfalls anwendbar). Nach dieser Frist wandelt sich die Pflicht zur Erbringung einer einzelnen Leistung in eine gewöhnliche Schuldverpflichtung derjenigen Person um, die in diesem Zeitpunkt Eigentümer des belasteten Grundstücks ist (der Charakter propter rem geht unter, und es entsteht eine persönliche Haftung des Schuldners). Die Grundforderung und das Recht auf eine einzelne Leistung sind unverjährbar, solange sie durch das dingliche Verfügungsrecht gesichert sind (Art. 790 ZGB), während die üblichen Bestimmungen gelten bezüglich des Rechts auf die einzelne Leistung, welches nach drei Jahren zu einer gewöhnlichen Forderung geworden ist; die Verjährung beginnt von diesem Augenblick an zu laufen. So verjährt der Anspruch auf eine einzelne Leistung periodischer Art in 5 Jahren (Art. 128 OR) ab Ende der dinglichen Sicherung, d.h. im Ganzen nach 8 Jahren ab Fälligkeit.

Analog zu Art. 807 ZGB und wegen der ratio legis (die darin besteht, daß die Eintragung im Grundbuch das Recht erkennbar für alle macht und die Verjährung verhindert[32]), ist nur die eingetragene Grundlast unverjährbar.

Zwei Grundlasten können gegenseitig sein. Es besteht dann Forderung und Gegenforderung, so daß jeder Schuldner – ohne die Zwangsvollstreckung fürchten zu müssen – die Leistung bei Ausbleiben der Gegenleistung verweigern kann[33].

Die Grundschuld als solche ist nie Gegenstand der Zwangsvollstreckung; aber im Fall der Ablösung[34] (namentlich wenn drei Jahres-Leistungen nicht erbracht wurden: Art. 787 Ziff. 3 ZGB) kann der Gläubiger durch Verwertung des belasteten Grundstücks den Gesamtwert der Grund-

---

[31] In diesem Punkte unterscheidet sich die Lösung von derjenigen nach Art. 818 Ziff. 3 ZGB: so LEEMANN, N. 11 zu Art. 791 ZGB; a.A. WIELAND, N. 1 zu Art. 791 ZGB.
[32] LEEMANN, N. 2 zu Art. 790 ZGB.
[33] LEEMANN, N. 34 zu Art. 782 ZGB.
[34] Vgl. unten § 103, IV 2.

last für sich beanspruchen – die damit erlischt – ebenso wie die verfallenen dinglich gesicherten Einzelleistungen und die Verzugszinsen. Die Verwertung erfolgt in Form der Betreibung auf Pfandverwertung.

Um die Zahlung einer einzelnen Geldleistung (und der Verzugszinsen) zu erreichen, muß der Gläubiger ebenfalls auf dem Wege der Pfandverwertung betreiben; er erhält den geschuldeten Betrag; der Rest des Zuschlagspreises geht an den betriebenen Schuldner, der das Eigentum am Grundstück verliert. Der Ersteiger erwirbt das Grundstück, belastet mit der Grundlast.

<small>Zu Unrecht will LEEMANN[35] hier Art. 41 Abs. 2 SchKG anwenden. Abgesehen davon, daß diese Vorschrift gemäß Bundesgericht eine ganz bestimmte Art von Geldleistungen betrifft[35a], gestattet sie dem Gläubiger, den Schuldner bezüglich aller seiner Vermögenswerte in Betreibung zu setzen, sei es auf dem Wege der Pfändung oder des Konkurses (Abweichung vom Prinzip des beneficium excussionis realis des Art. 41 Abs. 1 SchKG). Dies ist aber bei der Grundlast ausgeschlossen, da der Schuldner gemäß Art. 782 Abs. 1 ZGB ausschließlich mit dem belasteten Grundstück haftet und allein dieses Grundstück verwertet werden kann (Art. 791 Abs. 1 ZGB).</small>

Handelt es sich um Einzelleistungen in Naturalien oder Arbeit, kann mittels der – einzig möglichen – Grundpfandverwertung nur Schadenersatz für Nichterfüllung verlangt werden, dessen Höhe im Streitfall vom Richter festgesetzt wird. Der Gläubiger kann auch um richterliche Ermächtigung nachsuchen, auf Kosten des Schuldners die betreffende Arbeit auszuführen oder ausführen zu lassen (Art. 98 OR), wobei die Kosten durch die Grundlast sichergestellt sind.

Natürlich wird der Anspruch auf eine Leistung, welche nicht mehr dinglich gesichert ist, zu einer gewöhnlichen Forderung; dann ist die Zwangsvollstreckung in Naturalien (gemäß kantonalem Prozeßrecht) oder die Vollstreckung in das gesamte Vermögen des Schuldners (gemäß SchKG: persönliche Haftung) möglich.

IV. Die geschuldete Leistung

Allgemein wird angenommen, die geschuldete Leistung sei positiv[36], könne einmalig oder wiederholt sein (im letzteren Fall in der Regel peri-

---

<small>[35] N. 16–17 zu Art. 791 ZGB.
[35a] BGE 63 III, 1937, S. 125 ff. = JT 1938 II, S. 51 ff.
[36] Zu Unrecht betrachtet die herrschende Lehre die auf Grund einer Realobligation geschuldete Leistung immer als positiv. Wir haben dies in ZBJV 1968, S. 77–78 nachgewiesen; siehe auch in jüngerer Zeit W. YUNG, Devoirs généraux et obligations, in: Mélanges SCHÖNENBERGER, Fribourg 1968, S. 177–178. Theoretisch könnte die Realobligation bei der Grundlast durchaus einen negativen Inhalt haben; jedoch findet sich in der Praxis kein solcher Fall und läßt sich auch kaum vorstellen.</small>

odisch), wobei allerdings die Annahme einer einzigen Leistung rein theoretisch zu sein scheint. Es kann sich nicht darum handeln, das belastete Grundstück zum Teil oder ganz zu veräußern oder darauf ein dingliches Recht zu bestellen[37]. Aber auch in diesem allgemeinen Rahmen ist es nicht gestattet, irgendwelche Forderung durch eine Grundlast sicherzustellen.

Erst die Expertenkommission hat die Einschränkungen in bezug auf den Inhalt der geschuldeten Leistung angebracht, welche gemäß Art. 782 Abs. 3 ZGB «sich entweder aus der wirtschaftlichen Natur des belasteten Grundstückes ergibt, oder die für die wirtschaftlichen Bedürfnisse eines berechtigten Grundstückes bestimmt ist». Wie WIELAND[38] sagt, «sollten damit rein persönliche Leistungen, wie namentlich die sog. Bierservituten und dergleichen ausgeschlossen werden». Die Gesetzesmaterialien geben aber in dieser Hinsicht kaum allgemeine und aufschlußreiche Präzisierungen[39].

Wie PESTALOZZI[40] sagt, muß die Leistung, so scheint es, im Zusammenhang mit dem belasteten oder mit dem berechtigten Grundstück stehen in dem Sinne, als die Benutzung des belasteten Grundstücks die Erbringung der Leistung besonders erleichtert oder die Leistung für die Benutzung des herrschenden Grundstücks besonders vorteilhaft ist.

«Aus der wirtschaftlichen Natur des belasteten Grundstücks» ergeben sich Leistungen, die darin bestehen, das belastete Grundstück zugunsten des Gläubigers der Grundlast zu bewirtschaften oder umzugestalten, z.B. auf dem belasteten Grundstück zugunsten des Gläubigers Installationen zu errichten oder zu unterhalten (Bau und Unterhalt eines Weges, der der Ausübung eines persönlichen Durchgangsrechtes des Gläubigers dient: im Gegensatz zur Verpflichtung von Art. 730 Abs. 2 ZGB ist in diesem Fall die Grundlast nicht ein Nebenrecht der Dienstbarkeit[41]). Inhalt der Leistung kann auch die Lieferung von Früchten, Erzeugnissen oder Energie sein, welche aus dem belasteten Grundstück, aus seinen Gebäuden, seinen Einrichtungen oder seiner wirtschaftlichen Zugehör (Vieh) stammen: die Verpflichtung des Eigentümers eines Waldes, an eine Sägerei Holz zu liefern, des Eigentümers eines landwirtschaftlichen Grundstücks, einer Schokoladefabrik Milch zu liefern oder einen Zuchtstier für eine Zuchtgenossen-

---

[37] So LEEMANN, N. 26–27 zu Art. 782 ZGB; PESTALOZZI, S. 137.
[38] N. 7 zu Art. 782 ZGB; siehe auch PESTALOZZI, S. 5–6.
[39] HOFFMANN, Berichterstatter im Ständerat, hat sogar Beispiele von Grundlasten angeführt, die durch den Entscheid der Expertenkommissionen ausgeschlossen scheinen: Sten. Bull. StR 16, S. 13–77.
[40] S. 137–138 und S. 157–158.
[41] Vgl. oben § 89, IV.

schaft zu halten. Oder der Inhaber eines selbständigen und dauernden Quellrechtes, welches als Grundstück ins Grundbuch aufgenommen ist, hat einer Gärtnerei ein gewisses Quantum Wasser zur Bewässerung zu liefern, ein Elektrizitätswerk einer Fabrik Strom, usw.[42].

Die herrschende Lehre nimmt an, daß Geldleistungen nicht nur möglich sind, wenn das belastete Grundstück direkt Geld abwirft (Miethaus, Hotel), sondern auch wenn die in Naturalien bestehenden Einkünfte verkauft werden können und das Grundstück somit indirekt Geld abwirft[43], oder sogar, wenn die Benutzung des belasteten Grundstücks seinem Eigentümer eine Auslage erspart, z.B. bei der Bewohnung des eigenen Hauses die Zahlung einer Miete[44]. Diese Auffassung dürfte richtig sein, doch muß das Geld immer aus den Erträgnissen des belasteten Grundstückes stammen. So kann die Zinsleistung eines ins Grundbuch als Grundstück aufgenommenen selbständigen und dauernden Baurechts[45] nur insofern Inhalt einer Grundlast sein, als das Baurecht die entsprechende Geldsumme abwirft (also auf jeden Fall nicht vor der Erstellung der geplanten Gebäude).

Entsprechend dem Willen der Expertenkommission kann auch unserer Meinung nach die Verpflichtung, eine Ware oder Energie (Wasser, Bier, Elektrizität usw.) bei diesem oder jenem Lieferanten zu beziehen, nicht als Grundlast eingetragen werden, da sie sich nicht «aus der wirtschaftlichen Natur des belasteten Grundstücks ergibt».

<small>PESTALOZZI behauptet das Gegenteil[46] mit der Begründung, daß in der Regel die Hauptleistung des Belasteten in diesem Falle die Zahlung des Preises sei (und nicht die Abnahme der regulär offerierten Lieferung), und daß diese Zahlung sich aus der wirtschaftlichen Natur des belasteten Grundstücks ergeben könne, wie soeben dargelegt worden ist. Vorerst fehlt der Beweis dafür, daß es genügt, wenn nur die Hauptleistung durch die Benutzung des belasteten Grundstücks erleichter wird. Überdies ist es keineswegs sicher, daß für die nachfolgenden Eigentümer des Grundstücks die Zahlungspflicht die Hauptleistung sei – und nicht vor allem die Verpflichtung, von einem bestimmten Lieferanten zu beziehen oder eine bestimmte Quantität zu kaufen. Darüber hinaus darf selbst nach PESTALOZZI[47] eine Geldleistung den Gewinn, der sich aus der Bewirtschaftung des belasteten Grundstücks ergibt, nicht übersteigen; aber der Bierpreis scheint für einen Wirt z.B. höher zu liegen als sein Ertrag aus der Bierstube. Was unserer Meinung nach eine solche Vereinbarung kennzeichnet, ist die Verpflichtung, sich an einen bestimmten Lieferanten und nicht an andere zu halten; die Erfüllung dieser Verpflichtung wird durch die Nutzung des belasteten Grundstücks nicht erleichtert; man kann übrigens bezweifeln, daß es sich dabei um eine «Leistung» im Sinne von Art. 782 Abs. 1 ZGB handelt.</small>

<small>[42] Siehe die von LEEMANN angegebenen Beispiele in SJZ 25, 1928/29, S. 33–36.
[43] Vgl. insbes. LEEMANN, N. 3–5 zu Art. 785 ZGB; SCHATZMANN, S. 68–69 und anscheinend BGE 53 II, 1927, S. 382 = JT 1928 I, S. 66ff. Erw 2 und 3; a.A. scheint LIVER, zu sein: N. 41–42 zu Art. 744 ZGB.
[44] PESTALOZZI, S. 142–143.
[45] Vgl. unten § 103, III 2.
[46] S. 143–149.
[47] S. 142.</small>

Wenn die Grundlast zugunsten eines herrschenden Grundstücks errichtet ist, können die Leistungen auch für dessen wirtschaftliche Bedürfnisse bestimmt sein, ohne daß sie sich aus der wirtschaftlichen Natur des belasteten Grundstücks ergeben müssen. Es handelt sich dabei um Leistungen, welche zum Vorteil des herrschenden Grundstücks selbst erbracht werden: Unterhalt, Verbesserung seiner Ertragsfähigkeit, Erleichterung seiner Benutzung[48]. Bei den oben erwähnten Beispielen kann die Leistung nicht nur aus den Erträgnissen des belasteten Grundstücks erbracht werden, sondern sie steht auch im Zusammenhang mit der Nutzung des herrschenden Grundstücks. Der Unterhalt eines Weges, einer Mauer usw. auf dem herrschenden Grundstück ist dagegen einzig für die Bedürfnisse dieses Grundstücks bestimmt.

Es kann auch eine Geldleistung geschuldet sein: z.B. ein Beitrag an die Kosten der Nivellierung des herrschenden Grundstücks, an die Ausbesserung eines Weges, an den Bau eines Werks usw.[49]. LEEMANN[50] will in diesem Rahmen die Zahlung des «Zinses» einer Grunddienstbarkeit rechtfertigen, wobei die Grundlast, welche diesen Zins sicherstellt, das herrschende Grundstück der Dienstbarkeit belastet und dem Eigentümer des dienenden Grundstücks geschuldet ist. Wir bezweifeln jedoch, daß die Zahlung des Zinses für die wirtschaftlichen Bedürfnisse des herrschenden Grundstücks bezüglich der Grundlast bestimmt ist; denn es handelt sich nicht um Leistungen zugunsten dieses Grundstücks selbst in dem von uns soeben dargelegten Sinne.

Sich eine Ware bei diesem oder jenem Lieferanten beschaffen zu müssen, kann unserer Ansicht nach ebenfalls nicht als eine Verpflichtung betrachtet werden, deren Erfüllung für die wirtschaftlichen Bedürfnisse des herrschenden Grundstücks bestimmt ist (andernfalls könnte auf diesem Wege eine Bier-Bezugspflicht gegenüber einer Brauerei usw. begründet werden); denn der Verkauf der Ware ist nicht Bewirtschaftung oder Benutzung des herrschenden Grundstücks. LEEMANN[51] kommt zum gleichen Schluß, indem er davon ausgeht, daß die Annahme einer Leistung nicht selber eine «Leistung» im Sinne von Art. 782 Abs. 1 ZGB sei, was uns aber fragwürdig erscheint.

Wie bei den Dienstbarkeiten kann die Leistung bestimmt oder unbestimmt sein, je nachdem ob sie von vornherein endgültig oder nur mit Bezug auf die Bedürfnisse des Gläubigers festgelegt wird. Die Interpretation betreffend Inhalt und Tragweite der Leistung unterliegt den Vorschriften des Art. 738 ZGB[52], welcher für die Dienstbarkeiten keine besondern Regeln aufstellt.

---

[48] WIELAND, N.7 in fine zu Art. 782 ZGB; LEEMANN, N. 53 zu Art. 782 ZGB.
[49] PESTALOZZI, S. 160–162.
[50] N. 52 zu Art. 782 ZGB.
[51] N. 28–29 zu Art. 782 ZGB; zustimmend: SCHATZMANN, S. 70 initio.
[52] Vgl. oben § 93.

Gehört die verabredete Leistung nicht zu denjenigen, welche das Gesetz zuläßt, so ist der Grundlastvertrag nichtig, und mangels einer gültigen causa läßt auch die Eintragung im Grundbuch keine Grundlast entstehen.

§ 103. Entstehung, Erwerb, Übertragung, Belastung, Untergang und Teilung der Grundlast

I. Entstehung auf Grund des Gesetzes oder auf Grund eines Rechtsgeschäftes

Die gesetzliche Grundlast gibt es nur im öffentlichen Recht: Sie kann entweder direkt auf Grund des Gesetzes (Art. 784 Abs. 1 ZGB) entstehen oder durch konstitutive Eintragung, zu der das Gesetz den Eigentümer des zu belastenden Grundstücks verpflichtet (Art. 784 Abs. 2 ZGB). Für die vertragliche Begründung verweist Art. 783 Abs. 3 ZGB auf die Vorschriften über das Eigentum; erforderlich ist folglich die öffentliche Beurkundung und die konstitutive Eintragung im Grundbuch. Das gleiche gilt für die Modifizierung der Grundlast[1], außer beim Schulderlaß. Die Eintragung erfolgt auf dem Blatt des belasteten Grundstücks; handelt es sich um eine prädiale Grundlast (Realgrundlast), wird anstelle des Namens des Berechtigten die Nummer des herrschenden Grundstücks eingetragen, und die Grundlast wird auch auf dem Blatt dieses Grundstücks angemerkt (Art. 32, 35, 39 und 82 GBV).

Nur die Eintragung auf dem Blatt des belasteten Grundstücks hat konstitutive Wirkung – die Grundlast entsteht auch, wenn sie auf dem Blatt des herrschenden Grundstücks nicht angemerkt ist –, und die Eintragung auf dem Blatt des belasteten Grundstücks hat Publizitätswirkung, falls zwischen dieser Eintragung und der Anmerkung ein Widerspruch besteht[2]. Zu Unrecht schlagen daher WIELAND[3] und LEEMANN[4] vor, Art. 968 ZGB analog auf die Grundlasten anzuwenden und diese auf dem Blatt des herrschenden Grundstücks einzutragen[5].

Die Eintragung muß den Wert der Grundlast in Landesmünze angeben (Sollvorschrift). Dieser wird von den Parteien festgesetzt; mangels anderer Abrede beträgt er das Zwanzigfache der jährlichen Leistung (Art. 783

---

[1] LEEMANN, N. 35 zu Art. 783 ZGB.
[2] Vgl. oben § 90, I 3 in fine.
[3] N. 1 zu Art. 968 ZGB.
[4] N. 1 zu Art. 968 ZGB.
[5] Siehe zudem HOMBERGER, N. 3-4 zu Art. 968 ZGB.

Abs. 2 ZGB). Bis zu diesem Höchstwert (Ablösungsbetrag) sichert die Grundlast den Geldwert der geschuldeten Leistung (vgl. Art. 794 ZGB): Der Eigentümer des belasteten Grundstücks, seine Gläubiger, die Inhaber von andern dinglichen Rechten, welche mit der Grundlast konkurrieren, wissen, daß im Falle einer Zwangsverwertung der aus der Grundlast Berechtigte nicht mehr als den angegebenen Betrag (sowie eine Entschädigung für Nebenleistungen) erhält. Sie haben im übrigen noch die Möglichkeit, nachzuweisen, daß der wahre Wert der Grundlast geringer ist, und können damit die Vermutung der Richtigkeit des angegebenen Betrages bestreiten.

Kann man durch einseitiges Rechtsgeschäft[6] eine Grundlast begründen oder aufrechterhalten, deren Gläubiger und Schuldner man gleichzeitig ist? Die Lehre bejaht dies auf Grund analoger Anwendung von Art. 733 und 735 ZGB[7], jedoch ohne es unserer Ansicht nach wirklich zu rechtfertigen.

Allgemein wird anerkannt, der Eigentümer eines mit Grundpfandrechten belasteten Grundstücks könne nicht gleichzeitig Gläubiger und Schuldner der sichergestellten Schuld sein. Daß gemäß Art. 859 und 863 ZGB diese Vereinigung und diese Konsolidation bei Schuldbrief und Gült zulässig sind, beruhe auf der Tatsache, daß es sich dabei um Wertpapiere handle[8]. Da die Grundlast ihrer Natur nach sich dem Grundpfand nähert[9] und in keinem Wertpapier verkörpert ist, müßte sie prima vista wie die Grundpfandverschreibung behandelt werden. Die Autoren, welche alle die Anwendung der für die Grundpfandverschreibung geltenden allgemeinen Grundsätze bezüglich der Grundlast bejahen, sollten wenigstens erklären, warum sie in diesem Punkt von jenen Grundsätzen abweichen. Zur Erklärung könnten sie darauf hinweisen, daß das System der festen Pfandstellen – welches wie das beschränkte dingliche Recht des Eigentümers ermöglicht, einen Rang vorzubehalten – ebensowenig für die Grundlasten wie für die Dienstbarkeiten besteht, weshalb es angebracht ist, die Grundlasten nicht der Regelung über die Grundpfandverschreibung zu unterstellen sondern den Vorschriften über die Dienstbarkeiten.

II. Originärer (ursprünglicher) Erwerb oder Erwerb durch Gestaltungsurteil

Die Möglichkeit der Ersitzung von Grundlasten wird von LEEMANN und MEIER-HAYOZ[10] sowie OSTERTAG[11] bejaht, von WIELAND[12] dagegen bestritten. Logischerweise sollte die Ersitzung wie beim Grundpfand ausge-

---

[6] Vgl. oben § 90, I 5.
[7] LIVER, N. 43 zu Art. 733 ZGB; LEEMANN, N. 17–18 zu Art. 733 und N. 6 zu Art. 735 ZGB; HOMBERGER, SJK, Nr. 600 VII 5; WIELAND, N. 3 zu Art. 786 ZGB.
[8] Siehe insbes. WIELAND, N. 4 und 6 ad b zu Art. 859 ZGB; LEEMANN, N. 8 und 11 zu Art. 859 ZGB.
[9] Vgl. oben § 102, II.
[10] LEEMANN, N. 6 zu Art. 661 und N. 3 zu Art. 783 ZGB; MEIER-HAYOZ, N. 4 zu Art. 661 ZGB.
[11] N. 25 und 27 zu Art. 919 ZGB; HOMBERGER, N. 22 und 34 zu Art. 919 ZGB, vermeidet es, sich hierüber zu äußern, wie auch das Bundesgericht in BGE 99 II, 1973, S. 28 ff. Erw 4.
[12] N. 2 zu Art. 783 ZGB.

schlossen sein. Denn das dingliche Recht kann nicht in Besitz genommen und als Nebenrecht der Forderung ohne diese nicht erworben werden. Aber der bereits kritisierte Art. 919 Abs. 2 ZGB (oben § 102, I in fine) läßt einen gegenteiligen Schluß zu. Um LEEMANN zu folgen, muß man hier die Ersitzung einer Forderung annehmen; wir zögern aber, dies zu tun[13].

Nach LIVER[14] ist die Aneignung von Grundlasten möglich. Wir können sie uns aber nicht vorstellen.

Wenn die Aneignung derjenigen beim Grundeigentum entspräche, bestünde der Wille der Aneignenden darin, eine sichergestellte Forderung und ein dingliches Verfügungsrecht zu begründen. Es ist jedoch klar, daß man legitimerweise eine solche Forderung nur begründen kann, wenn der zukünftige Schuldner damit einverstanden ist. Ist dies aber der Fall, verlangt das Gesetz eine öffentliche Beurkundung; erbringt der Schuldner die Leistung, weil er irrtümlicherweise das Bestehen einer Grundlast annimmt (dies ist die einzige «Inbesitznahme», die man sich vorstellen kann), so kann auf Grund von Art. 63 OR eine Forderung gar nicht entstehen. Allenfalls läßt sich denken, daß die Eintragung im Grundbuch (übrigens zusammen mit Besitz gemäß Art. 919 Abs. 2 ZGB) die Ersitzung ermöglicht, aber nicht, daß sie eine Aneignungsart sei, und es ist kaum vorstellbar, daß der «Ersitzer» einseitig die Eintragung erreicht.

Durch Gestaltungsurteil kann die Grundlast entstehen, namentlich durch Vollstreckung der Verpflichtung, eine solche zu begründen (analoge Anwendung von Art. 665 Abs. 1 ZGB).

III. Übertragung, Belastung und Zwangsverwertung der Grundlast

Die persönliche Grundlast kann, sofern sie nicht unabtretbar ist, übertragen werden. Wie beim Pfandrecht (und der persönlichen übertragbaren Dienstbarkeit) erfolgt die Abtretung in Schriftform[15]. Die Vorschriften über die Forderungsabtretung sind unmittelbar anwendbar (wie beim Pfandrecht), da die sichergestellte Forderung Hauptsache ist. Auch hier ist es die sichergestellte Forderung, die belastet werden kann[16]; die dinglichen Rechte, welche die Forderung belasten, sind daher Fahrnis (Art. 899

---

[13] SPIRO, §§ 362–364, S. 899ff., und §§ 512 und 513, S. 1405ff., erschienen während der Drucklegung des vorliegenden Handbuches, spricht sich als einziger dafür aus, die Ersitzung einer Forderung im schweizerischen Recht zuzulassen. Bemerkenswert ist, daß LEEMANN, N. 10 zu Art. 799 ZGB und MEIER-HAYOZ, N. 4 zu Art. 661 ZGB, die Ersitzung von Grundpfändern ausschließen, was nicht im Einklang zu stehen scheint mit ihrer Stellungnahme bezüglich der Ersitzung von Grundlasten; vgl. SPIRO, § 504, S. 1447.
[14] Zürcher Kommentar, Einleitung, S. 14, N. 24.
[15] So OSTERTAG, N. 7 zu Art. 971 ZGB, und LIVER in ZBGR 26, 1945, S. 66–67; a.A.: WIELAND, N. 3a zu Art. 783 ZGB und LEEMANN, N. 38 zu Art. 783 ZGB, welche zu Unrecht annehmen, daß Abs. 3 dieser Bestimmung sich auf die Übertragung der Grundlast bezieht, wohingegen nur die Errichtung derselben in Frage steht, wie dies aus dem Marginale des Art. 783 ZGB hervorgeht, wenn man dieses mit denjenigen der Art. 731 und 746 ZGB vergleicht.
[16] Vgl. oben § 99, II.

ZGB), und es kann sich nur um Nutznießung und Pfandrechte – in diesem Fall relative Rechte[17] – handeln, welche nach den gewöhnlichen Regeln begründet werden.

Wie die Grunddienstbarkeiten können auch die Grundlasten prädialen Charakters nur mit dem herrschenden Grundstück übertragen und belastet werden.

Unserer Ansicht nach ist die abtretbare Personalgrundlast kein selbständiges und dauerndes Recht[18], das ins Grundbuch als Grundstück aufgenommen werden kann.

<small>Zur Unterstützung der von uns vertretenen Auffassung führen gewisse Autoren Art. 7 GBV an und behaupten, die Aufnahme ins Grundbuch würde die Verewigung von Grundlasten entgegen der Absicht des Gesetzes fördern (Ablösungsrecht nach 30 Jahren). Nach den Erläuterungen soll die Aufnahme jener Grundlasten, deren Ablösung das Gesetz gestattet, ausgeschlossen sein[19]. Die entgegengesetzte Lehre macht auf die Schwäche dieser Argumente aufmerksam. Für uns liegt das Problem anders. Man kann eine Grundlast ebensowenig als Grundstück ins Grundbuch aufnehmen wie eine Grundpfandverschreibung: das dingliche Verfügungsrecht kann nicht abgetreten oder belastet werden ohne die sichergestellte Forderung, und die sichergestellte Forderung ist kein selbständiges und dauerndes, als Grundstück aufnehmbares Recht. Die materielle Wirkung der Aufnahme als Grundstück ins Grundbuch besteht darin, daß Grundpfandverschreibung, Grundlasten und auch andere Dienstbarkeiten an dem als Grundstück aufgenommenen Recht vorgehen. Die einzige Dienstbarkeit jedoch, welche eine Forderung belasten kann, ist die Nutznießung (Art. 746 Abs. 1, 773, 774 ZGB), also ein relatives Recht[20]; ebenso ist das einzige Verfügungsrecht, das eine Forderung belasten kann, das Pfandrecht gemäß Art. 899 Abs. 1 ZGB, welches ebenfalls ein relatives Recht ist[21].</small>

Die prädiale Grundlast teilt das Geschick des herrschenden Grundstückes, wenn es zur Zwangsverwertung dieses Grundstücks kommt. Eine unabtretbare Personalgrundlast unterliegt der Zwangsverwertung nicht; pfändbar ist nur, was der Grundpfandgläubiger an Leistungen erhält; dagegen unterstehen die persönlichen übertragbaren Grundlasten der Zwangsverwertung und können insbesondere gepfändet werden, wobei das Betreibungsamt die Aufsichtsbehörde um Bestimmung des Verwertungsverfahrens ersuchen muß (Art. 132 SchKG). Handelt es sich um eine Grundlast mit Geldleistungen als Inhalt, findet Art. 131 SchKG Anwendung (Überlassung an Zahlungsstatt oder zahlungshalber mit Zustimmung aller Gläubiger).

<small>
17 Vgl. oben § 88, II.
18 So LEEMANN, N. 13 zu Art. 655 ZGB; OSTERTAG, N. 7 zu Art. 943 ZGB; HOMBERGER, N. 8 zu Art. 943 ZGB; a.A.: LEEMANN, N. 44 zu Art. 783 ZGB; HAAB, N. 5 zu Art. 655 ZGB; MEIER-HAYOZ, N. 47 zu Art. 655 ZGB; VOLLENWEIDER, S. 54–55.
19 1914, II, S. 78.
20 Vgl. oben § 88, II.
21 Vgl. oben § 88, II.
</small>

IV. Untergang

1. Im allgemeinen

Die Untergangsgründe sind grundsätzlich dieselben wie beim Grundpfand und gleichen denjenigen bei den Dienstbarkeiten[22]: Löschung auf Grund eines gültigen Titels, vollständiger Untergang des belasteten oder herrschenden Grundstücks, Enteignung, Zwangsverwertung (namentlich im Falle des doppelten Aufrufs, wie bei der Dienstbarkeit), gutgläubiger Erwerb (im Vertrauen auf das Grundbuch oder auf das Lastenverzeichnis bei der Zwangsverwertung), Tod oder Verschollenerklärung des Inhabers einer höchstpersönlichen Grundlast, Ablauf der vereinbarten Zeit, einseitiger Verzicht, Gestaltungsurteil.

Was die Untergangsgründe der sichergestellten Forderung betrifft, sind namentlich die Zahlung der einmaligen Leistung oder aller geschuldeten Leistungen, die Unmöglichkeit oder die «Unerschwinglichkeit» anzuführen – Art. 736 ist hier nicht anwendbar[23] –, die Verjährung (unter der Voraussetzung, daß die Grundlast nicht im Grundbuch eingetragen ist: die Eintragung ist nicht erforderlich oder die Grundlast wurde ohne gültigen Grund gelöscht[24]), und die vollständige Vereinigung unter Vorbehalt des Wiederentstehens gemäß Art. 118 Abs. 2 OR.

Ein spezieller Untergangsgrund liegt darin, daß infolge Veränderung der wirtschaftlichen Bedürfnisse des herrschenden Grundstücks die Leistungen aus der Grundlast nicht mehr für diese Bedürfnisse bestimmt sein können.

2. Die Ablösung

Die Ablösung besteht darin, daß der Belastete dem Berechtigten den Gesamtwert der Grundlast bezahlt, womit diese untergeht. Der Wert der Grundlast ist der, den das Grundbuch angibt, und mangels einer solchen Angabe das Zwanzigfache der jährlichen Leistung (Art. 783 Abs. 2 ZGB), es sei denn, der Eigentümer oder ein anderer Beteiligter (Gläubiger oder Inhaber eines nachfolgenden dinglichen Rechts) erbringe den Nachweis eines geringeren Werts.

Der Gläubiger kann die Ablösung unter den im Vertrag vorgesehenen Bedingungen verlangen und darüber hinaus unter den Voraussetzungen des Art. 787 ZGB, nämlich:

---

[22] Vgl. oben § 90, IV und § 91.
[23] Anderer Ansicht LEEMANN, N. 58 zu Art. 782 ZGB.
[24] Vgl. oben § 102 III; a.A.: LEEMANN, N. 17 zu Art. 786 ZGB, welcher jegliche Verjährung ausschließt.

a) **Zerstückelung des belasteten Grundstücks**, durch welche die Gläubigerrechte bedeutend geschmälert werden. Diese Schmälerung kann auf der Aufteilung der «Realhaftung» unter die durch die Zerstückelung entstandenen Parzellen beruhen (wenn beispielsweise Bauland in zwei Parzellen aufgeteilt wird, welche zu klein sind, um überbaut zu werden, verringert sich der Wert der realen Sicherheit [24a]). Sie kann sich auch daraus ergeben, daß, wenn die Leistung teilbar ist, es schwieriger oder komplizierter wird, sich an mehrere und nicht nur an einen Schuldner halten zu müssen. Obwohl die Lehre es nicht ausdrücklich sagt, kann ein Teil der teilbaren Leistung (wie übrigens die gesamte unteilbare Leistung [25]) nicht einer der aus der Zerstückelung hervorgegangenen Parzellen überbunden werden, wenn die Leistung weder für die Bedürfnisse des herrschenden Grundstücks bestimmt ist, noch sich aus der wirtschaftlichen Natur der betreffenden neuen Parzelle (Art. 782 Abs. 3 ZGB) ergibt. Unserer Ansicht nach ist in diesem Fall Art. 787 Ziff. 1 ZGB anwendbar. Die Zwangsverwertung, welche vom Gläubiger, der die Ablösung verlangt, gefordert wird, muß sich auch auf die verschiedenen Parzellen erstrecken, welche ursprünglich das belastete Grundstück bildeten; sonst würde der Gläubiger durch die Zerstückelung einen Nachteil erleiden, was dem Willen des Gesetzgebers widerspräche.

b) **Minderung des Wertes des belasteten Grundstücks** durch Verschulden des Eigentümers, sofern dieser nicht genügend Sicherheit leistet, um den Minderwert zu kompensieren.

c) **Nichtbezahlung während drei Jahren der wiederkehrenden oder dauernden Leistungen**, ohne daß der Gläubiger einen Aufschub gewährt hätte. Handelt es sich um eine einmalige Leistung, kann der Gläubiger, wenn er sie nicht erhält, unverzüglich die Ablösung und die Zwangsverwertung verlangen.

LEEMANN[26] verneint das Ablösungsrecht im Falle der Nichterbringung von wiederkehrenden aber nicht periodischen Leistungen (z.B. Unterhalt eines Werkes usw.), es sei denn, es ergebe sich daraus ein Minderwert des belasteten Grundstücks. Diese Lösung bringt den Gläubiger in vielen Fällen um seine Rechte. Es scheint uns unerläßlich, ihm das Ablösungsrecht drei Jahre nach der ersten regulären und gerechtfertigten Inverzugsetzung zu gewähren. WIELAND[27] scheint uns dagegen zu weit zu gehen, indem er dem Gläubiger in diesem Falle ein sofortiges Ablösungsrecht zuerkennt, denn warum sollte man bei der wiederholten nicht periodischen Leistung strenger sein als bei der periodischen Leistung?

[24a] Wenn die ursprüngliche Leistung teilbar ist, und um den Teil dieser Leistung, welcher durch eine auf Grund der Aufteilung entstandenen Parzelle gesichert ist, nicht erbracht wird, so unterliegt nur diese Parzelle der Zwangsverwertung.
[25] Vgl. unten V.
[26] N. 17 zu Art. 787 ZGB.
[27] N. 3 zu Art. 787 ZGB.

Der Schuldner kann die Grundlast in den vom Vertrag vorgesehenen Fällen ablösen und außerdem unter den in Art. 788 ZGB aufgeführten Voraussetzungen, nämlich:

a) Wenn der Gläubiger die ihm im Vertrag auferlegten Verpflichtungen nicht erfüllt: Oft muß z.B. die Leistung aus der Grundlast zum Tagespreis bezahlt werden; wird dieser Preis nicht bezahlt, kann der Schuldner der Grundlast deren Ablösung verlangen.

b) Wenn die Grundlast 30 oder mehr Jahre gedauert hat und nicht mit einer unablösbaren Dienstbarkeit verbunden ist (Art. 788 Abs. 3 ZGB) durch Kündigung auf Jahresfrist. Ist die Grundlast auf 30 Jahre verabredet worden, besteht das Ablösungsrecht auf Grund des Vertrages ohne Kündigung, wie es übrigens auch vor oder nach 30 Jahren bestehen kann, je nach Abrede. Eine Kündigung ist nur dann erforderlich, wenn keine zeitliche Begrenzung bestimmt worden ist oder wenn die Ablösung auf Grund von Art. 788 Abs. 1 Ziff. 2 ZGB vor Ablauf der bestimmten Frist verlangt wird. Da das gesetzliche Kündigungsrecht um des ordre public willen aufgestellt ist, kann es von den Parteien durch Vertrag – öffentliche Beurkundung –, welcher nach der Bestellung des Rechts abgeschlossen wird, nur für eine weitere Dauer von höchstens 30 Jahren ab Zeitpunkt dieses Vertrages aufgehoben werden.

Der Begriff der mit einer Dienstbarkeit verbundenen Grundlast ist nicht klar. Man kann dabei an jede Grundlast denken, deren Dauer durch die Dauer der Dienstbarkeit bedingt ist, sei es, daß die Grundlast die Gegenleistung darstelle, namentlich die Rente, den «Zins» der Dienstbarkeit (Geldleistung als Grundlast, die das herrschende Grundstück belastet, oder die Dienstbarkeit selbst, wenn diese als selbständiges und dauerndes Recht als Grundstück ins Grundbuch aufgenommen ist), sei es, daß sie die Ausübung der Dienstbarkeit ergänze, ermögliche oder erleichtere. LIVER[28] meint, eine solche Interpretation sei zu weit und gestatte die Umgehung des Ablösungsrechts, welches in Art. 788 Abs. 1 Ziff. 2 ZGB zwingend vorgesehen ist, wenn die Grundlast die Hauptsache und die Dienstbarkeit nur Nebensache ist. Er schlägt daher vor, Art. 788 Abs. 3 ZGB nur auf diejenige Grundlast anzuwenden, welche Nebensache der Dienstbarkeit oder auf jeden Fall nicht Hauptsache ist. Das Bundesgericht, das sich vor allem auf die Vorarbeiten stützt, hat sich der Auffassung von LIVER[29] sehr angenähert. Es fordert, daß die Grundlast das gleiche Grundstück belastet wie die Dienstbarkeit und zu Leistungen verpflichtet, welche die Ausübung der Dienstbarkeit ermöglichen oder erleichtern[30]; die Anwendung von Art. 788

---

[28] N. 219–222 zu Art. 730 ZGB; zustimmend: NEUENSCHWANDER, S. 494–495 und FREIMÜLLER, S. 110–111. Nach G. EGGEN, Die Revision der Baurechtsdienstbarkeit, SJZ 58, 1962, S. 243 und in SJZ 63, 1967, S. 290, muß der Schuldner der Grundlast Eigentümer des dienenden Grundstückes sein.
[29] BGE 93 II, 1967, S. 71 ff. = JT 1968 I, S. 244 ff. Erw 2, bestätigt in BGE 97 II, 1973, S. 390 ff. = JT 1973 I, S. 80 ff. Erw 8. Zuvor hat unser hohes Bundesgericht den Artikel 788 Abs. 3 ZGB weit ausgelegt: BGE 45 II, 1919, S. 386 ff. = JT 1920 I, S. 14 ff. Erw 4 in fine; BGE 52 II, 1926, S. 27 ff. = JT 1926 I, S. 521 ff. Erw 3 in fine.
[30] Man kann sich fragen, ob diese Lösung am ehesten erwünscht ist. Wenn die Dienstbarkeit und

Abs. 3 ZGB wird wenigstens dann zugelassen, wenn die positive Leistung, welche aus der Grundlast geschuldet wird, nicht eindeutig Hauptsache ist und die negative Leistung, zu welcher die Dienstbarkeit verpflichtet, nicht eindeutig Nebensache[31].

V. Zerstückelung des belasteten oder herrschenden Grundstücks

Im Falle der Zerstückelung des belasteten Grundstücks verweist Art. 792 Abs. 2 ZGB mit Recht auf die Vorschriften über die Gült (Art. 852 und 853 ZGB). Das scheint zu bedeuten, daß die Ablösungssumme unter die neuen Parzellen im Verhältnis zu deren Wert verteilt werden muß. Logischerweise muß dies auch für teilbare Leistungen und für Schadenersatz wegen Nichterfüllung gelten. Ist die Leistung unteilbar, sieht Art. 88 GBV vor, daß die Grundlast (französischer Text) oder die Leistungspflicht (deutscher Text) nur diejenige Parzelle belastet, welche den größeren Wert hat oder dafür am geeignetsten ist. Diese letztere Lösung wird von einigen Autoren kritisiert.

WIELAND[32], dessen Kommentar vor dem Erlaß der Grundbuchverordnung geschrieben wurde, will den Ablösungsbetrag immer unter alle (neuen) Parzellen verteilen, nimmt aber an, die Leistungspflicht obliege dem Eigentümer der größten oder der einzig betroffenen Parzelle (z. B. Unterhalt einer Mauer oder eines Weges auf dieser Parzelle). LEEMANN[33] scheint die Lösung gemäß dem deutschen Text der Grundbuchverordnung zu übernehmen. Nach HOMBERGER[34] schließlich soll die Ablösungssumme unter alle Parzellen verteilt und die unteilbare Leistung zu Lasten jeder einzelnen Parzelle eingetragen werden. Die Schwierigkeiten rühren vor allem daher, daß man die Grundlasten den Dienstbarkeiten angleichen wollte.

Der französische Text der Grundbuchverordnung ist schlecht abgefaßt: Es ist undenkbar, daß durch die Zerstückelung alle neuen Parzellen mit Ausnahme einer einzigen von der Grundlast befreit werden, was darauf hinausliefe, den Gläubiger eines großen Teils seiner Sicherheit zu berauben. Nach der gesamten Rechtslehre muß daher der Ablösungsbetrag – und zweifellos auch der Schadenersatz – unter alle neuen Parzellen im Ver-

---

die Grundlast wirklich eine Einheit bilden, so scheint der Ausschluß des Rückkaufs der Grundlast wohl gerechtfertigt. So sollte die Prädial-Grundlast, bestehend in Wasserlieferung oder Bewässerung, welche ein selbständiges und dauerndes Quellenrecht belastet und zugunsten des Eigentümers des dienenden Grundstückes errichtet ist, ebenso lange bestehen wie das selbständige und dauernde Recht. Vgl. auch unten vor Anm. 39. Die Dienstbarkeit kann auch eine persönliche sein: LEEMANN, N. 14 zu Art. 788 und N. 11 zu Art. 752 ZGB; HEINZ (zit. vor § 95), S. 99.

[31] Man kann sich fragen, ob die Annahme der von LIVER vertretenen engen Auslegung unerläßlich ist, da infolge Gesetzesumgehung die Ablösung zulässig ist, wenn Art. 788 Abs. 1 Ziff. 2 ZGB umgangen worden ist.

[32] N. 2 zu Art. 792 ZGB.
[33] N. 11 zu Art. 792 ZGB.
[34] N. 15 zu Art. 945 ZGB.

hältnis zu deren Wert verteilt werden. In bezug auf die Verpflichtung zu Leistungen in Naturalien scheint uns Art. 88 GBV in Widerspruch zu Art. 792 Abs. 2 ZGB zu stehen, da diese Bestimmung auf Art. 852 Abs. 1 ZGB verweist, gemäß welchem die Eigentümer der neuen Parzellen allesamt Schuldner sind. Obwohl dies bis heute nicht gesagt worden ist, widerspricht die Grundbuchverordnung auch den allgemeinen Grundsätzen unseres Gesetzes, von denen sie an sich ohne gesetzliche Grundlage nicht abweichen kann. Auf Grund von Art. 7 ZGB findet nämlich im Falle unteilbarer Leistungen Art. 70 Abs. 2 OR Anwendung; dies bedeutet, daß **jeder Eigentümer Schuldner der unteilbaren Leistung wird**, was einzig recht und billig ist. Es sei noch bemerkt, daß Art. 70 OR der Verteilung des Ablösungsbetrages und des Schadenersatzes nicht entgegensteht [35].

Ein anderer wichtiger Punkt scheint der Aufmerksamkeit der Autoren entgangen zu sein. Es ist unerläßlich, daß derjenige, welcher die unteilbare Leistung erbringt, gegenüber den andern Eigentümern ein Rückgriffsrecht im Umfang ihrer Anteile besitze; nun kann sich diese Regelung aber nur aus Art. 70 OR herleiten: nach dieser Bestimmung muß nämlich der Rückgriffsberechtigte in die Rechte des Gläubigers eintreten (was die Art. 110 OR und Art. 827 ZGB in diesem Falle nicht gestatten). Dies ist die einzig mögliche Lösung, da eine Verpflichtung mit persönlicher Haftung ausgeschlossen scheint.

Schließlich ist ein weiterer Punkt von der Lehre nicht aufgegriffen worden: Bezieht sich die unteilbare Leistung nicht auf die wirtschaftlichen Bedürfnisse des herrschenden Grundstücks und ergibt sich auch nicht aus der wirtschaftlichen Natur einer durch Zerstückelung des belasteten Grundstücks entstandenen Parzelle, darf nach der Definition der Grundlast die Verpflichtung zur Leistungserbringung auf keine dieser Parzellen gelegt werden [36]. Es findet dann Art. 787 Ziff. 1 ZGB Anwendung [37].

Ist eine Grundlast mit einer Dienstbarkeit verbunden (Art. 788 Abs. 3 ZGB), dann belastet sie laut LIVER [38] nur diejenige der durch Zerstückelung des dienenden Grundstücks entstandenen Parzellen, welche von der Dienstbarkeit nicht befreit wurde. Wir können diese Meinung nicht vorbehaltlos teilen. Es ist nämlich möglich, daß nur ein Teil des zerstückelten Grundstücks für die Ausübung der Dienstbarkeit beansprucht wird, während ein anderer Teil zur Erbringung der durch die Grundlast gesicherten Leistung dient. Nach der Ansicht LIVERs geht in einem solchen Fall die Grundlast vollständig unter, da die geschuldete Leistung nicht mehr mit dem einzig belasteten Grundstück (Art. 782 Abs. 3 ZGB) in Beziehung steht. Selbst wenn die Grundlast teilweise weiterbestehen kann (falls die geschuldete Leistung in Beziehung steht mit der von der Servitut nicht befreiten Parzelle oder dem herrschenden Grundstück), hat die Theorie von LIVER – welche sich aus der Anwendung von Art. 744 ZGB auf die Grundlasten erklärt – namentlich den Nachteil, den aus der Grundlast Berechtigten vor folgendes Dilemma zu stellen: entweder durch Ablösung auf die Grundlast zu verzichten (Art. 787 Ziff. 1 ZGB) oder einen großen Teil der dinglichen Sicherung zu verlieren (da künftig einzig die durch die Dienstbarkeit belastete Parzelle verwertet werden kann).

Wir glauben eher, daß, sobald die Bedingungen des Art. 788 Abs. 3 ZGB nicht mehr erfüllt sind, die Grundlast, welche die von der Dienstbarkeit befreite(n) Parzelle(n) belastet, nach 30 Jahren abgelöst werden kann; und die Wirkungen der Zerstückelung eines mit einer Grundlast

---

[35] Vgl. BECKER, N. 9 zu Art. 70 OR; a.A.: VON TUHR/SIEGWART, S. 713–714.
[36] Vgl. oben IV 1 in fine.
[37] Vgl. oben IV 2a.
[38] N. 38–44 zu Art. 744 ZGB.

belasteten Grundstücks können nach unserer Meinung gemäß den allgemeinen Regeln bestimmt werden. Es handelt sich nicht einmal um eine Umwandlung: Art. 788 Abs. 3 ZGB findet einfach keine Anwendung mehr.

Selbst nach unserem System wird nicht verhindert, daß der Inhaber einer Grundlast einen gewissen Schaden erleidet (Ablösung nach 30 Jahren einer ursprünglich unablösbaren Grundlast), wenn der Eigentümer des belasteten Grundstücks dieses durch einseitigen Akt aufteilt. Aus diesem Grunde glauben wir, daß Art. 788 Abs. 3 ZGB nicht allzu restriktiv interpretiert werden sollte[39].

Die Teilung des herrschenden Grundstücks bietet weniger Schwierigkeiten: Die teilbare Leistung wird wie der Ablösungsbetrag im Verhältnis zum Wert der neu entstandenen Parzellen aufgeteilt. Ist die Leistung unteilbar, sind die Eigentümer der herrschenden Grundstücke gemäß Art. 70 Abs. 1 OR[40] «formell solidarisch» Gläubiger; aber der Ablösungsbetrag sowie der Schadenersatz für Nichterfüllung werden unter sie entsprechend dem Wert ihrer Grundstücke aufgeteilt. Ist die Leistung für die wirtschaftlichen Bedürfnisse des herrschenden Grundstücks bestimmt, steht die Forderung nur jenen Eigentümern zu, für deren Parzelle diese Bedürfnisse weiterbestehen (Unterhalt einer Mauer oder eines Weges auf einer der durch die Teilung entstandenen Parzellen). Dies ergibt sich aus der Definition der Grundlast (Art. 782 Abs. 3 ZGB) und nicht, wie es die herrschende Lehre will[41], aus analoger Anwendung der Regeln über die Dienstbarkeiten.

---

[39] Vgl. unsere Anm. 30 hievor.
[40] Seltsamerweise nehmen LEEMANN, N. 18 zu Art. 792 ZGB, und HOMBERGER, N. 16 zu Art. 945 ZGB, eine Gesamthandforderung an, nicht jedoch eine Gesamthandschuld, wenn die Leistung unteilbar ist.
[41] WIELAND, N. 3 zu Art. 792 ZGB; LEEMANN, N. 19 zu Art. 792 ZGB; HOMBERGER, N. 16 zu Art. 945 ZGB. Siehe auch LIVER, N. 42 zu Art. 744 ZGB.

Gesetzesregister

Sachregister

Gesetzesregister

I. Bundesverfassung

Art. 3	243
Art. 24^{septies}	225
Art. 59	234
Art. 64	243

II. Schweizerisches Zivilgesetzbuch, vom 10. Dezember 1907

Art. 1	*Abs. 2:* 450$_{N13}$, 527, 565, 588, 606, 617
Art. 2	213, 499 *Abs. 2:* 455, 470, 474$_{N10}$, 486$_{N72}$
Art. 3	*Abs. 1:* 463, 478f., 497 *Abs. 2:* 477f., 480, 510, 515
Art. 4	182, 480
Art. 5	*Abs. 2:* 34, 584
Art. 6	195, 203, 243, 249, 309, 367, 393, *Abs. 2:* 120, 309$_{N5}$, 345, 481
Art. 7	555, 563, 568, 665
Art. 8	584
Art. 9	461$_{N11}$
Art. 13	478
Art. 18 f.	450
Art. 19	139, 399, 430, 468, 478 *Abs. 2:* 346$_{N5}$
Art. 27	84, 202, 210, 213 f.
Art. 28	456
Art. 55	114, 423
Art. 57	158
Art. 60	484
Art. 62	114
Art. 66	*Abs. 2:* 101
Art. 67	*Abs. 2:* 101
Art. 80	484
Art. 163 ff.	482
Art. 166	482
Art. 168	195
Art. 181	138 *Abs. 3:* 138
Art. 182	482$_{N52}$
Art. 183	*Ziff. 2:* 622
Art. 193	466, 483
Art. 196	343, 466 *Abs. 1:* 483
Art. 197	466
Art. 199	398
Art. 201	*Abs. 3:* 310$_{N9}$, 398
Art. 202	*Abs. 1:* 483$_{N56}$
Art. 203	482
Art. 205	622
Art. 215	*Abs. 3:* 466
Art. 215 ff.	113$_{N18}$
Art. 217	*Abs. 2:* 483$_{N56}$
Art. 225 ff.	118
Art. 232 ff.	118
Art. 248	158
Art. 248 ff.	138, 482
Art. 280	468
Art. 280 ff.	399
Art. 295 f.	399
Art. 297	622
Art. 298	622
Art. 335	195
Art. 336 ff.	114$_{N3}$
Art. 340	*Abs. 2:* 117$_{N10}$
Art. 342	*Abs. 2:* 113$_{N18}$

Art. 343 ff.	118	Art. 620 ff.	118, 195
Art. 344	118	Art. 621bis	114$_{\text{N3}}$, 118, 203
Art. 375	*Abs. 3:* 479	Art. 622	114$_{\text{N3}}$
Art. 392 ff.	623	Art. 630	*Abs. 2:* 509
Art. 395	139	Art. 634	138
Art. 407 ff.	139		*Abs. 2:* 615
Art. 410	399, 486	Art. 641	76, 195, 197, 428, 458, 491, 496, 504 ff.
Art. 412	399		*Abs. 1:* 6, 16, 478
Art. 421	*Ziff. 1:* 139		*Abs. 2:* 25, 29, 72, 79, 221, 280$_{\text{N4}}$, 450, 453, 463, 466
Art. 460	549, 622		
	Abs. 3: 614	Art. 641–654	8
Art. 462	549, 609	Art. 642	166, 377, 379, 380
	Abs. 1: 639		*Abs. 2:* 33
Art. 464	622	Art. 643	45, 345
Art. 470 ff.	195	Art. 644	38$_{\text{N4}}$, 39 f., 44, 189, 522
Art. 488 f.	195		*Abs. 1:* 466, 489
Art. 488 ff.	24	Art. 645	37 f., 44
Art. 492	428	Art. 646	**52 ff.**, 59
Art. 498 ff.	138		*Abs. 2:* 94
Art. 512	138		*Abs. 3:* 60
Art. 517 f.	195	Art. 647	104, 105
Art. 518	*Abs. 2:* 423		*Abs. 2:* 67
Art. 547	*Abs. 1:* 509	Art. 647 a–c	104
Art. 560	156	Art. 647 b	78, 105
	Abs. 2: 416, 420, 424, **427 f.**, 436		*Abs. 1:* 103
	Abs. 3: 416, 428$_{\text{N6}}$, 509		*Abs. 3:* 68
Art. 561	*Abs. 2:* 638	Art. 647 c	67, 68, 96
Art. 562	157	Art. 647 c–e	104
	Abs. 2: 635	Art. 647 d	67, 68, 97, 104
Art. 564	638		*Abs. 2:* 78
Art. 581 ff.	195	Art. 647 e	67, 69
Art. 598 ff.	27$_{\text{N8}}$		*Abs. 2:* 78
Art. 599	*Abs. 2:* 390$_{\text{N10}}$	Art. 648	76, 77
Art. 602 ff.	115		*Abs. 1:* 64, 117
Art. 603	113$_{\text{N18}}$, 115		*Abs. 2:* 69$_{\text{N43}}$, 76, 117
Art. 605	118		*Abs. 3:* 60$_{\text{N24}}$, 75, 77 f., 95$_{\text{N10a}}$
Art. 607 ff.	118	Art. 649	70
Art. 609	119	Art. 649 a	69
Art. 610	*Abs. 1:* 88	Art. 649 b	60$_{\text{N24}}$, 73 f., 75, 86
Art. 612	119, 492$_{\text{N13}}$	Art. 649 c	74, 75$_{\text{N59}}$, 642$_{\text{N2}}$
	Abs. 2: 119	Art. 650	59, 79, 81
Art. 619^{sexies}	199		*Abs. 1:* 96
			Abs. 2: 85
			Abs. 3: 83

Gesetzesregister 671

Art. 651	81, 82, 119
	Abs.2: 119
Art. 652	53
Art. 653	*Abs.1:* 113
	Abs.2: 114
Art. 654	117
	Abs.2: 119
Art. 655	13, **122ff.**, 125
	Abs.1: 123
	Abs.2, Ziff.2: 547f., 569
	Abs.2, Ziff.3: 125, 548, 609$_{N2}$
	Abs.2, Ziff.4: 60, 61$_{N27}$, 92$_{N7}$, 526, 548
Art. 655–666	309
Art. 656	317
	Abs.2: 134, 143, 154$_{N29}$, 156, 406
	Abs.4: 570
Art. 657	134, 317, 560, 563
	Abs.1: 134, 136
	Abs.2: 134, 138
Art. 658	129, **143**, 344, 406, 426, 571, 647
	Abs.2: 144, 571
Art. 659	**145ff.**
	Abs.3: 147f.
Art. 660	147, 284
Art. 661	150, 427
Art. 661f.	406, 408
Art. 662	152$_{N21}$, 574
Art. 663	150, 151
Art. 664	**127ff.**, 132, 133, 144, 146, 275, 278, 293, 345$_{N2}$
	Abs.2: 131
Art. 665	140$_{N9}$, 141, 573
	Abs.1: 157, 182, 211, 216, 470, 659
Art. 666	158, 400
	Abs.1: 397
Art. 667	123, 165, **168f.**, 594
	Abs.2: 166, 291, 601
Art. 667–712a–t	309
Art. 668	**160ff.**
Art. 669	163
Art. 670	58, 165, 247, 248$_{N21}$

Art. 671	172
	Abs.2: 602
Art. 671–673	176ff., 601
Art. 671–674	171
Art. 672	172, 183, 376, 380
	Abs.1: 376
	Abs.2: 174$_{N13}$
Art. 673	151$_{N19}$, 157, 172, 174, 183, 602
Art. 674	171, 175, **178ff.**, 195, 242, 243, 595, 597
	Abs.1 u. 2: 184
	Abs.3: 157, **181ff.**, 184, 558, 565, 587, 593, 596f.
Art. 675	**184ff.**, 189, 259, 538, 597, 601
	Abs.1: 594
	Abs.2: 89, 169, 185$_{N4}$, 594
Art. 676	43, 189, 258, 259, 597
	Abs.3: 135$_{N2}$, 143, 188, 565, 572, 574$_{N7}$
Art. 677	**191f.**, 594, 595, 643
Art. 678	169
	Abs.1: 171
	Abs.2: 193
Art. 679	28f., 80, 195, 200, **218ff.**, 227f., 232ff., 236, 237$_{N51}$, 240, 241f., 256, 279, 298, 449, 456$_{N47}$, 463$_{N23}$, 593, 596$_{N11}$
Art. 679ff.	29, 71, 72, 79, 195
Art. 680	201, 561
	Abs.1: 198, 212, 277
	Abs.2: 62, 85, 198f., 212, 560f.
	Abs.3: 555
Art. 680ff.	195
Art. 681	62, 204, 208
	Abs.2: 203, 211
	Abs.3: 203, 209, 604$_{N46}$
Art. 681–683	195, 201, 202f.
Art. 682	62, 199, 203, 561
	Abs.2: 598, 600
	Abs.3: 62, 85, 199, 212, 561$_{N16}$, 598, 600, 606
Art. 683	215, 604
Art. 684	28f., 200, 219, 221, 223, 226, 227, 228, **229**, 232, 236, 239, 241, 298, 413, 449, 450$_{N11}$, 456
Art. 684ff.	596$_{N11}$

Art. 685	257 *Abs.1:* 241, 242$_{N5}$, 245 *Abs.2:* 179, 243	Art. 705	168$_{N13}$, 195, 196, 301
		Art. 706	167, 195, **296ff.**, 304$_{N6}$
		Art. 707	195, **296ff.**, 304$_{N6}$
Art. 685f.	223	Art. 708	59, 299f. *Abs.3:* 300
Art. 686	228, 244, 413 *Abs.1:* 228 *Abs.2:* 248$_{N21}$	Art. 709	302f.
Art. 687	223, 450 *Abs.1:* 250f. *Abs.2:* 46 *Abs.3:* 251	Art. 710	195, **303ff.**, 558, 577, 587 *Abs.2:* 305
		Art. 711	196, 303, 306f. *Abs.2:* 307
Art. 688	249, 251	Art. 712	**306f.**
Art. 689	**253ff.**, 257, 291, 293 *Abs.2:* 253 *Abs.3:* 256	Art. 712a–712t	**87ff.**, 525
		Art. 712a	*Abs.2:* 92 *Abs.3:* 93
Art. 689f.	223	Art. 712b	92$_{N7}$
Art. 690	**257f.**	Art. 712c	94 *Abs.1:* 95 *Abs.2:* 74$_{N58}$, 95, 525
Art. 691	195, 258, 260, 558, 587 *Abs.1:* 261 *Abs.2:* 262 *Abs.3:* 143, 188, 262, 565		
		Art. 712d	*Abs.2, Ziff.2:* 58
Art. 691–693	271	Art. 712e	94
Art. 692	*Abs.2:* 262	Art. 712f	96, 397 *Abs.3:* 96f.
Art. 693	272, 273, 588 *Abs.2 u. 3:* 265, 588	Art. 712g	100, 104 *Abs.2:* 99, 105 *Abs.3:* 106
Art. 694	195, 266, 271, 272, 558, 587 596$_{N11}$		
		Art. 712h	93
Art. 695	267, 275f.	Art. 712i	78, 95$_{N10a}$, 107, 195
Art. 696	267, 272, 275 *Abs.2:* 277	Art. 712k	107
		Art. 712l	107
Art. 697	165, 247f.	Art. 712m	104 *Abs.1:* 102 *Abs.1, Ziff.6:* 92 *Abs.2:* 100, 102, 104
Art. 698	165, 561		
Art. 699	165, **278ff.**, 345 *Abs.1:* 283 *Abs.2:* 278		
		Art. 712n	100, 104
Art. 700	147, 252, **284ff.**, 369, 370, 424, 446 *Abs.2:* 148	Art. 712o	101
		Art. 712p	101
		Art. 712q	66$_{N36}$ *Abs.1:* 103
Art. 701	223, 286f.		
Art. 702	127, 196, 243, 249, 345, 367	Art. 712s	105 *Abs.1 u. 2:* 102
Art. 702f.	195		
Art. 703	258	Art. 712t	*Abs.2:* 103
Art. 704	166, 168$_{N13}$, 293, 301, 305 *Abs.1:* 291 *Abs.2:* 292 *Abs.3:* 294f.	Art. 713	13, 411, 595
		Art. 713–729	**308ff.**

Art. 714	42, 315, 317, 390, 408, 416, 428, 434	Art. 730–744	550, 612_{N10}, 648
	Abs. 1: 314, 406, 466	Art. 731	427, 659_{N15}
	Abs. 2: 26, 41, 314f., 323_{N5}, 327, 390, 399, 491		*Abs. 1:* 569_{N51}
			Abs. 2: 522, 560, 572
Art. 715	**328ff.**, 438, 479, 484		*Abs. 3:* 155, 572
	Abs. 2: 332_{N10}	Art. 732	199_{N8}, 263, **559ff.**, 563
Art. 716	**328ff.**, 332_{N10}, 335, 484	Art. 733	92_{N7}, 535_{N37}, 536, 566f., 612_{N10}, 658
Art. 717	24, 317_{N8}, 322, 435, 436_{N33}, 467	Art. 734	573
	Abs. 2: 323	Art. 735	535f., 565, 567, 658
Art. 718	**344ff.**, 406, 426	Art. 736	74, 264, 576, 580, 581, 661
Art. 718–729	343		*Abs. 1:* 30, 548, 555_{N28}, 573, 577f., 579f., 581
Art. 719	348f.		*Abs. 2:* 578, 579, 589
	Abs. 3: 349	Art. 737	*Abs. 1:* 583
Art. 720	426, 446, 449, 516		*Abs. 2:* 587, 620
	Abs. 3: 356	Art. 737–739	274
Art. 720–722	**349ff.**	Art. 738	582, 656
Art. 721	*Abs. 2:* 352, 358_{N4}		*Abs. 2:* 581
	Abs. 3: 353	Art. 739	548, 581, **585f.**
Art. 722	310_{N8}, 419	Art. 740	275f., 277, 584
	Abs. 1: 364	Art. 741	144, 165, 189, 274, 555f., 561_{N18}
	Abs. 2: 355, 356		*Abs. 2:* 556
	Abs. 3: 356, 358	Art. 742	259, 575, 587f.
Art. 723	**359ff.**, 476_{N26}		*Abs. 3:* 266, 272, 588
	Abs. 2: 361	Art. 743	*Abs. 1:* 580
Art. 724	**365ff.**		*Abs. 2:* 581
	Abs. 1: 366		*Abs. 3:* 581
	Abs. 2: 367	Art. 744	83, 612_{N10}, 665
Art. 725	284, **368ff.**, 424, 426, 427_{N6}, 516		*Abs. 1:* 580
	Abs. 1: 369		*Abs. 2:* 581
	Abs. 2: 349, 426_{N2}		*Abs. 3:* 581
Art. 726	**370ff.**, 380	Art. 745	525, 550
	Abs. 2: 375		*Abs. 1:* 545f.
	Abs. 3: 380, 509		*Abs. 2:* 609
Art. 727	59, **377ff.**, 426_{N3}	Art. 745ff.	195, 309, **608ff.**, 627_{N5}
	Abs. 2: 384	Art. 745–767	**608ff.**, 629
	Abs. 3: 380, 509	Art. 745–778	550, **608ff.**
Art. 728	353, **387ff.**, 406, 408, 416, 427, 460, 490f.	Art. 746	315, 466, 659_{N15}
	Abs. 2: 394, 415_{N10}		*Abs. 1:* 406, 632, 660
Art. 729	398, 502		*Abs. 2:* 317, 472, 560
Art. 730	202, 548, 551, 553, 554	Art. 747	614, 643
	Abs. 1: 545, 546, 550		*Abs. 1:* 637
	Abs. 2: 22, 159, 555ff., 561, 612, 650, 654	Art. 748	573
Art. 730ff.	195, 522	Art. 749	615

Art. 750	375		Art. 771	610
	Abs. 1: 619		Art. 772	611, 629
	Abs. 2: 615			*Abs. 1:* 621f., 631, 637, 640
	Abs. 3: 615			*Abs. 2:* 632_{N10}
Art. 751–752	613			*Abs. 3:* 610, 632_{N10}
Art. 752	626		Art. 773	660
Art. 753	612, 618, 627			*Abs. 2:* 630, 636
	Abs. 2: 343, 628			*Abs. 3:* 636
Art. 754	343, 626, 629		Art. 773–775	**629ff.**
Art. 755	453, 612_{N10}, 637		Art. 774	660
Art. 756	45			*Abs. 1:* 637
	Abs. 1: 616			*Abs. 2:* 637
	Abs. 2: 616f., 627			*Abs. 3:* 637
	Abs. 3: 617		Art. 775	631
Art. 756f.	509			*Abs. 1:* 630, 640_{N7}
Art. 757	635			*Abs. 2:* 630, 632_{N10}
Art. 758	538, 642		Art. 776	*Abs. 2:* 613
	Abs. 1: 467, 591, 612f.			*Abs. 3:* 560
	Abs. 2: 538, 613, 621		Art. 776–778	**642ff.**
Art. 759	550, 620		Art. 777	643
Art. 760	538, 622			*Abs. 1 u. 2:* 590
	Abs. 1: 621			*Abs. 2:* 613, 644
	Abs. 2: 621, 631, 637, 640			*Abs. 3:* 643
	Abs. 3: 623		Art. 778	643ff.
Art. 760–762	622		Art. 779	23, 184, 534, 550, 560, 594_{N1}, 598
Art. 760–763	613			*Abs. 1:* 545, 594, 599
Art. 761	*Abs. 1:* 621			*Abs. 2:* 124, 546
	Abs. 2: 622			*Abs. 3:* 547
Art. 762	620ff., 624, 637, 643		Art. 779f.	172_{N4}
Art. 764	618		Art. 779–779l	184, 195, 550, **594ff.**
	Abs. 1: 550, 618		Art. 779a	560, 563, 598, 600
	Abs. 2: 619, 645		Art. 779b	596, 599f., 606
	Abs. 3: 617, 627, 645		Art. 779c	594, 599f., 601
Art. 765	600		Art. 779c–779e	598
	Abs. 1: 618, 627		Art. 779d	195, 600, 602
	Abs. 2: 619			*Abs. 1:* 601
	Abs. 3: 619, 638		Art. 779e	599f., 601
Art. 766	638f.		Art. 779f	597, 604
Art. 767	*Abs. 2:* 618, 627		Art. 779f–779h	214_{N45}, 599f., 602, 603
Art. 768	*Abs. 1:* 620		Art. 779g	598, 604
	Abs. 2: 617		Art. 779h	604
Art. 769	550		Art. 779i	22, 195, 214, 606
	Abs. 1: 620, 642		Art. 779i–779k	600
	Abs. 2: 620			
	Abs. 3: 620			
Art. 770	610			

Art. 779 k	195, 606	Art. 801	83, 648
	Abs. 1: 606	Art. 805	39_{N6}, 41
Art. 779l	23, 550, 553, 598, 599		*Abs. 3:* 41 f., 489
Art. 780	195, 292, 305, 522, 550, 560, 598	Art. 807	648, 652
	Abs. 1: 545	Art. 808	47, 523, 528
	Abs. 2: 124, 546		*Abs. 2:* 29
	Abs. 3: 547	Art. 810	523, 528
Art. 781	48, 61_{N27}, 195, 202, 292, 304, 550, 554, 648		*Abs. 2:* 29, 195
		Art. 812	195, 648
	Abs. 1: 545		*Abs. 1:* 86_{N87}, 202
	Abs. 2: 124, 546, 583, 590, 598		*Abs. 2:* 527
	Abs. 3: 411, 560		*Abs. 3:* 528
Art. 782	*Abs. 1:* 536_{N40}, 647, 653, 655, 656	Art. 813	648
		Art. 813–815	531
	Abs. 2: 646	Art. 815	532, 535
	Abs. 3: 647, 650, 651_{N27}, 654, 662, 665, 666	Art. 816	652
		Art. 817	652
Art. 782 ff.	195, 651_{N27}	Art. 818	*Abs. 1, Ziff. 1 u. 2:* 652
Art. 782–792	**647 ff.**		*Abs. 1, Ziff. 3:* 652_{N31}
Art. 783	648, 659_{N15}	Art. 819	195
	Abs. 2: 648, 657, 661	Art. 820	531
	Abs. 3: 657	Art. 827	665
Art. 784	195, 198, 651	Art. 832	606
	Abs. 1: 531, 657	Art. 836	60, 195, 198, 531, 651
	Abs. 2: 531, 651, 657	Art. 837	60, 198, 603, 606_{N53}
Art. 785	647, 648, 651		*Abs. 1, Ziff. 3:* 192, 537
Art. 786	648		*Abs. 2:* 606
Art. 787	661	Art. 837 ff.	195
	Ziff. 1: 662, 665	Art. 838	140
	Ziff. 3: 652	Art. 842 ff.	536
Art. 788	663	Art. 847	411, 526_{N40}, 647, 651
	Abs. 1, Ziff. 2: 663, 664_{N31}	Art. 847–874	651
	Abs. 3: 582, 650, 663, 665 f.	Art. 848	651
Art. 789	564	Art. 850	651
Art. 790	648, 652	Art. 851	536_{N40}, 647
Art. 791	*Abs. 1:* 647, 653	Art. 852	664
	Abs. 2: 652		*Abs. 1:* 665
Art. 792	536_{N40}, 647	Art. 853	664
	Abs. 2: 664, 665	Art. 854	651
Art. 793 ff.	195	Art. 856	*Abs. 2:* 651
Art. 794	648, 658	Art. 859	536_{N40}, 658
Art. 794–823	647, 648, 651		*Abs. 2:* 535_{N37}
Art. 799	648	Art. 863	535_{N37}, 536_{N40}, 658
	Abs. 1: 569_{N51}		
Art. 800	*Abs. 1:* 60		
	Abs. 2: 114		

Art. 865	494		Art. 926	408, 422, **452f.**
Art. 866	494			*Abs. 1:* 449
Art. 884	60, 315, 317, 406, 422, 428, 466			*Abs. 2:* 428, 449
	Abs. 2: 41f., 392$_{N14}$		Art. 926–929	406, 411, 413, 415, 418, 428, **448ff.**, 464
	Abs. 3: 430$_{N10}$, 435, 438, 442, 444$_{N4}$, 467		Art. 927	27, 73, 79, 414$_{N10}$, 449, 451, **454ff.**, 592
Art. 885	407$_{N8}$, 467, 480			*Abs. 2:* 456, 457, 464, 470, 507
Art. 886	439$_{N47}$			*Abs. 3:* 222$_{N14}$, 457f.
Art. 888	453		Art. 927–929	408, 423, 428, 452, **453ff.**, 496
	Abs. 1: 415$_{N10}$, 502$_{N24b}$		Art. 928	10, 27, 73, 79, 222$_{N14}$, 233, 449, **455ff.**, 592
Art. 890	509, 512			*Abs. 2:* 222$_{N14}$, 457f.
Art. 895	355, 406, 423f., 440, 506, 514, 516, 628		Art. 929	28, 72, 449$_{N10}$, 454
	Abs. 3: 42, 472			*Abs. 2:* 428
Art. 899	568, 659		Art. 930	26, 312, 395, 459, 462
	Abs. 1: 569$_{N50}$, 660			*Abs. 1:* **460**, 478
Art. 901	406, 630			*Abs. 2:* **459f.**, 464
Art. 902	442		Art. 930/31	408, 414, 416, 450, 501
Art. 909	406		Art. 930–932	406, **458ff.**
Art. 914	216$_{N54}$		Art. 931	312, 395
Art. 919	429, 451			*Abs. 1:* **462f.**, 501, 506
	Abs. 1: 150, 405, 410, **413ff.**, 420, 464, 593			*Abs. 2:* 449, **461f.**
	Abs. 2: 405$_{N1}$, **411ff.**, 593, 649, 659		Art. 932	454, **464**
Art. 919ff.	649		Art. 933	26, 41, 315, 323$_{N5}$, 325, 327, 345, 390, 392, 399, 407, 416, 440, 450, 472, **474ff.**, 481ff., 496f., 512, 515, 633
Art. 920	10, 25, 150, 340, 393, 395, 399, 413, 415$_{N15}$, 424, 447		Art. 934	26, 79, 350$_{N3}$, 390, 399, 428, 447, 465, 467, 473, **495ff.**, 514, 592
	Abs. 1: **416f.**, 421			*Abs. 1:* 42, 417, 474f., **490f.**, 496
	Abs. 2: **417ff.**			*Abs. 2:* 475, **491ff.**, 512, 515
Art. 921	414, **445ff.**, 476$_{N26}$			*Abs. 3:* 509
Art. 922	422, 431, 442, 467		Art. 934/33	346
	Abs. 1: 417, **429f.**, 431, 437, 443f., 446, 475, 478		Art. 934–936	407, 408, 423, 428, 441, 458, 463, 472, **495ff.**, 510
	Abs. 2: 323, 417, **431f.**, 436, 443f., 446, 486		Art. 935	173$_{N10}$, 385, 392, 399, 473, 475, **493f.**, 496, 633
Art. 922–925	408, 422, **428ff.**, 443		Art. 936	26, 355, 428, 450, 490, **495ff.**, 511, 592
Art. 923	**443ff.**			*Abs. 1:* 388
Art. 924	27, 322f., 432, 441, 443f., 446, 467, 486		Art. 937	311, 407$_{N8}$, 505$_{N38}$
	Abs. 1: 416, 417f., **434ff.**			*Abs. 1:* 459, 592
	Abs. 2: 418, 438$_{N45}$, **440**			*Abs. 2:* 448
	Abs. 3: **440**, 442, 484		Art. 938	46, 67$_{N40}$, 217, **511ff.**
Art. 925	411, **441ff.**, 444, 446, 467, 486, 630$_{N6}$		Art. 938ff.	222$_{N14}$, 348, 355

Art. 938–940	407, 413, 455, 501_{N24b}, **508ff.**, 516, 627
Art. 939	172_{N4}, 217, 343, **513f.**
	Abs. 2: 628
Art. 940	67_{N40}, 172_{N4}, 343, 355, 457, 465_{N31}, **515ff.**
	Abs. 2: 513
	Abs. 3: 626
Art. 941	151, 406, 428, 584
Art. 942	162
Art. 943	126
Art. 944	126, 128_{N2}, 153, 574
	Abs. 3: 14_{N25}
Art. 946	*Abs. 2:* 40
Art. 947	*Abs. 2:* 564
Art. 955	162
Art. 959	208, 530, 589
Art. 960	20, 195
	Abs. 1, Ziff. 1: 142, 216, 532
	Abs. 1, Ziff. 2: 530
Art. 961	*Abs. 1, Ziff. 2:* 530
Art. 963	139
Art. 963 ff.	317
Art. 964	138, 139, 570, 580, 592
Art. 965	60, 135, 138
	Abs. 3: 135
Art. 967	140
Art. 968	561_{N15}, 564, 657
Art. 970	134
Art. 971	311
	Abs. 1: 134
Art. 972	23, 140, 528
Art. 973	135, 311, 515_{N3}, 555
Art. 974	135
Art. 975	135
Art. 976	30, 571, 577, 582_{N21}
Art. 977	30

Schlußtitel des Zivilgesetzbuches

Art. 1	600
Art. 17	*Abs. 2:* 599f.
Art. 17–18	599
Art. 19	156
Art. 20bis	93
Art. 20$^{bis\text{-}quater}$	89_{N6}
Art. 45	89_{N6}, 169, 193
Art. 46	152, 242
Art. 48	152_{N21}
Art. 56	126, 549_{N12}

III. Schweizerisches Obligationenrecht, vom 30. März 1911 / 18. Dezember 1936

Art. 11	136, 317
Art. 12	568_{N46}
Art. 13–15	563
Art. 13–16	559
Art. 18	584
Art. 20	210, **213f.**, 555
	Abs. 2: 557
Art. 22	562
Art. 24	*Abs. 1, Ziff. 4:* 576
Art. 29	429
Art. 32	439_{N51}
	Abs. 2: 436, 445
Art. 32 ff.	422
Art. 33	*Abs. 3:* 485
Art. 34	*Abs. 3:* 423, 485
Art. 41	27, 29, 218, 222_{N14}, 450, 455f., 508, 515
Art. 41 ff.	233, 620
Art. 43	299
Art. 44	299
	Abs. 1: 516
Art. 52	450
	Abs. 1: 452
	Abs. 2: 286, 452, 453
Art. 57	223, 285, 370, 424, 446
	Abs. 1: 370
	Abs. 2: 370
Art. 58	71, 79f., 219, 222, 227_{N19}, 238, 593, 596
Art. 60	29, 176_{N21}, 235, 509, 620
Art. 62 ff.	508, 516

Art. 63	502, 659	Art. 184	139, 558
Art. 65	343, 516	Art. 185	335
Art. 66	320_{N10}	Art. 187	14
Art. 67	176_{N21}, 396, 509, 602	Art. 214	*Abs.3:* 216_{N55}, 333, 341, 604_{N46}
Art. 70	665 *Abs.1:* 666 *Abs.2:* 665	Art. 216	203, 317 *Abs.2:* 214, 216 *Abs.3:* 205
Art. 91 ff.	637	Art. 218	203
Art. 96	488_{N86}, 516	Art. 218 ff.	139, 195
Art. 97 ff.	221, 556, 621, 626, 635	Art. 223	484
Art. 98	621, 653	Art. 226–228	329
Art. 103	*Abs.1:* 626 *Abs.2:* 626_{N4}	Art. 226 a–m	**331**
Art. 107	333, 604_{N46}	Art. 226 a	*Abs.2:* 332
Art. 110	665 *Ziff.1:* 627	Art. 226 c	332
		Art. 226 h	332 *Abs.2:* 333
Art. 112	*Abs.1 u. 2:* 650	Art. 226 i	335 f.
Art. 115	568, 601_{N34}	Art. 227 a–i	331
Art. 118	533 *Abs.2:* 661	Art. 229	310_{N10}, 489 *Abs.2:* 310_{N11}
Art. 119	*Abs.1:* 555	Art. 234	493_{N20} *Abs.3:* 492_{N13}
Art. 127	602, 617, 624, 626	Art. 235	310_{N10}, 466 *Abs.1:* 505
Art. 128	652		
Art. 132	394	Art. 237	317
Art. 134 f.	150	Art. 242	*Abs.1:* 435, 562 *Abs.2:* 569_{N51} *Abs.3:* 562
Art. 134 ff.	394, 490		
Art. 137	394		
Art. 143	71	Art. 243	560, 561 *Abs.1:* 317, 569 *Abs.2:* 317, 558, 561, 569_{N51} *Abs.3:* 562
Art. 152	335, 483 *Abs.3:* 22, 339, 469_{N16}		
Art. 164	*Abs.1:* 613 *Abs.2:* 630		
		Art. 247	484
Art. 164 ff.	568	Art. 253	434
Art. 165	632 *Abs.2:* 569	Art. 259	440_{N55} *Abs.2:* 596, 613
Art. 167	440, 634	Art. 264	613
Art. 169	632	Art. 269	75_{N59}
Art. 170	340 *Abs.1:* 438, 466	Art. 271	509
		Art. 272	416, 472
Art. 171–174	632	Art. 274	450_{N14}
Art. 175 ff.	338	Art. 281	*Abs.2:* 613
Art. 181	15_{N27}, 641	Art. 281 bis	613, 618

Art. 286	*Abs. 3:* 416, 472
Art. 298	508
Art. 301	38_{N5}
Art. 305	434
Art. 365	*Abs. 2:* 374
Art. 401	*Abs. 1:* 436
Art. 420	353
Art. 422	355, 627
	Abs. 1: 627
Art. 423	355, 488_{N86}, 512_{N3}, 627
	Abs. 1: 513
Art. 423 f.	508
Art. 425	478
Art. 443	441, 445_{N9}
Art. 452	434
Art. 459	484
Art. 462	484
Art. 466	443_{N70}
Art. 474	509
Art. 482	441
Art. 484	59, 381, 383, 385
Art. 540	*Abs. 1:* 436
Art. 544	*Abs. 3:* 113_{N18}
Art. 545 ff.	118
Art. 558	641
Art. 562	107
Art. 564	484
Art. 568	113_{N18}
Art. 574 ff.	118
Art. 576	118
Art. 603	484
Art. 676	634
Art. 680	635
Art. 687	635
Art. 690	*Abs. 2:* 636
Art. 718	484
Art. 725	*Abs. 4:* 623
Art. 748 ff.	158
Art. 765	484
Art. 814	484

Art. 899	484
Art. 914	158
Art. 966	634
	Abs. 2: 631
Art. 967	*Abs. 1:* 406
	Abs. 2: 441
Art. 979	632
Art. 1006	633
	Abs. 2: 473, 475, 494, 496
Art. 1007	632
Art. 1098	633
Art. 1112	633
Art. 1143	*Abs. 1, Ziff. 5:* 632
Art. 1146	632
Art. 1147	633
Art. 1151	*Abs. 1:* 633
Art. 1152	494, 496
	Abs. 2: 633
Art. 1153	441
Art. 1154	*Abs. 2:* 442
Art. 1157 ff.	636

IV. Verordnung betreffend das Grundbuch, vom 22. Februar 1910

Art. 1	*Abs. 2:* 123
Art. 1–10	126
Art. 2	123
Art. 7	547, 567, 569, 660
	Abs. 1: 124
	Abs. 2, Ziff. 1: 124
	Abs. 2, Ziff. 2: 124
Art. 8	126_{N9}, 548
Art. 10 a	60
	Abs. 1: **126**
	Abs. 2: 99
	Abs. 2–4: **94, 126**
	Abs. 4: 99_{N1}
Art. 11	139
Art. 12	*Abs. 2:* 606
Art. 18	138, 141_{N19}, 157
Art. 20	535_{N37}
	Abs. 1: 567
	Abs. 2: 567_{N41}

Art. 22	*Abs. 4:* 603
Art. 22a	603
Art. 31 ff.	60
Art. 32	60, 564, 657
	Abs. 3: 60, 100
Art. 33	60
Art. 33a	99
Art. 33b	*Abs. 1:* 99
Art. 33c	58, 100
Art. 34	565
Art. 35	564, 657
	Abs. 2: 564
Art. 37	564
	Abs. 2: 528
	Abs. 3: 531
Art. 38	564
Art. 39	564, 657
Art. 50	*Abs. 2:* 605
	Abs. 3 u. 4: 603
Art. 66	*Abs. 2 u. 3:* 632
Art. 71b	601
Art. 72	210
Art. 73	142
Art. 74	142
Art. 75	603
Art. 82	564, 657
Art. 85	581
Art. 85 ff.	83
Art. 86	581
	Abs. 2: 581
Art. 88	664, 665
Art. 108	632

V. Bundesgesetz über Schuldbetreibung und Konkurs, vom 11. April 1889/ 28. September 1949

Art. 37	514
Art. 41	*Abs. 1:* 653
	Abs. 2: 653
Art. 49	114_{N3}
Art. 56	528

Art. 93	614
Art. 94	46
	Abs. 3: 47
Art. 96	*Abs. 2:* 481
Art. 102	47
Art. 104	528
Art. 106	424, 427_{N6}
Art. 106 ff.	**338 f.**, 425
Art. 106/109	27_{N8}
Art. 107	457_{N55}
Art. 108	489, 492_{N13}, 503_{N25}
Art. 109	424, 457_{N55}
Art. 125 ff.	**157**
Art. 126 ff.	310_{N10}
Art. 130	437_{N36}
Art. 131	660
Art. 132	212_{N38}, 613, 660
Art. 142	528
Art. 204	*Abs. 1:* 481
	Abs. 2: 482
Art. 205	*Abs. 2:* 482
Art. 242	27_{N8}, 424 f.
Art. 256	**158**, 489

VI. Verordnung über die Zwangsverwertung von Grundstücken, vom 23. April 1920

Art. 16	614
Art. 32	62_{N28}
Art. 56	527
Art. 66 ff.	**157**
Art. 73	62_{N28}, 75_{N60}, 212_{N38}
Art. 116	528

VII. Schweizerisches Strafgesetzbuch, vom 21. Dezember 1937

Art. 137 ff.	424
Art. 140	475
Art. 141	12
Art. 146	12
Art. 292	458_{N59}
Art. 335	458_{N59}

VIII. Bundesgesetz über die Enteignung, vom 20. Juni 1930

Art. 18	299_{N16}, 307_{N11}
Art. 41	237
Art. 102 ff.	217_{N63}

IX. Bundesgesetz betreffend die elektrischen Schwach- und Starkstromanlagen, vom 24. Juni 1902

Art. 5–7	190_{N20}
Art. 6	259_{N4}
Art. 12	259_{N5}
Art. 43 ff.	259_{N5}
Art. 46	*Abs. 3:* 261_{N16}
Art. 58	12

X. Bundesgesetz über die Nutzbarmachung der Wasserkräfte, vom 22. Dezember 1916

Art. 1	293
Art. 2	293
Art. 34–37	300_{N19}
Art. 54	*lit. f:* 158
Art. 58	*Abs. 1:* 23
Art. 59	126, 548, 549_{N12}
Art. 63	217_{N61}
Art. 67	158

XI. Verschiedenes

BG über die Erhaltung des bäuerlichen Grundbesitzes, vom 12. Juni 1951

Art. 11	*Abs. 2:* 114_{N3}

BG über die Förderung der Landwirtschaft, vom 3. Oktober 1951

Art. 81	164

BG über das Schiffsregister, vom 28. September 1923

Art. 38	407_{N8}
Art. 59	457, 503, 510

BG über das Luftfahrzeugbuch, vom 7. Oktober 1959

Art. 1 ff.	407_{N8}

BG betr. den Telegraphen- und Telephonverkehr, vom 14. Oktober 1922

Art. 17 u. 18	190_{N20}

VVO III zum Telephonverkehrsgesetz, vom 7. Dezember 1923

§§ 8 ff.	190_{N20}
§§ 12 u. 13	190_{N20}

VO des BGer betr. die Bereinigung der Eigentumsvorbehaltsregister, vom 29. März 1939

Art. 4bis	340_{N49}
Art. 18	339_{N42}

BG betr. die Erfindungspatente, vom 25. Juni 1954

Art. 4	634
Art. 33	*Abs. 3:* 634
Art. 34	*Abs. 3:* 634

BG über den Versicherungs-Vertrag, vom 2. April 1908

Art. 73	632

BG über den Bundeszivilprozeß, vom 4. Dezember 1947

Art. 78	141 f.

XII. Bundesrepublik Deutschland
Bürgerliches Gesetzbuch, vom 18. August 1896

§ 94	32
§§ 97, 98	32
§ 101	45
§ 137	86_{N87}, 202
§ 161	22
§ 228	287
§ 427	72, 113_{N18}
§ 455	342
§ 497	*Abs. 2:* 216_{N57}
§§ 497–503	215_{N53}

§§ 498 ff.	217_{N59}	§§ 932 ff.	473
§ 502	51, 217_{N59}	§ 937	388, 460
§ 503	51, 216_{N56}		Abs.2: 395
§§ 504 ff.	204_{N7}	§§ 937–950	343
§ 506	208_{N20}	§ 945	391_{N12}
§ 511	207_{N15}	§§ 946 ff.	172_{N4}
§ 513	217_{N59}	§ 947	382
§§ 741–758	49	§ 948	382, 383_{N7}
§ 744	Abs.2: 67_{N38}	§ 950	372, 373
§ 745	Abs.2: 66_{N36}	§ 956	46_{N6}
§ 746	70_{N46}	§ 958	Abs.2: 347
§ 749	85_{N83}, 86	§ 959	397, 399_{N4}
§ 816	Abs.1: 472_{N3}, 513_{N4}	§§ 961–964	349_{N3}
	Abs.2: 397_{N26}	§ 971	356_{N22}
§ 854	413_{N1}, $429_{N1a,2}$, 431_{N6}	§ 984	359_{N1}
§ 855	421_{N1}	§ 986	463_{N23}
§ 860	422_{N11}	§§ 987 ff.	508
§ 865	410_{N3}	§ 1006	463_{N23}, 464_{N27}
§ 866	73_{N55}		Abs.1: 465
§ 870	440	§ 1007	495, 500 f.
§ 872	417_{N5}		Abs.3: 500, 502, 510_{N8}
§ 886	445_{N1}	§§ 1008–1011	49
§ 900	Abs.2: 411_{N8}	§ 1009	61_{N27}
§ 904	287		Abs.1: 92_{N7}
§ 905	167	§ 1010	70_{N46}
§ 906	218, 227_{N20}, 228, 233_{N35}	§ 1014	185_{N4}
§ 909	228_{N20}, 241	§ 1029	411_{N8}
§ 910	251_{N8}	§ 1033	391_{N13}
§ 911	252_{N18}	§ 1059 a	613
§ 912	183_{N46}	§ 1084	623_{N4}
§ 917	260_{N8}, 267	§ 1090	411_{N8}
	Abs.2: 272	§ 1092	546, 591
§ 918	260_{N8}, 267, 269_{N17}	§§ 1094 ff.	204_{N7}
§ 919	163_{N6}	§ 1105	648
§ 923	58	§ 1120	42
§ 924	275	§ 1136	86_{N87}, 202
§ 929	316, $429_{N2,3}$, 433_{N13}, 468_{N15}	§ 1967	113_{N18}
§§ 929 ff.	429_{N1a}	§ 2034	204_{N7}
§ 931	27_{N5}	§ 2038	117
§ 932	325, 326_{N12}, 327_{N19}, 478_{N30}, 485_{N69}	§ 2058	113_{N18}

**Handelsgesetzbuch,
vom 10. Mai 1897**

§ 54	424$_{N18}$
§ 55	485$_{N69}$
§ 56	424$_{N18}$
§ 366	478$_{N30}$, 485$_{N69}$

**Grundgesetz,
vom 23. Mai 1949**

Art. 14   *Abs. 2:* 6

**Gesetz über das Wohnungseigentum,
vom 15. März 1951**

§ 11	96$_{N12}$
§ 20	103
§ 22	97$_{N16}$
	Abs. 2: 97$_{N14}$
§ 27	*Ziff. 1 u. 2:* 102$_{N7}$
	Ziff. 4 u. 5: 104$_{N8}$
§ 61	72

XIII. Österreich

**Allgemeines bürgerliches
Gesetzbuch,
vom 1. Juni 1811**

§ 10	280$_{N8}$
§ 285	11$_{N18}$
§ 287	344
§ 294	32
§ 297a	32
§ 361	49
§ 364	218, 238$_{N58}$
§ 364b	241$_{N2}$
§ 367	325, 327$_{N19}$
§ 371	384
§ 381	344
§§ 381–403	343
§ 382	344
§ 388	350$_{N4}$
§ 394	359$_{N1}$
§ 395	350$_{N4}$
§ 398	359$_{N1}$
§ 404	343
§ 405	343
§§ 414–416	343
§ 415	372, 382, 383$_{N7}$
§§ 417–419	172$_{N4}$
§ 419	178
§ 422	251$_{N8}$
§§ 423 ff.	316
§ 444	397
§ 445	398
§§ 547–550	113$_{N18}$
§§ 825 ff.	49
§ 916	217
§ 920	113$_{N18}$
§ 921	113$_{N18}$
§§ 1068–1070	215$_{N53}$
§ 1069	217$_{N59}$
§ 1070	216$_{N56}$
§ 1071	217
§ 1073	204$_{N7}$
§ 1079	204$_{N7}$
§ 1095	204$_{N7}$
§ 1306a	288
§§ 1451 ff.	388
§ 1466	388
§ 1478	388
§ 1487	388

Notweggesetz

§ 2	269$_{N17}$
§ 8	275
§ 24	274$_{N39}$

**Wasserrechtsgesetz,
vom 19. Oktober 1934**

§ 51	304

BG betreffend das Eigentum an Wohnungen und Geschäftsräumen, vom 8. Juli 1948

§ 9 96_{N12}

XIV. Frankreich

Code civil, von 1804

Art. 524	32
Art. 551	345
Art. 552	166_{N2}
Art. 553	170_{N20}
Art. 556 ff.	375_{N11}
Art. 564	343
Art. 565 ff.	372
Art. 565–577	343
Art. 573	*Abs. 2:* 383_{N7}
Art. 573–575	382
Art. 640	254
Art. 641	*Abs. 2–4:* 257
	Abs. 6 u. 7: 257
Art. 643	293, 301
Art. 645	163_{N6}
Art. 671	249
Art. 673	251_{N8}
Art. 681	255_{N13}
Art. 682 ff.	267
Art. 685	*Abs. 2:* 275
Art. 713	314, 398
Art. 716	*Abs. 2:* 359_{N1}
Art. 717	361
Art. 739	398
Art. 815	86_{N87}
Art. 870	113_{N18}
Art. 1220	113_{N18}
Art. 1382	218
Art. 1505–1509	313_{N6}
Art. 1659–1673	215_{N53}
Art. 1660	216_{N56}
Art. 1673	217_{N59}
Art. 1862	113_{N18}
Art. 2228	412_{N9}
Art. 2229	464
Art. 2279	325, 388, 473, 491_{N1}, 495
Art. 2280	492, 495

Loi (no 65-557) du 10 juillet 1965 fixant le statut de la copropriété des immeubles bâtis

Art. 3	97_{N16}
Art. 6	96_{N12}
Art. 13	70_{N46}
Art. 14	50
Art. 17	102_{N4}
Art. 20	70_{N48}
Art. 21	102_{N4}
Art. 24	101_{N1}
Art. 26	68
Art. 27	*Abs. 2:* 98_{N17}
Art. 30	68
Art. 35	97_{N16}
Art. 38	$97_{N14,15}$

XV. Italien

Codice civile, von 1942

Art. 678	169_{N18}
Art. 713	*Abs. 3:* 86
Art. 732	51
Art. 754	113_{N18}
Art. 814	13
Art. 840	170_{N20}
Art. 844	218, 231_{N30}
Art. 896	251_{N8}
Art. 913	254
Art. 922–940	343
Art. 927	350_{N4}
Art. 930	356_{N22}

Art. 932	359_{N1}	Art. 1127	97_{N16}
	Abs. 2: 365_{N1}	Art. 1128	96_{N12}
	Abs. 3: 368		*Abs. 4:* 97_{N15}
Art. 933	369_{N5}	Art. 1129	103
Art. 934	170_{N20}	Art. 1132	104_{N8}
Art. 935–937	172_{N4}	Art. 1136	*Abs. 2:* 101_{N1}
Art. 937	178	Art. 1140	415_{N15}
Art. 939	379_{N5}, 382	Art. 1153	327_{N19}
Art. 940	372		*Abs. 2 u. 3:* 391_{N12}
Art. 943	281	Art. 1153 ff.	473
Art. 950	163_{N6}	Art. 1158 ff.	389
Art. 956	194_{N26}	Art. 1161	392_{N15}
Art. 966	51		*Abs. 2:* 389
Art. 1032–1057	198	Art. 1164	396_{N24}
Art. 1033–1046	260	Art. 1331	213_{N41}
Art. 1049	304	Art. 1371	585
Art. 1050	304	Art. 1376	316
Art. 1051	*Abs. 3:* 271_{N24}	Art. 1379	202
Art. 1051–1055	267	Art. 1468	213_{N41}
Art. 1055	274_{N39}	Art. 1500–1509	215_{N53}
Art. 1062	270_{N22}	Art. 1501	216_{N56}
Art. 1100–1116	49	Art. 1502	217_{N59}
Art. 1104	63_{N34}, 70_{N48}	Art. 1523	342
Art. 1108	68	Art. 1523–1526	330
Art. 1111	85_{N83}	Art. 2045	288
	Abs. 3: 86	Art. 2051	219
Art. 1117–1139	**49 f.**	Art. 2257	113_{N18}
Art. 1119	96_{N12}	Art. 2704	330_{N6}

Sachregister

Abgaben, öffentlich-rechtliche 618, 619
Abgeleiteter Besitzerwerb **428ff.**
Abgeleiteter Rechtserwerb 314f.
Abgraben von Quellen 296ff.
– Widerrechtlichkeit 297
Abhandenkommen; siehe auch Sache 474ff.
Ablauf der Zeit als Untergangsgrund einer Dienstbarkeit 573
Ablösung einer Grundlast 661
Absolute Rechte 9f.
Abtretung siehe Zession
Abwasserleitungen 190, 258
Abwehr von Gefahr und Schaden 286f.
Abzahlungsvertrag **330ff.**
– Übergang von Nutzen und Gefahr 335
Accessio temporis als Mittel der Auslegung 584
Actio aquae pluviae ascendae 253f.
Actio confessoria 28, **592**
Actio in rem scripta; siehe auch Realobligation 21, 209$_{N26}$
Actio negatoria; siehe auch Eigentumsfreiheitsklage 28f., 221, 463, 596, 597
Änderung der Gesetzgebung als Untergangsgrund einer Dienstbarkeit 573
Affirmative Dienstbarkeit; siehe auch Dienstbarkeiten, Arten von 552
Akkreszenz 63, 118$_{N5}$, 525$_{N16}$
Aktie als Gegenstand der Nutznießung 634
Aktivlegitimation des Inhabers einer Dienstbarkeit 593
Akzessionsprinzip 615$_{N20}$
– Durchbrechungen und Ausnahmen 184ff., 188, 193f., 293f., 594
– im Fahrnisrecht **370ff.**
– – im weiteren Sinn 363, 365
– im Grundstücksrecht **165ff.**, 597, 615$_{N20}$
– – Bauten, Pflanzen, Quellen 166ff., 173, 176, 179
– – Rechtsvergleichung 170
– – Umkehrung des Akzessionsprinzips 174, 177f., 181

Akzessorisches Recht 629, 643
Alleinbesitz 419, 467
Amtliche Verwaltung bei Nutznießung 623, 624, 625
Amtlicher Beistand des Nutznießers 621, 623, 624, 625
Amtliches Inventar siehe Inventar
Aneignung 143f., 344ff., 406, 426
– von Fahrniseigentum **344ff.**
– – Aneignungsakt 345f.
– – auf Grund einer Konzession oder Bewilligung 346f.
– – widerrechtliche 355, 358f.
– von Grundeigentum **143f.**
– einer Grundlast 659
– von wissenschaftlichen Gegenständen 367
Anfechtungsklagen, paulianische 638
Angriffswirkung 311, 407, 408, **495ff.**
Anmeldung zur Eintragung der Grundeigentumsübertragung 139
– Rückzug? 140f.
Anmerkung im Grundbuch
– Anmerkungsparzellen 44
– Grundlasten, öffentlich-rechtliche 651
– Wegrechte 277
– Zugehör 40
Anries; siehe auch Bäume und Sträucher 46, 252f.
Anspruch; siehe auch Schadenersatz-, Sicherstellungsanspruch
– dinglicher 467
– petitorischer 454, 455
– possessorischer 453ff.
Anstaltsfund 356ff.
Anvertraute Sache 42, **325f.**, 407, 447, **474ff.**, 491, 493
Anwachsung siehe Akkreszenz
Anwartschaft, dingliche 22f., 338, 437$_{N36}$, 469$_{N16}$, 488
Aufgabe des Besitzes 446, 475, 502
Aufnahme in das Grundbuch siehe Grundbuch, Eintragung und Aufnahme

Aufruf, doppelter 527f., 530, 661
Aufsichtsrecht des Eigentümers gegenüber dem Nutznießer 620
Ausgrabungsrecht; siehe auch wissenschaftliche Gegenstände 367
Auslegung; siehe auch Ortsgebrauch
– der Dienstbarkeit 582ff., 643
Ausschluß aus der Miteigentümergemeinschaft 73ff.

Bäche, private 254$_{N9}$, 302f.
Bäume auf fremdem Boden 169$_{N18}$, 193
Bäume und Sträucher
– Anries 252
– Beseitigungs- und Beschneidungsanspruch 250
– Grenzabstände 249
– Kapprecht 250ff., 450
– Überhang 252
Basler Schanzenstreit 129$_{N6}$, 146$_{N10}$
Baubewilligung, Voraussetzung genügender Zufahrt 269
Bauhandwerkerpfandrecht
– Fahrnisbaute 192
– Miteigentum 78
– Stockwerkeigentum 95
Baurecht; siehe auch Baurechtsdienstbarkeit
– im Bundesprivatrecht **240ff.**
– – Baufreiheit 240f.
– – – Beschränkung, Vorteils- und Lastenausgleich 240f.
– – – Überschreitung durch Beeinträchtigung der Stabilität von Grund und Boden 241
– im kantonalen öffentlichen Recht 244f.
– – Nachbarklage und -einsprache 197$_{N3}$, 244f.
– im kantonalen Privatrecht **243ff.**
– – Vorbehalt 243f.
– – – Bauvorschriften 245ff.
Baurechtsdienstbarkeit **184ff.**, 546, 549, **594ff.**
– Baurechtsvertrag 596
– Baurechtszins 605ff.
– – gesetzliches Pfandrecht 605ff.
– Begriff 594ff.
– Begründung 560
– Beschränkung auf 100 Jahre 559
– Erlöschen 601, 602, 603, 607
– gesetzliche Hypothek zur Sicherung der Heimfallsentschädigung 603
– als Grund- oder Personaldienstbarkeit 553f., 559

– Grundpfandgläubiger 602
– Heimfall, vorzeitiger 599, 602, **603ff.**
– Heimfallsentschädigung 601ff.
– – hypothekarische Sicherung 602f.
– Lastenverteilung 600
– selbständige und dauernde 549f., 595, 598
– – Begründung 560
– – Belastung mit einer Dienstbarkeit 569, 642f.
– – Belastung mit einer Grundlast 655
– Übergangsrecht 599f.
– Überschreitung 596, 597
– Übertragung 604
– unübertragbare 553f.
– Verbot der Übertragung 599
– Vorkaufsrecht, gesetzliches 600
– Vormerkung der Heimfallsentschädigung 601
Bauverbotsdienstbarkeit 524, 537, 552
– Eigentümer-Bauverbotsservitut 534
Bauverbotsservitut siehe Bauverbotsdienstbarkeit
Bedingung
– resolutiv bedingte Dienstbarkeit siehe Bedingungsfeindlichkeit
– resolutiv bedingtes Eigentum des Eigentumsvorbehalts-Käufers 340ff.
– resolutiv bedingtes Eigentum des Eigentumsvorbehalts-Verkäufers 339
– suspensiv bedingtes Eigentum des Eigentumsvorbehalts-Käufers 332, 340
Bedingungsfeindlichkeit der Dienstbarkeit 554f.
Beeren und Pilze 279
Beistand des Nutznießers siehe amtlicher Beistand
Belastung
– des dienenden Grundstücks, Herabsetzung 568
– einer Dienstbarkeit mit einem andern beschränkten dinglichen Recht 530, 569
– einer Forderung mit einem beschränkten dinglichen Recht 531
– eines Miteigentumsanteils mit einem beschränkten dinglichen Recht? 61, 525f., 530
Belastungstheorie 523, 538f.
Bereicherung, ungerechtfertigte 508f., 512, 516
Bereicherungsklage 502, 508
Bergrecht 127, 132$_{N8}$, 168
Bergwerk **125**, 548, 609$_{N2}$, 617

Berichtigungsklage siehe Grundbuchberichtigungsklage
Beschränkte dingliche Rechte 61, 95, 123 f., 181, 184 ff., 258 ff., 266 ff., 275, 291 f., 303 f., 306, 309, 327, 416, 428, 466 ff., 472, **521 ff.**, **544 ff.**, **608 ff.**, **647 ff.**
– Abänderung 575 ff.
– Arten 522
– Aufhebung 575 ff.
– Begriff 17, 521 ff.
– als Belastung anderer beschränkter dinglicher Rechte 530 ff.
– des Eigentümers an der eigenen Sache 532 ff.
– Erwerb 522
– Formmangel bei deren Begründung 562
– an fremder Sache im Verhältnis zum Eigentum 523 ff.
– Gegenstand 522, 525
– im gleichen Rang 529
– Kategorien 522
– Kollisionen 526 ff.
– Nachrückung 529
– Rangordnung 524, 526 ff.
Beseitigungsklage 28, 29, 176, 180, 222, 232, 299
Besitz **403 ff.**
– Angriffswirkung 407, 408, 495 ff.
– Arten **410 ff.**
– – abgeleiteter 428 ff., 462
– – abgestufter 416 ff.
– – Alleinbesitz 419, 467
– – derivativer siehe abgeleiteter
– – Eigenbesitz 408, **416 ff.**, 462, 487
– – Fahrnisbesitz 416, 458 ff.
– – Fremdbesitz 416 ff.
– – Gesamtbesitz 419 ff., 443, 476
– – mehrfacher 416 ff., 449
– – mehrstufiger 408, 416 ff.
– – Mitbesitz 419 ff., 443, 465, 468, 476
– – mittelbarer 408, 415, **416 ff.**, 419 ff., 421 ff., 436 ff., 451 f., 497
– – originärer 426 f.
– – Pfandbesitz 416, 417, 422, 433, 439$_{N47}$, 504
– – Rechtsbesitz 411 ff., 448, 451, 593, 649
– – Sachbesitz 410 ff., 448, 451
– – selbständiger 408, 415, **416 ff.**, 419 ff., 421 ff., 436 ff., 451 f.
– – unangefochtener 584
– – unmittelbarer 408, 416 ff., 419 ff., 421 ff., 436 ff., 451 f., 497
– – unselbständiger 408, 415, **416 ff.**, 419 ff., 421 ff., 436 ff., 451 f.
– – ursprünglicher siehe originärer
– – verdächtiger 413, 450, 480, 497, 501
– Aufgabe; siehe auch Verlust 446, 475, 502
– Begriff 405, 413
– Defensivwirkung siehe Vermutungswirkung
– Entziehung 408
– – Ansprüche aus 453 ff.
– Erwerb
– – abgeleiteter, derivativer **428 ff.**
– – durch Gesamtnachfolge **427 f.**
– – gutgläubiger 407, 428, 463, **471 ff.**, 506
– – vom Nichtberechtigten **471 ff.**, 490 ff., 504
– – durch Stellvertretung **443 ff.**, 486
– – ursprünglicher, originärer **426 f.**
– Friedenswirkung siehe Schutzwirkung
– Funktionen 406 f.
– Geschichte 408 f.
– Gutglaubenswirkung 407, **471 ff.**, 490 ff.
– Klagen siehe Besitzesschutz-, Besitzrechtsklage
– Objekte 410 ff.
– Offensivwirkung siehe Angriffswirkung
– Publizitätsfunktion 311, 407, 414
– Recht zum 405, 448, 458, 459, 461 ff., **496 ff.**, 510
– – besseres 454 ff., 496, 510
– – fehlendes 498 ff., 506, 510, 511
– Rechtsbesitz siehe Arten
– Rechtswirkungen **448 ff.**
– Sachbesitz siehe Arten
– Schutzwirkung 406, 414, **448 ff.**
– Störung 408, 448 ff.
– – Ansprüche 453 ff.
– Subjekt 410
– – Erbe 416, 420, 427 f.
– als subjektives Recht? 407 f.
– als tatsächliche Gewalt 405, **413 ff.**
– Translativwirkung siehe Übertragungswirkung
– Übertragung
– – durch Besitzvertrag; siehe auch Übergabesurrogate **430 ff.**, 467, 469, 486 f.
– – durch körperliche Übergabe **428 ff.**, 443
– – bei Nutznießung 633
– Übertragungswirkung 406, 408, 416, **466 ff.**
– und Eigentum 405, 416, 426, 428, 460, 466 ff.
– und Fund 426, 449, 516
– und Gewahrsam 424 f., 427$_{N6}$
– und subjektives Recht 407 f., 416
– Verlust 417, **445 ff.**, 449, 473, 490

– Vermutungs- und Verteidigungswirkung 406, 408, **458ff.**, 501, 504
– als Voraussetzung der Ersitzung einer Dienstbarkeit 574
Besitzanweisung 416, 417, 432, **436ff.**, 441f., 443$_{N70}$, 469f., 487
Besitzauftragung siehe Besitzkonstitut
Besitzdiener 409, 414, 421ff., 444, 452, 475, 485, 503
Besitzdienerschaft 421$_{N3}$
Besitzdienung 420, **421ff.**
Besitzentziehung siehe Besitz
Besitzer, Erbe als 416, 420, **427f.**
– nichtberechtigter 407, 413, **508ff.**
Besitzesschutz 10, 28, 222$_{N14}$, 223f., 298, 406, 408, 413, 414, 421, 422, **448ff.**, 649, 650
Besitzesschutzklage 10, 28, 222$_{N14}$, 223f., 407, 408, 414, 423, 447, **453ff.**, 464, 496, 507, 508, **592f.**, 649
Besitzesstörung 408, 448ff., 453ff.
Besitzkehr 449, 452f.
Besitzkonstitut 323, 417, **434ff.**, 436, 442, 443$_{N70}$, 469
– antizipiertes 436, 439$_{N51}$, 445
Besitzlage, offene 415$_{N11}$, 430$_{N7}$, 431f., 436, 469
Besitzmittler 438f., 442, 447, 451
Besitzmittlung 418, 419, 435
Besitzrechtsklage 320, 407, 408, 414, 415$_{N10}$, 447, 460, 462, 465, 490, **495ff.**, 508, 592
Besitzvertrag; siehe auch Übergabesurrogate **430ff.**
Besitzwandlung, brevi manu traditio 418, 426, 429, **433**, 436, 442, 443, 446, 467, 469f., 487, 488
Besitzwehr 449, 452f.
Besitzwille 408, 414, 422, 426f.
Bestandteile 33ff., 601, 617, 628
– der Liegenschaft
– – Bauten, Pflanzen, Quellen 165f.
– – – Grundwasservorkommen 296
– – – Quellen im besonderen 291f.
– – – natürliche Früchte 44ff.
– – – Stockwerke 91, 169
– der durch Verbindung entstandenen neuen Sache 378ff.
– – wesentliche und unwesentliche 378f.
Betreibung auf Pfandverwertung siehe Zwangsverwertung
Betretungsrechte für Bau- und Unterhaltsarbeiten 277
Bewässerung; siehe auch Nachbar-, Wasserrecht 302

Bewegliche Sachen; siehe auch Fahrnis, Sache 13f. 309, 312f., 405, 406, 407, 614, 628, 659
Bienenschwärme, Rückholung 285f., 349
Bierservitut 551, 552, 654
Bodenverschiebung; siehe auch neues Land 147f.
Brachweg 277
Brandmauer 58, 84, 246f.
Brevi manu traditio siehe Besitzwandlung
Brunnen; siehe auch Nachbarrecht
– Begriff 297
– nachbarrechtliche Benutzung 302f., 305

Causa indebiti 320
Causa perpetua 551$_{N15}$
Causa possessionis
– nemo sibi ipse causam possessionis mutare potest 150$_{N17}$, 153$_{N24}$, 393
Causa traditionis 320f.
Chirographargläubiger 541
Clausula rebus sic stantibus; Theorie der Unvorhersehbarkeit, Anwendung beim Servitutsvertrag 575f.
Condictio possessionis 460, 502
Constitutum possessorium siehe Besitzkonstitut

Dachtraufe 255
Dauerverträge, Beendigung 86
Defensivwirkung; siehe auch Besitz: Vermutungs- und Verteidigungswirkung 311
Demanio pubblico 130f.
Dereliktion 446, 522
– von Fahrnis 344, 399
– von Grundstücken 143, 159, 528, 570f.
– von Miteigentumsanteil 525$_{N16}$
Derivativer und originärer Rechtserwerb 314f.
Dienstbarkeiten **521ff.**
– Abänderung 567f., 573, 575ff.
– Arten 545
– – affirmative 544f., 552, 593
– – bedingte? 554f.
– – ‹bewegliche› 590
– – Eigentümerdienstbarkeit 565ff.
– – Fahrnisdienstbarkeit 614
– – Gemeindedienstbarkeit 546f.
– – gemessene 586
– – Grunddienstbarkeit 546, 608
– – Immobiliardienstbarkeit 614
– – irreguläre Personaldienstbarkeit 546, 590, 598, 612
– – negative 545, 551, 552, 565, 574, 590, 593

– – Personaldienstbarkeit 546f., 590, 608
– – Privatdienstbarkeit auf öffentlichem Boden 548
– – übertragbare 590
– – ‹unbewegliche› 590
– – ungemessene 585
– – unübertragbare 613f., 642f.
– Aufhebung 567, 586
– Auslegung des Inhalts 582ff.
– Ausübung 585f.
– – von Dienstbarkeiten im gleichen Rang 589
– – durch einen Dritten 590f.
– – Einstellung, Eintragung im Grundbuch 586
– – Prinzip der schonenden Ausübung 587ff.
– – richterliche Beschränkung 586
– – Übertragbarkeit 591, 610f., 621, 630f.
– – Verhältnis zur Ausübung des Eigentums 589f.
– Bedingungsfeindlichkeit 554f.
– Begriff **544ff.**
– als Belastung eines selbständigen, dauernden Rechts 569
– Besitz seit unvordenklicher Zeit als Erwerbstitel 575
– an Dienstbarkeit 629
– an eigener Sache 530
– Eigentümerdienstbarkeit 565ff.
– Eintragung ins Grundbuch 563ff., 582, 588, 589, 595
– Entschädigung
– – bei Verlegung der Dienstbarkeit 589
– – wegen gänzlicher oder teilweiser Löschung 579f.
– Entstehung durch
– – Erbteilungsvertrag 562
– – Ersitzung 565, 574
– – Rechtsgeschäft von Todes wegen 562
– – Schenkungsversprechen 558
– – Servitutsvertrag 558ff.
– – Vergleich 562
– Erwerb 572ff.
– an Forderungen und Rechten 629ff.
– gleichen Ranges 589
– an Grundlast 523
– an Immobilien; siehe auch Grunddienstbarkeit, Immobiliardienstbarkeit 523
– Inhalt 551ff.
– – Auslegung 582ff.
– – unsittlicher, widerrechtlicher 555
– Klagen, Klagerecht 591ff.
– – Aktivlegitimation 593

– – Besitzesschutzklage 592f.
– – Besitzrechtsklage 592
– – Eigentumsklagen 591, 593
– – Feststellungsklage 592
– – Grundbuchberichtigungsklage 572, 592
– – konfessorische 28, 592
– – Passivlegitimation 593
– – petitorische 592
– Klagerecht siehe Klagen
– Kollision 528ff.
– Konkurrenz mit Haftungsrecht bei der Zwangsvollstreckung 527f.
– Kosten der Verlegung 589
– Löschung 579f.
– Mehrbelastung, Verbot 585ff.
– an Miteigentumsanteil 61, 525
– Neuerrichtung 589
– Rechtsbesitz an Dienstbarkeiten 411f.
– richterliche Abänderung oder Aufhebung 576f.
– an Stockwerkeigentumseinheit 95, 525
– Teilung der Ausübung 581
– Treu und Glauben bei Abänderung oder Aufhebung 576f.
– Überschreitung 586
– Umgestaltung 567f.
– Untergang 555, 575, 589, 615f., 634
– an Unternehmen 639f.
– Unterschied zur Grundlast 648
– Verbindung mit Grundlast 661, 665
– Verbot der Mehrbelastung 585ff.
– Verhältnis zur Grundlast 661, 665
– Verlegung 264ff., 587ff.
– Verlust 572ff.
– an Vermögen 638f.
– Vertrag siehe Dienstbarkeitsvertrag
– Verzicht 570
– Wiedereintragung 571
– Zwangsvollstreckung 527
– Zweckänderung 585
Dienstbarkeitsvertrag, Servitutsvertrag
– Abänderung 568, **575ff.**
– Aufhebung 575ff.
– – wegen Änderung der Umstände 575ff.
– – wegen Unverhältnismäßigkeit 579ff.
– – wegen Verlust der Nützlichkeit 577ff.
– Begründung 558ff.
– Eintragung im Grundbuch 563ff.
– Erwerbstitel 583f.
– Form 559ff.
– Nichtigkeit 555
– Versprechen 562

Dingliche Rechte; siehe auch beschränkte
  dingliche Rechte 608, 609, 616
– an beweglichen Sachen
– – Einräumung 443, 469
– – Erwerb 407, 418, 444, 459, 472
– – Übertragung 431, 443
– – Vermutung 406
Domaine public 130f.
Doppelnorm 196f., 279
Doppelter Aufruf siehe Aufruf
Doppelverkauf 20, 141$_{N15}$, 142
Drittpfandrecht 541
Durchgangsrecht; siehe auch Fahrweg-,
  Fußweg-, Durchleitungs-, Leitungs-,
  Nachbar-, Wegrecht 587
Durchleitungsrecht; siehe auch Leitungs-,
  Nachbarrecht
– Anspruch auf Einräumung 260ff.
– – Inhalt 261f.
– – nachbarrechtliches Verhältnis 261f.
– – Notrechtsanspruch 261f.
– Begründung als Grunddienstbarkeit 262f.
– – Schadenersatz 263
– Begründung und Untergang 188
– – Durchleitungsanlagen 258f.
– – Entstehungsgrund und rechtliche Natur
  259
– Grundlage des Sondereigentums an der
  Leitung 189
– Untergang 264
– Verlegung der Leitung 264ff.

Ehehafte Wasserrechte 131$_{N13}$
Ehevertrag, Erwerb von Grundeigentum
  158
Eiben 227$_{N19}$
Eigengrenzüberbau 183
Eigenmacht, verbotene 406, 408, 411, **448ff.**,
  464, 465, 470
Eigentümerdienstbarkeit 534, 536ff., 560
– Errichtung 565f.
Eigentümergrunddienstbarkeit 534
Eigentum; siehe auch Fahrnis-, Gesamt-,
  Grund-, Mit- und Stockwerkeigentum
– Arten
– – bedingtes 23f.
– – befristetes 23f., 170
– – funktionelles 8
– – geistiges 630
– – gemeinschaftliches 48ff.
– – öffentliches 129ff.
– – relativ unwirksames 24, 323$_{N5}$
– – ruhendes 36, 173$_{N10}$, 380$_{N8}$

– Begriff
– – allgemein 3f.
– – Eigentumsbegriff und Eigentums-
    ordnungen 1ff.
– – Einheitlichkeit im Grundstücks- und
    Fahrnisrecht 8
– – des schweizerischen Rechts 4ff.
– – Beschränkungen; siehe auch Eigentums-
    beschränkungen 5ff., **194ff.**, 309
– – Änderung, Aufhebung, Entstehung
    198ff.
– Elastizität 18, 524, 529, 530, 539
– – Eigentumssplitter? 18
– Inhalt
– – ‹Verfügung nach eigenem Belieben› 16f.
– Klagen; siehe auch Eigentumsfreiheits-
    klage, Eigentumsklage, Feststellungsklage
    25ff., 221, 407, 462, 463, 490, 491, 501,
    504ff., 508, 596, 597, 626, 628
– Objekte
– – Sachen siehe Fahrnis- und Grund-
    eigentum
– – andere Objekte? 14f.
– Rechtfertigung (Eugen Huber) 16
– Schutz siehe Klagen
– Übertragung
– – von Fahrniseigentum 310, 314ff., 426,
    428, 436ff., 443, 466ff., 471f., 487
– – von Grundeigentum 121f., 134ff.
– Verlust 630
Eigentumsbeschränkungen 6f., 17f., 552, 555
– im Fahrnisrecht 309, 367f.
– im Grundstücksrecht 194ff.
– – Aufhebung durch Begründung einer
    Dienstbarkeit 560
– – Benutzungsbeschränkungen 218ff., 240ff.
– – Übersicht und Einteilung 195ff.
– – Verfügungsbeschränkungen 202ff.
Eigentumsfreiheitsklage; Abwehrklage,
  actio negatoria, Negatorienklage, negatorische Unterlassungsklage 28f., 221, 463, 596,
  597
Eigentumsklage; Klage aus dem Recht,
  petitorische Klage, rei vindicatio, Verfol-
  gungsklage, Vindikation **25ff.**, 320, 388,
  396f., 407, 462, 490, 491, 501, **504ff.**, 508,
  626, 628
Eigentumsvorbehalt 22f., **328ff.**, 437$_{N36}$, 438,
  440, 469$_{N16}$, 488
– Abzahlungsvertrag 330ff.
– – Eigentumsvorbehaltsklausel, Form und
    Wirkung 332f.
– – Mißstände und Revision 331

– Eigentumsvorbehaltskäufer 438, 440$_{N55}$, 489, 491
– Eigentumsvorbehaltssache
– – Pfändung für Gläubiger des Käufers 338 f.
– – Übertragung des Eigentums durch den Verkäufer 339 f.
– Eintragung, Wirkung 333 f.
– – Zeitpunkt 334, 337
– Entstehungsgeschichte und Rechtsvergleichung 329 f.
– – verlängerter Eigentumsvorbehalt 329 f., 337 f., 371
– als Nebenrecht der Kaufpreisforderung 340
– rechtliche Konstruktion 340 ff.
– – gegen Theorie der Suspensivbedingung 340 ff.
– Rücktritt vom Vertrag 333
– Übertragung 337 f., 340, 341
– Untergang 335
– Wirkungen
– – im Verhältnis zu Dritten
– – – Rechtskraft des Eigentumsvorbehaltsregisters 336 f.
– – zwischen den Parteien
– – – vor und nach dem Rücktritt 335 f.
Eigentumsvorbehaltsregister 336 f., 479, 481
– beschränkte Publizitätsfunktion 337
Einbau
– eigenes Material auf fremdem Boden
– – Rechtsfolgen 176 ff.
– – Tatbestände 175 f.
– fremdes Material auf eigenem Boden
– – Rechtsfolgen 173 f.
– – Tatbestände 172
– fremdes Material auf fremdem Boden 178
– Zweckgedanke 171
Einfache Gesellschaft und Miteigentumsgemeinschaft 56, 118$_{N3}$
Einfriedigungen 165, 248, 278
– im Wald 281 f.
Einkauf in bestehende Bauwerke 58
Einpflanzungen 171, 193
Einspracherecht des Eigentümers gegenüber Nutznießer 620
Einwirkungen siehe Immissionen
Eisenbahnen und Schiffahrtsunternehmungen 14$_{N25}$
Elastizität einer belasteten Forderung 539
– des Eigentums 18, 524, 529, 530, 539
Elektrizität
– Leitungen 189$_{N15}$, 264 f.
– Rechtsobjekt 12
Elektrizitätsgesetz 12, 169, 186$_{N11}$

Energien; siehe auch Naturkräfte 12, 411
Enteignung
– Aufhebung privater Rechte 237
– – materielle 237, 367
– – nachträgliche 237
– Bauverbot im Skigelände 284
– beweglicher Sachen 400
– als Entstehungs-, Übertragungs- oder Untergangsgrund einer Dienstbarkeit 573
Entschädigung
– für Auslagen des Nutznießers 627
– bei Löschung einer Dienstbarkeit 579 f.
Entwässerung; siehe auch Nachbarrecht, Wasserablauf
– Erleichterung der Wasserableitung 257 f.
Entzug von Licht und Sonne 228
Erben als Besitzer 416, 420, **427 f.**
Erbenbesitz, Erbschaftsbesitz 416, 420, 427 f.
Erbengemeinschaft 115
– solidarische Haftung 113$_{N18}$, 116
– Vertretung 117$_{N9}$
Erbgang, außergrundbuchlicher Erwerb von Grundeigentum 156 f.
Erbrecht, gesetzliche Nutznießung 609
Erbteilung 82, 83$_{N79}$, 116$_{N8}$, 118, 119
– durch Bildung von Miteigentum oder Stockwerkeigentum 57, 58$_{N17}$, 88
Erdrutsch 147 f., 221$_{N9}$
Erfinderpatent als Gegenstand der Nutznießung 630, 632, **633 f.**
Erfüllungsgeschäft 319
Erholungsraum 279, 282
Ermessen des Richters 287, 298, 323
Ersatzansprüche; siehe auch Schadenersatz
– für Nutzungen 512, 515
– für Verwendungen 407, 513, 516 f.
Ersitzung
– von Fahrnis 387 ff.
– – Anwendungsgebiet 390 f.
– – Bereicherungsanspruch? 396 f.
– – Ersitzungsbesitz 393 ff., 406, 426
– – Ersitzungszeit 393 ff., 490
– – Funktion und Bedeutung 387 f.
– – Geschichte 389
– – guter Glaube 395 f.
– – Wirkung 391
– von Grundeigentum 139$_{N8}$, **148 ff.**, 406, 413, 426
– – außerordentliche, Extratabularersitzung 152 ff.
– – – Begriff 152
– – – Verfügung, richterliche 154 f.
– – – Verschweigung? 155

– – Grundgedanke 149, 387f.
– – ordentliche
– – – Begriff 149
– – – Voraussetzungen 149ff.
– von Rechten
– – Dienstbarkeit 155, 278$_{N12}$, **565**, **574f.**
– – Grundlast? 522, 658
Ersitzungsbesitz 150, 393ff., 406, 409, 413, 426, 574
Erwerb
– von Fahrniseigentum 436, 490f.
– – gesetzlicher
– – – Aneignung 344ff.
– – – Ersitzung 387ff.
– – – Fund 349ff., 356ff., 365ff.
– – – Verarbeitung 370ff.
– – – Verbindung und Vermischung 377ff.
– – – Vermischung und Vermengung gleichartiger und gleichwertiger Sachen 381ff.
– – – vom Nichtverfügungsberechtigten 324ff.
– – – anvertraute Sache 325f.
– – – Erwerbsgeschäft 327
– – – Gegenstand 327f.
– – – Geschichte und Rechtsvergleichung 324f.
– – – guter Glaube 326
– – – Zweckgedanke 325
– – – rechtsgeschäftlicher 438
– – – Grundgeschäft 317f.
– – – Tradition 139, 315ff., 318ff., 320ff.
– – – Traditionssurrogate 317, 322f.
– – – Verpflichtungsgeschäft 317f.
– von Grundeigentum
– – außergrundbuchlicher 142ff.
– – grundbuchlicher 134ff.
Erwerbsgrund 135ff., 141$_{N16}$, 317
Erwerbsrechte 204ff.
– öffentlich-rechtliche 217, 368
Erzeugnis 609f., 616, 617
Expropriation siehe Enteignung
Extra-Tabularersitzung siehe Ersitzung

Fahrnis; siehe auch Fahrniseigentum und Sache, bewegliche 13f., 309, 312f., 614, 628
Fahrnisbaute 191f., 312f., 594, 595$_{N4}$, 643
Fahrniseigentum
– und Besitz 405, 414, 460
– Erwerbstatbestände; siehe auch Erwerb 310, 436, 438, 472, 490f.
– und Grundeigentum 308ff.
– Inhalt 309
– Objekte
– – Sachen 312f.

– – Naturkräfte 314
– – Wertpapiere 313
– Verlust
– – absoluter 399f.
– – Bedeutung in der Gesetzgebung 397f.
– – relativer 398f.
– Vermutung 460, 461, 501
– wirtschaftliche Bedeutung 120ff., 309
Fahrnisklage siehe Besitzrechtsklage
Fahrnispflanzen 194, 312f.
Fahrwegrecht 585
Faustpfand; siehe auch Pfandrecht 568, 618
Faustpfandbesitz 406, 414, 461, 467
– Begründung 432, 433, 438, 447$_{N14}$
Fensterrecht 246
Fernheizwerk 186, 187
Feste Pfandstelle siehe Pfandstelle
Feststellungsklage 29f., 592
Feststellungsurteil 580
Finanzvermögen 128, 366
Finderlohn 356, 358
Fischereirecht; siehe auch Jagd und Fischerei
– als Privat-Dienstbarkeit auf öffentlichem Boden 548
Forderungen
– mit beschränkt dinglichem Recht belastet 531, 538ff., 629ff.
– gegenseitige 629
– Kollision 527
– mit Nutznießung oder Pfandrecht belastet 538ff., 629ff.
– vorgemerkte 530
Formmangel
– im Fahrnisrecht 317ff.
– im Grundstücksrecht 135f.
– – Folge 137f.
– – Kaufrechtsvertrag 213f.
– – Vorkaufsrechtsvertrag 205f.
Frachtbrief 441
Frachtvertrag 418, 436
Freihandverkauf 437$_{N36}$
Freiheit, persönliche 3
Friedenswirkung des Besitzes siehe Schutzwirkung
Frist, peremptorische 603
Früchte
– natürliche **44ff.**, 609, 610, 616, 617, 627
– zivile 44, 618, 634
Fruchtziehungsrecht 46, 616f.
– Anries 252
– Pfändung und Verpfändung der Früchte 46f.
– Separation, nicht Perzeption 45, 252, 616

Fund; siehe auch Haus- und Anstaltsfund, Schatzfund 349ff., 356ff., 426, 449, **516**
Fußwegrecht; siehe auch Wegrecht 585, 586, 590

Gattungssache als Gegenstand der Quasi-Nutznießung 610
Gebrauchs- oder Nutzungsrechte 522
Geld
– gutgläubiger Erwerb **493f.**
– Vermengung von Geld und Inhaberpapieren 384ff.
– – Kommission 385
– – Sammeldepot 386
Geldleistung als Gegenstand der Grundlast 656
Gemeindedienstbarkeit 546f.
Gemeingebrauch 128, 131f., 153
– gesteigerter 131f.
Gemeinschaft und Gesellschaft 109$_{N2}$
Gemeinschaftliches Eigentum; siehe auch Gesamt-, Mit-, Stockwerkeigentum 48ff.
Gemeinschaftsgedanke 2, 7, 8$_{N15}$, 67$_{N38}$, 109, 110
Gemeinwesen, Verpflichtungen aus Nachbarrecht 131$_{N13}$, 236f., 256, 261, 305$_{N7}$
Genossenschaften mit Teilrechten, Korporationsteilrechte 125
Gerichtsstand der gelegenen Sache
– Klagen gegen Stockwerkeigentümergemeinschaft 107f.
– – gegen verantwortlichen Grundeigentümer 234
Gerichtsstandsgarantie 457, 503f., 510
Gesamtbesitz **419ff.**, 443, 476
Gesamteigentum
– Aufhebung 117f.
– Auseinandersetzung, interne 115
– Begriff 108f.
– Gegenstand 111f., 117
– gesamthänderische Nutzung, Verfügung, Verwaltung 114f.
– Haftung, solidarische 112f.
– personenrechtliche Gemeinschaften des ZGB, Gesellschaften des OR 111, 114
– Vertretungsbefugnis 116f.
Geschäftsführung
– im eigentlichen Sinn 618
– ohne Auftrag 353, 355, 418, 508, 512, 627
– unechte 612
Gesellschaftsrechte 630

Gesetzesrecht, kantonales, als Mittel der Auslegung und Ergänzung von Dienstbarkeiten 584
Gesetzgeberisches Versehen 561
Gesetzliche Hypothek siehe Grundpfand
Gesetzliche Nutznießung siehe Nutznießung
Gesetzliches Pfandrecht siehe Pfandrecht
Gestaltungsrecht 204
Gestaltungsurteil 141f., 182, 273
– als Änderung, Begründung, Untergang
– – Dienstbarkeit 182, 573, 580
– – Grundlast 659, 661
– Zusprechung von Eigentum 141f.
– – von Grundeigentum 157, 182, 211
Gewährleistung beim Besitz 493, 512
Gewässereigentum 11, 129ff.
Gewässergrundstück 123$_{N2}$, 146$_{N11}$, 148$_{N15}$, 163, 296
Gewässerregal 12, 168, 295
Gewahrsam 357, 369f., 424f., 427$_{N6}$
Gewerbedienstbarkeit 551
Gewere 408, 415, 472, 495
Gewohnheitsrecht
– als Auslegungsregel 584
– dem Gesetz derogierendes 251
Grabstellen- und Kirchstuhlrechte 548
Grenzbaum 58, 169$_{N18}$, 193
Grenzen der Liegenschaft 161
– Abgrenzungspflicht 163
– Grenzabstände für Bauten 245f.
– – für Bäume und Sträucher 249
– Grenzstreitigkeiten 164
Grenzüberbauten über und unter der Erdoberfläche 180
Grundbuch 459, 489
– Anmerkung
– – Anmerkungsparzellen 44
– – Grundlasten, öffentlich-rechtliche 651
– – Wegrechte 277
– – Zugehör 40
– Eintragung und Aufnahme von
– – Dienstbarkeiten 412, 559ff., 563ff., **582f.**, 610, 611, 612
– – Grundlasten 651, **657f.**
– – selbständigen und dauernden Rechten 123f., 125f., 567
– – Stockwerkeigentum 99f.
– Eintragungsprinzip
– – absolutes 134
– – relatives 134f.
– Publizitätsfunktion 134f., 407$_{N8}$
– Rechtsgrund der Eintragung 135f.
– Rechtskraft 134f., 142f.

Grundbuchberichtigungsklage 572, 592
Grundbuchpläne 161
- Haftung für Vermessungsfehler 162
- Rechtskraft 162
Grunddienstbarkeit, Praedialservitut 179, 262f., 266, 411, 546ff., 608
- Abänderung siehe Umgestaltung
- Ablösung 578
- Aufhebung 567
- - Entschädigung 578
- - wegen Nutzlosigkeit 578
- - teilweise 578
- Begründung 179, 560
- Eintragung im Grundbuch 564
- - Wiedereintragung 571
- Löschung 579f., 581f.
- Rechtsbesitz 412
- Teilung des Grundstücks 580ff.
- Übertragung 568, 591, 660
- Umgestaltung in Personaldienstbarkeit 567
- Untergang 570ff.
- Unterschied zur Personaldienstbarkeit 548
- Verbot der Mehrbelastung 585ff.
- Verzicht 570
- an Zugehör 545
Grundeigentum
- Ausdehnung über und unter Erdoberfläche 165ff.
- Beschränkungen; siehe auch Eigentumsbeschränkungen; Enteignung, materielle 194ff.
- - Änderung, Aufhebung, Entstehung 198f.
- - sozialer Gehalt 197
- Erwerb 134ff., 142ff.
- Geschichte 120ff.
- Grundstück
- - Begriff und Arten 122ff.
- - herrenloses 143ff., 159
- ‹öffentliches› und ‹herrenloses› Land 127ff.
- Übertragung
- - außergrundbuchliche 142ff.
- - familien- und erbrechtliche 138
- - grundbuchliche 134ff.
- Untergang siehe Verlust
- Verantwortlichkeit des Grundeigentümers 218ff.
- Verlust
- - absoluter 159
- - relativer 158
- Zusprechung 141, 182, 211
Grundgeschäft bei
- Fahrniseigentumsübertragung 317f.
- Grundeigentumsübertragung 135ff.

Grundlast 630, **646ff.**
- Ablösung 663
- als Akzessorium der Dienstbarkeit 650
- Anmerkung öffentlich-rechtlicher Grundlasten 651
- Arten 646, **650f.**, **657**
- Belastung mit beschränktem dinglichem Recht 531
- an der eigenen Sache 530
- Entstehung 657ff.
- - ohne Grundbucheintrag 531
- Ersitzung? 522, 658
- Erwerb 658f.
- Grundbucheintrag 531, 657
- Kollision zweier Grundlasten 527
- Kündigung 663
- an einem in Nutznießung stehenden Grundstück 618, 620, 663
- Rangverhältnis 527
- Realgrundlast 646, 650, 657, 660
- Rechtsbesitz 411, 412, 413$_{N18}$
- Übertragung 659f.
- Untergang 661ff.
- Unterschied
- - zur Dienstbarkeit 648
- - zur Grundpfandverschreibung 647
- - zur Gült 647
- Verbindung mit einer Dienstbarkeit 618, 620, **663**, **665**
- Verjährung 652
- Zwangsverwertung 653, 658, 660, 661, 662
Grundpfandrecht; siehe auch Bauhandwerkerpfandrecht, Gült, Pfandrecht, Schuldbrief 405$_{N1}$, 489, 531, 647
- gesetzliches, zur Sicherung
- - des Baurechtszinses 605ff.
- - der Heimfallentschädigung 602f.
Grundpfandverschreibung 647
Grundstück 407$_{N8}$, 411, 413
- Begriff und Arten **122ff.**
- dienendes 568, 587
- im Grundbuch aufgenommene selbständige und dauernde Rechte **123ff.**, 547, 560f., 569f., 642f., 647
- herrenloses 143ff., 159
- herrschendes 567, 570, 585, 666
- Rechte **123ff.**, 569f., 547, 569, 642f., 647
- Teilung 580f., 666
- Untergang 159f., 661
- Zerstückelung 662, 664, 665

Grundwasser 12, 130, 168$_{N13}$, 295 f.
- Grundwasserströme und -becken 294 ff.
- Haftungstatbestände 227$_{N20}$
- Nutzung 295
Gült 411, 494, 650, 651
- Unterschied zur Grundlast 647
Gütergemeinschaft 418$_{N16}$, 459$_{N2}$
Güterrechtsregister 138, 481 f.
Güterverbindung 418, 419$_{N1}$, 459$_{N2}$, 482 f.
Guter Glaube
- beim Besitzerwerb 407, 428, 463, **471 ff.**, 506
- des Dritten bei Übertragung und Belastung selbständiger, dauernder, ins Grundbuch aufgenommener Rechte 569 f.
- beim Einbau 171, 173 f., 176 f.
- des Erwerbers einer Dienstbarkeit 573, 582
- des Finders 354
- beim Grundstückserwerb 151
- beim Überbau 181
- des Verarbeiters 375 f.
Gutglaubensschutz
- erweiterter 490 ff.
- güterrechtlicher 482
- sachenrechtlicher 440, **471 ff.**, 481, 483
- bei Stellvertretung 484 ff.
Gutglaubenswirkung des Besitzes 407, 408, 414, 450, **471 ff.**, 496
- erweiterte, gesteigerte **490 ff.**, 496

Haftung siehe Verantwortlichkeit
Haftungs- oder Wertrechte 522 f., 526
- bei der Zwangsvollstreckung 526 ff.
Hammerschlags-, Leiter-, Gerüstrecht 248, 281
Hand wahre Hand 324, 473
Haus- und Anstaltsfund **356 ff.**
- Aneignung, rechtswidrige 358 f.
- Finderlohn 358
- Fundort 356 f.
- - Gesetzeskritik 357, 358
- - Haus- oder Anstaltsherr als ‹Finder› 357 f.
Heimatschutz siehe Natur- und Heimatschutz
Heimfall
- von Grundeigentum 158
- - bei Vermögen aufgelöster juristischer Personen 158
- - bei Wasserwerken 158
- vorzeitiger 599, 602, **603 ff.**
Herausgabeanspruch 508
- dinglicher 407, 462, 467, 503, 514, 592
Herrenlose Sachen
- Fahrnis **344 ff.**, 348 f., 359, 362 ff.

- Grundstücke **143 ff.**, 159
- - im Gemeingebrauch 129 f.
- - Herrenlosigkeit im engeren Sinne 143
Hinterlegung; siehe auch Verantwortlichkeit 509, 516
- bei Nutznießung 622 f., 637
Hinterlegungsvertrag 418, 434
Höchstpersönlicher Charakter
- der Nutznießung 612
- des Wohnrechts 642
Höhlen (proprietà speleologica) 168
Hofstatt, Recht der halben 247
Hofstattrecht 248
Holzlaß 277
Hotelmobiliar und Hotelwäsche; siehe auch Zugehör 38 f.
Hypothek 603, 606 f.

Immaterielle Güter; siehe auch Erfinderpatent, industrielle Modelle oder Zeichnungen, Urheberrecht
- bei Nutznießung an Unternehmen 640
Immissionen; siehe auch Nachbarrecht **221 ff.**, 449
- Einwirkungen, materielle 223 ff.
- - mittelbare, unmittelbare 223
- - negative 226, 227 f.
- - psychische 226, 228 f.
- - Übermäßigkeit **229 ff.**
- - - Beschaffenheit des Grundstücks 230
- - - Charakter der Örtlichkeit 231 f.
- - - Lage des Grundstücks 230
- - - Maß der Beeinträchtigung 232
- - - Ortsgebrauch 230 f.
- - - Priorität 231
- - - richterliche Rechtsfindung (Gesetzeslücke) 232
- öffentlich-rechtlicher Immissionsschutz 238 ff.
Immobiliarrecht 592
Immobilien; siehe auch Grundstück, Sache 406, 459
- Nutznießung 614
Indivisions perpétuelles 59$_{N21}$
Industrielle Modelle und Zeichnungen als Gegenstand der Nutznießung 633
Inhaberpapiere; siehe auch Wertpapiere 459, 493 f., 631
- gutgläubiger Erwerb **493 f.**
Innominatkontrakt als Dienstbarkeitsvertrag 558
Interesse siehe öffentliches Interesse

Inventar
- öffentliches 610, 618, **625**
- privates 625$_{N12}$

‹Ipso iure› Erwerb einer gesetzlichen Nutznießung 614f.
Irreguläre Dienstbarkeiten 546
- Personaldienstbarkeiten 546
- - Ausgestaltung 550
- - Begründung 560
Iura in re aliena; siehe auch beschränkte dingliche Rechte 522
Ius ad rem 19f.
Ius fruendi, utendi, abutendi 16

Jagd und Fischerei 284, 346ff.

Kantonales Recht; siehe auch Baurecht; Gesetzesrecht, kantonales; Vorbehalt des kantonalen Rechts
- Fahrnisrecht 309, 344f., 365ff.
- Nachbarrecht 193, 201, 236f., 245ff., 275ff., 282ff.
- Wasserrecht **293ff.**, 301f.
Kapitallast 619
Kapprecht siehe Bäume und Sträucher
Kaufsrecht; siehe auch Rückkaufs-, Vorkaufsrecht
- Begründung 214
- praktische Bedeutung und Mißbräuche 213f.
- Übertragung 213$_{N42}$
- - abtretbares Kaufsrecht als Gegenstand der Nutznießung 630
Kausale Natur des Verfügungsgeschäfts; siehe auch Verfügungsberechtigung etc.
- Grundbuchanmeldung und -eintragung 139
- Tradition 320f.
Keller; siehe auch Überbau 180
Klagen; siehe auch Bereicherungs-, Beseitigungs-, Besitzesschutz-, Besitzrechts-, Eigentums-, Eigentumsfreiheits-, Feststellungs-, Grundbuchberichtigungs-, Nachbar-, Schadenersatz-, Unterlassungs-, Vertragsklage
- Anfechtungsklagen, paulianische 638
- aus dem Recht siehe Eigentumsklage
- konfessorische 592
- obligatorische 626
- petitorische 592, 626
- possessorische 649
Kodifikation
- geschichtliche Grundlagen 1ff.
- schweizerische 2ff.

Kollision
- beschränkter dinglicher Rechte **526ff.**
- von Dienstbarkeiten **528ff.**
- von Forderungen 527, 549
Kommission, Kommissionär 418, 436, 485
Konfusion
- bei Nutznießung an Forderungen 541
- bei Nutznießung an Rechten 634
- bei Pfandrecht an Forderungen 542
- teilweise 542
- vollständige 542
Konkurrenz siehe Kollision
Konkurrenzverbot als Inhalt einer Dienstbarkeit 551
Konkurs; siehe auch Zwangsverwertung
- gutgläubiger Besitzerwerb 481f.
Konsolidation 63, **532ff.**, 573
- teilweise 534
- vollständige 535, 538, 565f.
Konzessionen; siehe auch Leitungen, öffentliche Sache 132, 186, 188
- Aufnahme ins Grundbuch 549
Kündigungsrecht, gesetzliches, einer Grundlast 663
‹Kurzerhand›, Besitzübertragung, siehe Besitzwandlung

Ladeschein 441f.
Lagerschein 441
Land, der Kultur nicht fähiges 129ff.
- Abgrenzung 133f.
Lasten, gesetzliche, bei der Zwangsverwertung des Nutznießungserlöses 614
- verbunden mit Nutznießung 627
Lastenverzeichnis 573
Laubrisenen 252$_{N14}$
Lawinen 147, 285f., 286$_{N24}$
Legalhypothek; siehe auch Grundpfandrecht 602f., 605f.
Legalservitut; siehe auch Nachbarrecht, Notrecht, Realobligation **198ff.**, **259ff.**, 273, 531, **549**, 558f., 562, 578, 586, 596
- Anspruch auf Einräumung 273ff.
- Begründung 558, 562, 596
- Untergang 573
Leihe, Gebrauchsleihe 418, 434f.
Leistung (bei Grundlast) **661ff.**
- dauernde 662
- periodische 662
- teilbare 661, **664ff.**
- unteilbare **664f.**
- wiederkehrende 662
Leistungsurteil 141f., 157, 181f.

Leitungen; siehe auch Durchleitungsrecht, Elektrizität, Zugehör
- äußerlich wahrnehmbare 565
- Eigentum 188 ff.
- Elektrizitätsleitungen 189$_{N15}$, 264 f.
- Verlegung 264 ff.
- Werkzugehör 43 f., 189 f.

Leitungsdienstbarkeit
- als Baurecht i.S. von Art. 676 ZGB 597
- Eintragung im Grundbuch 565
- als Legalservitut 565
- Untergang 572
- Verlegung 588

Leitungsrecht an Miteigentumsanteil (StWE) 525

Lex commissoria 335$_{N28}$

Licht und Sonne, Entzug 226, 228

Liegenschaft; siehe auch Grundeigentum 123, 160 ff.
- Ausdehnung, horizontale 160 ff.
- - vertikale 165 ff.
- - - das Interesse des Eigentümers 167 f.

Lösungsrecht des früheren Besitzers **491 ff.**
- des Pfandgläubigers 492

Lücke im Gesetz; siehe auch Auslegung
- Aufgabe des Besitzes 502
- Immissionen 232
- Kapprecht 251$_{N9}$

Luftfahrtgesetz 169

Luftfahrzeugbuch 407$_{N8}$, 459, 467, 481

Luftseilbahnen 259

Maschinen als Zugehör 38 f.

Maximalhypothek 601

Miete 405, 418, 434 f., 461, 509
- unberechtigter Besitzbehalt 509

Mieter als Besitzer 415, 416, 417, 462

Mitbesitz **419 ff.**, 443, 465, 468, 476
- Übertragung 443

Miteigentum; siehe auch Miteigentumsanteil **51 ff.**
- Begriff 52 ff.
- Entstehung
- - durch Rechtsgeschäft 57 f.
- - von Gesetzes wegen 58 f., 379, 382 f.
- - Gemeinschaft der Miteigentümer
- - Aufhebung 80 ff.
- - Ausschluß aus der 73 ff.
- - Eigentums- und Besitzesschutz, interner 72 ff.
- - Gemeinschaftsordnung 56 f., 69 f.
- - Verfügungen über die Sache 76 ff.
- - Vertretung 78 ff.

- an Installationen zur Ausübung von Grunddienstbarkeiten 581
- Quote siehe Miteigentumsanteil
- selbständiges und unselbständiges 59
- Untergang 80 ff.
- Verwaltungshandlungen
- - gewöhnliche und wichtigere 65 f.
- - Neuerungen 68 f.
- - - luxuriöse 69
- - notwendige bauliche u. a. 67, 80
- - nützliche bauliche 67 f.

Miteigentumsanteil
- Aufnahme ins Grundbuch 60
- Begriff **53 ff.**
- als Gegenstand
- - eines beschränkt dinglichen Rechts? 525, 548
- - einer Grundlast 647
- - einer Nutznießung 61, 629
- Veräußerung und Verpfändung 60, 125, 126
- Verzicht 63
- Vorkaufsrecht, gesetzliches 62

Mobiliarhypothek; siehe auch Viehverschreibung 315

Mobilien; siehe auch Fahrnis; Sache, bewegliche **406 f.**, 410 f., 426, 428, 429, 459
- Übertragung 428, 429

Mobilisierung des Bodenwertes 122, 313

Motorfahrzeuge; siehe auch Notweg 368, 369

Nachbarklage, öffentlich-rechtliche 197$_{N3}$

Nachbarrecht; siehe auch Immissionen, Legalservitut, Notweg, Quellen-, Tränkerecht, Verantwortlichkeit **194 ff.**, 413, 449
- Gemeinschaft der Nachbarn 200, 220
- Gemeinwesen als Nachbar 236 ff.
- räumlicher Bereich der Nachbarschaft 220$_{N8}$
- Rechtsquellen 200 f.
- Verletzung durch unmittelbare und mittelbare Einwirkungen 200 f.
- Vorbehalt des kantonalen Rechts 201
- Wertausgleich (Notrechte) 200, 220
- Wesen 199 f.

Nachgangserklärung; siehe auch Rangordnung 531

Nachrückung, Begriff 529

Namenpapiere; siehe auch Wertpapiere 411, 468

Natur- und Heimatschutz 169, 203, 217$_{N62}$, 309$_{N5}$, 366, 367 f.

Naturkräfte; siehe auch Elektrizitätsgesetz, Energien 12 f., 314, 411

Negative Dienstbarkeit; siehe auch Dienstbarkeiten, Arten von 545, 551, 552
Negatorische Klage siehe Eigentumsfreiheitsklage
Nemini res sua servit 533
Nemo plus iuris transferre potest quam ipse habet 315, 528
Nemo sibi ipse causam possessionis mutare potest 150$_{N17}$, 153$_{N24}$, 393
Neues Land, Bildung 145f.
– Eigentum 146f.
Nichtigkeit des Dienstbarkeitsvertrages 555
Notbrunnen 303ff.
Notrechte; siehe auch Durchleitungsrecht, Legalservitut, Nachbarrecht 197f., 260ff., 266ff., 302ff.
Notstand, obligationen- und sachenrechtlicher 286ff.
Notweg; siehe auch Durchleitungsrecht
– Begriff und rechtliche Natur **266ff.**
– – Rechtsvergleichung 267
– Begründung und Untergang der Notweg-Dienstbarkeit 272ff.
– Eintragung in das Grundbuch 273
– Löschung
– – Behebung der Notlage 273
– – – Rückforderung der Entschädigung 273
– – Verzicht 273
– Wegenot **268ff.**
– – Bodenabtretung 272
– – Entschädigung 272, 273f.
– – selbstverschuldete 269
– – Verlegung 272
– – Verpflichtung der Eigentümer 270f.
Notwehrrecht des Besitzers 449f., 452f.
Nuda proprietas 615
Nützlichkeit, Utilität: Verlust als Aufhebungsgrund der Servitut 273, 577ff.
Numerus clausus
– der Arten von Dienstbarkeiten 549
– der Realobligationen 555
– der Vormerkungen 600
Nutznießer 416, 417, 504
– Beistand 621, 623, 624, 625
– Entschädigungsanspruch 627
– Pfandrecht 619
– Pflicht zur schonenden Ausübung 620
– Rechte 616ff.
– – Retentionsrecht 628
– – Rückerstattungsanspruch siehe Entschädigungsanspruch
– Rückerstattungspflicht 626
– Schadenersatzpflicht 637

– Sicherstellungspflicht 621ff.
– Wegnahmerecht 628
Nutznießung; siehe auch Nutznießer 418, 467, 472, 509, 550, 590, **608ff.**
– amtliche Verwaltung 621, 623, 624, 625f.
– Arten
– – ‹bewegliche› und ‹unbewegliche› 590
– – eigentliche 608ff.
– – gesetzliche 549, 609, 623
– – erbrechtliche 549, 609, **614f.**, 622, 638
– – – familienrechtliche **615**, 622
– – höchstpersönliche 612ff.
– – quasi-Nutznießung **610f.**, 621, 623, 630f., 640, 641
– – uneigentliche siehe quasi-Nutznießung
– – Verfügungsnutznießung **610f.**, 621, 630f.
– Begründung 560, 614f.
– Beistand siehe Nutznießer
– Entstehung siehe Begründung
– Kapitallasten 619
– Lasten 618f., 625, 635, 639
– Objekt
– – Dienstbarkeiten 530, 580, 590, 629
– – – Personaldienstbarkeit 15, 568, 629
– – – Wegrecht 530
– – Fahrnis 614
– – Forderungen 15, 538ff., 541, **629ff.**
– – Grundstücke, Immobilien 560, 614
– – Miteigentum; siehe auch Stockwerkeigentum 61, 525, 609, 629
– – Rechte 524, 538ff., 609, **629ff.**
– – Stockwerkeigentum 525f.
– – unbewegliche Sache; siehe auch Grundstück 525f.
– – Unternehmen 639ff.
– – Vermögen 638f.
– Pfändung des Ertrags 613
– Pfandrecht
– – des Eigentümers 620
– – des Nutznießers 619
– Rechnungsablegung 629
– Rückerstattungsklage 626
– Schadenersatz wegen Nichterfüllung 637
– Schadenersatzanspruch des Eigentümers 620, 621, 626, 641
– schonende Ausübung 620
– Sicherstellungsanspruch 621ff.
– Untergang 541, 615f., 634f.
– Unterschied zum Wohnrecht 643
– Verjährung 626, 628
– Verwaltung 635ff.
– – bei Pfändung des Ertrags 614
– Zins 618, 619

Nutzungen, Herausgabeanspruch gegen den Besitzer 512f., 515ff.
Nutzungsrechte; siehe auch Gebrauchsrechte 522, 594ff., 608ff., 642ff.

Obligation propter rem siehe Realobligation
Öffentliche Beurkundung; siehe auch Grundbuch
– des Grundgeschäfts der Eigentumsübertragung **136ff.**
– des Kaufrechtsvertrages 214
– von Rechtsgeschäften zur Begründung von StWE 98f.
– von Verträgen über die Aufhebung und Änderung des gesetzlichen Vorkaufsrechts 85f.
– – – der gesetzlichen Eigentumsbeschränkungen 198f.
Öffentliche und herrenlose Sachen; siehe auch herrenlose Sachen, Jagd und Fischerei
– beschränkte dingliche Rechte 522
– Fahrnis 365f.
– Grundeigentum **127ff.**
Öffentliche Sache, Grundlasten 647
Öffentliches Interesse 7f., 127ff., 163, 196f., 236ff., 301f., 306f., 309, 346f., 365f.
Öffentliches Inventar 610, 618, **625**
Öffentliches und privates Recht, Unterscheidung 196f.
Offensivwirkung siehe Angriffswirkung
Okkupation bei Aufgabe des Besitzes 502
Optionsrecht (Kaufs-, Vorkaufsrecht) 213$_{N41}$
Ordrepapier; siehe auch Wertpapiere 411, 468, 494
– gutgläubiger Erwerb **494**
Ortsgebrauch als Auslegungsmittel bei
– Bestandteilen 34f.
– Dienstbarkeiten 584
– Immissionen 230f.
– Unterhaltspflichten des Nutznießers 619
– Wald- und Weidebegehung 282
– Wegrechten 275, 277$_{N6}$

Pacht; siehe auch Leihe, Miete 418, 509
Parteiwille, hypothetischer 585
Passivlegitimation des Inhabers einer Dienstbarkeit 593
Patent siehe Erfinderpatent
Paulianische Anfechtungsklagen 638
Perle in der Auster 365
Persönliche Rechte mit verstärkter Wirkung **18ff.**
– Vermutung 458ff.

Personaldienstbarkeiten, Personalservitute 412, 546ff., 594ff., 608
– Abänderung siehe Umgestaltung
– Arten
– – irreguläre 560, 591, **612**
– – übertragbare 567, 590, 642ff.
– – – Belastung 568f.
– – – Übertragung 568
– – – Zession 568f.
– – unübertragbare 568f.
– – – Belastung? 568f.
– Aufhebung; siehe auch Löschung, Untergang 567
– Begründung 560
– Löschung 572
– Umgestaltung in Grunddienstbarkeit 567
– Untergang 570, 572
– Unterschied zur Grunddienstbarkeit 548
– Verzicht 570
Personalgrundlast 646, **650**, 659, 660
Personen, juristische
– Besitz 423
– Besitzerwerb 484, 486
Perzeption (von Früchten) 45, 252
Pfandbesitz 416, 417, 422, 433, 439$_{N47}$, 504
Pfandgläubiger 416, 417, 422, 433, 439$_{N47}$, 504
Pfandrecht; siehe auch Bauhandwerkerpfandrecht, Faustpfand, Grundpfandrecht, Haftungs- oder Wertrechte 416, 435, 438$_{N42}$, 466, 467, 472, 514, 522f., 618, 620, 648, 660
– akzessorisches 542
– Belastung mit beschränkten dinglichen Rechten 531
– Bestellung 435
– an Dienstbarkeit 15, 568, 604
– an Forderung 15, 538ff.
– – Untergang 542
– gesetzliches
– – der Gläubiger der Stockwerkeigentümergemeinschaft 107f.
– – zur Sicherung des Baurechtszinses 605ff.
– des Nutznießers 619
– an Rechten 524, 538
Pfandschein 442
Pfandstelle
– feste 531ff.
– – System 531, 648, 658
– leere 564
Pfandverwertungsverfahren; siehe auch Zwangsverwertung 527, 530
Pflanzensuperficies 169, 193
Polizeibefehl zum Umweltschutz; siehe auch öffentliches Interesse 238ff.

Possession équivoque siehe Besitz, verdächtiger
Praedialgrundlast 646, 650, 657, 660
Praedialservitut; siehe auch Grunddienstbarkeit 546
Praedio utilis 547
Prinzip der schonenden Ausübung einer Dienstbarkeit **587ff.**, 620
Prior tempore potior iure 528
Priorität; siehe auch Immissionen, Nachbarrecht, Quellen
– Immissionen 231
– Quellen («course à la source») 297f.
Privat-Dienstbarkeiten auf öffentlichem Boden 548
Probatio diabolica 460
Produktionsprinzip (im Gegensatz zum «Substantialprinzip») 45$_{N2}$
Prolongationsvertrag 553
Proportionalitätsgedanke, -prinzip in der Ausübung des Eigentums; siehe auch Nachbarrecht, Immissionen, Notweg, Quellenrecht, Verantwortlichkeit 200, 233, 261, 270, 287, 299, 305
Provokationsklage 449
Publizitätsfunktion; siehe auch Publizitätsprinzip
– Besitz 311, 407, 414
– Eigentumsvorbehaltsregister (beschränkte) 337
– Grundbuch 134f., 142f., 311, 407$_{N8}$
– natürliche Publizität 135$_{N2}$, 188
– Tradition 315
Publizitätsprinzip 311 f., 407, 408, 414, 443, 467
– Einschränkung 431, 443, 467
– geschichtliche Bedeutung und Entwicklung 121 f., 314, 408

Quelle
– Abgraben 296ff.
– – Schadenersatz 298f.
– – Wiederherstellung 299
– Ableitung 301 f.
– «Abtretung eines Anteils» 305 f.
– Bach- und Flußquelle 168, 293 f.
– Begriff 291
– Gewässerschutzgesetz 168, 240, 299
– als Liegenschaftsbestandteil 291 f., 305
– nachbarrechtliche Benutzung 302 f.
– Quellenrechtsdienstbarkeit siehe Quellenrecht
– Zwangsabtretung 306 f.

Quellengemeinschaft 299f.
Quellenrecht, Quellendienstbarkeit 292, 546, 550, 586, 597, 598, 649, 650, 655
– Abänderung und Aufhebung 577
– Begründung, Form 560
– Belastung mit Dienstbarkeit oder Grundlast 547, 569, 655
– als Eigentümerdienstbarkeit 566
– im gleichen Rang 529
– in verschiedenem Rang 529 f.
Quellwasserlieferung als Grundlast 527
Quote, Miteigentumsanteil 53 ff.
– Teilbarkeit 55
– Wertquote des Stockwerkeigentums 93

Rangordnung beschränkter dinglicher Rechte 526 ff.
Realakt 429, 443
Realersatz
– beim Abgraben von Quellen 298 f.
– bei zwangsweiser Einräumung von Wasserbezugsrechten 307
Realgrundlast siehe Grundlast
Realobligation 181, 209, 646
– Begriff **21 f.**
– im Dienstbarkeitsrecht
– – Baurecht 603, 605
– – Grunddienstbarkeit 555 f., 559, 582, 587
– – Nutznießung 611 ff., 627
– im Nachbarrecht 198, 221, 259, 266, 304
Realsubrogation 611
Realteilung 310
Rechnungsablegung 629
Recht zum Besitz 405, 448, 458, 459, 461 ff., **496ff.**, 510
– besseres 454 ff., 496, 510
– fehlendes 498 ff., 506, 510, 511
Rechte; siehe auch absolute, dingliche, selbständige und dauernde Rechte, sowie akzessorisches Recht
– als Gegenstände des Grundeigentums 13, 15, 187
– als Gegenstände von Dienstbarkeiten 629 ff.
Rechtsbesitz **411ff.**, 448, 451
Rechtsgemeinschaft **48ff.**, 114ff.
Rechtsgesamtheit siehe Unternehmen
Rechtskraft
– negative 134 f.
– positive 135
– relative 580
Rechtskraftprobleme 506
Rechtsmißbrauch 7, 83, 86, 269, 280, 283

Rechtstitel, gültiger 644
- als Voraussetzung der Eintragung im Grundbuch 135 f.
- als Voraussetzung der Löschung im Grundbuch 661
Rechtsvermutung des Besitzes; siehe auch Besitz, Vermutungs- und Verteidigungswirkung 414, 450, 454, **458 ff.**
Rechtsverschaffung 466 ff.
Rechtswirkungen des Besitzes siehe Besitz
Regal 12, 125, 168, 295, 366
Rei vindicatio siehe Eigentumsklage
Reistweg 277
Res iudicata 580
Res merae facultatis 275
Res mobilis res vilis 121_{N2}
Resolutivbedingung siehe Bedingung
Retentionsrecht 406, 416, 423, 424, 437_{N36}, 440, 470, 492, 506, 513, 514
- der Gläubiger der Stockwerkeigentümergemeinschaft 107
- des Nutznießers 628
Rückerstattungspflicht des Nutznießers 626
Rückholungsrecht
- avulsio 147
- zugeführte Sachen und entlaufene Tiere 284 f.
Rückkaufsrecht 215 ff.
Rückverkaufsrecht (pactum de retrovendendo) 217

Sachbesitz 410 ff., 448, 451
Sache
- abhanden gekommene 407, 417, 422, 429, 447, 472, **474 ff.**, 490, 491, 493, 497
- anvertraute 407, 447, **474 ff.**, 491, 493
- Begriff 11 f.
- bewegliche; siehe auch Fahrnis **13**
- - als Gegenstand dinglicher Rechte 659
- - als Gegenstand der Nutznießung 614, 628
- - Einteilung 13 f.
- im Gemeingebrauch 128
- öffentliche und herrenlose 127 ff., 366, 522, 647
- res incorporales? 15
- unbewegliche; siehe auch Liegenschaft 15, 595
- - als Gegenstand der Nutznießung 614, 628, 640
- Untergang 615
- verbrauchbare 621, 622, 631
- Verfügungsbeschränkungen, -verbote 481 ff.

Sachgesamtheit 14
Sachherrschaft 405, 407, 408, 414
Sachteile; siehe auch Bestandteile, Zugehör 410
Sammellagergeschäft; siehe auch Miteigentum 59
Schadenersatz
- Anspruch
- - gegenüber bösgläubigem Besitzer 514 f.
- - des Eigentümers gegenüber Nutznießer 620, 621, 626, 637
- - des Grundeigentümers gegenüber Durchleitungsberechtigtem 263
- - des Grundeigentümers wegen zugeführten Sachen 285
- Klage 620, 621, 626
Schatz **359 ff.**
- Begriff 359 f.
- Eigentumserwerb 361 ff.
- - Geschichte und Rechtsvergleichung 361
- - juristische Konstruktion 362 f.
- - - Akzession i.w.S. 363
- - - Entdeckerprämie 364
- Herrenlosigkeit 360 ff.
Schenkung von Hand zu Hand 318, 435, 438
Schenkungsversprechen als Dienstbarkeitsvertrag 558
Schiffsregister 407_{N8}, 459, 467
Schuldbrief; siehe auch Inhaberpapiere 479_{N36}, 494
Schutzwirkung des Besitzes siehe Besitzesschutz
Seekonossemente 441
Selbständige und dauernde Rechte 547, 595, 660
- Aufnahme als Grundstück ins Grundbuch 123 f., 567, 598
- Belastung
- - mit Dienstbarkeit 569, 642 f.
- - mit Grundlast 647, 655
- - gemäß kantonalem Privatrecht und öffentlichem Recht des Bundes 125 f.
Selbsthilferecht des Besitzers; siehe auch Besitzkehr, Besitzesschutz 449 f., 452 f.
Separation von Früchten 45, 252
‹Servitude par destination du père de famille› 183, 270, 566
Servitus in faciendo consistere nequit 545
Servitus oneris ferendi, tigni immitendi 185_{N4}
Servitut siehe Dienstbarkeit
Servitutsvertrag siehe Dienstbarkeitsvertrag
Sicherstellungsanspruch des Eigentümers gegenüber Nutznießer **621 ff.**

Sicherungseigentum 435
Sicherungsübereignung 137, 317, 435 f.
– besitzlose 436$_{N33}$
– von Fahrnis 317
– von Grundstücken 137
Simulation im Grundstückskauf 137
Singularsukzessor; siehe auch Sukzession 553, 555
Skisport; siehe auch Zutrittsrecht 283 f.
Sondereigentum an Bauwerken; siehe auch Akzessionsprinzip (Durchbrechung und Ausnahmen), Baurechtsdienstbarkeit 186 f.
Spedition 418, 436
Spezialitätsprinzip (Nutznießung) 638
Stellvertretung; siehe auch Gutglaubensschutz, Mitbesitz
– beim Besitzerwerb 443 ff., 486
– bei Besitzveräußerung 484 ff.
Stockwerkeigentum **87 ff.**, 595
– altrechtliches und Ersatzformen 88 f.
– Aufhebung 96 f.
– Aufnahme ins Grundbuch 99 f., 126
– Aufteilungsplan 99
– Bau neuer Stockwerke 97
– Begründung 98 ff.
– – vor Erstellen der Baute 100
– Belastung der Stockwerkeigentumseinheit 94 ff.
– Eintragung ins Grundbuch siehe Aufnahme
– als Gegenstand beschränkter dinglicher Rechte 525 f., 548
– Gemeinschaft der Stockwerkeigentümer 100 ff.
– – Ausschluß siehe Miteigentum: Gemeinschaft
– – Ausschuß 102
– – Beschlüsse 104
– – Handlungsfähigkeit 106 ff.
– – als Körperschaft 106 ff.
– – Reglement 105 f.
– – Versammlung 100 f.
– – Verwalter 102 ff.
– Gesetzesrevision 87 f.
– mehrere Gebäude auf dem gleichen Grundstück 97
– Mitbesitz an gemeinschaftlich benutzten Räumen 420
– Rechtsvergleichung 89 f.
– Sonderrecht des Stockwerkeigentümers
– – Begriff 90 f.
– – Beschränkungen 92
– – Inhalt 92
– – Kostenbeiträge 93 f.

– – Objekt 92 f.
– – Unterhaltsbeiträge 93 f.
– – Wertquote 93 f.
– Veräußerung der Stockwerkeigentumseinheit 94 ff.
Streck- und Tretrecht 276 f.
Stützmauern 248
Subjektiv-dingliche Verknüpfung 523
Subrogation; siehe auch Realsubrogation 602, 627
Sukzession, singuläre 553, 555, 614
– singuläre konstitutive 614
Superficies solo cedit 165
– solum superficiei cedit 178
Surrogate der körperlichen Übergabe siehe Übergabesurrogate
Surrogation, dingliche 354, 375
Suspensivbedingung bei Dienstbarkeit 554
System der festen Pfandstellen; siehe auch Pfandstelle 531, 648, 658

Tagebuch (Grundbuch), formelle und materielle Wirkung der Einschreibung 140
Tankstellenservitut 552
Tathandlung (Realakt); siehe auch Besitzübertragung 429, 469
Teilungstheorie 523 f., 538
Tiere, entlaufene 284 f.
– herrenlos werdende 348 f.
– jagdbare 344
– zugeführte 368 f.
Tradition; siehe auch Besitzübertragung, Besitzvertrag 431, 437$_{N36}$, 469
– uneigentliche 430
Traditionsmaxime **466 ff.**
Traditionsprinzip; siehe auch Besitzerwerb, Besitzübertragung 406, 426, 431, 434, 461
Tränkerecht; siehe auch Nachbar-, Not-, Quellenrecht 302 f.
Tränkeweg 277
Translativwirkung, Übertragungswirkung 311, 406, 408, **416 ff.**
Treu und Glauben; siehe auch guter Glaube
– bei der Ausübung einer Servitut 587
– bei Ersatzanspruch 514
– bei Nutznießung an Vermögen 638
– bei richterlicher Aufhebung oder Abänderung einer Servitut 576
Treuhänderisches Eigentum 24
Trödler 485, 493
Tunnelbau 167 f.

Überbau
- Anwendungsfälle 179f.
- Eigengrenzüberbau; siehe auch Servitude par destination du père de famille 183
- Rechtslage 180ff.
- - Einräumung oder Zusprechung einer Grunddienstbarkeit 181f.
- - Entfernung 180
- - Zuweisung des Eigentums am Boden 181f.
- Überschreitung der Baugrenze (Liegenschafts-, gesetzliche Abstands-, Dienstbarkeitsgrenze) 179, 243
- Zweckgedanke 171, 178f.
Überbaudienstbarkeit 179f., 181f., 538, 565, 593, 595, 597
Überbaurecht siehe Überbaudienstbarkeit
Übergabesurrogate **430ff.**, 467, 469, 486f.
- Besitzanweisung 436ff.
- Besitzkonstitut 434ff.
- Besitzlage, offene 431f.
- Besitzwandlung 433
- Warenpapiere 441f.
Überhang siehe Bäume und Sträucher
Überschreitung des Eigentums; siehe auch Immissionen, Nachbarrecht, Verantwortlichkeit 221
Übertragungsfunktion des Besitzes; siehe auch Traditionsmaxime, Traditionsprinzip 406, 408, 416, **466ff.**
Übertragungswirkung siehe Translativwirkung
Umweltschutz; siehe auch Immissionen 238ff.
Unabtretbarkeit, gesetzliche 613, 614
- der höchstpersönlichen Nutnießung 612f.
- des Wohnrechts 613, 614, 643
Unbewegliche Sache siehe Sache
Unmittelbarkeit der Sachherrschaft 9
Unpfändbarkeit der höchstpersönlichen Nutznießung 612f.
- des Wohnrechts 613, 614
Untergang von Liegenschaften; siehe auch Bodenverschiebung, Grundeigentum, Verlust 148, 159
Unterlassungsklage; siehe auch actio negatoria, Nachbar-, Quellenrecht 28f., 232ff., 250f., 299
Unternehmen, Unternehmung
- als Gegenstand der Nutznießung 14, 15$_{N27}$, **639ff.**
- Unternehmenszugehör 32f., 44

Unvordenklichkeit 263, 278, **575**
Unvorhersehbarkeit siehe clausula rebus sic stantibus
Urheberrecht als Gegenstand der Nutznießung 630, **633f.**
Urteil siehe Gestaltungsurteil, Leistungsurteil
Usque ad sidera usque ad inferos 166
Utilität siehe Nützlichkeit

Veranlassungsprinzip 325, 473, 495
Veranwortlichkeit; siehe auch Nachbarrecht
- des Besitzers 448ff., 511ff., 515ff.
- des Gemeinwesens aus Nachbarrecht 236f.
- des Grundeigentümers **218ff.**
- - Abgrenzungen von der Eigentumsklage 221f.
- - - von der Haftung des Werkeigentümers 222
- - - Ansprüche gegen den Grundeigentümer
- - - aus Besitzesschutz 221f.
- - - wegen Überschreitung des Eigentums 221, 227, **232ff.**, 449
- - - - in der Grundstücksbenutzung 227
- - - - durch Immissionen 223ff., 232ff., 449
- Grundsatz 218
- - Rechtsvergleichung 218f.
- - Haftung ohne Verschulden 220
Veräußerungsgewinn des gutgläubigen Besitzers 512
Verarbeitung; siehe auch Verbindung, Vermischung und Vermengung **370ff.**
- Begriff und Anwendungsbereich 372ff.
- Eigentumserwerb, originärer 374
- - guter Glaube 375
- - Miteigentum 375
- Geschichte und Rechtsvergleichung 372
- als Realakt (nicht Rechtsakt) 374
- Wert- und Schadenersatz 376, 509
Verbindung; siehe auch Vermischung und Vermengung **377ff.**
- Begriff 377
- Eigentumsverhältnisse 378ff.
- - Allein- und Miteigentum 378ff.
- - Ausgleichsansprüche 380, 509
- neue Sache, wesentliche und unwesentliche Bestandteile 378f.
Verbrauchbare Sache siehe Sache
Vereinigung siehe Konfusion
Verfügung
- Begriff 16
- als Akt der Grundeigentumsübertragung **138ff.**

– des Käufers über die unter EV erworbene Sache 335
– – strafrechtliche Beurteilung 335$_{N26}$
– über Miteigentumsanteil und -sache 60, 76
– über die Sache, rechtliche und tatsächliche
– – bei Grundlast 646
– – bei Nutznießung 617
Verfügungsbefugnis des Besitzveräußerers 471f.
Verfügungsberechtigung, -fähigkeit, -handlung zur Grundeigentumsübertragung 138ff.
– dingliche, bei Grundlast 659
Verfügungsbeschränkungen, gesetzliche
– im Fahrnisrecht 309, 481ff.
– im Grundstücksrecht 202ff.
Verfügungsgeschäft; siehe auch Tradition
– im Fahrnisrecht 318ff.
– – abstraktes 320
– – kausales 320f.
– im Grundstücksrecht 139ff.
Verfügungsverbote, güterrechtliche 481ff.
Verjährung
– Eigentumsansprüche und Dienstbarkeiten (keine) 27, 28, 235, 274
– Forderung auf Rückgabe gegenüber Nutznießer 628f.
– gegenseitiger Forderung bei Nutznießung 629
– bei Grundlast 652
– von Schadenersatzanspruch des Eigentümers gegenüber dem Nutznießer 620, 626
– – gegenüber amtlichem Verwalter 624
– – aus Nachbarrecht 235
– als Untergangsgrund beschränkter dinglicher Rechte 574
Verkauf auf Wiederkauf; siehe auch Rückkaufsrecht 215$_{N53}$, 216
Verkaufsrecht (pactum de emendo) 215
Verliegenschaftung 127
Verlust siehe Fahrniseigentum, Grundeigentum
Vermengung siehe Vermischung
Vermieter als Besitzer 415
– Retentionsrecht 416
Vermischung und Vermengung; siehe auch Verbindung 59, 81, **377ff.**, 509
– Entstehung einer neuen Sache 377
– bei Sachen gleicher Art und gleichen Wertes **381ff.**
– – Geld und Inhaberpapiere 384ff.
– – – Effekten-Giro-Sammeldepot 386
– – – Kommissionsgeschäft 385

– – Lehrmeinungen 382
– – Miteigentum, labiles 382f.
– – Sammellagergeschäft 383
Vermögen als Gegenstand der Nutznießung 638f.
Vermutungs- und Verteidigungswirkung des Besitzes 406, 408, **458ff.**, 501, 504
Verpächter, Retentionsrecht 416
Verpfändung von Waren 442
Verschweigung; siehe auch Ersitzung 155
Versehen, gesetzgeberisches 561
Versteigerung; siehe auch Zwangsverwertung
– Besitzerwerb 491
– von Fahrniseigentum 310
– von Fund 352
– von Gesamteigentum 119
– von Miteigentum 74, 75, 82
– von Zugehör 489
Vertragsklage 505, 508
Verwalter, Verwaltung, amtlich, bei Nutznießung 623, 624, 625
Verwaltungsrecht bei Nutznießung 635
Verwaltungsvermögen 128, 366
Verwendungen des nichtberechtigten Besitzers 513, 516f.
Verzicht
– auf beschränkte dingliche Rechte 273, 274
– bei Eigentumsvorbehalt 335
– auf Grundlast 661
– auf Grundstücksbelastung 202
– auf Miteigentum 63, 84f., 160
– auf Rückforderung einer Sache 400
Viehpfändung 285
Viehverschreibung 315, 332$_{N10}$
– Protokoll 479, 481
Vindikationsanspruch, Abtretung 505
Vindikationsklage siehe Eigentumsklage
Vorbehalt des kantonalen Rechts
– des öffentlichen **127ff.**, 164, 168, **195ff.**, 217, **238ff.**, 243, 244f., 249, 259, 283f., 293, **294ff.**, 301f., 309, 346f., 365ff., 400
– des privaten 93, 125, 136, 146, 152$_{N21}$, 161$_{N1}$, **195ff.**, 201, 243f., **245ff.**, 248$_{N21}$, 249, 252, **275ff.**, 302f., 303f.
Vorkaufsrecht
– gesetzliches
– – gegenseitiges von Grundeigentümer und Inhaber eines Baurechts 600
– – des Miteigentümers 62, 203, 212
– vertragliches **204ff.**
– – Ausübung 211
– – Begründung 205f.

– – Dauer 209f.
– – Erneuerung 210
– – Rechtsnachfolge 210
– – Umgehungstatbestände 207f.
– – Vormerkung (Wirkung) 208f.
Vormerkung; siehe auch Grundbuch
– des Anspruchs auf Eigentumsübertragung 142
– der Aufhebung und Änderung gesetzlicher Eigentumsbeschränkungen 198f.
– der Beschränkung des Aufhebungsanspruchs bei Miteigentum 85
– von Forderungsrechten 530, 532
– der Heimfallsentschädigung 601
– numerus clausus 600
– persönlicher Rechte 18ff.
– von Verfügungsbeschränkungen 203
– des Vorkaufsrechts 208f.
Vorrang des Nutznießers oder Pfandgläubigers bei der Zwangsvollstreckung belasteter Forderungen 540
Vorrichtungen zur Abgrenzung von Grundstücken 58, 165

Wald, Nutznießung 617
– und Weide 281
Warenpapiere, warrant 411, 441f.
Wasser, fließendes (aqua profluens); siehe auch Energien, Naturkräfte 12
Wasserablauf; siehe auch Entwässerung, Nachbarrecht **253ff.**
– Aufnahmepflicht 256
– Klagerecht 256f.
– natürlicher Ablauf 253
– Oberflächenwasser (eau de surface) 254
– Recht auf den Zufluß 256
– Unterlassungspflichten 255
Wasserbezugsrecht, gesetzliches; siehe auch Notbrunnen, Quellen, Tränkerecht 302, 303ff., 306f.
Wasserkraftrechte, Aufnahme in das Grundbuch 126
Wasserrecht; siehe auch Quellenrecht 127, 168
– ehehaftes 124
– für Mühlen 124f.
– als Privatdienstbarkeit auf öffentlichem Boden 548
– Quellen, Bäche und Grundwasser 168, **288ff.**
Wasserrechtsverleihung 548
Wege, öffentliche 278
– Betretungsrecht 278

Wegnahmerecht des Nutznießers 628
Wegrecht
– beschränkte Ausübung 555
– Dienstbarkeitswege 274, 547
– unmittelbare gesetzliche Eigentumsbeschränkungen 275f.
Werkeigentümer 43f., 189, 222
– Haftung 222, 257$_{N18}$, 596
Werkzugehör 43f.
Wertpapiere **313**, 411, 441, 610f., 621f., 631f.
– als Gegenstand der Nutznießung 610f., 621, 622, 631, **632f.**
– gutgläubiger Erwerb **493f.**
– Hinterlegung 622f.
– Übertragung 406, 431$_{N1}$, 468
– Vermengung 384ff.
Wertrechte; siehe auch Haftungsrechte 522, 646ff.
– Kollision 526f.
Widerspruchsverfahren, betreibungsrechtliches 425, 457$_{N55}$
‹Widmung›; siehe auch Servitude par destination du père de famille 183
– zum Gemeingebrauch 128$_{N4}$, 278
Willenserklärung, Klage auf Abgabe einer W' 141f., 181
Willensvollstrecker 418, 423, 486
Winterweg 277
Wissenschaftliche Gegenstände 365ff.
– Ausgrabungsrecht 367f.
– Eigentumserwerb des Kantons 366f.
– öffentlich-rechtlicher Schutz 367f.
Wohl, allgemeines, siehe öffentliches Interesse
Wohnrecht 550, 589, 590, 608, 609, **642ff.**
– Begründung 560
– Lasten 644f.
– an Miteigentumsanteil (Stockwerkeigentum) 525
– Unabtretbarkeit 613, 614, 642f.
– Unpfändbarkeit 614
– Unterschied zur Nutznießung 643

Zerstückelung siehe Grundstück
Zession 643
– analoge Anwendung bei Übertragung übertragbarer persönlicher Dienstbarkeiten **568f.**
– – Nutznießung 613
– der Forderung bei Quasi-Nutznießung 610
– Grundlast 659
– bei Verfügungsnutznießung 610f., 632f.

Zins
- bei Abtretung einer Nutznießung 618
- Baurechtszins 605 ff.
- als Inhalt einer Grundlast 655
Zivilfrüchte 44, 618, 634
Zuführung, zugeführte Sachen **368ff.**, 426
- Betreten fremder Grundstücke zur Wegschaffung 284 f.
- bewegliche Sachen und fremde Tiere 368 ff.
- Schadenersatz- und Wiederherstellungsanspruch 285 f.
Zugehör 36 ff.
- Erwerb
- - kraft guten Glaubens 41 f., 505
- - ohne Besitzübergabe 42 f., 506
- als Objekt der Grunddienstbarkeit 545
- Werkzugehör 43 f.
Zugrecht (Retraktrecht) 202, 215$_{N53}$
Zurückbehaltungsrecht; siehe auch Retentionsrecht 513 f., 516

Zutrittsrecht
- des kantonalen Rechts 276 f.
- zu Wald und Weide 279 ff.
- zur Wegschaffung zugeführter Sachen und entlaufener Tiere 284 f.
Zwangsabtretung; siehe auch Enteignung
- bei Einräumung von Wasserkraftrechten 306 f.
Zwangsverwertung; siehe auch Pfandverwertungsverfahren 607
- Dienstbarkeit 572
- Ertrag der Nutznießung 613
- Fahrnis 401$_{N13}$
- Forderungen, mit Dienstbarkeit oder Pfandrecht belastete 527, 540
- Grundeigentum 157 f.
- Grundlast 653
- Grundstück
- - dienendes 573
- - mit Grundlast belastetes 647, 658, 661
Zwangsvollstreckung 527
- Grundlast? 652 f.
Zweiung der Subjekte 533 f., 537

Schweizerisches Privatrecht

Inhalt des Gesamtwerkes

	Band I	**Geschichte und Geltungsbereich**
		Herausgegeben von
		Max Gutzwiller
Ferdinand Elsener		Geschichtliche Grundlegung
Marco Jagmetti		Vorbehaltenes kantonales Privatrecht
Gerardo Broggini		Intertemporales Privatrecht
Frank Vischer		Internationales Privatrecht

	Band II	**Einleitung und Personenrecht**
		Herausgegeben von
		Max Gutzwiller
Henri Deschenaux		Der Einleitungstitel
Jacques-Michel Grossen		Das Recht der Einzelpersonen
Ernst Götz		Die Beurkundung des Personenstandes
Max Gutzwiller		Die Verbandspersonen – Grundsätzliches
Anton Heini		Die Vereine
Max Gutzwiller		Die Stiftungen

	Band III	**Familienrecht**
		Herausgegeben von Hans Hinderling
		unter Mitarbeit von Henri Deschenaux, Cyril Hegnauer, Bernhard Schnyder

	Band IV	**Erbrecht**
		Herausgegeben und bearbeitet von Paul Piotet

	Band V	**Sachenrecht**
		Herausgegeben von
		Arthur Meier-Hayoz
		Erster Halbband
Peter Liver		Das Eigentum
Hans Hinderling		Der Besitz
Paul Piotet		Dienstbarkeiten und Grundlasten
		Zweiter Halbband
Hans Peter Friedrich		Das Pfandrecht
Henri Deschenaux		Das Grundbuch

Band VI **Obligationenrecht –
Allgemeine Bestimmungen**

Herausgegeben und bearbeitet von HANS MERZ

Band VII **Obligationenrecht –
Besondere Vertragsverhältnisse**

Herausgegeben von
FRANK VISCHER

Erster Halbband

PIERRE CAVIN	Kauf, Tausch, Schenkung
CLAUDE REYMOND	Gebrauchsüberlassungsverträge
FRANK VISCHER	Der Arbeitsvertrag
MARIO M. PEDRAZZINI	Werkvertrag, Verlagsvertrag, Lizenzvertrag
RENÉ J. BAERLOCHER	Der Hinterlegungsvertrag

Zweiter Halbband

JOSEF HOFSTETTER	Auftrag, Geschäftsführung ohne Auftrag
BERNHARD CHRIST	Kredit- und Sicherungsgeschäfte
KURT AMONN	Kollektivanlagevertrag
GEORGES SCYBOZ	Bürgschaft, Garantievertrag
WILLY KOENIG	Der Versicherungsvertrag
HELMUT STOFER	Der Leibrentenvertrag
KURT AMONN	Spiel und Wette
WALTER R. SCHLUEP	Innominatverträge

Band VIII **Handelsrecht**

Herausgegeben von
WERNER VON STEIGER

Erster Halbband

ROBERT PATRY	Grundlagen des Handelsrechts
WERNER VON STEIGER	Gesellschaftsrecht – Allgemeiner Teil
	Besonderer Teil – Die Personengesellschaften

Zweiter Halbband

CHRISTOPH VON GREYERZ	Die Aktiengesellschaft
PETER JÄGGI	Allgemeines Wertpapierrecht
ROBERT PATRY	Wechsel- und Checkrecht
**	Die Gesellschaft mit beschränkter Haftung
**	Die Genossenschaft
**	Unternehmensverbindungen